Children Education of Museum

Double Vision of Exhibitions and Educational Programs for Children

博物馆儿童教育

儿童展览与教育项目的双重视角

周婧景 著

ZHEJIANG UNIVERSITY PRESS
浙江大学出版社

图书在版编目(CIP)数据

博物馆儿童教育:儿童展览与教育项目的双重视角 / 周婧景著. —杭州:浙江大学出版社,2017.11(2021.6 重印)
(博物馆学认知与传播丛书)
ISBN 978-7-308-17340-7

Ⅰ. ①博⋯ Ⅱ. ①周⋯ Ⅲ. ①博物馆—儿童教育—社会教育—研究 Ⅳ. ①G266 ②G61

中国版本图书馆 CIP 数据核字(2017)第 214512 号

博物馆儿童教育
——儿童展览与教育项目的双重视角

周婧景 著

责任编辑	陈佩钰(yukin_chen@zju.edu.cn)	
责任校对	余月秋　於国娟　牟杨茜　陈思佳	
封面设计	程　晨	
出版发行	浙江大学出版社	
	(杭州市天目山路 148 号　邮政编码 310007)	
	(网址:http://www.zjupress.com)	
排　版	杭州青翊图文设计有限公司	
印　刷	杭州杭新印务有限公司	
开　本	787mm×1092mm　1/16	
印　张	47.25	
字　数	1135 千	
版 印 次	2017 年 11 月第 1 版　2021 年 6 月第 2 次印刷	
书　号	ISBN 978-7-308-17340-7	
定　价	128.00 元	

序 一

 教育是博物馆的首要责任,博物馆是青少年教育的第二课堂。欧美发达国家都把博物馆作为儿童教育的重要资源和学习基地,儿童是博物馆的主要观众和服务对象。2014 年,美国约有 35000 家博物馆,其中儿童博物馆约有 300 多家。在美国,不仅许多大中城市都有儿童博物馆,而且其他博物馆也都十分重视儿童的博物馆学习,往往都辟有服务儿童的专区(儿童展区或儿童体验学习中心)。参观博物馆或去博物馆学习,是美国儿童成长经历的重要组成部分,无怪乎有人说"美国的孩子是在博物馆和汽车上长大的"。

 根据瑞士心理学家皮亚杰的理论,儿童对客观世界的认识是以活动特别是探究式的活动为中介的,儿童教育要顺应孩子的好奇心,鼓励孩子去思考和探索。博物馆儿童学习的理论和实践正是契合了这一儿童教育的理念。即,博物馆要以满足儿童的需求和兴趣为使命,以激发儿童好奇、探索和学习兴趣为目的,尊重儿童的兴趣、生理、心智和能力,强调"感知、探索、合作、欢乐",通过提供儿童精神上、情感上、行为上的参与性或体验式展示项目、教育节目及活动,激发儿童对自然、科学和社会现象的好奇心,提高儿童主动学习的热情,培养他们的探索兴趣,启发儿童在感官、情感、艺术和社会化等方面的潜能。

 一直以来,博物馆在美国儿童学习和创新精神的培养方面发挥了极其重要的作用。美国之所以能成为全球最富创新力的国家,与其重视利用博物馆进行儿童教育、从小培育国民的创新精神不无关系。

 受美国博物馆儿童教育成效的影响,世界各地或纷纷建造儿童博物馆,例如 1995 年韩国首尔建立了三星儿童博物馆,1997 年日本创办了大阪儿童博物馆,2005 年以来,我国台湾先后成立了台北儿童探索博物馆、台北儿童交通博物馆等;或纷纷开辟儿童专厅或专门为儿童策划展示和教育项目。重视博物馆儿童教育已成为国际博物馆发展的一大趋势。

 较之美国等发达国家在博物馆儿童教育方面的成就,我国博物馆无论在儿童学习还是儿童博物馆建设方面,都存在很大的差距。虽然目前我国有 4510 家博物馆(2014 年),但设有儿童专区的博物馆寥寥无几,专门的儿童博物馆也只有三四家而已,更严重的问题是我国博物馆界还没有真正重视博物馆的儿童学习和教育。

 儿童是祖国的未来,儿童的成长和发展关系到一个国家和民族的前途。当前,我国的教育正面临巨大的挑战。为了达到建设创新型国家的战略目标,我们亟待改变应试教育,从儿童抓起,加强青少年的素质教育和创新教育。因此,如何根据教育部制定的中小学教学大纲与教学内容以及《3～6 岁儿童学习与发展指南》(2012 年)的要求,充分利用自身资源,强化我国博物馆的儿童教育、服务青少年的素质教育,是当前我国博物馆面临的一项重要使命。

周婧景博士在跟我攻读博士研究生期间,专注博物馆儿童教育研究。通过实地考察、专家访谈和案例搜集等手段,对国内外博物馆儿童教育做了大量系统、深入的调查研究,特别对美国博物馆儿童教育研究有相当的积累。在此基础上,完成了《博物馆儿童教育》一书。本书主要从"儿童展览"与"教育项目"两个视角对博物馆儿童教育进行了深入、系统地研究,总结和提炼出了一系列有关博物馆儿童教育的新观点、新理念和新方法。

无疑,其研究成果对增强我国博物馆的儿童教育意识,促进我国博物馆儿童展览和教育项目的进步,促进我国基础教育的变革和青少年素质教育的提升,都具有重要的理论意义和实践意义。

作为导师,最大的骄傲莫过于学生在研究上取得成绩并超越自己。所以当她请我为其著作作序时,我的心情与当年为我的另一个学生郑奕博士的著作(《博物馆教育活动研究》)作序一样,感到很高兴!

陆建松(复旦大学文博系教授、国家文物局专家库专家)

序 二

1899年，美国纽约布鲁克林区建立了第一个儿童博物馆，人们通常将儿童博物馆称作美国的独有发明。20年内，两个儿童博物馆以及美国文化保护中心儿童馆——史密森学会先后在底特律和波士顿成立。在长达几十年关于儿童权利的宣传里，这些机构代表着接纳孩子们在其学习中从自身视角出发的重要性，而不是让成人视角优先。儿童博物馆在内容和展示上与传统博物馆的策展技术非常不一致。这种（通常是有争议的）提升儿童声音和观点的方法，一直是整个儿童博物馆领域发展实践的基石。几十年来，儿童博物馆一直未被博物馆实践的主流接受，但这并没有阻碍这些机构的建立和成长。事实上，美国用卓尔不群的方法建立文化机构，这一方法也成了文化创新的肥沃土壤。全美各地陆续新建了许多儿童博物馆，这些都建立在教育者的殷切渴望之上，他们希望创造一片新天地，能在儿童发展、妇女慈善工作方面施展最新科技，寻求改善社区条件，这和有前瞻性的地方政府的目的是一样的。1962年，全美有20多家以青少年为重点的博物馆，这些机构的领导人组织了青年博物馆协会，后来成为儿童博物馆协会。通过协会，儿童博物馆的领袖们聚集在一起，在博物馆的设计和活动策划上提供最佳体验和创新实践，从而更好地服务于儿童和家庭。在儿童博物馆协会成立50多年后的今天，我们有约300家正在运营的儿童博物馆，分布在20多个国家和地区，还有超过50个团队的成员在许多国家和地区寻求一些适合的社区来新建儿童博物馆。在文化行业，这种在儿童博物馆领域实施多样性的增长模式非比寻常。儿童博物馆，以"儿童第一"的方向来设计和策划活动，在规模与内容重心方面可以有所不同。这可以归功于创始群体的专业知识和对社区需求多样性的感知。它是基于儿童和社区对特定文化的需求，在传统博物馆的设定和世界各地的儿童博物馆新建前提下持续支持弘扬服务儿童的理念，致力于塑造儿童博物馆的体验。

鉴于该领域获得了上述可持续和自我确定的增长，我们只需要看一看，为什么博物馆服务于儿童的方式以及目的对儿童幸福感、学业成功以及社区健康有着系统性的重要意义。这彰显了该内容的重要性——通过史无前例的努力，在博物馆的设定下创建服务于儿童的实践并在全球进行推广。作为一名长期研究美国儿童博物馆实践并且有着独特中国教育视角的学者，周婧景博士已经设计了一个全面的研究方法，通过全国性的儿童博物馆教育服务结合传统博物馆的设定，精细地阐明了在传统博物馆以及儿童博物馆这两种设定下，通过博物馆教育服务于儿童的全国性做法所面临的挑战和机遇。在本书中，周婧景博士向读者介绍了儿童发展和儿童教育的多样化复杂历史和理论,以及博物馆面向儿童教育实践的服务现状。在这个复杂的景观中,周婧景博士巧妙地描述了一个框架,了解正规儿童教育的启示(即学校)和非正式(即博物馆)的设定,以实现中国和其他国家研究方法的比较。其开发框架富有见地,考虑到了混合方法的严谨性和多样性,也包括了调查、访谈,直接观察数据,收集技术组合。周婧景博士在多样化案例研究中设置中国案例研究,注意纵向结果的特别价值,这让标识系统在挑战和差距面前更自信,也可以通过高质量的博物馆教育路径实现为儿童服务。在此基础上深入地收集和分析数据,设计了一种有用的实证框架,这种框架有助于博物馆提供适合儿童的教育实践。此外,这项研究结果也提出了一个建立在中国最佳实践基础上的长期战略,用于支持为中国儿童提供博物馆教育的系统性方法,还包括了避免常见障碍和缺陷的积极策略,并提供了新型有效的指标来跟踪优质与高影响力实践的实施情况。

虽然儿童博物馆教育方面的实践有着悠久的历史,但却缺乏具有广泛适用性的严格研究与理论,以记录与推进面向教育博物馆从业人员和更广泛社区的有效行动。周婧景博士通过本书的研究,不仅对中国儿童教育,而且也对世界儿童、博物馆和教育事业的发展做出了贡献。

Laura Huerta Migus(美国儿童博物馆协会主席)

目　录

插图目录

表格目录

绪　论

一、选题缘起

每每造访一家博物馆,我都会在"博物馆"三个字前凝视、寻思良久。在现代人眼里,它本该是"存放老物件的大仓库"? 本该是"门庭冷落车马稀"? 抑或是"高高在上,拒人千里"? ……

然曾几何时,它已悄然褪去了老旧的外衣,学会放低身段,悄悄地华丽转身。因它比谁都懂得:只去找寻每件陈列品诗意的栖息点,仅沉湎于每件国之瑰宝而孤芳自赏,却没有访客迎门,毫无活力、了无生机就意味着被忘却,没有活路也没有未来。于是乎,传统博物馆开始转型:在中国国家博物馆里,LV 箱包(路易威登"艺术时空之旅"展览)与观众谋面,令女士疯狂;私人博物馆、行业博物馆和诸多另类博物馆开始在民间纷纷兴起,如最早马未都的观复古典博物馆,目前最大的樊建川的建川博物馆群落,白明的"睦明唐"瓷片标本博物馆……此类非国有博物馆已有上千家,它们以自己的方式在世人面前惊艳亮相,名噪一时。博物馆的容颜由此悄然变得鲜活灵动、妙趣横生。访客中有一特殊的群体——儿童,他们喜欢活泼之氛围、绚丽之色彩、创意之空间,在以考试、升学为龙头的学校基础教育之外,他们期待七色的童年。

2010 年暑期,读书时我偶得两文《把美国儿童博物馆带回家》《创办儿童博物馆》,讲述两位从美国学成而返的硕士怀揣满腔豪情,把国外一种博物馆早期教育的理念带回中国,不约而同地在中国创办儿童博物馆的艰辛历程。此情此景,让我不觉联想到甲午中日战争后,诸如康有为、梁启超、谭嗣同等有识之士为解救国家危亡,倡导西学东渐的义举。两位知识分子所倡导的博物馆早期教育理念和肩负起的社会责任使得我心中的信念日渐清晰——作为一名年轻的博物馆学研究者穷其数年心力所完成的一项学术研究,也必定要有其重大的现实意义。

无独有偶,两文皆为中国创办儿童博物馆抛砖引玉,利用博物馆开展早期教育的呼声亦得到喝彩。在应试教育几乎充当了儿童教育全部内容的中国,作为非营利性公共教育机构的博物馆,拥有丰富的实物资源,经由营造轻松、欢乐的氛围,鼓励儿童接触实物,动手操作和探索,以一种全新方式发现和发展儿童潜能,理应"当仁不让"地承担起社会教育之重担,独辟蹊径地开创出校外教育新模式。然而,传统博物馆常忽视儿童受众,对儿童教育功能的关注更无从谈起。相较于美国,儿童在"博物馆和汽车上长大",美国在利用博物馆资源培养起一代代少年儿童的主动探索精神和思想之余,亦推动了博物馆奇妙的体验式教育理念和方式在全社会的普及。

我常在思考,一个不断超越自我和寻求创新的民族,其原动力究竟为何? 一种教育模式的塑造会对一个民族带来怎样的影响? 2009 年教育进展国际评估组织(International

Assessment of Educational Progress)对全球 21 个国家的调查结果表明:中国儿童计算能力排名世界第一,创造力却排名倒数第五。[①] 第一和倒数第五的事实真切地反映出中国儿童教育之现状。教育家刘道玉亦指出:"中国在奥赛上为金牌'常客',但在另一项需创造力的国际科学与工程大奖赛上,却始终无法突破。"[②] 是谁拧紧了儿童创造力的阀门?中国儿童与生俱来就缺乏创造力吗?此类问题涉及中国教育重大课题,并非一本著作能驾驭并能予以解答,故仅将此问题在本专业领域内进行聚焦,于是乎,聚焦至"博物馆儿童教育"。为什么早教班、培训机构如雨后春笋,而儿童博物馆却形单影只?为什么中国儿童对博物馆敬而远之?儿童究竟需要什么样的博物馆?博物馆自身又该如何利用资源,为解放儿童创造力竭诚尽智?一系列问题推动着我追本溯源、上下求索,由此开始踏上了"博物馆儿童教育——儿童展览与教育项目的双重视角"之研究征程,并力求慎始敬终。

二、选题意义

(一)一个亟待解决的问题

风雨砥砺,本书主题的择定,历经一段心路历程。最初选择儿童博物馆作为研究对象,是因为希望立足于中国儿童教育现况,就中国儿童的群体特征和中国儿童博物馆存在的问题展开针对性研究,汲取国外既有经验,找寻一条儿童博物馆从建筑空间规划、内容策划、概念设计到深化设计之路,从而引起业界、学界和社会各界关注,为国内儿童博物馆事业添砖加瓦。然而,经过半年左右的资料搜集归类及案例整理分析后发现:国内儿童博物馆不但数量寥寥无几,属事业单位性质的仅上海儿童博物馆、中国妇女儿童博物馆两家;而且政府主导型的办馆模式,条块分割的行政隶属关系,使得在中国开办儿童博物馆举步维艰。此外还有一点更为关键,就是在不考虑未来发展趋势的影响下,儿童博物馆只是儿童教育的一种类型。除却专门的儿童博物馆之外,博物馆中还可开设儿童专区(儿童馆),普通博物馆亦可开展儿童教育项目,类型多样,不一而足。风物长宜放眼量,虽然,笔者原来选择过于狭隘,作茧自缚,一旦跳出小天井,才发现外面风光无限。基于此,笔者决定转换研究视角,将儿童与博物馆之间可能产生的类型作为研究范围,只要是博物馆的儿童教育现象都归于研究对象之列,并尝试梳理博物馆儿童教育的两种实践类型。以两种实践类型为主线,研究如何针对这两种类型进行有效的策划、实施及评估。如此,本书基本框架得以形成。围绕这个既定框架,本书需解决的问题也逐步浮出水面并日趋明朗。第一,释义辨析中西方"儿童""教育"的概念,概念背后实际蕴含的是中西方迥然不同的儿童观和教育理念。第二,依据研究所需,立足现实,对博物馆教育归类以建构研究框架。第三,开展国内博物馆儿童教育现状与问题研究。第四,根据客观标准,择定两类国内外博物馆儿童教育的典型案例。第五,从相关研究成果中归纳并演绎出本书的研究方法。第六,通过国内外案例对比,总结国内外儿童教育特色。第七,依据检测出的中国儿童教育共性问题,针对性地找寻解决之道。第八,从表面问题出发,揭示并剖析其内在症结。第九,完成从实务向理论之升华,形成带有普遍意义的理论,妥善处理博物馆与儿童之间的关系。第十,结合国内外儿童教育特色与发展趋势,就中国博物馆儿童教育之未来方向做出前瞻性思考。

---

① 赵永新,王昊魁.中国儿童想象力太差.人民日报,2009-08-17(11).
② 魏娜.中国是学科奥赛金牌"常客" 国际科学与工程大奖赛难突破.长江日报,2010-08-04(7).

(二)选题的意义何在?

梁启超在《少年中国说》中写道:"少年智则国智,少年富则国富,少年强则国强,少年独立则国独立,少年自由则国自由,少年进步则国进步。"一代少年儿童的智能培养、能力塑造和素质养成与一个国家未来命运休戚相关,而"智能培养、能力塑造和素质养成"则取决于"教育",故,一个国家"儿童教育的高度"也将昭示这个国家未来所能"企及的高度"。儿童教育包含学校、社会和家庭教育三项内容,博物馆儿童教育属社会教育,"教育"是博物馆的核心职能之一。因此,本书择取"儿童"——博物馆中这类常被视如敝屣却又举足轻重的受众,围绕博物馆与儿童之间的服务与被服务关系展开研究。

1.选题理论意义

就理论层面而言,意义至少有三点:

第一,增强我国博物馆儿童教育的意识,参与国内基础教育改革。博物馆儿童教育意识的形成,有助于推动我国基础教育改革的实施。博物馆实物性、非正式性和空间性特点决定它天然适合儿童,可成为国内孩子寓教于乐的第二课堂,以弥补学校教育的局限。通过探索一种校外教育的新模式,让孩子们处于一个容易理解的世界,培养其鉴赏力、创造力及与人合作的能力。尽管如此,博物馆教育不可踽踽独行,需与学校教育、家庭教育携手共进。单霁翔博士认为:"将博物馆纳入国民教育体系,推动博物馆与学校教育、社会教育的紧密结合,组成更加健全的社会教育网络,既符合世界博物馆发展潮流,也是博物馆履行教育使命的需要……"[①]作为学校教育的补充和延伸机构、社会教育的组成部分,博物馆将与学校、家庭协力担负起今日教育儿童之重责,给孩子轻松愉快之空间。

第二,推动我国博物馆儿童展览策划、评估体系研究,形成系统的博物馆儿童展览策划和评估理论。我国现有博物馆无论是儿童展览,抑或是教育项目,其策划工作均未形成科学、完整的操作规范和流程,博物馆儿童教育处于各自为营的探索阶段,参考依据不足。同样,目前我国儿童教育评估工作亦处于起步阶段。虽出现一些展览评估实践,但依据不明确,权威性不够,无论是教育评估的基础性研究还是应用性研究,皆较为薄弱。

第三,丰富我国的博物馆学,特别是博物馆儿童教育的内容。尽管20世纪90年代初至今,我国博物馆已进入事业发展的黄金时代,无论数量还是质量皆突飞猛进,但符合儿童自身特点,专门为儿童量身定做的展览寥寥可数,同样实施的以儿童为服务对象的教育项目,其有效性也是众难质疑。目前,我国的博物馆儿童展览(基本陈列)仅包含上海儿童博物馆、中国妇女儿童博物馆儿童馆、深圳博物馆儿童馆、黑龙江省博物馆儿童少年活动室、中国儿童中心老牛儿童探索馆等,同时儿童教育项目除个别外,多数未形成常规化、体系化运作,诸此显示实践的匮乏需要理论行之有效的指导。同时,国内博物馆儿童教育研究成果主要出现于2005年后。专著、编著或译著中与"博物馆""儿童""展览"高度相关的共3部。可见,国内就博物馆儿童展览或教育项目的研究成果寥寥无几。再者,区别于国外博物馆儿童教育主要涉及应用理论"该如何做",国内的研究还主要停留在基础理论"该做什么"。因此,社会现实的需求正呼吁理论研究的先行,而理论研究亦只有与社会需求相挂钩并切实反映社会需求时,才会焕发其强大的生命力。

---

① 单霁翔.博物馆的社会责任与社会教育.东南文化,2010(6):9.

2.选题实践意义

从实践层面,可归纳为如下六点:

第一,促进博物馆儿童教育的进步,推动博物馆可持续发展。现阶段我国博物馆儿童教育基本呈现的是引入、仿效到创新的过程,但仍以简单重复、闭门造车为主,馆际交流不足,其对于博物馆可持续发展的作用仍不明显。在传统博物馆内开展儿童教育,借由展品的实物性和直观性,教育形式的自主性和开放性,教育内容的丰富性和愉悦性,很大程度上可改变传统博物馆建设时锣鼓喧天,经营时却门庭冷落的景象,一改博物馆凝重庄严的"脸",在推动普通博物馆可持续发展之余,赢得小观众的青睐。

第二,开发我国儿童潜能,积累博物馆儿童教育经验。儿童阶段是人生模仿性最强、可塑性最高的时期,如果具备适宜发展的环境,能接受"适当"的教育,积累起丰富的经验,儿童潜在的天赋就能发挥。瑞士心理学家皮亚杰(Jean Piaget)强调:儿童若接触实物,实际操作,借由观察、分类、预测、描述和推理一系列过程,学习情绪高,持续久,就会比较有成就感。而博物馆儿童教育功能即主要表现为:通过营造轻松氛围,鼓励儿童接触实物、动手操作,参与互动和体验,使实务与概念、思维通过一种新方式获得联系,从而发现和发展儿童自我潜能。早在1974年,史密森尼博物院(Smithsonian Institution,又译史密森学会)就在馆内为儿童开设了约100平方米的房间,孩子目光所及的都是花鹿、企鹅等动物标本,抽屉里是形状各异的矿物,他们可在实物天地里自己去摸、去看、去想、去问。此博物馆在不断累积儿童教育经验的同时,亦开创了重视儿童教育之风气。

第三,推动展览信息的传播,培养博物馆未来观众群。从横向看,一名儿童参观了博物馆,家长随行,信息可能以线性传播(one to one)或网络传播(one to N),甚至裂变传播(one to N to N)传递出去,之后可能几个人甚至一个班或更多的人知道,家长的朋友、同事亦知道,展览信息传播渠道实现多元化。从纵向看,"博物馆若要博得明日成年观众的青睐,必须满足今日家庭观众的需求"。[①] 可如此理解:今天培养一名儿童观众,即培养一名明天的成人观众,甚至是又培养了一名新的明天的儿童观众。社会影响的累积会产生广泛的综合效益。据统计,我国大中小学,加上各级职业、技术学校的学生,合计有两亿人,几乎占全国总人口的1/7,数量不容小觑。

第四,对普通博物馆产生冲击,有助于受众对博物馆产生新认知。当代博物馆不仅是收藏中心,也是教育、文化、学术中心,还是休闲和娱乐中心[②],获得身心愉悦是博物馆观众的共同心声。博物馆儿童展览的初衷是不囿于课堂,使得儿童在汲取知识的同时获得"身心愉悦",与此同时,儿童教育的诸多理念和实践,譬如美国儿童博物馆从20世纪20年代"动手操作"到60年代的"互动式""参与式"概念,强调以儿童为中心,无不对普通博物馆产生冲击。现今,国内大多数中小博物馆的教育力量薄弱,缺乏理论基础与实践经验,也不进行市场分析,多数只停留在导赏的层面,如何调整和改进如此现状[③],儿童教育从某种程度上可先行展开探索,积累成功经验。

第五,凝聚政府、企业、各方专业人士及有志于儿童教育工作的社会力量,加强对培养儿

---

① Richard Wood.家庭观众的博物馆学习.李惠文,译.博物馆学季刊,1992,6(2):7.
② 郑勤砚.美国博物馆公共教育的启示.中国中小学美术,2009(1):30.
③ 郑勤砚.美国博物馆公共教育的启示.中国中小学美术,2009(1):30.

童的重视和决心。现今,世界各地纷纷投入资源创办儿童博物馆,儿童博物馆在世界各地迅速开花。截至 2016 年 12 月 20 日,美国儿童博物馆协会数据显示,全世界有 341 家儿童博物馆(美国有 313 家),世界范围内已有 22 个国家拥有儿童博物馆,如英国、丹麦、日本、菲律宾、韩国等。传统博物馆诸如民俗、历史、科技博物馆纷纷开始在馆内开辟儿童专区(儿童馆),开始重视其儿童教育功能。在传统博物馆内实施儿童教育项目亦受到博物馆界的热捧,并很快成为国外博物馆的常规项目,甚至"强项"。中国作为历史悠久、文化一脉相承的文明古国,应当重视对文化遗产的保护和利用,吸引博物馆专业人士及各方有志于儿童教育的社会力量,胼手胝足且不遗余力地表现出对培养儿童的重视与决心,为儿童及其家庭提供具备先进理念的展览和教育项目,使博物馆成为儿童及其家庭喜爱的游历之所。最终聚集社会力量,培养儿童主动探索的精神和积极创新的思想,助推社会范围内教育理念的推陈出新。

第六,对于未来博物馆儿童展览策划、实施和评价具有一定的参考价值。此为本书的目标:期待通过对儿童利用博物馆的两种类型——博物馆儿童展览(儿童博物馆展览、博物馆儿童专区展览)和博物馆儿童教育项目的系统研究,形成指导性的儿童教育指南,以及儿童展览策划与评估标准,从而推动博物馆儿童教育功能的有效发挥。博物馆只有兢兢业业地打造传播力强的儿童展览和具备先进理念的儿童教育品牌项目,才能四两拨千斤,推动博物馆资源利用的社会化,从而达成儿童教育效益的最优化。

三、研究对象

本书围绕"博物馆与儿童利用者"之间产生的服务与被服务关系(即教育与被教育关系)展开,最终将研究对象锁定为此类服务关系中最主要的实现方式——"儿童展览与教育项目"。研究力图针对博物馆儿童教育的两种类型,以问题为导向,对症施策,探讨如何为儿童利用者打造传播力强的展览和如何在博物馆实施具备先进理念的教育品牌项目,并试图标本兼治、言能践行地推动博物馆资源儿童利用的最大化与社会化。而本书副标题之拟定,其意在于表明研究对象所聚焦之类型。

基于本书已经明确将"博物馆儿童教育"作为研究主题,那么关于"儿童""教育"两大概念即成为本书的基础性问题。对于这两大概念的释义和辨析,将直接影响到研究对象的准确界定和研究内容的有效筛选,关系到开展研究的方向能否直奔并围绕主题,不离弦走板。

(一)"儿童"定义

被纳入研究者研究视阈之内的"儿童"受众中,"儿童"究竟确系年龄段为何? 厘清本研究中的"儿童"概念,成为一个不可避免的话题,直接攸关本书研究对象与研究范围之把握。

首先,"儿童"为一个文化和社会概念,其内涵在不同历史时期一直处于变化之中。其次,"儿童"概念是由成人来表达、解释与探讨的。因此,从一定意义上讲,"儿童"被成人社会不断重新解释,在不同时期具有不同含义。

1. 国外"儿童"定义

在西方[①]大部分国家,儿童年龄被划定至 18 岁。联合国 1989 年 11 月 20 日通过的《儿童权利公约》(*Convention on the Rights of the Child*)第一条中规定:"儿童系指 18 岁以下

---

　① 　西方广义上是指包括全部欧洲大陆在内的西半球国家,狭义上是指欧美发达国家。本书中所说的西方,主要是指英国及受其影响的美国,还有部分以英语为母语的发达资本主义国家。

的任何人,对其适用之法律规定成年年龄低于 18 岁除外。"

2. 国内"儿童"定义

《列子·仲尼》:"闻儿童谣曰,'立我蒸民,莫匪尔极'。"①唐代杜甫《羌村》诗之三:"兵革既未息,儿童尽东征。"②清代金人瑞《下车行》:"儿童合掌妇女拜,三年有成我能讴。"③在中国古代,"儿童"被普遍认为是年龄大于婴童且尚未成年的人。

到近现代,古代的"儿童"概念已时过境迁。《现代汉语词典》第五版中将"儿童"定义为:较幼小的未成年人(年纪比"少年"小)④,而"少年"指"10 岁左右到十五六岁的阶段"。⑤ 由此可推知,在近现代,"儿童"为小于 10 岁的幼童。

《中华人民共和国未成年人保护法》第二条则规定:"本法所称'未成年人'是指未满 18 周岁的公民。"据此可见,联合国《儿童权利公约》中"儿童"概念等同于我国"未成年人"概念,但与我国"儿童"概念相去甚远。

一般语境下,在我国,"儿童"被看作小于青少年的一个年龄层,相对于老年人、父母、妇女而言,并无明确界限,概念极其模糊。譬如《刑法》"猥亵儿童罪"中"儿童"是指 14 周岁以下的人;妇联系统将 6 周岁以下的人规定为儿童;中国的儿童组织少先队,其队员年龄须在14 周岁以下;医学界儿科的研究对象为 0～14 周岁的人;社会将正处于学龄前和小学阶段即0～12 岁视为儿童年龄段。因此,国内"儿童"年龄范围颇受争议,以 6 岁、12 岁或 14 岁等为界,概念混淆不清。

鉴于 1989 年 11 月 20 日通过的《儿童权利公约》是有史以来最为普遍认可的国际公约,中国政府于 1992 年批准《儿童权利公约》并于 1992 年 4 月 1 日正式生效。而本书的研究视阈不仅涉及国内,还需引入国外案例,因此,关于"儿童"概念之界定,本书将直接参鉴联合国《儿童权利公约》中关于儿童的规定"0～18 岁的任何人",即"从出生到 18 岁青年初期"⑥的广义儿童概念。视国内外博物馆儿童受众为同一群体,可使研究具参照性和可比性。同时,本书中儿童观众年龄虽兼顾整个 0～18 岁阶段,但实施中又有分龄化侧重。

(二)"教育"定义

博物馆服务儿童利用者,无论采取何种内容和手段,其最终达成的目的是教育。因此,"教育"为本书另一个无法回避之核心概念,其概念背后实际体现的是中西教育观的差别。

1. 国外"教育"定义

西方国家"教育"一词源自"educate",属于拉丁文。其中,字根 e 等同于 ex,相当于 out,表示"出来"之意;字根 du,是"流动"之意;字根"cate"常用作动词的结尾。因此,educate 一词的含义是"导出"或"引出",表示借助一定的手段,把某种原本潜在于身心的东西引发出来。故,以词源上为判,"教育"一词在英语中是发自内心之意,属于一种顺其自然、浑然天成的活动,为一个整体概念。目的是由内而外地将一个自然人潜在和固有的素质引导出来,转变为现实的发展状况。《牛津高阶英汉双解词典》第四版中"educate"是指"train the mind

① 王强模. 列子全译. 贵阳:贵州人民出版社,1993:116.
② 李世英. 唐宋诗歌导读. 北京:中国社会出版社,2005:218.
③ 艾舒仁. 金圣叹文集. 冉苒,校点. 成都:巴蜀书社,2002:93.
④ 中国社会科学院语言研究所词典编辑室. 现代汉语词典. 北京:商务印书馆,1992:286.
⑤ 中国社会科学院语言研究所词典编辑室. 现代汉语词典. 北京:商务印书馆,1992:1009.
⑥ 许政援,沈家鲜,吕静,等. 儿童发展心理学. 长春:吉林教育出版社,2002:1.

and character of sb;teach sb;provide sb with an education"[1],即"训练某人的思想和性格；教某人；提供某人教育"。此概念强调的是教育过程，关注的是思想的发展与性格的养成，并非强行灌输后所获知识与技能。

2.国内"教育"定义

中国古文化中，先民们采用汉字做记录与表意，上古汉字属于象形文字，"教"和"育"因而有不同的内涵，代表两个截然不同的概念。

"教"，最早出现在商代甲骨文中，被写作𡥈、𡥈、𡥈、𡥈。"教"左偏旁从爻（季）演变而成，表示"小击"的意思。《说文解字》："季，放也。"段玉裁加以注："放，仿古通用……谓随之形之也……教者与人可以放也。"即"季"等同于"仿效"，表学习之意。"教"反文旁代表一只手。《说文解字》就"教"做如下解释，"教，上所施，下所效也"，上施下效，带有必行性和灌输性。综上所述，"教"早期含义为：在严格管教下，孩子学习知识与技艺的活动，采用棍棒敲打加以监督，使其接受教育。从"教"的字形结构和表意来看，其强调的是教育手段，告知受教育者如何做。

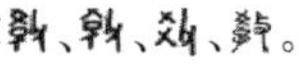

"育"，最早出现在甲骨文中，由𣎴和�两部分构成，"𣎴"为女子，而"𠗻"则代表倒写𡥀（子），意寓"女子产子"。同时，《虞书》："'教育子'。毓、育或从𣎴。""毓"为"育"的繁体字，甲骨文"毓"亦表意为母亲产下婴儿的情形。王力《同源字典》将"育"引申为"蓄养"，重在身体方面的抚养。《说文解字》对"育"也做了解释："育，养子使作善也……"意为养孩子让其多做善事。从以上"育"的字形结构与表意特征来看，其注重的则为体格培育和品德修养，告知受教育者教育内容为何。

将"教"和"育"合在一起，带有浓厚和独特的中国文化价值观，强调以教育手段和行为来实现体格培育和品德修养并举。

3.国内外教育观比较

国内外不同文化背景下"教育"定义之差异，实质上反映了两者教育观的迥然不同，直接影响教育行为的身体力行。中国教育重视"上所施，下所效"，强调受教育者的体格培育和品德修养。教育目标是培养德行兼备的君子，强调教育手段与行为。而国外教育则是立足于挖掘受教育者自身的潜在素质，其目标则是遵循受教育者自身规律来培养现实社会所需的文明人。

具体而言，国内外教育观的差异主要表现在四个方面：

其一，国内教育认为人人皆可为尧舜，忽视受教育者个体差异。如同世界上不可能存在两片完全一样的树叶，自然也不存在两个完全相同的个体。孔子认识到冉有和子路个性、禀赋的不同却要把他们同时培养成为"不左不右""不偏不倚"的君子，并认为"人人皆可为圣贤"。国外教育看到受教育者个体有差异，但不强迫受教育者接受"一刀切"的教育行为。诸如在英国中学毕业后，学生可依自身的学术造诣和爱好兴趣，自由选择是继续去技术院校还是去大学深造，社会并不鼓励人人上大学。

其二，国内教育强调服从，忽视兴趣。"上所施，下所效也。""施"表示演示、操作，"效"表示效仿、模仿。学生没有自主选择权，学生之间兴趣大相径庭却学习相同的内容，一考定终身使得很多具有专长的天才儿童败下阵来。国外教育往往给予特殊专长儿童特殊的教育，

---

① 霍恩比.牛津高阶英汉双解词典.李北达，译.北京:商务印书馆，1997:461.

注重儿童兴趣爱好,将其自身的潜质引导出来,培养专门人才。譬如国外开设有特许学校,招收不适合接受传统公立学校教育的学生。

其三,国内教育同化个体,忽视个性。最能代表中国思想的人生观之一即"中庸之道",它受到儒家学派的一致推崇,"中庸"即"不偏不倚谓之中,不左不右谓之庸,中庸之道,君子之道也"。中国教育的目标就是培养谦谦君子,服从集体,消融个体。比如孔子杏坛设教,面对同样"闻斯行诸"的问题,对子路的建议是"有父兄在,如之何其闻斯行之?"而给冉有的建议却是"闻斯行之"。子路为人侠情豪气,精力旺盛,孔子希望其学会谦退,不要凡事冲在前面;冉有做事不敢急进,孔子要他马上实践力行。这个事例虽常常被视作"因材施教"的范例,却恰恰反映了孔子对于学生个性的淹没。为什么勇敢、兼人的子路不能保持个性,发扬他自有的侠气?国外教育尊重受教育者个体的差异,鼓励以人为本的个性化教育,针对性地开展引导教育。例如美国的中学没有统一教材,学校依照每个人的特长兴趣开展分层教育,各种各样的学生都存在,有的爱好数学、音乐,也有的擅长社会活动,皆可得到鼓励与尊重。

最后,国内教育强调严格的教育手段。"教不严,师之惰","教"左边为孝,右边为反文,说明国内教育最早就重视使用严格的手段督促学习,培养"顺于道,不逆于伦"的人。国外教育则不然,面对活生生的教育个体,它不提倡必须采用严格的教育手段,而是选择引导的方式开发学生内在潜能。

从"教育"一词可以小见大地洞察国内外截然不同的教育理念,这样的教育理念直接影响到教育体制和培养模式的创立和革新,从而间接影响学校教育、家庭教育行为,影响到包括博物馆教育在内的社会教育行为。

(三)"儿童展览"定义

展览是博物馆实现其教育功能的主要方式之一,既有固定展出、较为稳定的基本陈列,也有短期展出、不断更换的临时展。两者没有本质差异,只是基本陈列往往关注"长历史的结构和中历史的局势",展出时间较长,策展耗费较高,实施难度较大。关于展览概念的释义,学者们主要通过两种视角来各抒己见。首先,强调展示的结果呈现贝尼克 K.(Beneker,K.)认为展览是"一个平台,能够激发展出者和你的想象力,并把它带到其他知识领域"。(Beneker,K.,1958)[1]马克·瓦尔希默(Mark Walhimer)提出展览是"在一个公共空间内放置提供人们观看和互动展品的事件"[2]。王宏钧认为基本陈列指的是:"由比较稳定的主题、内容、展品(主要是馆藏文物标本)和比较完美的艺术形式构成为陈列体系。"[3](王宏钧,2001)陈同乐主张:"陈列艺术设计和其他艺术创作最大的不同是它没有统一的模式,不但没有世界模式,即便同一个国家或地区,也不尽相同,这正反映了陈列艺术设计本身的特点(即风格多元化、专业化、个性化)。"[4](陈同乐,2003)其次,兼顾展示过程和结果呈现。严建强提出所谓展览是指:"在一系列时间、空间或内容上具有相关性的藏品中提炼出主题,然后根据这个主题对它们进行符合认识论和审美要求的有机组合,构成一个能反映自然生活或社会

① Beneker, K. Exhibits-firing platforms for the imagination. *Curator*, 1958, 1 (4):76-81. From this platform, you, the exhibitor, can fire the imagination and carry it out into other areas of knowledge.

② Mark Walhimer. *Museum Planner*, http://museumplanner.org/museum-exhibition-design-2/, 2016-11-18.

③ 王宏钧.中国博物馆学基础.上海:上海古籍出版社,2001:246.

④ 赵昙.处境·理念·趋向——博物馆陈列艺术设计趋向笔谈//曹兵武,崔波.博物馆展览:策划设计与实施.北京:学苑出版社,2005:48.

生活某些事实、现象和规律的形象体系。"①(严建强,1998)陆建松认为陈列展览是指:"在特定空间内,以文物标本和学术研究成果为基础,以艺术的或技术的辅助展品为辅助,以展示设备为平台,依据特定传播或教育目的,使用特殊的阐释方法和学习次序,按照一定的展览主题、结构、内容和艺术形式组成的,进行观点和思想、知识和信息、价值与情感传播的直观生动的陈列艺术形象序列。"②(陆建松,2016)

但是相关研究中有关儿童展览的定义未见。研究者依据以上有关展览的定义,结合基于田野考察的儿童展览特点分析,提出所谓儿童展览,是指"根据儿童教育心理特征,确定展览主题、制作和征集藏品,并通过生动活泼的形式加以表现,以反映自然、社会生活某些事实、现象和规律的形象体系"。

四、主要范围

本书拟以两根明线和一根暗线撑门挂户。两根明线为博物馆与儿童受众之间的两种实践类型——"专门面向儿童的展览(含儿童博物馆展览与博物馆儿童专区展览两种模式)"和"博物馆内的儿童教育项目"。一根暗线则为:发现问题、分析问题、解决问题,再深入分析,再解决问题,提炼理论并展望未来。明线譬如纬线,对本书进行定位并圈定研究范围,暗线犹如经线,逐层深入推进解决问题并归结具有普遍性的理论。正如前文提及:本书主题的选择历经一个反复磨砺的过程,最终决定"独辟蹊径"——将博物馆所有涉及儿童利用者的教育全都纳入研究视阈进行系统性、总结性研究,期待能就此做些有意义的创新与突破。

五、学术回顾

(一)国内学术回顾

随着国内博物馆实践的日渐深入,就博物馆教育的讨论和研究亦不断丰富。其中,包含有博物馆展览的相关成果。

1.博物馆儿童教育理论层面研究

从理论研究层面而言,主要含两方面论著。一是对博物馆教育功能本身进行理论探讨,研究视角涉及开展原因、重要性、存在问题、实施作用、活动规律等。法国大革命催生世界第一个公立博物馆——卢浮宫(Musée du Louvre),"教育"开始成为博物馆的使命。如果说博物馆教育活动起源于18世纪的欧洲,那么博物馆教育功能得以发扬光大则是在19世纪的美国新大陆。20世纪,博物馆教育功能的认知发生翻天覆地的转变。1990年,《博物馆教育专业标准宣言》发表,提出任何博物馆都具备为社会大众提供教育服务的责任。2000年,美国博物馆协会(现称为美国博物馆联盟)在《博物馆伦理法则》中强调博物馆有包括教育功能在内的五大使命。③ 2002年,美国博物馆联盟教育专业委员会通过《博物馆教育的标准与最佳实务》,为博物馆教育功能的有效发挥提供了理论依据。2002年,戴亚雄撰书《博物馆社会教育研究》,理论探索涉及博物馆教育与爱国主义教育及博物馆教育学与心理学、公共关系学、观众学等方面的问题。2003年,由段勇所著的《当代美国博物馆》为对美国100多家博

---

①　严建强.博物馆的理论与实践.杭州:浙江教育出版社,1998:224.
②　陆建松.博物馆展览策划:理念与实务.上海:复旦大学出版社,2016:11.
③　黄钰琴.教改之下,美术馆你的位置在哪里?博物馆学季刊,2004,18(1):50-51.

物馆实地考察后的研究性成果,就美国博物馆管理层、机构、业务流程和社会环境等做了调研和分析。美国博物馆对于教育活动的重视和实施,对国内博物馆建设产生了巨大冲击。2006年,北京博物馆学会组织编写的《博物馆社会教育》"理论篇"探讨了博物馆教育的原则、规律、主体和客体。除却专业著作外,期刊论文中也不乏可圈可点之论述。如《如何开展博物馆教育》(莫利·哈里森著,严建强译,1988)强调每一家博物馆都应当有自己的重点,教育方法灵活,设备多样化,充分发挥藏品教育功能。《儿童美术取向的博物馆策划研究》(林苗苗,2007)通过案例分析与总结,探索策划理论在博物馆教育中的应用,丰富了博物馆教育策划的理论研究。硕士学位论文《博物馆儿童教育活动执行过程的分析——以上海地区博物馆为例》(曹默,2010)在专业文献研读和实地考察记录的基础上,对博物馆儿童教育理论进行了系统的归纳和总结,为后续研究者提供了建议和参鉴。《试析美国儿童博物馆存在于社区的教育意蕴》(张海水,2014)针对美国儿童博物馆主动与社区中的学校、家庭和教育机构合作的现象,探讨儿童博物馆社区教育的意义。硕士学位论文《面向儿童教育的博物馆主题游戏设计研究》(谢婧,2015)主张在博物馆的教育游戏时间和教育游戏设计理论之间搭建起一座桥梁,开展博物馆儿童主题教育游戏的设计研究。《博物馆文物类展览儿童教育的实践原则刍议》(陈力子、李雪,2016)针对博物馆文物类展览实践中儿童教育、亲子教育等方面,提出符合儿童品味的趣味性叙事与讲故事等五点原则。

二是开展教育学、心理学交叉学科理论研究,用于驾驭博物馆儿童教育实践。随着博物馆儿童教育实践的不断深入与完善,不少学者开始意识到应用儿童教育学、心理学理论指导博物馆儿童教育活动的重要性,这方面的论著相继面世。如《陈列展览的教育心理学分析》(B.N.路易斯著,陈宏京译,2002)探讨了心理学和教育学对博物馆陈列设计者的建议和指导,认为心理学和教育学能给予博物馆展示"对症疗法"。《建构主义与博物馆教育》(陈卫平,2003)和《博物馆观众心理学浅析》(黄晓宏,2003),前者对现代教育心理学建构主义理论如何应用于博物馆实践进行了广泛深入的研究,揭示通过情境、协作、会话等手段实现博物馆教育"意义构建"的理论成果;后者对博物馆观众尤其是青少年观众参观博物馆的心理需求和兴奋点进行了探析,为博物馆工作提供了学理依据。硕士学位论文《将建构主义理论应用于博物馆社会教育活动中的实践研究》(王师师,2009)重点围绕教育心理学中的建构主义理论,将该理论与博物馆教育活动相结合加以研究。《人本主义心理学与博物馆教育功能探析》(李胜男,2010)强调应用人本主义理论为博物馆学习者创造良好环境,启发创造潜能,引导认知与经验的结合,加深对世界的理解,从而达到自我实现的最高境界。《博物馆教育功能的社会心理学探析——基于蔡元培的博物馆教育思想》(何琦、王军、尹雁,2010)基于蔡元培的博物馆教育思想,从社会心理学视角来探索现代博物馆的教育和美育功能。《博物馆儿童美育与蒙氏教育刍议》(刘佳,2010)通过引入"蒙氏教育法",以儿童为主,提供充分的玩教具,采用不教教育、成人居于协助启导地位等教育学理念为博物馆儿童教育与审美取鉴。《解析建构主义理论下的博物馆大众儿童教育》(秦文萍,2014)从建构主义理论出发,剖析了博物馆教育如何借由思考想象、感官体验和开放式对话,构建儿童对世界的认知和理解。《论艺术教育在考古遗址类博物馆教育——从意大利博物馆及瑞吉欧儿童中心的经验说起》(卢思密,2015)则主张根据瑞吉欧儿童中心的瑞吉欧儿童教育理念,发挥艺术教育在考古类等博物馆教育活动中的积极作用。

2.博物馆儿童教育实践层面研究

从实践层面而言,国内博物馆儿童教育研究仍处于萌芽阶段。21世纪以后,国内博物馆在与国外博物馆频繁交流中,意识到博物馆儿童教育功能的重要性,具备前瞻眼光和超前意识的博物馆工作者、专家学者开始在儿童教育实践中逐步归结经验与展开探索。成果主要涵盖两方面内容。

一是对国外博物馆先进经验的推介。《参观美国国家博物馆的联想》(李主其,2000)主要介绍了参观美国史密森尼博物院(Smithsonian Institution)后受到的启示,其中对美术馆、航空航天、爱因斯坦、自然博物馆等让学生直接参与,提供动嘴、动手机会的内容进行了浓墨重彩的描述。《浅议博物馆儿童空间设计——以德国博物馆为例》(杨洋,2011)依据德国多个博物馆成熟案例,从空间角度探寻能使儿童享受博物馆体验的设计手法,对博物馆具体工作的开展给予启发。《博物馆的"花样巧心思"——感受英国小学生的另一种"课堂"》(刘宁,2007)围绕英国工业博物馆"问题箱",生物博物馆的"运动场",美术博物馆的"手工坊"等案例,从侧面浓缩了英国博物馆的教育理念——"花心思让学生获得学习"。《课外、校外艺术教育是美育的一个重要组成部分——英国艺术馆、博物馆见闻与启示》(王旭晓,2008)论述了在英国老师带学生去博物馆参观学习被列入英国学校课程。《教师的博物馆之旅——非正规教育中的教师专业发展》(米广春,2010)通过对美国自然历史博物馆"重历丝绸之路"展出的个案研究,探讨非正规教育条件下教师专业发展的可能路径。《博物馆——丰富的校外教育资源》(尤天虹,2008)介绍了大英博物馆、工业博物馆、海事博物馆、火车博物馆,在馆内孩子受到了熏陶、教育,由此博物馆变身为一本本立体教科书。《韩国民族文明的活教材——走近韩国国立民俗博物馆》(陶妍洁,2010),介绍了韩国国立民俗博物馆内部的儿童专区,借用民间故事"沈青传"为背景材料,结合多媒体、互动展项,向观众讲述了古代韩国人的生活、思想、智慧和勇气,儿童在互动中受教育,涵养传统文化素养。《美国儿童博物馆对藏品利用的特点及意义》(张海水,2014)剖析了美国儿童博物馆通过鼓励儿童触摸藏品、利用藏品开展教学以及借助流动展览和网上展览等形式扩大展览途径的特色。《博物馆教育活动研究》(郑奕,2015)基于对美国史密森尼博物院教育活动的实地考察与研究,提出参观博物馆前中后三阶段教育活动及其一体化规划与实施措施。《论园本课程开发的新方向——基于美国儿童博物馆教育角色演变的思考》(黄灿、张媛媛,2015)论述了美国儿童博物馆四种角色的转变:学校教育的藏品中心、非正式教育机构、社区教育服务中心和公众教育服务中心。

二是对国内博物馆实施案例的总结、评析与全新探索。《浅谈博物馆教育中手工活动的教学设计——以中小学生的考古学普及教育为例》(曹默,2009)以手工活动为切入口,就博物馆教学设计的方法、目标和程序进行了探讨。《浅谈博物馆教育在少年儿童成长中的作用——以河北省博物馆近年来开展的少儿教育活动为例》(武贞,2009)以河北省博物馆在品德、文化、能力教育方面开展的少儿教育活动为例,强调博物馆教育在此三方面之作用。这类实践性论著中,近年来频现一种对馆校合作模式进行探讨的论著。杨丹丹、阎宏斌主编《博物馆教育新视阈》(2009),积极探索博物馆教育的新途径,窥寻博物馆与学校教育的关系,博物馆应如何配合及适应学校教育并形成互动,以及如何走出一条馆校联合、优势互补、资源共享之路。《寻找与学校教育的契合点——史密森学会的实践》(米歇尔·海曼著,杨立平、马燕茹、李薇译,2010)介绍了博物馆、研究机构和史密森教育中心为学校设计的课程并附有生动案例,史密森尼博物院(Smithsonian Institution)还每年举办华盛顿地区"教师之夜"活动,开展教师培训并与对探索教育方法感兴趣的学校通力合作。美国史密森尼博物院在馆校结合教育中已积累了数十年的经验,他们所设计的种种活泼生动、深受青少年喜爱的教学方案,已被美国许多所学校采纳并取得巨大成功。这使我们对博物馆基础教育的价值有了进一步认知。《美国博物馆学校案例解析及运行特点初探》(许立红、高源,2010)通过对美国明尼苏达州科技馆学校、纽约市博物馆学校和圣地亚哥儿童博物馆小学这三所比较有代表性的博物馆学校个案的解析,归纳出美国博物馆学校的运行特点:充分利用博物馆的资源;结合正式教育和非正式教育的优势;课程设置灵活,鼓励教学方式创新;管理架构开放,交流渠道顺畅。《儿童博物馆与幼儿园课程》(虞永平,2010)在强调儿童博物馆与幼儿园课程相结合的理念和方法论的同时,还指出儿童博物馆必然会成为幼儿园课程的重要补充、延伸和扩展,会对儿童进一步学习学校课程产生重要意义。《浅议博物馆儿童教育宣传品的美学教育功能——以西汉南越王博物馆为个案的考察》(刘豫军,2013)提出要重视儿童教育的宣传研究,不断提高宣传品在艺术形式、审美价值、美学价值等方面的水平和质量。《首都博物馆"博物馆里过大年"系列展的经验与创新琐谈》(穆红丽,2015)介绍了"博物馆里过大年"系列展览在内容、陈列设计、互动项目等方面的成功经验。《展览设计与观众需求研究——以"安徒生童话进入中国百年纪念展"为例》(于晖,2016)以中国妇女儿童博物馆展览的观众调查为例,提出要掌握观众真实的关注点以及对展览做出实际评估。

关于开展博物馆儿童教育的另一种声音,则是引入国外的儿童博物馆。因美国儿童博物馆在创办时间、数量、质量和理念上皆一马当先,所以此类论著多以美国儿童博物馆作为研究对象,且以介绍性内容为主,篇幅往往不长。《美国各种各样的儿童博物馆》(费钦生,1984)将儿童博物馆分为两种,并在实际操作中提出了五点供国内博物馆借鉴的经验,现在看来都大有裨益。《美国的儿童博物馆》(佳敏,1988)和《美国的儿童博物馆》(史君明,1990)分别陈述了美国儿童博物馆的概念、非盈利的性质、数量以及典型几家儿童博物馆运营的基本情况。《人类早期教育智能开发的最新形式——儿童博物馆》(秦新华、陈幸娅、李竹,1997)认为儿童博物馆是儿童潜在智能开发和早期教育的最新形式和方法,强调了儿童博物馆的特殊作用。接着《美国休斯敦儿童博物馆》(吴春蕾)、《探索童年——维多利亚与艾伯特童年博物馆》(徐升洁)、《波士顿儿童博物馆》(王云志)、《和建筑一起游戏——拉斯维加斯儿童博物馆》(周慧玲、柳闻楠、莫尚勤)、《威斯康星州儿童博物馆见闻》(杨平)、《美国印第安纳波利斯儿童博物馆》(关小蕾、付莹、简颖斌)等,分别对世界上特色儿童博物馆基本情况做了案例式介绍。其后,个别学者开始逐步探索如何在中国创办儿童博物馆的实际问题。《儿童博物馆应具备哪些条件》(徐韬,1990)借助巴黎科学和工业城博物馆里"发明家园地"的建成过程,分析儿童博物馆要明确为谁办、由谁办、建馆目的、设计学科、搞怎样的展览等基本条件。《创办儿童博物馆》(志泉,2006)以美国留学归来的环境工程硕士通过捐款筹资在上海为0~12岁儿童开办"儿童博物馆——互动探索宫"为案例,评析中美儿童博物馆的差距以及在中国开设此类博物馆的制度障碍。与此同时,《绿色中国》刊文《张旎把美国儿童博物馆带回家》(王纯,2010),讲述了一位教育学硕士把美国的教育理念带回中国,在中国创办一家别具特色的儿童科技馆的过程,行文突显了中国创办儿童博物馆的必要和迫切性。《美国儿童博物馆教育功能的发展与演变》(忻歌、宋娴、吴为昊,2011)探讨了美国儿童博物馆在不同时期的建馆动机、教育理念,勾勒出现代儿童博物馆教育发展的全景图,是对该类型博物馆做进一步系统、深入研究的尝试。《浅谈儿童博物馆的特殊职能与模式》(赵京姬,2011)回顾了儿童博物馆的展示模式、展示手段,揭示了儿童博物馆中儿童和实物接触、儿童与展览互动的特点。《试论儿童博物馆特点及展览设计要求》(胡琳,2013)主张儿童博物馆展览要符合生活、身心发展特点,应遵循教育心理学,在设计时使用具有象征意义的符号。《儿童博物馆规划策略研究》(杜昊,2013)提出依据教育学、儿童认知心理学等理论,从博物馆儿童学习的特质出发,设计出适合儿童展览的模式。《美国儿童博物馆的幼儿教育特色及其启示》(杜丽静,2013)以美国儿童博物馆为例,分析归纳了其儿童教育的特色做法,如为家庭、幼儿和社区提供多元的教育服务。《以"家庭学习"理念贯穿陈展策划与设计——美国印第安纳波利斯儿童博物馆陈展工作模式探析》(王微、钟玲,2016)指出印第安纳波利斯儿童博物馆的核心价值理念是"家庭学习",该馆在展览、教育、收藏和营销上都紧紧围绕家庭学习实施。《儿童博物馆教育实践模式考察——以韩国国立民俗博物馆儿童博物馆为例》(田莉莉,2016)梳理了韩国国立民俗博物馆儿童博物馆教育的发展策略和实践模式。

3.博物馆儿童教育探索层面研究

从探索层面而言,本书涉及"展览评估"内容,此类研究中,已有成果多强调重要性、推广意义及某项评价指标等,能直接指导实务操作的评估框架(或评估体系)研究却凤毛麟角、略显薄弱。展览评估类,《展览项目管理中的评估和监管机制》(杨玲,2002)提出要制定评估内容、指标,对项目进行监管,创建一种责任制度。《关于展览评估的思考》(彭文,2003),分别对展览策划、展览本身的评估方式以及结果分析做了分门别类的介绍,该文对于展览提出了一系列实质性建议。《河南博物馆观众满意度调查报告》(王娟、史吉祥,2005)以河南博物院为研究对象进行观众调查,了解观众的自然特征和参观态度以及对调查数据展开分析利用,为业界提供了博物馆展览评价的一种方法论指导。2006 年贝弗利·瑟雷尔(Beverly Serrell)撰写了《评价展览:一个评优体系》,提出评优体系的目的在定义博物馆教育的重要特征,并评估博物馆中呈现这些特征的水平,用以激励这些特征在未来展览中得到加强。《有关博物馆展示的随笔》(田传芹,2006)谈及中国目前缺乏比较中立客观的展示评价机构,提出专业媒体应在博物馆展示评价中发挥作用,呼吁需在时间基础上建立博物馆展示评价体系。《美国民间博物馆展览评价体系》(方欣,2010)介绍了美国民间博物馆展览评价体系的四大标准组成及其相关的表现方面,为我国提升博物馆展览水平提供了重要参考价值。《实践中的理论摸索,语境下的文化批评——博物馆及其展览评论大家谈》(张遇、曹兵武、周士琦,2011)的诸多学者评论中,曹兵武的观点深入人心,他指出展览评价中两点最重要,一是有理论引导,二是有评论框架,但目前博物馆本身是现象多,理论跟不上。《论博物馆展示设计方案的判断与评价》(严建强,2010)从展览设计对传播目的的实现、增加参观驱动、安全与可持续,以及性价比诸方面,提出保证展览质量亟须思考的相关问题与原则。《博物馆陈列展览评估指标体系课题》(陆建松)创新性地研究和构建了一套比较规范、科学的,并被业界认可的陈列展览评价指标体系,为该领域研究力作。然而,博物馆儿童教育评估类研究成果仍几乎为空白,论著乏见。如 2006 年徐纯译著《评量实用的指南:博物馆与其他非正式教育环境之工具》,以戴孟博士在博物馆实际执行四年评量研究的经验为基础,主要是在自然史与科学博物馆之经验,分为"博物馆与非正式教育""评量项目的规划""选择研究对象和评量方法""观众行为观察""观众访谈和问卷设计""资料分析与结果报告"几大部分与读者分享。此外,除了"展览评估"类,还出现了以儿童利用者为对象的综合探索研究,如 2013 年问世的论文集《博物馆与儿童教育》(阎宏斌等,2013)。《儿童主题博物馆的创设与教育》(宋宜、王艺澄,2015)提出儿童主题博物馆教育应当以培养儿童探究精神为主要目的,展示儿童展品,采取儿童自主活动,重视营造主题情境并提供学习材料。《搭建博物馆与儿童之间的桥梁——"2016年博物馆儿童教育研讨会"综述》(林晋,2016)围绕博物馆儿童教育主题,集中讨论了博物馆与儿童关系、儿童空间设计等问题,以探求博物馆儿童教育新理念和新方法。

(二)国外学术回顾

当代欧美博物馆发展的重要特征之一是博物馆教育功能愈发彰显。1683年,英国贵族阿什莫林将其收藏全部捐给牛津大学,成立了阿什莫林博物馆(Ashmolean Museum),这是第一所向公众开放的博物馆,被看作近代博物馆诞生的标志。西方宫廷贵族、教会藏品向公众开放真正的背景是平等主义盛行。至18世纪,法国大革命时期卢浮宫(Musée du Louvre)开放,其实现的哲学背景即平等主义基础上的启蒙运动和民主思潮。而美国早期博物馆发展中,博物馆在某种程度上成为新移民建立一种家庭和社会价值的重要纽带,取代宗教机构成为精神价值的象征系统。美国博物馆最初的建立是仿效欧洲博物馆,但不久便形成了自己的特色并产生众多"世界之最"。譬如世界上最早一家面向儿童的博物馆(1899年,布鲁克林儿童博物馆),世界上最早开设博物馆课程培训的博物馆(1908年,宾夕法尼亚博物馆),世界上最早一家设置讲解员的博物馆(波士顿美术博物馆),在国际互联网上以"edu"(教育)为后缀的世界上最大的博物馆系统(史密森尼博物院,Smithsonian Institution)。很显然,美国的这些"特色"与"世界之最"皆与教育有关。

1.美国博物馆儿童教育研究

美国博物馆被视为"儿童最重要的教育资源之一"和"最值得信赖的器物信息资源",有人认为"美国儿童是在汽车和博物馆里长大的",其向来重视教育功能,博物馆表现出第二教育机构甚至是独立教育系统的趋势。1880年,美国学者詹金斯(Jenkins)所著《博物馆之功能》明确表示:博物馆应成为普通人的教育场所。1906年美国博物馆协会(American Association of Museums,现称为博物馆联盟)成立宣言指出:博物馆应成为民众的大学。1969年,在对美国博物馆状况调查的基础上,美国博物馆协会形成了一份《美国的博物馆:贝尔蒙特报告》(America's Museum:The Belmont Report),该报告讨论了博物馆作为教育机构的可能性。1984年,《新世纪的博物馆:一份关于迎接新世纪的博物馆委员会报告》(Museums for a New Century:A Report of the Commission on Museums for a New Century)描述:若藏品是博物馆的心脏,那么教育就是博物馆的灵魂。1990年,美国博物馆协会在解释博物馆定义时,将博物馆的核心要素归为"教育"与"为公众服务"。美国博物馆协会首席执行官小爱德华·埃博(Edward H. Able, Jr.)强调:博物馆第一重要的是教育,教育已成为博物馆服务的基石。美国是较早对博物馆教育进行理论研究的国家,且在博物馆发展的各个重要阶段出版过一批论著,最为活跃的时期是20世纪30至70年代。拉姆齐(Ramsey)出版《博物馆教育工作》(Educational Work in Museums of the United States)(1938);维特林(Wittlin)先后出版《博物馆:其历史及教育任务》(The Museum:Its History and its Tasks in Education)(1949)、《寻求有用的未来博物馆》(Museums:In Search of a Usable Future)(1970);利普里(Ripley)出版《神圣的园林——博物馆论文集》(The Sacred

Grove—*Essays on Museums*）（1978）等。这些著作都围绕博物馆教育功能进行内容与任务的探讨。1992 年，《卓越与平等——博物馆教育及公众特点》（*Excellence and Equity——Education and the Public Dimension of Museums*）（美国博物馆协会）提出美国博物馆要成为为公众提供服务和教育的公共机构，致力于推动"开拓、研究、观察、批评性思考、凝视和交流"，它是美国博物馆发表的第一份以博物馆教育为主要内容的报告。1998 年，美国博物馆专家、马萨诸塞州莱斯利大学教授乔治·E. 海因（George E. Hein）在《在博物馆中学习》（*Learning in the Museum*）一书中提出博物馆教育的四种模式：教导解说型（Didactic，Expository）、刺激—反应型（Stimulus-Response）、发现学习型（Discovery）和建构主义型（Constructivism）。

但总体而言，美国博物馆界普遍重视教育实践而轻理论研究，在此领域是实践主导并非理论先行。如"动手做"学习模式的教学改革曾是博物馆教育的重要实践内容。1998 提姆·考尔顿（Tim Caulton）在《动手做的展览：管理交互式博物馆》（*Hands-on Exhibitions：Managing Interactive Museums*）提出，在博物馆教育实践中要采用动手做探究式学习（*Hands-on Inquiry Learning*），有明确的教育目标，鼓励集体或个人协作，通过亲身参与、探究，去认知物件及客观现象。美国国家科学基金会（National Science Foundation）投资 160 万美元资助波士顿科学博物馆开办"研究！请你自己观察"展即典型案例，此展览包含多种"动手动脑型"活动。与学校、社区及其他组织合作也是博物馆教育实践的方向之一。如 1975 年问世的《美国博物馆》（*Museum USA*）一书指出：逾半数的博物馆提供到校教学、教材外借与导览服务，而中小学生人数两倍于其他观众，学校主管及其他教育人员发展博物馆与学校合作关系。另外，前文所提及的《新世纪的博物馆：一份关于迎接新世纪的博物馆委员会报告》亦指出博物馆与学校的合作在未来将有重大的发展前景，提议博物馆专业人员应加强与学校主管及其他教育人员的联系，发展学校和博物馆的合作关系。2001 年，（卡罗·J. 凡科斯基 Carol J. Fialkowski 等）在《环境教育》上发表《博物馆与环境教育：影响城市公众》一文，归纳了作为美国三大自然历史博物馆之一的菲尔德博物馆在馆校合作教育方面卓有成效的经验。

2. 欧洲博物馆儿童教育研究

欧洲的近现代博物馆具备收藏并展示文物的传统，与美国不强调文物展示的方式有很大区别。1992 年，爱德华·P. 亚历山大（Edward Porter Alexander）和玛丽·亚历山大（Mary Alexander）在所著《博物馆变迁：博物馆历史和功能读本》（*Museums in Motion：An Introduction to the History and Functions of Museums*）一书中指出：欧洲博物馆拘泥于传统，把展览视为基本的教育活动，甚至认为展览除教育作用外别无其他。虽在博物馆教育方面，欧洲博物馆仍与美国存在一定差距，但是随着教育作用的日臻显著，欧洲博物馆教育项目逐渐突破"讲解＋宣传册"的传统模式，转向设计讲座、课程、科学活动、夏令营等活动。儿童教育项目主要可归结为工作表（Worksheet）、讲座（Lecture）、操作时间（Handling Session）、戏剧和角色扮演（Drama and Role Play）、节假日项目（Holiday Activities）五种形式，形成不同类型、不同层次的教育项目类型。教育方面的研究成果亦逐渐涌现，如 1994 年，英国博物馆学家、莱斯特大学博物馆学名誉教授艾琳·胡珀-格林希尔（Eilean Hooper-Greenhill）在《博物馆和画廊教育》（*Museum and Gallery Education*）一书中主张博物馆本身就是一个教育机构，博物馆的所有活动都具备教育目的，包括资料的收集、展览设计和产生、特殊活动以及教学会议的安排。1998 年,乔治·E. 海因(George E. Hein)在其所撰的《在博物馆中学习》(*Learning in the Museum*)一书中亦写道:19 世纪伦敦的自然历史博物馆和科学博物馆主要是采取类似于学校的说教式教育;至 20 世纪 90 年代后期,进入建构主义时代,博物馆开始成为"做中学"的教育场所。1999 年,艾琳·胡珀-格林希尔(Eilean Hooper-Greenhill)在另一部著作《博物馆的教育作用》(*The Education Role of the Museum*)中指出,进入 20 世纪 90 年代,借助大众媒体、社区关系等,大型特展盛行一时。博物馆展示开始全过程地贯穿多种多样的教育项目。欧洲博物馆还呈现出一个显著的特点,即普遍重视科学类博物馆的教育作用,强调动手型展览。英国的科技博物馆往往根据自身条件开发有影响的互动展示方式。德国的科技博物馆以实物为主要展品,允许参观者动手实践,如德意志博物馆因为提倡观众参与而被称为"按电钮博物馆"。法国政府在运用博物馆培育学生科学素养方面也有独到之处,每周三下午法国的小学和初中不开课,博物馆几乎成为学生专场,即所谓"星期三现象",学生们愿意去科学类博物馆观看、触摸展品、体验各种活动。欧洲博物馆还极为重视学生观众。法国所有的国立博物馆对教师和 18 岁以下学生免费开放,每年卢浮宫(Musée du Louvre)参观者中学生占一半。波兰奥斯维辛集中营博物馆观众中 80% 是学生。意大利大多数考古、艺术、民俗等博物馆对 18 岁及以下学生免费开放。

3. 日本博物馆儿童教育研究

日本博物馆界近年来亦把博物馆教育作为重要课题,以期通过博物馆教育的开展加强儿童素质的管理和指导。欧洲近代博物馆传播到日本的时间大约在 19 世纪 70 年代,处于日本明治维新时期,1877 年,日本建成了作为国立专门博物馆的教育博物馆新馆。而具备近代化功能的博物馆,则出现在 1951 年日本《博物馆法》制定之后。日本博物馆教育的最大特色是通过博物馆资料来进行教育,使得潜在的资料价值具象化,把研究和教育两个要素一体化。如 1988 年,日本著名博物馆学者仓田公裕在《论博物馆教育》中强调:所谓的博物馆教育就是让博物馆的人自由参观、比较、提出问题、自己学习,而博物馆按照每个来馆者的需要为其选择最适当的教育服务。日本博物馆学专家棚桥源太郎指出:因博物馆教育是民众易于接受的一种教育形式,所以博物馆是教育民众最有效的机构之一。

4. 欧美博物馆儿童展览研究

展览始终是博物馆实现儿童教育最为传统也最为核心的方式。虽然儿童展览主要诞生于 19 世纪末,但近二三十年逐步兴盛,因此相关研究可追溯至 20 世纪末,包括对儿童策展、儿童学习等的研究。纵观相关文献,从研究内容上看,呈现出以博物馆学、教育学和心理学为主的多学科深入发展与交叉融合的特点。

在博物馆学视野下,以尼卡斯特罗(NeCastro)、斯蒂芬妮(Stephane Debenetetti)、埃玛(Emma Bryant)、莎伦(Sharon E. Shaffer)为代表主要从儿童策展的角度介绍儿童展览概况,并探讨其创设的必要性、实施历史、对外宣传、策划展览和展览体验。尼卡斯特罗认为如果孩子不能通过博物馆教育的可能性获益,那么专门为儿童设计展览是一种与众不同的方式。[①] 斯蒂芬妮基于为 5~12 岁策划的艺术展,从孩子与展品、场景和其他孩子的互动关系

---

① NeCastro, Linda. *Grace Lincoln Temple and the Smithsonian's Children Room of* 1901. Washington, DC: Smithsonian Institution. Smithsonian Archives, unpublished paper, 1988.

和收获来探讨儿童展览体验。①埃玛阐述通过赋权 12 名 9～11 岁孩子,促成他们用 1 年在华莱士收藏馆策划的儿童展览。②莎伦对美国博物馆服务儿童的历史进行了简要梳理。③

在教育学视野下,以玛格丽特(Margaret Carr)、芭芭拉(Barbara Wolf)、珍妮特(Jeanette Clarkin-Phillip)等为代表的学者主要从儿童学习的角度讨论借由展览实现知识构建的方法。首先,我们要意识到博物馆与儿童间关系的改变深受时代变迁及其价值观影响。事实上,儿童展览的出现,与教育学领域儿童本位观念的兴起密不可分。"以儿童作为教育工作出发点"④的观念始于 17 世纪初,捷克教育家夸美纽斯在《大教学论》中提出"儿童与生俱来拥有知识、道德和虔诚的种子"⑤。他的"种子说"在约一个世纪后得以萌芽,法国启蒙思想家卢梭发现"儿童不是小大人,他们具有独立的不同于成人的生活"⑥。尽管卢梭主张要"发现儿童",但是 19 世纪末 20 世纪初,儿童还主要被认为是幼稚的、简单的。与此同时,随着工业化急剧发展,使用童工现象普遍出现。20 世纪 30 年代的经济危机使得大量童工失业,工业发展需要更多受过教育的劳动力,因此保护儿童权益的法律逐步建立。受这种社会生态的影响,此时美国教育家杜威提出了"儿童中心主义",强调教育应注重儿童的个性特征,致力于促进他们本能发展。这种教育主张甚至成为现代派教育理论的核心。博物馆的儿童得到普遍重视几乎与此同步,并且在 19 世纪末,博物馆作为教育机构得到了共识,1911年,马格德特•泰尔伯特•杰克逊表示:"在美国,博物馆被视为教育系统的一个部分"⑦。玛格丽特探索了孩子们如同通过展览中的文物实现知识意义构建的方法。⑧芭芭拉主张博物馆教育者、展览开发商和设计师为儿童提供集成的支架,通过成人等的支持来扩大儿童知识库,从而满足儿童观众的学习需求。⑨珍妮特等通过对三四岁儿童参观艺术展研究,提出幼儿有能力通过艺术展构建知识。⑩

在心理学视角下,以特莎(Tessa J. P. Van Schijndel)为代表的学者主要从儿童策展和儿童专区学习的双重视角来思考策展的心理学依据以及儿童自主学习和父母协助学习的心理学基础。特莎采用了心理学方法 EBS 检测儿童在科学中心 Nemo 展览的探索性行为,从而获悉哪种成人教授方法可以达到实践的最佳水平,以优化父母对儿童的指导。⑪

5.国际组织下属教育相关委员会等

美国博物馆联盟教育专业委员会(Museum Standing Professional Committee on

①　Stephane Debenedetti, Florence Caro, Anne Krebs. "I'd rather play than look at statues": the experiences of children with art works and interactive devices at an art exhibition, *International Journal of Arts Management*. Vol. 11, No. 3 2009: 46-58.

②　Emma Bryant. A museum gives power to children. *Focus on co-curation*, Vol. 54, No. 4, 2011: 389-398.

③　Sharon E. Shaffer. *Engaging young children in Museums*. Left Coast Press, Inc., 2015.

④　刘晓东. 论儿童本位. 教育研究与实验,2010(5).

⑤　夸美纽斯. 大教学论. 北京:教育科学出版社,1999.

⑥　卢梭. 爱弥儿. 李平沤,译. 北京:商务印书馆,1994.

⑦　严建强. 博物馆的理论与实践. 杭州:浙江教育出版社,1998:104.

⑧　Margaret Carr. Young children developing meaning-making practices in a museum: the role of boundary objects. *Museum Management and Curatorship*, Vol. 27, No. 1, 2012:53-66.

⑨　Barbara Wolf. Integrating scaffolding experiences for the youngest visitor in museums. *Journal of Museum Education*, 2012, 37:1,29-37.

⑩　Jeanette Clarkin-Phillips, Margaret Carr, Rebecca Thomas, et al. Stay behind the yellow line: young children constructing knowledge from an art exhibiton, *Curator*, Vol. 56, No. 4, 2013:407-420.

⑪　Tessa J. P. Van Schijndel, Rooske K. Franse, Maartje J. Raijmakers. The exploratory behavior scale: assessing young visitors' hands-on behavior in science museums. *Science Education*, 2010,94(5): 794-809.

Education,简称 EdCom),致力于推进博物馆成为终身学习的场所,服务于不同的观众和博物馆教育人员,促进博物馆教育方面建立专业标准和实现最佳做法。工作内容包含:赞助博物馆教育国家卓越奖;在年会上构想和实践专业发展机会;提供非正式学习领域和行业最新信息;提供为提升博物馆教育而加入者相互交流的机会等。1989 年,该委员会采用"博物馆教育人员的专业标准(Professional Standards for Museum Educators)"至今是博物馆教育人员遵循的规范。1992 年,该委员会再出版《最佳实践:博物馆教育的准则与标准》(*Excellence in Practice:Museum Education and Standard*),美国博物馆教育界至今遵行。

博物馆教育工作者资源中心(The Educator Resource Center,简称 ERC),是专门为教育工作者课堂教学和个人发展提供服务的,他们可以在这里预约时间、预订资源等,有些是位于博物馆图书馆内。如波士顿自然科学博物馆莱曼图书馆(Lyman Library)内教育工作者资源中心和大都会艺术博物馆诺伦图书馆(Nolen Library)内的教师资源中心可为教育工作者继续学习提供资料基础。

(三)国内外比较与总结

中国博物馆最早隶属于清朝的学部专门司,"民国"时学部被更名为教育部,由教育部下设的社会教育司专设一科来负责博物馆等工作。因此,博物馆在中国诞生之始,就被纳入教育管理系统,成为社会教育的重要机构。但我国关于博物馆儿童教育的研究却出现在 20 世纪后期,并集中在 21 世纪初的 10 余年间。而国外相关研究则可追溯至 19 世纪末 20 世纪初。纵观以上国内外相关文献,对博物馆儿童教育的研究具有两个特点:

(1)从研究内容上看,目前国内呈现出由基础理论向应用理论研究的过渡,而国外则主要集中在应用理论研究的特点。

一是在国内研究中,以宋向光等为代表的学者在 21 世纪初的 10 余年内主要围绕儿童博物馆定义、儿童教育现存问题、重要性及其意义等展开博物馆儿童教育基础理论的研究。2010 年至今,以阎宏斌等为代表的学者开始从儿童博物馆和博物馆儿童专区的案例介绍、儿童教育活动的经验梳理以及儿童教育的实施对策等进行博物馆儿童教育应用理论的探索。

二是在国外研究中,以欧佛森(Ulla Keding Olofsson)等为代表的学者主要从博物馆儿童教育内容、教育手段、教育原则、教育规律等方面研究儿童教育的实施对策,比如提出采取动手动脑的"互动型操作"而非仅动手的"按按钮操作",研究重点不再停留于表层的现象描述,而是在应用价值的深层探索。

(2)从理论视角上看,国内研究出现以教育心理学、评估学为主的多学科交叉渗透,而国外研究则出现多学科深入发展的特点。

一是在教育心理学视野下,国内以忻歌等为代表的学者主张借鉴建构主义、人本主义等教育心理学理论对儿童教育展开探索。国外以乔治·E.海因(George E. Hein)等为代表的学者不再仅限于对理论运用的呼吁,而是直接将教育心理学理论植入博物馆儿童教育实践,形成博物馆教育心理学,比如将博物馆教育分成建构主义型、刺激—反应型、发现学习型和教导解说型四类。

二是在评估学视野下,国内以钟琦为代表的学者从评估学学理出发,来探讨博物馆儿童教育评估对象和评估所处阶段;以陆建松为代表的学者则从评估方法着眼,提出采取博物馆专家评估或专家、观众双向评估等观点。国外以罗宾逊(Edward Robinson)为代表的学者从评估学学理来研究博物馆儿童教育,较国内研究整整早了 20 年;以迈尔斯(Roger Miles)等为代表的学者在评估方法研究上也更深入一步,在提出双向评估的同时,还主张进行前置评估、过程评估和结果评估。

综上所述,学界从多角度比较深入地研究了博物馆儿童教育功能实现问题,已经取得了一些重要成果,但是还存在三个问题:(1)国内研究较多泛泛分析影响博物馆未有效实现儿童教育功能的各种因素,但深入探究形成机理、剖析主要瓶颈的研究却基本上付诸阙如,而国外研究因缺乏本土研究的环境,在解释中国博物馆儿童教育问题上乏力。(2)研究多将博物馆儿童教育等同于儿童教育项目,事实上,广义的儿童教育除了儿童教育项目,还包括儿童展览,儿童教育研究应将儿童展览和教育活动视为整体研究对象。(3)尽管目前研究已经出现有关博物馆儿童教育功能实现的应用理论探索,但多停留在表象问题的解决上,尚未出现着眼于内在瓶颈、展开深层探索的研究。因此,本书将尝试在展教合一视角下深入探究博物馆儿童教育功能的实现路径。

六、研究方法

本书基本思路为:首先,梳理博物馆儿童教育的历史进程;借鉴先贤研究中儿童教育类型与划分标准,提出本书儿童教育的类型划分和依据,赓续探索国内博物馆儿童教育发展现状并概括出所属问题与成绩。这部分为提出问题。其次,通过博物馆相关研究成果的归结和内化,提炼出本研究学理依据,并构建适用于本研究的研究方法;根据划定的两种类型,分别择取国内外儿童教育 3 组计 12 个典型案例,展开要素解析与对比,概括各类共有特征的同时,借由前一章评价理论构建之研究方法,寻绎国内不同类型儿童教育的现存问题并加以分析。这部分为分析问题。接续,针对两种博物馆儿童教育类型存在问题,逐项进行策略研究,提出改善之举,并尝试提出各类型实施的理想模式;研究转向深入,将两种类型"合二为一",进一步揭示两种类型共同且核心的症结,并借助儿童教育、心理学理论展开策略研究,制定 0~18 岁四个年龄段的教育指南。此部分为解决问题。最后,从实务到理论,借由本研究所获的研究成果,凝练出具有普遍意义的四大理论;完成本书总结并归纳本书的创新与不足之处,并对国内博物馆儿童教育的发展趋势做前瞻。

本书主要采用方法包含:

(1)为爬梳国内外有关博物馆儿童教育方面的研究资料,对国内外博物馆儿童教育的研究现状有较为全面的把握,采用文献研究法。

(2)为开展国内外博物馆儿童教育个案研究,通过总结经验来取长补短,采用经验总结法。

(3)为科学、全面地为后续研究提供理论支撑,借鉴博物馆学、教育心理学、评价学等学科的相关理论,采用跨学科研究法。

(4)为从国内博物馆实际出发,获取一手资料,为现实中具体问题提供切实可行的解决对策,采用现场观察、问卷调查和访谈等田野调查法。

(5)为针对博物馆儿童教育两种类型研究,初步提出一套指导博物馆儿童教育的指南、规范及指导思想,以填补行业标准的缺环,采用探索性研究法。

不同的方法在研究进展的不同阶段使用。本书由五阶段组成:初阶研究——构建本书架构;进阶研究——调查研究案例;中阶研究——资料翻译及整理;高阶研究——结果实证分析;初成阶段——撰写本书。

1. 初阶研究——构建本书架构

本阶段主要是收集和整理相关研究论著,构建研究框架。在初定研究选题后,对研究成果展开爬梳,经由阅读结合分析,将其分成"儿童展览类""儿童教育项目类""效益评估类""教育心理学类"四类,分门别类加以归结(详见参考文献)。一方面用以了解本选题研究成果和动态,另一方面借鉴和吸纳与本书相关的理论,为开展研究提供学术支撑。在学术回顾基础上,依据研究对象和研究目标初步构建全书架构。

2. 进阶研究——调查研究案例

本阶段重点是展开实地调研。就博物馆儿童教育现况实施调研,选择其中的典型案例,研究者通过现场观察、观众问卷调查及访谈工作人员或观众,全面搜集研究案例的一手资料。

(1)研究案例现况之把握——国外尤其美国博物馆儿童教育方面有着丰富的实践经验,仅在国内选择研究案例会使得本选题的基础资料和学术视野受到极大限制,研究者因此将国外案例研究也纳入研究范围之列。

①国内研究案例:起初开展地毯式的实地考察,逐家逐户探访,了解国内博物馆儿童教育现况。

②国外研究案例:通过国外相关博物馆官方网站、国外文献解读、美国儿童博物馆协会工作人员给予的排名建议和赴美参加美国儿童博物馆协会年会期间博物馆口碑掌握,把握国外博物馆儿童教育现况,确定重点博物馆考察名单。鉴于国外案例主要发挥比较和借鉴作用,因此只择取同类型有口皆碑的案例。

(2)一手资料之搜集——在探访的众多案例中,依据本书研究目标所确立的标准,选择其中的典型案例,再次进行目的性探访,展开全面资料搜集以及问卷调查或观众、工作人员访谈,获取一手资料。

①儿童教育资料搜集:无论是国内案例,还是国外案例,在本研究阶段研究者皆采取全方位观展或全程参与项目的方式执行。

就儿童展览部分,购置导览手册与展品图录,仔细观察其采用的展示手段,分析本展览阐释的内容,认真阅读并逐字摘录或拍摄展区内所有可视信息,包括文字资料(展区各式看板、展品说明、展览单页、折页、展品解说、展区地图)、视频资料(电视墙、电子屏、电脑内文)和音频资料等,作为后续剖析依据。某些展览会不定期更新,完成一手资料搜集后,仍与工作人员保持密切联系,对更新者就再次前往予以补充考察(如上海儿童博物馆更新较多)。直至真正行文落笔时,仍会发现某些信息缺憾和遗漏,研究者就一次次地登门造访,获取所需信息。对于国外案例,根据重点考察名单,研究者前后几次赴美考察,资料搜集过程与国内案例一致,回国后与教育负责人员保持联系,部分更新资料通过邮件、MSN方式传递。

就儿童教育项目部分,研究者全面搜集与该馆教育项目相关的纸质资料(折页、单页、刊物和书籍)、声像资料、互联网资料和研究文献,参与至某项具体教育项目中以获取项目资料(策划书、宣传单页、看板信息或通知)、现场资料(照片、评价表、采访录音、部分录像)。国内外案例资料搜集的过程一致。

②观众问卷调查:针对选择案例,除资料收集外,还进行现场问卷调查与访谈。

就儿童展览部分,根据绘制展览平面图记录观众行为,在征求馆方同意后,根据事先拟好的调查问卷进行调查。尤其是国外案例,问卷调查前必须征得馆方许可,部分馆可由馆方代为发放和回收。

根据收集的儿童教育项目资料明确项目时间、地点、主题、目标群众等基本要素,从中择取典型的研究案例。在征求馆方同意后,根据拟好的访谈提纲进行半结构等访谈。国外案例的调查,必须事先征得馆方同意方得以开展。

本书注重导览媒介内容的整理分析、展示手段的观察,以便深入掌握展览各项要素;为切实掌握教育项目整体概况和某项具体项目前、中、后的效益评估,开展多种形式访谈,全方位搜集一手资料以推动研究议题不断深入。经历一年多国内与国外实地深入考察,数十家详尽的调研案例的文本、图像资料被收入囊中,另有八本观众和工作人员的访谈记录及七百余份调查问卷,为本书提供了大量可靠的原始资料,亦为本书最终提炼观点和理论升华提供了充分的依据。

3. 中阶研究——资料翻译及整理

本阶段为进阶研究工作的完善。就观察与记录所获取信息,提炼关键字信息,根据研究要点进行归类,并注明各内容出处,以备正式撰写行文时根据要点索引并扩充;就调研回收的问卷,进行整理并筛选有效问卷,记录回收问卷和有效问卷数量,并将所有问卷选项记录输入 Excel;就项目的访谈记录,按各类别誊录至计算机内。国外案例在此项工作开展前首先要着手文本与声像资料翻译,尤其是访谈记录,要根据现场录音并不断重听完善。

4. 高阶研究——结果实证分析

本阶段分两大步骤。第一步骤:调研结果分析。就问卷部分,根据研究拟检测的问题,运用 SPSS 软件有针对性地逐一进行频次分析、各模块比较及不同类别显著性分析,撰写分析报告。就访谈部分,根据誊录至计算机的访谈记录,筛选出与本研究相关者,加以归类。第二步骤:研究发现初步形成。依据观察、问卷或访谈分析结果,及国内外案例对比,初步检测出现存问题并归结其特征。

5. 初成阶段——撰写本书

本阶段开始正式落笔撰写。根据第一阶段的相关文献和理论的整理与研究,为建立博物馆儿童教育评价指标和儿童教育指南奠定学理依据;根据第二至第四阶段的实地调研与结果研究,针对国内外案例开展深入解析和对比,归纳各类儿童教育的共性,进而采用评价指标,检测出现存问题并展开症结分析,同时提炼可鉴之处;针对各类型各种问题及其共有问题,由浅入深逐层解决问题,提出改善建议(着重博物馆儿童教育指南的细分);完成实务到理论升华和未来研究展望,研究结果得以产生。

七、本书架构

一朝一夕间已过三秋,历经约一年三阶段的资料整理和一年有余间隔性的实地调研、参与实务(资料整理和实地调研常并行展开),每个案例实地考察结束后及时进行资料梳理、翻译和分析,后续考察中不断补正。最后用两个月时间措手研究成果更新和结果汇总分析后,终于等来夜深人静之余,伏案笔耕之时,尽管文思涌动、笔酣墨饱,但落笔时仍始终存照顾不

一　构建研究架构

确定研究主题 → 收集梳理相关文献 → 构建研究框架

⬇

二　调查研究案例

开展事先检验 ← 初拟调查问卷 ← 拟定调研方法与计划

⬇

修正调查问卷 → 开展案例调研

- 儿童展览案例：现场观察＋问卷调查
- 儿童教育项目案例：现场观察＋半结构访谈等

⬇

三　资料翻译整理

结果誊录电脑 ← 梳理并归类调研资料 ← 翻译外文调研资料

⬇

四　结果实证分析

问卷SPSS分析 → 研究发现初步形成

⬇

五　撰写书本

解决问题 ← 分析问题 ← 提出问题

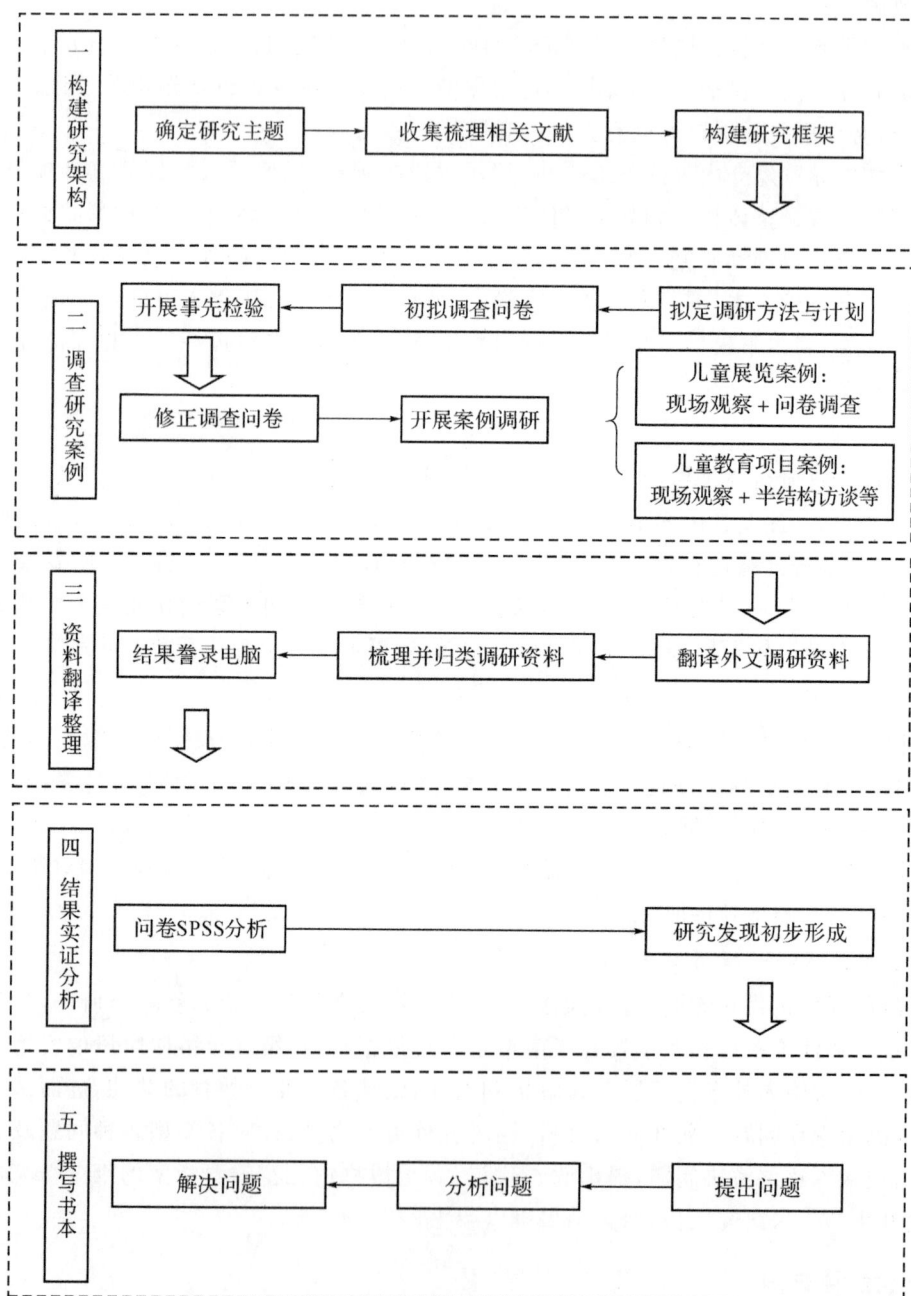

研究流程一览图

周之感。本书旨在依据国内博物馆儿童教育现存问题,对症施策,共分八个章节。绪论在于阐明选题动机、意义、范围、方法及相关学术回顾与总结。第一章提出问题,为研究开展之前提,主要进行历史梳理、对象分类及现况分析。第二、三、四章分析问题。其中,第二章进行本研究相关成果的整理及运用,归结之意不在于呈现整理结果,而在乎对其巧加运用,据此科学设计本书之研究方法。第三、四章施用此法,分别就博物馆两种教育类型进行深入、有针对性的探讨。先开展问题描述,阐明案例选定因素并依此择定国内外 3 组计 12 个案例;再通过案例各要素解析,研究者内部评分以及问卷或访谈外部检测,结合国内外案例对比,寻绎国内各类型所突显的问题;展开分析与讨论,同时提炼出此类型共有特征。第五、六、七章解决问题,分别就检测出的国内各类型问题展开策略研究。第五、六章分别针对不同类型现存并影响效益的问题,结合观察、问卷或访谈调研结果,提出相应的改善之策,并构建不同类型的理想模式。第七章研究转向深入,将博物馆儿童教育两类型合一,发掘出根本症结,并提出解决策略——依据先贤研究成果,结合博物馆特性,尝试订立博物馆0～18岁儿童四阶段教育指南。第八章为研究成果总结与升华。从实务到理论,借由本书所获之研究发现,凝练出具有普遍意义的四大理论,就本主题未来的研究做出前瞻性思考和趋势预判。

第一章
博物馆儿童教育的历史与现况

本书以儿童"展览"与"教育项目"为视角,聚焦于博物馆儿童教育,依据国内外案例纵向对比和国内案例横向比较,分析国内博物馆儿童展览存在的问题并探寻解决策略及凝练共识。希冀借本书开展的研究,促使博物馆与儿童之间互挹助力,朝着更好地为儿童办展、为儿童组织项目之路迈进。

为上述目标之达成,本章节将先行针对博物馆儿童教育的历史与现况进行探讨。研究者认为,开展博物馆儿童教育研究的前提,是对其历史和现况的梳理与解读。不仅要针对本国,国外亦属于考察之列。做出如此判断的原因有两方面。其一,博物馆儿童教育本身是一种世界现象,对国内外儿童教育历史的考察,可厘清儿童教育发展脉络。诸如美国是博物馆儿童教育最发达的国家,英国则是博物馆儿童教育最早出现的国家,通过如此梳理,易于研究者把握美英等博物馆发达国家的儿童教育之路及其先进的教育思想和方法,引起研究者之注目并加以借鉴。同时,正是置身国内外儿童教育历史发展的背景之下,才能更好地明辨目前自己所处的阶段和位置。其二,"教育方法决定于教育思想,教育思想决定于社会存在"。[①] 博物馆儿童教育的历史与现况直接决定其儿童教育思想和方法的存在和发展。故,基于历史和现况的研究需多费心力,使得线索梳理清晰且对其了然于胸。因它既是本国博物馆儿童展览之出发点,又是进行方法和理论创新之基点。

此章旨在为本研究之开展奠定基石,共分三节。第一节系统梳理博物馆儿童教育的历史;第二节依据先贤相关博物馆教育分类的研究与国内外博物馆儿童教育现况的考察,找出基准进行本研究的类型划分,从而构建起研究框架;第三节在博物馆儿童教育历史及分类等基础研究之上,进行国内博物馆儿童教育的现况分析。

第一节　博物馆儿童教育的历史

本节欲探讨的核心问题为"博物馆儿童教育存在与发展之路"。在此问题指向下,研究者按图索骥,依据国际博物馆儿童教育的历史,对本国儿童教育的历史进行系统性溯源。与此同时,亦对专门为儿童策展的博物馆——儿童博物馆的存在和发展之历史进行归结,从而推动对博物馆何时投向儿童教育,如何投向儿童教育历程的认知。

---

① 苏东海.序言.见:杨丹丹,阎宏斌.博物馆教育新视阈.北京:文物出版社,2009:2.

一、博物馆儿童教育存在和发展的历史

"教育"是博物馆三大基本功能之一[①]，"儿童教育"则是"博物馆寻求教育方式的一个方面"[②]，并且重要性日渐彰显。因此，儿童逐步成为博物馆教育功能发挥的重要主体。虽然博物馆承担教育职能由来已久，但最初并不存在对教育对象，诸如成人、儿童、特殊人群等的严格区分。

乌尔[③]神庙发掘时，一座学校遗址中类似于博物馆的文字说明牌得以重现天日，考古学家推测这可能是辅助学校开展教育的博物馆标本。倘若认为此结论仅是一种猜测，那么其后"博物馆"一词的出现及使用，则表明"博物馆"与"教育"间唇齿相依的关系已初露端倪。希腊文"mous"加"eion"最初表征的含义是"缪斯的居所"或者"思考的场所"，有人把它解释为"提供教育和心灵愉悦的场所"。这种解释可以从公元前 284 年，埃及国王托勒密一世（Plotemee I）在亚历山大城的宫殿里建立的一座科学和艺术中心——亚历山大博物院（Museion of Alexandria）中得到求证。此处的 Museion 就是教授们写作、研究和讲课的场所，其教育功能显而易见。然而这之后的一段时间内，博物馆的教育功能并不那么突显。17 世纪前，博物馆只是贵族们摆放个人收藏品的地方，秉承私人收藏传统，所以很少向公众开放，往往仅服务于贵族精英们，局限于小社交圈内。但到 17 世纪晚期，在引领世界工业文明的英国，阿什莫林博物馆（Ashmolean Museum）身先士卒，将收藏公之于世，成为第一所向公众开放的博物馆。至此，博物馆具备了收藏、研究、展示功能，而教育功能的出现，则是在 18 世纪。

18 世纪至 20 世纪 20 年代可视为博物馆教育的探索阶段。欧洲启蒙运动、自然科学的兴起以及政治革命的爆发，加速了欧洲博物馆社会化进程。尤其是 1789 年法国大革命，终止了卢浮宫（Musée du Louvre）作为路易王朝皇家收藏的历史身份，其将蜕变成为共和国的公共博物馆，1793 年，卢浮宫向世人开放，且十天中三天免费开放。阿什莫林博物馆、不列颠博物馆和卢浮宫的开放，标志着公共博物馆时代的到来，其教育功能亦从此进入笔者的视阈范围。尔后，19 世纪工业革命的需要又推动了博物馆教育功能之新生。至 19 世纪末，博物馆是一种教育机构的判断已成为共识。1881 年，柏林国立工艺博物馆为隶属于它的一所工业和装饰艺术学校的学生提供实物标本，开博物馆为学校服务之滥觞。1904 年，大卫·穆雷这样写道："德国的博物馆已成为教育基地。在那里，每一个课题都因配备了博物馆教师而变得易于理解。"[④]美国在博物馆教育，尤其儿童教育方面的举措更是一马当先。19 世纪 90 年代，纽约库柏联盟博物馆（Cooper Vnion Museum）开始强调满足学生需求，至 19 世纪末，儿童教育已受到普遍重视。1899 年，一批父母和教师，由于对公立学校不满，在纽

---

① 此处博物馆三大基本功能是指"收藏、研究和教育"。学者专家针对博物馆功能各抒己见，约瑟夫·V.诺布尔（美国）提出博物馆有收藏（collect）、保存（conserve）、研究（study）、阐释（interpret）和展览（exhibit）五种功能；彼得·冯·门施（荷兰）指出博物馆有保存（preserve）、研究（study）和传播（communication）三种功能；日本学界主张博物馆有收集和保管、调查和研究以及社会教育三种功能等。

② 程京生.浅谈博物馆社会服务与儿童教育.见：北京博物馆学会.北京博物馆学会第二届学术会议论文集（北京博物馆学会第二届学术会议，北京，1997）.北京：经济日报出版社，1998：323.

③ 西亚的古代城市，位于伊拉克的穆盖伊尔。约于公元前 5000—前 4000 年，苏美尔人开始在乌尔定居，到公元前 4000—前 3000 年这里形成城市；公元前 25 世纪前后，发展为强盛的城邦国家，后来成为乌尔第三王朝的国都；后附属于巴比伦诸王朝和波斯帝国；公元前 4 世纪因幼发拉底河改道而逐渐废弃；从 19 世纪中叶开始发掘。

④ 严建强.博物馆的理论与实践.杭州：浙江教育出版社，1998：104.

约创建了世界上第一所儿童博物馆——布鲁克林儿童博物馆,彰显父母和教师对博物馆儿童教育的殷切期待。1907 年,美国博物馆出现讲解员,引导观众进行藏品欣赏。1911 年,马格德特·泰尔伯特·杰克逊表示:"在美国,博物馆被视为教育系统的一个部分。"[①]此阶段的显著特征为通过展品、文字说明、解说和目录的方式进行博物馆教育,形式还较为呆板沉闷,博物馆成为学者和学生的研究中心。但无论如何,博物馆苦心孤诣,在建筑功能上已将收藏品和展览合一的空间打破,展览由此具备独立空间,不再在库房中进行,这亦为后来博物馆开展教育的实现创造了无限可能。

20 世纪 30 年代到 50 年代可划定为博物馆教育的初步发展阶段。1929—1933 年世界经济危机爆发,第一次世界大战后短暂的"繁荣"犹如昙花一现,稍纵即逝,世界用了 10 年时间从这场危机的阴霾中走出,但它的影响却持续了近 20 年。美国博物馆为了赢得生存空间,承担起应尽的社会责任,开始立足观众兴趣,将博物馆功能由文物收藏转向教育服务。因此,教育部逐步发展成为博物馆最活跃的部门,并积极与学校建立稳定的合作关系。一方面,博物馆具备专门辅导学生的教师;另一方面,学校课程表上明确规定博物馆的上课时间。此时,博物馆也开始探索以成人为对象的非正规教育。

20 世纪 60 年代到 70 年代是博物馆教育逐步成长阶段。科技革命的开展调整了全球范围内的产业结构,对妇女、残障、不同种族等少数群体的关注以及民主意识的抬头不断融入主流意识。博物馆教育理念亦出现崭新的变化,视听设备与表现手段得到全面改观。1962 年到 1963 年,美国博物馆协会于《美国加拿大博物馆统计研究》发表的调查显示,在 2752 座被调查的博物馆中,近 10% 的博物馆的教育科目专为大学生制定,而 20% 的博物馆为儿童制定正规的基础教育科目。[②] 随着"终身教育"理念之普及,博物馆逐步转变为异于学校的终身教育机构,诸多博物馆教育部开始实施有周密计划的教育项目。博物馆教育民主化、人性化有所体现,随着与观众互动的展品展项相继面世,教育项目呈现多元化,尽管这些项目在理念和方法上有所创新,但仍未得到普及。

20 世纪 80 年代至今被认定为博物馆教育发展的黄金阶段。随着两极格局的解体,科技急速发展,经济全球化使得世界融为一体,经济的发展推动休闲意识的萌发。此时,博物馆教育不再是个别行为,其地位不断得到确立和巩固。美国 88% 的博物馆提供从幼儿到少年的教育项目,70% 的博物馆在过去 5 年中增加了面向学生和教师的服务。[③] 史密森尼博物院(Smithsonian Institution)常与教师座谈,汲取教师建议,并邀请其参与教材编写。英国早在1988 年即制定"国家课程"(National Curriculum),规定博物馆儿童教育可与学校课程连接。为此,博物馆馆方亦积极响应,依国家课程标准设计教育手册,据儿童年龄设计活动手册,配合与学校课程的衔接。历经三年,在双方共同努力之下,参观博物馆的学校团队人数增至约750 万人。法国则于教学大纲上规定,学生一周必须有一两次去博物馆参观的课程。此外,自 2004 年起,法兰西博物馆局和教育部局联合策划每年一次的"博物馆之春"活动——"带着你的父母去看博物馆",主办单位主动向儿童发送邀请信函,500 多家博物馆联袂参与。总之,此阶段博物馆教育的基本特征为:主题性、解释性的展览增多;博物馆讲解制度更趋完善;博物馆教室为教育活动提供了场所;视听设备更加全面、系统;教育手段显得灵活多样;

---

① 严建强.博物馆的理论与实践.杭州:浙江教育出版社,1998:104.
② 严建强.博物馆的理论与实践.杭州:浙江教育出版社,1998:104.
③ 段勇.当代美国博物馆.北京:科学出版社,2003:99.

教育不断向学校、社区、企业等外部空间拓展,学校博物馆、儿童博物馆等以教育为目的的博物馆类型屡见不鲜。然而,究竟以怎样的专业态度与技能来应对博物馆教育,目前仍让人困惑,博物馆教育系统的理论研究仍缺位。

　　我国博物馆教育也历经了从无到有、从被动到主动、从单一到多元等不同的发展阶段。[①]基于本书研究所需,研究者在此处仅将范围辐射至儿童教育的历史。作为一种文化现象,博物馆虽然出现很早,但近代意义上博物馆仅三四百年历史。相较于西方较为原生与悠远的历史[②],中国博物馆发展至今仅有百年。从 1905 年张謇开办南通博物苑到 20 世纪 30 年代中期为起步阶段。该阶段博物馆事业隶属于教育部,强调博物馆是社会教育的重要机构,同时是实现美育教育的重要手段。博物馆专门针对儿童群体的教育在此时仍乏见。但无独有偶,河南博物院于 1936 年颇具新意地在馆内开辟出儿童科学馆,采购科学仪器,向学龄前儿童、小学生进行科普宣传。无论如何,早期的博物馆已彰显出一定的教育意识,尽管基本未将儿童与成人对象做区分,儿童教育的主要手段亦还仅限于提供在校学生参观标本。中华人民共和国成立到 20 世纪 50 年代末期为儿童教育探索阶段,一批新型省级博物馆建立,博物馆归属文化部,由国家文物事业管理局全面接管。博物馆开始组织承担宣教工作的讲解员队伍,中学生纷纷入馆参观,接受讲解服务,博物馆儿童教育自此占有一席之地。20 世纪 80 年代至 90 年代初属博物馆儿童教育发展阶段,重点是以一持万地开展爱国主义教育。1988 年 9 月,中国博物馆学会(现称为中国博物馆协会)社会教育专业委员会诞生,推动了博物馆教育领域的学术研究及馆际教育部门间的交流学习,建设了谊切苔岑的共同平台。1991 年 8 月 27 日,国家教委颁发《中小学加强中国近代、现代史及国情教育的总体纲要》(初稿)的通知,强调"两史一情"教育。次日,中宣部、国家教委、文化部、民政部、团中央、国家文物局六部委联合印发《关于充分运用文物进行爱国主义和革命传统教育的通知》。1992 年至 2004 年 81 个单位被授予"全国爱国主义教育示范基地"的称号。由此,博物馆成为社会教育系统所共识的儿童教育场所。20 世纪 90 年代至今为博物馆儿童教育的壮大阶段,随着上海、河南等地一批批现代化大型博物馆问世,博物馆儿童教育步入黄金之旅。2004 年 2 月,国务院下发《关于进一步加强和改进未成年人思想道德建设的若干意见》(中发〔2004〕8 号,见第二章第二节),未成年人的教育服务被摆至重要的位置。为促成《关于进一步加强和改进未成年人思想道德建设的若干意见》的实施,2004 年 3 月,文化部、国家文物局又联合颁布《关于公共文化设施向未成年人等社会群体免费开放的通知》,强调"公共文化设施在向未成年人等社会群体免费开放的同时,要坚持把社会效益放在首位,……充分发挥对未成年人的教育引导作用"[③]。2007 年,在博物馆免费开放前,陕西省已将博物馆教育纳入国民教育体系,全省各级国有博物馆为中小学生集体实行免费开放参观。随着现代博物馆的功能日益宽泛,至此教育功能已成为其最核心的社会功能。博物馆尝试将儿童作为特殊服务群体与成人相区分,寻求儿童教育的有效实践形式,部分博物馆于场馆内专门开辟儿童展厅,组

　　① 王彬.论中国博物馆的未成年人教育.见:杨丹丹,阎宏斌.博物馆教育新视阈.北京:文物出版社,2009:30.
　　② "西方社会的博物馆历经崇拜神明(希腊)、尊敬知识(希腊化)、战利品共享(罗马)、刻苦钻研(中古)、拓展世界(十字军东征)、人文主义(文艺复兴)、知识传播(印刷术)、海外扩充(帝国主义)、科技进步(启蒙与工业革命)、考古与民族学(社会学应用科学方法)、民族国家主义运动(法国大革命)……"引自:苏明知.殖民、国族、现代、社群:百年台湾博物馆文化政策窥探(1908—2010).高雄:科技博物馆,2010,14(2):47.
　　③ 中华人民共和国文化部,国家文物局.关于公共文化设施向未成年人等社会群体免费开放的通知.中华人民共和国文化部官方网站,2004-03-19.

织面向儿童的教育项目。诸如黑龙江省博物馆、湖北博物馆、首都博物馆、中国农业博物馆等积极推出儿童教育活动,为其带来了良好的社会口碑,后续维护较为成功。然而,从总体而言,国内博物馆的儿童教育方式仍以讲解为主,相较于欧美博物馆,内容与手段相对保守。同时,国内博物馆教育部称谓繁多,有教育部、教育推广部、社教部、群教部、群工部、公共教育部、展教部等。综之,我国博物馆儿童教育基本呈现的是引入、模仿到创新的历程,仍以简单复制、自我摸索为主,因此任重道远。国内起步较晚的博物馆儿童教育,尽管面临上述诸多困境,但仍收获了不少后发先至的成果,各地博物馆为此做了大量工作并取得了一定经验。博物馆儿童教育关系中国几亿儿童的教育和未来发展,研究者正是看到国内儿童教育这种后发趋势,但又发现其有效性却一直困扰着博物馆教育工作者[①],加上专门针对博物馆儿童教育的重要实现方式——儿童展览的著作少之又少,再次确认本书撰写之必要。

在博物馆全球化和经济迅猛发展的今天,儿童展览迎来了更广泛的空间和更多的机遇,同时其对博物馆工作者也提出了更严苛的要求,博物馆要明确自己的使命和方向,为正处于身心成长期的儿童提供全方位、多元化的展览服务,从而达到盘活博物馆现有资源,优化社会教育生态的目的。

二、儿童博物馆存在和发展的历史

博物馆是儿童教育不可替代的关键场所。近年来,随着我国儿童教育受关注度逐步提升,家庭在儿童教育上的支出逐步增加,良莠不齐的各类儿童教育机构亦纷纷涌现。高昂的教育费用常使望子成龙的普通家庭负荷沉重,越来越多的人开始呼吁儿童教育的非营利性机构——儿童博物馆的出现。博物馆为儿童开辟专属空间——儿童专区似乎已无法满足庞大的儿童群体的客观需要,创办面向儿童的专业博物馆,不但为儿童展览提供专门场所,而且成为博物馆开展儿童教育的必然选择。何为"儿童博物馆"? 在本章第二节"博物馆儿童教育的类型"中将做详细介绍。"儿童博物馆"虽在本国不常见,但其已然并非新鲜事物。以下,研究者即对儿童博物馆存在和发展历经 117 年(截至 2016 年)的流转光阴进行系统探寻。

19 世纪末,以儿童为本位的教育思想兴起,儿童教育开始受到重视。1899 年 12 月 16 日,在布鲁克林中心博物馆艺术馆长提议下,布鲁克林艺术科学学会在美国纽约市创办了世界上第一所儿童博物馆——布鲁克林儿童博物馆[②](Brooklyn Children's Museum)。这所博物馆的问世,表达了对现代公立学校教育的不满,寄托了儿童教育革新的梦想,是送给全世界儿童的礼物。"它是对传统博物馆的背离,对随后儿童博物馆的兴起影响很大。"[③]布鲁克林儿童博物馆也由此成为儿童博物馆行业的肇始者。1903 年,出任该馆策展人的安娜·比林斯·盖洛普(Anna Billings Gallup)首次指出:"儿童需要始终知道儿童博物馆是为他们而开的,并随时为他们的兴趣和需求考虑,纯粹的娱乐是儿童博物馆的学习方式。"[④]一种"由触摸实物展开发现式学习"的崭新理念逐步得到社会认同,相继建成的儿童博物馆都视之为蓝本。

---

① 郭青生.兴趣是学习的先导:谈谈上海博物馆未成年人教育的尝试.见:杨丹丹,阎宏斌.博物馆教育新视阈.北京:文物出版社,2009:41.

② Brooklyn Children's Museum. *Who We Are*. http://www.brooklynkids.org,2010-10-02.

③ S. Cohen. *Fostering Shared Learning among Children and Adults:The Children's Museum*. Young Children,1989,44(4):20-24.

④ Herminia Wei-Hsin Din. *Children's Museum*. UMI Company,1990:12.

20 世纪 20 年代是儿童博物馆发展的一个重要时期。1913 年 8 月 1 日，波士顿儿童博物馆（Boston Children's Museum）作为美国第二家儿童博物馆向公众开放。[1] 它在儿童博物馆发展史上具有重要意义。[2] 为了便于科学教师交流标本和思想，在当地的中小学教师协会推动下，博物馆应运而生。如今它已被誉为世界最好的儿童博物馆之一。个中缘由下文会有所论及。1917 年年底，第一家为学校建立的儿童博物馆——底特律公立学校协会儿童博物馆诞生，它成为博物馆和学校校际合作的滥觞，是后来许多儿童博物馆追随的典范。1925 年 12 月 6 日，世界上最大的儿童博物馆——印第安纳波利斯儿童博物馆（Children's Museum of Indianapolis，本书研究案例之一）问世，它的特色表现在有社区领导者、教育者支持，融入了社区的援助力量。此后，又有 3 家儿童博物馆相继开放。这个时期，约翰·杜威（John Dewey）和玛利亚·蒙特梭利（Maria Montessori）的教育观点受到普遍欢迎。杜威重视学生的个人经验，认为要"做中学"[3]；蒙特梭利则强调教育设施的重要性，认为学习过程中使用不同器械和分享活动需同时进行。他们的理论对博物馆教育产生重大影响，也促使该时期儿童博物馆科学教育之发展。儿童通过亲自动手操作，获得愉悦与成就，不断吸收知识，成人则承担促进者角色。

20 世纪 60 年代是儿童博物馆的重大变革时期，各地开始积极建设，蔚成儿童教育的新事业。此时期最有成就的进步，就是用"互动式""参与式"概念取代了 20 世纪 20 年代开始所强调的"动手操作"。动手操作只是一个机械化过程，互动是一种脑力劳动，从手到脑，实现思考。当时推动这个革命性做法的重要人物之一便是 1963 年就任波士顿儿童博物馆馆长的斯波克（Michael Spock）[4]（被称为"儿童博物馆运动之父"，在波士顿儿童博物馆发展史上的作用举足轻重），他领导对儿童博物馆进行理念和陈列设计的重新定义，采用互动性的策略，向儿童提供互动性的展示。1964 年，他首次举办"里面是什么（What's Inside）"的互动展览（Interactive Exhibit），这个实验性展览广受欢迎。这位馆长把展厅中的玻璃柜子移开，代之以一个适合儿童的宽松的学习环境，使参与性互动的展示成为可能。各种展品诸如烤炉、抽水马桶被剖开，互动展项蕴藏着科学原理。斯伯克馆长表示该展览的可取之处在于"通过与实物和实际空间的直接互动体验提供了信息"。[5] 自此，以儿童为中心的互动式展览广受推崇。与此同时，心理学家皮亚杰成为这股热潮的积极推动者。他认为"与环境之间的直接的互动体验对（儿童）形成各种概念作用重大（Direct experience interaction with the environment is important in forming concept）"。

"强调实验"成为儿童博物馆展览的转折点，开创了展览新模式。据说，正是受到"里面是什么（What's Inside）"展览的启发，1969 年，物理学家欧本海默（Frank Oppenheimer）馆长采用互动展览的概念，创办了新型的科学博物馆——加州探索博物馆（Exploratorium），或译为探索宫。亦有人提出，加州探索博物馆的灵感乃出自伦敦、荷兰的科学博物馆 20 世

① Boston Children's Museum. *About Boston Children's Museum*. http://www. bostonchildrensmuseum. org/about,2010-10-03.

② Herminia Wei-Hsin Din. *A History of Children's Museums in the United States*，1899—1997：*Implication for Art Education and Museum Education in Art Museum*. Columbus：The Ohio State University,1998:29.

③ Don Rutledge. *What Dewey Got Right*. Education Canada,2002,42(1):48.

④ 杨玲,潘守永. 当代西方博物馆发展态势研究. 北京:学苑出版社,2005:112.

⑤ 忻歌,宋娴,吴为昊. 美国儿童博物馆教育功能的发展与演变. 外国中小学教育,2011(1):26.

纪 60 年代"互动式"的创举。① 无论怎样,此馆的创办缘由在今天看来,已显得不再那么重要,重要的是加州探索博物馆开创了一种新模式——"以互动性的科学教育展示为中心,只关注科学原理,收藏却乏善可陈"。然而,美国博物馆协会(现称为美国博物馆联盟)最终还是接受了加州探索博物馆,并在几年后将博物馆的范围扩展到很少或者没有藏品的科学和其他领域。②

受美国波士顿儿童博物馆和加州探索博物馆的影响,20 世纪 70 年代和 20 世纪 80 年代成为儿童博物馆快速发展的黄金年代,50 多所儿童博物馆陆续建起。新闻媒体开始关注儿童博物馆的工作,社会领袖希望在当地建造儿童博物馆。印第安纳波利斯和明尼苏达等儿童博物馆于此期间进行扩建和搬迁。21 世纪伊始,儿童博物馆又考虑如何再次革新,鼓励观众一次次地来参观,一些儿童博物馆借鉴了娱乐产业的方法。譬如位于巴尔的摩市的港口发现宫(Port Discovery Children's Museum)是运用该方法最为成功的案例,在促进当地经济蓬勃发展的同时,港口发现宫成为孩子们发现并实现想法和渴望的地方。

随着儿童博物馆展览策划理念的推陈出新,相映成趣的是儿童博物馆数量激增。1975 年,在美国大约有 38 个儿童博物馆;从 1976 年到 1990 年开了 80 个;到 2016 年又新建了 125 个。与之相伴的趋势是该时期使用儿童博物馆的观众数量亦在增加,至 2001 年,儿童博物馆参观的人数比 1991 年的人数多出两倍。③ 据儿童博物馆协会数据统计,2007 年超过 3000 万儿童及其家庭参观了儿童博物馆。④

截至 21 世纪初,世界各地已有 290 余所儿童博物馆。继布鲁克林儿童博物馆开放后,世界各地已陆续建成一批儿童博物馆。在亚洲,1995 年,韩国首尔成立了三星儿童博物馆;1997 年,日本大阪创办了大阪儿童博物馆(Kids Plara Osaka);中国台湾从 1994 年以来,先后成立了台北探索馆、袖珍博物馆、海洋生物博物馆、科学工艺博物馆等。⑤ 目前,美国、日本等国家儿童博物馆已呈现出蓬勃发展的趋势。在数量上,美国位居首位,2016 年 12 月 19 日儿童博物馆协会官网显示,全美拥有儿童博物馆 313 座(含规划阶段的 70 座),占世界儿童博物馆的 90% 以上。其中,44% 成立于 90 年代⑥。美国蜚声海外的儿童博物馆有:布鲁克林儿童博物馆、波士顿儿童博物馆、休斯敦儿童博物馆、印第安纳波利斯儿童博物馆、"请触摸博物馆"、麦迪逊儿童博物馆、芝加哥儿童馆、拉哈巴儿童博物馆、奥马哈普利茅斯儿童博物馆、爱贺顿市探索儿童博物馆、林肯儿童博物馆等。此外,美国拥有健全的儿童博物馆网站和为数可观的儿童博物馆书籍。上文多次提及的"美国儿童博物馆协会"(Association of Children's Museums,简称 ACM)成立于 1962 年,此协会在首都华盛顿设立了办公室,并有 6～7 位专职的工作人员,为儿童博物馆提供服务。同时,欧洲儿童博物馆学界也认识到了此类协会组织的枢纽性作用。1994 年,欧洲儿童博物馆专业协会成立,并倡导"动手做"

---

① Melanie Quin, Aims. *Strengths and Weaknesses of the European Science Center Moment*. In: Roger Miles, Lauro Zavala. *Towards the Museum of Future: New European Perspectives*. London: Rouledge, 1994: 39.

② Victor J. Danilov. *America's Science Museums*. Greenwood Press, 1990: 305.

③ Margie I. Mayfield. *Children's museums: Purposes, Practices and Play*? Early Child Development and Care, 2005, 175(2): 180.

④ 本段内容的数据主要来自儿童博物馆协会官方网站, http://www.childrensmuseums.org/childrens-museums/about-childrens-museums.

⑤ 李馥颖. 博物馆陈列设计中儿童展示空间的提倡. 科技信息, 2008(15): 476.

⑥ Herminia Wei-Hsin Din. *A History of Children's Museum in the United States, 1899－1997: Implications for Art Education and Museum Education in Art Museums*. Columbus: The Ohio State University, 1998.

(Hands On!),此协会汇聚着来自欧亚的众多儿童博物馆界精英。另外,一种新现象异军突起,诸多专门博物馆比如综合、民俗和科学技术博物馆内纷纷开始创办儿童专区,面向儿童布展,受到儿童利用者的欢迎。

纵向比较国外儿童博物馆逾百年的发展史,我国儿童博物馆的诞生时间较晚;横向比较国内综合、民俗、科技、历史、遗址等诸多类型的博物馆,我国儿童博物馆类型的出现时间亦较晚。

19 世纪 40 年代,受西方文化影响,作为一种文化现象,近代博物馆应运而生。早期博物馆分为两类:一类由外国人在中国创办,一类由中国人自己创办。中国人自己建立博物馆始于 19 世纪 70 年代,主要为"讲求西学",即学习西方自然科学技术知识。1876 年,京师同文馆首设博物馆。1905 年,清末甲午科状元,亦为著名实业家的张謇,以个人财力在家乡创办南通博物苑。这是一所融自然、艺术、历史于一体的综合性博物馆,同时也融入了张謇本人对包括博物馆职能、性质等博物馆事业的精辟见解,它被视为中国人设立的第一座博物馆。中华人民共和国成立前夕,全国仅有 25 座博物馆[①],其中 9 座为外国人所创办。1949 年后,博物馆事业进入破旧立新的发展阶段,至 1966 年,全国文物系统的博物馆数量达到 160 座。"文革"期间博物馆事业有所停滞,1970 年,国务院正式批准博物馆恢复工作,其后出现近 20 年的再度繁荣期。1988 年,全国文化系统博物馆有 903 座,包括非文化系统在内已有约千座。20 世纪 90 年代末,全国博物馆总数达到 2000 余座,至 2015 年年底,全国登记注册的博物馆已达到 4692 家,业已形成蓬勃之势。虽然博物馆数量盈千累万,但是中国第一所儿童博物馆——上海儿童博物馆却在 20 世纪 90 年代中期才出现。此外,它的问世,并未广受推崇以至形成星火燎原之势。其后约 10 年内,中国这座首家儿童博物馆始终形单影只。直至 2004 年年初,广州市第二少年宫准备筹建中国首家儿童博物馆。当初预热宣传曾引起社会广泛的关注,可 4 年后最终却因"二次报批,未获得市发改委批复"而流产。为什么 2004 年才开始筹建的儿童博物馆被称作中国首家博物馆?因上海市设立的儿童博物馆,属于美资,于美国注册。由此得见,公办儿童博物馆在现行制度下的发展并不乐观。随着办馆主体多元化,充满锐意改革的民办儿童博物馆相继出现,推动了我国儿童博物馆发展的第一个小高潮。2004 年,毕业于清华大学环境工程专业的王宁宁女士,赴美求学归国后,为把美国的儿童教育理念引入中国,在上海创办了互动式儿童博物馆——上海互动儿童探索宫。2010 年,哥伦比亚大学教育学硕士张旎女士,放弃继续在美攻读博士的机会,为"将美国儿童博物馆带回国内"的梦想付诸实践,在北京创办了颇具特色的儿童博物馆——豆豆家科技馆。2013 年 4 月 25 日,在老牛基金会资助下,中国儿童博物馆研究中心在北京师范大学中国公益研究院揭牌。2015 年 5 月 31 日,由中国儿童中心、老年基金会、北京师范大学中国公益研究院三方合作的中国儿童中心老年儿童探索馆正式对外开放。这两家民办儿童博物馆和一家儿童博物馆研究中心以及一家公私合作的儿童博物馆的陆续面世,一方面体现了我国高层知识分子和知名企业家对利用博物馆进行儿童教育的信念和行动,另一方面也打破了长期以来上海儿童博物馆独领风骚、一枝独秀的僵局。综上所述,儿童博物馆在中国,走过了近 20 年的风雨历程,实现了从无到有并逐步完善的过程。

---

　　① 通常说 1949 年共有 21 座博物馆。由于 1949 年文化系统仅接收了新中国成立前遗留下的 20 座博物馆,而其他北疆博物院、上海震旦博物院、大连资源馆、济南广智院、亚洲文会博物馆尚未接收。

回眸国内外儿童博物馆发展史,研究者经由对比发现:国内第一座儿童博物馆(1996年)的出现,距第二座的诞生(2004年)有近10年时间;而世界上第二所儿童博物馆——德国博物馆(1906年)的诞生,距第一所儿童博物馆(1899年)的出现也有近10年时间。直至20世纪70年代初,世界上儿童博物馆数量仅十几座,这种互动参与式展览的概念在20世纪70年代才被真正接受和理解①,并在20世纪七八十年代呈现蓬勃发展之态势。据上可见,国内目前儿童博物馆发展现状与国外儿童博物馆现象产生之初,有着异曲同工之妙。依据国外儿童博物馆发展历程,儿童博物馆概念被真正理解和接受还需待一定时日。

第二节　博物馆儿童教育的类型

有关博物馆教育的分类,不乏相关论述,类型划分标准亦各有所依,研究者依据近几年来对博物馆儿童教育的实地考察调研,结合前人研究基础,构建本研究中儿童展览的分类方法,以之为本书论述开展之框架。

一、博物馆教育的分类依据

在对分类进行归结前,首先阐释"何为博物馆教育"。因本概念与博物馆教育的分类依据息息相关,而广义概念的博物馆教育分类仍未实现。

(一)博物馆教育的定义

"教育"从来不等同于"学校教育",而是由学校教育、社会教育和家庭教育三者共同组成。通常含"正规教育(Formal Education)""非正规教育(Nonformal Education)"和"非正式教育(Informal Education)"三类。"学校教育"被称为"正规教育";"不属于学校的教育"则被称为"非正规教育"(有组织、有意识、有系统的教育)和"非正式教育"(无组织、无意识、无系统)。② "博物馆教育"即一种社会教育的表现形式,多属非正规教育类型。在新形势下,"博物馆教育"概念有多种含义,不一而足,概括起来,不外乎两种,所列如下。

一是狭义的博物馆教育。通常是指博物馆内实施的一般教育项目。譬如张誉腾主张博物馆教育"专指博物馆教育部门负责,与博物馆其他部门或有关团体合作,根据博物馆藏品和学术资源以及观众市场分析,规划设计、招徕观众、组织实施的教育活动"③。张宁提出博物馆教育是指"通过有计划的教育活动,有效地普及科学文化知识,弘扬民族文化,宣传爱国主义,增强人们的审美观念"④。黄淑芳认为博物馆教育系"活动有特定的对象、主题、目标、内容以及时间、地点、场地……活动结束后,博物馆教育人员及时总结活动得失经验,反馈给其他部门、博物馆同行和观众"⑤。无论如何,狭义的博物馆教育仅仅是指教育项目本身,并不涉及博物馆展览等其他相关领域。

二是广义的博物馆教育。强调博物馆教育无处不在,包括展览等。如英国博物馆学家霍普尔·格林希尔(Eilean Hooper-Greenhil)表示:"博物馆一切活动都是有教育目的的,因

---

① 秦新华,陈幸娅,李竹.人类早期教育智能开发的最新形式:儿童博物馆.中国优生优育,1997,8(1):30.
② 吴遵民.关于完善现代国民教育体系和构建终身教育体系的研究.中国教育学刊,2004(4):42.
③ 张誉腾.科学博物馆教育活动之理论与实际.台北:文史哲出版社,1987:26.
④ 张宁.论博物馆中的未成年人教育.见:杨丹丹,阎宏斌.博物馆教育新视阈.北京:文物出版社,2009:73.
⑤ 黄淑芳.现代博物馆教育:理念与实务.台北:台湾博物馆,1997:42.

为博物馆本身就属于一个教育机构,无论是资料收集,如绘画、标本、手工艺作品等,还是展览的策划,或会议、活动的策划。"①美国博物馆学家莫莉·哈里森(Molly Harrison)认为:"博物馆里的每桩事情都有教育的含义,虽然并非活动本来的目的。每个展览的水平、品质,服务人员的态度,馆中的设施的配置,印刷款式、出版物等,都会启迪访客的潜力,属于教育服务的一部分项目。"②因此,广义的博物馆教育定义凡具有教育意义和教育功能的,皆可视作博物馆教育。

以上两种定义均系从博物馆馆方角度出发,是博物馆教育较为传统之定义。此外,还出现了一种从观众角度出发的较为另类的博物馆教育定义,即强调观众自我学习的博物馆教育。如托马斯·福特(Thomas Ford)提出:"博物馆教育就是让来博物馆的人自由参观、比较、提出问题、自己学习,而博物馆按照每个来访者的需要、情趣,为其选择最适当的教育服务。"③我国博物馆学家苏东海先生表示:"博物馆教育正在从知识灌输向知识体验方向发展,知识价值向情感价值深化。"④国外博物馆学家认为:"博物馆教育实际上是学习者的主动参与体验,博物馆应使用全世界范围的各种素材去致力于帮助提升他们的体验……和展品产生互动。"⑤此类定义的出现本身说明了博物馆教育从机构主导逐步转向观众主导。

(二)博物馆教育的分类

正如本节伊始行文所述,博物馆教育分类与博物馆教育概念息息相关。归纳与博物馆教育分类的相关研究可见,学者们无不将博物馆教育等同于狭义的博物馆教育概念,将其理解为"博物馆内实施的一般教育项目"。有关博物馆教育的分类,或从教育策划理论,或从教育对象,亦有从教育手段和形式等进行划分,划分方法不可胜数。然而,归结起来,无外乎两大范畴——博物馆教育理论与教育实践。兹提列相关研究如下:

1.博物馆教育理论范畴的分类

乔治·E.海因(George E. Hein)根据策划博物馆教育的教学理论,将博物馆教育分为"教导解说型""刺激—反应型""发现学习型"和"建构主义型"四种类型(见图1-1):⑥

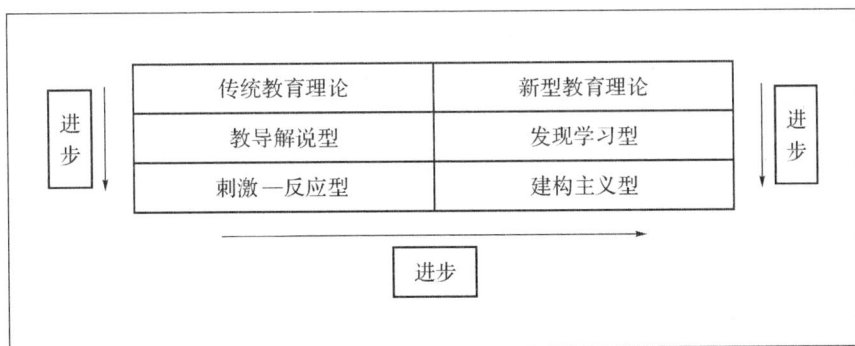

	传统教育理论	新型教育理论	
进步	教导解说型	发现学习型	进步
	刺激—反应型	建构主义型	

进步

图1-1　博物馆教育理论的四种类型

①　Eilean Hooper-Greenhill. *Museum and Gallery Education*. Leicester:Leicester University Press,1994:1.

②　Molly Harrison. *Education in Museum*. In:H. Daifuku. *The Organization of Museums:Practical Audience*. Paris:Unesco,1960:82.

③　仓田公裕.论博物馆教育.沈燕,译.博物馆研究,1988(4):27.

④　苏东海.序言//杨丹丹,阎宏斌.博物馆教育新视阈.北京:文物出版社,2009:1.

⑤　George E. Hein. *Learning in the Museum*. London:Routledge,1998:6.

⑥　George E. Hein. *Learning in the Museum*. London:Routledge,1998:18-25.

①教导解说型：与传统的学校教育方式类似，讲授博物馆"课程"。

②刺激—反应型：同属教师教、学生学的传统方式，但注重学习方法、教育训练。

③发现学习型：主动学习过程中，学员由于与外界不断发生信息交换，心智产生变化。

④建构主义型：以学员为中心，学员从外界环境中主动获取知识。

海因教授所主张的"教导解说型"和"刺激—反应型"皆属于教师教、学生学的传统教育类型。其中"教导解说型"是指利用博物馆里任何一种预先设计和准备的资料，如展览、文本、录音带、程序教学，按照学科结构划分阶段，从简单到复杂进行讲授，强调借由固定教学程序和记忆进行机械式学习，如自然科学类博物馆依生物进化的历史来陈列生物标本。自19世纪伦敦的自然历史博物馆问世以来，这种类型在世界经典博物馆内普遍流行。"刺激—反应型"则强调教育训练和教育方法，认为学习是通过反复刺激、加强、反应所产生的结果，如电脑屏幕显示的问题，需要不断按按钮来回答。这种类型的代表是1933年创办的美国芝加哥科学工业博物馆。"发现学习型"是将学习视为一个主动过程，观众学员在此过程中，积极与外部进行信息交换，心智获得发展。如"旧金山探索宫"的"动手做"理念标志这种类型的首次采用，其后美国早期"科学中心"开始广泛使用。"建构主义型"比"发现学习型"更进一步，是指教师不直接将知识传授给观众学员，而是让学员通过与环境相互作用主动获取知识，教师在整个过程中只起组织、帮助、指导和促进作用。观众学员既要动手做（hands-on），又要动脑想（minds-on），从而建构起自身的知识。"建构主义型"出现在20世纪90年代末期，比较典型的是"做中学"的科学教育，当时在世界很多博物馆风靡。

2.博物馆教育实践范畴的分类

（1）依服务对象的分类

大卫·A.阿柯（David A. Ucko）根据服务对象不同，将博物馆教育分为三种类型：①

①儿童的教育活动：以儿童为服务对象且适合儿童的教育活动。

②公众的教育活动：满足成人观众不同的兴趣和爱好的教育活动。

③特殊人群的教育活动：向专业人士、少数民族、残疾人士提供服务的教育活动。

阿柯博士认为此种分法建立的基础是：现今博物馆里受教育者和施教者两者关系已改变，单向传播不再是教育的唯一手段。同时，阿柯博士进一步指出"儿童的教育活动"主要包含六类：儿童指南或读物、讲座、工作表、操作时间、假日活动、角色扮演。"公众的教育活动"主要包括四类：俱乐部、活动信息、实践指南、成人教育。"特殊人群的教育活动"主要涵盖三类：提供科学家、艺术家和研究人员等、残障人士、少数民族参观团体等特殊群体的专业教育服务。

（2）依活动内容的分类

黄淑芳按活动内容的差异，将博物馆教育概括为三类（见表1-1）②：

---

①　David A. Ucko. *Science Centers for the 21ᵗ Century*. Nevada：Executive Committee of the Forum on Education，2001.

②　黄淑芳. 现代博物馆教育：理念与实务. 台北：台湾博物馆，1997：43.

表 1-1　博物馆教育活动的类型与实施方式①

教育类型	各类型实施方式
馆内的基本教育活动	1.解说导览
	2.示范表演
	3.探索室与探索活动
	4.专题讲座
	5.动手做
	6.视听欣赏与剧场节目
	7.研习课程与研习营
	8.有奖征答
	9.电脑益智活动
	10.知性之旅
	11.比赛活动
	12.学术研讨会与座谈会
	13.编印传播资料及咨询服务
	14.博物馆之友联谊活动
	15.独立研究室
	16.其他
辅导学校的教育活动	1.展示参观活动单
	2.到校服务
	3.教具教材的开发制作
	4.教具教材外借服务
	5.函授课程
	6.学生实习
	7.教师训练
	8.教育人员座谈会
社区服务的教育活动	1.巡回演示与巡回展
	2.配合节庆及假日的特别活动
	3.关怀社会公益的活动

①馆内的基本教育活动：在博物馆内开展的常规教育活动。

②辅导学校的教育活动：配合学校开展的教育辅助活动。

③社区服务的教育活动：有效利用社区资源，为社区提供服务的教育延伸活动。

黄淑芳将博物馆教育的常规教育活动与特殊教育活动相区分，对博物馆内常规教育模式及特殊的馆校、社区合作教育模式进行梳理，分门别类地对活动形式进行罗列。馆内教育

---

① 黄淑芳.现代博物馆教育：理念与实务.台北：台湾博物馆,1997：43.

活动为主要业务,共 16 种;馆校合作次之,共八种;社区服务相较最少,共三种。

(3)依教育功能的分类

孙莹依教育功能作用方向的不同,将博物馆教育分为两类:[①]

①正向功能的博物馆教育:博物馆教育产生积极的影响和作用。

②负向功能的博物馆教育:博物馆教育产生消极的影响和作用。

孙莹认为正向功能的教育在知识、技能学习,思想改变和身心健康等诸多方面都能起到促进作用。而负向功能的教育在任何社会和时期都会存在,只是在比重上始终以正向功能为主,博物馆应当避免负向功能的教育。

同时,又依教育功能呈现形式之不同,将博物馆教育分为两类:

①显性功能的博物馆教育:教育活动产生与教育目的相符的结果。

②隐性功能的博物馆教育:教育活动出现非预期的效果。

"显性功能"概念易于理解。博物馆教育预设目标,如激发公众兴趣、提高知识素养、促进人类进步等,通过教育活动有效地予以实现,则可称为"显性功能的教育活动"。"隐性功能"相对晦涩,它是在教育活动实施过程中,伴随出现的未预期的功能,如教育活动中传统价值观受到影响。但无论是依教育功能作用方向分类,还是依呈现形式分类,同一个教育活动本身可能既具备正向又具备负向功能,抑或同时具备显性和隐性功能。研究者认为如此分类有助于对教育活动本身进行深度剖析和客观评估。

(4)依服务方式的分类

张曦借由服务方式的差异,将博物馆教育分为三类:[②]

①直接服务的教育:馆内工作人员对博物馆观众、公众开展直接教育。

②间接服务的教育:馆内工作人员采用非直接的方式对博物馆观众、公众开展教育,如较常见的使用印刷用品的方式。

③延伸服务的教育:包括大量的活动和社区教育方法。

随着服务对象逐步宽泛,"直接服务的教育"除服务儿童群体、教师群体和普通公众之外,还服务特殊群体,如学龄前儿童、专业人士、残障人士、少数民族、外国儿童。"间接服务的教育"服务对象目前主要有儿童、教师、公众。适用于教师的教育同样可服务于公众,如博物馆藏品的历史背景信息介绍。研究者认为值得关注的是,利用博物馆资源开发形式多样的延伸服务,如流动展、巡回展和租赁服务等。

王宏钧依服务方式的不同,将博物馆教育和服务主要分为四类:[③]

①陈列讲解:开展辅助性的讲解工作。

②流动展览:馆内工作人员走出博物馆,走向基层的宣教形式。

③电化教育:利用录音、录像、电影、光盘和幻灯等视听技术,达到教育目的。

④服务设施:提供参观、学习、研究服务设施以及残疾人、老年人的服务设施。

王宏钧认为以上四类仅为博物馆教育和服务的主要方式方法。近年来,又兴起了举办专题知识竞赛、夏令营、作文比赛、演讲比赛,组织爱国主义教育基地活动或青少年教育基地活动,随着国外社区概念的植入,我国沿海发达城市逐渐兴起社区活动,面向社区的教育服

---

① 孙莹.科普场馆教育功能的类型及其实现机制.理论导刊,2012(2):100.
② 张曦.当代英国博物馆教育的初步研究.长春:吉林大学,2008:23-25.
③ 王宏钧.中国博物馆学基础.上海:上海古籍出版社,2007:345-350.

务工作出现。[1]

(5)依递进关系的教育模式分类

郭青生按照博物馆教育模式从低层到高层的递进关系,将面向未成年人的博物馆教育总结为三类(见图 1-2):[2]

面向未成年人的教育

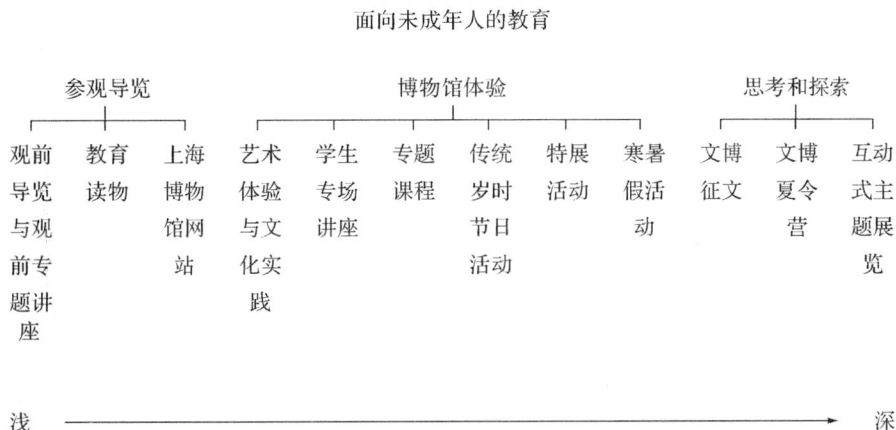

| 参观导览 | | | 博物馆体验 | | | | | | 思考和探索 | | |

观前导览与观前专题讲座　教育读物　上海博物馆网站　艺术体验与文化实践　学生专场讲座　专题课程　传统岁时节日活动　特展活动　寒暑假活动　文博征文　文博夏令营　互动式主题展览

浅 ——————————————————————→ 深

图 1-2　上海博物馆未成年人教育组织结构(部分)[3]

①参观导览:有观前导览和主题参观活动。

②博物馆体验:发掘"参观"所未能体会到的趣味,通过亲身体验促成深刻独特的博物馆经验。

③思考和探索:通过传统项目创新,鼓励高层次的思考和探索。

郭青生的教育模式分类虽然是立于上海博物馆未成年人教育基础之上的,但如此别出机杼的革新分类同样适用于传统博物馆教育。打破了单一的"博物馆仅仅是让人参观"的模式,形成了"参观导览""博物馆体验""思考和探索"由浅入深的全方位立体教育类型。

兹综合整理以上提列之博物馆教育分类研究(见表 1-2)。

表 1-2　博物馆教育分类研究的整理

分类依据		博物馆教育类型	分类提出学者
教育理论范畴	理论基础	①教导解说型　　②刺激—反应型 ③发现学习型　　④建构主义型	George E. Hein
教育实践范畴	服务对象	①儿童的教育活动　　②公众的教育活动 ③特殊人群的教育活动	David A. Ucko
	活动内容	①馆内的基本教育活动　　②辅导学校的教育活动 ③社区服务的教育活动	黄淑芳

①　王宏钧.中国博物馆学基础.上海:上海古籍出版社,2007:345.

②　郭青生.兴趣是学习的先导:谈谈上海博物馆未成年人教育的尝试.见:杨丹丹,阎宏斌.博物馆教育新视阈.北京:文物出版社,2009:42.

③　郭青生.兴趣是学习的先导:谈谈上海博物馆未成年人教育的尝试.见:杨丹丹,阎宏斌.博物馆教育新视阈.北京:文物出版社,2009:51.

续表

分类依据		博物馆教育类型	分类提出学者
教育实践范畴	教育功能	①正向功能的博物馆教育　②负向功能的博物馆教育	孙　莹
		①显性功能的博物馆教育　②隐性功能的博物馆教育	孙　莹
	服务方式	①直接服务的教育　　　　②间接服务的教育 ③延伸服务的教育	张　曦
		①陈列讲解　②流动展览　③电化教育　④服务设施	王宏钧
	递进关系	①参观导览　②博物馆体验　③思考和探索	郭青生

二、博物馆儿童教育的类型

类型划分之标准因研究目标各异。"博物馆儿童教育"包含于"博物馆教育"范畴之内，具备同一属性，其分类标准中除依"服务对象"划分不适用于儿童教育，其余皆适用。经数年来借鉴经籍、考察调研与系统梳理儿童教育历史之后，研究者从中发现儿童教育的显著特色主要表现为：随着儿童教育内容的丰富，儿童教育实施领域不再唯一。先贤们对于博物馆教育的分类，或依据理论基础，或按照活动内容、教育功能、服务方式，或就活动递进关系展开。经研精覃思和反复推敲，研究者发现此诸类标准中仍主要是针对"狭义的博物馆教育"所进行的分类，难以完整体现广义的博物馆教育之内涵。根据广义的博物馆教育定义，研究者认同真正博物馆教育不应当仅是博物馆内实施的一般教育活动。博物馆教育无处不在，凡具有教育意义和教育功能，包含展览等，皆属于博物馆教育。由此导出，博物馆儿童教育依照实施领域（实践模式）之分类标准，将博物馆儿童教育从广义范围内归纳为"儿童展览""儿童教育项目"两类；其中"儿童展览"又分为"儿童博物馆展览""博物馆儿童专区展览"两种模式。此分类可较适切地反映目前博物馆儿童教育之现况与特征。以下，一一刍谈。

（一）类型一：儿童展览

博物馆各项功能中，与观众最直接接触的即展览，此类型专门为儿童受众提供空间开设展厅，借由面向儿童受众的展览提供全方位的服务，从而强化儿童教育功能。采撷先贤们之分类与此类型对照，就教育理论基础为判，四种类型都有可能涵括；就教育功能而言，正负、显隐功能皆有可能；就服务方式为判，属于直接服务和陈列讲解类教育。儿童展览依据儿童的特点策划展览内容和展览形式，实施领域无外乎两种模式：创办专业的儿童博物馆和在博物馆内开设儿童专区。

1. 模式一：儿童博物馆展览

"儿童博物馆"的概念诞生于美国。从它诞生的那一刻起，人们就开始询问："什么是儿童博物馆？"

国际博物馆协会提出："儿童博物馆"是以儿童为对象提供服务的博物馆。美国博物馆协会（现称为美国博物馆联盟）定义："儿童博物馆"是以服务儿童的需求以及兴趣为使命的机构，机构空间的展览及活动都是以鼓励学习、激励好奇为出发点。儿童博物馆协会解释："儿童博物馆"指专门为儿童设计的提供儿童在博物馆环境里通过玩乐和探索进行学习的地方。美国爱荷华大学博物馆课程指出："'儿童博物馆'是专以少年儿童为对象，并将所有内容依照儿童的心智能力来制作,经常是由教育专家来统筹,并备有兴趣教室与自我表达等活动的博物馆。它是一个扩展感官体验,刺激想象力,儿童能自由交换意见的寓教于乐的教育设施。"[1]

基于以上四种定义进行解析,研究者认为至少可归纳以下三点关于儿童博物馆的共识:第一,以儿童为对象;第二,以满足儿童需求和兴趣为使命,换言之,即以儿童成长生理、心理特征为依据;第三,以儿童主动获取知识为目的。简言之,儿童博物馆是以儿童为中心,服务于儿童的社会教育机构。[2]

与一般博物馆不同,儿童博物馆的特点首先表现为:儿童博物馆的展览并非侧重于收藏品,而是以趣味性主题展示为基础,展品资料体现儿童指向性,即以儿童的发育水平、认知特点与兴趣等作为前提。其次表现为:儿童博物馆并非在于扮演"收集、保护、研究、传播并展示人类及人类环境的见证物"[3]的一般博物馆角色,而在于承担通过让儿童亲自动手体验,开启孩子主动学习的热情并革新教育的使命。

在国外,已创办超过 300 座独立面向儿童的专业博物馆。1899 年,第一家围绕儿童的特点进行设计、构思,将儿童作为中心的儿童博物馆——布鲁克林儿童博物馆在美国纽约创建,前文"博物馆儿童教育的历史"一节已有涉猎。截至 2016 年年底,美国已有 313 座这样的博物馆(含规划阶段的 70 座)。[4] 许多大中城市都有儿童博物馆,有的还不止一家,比如纽约有 4 家儿童博物馆,圣地亚哥有 2 家拥有与儿童人口数量相适应的儿童博物馆,儿童博物馆的数量成为鉴别一个地区儿童意识高低的标尺。正如上文"儿童博物馆存在和发展的历史"中所提及:儿童博物馆分为公立、私立两种不同的经营方式。现今国内的公立儿童博物馆仅有上海儿童博物馆和北京中国妇女儿童博物馆两家,另有一定数量的私立儿童博物馆存在于北京、上海等大城市。

以上海互动儿童探索宫(以下简称探索宫)为例。2000 年,留美硕士王宁宁女士回国后,体会到中美儿童教育的差异,致力于"将美国儿童博物馆带回国内"。2004 年 1 月 8 日,探索宫正式向公众开放。馆内分为四大展示主题——生活、科技与自然、表演想象和一个多功能区。这是一家特殊的博物馆,在美国登记为 501(C)3 非营利性机构,从属于上海市文化广播影视管理局,持有民营非企业经营许可证[5]。多年经营中遇到最大的困难即当初的注册困难和现行的维护经费不足。2012 年调研期间,该馆展厅面积已缩减了近 1/3,设备老旧,无力维护、更新,已被闸北区青少年宫托管。管理人员表示:尽管展品破旧(见图 1-3 至图 1-6),孩子们还是很愿意来,闭馆时吵着不愿离去。但因青少年宫实行禁收门票的规定,该馆经营已捉襟见肘。

① G. Ellis Burcaw. *Introduction to Museum Work*. Berkeley：AltaMira Press,1997:56.
② 忻歌,宋娴,吴为昊. 美国儿童博物馆教育功能的发展与演变. 外国中小学教育,2011(1):24.
③ 王江. 博物馆定义的认识. 文物世界,2005(6):67.
④ 截至 2016 年 12 月 19 日,数据为美国儿童博物馆协会的会员数目。
⑤ 志泉. 创办儿童博物馆. 大学时代,2006(6):12.

图 1-3　上海互动儿童探索宫"木工区"单元
本单元内操作木工工具少

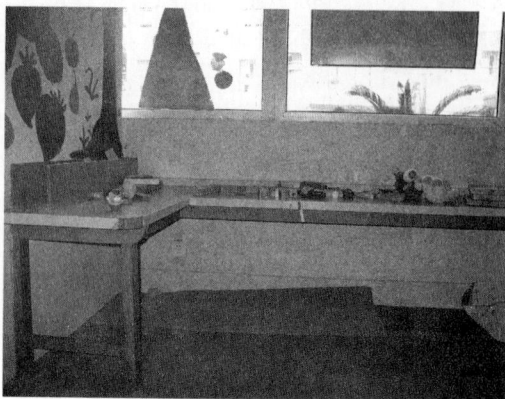

图 1-4　上海互动儿童探索宫"小超市"单元
本单元内辅助展品损毁严重

图 1-5　上海互动儿童探索宫"小厨房"单元
本单元内烹饪工具已全无

图 1-6　上海互动儿童探索宫"小邮局"单元
本单元内邮筒(有故障)

2. 模式二:博物馆儿童专区展览

随着 19 世纪末儿童教育本位思想的兴起,诸多国有博物馆中比如综合类、历史类、科学与技术类等类型的博物馆纷纷开始在馆内开辟儿童利用的空间,重视儿童教育功能。这种"馆中之馆"的设计受到儿童受众的欢迎。譬如法国拉维莱德科学与工业中心"发现厅"为3～6 岁幼儿布置了一间挂满中国风筝的展厅,"发现厅"的地上有一条盖着透明板的小溪,孩子们可以将各种颜色和形状的小木块丢进小溪里,学会辨认自己的小木块是什么颜色、什么形状,并随着它到处参观。[①] 韩国国立民俗博物馆内的"儿童馆",借用民间故事"沈青传",使用互动设备、多媒体装置,展示古代韩国人日常的生活,讲述其中充满智慧、勇气的故事,培养儿童传统文化素养。美国、新西兰、澳大利亚、德国等国的博物馆也有很多在馆内设立供儿童利用的空间。博物馆儿童专区的出现,将传统博物馆的观众群扩大至少年儿童,甚至是婴幼儿,博物馆成为名副其实的第二课堂。

---

① 程京生.应该创建一个中国儿童博物馆.光明日报,1998-05-28.

在中国,博物馆内设立儿童专区,虽数量不多,但同样受到儿童受众的普遍欢迎。以深圳博物馆中的儿童馆为例。2009年6月1日,深圳博物馆的儿童馆落成揭幕,占地500平方米左右。馆长杨耀林表示,它的创办得益于参观苏格兰国立博物馆附设的儿童馆。儿童馆展览最终从十几个备选游艺项目中选取"改头换面""禾苗灌溉""汉字演化""小舞台""过家家"等部分,让儿童在游戏玩乐中领略不同展区所蕴含的传统文化(见图1-7)。无疑,深圳博物馆的儿童馆在当时国内博物馆儿童空间利用中是较为先进的,羊城晚报、南方都市报、网易新闻中心等诸多媒体相继对其创建进行了转载报道。遗憾的是,研究者2010年12月实地调研时,发现原为儿童专题馆的新馆一楼现已改陈,用作临时展厅。又如北京中国科学技术馆内专门设有为3～10岁儿童服务的儿童科学乐园(见图1-8、图1-9),早在2011年,观众日流量已达约1000人,周末达3000人左右,暑假期间甚至可攀至2万～3万人(该数据由儿童科学乐园负责人提供)。

图1-7　深圳博物馆"儿童馆"孩子在体验舞狮表演

图1-8　中国科技馆"儿童科学乐园"入口处

图1-9　孩子在儿童科学乐园"戏水湾"部分制作泡泡

(二)类型二:儿童教育项目

此类型以上文博物馆教育定义为判,属狭义博物馆儿童教育范畴。何为"博物馆的儿童教育项目"? 顾名思义,即进行以儿童为对象的教育活动。此前先贤就博物馆教育诸多分类方法中皆以教育项目为对象。据此,研究者也将取鉴前辈们的分类标准和建言,对儿童教育项目,亦称儿童教育活动,展开进一步细分。正如大卫·A.阿柯(David A. Ucko)依据教育活动对象的差异,将教育活动分成三类:以儿童为对象的教育活动;以公众为对象的教育活动;以特殊群体为对象的教育活动。本书对于后两类不做研究,仅关注第一类以儿童为对象的教育活动。随着社会飞速发展,需求呈现多样化,博物馆儿童教育也逐步突破以往较为传统的单一讲解模式。博物馆需采取趣味性、多样化、自主性等全方位互动的教育手段,不再仅以静态观览的文化殿堂示人,提供儿童受众独树一帜的教育内容。基于此,诸多博物馆开始主动探索形式纷呈的文化体验活动。此处,研究者将采撷郭青生教授之分类,并适度取舍,将儿童教育项目由浅及深地细分为两类:参观导览和文化体验。并根据研究者实地探访和采撷经籍后的沉淀与思考,提出两种类型下儿童教育项目所呈现的10种基本形式(见图

1-10)。此10种基本形式也将成为本研究中第四章节行文论述之基本对象。

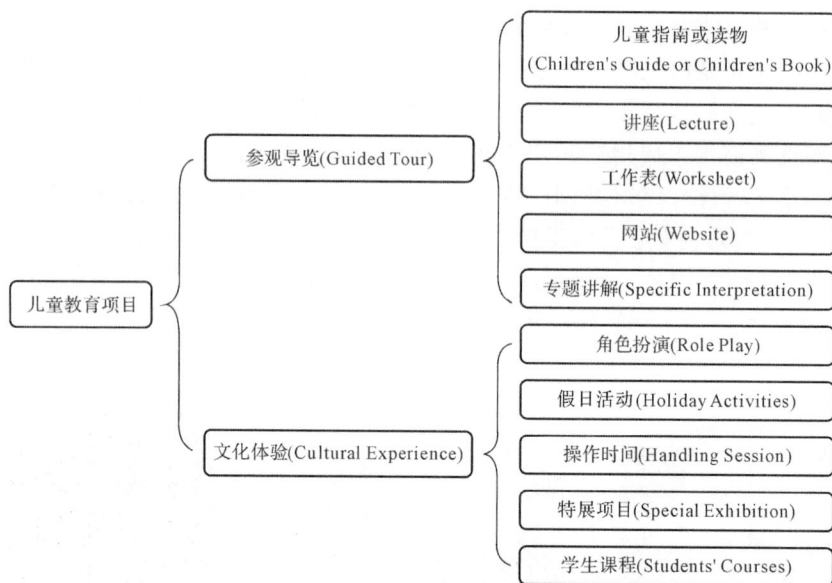

图 1-10 儿童教育项目类型结构图

1. 参观导览

尽管主张除旧布新,但"参观博物馆"仍是儿童利用博物馆的重要形式。儿童观众通常是由学校组织或家长陪同前来参观,对于不同集体进行同一方式的现场讲解,效果犹如画水镂冰。为此,可在参观前有所作为。首先,依据博物馆馆藏资源和参观路线,为儿童量身制作指南、读物和电子资讯。其次,按照博物馆展示内容或展品信息,就儿童关心的问题,启发儿童兴趣,诸如举办儿童讲座、专题讲解。最后,为保持儿童参观博物馆动机的持续性,鼓励儿童在参观中积极思考,携带问题参观,可制作形式活泼的工作表。

(1)儿童指南或读物。此即博物馆内专门为儿童准备的展品介绍,也包括与展品背景相关的图片、图书、海报、绘画等读物。

(2)讲座。讲座一般分为主题讲座和藏品讲座两类,即根据展示内容围绕某个主题进行讲座或依照藏品信息组织讲座。

(3)工作表。儿童拿着工作表参观博物馆,工作表上设置问题,儿童携带问题入馆,观览则会更为细致和投入。

(4)网站。一类是博物馆网站的儿童版,一类是在博物馆网站发布针对儿童的博物馆参观导览或者儿童项目讯息,以备儿童利用者使用。

(5)专题讲解。强调儿童感兴趣的某一主题,选择基本陈列服从主题的特色展品、展品组合,进行专门讲解。

2. 文化体验

单一静止的博物馆展览,根本无法满足儿童身心发育和智力发展的需求。为挖掘"参观博物馆"无法获取的乐趣和促使能力的提升,体现博物馆区别于学校教育的特殊性,加深博物馆印象,培养儿童的博物馆感情,好的博物馆开始开发形形色色的文化体验活动。角色扮演,使儿童可亲身感受并体验博物馆藏品背后的故事。假日活动,配合儿童的时间让儿童进入博物馆,充盈儿童童年生活。操作时间,培养儿童知行合一的动手动脑和与人合作的能力。特展项目和学生课程,选取儿童最感兴趣的主题策展或开设课程,投其所好使儿童乐此不疲,开发其汪洋恣肆的想象力和创造力。

(1)角色扮演。让儿童穿上合适的服饰,进行角色选择和饰演,可充分调动儿童参与的积极性,一般在历史类、民俗类博物馆中开展较多。

(2)假日活动。选择在节假日举办大型活动,譬如端午节、儿童节、中秋节等。近两年,利用寒暑假开展教育活动的形式受到热捧,诸如北京自然博物馆的传统项目"博物馆奇妙夜"(第四章节将详尽论述),仲夏夜与野兽同眠,让孩子利用假期无限亲近博物馆。

(3)操作时间。儿童主导性的活动,如小小讲解员、培训项目,夏令营、征文和各类竞赛活动。同时包含对儿童藏品进行直接接触,动手制作各种工艺品,进行绘画等。

(4)特展项目。整合博物馆资源,选择展览中儿童感兴趣的展览内容和展示手段,设计精彩纷呈的特展活动。或专门面对儿童受众开发令儿童兴趣盎然的展览。

(5)学生课程。利用博物馆馆藏资源,由博物馆教师根据预设主题对学生授课。同时包括为学校提供文物标本和课程资源服务。

在博物馆内开设儿童教育项目已成为诸多欧美博物馆的重要施教内容,受到博物馆界的追捧,这些项目为儿童量身定做,使博物馆教育功能得以强化。

在美国,大小博物馆常设有教育部、公众教育部或教育服务部,专门从事教育服务项目。重视教育功能是美国博物馆一大特点,馆内有专门适合儿童教育心理,配合展览内容设计的各类项目;有为教师编写的专业教材;提供有偿借用的幻灯、模型和标本;老师可带领学生到博物馆直接授课,博物馆为其提供教室和课程资源。美国史密森尼博物院(Smithsonian Institution)前秘书长米歇尔·海曼认为:"在 20 世纪的最后 10 年中,我们的国家越来越认识到,需要寻找新的方法来支持我们的儿童教育,并帮助他们为一个迅速变化的世界做好准备。"[1]譬如美国蜡像博物馆设计的"约翰·布朗的审判"项目,由博物馆职员化妆成法官、代理人和证人,模拟演出一场 19 世纪主张废除奴隶制的现场审判,孩子们担任陪审员。美国国立自然历史博物馆为 7～10 年级学生举办"关于因纽特人小船和毡靴"的项目,给孩子们一个工具箱,里面有一本教师手册。手册指导学生先去观察 10 个神秘的幻灯片,根据幻灯片的实物,讨论因纽特人赖以生存的资源、生活环境及各项才能,然后去观察实物、复制图片。

21 世纪以来,我国博物馆在学习国外经验、重视儿童教育项目开发上有所突破。以往采用以传统展览、讲解替代教育的方式已有所改观。然而,项目开展仍反映出不少局限之处,如国内积极探索儿童教育项目的博物馆,多分布于北京、上海、广州、长沙等大城市,总体数量并不多,令人喜忧参半。

---

① 米歇尔·海曼.寻找与学校教育的契合点:史密森学会的实践.杨立平,马燕茹,李薇,译.中国博物馆,2000(3):31.

第三节　中国博物馆儿童教育的现况

其上,已将博物馆儿童教育归结为"儿童展览"和"儿童教育项目"两种类型,其中,"儿童展览"类型又可分"儿童博物馆展览""博物馆儿童专区展览"两种模式,研究者据此分别对儿童教育不同类型及其模式的现况做如下整理。

一、儿童展览类型所属的成绩与缺失

儿童展览常践行于儿童专业博物馆或博物馆儿童专区内。依据经营模式的差异,儿童展览主要呈现两种类型:一是属于公立非营利机构,如儿童博物馆、自然科学博物馆、科学中心、儿童馆和儿童活动中心等;一是属于私立非营利机构,创办者常采用市场化经营模式,如探索宫、科技馆和科学体验中心等,但此类机构维持生计常为一大难题。

若要探讨成绩与缺失,首先需将儿童展览置于历史背景之下,才能经由辨析,归纳成绩为何,缺失为何。在"博物馆儿童教育的历史"一节中,研究者对儿童博物馆历史已进行过系统梳理,此处仅做提挈,不再赘述。自 1899 年发展至今,全美已拥有 300 多座儿童博物馆,美国之外诞生至少 50 座。20 世纪 80 年代,国外儿童博物馆迎来了发展高峰。至 21 世纪初,在博物馆事业发达的国外各大中型城市,儿童博物馆至少有一家。亚洲的韩国和日本引入这一类型博物馆则是在 20 世纪 90 年代。随着儿童博物馆于儿童教育中的作用和地位逐步提升,其最终获得国际博物馆界认同,美国博物馆协会(现称为美国博物馆联盟)将其接纳为博物馆成员单位,儿童博物馆由此逐步发展成为儿童教育的一大阵地。从国外儿童博物馆发展百年史中不难窥见,其走过了从自然学科展示到多学科综合展示之路,在内容策划、展示手段、经营手段和教育模式上已积累诸多实践经验,且处于不断否定自我的探索之中。

(一)成绩及其表现

国内儿童展览所属成绩第一个方面表现为儿童博物馆完成从无到有的转变。20 世纪八九十年代,在国内外博物馆界就展览、修复及保管等多方面经验进行频繁交流的过程中,儿童博物馆现象引起国内博物馆界关注,国内首家儿童博物馆——上海儿童博物馆由此诞生。上海儿童博物馆(第三章中将有详尽论述)是中国首家面向 3~12 周岁儿童的专业博物馆,于 1996 年 5 月 29 日正式向公众开放。它位于宋庆龄陵园东南部,是为了实现宋庆龄女士"把最宝贵的东西给予儿童"和"缔造未来"的愿望而建立的。在秉承儿童博物馆基本特征的同时,遵从宋庆龄的儿童教育理念、彰显本土特色是它与生俱来的使命。[①] 在行政管理上,上海儿童博物馆从属于宋庆龄陵园,是一家公办事业单位性质的儿童博物馆。[②] 全馆建筑面积约 4500 平方米,室外活动面积 1450 多平方米。主要由主题科学展区(属本书研究案例)、互动探索区这两个常设展区、三个功能区和一个科普影院组成。

国内儿童展览所属成绩第二个方面表现为儿童博物馆及儿童专区获初步发展。步入 21 世纪,办馆主体多元化,私人机构投身博物馆事业,博物馆类型异彩纷呈。上海互动探索宫、豆豆家科技馆两家非国有博物馆和中国妇女儿童博物馆、中国科学技术馆新馆科学乐园、深

---

① 上海儿童博物.认识儿童博物馆.http://www.shetbwg.com/about/about103.html,2012-09-02.
② 藤奇霞.儿童博物馆教育模式与经营管理研究.上海:复旦大学硕士学位论文,2005 年.

圳博物馆儿童馆等国有博物馆皆为该时期之产物。儿童博物馆和儿童专区相继诞生,我国迎来了儿童类博物馆第一个发展小高潮。

上海互动儿童探索宫(以下简称探索宫),是一家对 12 岁以下儿童①开放的非国有博物馆(见图 1-11、图 1-12),2004 年 1 月 8 日正式对外开放。探索宫概况已在"博物馆儿童教育的类型"行文中有周延介说,此处不赘述。

图 1-11　上海互动儿童探索宫"生活主题"部分　　图 1-12　上海互动儿童探索宫"科技主题"部分
　　　　"小医院"单元内景　　　　　　　　　　　　　　　展区内景

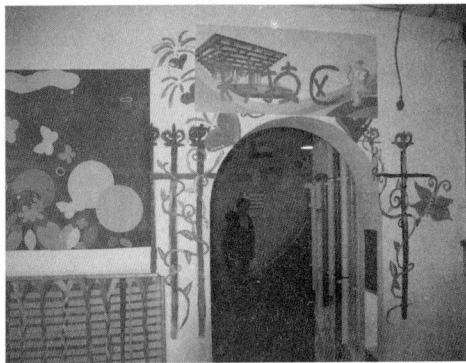

中国妇女儿童博物馆是我国首家也是唯一一家以妇女儿童为主题的国家级专题博物馆,②儿童馆是其重要组成部分。该馆隶属于全国妇联,筹款方式在国内独树一帜。其大部分资金系通过妇联基金会以自筹方式向社会募集,主要来自关爱妇女儿童历史文化的企业和海内外人士,另外一部分则来自政府支持。2009 年 1 月 10 日,此馆对外开放。其中,儿童馆实际是由两大空间、五个部分组成。位于建筑二层的"儿童历史"展区(见图 1-13)——"古代儿童馆""现代儿童馆""当代儿童馆"是一个整体连通之空间,展现了古代、现代、当代儿童的生活环境、教育礼俗、认知活动、社会活动及英雄事迹等(属本书研究案例)。位于三层的"玩具馆""儿童体验馆"在建筑空间上也是合二为一,"玩具馆"(见图 1-14)展示了原始社会、先秦、宋元至现代的玩具,"儿童体验馆"(见图 1-15)则设有安全知识问答(见图 1-16)、心灵对话、手语交流等 15 个互动展项。

图 1-13　中国妇女儿童博物馆"儿童历史"展区　　图 1-14　中国妇女儿童博物馆"玩具馆"

---

①　志泉.创办儿童博物馆.大学时代,2006(6):12.
②　中国妇女儿童博物馆.馆长致辞.http://ccwm.china.com.cn/txt/2009-12/14/content_3293851.htm,2012-06-02.

图 1-15 中国妇女儿童博物馆"儿童体验馆"

图 1-16 中国妇女儿童博物馆"儿童体验馆"互动展项之一"安全知识问答"

北京豆豆家科技馆情况和探索宫如出一辙。豆豆家科技馆也属私立性质，加入美国儿童博物馆协会。馆内设有魔豆传奇、森林探索、绿色超市、建筑工地、汽车爱好者、水世界、科学实验厅、学步宝贝及艺术殿堂九部分展区（见图1-17、图1-18、图 1-19），每个展区的展品皆依据不同年龄段儿童及其成长发育所需而设计。鼓励孩子动手体验、动脑思考是所有展区设计的基本理念，父母与孩子乐在其中，学在其中，给全家带来欢乐的学习旅程是其与众不同之处。①

图 1-17 北京豆豆家科技馆"科学实验厅""小球发射器"互动展项

本展项目前已被移至中国儿童中心附属实验幼儿园

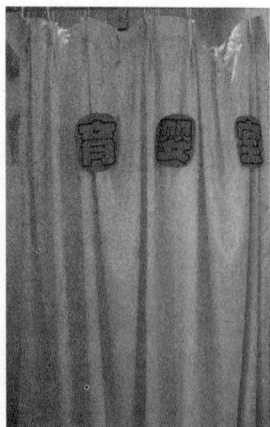

图 1-18 北京豆豆家科技馆"育婴室"

"育婴室"为国内少见母婴使用的公共空间

图 1-19 北京豆豆家科技馆"水世界"部分互动展项

本展项目前已被移至中国儿童中心附属实验幼儿园

---

① 豆豆家科技馆. 为什么来豆豆家玩. http://www.magicbeanhouse.com/docs/portal/_doudoujia.aspx, 2011-01-02.

越来越多的国有博物馆儿童专区横空出世,此类国有博物馆几乎囊括综合类、文化艺术类及自然科学类等所有博物馆类型。它们在展览内容服从主馆的同时,开始注重儿童观众对于展览的参与和反应。

综合类博物馆内设儿童专区。深圳博物馆儿童馆于"博物馆儿童教育的类型"一节中已有详尽涉及,此处不再着以笔墨。此外,首都博物馆创设"陶艺坊"(见图 1-20)、"七彩坊"(见图 1-21)。两个场地于 2005 年年底建成,位于地下一层,陈展为本馆教育部门策划,属于儿童的体验空间,两大场地的业务由教育部专人负责。最初两坊空间较大,但因资金等实际问题在实施时有所缩减,至 2015 年,"七彩坊"也不复存在。中国国家博物馆新馆"观众体验区"于 2011 年 9 月落成,位于建筑二层之东侧,面积约 1500 平方米,外形为圆润、灵动的椭圆形。此体验区以青少年观众作为主体观众,教育分别从美术、戏剧、音乐、影视、实验及制作等不同门类着手。[①] 上海博物馆"观众活动中心"位于建筑北门下沉式广场内,包含史蒂文和柯尼·罗斯多媒体信息中心、报告厅、志愿者之家,从当初静谧的多媒体教室发展至每年举办数百场讲座与少儿活动,活动中心目睹着上海博物馆教育十余年的成长历程。黑龙江省博物馆"儿童少年活动室"(见图 1-22)于 2010 年 5 月成立揭幕。活动室位于自然陈列展厅,共设有乐趣挖掘、化石装架、想象墙、兽类展柜、仿真虎穴、微观世界等互动展项。在馆内开设儿童专区,黑龙江省博物馆绝非首例,但挖掘恐龙化石的互动展项,确系国内首次尝试。四川博物院"儿童活动区"于 2011 年设立,位于大厅入口处左侧咨询台前,约有十余平方米(属本书研究案例)。此区并未与博物馆主馆元素相融合,功能类似家长带孩子来博物馆的休息区,提供图书、胶泥和视频等,却收到始料未及的良好反响。

图 1-20　首都博物馆"陶艺坊"一角
软陶材料与部分制成品

图 1-21　首都博物馆"七彩坊"一角
儿童年画体验区

文化艺术类博物馆设置儿童专区。中国航海博物馆"儿童活动中心"改造后于 2011 年 5 月再度开门迎客。中心专为 3～10 岁儿童定制,积极践行国外博物馆儿童专区的设计理念,共设"卡通大船""小小搬运工""有趣的船只""虚拟水族馆"等多个活动区域。借由互动展

---

① 中国国家博物馆. 观众体验区介绍. http://www.chnmuseum.cn/tabid/772/InfoID/80365/frtid/771/Default.aspx,2011-03-01.

品,鼓励儿童主动汲取航海及船舶知识,培养儿童对海洋文化的浓厚兴趣。① 广州西汉南越王博物馆"南越玩国"(见图1-23)位于建筑三层,于2010年11月对外开放,面积逾100平方米,系专为4～10岁儿童开辟的一处互动常设展,包含"猜猜我在哪""符号万花筒""南越故事屋"等部分。② 在遗址类博物馆内开辟儿童乐园,此在全国尚属首例。

图1-22 黑龙江省博物馆"儿童少年活动室"

图1-23 广州西汉南越王博物馆"南越玩国"身穿南越服装的"不倒翁"(图片来源:羊城晚报)

自然科学类博物馆创设儿童专区。中国科学技术馆新馆中"儿童科学乐园"展厅于2009年9月建成开放,该场地知名度高。服务对象为3～10岁儿童,设置有九个主题展区(见图1-24),展厅面积约3800平方米。③ 它采用探究式、游戏化、互动参与的展教方式,鼓励儿童通过亲身体验来主动思考且锻炼能力,从而激发对科学之好奇与兴趣。上海科技馆亦建有"彩虹儿童乐园",它以"七彩世界、欢乐科学"为主题,为3～10岁儿童提供服务。在2100平方米的展厅内,设有"魔幻森林""光影都市"等八大主题区(见图1-25)。④ 场馆于2010年7月开始运营,由上海科技馆研究设计院、世界知名展示设计公司及儿童教育专家联合打造,暑假周末人流量可达2～4万人次。北京自然博物馆"探索角"位于新楼三层,吸收国外博物馆先进经验,于2009年筹建,宗旨是反对传统式展示,强调主动探索(属本书研究案例)。该场所分为三大活动区:"报告阅读区",既可阅读科普书籍,又可上网检索;"儿童区",3～7岁儿童在此可绘出博物馆见闻;"实验活动区"提供显微镜观察与定期实验。⑤

① 中国航海博物馆. 儿童活动中心. http://www. mmc. gov. cn/home/jyyl/index. aspx? type=421e172519-e24b-4da2-b843-c5400c8cea07,2011-09-11.

② 西汉南越王博物馆. 南越玩国. http://www. gznywmuseum. org/nanyuewang/HTML/jiaoyu/tansuoxuexi/guanneihudongtiandi/371. html? left_28,2011-02-09.

③ 中国科学技术馆. 科学乐园——展区概述. http://www. cstm. org. cn/eapdomain/home/exhi. jsp? show_div=kxly&info_id=5918&plate_id=4724,2011-06-03.

④ 上海科技馆. 科技加童趣 引爆亲子游. http://www. sstm. org. cn/kjg_web/html/DefaultSite/wgdt_MediaNews/2010-08-18/Detail_10639. htm,2010-08-08.

⑤ 北京自然博物馆. 展区介绍——基本陈列. http://www. bmnh. org. cn/Html/Article/20090409/675. html,2011-03-09.

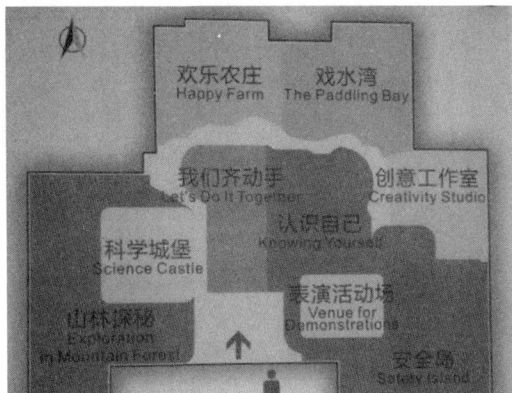

图 1-24　中国科学技术馆"儿童科学乐园"
展厅平面图

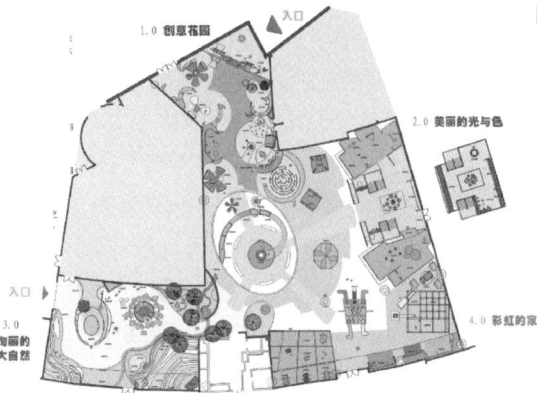

图 1-25　上海科技馆"彩虹儿童乐园"展厅平
面图

此外,国内儿童展览所属成绩第三个方面表现为私立儿童博物馆异军突起,并获取掌声一片。无论是上海互动探索宫抑或是豆豆家科技馆,其展览的诸多设计理念皆主动汲取美国儿童博物馆的成功做法。展区全部设计以互动、体验展品为主,儿童借由角色扮演、亲自动手,探索知识,启发学习热情,从而为儿童学习营造独特的外部环境。

综上,国内儿童博物馆抑或儿童专区相较于美国出现较晚,但所属成绩依然显著:十余年间实现了从无到有的突破,并掀起了发展第一个小高峰,私立儿童博物馆更是取鉴了美国先进的教育理念。从国外博物馆发展来看,第二所儿童博物馆的问世相距第一所诞生近 10年时间。在我国,首座儿童博物馆距离第二座的建成亦约 10 年,此种现象与国外儿童博物馆发展之初不谋而合。同时,21 世纪始,国内博物馆又竞相于馆内创建儿童专区,并呈现如火如荼之态势。部分博物馆如黑龙江省博物馆"儿童少年活动室"、广州西汉南越王博物馆"南越玩国"、上海科技馆"彩虹儿童乐园"等儿童展区皆出现强调互动体验和高参与度的展品或组合,效果亦好。然而,儿童博物馆抑或儿童专区作为国内博物馆界的一个新生概念,从出现、理解到推广须待一个经年累月的过程。我们有理由相信,否极泰来应有时,国内儿童博物馆抑或儿童专区的大好局面为时不远……

(二)缺失及其表现

尽管如此,国内儿童展览所表现出的问题则更为严峻。20 世纪 70 年代,英国历史学家莫尔参观我国博物馆时,评价我国博物馆是"挂在墙上的教科书"[1]。时至今日,情况虽然有所改观,但为人诟病处仍颇多,存在的主要缺失整理如下:

1.国有博物馆儿童展览重展示、轻体验

尽管国内儿童博物馆抑或博物馆儿童专区相继面世,但诸此展区策划常重视展示、轻体验。北京大学考古文博学院宋向光教授指出:"这与博物馆办馆理念有关,不少博物馆还是以展品收藏展示为重点,娱乐、教育、学习功能则相对较弱。"[2]中小学生对此不感兴趣,学龄前儿童更抱怨"没意思""不好玩"。上海儿童博物馆航海厅内,系列船模被安置于独立通柜

①　崔波.减负了,博物馆能做些什么.中国文物报,2000-05-21.
②　丁艳丽.儿童博物馆发展慢 受众需求是根本.中国文化报,2012-05-03.

中展示(见图1-26),儿童仅能静态观览,类似成人参观的陈列室。中国妇女儿童博物馆儿童专区有两层,整个古代、近代、现代3个展厅都处于二层,强调儿童历史,以文物展示为主,属于知识单向灌输型。此类展览过于正式,无法亦不可能吸引儿童。观众在留言本上写道:"展品内容太少""太冷清了"。位于三层的儿童玩具馆,理应深得儿童之心,但诸多玩具均被隔离在独立展柜中,附有简短说明文字,儿童根本无法触及。中国科学技术馆新馆儿童科学乐园大部分展品来自国外,整个策划理念新颖,形式活泼,但此馆同样展示项目多,体验项目相对少,以致大量孩子在排队等候(见图1-27)。宋向光教授指出:"美国的儿童博物馆多是由教育专家和博物馆人士共同设计的,而我国目前的博物馆多是由博物馆人士策划设计的,因而也更多地从成人的视角和观点出发,对儿童博物馆的实物和体验项目关注得不够。"①选择适宜于成人的展示内容和手段,显然无法争取儿童的好感。

图1-26　上海儿童博物馆"航海厅"部分系列船模静置于独立通柜中展示

图1-27　中国科学技术馆"儿童科学乐园""戏水湾"部分　体验项目相对少导致孩子排队等候

2.国有博物馆儿童展览多知识教育型展项,少能力培养型展项

国内国有博物馆儿童展览在内容上倚重科普、历史教育,而借由自主探索、体验与发现进行能力培养的则不足。过于深奥的知识型展示儿童并无多大兴致,简单适用的趣味展示反而让儿童乐于一试身手。上海儿童博物馆科学展区基本采用科普知识单向灌输的展示手段,如航海厅、航天厅主要通过图片、模型、实物、多媒体等方式,将科普资料简单再现。虽然互动探索区建立的初衷是鼓励儿童主动探索周围世界,但该展区面积小,设备陈旧,部分展品组合系由展板简单搭建。中国妇女儿童博物馆二层儿童馆三个展区,其传播目的是进行儿童历史教育,而三层"儿童体验馆"则是以科普知识、电子观览为重,如变废为宝、使用可再生资源、"后天"警示等展品组合,俨然成了名副其实的"科学技术馆"。然而,知识型教育无须通过博物馆教育形式获取,学校课堂教育即能胜任,儿童展览需集趣味性与动手性为一体,从心理上吸引儿童,诱发其进行主动思考和自主探索,提高动脑、动手与钻研能力。

3.国有博物馆儿童展览多基本陈列,少临展空间和服务空间

国有博物馆无论是儿童博物馆抑或是儿童专区,儿童展览皆以基本陈列为主,博物馆各

---

① 丁艳丽.儿童博物馆发展慢 受众需求是根本.中国文化报,2012-05-31.

个空间被填得满满当当,一经完工,一劳永逸,不再更新。如此的设计理念很难让儿童观众重复来馆。而儿童博物馆抑或儿童专区的长期正常运营须持续吸引一定数量的儿童观众。一旦基本陈列让儿童感觉索然无味,即使馆内工作人员想争取小观众,也很难有所作为。临时空间的设计和预留,既可以用来策划临展或特展,也可以用来举办其他教育项目。同时,"服务空间"是指餐饮、衣帽寄存、家庭厕所等公共空间。儿童受众是一群特殊的服务对象,出行时通常衣帽用品等携带物较多,衣帽寄存处从另一个角度而言,客观上促使家庭观众乐意在博物馆内待上一整天。同时,一家三口出行,对于家庭厕所的使用也提出了特殊需求。上海儿童博物馆设计之初未考虑临展空间和服务空间。馆内不存在开展大规模儿童教育的临时空间,亦缺少儿童餐饮空间、衣物寄存、家庭厕所等公共空间。现今,上海儿童博物馆仅能在二楼过道处另辟约 20 平方米的一个狭小空间以备休息之用(见图 1-28)。北京自然博物馆每日小观众访问人数多,即便如此,馆内亦不存在满足小观众需求的大面积儿童餐饮空间。服务空间的断层,无法为儿童提供周到贴心的服务,而博物馆机构被定位为"终身教育场所",并非"快餐式的一次性消费"。

4. 多数国有博物馆内儿童专区展览策划不足

愈来愈多的国有博物馆认识到:儿童利用者是博物馆教育对象中举足轻重的一类。在主动"走出去"的过程中,越来越多的国有博物馆亦开始认识到:在博物馆内设立儿童专区是国内博物馆的一个盲点,大有可为之处。于是,教育人员负责策划,诸多博物馆纷纷"试水",开辟专区,"儿童活动中心""探索角""儿童活动室"等如雨后春笋,层出不穷。然而,其中有不少儿童专区,仅是举办儿童教育的场所,普遍缺乏基本的策展,即儿童教育的环境创设。意大利儿童教育学家蒙特梭利指出:儿童是在"外界的刺激和帮助"下成长起来的,必须为儿童发展提供"有准备的环境"。以为只要腾出一个物理空间,进行儿童教育便已足够,诚然是缺乏对儿童特征的基础性认知。中国国家博物馆新馆"观众体验区"强调举办艺术同构的项目体验,成人和儿童皆在同一"观众体验区"开展教育项目。其中,主要服务于儿童的"手工制作区",基本陈列仅为悬挂着的少许纸花和墙上贴画,并未使用符合儿童心理特征并具鲜明原色色彩的建筑和装饰材料(见图 1-29)。首都博物馆"七彩坊"虽是学龄前儿童和中小学生观众接受教育的专门阵地,但其展览主要为墙上粘贴的绘图,还有天花板上垂挂着的灯笼等。为儿童准备如此非正规的教育环境,与学校教室何异?

图 1-28　上海儿童博物馆"休息区"
该区为一处新辟的公共休息空间

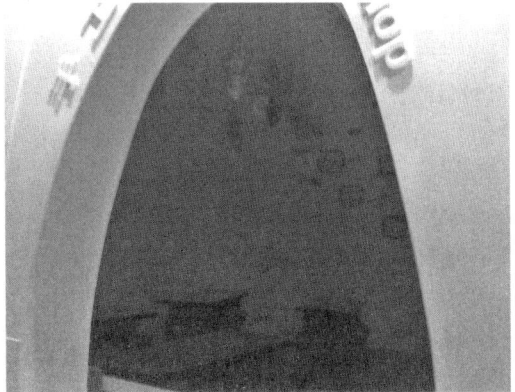

图 1-29　中国国家博物馆"手工制作区"
该区适合儿童的氛围营造不足

它们能留住小观众的脚步吗？儿童所需的教育是在现实情境中体验式开展，"优越"的环境氛围不可或缺。

5.传统博物馆展览对儿童需求"置之不理"

自中宣部发文件通知"博物馆免费开放"以来，至2011年全国1000余家博物馆、纪念馆免费开放，观众年参观量达约1.2亿人次，青少年年参观量达约3500万人次。尽管洞见青少年观众数量绝对值在增加，但按在校学生约2.3亿人测算，年人均参观次数仅为0.15次，多数儿童对参观博物馆兴趣依然不大。自然科学类博物馆，譬如中国科技馆、北京自然博物馆、上海科技馆的小观众总体来说情况则稍优于人文历史类博物馆。诸上现象主要归因于：多数博物馆内展览内容、展示手段和说明文字总体依照成人需求，不适用于儿童；馆方忽视儿童观众，未按照儿童生理和心理需求布展，直接导致儿童对博物馆之疏远；策展时馆方首先想到的是如何满足成人的兴趣，同时期待儿童像成人一样参观并喜欢上博物馆。[1] 事实上，博物馆儿童教育与成人教育存有本质区别（见表1-3）。弗里门•狄尔丹（Frecman Tilden）告诫说："对孩子不能是对成人解释的删减或淡化，而应该采用根本有别于成人的方法，最好是适宜孩子特点而开展教育。"将儿童教育等同于成人教育的理念往往会使博物馆面临尴尬的境地：展项太成人化，无法符合儿童身体特征；内容太深奥，无法符合儿童的思维模式；形式太单调，无法符合儿童的心理规律。

表1-3 博物馆儿童教育与成人教育的比较[2]

比较项目	儿童	成人
参与性	大多被动地由学校或家长安排参观博物馆	根据自己的需求主动地参加博物馆的活动，流动性较大
学习性质	儿童来博物馆参观以及参与活动，所得到的经验和知识，多源自于学校教师或博物馆教育人员的引导	成人本身已有认知架构的存在，所以在博物馆中多参考本身已有的认知结构
学习背景	参与博物馆教育活动的儿童，大多具有相仿的年龄段以及教育程度	参与博物馆教育活动的成人，其教育水平、兴趣爱好等，复杂多样
心理特征	心智还在发展，拥有阶段性显著心理特征	心智稳定成熟

6.博物馆儿童展览缺乏经验和理论支撑

全美现今拥有300余座儿童博物馆，根据美国全球健康政策协会（Global Health Policy）2010年数据测算，美国约有6206万名儿童，即平均3万多名儿童有一个儿童博物馆。然而，中国14岁以下的儿童有2亿余名（2010年第六次人口普查，0~14岁人口222459737人），近美国儿童数量的5倍，但仅有两座公立儿童博物馆，1亿多名儿童只能享有一家。无论与全美总量和儿童使用均量相比，还是与全国近5000家（截至2015年年底）博物馆总数相较，儿童博物馆显而易见在我国比例过低。这也决定了整体儿童策划展览缺乏经验与理论支撑。同时，儿童博物馆因数量少，影响力小，所以无法形成互动学习、交流的平台与氛围，积累起来的部分经验和理论也无法向需要之场馆输出。四川博物院筹办儿童

① 忻歌,宋娴,吴为昊.美国儿童博物馆教育功能的发展与演变.外国中小学教育,2011(1):24.
② 曹默.博物馆儿童教育活动执行过程的分析:以上海地区博物馆为例.上海:复旦大学,2010:19.

活动区,本希冀将活动区与四川博物院特色元素相融合,找到切入点。但光有此种想法,实际建设中一方面缺乏儿童展览、儿童教育学、心理学理论支撑,另一方面欲向他馆"求取真经"也了无方向,四川博物院只能"自问自答",以致"儿童活动区"变成了公共场所常见之"儿童休息区",与四川博物院"毫无瓜葛"。对比美国佳莱格展示设计公司为我国上海科技馆参与设计的一个展厅——"彩虹儿童乐园",其整个乐园的策划过程给予我们很大启示。首先在策划定位中,它就 3～6 岁目标观众的认知、情感、行为、体能目标做了充分的前期研究,接着以教育心理学为基石,从逻辑推理能力、好奇心、社会化、数学运算、读写和语言五大发展领域进行策展,所有展品或组合皆致力于满足 3～6 岁学前儿童心理特征。美国设计公司在整个过程中所展现的理论素养和技术水平不得不引起博物馆业内人士的反思。开辟有"儿童馆"的法国"科学与工业城"博物馆,也基于对不同年龄层儿童的调研,将 4000 平方米的儿童馆分成 3～6 岁,7～12 岁两大区域,符合儿童阶级性教育心理特性。总之,国内儿童展览存在经验匮乏及理论缺失问题,毕竟一个好的儿童展览,离不开对儿童受众的长期研究,离不开对展览内容和形式策划的经验积累,离不开对教育学、心理学、评估学等学理的深入把握。

7.国有博物馆儿童展览存在安全隐患

所有儿童博物馆抑或儿童展区皆会面临安全问题。公共资源用于儿童教育固然是好事,但是一旦出现安全问题,儿童公共教育必然会陷入极为尴尬之处境。儿童展览通常强调儿童主动接触展品,体验互动操作,在玩乐中促进学习。如此零距离的接触,在满足儿童身心需求的同时,亦导致安全隐患的概率大大提升。故儿童展览策展时就应将安全问题列入重点,将其消弭在源头。同时,展览中应将需定期维护和更换的展品与一般展品相区别。上海儿童博物馆是众多儿童喜爱的场所,其中,互动探索区"小超市"中假水果以及玩具皆存有安全隐患。同时,部分教具和大型设施老旧,当初制造教具的厂家已经停产,博物馆对此中可能存在的危机并未形成预案。中国科学技术馆新馆"儿童科学乐园"不少展品、设备已损坏但未修(见图 1-30),有的甚至存在安全问题。中国妇女儿童博物馆"儿童体验馆"动手操作区域亦存在同样的情况。如"轮椅体验"展品前,赫然张贴"正在维修,请勿使用"(见图 1-31),"自然鸣奏曲"展品亦被一条红色隔离带隔开。辅助展品是儿童展览的精髓,破旧老化存在安全问题,既会阻碍"玩中学"初衷的达成,也会使孩子体验效果大打折扣。

图 1-30　中国科学技术馆"儿童科学乐园""小工地"单
元　展区互动展品损坏未修

图 1-31　中国妇女儿童博物馆"儿童
体验馆""轮椅体验"单元　设备正在维修

8.儿童展览未有行之有效的效益评估

任何类型的展览,策展团队戮力办展,皆希望自己的策划能构筑观众与展览之间的桥梁,展览能吸引观众并为观众所理解和认同,观众获得美好参观体验之余达成展览传播效应的目的。然而,展览能否达到以上预期目的,答案需借由效益评估来检测。同时儿童展览类型多样,加之儿童受众的特殊性,就选题、内容、手段、说明文字等会提出迥乎不同之需求。由此,需建立一套适合儿童展览的效益评估标准。尽管目前评估方式不断推陈出新,但针对儿童展览评估的研究和实践仍为一个盲区。中国妇女儿童博物馆社教部工作人员接受访谈时表示:"孩子特别喜欢三楼,但体验馆、玩具馆两个馆放在一起真是遗憾,这点我们事先没有做评估,我们也找不到可以借鉴的评估标准。"

综上,国内儿童展览之缺失主要表现于:一方面,博物馆传统展览未关注儿童需求。如果说此点已成为痼疾,短时间很难得以改善。那么,另一方面,即便是专为儿童群体所创设的儿童博物馆抑或专区,仍然存在重展示、轻体验;多知识教育型展项,少能力培养型展项;多基本陈列,少临展空间和服务空间;儿童专区未进行充分策展,基本无陈列可言等现象。另有安全隐患问题存于诸多展品之中。除此之外,儿童展览还缺少制度规范,即无事前策划、过程管理和事后评估等制度设计,以提供行动规程和执行准则。

由上可得,博物馆儿童展览方面成绩与缺失并存。然而,此处只做提纲挈领式的梳理,接续第三章将借由典型案例解析就缺失部分做进一步探究。

二、儿童教育项目类型所属的成绩与缺失

"博物馆不在于它拥有什么,而在于它以其有用的资源做了什么。"[①]中宣发〔2008〕2 号文件《关于全国博物馆、纪念馆免费开放的通知》的下发标志着中国博物馆"免费开放"时代的到来,政府为观众参观博物馆慷慨买单,那么,博物馆自身又该以有用的资源为观众做些什么? 2004—2005 年北京青少年研究所对北京市 1000 位在校学生进行了调查,结果表明,在日常生活中学生最喜欢从事的活动:第一,和朋友一起聚会;第二,听音乐、看电视、与家人一起、上网;只有 7.8% 的学生喜欢去博物馆。为什么博物馆未能挽留住儿童受众的脚步? 普通博物馆在儿童教育项目方面究竟存有怎样的问题? 又获得过哪些成绩? 为寻求解答,数年间研究者一方面伏案卷帙,着手阅读与整理;一方面先后对上海博物馆、上海互动探索宫、上海科技馆、上海儿童博物馆、故宫博物院、首都博物馆、中国国家博物馆、中国科学技术馆、北京自然博物馆、四川博物院、浙江省博物馆、丝绸博物馆、河北博物院等国内各类型数十家博物馆进行踏查,并择要开展观察、问卷和访谈调研,就此基础上粗略谈一点陋见。

(一)成绩及其表现

尽管国内博物馆儿童教育项目存在错综复杂的问题,但经历近百年的发展,研究者深感儿童项目方面取得的成绩也不容小觑。兹归纳如下:

1.博物馆曾隶属教育部,与学校教育紧密相连

早期博物馆学理论与实践家张謇,倡导在京师开设国家博物馆未果后,于 1905 年尽个人财力在故乡江苏南通购 29 家民房创建南通博物苑。国内博物馆界一般将其视为中国第

---

① 段勇.当代美国博物馆.北京:科学出版社,2003:107.

一座博物馆。张謇认为博物馆"以为教育后盾，使承学之彦，有所参考，有所实验，得以综合古今，搜讨而言论之耳"①，即博物馆要作为学校教育的助手和重要学术机构。其后，张謇又多次提出"设为庠序学校以教，多识草木鸟兽之名"②，"设苑以为教育也"③。由此得见，南通博物苑设立的初衷便是为了教育。此外，张謇甚至将历史部涉及教育的部分另立为教育部，使得原本初成的天然、历史、美术三部增设为四部。④ 事实上，从隶属关系看，南通博物苑实则从属通州师范学校，主要服务对象为学生。《二十年来之南通》写道："南通各校，凡讲关于动、植、矿物，常由教师率往参观，因之人多称为南通各校专设之标本室也。"由此看来，作为国内第一座博物馆的南通博物苑，本身即馆校合作的范例。辛亥革命（1911 年）后，"民国"政府规定博物馆隶属于教育部，纳入国家社会教育体系。博物馆事业由此成为教育事业的组成部分。这之后，我国建立的第一批博物馆，皆隶属于教育部。1912 年，在北京国子监旧址上诞生了第一个国立博物馆——国立历史博物馆，它是在教育总长蔡元培的主持下筹建的。蔡先生的特殊身份隐喻着博物馆和教育水乳交融的关系。1927 年后，教育部制定《教育部历史博物馆章程》，对博物馆实行制度化管理。无论是张謇还是蔡元培，他们代表着从 20 世纪初到 20 世纪 30 年代，我国博物馆的主要思想，即从理论上肯定博物馆的教育价值，认同教育并不专在学校。⑤

2. 博物馆设立教育部，教育活动延伸至基层

中华人民共和国成立后，博物馆事业不再归属教育部，改属文化部。其下专门设立管理文物和博物馆的行政机构——文物事业管理局，全面管理各地公立及外国人在中国创办的博物馆，共计 25 家。20 世纪 50 年代，博物馆依照苏联模式建制，相继成立群工部（群众工作部）。1956 年 4 月召开的全国博物馆工作会议第一次明确提出博物馆的基本性质是"文化教育机关"，基本任务包括"为广大人民群众服务"。20 世纪 60 年代，博物馆教育出现各式各样的教育项目，诸如陈列讲解、流动展、电化教育、讲座等。其中，群众教育工作者组成形形色色的小分队，深入农村、矿上、工厂、部队，把流动展带入基层，博物馆这种运用流动展形式将教育延伸至基层的经验非常独到且值得总结。⑥ 从博物馆教育部门设置来看，20 世纪 50 年代设立的群工部，后来或改或沿用。譬如故宫博物院 1952 年设有群工部，后改为宣传教育部；河南博物院 1966—1988 年期间一直沿用群工部，直至 1988 年才改为社教部。现今博物馆亦有仍沿用群工部的，如新疆维吾尔自治区博物馆。同时，这类称谓亦纷繁，有教育部（如上海博物馆）、宣教部（如广西壮族自治区博物馆）、社教部（如首都博物馆）、科普教育部（如北京自然博物馆）、教育推广（如西安博物院）、展教部（如浙江自然博物馆）、科普宣传部（如国家动物博物馆）等。虽然诸此部门并非单纯从事社教工作，业务范围还涉及票务、接待、宣传甚至保洁、治安等，但至少它们已作为职能部门被独立开来。同时，各地博物馆教育部不仅在中国博物馆学会（现称为中国博物馆协会）社会教育专业委员会组织下积极参加全国教育研讨会，还在"文化遗产日"和"国际博物馆日"举行不拘一格的专题研讨会，学术交流

① 曹从坡，杨桐，等.张謇全集:卷四.南京:江苏古籍出版社,1994:272.
② 李海章.张謇楹联辑注.出版地不详:出版者不详(附注张謇研究基金资助项目),2002:34.
③ 张謇.南通博物苑品目序.见:李淑萍,宋伯胤选注.博物馆历史文选.西安:陕西人民出版社,2000:165.
④ 曹从坡，杨桐，等.张謇全集:卷四.南京:江苏古籍出版社,1994:283.
⑤ 王宏钧.中国博物馆学基础.上海:上海古籍出版社,2007:86.
⑥ 苏东海.《中国博物馆群众教育工作手册》序言.中国博物馆,1992(4):62.

平台由此得以搭架,博物馆教育探索亦进入了一个良性循环期。

3.博物馆未成年观众参观人数增加,常规教育项目普及

截至 2010 年年末,国内拥有 3020 家博物馆,文物系统博物馆 2435 家,其中 1893 家实行免费开放,民办博物馆有 328 家,观众年参观量达 5.21 亿人次。令人瞩目的是,其中未成年观众数量达至 1.35 亿人次,与 6 年前那 2004 年 0.40 亿人次相比,增长了 238%,约占观众构成的 26%。诸上数据一方面说明博物馆免费开放以来,未成年观众参观博物馆数量快速增长,另一方面亦表明现有形势下,博物馆教育工作呈现新动向,儿童教育必然对博物馆未来工作提出全新要求。就传统博物馆而言,现今教育项目已逐步跻身为诸多博物馆的核心业务,这点已在业界达成共识。譬如中国国家博物馆从 2011 年 9 月开始,半年时间完成约 50 个教育项目并已形成文字,作为反思改良之基础。北京首都博物馆"七彩坊"寒暑假以及周六、周日都有活动,上下午各一场,一场一个多小时。此外,每隔一季度,社教部会对教育活动予以归类,并以季刊《牵手》(见图 1-32)的方式总结和呈现。四川博物院亦推出主题月活动,项目常结合时令整体进行策划,诸如 2011 年 4 月为"放飞川博——风筝主题活动",5 月为"让爱童行——放飞川博"等。另有"大篷车"流动博物馆开展巡回流动展,截至 2011 年 3 月,其行程已累积超出 8 万千米,累计展览达 26 次,观众达 60 余万名。四川博物院标志性的"大篷车"(见图 1-33)已发展为正科级业务部门,在编人员 14 人,这意味着流动展教育实现常态化。但同时亦不难发现,如今博物馆儿童教育同质化现象严重,教育项目一般无外乎手工、节假日项目、流动展以及小小讲解员,缺乏结合本馆优势的品牌项目和长期的教育规划。

图 1-32　首都博物馆社教部教育季刊
《牵手》杂志

图 1-33　四川博物院"大篷车"流动博物馆

4.首创将博物馆教育纳入精神文明教育基地的体制

南通博物苑之创立本来就寄托着张謇"开启民智、救亡图存"之念想,博物馆始终承担着精神文明建设的使命。改革开放后,尤其在城市,趾高气扬的推土机将几十年的中华文明掩埋在钢筋混凝土之下。儿童吃着哈根达斯,看着蜘蛛侠,玩着迪士尼,开始认同另外一种毫无血脉之亲的欧美文明且表现亲昵,爱国主义教育之重任明显增强。1994 年,中共中央颁

布《爱国主义教育实施纲要》。1996 年,国家教育委员会、民政部等六个部委印发《关于命名和向全国中小学推荐百个爱国主义教育基地的通知》。[1] 1997 年,中宣部"百个爱国主义教育基地"向社会公布,2001 年公布第二批百个,2005 年公布第三批 66 个,2009 年公布第四批 87 个,其中,文物系统单位占很大比重。现今,已有千余个文物系统的博物馆或纪念馆被定名为爱国主义或科普方面等教育基地。它们结合本馆特色,制定建设计划,保持与各地教育部、组织部及团组织联系,举办巡回展、送展上门,采取夏令营、有奖征文、组织义务讲解员等活动,让中华文明亲近中小学生,激发学生光荣感并进行爱国精神熏陶。也正因此类项目,学生走进博物馆实物课堂,与博物馆第一次亲密接触,接受潜移默化之教育。

5.博物馆教育口头讲解经验丰富

20 世纪 50 年代,博物馆教育部门活跃着一批艺术工作者、大学生、高中毕业生和军人等,他们主要负责的是讲解工作。国内博物馆业界历来重视讲解员制度。甚至在"文革"期间,博物馆教育仍采用"三员一体制",即"讲解员、保管员、卫生员",讲解员身份至今依旧保留。"中国博物馆有一支相当庞大的讲解员队伍,其传播知识,进行博物馆教育的主要方式是口头讲解。"[2]老讲解员和新讲解员一起,进行口头讲解研究,撰写研究论文,着手口头讲解的技巧总结和要素归纳,丰富口头讲解理论。研究成果诸如《博物馆讲解入门》《讲解语言艺术》等。20 世纪 70 年代,日本亦开始采用与中国相似的讲解员制度。现今,国内讲解员队伍已从当年的初高中生部分升格至大学本科、硕士研究生,这是一支具备初、中、高级职称的整齐队伍(但相较于其他岗位学历要求相对较低)。由于讲解动情处融入人之情感,这种传统的交流方式是一切讲解工具所无法替代的,它由此成为与观众交流最直接的手段。国内无论是口头讲解经验积累,还是讲解员队伍建设,所产生的实践成果弥足珍贵。

综上,博物馆教育在博物馆发展百年史中还是取得了不菲成绩:建馆伊始,博物馆就纳入教育部管理,配合学校开展教育;群工部诞生,开启了博物馆教育者走入基层进行宣教之滥觞;虽然未成年观众未必"真心喜欢",但随着常规教育项目推广,跨入门槛的观众数量之增加多少说明已获得初步成效;中华文明横亘千年,中国政府首创将博物馆教育纳入精神文明教育基地之体制建设,客观上推动博物馆业界为争取成为爱国主义教育基地,殚精竭虑地组织各类教育项目;年轻观众得以近距离解读文化遗产和人类生存及其环境之物证,感受伟大的民族精神与厚重的民族文明;建馆之初,国内即设立讲解员,口头讲解之技巧已相传百年,实战中历练之经验,经验中绽放之研究成果,数代"享用"。

(二)缺失及其表现

就成绩给予肯定之余,研究者在调研过程中,同样洞见其背后掩盖的诸多问题,有些甚至是伤筋动骨的本质性问题。现将缺失整合成以下九点:

1.博物馆体制决定博物馆"重展不重教"

博物馆自身存在的体制痼疾,从根本上决定了教育工作者对于儿童教育项目从内心缺乏动力和热情。20 世纪 90 年代以来,随着国家综合实力的增强和城市化速度的加快,博物馆作为城市的重要地标和基础设施,得到了各级政府的普遍关注。但由于这种基建型的投资,其意重在改变城市形象,并未将发挥其社会功能作为建设目标,因此常出现建设时锣鼓

① 王宏钧.中国博物馆学基础.上海:上海古籍出版社,2007:113.
② 苏东海.博物馆的沉思 苏东海论文选(卷二).北京:文物出版社,2006:146.

喧天,经营时门庭冷落的景象。近 10 年来,因少数博物馆主动地进行观众研究和市场化探索,开始赚得人气,获初步成效。然而,绝大多数的博物馆仍保持开馆后无所作为的状况。博物馆是公益性文化机构,担负着展示、保护、研究文化遗产,融汇科技文明、生态文明的重要职能,是人类收藏记忆的凭证和熔铸新文化的殿堂。[①] 我国拥有悠久的古代文明和丰厚的文化遗产,博物馆事业的发展独具优势,但为什么诸多博物馆开馆一段时间后"冷冷清清,凄凄惨惨戚戚"的局面频现? 研究者认为应当从我国博物馆事业自身特点上溯源。在博物馆建设投入之初,馆方常将国家文物局每年的"全国博物馆十大陈列展览精品"视为建设目标,评比完毕后就认为大功告成。展览被看成博物馆"面子工程",影响可持续发展的重要内容——教育项目,仅为锦上添花之事,不是也不可能成为博物馆的核心工作内容之一。

2. 儿童教育项目小打小闹,缺乏实施方案和系统规划

部分博物馆片面地认为:博物馆对儿童来说是找快乐的地方,一年举办几次儿童项目,如在儿童活动区域举办些手工活动,招聘数位小讲解员即可。以上活动在大部分省级博物馆都组织过不下一次,时间常集中于节假日、寒暑假等,但并未常规化。同时,诸此项目虽实施过程热闹,但鞭长不及马腹,常缺乏完善的实施方案,更谈不上长期的系统规划。研究者在参与上海博物馆暑期未成年人教育项目中发现,几乎每个活动先前都未形成文案,儿童教育工作仅 1～2 位专职人员从事,只能凭借经验执行。中国科技馆大多数教育项目,也仅有关键字式的实施方案。而一项理想的教育项目,应当是在对参与对象进行充分调研的基础上,预先撰写方案策划书,经教育部门及其他合作部门反复斟酌,最终定稿后用于指导实施。仅仅依靠经验或关键字式的指导,根本无法实现儿童教育项目常规性、制度化管理。成熟的儿童教育项目策划,是在一次次项目梳理基础上,针对每项项目执行情况反馈后,不断进行总结和修正的结果。同时,博物馆教育部亦只有立足于一个个成熟的儿童教育项目,才有可能展开整体部署,做出未来几年内儿童项目发展蓝图之规划。

3. 博物馆儿童教育专业人才匮乏

专业教育人才的匮乏,是博物馆儿童教育项目开展后劲不足的重要原因。道理就如同要烹制一道佳肴,技艺娴熟的厨师不可或缺。教育项目的实施很大程度上就是取决于人的因素,即对教育专业人才的需求。首先,要界定好一个概念,博物馆教育工作者不等同于讲解员。很多博物馆业内人士甚至是教育工作者都会产生这样的误区——博物馆教育工作者就是讲解员。2007 年,"科学发展观与博物馆教育"学术研讨会论文集中 130 篇宣教论文,凡是提及博物馆教育工作者,多数将其视为讲解员。一旦在这两者之间画上等号,博物馆教育工作便自然成为"青春饭碗",工作者达到一定年龄后通常相继转行。实际上,博物馆教育工作者是对从事博物馆相关教育工作的各级领导、专家、管理人员、研究人员、教辅人员及其他专业技术人员的统称。简单将其与讲解员等同,显然不正确。其次,现有教育学人才严重缺失,特别是儿童教育专业。据统计,目前博物馆进行人才招聘时,招聘主要专业仍是外语、新闻、播音、文史和艺术等,专业背景为教育学的则配额极少。一项调查表明:全国 29 家博物馆在招聘时明确招聘教育学专业的只有 4 家,比重仅占约 14%,并且应聘者绝大多数为应届本科毕业生,更不要说教育专家。由于报考讲解员仅要求大专以上学历,编外讲解员为中专以上学历,因此博物馆教育部门较其他部门门槛明显更低,令人担忧。

---

① 单霁翔. 抓住历史机遇,推动新时期中国博物馆的蓬勃发展. 光明日报,2010-11-05.

4. 未从时间、空间和人力方面对儿童教育资源进行有效的开发整合

儿童教育资源是否得到有效的开发整合并加以利用,是关系到博物馆儿童教育项目能否成功实施的重要因素。目前,利用博物馆现有资源对儿童项目进行开发整合的较为缺乏。首先表现为与学校资源结合不足。国外博物馆常会针对课程内容,专门组织学生参观博物馆。甚至有些博物馆会依据学校教学大纲独立设计专门为各课程服务的教学类项目,如欧美博物馆每年会邀请教师到博物馆来座谈,听取建议,博物馆馆内设有专门的教室,供中小学生上课使用。博物馆利用实物藏品进行教学,比起书本上的平面化、抽象化教学更符合儿童身心需求,将课堂搬进博物馆,教学效果将会事半功倍。其次表现为时间利用不足。国外博物馆常于晚上举办各类诸如讲座、讨论会和播放电影等教育项目,然而,国内博物馆属于朝九晚五的事业单位,通常为5点左右准时闭馆,晚上基本无活动。此时间安排使得学生只能是在课堂时间或者周末才能来博物馆参观,特别是对家庭观众有着一定局限。再次表现为参与人员范围不足。在国内,教育工作者往往仅为博物馆教育人员,但国外,从一般工作人员、馆长、馆外研究人员到各行各业志愿者都可能成为教育工作者,从而担负起一项具体教育项目的筹划与执行。最后还表现为地域空间利用不足。国内博物馆往往仅将项目局限在博物馆展厅之内。在国外,除了为儿童在展厅内创设举办教育项目的专区之外,教育项目还可能延伸至馆外很大、很远的地方。

5. 儿童群体年龄跨度大,对儿童观众研究不足,理论指导匮乏

21世纪以后,国内个别博物馆在与国外博物馆进行交流的过程中,逐步意识到博物馆儿童教育功能的重要性,继而开始实施儿童教育项目。诸如北京、上海、广州等城市及省一级博物馆开始设立教育部。一部分博物馆,特别是自然科技类博物馆,主动借鉴国外经验,努力改陈,学习采用互动式、体验式的教育手段。但目前对儿童项目的探索国内仅处于萌芽阶段,且有个通病:教育功能的实现,不是依靠展品和讲解来代替,就是依靠内容和形式趋于老旧的教育项目,实施的效果常难令人满意。其突出问题表现为:教育项目未对儿童观众做充分研究。而儿童受众年龄跨度大,如不划定年龄段来开展教育项目,则其针对性不强、有效性减弱。此问题的根本诱因为缺乏理论指导。

儿童教育项目的成功必须尊重、了解儿童观众。儿童教育学、心理学告诫我们,儿童观众与其他年龄段观众显著不同:儿童观众的心智发展有自身规律,现有阶段的水平是从前一个阶段水平基础上发展起来的,相仿年龄段的孩子具备极其明显的阶段性心理倾向,超阶段的教育不利于智力的开发(与此相关的内容将在第七章中进行周延阐述)。因此,博物馆在开展儿童教育项目时,只有依据不同年龄段儿童的心理特征来实施,才能真正实现为他们的兴趣和需求服务。实际上,为不同年龄段儿童观众量身定制教育项目,在国内博物馆界几乎寥寥无几,忽视或错误把握儿童心理特征的案例倒是不少。如2009年年底,大葆台西汉博物馆开展了一次学龄前儿童教育,对象主要为幼儿园大班学生。其以学龄前儿童作为对象的大胆尝试在目前博物馆教育项目中并不多见,这值得褒奖。但馆方在活动中采用的却依然是按馆藏文物讲故事的传统讲解形式,还策划了模拟考古项目,并提出活动目的是锻炼儿童动手能力和增加儿童团队合作意识。殊不知,根据儿童认知心理学四阶段论来看,5～6岁的大班学生被归为第二个阶段——前运算阶段,此阶段的孩子特点是以自我为中心,认识不到思维过程,注意力还无法转移,不善于分配。如果想通过此活动达到团队合作的预设目标,其可能性微乎其微。故,模拟考古项目并不适合该年龄段的儿童,其策划是不成功的。

譬如作为中国首家面向儿童的专业博物馆——上海儿童博物馆,除了现任馆长是儿童心理学出身,馆内不存在第二位关于儿童方面的专业人士,馆内绝大多数教育工作者缺乏儿童教育学、心理学的受训背景和优势。诸上案例不禁令人扪心自问:对象研究不足,如何把握其需求? 又怎能提供适合的教育服务?

6. 对儿童教育的重要性认识还不够

"博物馆教育的目的是激发人们的一种生存、竞争意识,增强人们的学习情趣,是从精神到行为上培养主人的手段。"[①]可以说,博物馆重视儿童教育比关注成人教育更有意义。从世界各国情况来看,儿童是"访问"博物馆的主要群体。法国卢浮宫(Musée du Louvre)每年观众几乎有一半是未成年人。美国博物馆则是儿童进行早期教育的重要辅助场所,88%的博物馆拥有从幼儿到少年的教育项目。但国内对于儿童教育的重视程度还远远不够,尤其是针对低龄儿童。首先,表现为成人项目和儿童教育抢夺空间。在传统博物馆内,面向成人的展览空间是主体,而面向儿童的利用空间可以缩之又缩。比如北京首都博物馆原打算开设一个儿童馆,但后来缩小成为"七彩坊";上海博物馆每年寒暑假举办手工体验活动,但因下沉式广场内的观众活动中心空间太小,每次只能限额30人,导致家长数次预报名报不上,而与馆方工作人员发生冲突。其次,由于不够重视,博物馆教育部门从事儿童教育项目的人员不足。教育项目的直接依赖资源就是工作团队,人才匮乏直接导致项目无法大规模开展,开展时亦只能是匆忙完成任务。如中国北京自然博物馆"探索角"内负责儿童手工项目的只有两位员工,上海博物馆负责相关业务的则只有一位员工。再次,教育设施不适合儿童。譬如上海博物馆在2009年10月25日针对初中以上学生开展的"做重阳糕"活动中,所用的桌椅仅适用于成人观众,孩子坐时视平线高出桌面不多,孩子或仰头,或跪在凳上,甚至干脆站在桌旁做手工,两个小时左右的活动令孩子疲惫不已。

7. 儿童教育项目教育形式和手段的创新性不够

儿童教育项目的教育形式和手段以照搬、照抄国外为主,较为陈旧,部分还停留在"说教""施教"层面上。目前,大部分博物馆儿童教育项目无外乎"手工活动""小讲解员""讲座""解说"等,形式趋于雷同,缺少互动式、体验式的品牌项目。"问渠那得清如许,为有源头活水来",教育项目具备优质的创意才是儿童长期光顾博物馆的根本动因。国外不少博物馆拥有一支充满创意的教育团队,一个教育项目从创意到实施,需经过长时间打磨。例如在美国国家邮政博物馆(National Postal Museum)中,先让孩子探索如何创造邮票,再使用创造的邮票与长辈往来书信。博物馆教育与正规教育存在很大差别,需完全以儿童兴趣为出发点,当孩子为某个项目着迷并投身其中时,即博物馆儿童项目的成功。同时,博物馆特殊的氛围营造和外延设计可激发儿童参与的兴趣,主动且深入地接受体验式教育。

8. 儿童教育项目还未采取完备的评估

与前文"儿童展览评估"相似,儿童教育项目效益评估之建立,可用以检测项目目标达成情况。儿童是否理解馆方欲传达之理念? 项目是否为儿童所喜爱? 教育效果如何? 但是,研究者在调研过程中发现博物馆业界并不存在被普遍认可的教育评估体系。部分博物馆有过评估的实践尝试,诸如四川博物院、北京自然博物馆在项目结束后发放问卷进行调研,但

---

① 郭福祥.谈博物馆教育中的人.中国博物馆,1990(4):82.

仅为闭门造车的自我摸索。然而,以什么标准来检测？评估流程如何？诸多博物馆皆期待专业评估体系的出现以供取鉴。

9.未就儿童教育项目做大量宣传

本点内容与儿童教育项目空间、人手不足密切相关。一方面,博物馆是非营利机构,诸多儿童项目收费较低,几近成本价,家庭报名踊跃;另一方面,开展项目场地受限,工作人员少,通常对参加人数有所限额。因此,无须加以宣传,名额早已"爆满"。宣传虽无必要,但项目带来的社会效应也由此"大打折扣",诸多家庭对儿童教育项目的开展闻所未闻。在美国,机场可免费领取印第安纳波利斯儿童博物馆儿童教育项目宣传资料,加拿大绝大多数博物馆会把教育项目方案的单页寄给当地家庭,部分住宿酒店亦能找到博物馆项目的介绍,博物馆咨询台前更是能随时领取本周、本季度的儿童项目安排。国内博物馆多数仅是适时在官方网站上挂出。儿童教育项目和社会公众脱离,于博物馆高墙之内孤芳自赏,即使教育项目获得成功,也难以产生广泛的社会影响和载道口碑。

综上,博物馆教育儿童项目之缺失主要表现在两个方面。一是突显于博物馆儿童教育部自身:教育项目缺乏实施方案,亦未形成长期系统的教育规划;教育工作者以讲解员为主,儿童教育专业人才匮乏;学校、人才、时间、空间等可利用的教育资源,还未加以有效开发、拓展和整合;做儿童项目却对儿童群体缺乏认知,儿童年龄跨度大,缺乏学理指导,导致教育针对性锐减;儿童教育空间、人员、设施不足,重视程度亟待提高;仅一味"效颦",缺乏融入本馆元素的儿童项目,始终无法长期"引得儿童来";事先不做有力宣传,事后不做评估或评估乏力。二是现有的博物馆管理体制促使博物馆围绕上级部门的需求开展工作,认为儿童教育只是锦上添花,可有亦可无,看重展览,对"小观众"需求"置之不理"。

据上可得,国内博物馆儿童教育项目方面成绩与缺失并存,但缺失部分千头万绪。然而,此处只做纲举目张式的梳理,接续第四章将依据典型案例剖析就缺失部分做深入探究。

三、作为"土壤"的教育理念与环境

其上论述之两点,无论是博物馆儿童展览抑或是教育项目,诸多问题的"滋生"皆离不开国内具体的教育理念和环境之"土壤"。国内特有的教育理念,兼之教育环境,是造成博物馆教育困境的最大原因。

(一)丧失纯洁性的儿童教育理念根深蒂固

北京大学宋向光教授认为:"这是东西方文化差异的表现,也是东西方教育观念不同的体现。世界上 3/4 的儿童博物馆都集中在美国,欧洲、亚洲一些国家的儿童博物馆普遍比较少,这是因为美国人把儿童博物馆作为儿童早期教育的辅助形式,他们认为儿童的成长和智力发展可以在自然环境中、在现实情境中体验式进行。"[①]这点研究者在"绪论"章节"研究对象"部分关于"教育"之释义已做过辨析,国内外不同的文化背景导致了迥乎不同的教育理念之产生。中国教育通常强调"上对下所施与的影响"和"教育的计划性",具象表现为:忽视个体差异,认为人人可为尧舜;忽视兴趣,强调服从;中庸之道同化个体,忽视个性;强调严格的教育手段和方式。如果说中国家庭关注知识教育,那么国外家庭则更多地注重能力教育。

---

① 丁艳丽.儿童博物馆发展慢 受众需求是根本.中国文化报,2012,5(31):7.

布鲁克林儿童博物馆开放之初,两周内即有 807 位观众光顾。加拿大安大略皇家博物馆每天需接待 200~300 位学生观众。然而,2012 年研究者调研中国妇女儿童博物馆时得见:平日里来馆的儿童观众数量较少,周末偶有部分学校组织学生前来。究其因,主要在于:多数家长认可强化学习的培训班,早期教育更倾向选择金宝贝、悦宝园等国外收费型机构,很难抽出时间去儿童类博物馆,因博物馆对于儿童学习成绩不会有直接帮助。孩子时间被强制性分配,教育丧失纯洁性。然而,各年龄段儿童皆有不同的认知特点和心理发展模式,体验式教育才是儿童最好的现实教育。德国权威儿童教育专家指出:"最新的人脑研究证实:儿童大脑中的神经腱只有在主动用脑时才会被激活,儿童在自愿自觉的情况下才能够掌握所学的内容。灌输式的教育方式是不会成功的,儿童世界观的形成不可能来自被动说教。"①以上国内儿童被剥夺话语权、无法自我管理时间、被各类学习班占据时间的现象,将间接导致其创造性和积极性受到打压。正如苏联著名教育理论和实践家霍姆林斯基所强调的"儿童精神世界里总想自己是研究者、发现者、探究者,这种需求特别强烈。但如果不给予养分,即不接触实物和现象,缺少认识乐趣,需求会消逝,求知欲望也会泯灭"。国内根深蒂固的教育理念随着现代儿童教育理论的冲击,是时候做出反思,回归儿童教育本来之纯洁。

(二)儿童教育环境成为万恶之源

在中国,学校教育几乎承担中国儿童教育的全部角色,而我国的基础教育中应试教育占了很大比重。所谓应试教育,指的是脱离社会发展和人的发展的实际需要,以应付考试和为高一级学校输送新生为目的,违反教育科学规律的一种传统教育模式。② 表现为:一方面,大学教育还未普及,"高考"仍然是一根无形的指挥棒;另一方面,基础教育的质量仍然以升学率来体现,因此考试成绩的好坏成为衡量孩子好坏的标准。素质教育的呼声"轰轰烈烈",应试教育的行为"扎扎实实"。"应试教育"是一种狭隘的教育模式,将应试当作"唯一"教育目标,其消极作用显而易见:教育目标单一;忽视人本素养;扼杀儿童个性与创造性;阻碍教育改革;影响儿童身心发展。我们必须要思考的是中国教育究竟需要培养怎样的儿童。就一个国家和社会而言,教育的最终目的并非不是造考试机器,而是培养人的创造力,促其转变为智能。在 21 世纪,只有具备创造力,才能引领社会经济发展的走向。无论是新行业的兴起,还是新产品的研发,都依赖于人的创造能力。目前儿童教育质量意识和标准的偏差造成了严重的后果:教育产出和社会需求的不相适应。应试教育将学习内容局限于书本之内,采用强化训练、过度学习的方式,导致学生无暇参与课堂以外拓宽知识面的活动,造成高分低能。中国儿童教育似乎走进了"死胡同",然而,叨天之幸,随着社会对儿童教育的重视,教育渠道日趋多元化,学校教育不再是唯一的教育途径,教育还扩及博物馆、图书馆、动物园等非正规和非正式教育环境,构成社会教育网络。法国通过制定政策,将国民教育与博物馆教育融合,如小学、初中每周三下午放假,鼓励儿童前去博物馆。奥地利维也纳市教育局下设艺术教育专员,负责博物馆与学校之间的联系,博物馆一旦有展览皆会通知教育局,协同商议优惠举措,教育专员向学校和教师转达相关信息。英国博物馆被列入教师培训计划,小学教师或校长需接受博物馆专项指导。意大利《文化遗产法》明确规定博物馆有义务向学校提供借用标本、幻灯片、模型、图片等有偿服务。作为一个拥有丰富实物藏品,有组织、非营利,凭

---

① 俞又丹.国外早教 让孩子在体验中成长.南京日报,2012-09-12.
② 蔡琪.与时俱进探索教育改革新模式.见:王安平,王静,杨希文.当代学术研究.西安:西安地图出版社,2005:72.

借展览和教育增加知识修养、提供全民休闲活动,被誉为"没有围墙的社会大学"的机构,博物馆具备在"夹缝中求生存"成为学生的"第二课堂"①的可能条件。同时,教育作为博物馆三大职能之一,随着博物馆的发展、壮大也不断得到了强化。沉思博物馆儿童教育的未来方向,对儿童博物馆教育现状审时度势,有针对性地开展儿童教育,让博物馆成为儿童素质教育的一方乐土,成为博物馆工作中值得探究的重要理论和实践课题。

---

① 徐宁.传承文明 启迪心智:浅谈中小型博物馆教育在学校教育中的作用.见:江苏省博物馆学会.区域特色与中小型博物馆 江苏省博物馆学会 2010 学术年会论文集.北京:文物出版社,2011:75.

第二章
博物馆儿童教育研究的相关理论与运用

为达成本书"针对检测出的现存问题对症施策,从而打造适合儿童的博物馆教育"这一既定目标,其一,要借助先贤有关博物馆教育评估的研究成果,为分析问题构建评估指标体系;其二,要在前人研究基础上,构思本书研究问题的检测方法。

广集诸此领域各家之论后,研究者发现,相关理论系统性研究缺位,同时各种成果庞杂零碎,若要对其施以梳理,既需较高的理论素养,又需较开阔的学术视野,难度相当大。尤其是对理论施以运用,单凭伏案悉心整理远不够,必须确实领悟后凝聚心得,形成问题解决之思路,才能建构起适用本研究之方法。尽管经由反复思量、不断斟酌后再付诸笔端,然而,概因研究者才学浅陋,书中仍存有诸多不尽如人意之处。

本章节首先致力于梳理儿童教育的相关评估理论和儿童教育的政策法规;接续,在国内政策法规的社会背景下,立足于先贤相关领域研究基础之上,为本书"量身定制"一套研究方法。此研究方法之构建旨在较为科学且严谨地检测国内研究案例的现存问题。

第一节 博物馆儿童教育评估相关的理论成果及其运用

无论何种类型的儿童教育,主要目标皆为能引起儿童探索兴趣,过程中寓教于乐,发挥博物馆非正规教育之效能。博物馆策划团队戮力规划儿童教育,希冀或展览引得儿童沉浸其中,通过互动探索构筑博物馆美好的观览经验,或项目赢得儿童积极参与且收获学习的欢愉。然而,教育内容是否被观众理解并接受? 能否达成馆方预设目标? 观众对于教育效果的回应如何? 何者为儿童喜欢,何者又为儿童所漠视? 儿童教育在效能发挥方面特色为何……诸上问题的解答须借由儿童教育评估来施以探究。

本节将针对先贤们展览评估方面的研究成果,展开悉心梳理,为构建儿童展览评估指标提供学理支撑,从而保证执行研究案例效益评估时具客观标准,开展研究案例问题分析时有理可依。

一、儿童展览评估相关的理论成果与方法构建

尽管评估方式层出不穷,但因博物馆展览类型多样,很难确立一种放之四海而皆准的评估指标。即便如此,评估实践活动还一直在全球尤其欧美博物馆内如火如荼地开展,并且波及面亦越来越广。丰富的实践经验直接推动系统性理论研究的发展,而我国由于儿童展览数量少,尚未形成气候,所以评估实践乏见,仍然处于起步阶段,并且成熟的评估理论和指标体系尚未形成。也正因如此更需借鉴既有的研究成果,避免此类展览在相似问题上重蹈覆辙。有关展览评估的论著数量众多,不少篇章中采用各种研究工具提出诸多评估指标,此类研究以欧美学者为主,由于本节篇幅所限,以下仅将与本书相关者之观点予以列述。同时,

因为诸多学理和方法往往并存于学者观点之中,难解难分,这里仅依据观点所倚重部分进行归结:

(一)评估学学理相关的文献研析

1.希金斯(Henry H. Higgins)尝试将观众分类并以此为基础开展分类研究:"观察者(Observers)占 78%;闲逛者(Loungers)占 20%;学生(Students)占 1%～2%。"[1](1884 年)

2.吉尔曼(Benjamin I. Gilman)发现"博物馆疲劳"现象,在分析原因基础上提出完善的建议,他指出:"通过改变展品摆放和改进展柜设计,能减少参观时的体力耗竭。"[2](1916 年)由此勾勒出博物馆展览评估之雏形。

3.默里(C. Hay Murray)创造"价值系数"(Value Factor)用以展览评估。(1932 年)该系数是通过"让门童记下观众的馆内停留时间,并测出人以'正常速度'走完展线的时间,最后用这两个值得出的比率就是该系数"[3]。即价值系数＝观众观览时间/标准对比时间。他提出价值系数愈大,展览所体现的价值愈大。鲍威尔(Louis H. Powell)将此理论用于实践,确实检验出价值系数能直接反映展览所产生的吸引力差异。(1934 年)

研究者认为诸上希金斯、吉尔曼、默里和鲍威尔的观点反映了博物馆评估工作最早源自美国,从观众研究最先措手,且从盲目走向理性,方法上从感性认知向量化检测方向转变。

4.卡尔弗(Homer N. Calver)首次在展览评估中使用"评级(Rating)"概念。他"直接让观众评级,然而没有发现反映出不同人群评价标准的一般模式"[4]。(1943 年前后)

5.阿贝(David S. Abbey)和卡梅隆(Duncan Cameron)开创并执行博物馆领域的首次系统调查——观众调查[5]。当时展览评估几乎等同于观众评估,而"博物馆观众调查"则成为观众评估最主要的实施手段,在美国风靡一时。(1950—1960 年)随着美国《初等和中等教育法案》[6]的颁布实施,明确规定所有政府给予资助之教育项目皆必须开展"评估",甚至要求"评估"经费必须占预算总额的 5%～10%。(1965 年)此政府行为直接促成博物馆"评估"术语的妇孺皆知和"评估"行为的广泛应用。

研究者认为卡尔弗、阿贝和卡梅隆三位学者的观点或主张的相继面世,促成"评级""评估"等概念诞生,而"评估"工作则是在政府行为推动下广为应用的。观众调查也得以首次系统展开,成为评估工作的重要手段。总而言之,包含儿童展览在内的各类博物馆展览,评价程序逐步完善,操作日趋规范。但是,"观众调查"仍是构成各种类型评估的主要内容。

观众研究与评估委员会(Committee on Audience Research and Evaluation,CARE)是美国博物馆联盟常设委员会之一。美国还成立了观众研究协会(Visitor Studies Association),

---

① G. E. Hein. *Learning in the Museum*. London:Routledge,1998:42.
② Benjamin I. Gilman. Museum Fatigue. *The Scientific Monthly*,1996,2(1):62-74. 转引自:晏善富. 博物馆公共项目评估:西方的实践. 中国博物馆,2005(2):40.
③ 晏善富. 博物馆公共项目评估:西方的实践. 中国博物馆,2005(2):41.
④ 晏善富. 博物馆公共项目评估:西方的实践. 中国博物馆,2005(2):41.
⑤ Benjamin I. Gilman. Museum Fatigue. *The Scientific Monthly*,1996,2(1):62-71. 转引自:晏善富. 博物馆公共项目评估:西方的实践. 中国博物馆,2005(2):40.
⑥ 20 世纪 50 年代中期至 60 年代初期为美苏争霸的第一阶段。为了从科技上抗衡苏联,从人才上储备力量,1958年,美国联邦政府颁发《国防教育方案》,向教育领域倾斜。1965 年,约翰逊总统提出"消除贫困计划",其中《初等和中等教育法案》即其构成部分。

成员已超过 350 人(1997 年)。同时,于展览评估和观众研究方面颇具造诣的专家学者们开始创办评估公司,专业评估公司逐步面世。(1980 年)正是在此类臻于第三方评估机构或公司出现的前提下,有关展览评估的研究成果才推陈出新,运用的评估手段亦臻于合理与科学。

6. 比特古德(Stephen Bitgood)提出:"观众测量(Visitor Measure)和专业评估(Critical Appraisal)为评判展示是否成功的标准。"[①](1997 年)

①观众测量——从观众行为测量、知识获得测量以及情感测量三方面来评定观众观览的直接反应。观众测量具体内容与方式可参见表 2-1 所归结。

表 2-1 博物馆展览观众评估内容与方式的整理

测量项目	测量内容	测量方法
观众行为	观众外部行为:驻足,观览时间,玻璃摸脏、地板磨损等痕迹测量,团体、亲子谈论等社会影响,回馈性、简易度等人性因素影响等	观察并记录观众外部行为
知识获得	观众观览后的感受和想法	采用访谈、语言或书面文本评估知识获得情况。包含记忆、理解两种测量方法。"记忆"是回忆或指认、展示知识的能力,分成语意记忆(semantic memory)、段落记忆(episodic memory)和程序记忆(procedural memory)三种。"理解"为知识演绎能力,即将知识加以推理形成结论的能力
情感测量	态度、兴趣受到影响的状况,满意度如何	包含态度转变、兴趣层级和满意度三种测量方法。"态度转变"为某种信念和对信念所持感情强调发生转变;"兴趣层级"为观众观览完毕后,就展览所展示的内容兴趣变浓;"满意度"为观众对博物馆展览赞赏有加,且愿意再次探访

②专业评估——邀请学识造诣高的专家从专业角度评估展览。专业评估观点主要来自观众研究专家、展览研究专家和美学专家三方面。三方观点的形成方式与内容可参见表 2-2 所归结。

表 2-2 博物馆展览专业评估内容与方式的整理

测量项目	测量内容	测量方法
观众观点	展示媒体适用性,展示可亲近、可及性,展示说明文字浅显易读性等	观众研究专家依据对于观众的了解程度,从观众角度给予点评
美学观点	展示形式、灯光照明、色彩运用和整体环境舒适度、美感等	美学研究专家从美术设计和艺术角度加以检测
内容观点	展示内容框架和内容客观性、正确性和完整性等	展示内容研究专家以其学科背景,从其专业角度进行评估

比特古德进一步指出,无论是观众测量还是专家评估,常使用两种检测方式,即质和量的研究。质的研究,亦称定性分析,以语言陈述和例子补证,使得资料具备意义,观众表述不

---

① 比特古德.有效展示的设计:评定成功的标准、展示设计方法与研究策略.李惠文,译.博物馆学季刊,1997,11(2):29-39.

采用统计法,而是使用资料演绎法摘录要点,进行解读、分类与归纳。量的研究,亦称定量分析,采用统计法,就量化数据展开研究分析,可解答多少数量和多长时间等问题。他同时强调,通常展览有多重目标,因而必须采用几项测量标准,而究竟择取何种测量方式则要与其目标保持一致,单一的测量方法将会使测量结果之准确性丧失。

研究者认为比特古德提出双重标准本身是一种巨大进步,此前众多研究皆囿于观众测量的单一标准。该观点为涵盖儿童展览的各类展览评估的检测方式提供了一种崭新的思考视角,即开始关注并回归展览本身,就展览形式和内容进行评估。兼之,为从观众立场出发的观众测量提供了从三方面深入了解的具体手段。依据人数、驻足时间、观览时间等外部行为,可产生量化数据进行基础评判,同时,知识获得和情感测量则可帮助掌握观众由于展览所导致的内部变化[1],以此综合检测展览效益。此双重角度测评值得学习。

7. 宋向光提出:“博物馆展览标准要体现创新和关注观众体验。”(2001 年)

博物馆展览评价要包括展览目的、展览要素、展览结构、展览过程、展览效益等多个领域。各项领域具体涵盖内容可参见表 2-3 所归结。

表 2-3　博物馆展览评估内容的整理

测量项目	测量内容
展览目的	展览指导思想,展览内容、形式,通过哪些方式达到展览预期和对参观者的认知
展览要素	展具、展品、辅助展品、说明、阐释、服务和安全等
展览结构	择取的展览内容,如何组织,表达视角,保持内容和形式的和谐,表述和阐释,展品与氛围统一,观众体验等
展览过程	组织指挥、参与人员、工作控制与指挥、宣传推广、成本控制、服务观众、安保等
展览效益	观众数量等社会效应、媒体反响、经济效益和成本等

他表示最重要的是观点创新,主要表现为对展览宗旨的新认知,如任务、性质和功能;对观众深入分析,如特点、构成、行为和理解需求;对展览内容与形式的创造性认识。同时,要以关注展览效益和观众参观体验为导向,要可测评,目标明确。

以上宋向光从整个展览系统对评估内容做出规定,几乎全方位辐射。评估强调观点创新,主要方向是观众参观体验和展览效果。观众体验建议从观众特点、构成、行为及对需求理解介入,而展览效果则从展览内容、形式、过程和效益方面检测。

综上,比特古德和宋向光同时强调“观众测量”在展览评估中不可替代的地位。与此同时,“专业测量”的呼声四起,开始主张“观众测量”和“专业测量”的双重标准,但即便如此,“观众测量”仍被视作首位。而“观众测量”内容和手段从一开始测算人数等外显行为逐步向观众内在知识获得、情感体验方向发展,甚至是通过观众立场,对展示内容和展示形式展开测评。此系列观点与本书在坚持观众测量的同时,辅以专业测量,并且对于参观观众从外显行为—展示内容—展示形式—内在感受进行检测之主张不约而同。以上诸学者的主张为本书论点和检测内容的可行性奠定了学理基础。

①　宋向光.博物馆展览的评估与达标.中国文物报,2001-10-26.

(二)评估指标相关的文献研析

展览评估模式源自美国,并成为西方博物馆展览普遍借鉴之通用模式。美国、英国亦已颁布带官方性质的博物馆评量(绪论中提及),但因其主要内容为规定博物馆整体运营,与本书关联度不高。即便如此,仍有不少欧美学者针对展览评估指标提出诸多切实可行之参考观点;中国台湾地区亦涌现在介绍、翻译国外博物馆作品的基础上,研究展览评估具体指标的论著。近年来,我国大陆地区亦开始出现儿童展览以及传统展览评估的研究文章。以下择其重要论点予以归纳:

1. 梅尔顿(Arthur W. Melton)首次将博物馆环境之"非审美因素"归纳为四项内容:展室形状、展示位置、博物馆疲劳和展品布置。[①](20 世纪 30 年代)

2. 博寇(G. Ellis Burcaw)表示,对于任何类型的展览,如果判定其优秀,那么必须涵盖七大特质。[②](1977 年)

①牢固且安全:提供展品、展馆、馆员和观众保护。

②观览容易:配备灯光,无障碍,尽量避免不方便和注意力分散的情况。

③吸引观众:当观众经过一个展项,没有停留观览,该展项可认作一个失败的事例。

④观感舒服:观众会因一个展览混乱、拥挤和低俗而被吓跑。

⑤管理注意力:展示目的为教育,激发思考,给观众带来愉悦等,达成这些目的需耗费时间,该时间足以使信息被接受。展示要能管理观众注意力,即展示可使观众停留时间不一,从数秒到数分钟。

⑥价值性:当观众在展项前停留并观览时,和展项已发生某种关联。展项要将一些有价值的东西提供给观众,使他们认为停留在该展项前观览是值得的。

⑦得体庄严:虽然博物馆或观众品味不一,但策展师必须尽量避免冒犯。

3. 黄光男提出好的展示设计必须符合六项要求。[③](1997 年)

①安全、正确:展品和观众安全,展出内容正确、严谨,不能误导观众性向和思考。

②简明、清楚:展品的位置有利于观众在适当光线和视线下轻松自由观览。说明文字简明易懂,便于理解观览。

③活泼、创新:展出内容和方式活泼、有创意,能令观众喜爱,激起观众观览兴趣。

④生动、吸引人:因生动能吸引观众持续的注意力,从而达成展览学习目标。展示方法上要注重展览重点规划,动线技术性的安排可延长观众注意时间。

⑤价值性:具审美、教育、学术、休闲娱乐等于一体的高度价值性。

⑥趣味性:积极、正面及高尚的人生导向。

4. 瑟雷尔(Beverly Serrell)提出从与观众体验有关的角度建立展览评估标准,该指标包含四个方面。[④](2006 年)

①舒适感:好的展览赢得观众身心双重舒适感,舒适感促成积极的观览经验,相反则否。此指标具有八项主要表现内容。

① 晏善富.博物馆公共项目评估:西方的实践.中国博物馆,2005(2):41.
② G. Ellis Burcaw. *Introduction to Museum Work*. Walnut Creek, California:Altamira Press,1977:130-131.
③ 黄光男.美术馆行政.台北:艺术家出版社,1997:120-121.
④ Beverly Serrell. *Judging Exhibitions*:*A Framework for Assessing Excellence*. Walnut Creek, California:Left Coust,2006:41-46.

②吸引人：好的展览能吸引观众，提高观众注意。展览有意义，首先要展览吸引人。此指标具有六项主要表现内容。

③促进提升：与吸引人相比，一个好的展览更要提供观众充足的机会获得成功和感到学识充足。展品之间因相辅相成而提供多重获得相似信息的方式，为同一整体服务，让观众由参观来获得有意义的经验。此指标具有五项主要表现内容。

④有意义：一个好的展览提供观众个体相关体验，使观众在认知和情感上产生短暂甚至长久的变化。此指标具有四项主要表现内容。

5. 郑念、廖红根据科技馆常设展具互动性、开放性、趣味性、综合性特征，构建了展览评估指标体系，认为评估指标体系应包含教育效果、吸引力、社会效果三项指标。[①]（2007年）

①教育效果：功能指标。其下设学习效果、展品与展览设置以及体验效果三项维度。"学习效果"包含对科学产生兴趣，学习到新知识、方法和增加对科学的理解三个单项指标。"展品与展览设置"包括展览内容的先进性与丰富性、知识性与科学性两个单项指标。"体验效果"则涵盖展品的操作简便和可参与性两个单项指标。

②吸引力：管理指标。其下设展览环境和综合环境两项维度。"展览环境"包含空间布局合理性、标示牌的易懂性、照明的合适度、展览/展厅安全性四个单项指标。"综合环境"涵盖整洁度，特殊设施的考虑，休息处和餐饮的方便度，意见、建议的处理与反馈四个单项指标。

③社会效果：影响指标。其下设知名度和认可度两项维度。"知名度"包含媒体关注（报道频率）、名称知晓度、功能知晓度和参观比例四个单项指标。"认可度"涵盖重复参观率、科普知识来源、科普设施和休闲活动四个单项指标。

6. 严建强提出博物馆展示的质量判断存有两重评估系统——来自观众与专家两方面，优秀展示则为专家叫好，观众叫座。[②]（2008年）

他所主张的两重评估分别具多项指标内容：

①观众评价三大指标："好看"——对观众有吸引力；"看得懂"——各种信息通过展示技术转化成容易理解的知识系统；"获得启发和感悟"——最核心指标，因受到启发得到新知识，因有所感悟获得新理解。

②专家评价三大指标："历史文化资源效益最大化"——从信息而言，展览能用博物馆自己的方式充分地表达该地区或城市历史中的重点、亮点与特色，使得观众因观览对该地区或城市的历史文化产生较为深刻的把握。"展品资源效益最大化"——其一，展品是否被穷尽，是否有重要遗漏？其二，展品是否按重要程度恰如其分地被安置在相应位置，构成叙述的一个有机整体？"事实和现象的科学性"——对展示策划与设计制作皆必须做出中肯判断，从而保证整个展示内容与形象达到科学要求。

7. 陆建松认为："十大精品陈列展览"评选存在诸多问题，需建立一套较为规范、科学，为业界所认同的博物馆陈列展览评价体系。他将展览评价指标视作一个系统，下设四项子系统——内容、形式设计与制作、推广服务、观众反应，就每项确定具体的单项指标评价标准和方法，并赋予单项指标以"优秀、良好、一般、不好"的评分等级。（2010年）如此，任何展览可借由此系统进行综合打分。

①　郑念，廖红.科技馆常设展览科普效果评估初探.科普研究，2007(1)：43-46，65.

②　严建强.从展示评估出发：专家判断与观众判断的双重实现.中国博物馆，2008(2)：71-80.

①内容子系统：设展览选题、思想性、知识性、科学性、传播目的、主题提炼、结构演绎、展示素材、展品组合、文字编写计十个单项指标，占总评分 40%。

②形式设计与制作子系统：设空间规划、重点亮点、图文版面、辅助艺术、科技装置、展品组合、展示设备、照明设计、人文关怀、环境氛围计十个单项指标，占总评分 40%。

③陈列展览推广与服务子系统：设宣传推广、观众接待、导引讲解、延伸教育、生活服务、文化产品、观众研究计七个单项指标，占总评分 20%。

④观众反应子系统：为附加系统，设舒适度、吸引度、提升度和有意义程度计四个单项指标，额外增加 20% 评分。

综上可见，包括儿童展览在内的任何类型的展览，学者们普遍提出需针对各项评估主题施以检测；同时，皆认为一个优秀的展览评判之标准内容实际大同小异。展区首先要保障展品、观众、工作人员等的安全；观众体验过程观览需舒适容易（或表述为"无博物馆疲劳"或"简明、清楚"或"好看"或"展览有重点、亮点"或"展品被安排在合适位置"或"科学性"）；吸引观众（或表述为"好看、看得懂"或"展览有亮点"或"趣味性"），有价值（或表述为"获得启发和感悟"或"促进提升"或"有意义"）。而学者观点间的差异主要表现为：诸标准之评判由谁来执行，是观众、专家（专业人才），抑或是两者相结合？严建强所主张的"优秀的展示要专家叫好，观众叫座，设立双重评估系统"，即两种相结合的判断。兼之，观众评估指标常较为感性而具象，专家评估指标较为科学而规范。如陆建松构建的陈列展览评价体系即为专家所提供的综合打分系统，对于参与者专业学术要求较高，因而评价系统中各项指标和标准表述准确、严谨，与宋向光"目标明确，可以测评"的观点不谋而合。由于自然科学类博物馆的展览面对的主要对象是 18 岁（尤其 14 岁）以下的儿童观众，所以与本书最为直接相关的是郑念、廖红依据科技场馆所建立的教育效果、吸引力和社会影响三维指标。以上诸多学者的观念带来启发有三：其一，包括儿童展览在内的不同类型展览的评估主体可能不同，但评估内容最后落脚点基本一致；其二，针对涵盖儿童展览在内的任何类型展览双重评判更为全面，但始终应当以观众体验评估为主；其三，和科技馆展览一样，儿童展览由于服务对象的特殊性，评价指标侧重点应当与普通展览有所差异。因此，本书的儿童展览评估同样主张观众评估和专业评估的双重评估，同时皆以观众体验为主，并为面向儿童的展览构建以儿童特征为依据的评估体系。

（三）评估方法相关的文献研究

1. 费克纳（G. T. Fechner）指出："采用问答方式了解参观者对于博物馆展示品的意见。"[①]这是就展览采用访谈法的雏形，虽然还并未采用统计学、行为学方法，但依然对展览评估的方法产生了一定影响。（1897 年）

2. 斯克里文（Michael Scriven）首先在教育领域正式提出"形成评估""总结评估"，在此之前，"评估"即等同于"总结评估"。（1967 年）尔后，他将"形成评估"和"总结评估"引介至博物馆领域。（1976 年）斯克里文提出"前置评估"的概念（1986 年），并总结出展览评估的一般模式（见表 2-4）。（1990 年）

---

① 史吉祥. 对台湾地区博物馆观众研究的历史考察. 中国博物馆，2003(1)：79.

表 2-4　展览评估模式 ①

	展览进程	评估类型
1	策划	前置
2	设计	形成
3	建造和布置	
4	使用	总结
5	补救	补救

3.麦克莱恩(Kathleen F. McLean)在谈论展览的一般步骤时,进一步指出展览分为可行性、初步设计、细部设计、制作规划和制作五个阶段。其中,"初步设计"时"调查研究"属于前置评量,"概念设计"后着手形成评量;"细部设计"时"最后设计"完毕开展形成评量;"制作"时、"开幕"和"维护"后进行"总结评量"。② (1993 年)

4.黛蒙德(Judy Diamond)③提出:"回答博物馆有关展示效果的一种方法就是观众研究。但更需要在如何设计、实践与呈现评量研究上给予指南,提供非正式教育环境中观众经验的研究指导。"④(1999 年)

①如何撰写评量建议书。在确定研究范围后,需准备一份十分简洁的建议书,建议书包括具体目标、建议时程、评量的方法、预期成果等要点。

②怎样选择评量人员和研究对象。确定评量人员是馆内、馆外人员还是由两者合作来完成,需要多少研究对象,采用取样的方法和大小。

③观察的研究如何设计和执行。观察采用方法有数人头、跟踪观众行为、简易观察、记录观察细节等,需注意观察设备和行为抽样方法,考虑到资料有效的收集,建议采取参与式观察。

④提供访谈与调查问卷方法。访谈有非正式访谈、半结构式访谈、开放式访谈和结构式访谈,可采用投射式检测,注意访谈准则;问卷包括问卷指南与问题撰写。

⑤探索各个不同的测量工具。包含前测与后测、回想与认知测量、认知图解、工作分析和临床教学式访谈。

⑥定性与定量资料如何进行呈现与分析。量化材料主要采用图示、表格做综析,比较资料组群;质性材料主要使用描述、内容分析、个案研究和归纳分析。

⑦评量研究的结果怎样呈现。评量研究报告可以包括大纲、导言、方法、结果、结论和书目。

5.刘卫华表示:"博物馆无须注意观众的时代一去不复返。"⑤博物馆展览与观众关系的检测要依靠陈列前期调查和后期评估等多种方法实现。(2001 年)

①前期调查方法:抽样调查、范例调查、兴趣测试技术、展品造型与实际陈列模型检测。

②后期评估方法:采用观众计数器来精准测算观众数量;放置观众留言册,适时收检和摘录;发放开放式或封闭式的调查问卷,有选择性题目,亦有开放性题目;召开观众交流式的

①　晏善富.博物馆公共项目评估:西方的实践.中国博物馆,2005(2):43.
②　麦克莱恩.如何为民众规划博物馆的展览.徐纯,译.屏东:台湾海洋生物博物馆,2001:56.
③　黛蒙德撰写的 *Practical Evaluation Guild Tools for Museums & Other Informal Educational Setting* 以博物馆实际开展的四年评估研究作为基础,研究人专业背景来自生物、数学、认知心理学、电脑、人工智慧、非正式教育等领域。
④　黛蒙德.评量实用的指南:博物馆与其他非正式教育环境之工具.徐纯,译.台北:台湾博物馆学会,2005:1.
⑤　刘卫华.略论陈列的前期调查与后期评估:兼及博物馆与观众的关系.文物春秋,2001(5):37.

座谈会,便于观众当面表达观点。

6.彭文指出:"对展览进行评估实际上是对观众调查结果的总体评价。观众调查通常采用问卷调查方法,此外还有访谈式,具体做法形式多样。"①(2003 年)

①调查问卷方法:必须依据观众特点,专门设计题目,重点内容应是不同阶段观众就展览方面的感受。如说明文字怎样,获得什么知识。要求问题简单、具体且提问直接。

②访谈方法:分为暗中观察方式(观察获取信息)、开放式的采访和讨论(专家交换意见)。

7.金懿佳认为:"评估一个展览要以预期的办展目的为出发点,了解观众是否从观展中受益(最重要一环),展览结构自身有无在办展中提高,展览投资是否值得等。"②(2010 年)

①评估的背景:办展机构对于展览本身的定位与认知。

②展览计划与前期论证:展览既有为传递知识也有为营销等,办展前请各方面专家对于展览可行性进行评估,策展者建立统一管理机制。

③评估人员:馆内、馆外人员或两者合作。

④评估方法与内容:从观众人数、观众反馈的调查意见和组织管理方面评价。观众调查意见要采用量化测量方式。

⑤评估结论:馆方收获,关键是观众评价等综合信息的总结。

以上学者们围绕展览评估的方式展开探讨,核心内容是对评估方法的介绍和列举。主要方法有问卷调查法(开放式与封闭式)、访谈法(非正式访谈、半结构式访谈、开放式访谈和结构式访谈,暗中观察方式、开放式的采访和讨论)、观众人数计数、放置观众留言册、组织召开观众交流座谈会、组织管理评价等。诸此方法无不强调博物馆展览评估需建立在观众调研基础上,继而对调研结果进行综合且全面的分析与总结。黛蒙德还在梳理调研方法的基础上,将整个调研流程,归纳为计划(亦称建议书)撰写、评估者确定、评估方法选择、资料呈现与分析以及评估结论(亦称评量研究报告)书写。何时采用上述方法和流程,有观点提出不仅仅局限于布展后,评估人员可依据展览自身需要选择在展览前、中、后施以不同类型的评估——前置、形成和总结评估;甚至可参鉴美国的做法,在展览前、中、后都开展评估。综上,多数学者都强调了采取合宜的评估方法开展观众调研,并且探讨了如何使用该评估方法,而本书对儿童展览研究案例的分析即建立在观众调研基础上,调研方法也选取展览评估最为主要的方式——问卷调查,并就调查呈现资料展开量化分析,撰写评估报告。

(四)构建儿童展览评估方式

儿童展览的受众因与普通展览不同,所以在评估指标具体内容的设置上与普通展览有所差异;但儿童展览同属传统展览中的一类,因此在评估方向和手段上又表现出与其共通性的一面。依据上述三方面的理论支撑和方法借鉴,下文将借由观众评估和专业评估角度切入,构建儿童展览外部和内部评估方式,以检视展览效果,剖析所产生的问题及其根源,从而加强儿童展览的质量管理,推进此类展览规范化操作,提高评估水平。

1.儿童展览外部评估方式——观众评估

从包括儿童展览在内的多种类型展览评估的相关研究中可见,尽管有部分学者提出观众、专业(或专家)双重评判标准,但从展览评估被提出伊始,观众评估始终占有重要地位。

---

① 彭文.关于展览评估的思考.中国博物馆,2003(3):37.
② 金懿佳.展览评估初探.上海科技馆,2010(2):34-39.

"陈列展览的根本目的是为广大观众服务的,设想再好的展览若没有得到观众认可,绝对不是一个成功的展览。"①故而,须确实了解观众是否喜欢展览,从展览中习得多少,有何未尽之处。依本书研究所需,就观众展览评估,采用问卷调查的方式搜集信息。

观众参观体验的调查方法多样,问卷是最为常用之手段,其最大的好处是能收集到大量与研究主题相关的资料,研究对象自己作答,评量人员基本不会对其产生影响。同时,最大的挑战是问卷中如何去问才能获取有效信息。为确认调查问题是否易于理解,问题是否问得清楚,研究者决定预先以小规模研究对象做试验。为此,首先在北京豆豆家科技馆发出30份问卷,观众解答完毕,询问是否"看不懂或不清楚"的问题,以帮助他们理解。如问卷原设有一题"您觉得展品高度如何?",部分观众提出"不知道高度"。于是,测验后修正为:"您觉得展品高度让您觉得舒适吗?"故本书步骤是从实地探访,收集一手资料并加以整理开始,即在对案例进行初步研究的基础上,提炼调查的问题,形成初稿后加以预检,重新修正问题后再付诸使用。而定稿后问卷调查主要包含基本情况、内容策划、形式设计、生活服务与观众感受五项内容,观众外部评估即依此五方面问题施以综合检测。

(1)设置问卷调查问题

研究者在进行问题设计时力求措辞直截了当,不模糊,尽量避免专业技术用语,同时使用研究对象可接受的语言,不使用尊长口吻。正如迈尔斯(Roger Miles)所言"写问卷的基本技术法则是自己去幻想在回答问题的人,然后去想象他们能读懂并且适合"②。本问卷共设五个模块,分别用于考察中方、美方展览"基本情况"、展览"内容策划"、"形式设计"、"生活服务"及"观众感受"的用户评价。其中,"基本情况"涵盖参观次数、年龄、住址、打算观览多久和参观目的。"内容策划"包括展览结构是否条理清晰,选题是否令人喜欢,内容是否有亮点,文字是否有趣且看得明白,展品是否丰富、令人感兴趣、能引起思考或疑问,互动展品情况如何。"形式设计"包括展览手段丰富与否,展品高度、密度如何,互动展品使用是否便捷,儿童家长怎样配合使用展品,展览氛围如何,博物馆标志是否常见,安全因素问题如何。"生活服务"包括参观路线、照明、温度、声效、展厅清洁度、舒适度评定。"观众感受"则包括用户满意度与收获检测。(中英文问卷详见附录一)。

(2)设计评估程序

确定利用问卷手段实施外部观众评估后,需对评估流程予以科学规划,便于研究者进行过程控制,避免程序缺漏,保障获取资料的科学性与严谨性。取样方式和大小通常会直接影响到研究结果的有效性。样本必须经过慎重选择,太小的取样或有偏误的取样会使研究发生扭曲,无法代表整个母群体。此处研究必须首先对研究对象的选择做分析并加以确定:

①取样

A.抽样方式

研究者首先开展细节观察并做追踪记录,目的有二:其一,尽量选择已进入"角色"的观众,因真正参与的观众通常更易发现并反映问题;其二,采用内部专业评估考核依据。此处采取系统抽样方法,从非"过客型"观众中择取约一半儿童、一半家长,儿童尽可能呈现年龄的梯度分布。

① 葛洪.观众是"上帝".见:曹兵武,崔波.博物馆展览:策划设计与实施.北京:学苑出版社,2005:15.
② S. Roger Miles, M. B. Alt D. C. Gosling, B. N. Lewis, et al. *The Design of Educational Exhibits*. London: Unwin Hyman,1988:161.

B. 样本规模

一般母群体人数愈多,所需样本数量愈大,而当母群体规模扩大至一定阶段,样本变化越来越小,甚至不变。本书所择取的优秀儿童博物馆通常每年观众量逾百万,但五万到一千万的观众量,所需抽样大小规模基本一致,约 96 个样本即可将合理资料发现所得一般化。故,此处研究样本数量控制在百个左右。

②准备

选定某处儿童展览,开展先导性研究,就设计问卷进行事先检测,调整后形成正式的调查问卷,打印问卷并备笔,实施观众评估。

A. 初拟调查问卷:根据相关研究文献,结合现场观察,依据研究探讨主题,初步拟定问题题库与备选答案。

B. 开展事先检验:根据问卷初稿选择一处儿童展览(豆豆家科技馆),发放小规模问卷,检验问卷遣词达意是否清晰明白,并根据建议进行相应调整。

C. 印制检查问卷:将拟定的问卷付梓打印,检查格式字体是否适合,并进行纠错。同时,备好一定数量的签字笔。

③进行

首先,征得馆方同意,然后进入现场,通过观察掌握观众参观经验,从在展区中花费时间较长的观众中选择研究对象,并邀请其参加本案例调研,答题完毕后及时回收。

A. 现场观察:利用事先考察后绘制的展区结构图和平面图,采用在图上标注、绘图和书写文字等方式,给予观众行为的记录追踪。本考察方式使用非干预性方式,研究者以观众身份介入,掌握参观者行为——儿童或家庭观众参观路径,于何展品前驻足停留,互动体验时间,如何使用导览媒介信息等。观众的行为常呈现出一种持续的信息流,从中可获知其采用怎样的方式参与本展览,并留下记忆。

B. 选择对象:依据以上观察并结合研究主题,具以下行为之一者可纳入研究范围:观看参与任一展品达 30 秒以上;观看看板或展品达 10 秒以上;展区内逗留 10 分钟以上。[①] 同时,儿童、家长数量须控制各约一半,儿童年龄可呈 0～3 岁、3～7 岁、7～12 岁的阶段性分布。

对于符合条件者先做记录,等其观览完毕步出本展馆后,先征其意愿,就愿意分享经验者,向其发放问卷,可三四人一次性调查。儿童有能力自行完成者,鼓励其自己填写[②],儿童无法自行完成问卷者,由家长代为填写,研究者负责看护儿童。因具体情况各异,选择在展区外休憩处、餐厅或馆外广场等不同处所邀请其参与调查。

C. 填写与回收问卷:让受访对象了解调查意图,争取其理解与支持,创造轻松之氛围,鼓励其完整填写问卷。答题完毕后,及时回收答卷并予以致谢。

D. 分析资料与呈现:对回收答卷进行整理,并统计出回收问卷、有效问卷数量,结合研究目的使用 SPSS 软件开展数据分析,并撰写分析报告。因属量化检测,分析结果多以表格或图示的形式呈现。

---

① 研究者以参观者身份用一般步调观览展区所花费时间,参与使用展品或逗留时间不算其内,但鉴于展区有大小之异,以最小展区花费时间为准。此方法存有一定误差,建立此基准为研究者所能想到最适宜方式,为调查对象选择的重要区分手段。

② 这部分儿童配合度高,常得到家长鼓励。

2.儿童展览内部评估方式——专业评估

儿童展览内部评估为从专业角度检视展览,包括展览是否符合儿童观众特殊的生理需求,是否从儿童心理需求施以合理规划。本书针对内部评估,采取构建评估指标进行效益测评的方式,即评估从满足儿童身心两方面着手,指标共设五项,为安全牢固、符合人体、生活服务、教育效果和受吸引度(见图 2-1)。此五项指标要通过对展览整体结构之剖析施以综合评分。

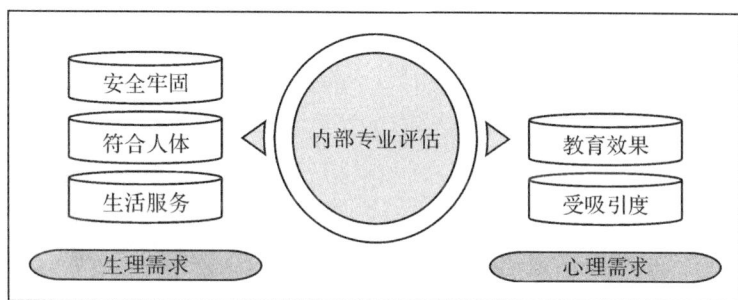

图 2-1　展览内部专业评估五项内容的设定

(1)构建评估指标体系

①符合儿童生理需求

展览之生理需求范畴在于测评展品和展区是否安全牢固,展览是否符合人体工程学以及展区是否提供生活服务。如果展品存在安全隐患且"高不可攀",或展览不提供饮食和休憩之所等生活服务,那么无论展览内容和形式如何完美,皆为一个败笔之作。因而,儿童展览首先要满足儿童生理需求,具体涉及安全牢固、符合人体和生活服务指标,拟从此三大指标进行评估(见表 2-5)。

表 2-5　儿童展览生理需求评估指标

评估范畴	评估指标	单项标准	评估方式
生理需求	安全牢固	展品安全,提供家庭观众、馆员保护	展品资料
		展品运行与维护良好	展品资料
	符合人体	展品高度和密度适合儿童	展区规划、展示手法
		灯光、温度和声效适合	氛围营造、外延设计
		参观路线自然流畅,不交叉、重复、缺漏,设置路线标示系统	参观动线
	生活服务	展厅空间或其他空间整洁	展区服务
		休息处和餐饮方便	
		特殊设施考虑	

A.安全牢固

优秀的展览首先要保证展品安全牢固。与成人不同,为儿童策展,安全性成为第一要务。父母通常格外重视孩子的安全问题,为防止发生意外,希望从多个角度随时随地都能看着孩子。因此在策展时设施可选择透明材料或者可穿透的栅栏,转角处打磨平滑,柜子抽屉门防止夹手,地面铺设木地板或地毯等。同时,展品运行与维护要良好,若展区中处处标志"展品正在维修""展品损坏,请勿触碰",观众对展品本身安全性存在怀疑的同时,也影响整个展览的体验效果。因此,安全牢固为儿童展览最基本的要求。

B. 符合人体

"人体"即"人体工程学",儿童独特的身体特征决定了他们对展览的特殊需求,硬件设计要适合儿童,可从展品高度、密度,照明,参观路线等多方面进行评判。依照成人展览,除大型模型或场景复原,展室高度控制在 4.5～5m,最高不超过 5.5m,特殊营造氛围的除外。因最佳视觉区域为距标准视线高以下 40cm 以上 20cm 区间,那么儿童一旦确定目标年龄后,需依据该年龄段儿童平均身高类推。诸如,5 岁男童平均身高为 109.9cm,展示高度宜在69.9～129.9cm 之间。

儿童陈列密度方面,目前国外普遍采用展品面积占展区地面和墙面的 20％～40％,但限制不严格,以视觉舒适为宜。灯光、温度与声效整体营造良好的视觉、听觉环境。参观路线类型多样,有"串联式的'U 型'、并联式的'穿过型'和放射状联结的'Branch Style'三种"[1],相关内容将于第三章案例解析时予以论述。

C. 生活服务

提供儿童或家庭观众各种生活服务。家庭观众带儿童外出多为整天时间,如提供中午用餐之所,一方面可解决下午继续观览观众的基本生理需求,另一方面也促成家庭观众在馆内多待时日;如果玩累,可到庭院或休息室休息。保持展厅空间和公共空间整洁,对于儿童观众而言尤为重要。特殊设施体现人文关怀,如厕所里是否安装婴儿更换尿布台面,是否有供家庭使用的家庭厕所,是否提供衣物储备,是否到处有饮用水可取用,是否有午间离开后又返回时确认手段(如儿童手上盖章)等。

②符合儿童心理需求

展览是否符合儿童心理需求,关乎其效果的有效发挥——儿童观众可否真正实现在展览的参与中获得有意义的提升。这可从教育效果和受吸引度两方面加以考察。就教育效果而言,其一,展览选题直接决定该展览是否会吸引儿童前来。其二,为实现展览的传播效应还要对目标年龄做出界定,做到有的放矢。其三,设定教育目标也须建立在儿童阶段性心理特征基础之上。"请触摸博物馆"(Please Touch Museum)的"玩中学"理念在美国儿童博物馆界享有盛名,其本身即反映教育效果不仅要验收学习效果,还要验收体验效果是否得到小观众认可,此为从观众角度而言。如何测定"受吸引度",研究者认为可从内容与形式两方面措手:如结构演绎是否严谨有序,主题提炼是否富有创见,文字编写是否浅显易读,展示手段是否丰富多样,是否注重环境营造,外延设计是否充分,有无醒目的标识系统等。诸此皆关乎展览是否能够真正抓住并感染小观众的心。综上,展览满足儿童心理需求涵盖教育效果和受吸引度两大范畴,具体涉及八项指标,后续将依据此八项指标对儿童展览中的问题施以检测(见表 2-6)。

---

① 严建强. 博物馆理论与实践. 杭州:浙江教育出版社,1997:368.

表 2-6 儿童展览心理需求评估指标

评估范畴	评估指标		单项标准	评估方式
心理需求	教育效果	展览选题	儿童易于接受并喜欢	展览选题
		目标年龄	界定清晰	目标年龄
		教育目标	根据儿童年龄阶段制定详尽目标	教育目标
		体验效果	展品互动参与性	展示手法
			展品操作便易性	展示手法
		学习效果	对选题产生兴趣	展览选题 内容结构 展示手段
			增加对选题的理解	
			学习到新知识和方法	
		认可度	展品被注意时间长	参观动线 展区规划
			愿意重复参观	
	受吸引度	展览内容	结构演绎条理清晰、易于接受	展览结构
			展品资料围绕主题丰富多样,灵活使用辅助材料	展品资料
			主题提炼与选题密切相关,适合儿童,富有创意	内容结构
			片面文字编写简短易懂,生动活泼,图文并茂,充满新意	内容结构
		展览形式	展览具备重点亮点	重点亮点
			陈列手段与内容紧密相关,手段多样,多使用参与度高的互动展示	展示手段
			注重灯光、色彩等多渠道氛围营造	氛围营造
			利用墙面、地面、走廊开展充分的外延设计	外延设计
			有卡通形象,易于分辨的标识系统	标识系统

A. 展览选题

成人展览通常以藏品为基础,先策划内容,再考虑形式。而儿童展览鉴于其对象特殊性,须首先确定展览选题,后再开展展品的征集和制作。以儿童为对象的选题包罗万象,但因受到自身条件,如场地、资金和人员的制约,往往仅能选择一个或数个学科。选择主题时不但要关注儿童的接受能力,顾及展品征集的可能途径,考虑展品制作或设计技术,而且要广泛咨询不同学科如儿童心理学、儿童教育学、传播学的专家和观众对于选择主题的建议和意见,最终才能拍板定案,开始具体方案的策划。从而使得展览主题符合儿童教育心理特征,为儿童接受之余,赢得儿童喜欢。

B. 目标年龄与教育目标

这两项指标可谓唇齿相依。首先,展览选题时要充分考虑目标观众的年龄特征,同时教育目标设定亦要严格依据目标观众的年龄特征。哪些展览适合学龄前儿童,学龄儿童更欣赏怎样的展览,两者截然不同。故展览目标年龄必须界定,而且界定要明确清晰,从而为教育目标的设计提供客观依据。兼之教育目标应建立在儿童不同的年龄段之上,故展示的内容将更科学合理。

C. 体验效果与学习效果

关于"观众通过此展览究竟得到怎样的收益?"这一问题须从观众在玩乐中体验展品所带来的心理感受进行判别。展品鼓励儿童互动参与,在体验中获取各方面信息;展品不仅要求可互动参与,还要求操作简单易行。学习效果则主要测度对选题的兴趣和理解,及对新知识和方法的获取。

D. 认可度

应对展品的被注意时间进行管理,在某些被吸引的展品前驻足观察并参与互动,是对展览认可的一种直观表现,往往停留时间长的展品受欢迎程度高。观众对展览认可还有一种表现,即重复参观率。重复参观率可从问卷调查入手,统计观众入馆数据,以此作为展览是否受到认可的评判依据。

E. 展览内容

展览内容是博物馆陈列之核心。要激发儿童兴趣,需条理清晰、易于被儿童接受的展览结构;类型多样且不再强调实物展品数量的展品资料;在选题之下提炼出的服从整体、富有创意、重点突出的主题,主题不仅要适合儿童而且要推陈出新;文字编写要面向儿童,使用儿童语言,图文并茂,活泼生动,且篇幅不宜过长。

F. 展览形式

展览形式则是展览内容的物化。需借由各种展示技术和手段,将要传播的信息转化成为有趣生动、形象直观且易于理解的知识体系。[①] 儿童展览提倡以儿童为中心,鼓励儿童动手参与,必然要对展览形式提出诸多特殊要求:多使用互动展示,重视环境氛围,展览具备重点亮点,对每一寸空间开展环境渲染,通过标识系统使展区成为一个"浑然天成"之整体。

综上,儿童展览内部效益测评以"生理需求"为前提,此为"以儿童为中心"的基本反映。展品安全牢固的同时让儿童身体感到舒适,展区亦能提供儿童服务设施。台湾博物馆学专家张誉腾教授提出,观众研究是能触及观众心理需要的分析调查。"心理需求"能促使观众被展览吸引并长时间驻足,参与并在游戏中达成教育效果。具体而言,展览因"选题""内容"和"形式"有效,让小观众深觉"好玩好看",且"体验效果好、认可度高",水到渠成地促成具体"教育目标"的实现。现将儿童展览内部专业评估指标加以整理,如表 2-7 所示。本书在实行儿童展览内部专业评估时,将依此评价指标施以检测。

---

① 严建强. 从展示评估出发:专家判断与观众判断的双重实现. 中国博物馆,2008(2):73.

表 2-7 儿童展览内部专业评估指标体系的设定

评估范畴	评估指标	单项标准	评估方式
生理需求	安全牢固	展品安全,提供家庭观众、馆员保护	展品资料
		展品运行与维护良好	展品资料
	符合人体	展品高度和密度适合儿童	展区规划展示手法
		灯光、温度和声效适合	氛围营造外延设计
		参观路线自然流畅,不交叉、重复、缺漏,设置路线标示系统	参观动线
	生活服务	展厅空间或其他空间整洁	展区服务
		休息处和餐饮方便	
		特殊设施考虑	
心理需求	教育效果	展览选题	儿童易于接受并喜欢	展览选题
		目标年龄	界定清晰	目标年龄
		教育目标	根据儿童年龄阶段制定详尽目标	教育目标
		体验效果	展品互动参与性	展示手法
			展品操作便易性	展示手法
		学习效果	对选题产生兴趣	展览选题内容结构展示手段
			增加对选题的理解	
			学习到新知识和方法	
		认可度	展品被注意时间长	参观动线展区规划
			愿意重复参观	
	受吸引度	展览内容	结构演绎条理清晰、易于接受	展览结构
			展品资料围绕主题丰富多样,灵活使用辅助材料	展品资料
			主题提炼与选题密切相关,适合儿童,富有创意	内容结构
			版面文字编写简短易懂,生动活泼,图文并茂,充满新意	内容结构
		展览形式	展览具备重点亮点	重点亮点
			陈列手段与内容紧密相关,手段多样,多使用参与度高的互动展示	展示手段
			注重灯光、色彩等多渠道氛围营造	氛围营造
			利用墙面、地面、走廊开展充分的外延设计	外延设计
			有卡通形象,易于分辨的标识系统	标识系统

（2）设计评估程序

本书的儿童展览专业评估运用"总结评估"法，采用所构建的展览内部评估指标体系检测布展效果。因儿童博物馆或儿童专区展览多为常设展，"总结评估"判定的结果可供此类展览策展、改陈或临展策展时参考并引以为鉴。专业评估的测评人员一般为馆内或馆外专家。从展览自身进行效果检测，需先行对研究案例进行解构，然后依展览内部评估指标开展测评。

①取材

尽管展区中成形的展览皆经过多重程序设计而成，但它们呈现给观众的仍是展区中各类成品。馆内馆外的专家需以展区内的每项导览媒介（包括展区内的看板、折页、说明文字、电视墙、电子屏、灯箱等）及其承载的信息作为测评的第一手资料，从中提炼出传播目的、目标年龄、教育目标、内容结构、展览结构和标识系统等；同时，在自行的、无干预的参观中客观地归纳展示手法、氛围营造、参观动线和外延设计，展品资料则可以通过导览信息、结合观览记录及馆方提供等渠道获取。馆内馆外的专家应以观众的角色参观并采集展区内所有可视的展览的显性信息，且对导览所承载的信息进行中肯的分析，不应先入为主地进行价值判断，从而形成较为客观全面的展览认知，并发现展览所负荷的隐性信息。

②准备

馆方提供展览结构图和展区平面图，馆内馆外的专家对展区内所有可视信息（包括视频、音频）认真观看、收听。

A. 绘制结构图：馆方绘制展览结构图，展示展区区块分布，馆内馆外专家借此可一并归纳展区的生活服务。

B. 绘制平面图：馆方绘制展区平面图，提供各展区的展品分布，供馆内馆外专家现场观察、记录观众参观行为和在各区块前停留的情况以及人流线。

C. 采集展览信息：馆内馆外专家就展区内的所有可视信息进行逐个观察并择要拍摄，针对视频或音频信息，观看、收听并摘取要点；认真考察并熟悉展区的每个细节和每件展品，完整掌握展区内的所有信息；仔细观察观众行为、停留区域和时间，为获取其教育效果信息服务，并依此来择取抽样调查对象。

D. 设计指标系统权重："生理需求"为基本要求，"心理需求"则是展览效果达成的关键，建议权重比例设为1:3。"生理需求"每项指标同等重要，各单项标准每项占4分。"心理需求"之"教育效果"与"受吸引度"同等重要，"教育效果"占48分，"受吸引度"占48分。总分为128分。具体建议分值见表2-8所列：

表 2-8　儿童展览内部专业评估指标体系评估指标权重设计

一、生理需求范畴(分值 32 分)

评估指标与分值	单项标准与分值	评分等级
1 安全牢固 (分值 8 分)	1-1 展品安全,提供家庭观众、馆员保护(分值 4 分)	优秀 4 良好 3 一般 2 不好 1
	1-2 展品运行与维护良好(分值 4 分)	
2 符合人体 (分值 12 分)	2-1 展品高度和密度适合儿童(分值 4 分)	
	2-2 灯光、温度和声效适合(分值 4 分)	
	2-3 参观路线自然流畅,不交叉、重复、缺漏,设置路线标示系统(分值 4 分)	
3 生活服务 (分值 12 分)	3-1 展厅空间或其他空间整洁(分值 4 分)	优秀 4 良好 3 一般 2 不好 1
	3-2 休息处和餐饮方便(分值 4 分)	
	3-3 特殊设施考虑(分值 4 分)	

二、心理需求范畴(分值 96 分)

评估指标与分值		单项标准与分值	评分等级
1 教育效果 分值 48 分	1-1 展览选题 (分值 8 分)	1-1-1 儿童易于接受并喜欢(分值 8 分)	优秀 8 良好 6 一般 4 不好 2
	1-2 目标年龄 (分值 8 分)	1-2-1 界定清晰(分值 8 分)	
	1-3 教育目标 (分值 8 分)	1-3-1 根据儿童年龄阶段制定详尽目标(分值 8 分)	
	1-4 体验效果 (分值 8 分)	1-4-1 展品互动参与性(分值 4 分)	优秀 4 良好 3 一般 2 不好 1
		1-4-2 展品操作便易性(分值 4 分)	
	1-5 学习效果 (分值 10 分)	1-5-1 对选题产生兴趣(分值 4 分)	
		1-5-2 增加对选题的理解(分值 3 分)	优秀 3 良好 2 一般 1 不好 0.5
		1-5-3 学习到新知识和方法(分值 3 分)	
	1-6 认可度 (分值 6 分)	1-6-1 展品被注意时间长(分值 3 分)	
		1-6-2 愿意重复参观(分值 3 分)	
2 受吸引度 分值 48 分	2-1 展览内容 (分值 24 分)	2-1-1 结构演绎条理清晰、易于接受(分值 6 分)	优秀 6 良好 4~5 一般 3 不好 1~2
		2-1-2 展品资料围绕主题丰富多样,灵活使用辅助材料(分值 6 分)	
		2-1-3 主题提炼与选题密切相关,适合儿童,富有创意(分值 6 分)	
		2-1-4 版面文字编写简短易懂,生动活泼,图文并茂,充满新意(分值 6 分)	
	2-2 展览形式 (分值 24 分)	2-2-1 展览具备重点亮点(分值 4 分)	优秀 4 良好 3 一般 2 不好 1
		2-2-2 陈列手段与内容紧密相关,手段多样,多使用参与度高的互动展示 (分值 6 分)	
		2-2-3 注重灯光、色彩等多渠道氛围营造(分值 6 分)	
		2-2-4 利用墙面、地面、走廊开展充分的外延设计(分值 4 分)	
		2-2-5 有卡通形象,易于分辨的标识系统(分值 4 分)	

③实施

考察完毕后,分条目整理和资料归纳。依构建的评估指标评分系统对所获资料综合打分。

本书就儿童展览评估拟定外部观众评估的问卷调查和内部专业评估的指标体系,皆采用量化数据来批评展览之良莠。因展览所有信息皆展示于现场,所以展览评估属于结果性评判,通过发放规模化的调查问卷和利用指标评估系统综合打分,可获取科学明确的量化数据,这些数据客观真实地反映了观众参观体验,以及专家从专业视角出发的意见反馈。因而,此部分采用本研究方法基本适合儿童展览的评估属性。

二、教育项目评估相关的理论成果与方法构建

尽管以儿童为参与主体的教育项目类型纷繁,但在实施过程和效果检视中关键性因素较为一致,因而可建立一套规范、科学的评估体系,对这些关键点施以检测。环顾寰宇,目前美国、英国已建立起较为完善的评估体系,而我国包括未成年人在内的教育项目评估仍处于起步阶段。然而,评估实践的不断开展,已为评估理论的研究奠定了可靠的基础。即便如此,诸多评估实践仍千篇一律,以发放问卷形式为主,部分盲目随性。目前有关教育项目评估的论著不多,多数篇章集中于探讨评估主体及其重要性问题,较少涉及关键指标等的研究。受本节篇幅所限,仅对与本研究相关者——评估指标和方法做如下归纳。

(一)评估学理、评估指标相关的文献研析

有关未成年人教育项目的评估学和评估指标研究较少,其研究相较于一般教育项目而言虽然有特殊性,但同样带有一般教育项目的普遍性,加之只有厘清了一般教育项目的现状,才能更好地把握有关未成年人教育项目评估学、评估指标的研究所处的阶段和水平。因此,对未成年人教育项目的研究包含在一般教育项目的研究传承之中。

19世纪末,欧美工业化国家的公立学校把"教育评估"纳入责任制体制之中,然而,同为公共教育机构的博物馆却未建构相同机制。此时,博物馆虽被视作一个学术研究和教育机构,教育价值亦得到肯定,但人们仍难以衡量其教育价值,教育评估无从谈起,直至20世纪20年代才有所突破。

1. 罗宾逊(Robinson)提出:博物馆给观众创造可贵的受教育环境,但是这些好处只有凭借有创见的项目和展览才能得以确保,因此需对项目实施评估。[①] (1987年)

1929年,资本主义世界经济危机爆发,学校的课程设置开始不适于由失业而进入学校求学的学生,为保障教学改革的成功开展,学校对教育评估提出要求。以泰勒为首的委员会推动了评估理论在实践中的诞生。尔后,美国又先后两次斥资进行教改,助推了教育评估研究的开展。1965年,《初等和中等教育法案》颁布(上文"儿童展览评估相关的理论成果与方法构建"已涉及),规定凡给予资助的教育项目皆需评估。为实现评估专业化,众多研究中心诸如伊利诺伊大学的教育研究中心、斯坦福评价协会、课程评价中心等得以设立,专门承担评估研究工作。但诸上教育活动评估理论的研究以及专业评估组织的问世,主要局限于正规教育机构。然而,随着美国国家科学基金会(NSF)、国家艺术捐赠基金会(NEA)和国家人

---

① R. Loomis. *Museum Visitor Evaluation*: *New Tool for Management*. Nashville: American Association for State and Local History, 1987: 21.

文捐赠基金会(NEH)逐步向博物馆投放资助项目，它们也要求博物馆将总资金一部分用于评估。

2.美国国家科学基金会规定对非正规的科学教育计划实施严格的评估：总结性评估必须呈现出参与项目者在兴趣、行为、态度和科学知识上受到该活动的影响，条件允许的情况下，要采取预评估、形成性评估和总结性评估，另外还设有外部专家同行评议[①]。

3.希迪(Suzanne Hidi)提出教育活动兴趣因素极为重要，因"兴趣"与建构心理学有关，要坚持产生注意和持续好奇心，因而我们评估活动时要明白"兴趣"是让别人全身心投入特殊活动的重要因素。[②]（1990 年）

4.美国国家航空航天局(NASA)要求科普活动项目申请阶段时需根据绩效和影响力制定评估计划。[③] 另外，还开创了教育评估的信息系统，从项目管理和参与者处采集信息，作为日后评估之依据。（1994 年）

5.孔利宁、彭文认为教育活动形式多样，但皆可从三方面入手——学习效果、观众参与度和满意度，对教育活动实施量化评估。[④]（2007 年）

①学习效果：检视通过参与教育活动，参与者有何收获，活动欲传达的教育信息是否被掌握，教育活动的策划意图是否达成。

②参与度：检视具有不同背景的参与者对于此项教育活动的参与情况，对参与者构成进行分析，用于反思教育活动策划初衷是否与实际结果保持一致。

③满意度：不同层次的观众对于教育活动策划、开展和学习知识的满意程度及教育活动实施者对于活动的满意程度，该项指标成为活动成功与否的标志之一。

6.钟琦提出我国博物馆科普活动评估处于初始阶段，原因有二：[⑤]（2008 年）

一是博物馆自身无评估需求，教育活动未达到需实施评估的水平；

二是专业人员未习得评估方法。

建议采用问卷调查等评估方法，从参加次数、原因、了解渠道、整体评价、满意度和意见和重复参与率等方面设计问题。

诸上 1～6 项中，以儿童作为独立对象的教育项目评估研究乏见，但实际上以上诸多观点的评估对象主要为儿童观众。如美国国家科学基金会、美国国家航空航天局指向的科普项目，钟琦针对的科普活动。无论如何，包括儿童在内的教育项目评估是从正式教育机构渗透到博物馆领域的，在美国申请博物馆教育资助项目时规定必须要进行"评估"，从而推动其评估实践的持续开展。同时，学者们针对项目评估需从哪些关键性指标入手各抒己见：或是参与者在兴趣、行为、态度、知识上受到的影响（绩效和影响力）；或是吸引力；或是学习效果、参与度、满意度；或是参与次数、原因、了解渠道、整体评价、满意度、意见和重复参观率等。尽管指标内容不一，但主要强调从观众体验角度来构建指标体系。以上观点中的指标内容给研究者订立儿童教育项目的评估指标体系以一定借鉴，同时，从教育活动实施者的角度给

---

①　黄小勇.大型科普活动评估方法研究.哈尔滨：哈尔滨工业大学,2006：5.

②　Suzanne Hidi. Interest and Its Contribution as a Mental Resource for Learning. *Review of Educational Research*,1990,60(4)：549.

③　黄小勇.大型科普活动评估方法研究.哈尔滨：哈尔滨工业大学,2006：5.

④　孔利宁,彭文.对博物馆教育评估的思考.见：北京博物馆学会.新世纪博物馆的实践与思考：北京博物馆学会第五届学术会议论文集(北京博物馆学会第五届学术会议,北京,2007).北京：北京燕山出版社,2007：408.

⑤　钟琦.我国自然科学博物馆科学教育活动案例研究.科普研究,2008,3(3)：80.

评估以补充，也为本文所汲取。

(二)评估方法相关的文献研析

儿童教育项目的评估方法实际和一般教育项目的评估方法一脉相承，一般教育项目的评估方法同样适用于儿童。美国博物馆一般教育项目的评估可与美国博物馆联盟之下的观众调查与评估委员会(CARE)、国家科学基金会的非正式科学教育单位(ISE)、博物馆观众协会(VSA)或博物馆教育座谈会(MER)等评估组织联系，由其协助推荐评估研究所或个人，亦可委托专业评估公司(咨询公司)参与或和大学研究中心合作开展，所采用的方式各异。

1. 迈乐斯(Miles)和胡贝尔曼(Huberman)认为："质性材料的分析有较大的召唤力，它们说服力强，具备主导性。"[①]评估教育活动此类过程型项目，采用质性材料可挖掘隐性信息，值得推崇。(1994年)

2. 迪尔金(Dierking)和皮洛克(Pollock)主张在博物馆教育项目的早期开展前置评量，要把该概念植入捐赠者、馆员、参与观众和相关主体间，展开持久的对话，进行集思广益。[②]一般评估研究的方法有问卷调查、访谈与对焦群：[③](2001年)

①问卷调查——调查一般最常想到的方法，问卷题型有选择题、简答题和开放式问题，亦有三种问题的混合。

②访谈——有很多种形式，如问特定问题的对焦式访谈(Focused Interview)，还有半结构式(Semi-Structure)和开放式的访谈(Open-Ended)，后两种访谈是采访者将主题记在脑海中，谈话中出现观众的回答。

③对焦群——从一群设定观众中得到详细且丰富的反馈资料，这种研究在市场区分(Segmentation Analysis)后开展，可得到较为准确的反馈。

3. 提斯代尔(Tisdal)指出博物馆需要一个统一性的、整合性的评估与研究部门，他们可以向决策部门提供研发结果。[④] 博物馆工作人员代替调查员，因为他们参与活动之中，激励他们的同时，每一位观众的反应皆离不开他们的视线范围。[⑤] (2000年)

4. 孔利宁、彭文提出教育项目评估只有由内部、外部评估组成，才显完备[⑥]。(2007年)

①内部评估——由馆内工作人员实行，对开展教育工作的状况进行测评。

②外部评估——由观众、上级主管部门或馆外有关专家实行，这些机构或人群需与教育工作相关。

同时认为教育活动评估的基本方法有抽样调查法、观察法、访谈法和问卷法。[⑦]

①抽样调查法——从总体中抽取部分对象，根据结果加以推论、说明。观察法、问卷法与访谈法都建立在此方法基础上。

① Matthew B. Miles, A. Michael Huberman. *An Expanded Sourcebook (Second Edition)*. Thousand Oaks, California：Sage Publications Ltd.，1994：262.
② 迪尔金，皮洛克. 持续的假设：博物馆教育活动的前置评量. 徐纯，译. 屏东：台湾海洋生物博物馆，2001：7.
③ 迪尔金，皮洛克. 持续的假设：博物馆教育活动的前置评量. 徐纯，译. 屏东：台湾海洋生物博物馆，2001：43-55.
④ 迪尔金，皮洛克. 持续的假设：博物馆教育活动的前置评量. 徐纯，译. 屏东：台湾海洋生物博物馆，2001：27.
⑤ 迪尔金，皮洛克. 持续的假设：博物馆教育活动的前置评量. 徐纯，译. 屏东：台湾海洋生物博物馆，2001：27.
⑥ 孔利宁，彭文. 对博物馆教育评估的思考. 见：北京博物馆学会. 新世纪博物馆的实践与思考：北京博物馆学会第五届学术会议论文集(北京博物馆学会第五届学术会议，北京，2007). 北京：北京燕山出版社，2007：411.
⑦ 孔利宁，彭文. 对博物馆教育评估的思考. 见：北京博物馆学会. 新世纪博物馆的实践与思考：北京博物馆学会第五届学术会议论文集(北京博物馆学会第五届学术会议，北京，2007). 北京：北京燕山出版社，2007：409.

②观察法——根据目的与计划，直接观察评估对象，掌握被观察者的行为过程以搜集资料，该方法需要耗时、耗力。

③访谈法——方法多样，如电话访谈、当面交流，以交谈的方法搜集所需资料，组织复杂，能力要求高。但具有灵活性，可获取有价值且可信的信息。

④问卷法——通过填写问卷来实施评估，获取信息。

从 1～4 项观点可见，包括儿童在内的教育项目评估方法可依照三个标准进行类型划分：一是根据手段差异，分为观察法、访谈法（对焦式、半结构、开放式、对焦群）、问卷调查法（亦称问卷法）等，且各有利弊；二是按照时间差异，分为前置评估、形成评估和总结评估，迪尔金和皮洛克建议使用前置评估；三是依据实施者差异，分为馆内人员的内部评估和馆外人员的外部评估。评估方式和时间与前述儿童展览评估方法如出一辙，但是内外评估定义有所差异，儿童教育项目的内部评估通常由馆内人员完成，而儿童展览内部评估则往往由馆外专家完成。

综上对包含儿童在内的教育项目评估学、评估指标和方法的研究回顾，为研究者开展这部分内容的研究提供了思路与方法。首先，从手段来看，迈尔斯等主张在评估注重过程的教育活动时，质性材料可帮助挖掘隐性信息。因此研究者主张儿童教育项目的外部评估采取观察与访谈相结合的方法。其次，就时间而言，开展评估一般采取总结评估，虽然前置评估合理科学，并且受到迪尔金等大力推荐，但需馆方的认可支持和前期投入。基于此，本研究就儿童教育项目的评估采用研究者全程参与、及时客观的总结评估。再者，针对手段的实施者，本研究主张按照孔利宁等的观点，采取内部评估和外部评估相结合的方式。由上得见，本研究所主张的思路与方法和学者们的观点不谋而合，可行性因此得以额首确认。

（三）建构儿童教育项目评估方式

儿童教育项目因其参与者的特殊性而与普通教育项目相异，兼之博物馆非正规教育与学校教育性质不同，所以设计评估方式时，应当以此两点作为前提。不尊重儿童特殊性，拿学校考试成绩、升学率之类作为教育项目成败的衡量标准，显然是巴掌穿鞋——行不通。同时，仅以教育项目执行的好坏、参观人数等甄别教育项目效果，同样为不负责任的表现。

为达成研究目的，研究者首先设计儿童教育项目的外部评估方式，其后构建项目评估指标，利用此评估指标以馆内人员的身份对研究案例实施内部评估，内外评估相结合，对案例进行深入剖析。然而，通过内外评估检视项目效果并不在于对研究案例实施批判，或就项目成败妄下断论，只是希冀利用此评估去揭示项目成败之根源，就根源提出改善之举，促进项目实施水平提升。而评估方式之构建，将根据上文相关项目评估方式与指标研究成果的整理分析，以及儿童群体阶段性教育心理特征。即便如此，鉴于所学鄙陋，研究者仍有诸多考虑不周之处，只望抛砖引玉。

1. 教育项目外部评估方式——观众评估

外部评估，指由观众、上级主管部门或馆外专家执行的评估。要检测儿童教育项目的效果，除采用馆员内部评估外，还要依靠外部评估。两个环节有机结合有助于从不同视角、立场对项目展开全方位检视。外部评估中观众是最重要的评估主体，其满意度是最关键的评价标尺，借由外部评估可测量观众从教育项目中习得多少，感受如何。因儿童教育项目重在过程执行，因此需要关注过程评估，故选用访谈法进行。若采用问卷法，一切皆在预设的提问和答案之内,但过程中各种问题又难以预知,同时无法了解过程中的观众行为及内在感受并做深入探究。

此外部评估方式主要应用于"某研究案例中的一项教育项目"部分,评估的流程为:从文献研读、历史梳理和现状分析着手,形成基础认知后,设计访谈提纲,据此完成访谈任务。

(1)设置访谈问题

访谈内容中问题的设置甚为关键。问题如何去问,对可能获取信息的品质产生直接影响。因此,研究者在构思问题时,首先尽量避免用带倾向性的问题,如"我以为×××怎么样,你认为如何?";其次尽量采用指向明确的问题,如不用"您觉得×××活动怎么样?"而用"您觉得×××活动过程安排得好不好?"(问活动安排情况)代替,需有意引导受访者谈研究所关注的主题,而非东拉西扯;最后,尽量采用简洁易懂的词汇,因项目参与者主要为儿童。同时,由于在下文构建指标体系时,会从"项目目标、准备、内容、过程、情感态度、效果、教师志愿者素质"七大范畴去检测它们对项目效果所产生的影响及影响的程度,因而,访谈问题也围绕此七方面展开,在该框架下设置各局部问题。此处研究拟定之访谈提纲见附录二。

(2)设计评估程序

确定运用访谈法开展外部观众评估后,设计此部分的研究流程,以实现过程控制,保证科学、有效地获取一手资料,避免程序疏漏。为深入掌握受访者在项目过程中的不同体验与感知,应挑选执行项目时表现差异之观众。所以,此部分采用扫描抽样和行为抽样来确定访谈对象。

①准备

研究者通过先导性研究,熟悉各类项目进展近况,初步选定研究案例,形成访谈内容,再次实地探访取得该项目材料,经由整理分析,最后确定研究案例,调整访谈内容,提炼访谈提纲,执行外部评估。

A. 与馆方充分沟通:通过项目内部评估的先导性研究和教育项目资料的解析及与馆方的主动沟通,"捕获"正在与即将开展的项目及其基本信息,并依此选定研究案例并草拟访谈提纲。

B. 确定研究案例:在初定研究案例的基础上,就正在或即将开展的项目,搜集研究文献和网站信息,再次前往考察。请博物馆提供与此项目有关的通知、新闻报道等各类材料。对以上两项资料进行解读并展开分析,按照研究目标和案例选择标准,最终确定研究案例。

C. 确定访谈提纲:由项目负责人对访谈提纲进行调查,最终确定访谈提纲。

②取样

首先,研究者对此项目执行过程中研究对象的整体行为进行集体扫描,并记录主要行为;其次,观察并看守此大群对象,记录发生的特别行为。诸如,"×××行为中有哪些人涉猎其中,该行为发生在哪个环节"。可将具备以下任意行为者,视为受访对象:

A. 最为活跃者,表现如积极问答、主动提问或参与演示等;

B. 最为失意者,表现如毫无兴致、不愿动手或不和他人交流;

C. 乖巧安静者,表现如认真完成任务、按部就班,兴趣表现一般;

D. 特殊行为参与者,表现如一直在活动中起哄,或打闹嬉笑。

③进行

通过非干预的方式全程参与,跟踪记录观众行为,从中选取受访对象。邀其于项目结束后接受访谈，参与评估。

A.现场观察：研究者参与过程中，采用在本上标注文字和记号等方式，做即时记录，记录研究对象的分类行为与特别行为。为不干扰项目进行，研究者仅从旁记录对象的行为，如使用工具、观看视频与演示、与他人合作情况、活跃或失意反应、与教师沟通和教师指导情况、成果展示、现场事故等，初步了解参与者在整个项目过程中的各种表现。

记录参与者分类行为和特别行为对本研究的用处有两点：其一，以此作为本部分研究者以馆员身份施以内部评估之重要依据；其二，作为挑选本部分受访样本的依据。使用工具、观看视频与演示在于检测项目准备——工具是否适合儿童，视频与演示中是否出现故障；与他人合作、活跃或失意情况欲反映项目内容——是否吸引儿童，过程是否活跃，儿童情感态度是否获得提升；成果展示与现场事故用于验证项目效果——现场是否发生重大事故，目标达成度是否高，程序是否井然有序，是否提供与他人分享的机会；与教师沟通和教师指导是为折射教师志愿者素质——是否情绪饱满，引导儿童并参与他们的活动中。

B.实施访谈：项目结束后，坦诚告知受访者访谈的目的并邀其参与评估。因部分家长在项目结束后不急于离开，会带孩子顺便参观博物馆，因此可在项目期间略做普查并留下联系方式，预约访谈时间、地点。部分受访者在项目完毕后，征得其同意，可就近开展访谈，时间通常为10～15分钟，视情况而定。研究者主要采用普通半结构和半结构中的对焦群及对焦式访谈法，促成观众在谈话中给出答案，对项目广泛评议。访谈内容具体分七大部分。尤其强调项目内容、过程、情感态度与效果、教师志愿者等范畴，因这几大范畴参与者较易感知，通过引导便于其传达情感和分享体会。

C.分析资料与呈现：舍弃与研究主题不相关者，运用归纳法、理解法对访谈记录等定性数据进行分析，并撰写分析报告。

2.教育项目内部评估——专业评估

内部评估，指由馆内专家以参与者身份介入，进行过程体验，对项目效果实施综合评估。执行内部评估原因有二：馆内人员参与整个项目，能观察到每个细节，因而材料唾手可得；评估实际是在策划者、实施者和观众之间信息的回馈循环，馆员加入评估，不断自我反思，有助于提高项目策划和执行的有效性。馆员内部评估主要用于"某研究案例中业已开展的各类教育项目"，采用访谈方式执行。此外，针对"某研究案例的一项教育项目"，研究者以参与者身份进行体验，以馆内员工之视角，对项目效益执行内部评估。为保障评估科学、严谨，需要构建内部评估指标体系。

（1）构建内部评估指标体系

针对"研究案例的某个教育项目"所构建的内部评估指标包含七项内容：项目目标、准备、内容、过程、情感态度、效果和教师志愿者素质。此七大范畴涵盖教育项目整个动态过程——项目前期、中期和后期。

①项目目标

项目目标在于检测方案策划之初是否界定了具体目标；目标又是否与活动类型相符合；是否符合该年龄段儿童的认知和情感需求。总之，不论教育项目实施成功与否，设定目标是项目开展最基础的一项工作。项目目标，一方面可为项目提供方向引导，另一方面可用于评判结果是否达成。因而，项目效益测评首先要针对项目目标展开。项目目标涉及目标是否具体明确，是否和项目相符，是否与对象吻合，本书即依此三项指标施以评判。（见表2-9）

表 2-9　儿童教育项目之项目目标评估指标

评估指标	单项标准		评估方式
项目目标	制定完备目标	具体明确,规定目标年龄	项目前期
	符合项目特点	与项目类型和主题的特点相符	项目前期
	符合儿童特点	与本阶段年龄儿童的认知能力、情感发展要求相符	项目前期

A. 制定完备目标

项目目标即项目计划所达成的预期结果,它既是教育项目的出发点也是归宿。其有导向作用,直接决定教育效果;有激励作用,激励工作人员把目标转为行为动机;有选择作用,依据目标可对项目内容有所取舍,仅保留与目标一致的内容;有协调作用,是策划者、实施者和观众共同协作的基础;有标准作用,明的标准又为评估提供依据。兼之,不同阶段儿童有不同的身心特征,故儿童类教育项目的目标设定,必须契合相应的年龄段。综之,任何教育项目皆应设置项目目标,目标应具体明晰,"脚踏实地",力求避免假、大、空,同时要根据项目属性准确定位参与者目标年龄,并依据目标年龄确定项目目标。

B. 符合项目特点

一方面,鉴于儿童教育项目类型纷呈,诸如学生讲座、特展、专题讲解、操作时间、学生课程等,而具体教育目标设定须依据项目内容做区分,不存在放之四海而皆准的标准模式。因此,适宜、准确的目标首先需符合项目类型的特点,如操作时间项目重在培养儿童的动手动脑能力,非强调知识的简单传递。另一方面,教育项目主题包罗万象,诸如美术、体育、音乐等,美术活动多为利用展品对儿童产生艺术刺激,以此拓宽儿童视野,音乐则是通过听觉系统强调过程体验,培养儿童节奏感,激发内心共鸣。各种主题达成目标的侧重点有所差异。故而,目标是否与项目类型与主题相吻合,成为目标设定的重要指标。

C. 符合儿童特点

儿童在每个年龄段有着不同的认知能力、情感特征与智力水平。儿童认知心理学提出:儿童思维发展呈现出持续性阶段化特征。比如 2~7 岁为前运算阶段,这个阶段的儿童不断积累感性经验,可接受图像、文字等概念,但无法完成转变。因此,可安排一些强调体验的教育项目,类似角色扮演、捏橡皮泥、做贺卡等。此时项目目标可强调儿童态度积极、心情愉悦等感性指标。

②项目准备

项目准备充分与否,关乎后续项目的执行和收效,亦折射出馆员的投入程度和行为态度。策划方案的撰写是项目能否顺序实施的前提,为准备阶段最重要的一环。它是一个集思广益的过程,亦是指导工作开展的中介。具备了策划方案不代表万事俱全,关键是方案分工还需进一步落到个体,若馆员之间事先未以座谈会、邮件或电话的形式就此策划方案内容进行充分沟通并具体落实,再完美的方案亦仅为一纸空文。针对儿童的项目准备工作需事无巨细,工具、材料、设备和环境安排既要安全又要符合儿童生理需求与心理喜好。项目准备指标即涉及撰写策划方案、馆员充分沟通与预先做好准备三项指标,以此来检视整个项目准备工作是否考虑周全,安排得当,权责明确。(见表 2-10)

表 2-10　儿童教育项目之项目准备评估指标

评估指标		单项标准	评估方式
项目准备	撰写策划方案	有详备的项目策划方案	项目前期
	馆员充分沟通	就项目策划方案的程序和分工,馆员充分掌握并权责明确	项目前期
	预先做好准备	发通知,依儿童教育项目内容,各类材料要求安全、丰富、美观,资产、工具、设备与环境准备得当,外出安排好交通食宿	项目前期

A. 撰写策划方案

策划方案的撰写是项目处于准备阶段的重中之重,需要对项目开展的各细部工作进行前期论证。策划方案为博物馆人员集体创作的成果,从初步设想到最终成型,构想在持续丰富与完善。亦可邀请相关专家给予可行性建议,使之趋于科学合理。策划方案因此成为博物馆对外宣传以及馆内分工的蓝本。优秀的项目策划方案犹如一则生动的广告,一方面可打动和吸引社会资金的投入,另一方面可成为项目组织者安排工作的重要依据。故而,项目是否已经撰写策划方案,方案详备与否,成为考察项目能否有效实施的重要指标之一。

B. 馆员充分沟通

一个成功的教育项目仅依靠教育部门通常是不现实的。比如印第安纳波利斯儿童博物馆在实施教育项目时,会构建大团队和小团队。大型的项目(Program)博物馆内所有八个部门共同参与,组成大团队;而小项目由教育部和参与该活动的部门共同设计,通常是服务部、发展部、沟通部和志愿者部,每个部门都有详尽的计划,使用的设备和工具皆要明确列数。馆员们一次次开会沟通,工作高度透明,保持互相补台。馆间充分沟通,尤其是部门间充分沟通是保障工作有序开展不可或缺的部分。

C. 预先做好准备

准备工作直接影响到后续各程序的有效实施,此处主要涵盖三项内容:发通知,资产、工具、设备、环境布置、安排交通食宿。首先,对外发布项目通知。其次,设施高度要依照儿童人体工程学,桌子转角磨圆;环境温度、颜色让儿童产生舒适感;活动环境营造和氛围打造;视频音频预先调试;材料丰富美观;工具的物理特征适合儿童。最后,如为外出项目,需安排好交通、食宿等。为儿童项目做准备,安全始终是悬颅之剑,儿童之事无小事。设备、现场、出行工具皆需预先进行安全检查。预先做好准备是检视项目准备环节完善与否的重要内容。

③项目内容

项目内容是否设置合宜,能否体现本馆特色,是否真正适合儿童并吸引儿童,为项目能否成长为一项品牌项目之关键要素。无论教育形式如何多样,手段如何丰富,抑或工作人员怎样全力以赴,若项目内容空洞无物,或脱离实际,或毫无新意,或背离儿童意愿,则项目不可能成功。知名教育家陈鹤琴认为儿童群体具备好奇心、游戏心,利用好奇心激发其求知欲,通过游戏使其心情愉快,易于增长知识、启发思想。而项目内容的设计亦立足于此,掌握本馆资源同时深度挖掘,以激发儿童好奇心,同时使学习内容有趣新颖,让儿童在玩乐中实现学习效益最大化。为此,项目内容需"适合并吸引儿童,难度、时间设置合宜;建立在本馆独特资源基础上;内容符合儿童发展需要"。诸上三方面也成为衡量项目内容良莠之基本指标。(见表 2-11)

表 2-11　儿童教育项目之项目内容评估指标

评估指标		单项标准	评估方式
项目内容	内容设置合宜	围绕活动目标，难度适当，突出重点，时间适当	项目前期、中期
	结合本馆特色	活动内容建立在博物馆现有资源基础上，弘扬传统文化	项目前期、中期
	内容适合儿童	活动内容有趣、新颖，符合儿童发展需要和认知水平，有一定挑战性	项目前期、中期

A. 内容设置合宜

内容设置合宜是内容吸引儿童注意的前提。项目不宜难度过高，主次不分，时间过长，令小观众身心俱疲。上海博物馆儿童暑期手工项目，通常规定参与者为小学高年级，时间维持在 1～1.5 个小时，较为合宜，故儿童参与度较高。此项指标一般可依项目策划方案的内容施以检测，因为内容设置是方案的基本组成部分，然而，国内多数教育项目并未有详尽的策划方案，评估仅能以观察法执行。

B. 结合本馆特色

教育项目应反映本馆优势，建立在馆方现有资源基础上，弘扬传统文化。这种优势常反映于两方面：馆藏文物资源和馆员工作经验。馆员工作经验积累固然重要，但相对于馆藏独特的文物资源而言只起辅助作用。培育一支创意团队，深入研究馆藏文物，举办各类教育项目，因具有不可复制性而应倍加推崇。现今博物馆儿童教育项目千篇一律，大多为组织讲座、夏令营，即培养小讲解员，开展专题讲解，无创意和特色可言。结合古生物标本，北京自然博物馆举办"博物馆奇妙夜"却是个特例，因项目内容不拘一格，所以一经推出便备受瞩目，成为自然博物馆品牌项目。此类案例在国外屡见不鲜，如"请触摸博物馆""回忆火车时代""爱丽丝仙境故事"等项目就极具个性，难以复制。故而，结合本馆特色资源成为儿童教育项目之灵魂，亦是权衡项目内容优劣之根本因素。

C. 内容适合儿童

儿童教育项目内容本身服务于儿童群众，若不尊重儿童心理和智力特征，则将导致项目成为无本之木。兼之，儿童群体心智发展有自身规律，主要呈现为：同一年龄段的孩子具备极其明显的阶段性心理倾向，超越儿童年龄段的教育不利于儿童智能开发。故，内容是否适合儿童，成为评判项目内容策划成功与否的重要指标与前提。

④项目过程

项目过程包含项目开展的各个步骤与进程，为项目实施的主体部分。项目目标、准备和内容皆为过程的顺利开展而服务。儿童教育项目过程"其一，必须支配儿童所接触的刺激；其二，必须指导儿童所做出的反应；其三，还必须巩固儿童所有的联动"[1]。因此，馆员首先必须对整个活动有所掌控，过程组织井然有序，关注、指导和巩固刺激；其次，无论关注、指导还是巩固，儿童始终是项目的焦点，需体现其主体地位；最后，教师仅起指导作用，需采用多种手段开展启发式教育，鼓励儿童创意求新。项目过程的安排只有避免杂乱，充分挖掘儿童主动性，才能赢得儿童满意。故项目过程成功与否涉及"组织过程、儿童地位、采用方式以及心智情况"等多项指标。（见表 2-12）

---

[1]　北京市教育科学研究所.陈鹤琴教育文集(上卷).北京：北京出版社，1983：605.

表 2-12　儿童教育项目之项目过程评估指标

评估指标		单项标准	评估方式
项目过程	过程有序组织	活动过程优化,活动结构紧凑,组织安排有序	项目中期
	体现儿童中心	体现儿童主体地位,发挥儿童主观能动性,营造儿童之间和师生之间互动的氛围	项目中期
	采用多种方法	强调经验、实物、游戏,采用语言传递、图像传递、实际操作、多媒体等多种教育方法	项目中期
	锻炼儿童心智	采用启发式教育引导儿童探索,不提倡知识灌输式	项目中期
		鼓励创新求异,独立思考,想象力丰富	

A. 过程有序组织

整个项目组织情况直接反映工作人员在此项目中的投入情况,充分的准备是项目组织成功的重要前提。这要求组织者不断优化活动过程,使结构紧凑有序。倘若项目混乱、无序,无论如何都无法赢得参与者满意,并间接影响项目效果。此指标为一项重要显性指标。

B. 体现儿童中心

"以儿童为中心"始终是儿童教育项目的核心理念,项目过程中表现尤为突出。西方现代教育理论代表人物杜威(Dewey)主张"我们教育中的改变是重心的转移……儿童在这里变成太阳,一切教育措施围绕儿童转动,儿童是中心"[1]。因此,过程中强调儿童主体地位,是鼓励其主观能动性的充分表现。只有把儿童的需要和兴趣放在首位,才可能将儿童潜藏的语言、行为、认知的情感能力挖掘出来。项目过程中若始终坚持此项标准,则表明该项目在一定程度上已获得初步成功,因此,成为儿童项目效益的重要衡量因素。

C. 采用多种方法

杜威提出"儿童受教育的本质实际是不断改造原有经验,经由儿童的主动活动去体验一切和获得各种直接经验的过程"[2]。"玩中学""做中学"正是强调儿童在教育过程中保持学习热情和效度。此外,意大利教育家蒙特梭利亦主张"儿童的内在潜能以及其行为发展是通过环境刺激与影响而发展起来"[3]。而外部环境是依靠感官来感知,因此操作实物或提供教育项目不可或缺。同时,"游戏是儿童心理发展的内在需求,通过游戏可扩大认知,思维更显灵活"[4],故而,为促进儿童认知和心理构建,提倡采取游戏方式。综上,儿童学习应当强调体验,借由实物在游戏中玩乐的方式开展。而灵活采用语言、图像、实物、多媒体等手段则有助于美好经验的形成及玩乐中学习的实现。因此,丰富多样的手段成为项目满足儿童所需的重要媒介,成为评判项目过程不可或缺的指标。

D. 锻炼儿童心智

儿童学习心理与认知发展的特质决定只有开展有针对性的教育项目,才能促成项目教育功能的实现。博物馆的儿童教育项目属于非正规教育,不可倡导知识的简单灌输,应强调启发式教育。借由启发式教育引导儿童独立思考并乐于探索。这需要和儿童年龄段特征相

---

① 赵祥麟,王承绪.杜威教育论著选.上海:华东师范大学出版社,1981:32.
② 田继忠,支爱玲.谈杜威的教育思想及其启示.宁夏教育科研,2006(2):16.
③ 霍静.浅析蒙特梭利儿童教育理论的内在应用价值.青海师范大学学报(哲学社会科学版),2004(1):116.
④ 陆晓燕.皮亚杰认知发展游戏理论及启示.文山师范高等专科学校学报,2008(3):68.

结合,如 6～8 岁儿童,从具体形象思维向抽象逻辑思维发展,喜欢思考发问。除以上提及的行为外,还需注意讲解词要简易具体,模式多变。总之,锻炼儿童心智是执行过程的有意行为,亦为重要任务,尽管是一项小项目,但对一个孩子的成长作用见微知著,故而成为检视过程执行的一项重要指标。

⑤情感态度

情感态度是儿童教育项目评估较高层次的指标内容,意味着项目不再仅止步于是否执行完整;同时意味着真正出现了从儿童体验来审视项目的成效。"情感"系由主观体验、外部表现和生理唤醒三部分组成。就不同情感情绪的自我感受即主观体验;外部表现指的是表情,即身体各部在情感情绪之下动作的量化形式;情感情绪激起的生理反应被称为生理唤醒,如愉悦时心跳增快。"态度"则是一种内部的行为倾向,受环境影响养成,决定主体是否愿意去做。因此,情感态度可通过外部表象予以判别,在此类项目中主要表现为:儿童参与过程态度积极,心情愉悦;认真克服困难,参与性强;与他人分享;儿童常乐在其中。该指标系主要依据儿童内在情感态度的外在表现,是此类项目教育功能能否实现的重要因素。(见表 2-13)

表 2-13　儿童教育项目之情感态度评估指标

评估指标	单项标准		评估方式
情感态度	儿童参与性高	避免家长过多参与,儿童态度积极,心情愉悦,认真自主地克服困难,参与性强	项目中期
	积极体验合作与交往	提供与人分享的机会,乐于合作	项目中期

A. 儿童参与性高

通过激发情感情绪的项目让儿童充分参与,促使其情感态度得以发展。儿童参与过程态度积极主动,情绪愉悦,本是教育项目成功的一种标志。因为乐观积极的情感犹如一种无声而又强大的动力,推动儿童身心、智力和个性的发展。故一个教育项目是否调动这种情感情绪,将直接影响其效益,成为评判的指标之一。

B. 积极体验合作与交往

乐于与他人合作与交往是情感态度的表现之一,亦是培养人际交往能力的一种手段。如何在项目执行中培养儿童愿意互相交往与合作的积极情绪?这需要去创造一种共同参与的规则,体验共同参与的乐趣及合作成功的美好。因此,项目则可能成为儿童乐于维持这种状态的启蒙者、引导者和促进者。合作与交往机会的创造是项目发挥积极效益的重要因素,此因素促使儿童成为与他人合作和交往的积极体验者。

⑥项目效果

项目效果评估,不仅可来自外部,亦可出自馆员内部自评,它关乎儿童能否借由此次项目获得博物馆的美好体验。博物馆举办形式纷呈的教育项目成为社会教育的重要内容,其效果不再仅局限于知识汲取,更注重儿童是否获得感悟与启发,能否提升能力与情感,以及表现出高满意度。馆方工作人员也可借由自检,检测项目目标是否达成,达成度如何,过程是否有序完整,满意度如何。为获悉参与者感受,需验收项目效果,最好采取内外评估相结合的检测方式。项目效果如何是儿童项目成败的最直接表现,在指标体系中有着无法替代的地位。(见表 2-14)

表 2-14　儿童教育项目之项目效果评估指标

评估指标		单项标准	评估方式
项目效果	目标达成度高	活动过程有序、完整，项目目标达成	项目后期
	具备教育意义	获得新知识、新技术，认知能力、动手能力、合作能力与习惯、情感得到不同程度的提升	项目后期
	观众满意度高	儿童对于类似活动愿意重复参与	项目后期

A. 目标达成度高

目标管理是一种有效管理的手段。预设目标顺利达成，策划者、实施者和参与者因价值实现会产生成就感与满足感，激发策划者和实施者"斗志"，并为继续奋进指引方向。故目标达成的测评既是对项目成败之权衡，亦是对工作人员自我实现的一种审视。

B. 具备教育意义

此项内容为项目开展最重要的目的之一。项目让儿童以多种手段获取信息之余，强调观众主动参与，收获满足与乐趣，更为重要的则是借由此类活动产生切实体验和深刻记忆，埋下"博物馆情结"的种子。其真正关乎的不再是单纯概念的记忆，而是动手技能的提高、创造力的开发、社交合作能力的培养以及内在情感的提升，从根本上反映了素质教育——身体、道德、劳动技能和智力素质的综合内在要求。因而，博物馆此类项目有别于学校等正规教育机构，对其是否具备教育意义的衡量，即从侧面肯定了博物馆教育的社会价值。

C. 观众满意度高

儿童及其家庭观众就某一项目是否满意，一项重要的外显指标就是检测他们是否愿意再次参与同类项目，从肯定此项目，转而关注本馆同类项目。若儿童愿意频繁参与，则说明项目已受到高度肯定。因此，满意度是项目效果的直接反映，可依据儿童受众是否愿意重复参与施以评估。

⑦教师志愿者素质

教师素质归结到底是对项目教导者所提出的要求。国内外博物馆此类岗位因人力有限，通常由志愿者承担。虽在此类项目中"教师应成为支持者、合作者与引导者"，但如何加以引导，授人以渔，以推动思考和探索？此项范畴对教师教学技巧和价值观提出要求。教师是否成为共同参与者，采用对话式教学，与儿童一起游戏，一起合作，分享成功喜乐，成为教育项目成功与否的重要衡量内容。教师志愿者素质指标涉及"教学功"和"价值观"两大指标，"教学功"是否扎实、"价值观"正确与否，直接影响教师角色的成功扮演和儿童需求的有效满足，从而促成儿童成为创造者与探索者，贯彻教学相长的教学理念。因此，教师志愿者素质成为衡量此类项目成功与否的重要外在因素。（见表 2-15）

表 2-15　儿童教育项目之教师志愿者素质评估指标

评估指标		单项标准	评估方式
教师志愿者素质	教学功底扎实	掌握授课知识，教学功底扎实，具应变、调控和创新能力，了解语言、演示和多媒体使用规范	项目中期
	价值观正确	平等对话，担任引导者和参与者，有亲和力，充满热情、爱心，情绪饱满	项目中期

A. 教学功底扎实

教学基本功表现为语言、演示、运用辅助手段等能力。掌握博物馆博大精深的馆藏资源是运用教学手段的前提条件。在此前提下,教学语言要求简洁、准确、形象而生动;演示要求操作规范、利落;兼之会使用多媒体等现代教学手段。此外,鉴于儿童约束能力弱,还需对教学现场进行有效掌控。教学功底扎实既是志愿者成为教师的基本要求,也是教师素质验收的重要指标。

B. 价值观正确

价值观正确是指教师充满热情、爱心,情绪饱满,承担引导者和参与者的角色,与儿童平等对话。传统教学模式中的服从式、被动式的教育方法早已过时。新的教育理念要求采用互动式的教学方法,教师从指挥者变成合作者。除却教学观念转变外,教师还应具备高度的责任感和真挚的爱心,与孩子建立朋友式的信赖关系。此指标是对教师志愿者作用是否充分发挥的检视,与项目效果唇齿相依。

儿童教育项目内部评估中,"项目效果"与某项目成败最为辅牙相倚,是对某项目优劣的最直接反映。而项目效果之判定,主要依赖"项目目标达成度,观众满意度以及项目是否具备教育意义"三项指标。"项目目标""项目准备"则是某项目能否有效执行的重要前提。"目标"不仅要内容完备,符合儿童及项目特点,而且要规定目标年龄;"准备"则要"事先撰写策划方案,与馆员充分沟通,做好各项准备"。其中,策划方案在整个项目过程中起宣传媒介、分工与监督等关键作用。"项目内容""项目过程""情感态度"是项目最为重要的构成部分,内容决定过程,过程影响情感。"项目内容"既要设置合宜、适合儿童,又要突显本馆特色;"项目过程"需时刻体现儿童中心,采取多种手段,注重锻炼心智,使整个过程有条不紊;"情感态度"重在鼓励儿童积极参与,乐于体验合作。"教师志愿者素质"则如同整个项目的催化剂,在过程中穿针引线,促成教育任务完成。此指标在对志愿者教学基本功提出要求之余,还强调树立积极正确的教学价值观。现将本书拟定之教育项目内部专业评估指标整理如表2-16 所示,书中在实行某项具体项目内部评估时,谨依此评价指标施以检测。

表 2-16　儿童教育项目内部专业评估指标体系的设定

评估范畴	评估指标	单项标准	评估方式
项目目标	制定完备目标	具体明确,规定目标年龄	项目前期
	符合项目特点	与项目类型和主题的特点相符	项目前期
	符合儿童特点	与本阶段年龄儿童的认知能力、情感发展要求相符	项目前期
项目准备	撰写策划方案	有详备的项目策划方案	项目前期
	馆员充分沟通	就项目策划方案的程序和分工,馆员充分掌握并权责明确	项目前期
	预先做好准备	发通知,依儿童教育项目内容,各类材料要求安全、丰富、美观,资产、工具、设备与环境准备得当,外出安排好交通食宿	项目前期

评估范畴	评估指标	单项标准	评估方式
项目内容	内容设置合宜	围绕活动目标,难度适当,突出重点,时间适当	项目前期、中期
	结合本馆特色	活动内容建立在博物馆现有资源基础上,弘扬传统文化	项目前期、中期
	内容适合儿童	活动内容有趣、新颖,符合儿童发展需要和认知水平,有一定挑战性	项目前期、中期
项目过程	过程有序组织	活动过程优化,活动结构紧凑,组织安排有序	项目中期
	体现儿童中心	体现儿童主体地位,发挥儿童主观能动性,营造儿童之间和师生之间互动的氛围	项目中期
	采用多种方法	强调经验、实物、游戏,采用语言传递、图像传递、实际操作、多媒体等多种教育方法	项目中期
	锻炼儿童心智	采用启发式教育引导儿童探索,不提倡知识灌输式	项目中期
		鼓励创新求异,独立思考,想象力丰富	
情感态度	儿童参与性高	避免家长过多参与,儿童态度积极,心情愉悦,认真自主地克服困难,参与性强	项目中期
	积极体验合作与交往	提供与人分享的机会,乐于合作	项目中期
项目效果	目标达成度高	活动过程有序、完整,项目目标达成	项目后期
	具备教育意义	获得新知识、新技术,认知能力、动手能力、合作能力与习惯、情感得到不同程度的提升	项目后期
	观众满意度高	儿童对于类似活动愿意重复参与	项目后期
教师志愿者素质	教学功底扎实	掌握授课知识,教学功底扎实,具应变、调控和创新能力,了解语言、演示和多媒体使用规范	项目中期
	价值观正确	平等对话,担任引导者和参与者,有亲和力,充满热情、爱心,情绪饱满	项目中期

(2)设计评估程序

本书儿童教育项目内部专业评估运用"总结评估",分两方面执行。

一方面,针对"某研究案例业已开展的各类教育项目"采用馆员访谈法采集一手信息,此处馆员包括馆内人员、志愿者和其他部门配合人员。

另一方面,针对"某研究案例的一项教育项目",研究者以参与者身份介入,进行过程体验,以专业者视角对项目实施进行效益指标评分,采用所构建之内部评估指标体系。

第一方面内容基于先前已实施过的各类教育项目,因而仅能采用"总结评估"予以判定。虽教育项目前置评估可对项目规划的各项内容产生启发,并提前进行修正,但研究者非馆内正式员工,难以提前介入每一类项目,故无法实质性使用。同时,此处研究侧重点在于检测此类项目的共有问题,"总结评估"即可满足研究目的。基于此,第二方面内容研究开展时仍选用"总结评估"。就研究案例中一个项目的执行过程进行破析,其后依照设定的项目内部评估指标开展测评,从中发现此类项目的共性问题并寻找症结,提出改善建议。由此,双管齐下的内部评估,在于以综合全面的视角客观地提炼出儿童教育项目的问题所在。

①取材

首先,针对各类型教育项目之内部评估。

整理研究文献、官方网站及其他相关网站的有关研究成果,结合通知、报道,以及馆方提供的纸质、视频、音频等资料,尔后实地探访,确定研究案例。掌握研究项目基本概况,获得一定程度的基础性认知后,利用访谈法收集研究素材。

其次,针对某一项教育项目之内部评估。

实施访谈过程中,从馆方获取一手资料,确定究竟以哪个具体项目作为研究对象。项目除具备本书研究案例一般属性外,还虑及不同研究案例所择取之具体项目尽量呈现不同类型(详见第四章)。同时,这些项目必须为目前正在执行或即将执行。通过访谈确定对象后,请馆方协助提供该项目资料,研究者以参与者身份,全程参与该项目,类似观众调查员,出现于活动现场,每位观众、家长和员工的行为,皆成为跟踪观察与参与评量的对象。

②准备

首先,针对各类型教育项目之内部评估。

通过先导性研究,初步选定案例并拟定访谈内容,据实地考察获取资料并整理分析,对探访内容进行调整,并由此提炼访谈提纲,实施馆员内部评估。

A. 开展先导性研究:搜集整理此类项目的相关研究文献、博物馆官方网站和其他网站的相关资讯和研究成果,依本书案例择取标准,初步归结并选定欲加以考察之研究案例。

B. 提炼访谈提纲:通过先导性研究初步拟定访谈内容,开展实地探访,从馆方教育部获取主要项目相关纸质、视频音频媒介,施以整理、阅读和评析,最后锁定研究案例。依据研究案例的运行情况与特点,对访谈内容进行相应调整并由此提炼出访谈提纲。

其次,针对某一项教育项目之内部评估。

以此前一项工作为基础,与馆方保持充分沟通,掌握目前项目进展(正在开展或即将开展的项目情况),依研究文献、馆方材料与网站资源,对此类项目做进一步重点攻关,依本书研究案例选择标准初步确定以哪个项目作为对象。与此同时尽量兼顾呈现项目的类型差异。

A. 与馆方充分沟通:通过对馆内教育项目相关资料的解读分析,就该馆教育项目形成基础的认知后,主动与馆方进行沟通,掌握目前正在开展或即将开展的项目信息,及诸此项目的基本情况与特点。

B. 确定研究对象:针对正在开展或即将开展的教育项目,收集整理研究文献和网站资料,再次造访博物馆取得此类项目历年开展的材料、当前宣传材料、报名通知以及进程中的相关报道。对以上两类资料进行深度解读,依据研究目标、案例要求和案例类型,择取并确定以哪个项目作为研究对象。

C. 设计指标系统权重:"项目目标""项目准备"是项目能否有效执行的前提条件;"项目内容""项目过程""情感态度"是项目最为重要的构成部分;"情感态度"是项目较高层次的目标内容,但涵括内容较少;"项目效果"是项目效益的直接反映;"教师志愿者素质"则是推进项目执行成功的重要外在因素。故此,建议权重比例设为 3∶3∶6∶6∶3∶6∶2。"项目目

标""项目准备""情感态度"占分值 12 分;"项目内容""项目过程""项目效果"占分值 24 分;
"教师志愿者素质"占分值 8 分;总分值 116 分。具体建议分值如表 2-17 所示。

表 2-17　儿童教育项目内部专业评估指标体系中评价指标的权重设计

一、项目目标范畴(分值 12 分)		
评估指标与分值	单项标准与分值	评分 等级
1 制定完备目标 (分值 4 分)	1-1 具体明确,规定目标年龄	优秀 4 良好 3 一般 2 不好 1
2 符合项目特点 (分值 4 分)	2-1 与项目类型和主题的特点相符	
3 符合儿童特点 (分值 4 分)	3-1 与本阶段年龄儿童认知能力、情感发展要求相符	
二、项目准备范畴(分值 12 分)		
1 撰写策划方案 (分值 4 分)	1-1 有详备的项目策划方案	优秀 4 良好 3 一般 2 不好 1
2 馆员充分沟通 (分值 4 分)	2-1 就项目策划方案的程序和分工,馆员充分掌握并权责明确	
3 预先做好准备 (分值 4 分)	3-1 发通知,依儿童教育项目内容,各类材料要求安全、丰富、美观,资产、工具、设备与环境准备得当,外出安排好交通食宿	
三、项目内容范畴(分值 24 分)		
1 内容设置合宜 (分值 8 分)	1-1 围绕活动目标,难度适当,突出重点,时间适当	优秀 8 良好 6 一般 4 不好 2
2 结合本馆特色 (分值 8 分)	2-1 活动内容建立在博物馆现有资源基础上,弘扬传统文化	
3 内容适合儿童 (分值 8 分)	3-1 活动内容有趣、新颖,符合儿童发展需要和认知水平,有一定挑战性	
四、项目过程范畴(分值 24 分)		
评估指标与分值	单项标准与分值	评分 等级
1 过程有序组织 (分值 6 分)	1-1 活动过程优化,活动结构紧凑,组织安排有序	优秀 6 良好 4~5 一般 3 不好 1~2
2 体现儿童中心 (分值 6 分)	2-1 体现儿童主体地位,发挥儿童主观能动性,营造儿童之间和师生之间互动的氛围	
3 采用多种方法 (分值 6 分)	3-1 强调经验、实物、游戏,采用语言传递、图像传递、实际操作、多媒体等多种教育方法	
4 锻炼儿童心智 (分值 6 分)	4-1 采用启发式教育引导儿童探索,不提倡知识灌输式(分值 3 分)	优秀 3 良好 2 一般 1 不好 0.5
	4-2 鼓励创新求异,独立思考,想象力丰富(分值 3 分)	

续表

五、情感态度范畴(分值 12 分)		
1 儿童参与性高(分值 6 分)	1-1 避免家长过多参与,儿童态度积极,心情愉悦,认真自主地克服困难,参与性强	优秀 6 良好 4~5 一般 3 不好 1~2
2 积极体验合作与交往(分值 6 分)	2-1 提供与人分享的机会,乐于合作	

六、项目效果范畴(分值 24 分)		
评估指标与分值	单项标准与分值	评分等级
1 目标达成度高(分值 8 分)	1-1 活动过程有序、完整,项目目标达成	优秀 8 良好 6 一般 4 不好 2
2 具备教育意义(分值 8 分)	2-1 获得新知识、新技术,认知能力、动手能力、合作能力与习惯、情感得到不同程度的提升	
3 观众满意度高(分值 8 分)	3-1 儿童对于类似活动愿意重复参与	

七、教师志愿者素质范畴(分值 8 分)		
1 教学功底扎实(分值 4 分)	1-1 掌握授课知识,教学功底扎实,具应变、调控和创新能力,了解语言、演示和多媒体使用规范	优秀 4 良好 3 一般 2 不好 1
2 价值观正确(分值 4 分)	2-1 平等对话,担任引导者和参与者,有亲和力,充满热情、爱心,情绪饱满	

③实施

首先,针对各类型教育项目之内部评估。

与馆方教育部门沟通,掌握各类教育项目主要参与者,提前预约并再次探访,利用首次造访和后续参与项目的机会,对馆内教育部、其他部门和志愿者进行访谈。此部分研究采取半结构、对焦群和对焦式访谈,研究者将访谈大纲录入大脑,抛出议题,如何问则依情境而定,研究者在访谈中甄别问题答案并进行笔录,让馆员和志愿者在较为放松的状态之下,就所见、所闻和所想畅所欲言。访谈提纲包含十方面内容,每位受访对象问哪几方面问题视其角色酌定。(详见附录二)

其次,针对某一项教育项目之内部评估。

选定一项具体教育项目后,研究者从前期、中期和后期,全过程参与,通过观察、收集现场信息,依据本部分研究所构建的教育项目内部评估指标逐项施以评分。就某项具体项目,采用研究者内部评估和观众外部评估相结合的方式,并为内部评估构建项目指标评估体系。针对观众评估,成效检测依据完全来自受访观众非量化描述性的语言。虽此研究方法不若问卷调查法和指标评分法科学、严谨,但通常可鼓励受访观众提供更多新的信息,传递藏匿于表面之下的深层动机和感受,从而为项目效益研究贡献诸多信息。同时,本部分研究所订立之项目指标评估体系,和展览一样,需构建评分系统,并以量化数据直接呈现评估结果,目的不在评判项目优劣成败,只期以此来探究问题出现之缘由,分析问题并解决问题。借由内外评估相结合的方式,同时采用访谈质化研究与指标评分量化研究,使案例研究全面深入,有据可依,以作为探寻问题与提出对策之参考依据。

第二节　政策法规依据

目前国内博物馆已从"比馆藏""比文物"阶段转向对公民实施教育之阶段,儿童已成为教育的重要对象。究其因,除却博物馆自身独具特色的实物展出方式易为儿童认知和接受外,还在于近年来政府自上而下对于"儿童群体"的关注和研究。为避免理论研究脱离社会环境而孤立存在,或学非所用,因此,本书遵循国家关于儿童事业的发展,尤其是儿童教育事业的基本政策法规。所依据的主要国家政策法规有:

一、《关于进一步加强和改进未成年人思想道德建设的若干意见》

为深入贯彻落实党的十六大精神,适应新形势、新任务的要求,全面提高未成年人的思想道德素质,进一步加强和改进未成年人思想道德建设,中共中央、国务院提出《关于进一步加强和改进未成年人思想道路建设的若干意见》(中发〔2004〕8 号)。《意见》共二十八条,包括十个部分:

①加强和改进未成年人思想道德建设是一项重大而紧迫的战略任务;
②加强和改进未成年人思想道德建设的指导思想、基本原则和主要任务;
③扎实推进中小学思想道德教育;
④充分发挥共青团和少先队在未成年人思想道德建设中的重要作用;
⑤重视和发展家庭教育;
⑥广泛深入开展未成年人道德实践活动;
⑦加强以爱国主义教育基地为重点的未成年人活动场所建设、使用和管理;
⑧积极营造有利于未成年人思想道德建设的社会氛围;
⑨净化未成年人的成长环境;
⑩切实加强对未成年人思想道德建设工作的领导。

其中,第②点的主要任务和第⑦点与本书密切相关。第②点思想道德建设的主要任务为:增强爱国情感,提高基本素质,培养良好道德品质和文明行为,树立正确的理想信念。此既是当前形势下未成年人思想道德建设的方向,也是本书通过展览实施教育的目标。第⑦点直截了当地主张:第一,充分发挥包括各类博物馆、纪念馆和展览馆在内的爱国主义教育基地对未成年人的教育作用,为未成年人开展参观活动服务;第二,要加强未成年人专门活动场所建设和管理,将其建设纳入当地国民经济和社会发展总体规划,经过 3～5 年努力,做到每个县都有一个综合性、多功能的未成年人活动场所。第二项内容似已抛出信号,儿童博物馆也可归属于未成年人专门活动场所,倘若能实现每个县皆有一家,提供儿童奇妙的博物馆体验,那么,儿童博物馆必将在国内这片热土之上遍地开花。

二、《中国儿童发展纲要（2011—2020 年）》

儿童时期是人生发展的关键时期，为满足儿童发展，发挥儿童潜能，继《中国儿童发展纲要（2001—2010 年）》颁布后，国务院妇女儿童工作委员会赓续制定《中国儿童发展纲要（2011—2020 年）》(以下简称《纲要》)。《纲要》由五大部分构成：

①指导思想和基本原则；

②总目标；

③发展领域、主要目标和策略措施；

④组织实施；

⑤监测评估。

《纲要》实质内容集中于第③点，此点分别从健康、教育、福利、社会环境、法律保护五个领域阐明儿童发展的主要目标与策略措施。其中，"教育"和"社会环境"两大领域与本书主题密切相关。

"教育"领域相关政策主要落脚点为家庭与学校教育，似乎与本书关系不大。然而，研究者发现此处巧妙地传递出如下信息：关注 0～6 岁儿童早期教育，提出解决策略：0～3 岁发展公益性、普惠性的儿童综合发展指导机构，指导家庭早期保育和教育；3～6 岁建立公办民办并举的办园体制，鼓励各种社会力量举办多种形式的幼儿园。即便此处始终未强调社会教育，但儿童早期教育得到重视，营造关注氛围，是社会教育可因势利导之良机，如民办儿童博物馆学校可在该政策鼓励下赢得用武之地。另外，当初国外儿童博物馆同样是在教育改革推进过程中毫无预设地诞生的。

"社会环境"领域的相关政策亦给本研究携来不少佳音。该领域主要目标共有十项，其中第七、八、十项分别为：增加县、乡两级儿童教育、科技、文化、体育、娱乐等课外活动设施和场所，坚持公益性，提高利用率和服务质量；90％以上的城乡社区建设 1 所为儿童及其家庭提供游戏、娱乐、教育等服务的儿童之家；保障儿童享有闲暇和娱乐的权利。与此三项目标相适应的策略措施为：加强儿童活动设施建设和强化社区儿童服务功能。

以上目标和举措与儿童博物馆建设之初衷不谋而合，为着力发展儿童博物馆以及博物馆儿童空间提供了政策依据。

三、《全国家庭教育指导大纲》

《全国家庭教育指导大纲》(以下简称《大纲》)系由全国妇联、教育部、中央文明办、民政部、卫生部、国家人口计生委、中国关工委联合印发（妇字〔2010〕6 号）。它是为适应家庭教育的时代需求，立足于多年来家庭教育理论和实践经验基础之上，经由深入研究论证而制定的国家层面的家庭教育指导"红宝书"。

《大纲》涵盖适用范围、指导原则、家庭教育指导内容及要求和保障措施四个部分。与本书相关的核心内容主要呈现在"家庭指导内容及要求"一项。以下择取有关要点提列如表 2-18 所示。

表 2-18　儿童身心特点与家庭指导策略的整理

年龄段	儿童身心发展特点	采取策略要点
0～3岁	发展原则由头至脚、由中心至外围、由大动作至小动作;语言发展迅速;乐于探索周围世界,呈现一定的交往倾向;建立起亲子依恋关系	培养儿童健康的卫生习惯,让儿童多看、多听、多抚触、多运动,开展适当的游戏、运动;设置日常生活规则,利用生活场景随机开展教育,利用正面教育;加强儿童观察、听闻、爬行和触摸等各种感知训练;提供把玩、抓握、拆卸和涂鸦等活动的材料、设施和工具;发展儿童手眼协调、双手协调等动作;认真欣赏儿童作品、行为,发展儿童直觉动作思维,激发儿童好奇心和想象力;创设轻松的语言环境,进行语言示范,提供丰富的学习和模仿材料,回应儿童问题,鼓励儿童间交流模仿;关注儿童情绪,以平等、民主和开放的姿态与儿童沟通
4～6岁	大肌肉使得儿童可开展各种简单活动;掌握具体形象思维,直觉行动思维熟练;词汇量增多,掌握语法;表现与同伴玩耍的倾向和个性倾向	开展体育锻炼,重视儿童体能提高;培养儿童良好的卫生和生活习惯;进行角色扮演游戏;创造与伙伴交流的机会,增强交往自信心;培养儿童兴趣、特长;树立儿童遇挫榜样,引导儿童学习抗挫方法,加强儿童社会适应能力;开展户外活动,充裕儿童感性知识,采用互动方式,如玩中学等激发儿童早期智能
7～12岁	外部器官获得较快发展,感知能力未达完善;从具体形象思维为主向抽象逻辑思维过渡;情绪情感外显	带领儿童认知自然界生命现象,在生活实践中开展生命教育;采用激励教育,培养儿童的生活自理能力;创造儿童劳动机会,传授儿童劳动技巧,树立儿童适度花费的理财意识;引导儿童学会感恩父母、诚实为人、诚信做事;培养优良的学习习惯,注重儿童学习兴趣的培养
13～15岁	儿童走向成熟,身体指标与成人接近;感知能力提高,可有意识支配和调节注意力,抽象逻辑思维为主,逐步采用有意记忆的方法;感情不全部外露,可情绪易冲动,不很稳定	实行适度、适时和适当的性别教育,帮助儿童了解生理变化,进行性道德教育;强化伦理道德教育;引导儿童正确运用媒介,进行信息素质教育;信任与尊重儿童,分享和认同儿童想法;宽容和尊重儿童自我选择
16～18岁	发育跨入相对稳定阶段;抽象逻辑思维为主导,认知结构之完整体系初步形成,联想和观察能力发展迅速;情绪自制、内隐为主,自卑、自尊并存,性意识不完备	引导儿童树立良好健康的人生态度;指导儿童积极开展社交行为和与异性的正确交往;鼓励儿童学会分享、学会合作,参与社会实践,勇于担当责任;引导儿童知法、守法;从实际出发,引导儿童树立理想,将理想和现实奋斗结合,为未来做规划;鼓励儿童适度期待,建立自信心

以上,《大纲》对于本书而言,亮点主要突显于两方面:一是依照年龄段身心发展特点来划分家庭教育的指导内容,二是将儿童家庭教育的年龄上限界定为18周岁。此两点与本书重要观点相得益彰,兼之,依据儿童五个年龄段身心发展特点所规划的教育要点及各年龄段身心发展特点亦成为儿童展览对策研究的重要参鉴依据。

四、《3～6岁儿童学习与发展指南》(征求意见稿)

为掌握3～6岁幼儿学习和发展的基本特点,引导家长和教师端正教育观念,构建儿童的幼儿发展期望,国家教育部制定了《3～6岁儿童学习与发展指南》(以下简称《指南》)。《指南》把幼儿学习和发展分成五大领域——健康、语言、社会、科学和艺术,每个领域划分成若干方面,每方面分别针对3～4岁、4～5岁、5～6岁儿童提出目标,并给予教育建议。以下仅将与本书内容相关者加以提练如表2-19所示。

表2-19　3～6岁儿童学习和发展特点的整理

领域		目标(教育建议略)
健康	身心状况	具一定的适应能力
	动作发展	具一定平衡能力
		具一定耐力与力量
		手的动作灵活协调
	生活习惯和生活能力	具良好的生活与卫生习惯
		具基本的生活自理能力
		具基本安全知识和自我保护能力
语言	听与说	认真听并能听懂常用语言
		愿意讲话并能清楚表达
		具文明的语言习惯
	阅读和书写准备	喜欢听故事,看图书
		具初步的阅读理解力
		具书面表达的初步技能和愿望
社会	人际交往	喜欢交往
		能和同伴友好相处
		具自尊、自主和自信的表现
		关心尊重他人
	社会适应	喜欢并适应集体生活
		遵守各种基本行为规范
		具初步家庭、集体和国家归属感
科学	科学探究	亲近自然,喜欢探究,鼓励各种探究行为
		具初步探究能力(观察、分类、计划、记录、解决问题)
		于探究之中认识周围事物与现象
科学	数学认知	初步感受生活中数学的有趣和有用
		感知和理解数、量和数量关系
		感受形状和空间的关系

续表

领域		目标(教育建议略)
艺术	感受和欣赏	喜欢自然界和生活中美的事物
		喜欢欣赏各种各样的艺术形式与作品
	表现和创造	喜欢开展艺术活动且大胆表现
		具初步的艺术表现和创造能力

其上,《指南》从五个方面对 3～6 岁年龄段儿童应当知道什么,能做什么做出了合理的规定和预期。尽管《指南》还进一步对 3～6 岁年龄段做 3～4 岁、4～5 岁和 5～6 岁划分,并就此三段年龄分别设定目标,但鉴于本书不做如此细分,故仅对 3～6 岁整个年龄段目标和教育策略展开梳理。同时,因其中的教育策略内容包罗万象,此处不做详述。《指南》珍视儿童游戏和生活的独特价值,遵循儿童自身的学习特点和发展规律,给本书 3～6 岁年龄段儿童教育研究以极大的启示。

综上,这些政策法规不仅提供了开展本研究良好的制度环境,亦提供了政策依据,更提供了重要的指导思想和参鉴内容。

第三章

国内儿童展览类型的问题检测与分析

博物馆"坐拥"丰富的藏品，借由科学有序的组合、别具一格的手段，以示育人。儿童身处优雅的博物馆环境，在主动探索中诱发无限潜能，获得博物馆的美好体验。而以考分角逐英雄的学校教育，则较难点燃儿童学习的激情，调动其内在潜能。德国教育家福禄贝尔(Friedrich Wilhelm Frobel)建言"游戏才是儿童内在本质向外的自我发现，是人在这一阶段最纯洁的精神产物……甚至每个村镇需具备一个自己的，供儿童享用的公共游戏场所"。① 随着博物馆教育职能的发扬光大，"儿童享用的公共游戏场所"将迎来博物馆的时代。

美国占有全世界70%以上"一切陈列、活动均围绕儿童的特点进行构思和设计"②的儿童博物馆，儿童博物馆事业独领风骚。此外，各类型博物馆争相在馆内开设儿童专区。在德国，诸多面向儿童的科技类博物馆展览不设玻璃柜，展品与儿童"零距离"，任由儿童摸爬，教科书上的复杂知识"活"了起来，儿童轻松地体验着深刻的科学教育。在英国，博物馆协会《英格兰学龄儿童免费参观博物馆提案》中载道："通常在学校感到乏味或好动的孩子可以重新开始一次关于形成自我的价值观、思想和信仰的博物馆或美术馆之旅。"③学龄儿童被提供一张年票，参观博物馆得到特别安排并被代付交通费。在日本，立法规定博物馆为"因教育目的向大众开放的机构"。各式各样儿童主题的博物馆相继问世，如动漫类博物馆。在韩国，出现以汽车、动力学为主题的三星火灾交通博物馆，以文化遗产为主题的国立中央博物馆儿童博物馆等，此外还有以自然史、机器人、童话故事等为主题的博物馆。

综之，在美国、欧洲、日本、韩国等地，各具特色的儿童展览成为儿童接受社会教育的重要资源，儿童展览的每一个细节皆被打上"儿童烙印"，其兴趣和需求被置于显而易见的位置。因此，儿童顺理成章地成为博物馆光顾之"常客"。立足于第一章所论述之"中国博物馆儿童教育的现况"，与诸上国外博物馆相较，今日的国内儿童展览能否做到类似欧美，以其独到的文化资源和完善的服务手段，"刻意"为儿童打造一片向往的天堂？答案不言而喻。

本章节将承接第一章第三节内容，针对儿童展览，分别择取四个研究案例展开深入解析，借由国内外案例对比找寻差距，在归纳出带有普遍性特征的基础上，寻绎国内博物馆儿童展览的现存问题，并加以论述与分析。文分两节，第一节检测儿童博物馆展览现存问题并展开分析和归结，第二节检测博物馆内儿童专区展览现存问题并施以探讨和归纳。两节都首先描述案例研究之问题；其次，阐释案例选定之因素；赓续，就儿童展览案例各要素展开周延破析，并进行研究者观察后的内部评估和观众问卷调查外部评估；最后，依据评估结果对问题展开分析与讨论。

---

① 孙照保.西方儿童教育思想、教育方式和儿童教育研究述评.基础教育研究,2008(6):17.
② 段勇.当代美国博物馆.北京:科学出版社,2003:103.
③ 安跃华.英格兰学龄儿童免费参观博物馆提案.中国博物馆通讯,2003(10):21.

第一节　儿童博物馆展览存在的问题

创办儿童博物馆来填补业界空白是一种时代诉求。儿童博物馆类型是儿童教育功能最为直接的体现,成为当下全球博物馆界的潮流及未来发展方向之一。截至 2015 年年底,我国博物馆数量超过 4692 家,但面向儿童的博物馆却凤毛麟角,比例显然过低。问题不限于此,即使是现已面世的儿童博物馆,其常设展所呈现的问题仍较严峻。此类问题在第一章已做了振领提纲式的论述,如"无法抓住小观众的心,轻视体验,重视知识,展品陈旧,危机四伏……"诸此问题的存在,可能会直接导致创办儿童博物馆的尝试路绝人稀,政府和私人投资皆不敢贸然"吃螃蟹"。然而,其突出问题究竟为何? 不同场馆是否具共性? 本节将就儿童博物馆展览类型,采用研究案例举证,开展毛举细务之分析与探讨。

一、基于案例研究的问题描述

归纳目前所见儿童博物馆,以公立和私立两种办馆形式为常见。本书所择定的数个案例主要以目标标准、普遍标准、典型标准、现实标准和问题标准五大标准来度量取舍。首先,私立儿童博物馆不在本次研究之列。原因基于两点。第一,私立儿童博物馆与目标标准不吻合。企盼打造成功的儿童展览,推动儿童博物馆事业发展,此研究目的之达成,在现行体制下需先向"公立"开刀,因数亿资产投资非多数个人所能及。第二,私立儿童博物馆与问题标准不相符。国内一些非国有博物馆办馆主体主要为海外学成归国人士,虽然一般展厅面积小,但设计理念、陈展内容、布展方式等借鉴国外,显性问题相较国有博物馆未如此突出。其次,择取国内国外各两大案例,通过对比使问题昭然若揭。国内部分无可争议,目前国内仅有两家公立儿童博物馆,以其中两个展区的展览作为研究案例。而国外部分两大案例,研究者的初衷是作为正面学习的对象,因此分别择取美国最大的儿童博物馆——印第安纳波利斯儿童博物馆(Children's Museum of Indianapolis)以及以互动体验著称的——"请触摸博物馆"(Please Touch Museum)内的一个展区为对象。前两个研究案例同属科学类题材,后两个则同属人文类题材,展览内容、展示方式和展品组合各具千秋。以上研究案例基本包含现今所见儿童博物馆的常见展览形式,亦代表国内的现实水平和国外的领先水平,或有尺寸可取,但亦有明显差距,具典型代表性。

二、案例选定因素

(一)科技类题材

1. 案例一:上海儿童博物馆"'跨越距离、触摸未来'主题科学"一层展区

上海儿童博物馆和布鲁克林儿童博物馆,分别属国内、世界首家儿童博物馆,创办时间相距 97 年。20 世纪最伟大的女性宋庆龄女士期盼把最宝贵的东西给予儿童和缔造未来,国内第一家儿童博物馆由此得建。1996 年 5 月 29 日,博物馆开门迎客。建馆伊始,服务对象初定为 14 周岁以下儿童,但时至今日已调整为 3～12 岁儿童。上海儿童博物馆的建筑面积约 4500 平方米,室内开放面积约 3000 平方米。建筑设计由四个造型迥异的单体构成,如同儿童游戏玩具积木,与室外少年广场、水池、廊架与绿荫组合成富于韵律变幻的三维空间。

虽然它为一家国有事业单位性质的博物馆,由宋庆龄陵园负责运行管理,但在美国注册的事实,注定各界对于它"大陆首家"的身份产生怀疑。即便如此,"复杂"身世却丝毫不影响其"把最宝贵的东西给予儿童"的使命,它成为国内儿童博物馆事业的先行者。3000平方米空间被分割成两个常设展区、三个功能区以及一个天文科普影院(见图3-1)。两个展区由主题科学展区和互动探索区组成。主题展览区包含航海厅、航天厅、月球厅、信息1厅、信息2厅和环保廊;互动探索区则由小商店、小银行、小医院等组成;功能区包含平面阅读区、电子阅览室和视听室;天文科普影院180度球幕电影每天四次定点播放。一层"跨越距离、触摸未来"主题科学展区为上海儿童博物馆最重要的展区,面积占约2/3。此处仅以此展区内航海厅、航天厅和月球厅三厅作为研究案例。科学展区的航海、航天和月球厅,展览手段和展品类型基本沿用各大中城市常见于科技馆、科学中心等的模式,为该馆常设展。

(1)展品类型:属材质(主要玻璃钢、部分木质)相似、题材相近的展品类型组合。多辅助材料制成的模型,如船模、艇模、火箭模型等。馆藏实物标本有三件,如返回式卫星的头罩等;另有部分可触摸展品,依不同学科归类展出。

(2)展览形式:为裸展与橱窗式展示相结合的展陈手法。较多采用声光电合成技术、电子多媒体等展示手段,另有部分互动展示。采用室内自然光、人工光混合照明,刻意烘托展览氛围处不多。

无论展览内容、展品资料,还是展览形式皆采用科普类较传统的方式,常见诸城市科技馆、科学中心等。

图 3-1 上海儿童博物馆场馆导览图

2.案例二:印第安纳波利斯儿童博物馆"恐龙:现在你就在它们的世界"展区

"恐龙妈妈带着小恐龙们"雄纠纠气昂昂地破墙进出(见图3-2、图3-3),广场上缩小版的

图 3-2　印第安纳波利斯儿童博物馆
主体建筑正面

图 3-3　印第安纳波利斯儿童博物馆主体建筑
背面

"世界古代七大奇迹"赫然矗立,此情此景令研究者瞠目结舌,此即为美国规模最大的儿童博物馆——印第安纳波利斯儿童博物馆。博物馆坐落于美国印第安纳州首府亦是该州最大的城市——印第安纳波利斯,只需几分钟车程便能抵达市中心,交通便利。1924 年,热心公共事务的盖瑞(John N. Carey)夫人偶然参观布鲁克林儿童博物馆,返回后决意要为印第安纳波利斯的当地儿童建立一座属于自己的博物馆。1925 年 12 月 16 日,印第安纳波利斯儿童博物馆诞生。1994 年,印第安纳波利斯儿童博物馆搬迁至现今建筑内。建筑归馆方所有,占地约 22.5 万平方英尺(约 2.09 万平方米),展区面积约达 40 万平方英尺(约 3.72 万平方米)。该馆共有五层,地上四层,地下一层(见图 3-4)。馆内储备约 12 万件藏品,设有 12 个主要场馆,分别涉及古生物学、考古学、世界文化、物理、艺术和历史等主题。屹立于一层大厅的巨型变形金刚和馆中央一层直达四层的大型吹制玻璃艺术品"烟火(Firework)"给人以强烈的视觉冲击,它们分别来自 2007 年电影《变形金刚》和全球闻名的玻璃艺术家奇胡利(Daie Chihuly)(2006 年制)。馆内所有展品或组合主要由博物馆不同部门员工组建而成的团队自行设计制作。部分有技术安全问题的展品或组合,系由展览公司设计制作,如水流运动展品组合。该馆共有 8 个部门、300 位员工与 500 多位志愿者。此馆的主要特色为所有展品和展品组合皆适合家庭,定位于为家庭观众服务,不仅局限于儿童观众,同时强调服务社区。每年有 120 多万名访客光顾本馆。博物馆展区多、主题各异,无法详述。所有展区中声名籍甚的为与博物馆建筑相呼应的弧形天顶恐龙馆。本书欲择取"恐龙:现在你就在它们的世界"主题展区作为研究案例。该展区服务对象为 5 岁以上的儿童,通过让观众多感官(视觉、听觉和嗅觉)完全沉浸在恐龙世界,使其领略恐龙还在地球上漫步的白垩纪时代。该展区有最大的幼年恐龙化石展示和高水平的环境营造,系本馆最具特色的基本陈列。

(1)展品类型:主要是以恐龙为题材的展品或展品组合,以标本、辅助展品、多媒体声像资料为主,辅以图片、说明文字。同一题材下由浅入深,按照看恐龙——听恐龙——研究恐龙的逻辑线索将展品集中展出。

(2)展览形式:展示手法以裸展为主,橱窗式展示为辅。展场通过灯光、声效、色彩等来营造氛围,使用场景复原、幻影成像、声光电合成技术、电子多媒体、仿真复原、灯箱、全景画等展示手段,让观众身临其境,融入专题展览现场。同时,将古生物实验室搬至展区内,科研人员研究过程"被展览",观众得以近距离观察并互动,揭开事实背后的考古线索并促使观众进行探索性思考。

恐龙主题展览在国内外风靡一时，但此种展览类型组合与展览形式在目前展览中并不多见，偶见于部分改陈或新建之展厅。

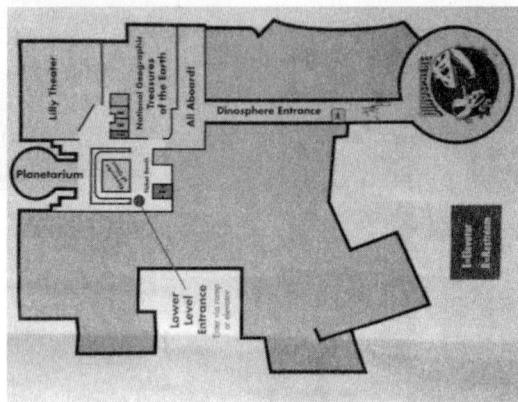

图 3-4　印第安纳波利斯儿童博物馆地下一层导览图

(二)人文类题材

1.案例三：中国妇女儿童博物馆"儿童历史"展区

浓缩精粹的中国妇女儿童文化穿越千年，国家级博物馆——中国妇女儿童博物馆即选择它作为主题，而以妇女儿童作为主题，本馆亦属国内首家。将妇女儿童类文物施以收藏、展示、研究，服务于妇女儿童并最终促进此方面事业发展，是中国妇女儿童博物馆建馆之初衷。博物馆于 2006 年 3 月 25 日奠基，4 年后的 1 月 10 日对外开放。整体建筑风格独特，外观为多弧度流线型，具现代感，建筑面积约为 3.5 万平方米，实际开放展区面积为 6500 余平方米。地下四层、地上六层。地上第一层为临展厅和多功能厅，第二、三层为儿童馆展区，第四、五、六层为妇女馆展区(见图 3-5)。由此可见，地上空间主要为展厅，另外还有库房和公共空间。地下共四层，两层仓库，两层车库。以身份为判，中国妇女儿童博物馆隶属中国妇联。展览分为妇女和儿童两个主题，设有六大基本陈列与五大专题展览，为我们呈现的是妇女儿童纵贯五千年的社会与家庭生活长卷。其中，儿童馆包含"古代儿童馆""近代儿童馆""当代儿童馆"三大基本陈列以及"儿童玩具馆""儿童体验馆"两大专题展览(见图3-6)。"古代儿童馆"展现古代儿童的教育礼俗、传统活动等；"近代儿童馆"呈现近代儿童的教育状况、生存环境和组织生活等；"当代儿童馆"则再现当代儿童快乐成长的崭新风貌。"儿童玩具馆"与"儿童体验馆"两馆被并置在一起，"儿童玩具馆"位于"体验馆"外部，展品以玩具，汽车、船、飞机模型，七巧玩具和风筝类型相分，采用情景再现手段进行展示。"体验馆"沿袭国内常态，即使是体验类的也依然以普及科普知识为主。"安心手拉手""手语交流""自然鸣奏曲""垃圾分类"等 15 个展项涉及"安全""环保""生物""地理"等不同主题。由上得见，儿童馆部分，选题内容丰富，展区形式纷呈。其中，处于地上二层的三大陈列"古代儿童馆""近代儿童馆""当代儿童馆"以时间为线索，以儿童历史为内容策展。馆方认为儿童有史，而先前的儿童史较为零散，因而欲构建一段完整的儿童历史，并将其视为本馆之特色，属基本陈列。

（1）展品类型：以图片和文字为主，大型雕塑等辅助展品为辅，属于同一题材的展品类型组合。依不同时期分成三大展区，同一时期组合在一起。

（2）展览形式：为裸展与橱窗式展示相结合的陈展手法。展场着重色彩、灯光，缺少互动、场景复原等手段，无特殊气氛营造。少有电子观览与多媒体导览。

此种展品组合和展览形式，与面向成人的展览类似，常见于传统以社会历史类为题材之展厅。

图 3-5　中国妇女儿童博物馆各楼层展区分布图

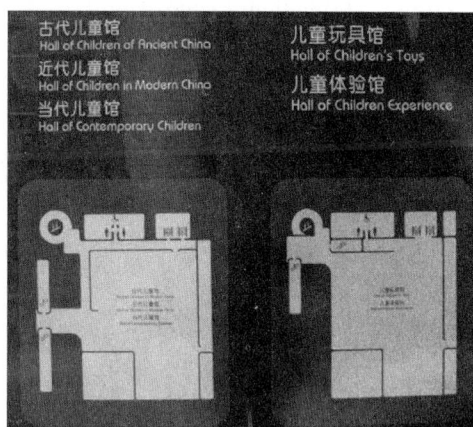

图 3-6　中国妇女儿童博物馆"儿童馆"导览图

2.案例四："请触摸博物馆"（Please Touch Museum）"欢跃的城市（City's Capers）"展区

"请触摸博物馆"是一家令研究者刻骨铭心的博物馆，因为"孩子们为它疯狂"。这家博物馆位于美国宾夕法尼亚州首府费城，始建于 1976 年 10 月 2 日，拥有约 40 年历史。成立之初坐落于费城自然科学院，由几位教师发动建立，几经迁址，2005 年情人节之际搬迁至现今雄伟的石头建筑——"费城纪念馆"（见图 3-7）内。历经三年多的装修，2008 年 10 月 18 对外开放。[①] 馆方以租借的方式使用"费城纪念馆"，每年象征性地支付费用。此馆主要面向 0～7 岁的儿童，有专门适合 3 岁及以下的婴幼儿攀爬与学步的展区。博物馆分上下两层，设置有河流冒险（2～7 岁）、世纪探索（儿童、成人）、飞行健身（3～10 岁）、医疗中心（2～8 岁）、莱恩·怀特曼·沃恩的课程教室（0～8 岁）、雨林音乐厅（0～7 岁）、路边的吸引（2～7 岁）、太空站（0～7 岁）、欢跃的城市（2～10 岁）、爱丽丝梦游仙境（2～10 岁）共 10 个展区（见图 3-8）。所有展品皆为博物馆教育部联合展览部，与展览公司一起不断商讨后确定，皆立足于儿童教育心理学的研究。因搬迁前教育部已累积有多年的实践经验和儿童研究成果。因此，他们实际已依据教育心理特征掌握了儿童可能的喜好。如原来展览公司欲策展一个"小学校"让儿童进行角色体验，但被教育部否决，他们认为孩子会更喜欢"麦当劳"，这是此前博物馆教育部从一次集中访谈中获悉的。果不其然，如今的小观众常流连忘返于"小麦当劳"。"请触摸博物馆"鼓励所有孩子去互动，在玩乐中学习音乐、数学与科学，不强调教授，强调孩

---

① Please Touch Children's Museum. *The History of Please Touch Museum*. http://www. pleasetouchmuseum. org/about-us/history/,2011-04-06.

子主动学习。6个部门、130名员工轮流上班,约上千位志愿者服务其中,所有工作人员着同一色系服装,便于识别。孩子们奔跑时员工不说"不要跑(Don't run)",而说"爱护你的脚(Take care of your feet)"。"请触摸博物馆"的核心价值就是关心儿童,注重其乐趣、创造力和学习革新。这家博物馆同其他美国儿童博物馆一样,将捐赠人的名字刻在墙面上,甚至是大门前地面砖上以示感恩(见图3-9),即便是2008年改陈后的文本策划方案,亦经由捐赠人过目。所有展区中最为儿童奉为至宝的当属"欢跃的城市"展区,由"家门前的台阶(Front Step)""忙碌的建造(Busy Build)""莱特超市(Shoprite Supermarket)""贝特西的厨房(Betsy's Kitchen)""费城儿童医院(The Children's Hospital of Philadelphia)"等10个部分构成,即对现实城市生活场景的模拟和体验。该展区属人文类题材,研究者仅对博物馆内该明星展区做探究,以兹借鉴。

(1)展品类型:为同一主题、不同领域的展品类型组合。将"现实生活模拟"主题划分成医疗、建造、饮食等不同领域,借由不同展品及其组合进行展出。

(2)展览形式:完全采用裸展的陈展手法。展场注重利用色彩、灯光来构建舒适、安全的环境,营造现实生活的"真实氛围",使用场景复原、仿真复原、互动等手段,强调可参与性。

图3-7 "请触摸博物馆"主体建筑
原为"费城纪念馆"

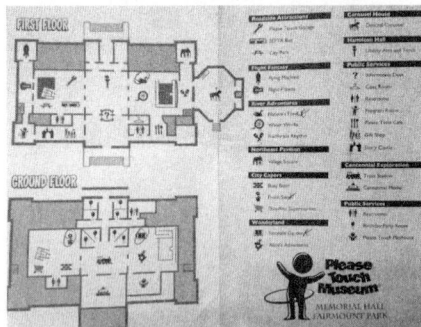

图3-8 "请触摸博物馆"两层展区导览图

图3-9 "请触摸博物馆"主体建筑外的地面
刻写捐赠人姓名以示感恩

此案例和前三个案例不同,任何展品类型组合和展览信息皆强调互动体验,如角色扮演。展览以市民教育、社区意识等人文题材为主,整体及其局部都开展了匠心独运的外延设计,如墙面和隔板的装饰,从而使整个展馆围绕展示主题浑然一体,代表了人文类题材儿童展览的未来走向。

三、案例规划解析与评估

(一)科技类题材

1. 案例一:上海儿童博物馆"'跨越距离、触摸未来'主题科学"一层展区

(1)研究者观察解析

①展览结构(见图 3-10)

展览选题:地理、天文科学

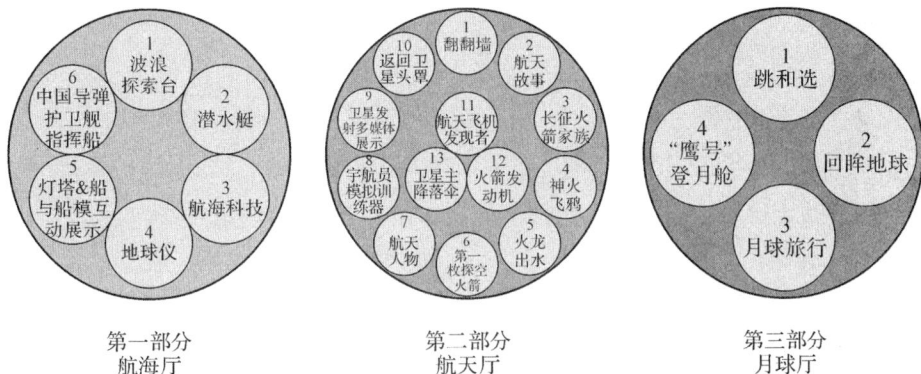

图 3-10　上海儿童博物馆"'跨越距离、触摸未来'主题科学"一层展区结构图

②展览规划

2-1 传播目的

本展区主要展示反映航海主题的船舰模型;航天主题的火箭、发射中心模型,模拟训练器及卫星回收舱、火箭发动机、卫星降落伞等馆藏实物;月球主题的登月舱模型、回眸地球展品等。旨在向儿童受众传播航海、航天和天文等方面的科普知识,弘扬五千年航海史,同时揭开人类征服宇宙、探寻月球的面纱,从而激发儿童以探索的方式接触科学的好奇和热情。

2-2 目标年龄

馆方将目标年龄界定为 3～12 岁,而展览折页中则显示 2～14 岁。在对其建筑馆标(见图 3-11)释义时,馆方声明:包含的方锥体、正方体、半球体分别服务于 2～6 岁、7～10 岁及 11～12 岁的儿童①。但此年龄段划分并未在各个独立展区的目标年龄中反映,仅于个别互动展品中有所体现。

2-3 教育目标

践行宋庆龄"把最宝贵的东西给予儿童"和"缔造未来"的思想,秉承儿童博物馆基本特征的同时,遵从宋庆龄儿童教育理念,彰显本土特色。② 主题科学展区涉及航海、航天、天文、

---

①　上海儿童博物馆.馆标释义.http://www.shetbwg.com/about/about106.html,2011-08-27.

②　上海儿童博物馆.上海儿童博物馆建馆缘由.http://www.shetbwg.com/about/about103.html,2011-08-27.

环保等不同领域,鼓励受众参与互动。^①

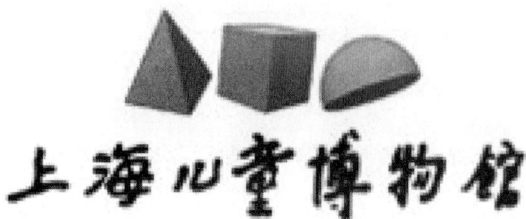

图 3-11　上海儿童博物馆馆标
三个立方体为博物馆建筑造型的浓缩,代表三大不同年龄段受众(图片来源:上海儿童博物馆提供)

图 3-12　上海儿童博物馆"航海厅"展厅名称

2-4 重点和亮点

潜水艇、波浪探索台、卫星发射多媒体展示、返回式卫星头罩、跳和选。

2-5 内容结构

本展览内容以航海、航天和天文不同学科来规划,展品分置于所属学科展示区块中。其中,部分展区展品组合依时间为序。按照学科,一层展区分为三个部分:"航海厅",展出船模、舰模、动手装置、声像资料等辅助展品;"航天厅"(见图 3-12),展出返回式卫星头罩、降落伞、火箭发动机实物标本和火箭、航天飞机模型、宇航员模拟训练器、卫星发射多媒体演示及其声像资料、动手装置等辅助展品;"月球厅",展出地球模型、登月舱模型、登月声像资料、互动装置等辅助展品。各区块间墙面悬吊各部分看板,但无各部分说明。三大部分皆设有动手展品,供儿童观众操作。导览媒介有:看板、展览折页、嵌入式电视、"动手/互动"展品或组合。展品通常搭配标签式说明牌。展品说明牌仅提供最基本的展品名称信息。各种导览媒介及其负载信息可参见表 3-1。

表 3-1　上海儿童博物馆"'跨越距离、触摸未来'主题科学"一层展区
各种导览媒介及其负载信息

导览媒介	负载信息	
展区看板和展品说明	部分名称	◆"航海厅"　◆"航天厅"　◆"月球厅"
展览折页	展区简介	◆主题科学展区　◆互动探索区 ◆三个功能区　◆天文科普影院

---

① 　上海儿童博物馆.上海儿童博物馆办馆形式. http://www.shetbwg.com/about/about105.html,2011-08-28.

续表

导览媒介	负载信息	
嵌入式电视	航海科技	◆"航海厅"部分—— ●船和航海技术历史(视频)
	航天故事	◆"航天厅"部分—— ●航天试验和探索(视频)
	月球旅行	◆"月球厅"部分—— ●探索月球(视频)
	卫星发射	◆"航天厅"部分—— ●西昌卫星发射中心模拟演示(视频)
"互动"展品或组合	波浪探索台	◆风和浪的关系
	翻翻墙	◆航天科普知识
	宇航员模拟训练器	◆宇航员训练方式
	跳和选	◆月球科普
	回眸地球	◆地球表面形状

2-5-1 展区看板和展品说明(见表 3-2)。

表 3-2　上海儿童博物馆"'跨越距离、触摸未来'主题科学"一层展区
看板和展品说明信息　摘录

展览部分看板内容	内容分析
◆"航海厅"部分 ●航海厅(见图 3-12) ◆"航天厅"部分(略) ◆"月球厅"部分(略)	各部分看板仅为各部分名称,无各部分说明文字,因而无法提前预知所包含的单元内容
提醒型看板内容	
◆"航天厅"部分 ●翻翻墙　展项正在维护中,敬请见谅。(见图 3-13)　　　(13 个字) ●其余同类说明(略)	属展品故障提醒
◆"航天厅"部分 ●请保管好您的贵重物品,看护好您的孩子。(见图 3-14)　(19 个字) ●其余同类说明(略)	属儿童安全提醒
◆"航天厅"部分 ●卫星发射多媒体演示 上午 11:00 12:45　下午 14:30 16:00　　　(28 个字) ●其余同类说明(略)	多媒体辅助展品 属演示时间提醒

续表

展品标签式说明内容	
展览部分看板内容	内容分析
◆"航天厅"部分 ●中国古代火箭模型 神火飞鸦(中国古代火箭模型)(见图 3-15)　　　　　(14 个字) ●其余同类说明(略)	标签式说明牌仅对名称和展品类型两项基本信息做介绍,此类表述在本展区展品说明中占多数
阐释式说明内容	
◆"航海厅"部分 ●中国导弹护卫舰指挥船 中国导弹驱逐舰指挥舰——保卫海防,扬我国威、军威的 132 号舰 　　舰上配有导弹、火炮、反潜武器系统,装备先进的通信、导航、作战指挥与武器控制系统。 　　1980 年 5 月—6 月,132 舰承担首次向南太平洋海域发射远程运载火箭时,远程运载火箭的试验和数据舱回收的特混编队指挥舰。 　　1985 年 11 月—1986 年 1 月,132 舰承担中华人民共和国海军首次对巴基斯坦、斯里兰卡和孟加拉三国进行友好访问的海军编队旗舰。 　　中华造船厂 1980 年建造,荣获国家银质奖。 　　　　　　　　　　　　　　　　1996 年 10 月中华造船厂 赠 　　　　　　　　　　　　　　　　　　　　　　(191 个字)	本展区唯一阐释式说明。介绍展品名称、用途、历史、制作商、制作时间、荣誉及其来源

注:()内字数不含标题。

展区各部分看板被安装于各展室外墙墙面,然而,仅有各部分名称,无各部分说明。部分之下各单元亦无单元说明。

图 3-13　上海儿童博物馆展项"翻翻墙"提醒看板

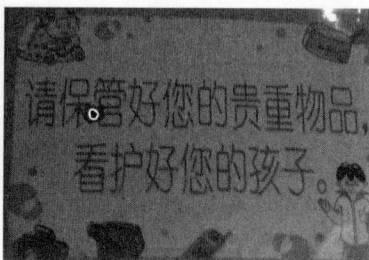

图 3-14　上海儿童博物馆安全提醒看板

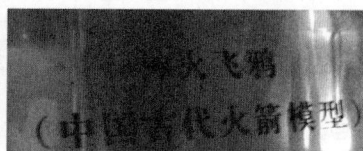

图 3-15　中国古代火箭模型说明牌

2-5-2 展览折页

展览折页相较 2011 年初前的旧折页,在内容和形式上皆有所更新。从形式来看,原来仅一张单页,现含三折页,折页内有船、潜水艇、电话和树等挖空图案。就内容而言,新折页首先就序厅,主题科学展区——航海厅、航天厅、月球厅、信息 1 厅、信息 2 厅、环保廊,互动探索区,三个功能区——电子阅览区、视听室、儿童阅读区等四展区内容及其重要展品做了简要介绍。其次,概述了各类教育项目的内容和时间。最后,介绍了交通、导览、须知等基本信息。关于本展区及其展品描述见表 3-3 所整理。

表 3-3 展览折页关于上海儿童博物馆"'跨越距离、触摸未来'主题科学"
一层展区负载信息

部分	信息内容	内容分析
航海厅	◆潜水艇（Submarine） 　　潜水艇是将实物缩小建造的,内部管线密布,可以同时容纳 5～6 名儿童。（The Submarine is huge and well equipped. It can accommodate about 5 to 6 children at the same time.） ◆造浪台（Wave Maker） 　　造浪台可以让孩子扮演大海中风的角色,看看风浪与船是如何较劲的。（The faster the speed you sway the joystick, the more turbulent the waves are. The boat can be overturned and sank with surge of the sea.）	简要介绍展品潜水艇制作依据、内部情况和容纳观众量。采用中英文两种语言对照,但未严格对照翻译 概要描述造浪台的用途。展品介绍皆配有实物照片。采用中英文两种语言对照
航天厅	◆西昌卫星发射中心模拟展示（Demonstration the Launching of Satellite） 　　火箭发射中心模型是将中国西昌卫星发射中心按照比例缩小了 70 倍模拟而成的,将定时演示火箭发射的全过程。（The rocket launching center model is 70 times smaller than the actual Xi Chang rocket launching center. Visitors are able to watch the whole process of rocket launching.） ◆返回式卫星头罩（The First Batch of Satellite Bow Cap） 　　我国第一代返回式卫星的头罩,这可是上过太空的真家伙哦!（This satellite bow cap was in space for weeks and the camera installed has taken several pictures of the earth.）	介绍卫星发射模型建造依据及其用途 头罩来源介绍 展品介绍皆配有实物照片。采用中英文两种语言对照
月球厅	◆跳和选（Jump and Choose） 　　选择年龄段并回答问题,增长宇航知识。（Choose a range of age on touch screen and then select right answer as soon as possible.）	概述跳和选的使用方法及其作用 展品介绍皆配有实物照片。采用中英文两种语言对照

2-5-3 嵌入式电视

为以多样方式传递更多信息,展区各部分墙面内皆设有一处嵌入式电视,共有三处。视频内容包含航海科技、航天故事、月球旅行和卫星发射,各信息播放时间达 10 余分钟,全天循环播放,供有兴趣观众驻足观览。嵌入式电视墙内的负载信息如表 3-4 整理所示。

表 3-4 上海儿童博物馆"'跨越距离、触摸未来'主题科学"一层展区嵌入式电视负载信息

主题	信息内容	内容分析
航海科技	◆"航海厅"部分 ●独木舟、帆船的发明;●帆船分类及上海为沙船发祥地之一;●明代郑和远航船只及远航意义;●明代盛行的福船介绍;●清代蒸汽机船以及黄鹄号介绍;●近代铁甲舰以及中山舰介绍;●新中国造船技术和向阳红介绍;●海上勘探和运输石油的勘探三号介绍	视频前半段采用动画方式,后半段采用纪实方式,其中本馆标志标识系统"骨碌"穿着航海主题标志服装穿插其中进行解说。主体内容解说表述成人化,信息量大

续表

主题	信息内容	内容分析
航天故事	◆"航天厅"部分 ●我国飞船上空时间;●航空和航天的区别,航天器种类;●航天历史以及为航天做出贡献的人物故事;●火箭介绍;●人造卫星介绍;●载人航天和宇航员太空生活;●空间站发展历史及人造天宫介绍;●航天探测与哈勃望远镜介绍	视频以动画和纪实方式间或播放,"骨碌"身着航天主题标志服装穿插解说,主体解说内容表述亦成人化,信息量大
月球旅行	◆"月球厅"部分 ●月饼来历、嫦娥奔月传说;●月球介绍(表面、距离、大小、质量);●月海、月陆、山峰;●环形山介绍;●月亮诞生;●月亮上的生命;●月球探索历史及人类登月历史;●月缺原因;●月亮运动对地球影响;●我国探月历史和规划	视频以动画为主,纪实为辅,"骨碌"亦身穿月球主题标志服装服装穿插解说。解说中传说等部分内容适合儿童,因此,较之以上过于成人化的两展区,此展区更优
卫星发射	◆"航天厅"部分 ●卫星和火箭安置发射塔吊装;●人员撤离;●塔架打开;●发布口令;●火箭托举卫星上空	此处较为成功,屏幕前安置有西昌卫星发射中心沙盘,这种展示方式使得视频播放时现场感强。视频由多媒体设计动画和动态模型衔接。但解说内容成人化

2-5-4 "互动"展品或组合

鼓励儿童动手去做,"做中玩"为儿童展览的重要主旨。三大展厅共设五处鼓励观众动手摆弄的展品或展品组合。诸此展品或组合并非直接传递信息,信息往往在动手过程中获取。因此,显见的信息仅为操作说明。但本展区此类展品或组合多"动手型",并非真正意义上的"互动型",因此冠以引号。其中,一堵翻翻墙和宇航员模拟训练展品组合处于维修状态。负载的信息可参见表3-5。

表 3-5　上海儿童博物馆"'跨越距离、触摸未来'主题科学"一层展区"互动"展品或组合负载信息

主题	信息内容	内容分析
波浪探索台	◆显性信息 "造浪台"互动提示: 　第一步骤:点击触摸屏左侧任意一艘船只;第二步骤:当选择的船只出现在屏幕右侧时,转动方向盘,以制造波浪。转速越快波浪越大,直至船只沉入海底。(见图3-16) ◆隐性信息 　风和浪关系,当风强时水域波浪变大;不同类型船只抵御波浪能力以及差异	此类展品显性信息皆为操作程序。在动手操作过程中获取隐形信息。本展品强调动手去操作展品,但未能让观众真正参与到整个展览环境,不能视作"互动"展品,仅为"动手"展品
翻翻墙	◆显性信息(略) ◆隐性信息 　传播航天科普知识	
宇航员模拟训练器	◆显性信息(略) ◆隐性信息 　体会宇航员训练方式	与"波浪探索台"同类
跳和选	◆显性信息(略) ◆隐性信息 　传播月球科普	

主题	信息内容	内容分析
回眸地球	◆显性信息（略） ◆隐性信息 　　站在白色月球上，俯瞰浩渺宇宙，所能看到的地球颜色以其表面形状	此展品采用象征性复原月球表面的展示方式，地球为可转动的三维影像覆盖球体。观众以站立触摸地球的方法参与到整个展览环境中。以此方法了解月球上观望地球所见，属互动展品

2-6 展品资料

按航海、航天、天文不同学科分类，约 1000 平方米展厅内展出 70 余件展品。展品题材主要有船舰模型（34 件）、火箭模型（13 件）、航天器模型（2 件）、航天器部件（3 件）等，其中以船舰和火箭模型占多数。所有展品中有三件馆藏实物：中国第一代返回式卫星的头罩、中国第四颗返回式卫星主降落伞和中国长征四号火箭二级发动机，其余皆为辅助展品。材质有玻璃钢、钛合金等金属材料和木、石、玻璃等其他材质。展品组合如船模、火箭模型依时间顺序排列，上至远古，下至现代。

2-7 展示手法

主要采用裸展，辅以橱窗式展示。橱窗式展示有两处，皆位于"航海厅"内：一处为"灯塔/与船模互动展演"组合，安置于中心独立通柜；一处为"中国导弹护卫舰指挥舰"，陈列于壁柜内。以展品加标签式说明牌的方式展出，其中阐释式说明牌仅有一处，在"内容结构"看板和说明标签信息中已提及。各部分的部分看板主要采用透明塑料板，展品说明文字镌刻于铝合金板上。展示手段主要为："航海厅"潜水艇装置采用仿真复原（见图 3-17），船舰模型运用微缩模型（见图 3-18），航海及船舰历史使用幻影成像（见图 3-19）；"航天厅"火箭模型采用微缩模型，卫星发射多媒体演示运用沙盘模型（见图 3-20），航天人物介绍使用灯箱；"月球厅"地面和墙面采用象征性复原（见图 3-21）。三大展区多处采用内嵌式电视和互动展品或组合。

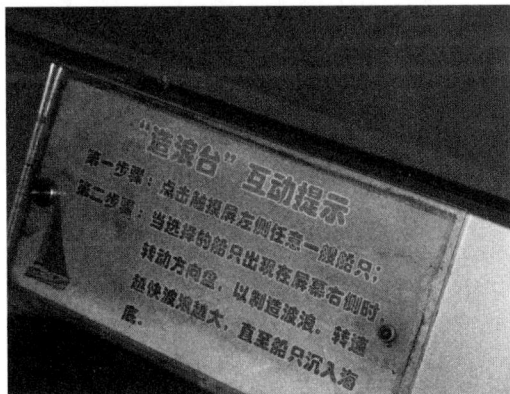

图 3-16　上海儿童博物馆"航海厅"互动展品"造浪台"

图 3-17　上海儿童博物馆"航海厅"潜水艇装置仿真复原

图 3-18 上海儿童博物馆之中国导弹护卫舰指挥舰微缩模型

图 3-19 上海儿童博物馆"航海厅"航海及船舰历史展陈

图 3-20 上海儿童博物馆之卫星发射多媒体演示氛围营造运用沙盘模型

图 3-21 上海儿童博物馆"月球厅"地面与墙面

2-8 展区规划

依学科不同划分为三个部分,展品被置于各部分内,各部分的展品组合按年代顺序展出(见图 3-22)。序厅陈列有由四个单体组成的螺旋状装置,分别代表航海、航天、信息与天文,内部安装有触摸式电脑,负载 100 道知识问答题。三大展室入口导介区无任何与该主题相关的文字。各导介区地面粘贴有黄色地标,注明展览参观动线。其中,"航天厅"导介区外张贴宇宙星系图。"航海厅"展室呈长方形,入口处有互动展项波浪探索台和潜水艇模型,放置船模的独立柜立于中心位置,靠墙摆放的壁柜展示护卫舰指挥船模型。"航天厅"展室呈倒写"L"型,入口左右墙面分别有一处"嵌入式电视"和"翻翻墙",中心位置为"火箭模型",转角处为"宇航员模拟训练器","L"的一横中点位置为"卫星发射多媒体演示",末尾处为航天器部件实物和模型展示。"月球厅"展室呈半圆形,整个墙面为黑色,点点荧光代表星星,墙面截面(直径线上)由 14 块镜子组成,中心位置为"跳和选"互动展项,左边墙面安有可转动的三维"地球",右边墙面安有"嵌入式电视",右边墙角陈列"'阿波罗'11 号飞船'鹰号'登月舱"。此三大部分有走廊相隔,各展室前外墙上悬吊有各部分的名称用以区分。

2-9 参观动线

展厅整体为水平方向的"并联式"联结。"航海厅"和"航天厅"皆为"U 型展示",出入口不一致,入口进,出口出。而"月球厅"为"穿过型展室",出入口统一,展室内部无明显动线引

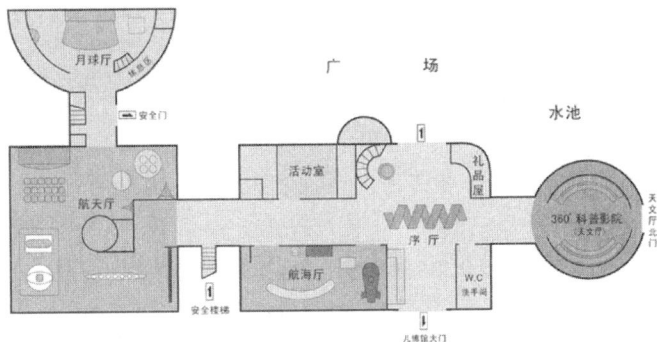

图 3-22　上海儿童博物馆一层展区平面图
（图片来源：上海儿童博物馆提供）

导，各展区间有黄色地标做引导。

2-10　氛围营造

展厅基本色调为蓝色、黑色和白色，其中主色调为蓝色。展览各部分无说明，展区内无其他看板。展品说明牌主要放置于展品前，有三块吊挂式标签。展厅主要以着色的墙面为背景。照明主要采用混合照明。"航天厅"以自然采光为主；其余两厅主要采用射灯人工照明；"月球厅"则使用荧光灯带，蓝色的冷色调平添了宇宙星空的无限神秘。

2-11　外延设计

外延设计不多。其中，"航海厅"内悬吊有 27 块绘有海洋生物的图板（见图 3-23），象征性模拟海洋。"航天厅"内"卫星发射多媒体演示"，用西昌卫星发射中心沙盘来进行环境烘托；"美国'发现号'航天飞机"展品则采用航天飞机发射和重返地球的全景画做背景。"月球厅"以黑色墙面和荧光点模拟宇宙星空。另外，地面张贴有展区参观动线指示标识，采用轻快、热烈的黄色，用以指明各展区位置。

2-12　标识系统

标识系统为被称作"骨碌"的卡通人物。由大脑袋、硕大七彩单眼、四指手掌、细脖子、细腿、细胳膊和圆肚子组成（见图 3-24）。其中，七彩单眼代表对知识的渴望，儿童较易被吸引

图 3-23　上海儿童博物馆"航海厅"外延
设计
仅为展区内悬吊有 27 块海洋生物图板

图 3-24　上海儿童博物馆标识系统
该标识系统是被称为"骨碌"的卡通人物形
象，本展区内常见

和记住。此标识系统采用标准色,在展区视频、互动展品和指示系统中频现,出现时常穿着主题标志服装。在展览折页中亦可发现此标识系统。

(2)展览内部评估——效益指标测评

①指标测评

经由研究者就本案例观察与深入解析后,依本书所拟定之儿童展览评估指标体系进行量化评分,结果如表 3-6 所示。

表 3-6　上海儿童博物馆"'跨越距离、触摸未来'主题科学"一层展区
展览指标评估表

一、生理需求范畴(分值 32 分:各指标优秀 4;良好 3;一般 2;不好 1)		
评估指标与分值	单项标准与分值	评分
1 安全牢固 (分值 8 分)	1-1 展品安全,提供家庭观众、馆员保护(分值 4 分)	3
	1-2 展品运行与维护良好(分值 4 分)	2
安全牢固总分值		5
2 符合人体 (分值 12 分)	2-1 展品高度和密度适合儿童(分值 4 分)	2
	2-2 灯光、温度和声效适合(分值 4 分)	2
	2-3 参观路线自然流畅,不交叉、重复、缺漏,设置路线标示系统(分值 4 分)	3
符合人体总分值		7
3 生活服务 (分值 12 分)	3-1 展厅空间或其他空间整洁(分值 4 分)	3
	3-2 休息处和餐饮方便(分值 4 分)	1
	3-3 特殊设施考虑(分值 4 分)	1
生活服务总分值		5
生理需求共计分值		17
二、心理需求范畴(分值 96 分:各指标优秀、良好、一般、不好分值不等)		
1 教育效果指标系列一(分值 24 分:各指标优秀 8;良好 6;一般 4;不好 2)		
1-1 展览选题 (分值 8 分)	1-1-1 儿童易于接受并喜欢	6
1-2 目标年龄 (分值 8 分)	1-2-1 界定清晰	2
1-3 教育目标 (分值 8 分)	1-3-1 根据儿童年龄阶段制定详尽目标	2
1 教育效果指标系列二(分值 12 分:各指标优秀 4;良好 3;一般 2;不好 1)		
1-4 体验效果 (分值 8 分)	1-4-1 展品互动参与性(分值 4 分)	1
	1-4-2 展品操作便易性(分值 4 分)	3
1-5 学习效果 (分值 4 分)	1-5-1 学习到新知识和方法	2

续表

评估指标与分值	单项标准与分值	评分
1 教育效果指标系列三(分值 12 分:各指标优秀 3;良好 2;一般 1;不好 0.5)		
1-5 学习效果 (分值 6 分)	1-5-2 对选题产生兴趣(分值 3 分)	2
	1-5-3 增加对选题的理解(分值 3 分)	1
1-6 认可度 (分值 6 分)	1-6-1 展品被注意时间长(分值 3 分)	0.5
	1-6-2 愿意重复参观(分值 3 分)	1
教育效果总分值		20.5
2 受吸引度系列一(分值 36 分:各指标优秀 6;良好 4~5;一般 3;不好 1~2)		
2-1 展览内容 (分值 24 分)	2-1-1 结构演绎条理清晰、易于接受(分值 6 分)	3
	2-1-2 展品资料围绕主题丰富多样,灵活使用辅助材料(分值 6 分)	2
	2-1-3 主题提炼与选题密切相关,适合儿童,富有创意(分值 6 分)	4
	2-1-4 版面文字编写简短易懂,生动活泼,图文并茂,充满新意(分值 6 分)	1
2-2 展览形式 (分值 12 分)	2-2-1 陈列手段与内容紧密相关,手段多样,多使用参与度高的互动展示(分值 6 分)	2
	2-2-2 注重灯光、色彩等多渠道氛围营造(分值 6 分)	2
2 受吸引度系列二(分值 12 分:各指标优秀 4;良好 3;一般 2;不好 1)		
2-2 展览形式 (分值 12 分)	2-2-3 展览具备重点亮点(分值 4 分)	1
	2-2-4 利用墙面、地面、走廊开展充分的外延设计(分值 4 分)	2
	2-2-5 有卡通形象,易于分辨的标识系统(分值 4 分)	3
受吸引度总分值		20
心理需求共计分值		40.5
总体评价得分		57.5

②测评小结

由图 3-25 所示:各项指标"实际分值"均在"良好分值"之下,围绕"一般分值"上下浮动。其中,生活服务、教育效果、受吸引度指标均低于"一般分值",分值分别低 1、1.5、4 分;安全牢固、符合人体指标均高于"一般分值",分值皆高 1 分。生理需求范畴总分值高于"一般分值"1 分;心理需求范畴总分值低于"一般分值"6.5 分,故总体评价为略低于一般水平。综上,该展览情况总体不容乐观,心理需求相较生理需求范畴所反映问题更显严峻。集中表现在心理需求范畴中的教育效果、受吸引度指标以及生理需求范畴中的生活服务指标。教育效果问题反映在目标年龄界定不清晰,无依据年龄段制定的具体目标,展品互动参与性少,引起儿童注意时间短;受吸引度问题主要在于展品资料不够丰富,文字成人化,展示手段少,无展览亮点;生活服务问题主要表现为大型餐饮与休息场所和幼儿及其家庭配套服务设施缺失。而本展区特色主要为:有易于分辨的标识系统,儿童选题能引起儿童兴趣,展品操作简易,较关注安全性与参观动线。可见,各项指标均含大幅度提升之空间。

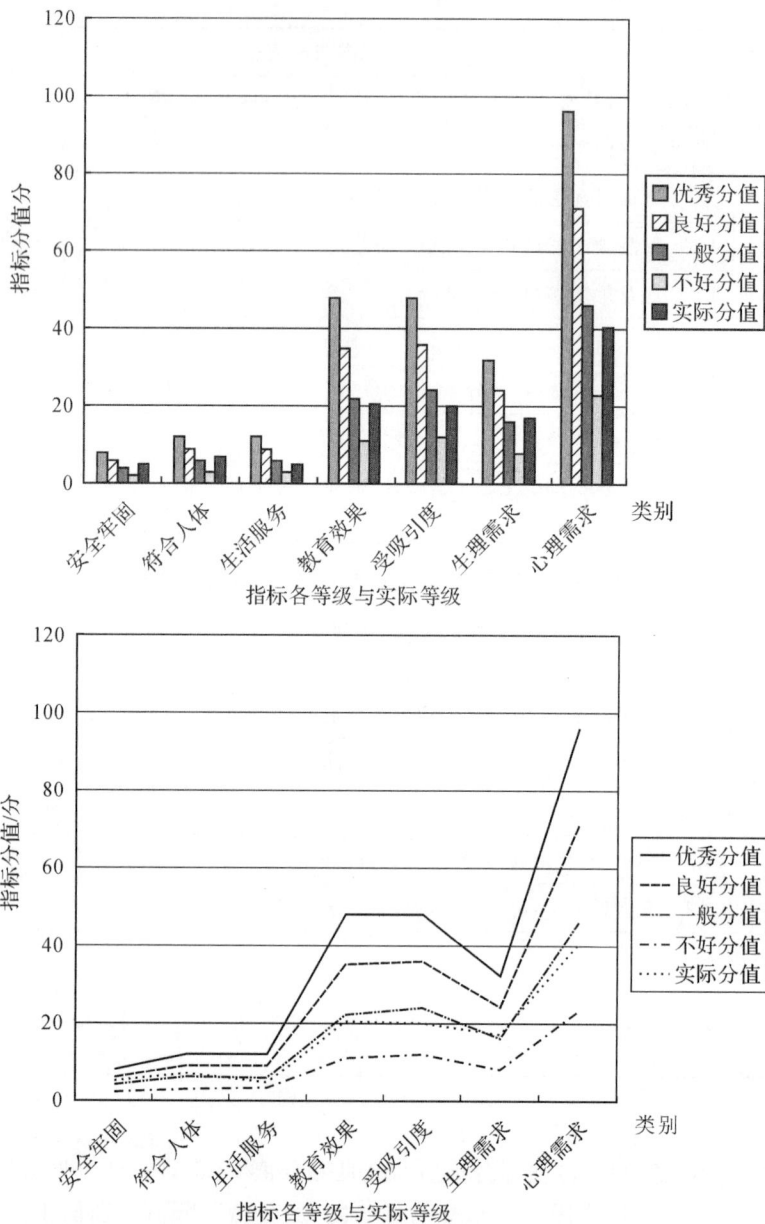

图 3-25 上海儿童博物"'跨越距离、触摸未来'主题科学"一层展区展
览效益指标等级分值系列对照图

(3)展览外部评估——观众问卷调查

为掌握儿童观众及其家长对上海儿童博物馆"'跨越距离、触摸未来'主题科学"一层展
区展览效益评估的结果,拟以抽样方式开展观众问卷调查,从而获取观众就一层科学展区内
容策划、形式设计、生活服务及观众感受等方面评价信息。本次调查共发放问卷 112 份,回
收 106 份,回收率为 94.6%,其中有效问卷 96 份,无效问卷 10 份,有效率为 90.6%。

①调查时间

2012 年 6 月、2012 年 10 月期间,为期共计 14 天。

②调查地点

上海儿童博物馆展区后院广场。

③调查对象

刚参观完毕一层科学展区的儿童或家长。为了解儿童、家长用户评价是否在各模块上存在显著差异,尽量保持两类用户样本数均等。

④调查方法

儿童、家长两类用户随机抽样,现场定向发放并回收调查问卷。

⑤调查内容

问卷分"基本情况""内容策划""形式设计""生活服务"及"观众感受"五个部分,第一部分包括来馆次数、年龄、住址、参观时间、目的等基本信息,后四个部分则包括展览结构、选题、内容、文字、展品、手段、高度、密度、氛围、满意度及收获等共计 22 个问题,整份问卷共计 27 个问题。问卷给予单选或多选的封闭式答案。(详见附录一)

⑥结果与分析

6-1 各题频数结果与分析

针对本案例每个题目答案频次统计和图表分析(详见附录四),可得出如下结论:

观众基本为第一次或第二次来展区,分别占 52% 与 42%;儿童、家长观众分别占 46.9%、53.1%;观众主要来自上海市区,占 72%;观众一般在本馆待 1 小时内、1~2 小时为主,分别占 41% 与 42%;参观目的中丰富知识占 27%,学习科学知识占 34%,休闲娱乐占 33%,无明确目标占 25%;观众普遍对熟悉或激发兴趣的展览选题感兴趣,分别占 78%、83%;参观或操作展品时,多让孩子自己看/玩或家长和孩子一起看/玩,分别占 54%、74%;来本展区收获主要为激发新兴趣、增加对展览内容的理解、休闲娱乐与掌握新知识和方法,分别占 81%、80%、76% 和 61%。

观众就展览各方面不满意情况居多,不满意处主要表现为:认为展览结构"完全不理解"或"有一点理解",共占 87.5%;展览内容"没有亮点"或"亮点有,不明显",共占 95.8%;展览文字"看不明白不有趣"或"看得明白但不有趣",共占 100%;展品"不丰富"或"不太丰富",共占 92.7%;"完全没有"或"小部分"展品让人感兴趣,占 99%;"完全没有"或"小部分"展品能引起思考或疑问,占 99%;氛围营造"没有刻意营造"或"营造不多",占 92.8%。

相对于不满意表现,情况稍显乐观之处主要反映于:认为能操作、参与玩的展品/装置"小部分"或"半数左右",共占 100%;"小部分"或"半数左右"展品陈旧或需更新,共占 90.6%;展览手段"不太丰富"或"一般",共占 87.5%;展品密度"有点密"或"一般",共占 94.8%;博物馆标志"看到一些"或"一般",共占 89.6%;不安全因素"不太多"或"一般",共占 97.9%;照明、温度、声效"有点差"或"一般",共占 95.9%;"不太想"或"无所谓"再次来本展区,共占 72.9%。

较满意情况主要体现于:认为展品高度"一般"或"较舒适",共占 82.3%;操作展品使用"基本可以"或"较容易",共占 100%;参观路线"一般"或"较清晰",共占 93.8%;展厅清洁、舒适程度"一般"或"较好",共占 88.5%。

6-2 各模块比较结果与分析

为了解针对本案例"内容策划""形式设计""生活服务""观众感受"四大模块的总体观众评价情况,并就各模块总体观众评价情况进行对比,采取如下办法处理:

第一步:数据预处理。

①问卷每题答案第一、二、三、四、五、六、七选项,分别用编码1、2、3、4、5、6、7代表;

②问卷第6～26道中选项编码为6的均置换成0(多选题除外);

③根据语义,将14和22道题目对选项进行倒置处理,即1置换成5,2置换成4,3不变,4置换成2,5置换成1。

第二步:求均值。

内容策划:第6～14题(排除第7道和第9道);

形式设计:第15～22题(排除第19道);

生活服务:第23～25题;

观众感受:第26题。

第三步:根据四舍五入原则对数字取整。

由此可得:

6-2-1"内容策划"模块

QA①		频数	百分比 (%)	有效百分比 (%)	累积百分比 (%)
有效值	1②	1	1.0	1.1	1.1
	2	93	96.9	98.9	100.0
	总计	94	97.9	100.0	
缺失值	体系	2	2.1		
总计		96	100.0		

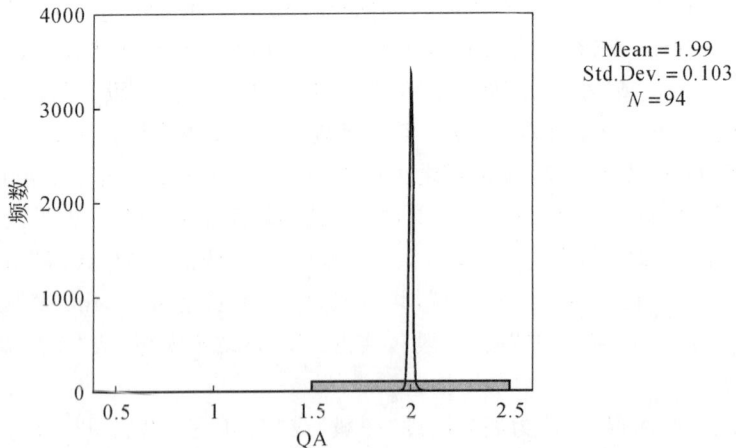

Mean = 1.99
Std.Dev. = 0.103
N = 94

① "QA"代表"内容策划";"QB"代表"形式设计";"QC"代表"生活服务";"QD"代表"观众感受"。

② "1"代表"非常不满意";"2"代表"不太满意";"3"代表"一般";"4"代表"较满意";"5"代表"非常满意"。

6-2-2"形式设计"模块

QB					
		频数	百分比（%）	有效百分比（%）	累积百分比（%）
有效值	2	14	14.6	14.7	14.7
	3	81	84.4	85.3	100.0
	总计	95	99.0	100.0	
缺失值	体系	1	1.0		
总计		96	100.0		

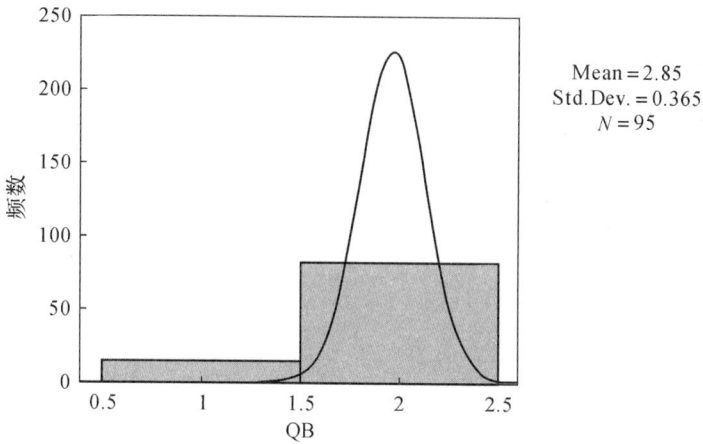

Mean = 2.85
Std.Dev. = 0.365
N = 95

6-2-3"生活服务"模块

QC					
		频数	百分比（%）	有效百分比（%）	累积百分比（%）
有效值	3	87	90.6	90.6	90.6
	4	9	9.4	9.4	100.0
	总计	96	100.0	100.0	

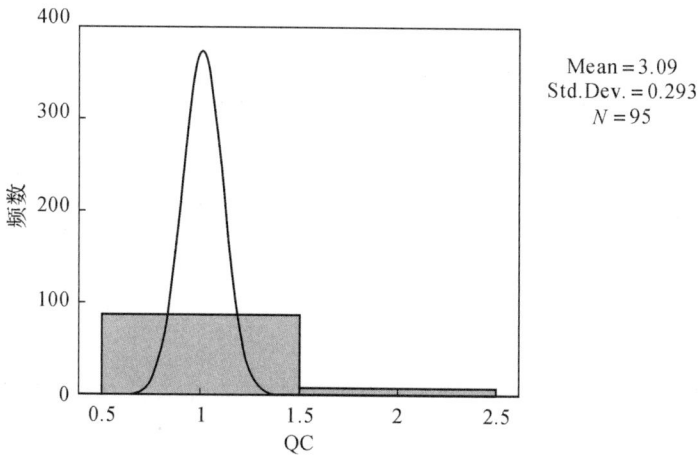

Mean = 3.09
Std.Dev. = 0.293
N = 95

6-2-4"观众感受"模块

QD					
		频数	百分比 （%）	有效百分比 （%）	累积百分比 （%）
有效值	2	35	36.5	36.5	36.5
	3	36	37.5	37.5	74.0
	4	25	26.0	26.0	100.0
	总计	96	100.0	100.0	

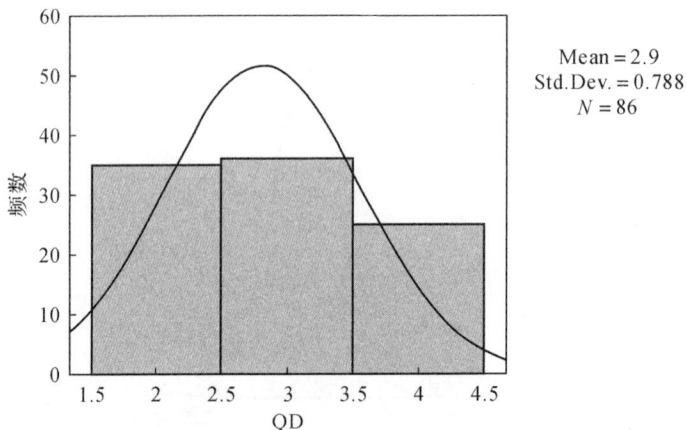

Mean = 2.9
Std.Dev. = 0.788
$N = 86$

由以上图表可得："内容策划"模块总体观众评价不太满意（占96.9%）；"形式设计""生活服务""观众感受"模块总体观众评价皆一般（分别占84.4%、90.6%、37.5%）。其中，"观众感受"模块更趋向于不太满意（36.5%）。综上，"生活服务"水平虽一般，但相较本展区其他，表现最佳；"形式设计"其次，亦处于一般水准，并稍显不太满意；"观众感受"次之，同样处于中间水平，但不满意程度显然增强；"内容策划"成为最大败笔，大多数不太满意。

基于此，研究者欲进一步掌握"儿童""家长"两个类别就此四大模块评价是否存有显著差异。因此，以年龄作为变量，"儿童""家长"选项作为属性，针对此两组数据进行差异性分析，采用独立 T 检验。结果如下（见表3-7）：

表3-7　上海儿童博物馆"'跨越距离、触摸未来'主题科学"一层展区
展览"儿童"与"家长"两大组别数据统计

Group Statistics（组别统计）					
	Qage （年龄组别）	N （人数）	Mean （平均值）	Std. Deviation （标准差）	Std. Error Mean （均值的标准误）
QA	1①	44	2.00	0.000	0.000
	2	50	1.98	0.141	0.020
QB	1	45	2.82	0.387	0.058
	2	50	2.88	0.328	0.046

① 1代表儿童；2代表家长。

Group Statistics（组别统计）					
	Qage（年龄组别）	N（人数）	Mean（平均值）	Std. Deviation（标准差）	Std. Error Mean（均值的标准误）
QC	1	45	3.09	0.288	0.043
	2	51	3.10	0.300	0.042
QD	1	45	3.02	0.499	0.074
	2	51	2.78	0.966	0.135

是否存显著差异，见表3-8，若 Levene's Test for Equality of Variances 中的 Sig. 值大于0.05，表明假设方差相等（Equal variances assumed），进而查看对应的 T-Test for Equality of Means 中的 Sig.（2-tailed）值，若该值小于0.05，说明存在显著差异，若该值大于0.05，说明不存在显著差异。通过 QA—QD 各模块查看发现，Sig. 值均大于0.05，Sig.（2-tailed）值均大于0.05，因而，"儿童"与"家长"就各模块评估并不存在显著差异。

表3-8　上海儿童博物馆"'跨越距离、触摸未来'主题科学"一层展区展览独立样本检验表

		Levene's Test for Equality of Variances		T-Test for Equality of Means						
									95% Confdience Interval of the Difference	
		F	Sig.	t	df	Sig. (2-tailed)	Mean Difference	Std. Error Difference	Lower	Upper
QA	Equal variances assumed	3.663	0.059	0.937	92	0.351	0.020	0.021	−0.022	0.062
	Equal variances not assumed			1.000	49.000	0.322	0.020	0.020	−0.020	0.060
QB	Equal variances assumed	2.509	0.117	−0.787	93	0.433	−0.058	0.073	−0.203	0.088
	Equal variances not assumed			−0.781	86.802	0.437	0.058	0.074	−0.205	0.089
QC	Equal variances assumed	0.093	0.762	−0.152	94	0.880	0.009	0.060	−0.129	0.110
	Equal variances not assumed			−0.152	93.342	0.879	−0.009	0.060	−0.128	0.110
QD	Equal variances assumed	88.529	0.000	1.486	94	0.141	0.238	0.160	−0.080	0.556
	Equal variances not assumed			1.541	76.886	0.127	0.238	0.154	−0.069	0.545

（4）小结——特色与缺失

据以上研究者观察解析后的效益指标内部评估和观众问卷调查外部评估，该展览特点大概归结如下：

①未做细分的展览选题

航海、航天、天文等是科技类场馆的传统选题。选题意义如下：第一，"上知天文，下知地理"历来被奉为"有学问"之人，此看法虽略显偏颇，然而，培养儿童天文、地理等兴趣却是实现科技兴国的先决条件。第二，好奇本是儿童的天性，仰望天空、扬帆远航，既能激发儿童的想象力，也能培养其探索未知的钻研精神。故此选题虽传统但基本与儿童认知特征相契合。除此之外，选题时还须认真对待一个问题，即展览的目标观众。馆方在对馆标释义时将方锥体、正方体、半球体解释为分别服务 2～6 岁、7～10 岁及 11～12 岁的儿童受众。但此年龄段区分并未在展览中充分体现。此三大展区目标儿童年龄均设为 3～12 岁（展览折页中显示 2～14 岁）。由于儿童具有明显的年龄分段特征，儿童展览对参观人群针对性要求特别高。但事实上，本馆三大展厅的目标年龄被馆方统一打包，并与宣传资料中前后不一致，可见，馆方目标年龄的确定较为随意。展览选题虽好，但落实到展览时，若想面面俱到则根本无法达成，选题因此大打折扣。

②独立系统的展览结构

三展厅以学科区分，各区块属于并列的平行关系，不存在序列性。"航海厅"展品或组合资料匮乏，只有五组，因此展览结构简单。数量最多的船模被安置在展室中央，无系统性可言。32 个船模组合则依时间顺序排列。"航天厅"将展品依助推器火箭和航天器两类区分，前半区域按时间序列展示火箭模型，后半区域陈列航天器实物或模型。"月球厅"墙面和地面构成一个完整的展览空间，以登陆月球后的视角来布展，有登陆月球之回眸地球、登月舱模型等展品和展品组合。

③大而空的教育目标

本展区教育目标为遵从和践行宋庆龄女士的儿童教育理念。如此表述无法判定展区所要达成的具体教育目标，家庭和教师亦无法据此给予儿童观览切实的指导和考核。

④多层次的信息负载

展览资讯表现形式层见叠出，如看板、折页、嵌入式电视以及互动展品和组合等。但信息寡少，无各部分说明。视频解说则多为成人化表述。借由互动展品和组合可传达部分隐性信息。

⑤天文地理史的信息凝练

信息最多集中于视频部分，视频中频现专业用语，儿童用语乏见。卫星发射多媒体模拟演示卫星从吊装到升空全过程，其余视频主要阐述航海、航天和天文发展史。

⑥标签化的展品说明

展品说明牌主要置于展品前方，其中有三处说明牌采用吊挂式。展品包含基本信息为展品名称和类型。仅有"中国导弹护卫舰指挥船"一处采用阐释式说明，介绍展品名称、用途、历史、制作商、制作时间、荣誉和来源。所有信息采用成人化语言，且因说明牌为铜牌、橱窗式展示产生眩光，难以辨识。通过此展品说明文字，仅能掌握展品名称，无法辨明是模型还是实物。

⑦缺乏互动的展陈方式

展品多模型,文字说明少。"航海厅"多采用橱窗方式展示船模,其余两厅皆以裸展为主,提倡展品可触摸。尽管如此,强调对展品"动手"与"互动"有本质区别。鼓励儿童动一动手,如按按钮,转方向盘,仅是简单地摆动展品,属于"动手型"陈列;而"互动型"陈列,需引导儿童沉浸入展览环境产生相互作用,从而引起感情变化。"航天厅"不少展品,如火箭模型、航天器模型,还有"月球厅"登月舱等,皆仅是让观众摸一摸。而以上提及的五处"互动"展品或组合,除"宇航员模拟训练器"设备处于维护状态外,其余四项中仅"回眸地球"可谓"互动"展品。

⑧较简约的展场氛围

"航海厅""航天厅"的蓝色墙面用于刻意营造氛围,另有海洋鱼类图板、全景画、沙盘等。但均较为简约,难以引导观众介入。"航天厅"主要运用自然光照明,无法营造出神秘、广袤的太空环境。而"月球厅"因利用墙面和地面进行象征性复原,并采用蓝色荧光灯带,使得"登陆月球"展览的现场感较强。

2.案例二:印第安纳波利斯儿童博物馆"恐龙:现在你就在它们的世界"展区

(1)研究者观察解析

①展览结构(见图3-26)

展览选题:恐龙

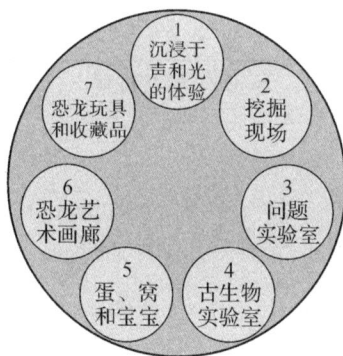

图3-26　印第安纳波利斯儿童博物馆"恐龙:现在你就在它们的世界"展区结构图

②展览规划

2-1 传播目的

世界级的恐龙化石被安置在一个令人激动的模拟6500万年前白垩纪时期的环境中。去体验恐龙挖掘,一个功能性的古生物实验室,一个充满恐龙深层信息的问题实验室和一个全国最好的以恐龙艺术收藏为特点的艺术画廊。(本展区)旨在激发各个年龄段儿童的注意力、想象力和创造力。恐龙馆的一个重要组成内容是它强调家庭学习,鼓励和促进父母和孩子间的互动,一起体验分享、讨论、询问和接受信息。

(Exhibit Goal: A world-class collection of real dinosaur fossils is presented in exciting settings which reflect life in the Cretaceous Period, more than 65 million years ago. A dinosaur dig, a functioning paleontology lab, a question lab with in-depth dinosaur information, and an art gallery featuring pieces from the finest collection of dinosaur art in the nation complete the experience. To reel in the attention, imagination, and creativity of children of all ages. An important part of Dinosphere is its emphasis on family learning. To encourage and facilitate interaction between parents and children. Ask and receive information to share and discuss, experience together.）

2-2 目标年龄

5 岁以上（Targeted Age Level：ages 5＋）

2-3 教育目标

探讨恐龙展的教育对象（见表 3-9），此处仅以其中 Kindergarten（幼儿园）和 Grade 1（一年级）为例，通过比物假事归结此中差异何在。

表 3-9　"恐龙展"的教育对象

Kindergarten（幼儿园）	Grade 1（一年级）	Grade 2（二年级）
Grade 3（三年级）	Grade 4（四年级）	Grade 5（五年级）
Grade 6（六年级）	Grade 7（七年级）	Grade 8（八年级）

无论 Kindergarten（幼儿园）抑或 Grade 1（一年级），皆希望达成 Science（自然科学）与 Language Arts（语言艺术）两方面目标。此处，拟将两个年龄段 Science（自然科学）和 Language Arts（语言艺术）目标归至一起展开横向比较。具体可参见表 3-10 所整理。

表 3-10　"幼儿园"和"一年级"儿童参观"恐龙展"教育目标细节对比

Science（自然科学）	
Kindergarten（幼儿园）	Grade 1（一年级）
1	①Raise questions about the natural world.（提出关于自然界的问题。）②Dinosaurs naturally spark children's curiosity. Encourage them to ask questions about the dinosaurs.（恐龙自然地点燃儿童的好奇心，鼓励他们去问关于恐龙的问题。）	① Observe, describe, draw, and sort objects carefully to learn about them.（通过仔细观察、描述、绘画、分类去认识展品。）②Opportunity for observing and describing fossils is abundant in this space. Have the children pick a specific dinosaur and share what they have learned by observing it.（在这个空间里观察和描述化石的机会颇多。孩子们挑选一个特定的恐龙，分享他们观察后的认知。）
2	① Begin to demonstrate that everybody can do science.（证明每个人都可以从事科学研究。）② Some of the dinosaurs found in Dinosphere were discovered by a variety of people of all ages, including some young children of family. Be sure to look for their stories in the gallery. Remind your students that they, too, can be paleontologists.（恐龙馆里的一些恐龙被各年龄各类人发现，包括某些家庭中的小朋友。务必到画廊里去寻找他们的故事。提醒你的学生，他们也可以变成古生物学家。）	① Use tools, such as rulers and magnifiers, to investigate the world and make observations.（使用工具，比如尺和放大镜，去研究世界和学会观察。）② The Dinosaur Dig Area and Paleo Prep Lab provide lots of tools for children to use. Magnifiers and other special instruments used in paleontology are on display and available for some limited use.（恐龙挖掘现场和古生物实验室提供许多工具给孩子使用。放大镜和其他在古生物学使用的特定仪器正在展出，部分地方也可以使用。）

Science(自然科学)	
Kindergarten(幼儿园)	Grade 1(一年级)
3	①Give examples of plants and animals.(举些动植物的例子。) ②After going through the space, children will be able to give some examples of plants and animals that lived in the Cretaceous period. Help remind them that most of the animals are now extinct and aren't around anymore. However, many of the plants, like the ferns and Gingko's are still around today.(经过这个展区后,孩子们能够去举一些生活在白垩纪时代动植物的例子。帮助提醒他们大多数动物现在已灭绝,再也找不到了。然而,很多植物,像蕨类和银杏今天仍然存活着。)	① Demonstrate that magnifiers help people see things they could not see without them.(证实放大镜可帮助人们看到他们没法看到的东西。) ②Magnifiers are available for the children to use and practice. Remind them what the purpose of a magnifier is while they are using it.(放大镜可给孩子使用和练习。当他们使用时提醒孩子放大镜的使用目的。)
4	① Observe plants and animals, describing how they are alike and how they are different in the way they look and in the things they do.(观察植物和动物的外形和它们的行为方式,来描述它们的相同与不同之处。) ②By observing the different skeletons in their "settings", the students can compare and contrast the different kinds of dinosaurs. Have them pay close attention to their teeth, claws, and size. Recreations of plants are also available for students to observe and describe.(凭借环境中不同的骨架,学生可以比较和对比不同种类的恐龙。集中精力观察它们的牙齿、爪子和大小。重现的植物也可用来给学生观察和描述。)	① Observe and describe that there can be differences, such as size or markings, among the individuals within one kind of plant or animal group.(观察和描述同一种植物或者动物群体,其个体存在的差异,如大小、标记) ②By using the variety of dinosaurs in the space, children can compare the differences in the dinosaur families. Encourage them to describe these differences to their peers.(在这个空间有各种各样的恐龙,孩子们可比较恐龙家族的区别。鼓励他们向同伴们描述这些不同点。)
5	①Describe an object by saying how it is similar to or different from another object.(描述一个物体可以说它和另一个物体有什么相似或区别。) ②Use the variety of hands-on fossils to allow the children to make comparisons between them.(使用诸多可动手操作的化石让孩子在它们之间做比较。)	①Observe and describe that models, such as toys, are like the real things in some ways but different in others.(观察和描述模型,例如玩具,它们有些地方很像真的,而其他地方却不同。) ②Encourage the students to find the dinosphere toys throughout the gallery and ask them how they are similar and different to the real thing.(鼓励学生去整个画廊找恐龙玩具,询问他们和真的恐龙有怎样的相似和区别。)
6		① Explain that most living things need water, food, and air.(解释绝大多数生物需要水、食物和空气。) ② In the Watering Hole scene, students can observe a dinosaur at a watering hole. Ask them why they think the dinosaur would be stopping there.(在水坑这个景观里,学生可观察在水坑边的恐龙。问他们为什么认为恐龙会在那里停下。)

续表

Science(自然科学)	
Kindergarten(幼儿园)	Grade 1(一年级)
	①Observe and explain that animals eat plants or other animals for food.（观察和解释动物们是以植物或是其他动物为食。） ②In all of the scenes in Dinosphere, students can observe different dinosaurs feasting on plants and other animals. Have them pick out who is having what for lunch. Ask the children to identify who might be drinking, hunting, and or eating.（在恐龙馆景观里，学生可观察不同的恐龙正在享用植物或其他动物。他们辨认出谁正在以什么做午餐。要求孩子去区分谁可能在喝东西、捕猎或吃东西。）
① Understand that printed materials provide information.（理解印刷材料能提供信息。） ②Encourage the children to look at the labels in the gallery to find out more information on what they are looking at.（鼓励孩子去看画廊里那些标签，从而发现他们所看的展品更多的信息。）	① Recognize that sentences start with capital letters and end with punctuation, such as periods, question marks, and exclamation points.（认识句子开始以大写字母，结束以标点符号，如句号、问号和感叹号。） ②Ask the children to point out sentences in the labels emphasizing how they know where a sentence begins and ends.（要孩子指出标签中的句子，强调问为什么他们知道一个句子开始和结束。）
①Identify common signs and symbols.（识别一般的符号和标志。） ② Help the children to recognize some common signs and symbols used in the gallery space.（在画廊空间里，帮助孩子认出一些常见的符号和标志。）	①Identify letters, words, and sentences.（区分字母、单词和句子。） ②Again, have the students point out words in the labels that they may recognize. They can do this with letters and sentences as well.（再来，孩子可指出标签中他们能够认识的单词、字母和句子。）
① Use picture clues and context to aid comprehension and to make predictions about story content.（使用故事线索和背景去帮助理解和预测故事内容。） ② Help the children to use the displays and scenes to figure out what is said in the text.（帮助孩子使用展品和场景去弄明白文本里所说的内容。）	①Respond to who, what, when, where, why, and how questions and discuss the main idea of what is read.（回答问题中谁、什么、何时、哪里和怎样，讨论读到的中心意思。） ②Encourage the students to read a label and then ask them questions relating to what is read. Give them opportunity to answer.（鼓励孩子去读标签，然后问他们读到什么等相关问题。给他们回答的机会。）
① Share information and ideas, speaking in complete, coherent sentences.（用完整的、条理清楚的句子分享信息和想法。） ② Ask the children to share what they have learned about dinosaurs.（要求孩子去分享他们对恐龙的认知。）	①Ask questions for clarification and understanding.（为澄清和理解问问题。） ②Have each child think of a question after visiting a specific scene or presentation.（参观一个场景或报告后，让每个孩子想一个问题。）

Science(自然科学)	
Kindergarten(幼儿园)	Grade 1(一年级)
12 ① Describe people, places, things (including their size, color, and shape), locations, and actions. (用大小、颜色和形状来描述人、地方、物品、位置和行为。) ② Your senses are stimulated in Dinosphere. Allow the children to describe some of the things that they see, smell and hear while they are there. Encourage the use of descriptive language. (在恐龙馆感官受到刺激。允许孩子们去描述他们在那里的所见所闻所嗅。鼓励他们使用描述性语言。)	Use descriptive words when speaking about people, places, things, and events. After visiting a specific scene or presentation, ask the children to share what they saw and heard by using descriptive words. (当说到人、地方、东西和事件时使用描述性语言。在参观完一个场景之后，要求孩子使用描述性的单词分享他们所见所闻。)
13	① Relate prior knowledge to what is read. (根据读到的内容联系先验知识。) ② Before the students enter Dinosphere, evoke prior knowledge by asking questions. Encourage them to use this knowledge as they go through the exhibit to help them understand what they will be reading. (在学生进入恐龙馆之前，通过问问题唤起已习得的知识。鼓励他们浏览展览时使用已习得知识帮他们理解所读到的。)
14	① Match oral words to printed words. (使口语和书面语对应起来。) ② Encourage the students to point out words they hear in the gallery, such as dinosaur etc. (鼓励学生指出他们在画廊里听到的单词，比如恐龙等。)
15	① Use context (the meaning of the surrounding text) to understand word and sentence meanings. (使用上下文去理解单词和句子的含义。) ② Take them to a specific scene and talk about what they see. Afterward, encourage them to guess what the label says by what is surrounding the text. (带着他们去一个特殊的景观，讨论他们所看到的。然后，鼓励他们根据上下文去猜标签所说的内容。)
16	① Listen attentively. (聚精会神地听。) ② Attend a presentation in the space and encourage the children to listen for specific details. (在这个空间里做报告，鼓励孩子去听具体细节。)

注：下标 ＿＿＿＿ 为教育目标核心内容的表述。

博物馆就恐龙展的艺术画廊单元也设置有专门的教育目标，情况如出一辙，目标依年级（年龄）进行划分，具体可参见表3-11。

表 3-11 "恐龙展之艺术画廊"的教育对象

Kindergarten(幼儿园)	Grade 1(一年级)	Grade 2(二年级)
Grade 3(三年级)	Grade 4(四年级)	Grade 5(五年级)
Grade 6(六年级)	Grade 7(七年级)	Grade 8(八年级)

2-4 重点和亮点

"沉浸于声和光的体验"部分

(Highlights You Won't Want to Miss：Sound and Light Immersion Experience)

2-5 内容结构

展览内容逻辑性强,围绕古生物学知识以由浅入深的线索施以规划,文物标本等依不同主题放置。整个展览分成七个部分:"沉浸于声和光的体验"是展览的亮点,模拟 6500 万年前白垩纪时期恐龙生活实景,展出恐龙化石标本,仿真复原植物,进行恐龙叫声、下雨打雷等声效模拟及推断考古线索。此部分给人以强烈的视觉和听觉冲击。"挖掘现场"属家庭互动展项。上一部分全方位感受考古学家的科考成果,儿童已对恐龙发掘兴致盎然。赓续,安排儿童动手体验化石发掘。长方形的沙坑类似考古现场,部分恐龙化石复制品被掩埋于沙坑内,家长携儿童参与现场发掘。"问题实验室"为恐龙知识的继续深入探究,主要展品为动植物化石、图片、玩具、辅助展品(沙盘)、多媒体(触控式电脑),解答关于恐龙的同时代动植物、恐龙食物等诸多问题。"古生物实验室"使儿童有机会与科学家面对面,极具震撼力。古生物学家科研过程透明化,儿童可亲见他们在艰辛细致地工作,职业不再神秘。"蛋、窝和宝宝"也是互动展项,展品有素食、荤食恐龙蛋、多媒体、互动展品(现场复原孵化恐龙蛋)。"恐龙艺术画廊"主要展示有关恐龙主题的绘画作品。"恐龙玩具和收藏品"则陈列琳琅满目的恐龙玩具。此两大部分主要为恐龙欣赏层面内容。展览各部分间以说明看板相区分(见图3-27)。展厅前为一木质展板,展出内容为"向全世界为恐龙科考事业贡献之古生物学家致谢",展品主要为图片和文字组合(见图 3-28)。本展区导览媒介分为:看板、展览折页和触控式电脑。展品组合主要为"实物展品＋标签式说明牌",标签式说明牌内容迥异。各种导览媒介及其负载信息可参见表 3-12 所整理。

图 3-27 印第安纳波利斯儿童博物馆"恐龙:现在你就在它们的世界"展区"挖掘现场"看板

图 3-28 印第安纳波利斯儿童博物馆"恐龙:现在你就在它们的世界"展区"致谢古生物学家"看板

表 3-12　印第安纳波利斯儿童博物馆"恐龙:现在你就在它们的世界"

展区各种导览媒介及其负载信息

导览媒介		负载信息
展区看板	部分说明	◆"沉浸于声和光的体验(Sound and Light Immersion Experience)"部分 ◆"挖掘现场(Dig Site)"部分 ◆"恐龙玩具和收藏品(Dinosaur Toys and Collectibles)"部分
	单元说明	◆"问题实验室(Question Lab)"部分 ●"同时代动物"单元　●"同时代植物"单元　●"恐龙食物"单元 ◆"古生物实验室(Paleo Prep Lab)"部分 ●"三角龙头骨"单元 ●"看我们发现的恐龙"单元　●"在实验室"单元 ●"从田野到实验室"单元 ◆"蛋、窝和宝宝(Eggs, Nests&Babies)"部分 ●"路易宝宝"单元　●"恐龙蛋形状"单元 ●"下蛋数量"单元　●"下蛋时间"单元
展览折页	展区简介	◆地下一层至地上四层所有展区
触控式电脑	恐龙生活	◆"沉浸于声和光的体验(Sound and Light Immersion Experience)"部分 ●恐龙开战(视频)　●恐龙家庭(视频) ●恐龙捕食(视频)　●恐龙成长(视频)
	问题探索	◆"问题实验室(Question Lab)"部分 ●恐龙灭绝　●恐龙食物　●同时代植物　●同时代动物
	恐龙繁衍	◆"蛋、窝和宝宝(Eggs, Nests&Babies)"部分 ●婴儿恐龙孵化(视频)
	互动游戏	◆"沉浸于声和光的体验(Sound and Light Immersion Experience)"部分 ●家庭猜恐龙故事 ◆"蛋、窝和宝宝(Eggs, Nests&Babies)"部分 ●素食恐龙蛋里面是什么　●荤食恐龙蛋里面是什么
灯箱	化石介绍	◆"沉浸于声和光的体验(Sound and Light Immersion Experience)"部分 ●霸王龙牙齿　●三角龙角　●恐龙前肢 ●斑比盗龙爪　●小恐龙快速长大
挂壁式电视	考古现场	◆"古生物实验室(Paleo Prep Lab)"部分 ●考古现场(视频)
互动展品	挖掘现场	◆展项来源
	化石拼接	◆化石构成
	骨骼扫描	◆受伤信息
	触摸陨石	◆陨石与恐龙关系
	触摸化石	◆骨骼知识
	化石研究	◆名称介绍
	恐龙扮演	◆孵化知识
	恐龙对话	◆恐龙语言

2-5-1 展区看板和展品说明(见表3-13)

表3-13　印第安纳波利斯儿童博物馆"恐龙:现在你就在它们的世界"

展区看板和展品说明信息

展览部分看板内容	内容分析
◆"沉浸于声和光的体验(Sound and Light Immersion Experience)"部分 What was life like 65 million years ago, when dinosaurs ruled the Earth? Dinosaur are gone, but they left many clues. The fossils we find tell us more about their lives. Now, search for clues that tell you what dinosaur life was really like... ...step into THEIR world! (见图3-29)(48个单词) 　(6500万年前当恐龙统治地球时,地球上的生命是怎样一番景象?恐龙消失了,但它们留下很多线索,我们发现的化石告诉我们关于它们生活的更多信息。 　现在,去寻找线索,这些线索告诉你恐龙真正的生活……让我们走进它们的世界吧!)	介绍此部分传播目的 采用简洁的儿童用语,引起兴趣,烘托氛围 未包含此部分所有信息,只抓住最核心信息 以半景画做看板,字体大小不一,形式活泼
◆"挖掘现场(Dig Site)"部分 Our dig site is based on a real excavation by the Linster family from Bynum, Montana. Each weekend in Summer, the Linsters and their seven children-would drive 500 miles to a remote quarry to dig for fossils. Wes Linster was 14 when he discovered a Bambiraptor. His sister and brothers found several Maiasaura. Then in 1997, his father dug up a Gorgosaurus! You can see these dinosaurs here in Dinosphere. (见图3-30)(70个单词) 　(我们的现场挖掘是根据来自蒙大拿州拜纳姆的李斯特一家真实的挖掘现场。夏天的每个周末,李斯特夫妇和他们的七个孩子会驾驶800公里去一个遥远的采石场挖掘恐龙化石。李斯特韦斯发现斑比盗龙时是14岁。他的妹妹和弟弟发现几只慈母龙。而后1997年,他的爸爸挖出了蛇发女怪龙。你可以在恐龙展区发现这些龙。)	简要介绍此部分的策划依据和其背后动听的故事 传达儿童也可参加科考工作的信息,并以事实佐证 以石板做看板
◆"恐龙玩具和收藏品(Dinosaur Toys and Collectibles)"部分 Extinct? No way! Dinos as toys survive and thrive. Dinosaurs are extinct? You wouldn't know it from the number of dino toys and collectibles sold over the years. Dino toys come in all sizes, shapes and colors. Some look like real dinosaurs. Others are made just for fun. Which ones do you like best? (见图3-31)(54个单词) 　(灭绝!绝不!玩具恐龙存活着和兴盛着。 　恐龙灭绝了?从这么多年来卖的恐龙玩具和收藏品数量上你不可能判断出。 　各种大小、形状和颜色的恐龙。一些看起来像真的,其余制作出来就是为了好玩?其中哪个你最喜欢?)	介绍此部分内容 选择儿童感兴趣的话题——"恐龙灭绝"切入。采用简洁的儿童用语 字体大小、颜色不一,采用形状较为特别的看板

续表

展览部分看板内容	内容分析
某组看板内容	
◆"问题实验室(Question Lab)"部分 ●"同时代动物"单元 What other animals lived with the dinosaurs? See if you recognize these fossils. Most of these animal are still around today... some at the beach, others in your backyard! (29 个单词) 　(什么动物和恐龙同时代生活? 　<u>看看你是否认得这些化石。大多数动物今天仍然生活在我们周围</u> ……一些在沙滩,其他在你的后院!) ●其他单元(略)	说明本单元内容,以问问题形式组织文字。促成儿童携带问题看展览
提醒型看板内容	
◆"挖掘现场(Dig Site)"部分 ●All visitors must wear goggles to dig. (见图 3-32)(7 个单词) 　(请大家必须带上防目镜才能挖。) ●其余同类说明(略)	属儿童安全提醒
捐赠型看板内容	
◆"沉浸于声和光的体验(Sound and Light Immersion Experience)"部分 ●Gift of Ann Hunt(4 个单词) (安·亨特捐赠) ●其余同类说明(略)	属展品捐赠看板,介绍展品捐赠人
展品标签式说明内容	
◆"沉浸于声和光的体验(Sound and Light Immersion Experience)"部分 ●恐龙整体化石 "Stan" Tyrannosaurus rex (cast)(见图 3-33) (4 个单词) 　(斯坦暴龙化石模型) 其余同类说明(略) ●恐龙整体化石真假 These bones are fossil. These bones are cast. (见图 3-34) (8 个单词) 　(这些骨头是化石。这些骨头是模型。) ●其余同类说明(略)	大型化石说明文字分成三种情况:名称介绍,真假化石区分,及化石故事 其中"恐龙化石故事"见后面阐释式说明内容
●恐龙局部化石 This is the first T. rex "wishbone" ever identified! This bone, called a furcula, is a very important find. It suggests that dinosaurs are related to birds, because birds have wishbones, too. (31 个单词) 　(这是第一个被辨识出的恐龙叉骨化石! 　这个骨头,叫作叉骨,是一个重大发现。这个骨头说明恐龙和鸟有关,因为鸟也有叉骨。)	"恐龙局部化石"的展品说明,属阐释式说明(名称+趣味信息),图文并茂

续表

展览部分看板内容	内容分析
● 其余同类说明（略） ◆ "问题实验室（Question Lab）"部分 ● 植物化石（同时期） Dragonfly South America 65-144 million years old（8个单词） 　（蜻蜓，南美，0.65～1.44亿岁） ● 其余同类说明（略） ● 恐龙牙齿化石 Triceratops tooth South Dokota 65-144 million years old Plant-eating dinosaurs, like Triceratops, had thick, bumpy teeth to snip and slice plants.（22个单词） 　（三角龙牙齿，南达科他，0.65～1.44亿岁 　吃素的恐龙，用厚厚的、不平的牙齿来剪切植物。） ● 其余同类说明（略）	标签式说明内容包含名称、地点和年代 阐释式说明包括名称、地点、年代和趣味信息

展品阐释式说明内容

◆ "沉浸于声和光的体验（Sound and Light Immersion Experience）"部分 ● 恐龙化石故事 Why is this T. rex named "Stan"？ This T. rex is called "Stan" after Stan Sacrison, a fossil hunter who found it near Buffalo, South Dakota. Our Stan is a cast of the original T. rex from the collection of the Black Hills Institute in South Dakota.（见图3-35）（44个单词） 　（为什么这个暴龙叫"斯坦"？ 　这个暴龙叫"斯坦"，是因为它由一个叫"斯坦·萨克里森"的化石找寻者，在南达科他州布法罗附近发现。 　我们的斯坦是南达科他州的黑山研究所收集的原始暴龙化石的模型。） ● 其余同类说明（略）	这类阐释式说明在展品说明中占近2/3。有一大特征：皆为先提出问题，再对问题展开阐释

注：下标＿＿为儿童用语；（）内字数不含标题。

展区看板有吊挂式，也有刻于石块上的部分说明看板。说明标签主要撰写于木板和纸板上。各部分说明文字简单活泼，或以故事阐释。说明标签或包含基本信息，或抛出问题予以趣味解答，多图文并茂。

2-5-2 展览折页

展览折页就各层展区、展览特色、日常活动和服务信息共四块内容做概要性介绍。关于本展区的描述为："将你自己沉浸在白垩纪时期的风景、声音和气味中，此时的恐龙正在地球进行着最后的漫步。"

2-5-3 触控式电脑

为将展览信息借由多样化的方式传播，展览各主要单元皆设有1～4个触控式电脑。信息包含恐龙生活片段再现、与恐龙并存的动植物、恐龙食物知识，以及恐龙蛋的孵化和素食、荤食恐龙蛋鉴别等。供感兴趣的儿童和家庭观众自行观看并参与互动，从而深入且多方位了解恐龙相关信息。表3-14为所整理的触控式电脑内负载之信息。

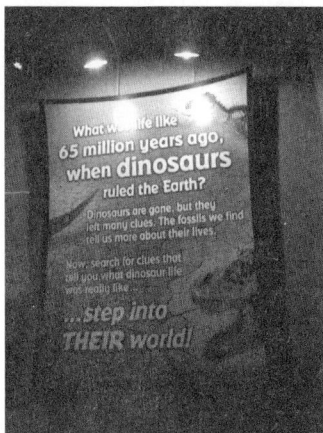

图 3-29　印第安纳波利斯儿童博物馆"恐龙：现在你就在它们的世界"展区"沉浸于声和光的体验"部分的说明看板

图 3-30　印第安纳波利斯儿童博物馆"恐龙：现在你就在它们的世界"展区"挖掘现场"部分的说明看板

图 3-31　印第安纳波利斯儿童博物馆"恐龙：现在你就在它们的世界"展区"恐龙玩具和收藏品"部分的说明看板

图 3-32　印第安纳波利斯儿童博物馆"恐龙：现在你就在它们的世界"展区"挖掘现场"部分的提醒型看板

图 3-33　印第安纳波利斯儿童博物馆恐龙化石展品标签式说明牌

图 3-34　印第安纳波利斯儿童博物馆关于展品真伪的标签式说明牌

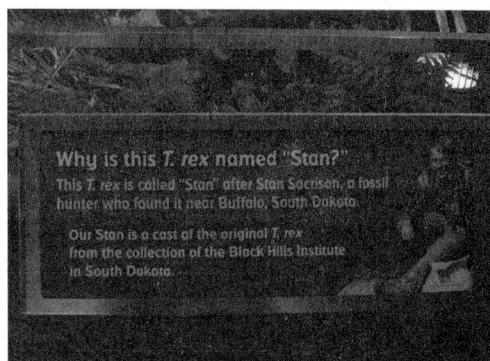

图 3-35　印第安纳波利斯儿童博物馆恐龙化石展品阐释式说明牌

表 3-14 印第安纳波利斯儿童博物馆"恐龙：现在你就在它们的世界"
展区触控式电脑内负载信息

主题	信息内容	内容分析
恐龙生活	◆"沉浸于声和光的体验（Sound and Light Immersion Experience）"部分 ●恐龙开战（视频） It'll be a tough fight for this T. rex team. Two hungry tyrannosaurs—an adult and teen—are stalking a Triceratops. They haven't eaten for days. Triceratops is outnumbered, but it could win. It's big enough to trample another dinosaur and its horns are harp enough to kill. 　（暴龙团队将有一场艰苦的战争。两只饥饿的暴龙——一只成年，一只少年，正悄悄接近一只三角龙。它们已经一天没有吃东西了。三角龙单枪匹马，但可能会赢。它很大，足以踩蹦另一只恐龙，它的角足够锋利，可以去杀死另一只恐龙。） ●恐龙家庭（视频）（略）●恐龙捕食（视频）（略）●恐龙成长（视频）（略）	此类（有关恐龙生活时代的主题）视频皆有一段用文字描述的生动故事，故事主角即现在已变为化石的恐龙，它们演绎当时的生活场景
问题探索	◆"问题实验室（Question Lab）"部分 ●恐龙灭绝 How did dinosaurs become extinct? ASTEROID、FOOD、VOLCANOES? 　（恐龙为什么会灭绝？原因是行星、食物，还是火山？） ●恐龙食物（略）　●同时代植物（略）　●同时代动物（略）	此类皆为问题引导，提出问题，自主探索各问题答案。答案亦非绝对，属于开放式问题
恐龙蛋孵化	◆"蛋、窝和宝宝（Eggs，Nests&Babies）"部分 ●婴儿恐龙孵化（视频）	借由短片传达恐龙孵化时间、蛋的数量和存活率等趣味信息。不同生物延续生命方式不同，引起儿童共鸣
互动游戏	◆"沉浸于声和光的体验（Sound and Light Immersion Experience）"部分 ●家庭猜恐龙故事	通过家庭互助、电脑问答掌握有关恐龙生活主题的信息
	◆"蛋、窝和宝宝（Eggs，Nests&Babies）"部分 ●素食恐龙蛋里面是什么　●荤食恐龙蛋里面是什么	利用趣味性问题帮助儿童进一步辨析相关知识

2-5-4 灯箱

　　为配合"沉浸于声和光的体验"单元氛围营造，此单元设置 5 处灯箱。内容包括恐龙牙齿、角、前肢、爪及恐龙成长阶段等化石介绍。灯箱图文对照，版式新颖，供儿童和家长观众自由观览的同时，起烘托展览环境的特殊功用。灯箱内负载之信息可参见表 3-15 所整理。

表 3-15 印第安纳波利斯儿童博物馆"恐龙：现在你就在它们的世界"
展区灯箱内负载信息

主题	信息内容	内容分析
化石介绍	◆"沉浸于声和光的体验（Sound and Light Immersion Experience）"部分 ●霸王龙牙齿（略） ●三角龙角［Triceratops horn(cast)］ How could this horn hurt T. rex? This horn was even bigger and sharper when Triceratops was alive! A thick coat of Keratin——the material in your fingernails——once covered this horn, so it was strong enough to stab another dinosaur. 　［三角龙角（化石模型） 　这个角怎样使暴龙团队受伤？当三角龙活着时，这个角更大、更锋利。有一层厚厚的角质外衣——就像你的手指甲——曾经覆盖在角上，足够去刺另外一只恐龙。］ ●恐龙前肢（略）　●斑比盗龙爪（略）　●小恐龙快速长大（略）	此类介绍不局限于化石名称，亦配合使用生动的提问、比喻等方法进行阐释式说明

2-6 展品资料

依认知事物由浅入深的规律策划展览内容结构。各部分根据主题内容，安排与主题相关的标本、图片、声像资料、多媒体等展品或组合。约 6458 平方英尺（600 平方米）的展区内展出百余件展品。针对儿童心智特点，力求将学习和教育寓于展览及其教育活动中，因此存有众多可接触的辅助展品。展品题材涉及恐龙化石（一比一原型化石）、白垩纪动植物、恐龙食物、恐龙蛋、恐龙艺术作品和玩具等，以恐龙化石和玩具占绝对多数。材质有石、石膏、木、塑料。年代为上起 1.44 亿年前，下至 6500 万年前的白垩纪时期。

2-7 展示手法

主要采用裸展，橱窗式展示约 20 处。易于受损的小型动植物化石和恐龙蛋化石被安置于内嵌式通柜中；玩具被陈列于壁龛中；独立中心柜展示恐龙头骨化石。展品中局部使用化石，其余则采用石膏来复原大型恐龙的部分化石，如腿骨化石。形形色色的化石复制品、恐龙玩具等占多数。大量使用裸展，鼓励儿童动手触摸。展示手段多样，变化多端，共设 12 处触摸式电脑、2 处嵌入式电视、5 处灯箱等。另有 2 处大型场景半复原：恐龙生活现场（见图 3-36）和化石挖掘现场（见图 3-37）。恐龙生活现场为"1/2 半球形实景模型"，穹顶一个大型球幕，采用电子多媒体、声光电合成技术和幻影成像，投影展示天空及云层，模拟恐龙吼叫和雷雨声效，全景画展示远景。展厅地面为大地，半圆形房顶为天穹，全部空间皆为展示空间，儿童置身当中如临其境，乐此不疲。展品组合种类也多："化石标本＋标签式说明牌"组合，"化石标本＋图片＋阐释式说明牌"组合，"实物展品＋多媒体"组合，"声像资料＋标签式说明牌"组合，植物标本组合，动物标本组合，素食、荤食恐龙蛋标本组合。展览各单元说明或撰写于铜版纸、墙面和木板上，或刻写于石块上，文字字体与颜色风格各异。

2-8 展区规划

依认知规律来规划本展区的不同主题，有宏观展示，也有微观陈列。展厅入口导介区为一块呈长方形的黄色石灰石石板，其中镶嵌着大型恐龙石膏化石模型。以英文在左上角阳刻该展区名称。石板上有四块大小不一的褐色石板，撰写本展区所有捐赠个人、单位及基金会名称（见图 3-38）。展览按照认知规律，由浅入深安排主题，划分七个部分——"沉浸于声和

图 3-36　印第安纳波利斯儿童博物馆"恐龙：现在你就在它们的世界"展区"沉浸于声和光的体验"部分的恐龙生活现场　采用场景复原手段

图 3-37　印第安纳波利斯儿童博物馆"恐龙：现在你就在它们的世界"展区"挖掘现场"部分的化石挖掘现场　采用场景复原手段

光的体验"（展览重点，以看、听感受恐龙世界）、"挖掘现场"（动手参与发掘化石）、"问题实验室"（恐龙问题继续探究）、"古生物实验室"（目睹并动手参与恐龙研究）（见图 3-39）、"蛋、窝和宝宝"（追踪恐龙繁衍）、"恐龙艺术画廊"和"恐龙玩具和收藏品"（欣赏恐龙艺术与玩具收藏品）。展厅还策划一处"向全世界为恐龙科考事业贡献之古生物学家致谢"的角落，使观众掌握世界各地恐龙化石发掘故事的同时，从小培育感恩精神。各大展区区块间划分明显，各部分间以说明看板相区分，字体、颜色不同，并配有图片，看板较易辨识。

图 3-38　印第安纳波利斯儿童博物馆"恐龙：现在你就在它们的世界"序厅　撰写有展区捐赠个人、单位及基金会名称

图 3-39　印第安纳波利斯儿童博物馆"恐龙：现在你就在它们的世界"展区"古生物实验室"部分　将古生物学家研究现场搬入

2-9 参观动线

参观动线主要采用"Branch Style"，展室呈现口袋式，参观完一个部分回到原点，再进入另外一个部分。但首尾两个部分为"穿过型"展室。因此，整个展厅出口与入口分开。观众进入展厅后，穿过第一部分，后进入其余口袋型展室，最终穿出最后部分。

2-10 氛围营造

展厅基本色调为绿色、米黄色、黄色、蓝色和橙色,其中,以绿色为主色调。整个展厅采用明快、活跃的原色色彩,全部采用人工照明。有的展台直接安装具有聚光功能的展示白炽灯,有的展台上方安装有可调整角度和位置的滑轨射灯,也有的展板顶部开灯檐,内置白炽灯。其中,第一部分"沉浸于声和光的体验"为刻意降低整体照明,采用底部和侧面局部照明的侧逆光,刻画出恐龙以及环境的轮廓,烘托出白垩纪时期的遥远和神秘。兼之,该部分采用立体展示,层高达约 65.5 英尺(20 米),从房顶到地面皆为展示空间,气势宏大。再者,球形的穹顶幻影成像,观众进入该部分即被"真实"氛围包围。"挖掘现场""蛋、窝和宝宝"等单元采用全景画作为背景,也起到复原环境的特殊效果。

2-11 外延设计

每部分展区都施以较充分的外延设计,其中,重点展区"沉浸于声和光的体验"表现尤为突出。此部分背景采用大量辅助展品,仿真复原树木、岩石等。再如"问题实验室"到处都是巨型问号,进入该展区便易于进入思考状态。另外,展墙上多处可见图片、照片,用以烘托环境、营造意境,如"蛋、窝和宝宝"部分张贴恐龙蛋和幼小恐龙图片,栩栩如生;"古生物实验室"展示化石从田野发掘到实验室研究的动态过程的照片。

2-12 标识系统

标志主体部分的设计构思为博物馆新建筑正面大楼的屋顶形状——拱形屋顶(见图3-40)。拱形屋顶并未通过艺术形式表达,也无法找出"儿童""乐趣""发现""探索"等踪影。标志与字体同时出现,字体较为严肃,字间距紧凑。无论标志,还是文字皆采用蓝色、黑色等冷色调,使得标识系统如同银行、矿厂或科研机构标志。或许此标志不讨巧,在整个展区几乎不见踪迹,倒是恐龙头像比比皆是。

图 3-40　印第安纳波利斯儿童博物馆新的标识系统
主体为新馆正面大楼屋顶,艺术表达较为严肃,于展区内未见

(2)展览内部评估——效益指标测评

①指标测评

前文已就案例观察后进行了深入细致的解析,研究者于此基础上,依所拟定之儿童展览评估指标体系进行检测,结果如表 3-16 所示:

表 3-16　印第安纳波利斯儿童博物馆"恐龙：现在你就在它们的世界"

展区展览指标评估表

一、生理需求范畴（分值 32 分：各指标优秀 4；良好 3；一般 2；不好 1）		
评估指标与分值	单项标准与分值	评分
1 安全牢固 （分值 8 分）	1-1 展品安全，提供家庭观众、馆员保护（分值 4 分）	3
	1-2 展品运行与维护良好（分值 4 分）	4
安全牢固总分值		7
2 符合人体 （分值 12 分）	2-1 展品高度和密度适合儿童（分值 4 分）	3
	2-2 灯光、温度和声效适合（分值 4 分）	4
	2-3 参观路线自然流畅，不交叉、重复、缺漏，设置路线标示系统（分值 4 分）	4
符合人体总分值		11
3 生活服务 （分值 12 分）	3-1 展厅空间或其他空间整洁（分值 4 分）	3
	3-2 休息处和餐饮方便（分值 4 分）	4
	3-3 特殊设施考虑（分值 4 分）	4
生活服务总分值		11
生理需求共计分值		29
二、心理需求范畴（分值 96 分：各指标优秀、良好、一般、不好分值不等）		
1 教育效果指标系列一（分值 24 分：各指标优秀 8；良好 6；一般 4；不好 2）		
1-1 展览选题 （分值 8 分）	1-1-1 儿童易于接受并喜欢	8
1-2 目标年龄 （分值 8 分）	1-2-1 界定清晰	6
1-3 教育目标 （分值 8 分）	1-3-1 根据年龄阶段制定详尽目标	8
1 教育效果指标系列二（分值 12 分：各指标优秀 4；良好 3；一般 2；不好 1）		
1-4 体验效果 （分值 8 分）	1-4-1 展品互动参与性（分值 4 分）	4
	1-4-2 展品操作便易性（分值 4 分）	3
1-5 学习效果 （分值 4 分）	1-5-1 学习到新知识和方法	3
1 教育效果指标系列三（分值 12 分：各指标优秀 3；良好 2；一般 1；不好 0.5）		
1-5 学习效果 （分值 6 分）	1-5-2 对选题产生兴趣（分值 3 分）	3
	1-5-3 增加对选题的理解（分值 3 分）	2
1-6 认可度 （分值 6 分）	1-6-1 展品被注意时间长（分值 3 分）	3
	1-6-2 愿意重复参观（分值 3 分）	2

续表

评估指标与分值	单项标准与分值	评分
教育效果总分值		42
	2 受吸引度系列一(分值 36 分:各指标优秀 6;良好 4～5;一般 3;不好 1～2)	
2-1 展览内容 (分值 24 分)	2-1-1 结构演绎条理清晰、易于接受(分值 6 分)	6
	2-1-2 展品资料围绕主题丰富多样,灵活使用辅助材料(分值 6 分)	6
	2-1-3 主题提炼与选题密切相关,适合儿童,富有创意(分值 6 分)	6
	2-1-4 版面文字编写简短易懂,生动活泼,图文并茂,充满新意(分值 6 分)	6
2-2 展览形式 (分值 12 分)	2-2-1 陈列手段与内容紧密相关,手段多样,多使用参与度高的互动展示 (分值 6 分)	6
	2-2-2 注重灯光、色彩等多渠道氛围营造(分值 6 分)	6
	2 受吸引度系列二(分值 12 分:各指标优秀 4;良好 3;一般 2;不好 1)	
2-2 展览形式 (分值 12 分)	2-2-3 展览具备重点亮点(分值 4 分)	4
	2-2-4 利用墙面、地面、走廊开展充分的外延设计(分值 4 分)	4
	2-2-5 有卡通形象,易于分辨的标识系统(分值 4 分)	1
受吸引度总分值		45
心理需求共计分值		87
总体评价得分		116

②测评小结

从图 3-41 可见:各项指标"实际分值"俱介于"优秀分值"与"良好分值"之间。其中,安全牢固、符合人体与生活服务指标都距"优秀分值"有 1 分之差;教育效果与受吸引度指标分别低于"优秀分值"6 分和 3 分。生理与心理需求范畴分别低于"优秀分值"3 分和 9 分。故总体评价为略低于优秀水平。综上可见,本案例各项指标总体情况佳。相对而言,问题主要聚焦于心理需求范畴,表现为不易于分辨的卡通形象标识系统。而特色则主要反映在展览选题儿童喜欢并易于接受;展品运行维护良好;参观动线清晰流畅;具备大型餐饮中心,有饮用水、家庭盥洗等服务设施;有依年龄段制定的详尽目标;展品互动参与性强,因此观览过程时间花费多;亮点明确,结构清晰,使用多样化展示手段;大量使用辅助展品;说明文字活泼易懂,启发思考;针对细部开展外延设计。因此,除检测出部分缺失外,本案例生理与心理范畴存诸多亮点,可供他馆为儿童布展时取鉴。

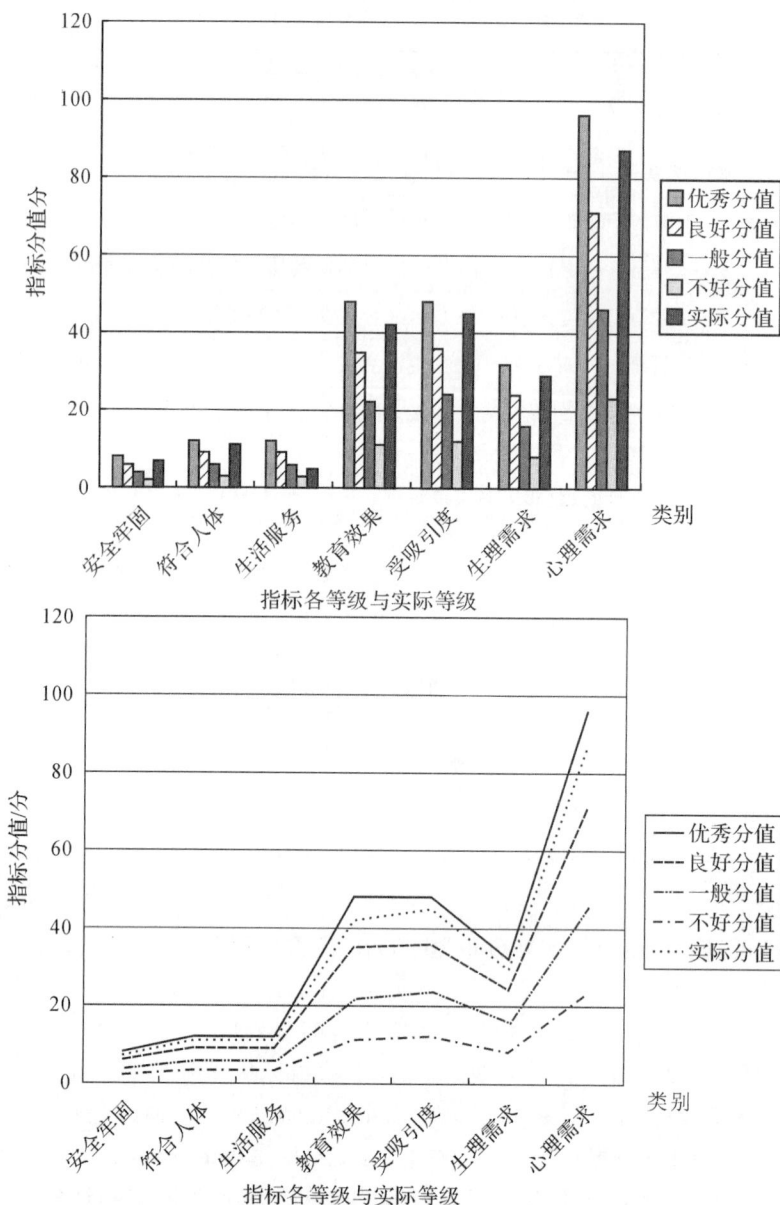

图 3-41 印第安纳波利斯儿童博物馆"恐龙：现在你就在它们的世界"展区展览效益指标等级分值系列对照图

(3)展览外部评估——观众问卷调查

为检视儿童观众及其家长对印第安纳波利斯儿童博物馆"恐龙：现在你就在它们的世界"展览的效益评估，兹定以抽样方式开展观众问卷调查，获取观众就恐龙展区内容策划、形式设计、生活服务及观众感受等方面的评价信息。本次调查共发放问卷 99 份，回收 93 份，回收率为 93.9%，其中有效问卷 89 份，无效问卷 4 份，有效率为 95.7%。

①调查时间

2012 年 5 月及 2013 年 2 月，为期共计 6 天。

②调查地点

印第安纳波利斯儿童博物馆外部广场。

③调查对象

观览过"恐龙"展区的儿童或家长。为了解儿童、家长用户评价是否在各模块上存在显著差异,尽量保持两类用户样本数相当。

④调查方法

儿童、家长两类用户随机抽样,现场定向发放并回收调查问卷。

⑤调查内容

问卷设"基本情况""内容策划""形式设计""生活服务"及"观众感受"五大部分,第一部分包括去"恐龙"展区次数、年龄、住址、参观时间、目的等基本信息,后四个部分则包括展览结构、选题、内容、文字、展品、手段、高度、密度、氛围、满意度及收获等共计22个问题,整份问卷共计27个问题。问卷给予单选或多选的封闭式答案。(详见附录一)

⑥结果与分析

6-1　各题频数结果与分析

依本案例每个题目答案频次统计和图表分析(详见附录五),可得出如下结论:

观众基本为第四次或五次及以上来本展区,分别占36%、57.3%;儿童、家长观众分别占52.8%、47.2%;观众主要来自本市郊区,占52.8%;观众主要在本馆待4~5小时、5小时以上,分别占37.1%与53.9%;参观目的中丰富知识占25.8%,学习科学知识占21.3%,休闲娱乐占76.4%,无明确目的占15.7%;观众主要对熟悉、激发兴趣、新颖有创意的展览选题感兴趣,分别占75.3%、97.8%和66.3%;参观或操作展品时,多让孩子自己看/玩或家长或孩子一起看/玩,分别占60.7%、83.1%;来本展区收获为激发新兴趣,或增加对展览内容的理解,或休闲娱乐,或掌握新知识和方法,分别占91%、89.9%、85.4%和68.5%。

观众就本展览各方面普遍满意,满意处主要集中于:认为展览结构"完全理解""大多理解",共占91%;展览内容"亮点有,很明显"或"亮点有,较明显",共占100%;展览文字"看得明白很有趣"或"看得明白有点有趣",共占100%;展品"很丰富"或"较丰富",共占100%;"几乎所有""大多"展品让人感兴趣,共占100%;"几乎所有""大多"展品能引起思考或疑问,共占100%;"几乎所有""大多"展品能操作、参与玩,共占96.6%;"完全没有"或"小部分"展品陈旧或需更新,共占98.9%;展览手段"非常丰富"或"较丰富",共占98.9%;展品高度"非常舒适"或"较舒适",共占100%;展品密度"非常合适"或"较合适",共占98.9%;氛围"营造得非常好"或"营造较好",占100%;"完全没有"或"仅有一些"不安全因素,共占97.8%;参观路线"非常清晰"或"较清晰",共占100%;照明、温度、声效"非常好"或"较好",共占100%;展厅清洁、舒适程度"非常好"或"较好"共占98.9%;操作展品的使用"基本可以"或"较容易",共占95.5%。

相较于诸多满意情况,非常不满意或不太满意处较少,主要反映于:认为博物馆标志在展区内"完全没看到"或"看到一些",共占98.9%。

6-2　各模块比较结果与分析

为掌握本案例"内容策划""形式设计""生活服务""观众感受"四大模块的总体观众评价情况,并就各模块总体观众评价情况进行对比,采取如下办法处理:

第一步:数据预处理。

①问卷每题答案第一、二、三、四、五、六、七选项,分别用编码1、2、3、4、5、6、7代表;

②问卷6~26道中选项编码为6的均置换成0(多选题除外);

③根据语义,将14和22道题目对选项进行倒置处理,即1置换成5,2置换成4,3不

变,4 置换成 2,5 置换成 1。

第二步:求均值。

内容策划:第 6～14 题(排除第 7 道和第 9 道);

形式设计:第 15～22 题(排除第 19 道);

生活服务:第 23～25 题;

观众感受:第 26 题。

第三步:根据四舍五入原则对数字取整。

由此可得:

6-2-1"内容策划"模块

QA[①]		频数	百分比（%）	有效百分比（%）	累积百分比（%）
有效值	4[②]	21	23.6	23.6	23.6
	5	68	76.4	76.4	100.0
	总计	89	100.0	100.0	

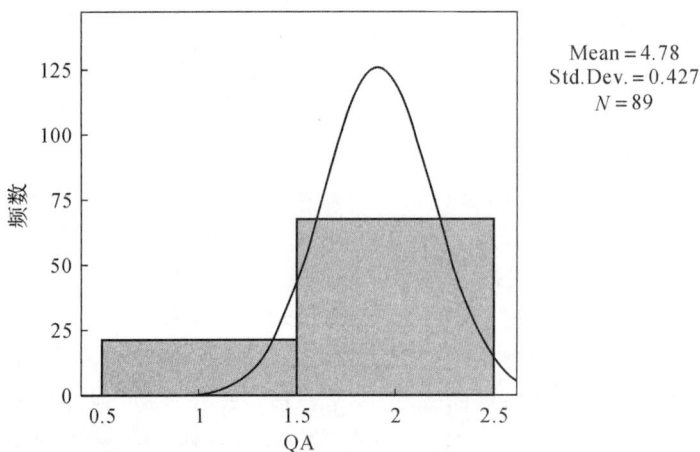

Mean = 4.78
Std.Dev. = 0.427
N = 89

6-2-2"形式设计"模块

QB		频数	百分比（%）	有效百分比（%）	累积百分比（%）
有效值	4	85	95.5	100.0	100.0
缺失值	体系	4	4.5		
	总计	89	100.0		

---

① "QA"代表"内容策划";"QB"代表"形式设计";"QC"代表"生活服务";"QD"代表"观众感受"。

② "1"代表"非常不满意";"2"代表"不太满意";"3"代表"一般";"4"代表"较满意";"5"代表"非常满意"。

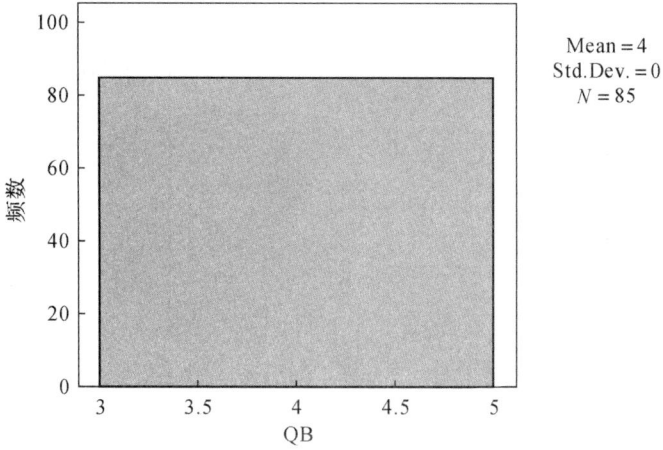

Mean = 4
Std.Dev. = 0
N = 85

6-2-3"生活服务"模块

QC		频数	百分比 （%）	有效百分比 （%）	累积百分比 （%）
有效值	4	25	28.1	28.1	
	28.1	5	64	71.9	100.0
	总计	89	100.0	100.0	

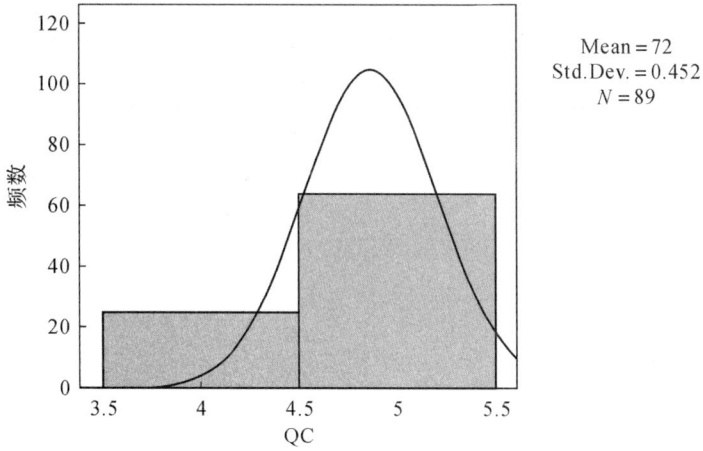

Mean = 72
Std.Dev. = 0.452
N = 89

6-2-4"观众感受"模块

QD		频数	百分比 （%）	有效百分比 （%）	累积百分比 （%）
有效值	4	33	37.1	37.1	37.1
	5	56	62.9	62.9	100.0
	总计	89	100.0	100.0	

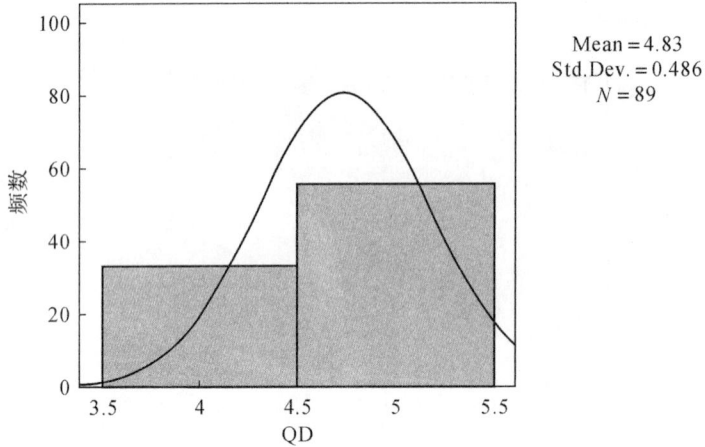

从图表可悉:"内容策划"模块总体观众评价非常满意(占 76.4%);"形式设计"模块总体观众评价比较满意(占 95.5%);"生活服务"和"观众感受"模块总体观众评价非常满意(分别占 71.9% 和 62.9%)。尽管观众就"内容策划""生活服务""观众感受"三模块皆非常满意,但相较而言,"内容策划"最为满意,其次是"生活服务","观众感受"再次之。"形式设计"满意度稍有欠缺。

基于以上研究,研究者欲进一步探寻"儿童""家长"两类别就此四大模块评价是否存有显著差异。以年龄作为变量,选项共有两个属性——"儿童""家长",所以产生两组数据。由于需要对此两组数据进行差异性分析,故选用独立 T 检验。结果如下(见表 3-17):

表 3-17　印第安纳波利斯儿童博物馆"恐龙:现在你就在它们的世界"展区
"儿童"与"家长"两大组别数据统计

Group Statistics(组别统计)				
	Qage (年龄组别)	N (人数)	Mean (平均值)	Std. Deviation (标准差)	Std. Error Mean (均值的标准误)
QA	1①	90	3.78	1.120	0.118
	2	91	3.69	1.102	0.116
QB	1	86	3.02	1.006	0.108
	2	90	2.91	1.002	0.106
QC	1	91	4.41	0.494	0.052
	2	90	4.26	0.552	0.058
QD	1	91	3.56	1.195	0.125
	2	91	3.45	1.258	0.132

是否存显著差异,见表 3-18,若 Levene's Test for Equality of Variances 中的 Sig. 值大于 0.05,表明假设方差相等(Equal variances assumed),进而查看对应的 T-Test for Equality of

---

① 1 代表儿童;2 代表家长。

Means 中的 Sig.（2-tailed）值，若该值小于 0.05，说明存在显著差异，若该值大于 0.05，说明不存在显著差异。通过 QA—QD 各模块查看发现，Sig. 值均大于 0.05，Sig.（2-tailed）值均大于 0.05，故针对各模块评估，"儿童"与"家长"并不存在显著差异。

表 3-18　印第安纳波利斯儿童博物馆"恐龙：现在你就在它们的世界"
展区独立样本检验表

| | | Levene's Test for Equality of Variances | | T-Test for Equality of Means | | | | | | |
| | | | | | | | | | 95% Confdience Interval of the Difference | |
		F	Sig.	t	df	Sig.（2-tailed）	Mean Difference	Std. Error Difference	Lower	Upper
QA	Equal variances assumed	0.007	0.934	0.517	179	0.605	0.085	0.165	−0.240	0.411
	Equal variances not assumed			0.517	178.874	0.605	0.085	0.165	−0.240	0.411
QB	Equal variances assumed	0.551	0.459	0.741	174	0.460	0.112	0.151	−0.187	0.411
	Equal variances not assumed			0.741	173.572	0.460	0.112	0.151	−0.187	0.411
QC	Equal variances assumed	0.353	0.553	1.940	179	0.054	0.151	0.078	0.003	0.305
	Equal variances not assumed			1.939	176.382	0.054	0.151	0.078	−0.003	0.305
QD	Equal variances assumed	0.826	0.365	0.604	180	0.546	0.110	0.182	−0.249	0.469
	Equal variances not assumed			0.604	179.513	0.546	0.110	0.182	−0.249	0.469

（4）小结——特色与缺失

据以上研究者观察解析与内外部评估，该展览特点大概归结如下：

①不同于传统的展览选题

恐龙选题的展览一向受儿童观众青睐，研究者认为可能基于两方面原因。其一，恐龙类型多样，体型庞大，儿童对恐龙产生力量崇拜；其二，尽管影视、文学作品中有所涉猎，但这个古动物类群却在地球上生存 1 亿多年后神秘消失，而恐龙本身已消亡，留给儿童无限想象，恐龙展览可满足其想象需求。因此，恐龙成为博物馆一个传统选题。正如美国洛杉矶自然历史博物馆（Natural History Museum of Los Angeles County）恐龙陈列厅项目主持人基亚佩（Chiappe）博士所言："大部分恐龙展围绕恐龙生存年代和类型来组织。"①然而，本展览的策展并未采取传统思路，而是选取恐龙选题下多项令人耐人寻味的问题展开探索：恐龙如何生活和行为；化石如何被发掘；它们同时代动植物有哪些；恐龙研究成果如何获得；后代如何繁衍。借由对诸此问题施以探究，观众被带至恐龙世界。"古生物实验室"部分即科研人员

---

① 关键，宋汝菜. 自然博物馆展览创新的缺失一环. 上海科技馆，2011，3（4）：19.

就已发掘化石进行现场古生物研究。通过实地科考发现，源源不断地更新本展览的各大主题。该展区采用旧瓶装新酒的方式，各部分选题独辟蹊径，深得儿童喜爱。

②递进式的展览结构

展览各区块以由浅及深的认知特征进行规划，从观赏式展示、体验式展示、探索式展示到启迪式展示。各区块属递进关系，存在严谨的逻辑顺序。虽各部分逻辑关系明确，但各部分内部却不存在很强的逻辑关系，因此可平行展开。各部分区块内容独立，区块前吊挂或撰写名称，便于区分。本展览重点突出。从展览结构而言，设计者无疑经由深思熟虑，因此展览各部分策划科学严谨，鞭辟入里。第一部分为全景式的宏观展示，对感官产生冲击，对恐龙的声、形和生存环境产生初步认知。第二部分为探究这些化石从何而来。观众可拿起小刷子、小铲子，戴上防护眼镜，扮演小考古学家进行现场挖掘。其后，观众对恐龙与化石产生诸多疑问，第三部分即带领观众寻找各类问题背后的解答，进一步加深恐龙相关信息的掌握。第四部分——古生物实验室将古生物学家开展科研的现场搬至博物馆，儿童一睹为快，并可与专家对话，观摩专家科研过程，找到问题解决之法。第五部分为走进小恐龙世界，掌握恐龙如何繁衍后代。儿童可穿上恐龙衣道具，模仿孵化小恐龙（见图3-42），也可通过电脑窥见小恐龙在蛋壳内的微观活动。最后两个部分，属于恐龙欣赏层面的内容，关注恐龙世界的画作和玩具。总而言之，一方面，本展览重在强调观众体验和探索，非强调科普知识机械灌输。另一方面，安排结构时体验不仅限于简单场景复原，还关注观众与研究人员一起，亲自参与科学探索过程，从提出问题到解决问题。观览完毕该馆，由于对恐龙主题的体验和探索，观众获得认知，受到启迪，且不易产生博物馆疲劳。无怪乎时人称其为"0～99岁乐园"，此展确可使人自由享受科学的空气，成为探索者的天堂。

图3-42　印第安纳波利斯儿童博物馆"恐龙：现在你就在它们的世界"展区"窝、蛋和宝宝"场景

③分年龄段的教育目标

展览的教育目标并非针对所有年龄段儿童的一揽子目标。其中，"恐龙艺术画廊"部分还专门制定教育目标。无论是总目标，还是部分目标，皆从自然科学和语言艺术两维度来设定。兼之，教育目标是从幼儿园到八年级九段来区分。本书以幼儿园和一年级作为例子，分

别从看、听、说、使用工具、触摸展品等方面展开。无论是家长，抑或是教师，带儿童参观该展区时都可根据孩子年龄，依照本教育目标进行有意引导，家长、教师皆可成为有效利用恐龙馆展览资源的教育专家。本展教育目标设定有理可依、行之有效，同时鼓励家庭共同参与，成为本展览亮点之一。

④多层次的信息负载

展览规划资讯内容多样，展示手段层出不穷，有看板、折页、触摸式电脑、灯箱、嵌入式电视和互动展示。信息表达颇具特色：看板或表述简洁，图文并行，避免信息充塞，或采用故事形式图文对照娓娓道来；就儿童熟悉的展品说明文字不着笔墨，就儿童感兴趣的展品进行阐释式说明；皆以问题打头，或以故事解答，或鼓励亲自动手探索。总之，文字内容浅易、语气活泼，句型多采用祈使句或疑问句，为儿童喜闻乐见；展品和组合内容根据需要，详略不一；字体样式活泼，大小相别，颜色明快，配有图片或照片。提醒型看板主要考量儿童安全问题。"gift（捐赠）"通常出现在展区看板内文，标明展品来历。此展区信息的一大特色即处处使用问句埋下伏笔，引领儿童带着问题体验与探究。

⑤科学知识的信息凝练

整个展览的信息凝练偏重恐龙知识——无论看板或说明文字皆围绕恐龙选题展开。看板、触摸式电脑、灯箱、嵌入式电视和互动展品信息都围绕恐龙的不同主题。但无论何种方式，呈现的信息并不是枯燥的科学知识或系统的科学理论，而是通过信息阐释，让观众沉浸于科学知识的海洋，自我体验和吸收。

⑥问题化的展品说明

展品说明有传统标签式说明，也有阐释式说明，还有提醒、捐赠说明。传统标签式说明仅包括名称、地点和年代，与一般无异。阐释式说明占展品和组合说明的2/3，首句几乎都为一个问句，其后进行故事解答或鼓励动手，也有不做解答的（见图3-43）。问句式起头的展品说明是本展览的又一个亮点，儿童置身于问题的世界，求知欲得以激发，需倚靠参与来寻求解答。

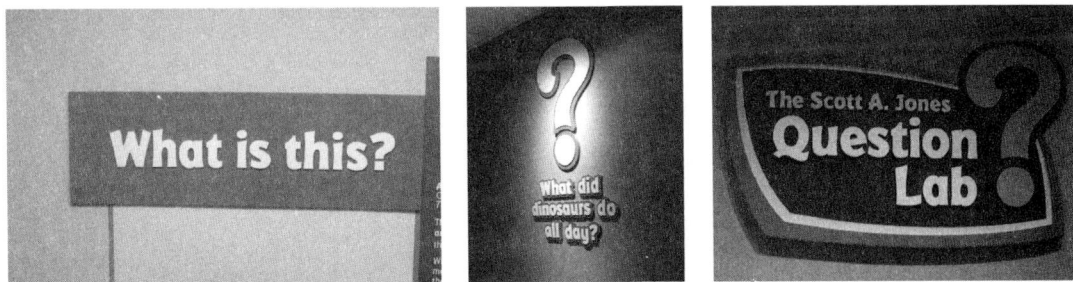

图 3-43　印第安纳波利斯儿童博物馆"恐龙：现在你就在它们的世界"展区内部分、单元和展品说明中的"问号"标志

⑦裸露为主的展陈方式

展区多图片、照片或全景、半景画，文字干扰少。展品主要以裸展为主，少量小型化石或玩具置于适合儿童高度的内嵌式通柜，儿童自然"身陷"于展区营造的恐龙世界中。恐龙化

石中,诸多部位采用石膏模型,并结合仿真复原手段。鼓励家庭观众大胆触摸展品,拿展品玩,参与互动探索,不推崇观赏式的静态展示。

⑧如临其境的展场氛围

多处采用幻影成像、全景画、半景画、大幅照片等手段进行场景半复原。使用暖色色调,照明以射灯为主,荧光灯为辅,开展声效模拟,烘托出展场特有的科学氛围。重点是利用墙面进行外延设计。第一部分"沉浸于声和光的体验"氛围营造最为成功,房顶穹顶幻影成像,模拟天空、云朵,与地面恐龙化石、仿真动植物、土壤和岩石一道,自屋顶到地面构成完整的展示空间,从而打造出独特的现场感。然而,该馆标识系统因刻板模拟拱形屋顶,字体采用暗色、冷色色彩,留有遗憾。馆标无法为众多独立展区营造整体感,开展经营活动亦难以以此为依托,因为它识别度不高,不易对其产生印象。

(二)人文类题材

1.案例三:中国妇女儿童博物馆"儿童历史"展区

(1)研究者观察解析

①展览结构(见图3-44)

展览选题:古代、近代和现代儿童的历史

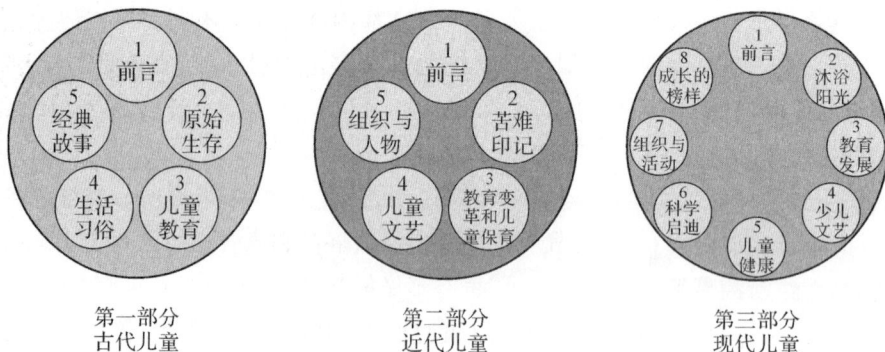

图3-44 中国妇女儿童博物馆"儿童历史"展区结构图

②展览策划

2-1 传播目的

通过对中国古代、近代和现代儿童在三个历史时期发展情况的展示,揭示中国儿童始终与祖国相连的命运,彰显儿童文化的丰富性与多样性,弘扬中华民族美德,反映关爱、呵护儿童的传统文化。

2-2 目标年龄

无。

2-3 教育目标

帮助观众了解历史变迁中的中国儿童;为研究儿童事业的过去、把握今天、探索未来提供资料;让专业人士和研究者,从中国儿童的角度得到新的启示,获得新的发现。

2-4 重点和难点

展览以弘扬传统美德、爱国主义为主题,但阐释此主题的部分或单元并不突出。

2-5 内容结构

展览内容逻辑性强,各部分按时间顺序安排,各单元依不同主题规划。"古代儿童"部分设"原始生存""儿童教育""生活习俗"和"经典故事"四个单元;"近代儿童"部分设"苦难印记""教育变革和儿童保育""儿童文艺"和"组织与人物"四个单元;"现代儿童"容量相对大,设"沐浴阳光""教育发展""少儿文艺""儿童健康""科学启迪""组织与活动"和"成长的榜样"共计七个单元。展区信息可见于前言、单元说明及说明文字。展品说明采用标签式说明和阐释式说明两种。标签式说明以中英文两种语言撰写展品名称、年代与征集者等基本信息(见图 3-45);阐释式说明也采用中英文,英文只有展品名称,中文包含展品名称、时间和情况介绍。展品说明以置于展品下方为主,前方为辅。看板信息可参见表 3-19。

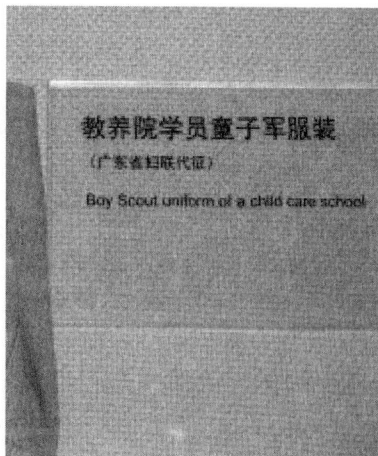

图 3-45　中国妇女儿童博物馆"儿童历史"展区展品说明牌

表 3-19　中国妇女儿童博物馆"儿童历史"展区各种导览媒介及其负载信息

导览媒介		负载信息
展区看板和展品说明	部分说明	◆"古代儿童"部分说明 ◆"近代儿童"部分说明 ◆"现代儿童"部分说明
	单元说明	◆"古代儿童"部分 ●"原始生存"单元说明　●"儿童教育"单元说明 ●"生活习俗"单元说明　●"经典故事"单元说明
		◆"近代儿童"部分 ●"苦难印记"单元说明　●"教育变革和儿童保育"单元说明 ●"儿童文艺"单元说明　●"组织与人物"单元说明
		◆"现代儿童"部分 ●"沐浴阳光"单元说明　●"教育发展"单元说明 ●"少儿文艺"单元说明　●"儿童健康"单元说明 ●"科学启迪"单元说明　●"组织与活动"单元说明 ●"成长的榜样"单元说明
展览折页	展厅介绍	◆妇女展馆　◆儿童展馆
六边形灯箱	美德少年	◆古代著名人物如林则徐等故事介绍
嵌入式电视	传统故事	◆岳母刻字等传统故事动画(视频)
	儿童文艺	◆近代儿童艺术表演(录像)
	沐浴阳光	◆希望工程(照片播放)
	出国访问	◆中国儿童中心、中国福利会少年宫艺术团出访(录像)
	科技获奖	◆南斯拉夫贝尔格莱德广播电台颁发的集体一等奖等科技创新奖励(录像)

2-5-1 展区看板和展品说明

表 3-20　中国妇女儿童博物馆"儿童历史"展区看板和展品说明信息

展览部分看板内容	内容分析
◆"古代儿童"部分说明 　　中华民族自古重视对子女后代的抚养教育。从原始社会求生存,到文明社会司礼仪,社会生产力的发展改善了儿童的生存环境,教育思想的演进丰富了儿童教育的形式与内容,灿烂的中华文明培育了勤劳智慧的优秀儿女,世代传颂的教育经典激励儿童奋发向上。千百年来,一代代中华杰出儿女涌现,成长为我们民族的脊梁。本馆以弘扬中华民族传统美德为主题,从古代儿童的认知活动、教育礼俗、社会活动等方面,展现了一幅幅古代儿童生活的画卷。　　　　　　（200 个字）	四个单元主题内容散见于文中 概括本部分和单元主题内容
◆"近代儿童"部分说明 　　从 1840 年鸦片战争到 1949 年新中国成立,中华民族经历了内忧外患、动荡不安的百年,也走过了为民族复兴努力抗争,奋发图强的百年,中国儿童的命运与祖国的命运紧紧相连,他们饱尝了苦难,也经历了民主科学新思想的洗礼,积极参与社会活动,直至投身革命斗争,为实现民族独立与人民解放做出了贡献。本馆以弘扬爱国主义精神为主题,展示近代中国儿童的生活环境、教育状况、组织活动以及英雄事迹。　　　　　　　　　　　　　（180 个字）	近代历史回顾及四个单元主题内容散见于文中 概括本部分和单元主题内容
◆"现代儿童"部分说明 　　1949 年中华人民共和国成立,儿童成为"新中国的<u>小主人</u>",中国政府高度重视儿童工作,社会各方面都关心儿童的健康成长,"儿童优先"原则得到广泛认同,儿童社会权益保障不断健全,儿童事业欣欣向荣。随着中国经济社会的发展,儿童的生存状况和发展环境不断改善,儿童身心得到全面发展,儿童生活如七色光一般绚丽多彩。本馆反映了新中国儿童事业的发展成果,展示了当代儿童健康成长的崭新面貌,激励儿童了解历史,珍惜今天,热爱生活,积极向上,努力成长为中国特色社会主义事业的合格建设者和接班人。　　　　（232 个字）	部分单元内容散见于文中 概括本部分主要内容和传播目的
◆"古代儿童"部分 ●"原始生存"单元说明 　　原始社会生产力低下,人们的生活异常艰难,教养孩子主要靠群体共同完成。儿童常常跟随成人参加狩猎、耕作、制陶、祭祀等活动,通过长辈传教和自己观察模仿,学习基本生活知识和生存技能。　　　　　　（87 个字） ●其余同类单元说明（略）	其下"组":群居共养、观察模仿、学习狩猎的主题内容皆有涉猎

展品阐释式说明内容

展览部分看板内容	内容分析
◆微缩模型: ●羲之教子 　　东晋书法家王羲之对儿子王献之学习书法要求极为严格,他说:"写一点,须空中遥掷笔作之,像高峰坠石,沉重有力;写一横,如长舟之截江堵,无懈可击;写一竖,如冬笋之挺寒谷,难以摇撼;写上挑弯钩,似百钧之弩初张,铁铸一般;写下拐弯脚,如壮士之屈臂,力大无穷。"　　　　　　（125 个字） ●岳母刺字（略）　●寒窗课子（略）　●退袄责子（略）	这段阐释式说明 3/4 为古文,文字成人化,晦涩难读
◆雕塑: ●孟母教子 　　孟轲小时候贪玩耍,不认真读书。孟母见<u>小孟轲</u>不认真背诵诗文,拿起刀割断正在织的布,以此教育孟轲读书不能三心二意,半途而废,孟轲自此勤学不止。（69 个字） ●折箭教子（略）　●抗日儿童团活动（略） ●地下少先队为迎接解放开展活动（略）　●故事爷爷——孙敬修（略） ●草原英雄小姐妹（略）	故事选题妇孺皆知,但说明文字成人化

续表

展览部分看板内容	内容分析
◆场景复原： ●生活场景(1950—1970) 　　新中国建立后,人民群众开始了安居乐业的生活,但家庭收入较低,住房面积很小,家庭中基本没有儿童专用房间。　　　　　　　　　　　　(51个字) ●生活场景(1970—1990)(略)	群体物件解说主要围绕新中国成立后的家庭住宿情况,虽表达清晰,但表述成人化

注:下标＿＿为儿童用语;()内字数不含标题。

展区看板主要包括部分说明和单元说明。部分说明是部分和单元的内容概要,也有对传播目的的描述,单元说明也会涉及其下组的展示内容。

2-5-2 展览折页

展览折页主要对馆内六个基本陈列和五个专题展览进行介说,关于本展区介绍如下(采用中英文两种语言):"古代儿童馆以弘扬中华民族传统美德为主题,从古代儿童的认知活动、教育礼俗、社会活动等方面,展现了一幅幅古代儿童生活的画卷。近代儿童馆以弘扬爱国主义精神为主题,展示了近代中国儿童的生活环境、教育状况、组织活动以及英雄事迹。当代儿童馆反映了新中国儿童事业的发展成果,展示了当代儿童健康成长的崭新面貌,激励儿童了解历史、珍惜今天、热爱生活、积极向上,努力成长为社会主义事业的合格接班人。"同时,饰有"青花婴戏纹梅瓶(清)""彩粉教子图枕(清)""草原英雄小姐妹"等展品图片。

2-6 展品资料

"古代儿童"部分文物共计96件,题材分原始生存、儿童教育、生活习俗和经典故事四类。以文物、图片、文字为主,兼有少量辅助展品,其中"文物"展品有陶器、瓷器、衣物、青铜饰品等。"近代儿童"部分文物共计98件,题材有苦难印记、教育变革和儿童保育、儿童文艺及组织与人物四类。以文物、图片、照片、文字为主,兼有少量辅助展品,其中实物展品包含钟、算盘、窗、板凳、军毯、军服、军帽等生活用品,另有书本、信件、笔等学习用品。"现代儿童"部分文物共计173件,题材分沐浴阳光、教育发展、少儿文艺、儿童健康、科学启迪、组织与活动和成长的榜样七类。以实物、图片、照片、文字为主,兼有少量辅助展品。实物展品包含书本、奖杯、奖状、信件、红领巾、童军制服、纪念表等与教育相关展品,还有柜子、书桌、婴儿车等与生活相关展品。

2-7 展示手法

采用橱窗式(见图3-46)和裸展(见图3-47)相结合的展示手法,表现形式为约一半展板、一半展品。展板主要由图片和文字构成。展品中体量较大的置于独立柜内,小件展品则放于通柜或壁龛中,全部展柜都沿墙放置,无中心柜。展品配有简洁的文字说明。部分通柜高度超过200cm;独立柜高度约为120cm,属成人最佳高度的下限左右。各类展柜转角部位都未经过打磨改造。"古代儿童"部分辅助展品采用嵌入式电视、雕塑、人物蜡像、灯箱展示手法;"近代儿童"部分辅助展品使用雕塑、嵌入式电视的展示手法;"现代儿童"部分辅助展品则运用场景复原、雕塑、嵌入式电视、灯箱、全景画等展示手法。展品组合有六类:实物"展品＋标签式说明牌"组合,"展品＋多媒体声像资料"组合,"人物蜡像辅助展品＋展品阐释式说明"组合(见图3-48),"雕塑辅助展品＋阐释式说明"组合(见图3-49),"雕塑辅助展品＋展品标签式说明"组合(见图3-50),"实物展品＋群体物件解说"组合(见图3-51)。

图 3-46　中国妇女儿童博物馆"儿童历史"展区展品组合橱窗式展示　这种陈展方式占多数

图 3-47　中国妇女儿童博物馆"儿童历史"展区展品组合裸展式展示　这种陈展方式占少数

图 3-48　中国妇女儿童博物馆"儿童历史"展区内采用人物蜡像辅助展品搭配展品阐释式说明牌

图 3-49　中国妇女儿童博物馆"儿童历史"展区内采用雕塑辅助展品搭配展品阐释式说明牌

图 3-50　中国妇女儿童博物馆"儿童历史"展区内采用雕塑辅助展品搭配展品阐释式说明牌

图 3-51　中国妇女儿童博物馆"儿童历史"展区内采用实物展品组合搭配群体物件解说牌

2-8 展区规划

依展览三大主题分割展览空间,展品被分列于各大主题之下(见图 3-52、图 3-53)。展厅入口导介区是一幅融原始、古代、近代和现代四组儿童于一体的全景图。图上场景分别为儿童正在采摘、嬉戏、战斗与上学(见图 3-54),间有蓝天白云相伴。展厅为古代、近代、现代儿童三大区块。入口即进入"古代儿童馆"和部分说明。展品围绕展厅两边放置;"经典故事"之"美德少年"以一个六边形立体灯箱(见图 3-55)置于"古代儿童"区域右侧中间位置;雕塑、场景复原、人物蜡像多数居于展柜前侧;"草原英雄小姐妹"雕塑位于"现代儿童"区域中央。此三大主题展区空间无间隔,但有部分说明看板和说明文字相区分。

图 3-52　中国妇女儿童博物馆"儿童历史"展区的展区规划
按古代儿童、近代儿童和现代儿童的时间逻辑规划

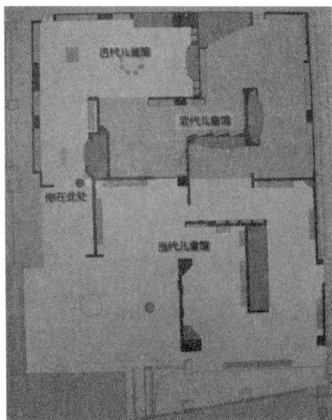

图 3-53　中国妇女儿童
博物馆"儿童历史"展区平
面图

图 3-54　中国妇女儿童博物馆"儿童历史"展区序厅
原始、古代、近代和现代儿童嬉戏等场景的全景图

2-9 参观动线

展厅进出口不同一,参观主动线为顺时针。属于"穿过型"的"串联式"联结,展线为单向延伸。因展板和展品依时间排序,故观众看时多数会以此"隐性"线索为导引,通常无形之中即会循馆方预设之动线观展。

2-10 氛围营造

展厅以米黄、米白、浅棕色为基本主调,米黄色为主。展区的分隔方法是中间走道,两侧展墙的单调分隔;地面采用花岗岩玻化砖,墙体选用亚光墙面砖等无鲜明色调的材料。展柜则通常采用顶部灯带照明(见图 3-56)。展厅采用顶部照明,有规律地安装灯光,整体照明略大于展示空间,产生部分眩光(见图 3-57)。看板、场景复原和展柜采用局部照明。展馆内未利用色彩、材料或光效等对展厅进行独特氛围的营造。

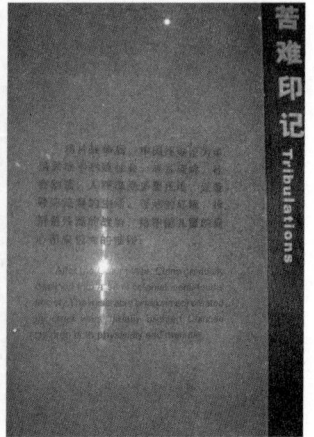

图 3-55 中国妇女儿童博物馆"儿童历史"展区内"古代儿童"部分的立体灯箱　　图 3-56 中国妇女儿童博物馆"儿童历史"展区内展柜的照明　　图 3-57 中国妇女儿童博物馆"儿童历史"展区内照明产生眩光

2-11 外延设计

在入口、走道和天花板等处都未进行细部设计。以两处场景半复原、展台上方直接安装滑轨射灯、墙面张贴海报等手段,略表关注。

2-12 标识系统

主馆标志是一个红色圈内挖空书写一个"女"字,红色圈外围上下分别为中英文"中国妇女儿童博物馆"字样。构成元素主要有文字和几何图形(见图 3-58)。此标志与儿童馆并无明显关联,本展区内也未见。

图 3-58 中国妇女儿童博物馆标识系统
主体部分为圈内"女"字,无代表儿童馆元素,于展区内未见

（2）展览内部评估——效益指标测评

①指标测评

基于本案例细致观察与要素解析基础之上，研究者据拟定之儿童展览评估指标体系进行量化评分，结果如下（见表 3-21）：

表 3-21 中国妇女儿童博物馆"儿童历史"展区展览指标评估表

一、生理需求范畴（分值 32 分：各指标优秀 4；良好 3；一般 2；不好 1）

评估指标与分值	单项标准与分值	评分
1 安全牢固 （分值 8 分）	1-1 展品安全，提供家庭观众、馆员保护（分值 4 分）	3
	1-2 展品运行与维护良好（分值 4 分）	3
安全牢固总分值		6
2 符合人体 （分值 12 分）	2-1 展品高度和密度适合儿童（分值 4 分）	1
	2-2 灯光、温度和声效适合（分值 4 分）	2
	2-3 参观路线自然流畅，不交叉、重复、缺漏，设置路线标示系统（分值 4 分）	4
符合人体总分值		7
3 生活服务 （分值 12 分）	3-1 展厅空间或其他空间整洁（分值 4 分）	4
	3-2 休息处和餐饮方便（分值 4 分）	2
	3-3 特殊设施考虑（分值 4 分）	1
生活服务总分值		7
生理需求共计分值		20

二、心理需求范畴（分值 96 分：各指标优秀、良好、一般、不好分值不等）

1 教育效果指标系列一（分值 24 分：各指标优秀 8；良好 6；一般 4；不好 2）

1-1 展览选题 （分值 8 分）	1-1-1 儿童易于接受并喜欢	2
1-2 目标年龄 （分值 8 分）	1-2-1 界定清晰	2
1-3 教育目标 （分值 8 分）	1-3-1 根据儿童年龄阶段制定详尽目标	2

1 教育效果指标系列二（分值 12 分：各指标优秀 4；良好 3；一般 2；不好 1）

1-4 体验效果 （分值 8 分）	1-4-1 展品互动参与性（分值 4 分）	1
	1-4-2 展品操作便易性（分值 4 分）	1
1-5 学习效果 （分值 4 分）	1-5-1 学习到新知识和方法	2

1 教育效果指标系列三（分值 12 分：各指标优秀 3；良好 2；一般 1；不好 0.5）

1-5 学习效果 （分值 6 分）	1-5-2 对选题产生兴趣（分值 3 分）	0.5
	1-5-3 增加对选题的理解（分值 3 分）	2

续表

评估指标与分值	单项标准与分值	评分
1-6 认可度 （分值 6 分）	1-6-1 展品被注意时间长（分值 3 分）	0.5
	1-6-2 愿意重复参观（分值 3 分）	0.5
教育效果总分值		13.5
2 受吸引度系列一（分值 36 分：各指标优秀 6；良好 4～5；一般 3；不好 1～2）		
2-1 展览内容 （分值 24 分）	2-1-1 结构演绎条理清晰、易于接受（分值 6 分）	5
	2-1-2 展品资料围绕主题丰富多样，灵活使用辅助材料（分值 6 分）	3
	2-1-3 主题提炼与选题密切相关，适合儿童，富有创意（分值 6 分）	2
	2-1-4 版面文字编写简短易懂，生动活泼，图文并茂，充满新意（分值 6 分）	1
2-2 展览形式 （分值 12 分）	2-2-1 陈列手段与内容紧密相关，手段多样，多使用参与度高的互动展示（分值 6 分）	1
	2-2-2 注重灯光、色彩等多渠道氛围营造（分值 6 分）	1
2 受吸引度系列二（分值 12 分：各指标优秀 4；良好 3；一般 2；不好 1）		
2-2 展览形式 （分值 12 分）	2-2-3 展览具备重点亮点（分值 4 分）	1
	2-2-4 利用墙面、地面、走廊开展充分的外延设计（分值 4 分）	1
	2-2-5 有卡通形象，易于分辨的标识系统（分值 4 分）	1
受吸引度总分值		16
心理需求共计分值		29.5
总体评价得分		49.5

②测评小结

由图 3-59 可知：各项指标"实际分值"皆处于"不好分值"与"良好分值"之间，且于"一般分值"上下浮动。其中，安全牢固指标等于"良好分值"；符合人体、生活服务指标俱高于"一般分值"1 分；而教育效果、受吸引度指标分别低于"一般分值"8.5 分和 8 分。生理需求范畴高出"一般分值"4 分；心理需求范畴低于"一般分值"16.5 分。故总体评价为水平介于"不好"与"一般"间。综之，本案例各项指标总体情况不容乐观，相对而言，心理需求范畴问题较生理需求突出。心理需求问题主要呈现于选题儿童兴趣度不高；无目标年龄和依年龄界定的教育目标；无互动展品，展品吸引力小；辅助展品缺乏创意；说明文字趋向成人；展览无亮点；无外延设计，缺乏氛围营造；展厅内无明显标识系统。生理需求问题主要反映于部分展品高度过高，陈列密度过大；部分出现眩光；无儿童大型餐饮等服务设施。因此，各项指标，尤其心理需求范畴指标，可改善空间较大。

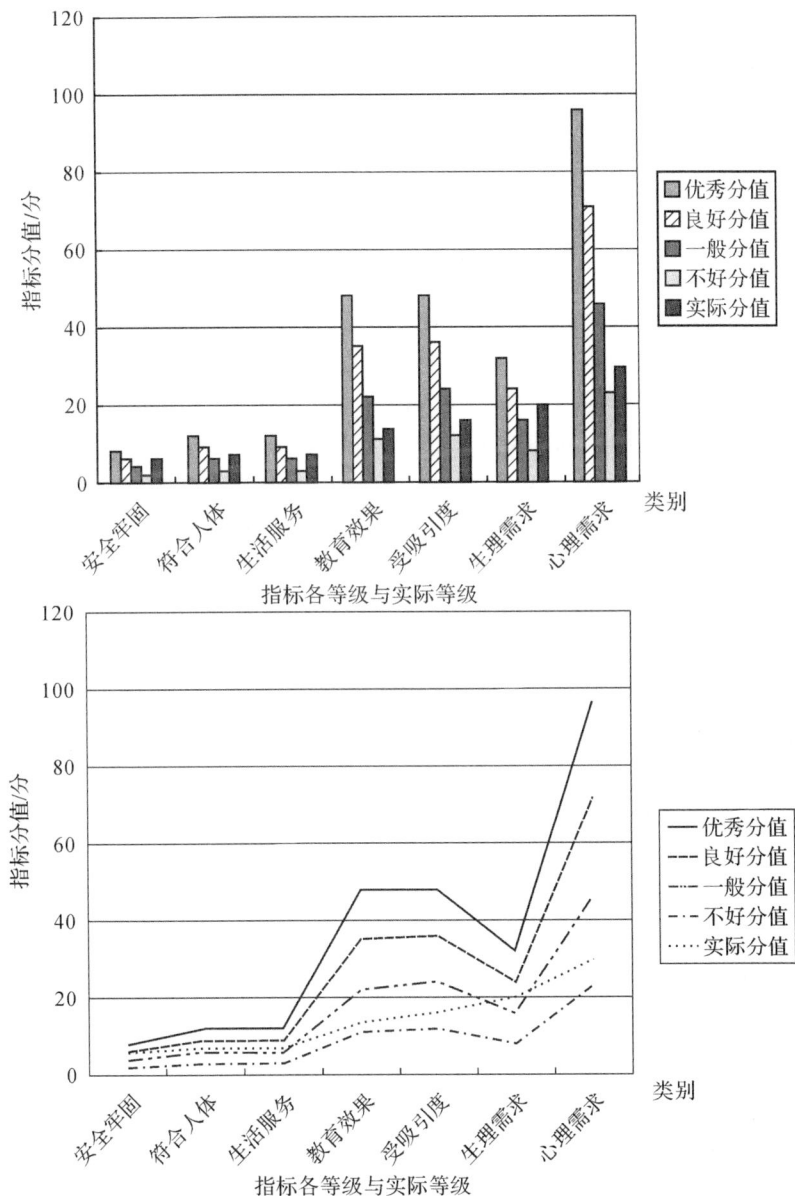

图 3-59　中国妇女儿童博物馆"儿童历史"展区展览效益指标等级分值系列对照图

（3）展览外部评估——观众问卷调查

为检测儿童及其家长两类受众对中国妇女儿童博物馆"儿童历史"展览的效益评估，兹定以抽样方式进行观众问卷调查，从而获取观众就"儿童历史"展内容策划、形式设计、生活服务及观众感受等评价信息。本次调查共发放问卷 106 份，回收 99 份，回收率为 93.4％，其中有效问卷 93 份（个别偶有略选），无效问卷 6 份，有效率 93.9％。

①调查时间

2012 年 2—3 月及 2012 年 7—8 月，为期共计 11 天。

②调查地点

"儿童历史"展区内、展区外休息区；"玩具馆"与"儿童体验馆"外休息区；中国妇女儿童博物馆大门外广场。

③调查对象

参观完或曾参观过"儿童历史"展的儿童或家长。为确知儿童、家长用户评价是否在各模块上存在显著差异，尽量保持两类用户样本数均等。

④调查方法

儿童、家长两类用户随机抽样，现场定向发放并回收。

⑤调查内容

问卷包含"基本情况""内容策划""形式设计""生活服务"及"观众感受"五部分，第一部分涵盖来"儿童历史"展区次数、用户年龄、住址、参观时间、目的等基本信息，后四个部分则涵盖展览结构、选题、内容、文字、展品、手段、高度、密度、氛围、满意度及收获等共计22个问题，整份问卷设计27个问题。问卷给予单选、多选的封闭式答案。（详见附录一）

⑥结果与分析

6-1 各题频数结果与分析

据本案例各题目答案频次统计与图表分析（详见附录六），获如下结论：

观众一般为第一次来本展区，占84.9%；儿童、家长观众分别占46.2%、53.8%；观众主要为北京市民，占77.4%；观众一般于馆内待1～2小时、2～3小时，分别占50.5%、47.3%；参观目的主要为学习科学知识占45.2%，丰富知识占44.1%，其他目的占10.8%；观众一般对能激发兴趣、与上课内容相关、选题意义大、新颖有创意、熟悉的展览选题发生兴趣，分别占78.5%、47.3%、45.2%、45.2%和41.9%；参观或操作展品时，主要为多让孩子自己看/玩，或家长和孩子一起看/玩，或让孩子先自己动手后指导，分别占71.0%、38.7%和24.7%；参观本展区收获在于增加对展览内容的理解，或掌握新知识和新方法，或收获不大，分别占64.5%、44.1%和22.6%。

观众就本展览各方面不满意和欠满意处者居多。不满意情况主要集中于：认为展览内容"没有亮点"或"亮点有，不明显"，共占100%；展览文字"看得明白但不有趣"或"看不明白不有趣"，共占98.9%；"完全没有"或"小部分"展品让人感兴趣，共占95.7%；"完全没有"或仅有"小部分"能操作、参与玩的展品/装置，共占100%；展览手段"极不丰富"或"不太丰富"，共占91.4%；"完全没有"可操作的展品，共占100%；展览氛围"没有刻意营造"或"营造不多"，占95.7%；博物馆标志在展区内"完全没看到"或仅"看到一些"，共占100%。欠满意情况主要呈现于：认为"小部分"展品能引起思考或疑问，约占57%；展品高度"一般"或"有点不舒适"，共占84.9%；展品密度"有点密"或"一般"，共占94.7%；"不太想"或"无所谓"再次来本展区，共占95.7%。

然而，也存在较满意或非常满意之处。较满意情况集中反映于：认为展品"较丰富"或"很丰富"，共占73.2%；参观路线"一般"或"较清晰"，共占100%；照明、温度、声效"一般"或"较好"，共占94.6%。非常满意情况主要表现为：认为"完全没有"或"小部分"展品陈旧或需更新，共占97.9%；不安全因素"完全没有"或"不太多"，共占97.8%；展厅清洁、舒适程度"较好"或"非常好"，共占96.8%。

6-2 各模块比较结果与分析

为检视本案例"内容策划""形式设计""生活服务""观众感受"四大模块的总体观众评价情况，并就各模块评价情况进行对比，采用如下办法处理：

第一步:数据预处理。

①问卷每题答案第一、二、三、四、五、六、七选项,分别用编码1、2、3、4、5、6、7代表;

②问卷6~26道中选项编码为6的均置换成0(多选题除外);

③根据语义,将14和22道题目对选项进行倒置处理,即1置换成5,2置换成4,3不变,4置换成2,5置换成1。

第二步:求均值。

内容策划:第6~14题(排除第7道和第9道);

形式设计:第15~22题(排除第19道);

生活服务:第23~25题;

观众感受:第26题。

第三步:根据四舍五入原则对数字取整。

由上可得:

6-2-1"内容策划"模块

QA①		频数	百分比 (%)	有效百分比 (%)	累积百分比 (%)
有效值	2②	25	26.9	27.2	27.2
	3	66	71.0	71.7	98.9
	4	1	1.1	1.1	100.0
	总计	92	98.9	100.0	
缺失值	体系	1	1.1		
总计		93	100.0		

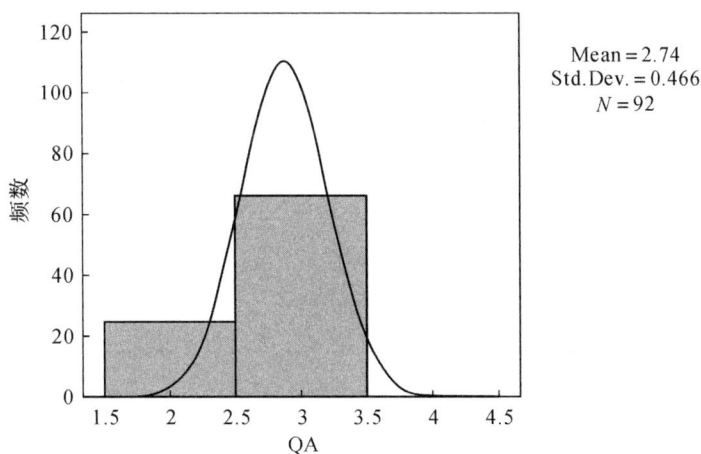

Mean = 2.74
Std. Dev. = 0.466
$N = 92$

① "QA"代表"内容策划";"QB"代表"形式设计";"QC"代表"生活服务";"QD"代表"观众感受"。

② "1"代表"非常不满意";"2"代表"不太满意";"3"代表"一般";"4"代表"较满意";"5"代表"非常满意"。

6-2-2"形式设计"模块

QB		频数	百分比 （%）	有效百分比 （%）	累积百分比 （%）
有效值	2	91	97.8	100.0	100.0
缺失值	体系	2	2.2		
总计		93	100.0		

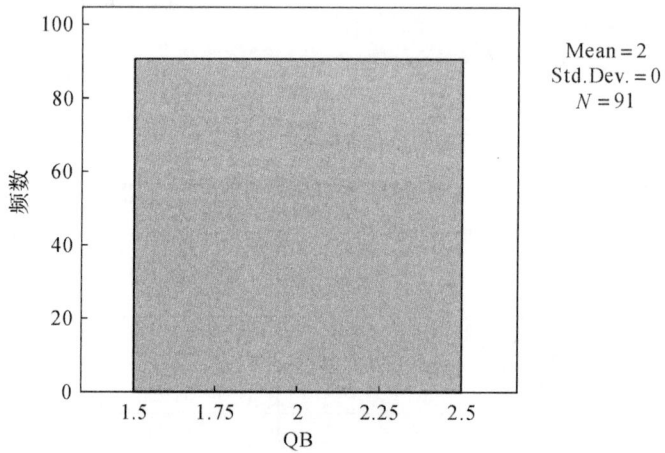

Mean = 2
Std.Dev. = 0
N = 91

6-2-3"生活服务"模块

QC		频数	百分比 （%）	有效百分比 （%）	累积百分比 （%）
有效值	3	5	5.4	5.4	5.4
	4	86	92.5	93.5	98.9
	5	1	1.1	1.1	100.0
	总计	92	98.9	100.0	
缺失值	体系	1	1.1		
总计		93	100.0		

Mean = 3.96
Std.Dev. = 0.253
N = 92

QC

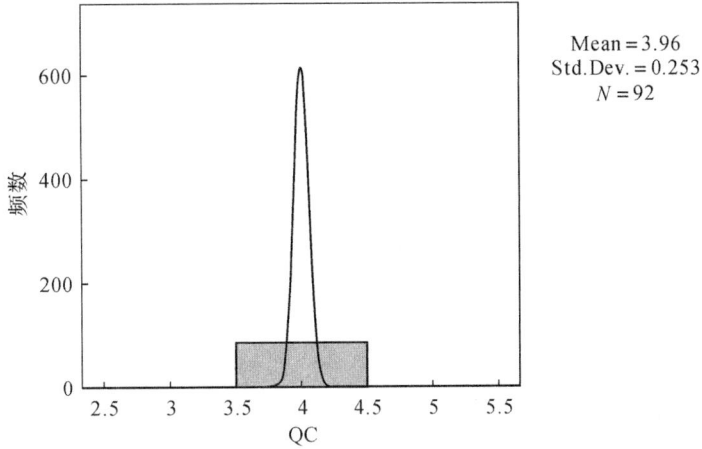

6-2-4"观众感受"模块

		频数	百分比（％）	有效百分比（％）	累积百分比（％）
QD					
有效值	1	1	1.1	1.1	1.1
	2	54	58.1	58.1	59.1
	3	35	37.6	37.6	96.8
	4	3	3.2	3.2	100.0
	总计	93	100.0	100.0	

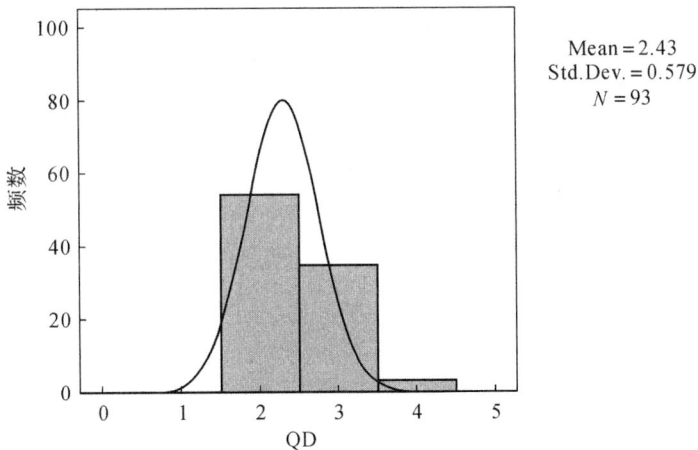

Mean = 2.43
Std.Dev. = 0.579
N = 93

QD

由图表可知："内容策划"模块总体观众评价为一般（占 71.0％）；"形式设计"模块总体观众评价不太满意（占 97.8％）；"生活服务"模块总体观众评价较满意（占 92.5％）；"观众感受"模块总体观众评价不太满意（占 58.1％）。综上可见，目前"生活服务"情况较为乐观，"内容策划"情况一般；"观众感受"有所不满；"形式设计"问题最大，亟待提升。

样本中依"年龄"变量,存"儿童"与"家长"两个不同类别。研究者基于诸上研究发现,欲进一步探寻两大不同类别就此四大模块评价是否存有显著差异。鉴于此,针对两组数据开展差异性分析,采用独立 T 检验。结果如下(见表3-22):

表 3-22　中国妇女儿童博物馆"儿童历史"展区"儿童"与"家长"两大组别数据统计

Group Statistics(组别统计)					
	Qage (年龄组别)	N (人数)	Mean (平均值)	Std. Deviation (标准差)	Std. Error Mean (均值的标准误)
QA	1①	43	2.72	0.504	0.077
	2	49	2.76	0.434	0.062
QB	1	42	2.00	0.000ᵃ	0.000
	2	49	2.00	0.000ᵃ	0.000
QC	1	44	4.02	0.151	0.023
0.045	2	48	3.90	0.309
QD	1	44	2.45	0.548	0.083
0.087	2	49	2.41	0.610

a. t cannot be computed because the standard deviations of both groups are 0.

依表 3-23 中数据可判定是否存显著差异。若 Levene's Test for Equality of Variances 中的 Sig. 值有的大于 0.05,表明假设方差相等(Equal variances assumed),进而查看对应的 T-Test for Equality of Means 中的 Sig.(2-tailed)值,若该值小于 0.05,说明存在显著差异,若该值大于 0.05,说明不存在显著差异。同时 Levene's Test for Equality of Variances 中的 Sig. 值也有的小于 0.05,表明假设方差不等(Equal variances not assumed),进而查看对应的 T-Test for Equality of Means 中的 Sig.(2-tailed)值,若该值小于 0.05,说明存在显著差异,若该值大于 0.05,说明不存在显著差异。通过 QA—QD 各模块查看发现,QA、QD 模块中 Sig. 值皆大于 0.05,Sig.(2-tailed)值皆大于 0.05;QC 模块中 Sig. 值小于 0.05,而 Sig.(2-tailed)值大于 0.05。故,经 QA、QC 和 QD 各模块评估,"儿童"与"家长"并不存在显著差异。另外,从组别统计表发现,两类别 QB 均值完全一致,且相对均值的离散程度为 0,因此亦不存在显著差异。

---

① 1代表儿童;2代表家长。

表 3-23　中国妇女儿童博物馆"儿童历史"展区独立样本检验表

| | | Levene's Test for Equality of Variances | | T-Test for Equality of Means | | | | | | |
| | | | | | | | | | 95% Confdience Interval of the Difference | |
		F	Sig.	t	df	Sig. (2-tailed)	Mean Difference	Std. Error Difference	Lower	Upper
QA	Equal variances assumed	1.859	0.176	−0.349	90	0.728	−0.034	0.098	−0.228	0.160
	Equal variances not assumed			−0.346	83.585	0.730	−0.034	0.099	−0.231	0.162
QC	Equal variances assumed	11.300	0.001	2.469	90	0.015	0.127	0.051	0.025	0.229
	Equal variances not assumed			2.537	69.495	0.013	0.127	0.050	0.027	0.227
QD	Equal variances assumed	0.261	0.611	0.384	91	0.702	0.046	0.121	−0.193	0.286
	Equal variances not assumed			0.386	91.000	0.700	0.046	0.120	−0.192	0.285

（4）小结——特色与缺失

综上研究者观察解析和内外部评估,此展览特点归纳如下:

①令人兴致索然的展览选题

以儿童发展史为选题,虽然强调展览的教育性,但以史为内容,显然很难迎合儿童口味,选题过于正统、严肃。

②递进式的展览结构

展览以中国儿童发展史为主线,依古代、近代和现代顺序区分,同时以时间为序陈列,不同区域间张贴部分说明看板。各区域内部单元属并列式展览结构。各部无重点和亮点,即展览的兴奋点。

③多层次的信息负载

信息负载较为丰富,采用看板、折页、灯箱、嵌入式电视等手段,多管齐下弥补了单纯依靠看板信息带来的不足。此虽有助于信息量的增加,但部分媒介解说内容有重复,如嵌入式电视中的传统故事和人物蜡像场景复原内容重复,表述用语也大同小异,不显活泼。嵌入式电视高度仅适合小学三年级以上儿童。同时,此电视仅有播放功能,无点播功能,无法让不同儿童各取所需。

④儿童史的信息凝练

整个展馆中信息凝练侧重于儿童历史——第一部分、第二部分和第三部分说明内容分别就古代、近代、现代儿童生存状况、时代特征及其表现进行回顾,希冀信息能广而全,各个方面都予以兼顾,从中凝练信息。"展览折页"实际上是对每个部分说明后半段内容的摘录。展览内容结构类似中国儿童史的著作大纲,政治化内容过多,儿童的组织活动每部分必涉及。

⑤成人化的展品说明

展品说明除却包括名称、年代、征用者等基本信息的标签式说明,也有阐释式说明(经典故事阐释)和群体物件解说(场景复原情况解说)。整个展品说明注重从展品功用去解释,诸多展品牌中皆附有"××征"字样。展品说明一大特点为将对象视同"成人",甚至出现文言文长句,儿童难以读懂,更谈不上喜欢。

⑥简约的展陈方式

展馆内多图片、照片、文字和实物展示,少辅助展品,属于观赏性、静态化呈现,引导观众对展品进行静观,难以引发各种情绪。整个设计思路较为简洁,入口处置一幅全景画,展厅内为同一背景,无特殊隔墙,展板造型多长方形。无导览媒介,展品多采用"标本式"展示,实物展品成为整个展览的主角。无任何儿童可参与的互动展品或组合,儿童处于"去中心化"地位。

⑦"朴实无华"的展场氛围

除却两处"生活场景复原"外,几乎不进行任何环境"营造",如借由色彩、照明来烘托渲染展览氛围。展馆内未显见与整个儿童馆相契合的标识系统,也无法通过标识系统让儿童与展览关联。走道、天花板和墙面等细部未施以设计和利用。

2.案例四:"请触摸博物馆""欢跃的城市"展区

(1)研究者观察解析

①展览结构(见图 3-60)

展览选题:城市生活(Life in the City)

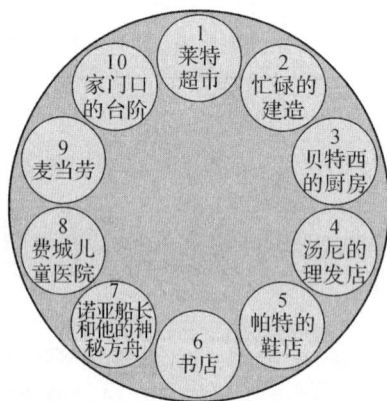

图 3-60 "请触摸博物馆""欢跃的城市"展区结构图

②展览策划

2-1 传播目的

PTM[①] 通过展览(或教育项目)鼓励健康的生活方式,包括(进行)体力活动,鼓励(获取)良好的营养、促进环境管理。它们都表明了通过玩乐学习的好处,鼓励健康的饮食选择和社交技巧,提倡玩中学。

(Exhibit Goal: Please Touch Children's Museum promotes healthy lifestyle through exhibits and programs that involve physical activity, encourage good nutrition and foster environmental stewardship, which together demonstrate the benefits of "learning through play". To encourage healthy eating choices, social skills, and play-based learning.)

---

① Please Touch Children's Museum,各种纸质媒介中常见"PTM"字样,"PTM"为"Please Touch Children's Museum"的缩写形式。

2-2 目标年龄

2～10 岁；"费城儿童医院"2～8 岁；"家门口的台阶"0～3 岁

(Targeted Age level：2-10 years old；"The Children's Hospital of Philadelphia" 2-8 years old；"Front Step 0-3 years old")

2-3 教育目标

（获得）社会科学广泛集中的体验。具体概念学习（的内容）为：学习搭配；计划菜单和选择配料；练习数数和学习基础财务知识；区别颜色和形状；发展社交技巧和方式；强调变通和责任；体验互动社交。

(Education Objectives：Broad focal experience — social science. Specific learning concepts—matching；menu planning and ingredient selection；practicing counting and basic financial literacy；identifying colors and shapes；developing social skills and manners；demonstrating flexibility and responsibility；experiencing social interactions.)

2-4 重点和亮点

结账时的收银机；贝特西的厨房

(Highlights You Won't Want to Miss：Cash Registers at the Checkout Lanes；Betsy's Kitchen)

2-5 内容结构

内容以城市日常生活中吃、穿、用等不同主题为线索来规划，呈现城市各角，有忙碌的建造、麦当劳、费城儿童医院、莱特超市、帕特的鞋店、书店、诺亚船长和他的神秘方舟、家门口的台阶等部分。展区各部分皆为日常设施和生活环境的"逼真模拟"，是为儿童量身定制的城市缩小版。各部分区块间无常规式的吊挂部分说明看板，部分展品或组合上设有展品说明，任何展品儿童皆可互动操作。"诺亚船长和他的神秘方舟"部分设有互动装置，内容为布袋木偶的配对，供儿童自主参与探索。导览媒介有部分说明、展品说明、展览折页、单页。展区可视信息并不多见，仅见于部分说明或展品说明。说明以展品标签的方式呈现，通常置于展品前方或上方。采用英文一种语言，展现展品或组合名称（见图 3-61）；也有"名称＋故事"组合（见图 3-62）等。各种导览媒介及其负载信息可参见表 3-24。

图 3-61　"请触摸博物馆""欢跃的城市"展区展品说明牌（1）　采用一种语言仅呈现展品名称

图 3-62　"请触摸博物馆""欢跃的城市"展区展品说明牌（2）　采用一种语言呈现"展品名称＋展品故事"

表 3-24 "请触摸博物馆""欢跃的城市"展区各种导览媒介及其负载信息

导览媒介		负载信息
展区看板	部分说明	◆"诺亚船长和他的神秘方舟（Captain Noah and His Magical Ark）"部分
		◆"麦当劳（McDonald's）"部分
展览折页	展区简介	◆自由之手和火炬的雕像展区 ◆路边的吸引展区 ◆飞行幻想展区 ◆河流冒险展区 ◆欢跃的城市展区 ◆异想天开展区 ◆树林边的旋转木马展区 ◆世纪探索展区 ◆玩乐小屋观赏表演 ◆节目活动的房间 ◆费城的童年财富展区 ◆博物馆儿童商店 ◆品尝咖啡屋
展项单页	展项介绍	◆每个展项的目标年龄、传播目的、教育目标、推荐书单、与州教育标准符合的内容、探索活动（美术、戏剧、音乐、物理）
互动展品	建议操作信息	◆"诺亚船长和他的神秘方舟（Captain Noah and His Magical Ark）"部分——布袋木偶配对

2-5-1 展区看板和展品说明（见表 3-25）

表 3-25 "请触摸博物馆""欢跃的城市"展区看板和展品说明信息

展览部分看板内容	内容分析
◆"诺亚船长和他的神秘方舟（Captain Noah and His Magical Ark）"部分 Conceived in 1996, "Captain Noah and His Magical Ark" became a staple of children's television programming in the Delaware Valley from 1967—1995. It first aired on WFIL-ABC TV as a public-service show until 1970 when its creator, the Reverend Carter W. Merbreier was contracted to host, write and produce an hour-long daily morning program. "Captain Noah" was syndicated in twenty-seven other markets throughout the United States and Saudi Arabia. Working along with the Captain was his wife, "Mrs. Noah", also known as Patricia Merbreier, Carter's real-life wife. Patricia was the visionary behind the puppets making and creating the voices to go with them! Mumwup the Monster appeared regularly—after the craft segments—to help Captain Noah clean up. <u>Maurice the Mouse and Wally the Walrus and their friend would often get into trouble, and the Captain would come to the rescue.</u> <u>Captain Noah helped millions of kids learn to draw and share their pictures on TV.</u> Through this program they discovered the worlds of science, history, the arts and more on their doorstep and beyond; and they were introduced to famous athletes and artists like Charles Barclay, Doroth Hammill, Jim Henson and many more. （195 个单词）	介绍此部分主题诞生的时间和历程 阐述主题背后的历史故事

（"诺亚船长和他的神秘方舟"在是费城地区 1967—1995 年间儿童电视节目的主打节目，这个展项在 1996 年诞生。"诺亚船长和他的神秘方舟"直到 1970 年，第一次作为一个公共服务节目在 WFIL-ABC 电视广播，这个时候这个主题的创造者牧师 W. Merbreier 签约节目组，每天创作一个小时的早晨节目。

"诺亚船长"在全美和沙特阿拉伯 27 个其他市场形成联合。和船长一起工作的是他的妻子"诺亚夫人"，也叫作 Patricia Merbreier，现实生活中的妻子。Patricia 是有远见的，她在木偶后面制作和创造了相伴随的声音。Mumwup 怪物会在每次手工艺活干完一部分后出现去帮助船长清理。老鼠 Maurice 和海象 Wally 和他们的朋友常常会陷入困境，船长会去营救他们。

诺亚船长帮助成千上万的孩子在电视上学习绘画并且分享他们的画作。通过这个节目他们发现了家门前的科学、历史、艺术世界甚至更远。他们被介绍给如 Charles Barclay，Doroth Hammill，Jim Henson 等更多的知名运动健儿和艺术家。）

展览部分看板内容	内容分析
◆"麦当劳（McDonald's）"部分 In 1974, an unlikely partnership was formed in Philadelphia between a doctor, an NFL team, and a restaurant chain. The result was a home away from home for families of seriously ill children that grew into an international phenomenon called the Ronald McDonald House. Dr. Audrey Evans was working as a pediatric oncologist at The Children's Hospital of Philadelphia. She saw families spend night after night in the hospital while their children received life-saving medical treatment. Her vision was a better way: a simple house where families could stay during these stressful and uncertain times.	介绍费城第一家"麦当劳之家"诞生时间
At the same time, the Philadelphia Eagles were raising funds in support of player Fred Hill, Whose daughter Kim was in treatment for leukemia. Eagles General Manager Jimmy Murray got to know Dr. Evans and learned of her concept of a house for families. He reached out to McDonald's Regional Manager Ed Rensi and Advertising Manager Don Tuckerman with the idea that they could offer the proceeds from their Shamrock Shake sales to benefit this new house. McDonald's agreed, and the Philadelphia Ronald McDonald House was born on October 15,1974. This one House has grown into a worldwide network of support for children and families through Ronald McDonald House Charities. Today, there are more than 288 Ronald McDonald House. In additional, Ronald McDonald Family Rooms, Ronald McDonald Camps, and Ronald McDonald Care Mobiles throughout the globe serve the very families Dr. Evans sought to help.　　　　　　　　　　　　　　（239 个单词） （1974 年,在费城,一个不可思议的联盟形成了:一位医生、一位美国国家橄榄球运动员和一家连锁饭店。这使得患有重病的孩子和家人离家时也有了一个家,这种形式迅速成长为一种国际现象,它被叫作"麦当劳之家"。 　Audrey Evans 是费城儿童医院的儿科肿瘤专家。她看到当孩子在进行抢救治疗时他们的家长整夜整夜在医院陪伴。她希望有一个更好的办法:在那段不安和有压力的时光里,家长能有一个简单住宿的房子。 　同时,费城"老鹰"橄榄球队为他的成员 Fred Hill 募集捐款,因为他的女儿患上白血病需要治疗。"老鹰"队的总经理 Jimmy Murray 得知 Evans 医生为家庭创建一个"家"的想法。他向麦当劳地区经理 Ed Rensi 和广告部经理 Don Tuckerman 提出想法,可以用他们的幸运草奶昔的销售获利来推动这件事情继续下去。麦当劳同意了,于是 1974 年 10 月 15 日麦当劳之家诞生了。 　这个麦当劳之家慈善活动成长为一个世界性支持孩子和家长的网络。今天,有超过 288 家麦当劳之家。此外,还有全球的麦当劳家庭房间、麦当劳营地、麦当劳移动护理,为 Evans 医生想帮助的家庭提供服务。）	阐述"麦当劳之家"诞生背后动人的故事
◆"莱特超市（Shoprite Supermarket）"部分 ●Part of play is putting away（6 个单词）（部分玩具被收起来了） ●Please put the food away so that all can play（10 个单词）　（请把食品放好大家都能玩） ●Remember to Restock after you Shop（见图 3-63）（6 个单词）　（记得买好之后重新进柜） ◆"家门口的台阶（Front Step）"部分 ●This exhibit has been designed as a safe place to play for families with children ages three and under.（见图 3-64）（19 个单词） 　（这个展项是为有三岁及以下儿童的家庭观众设计的安全玩乐之地。）	采用醒目的红色字体,引导儿童行为或告知展项的目标观众
◆电梯口（Elevators） ●In Case of Fire, Do Not Use Elevators. Use Stairs.（见图 3-65）（10 个单词） 　（发生火灾,要使用楼梯,不要使用电梯。）	传达儿童生活常识

续表

展览部分看板内容	内容分析
◆墙面（Wall Space） ●Follow the Butterfly Walking is a fun exercise that you can do indoor, outside, in the museum everywhere! Follow the lighted butterflies, for a quick walk around our museum city. You can always find something interesting if you look. Let a butterfly be your guild! Walk-Make is fun： Look for butterflies, mailboxes, shoes, leaves, flowers, pennies, letters on signs, colors, shapes, sequences and patterns. Listen for birds, train whistles, and city or nature sounds. Count trees, brown dogs, red doors, mailboxes, cracks in the sidewalk or people. Play games like"Eye Spy", create a family scavenger hunt, sing songs, tell stories. Collect items like leaves, rocks, twigs, etc, to take home and make an art project. Mix it up by walking backwards, hopping on one leg, doing jumping jacks, dancing or skipping. Make it special by allowing one child to have "the privilege" of walking with a parent, which gives them individual attention and makes them feel important. "The journey of a thousand miles begins with a single step."—Confucius Follow the butterfly is proudly sponsored by Mcneil consumer healthcare　（177 个单词） 　（跟随着蝴蝶 　　步行是有趣的运动，在室内、室外和博物馆到处可以做！跟随着亮亮的蝴蝶，绕着博物馆城快走一圈。你总是可以发现一些感兴趣的东西。让蝴蝶来做你的向导吧！ 　　走路很有趣：寻找蝴蝶、邮筒、鞋、树叶、花朵、便士、标志上的字母、颜色、形状、序列和式样；听鸟声、火车汽笛、城市和自然的声音；数数树木、褐色的狗、红色的门、邮筒、人行道的裂缝和人；玩如同"眼力侦探"的游戏，创造一个寻宝游戏，唱歌和讲故事；收集树叶、细枝、带回家并制作一个艺术作品；将向后跳、单腿跳、跳跃、跳舞和蹦跳混合起来；允许一个孩子有"特权"和一位家长一起走，给予孩子关注，让他们觉得自己重要。 　　"千里之行，始于足下。"——孔夫子　　　　由 Mcneil 消费者保健公司光荣捐赠）	撰写于墙面的看板，鼓励儿童步行并融入环境，在玩乐中学习 信息多采用简洁的祈使句
◆贝特西的厨房（Betsy's Kitchen）部分 Betsy's Kitchen Is proudly sponsored by Jack and Betsy Ryan(8 个单词) 　（贝特西的厨房　它由 Jack 和 Betsy Ryan 光荣捐赠） ◆其余部分（略）	呈现此区块名称和捐赠者信息，此区块已被冠名

展品标签式说明内容

莱特超市（Shoprite Supermarket） ◆食品（1～2 个单词） ●Bakery(面包房)　●Meat(肉类)　●Frozen Food(冰冻食品) ●World Food(世界食品)　●Dairy(乳品)　●Sea Food(海鲜)	展品仿真复原，依食品种类分类。标签式说明信息主要为食品类别名称
◆"诺亚船长和他的神秘方舟(Captain Noah and His Magical Ark)"部分 ●船上物品　Crews Quarters(2 个单词)（全体船员的住处） 　　　　　　Sea Chest(2 个单词)（水手用的贮物箱）	标签式说明信息为展品或展品组合名称
◆费城儿童医院（The Children's Hospital of Philadelphia） ●医疗用品　Emergency(1 个单词)（抢救用品）	

展览部分看板内容	内容分析
◆其余展品组合 ●书本类　●建筑用品类　●鞋类 ●理发用品类　●厨房用品类　●家居类	展品或组合 无任何说明 文字
展品阐释式说明内容	
◆"麦当劳(McDonald's)"部分 ●麦当劳快乐套餐（McDonald's Happy Meal Playset） Fisher Price, C. 1989—1990 Plastic Playset of food in a Happy Meal by McDonald's Restaurant. Include Happy Meal box, hamburger, pickles, bun, French fries and French fry box. Gift of Fisher Price. Inc.(30 个单词) 　　（美国费雪玩具制造公司 1989—1990 年 　　塑料制品 　　麦当劳饭店快乐餐饮套装。包括快乐餐饮盒、汉堡包、腌菜、圆形小面包、炸薯条、薯 条盒 　　美国费雪玩具制造公司捐赠） ●麦当劳快乐餐玩具(McDonald's Happy Meal Toys)(略) ●麦当劳的鸡友(McDonald's McNugget Buddies)(略) ●麦当劳人物(McDonald Characters)(略) ●其余同类(略)	麦当劳展品 组合说明牌 信息包含展 品制造商、 使用时间、 材质，以及 所有展品名 称。其一大 特色即说明 牌末尾处皆 注明捐赠者 姓名

注：下标＿＿＿为儿童用语；()内字数不含标题。

　　展区看板皆为部分说明，多是阐述与本部分相关主题的故事。标签式说明常仅包含展品或组合名称。提醒式与捐赠式的看板，底面多采用红色，字体采用白色，极为显见。

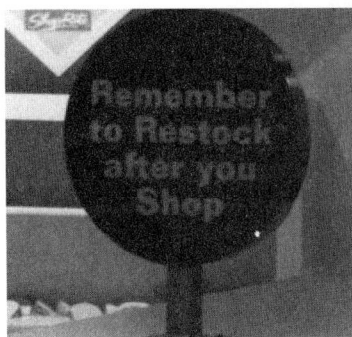

| 图 3-63　"请触摸博物馆"
"莱特超市"部分红色字体提醒
儿童行为 | 图 3-64　"请触摸博物馆"
"家门口的台阶"部分红色字体
提醒目标观众参与 | 图 3-65　"请触摸博物馆"
"电梯口"安全提醒 |

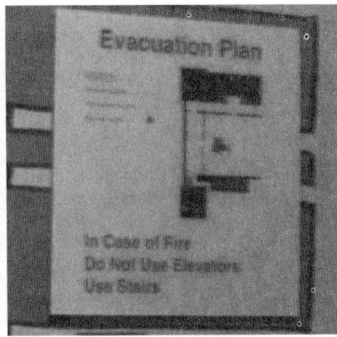

2-5-2 展览折页

　　展览折页主题为"建立信任、留下记忆"，分正反两面。其中，一面为展区介绍，包含：世纪探索、飞行健身、路边的吸引等，此十个部分前文已述。另一面则涵盖会员、团队参观、报名生日派对、世纪之旅、博物馆租用、残疾人服务，及地址、对外营业时间、门票和联系方式等服务信息。折页虽小,但内容俱在,每个展区配有 1～3 张照片以一睹为快。展区介绍别具一格,仅以"City Capers(欢跃的城市)"展区为例。

Calling all little architects, city planners, shopkeepers, and medical professionals! In City Capers, kids explore a realistic urban streetscape and discover the people, businesses and neighborhood that make city life so dynamic! Kids can climb on board a dump truck in Busy Build, shop for shoes in Pat's Shoe Store, and review X-ray in the Medical Center. City Capers is also home to a PTM favorite—the ShopRite Supermarket! Featuring Front Step toddler area.(快打电话给所有的小建筑师、小城市规划者、小店主和小医药专家们! 在"欢跃的城市"展区,孩子们在一幅真实的城市街景画里探索,发现使城市生活变得那么有活力的人、商业和社区! 孩子们可以在"忙碌的建造"区块内爬上自行卸货的卡车玩乐,可以到"帕特的鞋店"买鞋,在"费城儿童医院"照 X 射线。本展区有"请触摸博物馆"中受人喜欢的"莱特超市",有特点鲜明的"家门口的台阶"婴儿学步区!)信息介绍多采用祈使句和简单陈述句、感叹句,内容浅显且生动有趣。

2-5-3 展览单页(见图 3-66)

单页适用人群为工作人员、研究者和成人观众。它提出主旨"玩中学",通过玩来创造学习机会,丰富儿童生活。每张单页分别针对展区某部分,说明本部分适用的目标年龄、传播目的、教育目标、推荐书单等,具体内容前文已提及,借此来明确本部分策划的理论依据以及欲通过此部分展览所要达到的教育目标。

图 3-66 "请触摸博物馆""欢跃的城市"展区"莱特超市"部分单页
单页内容包含目标年龄、传播目的、教育目标、推荐书单等信息

2-5-4 互动展品

互动装置的主题与"诺亚船长和他的神秘方舟"部分的故事情节息息相关,展品说明文字为"Can you match the hand puppets? (你能连接上布袋木偶吗?)"。木偶形象正是来自

诺亚船长故事中的人物。

2-6 展品资料

各部分依日常生活场景复原,集中展出仿真复原的"吃、穿、用"等不同主题的日用品和"玩具模型"。约 25,620 平方英尺(2,380 平方米)的展区内展出百余件展品,皆与各部分、各单元内容直接相关。题材归结为医疗、建造、饮食、学习等。如"莱特超市"内展品为大量与饮食题材相关的食品、玩具等物品,但更准确地说,展品为可能在超市里所能找到的主要物品,部分可能未必是与饮食题材有关的"主角",但却是烘托环境的重要"配角"。展品材质主要有木、玻璃钢、塑料、石、纸,以木为主。

2-7 展示手法

基本采用裸展,仅两处橱窗式展示。"莱特超市""麦当劳"两部分中分别有一处展品(物品、玩具)被安置在内嵌式通柜或壁龛中。绝大多数展品或组合完全采用裸展,强调儿童动手触摸,在博物馆环境中参与互动。诸多复原仿真展品或组合未搭配任何标签式说明牌,因展品蕴含真实生活元素,为儿童所熟知,无须加以介绍。部分搭配说明牌的展品或组合通常仅出现名称,或"名称+故事"组合,或"名称+制作商+材质+使用时间"组合。

2-8 展区规划

依不同主题划分展区安置对应展品(见图 3-67)。展厅入口导介区仅有红漆的石柱,石柱写有"City Capers"(见图 3-68)。展区基本呈正方形,各展场区块划分并无严谨的逻辑关系,区块间为并列关系。以独立建筑和建筑外吊挂本部分看板相区分(见图 3-69)。部分区块存有隐性线索,如"贝特西的厨房"一侧有等候座椅,墙面上撰写"费城儿童医院"以示一旁之展区。

2-9 参观动线

参观主动线呈并联式,为"U 型"展室的连接方式,并无明显引导。同时,整个展区为完全敞开式,无显见出入口标志,只有一红色立柱相区分。观众进入后仅会从整个环境创设中感知进入一个全新展区,也能区分离开此展区。观众进入该展区后,可左转,亦可右转。

2-10 氛围营造

展区基本色调为黄色、白色、红色、橙色、绿色,其中黄色为主色调。整个展厅使用热烈、明快的原色色彩。天花板下安装滑轨射灯可调节位置和角度,另有具聚光功能的白炽灯。展区空间规划主要为中间走廊,两边展室。走廊、展室外侧墙面或电梯外侧绘有相关部分展区的半景图、全景图。走廊中安置长座椅来实现过渡(见图 3-70)。展区处于地下一层,层高约 29.5 英尺(9 米),但全景画贯穿两层,约 59 英尺(18 米)高,大气恢弘地打造出一幅城市生活街景图,让观众进入展区即被此种"虚拟真实"的氛围所感染。

2-11 外延设计

无论各部分展区,还是整个展区,都被施以充分的外延设计。如"莱特超市"不仅存有超市所能见到的物品,天花板上还悬吊各色"海鲜""肉类""冰冻类""乳品类"等标签。再如"家门口的台阶"婴幼儿区,墙面全景画为家门口绿化,外圈还围有木栅栏。以上仅为部分展区,整个展区的走廊、电梯、墙面、门、窗户等更是别出心裁地做足文章。细部空间都被充分加以利用,进行匠心独运的设计。如电梯外部被绘成高楼大厦(见图 3-71),其后展墙墙面又饰有馆高层建筑全景图。观众俨然身陷惟妙惟肖的大城市街区,真伪难辨。

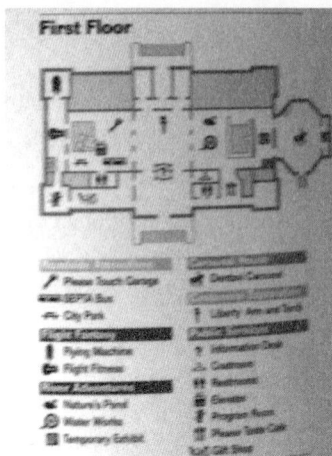

图 3-67 "请触摸博物馆""欢跃的城市"展区各部分平面图 （左侧为"欢跃的城市"展区）（图片来源："请触摸博物馆"提供）

图 3-68 "请触摸博物馆""欢跃的城市"展区入口导介区 红色石柱上撰写展区名称（字体活动）

图 3-69 "请触摸博物馆""欢跃的城市"展区各部分间相互区别主要采用独立建筑和建筑外吊挂看板两种方式

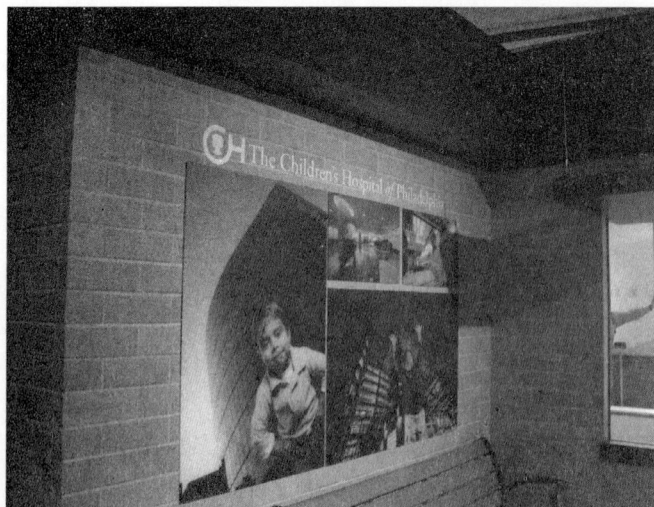

图 3-70 "请触摸博物馆""欢跃的城市"展区走廊 走廊通过安置长座椅以及对墙面进行外延设计来模拟现实生活场景，刻意营造展场氛围

图 3-71 "请触摸博物馆""欢跃的城市"展区电梯 电梯外被绘制成高楼大厦以进行外延设计

2-12 标识系统

博物馆标识系统为一个卡通儿童，或双手张开，或身摇呼啦圈，或翻身倒立，或身着工作服等，形态各异（见图 3-72）。此标识系统采用标准色组，卡通儿童为蓝色。通常与"Please Touch Museum"字样同时出现，易于给观众留下深刻的博物馆记忆。并且，博物馆外侧广场（见图 3-73）、门厅、走廊、馆内指示牌、各种宣传单页、折页等上面皆装饰有此标识系统，由此成为"请触摸博物馆"名副其实的宣传媒介。

图 3-72　"请触摸博物馆"标识系统
标识系统使用标准色组、形态各异，常见于展区内和各种导览媒介中

图 3-73　"请触摸博物馆"外侧广场上矗立的标识系统　标识系统异常醒目

（2）展览内部评估——效益指标测评

①指标测评

借由前文中就本案例深入观察及细致解析，研究者依本书所建构的儿童展览评估指标体系进行检测，结果如下（见表 3-26）：

表 3-26　"请触摸博物馆""欢跃的城市"展区展览指标评估表

一、生理需求范畴（分值 32 分：各指标优秀 4；良好 3；一般 2；不好 1）		
评估指标与分值	单项标准与分值	评分
1 安全牢固（分值 8 分）	1-1 展品安全，提供家庭观众、馆员保护（分值 4 分）	3
	1-2 展品运行与维护良好（分值 4 分）	4
安全牢固总分值		
2 符合人体（分值 12 分）	2-1 展品高度和密度适合儿童（分值 4 分）	4
	2-2 灯光、温度和声效适合（分值 4 分）	4
	2-3 参观路线自然流畅，不交叉、重复、缺漏，设置路线标示系统（分值 4 分）	3

续表

符合人体总分值		11
评估指标与分值	单项标准与分值	评分
3 生活服务 （分值 12 分）	3-1 展厅空间或其他空间整洁（分值 4 分）	4
	3-2 休息处和餐饮方便（分值 4 分）	4
	3-3 特殊设施考虑（分值 4 分）	4
生活服务总分值		12
生理需求共计分值		30
二、心理需求范畴（分值 96 分：各指标优秀、良好、一般、不好分值不等）		
1 教育效果指标系列一（分值 24 分：各指标优秀 8；良好 6；一般 4；不好 2）		
1-1 展览选题 （分值 8 分）	1-1-1 儿童易于接受并喜欢	8
1-2 目标年龄 （分值 8 分）	1-2-1 界定清晰	6
1-3 教育目标 （分值 8 分）	1-3-1 根据儿童年龄阶段制定详尽目标	6
1 教育效果指标系列二（分值 12 分：各指标优秀 4；良好 3；一般 2；不好 1）		
1-4 体验效果 （分值 8 分）	1-4-1 展品互动参与性（分值 4 分）	4
	1-4-2 展品操作便易性（分值 4 分）	3
1-5 学习效果 （分值 4 分）	1-5-1 学习到新知识和方法	3
1 教育效果指标系列三（分值 12 分：各指标优秀 3；良好 2；一般 1；不好 0.5）		
1-5 学习效果 （分值 6 分）	1-5-2 对选题产生兴趣（分值 3 分）	3
	1-5-3 增加对选题的理解（分值 3 分）	2
1-6 认可度 （分值 6 分）	1-6-1 展品被注意时间久（分值 3 分）	3
	1-6-2 愿意重复参观（分值 3 分）	2
教育效果总分值		40
2 受吸引度系列一（分值 36 分：各指标优秀 6；良好 4～5；一般 3；不好 1～2）		
2-1 展览内容 （分值 24 分）	2-1-1 结构演绎条理清晰、易于接受（分值 6 分）	4
	2-1-2 展品资料围绕主题丰富多样，灵活使用辅助材料（分值 6 分）	6
	2-1-3 主题提炼与选题密切相关，适合儿童，富有创意（分值 6 分）	6
	2-1-4 版面文字编写简短易懂，生动活泼，图文并茂，充满意（分值 6 分）	4
2-2 展览形式 （分值 12 分）	2-2-1 陈列手段与内容紧密相关，手段多样，多使用参与度高的互动展示（分值 6 分）	6
	2-2-2 注重灯光、色彩等多渠道氛围营造（分值 6 分）	6

	2 受吸引度系列二(分值 12 分:各指标优秀 4;良好 3;一般 2;不好 1)	
2-2 展览形式 (分值 12 分)	2-2-3 展览具备重点亮点(分值 4 分)	2
	2-2-4 利用墙面、地面、走廊开展充分的外延设计(分值 4 分)	4
	2-2-5 有卡通形象,易于分辨的标识系统(分值 4 分)	4
受吸引度总分值		42
心理需求共计分值		82
总体评价得分		112

②测评小结

从图 3-74 可见:各项指标"实际分值"皆介于"优秀分值"与"良好分值"之间。其中,生活服务等于"优秀分值";安全牢固、符合人体、教育效果、受吸引度指标分别低于"优秀分值"1 分、1 分、8 分、6 分。生理、心理需求范畴分别低于"优秀分值"2 分和 14 分。故总体评价为略逊于优秀水平。综上可得,本案例各项指标总体情况较好。相对而言,问题主要聚焦于心理需求范畴:依据年龄段设定的教育目标不够细化;展览结构演绎有欠清晰;说明文字启发性不够;亮点突出不鲜明。同时,特色亦较显见:儿童餐饮及特殊设施齐备;展览选题吸引度高;外延设计细致入微;整体氛围营造成功;互动展品频现;创新性地使用大量辅助展品等。因而,本案例相较于缺失而言,以优势见长,特别是互动理念的实践,研究者对此推崇备至。

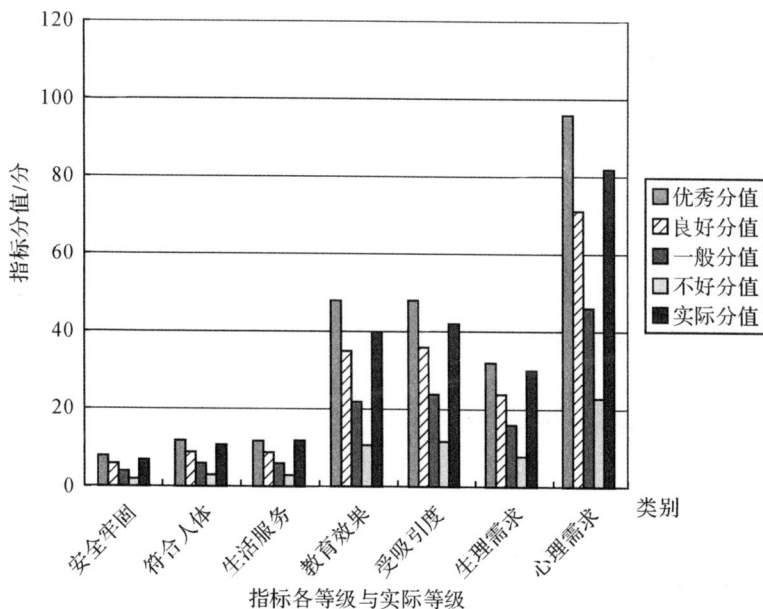

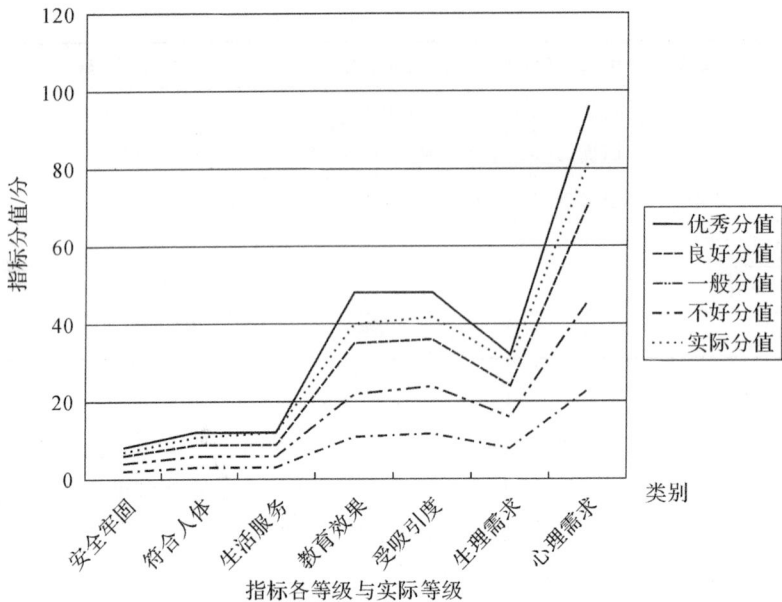

图 3-74 "请触摸博物馆""欢跃的城市"展区展览效益指标等级分值系列对照图

(3)展览外部评估——观众问卷调查

为获悉儿童及其家长两类受众对"请触摸博物馆""欢跃的城市"展览的效益评估结果，兹定以抽样方式实施观众问卷调查，获取观众就"欢跃的城市"展区内容策划、形式设计、生活服务及观众感受等评价信息。本次调查共发放问卷 112 份，回收 96 份，回收率为 85.7%，其中有效问卷 91 份，无效问卷 5 份，有效率为 94.8%。

①调查时间

2012 年 5 月及 2013 年 2 月，为期共计 6 天。

②调查地点

"欢跃的城市"右边用餐区；"请触摸博物馆"大厅和广场。

③调查对象

体验完"欢跃的城市"展区的儿童或家长。为掌握儿童、家长用户评价是否在各模块上存在显著差异，尽量保持两类用户样本数均等。

④调查方法

儿童、家长两类用户随机抽样，现场定向发放并回收。

⑤调查内容

问卷共设"基本情况""内容策划""形式设计""生活服务"及"观众感受"五大部分，第一部分涵盖参观"欢跃的城市"展区的次数、用户年龄、住址、参观时间、目的等基本信息，后四个部分则包括展览结构、选题、内容、文字、展品、手段、高度、密度、氛围、满意度和收获等共计 22 个问题，整份问卷共计 27 个问题。问卷采用单选、多选的封闭式问题。（详见附录一）

⑥结果与分析

6-1 各题频数结果与分析

依本案例每个题目答案频次统计与图表分析（详见附录七），得出如下结论：

观众通常为第四次或第五次来本展区，分别占 27.8%、68.9%；儿童、家长观众分别占

51.6%、48.4%；观众主要来自费城郊区，占51.1%；观众通常于馆内待5小时以上或4～5小时，分别占57.8%、34.4%；参观目的主要为休闲娱乐，占96.7%；观众通常对能激发兴趣、熟悉、新颖有创意的选题萌发兴趣，分别占98.9%、71.1%和55.6%；参观或操作展品时，一般倾向于家长和孩子一起看/玩，或让孩子自己看/玩，或让孩子先自己动手后指导，分别占70%、68.9%和62.2%；参观本展区主要收获在于休闲娱乐，或激发了新兴趣，或掌握新知识和新方法，或增加对展览内容的理解，分别占97.8%、86.7%、81.1%和66.7%。

观众就本展览各方面满意度极高。满意情况主要表现为：认为展览结构"完全理解"或"大多理解"，共占98.9%；展览内容"亮点有，很明显"或"亮点有，较明显"，共占100%；展览文字"看得明白很有趣"或"看得明白有点有趣"，共占100%；展品"很丰富"或"较丰富"，共占100%；"几乎所有""大多"展品让人感兴趣，共占100%；"几乎所有""大多"展品能引起思考或疑问，共占100%；"几乎所有""大多"展品能操作、参与玩，共占100%；"完全没有"或"小部分"展品陈旧或需更新，共占100%；展览手段"非常丰富"或"较丰富"，共占100%；展品高度"非常舒适"或"较舒适"，共占100%；展品密度"非常合适"或"较合适"，共占100%；氛围"营造得非常好"或"营造较好"，共占100%；博物馆标志在展区内"看到非常多"或"看到较多"，共占98.9%；不安全因素"完全没有"或"不太多"，共占100%；参观路线"非常清晰"或"较清晰"，共占100%；照明、温度、声效"非常好"或"较好"，共占100%；展厅清洁、舒适程度"非常好"或"较好"，共占100%；"非常想"或"比较想"再次来本展区，共占100%。

相较于诸多非常满意的情况，检验出唯一较满意处反映在"操作展品的使用"上，认为"基本可以"或"较容易"地使用操作展品占82.2%，而认为"非常容易"使用仅占17.8%。

6-2　各模块比较结果与分析

为获悉本案例"内容策划""形式设计""生活服务""观众感受"四大模块的总体观众评价情况，并针对各模块评价情况进行对比，采用如下办法处理：

第一步：数据预处理。

①问卷每题答案第一、二、三、四、五、六、七选项，分别用编码1、2、3、4、5、6、7代表；

②问卷6～26道中选项编码为6的均置换成0(多选题除外)；

③根据语义，将14和22道题目对选项进行倒置处理，即1置换成5，2置换成4，3不变，4置换成2，5置换成1。

第二步：求均值。

内容策划：第6～14题(排除第7道和第9道)；

形式设计：第15～22题(排除第19道)；

生活服务：第23～25题；

观众感受：第26题。

第三步：根据四舍五入原则对数字取整。

由此可得：

6-2-1"内容策划"模块

QA①		频数	百分比（％）	有效百分比（％）	累积百分比（％）
有效值	4②	5	5.5	5.6	5.6
	5	85	93.4	94.4	100.0
	Total	90	98.9	100.0	
缺失值	体系	1	1.1		
总计		91	100.0		

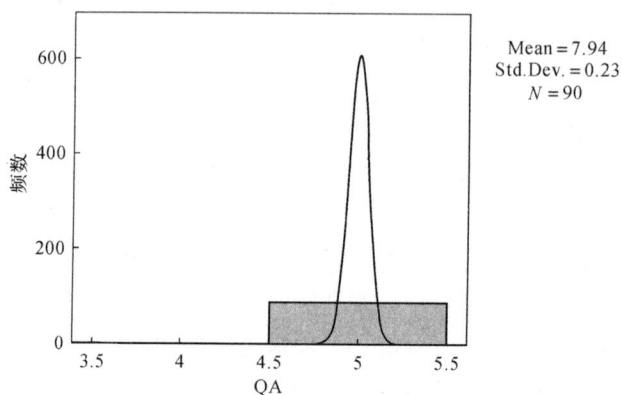

Mean = 7.94
Std.Dev. = 0.23
N = 90

6-2-2 "形式设计"模块

QB		频数	百分比（％）	有效百分比（％）	累积百分比（％）
有效值	4	19	20.9	21.1	21.1
	5	71	78.0	78.9	100.0
	总计	90	98.9	100.0	
缺失值	体系	1	1.1		
总计		91	100.0		

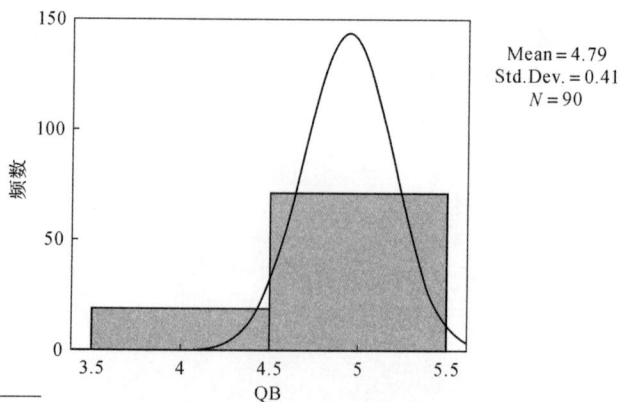

Mean = 4.79
Std.Dev. = 0.41
N = 90

① "QA"代表"内容策划"；"QB"代表"形式设计"；"QC"代表"生活服务"；"QD"代表"观众感受"。

② "1"代表"非常不满意"；"2"代表"不太满意"；"3"代表"一般"；"4"代表"较满意"；"5"代表"非常满意"。

6-2-3"生活服务"模块

		频数	百分比 （%）	有效百分比 （%）	累积百分比 （%）
	4	14	15.4	15.4	15.4
有效值	5	77	84.6	84.6	100.0
	总计	91	100.0	100.0	

QC

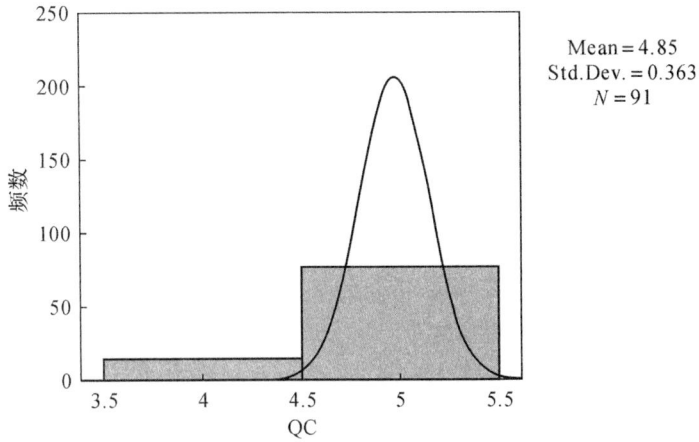

Mean = 4.85
Std.Dev. = 0.363
N = 91

6-2-4"观众感受"模块

		频数	百分比 （%）	有效百分比 （%）	累积百分比 （%）
	4	25	27.5	27.5	27.5
有效值	5	66	72.5	72.5	100.0
	总计	91	100.0	100.0	

QD

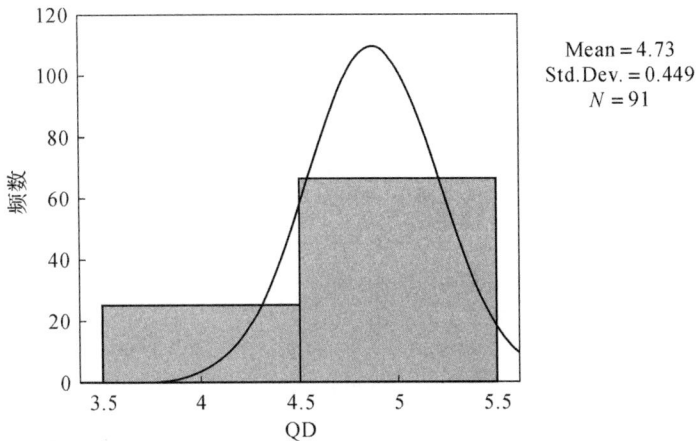

Mean = 4.73
Std.Dev. = 0.449
N = 91

从图表可知:"内容策划"模块总体观众评价为非常满意(占93.4%);"形式设计"模块总体观众评价以较满意居多(尽管"非常满意"占78.0%);"生活服务"模块总体观众评价非常满意(占84.6%);"观众感受"模块总体观众评价以较满意居多(尽管"非常满意"占72.5%)。综上可见,各模块观众评价满意度甚高,尽管如此,进行优中排序,满意度从高至低依次为"内容策划""生活服务""形式设计"与"观众感受"。

以"年龄"为变量,样本可分"儿童"与"家长"两大不同类别。研究者基于诸上研究发现,欲进一步窥寻两大不同类别就四大模块评价是否存有显著差异。因此,针对两组数据开展差异性分析,采用独立 T 检验。结果如表 3-27 所示。

表 3-27　"请触摸博物馆""欢跃的城市"展区"儿童"与"家长"两大组别数据统计

Group Statistics(组别统计)					
	Qage (年龄组别)	N (人数)	Mean (平均值)	Std. Deviation (标准差)	Std. Error Mean (均值的标准误)
QA	1①	47	4.96	0.204	0.030
	2	43	4.93	0.258	0.039
QB	1	47	4.74	0.441	0.064
	2	43	4.84	0.374	0.057
QC	1	47	4.83	0.380	0.055
	2	44	4.86	0.347	0.052
QD	1	47	4.74	0.441	0.064
	2	44	4.70	0.462	0.070

据表 3-28 中数据可判定评估结果是否存显著差异。若 Levene's Test for Equality of Variances 中的 Sig. 值大于 0.05,表明假设方差相等(Equal variances assumed),继而查看对应的 T-Test for Equality of Means 中的 Sig.（2-tailed)值,若该值小于 0.05,说明存在显著差异,若该值大于 0.05,说明不存在显著差异。经由 QA—QD 各模块数据可查见,QA—QD 模块中 Sig. 值均大于 0.05,Sig.（2-tailed)值均大于 0.05,因此,QA—QD 各模块评估,"儿童"与"家长"不存在显著差异。

---

① 1 代表儿童;2 代表家长。

表 3-28 "请触摸博物馆""欢跃的城市"展区独立样本检验表

| | | Levene's Test for Equality of Variances | | T-Test for Equality of Means | | | | | | |
| | | | | | | | | | 95% Confidence Interval of the Difference | |
		F	Sig.	t	df	Sig. (2-tailed)	Mean Difference	Std. Error Difference	Lower	Upper
QA	Equal variances assumed	1.257	0.265	0.558	66	0.578	0.027	0.049	−0.070	0.124
	Equal variances not assumed			0.552	79.960	0.583	0.027	0.049	−0.071	0.125
QB	Equal variances assumed	4.768	0.032	−1.069	86	0.288	−0.093	0.087	−0.264	0.079
	Equal variances not assumed			−1.077	87.508	0.284	−0.093	0.086	−0.283	0.078
QC	Equal variances assumed	0.792	0.376	−0.443	89	0.659	−0.034	0.076	−0.196	0.118
	Equal variances not assumed			−0.444	88.951	0.658	−0.034	0.076	−0.185	0.118
QD	Equal variances assumed	0.716	0.400	0.424	89	0.672	0.040	0.095	−0.148	0.228
	Equal variances not assumed			0.424	87.885	0.673	0.040	0.095	−0.148	0.228

（4）小结——特色与缺失

根据研究者观察解析与内外部评估，此展览特点可概括如下：

①饶有兴味的展览选题

依据儿童年龄分段特征和霍华德·加德纳的多元智能理论来确定选题——"城市生活"。2～10岁儿童常关注视觉、口头、想象和具体逻辑。择取儿童生活环境的缩影为选题，使用真实的生活元素，孩子利用想象力在城市环境中"生活"，属一种"体验"教育。鼓励孩子"有目的地玩"，发展社交，锻炼生活技巧，培养合作，学会自由选择。因此，此类选题能激发儿童想象，引起儿童兴趣并促其提升认知。

②独立系统的展览结构

展览以生活不同场景划分，内容涉及城市生活吃、穿、用等不同主题。各区块可平行展开，未有明显的逻辑顺序。但尽管各部分逻辑关系不明朗，但内部却有较强的序列性。各部分区块独立，易于辨别，因为各部分前吊挂或撰写名称。本展览重点鲜明。

③多层次的信息负载

资讯丰富，以多种方式展现，有看板、折页、单页、标签式、提醒式和捐赠式说明。虽信息传递渠道多样，但容量适宜，很多以儿童喜欢的故事形式阐述，图文并茂，避免文字信息充塞。众多信息采用样式活泼、颜色明快的字体，且展品或组合介绍详略不一，兼顾展览氛围与效益。信息表达方式多采用祈使句，陈述句、感叹句兼而有之，内容浅显、语调活泼易于为儿童接受。

④生活化的信息凝练

生活处处皆学问,整个展览信息凝练即偏重于生活中的学问——无论看板还是说明文字皆围绕生活话题,普及生活常识。"展览折页"偏重于展览各部分介绍并提供服务资讯。展览单页则注重选题所依据的研究成果。展区内容结构不同于成人展览大纲,未出现程式化的部分说明,整个展览的内容结构跌宕不羁,简洁灵活。同时,展区看板常提及"gift(捐赠)",关注各部分展区来历之余,树立感恩文化。

⑤儿童化的展品说明

对展品阐释,除却展品说明外,尚有"展览单页""折页"对于展区各部分、展品及其组合进行解说,互动展品上亦有简单的操作说明。众多展品说明上皆未出现学术用语,儿童易于理解。说明文字的出现只因需要,不少展品不用任何说明,仅撰写名称,但也不乏说故事之属。因为展品是给2~10岁儿童看和玩,此点策展时已有所考量。

⑥无橱柜式的展陈方式

展区中尽量减少文字干扰,多图像,采用高仿真复制品,模型采用裸展,仅有少量儿童玩具或物品被放置于内嵌式橱窗或壁龛中。非观赏静态式陈列,儿童以及家庭观众被鼓励触摸展品、参与互动。在展区中,儿童肆无忌惮地拿展品玩,融入博物馆展区营造之环境。

⑦"栩栩如生"的展场氛围

展区内采用色彩与灯光,特别是全景画、半景画和场景复原等手段,渲染出自成一格的展区氛围。走道、天花板、墙面和电梯等部分进行充分细致的外延设计,儿童卡通标识系统随处可见。医院、超市、鞋店、麦当劳、建筑工地等城市一角开放环境的塑造,促成进入展区的儿童能完全沉浸其中,通过自由选择和想象活动,对于他们熟悉并生活着的世界进行调查、探索与创造。

四、问题分析与讨论

(一)儿童博物馆案例展览特征之小结

据四大研究案例解析和评估后,针对其展览内容策划和形式设计的具体表现,可归结专门面向儿童的两类题材的儿童博物馆在内容策划和形式设计上所呈现出的特征,如见表3-29、表3-30所示。

表3-29　四大研究案例之展览内容设计和形式设计呈现的特点

展览题材	科技类		人文类	
博物馆名称	上海儿童博物馆	印第安纳波利斯儿童博物馆	中国妇女儿童博物馆	"请触摸博物馆"
展览选题	天文、地理科学	恐龙	儿童历史	城市生活
传播目的	传播科普知识	深入了解恐龙	弘扬儿童传统文化	玩乐中学习健康生活
目标年龄	3~12岁	5岁以上		2-10 years old；" The Children's Hospital Of Philadelphia" 2-8 years old；"Front Step 0-3 years old" ◆2~10岁 ◆"费城儿童医院"2~8岁 ◆"家门口的台阶"0~3岁

续表

展览题材	科技类		人文类	
博物馆名称	上海儿童博物馆	印第安纳波利斯儿童博物馆	中国妇女儿童博物馆	"请触摸博物馆"
教育目标	大而空	分年龄段		具体
重点和亮点		第一部分		◆结账时的收银机 ◆贝特西的厨房
展览结构	独立系统（平行）	完整系统（递进）	完整系统（递进）	独立系统（平行）
内容指向	航海、航天、天文 ◆探索手段 ◆探索史	恐龙 ◆行为 ◆生活环境 ◆后代繁衍 ◆化石挖掘与研究	古代、近代、现代儿童 ◆生活 ◆礼俗 ◆教育 ◆组织活动	城市生活体验 ◆超市、建筑工地、厨房、理发店、书店、鞋店、诺亚方舟、医院、麦当劳和家门口
展区导览媒介	展品、看板（少）、折页、嵌入式电脑	展品、看板、折页、触摸式电脑	展品、看板、折页、六边形灯箱、嵌入式电脑	展品、折页、展项单页
展品资料	模型为主（约70件）、实物为辅（3件）	石膏模型为主，化石、玩具、艺术品为辅（百余件）	文物、图片文字为主，辅助展品为辅（300余件）	日用品、玩具等辅助展品（百余件）
展品组合	◆展品＋标签式说明牌（22处） ◆展品＋阐释式说明牌（1处）	◆展品＋图片＋阐释式说明牌（39处） ◆展品＋标签式说明牌（25处） ◆展品＋多媒体声像资料＋标签式说明牌（3处）	◆展品＋标签式说明牌（140处） ◆展品＋多媒体声像资料（3处） ◆展品＋阐释性说明牌（39处） ◆展品＋群体物件解说牌（2处）	◆展品＋标签式说明牌（9处） ◆展品＋阐释式说明牌（11处）
展品说明	◆名称＋属性 ◆名称＋操作程序	◆名称＋地点＋年代 ◆名称＋有趣说明 ◆名称＋地点＋年代＋阐释 ◆名称＋故事 ◆真假化石辨别 ◆名称＋问题＋阐释（多数） ◆名称＋操作程序 ◆无任何说明	◆名称＋××代征（或××捐赠） ◆名称＋故事（古文故事） ◆名称＋阐释	◆名称 ◆制造商＋使用时间＋材质＋名称 ◆无任何说明（多） ◆名称＋操作程序
说明风格	成人化	有趣、简洁（问句、祈使句）	古文、成人化	简洁、感性（祈使句、感叹句）
展示手段	裸展为主 采用仿真复原、微缩模型、幻影成像、沙盘模型、灯箱、象征性复原	裸展为主 采用仿真复原（石膏）、场景半复原、声像资料、幻影成像、灯箱、全景画、半景画、大幅照片、沙盘模型	橱窗式、裸展结合，标本式展示 采用图片、嵌入式电视、雕塑、人物蜡像、灯箱、场景半复原	绝大多数裸展 全景画、半景画和场景复原

续表

展览题材	科技类		人文类	
博物馆名称	上海儿童博物馆	印第安纳波利斯儿童博物馆	中国妇女儿童博物馆	"请触摸博物馆"
互动展示	缺乏互动,多动手	多探索性互动	无互动	绝大多数互动
展场氛围	较简约	如临其境	极简约	栩栩如生
外延设计	不充分(仅墙面)	较为充分,重点部分非常充分	无	充分(走廊、电梯、墙面、门、窗)
标识系统	卡通人物(冷色调)	曲线+文字(冷色调)	无儿童馆的标识系统	卡通人物+文字(暖色调)

表 3-30　四大研究案例的展览结构

题材	展览主题	主标	部分标题	单元标题	组标题	部分看板	单元看板	组看板	提醒型看板	捐赠型看板	标签式说明	阐释式说明
科技类	"跨越距离、触摸未来"主题科学	/	航海厅、航天厅、月球厅	波浪探索台 等23个单元	/	/	/	/	5处	/	22处	1处(191字)
科技类	恐龙:现在你就在它们的世界	恐龙展	沉浸于声和光的体验,挖掘现场,问题实验室,古生物实验室,蛋、窝和宝宝,恐龙艺术画廊,恐龙玩具和收藏品	暴龙团队战争 等52个单元	/	3处(分别48、70、54个单词)	28处(每处约20~30个单词)	/	10处	12处	25处	39处(每处约20~40个单词)
人文类	儿童历史	儿童历史展	古代儿童、近代儿童、现代儿童	原始生存 等15个单元	群居共养 等60组	3处(分别200、180、232字)	15处(每处约80~120字)	30处(每处约30~100字)	/	约200处表明代征或捐赠	140处	44处(每处约30~100字)
人文类	欢跃的城市	/	莱特超市、忙碌的建造、贝特西的厨房、汤尼的理发店、帕特的鞋店、书店、诺亚船长和他的神秘方舟、费城儿童医院、麦当劳、家门口的台阶	运动交换卡 等26个单位	/	2处(分别195、232个单词)	/	/	6处	10处	9处	11处(每处约20~40个单词)

（二）儿童博物馆案例展览评估之小结

依四大研究案例内部与外部评估结果，就其各项检测内容总体评价展开研析，归纳结果如下（见表3-31所整理，详见附录十二、十三）：

表 3-31　四大研究案例展览评估汇总

博物馆名称	展览题材	内部评估	外部评估				
			内容策划	形式设计	生活服务	观众感受	总体评估
上海儿童博物馆	科技类	一般水平（分值57.5）	不太满意（分值2.00）	一般水平（分值2.85）	一般水平（分值3.10）	一般水平（分值2.90）	一般水平（分值2.71）
印第安纳波利斯儿童博物馆	科技类	优秀、良好水平间，偏优秀（分值116.0）	非常满意（分值4.50）	较满意（分值4.00）	非常满意（分值4.72）	非常满意（分值4.63）	非常满意、较满意间（分值4.46）
中国妇女儿童博物馆	人文类	不好与一般水平间（分值49.5）	一般水平（分值2.74）	不太满意（分值2.00）	较满意（分值4.00）	不太满意（分值2.43）	一般水平（分值2.79）
"请触摸博物馆"	人文类	优秀、良好水平间（分值112.0）	非常满意（分值4.53）	较满意（分值3.90）	非常满意（分值4.53）	较满意（分值4.47）	非常满意、较满意间（分值4.36）

（三）国内儿童博物馆展览的问题与分析

借由研究案例解析与评估，除可归纳此类展览特征和汇总评估外，还可针对解析与评估结果展开缺失部分的横向比较。鉴于目前国内仅有两家儿童博物馆，两者皆在本次研究案例之列，且择定的展区分属科技类与人文类不同题材。国外案例则分别选择美国最大和以互动体验著称的两家儿童博物馆，无论展览理念、展览内容和形式设计都代表国际较先进水平。从这两家儿童博物馆中择取的展区同样分属科技类与人文类题材。因此，经由此番同类型国内外儿童博物馆展览的对比，国内此类型展览在内容和形式上所呈现的问题就较为显见。经由分析和归结，可提列如下八点：

1. 钻研不足的展览选题

钻研不足主要表现于两方面。其一，在确定选题时未考虑年龄段的区分。"上海儿童博物馆"整馆定位为3~12岁儿童服务（折页中显示2~14岁），推出的"'跨越距离、触摸未来'主题科学"一层展区亦是为此年龄段儿童开设。3~12岁跨越学龄前和学龄后年龄段，而儿童类展览通常会对参观人群的针对性提出较高要求。学龄前儿童认知主要依赖感知和表象，抽象概括能力差，"航天""月球"选题并非他们日常熟悉且较为深奥，故此并不适合本年龄段儿童。其二，不适用于儿童展览两大类型的选题。此两种类型在前文已做总结。"儿童历史展"（中国妇女儿童博物馆）既非儿童熟悉的选题，亦非能激发儿童好奇和想象的选题，因而不适合儿童。对比国外两个研究案例，"欢跃的城市"展是以儿童日常生活中习以为常的内容作为主题,而"恐龙"展的选题则能点燃儿童的好奇心与想象力。

2. 随意确定的目标年龄

目标年龄确定一方面要依据儿童不同年龄段的教育学、心理学理论,另一方面则有赖于展览的内容和展品的前置研究。未以此两点为基础而设定的目标年龄显然是随性而为。上海儿童博物馆将研究案例中的目标年龄直接与全馆目标年龄画等号并不可取。中国妇女儿童博物馆的"儿童历史展"则干脆不确定目标年龄。与国外两个研究案例相较,"欢跃的城市"展每个部分都对目标年龄做出规定,而"恐龙"展更是对 5~13 岁内每一岁在该展区的探索内容和要求做出条分缕析的说明。

3. 大而空的教育目标

教育目标大而空,即为无具体实际的内容。上海儿童博物馆在展览折页上将全馆教育目标归纳为对宋庆龄女士儿童教育理念的遵从和践行,标签式、口号式的目标形同虚设。而中国妇女儿童博物馆"儿童历史"展的教育目标则强调"提供研究儿童事业资料,为专业人士和研究者服务",更是未将儿童视为受众。国外案例中"欢跃的城市"展每个单元都有具体的教育目标,"恐龙"展甚至是对 5~13 岁每个年龄都设定教育目标,且细分为自然科学和语言艺术两大维度,同时对其中一个部分展区 5~13 岁每一岁儿童的教育目标都做了具体规定。

4. 实物为主的展品资料

此类展览中实物展品不再是最为关注的焦点,有无千金难求的实物展品不再成为评判展览成功与否的标准。中国妇女儿童馆"儿童历史展"实物展品占有绝对多数,井井有条地依时间排序,与博物馆成人展无异。上海儿童博物馆研究案例中反复提及此展品为"真家伙",虽展品资料相对匮乏,仍未敢大胆启用辅助展品加以支撑。而国外两个案例中皆是辅助展品唱主角,尤其是"欢跃的城市"展,几乎全部采用辅助展品。

5. 成人化的信息凝练

上海儿童博物馆研究案例中无论是看板提醒"请保管好您的贵重物品,看护好您的孩子",还是三处视频信息,多为成人化表述。中国妇女儿童博物馆"儿童历史展"进行展品说明时,甚至直接采用古文,部分和单元说明看板中也难觅儿童用语踪迹。而国外两个案例中,多采用疑问句、祈使句和感叹句,或辅以生动简短的故事,内容浅易,形式活泼,如同和儿童的现场"对话"。

6. 转型不足的展示手段

"转型不足"主要表现两个方面。其一,不能完全摆脱橱窗式展示的"羁绊"。中国妇女儿童博物馆"儿童历史"展多橱窗标本式陈列,观看者无法触摸实物展品。其二,将手动展示等同于互动展示。上海儿童博物馆研究案例中多处所谓"互动"展品,实际上只是按按钮式的"动手"展示,部分展品为了动手而动手,无展览环境相依托。国外"欢跃的城市"展本身为一个巨大的互动展览,多数展品和组合采用互动手段。而"恐龙"展的互动更是完全融入环境之中,处处皆线索,通过互动展开问题的逐层探究。

7. 营造不足的展场氛围

国内两个研究案例皆不重视氛围营造。中国妇女儿童博物馆"儿童历史展"几乎未采用任何照明、色彩等烘托环境,也未进行任何外延设计。上海儿童博物馆研究案例中仅月球厅部分利用了照明和墙面色进行氛围设计,其余展区除了墙面色,基本无展场氛围渲染。恰恰相反,国外两个案例都极为重视环境营造,通过光、声、电等多种手段,同时利用展区内每寸空间,让观众完全"陷"入其布置的"环境"之中。

8.有待完善的标识系统

成效表现不一。上海儿童博物馆研究案例中有标识系统且显见于序厅和视频中,但在展区内乏见,兼之,标识系统的色调属于冷色系,使得表现效果大打折扣。中国妇女儿童博物馆"儿童历史"展无标识系统。国外案例"欢跃的城市(City's Capers)"展("请触摸博物馆",Please Touch Museum)标识系统无论构成元素、色彩,还是类型、设计皆较为成功。"恐龙(Dinosphere)"展(印第安纳波利斯儿童博物馆,Indianapolis Children's Museum)标识系统由曲线和文字组成,相对表现力较弱。

综之,我国儿童博物馆展览,无论展览内容的择定还是展示手段的采用,皆存在诸多问题。选题未开展充分的物和人的研究,直接导致了制作出的展览不适合儿童。目标年龄设定带有盲目性与随意性。教育目标仅采用非具体的口号式表达,其效果只能形同虚设。展品资料未突破传统,未敢大量启动互动辅助展品。信息凝练使用成人化语言,让儿童望而却步,展区门可罗雀。展示手段或采用传统实物置于橱窗的标签式展示,或仅用动手展示代替互动展示,为了互动而互动。普遍不重视展场氛围营造,标识系统或无或有,有则仅偶尔出现,使用频次不高。此外,展览结构常采用以时间为序的完整系统,这并不值得推崇。

第二节　博物馆儿童专区展览存在的问题

正如第一章中中国博物馆儿童教育的现况一节中所言,现阶段博物馆内设儿童专区相较于创办儿童博物馆更易付诸实践,而此类"馆中之馆"的设计在国外诸多博物馆同样受到儿童利用者的热捧。故近年来不少国内博物馆亦纷纷开始"试水",如北京首都博物馆"七彩坊"、北京自然博物馆"探索角"、上海博物馆观众活动中心一角、黑龙江省博物馆"儿童少年活动室"、四川博物院儿童活动区、广州西汉南越王博物馆"南越玩国"、中国科技馆"儿童科学乐园"等。尽管十余年间这些博物馆创造了儿童专区从无到有并掀起发展小高峰之奇迹,然"试水"背后却隐藏有诸多问题,如展览缺乏理论支撑和经验指导,儿童展览空间处于与大馆争夺之劣势,策划不足变成手工活动室,展览千篇一律,与主馆毫无瓜葛……究竟具体问题呈现在哪些方面?各博物馆专区之间是否存共性?本节将借由案例来予以举证。

一、基于案例研究的问题描述

归纳现今所见,综合类、自然科学类和社会科学类博物馆皆开设有儿童专区。然而,以数量为判,更多涌现于前两类博物馆之属。因而,儿童专区模式的研究案例首先需集中于以上两种类型。其次,案例要反映普遍、典型问题,具现实意义,同时以研究目标为导向。除诸上两点,为形成纵向对比,研究者从国内外各选取两大案例,国内案例重曝光问题,国外案例重正面借鉴。国内案例分别择取处于华北地区的一家自然科学类博物馆和西南地区的一家综合类博物馆,国外案例则选定位于东部地区的自然科学类博物馆和综合类博物馆各一家。故案例虽不完全等同于国内外儿童专区的实际水平,但基本反映了国内的现实水准和国外的领先程度。

二、案例选定因素

(一)综合类博物馆

1.案例一:四川博物院"儿童活动区"

四川博物院为西南地区综合性博物馆之最,始建于1941年,历时70余年。2009年,新馆落成,展览面积达1.2万平方米,共14个展厅。其中,共有8个常设展和4个临时展,常设展为陶瓷、书画、青铜、工艺美术、万佛寺石刻、藏传佛教、汉代陶石艺术、张大千书画,馆藏约26万件文物,其中珍贵文物约占20%。新馆开馆后,有两点卓尔不群之处:其一,首创流动展——"大篷车流动博物馆";其二,开展独树一帜的社教活动——"小小讲解员"。在如此博物馆新馆内,有一处"儿童活动区"(见图3-75),反差之大令研究者咋舌。该"儿童活动区"设立于2011年,非宣教部负责,而是借由公共服务部管理,始得到馆长支持。创建初衷为:当家长携带孩子前来博物馆,原想安静观展,但孩子不愿逗留,因而为家庭观众开辟一处休憩之所,始料未及的是建成后反响甚好。"儿童活动区"仅十余平方米,处于博物馆大门入口左侧咨询台旁,由前台一职工负责一并管理。该区域配有电视、图书、橡皮泥、儿童玩具、绘画工具,但与四川博物院馆藏文物毫不相关,类似于儿童休息区。

(1)展品类型:无展品可言,主要物品为电视、历史书籍、连环画、纸笔、橡皮泥、积木和魔方等。

(2)展览形式:以裸展为主,橱窗式展示为辅(见图3-76)。展场采用混合照明,仅采用图片、实物等展示手段。无刻意的氛围渲染。

图3-75　四川博物院"儿童活动区"(1)
位于四川博物院内一隅,提供儿童休息娱乐

图3-76　四川博物院"儿童活动区"(2)
采用裸展为主,辅以橱窗式展示

无论展品类型抑或展览形式皆较为简单,偶见之于普通综合类博物馆。本展区并未从博物馆主馆找到结合点,类似于儿童休息区或仅做执行教育项目之所,无博物馆元素,可简单复制。

2.案例二:大都会艺术博物馆"教育活动区

大都会艺术博物馆(The Metropolitan Museum of Art,以下简称为大都会)为美国艺术博物馆之最,在世界大型博物馆中首屈一指,为世界四大美术馆之一,始建于1870年。它位于纽约市曼哈顿区蜚声海外的第五大道（Fifth Avenue），毗邻风水宝地中央公园（Central Park），但博物馆正门却并未标注"大都会艺术博物馆"名称。该馆占地约 13 万平方米，展厅共三层，拥有 18 个展室。其中，艺术瑰宝共约 330 万件。馆内的展区有原始艺术、武器铠甲、美国艺术、服装、古代近东艺术、伊斯兰艺术、远东艺术、希腊罗马艺术、欧洲雕塑和装饰艺术、莱曼收藏品、乐器、19 世纪欧洲绘画与雕塑、20 世纪艺术、欧洲绘画、素描和照片及临展展区。如此数量众多的展区和体量丰富的展品，使得笔者花费近三天时间，才得以参观三分之一。其服务有三处显得别出心裁：一为展厅中央一大咨询台，四面分开，皆可获取展区简介、教育活动手册、不同语言版本的地图等各类资料，有助于分流人群；二为门票价格未做专门规定，访者可自行给付，学生建议价 12 美元；三为门票为一枚徽章，每天一换，印有博物馆馆标，可别在身上用于辨识（见图 3-77）。除此，博物馆还有一大特色，即三层中将其中整一层——第一层用作活动中心，笔者从该活动中心的功能出发，称其为"教育活动区"。2007年 10 月 23 日，大都会鲁斯和哈罗德·D. 乌里斯教育中心（Ruth and Harold D. Uris Center for Education）教育中心更新改建完成，并向公众开放（见图 3-78）。中心占地约 6000 平方米，分为中心引导区（Diane W. Burke Hall）和九个教学空间。九个教学空间分别为：卡森家庭大厅（Carson Family Hall）、艺术学习室（Art Study Room）、波尼·J. 萨色多讲堂（Bonnie J. Sacerdote Lecture Hall）、工作室（Studio）、卡罗教室（Carroll Classroom）、论坛（Seminar Room）、北教室（North Classroom）、诺伦图书馆（Nolen Library）、教师资源中心（Teacher Restaurant Center）。

（1）展品类型：以声像资料和多媒体为主，艺术作品为辅的展品类型组合。

（2）展览形式：全部采用裸展形式。展场通过灯光、色彩等营造陈展氛围，使用电子多媒体、电子屏幕（电子牌）和图片等展示手段。

此中心设施完善，空间大，功能齐备，使用灵活，且多处采用电子产品等高科技手段，成为大都会与公众构建会话的重要场所，但此种规模巨大、设施先进的教育中心在国内并不多见。

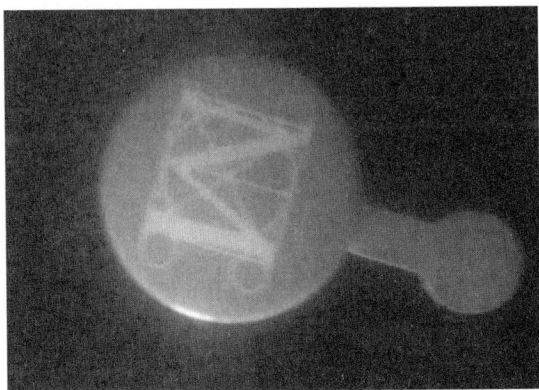

图 3-77　大都会艺术博物馆徽章印刷有博物馆标识系统

图 3-78　大都会艺术博物馆"教育活动区"入口处

（二）自然科学类博物馆

1. 案例三：北京自然博物馆"探索角"

北京自然博物馆于展区扩建之时，即 2005 年暑假期间创设了一个上百平方米的"探索角"（见图 3-79）。"探索角"建设初衷是为儿童开放一处互动参与之所，试图打破传统的博物馆展示手段，为儿童开创主动探索的学习空间。此探索角由四大区域构成：服务于 3～7 岁儿童的"儿童区"；用于阅读和检索科普类读物的"报告阅读区"；组织专题类实验的"实验活动区"，如此前开展的"实验乐翻天"（见图 3-80）；展示动物标本和模型的区域。博物馆各类儿童科普项目常在此处举办，诸如"科普课堂"等，这里成为儿童娱乐和学习的场所。

（1）展品类型：以化石等标本为主，模型等辅助展品为辅，属同一题材的展品类型组合。

（2）展览形式：为裸展与橱窗式展示相结合的展陈手法。展场着重色彩、照明，展示手段采用全景画、电子多媒体、景观箱等。

此类展品组合和展览形式，主要效仿国外先进博物馆的经验，尤常见于国外自然科学类博物馆的儿童展厅。

图 3-79　北京自然博物馆"探索角"入口处

图 3-80　北京自然博物馆"探索角"内"实验活动区"　本区正在举办专题实验活动"实验乐翻天"

2. 案例四：美国自然历史博物馆"探索屋（Discovery Room）"

世界规模最大的自然历史博物馆即美国自然历史博物馆，占地约 7 公顷，坐落于纽约曼哈顿区西 81 街（West at 81th Street）。此馆馆史已有百余年，始建于 1869 年，其建筑融合罗马和文艺复兴元素，蔚为大观。展览有四层，内容涵盖五方面——古生物、天文、人类、矿物和现代生物，除却拥有众多化石外，还有因纽特人、印第安人、禽鸟和恐龙等诸多复制模型。馆藏展品约 3600 万件，其中名贵标本为海洋生物、软体动物和宝石。共有展室 38 个，十余个学科研究部，还有实验室、市民中心和自然科学中心，罗斯福纪念厅用于开办特展。此外，有自然历史图书馆（藏书约 40 万册）、天文图书馆、太空剧场。另有学生专用餐厅，可见学生团队为博物馆的重要访客。此馆还有一处由爱德华·约翰·诺贝尔基金会投资，专门为儿童创设的 Discovery Room（探索屋），探索屋于 2002 年对外开放（见图 3-81）。该展区系由一团队设计，成员主要为自然科学专家，历时两年完成。建筑共有两层，涉及学科有生物学、人类学与地理学，包含抽屉里的秘密、挖掘化石、化石修复、使用望远镜、探头灯阅读、组织实验、制作化石等内容。第一层面向 7 岁以下儿童；第二层为 Lab（实验室）和 Resource Room

(标本室),针对 7 岁以上儿童。探索屋每天下午 13:30 开放,周一上午举办容纳 50 人的读书会。第二层的标本让儿童自行观察,在习得标本知识后主动探索。探索屋通常向常客发放一张牌子,家长可全程陪同儿童一起观览等。展室内随处可见身着红衣的志愿者(见图 3-82)热情帮助往来游客,探索屋的志愿者则负责引导学生做各种实验及项目。本展区仅 1 位正式员工,共有 18 位志愿者,每天 3 人轮流工作,发挥着不可或缺的作用。该展区较为明显的特征是主题设计完全融入自然历史博物馆元素。

(1)展品类型:以标本、辅助展品为主,图片、文字为辅的展品类型组合。以生物学、人类学、天文地理学等不同学科对展品进行归类展出。

(2)展览形式:以裸展为主,橱窗式、抽屉式为辅的展示手法。展场重视照明、色彩、安全等,刻意营造展览氛围,使用仿真复原、化石模型、LED 电子屏、景观箱等展示手段,强调观众的可参与性。

展品组合类型与展览形式虽在国内不常采用,但常见于国外众多博物馆,尤其是自然科学类博物馆的展区。

图 3-81 美国自然历史博物馆"探索屋"入口处

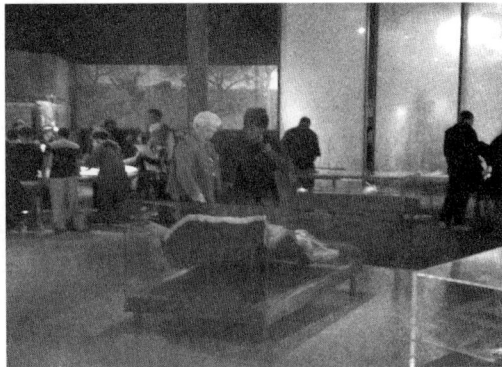

图 3-82 美国自然历史博物馆内志愿者他们身着红衣活跃于展区内

三、案例规划解析与评估

(一)综合类博物馆

1.案例一:四川博物院"儿童活动区"

(1)研究者观察解析

①展览结构

展览选题:常规的儿童教育。

无展品,只有物品,无展览意识,亦无展览结构可陈。

②展览策划

2-1 传播目的

本展区主要为家庭观众参观博物馆时,给孩子提供休憩与玩乐之所,欲通过此窗口,以吸引更多家庭观众前来四川博物院,培养儿童观众的博物馆情结。

2-2 目标年龄

能独立行走的学龄前儿童。

2-3 教育目标

仅为休憩玩乐,增强亲子关系,无明确教育目标。

2-4 重点和亮点

无。

2-5 内容结构

本展区内容以儿童常规教育为主,包含举办手工活动(橡皮泥、绘画),阅读图书,动画播放,使用积木、魔方和毛绒玩具,参与玩 iPad 游戏。各区块间无看板,整个展区仅存两块真正意义的看板(除桌面、墙面提醒)。导览媒介为电视、看板(含墙面、桌面提醒)(见图 3-83)。鉴于展示物品了然于目,因而无展品说明。各种导览媒介及其负载信息可参见表 3-32。

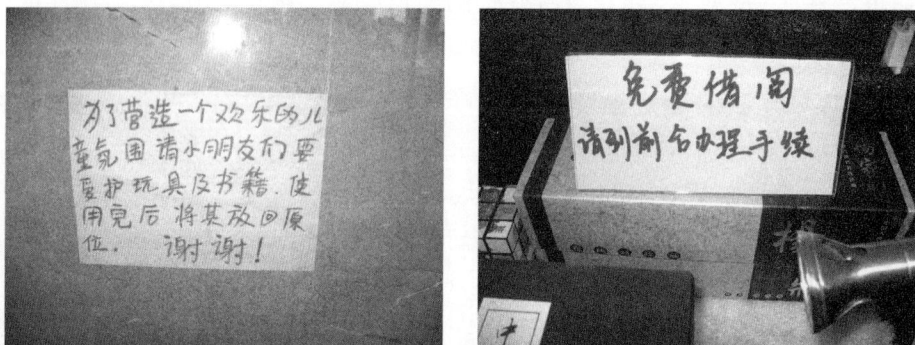

图 3-83 四川博物院"儿童活动区"导览媒介
位于展墙和桌面的提醒看板

表 3-32 四川博物院"儿童活动区"各种导览媒介及其负载信息

导览媒介		负载信息
展区看板		◆前言看板 ◆喜讯白板 ◆墙面提醒
普通液晶电视	动画播放	◆中国传统故事

2-5-1 展区看板(见表 3-33)

表 3-33 四川博物院"儿童活动区"看板信息

展览看板内容	内容分析
前言看板	
◆欢迎进入儿童活动区 　尊敬的观众:您好!欢迎来到四川博物院参观,为了方便带小孩的观众有一个良好的环境,我们特设立儿童活动区,提供免费服务。 　本区仅适合于能独立行走的学龄前儿童。 　开放时间为:上午 09:00—下午 16:30 　请勿让您的孩子携带尖锐、易碎物品,或饮料、食物、玩具等进入休息区。 <div align="right">(113 个字)</div>	传播目的 目标儿童 开放时间 安全提醒

续表

展览看板内容	内容分析
提醒看板	
◆白板 　　亲爱的小朋友:我院儿童休息区为你们准备了许多精美的"<u>玩具</u>",如"橡皮泥""<u>水彩笔</u>""<u>蜡笔</u>""<u>魔方</u>"等,并且还有好看的"历史书籍"和"连环画"。如有需要,请小朋友家长到工作人员处办理相关手续。 　　　　　　　　　　四川博物院　3 月　　　　(105 个字)	提供服务的内容和方式
◆墙面 　●亲爱的小朋友:如果你想看书,请告诉前台姐姐,千万不要自己拿取哦,柜门很容易打到你的头,姐姐会帮助你的。　　　　　　(51 个字)	安全提醒
●免费借阅请到前台办理手续　　　　　　　　　　　(12 个字)	服务方式
●为了营造一个欢乐的儿童氛围,请小朋友们要爱护玩具及书籍,使用完后将其放回原位。谢谢!　　　　　　　　　　　　(42 个字)	维护环境和爱护玩具提醒

注:下标___为儿童用语;()内字数不含标题。

展区前言看板为铜质支架式展板,同时白板内容随时更新。整个展区除前言看板外,无部分或单元说明。展室墙面或桌面的提醒看板主要因安全与服务所需,与展览内容关联度小。

2-5-2 普通液晶电视

墙面安置一处普通液晶电视,非传递展览信息,仅播放儿童动画视频,内容为中国传统历史题材故事,每个故事播出时间长 3～5 分钟,在四川博物院开放时间内循环播放,供儿童玩乐之余驻足观看。普通液晶电视负载信息如下表 3-34 整理所示。

表 3-34　四川博物院"儿童活动区"普通液晶电视负载信息

主题	信息内容	内容分析
动画视频	◆中国传统历史故事 ●铁杵成针 　　李白小时候,长期读书没有收获,打算放弃。一次,看到一位河边的老婆婆在磨一根铁棒,铁棒很粗。李白感到奇怪,问:"老婆婆,您这样磨铁棒有什么用?"老婆婆回答:"我是打算来磨绣花用的针。"李白大为吃惊:"这么粗的铁棒,磨一辈子也难以磨成一根细细的绣花针啊!"老婆婆笑道:"小朋友,你有所不知。原来这根铁棒我是用作做饭用的烧火棒,后来才打算磨掉,只要我活着一天,我就会坚持,我认为每一天都会比昨天磨得更细小,终于有一天能够磨成针嘛。"李白听完,很有感触,认识到这么一把年纪的老人都能坚持希望渺茫的事情,自己更不能随便放弃理想,于是继续念书。 ●其余(略)	视频全部采用动画视频,主题为历史励志小故事。 表述内容采用儿童用语,人物形象活泼生动,但与主馆主题信息不相关

2-6 展品资料

10 余平方米展区内约有 28 个储物盒,盒内储存有橡皮泥、魔方、绘图工具、积木、毛绒玩具、纸笔和 iPad 等。被归类为展品的可能仅为置于独立壁柜中的历史书籍和连环画,历史书籍共 10 余册,连环画共 40 余册。

2-7 展示手法

采用裸展为主,橱窗式陈列为辅。橱窗展示有一处,位于展区右侧,展品为"书籍和连环画"组合,安置于独立壁柜中。展品无标签式说明牌,仅存相关安全与服务的提醒看板,在

"内容结构"看板信息中已提及。看板采用不锈钢板、纸质和白板（见图 3-84）等材质。展示手段少,仅采用电子多媒体与图片两种方式。

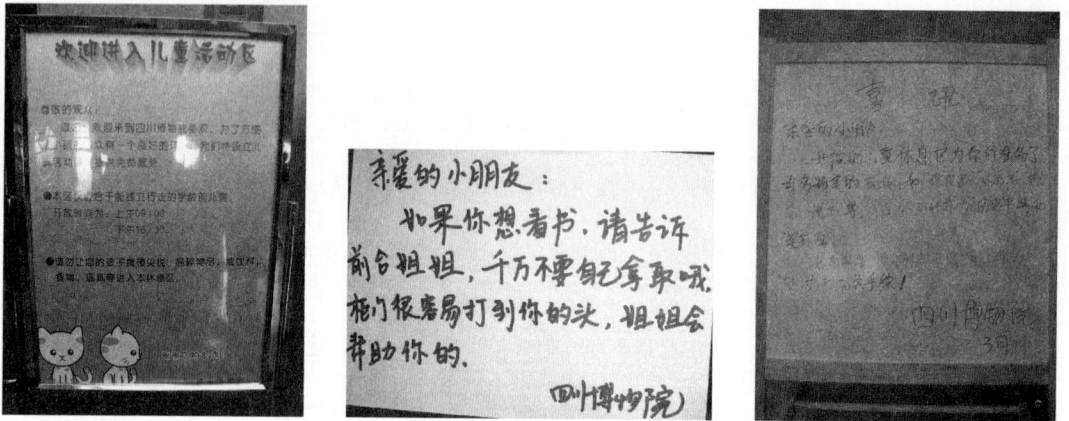

图 3-84　四川博物院"儿童活动区"各类看板的材质
主要采用不锈钢板、纸质和白板三类材质

2-8 展区规划

这是一个两面靠墙、两面由木柜围成的独立展区,两面墙为博物馆原设墙体,因而该展区实际是人为圈建。展区呈长方形,导介区以一支架式看板做说明,内置一看板用作服务说明。展室中央为两个方形、一个圆形,分别呈粉色、蓝色和绿色的木桌,配以 25 个塑料小凳。前侧分别安置两个横、竖方向的木质开放式橱柜,右侧设三个横向放置的木质开放式橱柜,它们皆用以摆放储物柜。储物柜旁另有一壁柜,用以展示图书类展品。展区左侧为接连的三张木质长凳和一皮质沙发。后侧直接与博物馆咨询前台相连。展区墙面和桌面粘贴有安全与服务说明,左面展墙挂有一个液晶电视,用以连续循环播放动画视频。（见图 3-85）

后　←————→　前

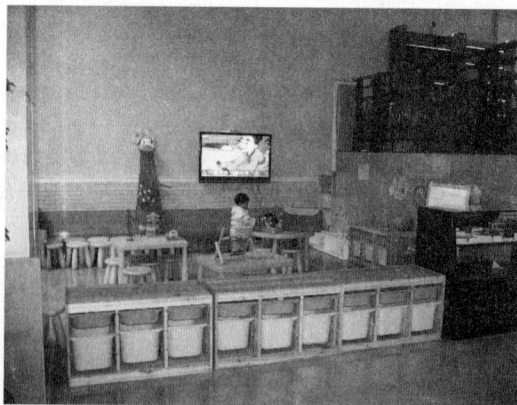

图 3-85　四川博物院"儿童活动区"全景图
本展区面积小,展示内容一览无余

2-9 参观动线

除却图书陈列,无按秩序排列的展品,大部分物品皆置于储物柜内,因而展室内无参观动线可言,当然也无动线引导。出入口同一。

2-10 氛围营造

展厅基本色调为黄色、米色,其中主色调为黄色。展厅以黄色大理石墙面为背景。主要使用混合照明,借用大厅灯光与自然光。因壁柜内亮度低于柜外,形成部分眩光。

2-11 外延设计

外延设计极少。仅有利用墙面粘贴的老鼠推蛋糕车和人头鸟身怪物两幅图片(见图 3-86),其余无任一空间进行外延设计。

2-12 标识系统

标识系统于 2005 年完成,次年被收录于中国设计机构年鉴。该标识系统由"圆"与"方"两个结构组成,采用点、线、面三种表现形式。标识系统主要对"四""川"两字进行象形处理并将其上下对应并置,形成抽象的"古鼎"造型,图案下面为两行文字,分为中英文"四川博物院"字样(见图 3-87)。其中,图案、英文字样皆为红色,中文为黑色。馆标整体显得简约大方。然而,此馆标在"儿童活动区"难觅踪迹。据悉,2010 年 12 月,博物馆欲面向 6~12 岁儿童筹建"少儿馆",成为馆中之馆,并向社会征集儿童馆标识系统,但时至今日,"少儿馆"因资金问题搁浅。随之诞生的"儿童活动区"无专门标识系统,也不使用主馆标志。

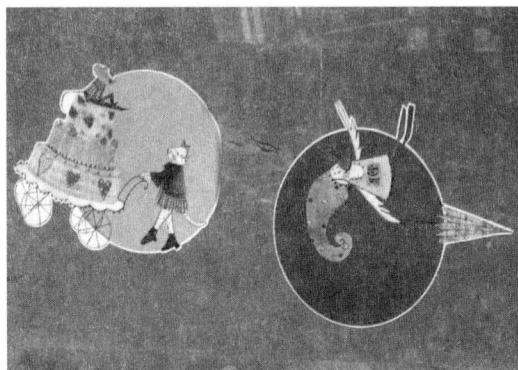

图 3-86 四川博物院"儿童活动区"外延设计
粘贴于墙面的是本展区唯一的外延设计

图 3-87 四川博物院标识系统
主体为部分抽象的古鼎造型,于展区内未见

(2)展览内部评估——效益指标测评

①指标测评

借由前文就本案例潜心观察及解析,研究者依本书所建构的儿童展览评估指标体系进行检测,结果如表 3-35 所示。

表 3-35 四川博物院"儿童活动区"展览指标评估表

一、生理需求范畴(分值 32 分:各指标优秀 4;良好 3;一般 2;不好 1)		
评估指标与分值	单项标准与分值	评分
1 安全牢固 (分值 8 分)	1-1 展品安全,提供家庭观众、馆员保护(分值 4 分)	2
	1-2 展品运行与维护良好(分值 4 分)	4

续表

安全牢固总分值			6
2 符合人体 （分值 12 分）	2-1 展品高度和密度适合儿童（分值 4 分）		2
	2-2 灯光、温度和声效适合（分值 4 分）		1
	2-3 参观路线自然流畅，不交叉、重复、缺漏，设置路线标示系统（分值 4 分）		1
符合人体总分值			4
3 生活服务 （分值 12 分）	3-1 展厅空间或其他空间整洁（分值 4 分）		4
	3-2 休息处和餐饮方便（分值 4 分）		1
	3-3 特殊设施考虑（分值 4 分）		1
生活服务总分值			6
生理需求共计分值			16
二、心理需求范畴（分值 96 分：各指标优秀、良好、一般、不好分值不等）			
1 教育效果指标系列一（分值 24 分：各指标优秀 8；良好 6；一般 4；不好 2）			
1-1 展览选题 （分值 8 分）	1-1-1 儿童易于接受并喜欢		2
1-2 目标年龄 （分值 8 分）	1-2-1 界定清晰		4
1-3 教育目标 （分值 8 分）	1-3-1 根据儿童年龄阶段制定详尽目标		2
1 教育效果指标系列二（分值 12 分：各指标优秀 4；良好 3；一般 2；不好 1）			
1-4 体验效果 （分值 8 分）	1-4-1 展品互动参与性（分值 4 分）		1
	1-4-2 展品操作便易性（分值 4 分）		3
1-5 学习效果 （分值 4 分）	1-5-1 学习到新知识和方法		2
1 教育效果指标系列三（分值 12 分：各指标优秀 3；良好 2；一般 1；不好 0.5）			
1-5 学习效果 （分值 6 分）	1-5-2 对选题产生兴趣（分值 3 分）		0.5
	1-5-3 增加对选题的理解（分值 3 分）		0.5
1-6 认可度 （分值 6 分）	1-6-1 展品被注意时间长（分值 3 分）		1
	1-6-2 愿意重复参观（分值 3 分）		1
教育效果总分值			17
2 受吸引度系列一（分值 36 分：各指标优秀 6；良好 4～5；一般 3；不好 1～2）			
2-1 展览内容 （分值 24 分）	2-1-1 结构演绎条理清晰、易于接受（分值 6 分）		1
	2-1-2 展品资料围绕主题丰富多样，灵活使用辅助材料（分值 6 分）		1
	2-1-3 主题提炼与选题密切相关，适合儿童，富有创意（分值 6 分）		1
	2-1-4 版面文字编写简短易懂，生动活泼，图文并茂，充满新意（分值 6 分）		3

2-2 展览形式 (分值12分)	2-2-1 陈列手段与内容紧密相关,手段多样,多使用参与度高的互动展示 (分值6分)	1
	2-2-2 注重灯光、色彩等多渠道氛围营造(分值6分)	1
2 受吸引度系列二(分值12分:各指标优秀4;良好3;一般2;不好1)		
2-2 展览形式 (分值12分)	2-2-3 展览具备重点亮点(分值4分)	1
	2-2-4 利用墙面、地面、走廊开展充分的外延设计(分值4分)	1
	2-2-5 有卡通形象,易于分辨的标识系统(分值4分)	1
受吸引度总分值		11
心理需求共计分值		28
总体评价得分		44

②测评小结

由图3-88可知:各项指标"实际分值"俱处于"不好分值"与"良好分值"之间,并围绕"一般分值"上下浮动。其中,安全牢固指标等于"良好分值";生活服务指标等于"一般分值";受吸引度指标等于"不好分值";符合人体、教育效果指标分别低于"一般指标"2分和5分。生理需求范畴等于"一般分值";心理需求范畴低于"一般分值"18分。因而,总体评价为水平介于"不好"与"一般"间,并偏向"不好"。综上可见,本案例各项指标情况较差。相对而言,问题更聚焦于心理需求范畴。生理需求范畴问题主要表现为:展品无展览结构,无明显参观动线;未专门为儿童提供设施与餐饮服务;部分产生眩光。而心理需求范畴问题则突显于:展览不存在体现馆方特色的选题,无展览意识;无依据年龄特征制定的教育目标;互动展品寡少;陈列手段单一;展览信息少,呈现手段少;无展览重点亮点;不进行外延设计,展场氛围简约。故各项指标尤其心理需求范畴,亟待改进。

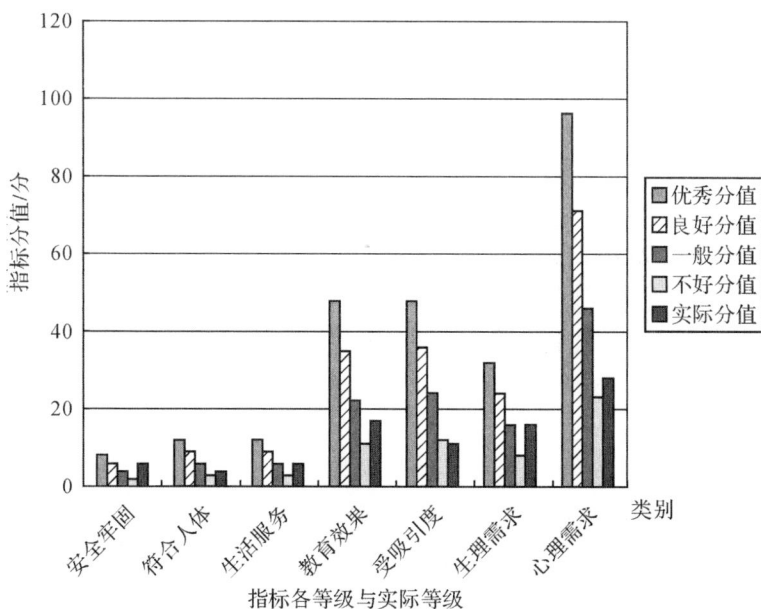

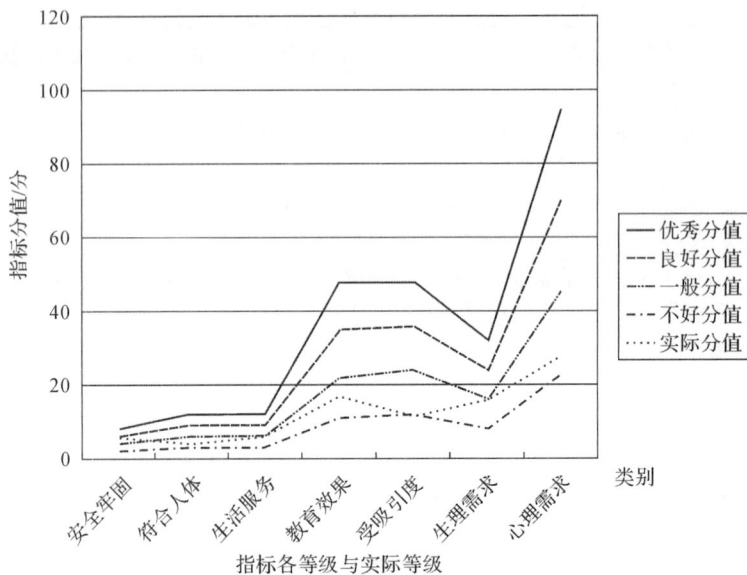

图 3-88　四川博物院"儿童活动区"展区展览效益指标等级分值系列对照图

（3）展览外部评估——观众问卷调查

为掌握儿童及其家长两类观众对四川博物院"儿童活动区"展览效益的评估结果，兹定以抽样方式开展观众问卷调查，从而获取观众就"儿童活动区"内容策划、形式设计、生活服务及观众感受等评价信息。本次调查共发放问卷 116 份，回收 100 份，回收率为 86.2%，其中有效问卷 94 份，无效问卷 6 份，有效率为 94%。

①调查时间

2012 年 2 月及 2012 年 9 月，为期共计 11 天。

②调查地点

"儿童活动区"内；四川博物院各展区外的休息区及广场。

③调查对象

刚体验或曾体验过"儿童活动区"的儿童或家长。为获悉儿童、家长用户评价是否在各模块上存有显著差异，尽量保持两类用户样本数均等。

④调查方法

儿童、家长两类用户随机抽样，现场定向发放并回收。

⑤调查内容

问卷涵盖"基本情况""内容策划""形式设计""生活服务"及"观众感受"五部分，第一部分包括体验过"儿童活动区"次数、用户年龄、住址、参观时间、目的等基本信息，后四个部分则包括展览结构、选题、内容、文字、展品、手段、高度、密度、氛围、满意度与收获等共计 22 个问题，整份问卷共计 27 个问题。问卷提供单选、多选的封闭式问题。（详见附录一）

⑥结果与分析

6-1 各题频数结果与分析

据本案例各题目答案频次统计和图表分析（详见附录八），获结论如下：

观众较多为首次或第二次来本活动区，分别占 66.7%、31.2%；儿童、家长观众分别占

52.1％、47.9％；观众通常来自成都市区，占 75.3％；一般馆内待 2～3 小时或 1～2 小时，分别占 50.5％、39.8％；参观通常为休闲娱乐，或无明确目的，分别占 74.2％、23.7％；观众一般对能激发兴趣、熟悉、与上课内容有关的选题萌生兴趣，分别占 67.7％、66.7％和 45.2％；参观或操作展品时，常倾向于让孩子自己看/玩，占 89.2％；参观本展区主要收获在于休闲娱乐，占 75.3％。

观众针对本展览"非常不满意"和"欠满意"的情况占主导地位。非常不满意处主要呈现于：认为展览"无展览结构"，共占 69.9％；展览内容"没有亮点"，或"亮点有，不明显"，共占 100％；展品"不丰富"或"不太丰富"，共占 100％；"完全没有"或"小部分"展品能引起思考或疑问，共占 100％；展品密度"太密"或"有点密"，共占 95.7％；"没有刻意营造氛围"或"营造不多"，占 100％；"完全没看到"展区内有博物馆标志，占 94.6％。欠满意情况主要反映于："小部分"展品让人感兴趣，占 53.8％；"小部分"或"半数左右"的展品/装置能操作、参与玩，共占 96.8％；展览手段"极不丰富"或"不太丰富"，共占 92.5％；参观路线"有点混乱"或"一般"，共占 97.9％；照明、温度、声效"有点差"或"一般"，共占 91.4％；"不太想"或"无所谓"再次来本展区，共占 88.2％。

尽管如此，亦不乏"较满意"和"非常满意"的情况。观众评价较满意之处主要集中于：展览文字"看得明白但不有趣"或"有点有趣"，共占 100％；展品高度"一般"或"较舒适"，共占 99％；不安全因素"完全没有"，或"不太多"，或"一般"，共占 100％；展厅清洁、舒适程度"一般"或"较好"，共占 75.3％。非常满意之处则表现为："完全没有"或仅"小部分"展品陈旧或需更新，共占 98.9％；"较容易"或"非常容易"使用操作展品，共占 100％。

6-2　各模块比较结果与分析

为获知本案例"内容策划""形式设计""生活服务""观众感受"四大模块总体观众评价情况，并就各模块评价情况开展对比，择定如下办法处理：

第一步：数据预处理。

①问卷每题答案第一、二、三、四、五、六、七选项，分别用编码 1、2、3、4、5、6、7 代表；

②问卷 6～26 道中选项编码为 6 的均置换成 0（多选题除外）；

③根据语义，将 14 和 22 道题目对选项进行倒置处理，即 1 置换成 5，2 置换成 4，3 不变，4 置换成 2，5 置换成 1。

第二步：求均值。

内容策划：第 6～14 题（排除第 7 道和第 9 道）；

形式设计：第 15～22 题（排除第 19 道）；

生活服务：第 23～25 题；

观众感受：第 26 题。

第三步：根据四舍五入原则对数字取整。

据此可得：

6-2-1"内容策划"模块

		频数	百分比 （%）	有效百分比 （%）	累积百分比 （%）
	QA①				
有效值	1②	4	4.3	4.3	4.3
	2	78	83.0	83.0	87.2
	3	12	12.8	12.8	100.0
	总计	94	100.0	100.0	

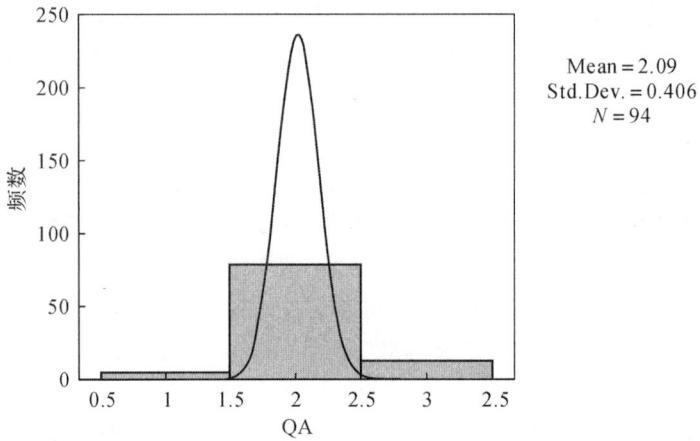

Mean = 2.09
Std. Dev. = 0.406
N = 94

6-2-2"形式设计"模块

		频数	百分比 （%）	有效百分比 （%）	累积百分比 （%）
	QB				
有效值	2	46	48.9	49.5	49.5
	3	47	50.0	50.5	100.0
	总计	93	98.9	100.0	
缺失值	体系	1	1.1		
总计		94	100.0		

---

① "QA"代表"内容策划"；"QB"代表"形式设计"；"QC"代表"生活服务"；"QD"代表"观众感受"。
② "1"代表"非常不满意"；"2"代表"不太满意"；"3"代表"一般"；"4"代表"较满意"；"5"代表"非常满意"。

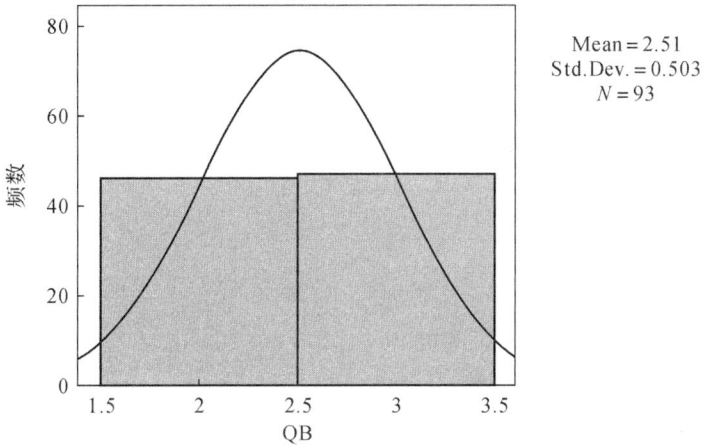

Mean = 2.51
Std.Dev. = 0.503
N = 93

6-2-3"生活服务"模块

		频数	百分比（％）	有效百分比（％）	累积百分比（％）
	QC				
有效值	2	13	13.8	14.0	14.0
	3	74	78.7	79.6	93.5
	4	6	6.4	6.5	100.0
	总计	93	98.9	100.0	
缺失值	体系	1	1.1		
总计		94	100.0		

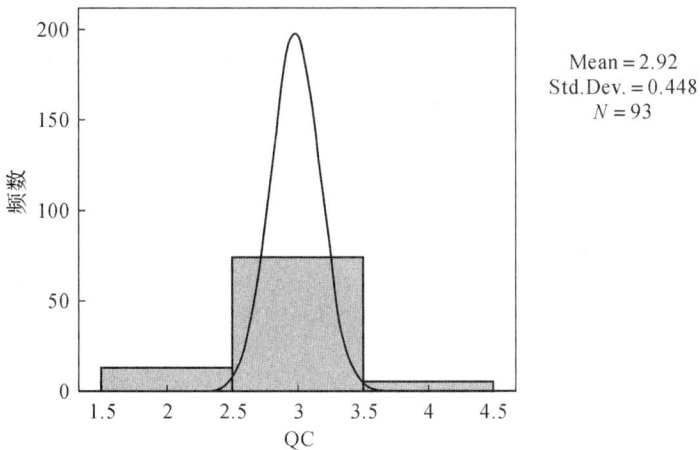

Mean = 2.92
Std.Dev. = 0.448
N = 93

6-2-4"观众感受"模块

		频数	百分比（%）	有效百分比（%）	累积百分比（%）
QD					
有效值	1	2	2.1	2.1	2.1
	2	20	21.3	21.3	23.4
	3	63	67.0	67.0	90.4
	4	9	9.6	9.6	100.0
	总计	94	100.0	100.0	

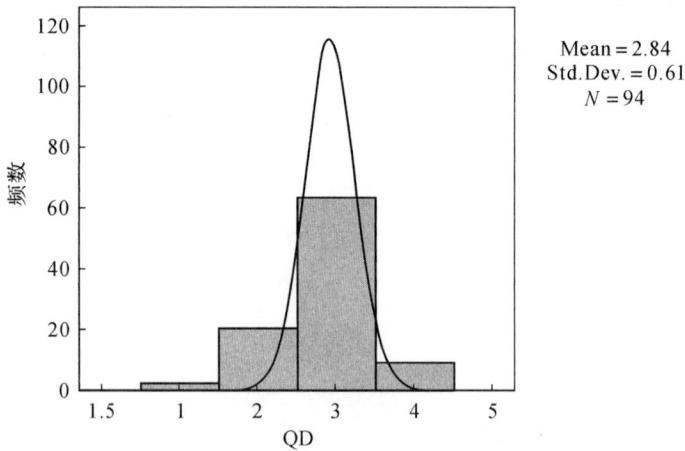

Mean = 2.84
Std.Dev. = 0.61
$N = 94$

依图表可知："内容策划"模块总体观众评价为不太满意（占 83.0%）；"形式设计"模块总体观众评价介于不太满意与一般之间（分别占 49.5%与 50.5%）；"生活服务"、"观众感受"模块总体观众评价皆为一般（分别占 78.7%、67.0%）；但"观众感受"稍倾向于不太满意（占 21.3%）。综之，各模块观众评价满意度较低。观众对"内容策划"模块最为不满；其次为"形式设计"模块；再次为"观众感受"模块；最后为"生活服务"模块，"生活服务"模块评价一般居多。

依"年龄"变量，将样本分"儿童"与"家长"两个不同类别。研究者欲在此前研究基础上，进一步判定两大不同类别就四大模块评价是否存有显著差异，显著差异表现为何。因是针对两组数据进行差异性分析，故采用独立 T 检验。结果如表 3-36 所示。

表 3-36　四川博物院"儿童活动区""儿童"与"家长"两大组别数据统计

Group Statistics(组别统计)

	Qage (年龄组别)	N (人数)	Mean (平均值)	Std. Deviation (标准差)	Std. Error Mean (均值的标准误)
QA	1①	49	2.00	0.354	0.051
	2	45	2.18	0.442	0.066
QB	1	49	2.47	0.504	0.072
	2	44	2.55	0.504	0.076
QC	1	48	2.94	0.433	0.063
	2	45	2.91	0.468	0.070
QD	1	49	2.86	0.577	0.082
	2	45	2.82	0.650	0.097

依表 3-37 内数据可进行显著差异判定。若 Levene's Test for Equality of Variances 中的 Sig. 值大于 0.05，表明假设方差相等(Equal variances assumed)，继而查看对应的 T-Test for Equality of Means 中的 Sig.（2-tailed)值，若该值小于 0.05，说明存在显著差异，若该值大于 0.05，说明不存在显著差异。同时，若 Levene's Test for Equality of Variances 中的 Sig. 值小于 0.05，表明假设方差不等(Equal variances not assumed)，进而查看对应的 T-Test for Equality of Means 中的 Sig.（2-tailed)值，如果该值小于 0.05，说明存在显著差异，如果该值大于 0.05，说明不存在显著差异。借由 QA—QD 各模块数据查核可见，QB、QC、QD 模块中 Sig. 值皆大于 0.05，Sig.（2-tailed)值皆大于 0.05；而 QA 模块中 Sig. 值小于 0.05，而 Sig.（2-tailed)值大于 0.05。因此，QA—QD 各模块"儿童"与"家长"评估结果显示，不存在显著差异。

表 3-37　四川博物院"儿童活动区"独立样本检验表

		Levene's Test for Equality of Variances		T-Test for Equality of Means					95% Confdence Interval of the Difference	
		F	Sig.	t	df	Sig.（2-tailed)	Mean Difference	Std. Error Difference	Lower	Upper
QA	Equal variances assumed	10.247	0.002	−2.163	92	0.033	−0.178	0.082	−0.341	−0.015
	Equal variances not assumed			−2.143	84.285	0.035	−0.178	0.083	−0.343	−0.013

①　1 代表儿童；2 代表家长。

续表

		Levene's Test for Equality of Variances		T-Test for Equality of Means						
									95% Confdence Interval of the Difference	
		F	Sig.	t	df	Sig. (2-tailed)	Mean Difference	Std. Error Difference	Lower	Upper
QB	Equal variances assumed	0.709	0.779	−0.727	91	0.469	−0.076	0.105	−0.284	0.132
	Equal variances not assumed			−0.727	89.955	0.469	−0.076	0.105	−0.284	0.132
QC	Equal variances assumed	0.417	0.520	0.282	91	0.778	0.026	0.093	−0.159	0.212
	Equal variances not assumed			0.282	89.178	0.779	0.026	0.094	−0.150	0.213
QD	Equal variances assumed	1.107	0.295	0.276	92	0.783	0.035	0.127	−0.216	0.286
	Equal variances not assumed			0.274	88.356	0.784	0.035	0.127	−0.218	0.288

（4）小结——特色与缺失

依据研究者观察解析与内外部评估，此展览特点大概归结如下：

①无馆方特色的展览选题

"传统儿童教育"的选题无法与四川博物院的馆藏资源相契合，无法彰显该馆特色。此类选题在任何公共空间皆可实现，除位置处于博物馆内，与博物馆似无多大关联。

②无展览意识的展览结构

展区无部分、单元区分，仅为一个小规模的公共空间，无展览意识，因而不存在严格意义上的展览结构，各区块属于并列平行关系。

③无明确规定的教育目标

展区设立的宗旨是为家庭观众准备一处休息之所，换言之，提供儿童休息和玩乐服务。未存有利用博物馆特有资源，实现博物馆教育的总目标和分目标。

④单层次的信息负载

展区信息寡少，表现方式仅为看板和液晶电视。无展品说明和部分、单元说明。视频信息具有教育性，画面设计和语言表述彰显儿童特色，但此类视频比比皆是，非馆方所绝无仅有，无特色可陈。

⑤历史故事的信息凝练

信息最多集中在视频部分。视频部分采用动画视频，循环播放中国传统历史故事，试图借由历史故事，找寻该展区与博物馆的结合点，但效果如水投石。另存有通过看板所传递的安全与服务信息。

⑥缺乏互动的展陈方式

前文上海儿童博物馆"'跨越距离、触摸未来'主题科学"一层展区展示方式中,已详尽列举"动手型"与"互动型"展示的差异。此展区提供的橡皮泥、笔纸、魔方、积木和毛绒玩具,无法引导儿童陷入展览环境以促进感情变化,属"动手型"展示,展区无"互动型"展示。

⑦极简约的展场氛围

为博物馆大厅一角,仅有大厅地面和墙面的黄色大理石等环境色装饰。展区灯光也为博物馆大厅原设灯光,使用既能聚光又可漫射的白炽灯,未有专门的照明设计。未营造任何展厅氛围,墙面仅张贴两幅图画,极为简约,无法引导小观众介入展区预设环境。

2. 案例二:大都会艺术博物馆(The Metropolitan Museum of Art)"教育活动区(Ruth and Harold D. Uris Center for Education)"

(1)研究者观察解析

①展览结构(见图3-89)

展览选题:教育中心(Center for Education)

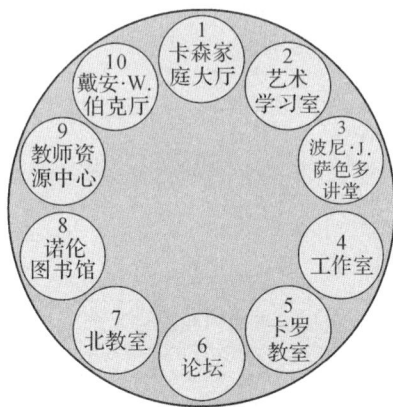

教育活动区
(Ruth and Harold D.Uris Center For Education)

图3-89 大都会艺术博物馆"教育活动区"展区结构图

②展览策划

2-1 传播目的

鼓励各个年龄的儿童用我们精选的有趣的和具有教育意义的艺术去发现、探索和创造。

(Exhibit Goal:Encourage children of all ages to discover, explore, and create with our selection of fun and educational art.)

2-2 目标年龄

18个月~12岁

(Targeted Age Level:18 months-12 years)

2-3 教育目标

教育服务面向所有年龄,从未曾涉足艺术博物馆之人,到具资深造诣的艺术学者;从独立赏析视觉艺术的青少年,到携带儿童的年轻家庭;从正在寻觅如何传授艺术课程的教师,到埋头于学校作业的学生。采用领先的教育理念,实施类型纷呈的教育项目,提供精彩丰富的教育资源,形成完善且全面的教育系统。[①]

2-4 重点和亮点

"诺伦图书馆"

(Highlights You Won't Want to Miss：Nolen Library)

2-5 内容结构

展览各部分依绘画、讲座、电影、阅读、手工等不同教育功能分区,每个空间根据功能所需布展。展场中可视信息包括前言和三处部分说明。展品说明皆采用标签式说明牌,置于展品上面或右侧,仅以英文书写展品作者、年代与名称等基本资料。导览媒介分为:看板、展览折页和电子牌。展品组合主要为"展品＋标签式说明牌"组合,标签式说明牌包含的基本信息雷同。各种导览媒介及其负载信息可参见表 3-38。

表 3-38 大都会艺术博物馆"教育活动区"各种导览媒介及其负载信息

导览媒介		负载信息
展区看板	前言	◆"今日安排(Today's Schedule)" ◆"会员活动(Member Event)" ◆"家庭项目(Family Program)"
	部分说明	◆"卡森家庭大厅(Carson Family Hall)"部分 ●活动信息 ◆"诺伦图书馆(Nolen Library)"部分 ●时间　●注意事项 ◆"波尼·J.萨色多讲堂(Bonnie J. Sacerdote Lecture Hall)"部分 ●讲座信息　●注意事项
展览折页	展区简介	◆地下一层展区平面图和教育活动
电子牌	各部分 使用情况	◆"艺术学习室(Art Study Room)"部分 ●时间　●活动性质　●活动类型 ◆"波尼·J.萨色多讲堂(Bonnie J. Sacerdote Lecture Hall)"部分 ◆"工作室(Studio)"部分 ◆"卡罗教室(Carroll Classroom)"部分 ◆"论坛(Seminar Room)"部分 ◆"北教室(North Classroom)"部分 ◆"诺伦图书馆(Nolen Library)"部分 ◆"教师资源中心(Teacher Restaurant Center)"部分
	安全服务 信息	◆"卡森家庭大厅(Carson Family Hall)"部分 ●安全信息　●服务信息

2-5-1 展区看板和展品说明(见表 3-39)

---

① 本展区教育目标摘自研究者调研鲁斯和哈罗德·D.乌里斯教育中心过程中访谈调查类志愿者负责人所做记录。

表 3-39　大都会艺术博物馆"教育活动区"看板和展品说明信息

展览部分看板内容	内容分析
前言	
◆"今日安排(Today's Schedule)" Guided Tour Museum Highlights Tour(下午 2:30—3:30 导览 博物馆亮点导览);Guided Tour Greek&Roman Galleries Arts of Ancient Greece and Rome(下午 2:45—3:45 导览希腊和罗马 古希腊和古代罗马的画廊艺术品);Family Program Children's Reading Room,Nolen Library Storytime in the Nolen Library(下午 3:00—3:30 家庭项目 诺伦图书馆儿童阅读室,诺伦图书馆讲故事时间);Guided Tour Modern Art Gallery Modern Art(下午 3:00—4:00 导览 现代艺术画廊 现代艺术);Guided Tour 19th-Century Galleries Impressionism/Post-Impressionism(下午 3:15—4:15 导览 19 世纪画廊 印象派和后印象派);Carson Family Hall Start with Art at the Mat(下午 3:30—4:30 家庭项目 卡森家庭大厅 在大都会开始的艺术);Guided Tour Museum Highlights Tour(下午 3:30—4:30 导览 博物馆亮点导览);Member Event Studio Art Afternoons with Electra Friedman(下午 3:45—5:00 会员活动工作坊 和大弗里德曼一起共度午后艺术) Ask for a print out of "Today's Events" at the Information Desk. All evens listed above are free with Museum admission unless otherwise noted and are subject to change of cancellation. (可向咨询台索要"今日安排"打印材料,除了特别标注和被迫取消外,所有列举活动经博物馆允许都为免费。)　　　　　　(96 个单词) ◆"会员活动(Member Event)" Membership Children's Art Classes（会员的儿童艺术班） Explore and discover art in a studio setting as well as in the galleries in semester-long classes designed for our youngest members. For details inquire at the Information Desk. 通过一个学期的画廊和工作坊专门为我们最年轻的会员设计的课程,去探索和发现艺术。具体内容可向咨询台询问。) Next Event:Thursday,May 3, 2012 3:45p. m.—5:00p. m. (下一个活动:2012 年 5 月 3 日,周四。) Title:Art Afternoons with Electra Friedman(标题:和弗里德曼一起共度午后艺术) Location:Studio(位置:工作坊)　　　　　　　　　　　(48 个单词) ◆"家庭项目(Family Program)"(略)	前言围绕"今日安排""会员活动"和"家庭项目"三项内容。其中,"会员活动"和"家庭项目"为对"今日安排"的相关活动介绍,配有照片,并附后一项项目内容。前言根据每日安排逐日更新,具有很强的时效性

续表

展览部分看板内容	内容分析
部分看板	
◆"卡森家庭大厅(Carson Family Hall)"部分 ●"艺术开始(Start with Art)"活动 Start with Art（ages 3-7) (在大都会开始的艺术 年龄 3～7 岁)(见图 3-90)　　　　　(6 个单词) PROGRAM NAME：Start with Art (项目名称:在大都会开始的艺术) DATE AND TIME：05/03/2012 3：30 p. m.—4：30 p. m.(日期和时间:2012 年 5 月 3 日下午 3：30—4：30) TOPIC：Mother(话题:母亲) <u>DID YOU MISS US? PLEASE JOIN US BY FOLLOWING THIS ROUTINE</u>：… (你有没有想我们? 请用下面的方式加入我们……) <u>Did you miss us?</u> Visit the Information Desk for our route. (你有没有想我们? 联系我们的方式,咨询台可提供。)　　　　(69 个单词)	看板内容随开展的项目更新。介绍在卡森家庭大厅内当日举办项目的名称、时间、主题和参与方式
◆"诺伦图书馆(Nolen Library)"部分 ●部分说明 NOLEN LIBRARY the Library is open to all Museum visitors (诺伦图书馆对所有博物馆观众开放) Hours：September-May Monday(staff only) 9：00a. m.—5：00p. m.；Tuesday-Thursday：9：30a. m.—5：00p. m.；Friday：9：30a. m.—6：00p. m.；Saturday：10：00a. m.—6：00p. m.；Sunday：10：00a. m.—5：00p. m.；Closed Mondays and holidays.(开放时间:九月—五月,周一(仅员工来上班)上午 9：00—下午 5：00;周二—周四:上午 9：30—下午 5：00;周五:上午 9：30—下午 6：00;周六:上午 10：00—下午 6：00;周日:上午 10：00—下午 5：00;周一和节假日不开放。) Please Note：All coats, backpacks and large bags must be checked at the coat check or placed in a library locker. <u>No food, drink, or use of cell phones permitted</u>(注意事项:所有外套、背包和大袋子必须被检查和放入储物柜。<u>食物、饮料和手机都不允许使用</u>。)　　　　(69 个单词) ●<u>Storytime in Nolen Library</u>(诺伦图书馆讲故事时间)(略) ◆"波尼·J. 萨色多讲堂(Bonnie J. Sacerdote Lecture Hall)"部分(略)	常设看板。对诺伦图书馆的开放对象、开放时间和注意事项等基本信息进行介绍 "诺伦图书馆讲故事"和"波尼·J. 萨色多讲堂"看板形式、内容与"卡森家庭大厅"部分看板雷同
提醒型看板内容	
◆"卡森家庭大厅(Carson Family Hall)"部分 ●Stop! Please DO NOT TOUCH. Only Museum staff may open and close the lockers. 　　(停! 请<u>不要触摸</u>,只有博物馆工作人员可开关锁。)(见图 3-91) (14 个单词) 其余同类看板(略)	属儿童的安全提醒
●Group Entry and Registration, <u>Straight Ahead</u>(集体进入与登记,<u>笔直走</u>) 　　　　　　　　　　　　　　　　　(6 个单词) ●其余同类看板(略)	属观众的行为提醒

续表

展览部分看板内容	内容分析
捐赠型看板内容	
◆教育活动区(Ruth and Harold D. Uris Center for Education) ●The Metropolitan Museum gratefully acknowledges the following contributors to the renovation of the Ruth and Harold D. Uris Center for Education. Mr. And Mrs. James E. Burke...(大都会艺术博物馆向以下为教育活动区更新做出贡献的捐赠者致以感谢:詹姆斯·E.伯克夫妇……)　　　　　　(57 个单词) ●其余同类看板(略)	列举教育活动区改建的相关捐赠人并致以感谢,传递感恩文化
展品标签式说明内容	
◆"诺伦图书馆(Nolen Library)"部分 ●图书 Graphic Novels(绘图小说) ● 其余同类说明(略)	标签式说明较为多见,仅包含展品名称一项信息
展品阐释式说明内容	
◆"诺伦图书馆(Nolen Library)"部分 ●油画 Q. Louis Guglielmi. American, born in Egypt. 1906—1956; Droll Gambit at Coney, 1949;Oil an canvas; Arthur Hoppock Hearn Fund, 1950.5.31.(路易斯·米列尔米,美国人,出生于埃及,1906—1956。1949 年,在康尼创造了一幅帆船油画;亚瑟·霍波克·赫恩基金会 1950 年 5 月 31 日出钱购得。)　　(20 个单词) ●其余同类说明(略)	这类阐释式说明标签在展品说明中占一小部分,主要集中于绘图展品,包含油画作者名字、国籍、生卒年代、创作时间、画作历史等基本信息

注:下标_____为儿童用语;()内字数不含标题。

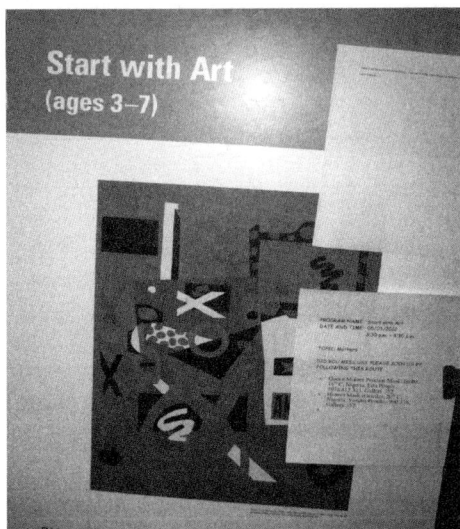

图 3-90　大都会艺术博物馆"教育活动区""艺术开始"的活动看板　内容包括名称、时间、主题和参加方式,看板内容图文并茂,更新及时

图 3-91　大都会艺术博物馆"教育活动区"内儿童安全提醒看板

展区看板主要采用立地式的木质支架。前言为三块并列的电子屏幕，进行内置照明，可随时更新资讯，保持时效性。标签式说明撰写于纸板或木板上。看板内文简洁，图文并茂。说明文字（基本采用标签式说明）通常包含基本信息：名称或对展品历史的阐释。

2-5-2 展览折页

折页包括展区简介类、启蒙阅读类、教育活动类和儿童问答类（见图 3-92）。其中，简介类主要是对包括教育活动区在内的各层展区做简要介绍，并呈现各层平面图。

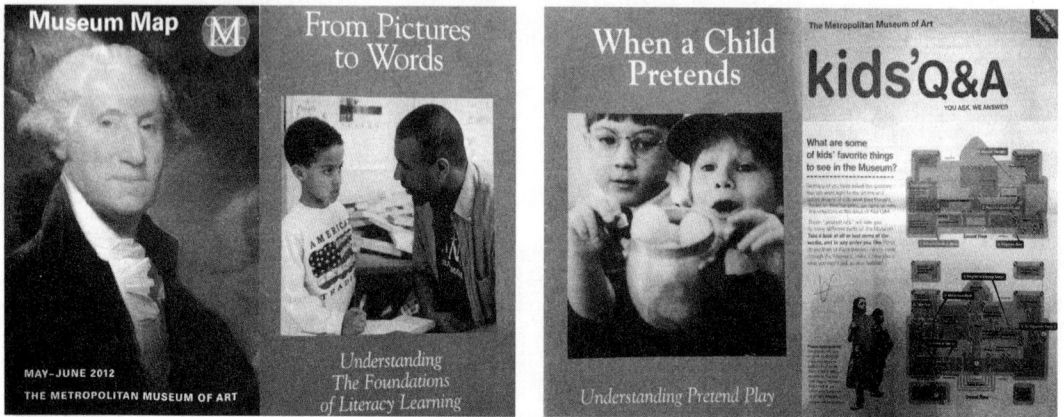

图 3-92　大都会艺术博物馆"教育活动区"儿童展览折页

包括展区介绍类、启蒙阅读类、教育活动类和儿童问答类四种，儿童类展览折页常按年龄分众，儿童各取所需

2-5-3 电子牌

各展室名称一侧设有电子牌（电子屏幕），电子牌标明展室的使用状况，同时信息可即时更新。电子牌主要实现三项用途。其一，展示各部分使用现状；其二，起宣传推介作用；其三，传播安全服务信息。电子牌内负载信息如表 3-40 整理所示。

表 3-40　大都会艺术博物馆"教育活动区"电子牌内负载信息

主题	信息内容	内容分析
部分使用情况	◆"艺术学习室（Art Study Room）"部分 ● Thursday, May 3, 2012；3：45—5：00p. m. ；Member Event Art Afternoons with Electra Friedman（午后和弗里德曼共度会员艺术项目） ●其余部分略	此类电子牌主要包含时间、地点和项目主题。电子屏幕可实时更新
安全服务信息	◆"卡森家庭大厅（Carson Family Hall）"部分 ●Check your stroller.（检查你的手推童车。） ●Just look, discover the Met with us！（和我们一起看和探索博物馆！） ●Groups check.（团队检查。） ●Ready to Explore?（准备好探索了吗?） ●Inspired by the Met！（被博物馆所激发！）	以色彩明快的家庭地图做背景，图文充满童趣，并将服务信息传递给观众

2-6 展品资料

各部分依各展室的功能安排图画、多媒体、声像资料等展品或组合。展区面积约 6.46 万平方英尺（6000 平方米），展品计 56 件，主要为绘画作品。其中，绘画作品 42 件，多媒体 4 件，声像资料 10 件。绘画作品以油画为主：年代从古代、中世纪至近现代。多媒体主要用于可视会议和远程学习，以记录、存档与演示。声像资料包括前言和电子屏幕资料。

2-7 展示手法

全部采用裸展形式。展区设计较为简约，皆采用单件展品的方式呈现。展品展示方式为"展品＋文物标签式说明"（见图 3-93）。前言部分采用内置照明，屏幕信息实时更新（见图 3-94）。各展室也使用电子屏，此创新之举可传递项目内容信息，亦可标明展室的使用现况。

图 3-93　大都会艺术博物馆"教育活动区"展品说明牌
主要采用标签式说明牌，仅包括作品名称、作者名字等基本信息

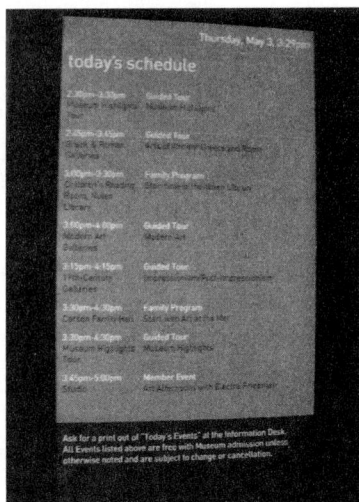

图 3-94　大都会艺术博物馆"教育活动区"前言电子屏幕
前言使用电子屏幕便于及时更新活动内容

2-8 展区规划

以不同功能来规划展览空间，后将展品置于相应展区。本展区共设九部分，一个导介区（Diane W. Burke Hall），位于入口处，有一专设咨询台，后有一处大型电子屏幕。墙上则有三块电子屏（外围木质），看板公布当日活动信息（见图 3-95）。展览九部分为：卡森家庭大厅（Carson Family Hall），用作家庭休息之用；艺术学习室（Art Study Room），配置先进的教学视听设备，是由博物馆人员辅导包括儿童在内的观众制作艺术品的专用场地；波尼·J. 萨色多讲堂（Bonnie J. Sacerdote Lecture Hall）是拥有 125 个座位的大教室，常举行规模较大的项目；工作室（Studio）用于组织儿童制作艺术品等探索项目；卡罗教室（Carroll Classroom）既可用作教室又可用作工作室；论坛（Seminar Room）主要用来举办专题讨论，亦可作为普通的教室；北教室（North Classroom）是组织交流小规模聚会活动的地方；诺伦图书馆（Nolen Library）内置图书、网络资源、录像和无线网络，专门辟有提供家庭使用的儿童阅读区域；教师资源中心（Teacher Resource Center）则面向教师提供丰富的学习资料（见图 3-96）。展品分区摆放，安置于各展区墙面或壁柜之上，呈四周环绕型。此九个不同展区被单

独区隔成九个展室,除却个别展室外,基本无部分说明看板,仅以不同展区名称相区分。

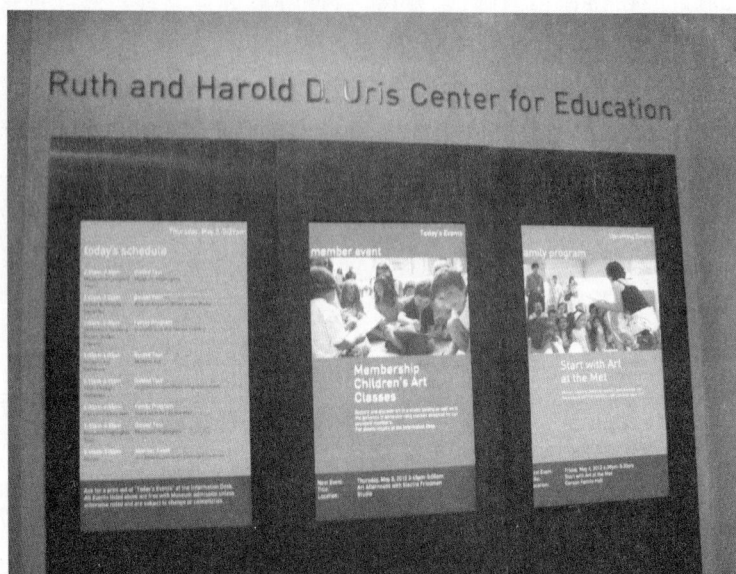

图 3-95　大都会艺术博物馆"教育活动区"导介区
为三块电子屏实时更新教育活动信息

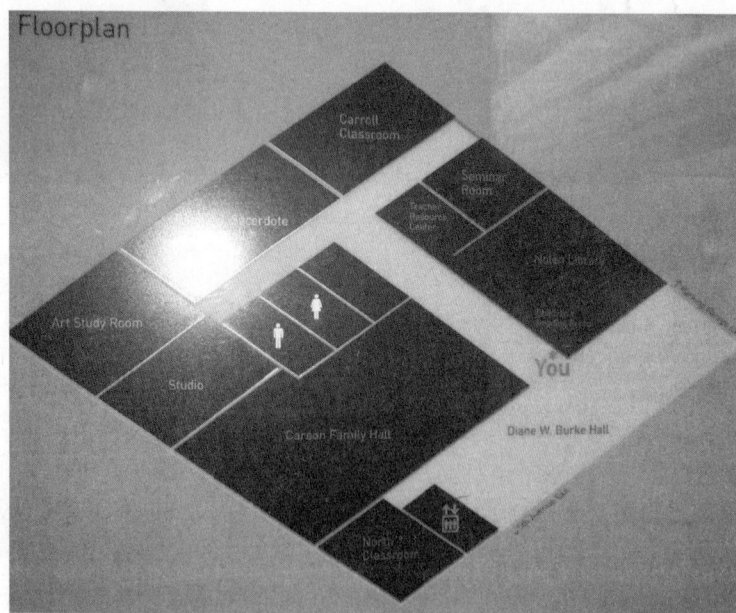

图 3-96　大都会艺术博物馆"教育活动区"平面图
（图片来源:大都会艺术博物馆提供）

2-9 参观动线

主动线采用"U 型展室"的联结方式,展室呈现"并联"式联结,参观完一个部分再进入另外一个部分,空间利用率较高。其中,"戴安·W.伯克厅"和"卡森家庭大厅"为敞开式,无明显动线引导,左转右旋皆可。

2-10 氛围营造

展厅基本色调为黄色、米黄色、灰色和红色,其中以黄色为主色调。地面大量使用黄色大理石,多处使用木纹地板。墙面也采用黄色大理石墙砖,或刷白色涂料。顶部主要是木质吊顶。展品或组合色彩以暖色亮色为主,视觉空间富有感染力。道具主要选择木质,道具色主要呈黄色。展览说明撰写在木板或纸板上。因"教育活动区"坐落于地下一层,全部使用人工采光。顶部有规律地均匀安置灯带,或射灯,或吊灯,进行整体照明。全场敞亮,部分采用灯光投射。

2-11 外延设计

展区外延设计主要是利用墙面。其中,重点展区"诺伦图书馆"展区中"儿童阅读室",外延设计表现较为突出。通过三面透明玻璃营造一种空旷环境,围绕三面墙摆放各类儿童书籍,书柜之上的墙面粘贴有各色标签,用各种语言标明书籍语言类型,如用中文书写"中文书"三字。陈列的绘画展品和标签说明牌高度不到一米,适合儿童观览。书柜和座椅为儿童专门设计,皆采用实木。(见图 3-97)

2-12 标识系统

标识系统为一个嵌入建筑框架之内的 M(见图 3-98)。建筑框架采用抽象的线条勾勒而成,M 为"Metropolitan"和"Museum"缩写,代表大都会艺术博物馆。大都会的商品、网站、出版物、门票等,都标有此标识系统,借用此方式构建大都会形象。故而,"教育活动区"展区内商品、折页、出版物上也常见此标志。

图 3-97　大都会艺术博物馆"教育活动区"重点亮点——"诺伦图书馆"部分　展品、设施高度和材质皆适合儿童

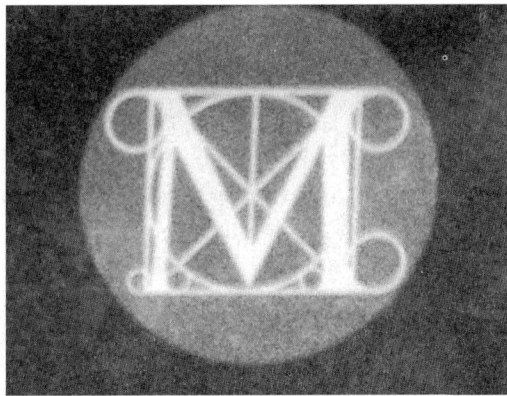

图 3-98　大都会艺术博物馆标识系统主体部分为建筑框架内置"M",常见于多种导览媒介(2016 年 3 月该馆标识系统已更改)

(2)展览内部评估——效益指标测评

①指标测评

借由前文中就本案例细致观察及要素解析,研究者依本书所建构的儿童展览评估指标体系进行检测,结果如下(见表 3-41):

表 3-41　大都会艺术博物馆"教育活动区"展览指标评估表

一、生理需求范畴(分值 32 分:各指标优秀 4;良好 3;一般 2;不好 1)		
评估指标与分值	单项标准与分值	评分
1 安全牢固 (分值 8 分)	1-1 展品安全,提供家庭观众、馆员保护(分值 4 分)	3
	1-2 展品运行与维护良好(分值 4 分)	3
安全牢固总分值		6
2 符合人体 (分值 12 分)	2-1 展品高度和密度适合儿童(分值 4 分)	4
	2-2 灯光、温度和声效适合(分值 4 分)	3
	2-3 参观路线自然流畅,不交叉、重复、缺漏,设置路线标示系统(分值 4 分)	3
符合人体总分值		10
3 生活服务 (分值 12 分)	3-1 展厅空间或其他空间整洁(分值 4 分)	4
	3-2 休息处和餐饮方便(分值 4 分)	2
	3-3 特殊设施考虑(分值 4 分)	3
生活服务总分值		9
生理需求共计分值		25
二、心理需求范畴(分值 96 分:各指标优秀、良好、一般、不好分值不等)		
1 教育效果指标系列一(分值 24 分:各指标优秀 8;良好 6;一般 4;不好 2)		
1-1 展览选题 (分值 8 分)	1-1-1 儿童易于接受并喜欢	6
1-2 目标年龄 (分值 8 分)	1-2-1 界定清晰	8
1-3 教育目标 (分值 8 分)	1-3-1 根据儿童年龄阶段制定详尽目标	6
1 教育效果指标系列二(分值 12 分:各指标优秀 4;良好 3;一般 2;不好 1)		
1-4 体验效果 (分值 8 分)	1-4-1 展品互动参与性(分值 4 分)	3
	1-4-2 展品操作便易性(分值 4 分)	3
1-5 学习效果 (分值 4 分)	1-5-1 学习到新知识和方法	3
1 教育效果指标系列三(分值 12 分:各指标优秀 3;良好 2;一般 1;不好 0.5)		
1-5 学习效果 (分值 6 分)	1-5-2 对选题产生兴趣(分值 3 分)	2
	1-5-3 增加对选题的理解(分值 3 分)	2
1-6 认可度 (分值 6 分)	1-6-1 展品被注意时间长(分值 3 分)	1
	1-6-2 愿意重复参观(分值 3 分)	2
教育效果总分值		36

2 受吸引度系列一（分值 36 分：各指标优秀 6；良好 4～5；一般 3；不好 1～2）		
评估指标与分值	单项标准与分值	评分
2-1 展览内容 （分值 24 分）	2-1-1 结构演绎条理清晰、易于接受（分值 6 分）	5
	2-1-2 展品资料围绕主题丰富多样，灵活使用辅助材料（分值 6 分）	3
	2-1-3 主题提炼与选题密切相关，适合儿童，富有创意（分值 6 分）	4
	2-1-4 版面文字编写简短易懂，生动活泼，图文并茂，充满新意（分值 6 分）	4
2-2 展览形式 （分值 12 分）	2-2-1 陈列手段与内容紧密相关，手段多样，多使用参与度高的互动展示（分值 6 分）	3
	2-2-2 注重灯光、色彩等多渠道氛围营造（分值 6 分）	4
2 受吸引度系列二（分值 12 分：各指标优秀 4；良好 3；一般 2；不好 1）		
2-2 展览形式 （分值 12 分）	2-2-3 展览具备重点亮点（分值 4 分）	4
	2-2-4 利用墙面、地面、走廊开展充分的外延设计（分值 4 分）	3
	2-2-5 有卡通形象，易于分辨的标识系统（分值 4 分）	3
受吸引度总分值		33
心理需求共计分值		69
总体评价得分		94

②测评小结

依图 3-99 可见：各项指标"实际分值"均处于"优秀分值"与"一般分值"之间，且于"良好分值"上下浮动。其中，安全牢固、生活服务指标等于"良好分值"；符合人体、教育效果指标皆高于"良好分值"1 分；受吸引度低于"良好分值"3 分。生理需求范畴高于"良好分值"1分；而心理需求范畴则低于"良好分值"2 分。因而，总体评价为接近且稍低于良好水平。综

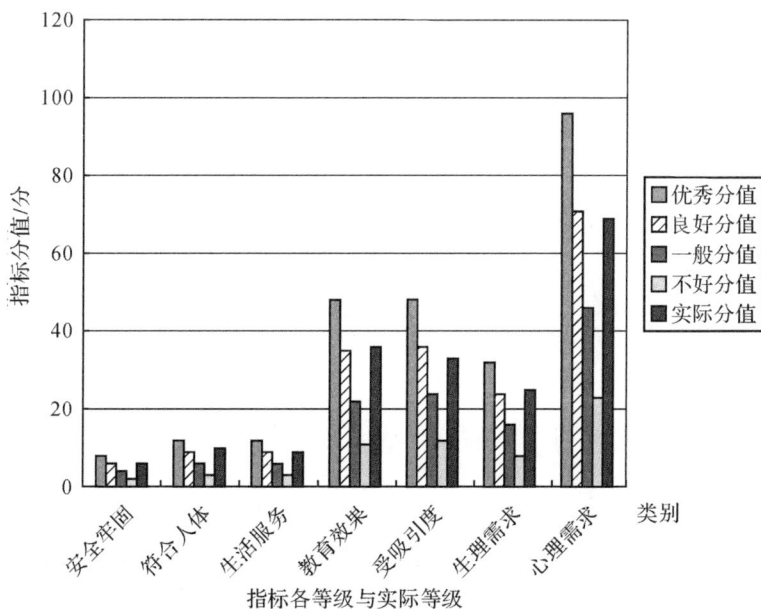

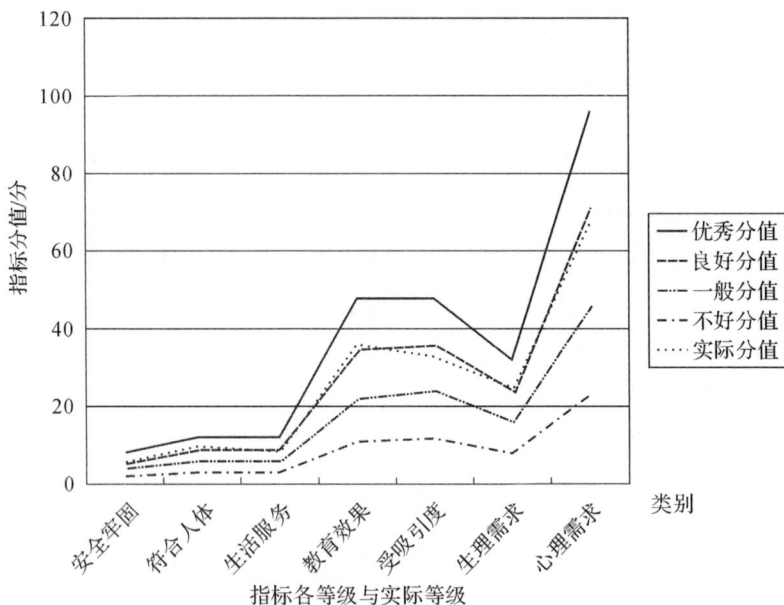

图 3-99　大都会艺术博物馆"教育活动区"展区展览效益指标等级分值系列对照图

之,本案例各项指标总体情况较好。生理、心理需求范畴均稍存有不足:无专门提供儿童用餐场所及服务;依年龄设定的教育目标不够详尽等。相较于缺失,特色表现更为突显:展品高度、密度适合儿童;具有供儿童使用的特殊设备;年龄界定清晰;主题紧紧围绕教育选题;展示手段多样,技术先进;无橱柜式展览,说明文字较适合儿童;氛围营造关照家庭观众。故,本案例较多优势值得参鉴,尤其是展览内容、结构与展品资料均严格围绕教育选题展开。

(3)展览外部评估——观众问卷调查

为测定两类受众——儿童及其家长对大都会艺术博物馆"教育活动区"展览的效益评估,兹定以抽样方式开展观众问卷调查,获取就"教育活动区"内容策划、形式设计、生活服务及观众感受等评价信息。本次调查共发放问卷 107 份,回收 99 份,回收率为 92.5%,其中有效问卷 90 份,无效问卷 9 份,有效率为 90.9%。

①调查时间

2012 年 5 月及 2013 年 2 月,为期共计 7 天。

②调查地点

大都会艺术博物馆外广场;教育活动区的卡森家庭大厅及工作坊外家长休息区。

③调查对象

刚体验或曾体验过"教育活动区"的儿童或家长。为洞悉儿童、家长用户就各模块评估是否存有显著差异,尽量保持两类用户样本数均等。

④调查方法

主要采用儿童、家长两类用户随机抽样,现场定向发放并回收。

⑤调查内容

问卷设"基本情况""内容策划""形式设计""生活服务"及"观众感受"五大部分,第一部分包含体验"教育活动区"次数、用户年龄、住址、参观时间、目的等基本信息,后四个部分则涵盖展览结构、选题、内容、文字、展品、手段、高度、密度、氛围、满意度与收获等,共计 22 个

问题。整份问卷共计 27 个问题。问卷采用单选、多选的封闭式问题。（详见附录一）

⑥结果与分析

6-1 各题频数结果与分析

依本案例各题目答案频次统计和图表分析（详见附录九），获结论如下：

观众通常为第五次及以上或第四次来本活动区，分别占 61.8%、22.5%；儿童、家长观众分别占 54.4%、45.6%；观众主体来自纽约郊区，占 52.8%；通常在馆内待 5 小时以上，占 84.3%；参观的目的主要为休闲娱乐，占 82%；观众一般对能激发兴趣、熟悉、新颖有创意的选题萌发兴趣，分别占 92.1%、70.8% 和 56.2%；参观或操作展品时，一般倾向于和孩子一块看/玩，或让孩子自己看/玩，分别占 71.9%、66.3%；参观本展区主要收获在于休闲娱乐，或激发了新兴趣，或掌握新知识和新方法，分别占 98.8%、93.3% 和 75.3%。

针对展览各项内容，观众满意度较高。非常满意的情况主要反映于：认为展览结构"完全理解"或"大多理解"，共占 94.4%；展览内容"亮点有，很明显"或"亮点有，较明显"，共占 96.7%；展览文字"看得明白很有趣"或"看得明白有点有趣"，共占 93.2%；展品"很丰富"或"较丰富"，共占 98.9%；"几乎所有"或"大多数"展品让人感兴趣，共占 97.8%；"完全没有"或"小部分"展品陈旧或需更新，共占 94.4%；展品高度"非常舒适"或"较舒适"，共占 100%；展品密度"非常合适"或"较合适"，共占 94.4%；氛围"营造得非常好"或"营造较好"，共占 91.1%；不安全因素"完全没有"或"不太多"，共占 100%；参观路线"非常清晰"或"较清晰"，共占 100%；照明、温度、声效"非常好"或"较好"，共占 97.8%；展厅清洁、舒适程度"非常好"或"较好"，共占 98.9%；"非常想"或"比较想"再次来本展区，共占 96.7%。除却诸上非常满意处外，观众体察较满意情况主要集中于："半数"或"大多"展品能引起思考或疑问，共占 67.4%；"半数"或"大多"的展品/装置能操作、参与玩，共占 82%；展览手段"一般丰富"或"较丰富"，共占 77.5%；操作展品的使用"基本可以"或"较容易"，共占 87.6%。

相较于获得诸多满意，不太满意之处乏见，仅有一处，即认为在展区内"完全没看到"或仅"看到一些"博物馆标志，共占 85.4%。

6-2 各模块比较结果与分析

为继续探究本案例"内容策划""形式设计""生活服务""观众感受"四大模块总体观众评价情况，并针对各模块总体评价情况进行比较，采用如下办法处理：

第一步：数据预处理。

①问卷每题答案第一、二、三、四、五、六、七选项，分别用编码 1、2、3、4、5、6、7 代表；

②问卷 6～26 道中选项编码为 6 的均置换成 0（多选题除外）；

③根据语义，将 14 和 22 道题对选项进行倒置处理，即 1 置换成 5，2 置换成 4，3 不变，4 置换成 2，5 置换成 1。

第二步：求均值。

内容策划：第 6～14 题（排除第 7 道和第 9 道）；

形式设计：第 15～22 题（排除第 19 道）；

生活服务：第 23～25 题；

观众感受：第 26 题。

第三步：根据四舍五入原则对数字取整。

据上可得：

6-2-1"内容策划"模块

		频数	百分比 （%）	有效百分比 （%）	累积百分比 （%）
	QA①				
有效值	4②	65	72.2	72.2	72.2
	5	25	27.8	27.8	100.0
	总计	90	100.0	100.0	

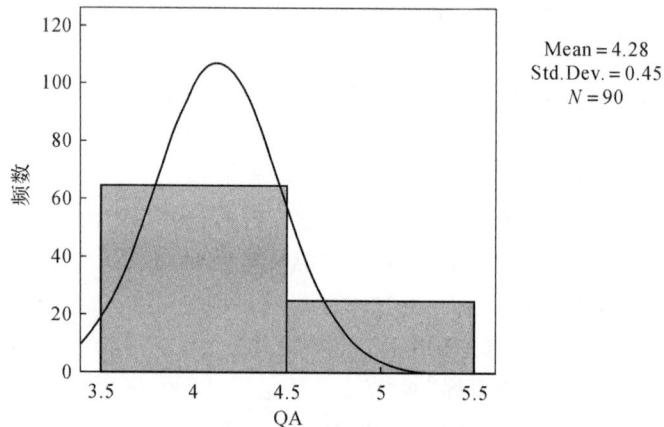

Mean = 4.28
Std.Dev. = 0.45
$N = 90$

6-2-2"形式设计"模块

		频数	百分比 （%）	有效百分比 （%）	累积百分比 （%）
	QB				
有效值	3	1	1.1	1.1	1.1
	4	89	98.9	98.9	100.0
	总计	90	100.0	100.0	

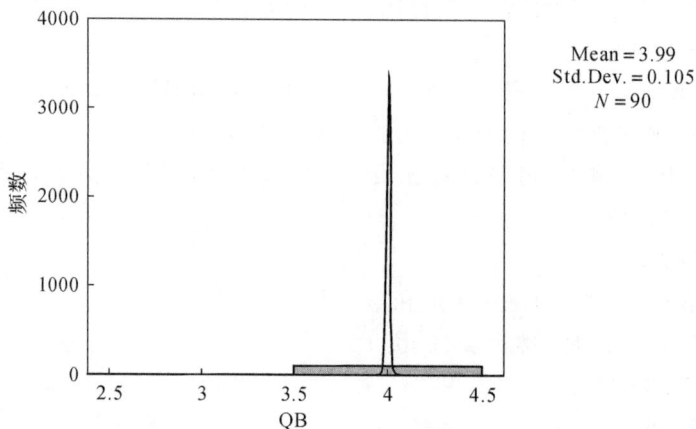

Mean = 3.99
Std.Dev. = 0.105
$N = 90$

① "QA"代表"内容策划"；"QB"代表"形式设计"；"QC"代表"生活服务"；"QD"代表"观众感受"。
② "1"代表"非常不满意"；"2"代表"不太满意"；"3"代表"一般"；"4"代表"较满意"；"5"代表"非常满意"。

6-2-3"生活服务"模块

		频数	百分比 （%）	有效百分比 （%）	累积百分比 （%）
			QC		
有效值	4	16	17.8	18.0	18.0
	5	73	81.1	82.0	100.0
	总计	89	98.9	100.0	
缺失值	体系	1	1.1		
总计		90	100.0		

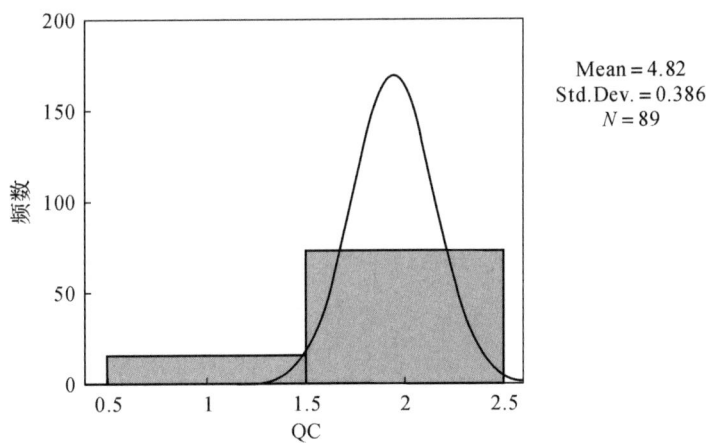

Mean = 4.82
Std. Dev. = 0.386
$N = 89$

6-2-4"观众感受"模块

		频数	百分比 （%）	有效百分比 （%）	累积百分比 （%）
			QD		
有效值	3	2	2.2	2.2	2.2
	4	29	32.2	32.2	34.4
	5	59	65.6	65.6	100.0
	总计	90	100.0	100.0	

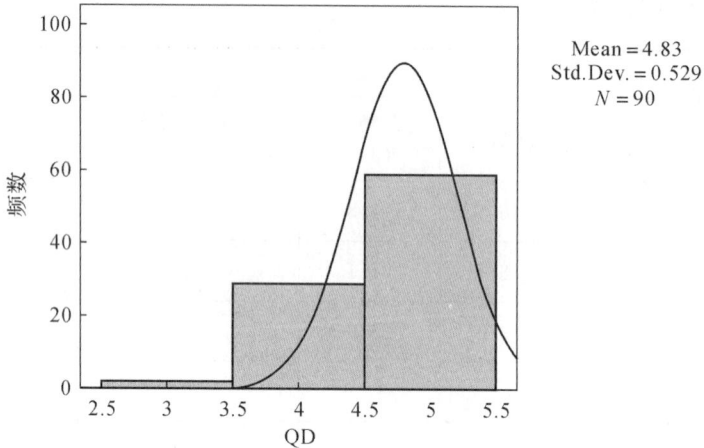

由图表可得:"内容策划"模块总体观众评价为较满意(占 72.2%),并倾向非常满意(占 27.8%);"形式设计"模块总体观众评价亦为较满意(占 98.8%),其余认为一般(占 1.1%);"生活服务"模块总体观众评价为非常满意(占 81.1%);"观众感受"模块总体观众评价同样非常满意(占 65.6%)。综之,各模块观众评价满意度较高。观众对"生活服务"模块最为满意;其次为"观众感受"模块;再次为"内容策划"模块;最后为"形式设计"模块,小部分评价认为"形式设计"水平一般。

基于此前研究,研究者欲进一步把握"儿童""家长"两大不同类别就四大模块评价是否存有显著差异,若有差异表现为何。以"年龄"作为变量,将样本划定为"儿童"与"家长"两类。因此,研究实际是针对"儿童""家长"两组数据展开,将两种数据进行显著差异分析,故,可选用独立 T 检验。结果如表 3-42:

表 3-42　大都会艺术博物馆"教育活动区""儿童"与"家长"两大组别数据统计

Group Statistics(组别统计)					
	Qage (年龄组别)	N (人数)	Mean (平均值)	Std. Deviation (标准差)	Std. Error Mean (均值的标准误)
QA	1①	49	4.29	0.456	0.065
	2	41	4.27	0.449	0.070
QB	1	49	3.98	0.143	0.020
	2	41	4.00	0.000	0.000
QC	1	48	4.79	0.410	0.059
	2	41	4.85	0.358	0.056
QD	1	49	4.61	0.571	0.082
	2	41	4.66	0.480	0.075

经由表 3-43 内数据可进行显著差异判定。若 Levene's Test for Equality of Variances

---

① 1代表儿童;2代表家长。

中的 Sig. 值大于 0.05,表明假设方差相等(Equal variances assumed),继而查看对应的 T-Test for Equality of Means 中的 Sig.(2-tailed)值,若该值小于 0.05,说明存在显著差异,若该值大于 0.05,说明不存在显著差异。据 QA—QD 各模块数据核实得见,QA—QD 模块中 Sig. 值均大于 0.05,Sig.(2-tailed)值亦均大于 0.05,故 QA—QD 各模块中"儿童"与"家长"两类别用户评价并不存在显著差异。

表 3-43　大都会艺术博物馆"教育活动区"独立样本检验表

| | | Levene's Test for Equality of Variances | | T-Test for Equality of Means | | | | | | |
| | | | | | | | | | 95% Confidence Interval of the Difference | |
		F	Sig.	t	df	Sig. (2-tailed)	Mean Difference	Std. Error Difference	Lower	Upper
QA	Equal variances assumed	0.133	0.716	0.182	86	0.856	0.017	0.096	−0.173	0.208
	Equal variances not assumed			0.182	85.717	0.856	0.017	0.096	−0.173	0.208
QB	Equal variances assumed	3.484	0.065	−914	88	0.363	−0.020	0.022	−0.065	0.024
	Equal variances not assumed			−1.000	48.000	0.322	−0.020	0.020	−0.061	0.021
QC	Equal variances assumed	2.343	0.129	−0.753	87	0.453	−0.062	0.082	−0.226	0.102
	Equal variances not assumed			−0.761	86.957	0.449	−0.062	0.081	−0.224	0.100
QD	Equal variances assumed	1.584	0.212	−0.412	88	0.682	−0.046	0.112	−0.270	0.177
	Equal variances not assumed			−0.418	87.995	0.677	−0.046	0.111	−0.266	0.174

(4)小结——特色与缺失

依据研究者观察解析与内外部评估,此展览特点归结如下:

①围绕教育的展览选题

展览希望构建一个教育中心——为多个年龄层提供教育服务,其中以青少年和家庭观众为主。因此,采用领先的教育理念,使用丰富的教育资源,推出了类型纷呈的教育项目。本展览选题体现的是大都会的一项基本使命——教育,该使命从 1870 年大都会建馆以来就为博物馆所坚守。教育中心设立的主旨是促成建立全面且完善的教育系统。整个地下一层皆为教育区域,每一区块皆是为教育所服务,类型包括艺术、手工、阅读等。

②独立系统的展览结构

展览以不同功能进行区块划分。各区块平行展开,未有明显的逻辑顺序。虽然各展区的逻辑关系不明朗,但各部分展区功能相当,如卡罗教室与北教室。展区前吊挂撰写名称,展区重点和亮点都较为明显。

③三层次的信息负载

资讯主要以四种方式展示:看板、展品说明、折页和电子牌。前言传递当下教育活动信息,图文并茂。展品说明文字简洁,展品说明详略不一。其中,折页仅以地图方式展现教育活动区布局。电子屏幕为本区信息传播的一大特色,一部分单纯使用文字,一部分采用"文字+图片"组合。信息表达方式多用祈使句和感叹句,内容浅显易懂。

④有关活动的信息凝练

无论看板,还是电子牌主要是进行该区当日教育项目的时间、地点、内容、注意事项等内容的概要性介绍,诸此信息的展示可让参观者对项目产生基础认知。每日举办的项目以看板或电子牌的方式除旧更新。

⑤无橱柜式的展陈方式

展区中尽量减少文字干扰,图像、绘画、媒体、声像资料等展品或组合皆采用裸展。儿童毫无忌惮地在展区内玩乐,易于融入博物馆所营造的教育环境。诸如诺伦图书馆(Nolen Library)中的儿童阅读区,儿童可从低于1米的书柜中,随手拿出感兴趣的书籍。

⑥着眼家庭的展场氛围

展区内大量使用暖色调,配有彩色看板和图文并茂的电子屏幕,以及颜色轻快、热烈的绘画展品,渲染出适宜儿童艺术教育的氛围。其中,"戴安·W.伯克厅(Diane W. Burke Hall)"和"卡森家庭大厅(Carson Family Hall)"为开放式空间,尤其是"卡森家庭大厅(Carson Family Hall)"分为9个区域,每个区域设置4个0.5米高的长凳,诸多家庭观众可在此等候参与展区项目,或项目后休息。儿童在父母的陪伴下,在教育中心进行观览、创作与探索,融入度较高。整个展区内大胆启用电子屏幕,电子屏幕色彩鲜亮,夺人眼球。各色图片、文字更新迅即,令儿童趣味盎然。

(二)自然科学类博物馆

1.案例三:北京自然博物馆"探索角"

(1)研究者观察解析

①展览结构(见图3-100)

展览选题:科普探索

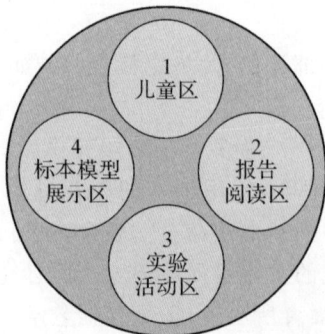

探索角

图3-100　北京自然博物馆"探索角"展区结构图

②展览策划

2-1 传播目的

鼓励儿童发挥主观能动性,使用多种感官充分参与各项活动。倡导主动探索,非被动灌输,打破传统的博物馆静态观览展示。

2-2 目标年龄

青少年,"儿童区"3～7 岁

2-3 教育目标

通过组织手工活动、专题实验、科普报告等,促使儿童在快乐轻松的氛围中学习知识、探索问题和培养兴趣,从而养成科学思维和发掘探索的精神。

2-4 重点和亮点

无。

2-5 内容结构

展览内容根据实验、阅读、手工等不同功能来分区规划,呈现科普教育的多样性,有儿童区、报告阅读区、实验活动区和标本模型展示区。展区四周利用橱窗展示标本、模型或展品组合。各区块间未常规性地吊挂说明看板,部分区块将本展区名称(或近期项目名称)直接粘贴于展墙,诸如实验活动区的"实验乐翻天"。导览媒介有看板或展品说明牌。展区可视信息并不多见,常见于展品说明。说明以标签式或阐释式展现,被安置于展品右侧、上方、下方。采用中文一种语言,呈现形式多样:展示展品名称,或"展品名称＋阐释式说明",或"展品组合＋群体物件解说"等形式(见图 3-101)。各种导览媒介及其负载信息可参见表 3-44。

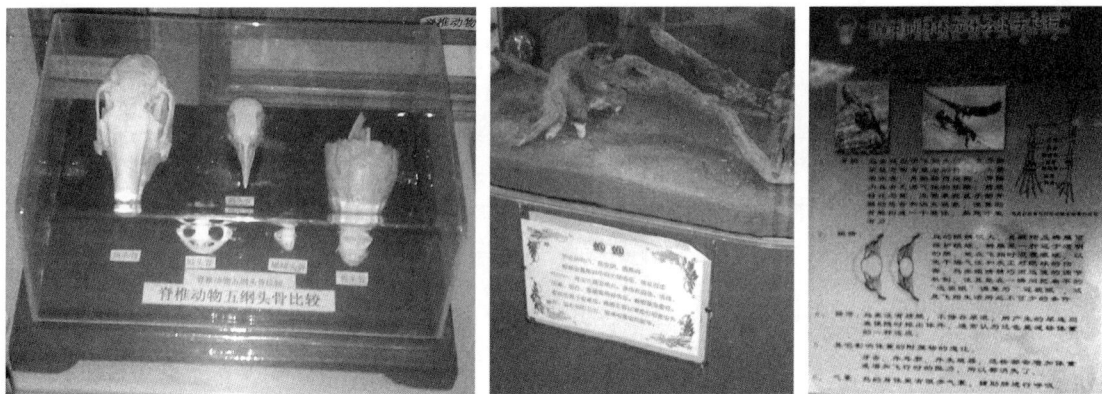

图 3-101　北京自然博物馆"探索角"展区各类型的展品说明牌
主要采用"展品＋展品名称""展品＋展品名称＋阐释式说明""展品组合＋群体物件解说"三种形式
研究者摄

表 3-44　北京自然博物馆"探索角"展区各种导览媒介及其负载信息

导览媒介		负载信息
展区看板	前言看板	◆活动集锦
	提醒型看板	◆公告　◆使用情况　◆操作提醒　◆特别提示

续表

导览媒介	负载信息	
展品说明	标签式说明	◆动物标本　◆动物模型　◆古生物化石
	阐释式说明	◆展品:标本　◆展品:模型 ◆展品组合:细胞分裂　◆展品组合:动物进化 ◆展品组合:鸟类飞翔

2-5-1 展区看板和展品说明(见表 3-45)

表 3-45　北京自然博物馆"探索角"展区看板和展品说明信息

展览看板内容	内容分析
前言	
◆春节特别活动:虫虫风铃 　　小朋友们可以发挥创造力,自己动手绘画昆虫风铃,给小蜜蜂、小蝴蝶、小瓢虫穿上漂亮的新衣,伴随着悦耳的铃声,把虫虫带回家,让小虫虫们陪伴小朋友们度过欢乐的新春佳节。　　　　　　　　　　　　　　　　(80 个字) ◆"实验乐翻天" 　　活动时间:每周六、日上午 10:00—10:30 　　为什么草是绿的?植物吃东西吗?微生物是什么样子——小朋友们心中有很多很多的问题,让我们自己动手实验,来揭开这些秘密。欢迎 5 岁至 10 岁的同学免费参加"实验乐翻天"课程。提示:每节课程 15 名同学参与,请于当日在一层大厅服务台领取预约卡　　　　　　　　　　　　　　　　(129 个字) ◆"做做(吧)" 　　开放时间:周三和周日 9:00—11:00 12:30—16:00 ●彩绘面具 　　你喜欢什么颜色?你喜欢哪些颜色的组合?面具是陪我们从小长大的好朋友,让我们一起来给面具涂颜色吧。　　　　　　　　　　　　(48 个字) ●DNA 手链——特殊的花(略) ●香皂工坊(略)	春节期间教育项目集锦,此为儿童区项目内容提要 "实验乐翻天"项目时间、内容、对象和提示,此为"实验活动区"系列项目 彩绘面具、DNA 手链和香皂工坊为"做做吧"三项活动,内文为项目内容提要
提醒型看板	
◆公告 　　本活动区座椅均为"做做吧"各项亲子互动活动专用,请不要长时间在此停留、休息。特此公告,感谢合作! 北京自然博物馆 2010 年 8 月　　　　　　　　　　　　　(59 个字) ◆使用情况 　　小朋友们在上课,咨询请到服务台。嘘!　　　　　　　(18 个字) ◆操作提醒 ●打开下面的抽屉,看看里面是什么!　　　　　　　　　(16 个字) ●其他同类看板(略) ◆特别提示 　　小朋友们,仔细看看!我可不是昆虫哟～! 　　昆虫的身体分为头、胸、腹三部分,而且它们拥有两队翅膀,三对足! 再对比看看我就更清楚了～你们记住了吗?　　　　　　　(69 个字)	提醒对儿童区"做做吧"展区桌椅的维护 用儿童用语,配有图片,告知展区使用现况 祈使句,鼓励儿童动手参与 以活泼生动的语言传播昆虫知识

续表

展览部分看板内容	内容分析
展品标签式说明内容	
◆动物标本 ●蚯蚓解剖浸制标本(8字) ●其他同类说明(略) ◆生物模型 ●蝙蝠头骨(4字) ●其他同类说明(略)	仅展示标本或模型名称
展品阐释式说明内容	
◆展品:标本 ●大麦虫(步甲) 　节肢动物门,昆虫纲 　大麦虫是步甲科的虫。大麦虫喜干燥,生命力强,并耐饥、耐渴,全年都可以生长繁殖,以卵—幼虫—蛹直至羽化为成虫的生育周期约为100天左右。　(74个字) ●其他同类说明(略)	展品标本种属、生活习性和生长周期的介绍
◆展品:模型 ●小白鹭 　全身白色。繁殖期时,头后会长出2～3根细长的饰羽,背上有蓑羽,下颈有细长的饰羽。眼前裸出部分青绿色。嘴黑色,脚黑色,脚上穿上了一双黄色的袜子。 　性露栖,觅食时,常以脚探入水中覆动后,逮食惊吓中的鱼。于繁殖期与黄头鹭、夜鹭集体筑巢于竹林、相思树及木麻黄等树上。　(127个字) ●其他同类说明(略)	展品外形特征、生活习性和生长周期的介绍。也有仅介绍生活习性和生长周期
展品群体物件解说内容	
◆展品组合:细胞分裂(略) ◆展品组合:动物进化 　比较解剖学的例证　脊椎动物的前肢,如鸟翅、蝙蝠的巢、鲸的鳍状肢、狗的前肢以及人的手臂等,它们在外形和功能上很不相同,但内部结构却很相似,在胚胎发育中有共同的原理与过程。这种一致性可以证明这些动物有共同的祖先,其外形的差异则是由于适应不同的生活环境,执行不同的功能造成的。 　胚胎学的例证　脊椎动物,例如鱼、蝾螈、龟、鸡、猪、牛、兔的早期胚胎发育彼此都很相似,都具有鳃裂和尾,头大,身体弯曲,胚期越早,体型也越相似,以后才逐渐显出差别。并且在分类地位上越相近的动物,其相似程度也越大。(237个字) ◆展品组合:鸟类飞翔(略)	就展品组合所共有的问题进行探究并阐释,配有说明性图片。"细胞分裂"和"鸟类飞行"说明与此展品组合说明的内容和性质雷同

注:下标_____为儿童用语;()内字数不含标题。

展区看板以立地式为主,也有的撰写在纸板上并吊挂在相应区块顶部。说明文字主要撰写在纸质说明牌上,直接张贴至景观箱或墙面上。展品组合说明常采用海报形式粘贴于展墙墙面。展品或组合说明文字字体或活泼或严肃,内容或仅使用文字或图文并茂。

2-6 展品资料

集中展出生物标本、化石、模型并以种类相区分。近200平方米展厅内陈列有100余件展品,包括动物模型、古生物化石、动物标本。题材分"鸟类""昆虫""软体动物""哺乳动物"等,其中"鸟类"占绝对多数。展品既有浸泡于福尔马林中的标本,又有由石膏等材质制成的模型,还有生活于景观箱中的实物。观众既可动手触摸动物标本与古生物化石,也可操作实验仪器与设备。

2-7 展示手法

相较于橱窗式展示,裸展形式稍占优势,橱窗式展示约 40 处,其余皆为裸展。将实体标本浸泡于盛有 30%浓度福尔马林的密闭容器内隔气保存;把易受损的生物标本或头骨模型置于内嵌式壁柜内;将昆虫安置于景观箱内;多数辅助展品以裸展方式展出。展品组合为实物展品配以阐释式说明,采用图文并茂的方式传播信息。前言看板采用易拉宝形式,提醒看板则使用立地式木质看板或吊挂式纸质看板。展品说明主要呈现于展品四周的墙面或橱窗外侧。展示手段采用全景画、模型、象征性复原、景观箱等。

2-8 展区规划

先依使用功能分区,再安放相应展品(见图 3-102)。展厅入口处以中文书写本区的项目集锦,可视作前言(见图 3-103)。登上数阶台阶后,进入展区。展区导介区为四个蓝色房屋形状的景观箱,内置四种昆虫活体(见图 3-104)。展览依使用功能划分为儿童区、实验活动区、

图 3-102　北京自然博物馆"探索角"展区各部分平面图
(图片来源:北京自然博物馆提供)

图 3-103　北京自然博物馆
"探索角"前言活动集锦

图 3-104　北京自然博物馆"探索角"展区导介区
四个景观箱内置四类昆虫活体

报告阅读区和标本模型展示区。尽管被分割成四大区块，但实不显见——除报告阅读区被单独隔成一展室外，其余各区块紧邻，仅在部分区块，如实验活动区和儿童区衔接处悬吊一看板。标本模型展区非馆方予以区分，而是研究者根据集中展示的展品类别进行鉴定为判。

2-9 参观动线

参观主动线采用"串联"式，儿童区、实验活动区和标本模型展示区以首尾相连的方式联结，属展线单向延伸，为穿过型展室。但"报告阅读区"与其他展区为"并联"式联结，属水平方向的展区并联，参观完一个展区再进入另一个展区，出入口同一。

2-10 氛围营造

展厅基本色调为蓝色、黄色、绿色和白色，其中以蓝色为主色调。除报告阅读区外，展区全部采用轻快、明亮的原色色彩。地板使用圆弧形蓝、黄图案；墙面大量采用全景画，全景画以海洋内容为主，间以海洋生物如海星模型装饰，位于右上角的咨询台外部绘有海洋生物图案，与墙面融为一体（见图 3-105）。入口处为宇宙太空全景画，其中一展区全景画的内容为植物。顶部装饰有塑料材质的绿色植物。生物标本和模型置于白黄或白绿相间的橱柜内（见图 3-106）。蓝色房屋形状的景观箱内放置有昆虫活体。"儿童区"座椅呈绿、黄、绿、红等各色；"实验活动区"和"报告阅读区"内的桌子呈黄色，座椅呈黑色。展厅基本采用人工照明，顶部均匀分布有白炽灯，灯箱和橱柜采用展柜内顶部射灯照明。整个展厅意在营造奥秘无穷的海洋世界和欣欣向荣的植物世界，让观众一进入展区就产生强烈的现场感和探索欲。

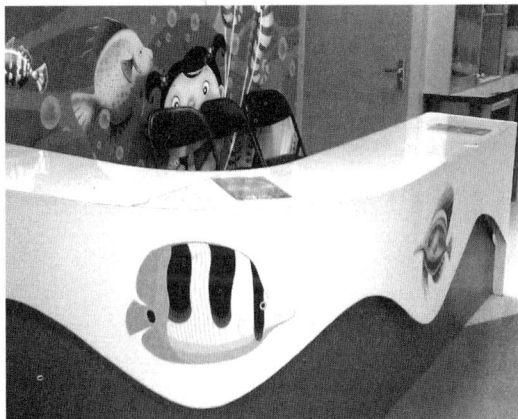

图 3-105　北京自然博物馆"探索角"展区外延设计之咨询台

咨询台墙面海洋全景画与咨询台造型、图案相映成趣

图 3-106　北京自然博物馆"探索角"展区外延设计之橱柜

展区内进行过刻意外延设计的橱柜，明快的原色色彩与展区主色调吻合

2-11 外延设计

外延设计在入口处和"儿童区""报告阅读区""标本模型展示区"部分表现得较为充分。入口处墙面绘有以昼、夜地球相区分的宇宙太空，"探索角"三字以黄色斜体呈现。三个展区墙面大量采用全景画，或以海洋，或以植物为图案，间以海洋生物和陆地昆虫。顶部使用网格状吊顶，塑料材质的常绿藤本植物缠绕其间。展区展柜和地面大量采用活泼、明亮的蓝、

黄地板色,并使用柔和的弧形图案。咨询台设计线条流畅,绘有蔚蓝色的大海和海洋生物,与墙面浑然一体。墙面多处可见展品组合的说明文字,并附有说明图案。展区内有大量内置标本的抽屉,表面粘贴有提醒看板,促使儿童产生动手探究的强烈欲望。

2-12 标识系统

标识系统诞生于 2002 年,一改 40 余年无馆标的面貌。此标志基本图形为代表自然界的地球图案;图案中间为暗示自然的绿色叶片,代表人与自然的沟通;绿色中间呈一片留白区域,其外形为恐龙形状,象征自然博物馆的展览亮点——"恐龙世界"(见图 3-107)。标志图文并茂,圆形上部为英文,下部为中文,用以表明身份。"探索角"展区内代表此博物馆身份的标识系统未见。

图 3-107　北京自然博物馆标识系统
主体部分为地球与树叶图案,折页和网站中可见,展区内未见

(2)展览内部评估——效益指标测评

①指标测评

借由前文就本案例的悉心观察及要素解析,研究者依本书所建构的儿童展览评估指标体系进行检测,结果如下(见表 3-46):

表 3-46　北京自然博物馆"探索角"展区展览指标评估表

一、生理需求范畴(分值 32 分:各指标优秀 4;良好 3;一般 2;不好 1)		
评估指标与分值	单项标准与分值	评分
1 安全牢固 (分值 8 分)	1-1 展品安全,提供家庭观众、馆员保护(分值 4 分)	3
	1-2 展品运行与维护良好(分值 4 分)	3
安全牢固总分值		6
2 符合人体 (分值 12 分)	2-1 展品高度和密度适合儿童(分值 4 分)	3
	2-2 灯光、温度和声效适合(分值 4 分)	4
	2-3 参观路线自然流畅,不交叉、重复、缺漏,设置路线标示系统(分值 4 分)	3

续表

符合人体总分值		10
评估指标与分值	单项标准与分值	评分
3 生活服务 （分值 12 分）	3-1 展厅空间或其他空间整洁（分值 4 分）	4
	3-2 休息处和餐饮方便（分值 4 分）	2
	3-3 特殊设施考虑（分值 4 分）	1
生活服务总分值		7
生理需求共计分值		23
二、心理需求范畴（分值 96 分：各指标优秀、良好、一般、不好分值不等）		
1 教育效果指标系列一（分值 24 分：各指标优秀 8；良好 6；一般 4；不好 2）		
1-1 展览选题 （分值 8 分）	1-1-1 儿童易于接受并喜欢	6
1-2 目标年龄 （分值 8 分）	1-2-1 界定清晰	6
1-3 教育目标 （分值 8 分）	1-3-1 根据儿童年龄阶段制定详尽目标	4
1 教育效果指标系列二（分值 12 分：各指标优秀 4；良好 3；一般 2；不好 1）		
1-4 体验效果 （分值 8 分）	1-4-1 展品互动参与性（分值 4 分）	2
	1-4-2 展品操作便易性（分值 4 分）	3
1-5 学习效果 （分值 4 分）	1-5-1 学习到新知识和方法	3
1 教育效果指标系列三（分值 12 分：各指标优秀 3；良好 2；一般 1；不好 0.5）		
1-5 学习效果 （分值 6 分）	1-5-2 对选题产生兴趣（分值 3 分）	2
	1-5-3 增加对选题的理解（分值 3 分）	2
1-6 认可度 （分值 6 分）	1-6-1 展品被注意时间长（分值 3 分）	2
	1-6-2 愿意重复参观（分值 3 分）	2
教育效果总分值		32
2 受吸引度系列一（分值 36 分：各指标优秀 6；良好 4～5；一般 3；不好 1～2）		
2-1 展览内容 （分值 24 分）	2-1-1 结构演绎条理清晰、易于接受（分值 6 分）	4
	2-1-2 展品资料围绕主题丰富多样，灵活使用辅助材料（分值 6 分）	4
	2-1-3 主题提炼与选题密切相关，适合儿童，富有创意（分值 6 分）	3
	2-1-4 版面文字编写简短易懂，生动活泼，图文并茂，充满新意（分值 6 分）	4
2-2 展览形式 （分值 12 分）	2-2-1 陈列手段与内容紧密相关，手段多样，多使用参与度高的互动展示（分值 6 分）	4
	2-2-2 注重灯光、色彩等多渠道氛围营造（分值 6 分）	5

续表

评估指标与分值	单项标准与分值	评分
	2 受吸引度系列二(分值 12 分；各指标优秀 4；良好 3；一般 2；不好 1)	
2-2 展览形式 (分值 12 分)	2-2-3 展览具备重点亮点(分值 4 分)	2
	2-2-4 利用墙面、地面、走廊开展充分的外延设计(分值 4 分)	4
	2-2-5 有卡通形象，易于分辨的标识系统(分值 4 分)	2
受吸引度总分值		32
心理需求共计分值		64
总体评价得分		87

②测评小结

从图 3-108 可知：各项指标"实际分值"均处于"优秀分值"与"一般分值"之间，且于"良好分值"上下浮动。其中，安全牢固指标等于"良好分值"；符合人体指标高于"良好分值"1 分；生活服务、教育效果、受吸引度指标分别低于"良好分值"2 分、3 分、4 分。生理、心理需求范畴分别低于"良好分值"1 分和 7 分。故总体评价为接近并低于良好水平。综之，情况总体较乐观，但也存在诸多问题，尤其突显在心理需求范畴方面。各指标问题主要体现为：没有提供儿童专门的用餐设施和用餐服务；虽为科普选题，但缺乏主题提炼；展览无重点、亮点；教育目标与陈展内容不吻合；互动展品多"动手型"；展览结构不够清晰；文字编写部分内容严肃、沉闷等。同时，也彰显出部分亮点：开展大量细部的外延设计；较为刻意营造展场氛围；尝试裸展的展示方式。故，各项指标仍有提升空间，同时亮点可保持并以飨他馆。

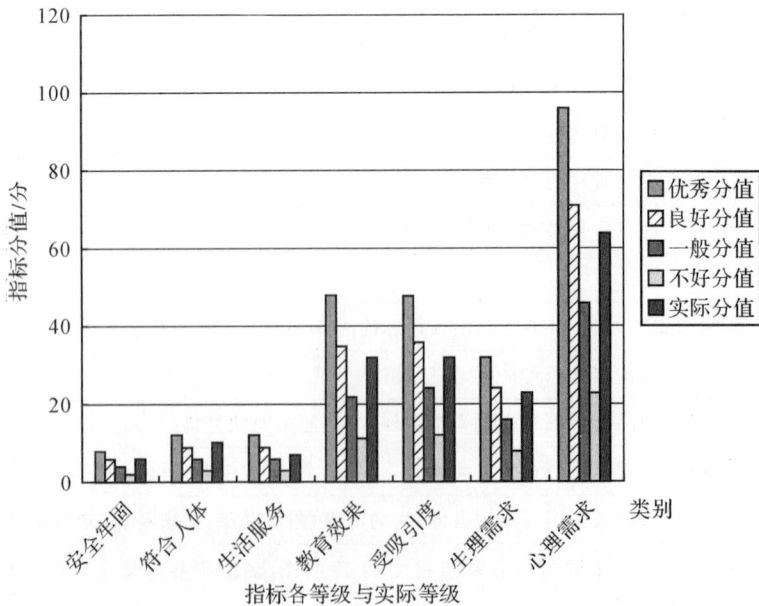

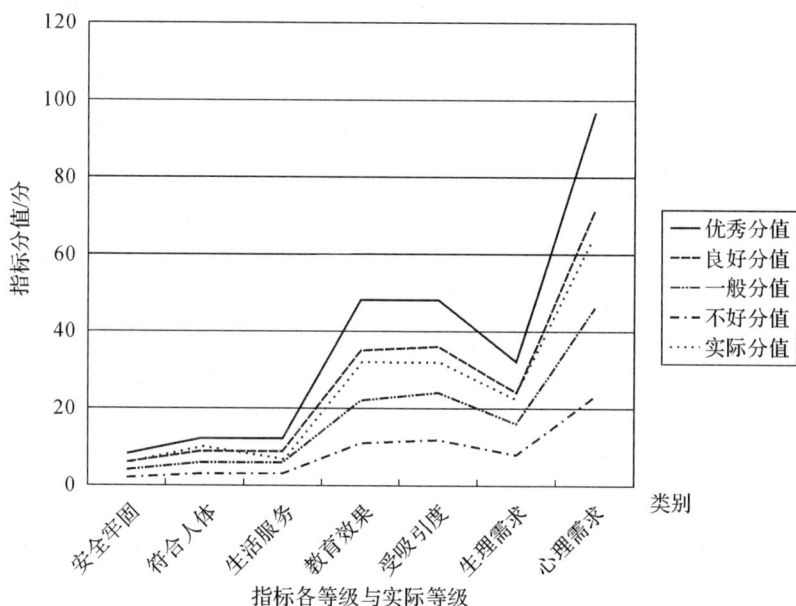

图 3-108　北京自然博物馆"探索角"展区展览效益指标等级分值系列对照图

（3）展览外部评估——观众问卷调查

为洞察儿童及其家长观众对北京自然博物馆"探索角"展览的效益评估结果，兹定以抽样方式开展观众问卷调查。针对"探索角"展区内容策划、形式设计、生活服务及观众感受等模块，获取有效评价信息。本次调查共发放问卷 117 份，回收 101 份，回收率为 86.3％，其中有效问卷 92 份，无效问卷 9 份，有效率为 91.1％。

①调查时间

2011 年 7 月两天，2012 年 3 月、8 月，为期共计 14 天。

②调查地点

北京自然博物馆外广场休息区。

③调查对象

刚参观或曾参观过"探索角"展区的儿童或家长。为察知儿童、家长用户就各模块评价是否存有显著差异，尽量保持两类用户样本数均等。

④调查方法

采用儿童、家长两类用户随机抽样，现场定向发放并回收。

⑤调查内容

问卷囊括"基本情况""内容策划""形式设计""生活服务"及"观众感受"五大部分，第一部分涵盖观览"探索角"次数、用户年龄、住址、参观时间、目的等基本信息，后四个部分则包括展览结构、选题、内容、文字、展品、手段、高度、密度、氛围、满意度与收获等共 22 个问题，整份问卷共计 27 个问题。问卷采用单选、多选的封闭式题目。（详见附录一）

⑥结果与分析

6-1 各题频数结果与分析

经由本案例各题目答案频次统计与图表分析（详见附录十），归纳结论如下：

观众基本为首次或第二次来本展区,以第二次居多,分别占 38.5%、45.1%;儿童、家长观众分别占 47.8%、52.2%;观众基本来自北京市区,占 63.7%;通常在馆内待 3~4 小时或 2~3 小时,分别占 48.4%、44.0%;参观目的基本为学习科学知识或丰富知识,分别占 47.3%、41.8%;观众常对能激发兴趣,或新颖、有创意,或熟悉,或与上课内容有关,或意义大的选题萌生兴趣,分别占 98.9%、68.1%、65.9%、49.5% 和 48.4%;参观或操作展品时,基本倾向于让孩子自己看/玩,或让孩子先动手然后再指导,分别占 91.2%、54.9%;参观本展区最大收获在于增加对展览内容的理解,或激发新兴趣,分别占 53.8%、46.2%。

针对展览各项内容,观众非常不满意和非常满意情况较少,更多评价集中于较满意或欠满意。观众反映较满意处主要表现于:认为展览结构"基本理解"或"大多理解",共占 91.2%;展品高度感觉"一般"或"较舒适",共占 81.3%;氛围"一般"或"营造较好",共占 83.6%;参观路线"一般"或"较清晰",共占 80.3%;照明、温度、声效"一般"或"较好",共占 80.2%;"无所谓"或"比较想"再次来本展区,共占 86.9%。尽管如此,仍存有观众评价非常满意之处,主要呈现于:认为操作展品的使用"非常容易"或"较容易",共占 85.7%;不安全因素"完全没有"或"不太多",共占 90.1%;展厅清洁、舒适程度"非常好"或"较好",共占 90.2%。

虽较满意处颇多,但观众评价欠满意处亦不少。不太满意情况主要反映于:认为展览文字"看得明白但不有趣",占 50.5%;展品"不太丰富"或"一般",共占 99%;"小部分"或"半数左右"展品让人感兴趣,共占 96.7%;"小部分"或"半数左右"展品能引起思考或疑问,共占 86.8%;"小部分"或"半数左右"展品/装置能操作、参与玩,共占 100%;"小部分"或"半数左右"展品陈旧或需更新,共占 94.5%;展览手段"不太丰富"或"一般",共占 88%。除此,还存有几处观众非常不满意的情况。主要集中于:认为展览内容"没有亮点",或"有亮点,不明显",共占 79.2%;展品密度"太密"或"有点密",共占 85.7%;在展区内"完全没看到"或仅"看到一些"博物馆标志,共占 100%。

6-2 各模块比较结果与分析

为深入一步探析本案例"内容策划""形式设计""生活服务""观众感受"四大模块总体观众评价情况,并针对各模块情况进行对比,择取如下办法处理:

第一步:数据预处理。

①问卷每题答案第一、二、三、四、五、六、七选项,分别用编码 1、2、3、4、5、6、7 代表;

②问卷 6~26 道中选项编码为 6 的均置换成 0(多选题除外);

③根据语义,将 14 和 22 道题目对选项进行倒置处理,即 1 置换成 5,2 置换成 4,3 不变,4 置换成 2,5 置换成 1。

第二步:求均值。

内容策划:第 6~14 题(排除第 7 道和第 9 道);

形式设计:第 15~22 题(排除第 19 道);

生活服务:第 23~25 题;

观众感受:第 26 题。

第三步:根据四舍五入原则对数字取整。

依上可得:

6-2-1"内容策划"模块

QA①		频数	百分比(%)	有效百分比(%)	累积百分比(%)
有效值	2②	13	14.1	14.3	14.3
	3	78	84.8	85.7	100.0
	总计	91	98.9	100.0	
缺失值	体系	1	1.1		
总计		92	100.0		

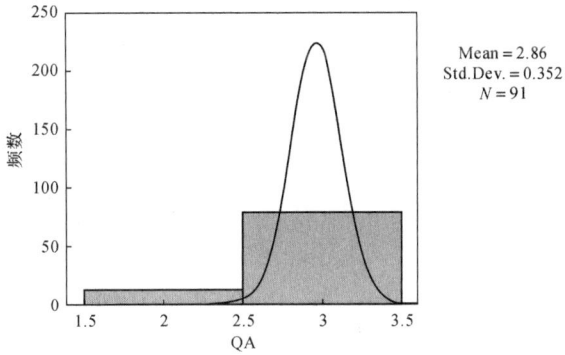

Mean = 2.86
Std.Dev. = 0.352
N = 91

6-2-2"形式设计"模块

QB		频数	百分比(%)	有效百分比(%)	累积百分比(%)
有效值	2	1	1.1	1.1	1.1
	3	87	94.6	95.6	96.7
	4	3	3.3	3.3	100.0
	总计	91	98.9	100.0	
缺失值	体系	1	1.1		
总计		92	100.0		

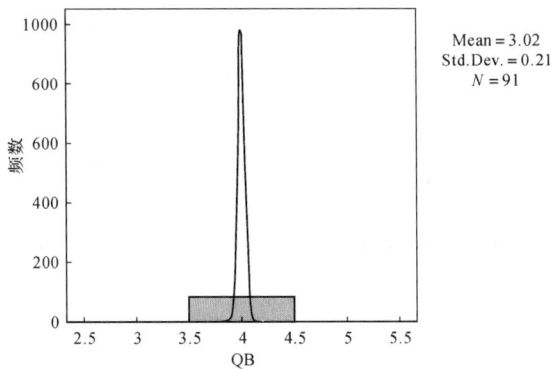

Mean = 3.02
Std.Dev. = 0.21
N = 91

① "QA"代表"内容策划";"QB"代表"形式设计";"QC"代表"生活服务";"QD"代表"观众感受"。
② "1"代表"非常不满意";"2"代表"不太满意";"3"代表"一般";"4"代表"较满意";"5"代表"非常满意"。

6-2-3"生活服务"模块

QC					
		频数	百分比 （％）	有效百分比 （％）	累积百分比 （％）
有效值	3	10	10.9	11.0	11.0
	4	76	82.6	83.5	94.5
	5	5	5.4	5.5	100.0
	总计	91	98.9	100.0	
缺失值	体系	1	1.1		
总计		92	100.0		

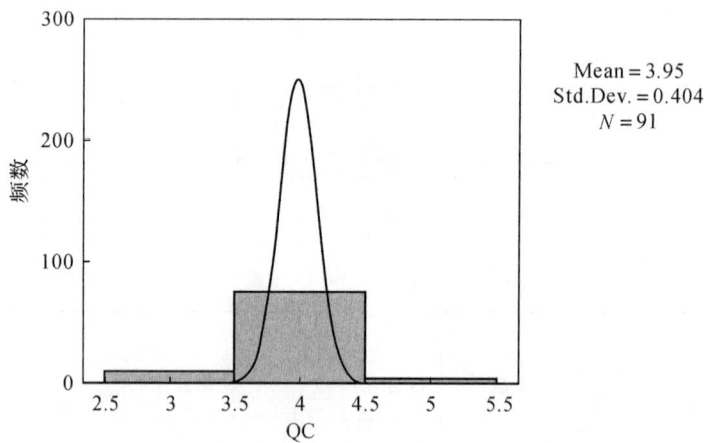

Mean = 3.95
Std.Dev. = 0.404
$N = 91$

6-2-4"观众感受"模块

QD					
		频数	百分比 （％）	有效百分比 （％）	累积百分比 （％）
有效值	2	10	10.9	10.9	10.9
	3	36	39.1	39.1	50.0
	4	44	47.8	47.8	97.8
	5	2	2.2	2.2	100.0
	总计	92	100.0	100.0	

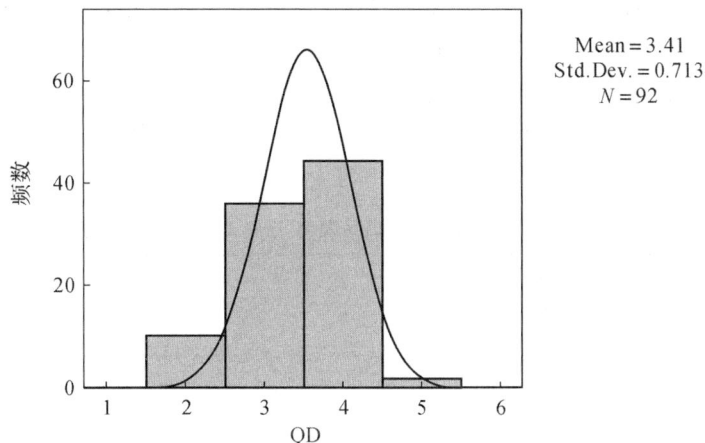

Mean = 3.41
Std.Dev. = 0.713
N = 92

由图表获悉:"内容策划"模块总体观众评价为一般(占84.8%),并倾向不太满意(占14.1%);"形式设计"模块总体观众评价亦为一般(占94.6%),并趋向较满意(占3.3%);"生活服务"模块总体观众评价为较满意(占82.6%);"观众感受"模块总体观众评价则介于较满意(占47.8%)与一般水平(占39.1%)间。综之,各模块观众评价介于一般与较满意间。相较而言,观众就"生活服务"满意度最高;次之为"观众感受";再次为"形式设计";最后为"内容策划",部分用户对内容稍显不太满意,改进的空间最大。

于此发现基础上,研究者欲进一步探究作为"儿童""家长"两大不同类别,就四大模块评价是否存有显著差异,若有,差异表现又为何。因此,需以"年龄"作为变量,将样本划分成"儿童""家长"两类。在此变量下,会产生两组不同类别的数据。若要针对两组数据来判定是否存有显著差异,可采用独立T检验。结果如下(见表3-47):

表 3-47 北京自然博物馆"探索角"展区"儿童"与"家长"两大组别数据统计

Group Statistics(组别统计)

	Qage（年龄组别）	N（人数）	Mean（平均值）	Std. Deviation（标准差）	Std. Error Mean（均值的标准误）
QA	1①	44	2.86	0.347	0.052
	2	47	2.85	0.360	0.052
QB	1	44	3.02	0.151	0.023
	2	47	3.02	0.254	0.037
QC	1	44	3.91	0.362	0.055
	2	47	3.98	0.442	0.064
QD	1	44	3.36	0.650	0.098
	2	48	3.46	0.771	0.111

借由表3-48内数据可展开显著差异判定。若 Levene's Test for Equality of Variances

---

① 1代表儿童;2代表家长。

中的 Sig. 值大于 0.05,表明假设方差相等(Equal variances assumed),进而查看对应的 T-Test for Equality of Means 中的 Sig.(2-tailed)值,若该值小于 0.05,说明存在显著差异,若大于 0.05,说明不存在显著差异。据此,对 QA—QD 模块中相关数据查核发现:QA—QD 模块中 Sig. 值皆大于 0.05,而 Sig.(2-tailed)值亦皆大于 0.05,因而"儿童"与"家长"两类不同类别用户对 QA—QD 各模块评价并未存有显著差异。

表 3-48　北京自然博物馆"探索角"展区独立样本检验表

| | | Levene's Test for Equality of Variances | | T-Test for Equality of Means | | | | | | |
| | | | | | | | | | 95% Confidence Interval of the Difference | |
		F	Sig.	t	df	Sig. (2-tailed)	Mean Difference	Std. Error Difference	Lower	Upper
QA	Equal variances assumed	0.115	0.735	0.169	89	0.866	0.013	0.074	−0.135	0.160
	Equal variances not assumed			0.170	88.916	0.866	0.013	0.074	−0.135	0.160
QB	Equal variances assumed	0.863	0.356	0.033	89	0.974	0.001	0.044	−0.086	0.089
	Equal variances not assumed			0.033	75.591	0.973	0.001	0.044	−0.085	0.088
QC	Equal variances assumed	0.001	0.982	−0.819	89	0.415	−0.070	0.085	−0.239	0.099
	Equal variances not assumed			−0.825	87.499	0.412	−0.070	0.084	−0.237	0.098
QD	Equal variances assumed	1.767	0.187	−0.634	90	0.528	−0.095	0.149	−0.391	0.202
	Equal variances not assumed			−0.639	89.408	0.525	−0.095	0.148	−0.389	0.200

(4)小结——特色与缺失

据研究者观察解析与内外部评估,此展览特点归纳如下:

①国外常见的展览选题

科普探索为国外博物馆儿童展区常见的选题,该馆主要吸取国外博物馆的既有经验。展览为科普陈列,在传统展览模式上有所创新,突破橱窗式陈列,既有亲手触摸的展品,又有可参与操作的实验仪器和设备。此为国内自然博物馆首例。同时,组织各类科普项目。但此科普探索选题下的内容策划和形式设计仍存在部分不尽如人意之处:展示主要以标本和模型为主,提供儿童互动探索的展品或组合不多,未采用仿真复原、沙盘模型、幻影成像、雕塑、三维动画等多种展示手段,来吸引儿童并启发其思考。

②并列式的展览结构

展览区块以不同的使用功能相区分。"儿童区"靠墙两侧为标本模型展示区,展品依生物不同种类进行展示。而各区块则用以满足不同年龄段儿童的需求,"儿童区"主要满足3~7岁儿童;"实验活动区"主要面向5~10岁儿童;"报告阅读区"主要服务中小学生等。"报告阅读区"为独立空间,其余区块间相互连通,只有"实验活动区"处吊挂有一块看板。各区块间不存有必然的连续关联性。

③展陈难实现的教育目标

"促使儿童在快乐轻松的氛围中学习知识、探索问题和培养兴趣,从而养成一种科学思维,发掘探索精神。"此教育目标的界定与自然科学类博物馆宗旨极为相符。然而,其达成只有通过各类教育项目来实现,因为本展区的展陈显然不足。展品主要为标本或模型展示,存在大量"动手型"展示,如可触摸展品或抽屉式展示,但此类手段却只为国外20世纪60年代前常用。20世纪60年代后,令儿童兴奋并与博物馆接近的展示方式,当推"互动型"展示,"互动型"展示倡导让儿童开动脑筋,知晓并理解原理和方法。目前该区展陈难以实现"探索角"所预设之教育目标。

④两层次的信息负载

资讯主要以看板和展品说明牌方式予以呈现。信息表达具备自身特色:看板大量采用儿童用语,避免信息充塞,图文并行,字体活泼,着色明快鲜亮。然而,此优势主要仅体现于看板信息——前言看板或提醒看板,未出现在展品或组合说明中。展品皆配备有说明文字,其中标签式说明主要展示展品或组合名称;阐释式说明主要标明展品的外形特征、生活习性和生长周期。说明语言成人化,字体传统呆板,搭配图案科学性强,无趣味性可陈。

⑤科普知识的信息凝练

整个展览内容结构以传播科普知识为宗旨。全部展览信息重科普知识凝练——尤其是占信息比重最大的展品说明文字。前言看板概说"探索角"各展区近期的科普项目。展品或组合标签式说明主要介绍各种生物名称,阐释式说明则或是阐明各种生物外形特征、生活习性和生长周期,或是围绕展品或组合探讨其面临的共同问题等。

⑥科学性的展品说明

此展区展品的说明文字主要有两类——传统标签式说明和阐释式说明。其中,标签式说明提供展品名称基本信息。阐释式说明的对象分单件展品和展品组合两类。单件展品主要描述此类物种的独特性状,诸如外形、习性和繁殖;展品组合则着重从一组展品所涌现的共性问题予以系统解答,诸如鸟类如何飞翔、动物如何进化和细胞怎样分裂。无论何种说明,主体皆采用陈述句句型,多科学用语,严谨沉闷,无语调起伏,类似于"挂在墙上的教科书"。

⑦出现裸展的展示方式

裸展和橱窗式展示相结合的陈展方式。诸多动物模型和少量标本开始采用一种对国内博物馆而言全新的方式——裸展,标本、化石等儿童可亲手触摸。裸展除却占主体的壁柜展示外,还有一种抽屉式陈列,儿童通过开抽屉的肢体活动,可近距离一窥抽屉内动物标本的秘密,并触摸标本。此类陈展方式集娱乐、趣味和知识于一体,符合儿童爱动、好奇、易于接受新生事物的群体特征,在国内儿童展览中乏见。

⑧较刻意营造的展场氛围

整个展场氛围营造的优势在于外延设计,而外延设计突出表现在环境色的使用。环境色主要借由墙面、地面呈现。墙面展示手段为大量采用各类主题的全景画。全景画主题有神秘莫测的宇宙("探索角"入口处)、美妙玄幻的海洋世界(儿童区)、春意盎然的大自然(实验活动区),色彩以蓝色、绿色为主。地面则大胆使用蓝黄相间的弧形色块。墙面、地面的环境色促使整个展场活跃生动。除此之外,"咨询台"设计独具创见,台面边缘为波浪形,外侧绘蓝底配以各种海洋鱼类,俨然与墙面的海洋世界全景画融为一体。另有两面靠墙的壁柜放置动物标本和模型用以展示,勾勒出一个科普大舞台。此外,顶部还缠绕有塑料材质的常绿藤本植物。诸上,整个展区较为刻意地营造了一种与自然相融的新型的科普氛围。

2.案例四:美国自然历史博物馆"探索屋"展区

(1)研究者观察解析

①展览结构(见图 3-109)

展览选题:科普探索

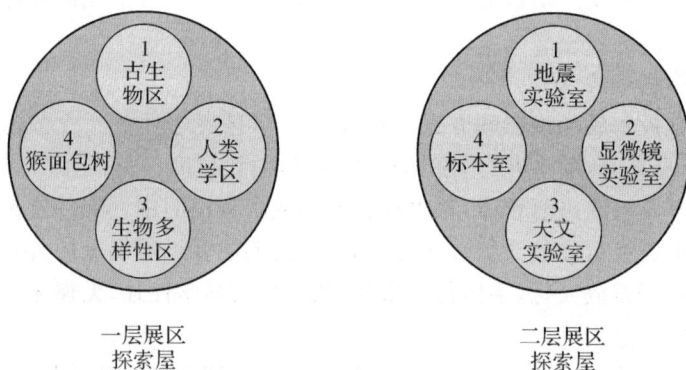

图 3-109　美国自然历史博物馆"探索屋"展区结构图

②展览策划

2-1 传播目的

提供家庭和孩子一扇通向博物馆奇迹的互动之门和一个动手、窥探自然科学幕后的机会。这是一个动手触摸和调查之地,了解美国自然历史博物馆从此开始。

(Exhibit Goal:This Discovery Room offers families and children an interactive gateway to the wonders of the Museum and a hands-on, behind-the scenes look at its science. This is a place to touch and investigate, the beginning of American Museum of Natural History.)

2-2 目标年龄

5～12 岁(Targeted Age Level:ages 5-12)

2-3 教育目标

对博物馆自然科学和研究,从人类学到动物学的每个领域都有所体现。探索来自我们生活的世界之中的文物和自然标本,从而更好地理解我们是谁和我们所生活的天地万物。

(Education Objectives:Every major field of Museum science and research, from anthropology to zoology, is represented. Explore cultural artifacts and natural specimens from around the world, to better understand who you are and the universe you live in.)

2-4 重点和亮点

古生物区、人类学区、猴面包树和地震实验室

(Highlights You Won't Want to Miss：Paleontology，Anthropology，Baobab Tree，Seismology Lab)

2-5 内容结构

首先，依不同年龄段来规划，一层展区面向 7 岁以下儿童，二层展区则服务于 7 岁以上儿童。其次，依不同学科相区分，将各层展区的文物、标本置于不同学科区块内。一楼展区按学科被划成四个区块："古生物区"，展出古生代、中生代、新生代的各种生物化石，诸如战争中的恐龙化石、水生爬行动物化石，此外，还有鳄鱼骨骼拼接和恐龙化石挖掘等互动展品组合；"人类学区"，陈列来自世界各地，主要为非洲的面具模型和文物，另有俄罗斯套娃、龙头模型，还有绘制面具、手工制作面具等；"生物多样性区"以多种样式呈现类型各异的生物标本，诸如昆虫、鸟类等；"猴面包树"复原并展示来自非洲的猴面包树，不同动物栖息树上，树下有供儿童穿行的树洞，树表面的小洞密布，里面置有各类标本，儿童可利用手电筒一窥究竟，另有自然地柜，提供各种探索标本的工具。二楼展区亦被分成四个展区，主要以实验探究的方式呈现："地震实验室"展示地震监测仪，用地图标明世界各地地震活跃区、最近地震的发生信息；"显微镜实验室"放置两台易于操作的显微镜和各类标本，观众可自行观察；"天文实验室"展示天文望远镜、来自太空的铁块和陨石标本；"标本室"以多样方式陈列诸如昆虫、鸟类和鱼类的标本、化石。除"猴面包树"外，展区各区块间不悬吊说明看板，部分说明粘贴于墙面，展区名称亦粘贴于墙面。"古生物区"和"标本室"放置有触控式电脑，供儿童或家长进行检索使用。"地震实验室"设有两块电子屏幕，用于展示地震地区和更新地震信息。导览媒介有：看板和展品说明、展览折页、LED 电子图文显示屏、触控式电脑、互动展品。展品一般都为阐释式说明，阐释式说明以"名称＋发现时间""地点＋基本特征"为主（见图 3-110）。展品组合有"展品＋标签式说明牌"，一般展品仅提供展品名称。各种导览媒介及其负载信息可参见表 3-49。

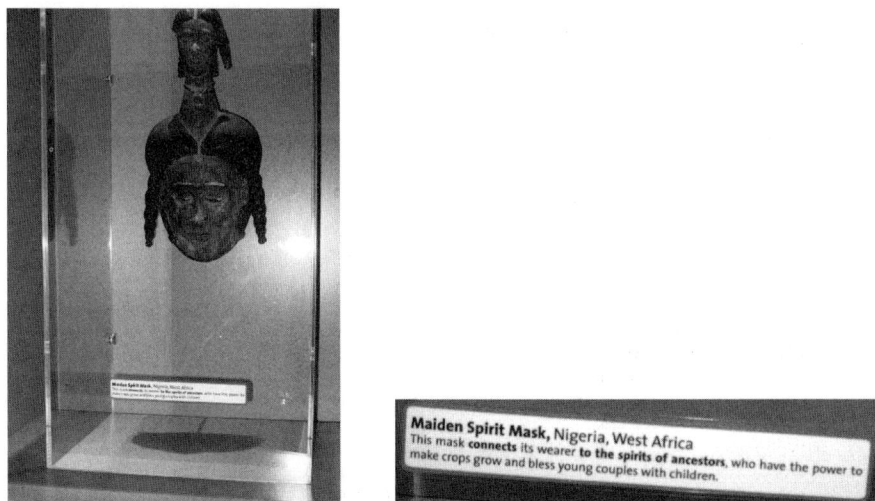

图 3-110 美国自然历史博物馆"探索屋"展区单件展品的展品说明牌
一般采用"展品名称＋发现时间"或"地点＋基本特征"的形式

表 3-49　美国自然历史博物馆"探索屋"展区各种导览媒介及其负载信息

导览媒介		负载信息
展区看板 和 展品说明	部分说明	◆"古生物区（Paleontology）"部分名称 ◆"人类学区（Anthropology）"部分名称 ◆"生物多样性区（Biodiversity）"部分名称 ◆"猴面包树（Baobab Tree）"部分说明 ◆"地震实验室（Seismology Lab）"部分说明 ◆"显微镜实验室（Microscope Lab）"部分名称 ◆"天文实验室（Astronomy Lab）"部分名称 ◆"标本室（The Resource Room）"部分名称
	单元说明	◆"古生物区（Paleontology）"部分 ●"恐龙之战"单元　●"拼接迅猛鳄"单元 ●"化石挖掘"单元 ◆"人类学区（Anthropology）"部分 ●"面具模型和文物"单元　●"俄罗斯套娃"单元 ●"龙头模型"单元 ◆"猴面包树（Baobab Tree）"部分 ●"自然地柜"单元　●"猴面包树之夜"单元 ●"谁需要此树"单元 ◆"标本室（The Resource Room）"部分 ●"集中鱼类学家的收集"单元 ●"生物的进化与适应"单元
	展品说明	◆标签式说明　◆阐释式说明
展览折页	展区和活动简介	◆各层展区平面图 ◆教育活动简介
LED 电子图 文显示屏	地震近况	◆"地震实验室（Seismology Lab）"部分 ●最近的地震 ●最近地震的详细情况
触控式 电脑	搜索信息	◆"古生物区（Paleontology）"部分 ◆"标本区（The Resource Room）"部分
"互动"展 品或组合	拼接迅猛鳄	◆动手探索迅猛鳄身型
	化石挖掘	◆使用工具发掘化石
	绘制面具	◆参照展示面具动手绘制
	制作面具	◆利用给予材料亲手制作面具
	自然地柜	◆使用科学家的柜子工具探索猴面包树的秘密
	创造你自己的收藏品	◆制作标本
	显微镜探索	◆观察了解各种奇诡标本
	望远镜探索	◆探索宇宙天体的秘密
	地震监测仪检测	◆如何实现地震监测模拟
	标本拼接	◆用木块拼接标本

2-5-1 展区看板和展品说明(见表 3-50)

表 3-50　美国自然历史博物馆"探索屋"展区看板和展品说明信息

展览部分看板内容	内容分析
部分说明	
◆"猴面包树(Baobab Tree)"部分说明 Legend of the Baobab Tree　The Maasai(say "MAH-siy")people of Kenya and Tanzania, in East African, tell one story of the baobab tree. When the Earth was created, the baobab tree couldn't make up its mind where it wanted to live. It kept moving around so often that the Great Spirit lost patience with the baobab. He threw the tree over his shoulder and it landed upside down, with its roots sticking up in the air. That's why it looks this way, and to this day, some people call the baobab the "upside-down tree".　　　　　　　(94 个单词) 　(猴面包树的传奇　东非的肯尼亚和坦桑尼亚的马赛人,说了猴面包树的故事。当地球诞生时,猴面包树不知道它自己究竟想去哪里生活,它无法做出决定。它一直到处晃荡以致天神都失去了耐心。于是,天神把它从肩膀上扔下,猴面包树头朝地摔下,它的根固定在空中。那就是为什么它今天看起来是这个样子的,有些人叫猴面包树为"头脚颠倒"的树。)	部分看板分两种情况:仅有部分名称,无部分说明;既有部分名称,又有部分说明 以生动的故事组织此部分展区的说明内容,饰以图片,借此故事阐释猴面包树的结构特征
◆"地震实验室(Seismology Lab)"部分说明 Earthquake Happen All the Time　Earthquake result from the constant movement of the Earth's outer layer, or crust. The crust is broken into what geologists call "teconic plates", which float on the partially molten rock that makes up the Earth's mantle. Because the mantle is slowly churning, the plates are always in motion, grinding against each other. Earthquakes occur where tectonic plates move under, over or past each other. The same forces that cause earthquakes also build mountain ranges and create ocean basins. Large-scale, destructive earthquakes occur only a few times a year. Smaller earthquakes happen every day.　　　　　　　(99 个单词) 　(地震一直在发生　地震来自于地球外层或地壳的不断运动中。地壳被地理学家称作"结构板块"闯入,结构板块漂浮在部分熔岩之上,而熔岩组成地球表面覆盖物。覆盖物慢慢地搅动,板块一直处于运动之中,互相摩擦。当结构板块彼此冲到上面、下面或经过,地震发生了。和地震发生一样的原因促使山脉和海洋洋盆的形成。大规模的、破坏性的地震每年发生几次,小地震每天发生。)	对地震发生的原因进行阐释,配以大幅地图加以说明
◆"古生物区"部分名称(略)　◆"人类学区"部分名称(略) ◆"生物多样性区"部分名称(略) ◆"显微镜实验室(Microscope Lab)"部分名称 ●显微镜实验室(Microscope Lab) ◆"天文实验室"部分名称（略）　◆"标本室"部分名称(略)	展示该部分展区名称,无说明内容。名称或粘贴于外墙,或粘贴于侧墙

续表

展览部分看板内容	内容分析
单元说明	

◆"古生物区（Paleontology）"部分
●恐龙之战（Fighting Dinosaur）单元
Some 80 million years ago in the Gobi Desert of present-day Mongolia, two dinosaurs—a Protoceratops and a Velociraptor—engaged in a fierce struggle. A sudden avalanche of sand buried the two dinosaurs alive. A scene like this may have taken place, because paleontologists found two fossil skeletons of these dinosaurs locked together in what looks like mortal combat. "Big Mama" Amy Davidson, a preparator in the Museum's Division of Paleontology, removes 80-million-year-old sediment surrounding the "Big Mama" fossil and its eggs. This dinosaur is an oviraptorid closely related to modern birds.　　　　(93 个单词)

　　（今天的蒙古戈壁沙漠,大约 8 千万年前,两只恐龙——一只原角龙和一只迅猛龙沉浸于一场激烈的战争。一场突然而来的沙崩掩埋了两只活恐龙。这一幕或许已经发生,因为古生物学家发现这两具恐龙化石紧紧锁在一起,看起来这像是一场生死决斗。"大妈妈"艾米·戴维森,博物馆古生物部门的负责人,清除了"大妈妈"化石和它的蛋周围 8 千万年前的沉积物,这个恐龙属于和鸟类紧密相关的偷蛋龙类。）

●"拼接迅猛鳄"单元（见后互动展品）
●"化石挖掘"单元（略,同拼接迅猛鳄）
◆"人类学区（Anthropology）"部分
●"面具模型和文物（Masks）"单元
Why do People Wear Masks? People all over the world have made and worn masks for thousands of years. Sometimes masks are just for fun, but often they are very serious business.

Masks CAN: Transform the wearer into a character in a story, an animal, or a supernatural being; Connect the wearer to ancestor, spirits, or gods; Protect the wearer's identity during a ceremony, or his or her face during work. Culture (groups of people, their beliefs and practices) change over time. Today some of these masks are no longer used in ceremonies, but the masks still have much to teach us about the traditions of their maker. Explore, design, and try on these masks to learn more about how cultures are constantly changing and influencing each other.　　　　(129 个单词)

　　（为什么人类要戴面具? 数千年来,世界各地的人制作和使用面具。有时候是为了好玩,但很多时候是非常严肃的事情。面具可以让戴面具的人扮演故事中的人物、动物或神仙;可以将戴面具的人和祖先、精神力量或神联系起来;在一个仪式的进行过程中保护戴面具者或他（她）的脸蛋。文化（人群、他们的信仰和实践）随着时间在不断改变。今天这些面具不再在仪式中被使用,但面具还能告诉我们更多关于这些面具制作者的传统文化信息。探索、设计和试着戴上面具,学习文化是怎么改变和互相影响的。）

（内容分析栏）

叙述当时现场发生的故事以及恐龙化石被发掘的历程。说明文字表述生动

就戴面具的原因和作用进行生动阐释,同时采用祈使句句式鼓励儿童去探索、设计并戴上面具

展览部分看板内容	内容分析
●"俄罗斯套娃"单元（略）　●"龙头模型"单元（略） ◆"猴面包树（Baobab Tree）"部分 ●"自然地柜（AMNH Field Chest）"单元 AMNH Field Chest Head out "into the field" to examine specimens found near baobab trees in Africa. Work with evidence and assist a scientist.　　　　　　　　　　　　　　（24 个单词） （"自然地柜"出发"去田野"检查一些标本，这些标本在非洲的猴面包树旁边可找到，用这些证据来参与工作，帮助科学家。） ●"猴面包树之夜"单元（略） ●"谁需要此树（Who Needs Trees?）"单元 Animal and plants depend on trees. Can you see how? The organisms that rely on the trees represented in this diorama have left behind clues as to how they use trees. Can you figure out how each plant or animal interacts with the trees? How many ways can you think of that people use trees? Fungi found on trees sometimes use wood, usually dead wood, as both food and as a place to live, The Hairy Turkey Tall fungus injected digestive juices into this piece of Red Oak. Once the juices softened the wood, the fungus soaked up the liquid wood for its dinner. Scientific names: Hairy Turkey Tail fungus, Red Oak. The Oriental Bittersweet plant wraps itself around trees as it grows. As this young Black Cherry tree tried to grow, it was strangled by the vine's tight grip. Scientific names: Oriental Bittersweet, Black Cherry.　　　　　　　　　　　　（149 个单词） （谁需要此树？动物和植物们需要它。你能从哪里看出端倪？依赖于树木的生物在这一场景中留下了怎样使用树的线索。你能弄明白植物或动物怎样和树木产生互动吗？你能想到多少种人类使用树的方式？ 　1.真菌常常在树上被发现，通常是死去的树木，树木既是它们的食物也是它们生活的场所。多毛的土耳其高真菌注射它的消化液进入红橡木片中，一旦汁液使得树木变软，就吸收液体的木块作为晚餐。多毛的土耳其高真菌和红橡树都是学名。 　2.东方又苦又甜的植物在它生长时紧紧缠绕树木。当这棵年轻的黑樱桃树试图生长，它被严密控制的藤蔓勒死……） ◆"标本室（The Resource Room）"部分 ●"集中鱼类学家的收集"单元 Focus on AMNH Ichthyology Scientist come from all over the world to examine the Museum's fish specimens in the ichthyology collection. Researchers identify new species of fish, study the relationships among different species and investigate how fish evolved. The Museum's ichthyology collection is among the most extensive in the world! It includes more than two million fish, most preserved in one of three ways, as shown here.　（67 个单词） 　（来自世界各地的科学家来探讨博物馆内收藏的鱼类标本。研究者们认出新的鱼标本，钻研不同鱼类之间的关系和探讨鱼类如何进化。博物馆是世界上鱼类收集最广泛的场所之一！它拥有超过两百万鱼类，大部分以三种方式的某一种保存，正如这里所展示的。） ●"生物的进化与适应"单元（略）	"俄罗斯套娃"被介绍为是一种代表美好祝福的礼物。"龙头模型"则无单元说明 采用拟人化的语言和祈使句启发儿童动手，使用工具，发现标本，探索科学 "猴面包树"单元名称饶有趣味 以问题"谁需要此树"作为单元标题 启发儿童带着问题去阅读。说明内容一连发出四个问题，然后给予解答。解答采用活泼的儿童用语，阐明动植物怎样与树木互动。最后促使儿童思考人类使用该树的方式 "集中鱼类学家的收集"单元表明本馆鱼类标本的数量和研究内容，以及保存方式。此内容与主馆内容保持密切联系，为认识主馆打开一扇窗口 "生物的进化与适应"介绍达尔文生平、物种数量限制、适应导致物种改变，并配以生物图片

续表

展览部分看板内容	内容分析
展品标签式说明内容	
◆"生物多样性区(Biodiversity)"部分 ●长角大甲虫(Long-horned Beetle) ●其余同类说明(略) ◆"标本室"部分 ●分解者(Decomposers) ●其余同类说明(略)	针对单件展品和展品组合,仅介绍展品或组合名称,此类说明占少数
阐释式说明内容	
◆"古生物区(Paleontology)"部分 ●Aquatic Reptile Keichousaurus hui Middle Triassic Period—about 230 million years old Guizhou Province, People's Republic of China. Note the long neck, short limb and heavy ribs that identify this fossil as a pachypleurosaur, a primitive aquatic reptile. Pachypleurosaurs were ancestors of the giant ocean roaming plesiosaurs and elasmosaurs, whose fossil you can see in the hall of Vertebrate Origins on the 4th floor. (63 个单词) 　　水生爬行动物标本　贵州龙惠　三叠纪时期,大约2.3亿年前的中国贵州省　请注意长长的脖子、短短的四肢和厚重的肋骨,这个能认出它是趾龙——一种原始的水生爬行动物。趾龙是大型海底漫游蛇颈龙的祖先。这些蛇颈龙的化石你可以在四楼的脊椎动物起源展厅看到。 ●其余标本同类说明(略) ◆"人类学区(Anthropology)"部分 ●少女精神面具(Maiden Spirit Mask) Nigeria, West Africa　This mask connects its wearer to the spirits of ancestors, who have the power to make crops grow and bless young couple with children. (30 个单词) 　　(尼日利亚,西非　这个面具让戴面具的人和祖先通灵,而祖先们有能力使作物生长和为年轻夫妇和孩子祈福。) ●其余面具同类说明(略) ◆"生物多样性区"部分 ●昆虫标本 Master of Discovery　How many insects can you find? (9 个单词) 　　(做发现的主人　你可以发现多少昆虫?) ●其余标本同类说明(略)	"水生爬行动物标本"介绍名称、发现地点、时间、外部特征、属性以及与主馆相联系的展品。同时,与主馆展品联系为一大特色。此类标本说明占多数 "少女精神面具"介绍展品使用地点、面具用途。面具类展品说明基本与此雷同 "昆虫标本"说明是问题形式的说明。促使儿童参与探索。此类说明在本区共有4处

注:下标_____为儿童用语;()内字数不含标题。

　　各展区名称被撰写于展区外墙或侧墙,各部分的部分说明看板和各单元的单元说明看板主要采用吊挂式。部分说明主要为本展区展品的特色介绍或诞生缘起,常用生动故事给予阐释。单元说明则主要概说本单元标本或化石的故事、用途、特征、相互关系和研究发现,或讲述故事,或启发思考。展品或组合说明多阐释式说明,通常涵盖名称、发现地点、时间、特征、属性、用途等信息,以活泼生动的儿童用语展开,常采用疑问句鼓励参与探究。其中,说明内容也常涉猎与主馆内容交叉的展区和展品。内容结构潜移默化地吸纳了主馆元素。

2-5-2 展览折页

博物馆有各种类型的折页 10 多种,其中涉及探索屋的有三种折页。其一,为美国自然历史博物馆展区平面图(*American Museum of Natural History Floor Plan*),展示各展区位置关系,探索屋位于第一层西侧(West of First Floor)居中部分。其二,为美国自然历史博物馆日常安排(*American Museum of Natural History Calendar of Events Exhibitions and Programs*),介绍每周一上午探索屋举行可容纳 50 人的故事会(Storytime Events)。关于此故事会做如下描述:"探索屋邀请学前孩子或者他们的父母或看护者一起去探索。每周选择一个自然科学或者文化主题。这是一段跟随着故事、歌曲,去参观相关展厅的自由玩乐的时光。"(The Discovery Room invites preschoolers and their parents or caregivers to explore! Each week highlights a topic in natural science or a cultural theme. There is a period of free play followed by a story, song, and visit to a related Museum hall.)其三,为探索屋各部分简介,介绍"探索屋"位置、开放时间、亮点和捐赠者(见图 3-111)。

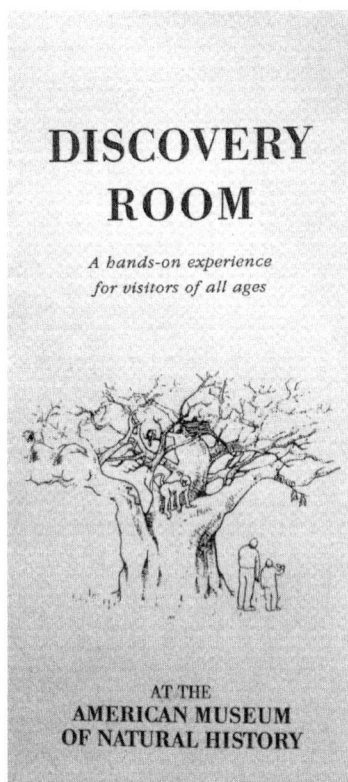

图 3-111　美国自然历史博物馆"探索屋"展区专用折页
介绍"探索屋"位置、开放时间亮点和捐赠者等

2-5-3 LED 电子图文显示屏

为配合"地震实验室"部分的展示,就地震发生信息不断更新,采用 LED 电子屏。电子屏内容主要显示地震发生近况(包含时间、地点等信息),采用图文对照,色彩鲜亮,一目了解。电子屏供儿童和家长观众自行观看,兼之起部分照明的烘托环境之效用。LED 电子屏内负载信息可参见表 3-51 所整理。

表 3-51　美国自然历史博物馆"探索屋"LED 电子图文显示屏内负载信息

主题	信息内容	内容分析
地震近况	◆"地震实验室"部分 ●最近的地震（Recent Earthquakes） The monitor above shows where recent earthquakes have occurred. Larger circles indicate larger earthquakes. Notice that the sites of the earthquakes outline the boundaries of the plates that make up the Earth's surface. Why? Key to Map ○Today's Earthquakes ○ Yesterday's Earthquakes ○Earthquakes That Occurred in The Past Week ○Earthquakes That Occurred in The Last Five Years　（56 个单词） 　　（电子屏显示最近的地震发生情况。大圆表示更大的地震。请注意地震地区勾勒出组成地球表面的板块边界。为什么呢？地图的关键点 ○今天的地震 ○昨天的地震 ○上周发生的地震 ○过去五年发生的地震） ●最近地震的详细情况（Details on Recent Earthquakes） This list provides information about recent earthquakes：their exact location，when they occurred and their magnitude on the Richter Scale. Have any earthquakes with a magnitude greater the 4.0 occured today？If so，where？（35 个单词） 　　（这张清单提供最近地震的信息：它们准确的位置，发生的时间，它们的震级。今天是否有地震震级超过 4.0 的？如果有，发生在哪里？）	两块电子屏都显示近期地震的发生情况，两者高度相关，一块以大幅地图形式展示，一块则以文字信息配以地震现场的图片展示。第二块电子屏的主要信息为地震发生位置，还包括时间和震级 两块内容都以疑问句句型结束，启发儿童思考和参与互动，寻找地震发生的位置。其一大特色是信息更新及时，具有教育意义

2-5-4 触控式电脑

多渠道传播展览信息，"生物多样性区"和"标本室"内皆设有一个触控式电脑。"生物多样性区"电脑信息包括各种生物标本的问题选答。"标本室"电脑用以检索博物馆馆藏信息，供感兴趣的儿童和家庭观众自行深入了解并参与互动，从而多层次掌握生物标本相关信息。

2-5-5 "互动"展品或组合

"互动"展品或组合共有 10 处，多为一种动手操作的智力活动，让儿童真正体会展品的原理和使用方式。"互动"展品或组合内负载信息可参见表 3-52 所整理。

表 3-52　美国自然历史博物馆"探索屋"展区互动展品或组合内负载信息

主题	信息内容	内容分析
动手手工活动	◆拼接迅猛鳄 Put together a fossil skeleton, using bones in the drawers. 　　　　　　　　　　　　　　　　　（10 个单词） 　　（请使用抽屉里的骨头，将化石骨骼组装在一起。） ◆化石挖掘　◆绘制面具 ◆制作面具　◆标本拼接	"拼接迅猛鳄"采用祈使句，简要介绍动手操作程序。"化石挖掘"等四组展品，内容与其雷同

主题	信息内容	内容分析
使用仪器工具	◆自然地柜 Parental supervision requested while examining specimens in this chest. （9个单词） （使用这个箱子里的工具探测时要求父母加以监督。） ◆显微镜探索 ◆望远镜探索地震 ◆监测仪检测	"自然地柜"就儿童使用工具的安全进行警示说明。"显微镜探索"等三组展品则无任何说明内容,由志愿者就如何使用进行现场指导
动手创新活动	◆创造你自己的收藏品 See how scientist classify specimens and make a collection of your own. （12个单词） （看看科学家们是如何分类的,然后对藏品进行自己的分类。）	采用祈使句句型,鼓励儿童进行创造性活动,自己对展品进行分类

2-6 展品资料

依学科不同展出相应的文物标本和模型。该展区 2002 年开放,约 2000 平方英尺(200 平方米)的展区内陈列有 300 余件展品,模型约占一半,题材涉及动物学、古生物学、人类学、考古学、天文学、地理学、物理学等,以动物学展品为主。古生物学展品主要为古生代生物化石;动物学展品以昆虫类、鱼类、鸟类、爬行类为主,其中昆虫类、鸟类占绝对多数;人类学呈现各地古代面具标本或模型;天文学、地理学主要是探知陨石标本,并以做实验的方式了解工具、仪器的使用。展品资料地域范围覆盖亚洲、非洲和美洲。模型材质有石膏、木、石;年代从古生代跨越至现代。

2-7 展示手法

以裸展(包含抽屉式)展示为主(见图 3-112),橱窗式展示为辅。易于受损的小型昆虫化石和古生物化石展示于壁柜中。独立中心柜中陈列各色古代面具。抽屉式陈列为展示的一大特色。高低不等的抽屉满足不同年龄段的儿童探究之需,约 1/3 的展品皆以此方式陈列,各类生物仿真复原的模型内置其中。另有少量标本被置于"猴面包树"树干表面挖空的壁龛中。鱼类标本被浸泡于装有福尔马林的密闭容器内,昆虫、鱼类活体则被置于景观箱内展示。多数的石膏、木、石制模型和陨石标本以裸展方式展出,鼓励儿童近距离动手触摸。"古生物区"挖掘恐龙单元使用沙盘模型。"猴面包树"部分采用全复原陈列组合,仿真复原非洲地区猴面包树和树上栖息的生物。此外,本展览还有 2 处触摸式电脑,2 处 LED 电子图文显示屏,10 处互动展示。展示手段丰富多样。

图 3-112 美国自然历史博物馆"探索屋"展区内各类抽屉式展示

2-8 展区规划

依不同学科区分展区并安置相应展品（见图 3-113）。展厅入口导介区一侧为一圆弧形咨询台，咨询台后的展墙墙面撰写有前言（见图 3-114），另一侧为一木质灰色看板，粘贴有图文并茂的博物馆新闻。展区依不同年龄段首先区分上下两层，上层面向 7 岁以上儿童，下层则面向 7 岁以下儿童。一层按古生物学、人类学和动物学，划分四个部分——"古生物区"（展览重点）、"人类学区"（展览重点）、"生物多样性区"和"猴面包树"（展览重点）。二层依天文学、动物学、地理学将展区分成四个部分 ——"地震实验室"（展览重点）、"显微镜实验室"、"天文实验室"和"标本室"。一层虽有四大区块之别，实则不显见——各展区区块紧邻，只有各区块墙面粘贴有该区名称（见图 3-115）。二层四大区块也不明显，除"标本实验室"为独立展室，外墙粘贴有区块名称（见图 3-116）外，其他各区块与一层展区情况类似。然而，一层至二层楼道处的墙面倒是集中张贴有二层各展示区块名称（见图 3-117）。

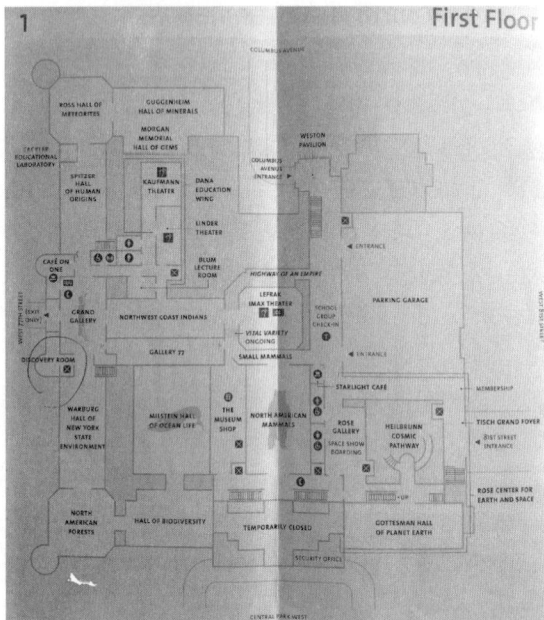

图 3-113　美国自然历史博物馆一层展区平面图　"探索屋"展区位于左侧

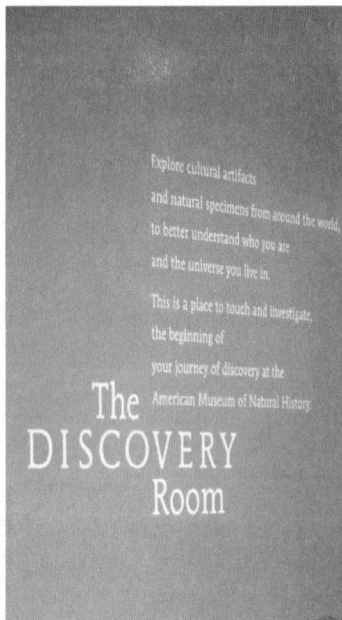

图 3-114　美国自然历史博物馆"探索屋"展区前言内容简易，仅 44 个单词

图 3-115　美国自然历史博物馆"探索屋"展区各部分名称粘贴于墙面以区别各部分

图 3-116　美国自然历史博物馆"探索屋"展"标本实验室"具独立空间，名称粘贴于墙面以区别

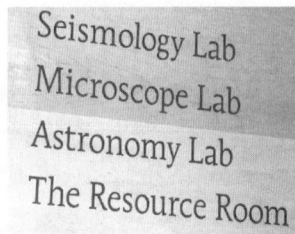

图 3-117　美国自然历史博物馆"探索屋"二层展区各部分名称　各名称被粘贴于楼道外墙面

2-9 参观动线

一层各展区以学科划分,参观主动线为"串联式"的"穿过型展室"联结,四个部分首尾相连,展线为单线展开。二层以学科相区别,参观主动线则为"并联式"的"U型展室"联结,主要分为两个空间的水平联结,必先参观"地震实验室""显微镜实验室""天文实验室",其后才得以观览"标本室"。无论一层抑或二层,皆无明显的动线引导,观众步入展区后,左转右绕皆可,展厅入口出口同一。

2-10 氛围营造

展厅基本色调为米色、黄色、灰色、浅绿色,其中一层以米色为主色调,二层以浅绿色为主色调。整个展厅环境色总体上较为淡雅,然而,道具色和展品色则采用较为活跃的原色色彩。因有上下两层,整个展厅层高约有6米,气势恢宏,仿真复原的"猴面包树"拔地而起,营造出身处自然的特有教育环境。整个壁柜中间虽有分割,然而,实为连成一体的系统(见图3-118),并定制有紧挨墙面的木凳。置于独立中心柜的大型木质面具、各类壁柜中的面具、俄罗斯套娃、被陈列于抽屉内的大量标本模型和在壁柜中展出的生物标本,烘托出充满趣味与神秘的展场氛围。"拼接迅猛鳄""龙头模型"、各色面具、两块LED电子屏,或造型独特,或色彩明亮,或图文并茂,也起到活跃展场氛围之效果。因探索屋处于博物馆一隅,使用混合照明:天花板直接安装具有聚光功能的展示白炽灯,天花板四周安装有可调整角度和位置的滑轨射灯,景观箱则为顶部照明,整个展厅开阔敞亮。

2-11 外延设计

展区外延设计不多。仅有部分墙面图片、照片和各色文字,如"天文实验室"墙面饰以天体照片,烘托环境,阐释独特意境。靠墙制作的木质小凳,提供儿童休息场所。

2-12 标识系统

博物馆标识系统为一圆形,内站立一人,张开双手(见图3-119)。圆形代表地球,象征自然界,人则代表人类群体,蕴含人与自然共处之含义[①]。标志多呈现同一色系,或白色,或黑

图3-118　美国自然历史博物馆"探索屋"展区壁柜　连成一体的壁柜气势恢宏,高层置不可触摸展品,低层置可触摸展品

图3-119　美国自然历史博物馆标识系统　主体部分为展开双手的人,见于网页、折页,于展区内未见

---

① 研究者调研美国自然历史博物馆探索屋时,与探索屋负责人丹尼尔(Daniel Zeiger)交谈时获知。

色等,以白色居多。该标识系统主要出现于博物馆商品、展览折页和网站上,展区内此馆标并不多见,其最大特色为简洁明了。

(2)展览内部评估——效益指标测评

①指标测评

借由前文就本案例静心观察及要素解析,研究者依本研究所建构的儿童展览评估指标体系进行检测,结果如下(见表 3-53):

表 3-53　美国自然历史博物馆"探索屋"展区展览指标评估表

一、生理需求范畴(分值 32 分:各指标优秀 4;良好 3;一般 2;不好 1)		
评估指标与分值	单项标准与分值	评分
1 安全牢固 (分值 8 分)	1-1 展品安全,提供家庭观众、馆员保护(分值 4 分)	3
	1-2 展品运行与维护良好(分值 4 分)	3
安全牢固总分值		6
2 符合人体 (分值 12 分)	2-1 展品高度和密度适合儿童(分值 4 分)	4
	2-2 灯光、温度和声效适合(分值 4 分)	4
	2-3 参观路线自然流畅,不交叉、重复、缺漏,设置路线标示系统(分值 4 分)	3
符合人体总分值		11
3 生活服务 (分值 12 分)	3-1 展厅空间或其他空间整洁(分值 4 分)	4
	3-2 休息处和餐饮方便(分值 4 分)	4
	3-3 特殊设施考虑(分值 4 分)	3
生活服务总分值		11
生理需求共计分值		28
二、心理需求范畴(分值 96 分:各指标优秀、良好、一般、不好分值不等)		
1 教育效果指标系列一(分值 24 分:各指标优秀 8;良好 6;一般 4;不好 2)		
1-1 展览选题 (分值 8 分)	1-1-1 儿童易于接受并喜欢	8
1-2 目标年龄 (分值 8 分)	1-2-1 界定清晰	8
1-3 教育目标 (分值 8 分)	1-3-1 根据儿童年龄阶段制定详尽目标	6
1 教育效果指标系列二(分值 12 分:各指标优秀 4;良好 3;一般 2;不好 1)		
1-4 体验效果 (分值 8 分)	1-4-1 展品互动参与性(分值 4 分)	4
	1-4-2 展品操作便易性(分值 4 分)	3
1-5 学习效果 (分值 4 分)	1-5-1 学习到新知识和方法	3

续表

1 教育效果指标系列三(分值 12 分:各指标优秀 3;良好 2;一般 1;不好 0.5)		
评估指标与分值	单项标准与分值	评分
1-5 学习效果 (分值 6 分)	1-5-2 对选题产生兴趣(分值 3 分)	4
	1-5-3 增加对选题的理解(分值 3 分)	2
1-6 认可度 (分值 6 分)	1-6-1 展品被注意时间长(分值 3 分)	2
	1-6-2 愿意重复参观(分值 3 分)	3
教育效果总分值		43
2 受吸引度系列一(分值 36 分:各指标优秀 6;良好 4~5;一般 3;不好 1~2)		
2-1 展览内容 (分值 24 分)	2-1-1 结构演绎条理清晰、易于接受(分值 6 分)	5
	2-1-2 展品资料围绕主题丰富多样,灵活使用辅助材料(分值 6 分)	6
	2-1-3 主题提炼与选题密切相关,适合儿童,富有创意(分值 6 分)	5
	2-1-4 版面文字编写简短易懂,生动活泼,图文并茂,充满新意(分值 6 分)	6
2-2 展览形式 (分值 12 分)	2-2-1 陈列手段与内容紧密相关,手段多样,多使用参与度高的互动展示 (分值 6 分)	5
	2-2-2 注重灯光、色彩等多渠道氛围营造(分值 6 分)	3
2 受吸引度系列二(分值 12 分:各指标优秀 4;良好 3;一般 2;不好 1)		
2-2 展览形式 (分值 12 分)	2-2-3 展览具备重点亮点(分值 4 分)	4
	2-2-4 利用墙面、地面、走廊开展充分的外延设计(分值 4 分)	2
	2-2-5 有卡通形象,易于分辨的标识系统(分值 4 分)	2
受吸引度总分值		38
心理需求共计分值		81
总体评价得分		109

②测评小结

依图 3-120 可见:各项指标"实际分值"皆介于"优秀分值"与"良好分值"之间。其中,安全牢固指标等于"良好分值";其余符合人体、生活服务、教育效果、受吸引度指标分别高于"良好分值"2 分、2 分、8 分、2 分。生理与心理需求范畴分别高于"良好分值"4 分、10 分。故,总体评价为高于良好水平且略低于优秀水平。综之,本案例各项指标总体情况佳。白璧微瑕之处主要呈现于:多渠道氛围营造不够;开展环境外延设计不充分;标识系统多用于宣传资料中,馆内并不常见等。相较于缺失,特色更显著:展品高度、密度适合儿童;灯光、温度和声效适合;有专门提供学生用餐的餐厅和儿童特殊设施;选题与主馆高度相关并分不同主题;多处采用抽屉式陈展方式,多互动展项;众多主题为儿童感兴趣;辅助展品多样;教育目标切实可行;展览具重点亮点;说明文字活泼生动,图文并茂,充满创意。因而,本案例除存有部分不足外,可圈可点之处较多,值得为他馆效仿取鉴。

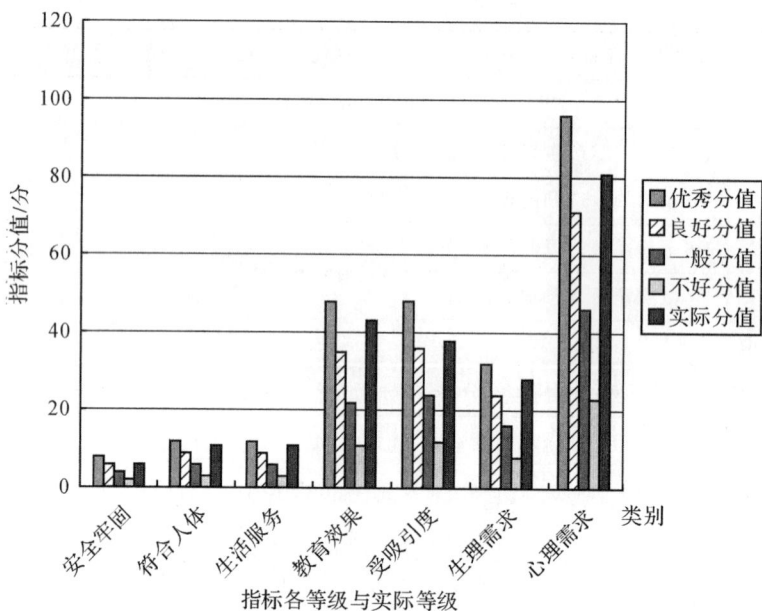

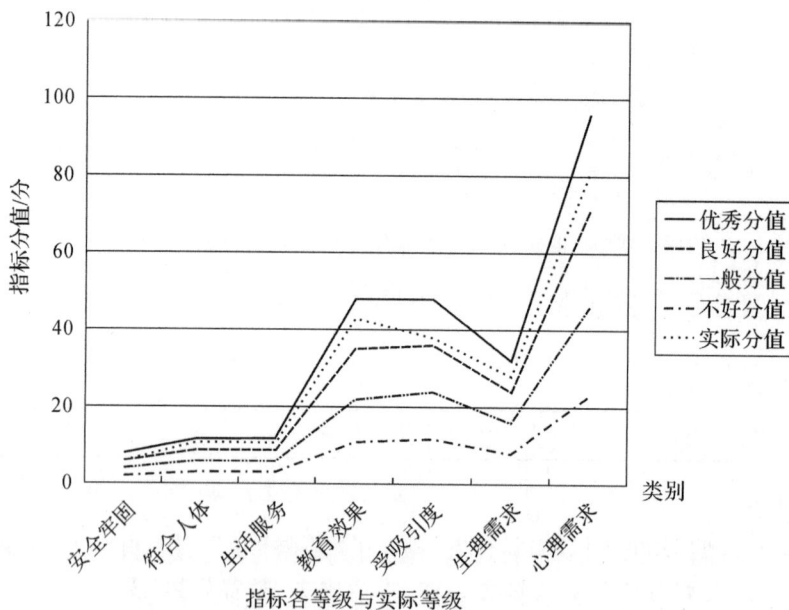

图 3-120　美国自然历史博物馆"探索屋"展区展览效益指标等级分值系列对照图

（3）展览外部评估——观众问卷调查

为检测两类观众——儿童及其家长对美国自然历史博物馆"探索屋"展览的效益评估，兹定以抽样方式实施观众问卷调查。就"探索屋"展区内容策划、形式设计、生活服务及观众感受等不同方面，获取观众评价信息。本次调查共发放问卷 96 份，回收 93 份，回收率为 96.9%，其中有效问卷 91 份，无效问卷 2 份，有效率为 97.8%。

①调查时间

2012 年 5 月及 2013 年 2 月，为期共计 8 天。

②调查地点

美国自然历史博物馆后门休息区；"探索屋"展区内。

③调查对象

正在参观，参观完毕或曾参观过"探索屋"展区的儿童或家长。为窥察儿童、家长用户就各模块评价是否存在显著差异，尽量保持两类用户样本数均等。

④调查方法

儿童、家长两类用户随机抽样，现场定向发放并回收。

⑤调查内容

问卷设"基本情况""内容策划""形式设计""生活服务"及"观众感受"五部分，第一部分囊括观览"探索屋"次数、用户年龄、住址、参观时间、目的等基本信息，后四个部分则囊括展览结构、选题、内容、文字、展品、手段、高度、密度、氛围、满意度与收获等计 22 个问题，整份问卷共计 27 个问题。问卷采用单选、多选的封闭式问题。（详见附录一）

⑥结果与分析

6-1 各题频数结果与分析

借由本案例各题目答案频次统计及图表分析（详见附录十一），获结论如下：

观众主要为第五次及以上或第四次来本展区，其中又以第五次及以上居多，分别占 62.2%、28.9%；家长、儿童观众分别占 50.5%、49.5%；观众主要来自纽约郊区或市区，占 83.3%；基本在馆内待 4～5 小时居多，占 40%；参观的主要目的为休闲娱乐或学习科学知识，分别占 77.8%、24.4%；观众往往对能激发兴趣，或熟悉，或新颖、有创意的选题萌发兴趣，分别占 97.8%、77.8%和 53.3%；参观或操作展品时，常倾向于和孩子一块看/玩，或让孩子自己看/玩，分别占 67.8%、64.4%；参观本展区主要收获在于激发了新兴趣，或休闲娱乐，分别占 87.8%、84.4%。

观众就本展区展览各项内容满意度均较高。诸多方面皆属非常满意，情况主要表现为：认为展览结构"完全理解"或"大多理解"，共占 91.2%；展览内容"亮点有，很明显"，或"亮点有，较明显"，共占 96.6%；展览文字"看得明白很有趣"，或"看得明白有点有趣"，共占 98.9%；展品"很丰富"或"较丰富"，共占 91.2%；"几乎所有"或"大多数"展品让人感兴趣，共占 95.6%；"几乎所有"或"大多数"展品能引起思考或疑问，共占 84.4%；"几乎所有"或"大多数"展品能操作、参与玩，共占 88.9%；"完全没有"或"小部分"展品陈旧或需更新，共占 95.5%；展览手段"非常丰富"或"较丰富"，共占 87.8%；展品高度"非常舒适"或"较舒适"，共占 86.7%；展品密度"非常合适"或"较合适"，共占 77.8%；氛围"营造得非常好"或"营造较好"，占 88.9%；不安全因素"完全没有"或"不太多"，共占 98.9%；参观路线"非常清晰"或"较清晰"，共占 88.8%；照明、温度、声效"非常好"或"较好"，共占 87.8%；展厅清洁、舒适程度"非常好"或"较好"，共占 95.6%；"非常想"或"比较想"再次来本展区，共占 91.1%。除此，观众表明对"操作展品的使用"较满意，73.3%观众认为操作展品的使用难度"基本可以"或"较容易"。

与诸上众多满意处相较，观众不满意处寡少，仅包括一种情形。这表现为：认为博物馆标志在展区内"完全没看到"或"看到一些"，共占 88.8%。

6-2 各模块比较结果与分析

除开展每道题的频次分析外，还需进一步探究本案例"内容策划""形式设计""生活服

务""观众感受"四个模块总体观众评价情况,并将各模块评价情况进行对比。为此,采用如下办法处理:

第一步:数据预处理。

①问卷每题答案第一、二、三、四、五、六、七选项,分别用编码1、2、3、4、5、6、7代表;

②问卷6~26道中选项编码为6的均置换成0(多选题除外);

③根据语义,将14和22道题目对选项进行倒置处理,即1置换成5,2置换成4,3不变,4置换成2,5置换成1。

第二步:求均值。

内容策划:第6~14题(排除第7道和第9道);

形式设计:第15~22题(排除第19道);

生活服务:第23~25题;

观众感受:第26题。

第三步:根据四舍五入原则对数字取整。

因上可得:

6-2-1"内容策划"模块

QA[①]		频数	百分比 (%)	有效百分比 (%)	累积百分比 (%)
有效值	4[②]	47	51.6	51.6	51.6
	5	44	48.4	48.4	100.0
	总计	91	100.0	100.0	

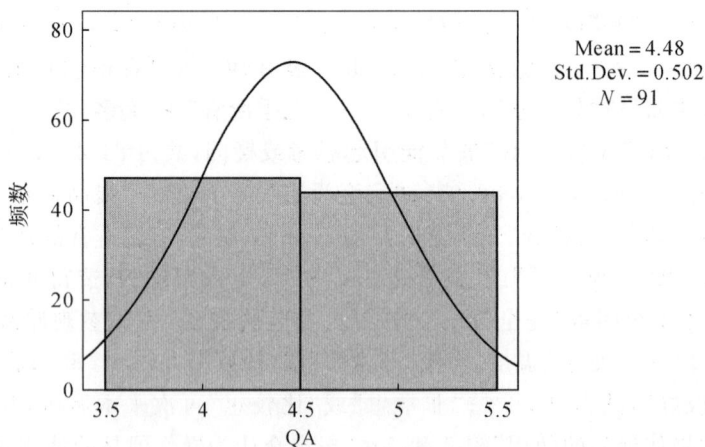

Mean = 4.48
Std.Dev. = 0.502
$N = 91$

① "QA"代表"内容策划";"QB"代表"形式设计";"QC"代表"生活服务";"QD"代表"观众感受"。
② "1"代表"非常不满意";"2"代表"不太满意";"3"代表"一般";"4"代表"较满意";"5"代表"非常满意"。

6-2-2"形式设计"模块

QB

		频数	百分比 （%）	有效百分比 （%）	累积百分比 （%）
有效值	3	13	14.3	14.3	14.3
	4	78	85.7	85.7	100.0
	总计	91	100.0	100.0	

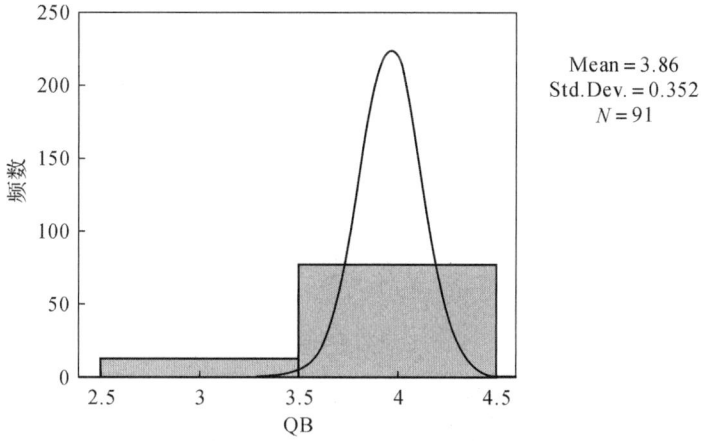

Mean = 3.86
Std.Dev. = 0.352
N = 91

6-2-3"生活服务"模块

QC

		频数	百分比 （%）	有效百分比 （%）	累积百分比 （%）
有效值	4	43	47.3	47.3	47.3
	5	48	52.7	52.7	100.0
	总计	91	100.0	100.0	

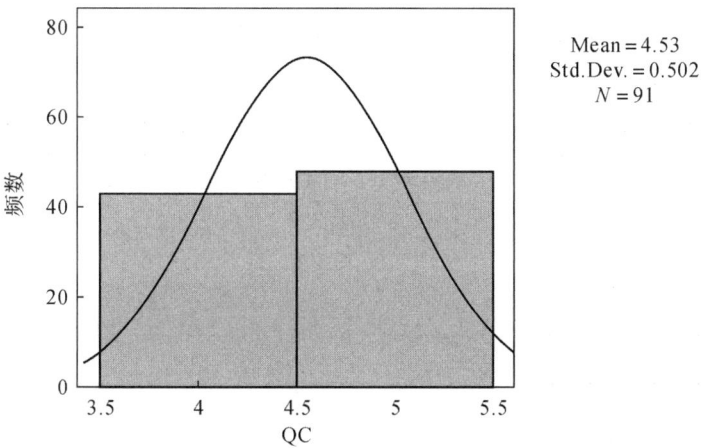

Mean = 4.53
Std.Dev. = 0.502
N = 91

6-2-4"观众感受"模块

QD					
		频数	百分比 （％）	有效百分比 （％）	累积百分比 （％）
有效值	3	8	8.8	8.8	8.8
	4	32	35.2	35.2	44.0
	5	51	56.0	56.0	100.0
	总计	91	100.0	100.0	

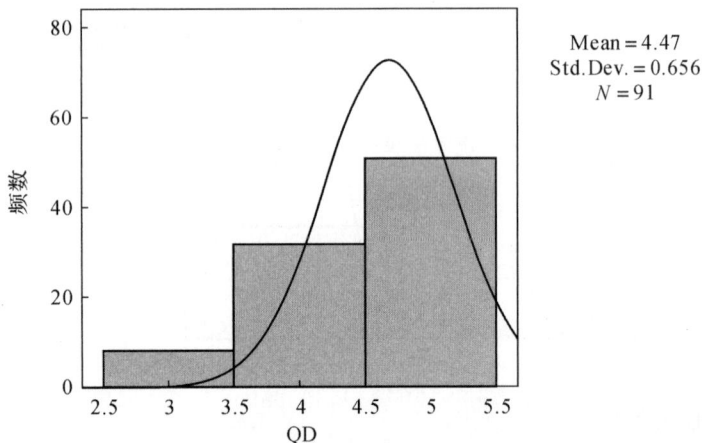

Mean = 4.47
Std.Dev. = 0.656
$N = 91$

依图表可得："内容策划"模块总体观众评价为较满意（占 51.6％），并趋向非常满意（占 48.4％）；"形式设计"模块较满意（占 85.7％），并倾向于一般（占 14.3％）；"生活服务"模块总体观众评价为介于非常满意（占 52.7％）与较满意（47.3％）之间；"观众感受"模块总体评价为非常满意（占 56％），并向较满意趋近（占 35.2％）。综之，各模块观众评价为较满意。针对四模块评价进行对比可见，观众对"观众感受"满意度最高；次之为"生活服务"；再次为"内容策划"；最后为"形式设计"，少数认为本展区"形式设计"表现一般，仍待改进。

尽管已就本展区各模块评价进行了探析，但研究者仍欲进一步掌握作为"儿童""家长"两大不同类别，他们就四大模块评价是否存有显著差异，差异何在。为此，以"年龄"为变量，析出"儿童""家长"两组数据。而若要判定两组数据是否存在显著差异，此处选用独立 T 检验。结果如下（见表 3-54）：

表 3-54　美国自然历史博物馆"探索屋"展区"儿童"与"家长"两大组别数据统计

Group Statistics（组别统计）					
	Qage （年龄组别）	N （人数）	Mean （平均值）	Std. Deviation （标准差）	Std. Error Mean （均值的标准误）
QA	1①	45	4.58	0.499	0.074
	2	46	4.39	0.493	0.073

① 1代表儿童；2代表家长。

Group Statistics(组别统计)

	Qage (年龄组别)	N (人数)	Mean (平均值)	Std. Deviation (标准差)	Std. Error Mean (均值的标准误)
QB	1	45	3.80	0.405	0.060
	2	46	3.91	0.285	0.042
QC	1	45	4.42	0.499	0.074
	2	46	4.63	0.488	0.072
QD	1	45	4.33	0.707	0.105
	2	46	4.61	0.577	0.085

表 3-55　美国自然历史博物馆"探索屋"展区独立样本检验表

		Levene's Test for Equality of Variances		T-Test for Equality of Means						
									95% Confidence Interval of the Difference	
		F	Sig.	t	df	Sig. (2-tailed)	Mean Difference	Std. Error Difference	Lower	Upper
QA	Equal variances assumed	0.344	0.559	1.791	89	0.077	0.186	0.104	−0.020	0.393
	Equal variances not assumed			1.791	88.895	0.077	0.186	0.104	−0.020	0.393
QB	Equal variances assumed	10.348	0.002	−1.544	89	0.126	−0.113	0.073	−0.259	0.032
	Equal variances not assumed			−1.538	78.895	0.128	−0.113	0.073	−0.259	0.033
QC	Equal variances assumed	0.978	0.325	−2.011	89	0.047	−0.208	0.104	−0.414	−0.003
	Equal variances not assumed			−2.011	88.816	0.047	−0.208	0.104	−0.414	−0.002
QD	Equal variances assumed	3.353	0.070	−2.038	89	−0.045	−0.275	0.135	−0.544	−0.007
	Equal variances not assumed			−2.034	84.778	0.045	−0.275	0.135	−0.545	−0.006

通过表 3-55 表内数据可判定是否存有显著差异。若 Levene's Test for Equality of Variances 中的 Sig. 值大于 0.05，表明假设方差相等（Equal variances assumed），继而查看对应的 T-Test for Equality of Means 中的 Sig. (2-tailed)值，若该值小于 0.05，说明存在显著差异，若该值大于 0.05，说明不存在显著差异。同时，若 Levene's Test for Equality of

Variances 中的 Sig. 值小于 0.05，表明假设方差不等（Equal variances not assumed），进而查看对应的 T-Test for Equality of Means 中的 Sig.（2-tailed）值，若该值小于 0.05，说明存在显著差异，若该值大于 0.05，说明不存在显著差异。由此，对 QA—QD 模块中相关数据进行核查得见：QA、QC 和 QD 模块中 Sig. 值皆大于 0.05，而 Sig.（2-tailed）值亦皆大于 0.05；而 QB 模块中虽 Sig. 值小于 0.05，但 Sig.（2-tailed）值仍大于 0.05。因此，检测结果显示作为"儿童""家长"两类不同用户，他们就 QA—QD 各模块评估实际不存在显著差异。

（4）小结——特色与缺失

据研究者观察解析与内外部评估，此展览特点大概归结如下：

①学科丰富且与主馆高度相关的展览选题

科普类型的展览选题常令儿童情有独钟。本展览选题出自一个自然科学专家团队，他们就类似展览已策划过数次。然而，此处选题亮点之一为科普主题下的学科分类异常丰富，涵盖古生物学、动物学、人类学、考古学、天文学、地理学、物理学，易于点燃并激发儿童对不同学科的兴趣和主动的探知欲。此处选题亮点之二为科普主题下的学科分类与主馆生物学、天文学、人类学、地理学等学科分类高度一致，从而为未来"走进主馆"打开一扇窗，与主馆内容形成遥相呼应之势。

②采取并列式的展览结构

展区上下两层展览首先以不同年龄段相区分，同时，各区块以不同学科划分，属于并列关系。"古生物区"内部标本又以时间为序①展示；"人类学区"各类面具则依地区陈列；"生物多样性区"动物标本、化石按种属排列；其余无明显内部逻辑关系。展区各区块间除"猴面包树"外，无任何吊挂式说明看板，仅在外墙或侧墙上粘贴有该区块名称。然而，虽各学科并列，但区块间实无必然关联性。

③实事求是的教育目标

"对博物馆自然科学和研究，从人类学到动物学的每个领域都有所体现。探索来自我们生活的世界之中的文物和自然标本，从而更好地理解我们是谁和我们所生活的天地万物。"此目标首先对探索屋既有的展示内容进行概括，然后借由目前的主要展品——文物和标本，对教育目标进行界定。目标内容极为质朴，即"更好地理解所生活的天地万物"。此目标设置自出机杼之处在于实事求是，严格根植于展览的内容结构，在此基础上加以确定，如此目标达成度则高。

④多层次的信息负载

信息导览媒介有看板、展品说明、折页、LED 电子图文显示屏、触控式电脑和互动展品，信息内容丰富多彩，展示手段不拘一格。看板或简洁书写区块名称；或图文并茂讲述生动故事；或配以图片，探索标本成因和原理；或以拟人句、祈使句鼓励儿童动手操作、主动探索；或充斥以疑问句，启发儿童有意识思考。展品说明以阐释式说明为主。相关折页主要囊括平面图和教育项目介绍。两块 LED 电子图文显示屏，即时就地震近况进行图文更新，皆以疑问句型结束，鼓励儿童参与思考与互动。触控式电脑给予有所需求的观众进行馆藏信息搜索。互动展品多为祈使句，鼓励儿童积极动手参与，同时亦有安全警示内容。总之，文字浅显易懂，语气和句式活泼，多处采用祈使句、疑问句和拟人句。各导览媒介负载信息根据需

---

① "古生物区"展品展示以时间为序，分古生代、中生代、新生代三单元。

求,详略不一,并饰有不同图片。此信息一大特色为阐释式的内容较多。

⑤科普知识的信息凝练

偏重于科普知识的信息凝练——无论看板、说明内容或其他导览媒介皆围绕科普主题展开。部分说明概说生物或某种自然现象的特征、原理;单元说明介绍展品组合用途、标本故事和研究内容,并进行问题探讨。其余导览媒介也主要用以阐明某种地理或天文现象的成因、原理与现状,鼓励观众动手参与科普探索。展览内容结构包含不同学科的基础科普知识,为未来走进科普世界开启一扇门。

⑥活泼阐释科学的展品说明

展品说明分为两种——标签式说明和阐释式说明。标签式说明仅包含展品或组合名称,此类说明为数相对较少。相对较多的则为展品阐释式说明,几乎占展品说明的全部。阐释式说明通常分为两种情况:一为采用陈述句,介绍展品名称、发现地点、时间、外部特征、属性、用途等;一为采用疑问句,以问答形式加以说明,促使儿童参与探索。无论何种情况,其有两大特征:一是采用生动活泼的儿童语言,二是常将展品与主馆内展品互相关联。科普类展品的说明若能避免适用于成人,科学知识充塞,即一大成功。

⑦多处抽屉式的展陈方式

各类型展品中主要有标本和模型,并饰以少量图片或照片。整个展览多互动展示,重视儿童参与操作,非观赏式的静态陈列。展览以裸展为主,鼓励儿童和家庭观众大胆触摸展品,甚至与展品互动。除部分易损展品采用橱窗式展示外,约1/3展品采用抽屉式陈列,此类展示国内并不多见,为此展区一大特色。抽屉大小、高低不一,类型各异,可满足不同年龄段儿童使用所需。不仅如此,此抽屉展示并非单纯动手开抽屉拿展品玩,部分抽屉展示还要求利用抽屉内物品来创造自己的展品,如创造自己的老鹰模型、蝴蝶模型和建筑拼图等。故而,此处抽屉式展示非简单"动手型"展示,而为"互动型"展示。

⑧刻意营造不多的展场氛围

展区采用两处LED电子显示屏,少数几处展示大幅照片。"猴面包树"为全复原组合陈列,将生活于非洲地区的树木和其上栖息的生物情景再现。整个展厅环境色以暖色调为主,照明以射灯为主。墙面、地面和天花板等外延设计不多。其展场氛围营造主要是利用展品本身——神秘的古生物化石、动物标本、各地面具以及天文观测仪器、显微镜探索仪器和地震监测仪器,来烘托出展场的科学探索氛围。该展场有一大特色——气势恢宏夺人:因有两层展区,故而整个展区大厅层高较高,不少橱柜联结构成一整体,兼之"猴面包树"之矗立,整体更加强调展区本身空间的神秘之感。另外,该馆标识系统简易,强调人与自然友好共处,然而,探索屋使用不多,仅于展览折页和网站上予以体现。

四、问题分析与讨论

(一)儿童专区展览案例特征之小结

据四大研究案例解析与评估,围绕其展览内容与展示手段,可凝练两种类型博物馆儿童专区在布展内容和形式上所呈现之特征(见表3-56所整理)。

表 3-56　四大研究案例之展览内容设计和形式设计所呈现特点之归结

博物馆类型	综合类		自然科学类	
博物馆专区名称	四川博物院"儿童活动区"	大都会艺术博物馆"教育活动区"	北京自然博物馆"探索角"	美国自然历史博物馆"探索屋"
展览选题	常规儿童教育（无馆方特色）	教育中心（围绕教育）	科普探索	科普探索
传播目的	休憩玩乐之所，培养博物馆情结	发现、探索快乐并有教育意义的艺术	利用感官参与，主动探索	动手操作探索，博物馆认知从此开始
目标年龄	能独立行走的学龄前儿童	18个月～12岁	青少年，"儿童区"3～7岁	5～12岁
教育目标	无明确规定	建立完善全面的教育系统		具体
重点和亮点		◆诺伦图书馆		◆古生物区 ◆人类学区 ◆猴面包树 ◆地震实验室
展览结构	无展览意识	独立系统（部分平行，部分逻辑关系不明显）	独立系统（平行）	独立系统（平行）
内容指向	传统儿童教育 ◆玩玩具 ◆制作手工 ◆阅读历史书籍 ◆观看历史故事动画视频 ◆安全、服务提醒	教育中心 ◆艺术品知识教授 ◆艺术品制作 ◆艺术专题讨论 ◆艺术聚会 ◆儿童和家庭书籍阅读 ◆面向教师的教育资源 ◆面向儿童的艺术教育网络、录像等资源	科普探索 ◆标本、模型展示和触摸 ◆科普生物实验 ◆儿童手工活动 ◆科普报告、讲座 ◆科普书刊阅读，电子资料搜索	科普探索 ◆古生物标本展示 ◆拼接鳄鱼和挖掘恐龙 ◆各类面具展示 ◆面具绘画和制作 ◆动物标本橱窗、抽屉展示和互动探索 ◆非洲猴面包树展示和探索 ◆地震仪器展示和操作 ◆天文仪器展示和操作 ◆物理实验仪器展示和操作
展区导览媒介	看板（2块，除墙面、桌面提醒）、普通液晶电视	看板、展览折页和电子牌、展品说明	看板、展品说明	看板和展品说明、展览折页、LED电子图文显示屏、触控式电脑、互动展品
展品资料	玩具（橡皮泥、魔方、积木、毛绒玩具，共60余件）为主，书籍（历史书籍10余册、连环画40余册）、绘图工具（约10余件）为辅	绘画作品（56件）为主，声像资料（10余件）为辅	动物模型、古生物化石、动物标本（100余件），其中鸟类标本和模型（60余件）	文物标本和模型（300余件），动物标本和模型最多（约200件）

续表

博物馆类型	综合类		自然科学类	
博物馆专区名称	四川博物院"儿童活动区"	大都会艺术博物馆"教育活动区"	北京自然博物馆"探索角"	美国自然历史博物馆"探索屋"
展品组合	◆历史书籍展品＋连环画展品 ◆其余无	◆展品＋标签式说明牌（49处） ◆展品＋阐释式说明牌（6处）	◆展品＋标签式说明牌（73处） ◆展品＋阐释式说明牌（35处） ◆展品＋群体物件解说牌（3处）	◆展品＋标签式说明牌（68处） ◆展品＋阐释式说明牌（35处）
展品说明	◆无	◆名称 ◆作者名字＋国籍＋生卒年代＋创作时间＋画作历史	◆名称 ◆名称＋种属＋生活习性＋生长周期 ◆名称＋外形特征＋生活习性＋生长周期 ◆名称＋习性＋生长周期	◆名称 ◆名称＋发现地点＋时间＋外部特征＋属性＋与主馆关系 ◆名称＋使用地点＋用途 ◆名称＋故事 ◆问题鼓励思考与探索
说明风格	无展品说明	简洁（仅含基本信息）、更新及时	科学性、成人用语，严肃沉闷	活泼阐释科学（疑问句）、儿童用语，与主馆联系
展示手段	裸展形式为主，橱窗陈列为辅 仅采用图片（2幅）和电子多媒体	全采用裸展形式 采用图片、油画、电子多媒体、电子牌、声光电合成技术、电子屏幕	裸展和橱窗式陈列相结合。裸展稍占优势，裸展有一种抽屉式展示。采用全景画、标本模型、象征性复原、景观箱	裸展形式陈列（包含抽屉式陈列）为主，橱窗式为辅。抽屉式陈列颇有特色。采用图片、标本模型、全复原组合、电子多媒体、LED电子图文显示屏、沙盘模型
互动展示	"动手型"，无"互动型"	"互动型"展示较多	"动手型"，少"互动型"	多"互动型"
展场氛围	极简约	较为刻意，着眼家庭	较为刻意	刻意营造不多（主要依靠展品本身吸引度）
外延设计	极少（仅墙面2幅图画）	较充分（主要利用墙面）	较充分（入口处、墙面、天花板、地面），空间利用率高，但手段较为原始。	不多（主要利用墙面）
标识系统	无专门标识系统，亦无使用主馆标识系统。曾征集未果。主馆标志为象形文字图案＋文字（暖色调为主）	无专门标识系统，频繁使用主馆标识系统。一个字母＋图形（颜色变，如橘黄、蓝色）	无专门标识系统，亦无使用主馆标识系统。主馆标志为图形＋图案＋文字（暖色调为主）	无专门标识系统，少量使用主馆标识系统。主馆标志为图形＋图案（白色或黑色）

表 3-57　四大研究案例的展览结构

博物馆类型	展览主题	主标	部分标题	单元标题	组标题	看板						展品说明	
						前言看板	部分看板	单元看板	组看板	提醒型看板	捐赠型看板	标签式说明	阐释性说明
综合类	传统儿童教育	/	/	/	/	1处	/	/	/	4处	/	/	/
	教育中心	艺术教育	"卡森家庭大厅"等10部分	"诺伦图书馆"部分设"成人图书馆"和"家庭图书馆"2个单元	/	1处（3块内容，分别96、48,56个单词）	4处（分别69、69、34、137个单词）			5处（分别为13,6,14、9、81个单词）	1处（57个单词）	49处（每处约2~5个单词）	6处（每处约20~40个单词）
自然科学类	科普探索	实验、手工、阅读探索	"儿童区"等4部分	"儿童报告阅读区"设"报告区"和"阅读区"2个单元；"标本模型展示区"部分设"动物标本模型""古生物化石"2个单元	『动物标本模型』单元设鸟类等4组	1处（3块内容，分别80、129、47个字）	/		3处（分别为237、368、250个字）	5处（分别为59、18,16、69、11个字）	/	73处（每处约2~8个字）	35处（每处约70~200个字）
	科普探索	多学科动手探索	"古生物区"等8部分	"古生物区"部分设"恐龙之战"等3个单元；"人类学区"部分设"俄罗斯套娃"等3个单元；"猴面包树"设"自然地柜"等3个单元；"标本室"部分设"集中于鱼类学家的收集"等2个单元	拼接迅猛鳄等10组	1处（45个单词）	2处（分别为94、99个单词）	11处（每处约60~150个单词）	10处（每处约5~20个单词）	4处（每处约4~15个单词）	1处（15个单词）	68处（每处约2~8个单词）	35处（每处约9~90个单词）

（二）儿童专区展览案例评估之小结

据四大研究案例内部和外部评估结果，就其各项检测内容总体评价结果进行分析，归结如下（见表 3-58 所汇总，详见附录十二、十三）：

表 3-58　四大研究案例展览评估汇总

博物馆名称	博物馆类型	内部评估	外部评估				
			内容策划	形式设计	生活服务	观众感受	总体评估
四川博物院"儿童活动区"	综合类	一般、不好间，偏不好（分值44.0）	不太满意（分值2.09）	不太满意、一般间（分值2.51）	一般水平（分值2.92）	一般水平（分值2.84）	不太满意、一般间，偏一般水平（分值2.59）
大都会艺术博物馆"教育活动区"	综合类	接近且稍低于良好（分值94.0）	较满意（分值4.28）	较满意（分值3.99）	非常满意（分值4.82）	非常满意（分值4.63）	非常满意、较满意间（分值4.43）
北京自然博物馆"探索角"	自然科学类	较接近并低于良好（分值87.0）	一般水平（分值2.86）	一般水平（分值3.02）	较满意（分值3.95）	一般、较满意间（分值3.41）	一般、较满意间，偏一般水平（分值3.31）
美国自然历史博物馆"探索屋"	自然科学类	高于良好，略低于优秀（分值109.0）	较满意、非常满意间（分值4.48）	较满意（分值3.86）	较满意、非常满意间（分值4.53）	较满意、非常满意间（分值4.47）	非常满意、较满意间（分值4.33）

（三）国内儿童专区展览的问题与分析

借由研究案例解析和评估，除可归结此类展览的特征以及优劣外，还可针对解析与评估的结果，就缺失部分展开纵向和横向对比。此处两例国内研究案例分别隶属综合类和自然科学类博物馆。国外研究案例也分别隶属综合类和自然科学类，其一为构建完善的大教育体系并成为令观众倾心的大都会教育中心，其二为叩开世界自然史博物馆之最——美国自然历史博物馆之门的探索屋，它们无论内容结构、展品资料，还是展示手段皆代表世界先进水平。故，通过此番同种类型对比，针对国内同类儿童专区展览，就内容策划与形式设计上所呈现的突出问题，可归结如下九点：

1. 缺乏特色的展览选题

缺乏特色主要表现为两方面。一是选题并非脱胎于主馆母体，无主馆元素，因而缺乏馆藏特点。四川博物院馆藏大量藏传佛教文物，展现了四川历史发展的简况，又具地方文化发展特色，但其儿童专区——"儿童活动区"仅为一处提供儿童手工材料、工具、历史书籍、动画和玩具的休憩玩乐之所，几乎与随处可见的"儿童游乐区"无异。二为选题简单复制国外，无明显个性。北京自然博物馆之"探索角"在2005年筹建之初既已表明"本区是吸收国外先进经验"，而美国自然历史博物馆之"探索屋"建立于2002年，从案例剖析可见两个展览存在诸多雷同，如内容导向、展品资料和展示手段，尤其是抽屉式裸展等。然而，北京自然博物馆基本主题有动物、植物、恐龙、生命起源、古代生物等，同时拥有闻名遐迩的巨型井研马门溪龙化石、古黄河象头骨化石和恐龙木乃伊化石，诸此都可成为儿童专区策划的内容亮点，成为展览选题及部分、单元选题的重要参考依据。诸如展览选题可为"与大自然共舞"，部分选题为"生命奇迹""黄河象时代""虫虫集中营""植物乐园"等。

2.随意确定的目标年龄

目标年龄的确定依赖充分的前置研究和严谨的理论支撑,前置研究主要聚焦于展览选题、主题和儿童兴趣,理论支撑则是指儿童不同年龄段的教育学、心理学研究成果。由此可见,设定目标年龄并非易事,需建立在前期大量研究之上。此点和前文"儿童博物馆"展览完全一致。研究者在与四川博物院公众服务部人员进行访谈时获悉:"儿童活动区"建立之初馆方仅有想法,但倍感教育学、心理学理论的匮乏。由此可推断其"能独立行走的学龄前儿童"规定亦为一种想法,并非建立在严谨的学理之上,事实上,学龄儿童同样可在此阅读历史书籍和连环画。北京自然博物馆"探索角"将目标年龄界定为"青少年",其中"儿童区"为3~7岁。"3~7岁"儿童特征,拥有具象思维和开始生成个性品格,这显然与用以举办儿童手工项目的"儿童区"宗旨相吻合。但"青少年"年龄跨度则为"12~18岁",此阶段儿童以自我为中心,抽象思维能力强,个性成熟。从"探索角"内容结构和展品资料来看,展览似乎更适合3~12岁年龄段儿童。相较于美国自然历史博物馆的"探索屋",其服务年龄界定在5~12岁,第一层面向5~7岁,二层面向7~12岁,这与第一层主要为形象展示,二层主要为抽象探索之特征相符。

3.双重问题的教育目标

"双重问题"包含两层内容,其一为教育目标中儿童群体未被独立开来,其二为未设定教育目标,或设定但泛泛而谈,或假或空。此处四川博物院"儿童活动区"和北京自然博物馆"探索角"两个案例的主要问题皆集中于第二个问题。各种导览媒介中皆未见两展区的教育目标。此外,另有一类综合性博物馆,如上海博物馆"观众活动中心",其以社会公众为服务对象,未将儿童群体独立区分开来。

4.无展览意识的展览结构

国内儿童专区,尤其隶属综合类博物馆的儿童专区常表现出一种通病——专区仅为开展教育项目提供空间,不存有展览意识,不进行展区的展览策划,如四川博物院"儿童活动区"。

5.实物为主的展品资料

儿童专区的展览因出自传统博物馆,所以未能完全摆脱主馆以实物展示为主体的藩篱,实物展品仍为传统博物馆判断展览成功与否的标准。北京自然博物馆"探索角"100余件展品中大半为文物标本,四川博物院"儿童活动区"因无展览意识,故无展品可言。

6.成人化的信息凝练

信息凝练或以成人为对象,或用语严肃。四川博物院"儿童活动区"无任何展品说明。北京自然博物馆"探索角"展品说明大量采用成人用语,科学性强,语气呆板沉闷。而同为博物馆的美国自然历史博物馆"探索屋"则采用活泼的拟人句和疑问句来阐释科学知识,广泛使用儿童语言。除此之外,国外案例信息凝练中还有两点值得借鉴:信息更新及时,如大都会艺术博物馆"教育活动区"信息虽简洁,但以电子屏和电子牌进行实时更新;信息与主馆联系,如美国自然历史博物馆"探索屋"在介绍"蛇颈龙的化石"时做如此表述"你可以在四楼的脊椎动物起源展厅看到",自然构筑起专区与主馆沟通的桥梁。

7.有待改进的展示手段

有待改进说明展示手段已有所改进但仍未完善。已改进之处表现为纷纷采用以裸展为主的展示手段。仍未完善主要表现为两项内容：第一，展示手段需更趋多元化，可大量使用儿童博物馆多样化的形式设计；第二，将动手展示发展成为互动展示。四川博物院"儿童活动区"多动手型玩具，少互动型展示。北京自然博物馆"探索角"虽有科学实验的互动，但仅属教育项目，并非展示手段。抽屉式展示不能仅意味着鼓励儿童开抽屉触摸展品，还应鼓励他们通过此方式去探究展品原理和工作方式。如美国自然历史博物馆"探索屋"抽屉展示提出儿童打开抽屉后，制作自己的展品，实属一种互动尝试。

8. 营造不足的展场氛围

国内外儿童专区皆存有此问题。四川博物院"儿童活动区"几乎无专门的环境烘托和外延设计。北京自然博物馆"探索角"虽较为刻意地利用人口、墙面、天花板、地面进行较充分的外延设计，但多采用较为老套的全景画和半景画搭配明快的原色色调等手段。大都会艺术博物馆"教育活动区"主要利用墙面的电子多媒体和服务设施，营造出适宜家庭观览和学习的教育氛围。美国自然历史博物馆"探索屋"主要依靠展品本身来烘托神秘氛围，部分利用墙面的文字与图片。综之，儿童专区的氛围营造不如儿童博物馆刻意和成功，多为局部营造，非整体渲染。

9. 无专门设计的标识系统

这是国内外儿童专区所面临的共性问题。四个研究案例皆无专门的标识系统，而是采用主馆标识系统。相较而言，国内儿童专区既无专门标识系统，同时亦不擅长使用主馆标识系统，如四川博物院"儿童活动区"和北京自然博物馆"探索角"。国外儿童专区虽无标识系统，然而，在儿童商品、网站、折页和儿童教育项目中频繁采用馆标，尽管可能儿童并不买账。

统而言之，国内博物馆儿童专区展览，无论在内容选择，还是展示手法上皆问题重重。再加之儿童专区本是从传统博物馆母体中孕育而来，难以摆脱传统博物馆母体自身所携带的问题，如展示手段上还大量采用橱窗式展示；虽尝试由以物为中心向以人为中心转变，但转型不足，展品资料上仍难以超越实物为核心的传统展示理念；专区缺乏展览意识，变成博物馆举办儿童教育项目的场所。就国内专区而言，突出问题主要呈现于：展览选题或缺乏主馆元素，或简单复制国外；目标年龄设定无据可依，随意确定；教育目标或未将儿童群体区分开来，或不设立教育目标，或教育目标泛泛而谈；信息凝练或面向家长非儿童本身，或大量采用成人化用语；展示手段类型不足，将动手型展示简单等同于互动型展示；展场氛围无刻意营造，或局部营造，未将展区视为一大整体进行氛围融合；标识系统不仅不和主馆保持一致，而且使用频度不高，儿童无从认知。儿童专区展览在诸多方面，节奏显然还是慢儿童博物馆半拍。

第四章
国内儿童教育项目类型的问题检测与分析

博物馆集思想于一体,显示大脑的力量无处不在。然而,博物馆又该如何淋漓尽致地展现这种"大脑的力量"? 古德(G. B. Good)给予我们解答"博物馆不在于它拥有什么,而在于它以其有用的资源做了什么"[①]。身处博物馆事业的黄金时代,博物馆究竟该拿"有用的资源"去做些什么? 前文已提及《美国迎接新世纪博物馆委员会报告》(*Museums for a New Century: A Report of the Commission on Museums for a New Century*)主张:"如果说藏品是博物馆的心脏,那么教育工作——用一种信息化和刺激的方式展示实物和想法,可称为博物馆的灵魂。"[②]美国自然历史博物馆(National Museum of Natural History)的罗瑟·P. 威特伯格亦指出:"博物馆及其陈列品的基本目的和职能就是以此进行教育活动。"[③]美国《博物馆教育》(*Journal of Museum Education*)主编则主张:"2012 年及其往后,博物馆教育者会意识到,教育在服务公众方面将起到一个更'关键性'的作用,博物馆教育将深入参与当地和国家的公共教育、社会公正和社区建设。"代表美国博物馆界并重视博物馆需求的美国博物馆协会(现称为美国博物馆联盟),在定义"博物馆"时,将"教育"和"服务"规定为博物馆中心工作,收藏本身已不再是目的。[④]

国内不少独具慧眼的学者也纷纷各抒己见,表达独到见解。儒雅开明的晚清状元张謇在开办南通博物苑后,对博物馆事业沉思默想,倡言"开放民智、发展教育"。1989 年,苏东海先生在国际博协第四届亚太地区大会即呼吁"把博物馆教育发展成为其他教育所不能代替的教育",王宏钧先生于《中国博物馆学基础》一书中也表示:"当代博物馆的发展,其中重要的一个方面是博物馆教育观念的更新和教育活动的创新。"1992 年,《博物馆群众教育工作》序言提出:把博物馆教育办成学校教育之外的第二教育系统。

至此,"拿有用的资源做些什么"的问题在某种程度上已找到部分解答。从诸上观点可洞悉:更新博物馆教育观念,改善教育方法,拓宽教育领域,已成为现当代博物馆无法推诿的社会责任。由此,诸多博物馆纷纷推出各式各样的教育类项目,屡见不鲜,常见诸综合类、自然科学类等各类博物馆,地域以东南沿海大城市为主,并逐步成为少数博物馆教育部门的常规业务,甚至核心业务。然而,"歌舞升平"表象之下藏匿诸多"鸿毳沉舟"的问题。诸如缺乏系统规划,重展不重教,常态化项目不多,专业人才匮乏,教育资源未有效整合,项目同质化,未做大量宣传,无项目评估机制,缺乏儿童研究等。

诸此问题于第一章中已做了要而言之的论述,本章将以研究案例做毛举缕析地讨论与

①　甄朔南. 甄朔南博物馆学文集. 北京:中国大百科全书出版社,2004:99.

②　American Association of Museums. *Museums for a New Century: A Report of the Commission on Museums for a New Century*. Washington D. C. :American Association of Museums,1984.

③　肯尼斯·赫德森. 八十年代的博物馆:世界趋势综览. 陈凤鸣,译. 北京:紫禁城出版社,1986:18.

④　R. Tina,Cynthia Robinson. From the Editors-in-Chief. *Journal of Museum Education*,2012,37(1):7.

分析。具体而言，即上承第一章第二节内容，就博物馆儿童教育中"儿童教育项目"的类型，分别择定四大研究案例展开细致解析，借由国内外案例对比找出差距，在归结出普通特征的基础上，寻绎国内儿童教育项目类型之现存问题。文分四节，第一节首先描述案例的研究问题；第二节阐释案例选定因素；第三节针对儿童教育案例各要素展开解析，并进行博物馆员工、研究者内部评估和观众外部评估；第四节立足于研究结果，对问题施以分析与讨论。旨在借由案例的解析与评估，客观地检测出各类博物馆儿童教育项目现存的共性问题，并窥探背后诱因。

第一节　基于案例研究的问题描述

归纳现今可视的儿童教育项目，以流动展、手工、课程和讲座等形式最为常见。以"目标标准、普遍标准、典型标准、现实标准、问题标准"五个维度来权衡取舍，本研究从诸多博物馆中选取四家以其开展的教育项目为研究案例，前三个案例皆属于国内国家一级博物馆，具代表性兼能反映现实问题，前两个案例同为综合性博物馆，但有南北地域之分，而第三个案例为自然科学类博物馆，作为科普教育场所，其受众绝大多数是青少年学生，有助于研究目的之达成；最后一个案例是世界首屈一指的综合性艺术博物馆，用以开展国内外儿童教育项目的对比研究。每个案例中列举之个案类型各异，包含流动展、手工项目、学生课程和节假日项目。此诸研究案例基本涵括国内博物馆儿童教育项目的基本类型、相对水平以及国外较先进水平，国内案例各有千秋，但亦百弊丛生，具典型代表性。

第二节　研究案例选定因素

本节将致力于对四大研究案例及其个案的基本情况进行概述，兹以表明案例选定缘由，并为后续一节中案例解析提供背景资料。

一、案例一：河北博物院及"国之瑰宝——河北文物精品图片进校园"项目

河北博物院（2014年6月9日由河北省博物馆升格为河北博物院，下文简称为博物院），为河北省独一无二的省级综合性博物馆。1953年在保定筹建，1981年从保定迁往石家庄。1982年，刚在石家庄"安家"的河北博物院，在毛泽东思想胜利万岁展览馆租了两个大厅，举办的"汉中山靖王及王后墓文物展览"，一度使石家庄万人空巷。博物院门庭若市，而展览馆门可罗雀，强烈的反差最后促成了两馆于1987年合并，并催生了河北博物院。博物院旧馆共有18个规格不一的展厅，馆藏的15万件文物中，一级品占有321件。50余年来，博物院仍如同几十年前一般，不惧尝试，面向儿童及青少年开发教育项目，锋芒初露，先后被授予"省级爱国教育基地"与"全国爱国主义教育示范基地"。2006年开始筹建新馆，内容设计由馆方完成，三家设计公司承建，2013年6月扩建后的河北博物院对外开放。依建筑规划来看，新馆公众教育区占地达1500平方米。在博物馆儿童教育方面，博物院举办教育项目较多，但特色仍乏善可陈。

①教育项目类型：专题讲解、讲座（包括主题讲演）、特展项目（如流动展）、操作时间（如小讲解员和手工项目）、博物馆网站。

②教育项目手段：讲演、讲座主要采用 PPT 等多媒体手段；流动展主要利用便携式展架、展板和笔记本电脑；小讲解员项目主要提供培训服务；手工项目则主要推出临摹等简单活动。

项目主要以基本陈列、流动展和馆藏图片为元素，手段相对单一、滞后，代表儿童教育项目处于摸索阶段的基本现状。

"国之瑰宝——河北文物精品图片进校园"项目为常规活动之一，属小型流动展，内容为图片展。

二、案例二：上海博物馆及"欢欢喜喜过大年"项目

上海博物馆（下文简称为上博）是一座中国古代艺术博物馆，属综合类博物馆，因其藏品丰富、质量精湛而声名籍甚。1952 年，在陈毅市长的支持下，上海博物馆由几个博物馆合并而成。1959 年从南京西路 325 号迁至河南南路 16 号，1991 年和 1992 年分别在另外两处修建文物仓库和分馆中国钱币馆。1996 年，迁往市中心人民广场中轴线南侧的新馆全面竣工并对外开放。新馆馆藏艺术文物约 11.2 万件，地上五层为陈列区，设十一个专馆，历代文物精品纷呈。地下设有两层，其中观众活动中心位于北门外西侧的下沉式广场。此中心常年向博物馆访客开放，由艺术活动室、讲座中心和图书室三部分组成，另设有一间志愿者之家。艺术活动室共设 40 个座位，举办各类儿童文化和艺术体验活动。讲座中心配备 100 个座位，辅以高清晰放映设施，可用于小规模影视播放，每年进行的讲座近百场。图书室存有艺术、历史、考古等各类图书约 5000 册，还有供查询之用的电脑。不同于河北博物院旧馆，尽管上海博物馆的观众活动中心面积不大，但开展的各类儿童教育项目毕竟拥有了专属空间。上博教育部主任郭青生教授将上海博物馆面向学生的教育项目概括为参观导览、博物馆体验、思考和探究三类（第一章第二节中已详述）。

①教育项目类型：儿童指南、讲座（如学生专场）、操作时间（如手工项目、互动式专题展览、文博征文、夏令营）、博物馆课程、节假日项目（包括传统节日和寒暑假项目）、博物馆网站。

②教育项目手段：制作导览用"文化包"；举办多样化讲座，在学校举办专题讲座，在博物馆进行暑期讲座；选取不同主题开展手工项目，采用剪、刻、写、扎、画等多种手段；互动式专题展览由学生定题、自己设计并讲解；一年一度的夏令营，营员由征文大赛的获奖者构成；结合馆藏资源开设专题课程，如"未来考古学家学习班""未来艺术家学习班"；针对中国传统节日开发节假日系列项目；依举办的特展策划相适应的教育项目；将中学生特点与传统文化内涵结合，开展文博征文，命题开放多元，近年来又致力于打造含线上线下课程的亲子儿童教育平台（Smart Muse Kids）。

上博业已形成儿童教育项目较独树一帜的参观导览和文化体验两种类型（详见第一章第二节），并不断对创新项目牛刀小试。但未突破传统的内容与形式，需寻求社会合作和产业化的可能，其代表儿童教育项目处于初步发展的现状。

"欢欢喜喜过大年"项目系节假日项目中的常规项目，包括刻印生肖、彩灯迎春等系列活动。因春节是最重要的民族节日，经由此项文化体验项目，引领儿童体味传统春节习俗，感受非物质文化遗产。

三、案例三：北京自然博物馆及"科普小课堂"项目

北京自然博物馆（下文简称为自然博物馆）属第一所国内凭借自身实力创建的大型自然

历史博物馆,1951 年冠名中央自然博物馆筹备处,1962 年易名为北京自然博物馆。基本陈列包含有动物的奥妙、植物世界、恐龙世界、古哺乳动物、古爬行动物、动物之美、动物——人类的朋友。此馆以生物进化为线索,架构起地球上生命发生、发展的知识长廊。馆内大型整体古哺乳动物化石位列世界第二,恐龙和黄河古象化石名高天下。由香港实业家田家炳先生和北京市政府共同投资筹建的标本楼,拥有 20 余万标本,犹如藏珍阁,令人叹为观止。正因奇珍标本的收藏、研究和科普教育项目的开展,博物馆被中央宣传部、北京市政府、联合国教科文组织中国组委会命名为"全国青少年科技教育基地""北京市爱国主义教育基地"和"科学与和平教育基地"。值得一提的是,自然博物馆依据得天独厚的馆藏优势,自成一格地推出了系列科普教育项目,其中部分喜闻乐见的项目已逐步发展成为常规性项目。

①教育项目类型:主题讲解、科普讲座、博物馆网站、操作时间(如手工项目、生物实验项目、博物馆奇妙夜、小小科普讲解员、夏令营、知识竞赛)、学生课程、特展项目(如流动展)。

②教育项目手段:每周三至周日皆要举办动手操作的生物实验项目;组织有偿的小讲解员项目,主张培训和实践并举;采用儿童夜宿博物馆的形式推出品牌项目"博物馆奇妙夜";以生物为主题筹办夏令营;面向北京中学生组织生物知识竞赛;由博物馆专家开设学生科普讲座;每月一个主题的科普小课堂,由科普部工作者授课;结合馆藏特色,每年举办 2~3 个主题讲解;推出"走进校园"的主题展览;利用网站对儿童教育的信息及时更新。

自然博物馆儿童教育项目五花八门、不落窠臼,凝聚科普工作者智慧,部分项目已常态化,在常态化过程中又不断调整,代表着博物馆儿童教育项目已迈出坚实步伐,处于茁壮成长阶段。

"科普小课堂"属于学生课程类型,自 2009 年 5 月 2 日年伊始,每月一个主题,持续开展精彩纷呈的科普教育项目,成为自然博物馆儿童教育常规项目之一。

四、案例四:大都会艺术博物馆及"西班牙、拉美文化嘉年华(¡Fiesta!)"项目

大都会艺术博物馆(下文简称为大都会)从 1870 年建馆伊始,即将"教育"视为基本使命,每年近 700 万观众(2016 年 653.3 万人次)为教育提供了大量对象和广泛挑战。2007 年10 月 23 日对外开放的教育中心(Ruth and Harold D. Uris Center for Education)更为开展教育提供了广袤的舞台和完善的设施,此内容已在前文第三章第二节提及,不做详述。正是基于此,教育部成为大都会规模最大的部门之一,人员保持在 50~70 人之间,每年七月前后依当年工作需求和经费预算,发生 1/3 左右人员变动。教育部工作主要涵盖成人教育、学生教育、电化教育、学术教育、咨询和导览、网页编辑和制作及协调等不同内容。同时,每年约有超过 1250 名志愿者,一周提供两次志愿服务。教育部如今已能娴熟使用这部分"工作人员"组织各类项目(Programs),不同岗位皆已培育起独立的志愿者队伍。故,志愿者已然成为教育部不可或缺的核心力量。教育部针对不同对象群体,如家庭、学生、教师、社区等,开发出各具特色的教育项目:青少年教育、成人教育、残障人士教育和专业人士教育项目,从而形成完善全面的立体教育系统。无论如何,青少年始终是大都会至为珍视的群体,本书出于研究所需,仅对此群体教育项目做推介。①

---

① The Metropolitan Museum of Art. *Programs*. http://www.metmuseum.org/events,2011-04-02.

①教育项目类型：11～18 岁青少年项目（Teen Programs）、幼儿园到高三教师项目（K-12 Educator Programs）、家庭项目（Family Programs）、学校集体项目（School Programs）、残障儿童项目（Access Programs and Services for Young Visitors with Disabilities），其中学校集体项目（School Programs）和家庭项目（Family Programs）分馆内、馆外两种。学校集体项目（School Programs）为提供馆外学校特殊服务的教育项目；家庭项目（Family Programs）则为与当地社区联合开发的家庭互动项目。

②教育项目手段：11～18 岁青少年项目（Teen Programs）主要为在周末或课余时间开展讨论课；幼儿园到高三教师项目（K-12 Educator Programs）系针对所有教师举办的各类型研讨课程；家庭项目（Family Programs）是为家庭观众特别策划的诸如参观、专题日、故事会、讨论等项目，与儿童生活社区联袂开展馆外的讨论或艺术活动；学校集体项目（School Programs）组织学校集体观展，教育人员与教师为学生馆外授课，或举办其他集体教育项目；残障儿童项目（Access Programs and Services for Young Visitors with Disabilities）专门为残障儿童组织动手项目或团体项目等。

大都会承诺以教育为先以及为所有人提供教育的理念定位，推动教育部与其他部门共同合作，发挥着高效、先进的教育水平；教育场所的硬件设备，超越文物本身的图书和多媒体资源，保障精彩纷呈的教育项目能以不同方式在不同场所举办。故，此馆教育项目基本代表目前一流的博物馆教育水准。

"西班牙、拉美文化嘉年华（¡Fiesta!）"活动属于系列节假日项目，涵盖从开幕庆典到闭幕表演等十项活动，代表此类型项目的常规水准。

第三节　研究案例规划解析与评估

本节首先针对四大研究案例常规儿童教育项目，进行内容解析以及馆员内部访谈评估；其次，就四大研究案例某一个案，开展过程解析并施以观众外部评估，以及研究者基于效益指标体系上的内部评分。最后，借由以上国内外案例的纵横对比研究，归结出国内儿童教育项目类型现存问题。

一、案例一：河北博物院及"国之瑰宝——河北文物精品图片进校园"项目

（一）河北博物院常规儿童教育项目

1.项目内容规划（见图 4-1）

（1）参观导览项目

①专题讲解项目

基本陈列通篇累牍地讲解，无法聚焦其中数件经典展品，儿童亦不可能毫无倦怠地集中精神达数小时。鉴于儿童观展目的性不强，集中精神时间有限，为此，博物院择定明确主题进行专题讲解。此类讲解强调联系与对比，引导观众有意识、有目的地观展，以协助儿童对基本陈列产生深刻体认，减少记忆负担，由此揭示文物精品文化内涵，形成生动鲜活的"博物馆印象"。

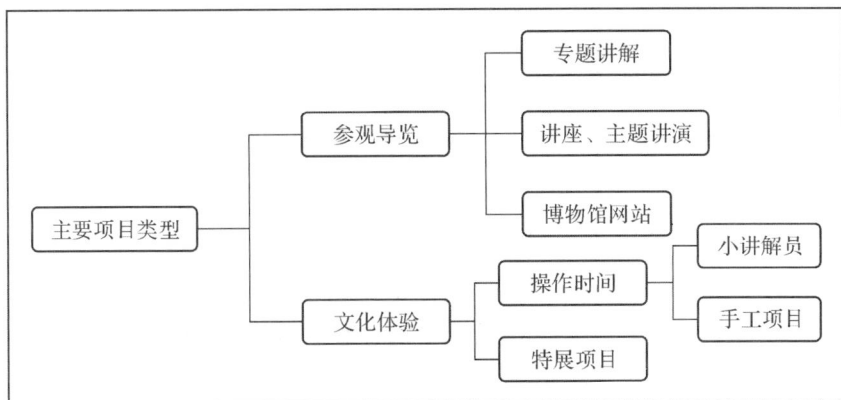

图 4-1　河北博物院主要常规儿童教育项目梳理(2013 年 1 月)

主要项目有:"河北省世界文化遗产之旅""美瓷欣赏""壁画中的科学、历史和艺术""陶明器与汉魏社会生活""马与国画"等。

"河北省世界文化遗产之旅"项目,叩开"燕赵古迹"陈展之门,从 168 处全国重点文物保护单位①中选取已列入世界文化遗产名录并属于河北省的 5 处,集中向访客进行重点讲解,帮助儿童更好地去体会和认知河北——这个赵国和燕国所留下的充满故事之地。(见图 4-2)

图 4-2　河北博物院"燕赵古迹"展览
属河北省世界文化遗产之旅项目,选取河北省内已列入世界文化遗产名录的文化遗产进行重点讲解

"美瓷欣赏"项目,是以"河北省南水北调工程文物保护成果展"中展出的瓷器为主题。展品资料包括北朝的青瓷、唐代的白瓷、宋代的定窑、北方最大的磁州窑,它们曾在河北艺术史上留下浓墨重彩的华丽篇章。儿童们接受此番专题讲解(见图 4-3)可领略到典雅华美,尽显高贵血统的邢窑、定窑,又品味着出生市井,负载民间烟火,千百年为普通人所使用的磁州窑、井陉窑。

"壁画中的艺术、历史与科学"项目则是专门由青少年美术爱好者发挥自身优势,为参观的儿童讲解有关于壁画绘制、保护和欣赏的内容。另外,还推出如观赏壁画墓复原和参加壁

---

① 文物保护单位是指在中国境内由中央及地方各级人民政府列入名单、明令保护的不可移动文物。根据其历史、艺术和科学价值的不同,分别公布为全国重点文物保护单位、省级文物保护单位和市县级文物保护单位。

图 4-3　河北博物院的专题讲解(1)
孩子们认真聆听讲解员进行专题讲解(图片来源:河北博物院提供)

画临摹等系列项目。

　　"陶明器与汉魏社会生活"项目同样针对"河北省南水北调工程文物保护成果展"中提炼出的陶明器选题进行专题讲解,让小观众知晓作为明器的陶器充满温情,由此窥察汉魏先人的社会生活状况。

　　为协助儿童观众解读绘画艺术,博物院与《燕赵晚报》联袂举办了"马腾盛世——赏马说马"(见图 4-4)项目,讲解员基于河北籍画家赵贵德所捐赠的 20 幅画,围绕"马与国画"主题,深入浅出地为孩子们讲解国画,讲解工作系由美术教师志愿者承担。

　　为更好地服务受众,专题讲解特意安排了节假日专场并增加场次。定点为观众免费讲解(见图 4-5)。开展专题讲解逐步成为博物院的一处亮点,同时,专门为小观众从多个角度精讲展品,形式多样、不拘一格,赢得诸多小观众的心。

图 4-4　河北博物院的专题讲解(2)
　　讲解员在为孩子们讲解"马腾盛世——赏马说马"展览(图片来源:河北博物院提供)

图 4-5　河北博物院通常采用定点免费讲解,辅以专题讲解

　　②讲座、主题讲演项目

　　讲座为博物院儿童教育常规项目,分博物馆讲座和馆外讲座两类。形式虽常见,但省博物馆卯足功夫,仍不乏夺人眼球之作。主题讲演则多采取主题讲演结合巡讲的方式,走出博物馆,走进学校、社区、企事业单位等。如"光辉的旗帜,血染的风采"项目,选取一批河北籍优秀共产党员的典型事迹作为题材。讲解员手提电脑,组成宣讲分队,走入学校进行巡讲,

革命英雄事迹得以颂扬。巡讲则采用幻灯片与讲演结合的形式,边讲演边播放珍贵历史图片,再现那段峥嵘岁月。小观众们感受着先烈们的奉献精神和爱国热情,净化心灵的同时也坚定了责任。尽管讲演、巡讲的方式鼓励馆员主动走出馆门,但所采用的手段仍较为陈旧。

③操作时间项目

此类项目主要为发挥儿童主导性,常关注过程而非结果。博物院操作时间项目主要包含两类:小讲解员和手工项目。

3-1 小讲解员项目

小讲解员项目,又名"小志愿者讲解员"项目,就博物院而言,属"年轻"项目。2012 年元旦前夕,网站对外公布"'龙年说龙'展览'小志愿讲解员'招募启事"(见表 4-1)。2012 年 12 月 7 日,首届"小志愿者讲解员"项目招募启动。始料未及的是,报名热线不断,首日报名人数竟达百人,引起儿童与家长热切关注。因报名始终热度未减,远超预订人数,博物馆社教部不得不停止报名受理,并对外公告。面对名额受限,报名"爆棚",博物院决定择优录取,元旦期间,从近 300 位报名者中通过面试选拔出契合讲解员要求的小志愿者 50 位。面试主要考核报名者的语言组织和临场应变能力,主要方式为朗读。通过遴选产生的名单在博物院网站上公布。10 日后,社教部对首批小志愿者讲解员进行了历时一周的上岗培训。培训内容较为全面,包括博物馆专业课、示范讲解课程和展厅实地讲解训练,并再次对经过培训的讲解员进行考核。过关斩将后的小讲解员最终在春节期间"走马上任",于新春特展"龙年说龙"的展厅内进行现场讲解(见图4-6),一个展厅由四五个孩子串讲,童音稚嫩却口齿清晰,

表 4-1 河北博物院"龙年说龙"展览"小志愿讲解员"招募启事

一、活动目的	龙年将至,河北博物院将在春节期间推出新春特展——"龙年说龙"展览。为了丰富广大少年儿童的业余生活,培养孩子们服务社会的优秀品质,提高孩子的语言表达能力和艺术素养,让孩子在实践中得到锻炼成长,河北博物院拟招收一批小志愿讲解员讲解"龙年说龙"展览
二、招募对象	1.9~12 岁的少年儿童,自愿报名,择优录取 2.龙年出生的少儿优先(报名时请携带户口本) 3.招收人数 20 名
三、招募条件	1.品貌端正 2.普通话标准 3.服从统一安排,积极参与志愿讲解活动
四、选拔培训	报名者通过初试后,参加博物馆组织的免费培训。培训结束后,博物馆将择优确定参加讲解服务的小志愿者 培训时间:寒假期间(具体时间根据学校放假时间确定) 培训内容:语言表达、讲解技巧、形体礼仪、展览相关知识等
五、评比活动	与讲解活动相结合,博物馆特组织小志愿者讲解员评比活动,在 2012 年"六一"前夕举办小讲解员风采大赛
六、讲解服务时间安排	春节期间每天安排小讲解员讲解,以后在双休日与节假日进行。具体时间由家长根据孩子的情况与博物馆协商确定
七、报名时间报名方式	报名时间:即日起至 12 月 31 日 报名方式:现场报名,请在河北博物院门票发放处填写报名表 电话报名:××× 网上报名:请登录河北博物院网站下载报名表,填好后发送至×××

不缓不急,举止彬彬有礼。仅春节期间他们就接待了约2万访客,每人有时需进行几十场循环讲解。并且逢双休日小志愿者仍活跃于展厅,小讲解员认为到博物馆来做志愿者,能学以致用,学校无法提供此类锻炼,他们都分外珍惜。博物院社教部亦表示欲将小志愿者项目发展成为常态项目。

3-2 手工项目

博物院手工项目,因无专用场地,开展数量极微。2011年暑假,在"河北省南水北调工程文物保护成果展"展厅内,博物院组织儿童操作电子游戏,进行模拟互动考古等活动,以掌握考古基础知识。2012年春节期间,"壁画中的艺术、历史与科学"专题项目中,儿童在参观临摹版高洋墓壁画的同时,开展了有奖壁画临摹活动。(见图4-7)

图4-6 河北博物院"龙年说龙"特展中小讲解员现场讲解

图4-7 河北博物院观众参观临摹版高洋墓壁画

④特展项目

博物院近年来推出各类题材的特展。含"笔墨丹青500年——河北博物院馆藏书画艺术展""吴昌硕书画艺术展""国画大师黄宾虹书画展""高风峻骨——潘天寿绘画艺术展""世界动物百科珍奇展""恐龙时代""'燕赵涌动国防潮'摄影大赛优秀作品展""澳门艺术家走进太行优秀作品展""赵贵德捐赠绘画作品展""'铁笔雄风 红色情怀'将军名家书画展""兴隆县农民美术书法作品展""日本鸟取县文化遗产图片展""龙年说龙"等多项。在特展基础上针对不同群体,提供多样化社会服务,如组织汶川在河北的学子、西藏在河北的学子、残疾人在河北的学子观展并做讲解。博物院将不同年龄段观众区分为学龄前儿童、在校学生和成人,根据对象采用各异的讲解内容与服务。

2. 项目内容规划内部评估——工作人员访谈

本部分将依本研究建立之内部评估方式进行效益评估,以探究博物院儿童教育项目内容规划之特色与缺失。据本研究所制定的访谈提纲进行半结构以及对设定的两类受访对象(博物馆员工和项目志愿者)展开对焦群访谈。研究取样时间为:2011年5月17日至18日,2012年3月17日至3月26日,8月13日至18日。每个项目按主题及类型来确定访谈时间和样本容量(详见以下项目内容规划评估之各案例)。对访谈结果进行梳理,择取其中与本研究主题相关者,列举如下:

(1)参观导览之专题讲解项目

石家庄,河北博物院

分别由研究者在博物院社会教育部办公室、其他部门办公室和展厅外休息区执行。

方法:约10~15分钟半结构式访谈,共访谈了3次,受访对象为社教部和其他部门员工,2011年5月访谈4人,2012年3月、8月分别访谈6人和4人。

目标:调查和检视教育工作者对本馆专题讲解项目之评估。包括近期博物院开展过哪些专题讲解项目;讲解如何实施;怎样确定此类讲解内容;执行意义为何;不同对象对此类讲解的认知。依据访谈提纲,由浅入深地问问题,然后让对象根据自身体会就该话题自由发挥。

部分访谈摘录整理:

(其他部员工B1[①]):这(专题讲解)应该是我们首创的,开展后观众反映良好。

(社教部员工A1):我们陆续推出的系列专题讲解有"河北省世界文化遗产之旅""美瓷欣赏""壁画中的科学、历史和艺术""陶明器与汉魏社会生活""马与国画"等,每一个专题要分析馆内现在到底有啥,观众究竟会喜欢啥?……不能随意想象,是要有根据的。

(社教部员工A2):我们总是为选题所困扰,由于展厅有限,现在我们在建造新馆,以后会有更多有意思的展厅,我们期待会有更好的专题讲解奉献给观众。

(社教部员工A3):我们是发动大家一起来设计一个专题,我们部门现在被叫作社会教育部,每当有一个想法时,大家在一起商议讨论,确定最后的选题。我们真正专门来负责这个活动的人手非常有限,但是大家的积极性还是很高。

(其他部员工B2):我馆是爱国主义教育基地,我馆在设计活动时也会考虑到这点。

(社教部员工A4):我们每一个专题讲解的主题不是拍着脑袋瞎想的。你看吧,就拿我们的"世界文化遗产之旅"这个来讲,我们是从168处重点文物保护单位中选择了5处,这5处是世界文化遗产,是我们河北人的骄傲,所以要重点讲,把它讲透、讲明白。

(其他部员工B3):坦白说,他们讲解人员工作量还是挺大的,会有定点讲解,但是讲解员就这么几位,他们都挺辛苦的。

(社教部员工A5):藏品标本、藏品资源给我们提供了很多教育资源,……怎样以小朋友能够接受的简单的方式向他们传递信息,我们一直在考虑,可以说现在只是一个起步阶段。

(社教部员工A6):观众直接接触的人就是讲解员,讲解员可以直接与观众进行沟通,就如同一个博物馆的镜子,所以只有我们获取了信息,并对信息进行整理,通过我们专题性的讲解,陈列展品的想法就可以获得理解和认知。

(其他部员工B4):专题讲解应该说是我们馆的特色,我想社教部不介意会有别的馆来学习、模仿和推广,我认为业界如果能有交流沟通的平台和空间,挺好。

(社教部员工A7):小朋友也是我们关注的对象,我们认为他们是博物馆未来的希望,是未来重要的观众,他们可以带来一个家庭成员,能为博物馆带来生机和活力。因

---

① 中文代表受访者身份:英文A代表社教部员工类别;B代表其他部员工类别;C代表志愿者类别。数字为受访者编号。

此,在专题讲解时,我们会针对不同的年龄群体用不同的讲解词来讲解。比如,对小朋友的讲解,我们会考虑用活泼的语言,不能像对待大人的讲解一样。这个我们一直很注意。

(其他部员工 B5):为了更好地为小朋友服务,在寒假、暑假社教部还会有活动,会加大讲解的力度,增加讲解的次数。

研究发现:有关参观导览之专题讲解项目的研究发现。专题性讲解在国内目前并不多见。近期开展的专题讲解项目为"河北省世界文化遗产之旅""美瓷欣赏""壁画中的科学、历史和艺术""陶明器与汉魏社会生活""马与国画"等。成功的专题提炼,一方面是基于对参观者需求的长期调研分析,另一则是基于对馆藏资源的深度认知和高度概括。博物院接二连三推出专题性讲解,从不同视角精讲展厅内文物及其背后的文化内涵,选题亲近生活,让人心驰神往。同时在节假日,特别是寒暑假增加假日专场和服务次数,另外博物馆讲解亦采取分众化服务。

(2)参观导览之讲座、主题讲演项目

石家庄,河北博物院

由研究者在河北博物院展厅外休息区、社会教育部办公室和其他办公室执行。

方法:采用半结构式访谈,对博物馆社教部和其他部门员工做每人 10~15 分钟的访谈。访谈共进行 3 次,2011 年 5 月访谈 4 人,2012 年 3 月、8 月各访谈 4 人。

目标:考察本馆教育人员对此议题的态度、认知与参与度,为将来如何规划讲座和主题讲演取鉴,从而使本馆此类项目实施趋于合理与完善。

部分访谈摘录整理:

(社教部员工 A1):我们并不存在特别针对孩子的专门讲座,我们也想那样去做,但是还没有操作上的经验,这个对讲座的语言和选择的主题都有要求。我们还是准备去努力做。

(社教部员工 A2):场地有问题,还需要克服场地不足的困难。比如我们也想开设博物馆课程之类的,但是没有合适的场地。

(其他部员工 B1):我觉得,我们馆的讲解工作还是做得很出色,能为不同对象提供区别的多层次服务。……这个优势在参观展览时表现得特别好,你看,本来孩子和成人就有很大的差异,不可能在参观展览时不做区分,大人听得懂的东西小孩不一定听得懂,即使听得懂也不一定感兴趣。

(社教部员工 A3):我们馆里还是要积极地走出去,走进学校、社区、厂矿。因为你也知道,我们现在正在进行新馆建设,很多展品、展项已经被收了起来。就讲座而言,一般对方学校有什么活动,比如科技文化节时,向我们发出邀请,我们就赶到学校做有关主题的讲座。

(其他部员工 B2):我认为,"光辉的旗帜,血染的风采"主题讲演还是举办得很好,他们社教部的这个项目做得很精彩,河北籍的优秀共产党员事迹也很感人……

(社教部员工 A4):我们确实没有太多的讲座直接为儿童设计,我们的活动还是主要面向成人的。

(其他部员工 B3):令我印象很深的,就是"光辉的旗帜,血染的风采"主题讲演,宣讲小分队走出去服务,很好地宣传了我馆。但是我也确实了解到,教育活动很难做,特别是针对儿童的,我们馆里的经验还是不够。

(其他部员工 B4):讲座是需要场地的,所以新馆在建成后确实应当考虑有这样一个空间。馆内专门的教育服务区已经达到国家一级博物馆评估等级的一项标准。有专门的教育服务区,孩子的讲座也有可能做大做好,也会有社会效应。

(社教部员工 A5):暑期类型的讲座,针对学生的,馆里举办得不多,我看有些馆暑期讲座举办得有声有色,还成为每年例行的活动,我们应该多多出去走走,学习。

(其他部员工 B5):主题讲演总体来说,在博物馆不多见,但是它举办的成本比较低,只是需要我们投入,前期找些素材,我认为这样的活动教育性很强,但是这样的方式或许可能老了点。

(社教部员工 A6):宣讲小分队走出去,是对我们工作人员的一个挑战,我们需要有热情,需要始终保持情绪饱满,值得高兴的是,讲演的效果相当不错。我们虽然是做基础性的工作,但是我们做得还是比较出色。

研究发现:有关参观导览之讲座项目的研究发现。一般面对小观众讲座可分为暑期讲座和专题讲座两种类型。暑期讲座在博物馆完成,专题讲座则在学校进行。博物院也有受学校邀请,如适逢科技文化节,赴学校做讲座,但此类并不常见。博物院未对讲座对象做严格区分,不存在专门依照儿童特点,或以文博为主题,深入浅出且富有童趣的儿童讲座。总之,成人与学龄儿童同听一场讲座,因此针对性不强,存"大锅饭"现象。对于儿童差异性服务主要表现在观展时,提供学龄前儿童、中小学儿童和成人访客不同的讲解内容。

有关参观导览之主题讲演项目的研究发现。主题讲演强调博物馆走出去,走向大千世界。因为巡讲所需而组成的宣讲小分队,对讲解员的能动性和积极性提出更高要求。宣讲小分队在某种意义上成为博物馆对外的名片和窗口。

(3)文化体验之操作时间项目

石家庄,河北博物院

分别由研究者在河北博物院展厅外休息区、社会教育部办公室和其他部门办公室执行。

方法:半结构式访谈。受访者分为两类:社教部人员、其他部人员等博物馆员工和小志愿者讲解员。共访谈 3 次。2011 年 5 月访谈 4 人,2012 年 3 月、8 月各访谈 6 人和 4 人。一般访谈时间 10~15 分钟,但小志愿者讲解员的访谈时间一般控制在 5~10 分钟。

目标:对小讲解员和手工项目这两类项目进行检视,通过内部工作人员视角,研究项目策划之特色与缺失。小讲解员项目为首次开展,更需及时地总结反馈信息,避免次届执行之盲目与缺失;手工项目为博物院教育项目之弱项所在,只有知晓究竟存在哪些问题,才能更好地为项目提供完善建议。

部分访谈摘录整理:

(其他部员工 B1):这个小志愿者活动相当火爆,我们馆就是因为搞这个活动,火了一阵子。

(社教部员工 A1):由 9~12 岁的小朋友做志愿者讲解员,这个是我们首次尝试,效果非常明显。同时出乎我们意料,第一天就报了很多人,这使得我们不得不提前结束报名,不然后续的选拔、培训没法开展。看来,这样的活动还是很受家长欢迎,这给了我们很大信心。

（小讲解员 C1）：我觉得是有些辛苦，但是我很开心，我的暑假过得很有意义。

（小讲解员 C2）：别人来看展览，来听我讲关于龙的故事，我觉得自己表现得很棒，叔叔阿姨都拿相机给我照相，我觉得自己像个明星。我不喜欢课堂里老师让我发言，但是很喜欢在这里发言，可以有各种各样的观众听。

（小讲解员 C3）：妈妈好不容易才给我报上了名，我是经过选拔才选上的。经过培训，我对博物馆和展览了解了很多，也增长了很多知识，以后我也想去别的博物馆看看，我觉得博物馆真像个宝藏。我也很喜欢这个"龙年说龙"的展览，让我了解到关于龙的很多知识。

（小讲解员 C4）：我希望一直能来做博物馆的志愿者，之前我从来没有参加过这种活动，原来做志愿者这么有意思，我现在比其他同学懂得多多啦，胆子也比以前更大啦。

（社教部员工 A2）：……必须承认的是，我们的小讲解员（项目）还是很不成熟，没有形成固定的队伍。我们还想好好考虑下，因为我们发现这个力量有很多潜能可以挖掘，观众很喜欢这样年轻的讲解员。同时，这批讲解员也非常努力。从大年初一一直工作到正月十五，之后双休日都会来。

（其他部员工 B2）：我们第一次发现我们馆原来这么有人气。……但是据我了解的是，你所说的手工活动开展得不多，因为我们没有这样的空间和人员。

（其他部员工 B3）：手工活动已经成为很多馆里的一个常规活动，特别是对于综合性大馆来说，可以结合馆藏来推广传统文化，再加上博物馆氛围，这是学校和其他社会教育机构无法比的。

（社教部员工 A3）：我们的小志愿者讲解员如此受关注和受欢迎，我们也没有预料到。但是问题也随之而来，究竟该如何考核小讲解员、如何奖励小讲解员，我们该如何有效开发小讲解员……太多的问题需要解决。

（社教部员工 A4）：我们考虑到不能让小讲解员太累，工作量太饱和，所以我们提出了一种模式，就是串讲，一个接着一个讲，孩子们似乎是在进行竞赛，讲的风格不同，观众听得也很带劲。但寒假结束，新学期开始，很多初二以上的学生可能周末就来不了了，流动性很强，这个也是我们今后要面临的问题。

（社教部员工 A5）：手工活动一直是我们的难题。一来我们开展教育活动的人手有限，二来我们也确实没有辅导手工活动的教师，再来我们也没有这样提供儿童手工活动的场所。我们新馆中我们已经申请了用于教育活动的房间。但是不知道结果会如何？

研究发现：有关文化体验之小讲解员项目的研究发现。小讲解员项目国内目前诸多博物馆已设立，如首都博物馆、四川博物院等，有的已较为成熟。博物院的小讲解员项目是"大姑娘上轿——头一回"，尽管如此，却也不乏可圈可点之处。研究者较为推崇展厅串讲的形式，一方面分模块合作的方式使小志愿者因竞技而准备充分，另一方面访客也可实现在一个展厅内领略更多变的讲解风格。小讲解员首次招募，因此相对其他博物馆，还未形成稳定队伍，潜能还未有效开发，小讲解员之间沟通交流的平台仍未搭架，激励机制尚未建立，面试考核方式也较单一，参加该项目的教育意义还未产生系列的社会效应。

有关文化研究之手工项目的研究发现。手工项目是博物馆的一项重要体验项目，同时也是博物院教育项目之软肋。博物院旧馆未开辟专供教育项目使用的空间,严重妨碍了手工等体验型项目的推出。而此类体验型项目能培养孩子的观察、动手能力以及团队合作意识,成熟的博物馆每年会开展数百场手工项目,知识与趣味并举,深得儿童和家长欢喜。

(4)文化体验之特展项目

石家庄,河北博物院

由研究者在河北博物院展厅外休息区和社会教育部办公室执行。

方法:对焦群访谈,对博物馆社教部员工和大学生志愿者做每人约 10~15 分钟的访谈。访谈共进行 3 次。2011 年 5 月访谈 5 人,2012 年 3 月、8 月分别访谈 5 人和 4 人,每次访谈对象都包含有社教部人员和志愿者。

目标:馆内参与过特展项目的教育人员和志愿者,就策划不同主题的特展项目分别谈自身体会与看法。考察此类项目在策划时,馆方是否将不同群族和年龄观众先进行区分再执行主题开发,以及儿童就此类项目的正负评价。为改善特展项目建言献策。

部分访谈摘录整理:

(志愿者 C1):特展,我不清楚,但是这个馆(河北博物院)开展的特展内容还是挺多的……

(志愿者 C2):有,类型很多。社会教育部的老师还是比较积极地在弄,我愿意参加这样的特展(儿童类特展)。

(志愿者 C3):我参加的特展不多,但是馆里还是比较重视,领导和员工都好像挺希望把它做成一个亮点和特色。

(志愿者 C4):我们在接受培训时,常常有资深老师给我们培训,教我们公共礼仪、做疏导工作和应急预案。

(社教部员工 A1):很多馆趁着寒暑假和节假日搞儿童教育活动,我们也会慢慢开始开发这样的活动,希望把更多好的展览告知需要的人群。

(社教部员工 A2):在讲解过程中,主要对各个不同的对象讲不同内容。我们目前的讲解是分层的,使得每一个群体的观众都能享受服务,尤其是享受新的服务。

(社教部员工 A3):儿童目前还没有单独拎出来,他们还不是我们的主要对象。更多的是,在参观展览时,将讲解内容针对他们区别开来。

(志愿者 C5):管理比较松散、随意,没有什么规则制度。因为没有规矩,我想(馆方)要管理好很难。

(社教部员工 A4):不太懂(儿童教育学、心理学),我知道应该懂,但我们这里教育专业出身的人很少。我们现在这个问题解决比较困难。要从孩子心理去规划项目对我们来说比较困难。

(志愿者 C5):除了为儿童做讲解之外,还可以把展览中最能吸引儿童的部分找出来。馆里的人如果没有时间,可以安排我们(志愿者)来做,我觉得这个很有意思。

(社教部员工 A4):近年来,确实举办了不少特展,但是有特点的不多。我们的展览总体来说,内容和形式都要更新,手段比较旧,内容还比较老套。

研究发现:有关文化体验之特展项目的研究发现。博物院的特展面向所有社会访客,并未对展览中最能吸引儿童的部分做拓展。同时很少专门依据小观众的需求、兴趣来开发适用儿童的展览。儿童仅在观展时受到讲解内容的关照,但是如此的关照与举办儿童特展相较,便相形见绌。儿童观众仍未受到足够重视,至少没有被视为重要受众,独立出来并区别对待。

(5)小结

采用半结构、对焦群访谈等方式,由本馆工作人员对儿童项目内容的规划进行内部评估,旨在检视项目规划的成效和教育职能的发挥。综上所整理,可归纳出博物院项目内容规划之特色与缺失,如图4-2所示。

表 4-2 河北博物院常规项目内容特色与缺失之整理

项目类型		访谈方式	样本大小	特色与缺失
参观导览	主题讲解	半结构式	员工14人	特色:精讲文物及其文化内涵,选题亲近生活,节假日专场服务
	讲座、主题讲演	半结构式	员工12人	特色:宣讲小分队,讲演并巡讲,走出博物馆
				缺失:缺少儿童专场讲座,针对性不强
文化体验	小讲解员	半结构式	员工、志愿者14人	特色:串讲形式,小讲解员模块合作
				缺失:无稳定的讲解员队伍,未形成交流平台,未建立鼓励机制,考核方式单一,教育意义不足
	手工项目			缺失:没有活动空间,手工体验活动少,无特色可言
	特展项目	对焦群式	员工、志愿者14人	缺失:未就展览做适合儿童的拓展,缺少针对儿童兴趣和需求的专门展览

(二)"国之瑰宝——河北文物精品图片进校园"项目

据博物院儿童教育项目内容规划的内部评估,可归结出项目内容规划之特色与缺失。在此"静态"分析基础上,接续对博物院儿童项目一项个案进行一次完整且深入的体察与解读。依本研究构建之内、外部评估,即由研究者和馆外人群实施的评估,采用研究者效益指标评分和观众个别访谈的方式来执行。基于对教育项目的"动态"过程评估结果,赓续探究存在之问题。

1.项目过程

(1)项目准备

2008年下半年,博物院社教部作为一个团队共同策划了"国之瑰宝"流动展项目。如此团队协商的模式,易于碰撞出思想的火花,但却忽略了对一份详尽策划方案的规划。

据访谈了解,策划此项目的初衷是基于如下考虑:

河北属全国第三的文物大省,古迹良多,社会公众很难有机会走近文物,领略其全貌。教育工作团队希望借由此展览,让子孙后代对文物珍之宝之,增强家乡和祖国荣誉感,并唤起大众对文保事业的关注。

前期准备主要有三项内容:

第一,展板制作。将博物馆文物分为陶瓷器、青铜器、玉器、金银器四类,从河北文物精品、珍品中择取其中30多件,包括有匠心独运的青花开光镂雕红蓝釉花卉大罐、铸造精湛的错金银四龙四凤铜方案座、稀世珍品金缕玉衣和"长信"宫灯等。它们被制作成图片展板,采用安装简易的便携式展架支撑,整个展线长约 20 米。

第二,讲解准备。由优秀讲解员组成宣讲队,根据对象不同,准备不同讲解词,因人施讲。

第三,对外宣传。于网站上发布项目举办通知:

……该展览为河北博物院推出的公益性免费流动展览,提供免费讲解服务,义务进行接展方的志愿讲解员培训。热烈欢迎各学校、企事业单位等联系巡展事宜。联系电话:×××××××。联系人:×××。

(2)项目进行

截至 2013 年该项目已开展三四年。项目实施主要分为三个步骤:

首先,联系沟通。前期预想学校会主动与馆方联系,但成效并不显著,对外公布的联系信息似乎无人问津。教育工作团队因而转变服务方式,主动与学校等单位取得联系。经充分沟通后,项目得到接展方的认同,工作人员由此明确了服务对象。

其次,讲解培训。社教部选择资深的讲解员进驻接展的学校,为接展方提供上门服务。对该校遴选的学生提供义务的讲解培训和专业指导,学生志愿者队伍诞生,并随之"登台亮相",获得成长和锻炼的机会。流动展自开办以来,已辅导培训志愿者讲解员近百名。培训的内容依学生年龄差异采用不同的方案。宣讲小分队截至 2012 年 7 月已走进华药技校、石家庄铁道大学等近 10 所学校。

最后,巡展讲解。配合学校开展主题教育活动,在校园内进行巡展,学生志愿者负责讲解。共建学校对此扫榻相迎,博物馆改变传统模式,不再担任宣讲主角,本校学生成为主角,踊跃参与活动,极大地激发学生积极性和学校教育的主动性。

(3)项目收尾

该项目的教育工作团队努力对教育方式进行开拓创新,使得"国之瑰宝"项目继而走进社区、单位等,同时对讲解词不断雕琢,因人而异地进行施讲。尽管项目不断得到改善调整,但每次项目结束即为终结,评估工作并未开展,充其量自己内部进行简要总结。因此,严格意义来讲,该项目并没有评估,工作人员也并不清楚该如何来操作此类评估,愕然之余,也表示了对评估标准和程序之期待。

2.项目过程外部评估——观众访谈

博物馆教育对象是观众,唯有了解观众才可能策划出适合观众的教育项目。本节研究者主要借由参与本项目的儿童和教师观众之外部评估来探究项目效益,而外部评估欲获取的信息主要是观众对于项目内容的阐释、项目过程的描述和参与体会及经验的分享等,从而进一步掌握儿童和教师们的所想、所思和所感,反映此类教育项目开展之缺失。

本研究案例主要采用半结构式访谈法,即据拟定大纲进行一对一访谈,访谈儿童观众和教师观众分别为 23 位、10 位,研究取样时间为 2011 年 5 月 18 日和 2012 年 3 月 17 日至 3 月 26 日,对所获访谈结果进行整理与分析,现将与本研究相关者列举如下。[①]

【项目目标】

依据访谈获悉,博物院策划此流动展的初衷为借由此展览让后代领略河北文物之丰和

---

① 　（）中文代表受访者身份;英文 A 代表儿童观众类别,B 代表教师观众类别。数字为受访者编号。

美,增强家乡荣誉感,关注文保事业。然而,关于此目标的描述,于各种宣传媒介上未见。那么,就此项目目标达成度如何? 观众又执以何种看法?

（儿童 A1）:我不清楚他们（博物馆社教部）的想法,就觉得东西看起来还是挺好看的,如果能亲眼看下更好。

（儿童 A2）:还是好的,我知道文物的价值很高,没有想到我们河北还有这么多好东西,金缕玉衣实在太了不起了。不过看图片,不过瘾。

（儿童 A3）:原来不知道,博物馆里面有这么多宝贝。……我有个想法,其实用车把我们接到博物馆看,不是更好吗? 现在只看图片已经很 out 了,不过,这些图片里的文物还蛮不错。

（教师 B1）:这样的方式我觉得确实能够达到文物宣传的效果,孩子们可以增强对家乡的感情。不过,说实在的,我没有明确地知道馆方的这种想法（项目目标）,可能在培训我们学生时提过。我并不太清楚……

（教师 B2）:通过文物的数量和质量可以反映出我们河北省是个文物大省,孩子们可以了解到这个（信息）。但是这样的了解还是有限的,是个视觉印象。我在考虑是否如果讲个故事、带个仿品,让孩子听一听、摸一摸,这种刺激更直接……

（儿童 A4）:我对这些不感兴趣,看图片没有什么意思。不过,我先前还没有去过博物馆,以后可能我会去下。有些东西去看看,比这个方式好。

（儿童 A5）:我原来不知道,我们有这么多文物,而且有这么多精美的文物,我比较喜欢那个灯,印象最深的是金缕玉衣。不知道别的省有什么,如果再弄多些博物馆,让我们慢慢看,慢慢学习也很好。可以开阔眼界。

（教师 B3）:……原来没有意识到还有（博物馆）这个教育资源。我觉得博物馆能够走进我们学校,是个好事。这样的手段很好。博物馆和学校合作应该长期进行,这是一块特别珍惜的资源。比如,这样长的展板,肯定能够对我们的孩子产生冲击。且不论说这种形式怎样,反正对我们搞教育的是件新鲜事和好事。

（教师 B4）:目标还没有听说,其实这（项目）是一个好的内容,目标应当明确,就是奔着这个目标来的。回头才能看看这样的目标是否实现了。我个人判断,这么多展板如果孩子愿意停下来,看看,听听,还是会有帮助。博物馆如果目标确定,告诉我们学校,学校可以和学生一起,协助完成……

以评估结果为判,此议题参与探讨者为儿童和教师观众,基本认为"国之瑰宝——河北文物精品图片进校园"项目无明确界定的教育目标,但事实上此项目在宣传地区珍贵文物、增强学生文保意识方面的作用显而易见。有人认为如果项目目标清晰,将有助于指导学校更好地配合。有人亦认为仅采用二维图片展示,手段较为单一,无法令人心驰神往。其可取之处是采用"博物馆走出去"的公共教育类型,为馆校合作的一种尝试,得到校方多方认可,并认为长期合作将有助于儿童拓宽视野、珍视古代文明、增进对博物馆的了解。

【项目准备】

此类项目准备主要涵盖策划方案撰写、项目人员确定和资深讲解员择取、展板内容准备和制作、项目宣传、学校联系、出行车辆预订等诸多事宜。针对此类项目准备,儿童及其参与教师评价如何,见解为何,整理如下。

（教师B1）：我们学校承担的准备工作就是组织学生报名参加志愿讲解以及活动宣传。博物馆承担准备的主要工作，包括图片的选择、展板的制作、准备不同的讲解词和选择外派的讲解员。……我想可能还包括主动联系我们。我们基本上是"坐享其成"，在态度上我们今后应当更积极。

（教师B2）：我们是他们（博物馆）的共建学校，有合作机会。这次的话，馆方应当是做了充分的准备。你看，展板的展线据说将近20米，很长了……

不过，我也只是鸡蛋里挑骨头，随便聊聊。我觉得展板配套讲解员的形式还是过时了。教育活动的形式应该是丰富的。我曾经去美国就见到博物馆为学校提供教材、课程和标本，可能他们那样的形式更适合我们的学生。

（儿童A1）：不知道，应该工作还算比较辛苦吧。我们的报名过程还是比较顺利的，我想试试，觉得整个过程组织挺有序的……

（儿童A2）：准备应该就是做好这些展板，然后带着人来我们学校吧？……不过，我们更想看到那些真的文物，图片没有什么意思。我觉得（博物馆）这个活动还是花钱比较少，应该多花点钱。

（儿童A3）：我刚刚才看到那些展板，做得比较简单……

（教师B3）：……我刚刚听那些省博的人讲到，先前他们把这个"图片展"的通知挂到网上，没有学校和他们联系。这个我自我检讨下，但是就只是把通知挂到网上，这个宣传攻势太小，不会产生什么影响。任何活动媒体宣传很重要。为什么不把这些活动内容制作成海报、单页或者其他形式寄到我们学校。我觉得省博在宣传上不够大尺度。

（教师B4）：要从那么多文物中挑选出30多件，本身就挺难。展板的形式可以携带，成本低。只有人的成本，宣讲队需要根据不同对象准备讲解词。但是，我觉得准备工作和成本确实有很大关系。如果成本够，不妨制作一些仿品，比如"长信"宫灯，弄个假的，让同学们看看，感受下。如果成本还够，可以做些小的宫灯，搞些竞赛，用作奖品……

（教师B5）：省博准备得还是挺有序的。但你所说的策划稿我倒是真的问过，我是想提前了解下他们的安排。但是应该没有，我本来也想看看。这样我们的学生配合就更简单……

（儿童A4）：……我们只是来参加做志愿者讲解员，报名挺简单。我想如果有些小奖品可以拿，我们会更积极。

此议题访谈中，教师涉及面较儿童多，参与教师更专注于项目前准备，以便能推动项目顺利开展。教师对于此项目材料和人员等准备工作较为满意。此阶段中博物馆和学校的角色分配，馆方居于积极主动地位，校方起辅助配合作用。部分教师高瞻远瞩地提出：此类项目博物院尚未能制定策划方案，准备阶段投入成本不高，因而项目形式较为简单、传统，想出彩甚难。兼之，前期宣传攻势不强，若非馆方主动联系，校方根本毫不知晓。馆方应当利用媒体加强宣传力度，使校方第一时间收集到博物院的教育活动最新资讯。学生亦表示报名志愿者过程中，因激励不够、形式老套，参与不足。

【项目内容】

此类项目内容主要从三方面进行审查：内容是否设置合宜；是否建立在博物馆既有资源之上，体现本馆特色；是否迎合儿童发展和认知需求，有趣且新颖。儿童及教师观众就此提出如下见解：

（儿童 A1）：还是挺有特色的，我知道了不少河北（省）博物院的镇馆之宝，特别是金缕玉衣……

（儿童 A2）：就有几个物品挺珍贵的，我觉得方式还是很老套的，有点像看图说话……

（儿童 A3）：很喜欢，很好，但很简单，不大有趣。

（教师 B1）：我就觉得这个（项目）的亮点应该是让学生自己担任讲解员，让他们自己来讲自己家乡里面的文物的故事。其他还是比较传统。

（教师 B2）：现在好像有很多博物馆在外面搞这样的流动展。其实，教育活动的内容不只是展览，还可以开展其他形式的教育活动。我一时想不起来，或者和文物对话之类的竞赛活动？

（教师 B3）：活动难度不大，学生们都可以理解，特别配上讲解词，理解应该问题不大。我倒是觉得这个内容还太简单。我觉得一些学生可以互动参与的内容更好。比如我们曾经去过民俗村，在那里孩子们看打年糕，当地人一边操作，导游一边介绍，旁边还有一个稍微小的打年糕地，我们学生争先恐后抢着去试。这个印象太深刻了，我觉得活动内容上设置能不能更多关注孩子们的参与和热情。

（儿童 A4）：难度可以，不难，有些个别的东西之外，其他没有意思。

（儿童 A5）：我是志愿者讲解员，我觉得这个活动内容很好。我知道了很多文物的名称，比如错金银四龙四凤铜方案座。我觉得如果有需要，我想长期做，常常去（博物馆），可以练练口才，又可以增加知识。

（儿童 A6）：我知道展板上有几十个文物，不太记得住，就是觉得好多，名字都蛮长。河北省还是挺了不起的。

（儿童 A7）：内容太多了，介绍也没有什么意思，给大人看比较好，只有内容有意思些，我才会想多看看。

针对项目内容议题，学生们因亲历各抒己见，但教师涉及此内容的更多。教师们总体认为此项目内容合宜，难度适中。部分学生认同此观点，但亦有人提出内容过多，知识性强。受访者多数认为内容能体现馆方特色，但趣味性、新颖性不足，文字介绍成人化，无法满足儿童认知需求。学生普遍对主动参与部分，即担任志愿者讲解员，赞不绝口，此部分内容充分调动儿童参与热情和积极性。教师亦表示此类项目应增加互动环节，减少知识灌输，重视能力塑造。兼之，提出教育项目方式应多元化，而展览仅属于形式之一。

【项目过程】

项目过程是项目实施的重要一环，对执行过程的有效监控，有益于项目目标的实现。项目过程实施的成败可从四方面予以权衡：是否组织有序；能否体现儿童中心，发挥儿童主观能动性；是否采用实物、游戏、操作等多种教育方法；能否引导儿童探索、创新求异。以下为儿童及教师对项目过程评判之整理：

（儿童 A1）：好好看的人应该不多，我上去看了下，觉得只是听听看看，没什么劲呢。

（儿童 A2）：……博物馆的叔叔阿姨培训我们讲解很久，但来听的人不是特别多，我在想，是不是我讲得不太好，还是我们放的地方不好……

（教师B1）：如果说儿童中心地位，这点可能是体现在学生来做讲解员，发挥学生主角作用，其他就不太明显……

（教师B2）：组织过程有序，每个人分别负责不同展板。不过，教育方法还是很单一，就是用传统的讲授方式，看图片，有些动手操作，多媒体手段，游戏方式就没有采用。

（儿童A3）：有些同学讲得好，有些讲得不好，反正讲得好还可以听听，不好的话，根本没必要听。

（教师B3）：……让我们学生自己来做讲解员，这是一种创新，我们同学很认真，他们都是在反复练习之后才登场的。他们的登场引来了同学们的围观，踊跃来参与活动。

（儿童A4）：我刚刚问了同学几个问题，他们不是全部答得出来，我想待会儿去问问博物馆的老师。我就是想不通那个瓷器的颜色为什么那么鲜艳？怎么做到的？那到底是怎么回事……

（教师B4）：此类图片展在引导孩子探索、创新上还是不够，最多感兴趣的同学会想想，但是这样的人是很有限的。过程虽然条理清晰，可是，学生并不太关注这样的展览。为什么？因为还是不一定能激发他们的兴趣。

（儿童A5）：如果给我们多讲些故事，更好。如果可以穿下那个衣服就太好了。

（儿童A6）：虽然不太好玩，但是我觉得博物馆能够到我们学校来，带给我们不知道的古代知识，很好啊。

（教师B5）：对，关于这个问题，我始终觉得方式越多越好，而且要适合他们。这个精品图片的展览初衷一定很好，但过程中我觉得还是有所欠缺。多用一些好的方法，多用一些手段，来吸引我们的孩子，激发他们对于文物的兴趣，主动认识它们。可能这些知识会影响他们一生。

（儿童A7）：有些图片很漂亮，不过，就是没有看到过实物，觉得想看。希望学校里头能够带我们去亲眼看看，如果能摸一摸那玉衣服，就太高兴了。

项目过程直接影响效果评判，儿童、教师，尤其儿童，因亲历感受颇多。博物院"国之瑰宝——河北文物精品图片进校园"整个过程组织较为有序，志愿者负责讲解不同展板内文物。儿童主观能动性的发挥主要体现于由经过培训的学生充当讲解员，成为宣讲主角，激发儿童参与积极性。整个过程主要采用"宣讲＋图片展"的模式，方法单一，未运用实物、游戏、多媒体、操作等多种手段相结合。儿童普遍认为图片展无趣，驻足观览完全取决于讲解水平，而部分讲解员仍无法深度解答观众提问。儿童期待更多能激起兴趣，鼓励探索和创新求异的教育内容与形式，如触摸展品、互动体验，留下美好的博物馆记忆。

【情感态度】

主要检测两项内容：项目过程儿童是否态度积极、愉悦，参与性强；是否达到儿童乐于合作和经验分享之成就。情感态度一般不能直接教会，而是儿童在教育项目过程中逐步培养。针对此议题，儿童与教师各执观点整理如下。

（儿童A1）：我觉得做讲解员很开心，我准备了很长时间，觉得自己很重要。图片展办得很顺利，我感到很自豪。

（教师B1）：这两大内容都不够好……图片展在引起儿童兴趣方面，作用很有限，孩子们没有热情，参与程度因此也不高。这个活动也不存在提供你说的合作与交流的机会。

（教师 B2）：总体说来，孩子们参与性还是很强，特别做志愿者那部分学生，任劳任怨，完全投入活动之中。但是，除了这部分人之外，调动其他人很难。

（儿童 A2）：我觉得还好，谈不上高兴，就是学知识吧……

（儿童 A3）：没有要求我们和别人一起，我觉得与同学合作也很重要。

（教师 B3）：我们现代社会所稀缺的不是一个人是否够优秀，而是要更多地与他人进行合作。这个图片进校园活动，没有专门安排提供儿童互帮互助的机会，一个讲一个听，基本很清楚地界定出谁是观众，谁又是"老师"。教育活动要注重这个方面的功能开发。

（教师 B4）：整个过程观众参与性不强，除了讲解员之外，观众往往一窝蜂来，一窝蜂走，更多像是凑热闹。观众是否态度积极、心情愉悦，难说。

（儿童 A5）：我们最近要考试了，我看了下，没有什么好玩。

（儿童 A6）：博物馆的老师们对于我的讲解培训，让我增加了不少经验。

在此议题访谈中，无论儿童抑或教师皆不约而同地认为：项目很难调动学生积极、愉悦情绪，参与度不高，同时亦未提供儿童合作和分享的机会。然而，多数教师、儿童表示让学生担当志愿者讲解员是一种创新和探索，有助于部分学生全身心投入参与，将博物馆教师经验分享给在校学生。故，此项目仅仅关注到部分群体情感态度之培养。

【项目效果】

此类型教育项目目标达成度如何？儿童在参与过程中是否获得新知识、新技术，认知、合作、动手能力是否得以提升？满意度如何……其下，将就儿童和教师访谈中有关项目效果议题部分的内容，整理后列举如下。

（教师 B1）：不知道目标是什么，这样的教育活动作用肯定是有的。比如增加学生们对河北出土的文物的了解，产生自豪感之类的。准确地说，没法来衡量这个结果。

（教师 B2）：活动本身是好的，我们是共建学校，我们的合作会保持。关于这样的活动，我们很欢迎。但是我觉得（项目）需要升级。恕我直言，它的某些方面做得不够好。不好说，期待进步吧。

（教师 B3）：学生们反映还行，特别是做志愿者的那拨人。大家获得关于省博的一些了解，这点他们很多之前并不了解。至少他们知道了咱们河北有啥文物，有啥好东西。

（教师 B4）：对，大伙是可以学到一些新知识，但这种知识是不是量太大？是不是有点灌输的味道？不过，我相信能够帮助我们的学生，如果能让他们参与一些活动，一起动动手，一些素质和能力得到提升就更好。如果用校外的教育资源来进行学生素质提升不是很好吗？

（教师 B5）：（河北博物院）在这项活动中还是投入不少，他们组队，他们准备材料。我这样提建议可能不是很妥，但是我想是为了他们更好的进步，还是要提。我觉得这个活动的教育作用还是很有限。你想，你要教育学生，首先学生参与程度要高。可能是采用图片布展，学生积极性还不是特别高。如果能够采用一些时下流行的多媒体手段，或互动搞搞活动，可能教育作用会放大。

（教师 B6）：我觉得效果好不好，不是我一个人说了算，需要大伙一起评价，就会很清楚。就像我们都有课评,让学生评价,然后检测我们上课效果的好坏。当然,你这样问我也很重要。

(教师B7):这个效果,我们指的是学生满意度,你们指的应该是观众满意度。我总体观察下来,效果肯定会有,但从我的角度来看,效果不是令人满意的。不是说(河北博物院)投入不够,主要是手段还不够新。反正我们配合,他们有想法我们一定配合!

(儿童A1):我觉得做讲解员挺好玩,挺有意思,如果有机会,我还会参加。

(儿童A2):没什么意思,看看图片。我觉得网上看看就可以了。这上网一查就查到了。

(儿童A3):博物馆嘛,都是些古老的家伙,不知道还会不会有什么(文物)。我觉得看一下就够了,老待着看没有多大劲。

从项目效果议题访谈结果获知:首先,因项目并未明确目标,目标达成度无法检测;其次,项目教育意义有限,主要进行知识输出,无法培养学生动手、合作等综合能力,有同学认为“与上网无异”;再次,儿童满意度不高,因为图片教育的陈列手段陈旧,学生缺乏参与热情;最后,建议馆方对教育项目开展总结性评估。然而,第二、三点对担任志愿者讲解员的学生而言,不能一概而论。项目培养并锻炼了此类学生语言表达以及团队合作等方面能力,他们积极准备、忘我投入,对此项目赞誉有加。

【教师志愿者素质】

新时代背景下,志愿者成为无法替代的一种重要智力和人力资源,是博物馆向外开放的重要环节。学生充当教师志愿者已较为常见,如何来检视其服务效果,宜从两方面措手:教学功底是否扎实,能否掌握讲授的知识,是否具应变、调控、创新能力,技术规范;价值观正确与否,是否有亲和力,能否担任引导者和参与者,是否充满热情、情绪饱满。整理儿童及其教师就此项目中有关教师志愿者素质的见解如下。

(儿童A1):恩,讲得挺好的,下次我也想报名。

(儿童A2):刚刚我问那位同学金缕玉衣现在在哪里展览,是否可以去看,她都答不出来。有些弱。

(教师B1):我一直都在强调这种做法很好,以战养战,来我们这里,用我们的学生来给其他学生讲。至少,一部分学生积极性被调动起来,很有热情啊。

(教师B2):报名学生虽然说量不是很大,但是还可以。这次我们任务有些紧急,所以来不及大量宣传,如果报名更多,我想效果一定会更好。我们就搞个比赛,或者是选拔。这样学生的积极性被调动一下,学生的素质会更高。

(儿童A3):我觉得这些讲的人都非常认真,他们这样讲很累。我同学也参加了,她一直在忙这个事情,毕竟要在很多老师、同学面前讲。如果讲得不熟悉,会很难为情。心理压力很大,但是也锻炼人。

(教师B3):我还是第一次看到我的几位学生这么认真对待一件事情,他们的积极性完全被调动起来。省博派来的也是得力干将,对我们学生进行培训,培训完才上岗。

(儿童A4):我体会到作为一名讲解员是很辛苦的,很多要记住,关键还要应付很多问题。

(教师B4):学生做志愿者这种效果,你永远是想象不到的,学生会带给你无限的可能性。他们的表现往往出乎你的意料，这次也不例外。我们学生在这次志愿者讲解员上的投入不亚于上一门课程。

（儿童A5）：讲得很好，我都能听明白，也很热情。不过，太短了。如果多讲一些故事就好了。

（儿童A6）：我没有来得及报名，我觉得很多人都行，但有些人口齿不清，可能太紧张了。应该多弄些这样的机会。

（教师B5）：学生热情很高，问是否以后还有这样的机会。有些也想去（河北博物院），继续做志愿者工作。

此项目教师志愿者外部评估总体情况良好。部分学生和教师认为志愿者热情投入、认真负责，教授技巧扎实。并对博物馆外派讲解团队，培训本校学生担任志愿者讲解员的做法进行褒扬，认为这有助于盘活学生资源，调动学生参与热情。部分教师亦认为鉴于时间紧迫，动员学生报名时间仓促，参加学生数量少，志愿者遴选质量因此受限。部分学生讲解员体会辛苦之余，更多的是关注到了博物馆及讲解员的工作，并愿意继续承担志愿者工作，亦有同学抱憾未能及时报名，期待后续机会。

3. 项目过程内部评估——效益指标测评

此案例系小型流动展，是一项儿童文化体验项目，为目前国内博物馆教育"走出去"的常见项目类型。研究者依个人全程参与活动之所见、所感及所悟，对此类项目进行效益测评。具体做法为：从项目中儿童行为的基本表现和特征措手，借由本书所构建之儿童教育项目指标评估体系进行等级评分，并最终通过量化分值来洞悉河北省博儿童教育类项目在执行过程中之共存问题。

（1）指标测评（见表4-3）

表4-3 河北博物院"国之瑰宝——河北文物精品图片进校园"教育项目指标评估表

一、项目目标范畴（分值12分：各指标优秀4；良好3；一般2；不好1）		
评估指标与分值	单项标准与分值	评分
1. 制定完备目标（分值4分）	1-1 具体明确，规定目标年龄	1
2. 符合项目特点（分值4分）	2-1 与项目类型和主题特点相符	1
3. 符合儿童特点（分值4分）	3-1 与本阶段年龄儿童认知能力、情感发展要求相符	1
项目目标总分值		3
二、项目准备范畴（分值12分：各指标优秀4；良好3；一般2；不好1）		
1. 撰写策划方案（分值4分）	1-1 有详备的项目策划方案	1
2. 馆员充分沟通（分值4分）	2-1 就项目策划方案的程序和分工，馆员充分掌握并权责明确	4
3. 预先做好准备（分值4分）	3-1 发通知，依儿童教育项目内容，各类材料要求安全、丰富、美观，资产、工具、设备与环境准备得当，外出安排好交通食宿	2
项目准备总分值		7
三、项目内容范畴（分值24分：各指标优秀8；良好6；一般4；不好2）		
1. 内容设置合宜（分值8分）	1-1 围绕活动目标，难度适当，突出重点，时间适当	4

评估指标与分值	单项标准与分值	评分
2.结合本馆特色(分值8分)	2-1 活动内容建立在博物馆资源基础上,弘扬传统文化	8
3.内容适合儿童(分值8分)	3-1 活动内容有趣、新颖,符合儿童发展需要和认知水平,有一定挑战性	2
项目内容总分值		14
四、项目过程范畴(分值24分:各指标优秀6;良好4~5;一般3;不好1~2)		
1.过程有序组织(分值6分)	1-1 优化活动过程,活动结构紧凑,组织安排有序	4
2.体现儿童中心(分值6分)	2-1 体现儿童主体地位,发挥儿童主观能动性,营造儿童之间和师生之间互动的氛围	2
3.采用多种方法(分值6分)	3-1 强调经验、实物、游戏,采用语言传递、图像传递、实际操作、多媒体等多种教育方法	1
4.锻炼儿童心智(分值6分:各单项标准优秀3;良好2;一般1;不好0.5)	4-1 采用启发式教育引导儿童探索,不提倡知识灌输式(分值3分)	0.5
	4-2 鼓励创新求异,独立思考,想象力丰富(分值3分)	0.5
项目过程总分值		8
五、情感态度范畴(分值12分:各指标优秀6;良好4~5;一般3;不好1~2)		
1.儿童参与性高(分值6分)	1-1 避免家长过多参与,儿童态度积极,心情愉悦,认真自主克服困难,参与性强	2
2.积极体验合作与交往(分值6分)	2-1 提供与人分享的机会,乐于合作	1
情感态度总分值		3
六、项目效果范畴(分值24分:各指标优秀8;良好6;一般4;不好2)		
1.目标达成度高(分值8分)	1-1 活动过程有序、完整,项目目标达成	2
2.具备教育意义(分值8分)	2-1 获得新知识、新技术,认知能力、动手能力、合作能力、情感得到不同程度的提升	4
3.观众满意度高(分值8分)	3-1 儿童对于类似活动愿意重复参与	4
项目效果总分值		10
七、教师志愿者素质范畴(分值8分:各指标优秀4;良好3;一般2;不好1)		
1.教学功扎实(分值4分)	1-1 掌握授课知识,教学功扎实,具应变、调控和创新能力,了解语言、演示和多媒体使用规范	2
2.价值观正确(分值4分)	2-1 平等对话,担任引导者和参与者,有亲和力,充满热情、爱心,情绪饱满	4
教师志愿者素质总分值		6
总体评价得分		51

（2）测评小结

依图 4-8 可见：各项指标"实际分值"均在"不好分值"与"良好分值"之间，通常在"一般分值"上下浮动。其中，项目目标、情感态度指标与"不好分值"持平。教师志愿者素质与"良好分值"持平，在所有指标体系中表现最佳。项目准备指标较"一般分值"略高，高 1 分。项目过程指标低于"一般分值"4 分，但高于"不好分值"。项目效果指标情况雷同，较"一般分"

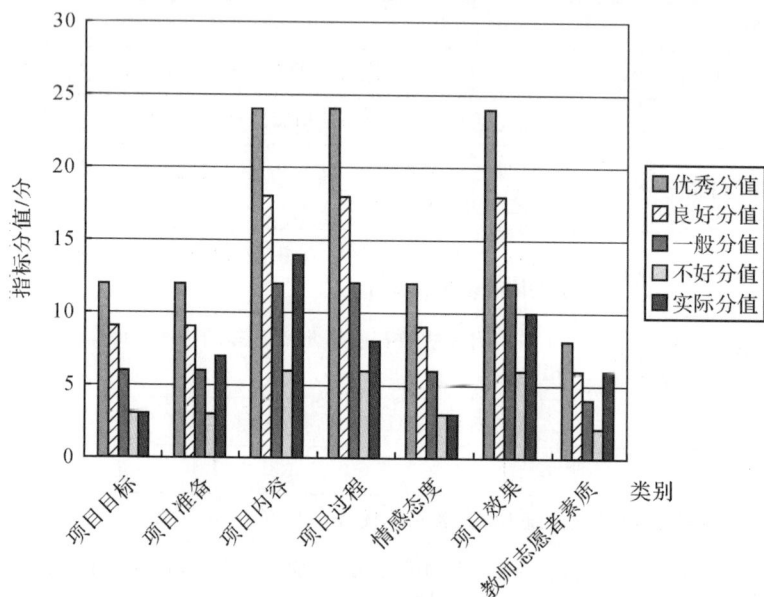

指标各等级与实际等级

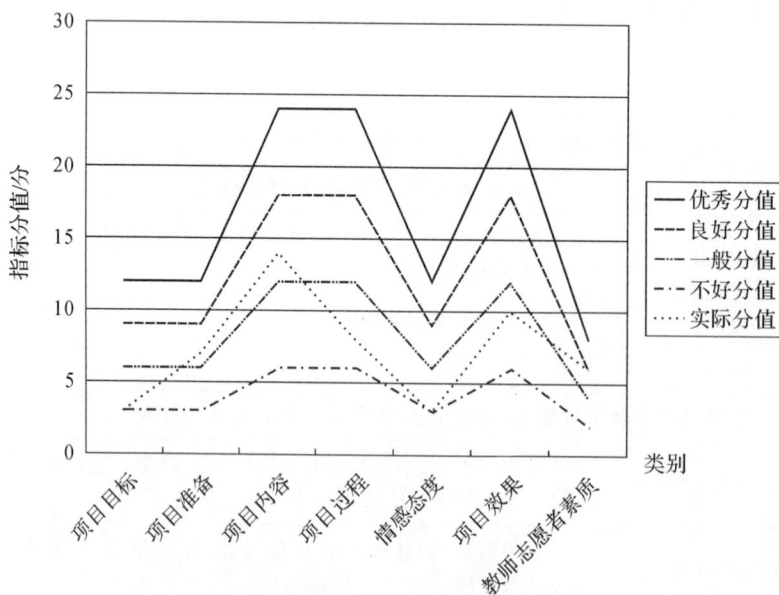

指标各等级与实际等级

图 4-8　河北博物院"国之瑰宝——河北文物精品图片进校园"项目效益指标等级分值系列对照图

值"低 2 分。总体评价为低于"一般总分值"7 分。具体表现为:项目目标指标低于"良好分值"6 分;项目准备指标低于"良好分值"2 分;项目内容指标低于"良好分值"4 分;项目过程指标低于"良好分值"10 分;情感态度指标低于"良好分值"6 分;项目效果指标低于"良好分值"8 分。综上,依据问题的严峻程度排序为"项目目标=情感态度>项目过程>项目效果>项目准备>项目内容>教师志愿者素质",但是所有指标均未超过良好分值。

(三)小结

综上,依本研究案例就常规儿童教育项目内容规划所开展的内部工作人员访谈,对本案例进行效益内部检测。同时,针对其中个案"国之瑰宝——河北文物精品图片进校园"项目执行过程实施观众外部访谈,再结合研究者借由本书所构建的检测指标进行内部效益测评,初步得出以下结论。

1.常规项目的缺失与特色(见表 4-4)

表 4-4　河北博物院常规项目内容特色与缺失之再次归结

项目类型		缺失		特色
参观导览	讲座	缺少儿童专场讲座,针对性不强	主题讲解	精讲文物及其文化内涵,选题亲近生活,节假日专场服务
			主题讲演	宣讲小分队,讲演并巡讲,走出博物馆
文化体验	小讲解员	无稳定讲解员队伍,未形成交流平台,未建立鼓励机制,考核方式单一,教育意义不足	小讲解员	串讲形式,小讲解员模块合作
	手工项目	没有活动空间,手工体验活动少,无特色可言	/	/
	特展项目	未就展览做适合儿童的拓展,缺少针对儿童兴趣和需求的专项展览	/	/

前文已就常规教育项目内容规划访谈结果进行过归纳,此处于前文归纳基础上再次进行整理。获悉:研究案例中成功经验主要集中于参观导览项目中,尤其表现在口头讲解教育上。此点在"主题讲解""主题讲演"及"小讲解员"项目中皆有突显。

同时,存在的普遍问题为:

(1)常规教育项目未进行有效分众,未将儿童观众独立区分并加以服务;

(2)无开展儿童教育项目的空间;

(3)教育项目未建立有效的实施和考核机制;

(4)教育项目所采用的手段较少。

总体而言,本研究案例教育项目数量不少,但较突出的特色不多。教育项目开展主要倚靠馆内基本陈列、流动展览和馆藏图片。开展教育项目的手段相对单一,多采用讲解方式,多样性不足,且手段较为滞后。专门面向儿童的教育项目,诸如小讲解员项目,还处于摸索阶段,各项制度尚未建立,无法开展有序管理。诸多项目面对所有观众实施,未有意识地进行族群分众,更无法根据儿童年龄做进一步处理。故,本研究案例代表着国内一批正措手探索儿童教育项目的博物馆,其面临问题亦常见于诸博物馆内。

2.个案实施的缺失与特色(见表 4-5)

表 4-5　河北博物院个案实施缺失与特色之归结

访谈问题之主题	缺失	特色
项目目标	无明确界定的教育目标;手段单一、落后	馆校合作,尝试走出去
项目准备	未制定策划方案;形式老套;活动宣传力度小	积极主动准备材料和配备工作人员
项目内容	内容过多,知识性太强;内容不有趣、不新颖;介绍文字成人化	体现馆方特色;提出学生志愿者担任讲解工作的新方式,调动学生积极性
项目过程	教育形式与手段单一	过程有序
情感态度	学生参与度不高;无合作和分享机会	/
项目效果	目标达成度情况无法检测,不开展评估;教育意义仅为知识灌输;满意度不高	参与互动的学生满意度高
教师志愿者态度	报名时间紧迫,影响志愿者工作质量	热情投入、认真负责,部分技巧扎实

从以上研究者现场观察和观众访谈结果的归纳可知,观众对于此类个案参与经验主要表现为:项目内容应体现馆方特色,发掘儿童参与的新方式;准备阶段应合理配置材料与人员;教师志愿者应负责、投入,授课技巧娴熟;教育项目应走向大千世界,开启馆校合作的多元模式。

相较于博物馆经验,观众信息反馈中缺失部分内容更多。主要表现为:

(1)无明确界定的教育目标;

(2)未制定项目策划方案;

(3)教育手段单一,方式老套;

(4)项目对外宣传力度过小;

(5)准备时间仓促;

(6)内容知识性太强,忽视动手、合作等能力培养;

(7)项目成人化,不有趣、新颖;

(8)缺少儿童互动参与内容;

(9)不开展项目评估。

此部分极大地影响儿童教育项目实施效益,以及观众对于项目的参与度和满意度。

从研究者亲历过程中之观察、记录和感悟,依检测指标就项目实施开展了内部效益评估。上一节中已对此评估结果进行小结,并得出问题严重程度的排序为"项目目标=情感态度>项目过程>项目效果>项目准备>项目内容>教师志愿者素质",同时所有指标均未超过良好。那么,诸此问题究竟存在于评估内容的哪些具体指标中? 为何对个案的单项指标做出如此判断? 为此,将各项评估内容独立,分别予以考察。

项目目标范畴(分值 12 分:各指标优秀 4;良好 3;一般 2;不好 1)		
评估指标与分值	单项标准与分值	评分
1.制定完备目标(分值 4 分)	1-1 具体明确,规定目标年龄	1
2.符合项目特点(分值 4 分)	2-1 与项目类型和主题特点相符	1
3.符合儿童特点(分值 4 分)	3-1 与本阶段年龄儿童认知能力、情感发展要求相符	1

"项目目标范畴"问题最为严峻。从列表中可知此范畴下三项指标均为"不好分值",反映出此项目未制定目标;活动主题和类型不符合儿童特点;不利于儿童认知和情感发展等三方面缺失。

情感态度范畴(分值 12 分:各指标优秀 6;良好 4~5;一般 3;不好 1~2)		
评估指标与分值	单项标准与分值	评分
1.儿童参与性高(分值 6 分)	1-1 避免家长过多参与,儿童态度积极,心情愉悦,认真自主克服困难,参与性强	2
2.积极体验合作与交往(分值 6 分)	2-1 提供与人分享的机会,乐于合作	1

"情感态度范畴"与"项目目标范畴"问题严重性不分伯仲,项目中两项指标均为"不好分值",表现为儿童态度不够积极、参与性不高;不提供儿童间合作与交往之机会。

项目过程范畴(分值 24 分:各指标优秀 6;良好 4~5;一般 3;不好 1~2)		
评估指标与分值	单项标准与分值	评分
1.过程有序组织(分值 6 分)	1-1 优化活动过程,活动结构紧凑,组织安排有序	4
2 体现儿童中心(分值 6 分)	2-1 体现儿童主体地位,发挥儿童主观能动性,营造儿童之间和师生之间互动的氛围	2
3.采用多种方法(分值 6 分)	3-1 强调经验、实物、游戏,采用语言传递、图像传递、实际操作、多媒体等多种教育方法	1
4.锻炼儿童心智(分值 6 分:各单项标准优秀 3;良好 2;一般 1;不好 0.5)	4-1 采用启发式教育引导儿童探索,不提倡知识灌输式(分值 3 分)	0.5
	4-2 鼓励创新求异,独立思考,想象力丰富(分值 3 分)	0.5

"项目过程范畴"相较于以上两项内容,问题严重程度次之。一项指标表现为"良好",其余皆为"不好"。"不好"方面主要呈现于未将儿童置于主体地位;使用方法不够丰富;提倡简单知识灌输;儿童心智难以得以开发。

项目效果范畴(分值 24 分:各指标优秀 8;良好 6;一般 4;不好 2)		
评估指标与分值	单项标准与分值	评分
1.目标达成度高(分值 8 分)	1-1 活动过程有序、完整,项目目标达成	2
2.具备教育意义(分值 8 分)	2-1 获得新知识、新技术,认知能力、动手能力、合作能力、情感得到不同程度的提升	4
3.观众满意度高(分值 8 分)	3-1 儿童对于类似活动愿意重复参与	4

"项目效果范畴"问题严重性再次之,两项指标皆为"一般",一项为"不好"。目标达成度之所以表现不好,是基于项目本身未确立目标,因而达成情况具有不可测性。

<table>
<tr><td colspan="3">项目准备范畴(分值 12 分:各指标优秀 4;良好 3;一般 2;不好 1)</td></tr>
</table>

评估指标与分值	单项标准与分值	评分
1. 撰写策划方案(分值 4 分)	1-1 有详备的项目策划方案	1
2. 馆员充分沟通(分值 4 分)	2-1 就项目策划方案的程序和分工,馆员充分掌握并权责明确	4
3. 预先做好准备(分值 4 分)	3-1 发通知,依儿童教育项目内容,各类材料要求安全、丰富、美观,资产、工具、设备与环境准备得当,外出安排好交通食宿	2

"项目准备范畴"相较于前面几项内容较乐观。项目指标中一项为"优秀"、一项为"一般",另有一项为"不好"。项目未撰写策划方案成为主要问题,特色在于馆员间充分沟通、权责明确。

<table>
<tr><td colspan="3">项目内容范畴(分值 24 分:各指标优秀 8;良好 6;一般 4;不好 2)</td></tr>
</table>

评估指标与分值	单项标准与分值	评分
1. 内容设置合宜(分值 8 分)	1-1 围绕活动目标,难度适当,突出重点,时间适当	4
2. 结合本馆特色(分值 8 分)	2-1 活动内容建立在博物馆资源基础上,弘扬传统文化	8
3. 内容适合儿童(分值 8 分)	3-1 活动内容有趣、新颖,符合儿童发展需要和认知水平,有一定挑战性	2

"项目内容范畴"情况与"项目准备范畴"如出一辙,三项指标中一项为"优秀"、一项为"一般",另有一项为"不好"。"不好"主要体现于活动内容不够有趣、新颖,不适合儿童发展和认知需求。特色则反映于项目内容建立在本馆资源基础上,弘扬传统文化。

<table>
<tr><td colspan="3">教师志愿者素质范畴(分值 8 分:各指标优秀 4;良好 3;一般 2;不好 1)</td></tr>
</table>

评估指标与分值	单项标准与分值	评分
1 教学功扎实(分值 4 分)	1-1 掌握授课知识,教学功扎实,具应变、调控和创新能力,了解语言、演示和多媒体使用规范	2
2 价值观正确(分值 4 分)	2-1 平等对话,担任引导者和参与者,有亲和力,充满热情、爱心,情绪饱满	4

"教师志愿者素质范畴"情况最好,两项指标中一项为"优秀"、一项为"一般"。若深入分析,问题则显现于学生志愿者对知识和教学技巧掌握不够扎实,现场应变和调控能力不强。而可取之处为学生志愿者情绪饱满、充满热情,价值观正确。

从观众外部访谈和内部评估中得知,两类评估所主张的问题具诸多共性。不妨将两种声音、两个角度所列举的缺失进行整合提炼,以归结出此个案共同症结所在。共性问题主要表现在:

(1)没有制定明确的项目目标；

(2)不符合儿童特点,项目成人化,不有趣、新颖；

(3)不体现儿童中心,儿童参与性不高,缺少儿童参与互动内容；

(4)内容知识性强,缺少能力培养,不提供合作和交往机会；

(5)项目宣传不到位；

(6)教育方法不够丰富；

(7)缺少项目评估；

(8)未撰写项目策划方案。

同时,个案特色主要呈现于:项目内容体现本馆特色；馆员充分沟通,权责明确；材料准备得当；学生志愿者热情、负责,情绪饱满；项目走向大千世界,馆校合作得以实施。之后本章第四节及第六、七章节将进一步探求在儿童教育项目实施中,减损或增益项目效果之诱因和解决对策。

二、案例二:上海博物馆及"欢欢喜喜过大年"项目

(一)上海博物馆常规儿童教育项目

1.项目内容规划(见图 4-9)

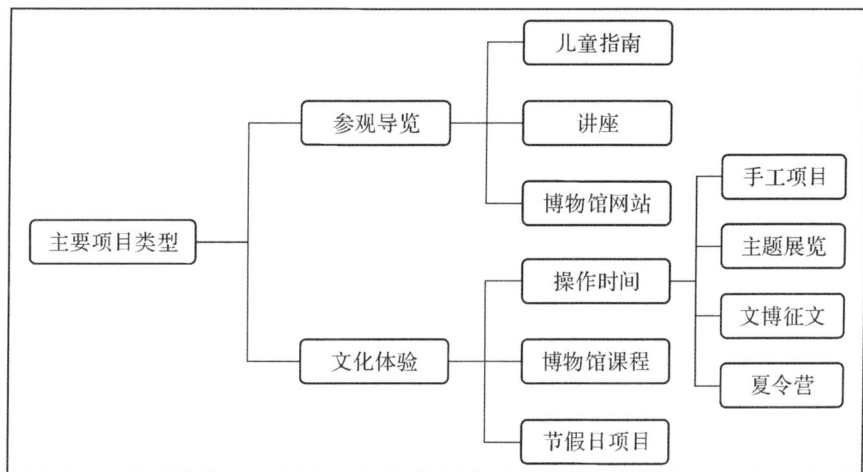

图 4-9　上海博物馆主要常规儿童教育项目梳理(2013 年 1 月)

(1)参观导览项目

①儿童指南项目

上博教育部近年来在儿童参观导览方面成绩斐然。参观是儿童利用博物馆资源最常用的形式,为避免经学校组织集体参观的无序性和盲目性,教育人员采取"教育前置",开发出系列儿童指南。

主要项目有参观路线图、参观学习辅导资料、主题参观等。

"参观路线图"是上博先前分别针对小学生、初中生和高中生提出参观上海博物馆之主题与路线建议。如针对初中生推出的"中国画与画家的故事""汉字的艺术""土与火的艺术""青铜的文化"主题参观,每个主题后列有建议参观的文物名称。2013 年,博物馆开始转向

重视家庭观众,开发出如"博物馆里的'动物园'"和"和宝贝一起找宝贝"等亲子参观路线。教育部另就参观导览专门设计过"参观学习辅导资料",涵盖展览介绍、展品精粹、时代背景、新奇故事、参观小课题等资讯。主题参观为结合学校课程向教师推荐的特定主题参观项目。如"青铜器中的中国古代神话"要求学生观察纹饰后发现青铜器和中国古代神话的联系,解读中国古老文化。"汉字的历史"则要求学生从刻在龟甲兽骨上的文字、青铜器上的铭文、简牍、碑文、书帖中发现汉字的沿革历史。另有"孔子时代的音乐""青铜器与商周饮食文化"等主题。

②讲座项目

教育部推出"学生专场讲座",即从选题到内容专门为学生设计,力求立足文史知识,通过兴味盎然的形式,向中学生传递知识琼浆。

学生专场讲座分为两种类型:走进校园的专题讲座和博物馆内开展的暑期讲座。专题讲座走进校园,此类学校主要指被授牌"上海博物馆文博教育基地"的学校,讲座安排需上博和学校共同议定。数年来,依据基地学校的实际需要和课程情况,上博已在几十所学校如昌邑小学、上海市实验学校、上海师大附中、育才中学、光明中学、格致中学等推出数百场专题讲座。暑期期间,上博推出暑期讲座。讲座内容包含历史、艺术、民俗等诸多方面,活泼亲切的授课方式和丰富生动的讲座内容,往往吸引大量学生纷至沓来。如 2008 年,依据不同时代对中国传统节日庆祝方式的差异,上博教育部专门推出"中国古代岁时节日"暑期讲座(见表 4-6)。如 2009 年,为满足儿童对于世界著名博物馆的认知,共享博物馆曼妙之旅,上博又专门设计了"世界博物馆之旅"暑期讲座(见表 4-7)。

表 4-6　上海博物馆 2008 年"中国古代岁时节日"暑期讲座

日期	讲座题目	主讲人
7 月 8 日	也向衡门贴画鸡:话春节	包燕丽
7 月 15 日	风光烟火清明日:话清明	陈曾路
7 月 22 日	江上何人吊屈平:话端午	吕维敏
7 月 29 日	月下穿针拜九霄:话七夕	杨烨旻
8 月 5 日	盂兰乞食信飘零:话中元	郭青生
8 月 12 日	月中霜里斗婵娟:话中秋	邱慧蕾

表 4-7　上海博物馆 2009 年"世界博物馆之旅"暑期讲座

时间	题目	主讲人
7 月 7 日	故宫博物院	故宫博物院副院长　李文儒
7 月 14 日	大英博物馆	上海博物馆教育部副主任　陈曾路
7 月 21 日	东京国立博物馆	上海博物馆教育部主任　郭青生
7 月 28 日	埃尔米塔什博物馆	上海博物馆文化交流办公室主任　周燕群
8 月 4 日	纽约大都会博物馆	上海博物馆展览部主任　李仲谋
8 月 11 日	奥赛美术馆	上海博物馆馆长　陈燮君

时间	题目	主讲人
8 月 18 日	卢浮宫博物馆	上海博物馆信息中心主任　胡江
8 月 25 日	纽约现代艺术博物馆	上海博物馆教育部副主任　陈曾路

（2）文化体验项目

③操作时间项目

此类项目中儿童动手动脑进行操作，在增加知识的同时，可收获发现与成功的喜悦，团队合作意识得以提升。上博操作时间项目主要为手工、主题展览、文博征文、夏令营。

3-1 手工项目（等同于今日的手工体验、体验工坊等项目）

手工项目属上博的一项传统儿童教育项目，集中在寒暑假开展（见表 4-8）。通常是在博物馆志愿者老师的指导下，通过先观察、后动手、再思考的方式，发挥个体主观能动性，在操作和娱乐中感受传统文化之魅力，了解文物蕴含之意义。项目既没有固定的程式，也没有标准的答案。教育部开发的手工项目主要立足于中国古代传统文化，主旨是让儿童在亲近传统文化的同时培养独立思考和创新能力。如"学写甲骨文"项目，通过识读、书写、刻写，孩子回到文字初创之时，掌握甲骨文的形态构造和成字规律，感受符号本身的意义，从而对自己平日书写的汉字的演变产生新认知。如"修复唐三彩"项目——把变为碎片的陶器修修补补，模拟文物修复之过程。陶器的修补本身需要观察、思考碎片在空间上如何组合，在具体黏合时则要两到三个人彼此合作。在了解唐三彩古代陶器文化的同时，参与者动手和合作能力得以增强，修复完毕时亦能感受到成功之喜乐。

表 4-8　上海博物馆 2011 年暑期手工体验活动

活动时间	活动名称	活动内容
7/8,7/15,7/29,8/4,8/19 均为上午 9:30 开始	趣味墨拓	在石头上刻下文字或图像，然后制作拓片。从一个到许多，原件的生命力越来越强
7/5,7/12,8/2,8/8 均为上午 9:30 开始	软陶制玉	蝉、龙、鱼、鸟……中国古代玉器以它们为本造型、雕刻纹饰，除了美，它们还背负了重要的职责
7/6,7/14,7/20,8/5,8/26 均为上午 9:30 开始	扎染	染料是一样的，丝巾是一样的，工序也是一样的，但保证能做出独一无二的作品
7/4,7/18,7/25,8/1,8/15 均为上午 9:30 开始	印刻生肖	鼠、牛、虎、兔、龙、蛇、马、羊、猴、鸡、狗、猪，快来亲手制作一枚属于你的生肖印章吧

3-2 主题展览项目

主题展览，即在馆外举办的流动性展，此类展览通常强调两点：一是互动性，二是主题选定。传统的流动展通常闭门造车，决定展览主题，往往忽略了受众分析与受众的参与程度。上博教育部针对此现象，推出了流动展走进校园的活动，主题由学生选定、参与设计制作并进行讲解。学生群体成为真正的主角，而原作为教育实施主体的博物馆人员仅承担参与指导的配角。近年来，上博教育部曾举办过的互动主题展览有：走进光明中学之"汉字的故事"展览；走进格致中学之"钱币中艺术世界"展览和走进育才中学之"衣食住行"展览等，有些展览不仅提供学生观览，甚至还向社区居民开放。

3-3 文博征文项目

文博征文项目为面向中学生开展的以文博为主题的征文比赛。该项目参与对象为中学生，分初中组和高中组，是上博的传统项目之一。征文宗旨是让中学生了解、关注并热爱博物馆珍贵的馆藏文物，感受民族精神的强大力量，体会传统文化的价值和意义。征文每年举办一届，至2011年已经举办过12届。特别是自2007年伊始，依中学生思维特征，征文历年单一的命题形式得以改进，取而代之的是开放式的多元命题。譬如2008年，初中组的命题包含"公元×年""在博物馆的奇妙体验"；高中组的命题包括"收藏历史""博物馆的记忆与梦想"，命题主题灵活不做具体规定，学生可自由发掘写作对象，受到儿童欢迎和喜爱。2006年前，历年征文参与者均约万人，2007年后，参加人数猛增至五万以上。2008年第九届"我看博物馆"上海市中学生征文大赛策划方案如下表4-9所示。

表 4-9　上海博物馆 2008 年第九届"我看博物馆"征文大赛项目策划方案内容构成与包含信息

内容构成			包含信息
征文宗旨			上海博物馆珍藏了数量众多的文物，不同门类的十个专馆展示了中国古代文明的不同侧面。每件文物、每个侧面都凝聚着历史长河中的片断与点滴，维系着中华文化的命脉 2008年，上海博物馆希望通过"我看博物馆"中学生征文大赛，鼓励更多中学生走进上海博物馆，在参观的同时，感受美、感受历史的脚步，进而激发大家对于历史的关注和对于未来的展望
主办单位			上海博物馆、上海市教育委员会教学研究室、上海中学生报社、上海市学生素质教育办公室
征文主题	初中组	1. 公元×年	博物馆里的每一件文物珍品背后都有一个故事，展现着一个时代的历史与艺术。请选择一件文物，观察它的年代和特征，然后以此为出发点，虚构一个有名有姓的人物，根据他的经历、他的生活以及他所处时代的环境，编写一个故事。题目自拟，体裁、字数不限
		2. 在博物馆里的奇妙体验	你来过博物馆多少次？有过怎样的体验？愉快的、平淡的、惊喜的、奇妙的…… 请以"在博物馆里的奇妙体验"为题，写成文章，体裁、字数不限
	高中组	1. 收藏历史	博物馆与"收藏"是密不可分的，既收藏有形的文物，也收藏无形的文化。博物馆就好像人类记忆的银行，存储、保管、开发、运用的良性循环保障着文明的进程，体现了人类的智慧…… 请结合上海博物馆的文物，以"收藏历史"为主题，开拓思路，有序展开。文章题目自拟，体裁、字数不限
		2. 博物馆的记忆与梦想	每个人都有记忆，博物馆也会有记忆吗？古老的记忆在博物馆这个特殊的场合与现代交会，梦想和记忆在此相互作用，相互生发…… 请以"博物馆的记忆与梦想"为题，写成文章，体裁、字数不限
奖项设置			征文大赛分初中组和高中组。我们将在来稿中评选出一等奖10名，二等奖20名，三等奖100名，优胜奖200名（以上奖额初中组和高中组各占50%）。5月中旬评奖揭晓，获奖名单将在《上海中学生报》及上海博物馆网站上公布。获奖者将获得证书及奖品，等第奖获得者将有机会参加上海博物馆组织的文博夏令营进行专题文化考察。此次征文大赛同时设组织奖若干名
投稿方式			1. 来稿请用文稿纸誊写或用A4纸打印。来稿截止日期为×××（以邮戳为准） 2. 来稿寄至：×××（来稿请在信封正面注明"文博征文"字样） 3. 来稿请务必注明姓名、学校、年级、班级、家庭住址、家庭住址的邮编及联系电话 联系人：上海博物馆　×××　　　上海中学生报　×××
备注事项			为配合征文大赛，持有中学生报印制的特殊标记的学生可于×××期间免费参观上海博物馆一次（复印无效）

3-4 夏令营项目

夏令营项目,系文博征文联动项目,因其营员皆为征文项目的获奖者。夏令营项目从 2000 年起,历年暑假举行。此项目获优胜奖者赴上海市郊县进行文化考察活动,获等级奖项者则赴外省进行文化考察活动。依据各地的博物馆、纪念馆、遗迹、遗址确定每一期主题,每年举办一次(历年文化考察活动主题如表 4-10 所示)。如 2007 年 7 月 22 日开始,上博组织文博征文的一等奖和部分二等奖获奖者共计 17 人,开展为期 9 天的"三晋风韵"主题式文化考察,参观大同、太原、平遥、运城、洛阳等五大城市诸如龙门石窟、平遥古城等十多个景点。学生在感受古代文明博大精深的同时,增强了文化遗产保护的责任感。在参观、考察之余,项目还开设文博课程,举办讨论会,项目结束后营员们根据预选主题撰写考察报告。

表 4-10　上海博物馆文博夏令营文化考察活动主题整理(2000—2007 年)

时间	主题
2000 年	西安、洛阳"历史、艺术与人生"
2001 年	成都、广汉"古蜀青铜之旅"
2002 年	儒学探源——山东孔孟之乡
2003 年	河南"中原访古"
2004 年	精彩徽州——传统文化之旅
2005 年	周秦汉唐访遗踪
2006 年	皇城根下品京韵
2007 年	三晋风云

④博物馆课程项目

课程项目分学生、教师两种类型。学生课程包括"未来考古学家学习班"和"未来艺术家学习班"两种,开课时间常为暑假;教师课程主要是为基地学校的教师开设博物馆课程。

学生课程之"未来考古学家学习班"(见图 4-10),旨在培养中小学生亲自动手、独立思考和探究问题的能力。每年暑期开班 4 期,解答孩子们面对文物时的满腹疑团,如文物是如何被深埋,如何被发掘以及当时的生活用途等。开设课程主要有"认识考古学""考古与艺术""解读古文字""考古基本功:学习做拓片""考古基本功:学修古陶瓷",另有"遗址遗迹考察"。授课方式为讲课、视听、讨论和实践。孩子们在获取考古知识的同时,掌握文物蕴藏的文化信息,通过独立思考训练思辨能力,依靠动手操作感受田野考古之艰辛。课程修完后,上博教育部会为小学员颁发专门的"结业证书",使学员体会成功喜悦的同时,激发孩子学习热情。

学生课程之"未来艺术家学习班"(见图 4-11),针对有艺术创作兴趣并具一定基础的学生,进行为期两个月的暑期学习实践。该班由知名艺术教育家或艺术家担任主持,利用上博的藏品资源,立足中西艺术观,进行艺术综合造型能力、雕塑、色彩、结构造型、设计基础等诸方面的教学,将现代艺术中西融合,让学生在学习艺术创作基本技能基础上,相沿成习地培养艺术创作习惯。学员在课程完成后,亦会被颁发"结业证书",这和"未来考古学家学习班"初衷如出一辙。

为鼓励并推动将博物馆课程纳入学校教学大纲,上博和部分中学共同研究开设了系列教师课程。博物馆首先对教师开展培训,以讲座、观摩、研讨等方式为基地学校教师开设"博物馆的艺术体验""博物馆的文化实践"和"怎样利用博物馆"等课程,通过抛砖引玉,让教师把博物馆内的课程资源带回学校。

图4-10　上海博物馆"未来考古学家学习班"学习现场(图片来源:2009年班级暑期学员提供)

图4-11　上海博物馆"未来艺术家学习班"学习现场(图片来源:上海博物馆提供)

⑤节假日项目

传统节日是传统文化的重要组成部分,面对儿童对传统节日的冷落,对西方节日的热衷,如何才能增强儿童对中国传统节日背后的文化认同? 上博教育部从2006年起开发出系列节假日项目,营造原汁原味的过节气氛,为儿童揭示中国传统佳节的文化意义。如2007年节假日系列项目之一的重阳节,教育部采用主题班会的方式,面向上海市招募了一个班开展文化体验项目。项目内容包括:邀请民俗专家做关于重阳节历史由来、文化风俗的讲座;邀请博物馆老专家,勤恳踏实的老工人和农民等举办座谈;开展体现重阳风俗的手工活动等。2008年节假日之系列项目节录整理如表4-11所示。

表4-11　上海博物馆2008年节假日系列项目节录整理

时间	节日	活动项目	项目简介
1月28日—2月3日	春节	欢欢喜喜过大年	"爆竹声中一岁除,春风送暖入屠苏,千门万户曈～目,总把新桃换旧符。"写春联、剪窗花、印年画、刻肖形印、做元宵彩灯……一起来布置一个红红火火的新年
4月3日	清明	梨花风起正清明——做青团,放风筝	从寒食到清明,除了上坟墓祭踏青,还有乞火、祈蚕、斗鸡、秋千、蹴鞠以及插柳种种已淡出记忆的风俗。请跟随我们回到这个岁时节日的起源,做一个青团,放一枚风筝,尝一尝春的味道,放飞春的心情
6月6日	端午	过端午——学做香袋活动	农历五月初五的重点活动。除龙舟竞渡、煮食角黍、祭吊屈原之外。更重要的是避恶驱邪,禳除不祥。端午节,博物馆教你做一枚香袋,放进芳香的草药,期待它发挥神奇的功效

时间	节日	活动项目	项目简介
8月7日	乞巧	卧看牵牛织女星——乞巧会	牛郎织女星,六十四星宿,斗转星移,星座、银河、星空无限神奇。七夕节,说说古代的人们对星球的梦想,再用古老的方式展示你的巧思慧心……也许你就是那位受织女青睐的女生
9月12日	中秋	八月十五月儿圆——中秋节的展示	传说中月亮的故事起自何年何月?嫦娥、后羿、吴刚究竟是谁?月宫和桂树、蟾蜍、玉兔又有些什么关联?拜月的人们又怀着什么美好的心愿?农历八月十五月儿圆,到博物馆来一起布置一个小小展览,诗词歌赋、月饼瓜果、岁时风物、神话传说……共话团圆
9月26日	重阳	菊花开时即重阳——重阳雅集	秋花秋草,秋声秋虫,古人感叹四季变迁,虔诚祈年,配茱萸、赏菊花、品重阳糕,登上台榭、山冈,完成秋的祭礼 由祈寿至敬老,重阳节体现了中国人的传统美德。日本、韩国又是怎样保留敬老传统的?请大家到博物馆来,从影片里感受风俗民情,在雅集上交换节日的趣闻和节日的小小礼物

注:下标＿＿＿＿为实际开展的活动。

除却传统节日外,上博教育部还在寒暑假期间推出系列项目。由于寒假时间较短,又恰遇春节,仅开展春节传统节日项目。而在暑假,教育部则整合社会资源和博物馆资源,面对儿童不同年龄层的小观众,挖掘文化因素,多角度地创意开发系列主题体验项目。如2011年暑假面对初二以上学生设计"生活的艺术,艺术地生活"项目,项目内容节录整理见表4-12所示。如2011年暑假面对小学三年级以上学生推出的趣味墨拓、软陶制玉、扎染、印刻生肖手工体验项目。

表4-12 上海博物馆2011年暑假"生活的艺术,艺术地生活"项目节录整理

活动介绍:生活,自然简易是一法;把生活当作一种艺术,微妙地美地生活,又是一法。品茗题酒,拨弦弄管,净手焚香,闲逸斗棋,曼妙花姿……让目光穿越时空,去领略古人闲情之雅致,亲近那个时代最为美妙的赏心乐事

时间	活动项目	参加对象	项目简介
7/13 7/22 上午9:30	茶道	初二以上	品茗之乐,在于修身,在于雅志,亦在于体道。香茗在手,恬淡在心,娓娓道来之间尽是文人雅意
7/27 8/3 上午9:30	花事	初二以上	花之为道,不仅在花之唯美秀出,更是其间所蕴藏之自然草木灵气。清逸留香的花朵,以自然生命述说幽情
8/12 8/16 上午9:30	香艺	初二以上	一炉香,一缕烟,或馥郁,或清新,或淡雅,或醇厚,在馨悦之中调动灵性,于有形无形之间濡养身心
8/10 8/17 上午9:30	琴音	初二以上	五音六律十三徽,一弹流水一弹月。十指宫商,七条丝动,翻手弦管之上,领略中国音乐之美

注:"茶道"活动每场限额30人,每人每场收取10元活动费。"花事"活动每场限额30人,每人每场收取40元活动费。"香艺""琴音"活动每场限额80人,活动免费。

2.项目内容规划内部评估——工作人员访谈

为探究上博儿童教育项目内容规划之特色与缺失,本部分同样将依本书建立之内部评

估方式进行效益评估。采用问特定问题的对焦式访谈、半结构式访谈或对特定受访对象(博物馆工作者和项目志愿者)执行对焦群访谈三种方法。研究取样时间为:2012 年 1 月 19 日至 2 月 3 日和 2012 年 8 月 20 日至 8 月 30 日,访谈时间和样本大小取决于每个项目的主题或类型(详见以下项目内容规划评估之各案例)。以下将依访谈记录,择取其中涉及本研究主题相关部分,整理如下:

(1)参观导览之儿童指南项目

上海,上海博物馆

分别由研究者在上海博物馆观众活动中心的讲座中心、艺术活动室、志愿者之家、史蒂文和柯尼·罗斯多媒体信息中心执行。

方法:10~15 分钟对焦式访谈,共访谈了两次,一是 2012 年 1 月、2 月访谈 7 人、二是 2012 年 8 月访谈 5 人,受访对象分别为教育部和其他部门员工。

目标:由内部工作人员对上博此重点推出的项目进行自检和反思,以发现儿童指南项目执行过程中存在之纰漏以及亟待改进之处,促成该项目效益提升,并发掘其中可供他馆借鉴之亮点。

部分访谈摘录整理:

(教育部员工 A1[①]):传播文化是上博的重要任务,观前导览可以说是我们近年来开发的重点发展项目,包括有参观路线图、参观学习辅导资料、主题参观等。因为有时候学生常常是学校组织来参观,一下子涌进博物馆,我们的讲解工作根本没有办法开展。怎么办呢?我们必须把"教育放在前面",让他们在参观之前都有备而来,比如提供他们参观的路线,提供他们学习的资料,向老师推荐主题参观活动。

(其他部员工 B1):据我所知,教育部现在还专门制作了导览观众使用的"文化包",这个文化包老师可以用,去辅导好孩子,再来博物馆,这样使得我们给馆外的学校提供服务,学校可以使用,学生参观也可以使用。

(教育部员工 A2):我们提供的指南信息包括文本、图片、实物以及活动方案,想让儿童带着问题来博物馆,带着兴趣来博物馆,带着答案离开博物馆。这就是你所说的教育前置的种种优点。

(教育部员工 A3):当然,我们也发现了问题。儿童教育这块需要动脑筋。目前教育有一个问题,就是学生太忙了。忙高考、忙升学使得很多学生没有办法像国外的儿童一样,可以经常逛逛博物馆,因此这个儿童指南,也就是参观前对儿童还是有一定辅导的效果,起码你可以预先知道博物馆的一些情况。

(其他部员工 B2):我在别馆看到那种季刊,专门介绍教育活动的小册子,里面有实践活动、志愿者活动、展览咨询等,特别好,对于儿童有指导性作用,看起来很清楚。我们馆好像没有那种。

(其他部员工 B3):我个人觉得小学、初中和高中的三种"参观路线图"比较简单,里面的文字内容介绍比较多,图片少,也没有很卡通,不一定适合儿童。

(其他部员工 B4):我没有太多关注到参观前导览这块,我想也会有很多人不是特

① 中文代表受访者身份:英文 A 代表教育部员工类别;B 代表其他部员工类别;C 代表志愿者类别。数字为受访者编号。

别清楚,该多向外推荐推荐,我觉得做这块还是很有必要的。

（其他部员工 B5）：儿童指南在国外做得很好,国外有一种作业单,参观前给你一个需要完成任务的作业单,学生就可以带着问题去参观,在参观的过程中找到答案。

（教育部员工 A4）：我们有一个团队,采用项目负责制,组长一般固定某块,真正做未成年人教育的只有 1～2 人,我们的团队中还是有非常有想法的人的。除儿童指南外,还有很多内容需要去做,关键就是要激发孩子们的参观和思考的兴趣。

（教育部员工 A5）：其实,我们有这个意识,很重视,但是还没有做得特别好……我们确实在儿童心理把握上还不足,除了（儿童导览）内容用儿童口吻之外,其他并没有力图使这些内容更有童趣,比方弄些图画、声效等,还不能在严格意义上说是专门为儿童设计制作的。

研究发现：有关参观导览之儿童指南的研究发现。参观导览就上博的儿童教育而言,是一项重点发展项目,包含参观路线图、参观学习辅导资料和主题式参观,另有提供教师辅导学生使用的"文化包"。教育前置,关键是在激发孩子参观兴趣的同时鼓励其积极思考。面对九年制义务教育以考试和升学为目标的现状,儿童指南亦可在孩童无法到现场参观的情况下,对博物馆展览内容有所认知。但目前此类儿童指南,主要借由网络资源呈现,缺乏向儿童观众发放的纸质媒介,如作业单、定期出版的小册子等。网上儿童指南以文字内容为主,缺少卡通图片,为儿童服务"诚意"不足。同时,此项儿童前置资源未做宣传,知名度有限。

（2）参观导览之讲座项目

上海,上海博物馆

分别由研究者在上海博物馆展厅外广场、观众活动中心的志愿者之家、艺术活动室和讲座中心执行。

方法：约 15 分钟的半结构式访谈,受访对象为教育部员工和志愿者,共访谈两次,一为2012 年 1 月、2 月访谈 7 人,二为 2012 年 8 月访谈 6 人。

目标：考察教育部员工和志愿者对本馆讲座规划的态度和认知,在实践操作中总结有效经验,提炼出优秀的儿童讲座策划和执行理念,以资借鉴。

部分访谈摘录整理：

（志愿者 C1）：坦白讲,我个人觉得上博的学生讲座做得比较成功。

（教育部员工 A1）：我们的讲座是专门针对学生开发的,不是一刀切,因此具备适用性。在我们看来,未成年人教育是很重要一块内容。我们馆的优势是古代历史艺术文化,虽然是帮助了解过去,但更是要立足当代,开创未来。

（教育部员工 A2）：我们的讲座主题和内容都是一个创意,需要体现中国传统文化内容的同时,也要有了解国外文化的高度。因此,我们对主题和内容的设计十分重视。

（教育部员工 A3）：目前上博和一些中小学校建立了长期的紧密合作,被称为"上海博物馆教育基地学校",我们的专题讲座走进校园,需要互相来讨论讲座的主题。在这一方面,我们好像更主动,但我们当然也能理解学校自身的压力。

（志愿者 C2）：很多观众常常不满意,说北门外西侧这个下沉式广场内的观众活动中心太小,可以容纳的人数太少。

（教育部员工 A4）：国外有博物馆学校，因此我觉得与学校这块应该加大力度。……在学校教育大纲中就应该设立博物馆课程，或者有些课就规定一定要来博物馆上。这样的推动才能双向，你想博物馆有多少好东西，都可以成为课程资源啊。

（志愿者 C3）：上海有课外实践课程，需要修学分，我们来做志愿者一方面可以拿到学分，一方面可以听讲座，大家挺愿意来。

（志愿者 C4）：每次暑期讲座参加的人很多，好多家长抱怨场地太小。

（教育部员工 A5）：印象最深的一次暑期讲座是中国人节日的那次，可能是 2007 年或者 2008 年吧，特别受家长和孩子们的喜欢，我们博物馆要做的就是这块，在学校教育中不能也无法实现，但是博物馆可以讲，博物馆没有大纲，不要考试，我讲的内容有意义、有趣，孩子自然喜欢，通过这样的讲座，孩子就会对博物馆产生认同。要知道，在国外，孩子是在博物馆长大的，是童年的记忆。因此，在讲这块上，学校和博物馆是最能区别的，所以我们要把它讲好，讲得与众不同，讲得深入人心。

（志愿者 C5）：我们这几个人常常可惜，因为很多讲座都非常棒，但能服务的学生太少，这个场地实在紧张。而且老师也不多，这里博物馆工作的老师常常一个人累死累活。

（志愿者 C6）：在博物馆的环境中听讲座，感受博物馆氛围，我觉得本身对孩子是有帮助的，多有文化气息。

（志愿者 C7）：我常常在想，可不可以培训孩子，让孩子来给孩子做讲座，这样的教育就是双向的，孩子知识增长的过程也在帮助别的孩子成长……

研究发现：有关参观导览之讲座的研究发现。上博学生专场讲座针对学生开展，主题和内容依据古代历史艺术文化进行创意，其主旨是了解过去、立足当代和开创未来。而优秀讲座与学校课程可开展横向比较，利用其没有大纲，无固定程式，非正式教育环境的优势赢得人心。暑期讲座因举办的时间约定为暑假，因而广受欢迎，但常为场地所限，大有开发潜力和空间。专题讲座却不容乐观，面对以高考、升学为目标的义务教育，讲座走进校园，学校和家长热情度不高，尽管教育部工作人员主动出击，和不少中小学建立了长期紧密合作，如建立"上海博物馆教育基地学校"，但馆方一厢情愿显而易见。而美国对学校、博物馆两种文化机构资源进行整合，筹办博物馆学校，博物馆和学校合作共建博物馆课程等经验值得取鉴。如何在中国大教育背景下，充分地利用好博物馆资源，如采用实物展示、互动展示开展体验式和探索式教学，值得深思。

（3）文化体验之操作时间项目

上海，上海博物馆

该项目分别由研究者在上海博物馆展厅外广场，观众活动中心的讲座中心、艺术活动室执行。

方法：半结构式访谈。受访者分为两类：馆内员工（包括教育部、其他部门）、志愿者。共访谈了两次。一次为 2012 年 1 月、2 月访谈 6 人，一次为 2012 年 8 月访谈 5 人。访谈时间一般控制在 10 分钟，志愿者访谈时间一般为 5～8 分钟。

目标：协助进行手工、主题展览、文博征文、夏令营四类项目的自检，借由参与项目的志愿者和馆内工作者，发现常规儿童教育项目策划中诸多亮点，在总结成效基础上发现问题。手工项目为寒暑假的例行项目，但因下文会进行个案研究，此不做探讨。主题展览、文博征文和夏令营项目各具特色,通过参与者自揭其短来反躬自省,为更好地策划项目服务。

部分访谈摘录整理:

(教育部员工 A1):流动展是一种重要的传播方式,既然学生们没有时间走进来,我们就主动地走出去,走进校园,加深学生对文物的理解,体验研究历史、艺术的过程,培养学生创造性思维和动手能力。……文博征文到 2008 年,已办过 9 届。我们强调的是参与性,希望有更多学生来参与,来关注博物馆,关注博物馆文物。……是因为有文博征文才有了夏令营,举办过的历届夏令营都反映很好。这样的活动我们坚持了很多届,希望会有更多收获。

(教育部员工 A2):主题展、流动展我们倒是存在一些新意,学生选题,参与做,自己讲。孩子们的潜能可不能低估,他们的展览不比成人差。我们今年(2012 年)会开展纸文化活动,与学校联合,到学校去展览……文博征文的选题特别难,我们希望能够给孩子们思考的空间。……夏令营营员不是问题,但是安全问题令人头疼。

(教育部员工 A3):主题展无法走进特别好的学校。你知道,特别好的学校学生时间相对更宝贵,我们也只能谨慎而为。……我们还是希望用这种比赛的方式(文博征文项目)让更多中学生能够有机会来看看上博,来感受我们国家历史的美,感受文物的美。这种征文形式总体来说比较简单,同时让征文的获奖选手参加夏令营作为奖励,有吸引力。这个命题作文的命题,特别有讲究。……目前,还没有设小学组。

(志愿者 C1):(上海博物馆)规定持有中学生报印制的特殊标记的学生可以免费参观。不过,现在对大家都免费开放了,是不是(上海博物馆)还可以对参赛选手有另外的优惠活动,比如免费借用语音导览器或者发放征文大赛纪念品。

(志愿者 C2):夏令营我觉得特别好,如果有机会获奖我也想参与。但是仅仅把获胜选手定位为参与夏令营的营员,是不是目标范围过小。比如可以以每年小志愿者服务时间的多少,来决定参与者。比如,让一年中来博物馆参观次数最多的人参加夏令营……总之,参加者可以是以多种方式产生的。

(志愿者 C3):流动展我认为主题可以学生自己决定,当然也可以双向决定,比如博物馆提供大类,然后学生自己选择,因为有时候单单学生自己定主题,往往不能很好地反映博物馆现有资源的优势,他们不了解博物馆究竟有什么。这样的主题展览可以做得非常精彩。让学生先参观,然后发现兴趣点,进行组队,之后博物馆这方面专家对同学们进行培训,培训完同学们自己去丰富内容,彼此交流。在博物馆一位老师的带队下,进行布展,最后,团队遴选出优秀的讲解员进行讲解。并且构建一个比赛平台,各个中学组进行比赛,获胜选手有奖励。

(志愿者 C4):我觉得征文比赛和夏令营还是比较有意义的,我有同学就参加了比赛,获胜参加了夏令营。整体来说,我觉得夏令营只有参观、考察、文博课程、研讨会的形式,还是比较单调的,我觉得可以与当地学校、当地单位进行交流,由对方学校的学生来介绍当地的文化遗产。比如根据考察内容,去布置一个自己的博物馆。

(其他部员工 B1):征文比赛这两年好像参赛人数明显增加,但是除了征文大赛,是不是还可以组织一下文史类知识竞赛、文史类辩论赛,让博物馆为他们搭建一个舞台,同时引起大众传媒的关注。

(其他部员工 B2):这三类活动的内容都很好,有很多新意可以发掘,要把这些活动搞活、走精英路线,不能说去年这样,今年就照单做。……同时,这类活动如果有赞助,就能做得更大,我的想法就是放开手脚去做,要有大立意,能够让中小学生一改对我们博物馆认识的传统观点。博物馆要理解孩子。

研究发现:有关文化体验之主题展览项目的研究发现。互动式主题展览,即举办流动展,由学生选题,参与设计制作并讲解的方式颇具特色,学生成为整个项目的组织者和参与者,近距离与文物接触加深了学生对文物的认知和情感。但此类展览因为受学校升学压力的影响,推行仍然受阻。目前主题展览只是在基地学校个别进行,还未成为一个互享互动与互相竞争的平台。对参与项目的学生未进行专家重点培训,展览专业性水准仍待提高,博物馆与学生之间互通有无仍不充分。

有关文化体验之文博征文项目的研究发现。文博征文项目使得更多中学生能够走进上博,感受历史之美、文物之精。以等第奖获得者参加夏令营作为奖励更具吸引力。就文博征文项目而言,主题的选择颇费周章,目前已由单一主题向多元化主题拓展。但命题作文的形式有待改善,应发展学生的创造性思维。参赛对象可以扩大,譬如增设小学组。文博征文项目历年开展,比赛流程和获奖奖励也未做过大调整,过于程式化。比赛获奖者只是小的受众,对于大多数参赛者,未进行适度激励,诸如叫免费借用语音导览器或发放比赛纪念品。

有关文化体验之夏令营项目的研究发现。夏令营项目属于主题文化考察活动,有助于加深小营员们对某一地区遗址、遗产的认知,在参观、考察中获取认识世界的方式,树立文保意识。但因其参与对象仅为文博征文获胜选手,目标观众范围过小,参加者并非多种方式产生。例如可以以每年小志愿者服务时间的多少和来博物馆参观次数的多少等标准来决定参与者。夏令营项目内容较为雷同,多参观、考察、文博课程、研讨会等形式,缺乏更高层次的实践活动,如展开与当地学校学生的双向交流,当地学生介绍本地区历史及其遗产,如根据考察内容,布置一个自己的博物馆等。

(4)文化体验之博物馆课程项目

上海,上海博物馆

该项目分别由研究者在上海博物馆观众活动中心的讲座中心、艺术活动室执行。

方法:半结构式访谈,对本馆教育部员工和志愿者做每人 10~15 分钟的访谈。访谈执行两次,一为 2012 年 1 月、2 月访谈 7 人,一为 2012 年 8 月访谈 6 人。

目标:教育部员工和志愿者就不同类型的博物馆课程谈自身体会与看法,考察此类活动的策划目的,课程设置是否合理等。希冀通过内部人员视角,为改进博物馆课程项目提供完善建议。

部分访谈摘录整理:

(志愿者 C1):确实会有很多人好奇,藏品是怎样被发掘,它们身上发生过怎样的故事,我认为像"未来考古学家学习班"这个立意很好。但是我对这个课程的开设还是有质疑,一些理论性的课程要少开设,多一些动手课程……

(志愿者 C2):我认为"未来考古学家学习班"和"未来艺术家学习班"这样的教育模式应该对其进行深度挖掘,每一届搞个评比,比出来最优秀的几名,采用老人带新人的方式,一方面可以克服博物馆人手不足的困难,也可以带动孩子们的积极性。

(教育部员工 A1):为推动上海市课程改革,服务教师这个群体,我们开设了教师课程。……2004 年，我们和上海市师资培训中心合作，面向中小学教师，开了一系列有博物馆自身特色的课程，比如"中国雕塑与佛教艺术""中国古代艺术概论""中国古代生活艺术""陶瓷艺术"等。2008 年，"书法艺术"这一课被选入了上海市教师的进修课程。我们希望以后还能在网上开一部分课，讲博物馆文化，通过远程传播教育让更多教师受益。

（教育部员工 A2）：我们设立"未来考古学家学习班"和"未来艺术家学习班"，其实真正的想法不是说要去培养考古学家和艺术家，我们只是希望培养孩子一种独立思考和探索的基本能力，以及对于艺术的鉴赏能力。

（教育部员工 A3）：除了教师课程，我们还有一个"上海博物馆文博教师研习会"，参加者为全市范围内的部分骨干教师，共同探讨博物馆教育和学校合作的方式，我们为他们开设讲座、考察和观摩等教学活动，积累经验，有助于儿童教育和馆校合作的探索。这是一个互相交流的平台。

（志愿者 C3）：两个班，据说孩子们的热情还是比较高的。我觉得"未来艺术家学习班"有些悬乎。事实上，是否可以开些插花、鉴赏等更具有技术含量的课程。

（志愿者 C4）：在我看来，中国孩子缺少的不是理论知识，缺少的实际上是一种操作能力。……学生课程可以以培养学生实际操作能力为目标，要区别于学校教育。

（志愿者 C5）：教师课程，其实也是服务于学生，为教师提供方便，但是有些课程不是教师就能够把握好。比如学校教育缺乏国学，需要改革既有教育制度，把国学纳入课程学习，作为高考内容之一。有些外国人国学功底甚至比中国人强、扎实。国学该如何教授，博物馆可以发挥资源优势，那么到底谁去教？恐怕现在的教师都没有这样的功底，博物馆需要为他们提供培训。

（志愿者 C6）：教师课程的立意要高，不能完全服从于高考内容，它要体现素质教育，是一种传统文化的素养。

（志愿者 C7）：有人评价"考古学家学习班"和"艺术家学习班"授课方式和课程不好。授课不能以讲为主，课程不能只是空谈。……我觉得还需要开发一些新课程，比如让学生亲近自然的艺术写生课，让学生与真正的考古学家、艺术家进行对话等，开设更为活泼的课程。

（教育部员工 A4）：我了解到在一所中学，有个教师立项、研究博物馆课程，得到校方的支持。他挑选成绩排名前 30，在保障现在成绩基础上而学有余力的学生组成兴趣小组，分年级进行博物馆课程设置。春节期间，这个教师带着学生来博物馆寻找"中国龙"，包括各种龙的纹饰，这样的研究很值得鼓励……

研究发现：有关文化体验之博物馆课程项目的研究发现。学生课程，诸如"未来考古学家学习班"和"未来艺术家学习班"立意很好，最终目的不是培养考古学家和艺术家，而是培养学生一种独立思考和探索的精神，以及对于艺术的鉴赏能力。但理论课程过多，学生动手操作课程有限，有重理论轻实践的倾向，同时教师讲授仍是一种重要的形式，还不能有效地与学校课程相区分。学生积极性及潜能还未充分发挥。除却两个学习班外，未开设新的强调技术含量和文化素养的学习班。教师课程，上博开发了一系列有博物馆特色的教师课程。"书法艺术"一课已被选入了上海市教师进修课程。计划开设网络课程，通过远程教育让更多教师受益。"上海博物馆文博教师研习会"有利于馆校合作和儿童教育的探索。就目前而言,中学教师自身功底很难胜任国学讲授,而博物馆教师培训的力度不够,因此上博可发挥资源优势,加强教师培训。同时,需充分调动教师积极性,针对以考试为主导的教育大环境。另辟蹊径为学生开发出博物馆学习方式。

(5)文化体验之节假日项目

上海,上海博物馆

该项目分别由研究者在上海博物馆观众活动中心的讲座中心、艺术活动室、展厅外广场执行。

方法:对焦群访谈,共访谈两次。其一,2012 年 1 月、2 月执行,访谈 7 人,其二,2012 年 8 月继续,访谈 6 人。访谈时间 10～15 分钟。主要访谈对象为包括教育部在内的博物馆员工和志愿者。

目标:近年来举办博物馆节假日项目蔚然成风,通过本访谈欲在了解上博节假日项目基本情况基础上,由本项目主要组织者和协助者对其实施评估。通过反躬自问的方式,揭露其策划之不足,总结有效经验,比如主题设置、对象安排、时间规定和家长反映等,以供改进之用,并以飨他馆。

部分访谈摘录整理:

(志愿者 C1):博物馆的节假日活动特别受家长们欢迎,每次活动参加的人很多,报名很多,有些人根本没有办法报上名……

(志愿者 C2):我们小时候怎么没有这样的活动,这样的活动把节日的味道充分体现出来,我们在做志愿者的同时也了解了很多,比如春节剪窗花、画年画、写春联,七夕节谈情乞巧……

(志愿者 C3):在我看来,中国台湾地区、新加坡等东亚国家或地区,他们的传统文化比我们继承得好,博物馆作为一个非营利的不正式的教育机构,应该承担起这方面的重任,帮我们寻找遗失的传统文化,传统过节活动就是一个入口,我希望这样的活动可以办大办好。

(教育部员工 A1):2006 年起,我们馆就组织开发反映中国传统特色的节日活动,我们把它叫作"传统岁时节日"活动。我们开发的活动常常从文化遗产上下功夫,包括艺术创意、讲座,手工体验等,我们的角度较多。

(教育部员工 A2):馆里有一支年轻的团队,他们也会有很好的想法,但是总体来说还是缺少创意,我们上博搞这些活动并不是缺钱。

(教育部员工 A3):我们的活动还是很多有特色的成分,春节、清明、端午、七夕、中秋、重阳我们都会动脑筋去想,现在的孩子,特别是在上海,很多孩子有崇洋媚外的倾向,传统节日的概念越来越少,好在现在传统节日放假,我们一来有时间,二来至少有了这样的节日概念。……但我还是认为我们要好好做文章,要把很多传统优秀的东西呈现出来。因此,一支良好的开发团队非常重要。

(志愿者 C4):我本人很喜欢这样的活动,孩子们在学,我也在学,有时候我也特别想参与,我想这样的活动以后也可以面向成人……让孩子们给家长上课的形式也很好。

(志愿者 C5):上博的场地实在太小了,人手也不够。既然场地小,可不可以(上海博物馆)去和基地学校联系,把这样的活动开到学校去,这样就会有更多的学生受益……

（其他部员工 B1）：有时候我们也会关注某项活动,我们也想让我们的孩子参加,这样的活动,学校里根本不会举办。上博有条件把它办好。总之,针对孩子的这样的项目,我是很赞成的,你想,未来我们博物馆的观众不就是他们？要他们熟悉博物馆环境,要把他们吸引过来,把他们的家长吸引过来。

（其他部员工 B2）：刚刚（他）讲得很有道理,我再做一个发挥。我觉得现在家长很多都意识到国学对一个孩子的重要程度,作为一个古代艺术类博物馆,不同于其他生物类、科技类博物馆,我们要动脑筋,要有理念——教育目的。当然,我们更要关心我们的教育对象,要换位思考,为什么家长或者孩子会对你这个项目感兴趣。所以,我建议每次这些项目开展前不妨做个事先调查,比如问卷调查,访谈等。

（志愿者 C6）：现在传统节日没有什么味道,根本没有节日氛围,小朋友也不知道为啥要过这个年,在博物馆过这些节日还是很有限的。……可不可以到户外去过一些节日,比如重阳登高,清明放风筝等。

（志愿者 C7）：现在国外很重视亲子活动,其实这样的传统节日也不是每个家长都知道的,可以把这个活动举办得让整个家庭成员都参加。……同时,我觉得活动的形式很多,还可以继续开发,比如举办比赛、孩子动手做父母尝、野外踏青等更多形式活泼的,我们志愿者也可以组织一个团队,因为大学生就是个创意先锋。

研究发现:有关文化体验之节假日项目的研究发现。节假日项目又被称为"传统岁时节日"项目,通常从文化遗产上下功夫,包括艺术创意、讲座、手工体验等。博物馆作为非营利、非正规教育机构,承担起弘扬传统文化的重任,广受孩子和家长喜欢。但因室内场地小、活动规模仍受限。项目还未进行外延空间的拓展,譬如把节假日项目放到基地学校,抑或涉足户外。内容上创意不够,缺少一支创意团队,项目人手不足,也未利用好志愿者团队进行创意开发。项目还未把亲子系列纳入范畴。事先未进行诸如问卷调查、考察、访谈等项目前置评估。

（6）小结

续上对上博各类儿童教育项目进行半结构式、对焦式和对焦群访谈,采集馆内工作人员包括志愿者对项目内容规划评估信息。经整理,归结其内容规划之特色与缺失如表 4-13 所示。

表 4-13　上海博物馆常规项目内容特色与缺失之整理

项目类型	访谈方式	样本大小	特色与缺失
参观导览	儿童指南项目	对焦式	员工12人	特色: 1.重点发展项目,包括参观路线图、参观学习辅导资料和主题式参观,另有提供教师辅导学生使用的"文化包"。 2.教育前置,关键是在激发孩子参观兴趣的同时鼓励其积极思考。 3.可在儿童无法到现场参观的情况下,对博物馆陈列内容有所认知。 缺失: 1.主要通过网络资源呈现,缺乏向儿童观众发放的纸质媒介,如作业单、定期出版的小册子等。 2.网上儿童指南以文字内容为主,缺少卡通图片,为儿童服务"诚意"不足。 3.未做宣传,知名度有限。

续表

项目类型		访谈方式	样本大小	特色与缺失
参观导览	讲座项目	半结构式	员工、志愿者13人	特色： 1.学生专场讲座针对学生开展，主题和内容依据古代历史艺术文化进行创意，其主旨是了解过去、立足当代和开创未来。 2.暑期讲座由于举办时间约定为暑假，因而广受欢迎。 3.教育部工作人员主动出击，和不少中小学建立了长期紧密合作，如建立"上海博物馆教育基地学校"。 缺失： 1.常为场地所限，大有开发潜能和空间。 2.讲座走进校园，学校和家长很难"买账"。尽管教育部工作人员主动出击，但一厢情愿显而易见。 3.缺乏深度馆校合作的常态化机制，没有很好利用博物馆资源进行实物展示、互动展示、开展体验式和探索式教学。
文化体验	主题展览项目	半结构式	员工、志愿者11人	特色：由学生选题，参与设计制作并讲解的方式，学生成为整个项目的组织者和参与者，近距离与文物接触加深了对文物的认知和情感。 缺失： 1.由于受升学压力影响，推行仍会受阻。 2.目前主题展览只是在基地学校个别进行，还未成为一个互享互动与互相竞争的平台。 3.对参与活动项目的学生还未进行专家重点培训，展览专业性水准还有待提高，博物馆与学生之间互通有无还不充分。
	文博征文项目			特色： 1.使更多中学生走进上博，感受历史之美，文物之精。 2.以等第奖获得者参加夏令营作为奖励很有吸引力。 3.主题选择目前已由单一主题向多元化主题拓展。 缺失： 1.命题作文形式有待改善，使学生发展创造性思维。 2.参赛对象可扩大，比如增设小学组。 3.比赛流程和获奖鼓励未做过大调整，过于程式化。 4.比赛获奖励受众有限，对于大多数参赛者，未进行适度鼓励政策。
	夏令营项目			特色：有利于加深小营员们对某一地区遗址、遗产的认知，在参观、考察中获取认识世界的方式，树立文保意识。 缺失： 1.对象仅为文博征文获胜选手，目标人群范围过小。 2.参加者并非多种方式产生。 3.夏令营活动内容较为雷同，多参观、考察、文博课程、研讨会等，缺乏更高层次的实践活动。
	博物馆课程项目		员工、志愿者13人	特色： 1.学生课程立意好，目的不是培养考古学家和艺术家，而是培养学生独立思考和探索的精神，以及对于艺术的鉴赏能力。 2.教师课程 ①"书法艺术"一课被选入了上海市教师进修课程。计划开设网络课程，通过远程教育让更多教师受益。 ②"上海博物馆文博教师研习会"开设利于馆校合作和儿童教育的探索。

项目类型	访谈方式	样本大小	特色与缺失
文化体验	博物馆课程项目	半结构式	员工、志愿者13人	缺失： 1. 学生课程 ①理论课程过多，学生动手操作课程有限。 ②还不能有效地与学校课程相区分，教师教授仍然是一种重要的形式，学生积极性及潜能还未充分发挥。 ③未开设强调技术含量的学习班，强调学生文化素养。 2. 教师课程 ①教师培训的力度不够。 ②教师在培训中主动性还未充分调动，需教师积极配合，采取区别于学校的博物馆学习方式。
	节假日活动	对焦群式	员工、志愿者13人	特色： 1. 从文化遗产上下功夫，包括艺术创意、讲座、手工体验等。 2. 承担起弘扬传统文化的重任，广受孩子和家长喜欢。 缺失： 1. 室内场地小、活动规模仍有局限。活动还未进行外延空间的拓展。 2. 内容上创意不够，缺少一支创意团队，项目人手不足，未利用好志愿者团队进行创意开发。 3. 活动未把亲子系列纳入范畴。 4. 未进行诸如问卷调查、考察、访谈等项目前置评估。

（二）"欢欢喜喜过大年"项目

以上对儿童教育常规项目进行内部评估，归结出项目内容规划之特色与缺失，此属于"静态"评估。在此基础上研究者转换视角，对上博儿童教育项目之一个案——"欢欢喜喜过大年"执行过程实施评估，与此同时构建内外部评估，即由研究者和馆外人群进行评估，采用研究者效益指标评分和观众个别访谈的方式来执行。评估目的是借镜观形，由"动态"执行过程之内外部评估，探求上博儿童教育项目存在之问题。

1. 项目过程

"欢欢喜喜过大年"属于系列手工项目，包含喜庆贺卡、印刻生肖、彩灯迎春、元宵兔子灯项目。参加对象多为小学高年级以上学生，时间为 1～1.5 小时。由上博教育部策划，无成文策划案，内容只在项目单页上呈现（见表 4-14）。同时采用电话报名方式。因项目未上网公示，咨询电话不断。

表 4-14　上海博物馆 2012 年 1 月至 2 月项目安排

喜庆贺卡
活动时间：1 月 19 日 13:30
参加对象：小学高年级以上学生
一张薄薄的贺卡，寄托着温馨的祝福……发挥你的创意，让你的祝福与众不同

印刻生肖
活动时间：1 月 17 日、1 月 30 日 13:30
参加对象：初中预备班以上的学生
鼠、牛、虎、兔、龙、蛇、马、羊、猴、鸡、狗、猪，快来亲手制作一枚属于你的生肖印章吧

续表

彩灯迎春

活动时间：1 月 20 日 13：30

参加对象：小学高年级以上学生

喜欢漂亮的宫灯吗？那就自己来做一个吧！美丽的彩纸配上漂亮的流苏和丝带，给你的小屋带来一份温馨

元宵兔子灯

活动时间：1 月 31 日 13：30

参加对象：小学高年级以上学生

还记得元宵节的兔子灯吗？丝竹、皱纸和蜡烛，那暖暖融融的烛光成为几代人童年温暖的回忆。今年的元宵节，用自己制作的兔子灯来庆元宵吧

（1）项目准备

举办手工类教育项目前期要做诸多工作，周延安排令工作人员精疲力竭。前期准备工作由教育部该项目负责人和志愿者团队共同完成。志愿者团队有退休中小学老师、华东师范大学春印社成员和华东师范大学第二附属中学学生等。每个项目前期准备虽存毫厘之差，但大同小异。首先，各方志愿者签到上岗。其次，落实准备工作。一般而言，准备工作主要是指提前预备材料、半成品和工具等。喜庆贺卡，需备 30 份空白贺卡，30 把剪刀和 30 个装有红纸的信封。印刻生肖，需备 30 份平口刻刀、4 张砂纸、30 枚印章和 30 支铅笔，铅笔要事前削好。彩灯迎春，需备 30 个工具案板、30 把剪刀、5 份糨糊和 30 份装有四张空白彩纸的信封、1 张印有四幅花卉的白纸、1 张印有四个龙头的彩纸和流苏、木棒。元宵兔子灯的程序相对烦琐复杂，手工艺者先把用火烤好的竹篾圈成圆形或椭圆形，由教育部人员在此基础上把它们用白色细线固定成兔子龙骨造型。4 张小工作桌每张上需备有数十根白线、7～8 把剪刀，此外还需备有 30 个信封，装有兔子脸、耳朵、脚和数张白色无纺布以及 1 张红纸。

（2）项目进行

此类项目的实施，主要依据项目目标。过程不尽相同，方式各异。但无论采用何种教育方式，教育活动本身非样板，需具备孩子喜欢的生动活泼之特征，教育人员在执行过程中需平等看待孩子，给予孩子耐心、鼓励和肯定。"当教育人员让孩子们变得熟悉和舒服，博物馆儿童学习会产生积极作用。"[①]本次项目举办地点为上海博物馆北门外西侧下沉式广场内的观众活动中心。执行过程分为三步骤：

第一，家属携带孩子到工作台签到，确认电话报名信息。部分未及时赶到的志愿者陆续签到上岗。因"欢欢喜喜过大年"系列项目每场活动都限额 30 人，所以需预报名并签到确认，以免名额被意外占用。

第二，由专业志愿者或民间艺术家进行前置辅导和成品展示。前置辅导方式有口头教授并现场模拟以及 PPT 播放两种形式。喜庆贺卡和彩灯迎春由退休中小学老师指导；印刻生肖辅导则由负责印刻的社团——春印社社员来完成；制作元宵兔子灯需要专业技能，行家里手才能完成，因此教导工作由民间艺术家毛师傅担任。成品展示使儿童对自身作品的完成具有预见性和期待性，并表现出浓厚的兴趣。喜庆贺卡的展示方式是将成品集中于一张

---

① Besty Bowers. A Look at Early Childhood Programming in Museums. *Journal of Museum Education*，2012，37（1）：40.

小工作桌上展示,形状缤纷的贺卡赫然在目;各色彩灯琳琅满目地被悬挂于活动室吊顶上,彰显浓浓年味之余令孩子们跃跃欲试;打好龙骨的完整竹兔被毛师傅把玩在手中,孩子们欢呼雀跃的同时,摩拳擦掌准备大干一场。

第三,孩子们上阵,参与完成。一个项目的实施通常能体现出博物馆教育项目的基本流程和教育思想,上博规定此类项目家长不准介入。

喜庆贺卡活动,参加对象为小学高年级以上学生,但最终还是有一二年级的学生热情报名。活动持续时间为1.5小时。此活动无大纲,学生发挥想象空间大。孩子们既可依订书钉订好的复印完整的龙来剪,也可拿着红纸随意裁剪,不少学生自由发挥,创造出圆灯笼、方灯笼,得到"老师们"的肯定和鼓励。最后孩子们把贺卡带回家,写上祝福语在新年里送给父母、亲人或朋友。学生们表现出极大的成就感,整个过程家长在一旁静静观察。心灵才能手巧,孩子们在动手的同时,创新能力得以提升。

印刻生肖活动,虑及操作安全性问题,参加对象主要为初中预备班以上学生。活动时间为1.5小时。参与指导的志愿者是一支"年轻"的队伍(见图4-12),主体成员是来自华东师范大学春印社社团成员,他们已和上博教育部持续合作多年,另外有两名华东师范大学第二附属中学的中学生,整个寒假该校每天会派两名中学生参与。印刻生肖是在这些年轻的志愿者指导下进行的,每个学生可任由自己发挥,在印章上用铅笔写反字,比如龙字,然后在志愿者指导下用刻刀篆刻,最后附着印泥盖章。学生集中在一张纸上印字,然后写上姓名,供教育部备案。刻好字的印章则由小朋友各自收藏。篆刻印章艺术,历代为文人墨客所喜爱,画作也以之钤记落款,历史源远流长,已成为国粹之一,孩子们在印刻生肖的同时,体验中国传统文人的人文情趣,当一枚印章在白纸上留下一个红色印记时,成就感不言而喻,孩子更是要仰凭自我构想,设计出一枚属于自己的印章。

彩灯迎春活动,参加对象为小学高年级以上学生,亦不乏一二年级学生报名参与者。孩子们首先将纸张折成五个面成为宫灯主体,然后将印好的龙头剪出,安插在主体宫灯上,把五福花卉图案剪下,粘贴在宫灯的五个面上,系上流苏后用木棒轻轻挑起,一个漂亮的宫灯就完成了。活动开展时间约1.5小时。盛行于8世纪的宫灯,不仅承载着中国民族风格和东方精湛的工艺,也具备使用价值,这是中国一门古老的手艺,彩灯迎春凝结着中国浓浓的年味,孩子们在制作宫灯的同时,对传统新年也产生新的认知和理解。同时,宫灯制作程序复杂,对孩子动手以及思考能力提出新要求。

元宵兔子灯活动,参加对象是小学高年级以上学生,但是其操作难度即便成人也难以胜任。故此活动提出,家长可适当介入,但不能过度参与使孩子成为"看客"。元宵兔子灯是在民间艺术家毛师傅的讲授下完成的,也有半成品,是毛师傅和博物馆工作人员利用一个上午完成的,孩子们要完成兔子脸、耳朵和尾巴以及象棋轮子做的脚的捆绑工作,然后糊上无纺布,用红纸剪出兔子耳朵内瓣和眼睛并粘上(见图4-13)。一片竹黄被绑上后固定蜡烛。整个工序用了将近2个小时。元宵节习称"灯节",张灯结彩,以灯为俗。民间的彩灯艺术既是生活之火,更是艺术之灯,承载着无数人文俗事。孩子们在元宵节做兔子灯,加深了孩子对元宵传统民俗文化的认识,非物质文化得以在孩子们幼小的心中扎根,民间艺术得以推广。难度颇大的捆绑、糊纸技术对孩子提出了挑战,家长的介入有利于培养亲子关系,此任务并非能机械地完成,需勤思敏行。

图 4-12　上海博物馆"印刻生肖"项目大学生志愿者

主体成员为华东师范大学春印社社团成员

图 4-13　上海博物馆 2012 年"元宵兔子灯"项目现场

孩子们正在听艺术家讲授"元宵兔子灯"制作流程

（3）项目收尾

项目的收尾，含活动现场整理、过程回顾、成果赏析和分享以及项目评估。上博教育部的项目收尾主要表现为成果赏析、分享和现场整理。"在各种各样的博物馆中，孩子们在项目中语言交流、互相质疑和反应成果的机会是必不可少的。"[1]通常儿童在父母陪伴下完成各种活动，与同伴之间互动机会不多。在同伴的影响下，共同完成活动，有利于培养群体意识和社交能力。孩子们用自己完成的作品彼此交流，在分享经验的同时更学会了交往技巧。在喜庆贺卡活动、印刻生肖活动、彩灯迎春活动和元宵兔子灯活动进行收尾时，留下了很多孩子进行活动成果赏析与分享的瞬间。同时，无论是喜庆贺卡活动、印刻生肖活动，还是彩灯迎春、元宵兔子灯活动，此类项目结束后，要对现场进行整理，包括地面清洁、桌面收拾和工具整理。这些工作基本上由志愿者主动完成，当然也有热心的小朋友留下帮忙一起完成。基于以上三项工作进行项目收尾，就上博教育部而言，仍存有未尽之处。以下则在项目解析过程中一一陈述。

2. 项目过程外部评估——观众访谈

教育项目直接面对的对象即为儿童和家长，唯有了解家庭观众才能设计出真正适合儿童受众的教育项目。为此需构建起家庭观众与博物馆沟通之桥梁。本节旨在探究儿童及其家长对博物馆"欢欢喜喜过大年"项目参与体验的成效，以便进一步把握儿童及其家长的所想、所思、所感，以供他馆未来筹备此类儿童教育项目时借鉴和参考。

本研究案例对于小观众及其家长就本项目的评价，采取半结构式访谈，即依据拟定大纲进行一对一访谈，择取样本儿童观众 15 位，随同家长 13 位，研究取样时间为 2012 年 1 月 19 日至 2012 年 2 月 3 日，对参与本项目的儿童和家长进行外部效益检测，访谈信息经整理，兹归纳如下：[2]

---

[1]　Melina Mallos. Collaboration Is the Key. *Journal of Museum Education*, 2012, 37(1): 78.

[2]　中文代表受访者身份；英文 A 代表儿童观众（一般为小学高年级以上）类别，B 代表家庭观众类别。数字为受访者编号。

【项目目标】

依前文所提及"上海博物馆 2012 年 1 月至 2 月项目安排"单页,如"快来亲手制作一枚属于你的生肖印章吧……喜欢漂亮的宫灯吗? 那就自己来做一个吧!……"分析可见,上博此类教育项目目标仅局限于"你学会做什么",而非"懂得什么",预期目标具体但缺乏理论高度与思想深度。那么,就此类项目目标,外部观众究竟会执以怎样的看法? 通过访谈记录的摘取与整理,来窥探观众参与后的评价以及检测项目目标达成度。

(儿童 A1):我家离上博很近的,我经常来,反正我最喜欢做兔子宫灯,去年我做得不好,今年我做得很好,我把蜡烛点上,超有成就感,爸爸妈妈都做不来。还是我做得比较好。

(儿童 A2):我觉得今天回去带上贺卡,写上祝福语,送给我的妈妈,妈妈一定高兴,我看到这个灯笼就想过年,今年是龙年,龙是我们国家的象征,不知道妈妈是否会喜欢。

(儿童 A3):妈妈问我愿不愿意来,我说想来,因为来了可以做各种漂亮的灯。

(儿童 A4):本来大写龙我写不来,但是我能用刻刀刻龙字,我有一个龙年的印章就可以到处印龙字。现在我已经会写了,老师教我的。

(家长 B1):教育一定要适合自家孩子的年龄层,适合他们的心理特征,否则孩子太小无法去完成,容易失去自信心,我看到这次还有特别小的小朋友参加,我认为这是家长在拔苗助长。

(家长 B2):我觉得目前中国不重视传统文化教育,那么传统文化怎么学? 学校几乎已经没有这块内容,这个活动("欢欢喜喜过大年项目")反映中国传统文化的东西,孩子们至少知道在过年的一些知识,博物馆的氛围对孩子的成长也是有帮助的。

(儿童 A5):我喜欢做兔子宫灯,这个灯里面可以放蜡烛,晚上可以拎着在小区里面走走。电视剧里头有喏,现在的里面都是电灯,没劲。

项目预期目标因过于简单,即一个手工成品安全且成功地制作完成,故达成度较高。此类项目开展中家长与儿童的参与热情高,不少家长都请假陪同儿童前来,也为能最终顺利报上名并参加本项目而津津乐道。项目目标虽然准确、适宜,儿童们也表现出强烈的兴趣,但就是否符合儿童年龄特征、心理认知以及情感发展,儿童以及家长并未做明确说明或给予特别强调。因博物馆本身在设计该活动项目时并未预先就目标进行深度解读和科学设置,反映到儿童及其家长的意识中必然也是水中望月。

【项目准备】

此类项目准备主要包含事前撰写策划方案、预备材料和工具等。项目策划方案并非以简单关键字形式呈现;此阶段分工需权责明确;材料、工具要安全、丰富,具有教育意义。对于此类项目的准备工作,儿童及其家长持怎样观点,现整理如下:

(家长 B1):我看到这里老师的前期准备工作了,真不容易,这个场地小,问老师又没有储藏室,所以他们只好提前在这里弄好,弄好后还要清理现场,看起来十分匆忙,不容易啊……

(家长 B2):我和这里的员工已经比较熟悉。我知道这里的活动之前并没有成文策划好的东西,只是很简单的一些文字,因为人少,也没有团队在策划,所以谁干谁策划。同时,他们也无法做到最好,各个部门是有竞争的,做得太好,其他部门恐怕也会不开心。当然博物馆能够自己开发这样的活动,靠着自己去开发,已经很不容易了。所以我觉得可以事前和事后做些事,我们为此多交点钱无所谓。

(家长B3):我是一名中学老师,今天我是带我儿子和几个同学来的,你看,在那儿。这里报名实在太难了,网上也没有公布报名信息,反正我是第一时间过来报的,其他几个(喜庆贺卡、印刻生肖、彩灯迎春)都报上了,但是元宵兔子灯没有报上。很遗憾!

(家长B4):我是一名志愿者,也是一名家长,这样的活动信息不网上公示,我至今觉得不可思议,这个多落后,也不知道有多少人已经报名了,而这里的×××老师,一天到晚在接电话,咨询电话不断。

(家长B5):这个活动中有很多是一位老师带着学校里的几名同学来参加,有垄断的嫌疑。同时,我觉得上博应该规定一个孩子最多只能报名三个活动,否则就不能保证更多的人来参与。我还觉得上博应该开发更多适合各种年龄儿童的活动,现在年龄的区分还不明显,不知道他们有没有做前期的调查研究。应当严格规定××活动是××岁孩子参加,高年级这样的表述概念模糊。

(儿童A1):我很想参加,但是没有报上名,妈妈很生气,本来说是试试看,来了老师肯定会给我参加的,但是没有,我还是想和别的同学一起做,我们班的×××就在那儿,我可以和他一起做,但老师不同意……

(家长B6):我们是学校通知来报名的,但是名额太有限了,我们是从很远的地方请假过来的,我觉得上博的报名系统很落后,根本看不到有多少人报了名,还剩下多少名额。刚刚有位家长也是从很远的地方赶过来,但是上博的工作人员说名额满了,他就被拒之门外。

(家长B7):我是拿着学校的通知单赶来的,但是博物馆(工作人员)不让我参加,说我没有电话预约,我是从浦东赶过来的,谁知道名额有没有报满,我上网看了,根本没有看到什么信息。

(儿童A2):我是和我们自然老师一起来的,也是他替我们报名的。我们是经过挑选的,是成绩最好的,否则我们是没有机会来参加的。

(儿童A3)我们同学都来报名了,但是没有报上,只有我和King两个人报上了名。

此议题家长参与面明显较儿童多,儿童更易重视项目现场感受。家长就本项目的前期材料和工具等准备较满意,也对其人手少而表示不满。他们同时发现,此类项目上博尚未撰写详尽的策划方案,事前科学管理和执行仍不够,有摸石头过河之嫌。家长及孩子普遍对项目前期的报名表示出不满情绪。除却项目信息未及时上网广而告之外,报名方式也只采用电话报名的传统方式,不少家长提及应当使用网报系统,简单易见,同时可减少咨询人员的工作量。

【项目内容】

此类项目内容需从三个方面进行权衡:项目内容是否时间恰当,难易适中,重点突出,围绕活动目标;是否在博物馆资源基础上,弘扬传统文化;是否有趣、新颖,符合儿童发展需要和认知水平,有一定挑战性。儿童及家长对此的观点整理如下:

(儿童A1):……寒假在家里没劲……

(家长B1):上海博物馆属于古代艺术类博物馆,我们孩子参加这样的手工体验活动,我们十分支持,孩子们可以了解传统文化,你看,课本上这些东西根本不太讲。反正,每年寒暑假我都会十分留意上博的这些个活动,都很有特色,暑假里的茶、香之类,也搞得很不错。我是希望上博能够常常组织这些活动。

(儿童A2):我们现在的作业还是很多的,不过,这里只需要做一个多小时就能回去了,我是老师代我报名,带我来的。

(儿童A3):我去年参加墨拓,觉得很有趣,了解了字帖是怎么创作的,可是,这里有些手工活动,只是让我们做,也不讲讲小故事,告诉我们他们的来历,到底为什么要过年做这个呢,我不知道。

(家长B2):反正,我平时经常会逛逛博物馆,我自己喜欢博物馆,一旦了解到博物馆有这样类似的活动,就赶紧给我儿子报上,因为我希望我的儿子将来也会喜欢上博物馆,喜欢上中国传统文化,受到传统文化的熏陶和感染……

(儿童A4):之前没有怎么来过博物馆,我觉得博物馆应该都是古代的东西,没什么意思,但是这样的活动我很喜欢,我觉得博物馆其实也蛮有趣的。

(儿童A5):……反正比待在家里,或者是参加补习班好……

(儿童A6):妈妈本来总是爱让我上英语班、数学班,但是我不想去,超级无聊,我还是喜欢这样的活动。

(儿童A7):但是这个兔子灯去年也做了,今年可以换一换做别的灯。我觉得(活动)可以不一样,每年都一样,我就不想来了。妈妈让我来我也不来。

(儿童A8):我喜欢剪纸,剪纸很有意思,老师说剪纸属于中国传统文化,我会剪出个龙。龙你知道吗,打游戏经常会有,很酷的,我把龙尾巴进行改造,有点像恐龙的尾巴。我喜欢看历史书,觉得中国文化悠久,反正学校只会布置作业,考试。

就项目内容议题因儿童亲历所以谈论颇多,但仁者见仁,智者见智。一个半小时的活动时间家长及其孩子普遍乐于接受。很多孩子表现出对于此类项目的浓厚兴趣,但比较的前提为高压下的学校教育,还未与他馆同类教育项目进行横向比较。上博的此类教育项目仍属于一种非常态。手工系列项目主题浓缩了上博的文化特色,挖掘、整合了馆藏资源,使得孩子对传统文化产生了亲近感,从而进一步体悟到传统文化之精深。但是每年新开发的项目不多,同时就是否符合儿童认知水平和兴趣,并未做前期的严格评估,缺乏理论基础,项目挑战性不够。

【项目过程】

项目本身是一个系统工程,而过程只是其中一环,但恰恰是最为重要的一环。过程的满意度可从四个方面度量:过程能否提出问题、启发问题,追求独立思考精神与创新能力;是否优化、结构紧凑,组织安排合理有序;是否反映儿童主体地位和主观能动性;是否采用语言、图像和操作等多种教育手段。以下为家长、孩子就项目过程诸多观点之梳理:

(家长B1):……我们希望孩子通过此次活动能够培养创新精神。

(儿童A1):我可以开动脑筋想做什么就做什么,我不爱老师一定要我做什么,反正这里的老师不会一定要求我做什么,反正随便做呗……我还想学做坦克、飞机,我觉得这里做的东西是女生弄的,要弄些男生可以做的东西。

(家长B2):我认为这里的手工活动不成熟,因为没有提出问题启发思考。国外有很多很好的活动项目,比如制作你想象中的昆虫。手工活动不但要求孩子知道是什么,还需要让他们知道为什么。比方这些活动,你学会做什么了?学会到什么程度了?最终懂得了什么?教育目的达到了吗……这些活动还需要动脑筋,你这个活动的理念和目标是什么?好像还是缺少一些理论支撑。

(儿童A2):做的过程我在动脑筋,不然肯定做得很烂。

(儿童A3):这样的活动如果上午有,下午有,中午可以大家一起吃饭多好呀,科技馆里就有自助餐吃的,这样我们就可以在博物馆里面待一天啦,这里离我家好远的,我们坐了好久地铁才来的。我希望博物馆多弄些各种各样的活动,我可以经常来,不要常常都一样,每年有新的才可以。

(家长B3):这样的活动还只是单纯的手工活动,前期的民俗介绍不够充分,比如什么叫作宫灯,为什么元宵节又叫作灯节。篆刻技术是中国传统的一项技术,我原来寄希望他们还会在这个方面努力,但是好像没有讲这样的故事之类。希望以后有改变。

(儿童A4):有时候老师做一遍我看不清楚,这种活在家里妈妈和外婆都会帮我。但是这里没人帮。不过,做完了,就可以拿回家,送给妈妈和外婆。

(儿童A5):妈妈说我原来动手能力差,那是因为在家爷爷奶奶什么都不会让我做的,但是我现在好很多。其实我觉得他们(爷爷奶奶)太烦了。

(儿童A6):是我自己想出来这样剪的。

(儿童A7):我平时从来不用剪刀、刻刀什么的,他们(家长)说不安全,其实我觉得没有什么,只要我自己注意就好了。

(儿童A8):我喜欢这里的老师,他们不布置作业给我们。我想怎么做就怎么做。

(儿童A9):我去年暑假和妈妈一起到美国去了,我也在一个博物馆参加活动了,馆里的人和观众都一起学习。

(家长B4):一个教育活动是否成功,关键体现在有没有开发孩子们的独立探索和创新精神。

(家长B5):用个不恰当的比喻,我觉得上博这些活动还是有些像小儿把戏,要想培养孩子那种创新精神,还是远远不够,我觉得至多就是上上手,多多干点小手工。

(家长B6):我个人观点啊,并不一定正确,我觉得,上博完全可以把这块做成亮点啊。你看,学校想搞,但是有升学压力,什么都要按照教学大纲,可博物馆不一样,可以设计,大胆地去开发孩子的综合素质。……给你一块石头你去刻吧,可以坐在地上刻,可以想怎么弄就怎么弄,你去想,你去琢磨,你也可以几个人一起干,最后交一份成果。

项目过程直接影响到效果本身,儿童对此滔滔不绝,家长亦各持己见。上博的未成年教育采用项目负责制,组长固定于此类项目,组员共享,虽然活动不断,但仍缺乏优质创意。尽管过程中诸多孩子能开动脑筋,制作出自己脑海中的手工成品,但仅限于此。独立思考的空间仍然很小,并未周密计划提出问题,让孩子去积极主动思考,在过程中寻求问题的答案。尽管如此,儿童主动性比如动手操作能力还是得以提升,表现出空前的主体意识。因该类项目部分已举办过多届,所以结构较为紧凑,工作人员安排有序,但孩子们还是期待能在博物馆待更长时间。家长则认为项目还需要做深度开发,多介绍民俗知识,可采用讲授、图片和操作等多种教育手段。在心智活动的议题上,孩子及其家长的观点褒贬不一。但总体来看,这类教育项目在儿童创新能力培养上表现出了努力的姿态,得到了孩子们初步认同,但不少家长仍表示这样的初衷有,但力度不够,博物馆应当更大胆自由地发挥,孩子们在这里应当"毫无羁绊,为所欲为"。

【情感态度】

儿童对此类项目是否参与性强;在参与过程中能否认真主动、心情愉悦、态度积极;是否做到乐于与他人合作,自主克服困难。以上种种从侧面反映出此类项目的成效,也正是教育项目开发的最终目的,即寓教于乐,给予儿童快乐成长之空间。儿童和家长对此阐述观点整理如下:

(儿童 A1):我挺喜欢这样的活动,觉得很有意义,这类活动应该更多,可以先教会我们的老师,再让老师在学校里教我们怎么做。

(儿童 A2):×××说得不对,我们学校里没有什么模具的,就会考试,不会有时间让我们去做这个(项目)的。考试考差了,爸爸妈妈也会批评。

(儿童 A3):我觉得做这个有东西拿,我喜欢,我们可以在博物馆里玩一个下午。

(儿童 A4):先讲个小故事,讲完后,让我们休息下,休息下再让我们做,比较好。我觉得故事还可以让同学们来讲,我也很擅长讲故事的。

(儿童 A5):我很喜欢这样的活动,我希望对剪纸、刻章有更多的了解。这样,回去我可以讲给别的同学听,也可以讲给爸爸妈妈听。我有点喜欢博物馆……

(家长 B1):我觉得这样的活动太好了,我孩子可喜欢了,每次带她来,她都很开心,我们家长看到孩子们开心,我们自然也开心。现在的孩子压力太大了,太辛苦了,童年太灰暗了。

(家长 B2):反正我们的孩子犟得很,如果他不愿意来,你强迫他来,也是不可能的。我们完全被他打败。

(儿童 A6)但是我没有和别的同学一起干,我们一起在等胶棒,算不算(与别人合作)? 我觉得主要是我一个人在做。

儿童和家长在此议题上观点空前统一,在情感态度培养上,此类教育项目无疑是成功的。尤其是儿童,普遍喜欢参与此类项目,态度积极,家长也因此给予支持并乐此不疲。但与他人合作的部分并不显见,项目仍以儿童个体参与为主,几乎难获团队合作之际遇。

【项目效果】

项目效果常需通过事后评估来检视,访谈是调研的手段之一。究竟此类教育项目目标是否已达成;儿童认知、动手、合作的能力以及情感是否得到不同程度的提升? 项目本身是否具备特色和教育意义? 观众满意度如何? 须从儿童及其家长评估中获取有效信息,整理如下:

(家长 B1):现在的孩子动手能力实在是太差了,学校里只是注重孩子们的考试能力,中国的孩子在动手能力上和国外的孩子比都没法比,差距太大了。我们还是很希望能够重视训练孩子动手能力的。

(家长 B2):这儿场地太小,只能容纳 30 个人,所以上博是不是该重视一下这个场地拓展。另外这里的收费实在是低廉,比起外面的早教,简直是一个天一个地,这里基本上只是收取成本价。我报名的几个活动只是每场收 10 元,是成本,人力都不算,完全类似于公益活动。

（家长 B3）所以我觉得要么报名系统完善下，要么场地再扩大些。

（家长 B4）：我本身是一位家长，也是一位学校老师。我认为目前此类活动上海还是处于领先地位，很多学校包括我们学校已经成为上博的文博基地学校。但是尽管如此，学校来这里参加活动也是很少有的，主要是目前孩子们的学习压力太大，那么在不发达地区，博物馆儿童的教育怎么可能推广？可以好好想想。

（家长 B5）：在这样的活动中，上博应当投入更多的钱。

（家长 B6）：儿童教育活动的推广，我认为主要是教育制度的问题，博物馆想搞，也一定是很难，对抗的是现在一再强调的高考，这样的对抗是以卵击石。所以吧，我认为我对学校是没有什么想法了，博物馆是社会教育，可以大有作为。

（家长 B7）：我非常赞成中国民间非物质文化的推广，比如这次做这个兔子灯，是民间艺术家毛师傅在教，但是是不是可以开发更多这样的活动？……毛师傅刚刚说的有道理。比如做糖画很有趣，但是要用大理石台板，用电很危险；捏面人也有意思，但要用刀刻画；民间剪纸，工序有很复杂，由于安全性等原因，所以这些不一定适合儿童。儿童操作往往第一个要考虑到的是安全问题。

（儿童 A1）：我妈说这里交钱很低的，大概只要 10 块，我们上外面的课很贵，不知道这里的叔叔阿姨有没有工资拿，这里这么便宜，他们工资能发多少呀。

（家长 B8）：关于收费，我刚刚咨询了×××老师，她说有时候一个小小的铸模就要三百多块，坏了要换，还要给上级递申请打报告，准备提高收费。这里的老师很辛苦，但听说因为是非营利，老师们也没有激励机制，这点就很不科学，打击了积极性。比起市场上的早教中心 45 分钟收 250 元，相差很悬殊，博物馆几乎等于是无偿（服务），我们家长还是愿意多给点钱，不然，特别不好意思。当然，我们希望这样的活动规模要更大，只要是值，我们就愿意给钱。……教育活动同时要用馆里的资源。活动结束了，我们也可以参与下评价，帮助改进。

该议题主要参与者为儿童和家长，基本认为项目效果满意度高，实施情况良好，孩子们的认知及动手能力得到不同程度的提升。项目本身聚敛了上博古代艺术历史文化之特色。但就此方面未做深入点评和探讨，尽管研究者尝试加以诱导，但徒劳无果。更多话题局限于项目活动收费低、场地有限、人力不足等具体问题，当然也不乏对教育大环境之抨击，以及对民俗文化推广、儿童操作安全的建议。

【教师志愿者素质】

因每位志愿者实际情况不同，志愿者管理实属不易。而上博儿童教育项目执行中，志愿者恰恰扮演着无法替代的核心作用。其育人观是否正确；教学功是否扎实；是否具应变、创新能力；能否平等对话，担任引导者和参与者，有亲和力，充满热情、爱心，情绪饱满……直接关系到教育效果的优劣和儿童喜爱的程度。整理儿童及其家长对教师志愿者素质之评价，列举如下：

（儿童 A1）：老师每次都夸我做得好呢……

（儿童 A2）：这里的老师很好，不凶，不批评我们，我做错了，也没有人会怪我，所以我还是愿意。不，是喜欢这里的，况且，我很多同学想报名，都没有报上。

（儿童 A3）：老师还表扬我了呢。

（家长 B1）这种教育活动的开展，要充分发挥志愿者的作用，我看这里真正的工作人员只有×××老师一个人，工作量还是蛮大的。

（儿童 A2）我觉得我更喜欢指导我们的是大哥哥大姐姐，有时候老师都是老奶奶呢……

（家长 B2）：我是一位家长，也是一位志愿者，我们志愿者路费完全是自己出的，博物馆会组织一些参观活动。……给大学生报销一部分路费。可以听博物馆报告，买商店物品打 8.5 折，五年以上变成资深志愿者，70 岁以上变成荣誉志愿者。另外，就是年终博物馆会出钱请我们大家吃饭。

（家长 B3）：我刚刚关注到有两位志愿者是华师大二中的，两个中学生，他们可以参加博物馆培训，这点很好。他们为博物馆提供免费服务，比如协助手工活动、整理档案等，每天可以得到 8 个学分。他们的学校规定到高三要修满志愿者 100 个学分，我觉得现在学校这样的举措很好。

（家长 B4）：志愿者很辛苦，×××老师也很辛苦，博物馆等于说只有一位工作人员在干这事，志愿者在活动中起了很关键的作用，所以有一个管理有效的志愿者队伍特别重要。

上博的此类项目中志愿者成为举足轻重的中坚力量，其成员有五年以上的资深志愿者、大学生和中学生等，但主力仍为资深志愿者，他们表现得较为稳定。他们的存在部分地解决了上博教育部人力资源不足之问题。诸此志愿者教师教学功底扎实，对待学生热情，态度积极，充满爱心，赢得了孩子及其家长的好评。但大学生团队相较更受孩子喜欢。上博志愿者提供无偿服务，但仍存有一些奖励机制，如参加培训、听博物馆报告、买博物馆商品打折以及年终聚餐等。

3.项目过程内部评估——效益指标测评

此案例属于系列手工项目，是一项文化体验活动，为典型的儿童教育项目，同属目前国内儿童教育常见项目之一。由亲历此项目之研究者个体感受与体悟，解析此类活动所具之共性特征。根据儿童教育项目行为的基本表现和特征，作为评价基本点，利用构建的儿童教育项目指标评价体系进行等级评分。此儿童教育项目指标评价体系将教育项目分解成为可测的、具体的目标，借由系列外显行为执行项目的效益评估。经由量表各项指标一一对照打出分值，依据量化分值窥寻上博儿童教育类活动在执行过程中之共存问题。

（1）指标测评（见表 4-15）

表 4-15　上海博物馆"欢欢喜喜过大年"教育项目指标评估表

一、项目目标范畴（分值 12 分：各指标优秀 4；良好 3；一般 2；不好 1）		
评估指标与分值	单项标准与分值	评分
1.制定完备目标（分值 4 分）	1-1 具体明确，规定目标年龄	2
2.符合项目特点（分值 4 分）	2-1 与项目类型和主题特点相符	1
3.符合儿童特点（分值 4 分）	3-1 与本阶段年龄儿童认知能力、情感发展要求相符	1
项目目标总分值		4

续表

二、项目准备范畴(分值 12 分:各指标优秀 4;良好 3;一般 2;不好 1)		
评估指标与分值	单项标准与分值	评分
1.撰写策划方案(分值 4 分)	1-1 有详备的项目策划方案	1
2.馆员充分沟通(分值 4 分)	2-1 就项目策划方案的程序和分工,馆员充分掌握并权责明确	4
3.预先做好准备(分值 4 分)	3-1 发通知,依儿童教育项目内容,各类材料要求安全、丰富、美观,资产、工具、设备与环境准备得当,外出安排好交通食宿	4
项目准备总分值		9
三、项目内容范畴(分值 24 分:各指标优秀 8;良好 6;一般 4;不好 2)		
1.内容设置合宜(分值 8 分)	1-1 围绕活动目标,难度适当,突出重点,时间适当	8
2.结合本馆特色(分值 8 分)	2-1 活动内容建立在博物馆资源基础上,弘扬传统文化	4
3.内容适合儿童(分值 8 分)	3-1 活动内容有趣、新颖,符合儿童发展需要和认知水平,有一定挑战性	4
项目内容总分值		18
四、项目过程范畴(分值 24 分:各指标优秀 6;良好 4～5;一般 3;不好 1～2)		
1.过程有序组织(分值 6 分)	1-1 优化活动过程,活动结构紧凑,组织安排有序	6
2.体现儿童中心(分值 6 分)	2-1 体现儿童主体地位,发挥儿童主观能动性,营造儿童之间和师生之间互动的氛围	3
3.采用多种方法(分值 6 分)	3-1 强调经验、实物、游戏,采用语言传递、图像传递、实际操作、多媒体等多种教育方法	3
4.锻炼儿童心智(分值 6 分:各单项标准优秀 3;良好 2;一般 1;不好 0.5)	4-1 采用启发式教育引导儿童探索,不提倡知识灌输式(分值 3 分)	0.5
	4-2 鼓励创新求异,独立思考,想象力丰富(分值 3 分)	1
项目过程总分值		13.5
五、情感态度范畴(分值 12 分:各指标优秀 6;良好 4～5;一般 3;不好 1～2)		
1.儿童参与性高(分值 6 分)	1-1 避免家长过多参与,儿童态度积极,心情愉悦,认真自主克服困难,参与性强	6
2.积极体验合作与交往(分值 6 分)	2-1 提供与人分享的机会,乐于合作	3
情感态度总分值		9
六、项目效果范畴(分值 24 分:各指标优秀 8;良好 6;一般 4;不好 2)		
评估指标与分值	单项标准与分值	评分
1.目标达成度高(分值 8 分)	1-1 活动过程有序、完整,项目目标达成	8

续表

评估指标与分值	单项标准与分值	评分
2.具备教育意义(分值8分)	2-1 获得新知识、新技术，认知能力、动手能力、合作能力、情感得到不同程度的提升	4
3.观众满意度高(分值8分)	3-1 儿童对于类似活动愿意重复参与	8
项目效果总分值		20
七、教师志愿者素质范畴(分值8分：各指标优秀4；良好3；一般2；不好1)		
1.教学功扎实(分值4分)	1-1 掌握授课知识，教学功扎实，具应变、调控和创新能力，了解语言、演示和多媒体使用规范	2
2.价值观正确(分值4分)	2-1 平等对话，担任引导者和参与者，有亲和力，充满热情、爱心，情绪饱满	4
教师志愿者素质总分值		6
总体评价得分		79.5

(3)测评小结

由图4-14可见：各项指标"实际分值"均高于"不好分值"，均低于"优秀分值"，一般在"良好分值"上下浮动。其中，项目目标指标"实际分值"低于"一般分值"，相差2分。项目准备与"良好分值"持平，项目过程较"一般分值"略高，但低于"良好分值"。除却项目目标低于"一般分值"外，其余"实际分值"均高于"一般分值"。故，总体评价高于"一般分值"。具体表现为：项目内容指标高出"一般分值"6分，情感态度指标高出3分，项目效果指标高出8分，教师志愿者素质指标高出2分，总体评价指标高出"一般分值"11.5分。综上，活动目标亟待改进，项目准备、项目过程和心智活动需要提高，情感态度、活动效果和教师志愿者素质表现一般，项目内容距优秀不远，但是所有指标均未达至优秀，仍有趋于完善之空间。

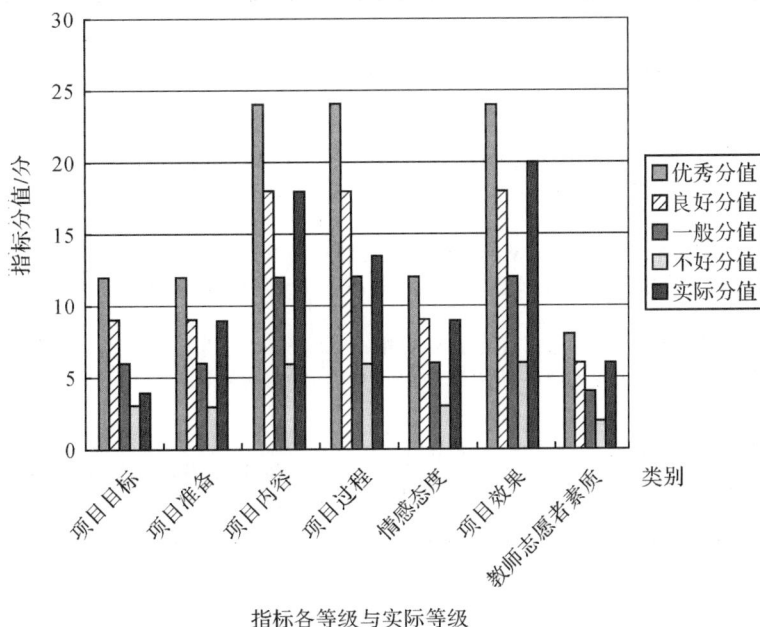

指标各等级与实际等级

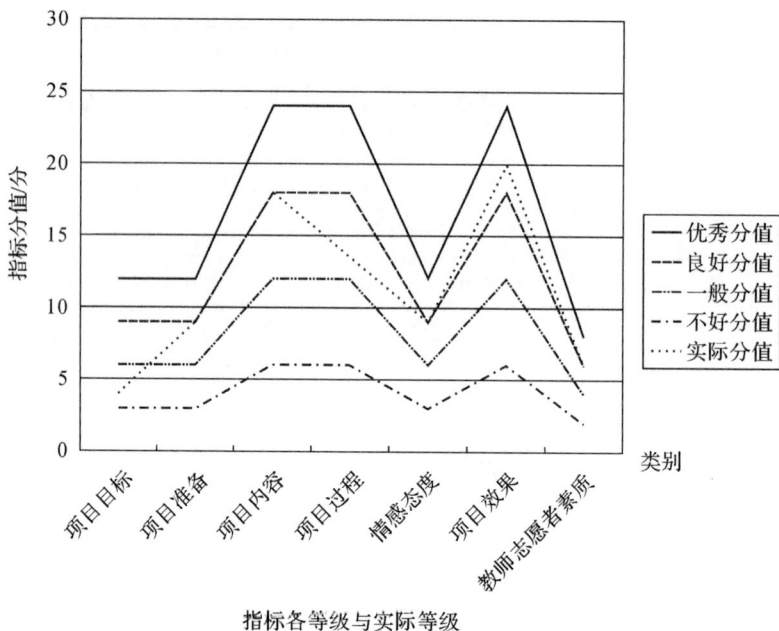

指标各等级与实际等级

图 4-14 上海博物馆"欢欢喜喜过大年"项目效益指标等级分值系列对照图

(三)小结

通过以上就本案例常规儿童教育项目内容规划所开展的内部效益检测,同时针对其中个案"欢欢喜喜过大年"项目执行过程所实施的外部访谈,并结合本研究所构建的检测指标对此个案开展的内部效益检测,可归结出案例效益评估的初步结论。

1. 常规项目的缺失与特色(见表 4-16)

表 4-16 上海博物馆常规项目内容缺失与特色之再次归结

项目类型		缺失	特色
参观导览	儿童指南	仅电子媒介,无发放的纸质媒介;多文字少图片;未做宣传	提供观前资料和教师"文化包";教育前置;增加博物馆认知
	讲座	场地小;讲座走进校园,校园不太欢迎;缺乏对馆校深度合作方式的探索	学生专场讲座;学生暑期讲座;建立上博文博教育基地学校
文化体验	主题展览	推行受阻;基地学校个别举行,未形成大平台;未进行专家重点培训,专业性水准待提高	由学生选题,参与设计制作并讲解,学生成为项目组织者和参与者
	文博征文	命题形式有待改善,发展学生创造性思维;参赛对象可扩大;比赛流程和获奖奖励程式化;奖励受众少	更多中学生走进上博;等第奖获得者参加夏令营,具吸引力;由单一主题向多元化主题发展
	夏令营	对象仅为文博征文获胜选手,范围过小;参加者并非多种方式产生;内容较为雷同,缺乏更高层次的实践活动	加强认知,获取认识世界的方式,树立文保意识

项目类型		缺失	特色
文化体验	博物馆课程	学生课程:理论课过多,动手操作课少;未与学校课程相区分,采用授课形式;未开设技术学习班 教师课程:力度不够;未调动教师积极性	学生课程立意好;教师课程"书法艺术"选入市教师进修课程,计划开设网络课程,开设上海博物馆文博教师研习会
	节假日活动	室内场地小、活动规模受限;创意不够,缺少创意团队;未把亲子系列纳入;未进行评估	从文化遗产上下功夫;承担起弘扬传统文化之重任

先前,已就常规教育项目内容规划的访谈结果进行过归纳,此处于前文总结基础上再次进行总结。从中获悉:研究案例中特色已不局限于静态导览项目,更多成果体现于文化体验项目中。教育形式不再仅局限于静止的观览和讲解,教育场地亦从展厅和活动中心转到学校和广袤的世界(夏令营、文化考察等)。

成功经验主要体现在:将教育前置,提供学生观前电子资料与教师"文化包";面对学生群体实现区别于成人的分众,专门开设学生讲座和暑期讲座;馆校合作以建立教育基地学校的方式推进;不断开展儿童教育模式与机制的创新和探索,如充分发挥儿童主动性的主题展览,又如增加博物馆及文保认知的文博征文和夏令营项目,再如开设学生课程以及以弘扬传统文化为宗旨开发的节假日项目;尝试与教师合作沟通。

同时,从中亦发现一些减损教育项目效益之因素,兹整理概要如下:

(1)教育前置工作未到位,未宣传,少图片,少纸质媒介;

(2)儿童教育项目实施空间小,规模受限;

(3)与社会合作不够,馆校合作缺乏深度,集中于基地学校,合作形式仅为举办讲座、展览等;

(4)既有项目不够成熟,须进行主题、内容、形式和程序上的改善(如加强主题展览的学生培训;改革征文命题形式、参赛对象、奖励方式和流程;扩大夏令营参与受众和探索新形式;学生课程增加动手课、技术课,少采用讲授方式;教师课程需调动教师积极性等);

(5)缺少规范的项目策划、管理和评估流程;

(6)缺少一支项目创意团队;

(7)未将亲子理念融入项目。

综上,本研究案例已形成了独树一帜的从参观导览到文化体验的递进教育模式。尽管"观众活动中心"面积不大,但毕竟具备开展教育项目的专门空间。并开始将儿童区分开来,进行多种类型教育模式和机制的探索,尽管部分仍未突破传统的内容与形式。对新类型的探索尽管重要,但对既有项目的内容、形式和程序等方面的完善同样重要。为学校、教师提供服务手段现仍较为落后,需另辟蹊径。本研究案例代表着国内一批儿童教育项目获得初步发展的博物馆群体,此类博物馆面临之缺失常与本案例雷同。

2.个案实施的缺失与特色(见表 4-17)

表 4-17　上海博物馆个案实施缺失与特色之归结

访谈问题之主题	缺失	特色
项目目标	目标过于肤浅	目标准确、简单
项目准备	未制定详尽的策划方案;未做宣传,报名方式落后	材料、工具准备充分
项目内容	新内容创意不多;项目未进行前期儿童研究	具本馆特色,弘扬传统文化
项目过程	没有启发儿童思考;教育手段少;项目深度不够	过程紧凑、有序;动手能力提升
情感态度	缺少合作和分享机会	儿童参与性高
项目效果	场地有限;人力不足;大环境不好;为效果可适当收费;缺乏评估	满意度高;效果良好;认知和动手能力提升
教师志愿者态度	奖励机制不够	教学技术好,价值观正确

从以上观众访谈结果归纳可见,观众对于此类个案参与经验主要表现为:设定项目目标明确;项目材料、工具准备得当;整个过程有序紧凑;体现本馆特色;非知识性传授,而强调动手能力提升;观众参与性高;对教师志愿者和活动效果满意度高。

观众访谈数据中还包含对个案缺失内容的陈述。整理如下:

(1)有项目目标,但过于肤浅;

(2)未制定项目策划方案;

(3)缺少儿童教育心理学研究,内容创意不够;

(4)项目对外未做宣传,报名方式落后;

(5)儿童教育手段不够丰富;

(6)缺少合作和分享机会;

(7)项目场地小,缺乏人手;

(8)缺乏启发儿童互动参与后的思考;

(9)不开展项目评估;

(10)志愿者奖励机制不够。

尽管本个案观众参与度和满意度较高,然而,此部分内容仍大大影响儿童教育项目实施效益。

依据研究者就检测指标对个案进行内部评估,上文已经进行了归纳,并获知:个案的活动目标亟待改进,项目准备、项目过程需要提高,情感态度、活动效果和教师志愿者素质表现得一般,项目内容距优秀不远,但是所有指标均未达至优秀,仍有臻于完善之空间。然而,各项内容中实际问题究竟出现于哪几项具体指标中?为何对个案中诸此单项指标做出如此判断?需将测评结果各项内容隔开,分别独立进行检视。

项目目标范畴(分值 12 分:各指标优秀 4;良好 3;一般 2;不好 1)		
评估指标与分值	单项标准与分值	评分
1.制定完备目标(分值 4 分)	1-1 具体明确,规定目标年龄	2
2.符合项目特点(分值 4 分)	2-1 与项目类型和主题特点相符	1
3.符合儿童特点(分值 4 分)	3-1 与本阶段年龄儿童认知能力、情感发展要求相符	1

　　"项目目标范畴"问题亟待改进。从列表中可获悉此范畴下两项指标为"不好分值",一项为"一般分值"。主要反映出的问题为:有明确目标,但目标过于简单,无法测度是否符合项目特点和儿童特点。

项目过程范畴(分值 24 分:各指标优秀 6;良好 4~5;一般 3;不好 1~2)		
评估指标与分值	单项标准与分值	评分
1.过程有序组织(分值 6 分)	1-1 优化活动过程,活动结构紧凑,组织安排有序	6
2.体现儿童中心(分值 6 分)	2-1 体现儿童主体地位,发挥儿童主观能动性,营造儿童之间和师生之间互动的氛围	3
3.采用多种方法(分值 6 分)	3-1 强调经验、实物、游戏,采用语言传递、图像传递、实际操作、多媒体等多种教育方法	3
4.锻炼儿童心智(分值 6 分:各单项标准优秀 3;良好 2;一般 1;不好 0.5)	4-1 采用启发式教育引导儿童探索,不提倡知识灌输式(分值 3 分)	0.5
	4-2 鼓励创新求异,独立思考,想象力丰富(分值 3 分)	1

　　"项目过程范畴"相较于上一项内容,问题严重程度次之,一项指标表现为"优秀",两项为"一般",一项为"不好"。"不好"方面主要呈现于未采用启发式教学,仍以知识灌输为主。"活动过程优化,安排有序"为此个案经验的可取之处。"教育方法丰富性"和"师生互动内容"仍具改善空间。

项目准备范畴(分值 12 分:各指标优秀 4;良好 3;一般 2;不好 1)		
评估指标与分值	单项标准与分值	评分
1.撰写策划方案(分值 4 分)	1-1 有详备的项目策划方案	1
2.馆员充分沟通(分值 4 分)	2-1 就项目策划方案的程序和分工,馆员充分掌握并权责明确	4
3.预先做好准备(分值 4 分)	3-1 发通知,依儿童教育项目内容,各类材料要求安全、丰富、美观,资产、工具、设备与环境准备得当,外出安排好交通食宿	4

　　"项目准备范畴"问题和成绩都相对集中。一项指标为"不好分值",问题主要集中于无策划方案。其余两项指标均为"优秀",成绩则突显于馆员进行充分沟通、预先做好相关准备。

项目内容范畴(分值24分:各指标优秀8;良好6;一般4;不好2)

评估指标与分值	单项标准与分值	评分
1.内容设置合宜(分值8分)	1-1 围绕活动目标,难度适当,突出重点,时间适当	8
2.结合本馆特色(分值8分)	2-1 活动内容建立在博物馆资源基础上,弘扬传统文化	4
3.内容适合儿童(分值8分)	3-1 活动内容有趣、新颖,符合儿童发展需要和认知水平,有一定挑战性	4

"项目内容范畴"成绩显见。三项指标中一项为"优秀",两项为"一般"。特色为"内容设置合宜",缺憾为"内容创意不够,对儿童不构成挑战性"。

情感态度范畴(分值12分:各指标优秀6;良好4~5;一般3;不好1~2)

评估指标与分值	单项标准与分值	评分
1.儿童参与性高(分值6分)	1-1 避免家长过多参与,儿童态度积极,心情愉悦,认真自主克服困难,参与性强	6
2.积极体验合作与交往(分值6分)	2-1 提供与人分享的机会,乐于合作	3

"情感态度"可圈可点之处颇多,两项指标分别为"优秀"和"一般"。其特色在于儿童参与热情高、心情愉悦。"提供与他人合作和交往机会"方面则稍有缺失。

项目效果范畴(分值24分:各指标优秀8;良好6;一般4;不好2)

评估指标与分值	单项标准与分值	评分
1.目标达成度高(分值8分)	1-1 活动过程有序、完整,项目目标达成	8
2.具备教育意义(分值8分)	2-1 获得新知识、新技术,认知能力、动手能力、合作能力、情感得到不同程度的提升	4
3.观众满意度高(分值8分)	3-1 儿童对于类似活动愿意重复参与	8

"项目效果范畴"更显乐观。项目指标中两项为"优秀",一项为"一般"。此内容亮点在于目标达成度高、观众愿意重复参与。缺憾之处在于与"情感态度范畴"一致,无"与他人合作和交往机会"。

教师志愿者素质范畴(分值8分:各指标优秀4;良好3;一般2;不好1)

评估指标与分值	单项标准与分值	评分
1.教学功扎实(分值4分)	1-1 掌握授课知识,教学功扎实,具应变、调控和创新能力,了解语言、演示和多媒体使用规范	2
2.价值观正确(分值4分)	2-1 平等对话,担任引导者和参与者,有亲和力,充满热情、爱心,情绪饱满	4

"教师志愿者素质范畴"值得褒奖之处较多。两项指标中,一项为"优秀",另一项为"一般"。"优秀"主要反映于教师志愿者具亲和力,充满热情爱心。微憾之处在于这些教师因多

退休人员,对多媒体等教学技术掌握不够,影响教育手段之推陈出新。

从观众外部访谈和研究者内部检测获知,两类评估反映出诸多共性问题。其下,将从两种声音中撷取共同的问题部分,进行梳理并予以提炼,以发现此个案症结所在。普遍存有问题表现为:

(1)没有制定明确的项目目标;

(2)不符合儿童特点,项目成人化,不有趣、新颖;

(3)没有体现儿童中心,缺少儿童互动内容;

(4)内容知识性强,缺少能力培养;

(5)不提供合作和交往机会;

(6)教育方法不够丰富;

(7)缺少项目评估;

(8)未撰写项目策划方案。

同时,此个案亦有不少卓尔不群之处,主要表现为:过程优化,安排有序;项目前馆员充分沟通,材料、工具准备得当;内容设置合宜;儿童参与性高;目标达成度高;效果满意度高;教师志愿者价值观正确,基本掌握授课技巧。其后,本章第四节及第六、七章将赓续探求项目效益之影响因素。

三、案例三:北京自然博物馆及"科普小课堂——人体漫游记"项目

(一)北京自然博物馆常规儿童教育项目

1.项目内容规划

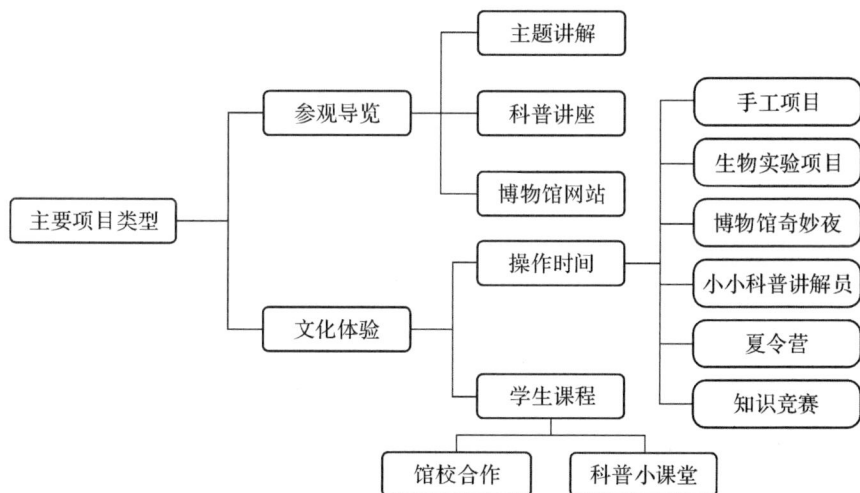

图 4-15　北京自然博物馆主要常规儿童教育项目梳理(2013 年 1 月)

(1)参观导览项目

①主题讲解项目

自然博物馆历来重视讲解质量,对新进讲解员采取集训方式,培训内容涉猎广泛,包括展厅业务、形体、朗诵学习,资深讲解员示范和参观博物馆活动,使讲解员专业知识及业务技

能得以提升。同时,讲解员具有诸如赴中国科学院植物研究所等单位参观学习的机会。此外,科普部还就讲解员讲解水准开展定期考核,由讲解员进行中文或外语讲解,与专家现场交流获取意见。博物馆着力于培养一支优质讲解员队伍,由此诞生了一批明星志愿者。在专职讲解员和志愿者讲解员合力打造下,富有特色的主题讲解相继"出笼"。这些主题讲解选题新颖,富有馆藏特色。

主要项目有动物经济学、大象的故事、蜜蜂与传粉、寻鹿之旅、古老非洲的"祝福"、贝壳梦幻之旅、动物大联欢、龙年说龙等特色讲解。(见图 4-16)

除却"龙年说龙"的主题讲解外,其余七场讲解皆由自然博物馆资深优秀志愿者承担,以现实的动物为主题,推出时间为暑假。讲解把各个展厅内容串联起来,打破了以展厅为单位的传统讲解模式,按动物学标准分类,将科普知识和展品结合起来,展示动物生活,讲述背后故事。例如"寻鹿之旅"项目让孩子们以寻宝的方式找到鹿类的标本,发现鹿类家族的密码。"古老非洲的'祝福'"项目由一对志愿者母女扮演一对狮子母女,带领孩子们了解狮子的"朋友""敌人"和"左邻右舍",感受非洲大草原上狮子家族的传奇故事,同时告诫孩子们要保护动物,不能剥夺它们生活的权利。孩子们在此活动中还利用废报纸制作了一个个小狮子(见图 4-17)。"动物大联欢"项目主题为"妈妈·宝贝",志愿者们扮演"鲸宝宝""鸵鸟宝宝""海马爸爸"等角色,沉浸于动物的世界,由其中一位讲解员担任讲解,大家共度一场爱的旅程。另有一名志愿者创作一曲说唱歌曲"动物大联欢","动物主角"们纷纷登场,不用采取说教形式,保护动物的理念已深入人心。以上讲解其实质成为系统且深入的主题讲解盛宴。

"龙年说龙"特色讲解则系由自然博物馆专职讲解员担任讲解,其依托的展厅为古爬行动物展厅,依据龙身上的各种特征在古爬行动物——恐龙身上发现其影子。讲解过程中有派发恐龙和现实动物图片,"找朋友"游戏,朗诵贺卡顺口溜等活动,以活泼的游戏形式来认知和理解有关中国龙的知识(见图 4-16)。

诸此主题讲解项目将科普活动和讲解自然融为一体,生物的秘密在嬉戏玩乐中逐步被小观众们掌握,给孩子们带来了一种与众不同的参观体验。

图 4-16 北京自然博物馆"龙年说龙"主题特色讲解

由专职讲解员担任讲解工作,伴有游戏活动(图片来源:北京自然博物馆提供)

图 4-17 北京自然博物馆"古老非洲的'祝福'"主题特色讲解

优秀资深志愿者担任讲解员,讲解员进行角色扮演(图片来源:北京自然博物馆提供)

②科普讲座项目

为更好地将教育资源呈现给儿童利用者,自然博物馆相继推出科普类讲座。依照举办地不同,可分馆内讲座和馆外讲座两种形式。

馆内讲座,顾名思义讲座是于自然博物馆场馆内举办。此类讲座中,"社会大课堂"和"科学大讲堂"项目令人称道。为开展中小学生素质教育,深化教学改革成果,2008 年,北京市政府 12 部委联合印发《北京市中小学生社会大课堂建设方案》。为配合此方案付诸实施,自然博物馆利用博物馆现有资源,组织馆内专家资源,针对中小学生自然科学知识兴趣点,开发出兼具博物馆特色的"社会大课堂"项目。"社会大课堂"项目于每周三下午定期举办,馆内专家结合基本陈列,讲座涉及诸如动植物、分子学、古生物等不同学科领域。如下所列为北京自然博物馆 2011 年"社会大课堂"项目主题讲座日程安排(见表 4-18)。

表 4-18 北京自然博物馆 2011 年社会大课堂主题讲座安排表

日 期	主讲人	职 称	题 目
2.16	黄满荣	副研究员	地衣:典型的共生生物
2.23	高立红	助理研究员	北京猿人
3.2	王志学	研究员	植物对环境的适应
3.9	王文利	研究员	生物演化中的灭绝事件
3.16	马清温	研究员	寻找生物的家园
3.23	李建军	研究员	大陆漂移
3.30	李潇丽	副研究员	火山与地震
4.6	王莹	助理研究员	与恐龙共飞翔
4.13	倪永明	副研究员	生态足迹
4.20	翟 红	副研究员	生命的支撑
4.27	杨红珍	副研究员	昆虫文化
5.4	王绍芳	研究员	重金属污染的危害
5.11	殷学波	副研究员	心脏发动机
5.18	张昌盛	助理研究员	深海潜鱼
5.25	李 竹	副研究员	昆虫王国
6.1	王 波	助理研究员	人类起源的故事
6.8	徐景先	副研究员	北京湿地植物多样性
6.15	李全国	副研究员	恐龙的远亲近邻
6.22	刘海明	助理研究员	远古世界的颜色
6.29	杨 静	副研究员	大爱无边(动物护幼行为)
7.6	张玉光	副研究员	会飞的恐龙
7.20	毕海燕	助理研究员	植物的开花结果

科学大讲堂则邀请具专业基础的资深专家开展主题讲座,讲座包含热点话题和重点学科,每季度举办一期。2009 年 6 月首次开办,首场观众便爆满,观众主要为小学生、中学生,有个人报名,亦有学校团体报名。科学大讲堂主讲人多为从事科学研究或科学传播工作的专家,如北京科学技术协会副主席、原科技馆馆长王瑜生,中科院古籍所研究院徐星等。科学大讲堂除了单场主题讲座外,还开发出系列讲座,如达尔文系列报告。与此同时还推出科学大讲堂特别活动,如邀光明日报科技部记者做题为"世界是干的?"科学讲座,讲座现场对中国乃至世界环境问题进行聚焦。

馆外讲座,是指博物馆讲座走出场馆,走向大千世界,这里主要表现为科普讲座走入中小学校、走向社区等。譬如,2006 年自然博物馆与国家海洋局极地办公室合作举办"神奇的南北极"系列科普讲座走进小学活动,主讲人曾 2 次远赴南极、1 次远赴北极进行越冬考察,其特殊科考经历和极地风貌使孩子们饶有兴趣,掌握极地常识的同时走近科考生活。2008 年,北京市政府资助的"流动展"挺进 10 个远郊区县的中小学校,自然博物馆 6 位博士研究员应邀为儿童开展科普讲座,受到小观众热捧。2010 年年底,自然博物馆与天坛街道签约,约定每年举办 10～12 次社区科普活动,其中科普讲座是一项社区优惠活动,丰富居民生活的同时提高了居民科学素养。2011 年,自然博物馆古植物专家、古生物专家走进北京市第十五中学,卅展《植物世界》《恐龙足迹》两场科普讲座,他们讲授风格妙趣横生,为学生传播科学研究的思路和方法,学生参与者达 400 余人。

自然博物馆基于馆藏资源和专家资源基础上开展系列讲座,让更多儿童认识自然博物馆,以便更好地利用博物馆,培养儿童自然科学兴趣,鼓励儿童做出探索和思考。

(2)文化体验项目

③操作时间项目

位于自然博物馆展厅三层的探索角,每周三到周日有针对 3～10 岁,尤其 5～8 岁的儿童,将创造性动手和自然学科相结合的动手操作项目。项目内容主要表现为两方面:手工和生物实验。由两位专职人员负责。

3-1 手工项目

手工项目主要包含挖掘恐龙、化石翻制、鲁班小木匠、彩陶宝贝、香皂工坊、页岩拼画、绘制京剧脸谱等。从 2010 年五一开始,动手项目又增设新的板块,即"实验乐翻天",在老师辅导下由儿童完成有趣的生物实验。因教学空间受限,每次实验学员仅限 20 人,后酌情改为 15 人,课程完全免费。

如下对各项目做出简要介绍。手工项目对象为低龄儿童,时间限于 30～40 分钟。挖掘恐龙,让儿童亲自动手,细心体验从地层岩石中挖掘恐龙的过程,培养其科学探究的能力和精神。化石翻制,采用石膏来翻制动物的化石,结束后辅之以彩绘,儿童动手动脑,有助于开发创造性思维。鲁班小木匠,利用木材和木具,动手组装小座椅,儿童逻辑思维能力得以提高。彩陶宝贝,将五颜六色的软彩泥,制作成各种物品,可以是动物,亦可以是植物,儿童想象能力得到提升。香皂工坊,依自己喜好将香皂做成各种形状并带回家收藏,突破超市货架上常规性香皂形状的思维,儿童动手操作能力也得到提高。页岩拼画,将化石碎片进行拼和,特别其上植物遗迹,使儿童在感受化石魅力之余,培养他们认真仔细的工作态度。绘制京剧脸谱,主要是彩绘脸谱,增进儿童对国粹京剧的文化认知。除却以上常规项目,科普部还不断开发出新项目,如虫虫大本营之昆虫风铃,即父母与儿童合作制作风铃并着色。

3-2 生物实验项目

"实验乐翻天"项目,每月设置一个课程主题(亦有两个月一主题,如寒假期间),进行科普实验,开展时间为当月每周六或周日,始设至今主题各异,广受好评。例如,第一期走进酵母菌,参与学员主要为 6～10 岁,内容包括观察干酵母和面包,后动手实验,用酵母发酵面粉,将生物知识与生活应用融为一体(见图 4-18)。其余有化石的形成,糖的秘密,与昆虫亲密接触,变色的植物,身边的水,植物的微观世界,给地球做体检——酸雨,植物是如何进食的——植物水分传输谁最有营养,鲸的密码等。

无论是手工项目抑或是生物实验项目,尤其"实验乐翻天"每月推出一个主题,足见科普部员工竭诚尽智,儿童及其家长亦报之以高度热情,项目常常爆满,不少家长带着孩子远赴于此。神奇趣味的自然科学知识使得儿童受益匪浅,更为关键的是在项目参与过程中,儿童动手能力得以提升,锻炼了逻辑思维,培养了创新能力,这些非正规教育收获不是学校教育能取代的。

3-3 "博物馆奇妙夜"项目

自然博物馆以馆藏资源为基础,以博物馆展厅为场地,专业人员为中介,举办各类教育项目,其中"博物馆奇妙夜"是自然博物馆品牌项目。2007 年 9 月开办第一期,其时命名为"博物馆之夜",15 个家庭携带 3～6 岁的孩子,深夜入馆在恐龙身旁支起帐篷夜宿博物馆,以亲近的方式感受博物馆的另一面。2009 年此项目正式定名为"博物馆奇妙夜",项目设立旨在丰富儿童暑期生活,让孩子在父母的陪伴下,以轻松直观的方式掌握自然科学知识。首期"博物馆奇妙夜"项目在暑期举办,连续推出三期。参与对象为 5～12 岁的儿童及其父母。项目内容包括三阶段:恐龙探秘、我和蝴蝶有个约会、与恐龙共眠(见图 4-19)。如下所示为2009 年"博物馆奇妙夜"项目日程安排(见表 4-19)。为响应观众需求,十一期间又增设两期。

图 4-18　北京自然博物馆"实验乐翻天——走进酵母菌"项目现场

孩子正在观察酵母和面包(图片来源:北京自然博物馆提供)

图 4-19　北京自然博物馆 2009 年首期"博物馆奇妙夜"项目现场

孩子夜宿博物馆,与恐龙共眠(图片来源:北京自然博物馆提供)

表 4-19　北京自然博物馆 2009 年"博物馆奇妙夜"项目日程安排表

日期	活动形式
18:30—19:00	报到
19:00—20:00	恐龙探秘。博物馆科普专家带领小朋友们探寻 2 亿年前生活在地球上的庞然大物——恐龙的奥秘
20:00—20:20	观看 3D 电影《从恐龙时代走来》。小朋友将和爸爸妈妈一起,更直观地了解生命演化历程
20:20—20:30	休息
20:30—21:00	科普小课堂"我和蝴蝶有个约会"。小朋友将在科普老师的带领下,了解昆虫
21:00—22:00	亲子动手项目:蝴蝶标本制作。小朋友将在爸爸妈妈和辅导老师的帮助下,亲手制作蝴蝶标本
22:00	与恐龙共眠。在恐龙公园,伴随着恐龙的叫声入眠
次日早 6:30	起床带着亲手制作的蝴蝶标本,带着收获的知识和快乐回家

　　首期的前车之鉴直接推动 2010 年第二期的改善。第二期"博物馆奇妙夜"项目以"博物馆缤纷夜"为大主题,其下分设"恐龙来啦""动物大游行""植物小夜曲"三期,各期分别以古生物学、动物学、植物学不同学科为背景,项目内容和环节各异,唯一共同之处为家长孩子共同体验在大自然中搭建帐篷进入梦境的乐趣。此次项目对象年龄扩至 4~12 岁儿童及其家长。2010 年"博物馆缤纷夜"日程安排见表 4-20。第三期"博物馆奇妙夜"项目相较于首期已改头换面,它将"博物馆奇妙夜"定位为"博物馆寻宝夜",以"寻宝之旅"为主题,四支寻宝小分队使用寻宝图在展厅内过关斩将,寻找宝物。历经恐龙王国、阿尔卑斯山、沼泽湿地后,风尘仆仆的营员们最终搭建起自己的帐篷,夜宿大自然中。此次项目具备集体协作和竞技特征,要求营员年龄比较集中,对象为 5~10 岁儿童及其家长。2011 年"博物馆寻宝夜"项目日程安排见表 4-21。

表 4-20　北京自然博物馆 2010 年"博物馆缤纷夜"项目日程安排表

日期	主题	活动环节	时间	活动形式
7 月 23 日 8 月 6 日	动物大游行	活动前奏	19:10—19:30	欢迎及活动注意事项
		"博物馆奇妙夜"	19:30—20:00	人偶剧演出
		野兽出没	20:00—21:00	展厅导览及互动有奖竞答
		消夜	21:00—21:30	休息
		野性 T 台秀	21:30—22:30	绘制个性 T 恤与展示
		与百兽同眠	23:00—次日 6:30	夜宿动物奥秘厅
7 月 30 日 8 月 13 日	植物小夜曲	活动前奏	19:10—19:30	欢迎及活动注意事项
		"博物馆奇妙夜"	19:30—20:00	人偶剧演出
		植物世界的音乐旅程	20:00—21:15	展厅导览有奖竞答
		消夜	21:15—21:45	休息
		我是小小造纸匠	21:45—22:30	制作环保纸及个性绘画
		丛林夜营	23:00—次日 6:30	夜宿植物世界厅

日　期	主　题	活动环节	时　间	活动形式
8月20日 8月27日	恐龙 来啦	活动前奏	19:10—19:30	欢迎及活动注意事项
		恐龙出没	19:30—20:30	展厅导览及互动有奖竞答
		从恐龙时代走来	20:30—21:00	观看3D电影
		消夜	21:00—21:30	休息
		我是恐龙小专家	21:30—22:30	挖掘修复恐龙化石
		与恐龙同眠	23:00—次日6:30	夜宿恐龙公园

表 4-21　北京自然博物馆 2011 年"博物馆寻宝夜"项目日程安排表

日　期	活动形式
18:40—19:00	到场点名,办理手续
19:00—19:20	队伍集结分组,分发装备,整装待发
19:30—21:30	各组领取任务书,根据寻宝路线图开始神秘的寻宝之旅
21:30	陆续完成寻宝任务,回到宿营地集结,夜餐
21:30—22:00	鉴宝大会
22:00	开始搭建营地,完成后在大自然中入眠

"博物馆奇妙夜"项目的推出,令参与者好评连连,报名名额无法满足需求,中央电视台《新闻联播》还对此项目进行专题报道。首先,项目选择在"野外安营扎寨"的方式让儿童对此充满好奇与兴奋。其次,除却强调内容的趣味性,还强调其知识性,古生物、动物、植物知识被精心设计至项目环节中,如寻宝之旅的鉴宝大会,"专家"对四分队"宝物"展开鉴定,队员们在项目中掌握了诸多标本、化石知识。最后,每年奇妙夜项目推陈出新,既可吸引新观众,又可引来老观众,博物馆标新立异的设计理念和员工、志愿者兀兀穷年的付出,使博物馆以崭新的一面示人。

3-4 小小科普讲解员项目

自然博物馆为国内首家在自然类博物馆内对小讲解员开展培训的单位。"小小科普讲解员"培训班始设于 2005 年,是依托自然博物馆独特的资源,针对儿童对语言表达的需求和自然科学知识的追求而举办的特色培训。小小科普讲解员培训班属于收费型教育项目,每年收费标准根据市场略有浮动,总体维持在 1000 元以内,但"精品培训班"学费在 2012 年已逾千元,达 1980 元。馆方表示之所以成为一项收费项目是基于培训成本,授课教师除却自然博物馆内的专业教师外,还专门付薪外聘优秀播音主持、表演教师。因此,小小讲解员经过此项培训,一方面得到讲解员基本素质和展厅讲解的专业训练,另一方面亦掌握了用气发声、语音训练、形体塑造和语言表达等专业知识。通过这种朗诵艺术的培训,小学员不仅成为一名"合格的讲解员",更成为一名"主持人式讲解员"。培训班的学员招收对象为 5～12 岁儿童,分平时教学和寒暑假教学,有初级班、中级班、高级班、精品班。颇具特色的是,根据历年经验积累,自然博物馆还推出了针对小小科普讲解培训的系列教材并不断升级扩充,同时专门开设"小小科普员"招生办公室。截至 2011 年年底,自然博物馆已输出了 1000 余名表现优异的学员。2010 年,4 名金牌小讲解员受到中央电视台《成长在线》栏目约请走进演播厅(见图 4-20),他们平均年龄仅 10 岁,但已在博物馆展厅中讲解服务 3 年多,他们的讲解风格和内容接受了众多电视观众的检阅。下表为 2012 年"小小科普讲解员"精品培训班招生简章(见表 4-22)。

表 4-22　北京自然博物馆 2012 年"小小科普讲解员"项目精品班招生简章

项目	内容要点
招生班级	精品班(上、下册教材)
招收人数	20 名(报名以实际收到费用为准,不电话预留名额,额满为止)
招生对象	6～10 岁学员(每位学员可由一名家长陪伴)
学习内容	以讲解古生物展厅为主,配合语言艺术技巧,学习相关自然科学知识
课时安排	共 60 课时(每次授课 3 课时,共计 20 周次)
学费	1980 元(无其他附加费用,学习结束可全年免预约来馆讲解)
授课时间	2012 年 2 月(双休日授课,时间待定)
授课地点	北京自然博物馆 展厅三层 探索角(凭学员听课证和进馆卡免票进馆)

小小科普讲解员的培训突破了既有模式,通过收费方式,提升了整个培训的质量和水准。同时,中文讲解和双语讲解培训满足了学员对不同语言能力的需求。此类教育项目的推出使得学员在汲取自然科学知识之余,提高了与人交流沟通的能力,增强口头表达技巧,并将这种技巧上升到朗诵和表演的专业水平,潜移默化地将"热爱自然,热爱科学"之情绪融入孩子成长历程。

3-5 夏令营项目

夏令营是自然博物馆的一项传统项目,每年暑期举办,促使儿童在户外与大自然接触中掌握自然科学知识。夏令营主题选择不拘一格,但受欢迎度不分轩轾。分海峡两岸中学生自然探索、北京澳门地质科普、小军团、小小科普讲解员暑期自然探索等不同形式。

"两岸中学生自然探索夏令营"始于 2005 年暑期,至 2012 年暑期已经成功举办了 7 届。夏令营针对中国大陆和台湾地区青少年组织自然科普探索,增强了学生对于大陆及台湾地区自然风貌、风景名胜、动植物资源的认知以及增进了两岸学生的彼此了解。项目参与对象为初中学生,名额双方各约 20 人,开展时间约 10 天,收费仅收取成本价,一般逾万元。夏令营通常历年轮流赴台湾地区或大陆,2009 年为大陆学生赴台湾地区,项目具体安排如表 4-23 所列。

表 4-23　北京自然博物馆 2009 年"两岸中学生暑期自然探索夏令营"项目安排表

项目	内容要点
招生对象	初中学生,有生物爱好者为佳
招收名额	20 人
活动天数	9 夜 10 天
报名时间	2009 年 6 月 20 日前,报名额满为止
活动报价	12580/人

项目	内容要点
活动内容	参观台北故宫博物院;参观科博馆展厅及太空剧场;参观科博馆植物园及户外植物生态解说;参观海生馆;参观垦丁公园,赴砂岛观察地形景观与植物生态;风飞砂及佳乐水观察地形景观与植物生态;赴阿里山,参观森林公园,观看阿里山三代神木、姐妹潭等胜景;赴塔塔加及日月潭观察地震断层地形;日月潭游船环湖参观,参观玄光寺,远眺因祭祀孔子、关公得名的文武庙和台湾少数民族邵族村落伊达绍——旧称德化社等。

"北京澳门地质科普夏令营"又称"北京地质地貌夏令营",此夏令营项目是受科技部台港澳办公室委托,由北京自然博物馆承办。2009年开办,每年暑期举行。夏令营营员以澳门学生为主,约40人,年龄为15～17岁,他们由澳门中学推荐并选拔,北京营员一般不超过20人,年龄亦为15～17岁,从自然博物馆的合作学校中选拔。除却普通营员之外,夏令营还安排了澳门和北京的带队教师。地质地貌考察时间约6～7天,营员们被安排参观自然类博物馆和重点研究室,参加野外地质遗迹考察、植物化石挖掘、聆听科普主题讲座等活动(见图4-21)。学习考察项目形式多样、安排紧凑集中,营员们学习地质地貌知识之余,对自然科学萌发好奇与兴趣,同时北京、澳门两地同龄人在接触中,可以提高人际交往、互助协作的能力,促成双方文化的交融。

图 4-20　北京自然博物馆金牌小讲解员走进央视

分享三年多的讲解知识和学习成果(图片来源:引自北京市科学研究院官网)

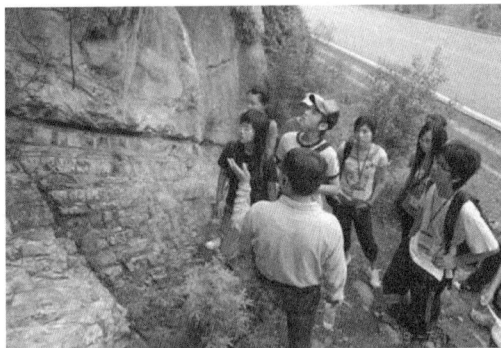

图 4-21　北京自然博物馆 2009 年地质科普夏令营——走进门头沟

现场研究员正在为营员们进行讲解(图片来源:北京自然博物馆提供)

"两岸中学生自然探索夏令营""北京澳门地质科普夏令营"是自然博物馆夏令营项目之传统主题,另于2009年、2011年暑期分别增设小军团夏令营和小小科普讲解员暑期自然探索。总之,首先,夏令营项目发展已相当成熟,经营已相当成功,不仅开发出的考察项目形式多样,并且参加的营员来自中国大陆、台湾及澳门地区,为少年儿童搭建起一座沟通交流的桥梁。其次,夏令营项目馆方只收取成本费用,部分外聘专家的费用由馆方承担,突出非营利属性。再次,自然科学考察等不拘一格的实践活动,丰富儿童课外知识,增进儿童与自然亲近的机会,拓展其视野之余亦加强了儿童动脑与动手能力。

3-6　知识竞赛项目

自然科学知识竞赛原是仅指由北京市科协、教委、科委等主办,自然博物馆联合其他七家博物馆共同承办的"北京市中小学自然科学知识竞赛团体决赛",但2012年3月馆方又隆重推出"环球自然日——青少年自然科学知识挑战赛"项目。研究者仅对知识竞赛类项目做概要介绍与总结。

"北京市中小学自然科学知识竞赛团队决赛"为北京中小学生科技节的构成部分,旨在贯彻《关于进一步加强改进未成年人校外教育工作的意见》相关文件等精神,塑造中小学生的科学思想、创新能力、实践技能和人文意识。该项目截至 2011 年 12 月 29 日已举办 17 届,参赛队伍规模逐年扩大,到 2011 年已发展到 13 万余学生参赛,其中 200 余名选手、30 支代表队进入决赛。知识竞赛项目内容包含科普场馆参观、科普知识网上答题、科普征文和讲座等。决赛分成小学、初中、高中三个组别开展。决赛题目类型原设必答、竞猜、快速答、抢答题和科普剧表演,2011 年增设动手操作题。此项目以竞赛的形式将学校教育向校外拓展,受众面广大。

为激发中小学生对大自然的热爱并普及自然科学知识,2012 年 3 月 4 日"环球自然日——青少年自然科学知识挑战赛"拉开帷幕。项目系由北京市科学技术研究院、环球健康与教育基金会主办,自然博物馆和北京校外教育协会联合承办。参赛对象为北京地区适龄学生(小学四年级—初中二年级)及其教师,采用师生结对,团队报名的方式参赛。竞赛分为预决赛两阶段。项目主题为"生物多样性",形式别具一格,包含展览和表演两部分。展览以创建文本的形式呈现,表演以戏剧化演出的方式体现。选手可尽情发挥创意、选择视角,从自然科学任何主题自主确定参赛题目。评委从自然科学特质(占 50% 分值)、清晰的展示(占 30% 分值)、年度主题关联度和规则遵守(分别占 10% 分值)四个维度对展览和表演进行评分(见图 4-22)。最终获胜队伍将远赴美国参加"肯尼斯·贝林探索之旅"或加入国内的户外科考。该项目历时近一年于 2013 年年初结束,它突破学校教育的禁锢,提供儿童展示自我才华的舞台。

图 4-22　北京自然博物馆环球自然日——青少年自然科学知识挑战赛评审表(图片来源:北京自然博物馆提供)

两项以知识竞赛为主题的项目组织单元广泛，活动形式新颖，参与对象众多，开拓了校外校园的新模式，儿童参与程度高，将知识、趣味与挑战巧妙融为一体。

④馆校合作项目

该项目分学生入馆与博物馆入校两种形式。为推进校园教育与科技活动的衔接，利用博物馆资源开展实践活动、科学课程和研究性学习，自然博物馆从2007年起举办"科技馆进校园"项目。该项目基于馆内展览和专家资源，依中小学生学习能力，组织馆内科普、研究人员、学校生物教师和教育学专家，共同协商确定面向小学生的"有趣的一堂科学课"。同时，亦有"校园进科技馆"即面向初中生的"生物课开在博物馆"的培养方案。面向小学生走进校园的课程列举如下。

2010年10月，自然博物馆公共教育部任职的专业教师为北京市府学小学的科技兴趣小组学生举办了一堂科学课程"化石的形成"。一个月后，该课程又走进了史家胡同小学。另有面向初中生走进博物馆的课程。如北京育才中学属自然博物馆的共建学校，两者于2009年签署"馆校共建合作协议"，继而"生物课开在博物馆活动"便在育才中学展开。无独有偶，同属全国育才学校联盟单位的深圳市育才学校也积极参与该活动，与北京育才中学学生共同聆听自然博物馆研究员讲授如"恐龙羽毛颜色复原"的研究成果（见图4-23）。尔后，两所中学与自然博物馆项目组成员一起，就"生物课开在博物馆"活动如何利用博物馆资源进行全面探讨，交换彼此经验，分享感受。馆校合作项目还有一项科普小课堂活动。因下文将择取科普小课堂作为研究案例，此处不着笔墨。

自然博物馆借由对馆内展览资源和专家资源的梳理，为学校素质教育提供了专业服务。小型特色课程是博物馆与学校合作的一种尝试，新型教育课程逐步向更多班级、学校和年龄段推广。未来博物馆与学校合作潜能巨大，需在更大、更新领域内整合资源，自然博物馆须为双方合作提供更多范例与参考。

图4-23　北京自然博物馆"馆校合作——生物课开在博物馆"项目现场
　博物馆研究员为北京育才中学学生在博物馆内开设关于"恐龙羽毛颜色复原"课程（图片来源：北京自然博物馆提供）

2.项目内容规划内部评估——工作人员访谈

自然博物馆教育项目内容规划究竟有何缺失与特色，本部分依据本书建立之内部评估方式开展效益评估。此次评估依然采取对焦式访谈、半结构式访谈或对焦群访谈（博物馆员工和项目志愿者）。半结构式访谈是此次评估的中心策略；为保障特定人群访谈数据，还采用对焦群访谈以做出对象区隔。研究取样时间为 2012 年 3 月 5 日至 15 日和 2012 年 8 月 4 日至 11 日，每个项目的主题及类型决定访谈时间与样本大小（详见以下项目内容规划评估之各案例）。根据访谈记录进行梳理和筛选，择取其中与本研究主题相关部分，加以归纳。

(1)参观导览之主题讲解项目

北京，北京自然博物馆

分别由研究者在北京自然博物馆的主楼地下 1 层的恐龙公园、主楼一层大厅、主楼二层咖啡厅执行。

方法：半结构式访谈 10～15 分钟，共访谈两次，一是 2012 年 3 月，二是 2012 年 8 月。受访对象共 6 人，有科普部、其他部员工、特色讲解志愿者和普通志愿者。

目标：评估本馆科普工作者、志愿者对主题讲解项目之认知、评判，以及对此类项目的建议，以促进对本项目的反思、自检与提升，发掘可供他馆借鉴之经验。研究者针对不同受访对象采取不同的提问方式，任由对象根据提示性话题使用自己的语言进行表达。

部分访谈摘录整理：

（科普部员工 A1[①]）：馆里十分重视讲解工作，我们会对新加入的讲解员开展集训，是全方位的培训。不仅这样，我们的讲解员还会去各地博物馆参观学习。更关键的是，我们还针对讲解员的讲解水平开展定期考核，考核比较严格，得现场进行中英文讲解。另外还有一支讲解员的优秀志愿者队伍，开展得相当顺利，我们要感谢他们……

（科普部员工 A2）：从我多年工作经验来看，对于一个博物馆而言，固展、临展十分重要，常规讲解作用还是有限的，讲解受众面比较有限……我们目前从事科普教育工作的人有 20～30 人。我们曾经做过一份调查研究，调研结果让我们十分意外。我们发放了 500 多份调查问卷。针对特色讲解部分，只有 47% 喜欢听讲解，还有的喜欢自己看。这一点我们没有想到，可能这样的调查只是部分展馆调查，说明讲解还有改进的余地。今年（2012 年）打算开展一项全馆性的调查研究。

（志愿者 C1）：我担任讲解员，我很享受，我本身是一名退休教师，讲解工作已经做了 3 年。我觉得就用我的真实感情、用最简单的语言，来和孩子们沟通，在我眼里，孩子们的欢乐是最重要的。现在的孩子太累太苦，在做老师时，我没有办法，但在做志愿者时，在博物馆里，我只要给孩子们带来快乐……

（志愿者 C2）：我们博物馆志愿者的工作是有分工的，很多都会有做讲解员的经历。志愿者在选拔时会有考核，会有两个星期的培训工作，入围的志愿者最终要进行考核，考核有技巧、内容，还有礼仪的仪态塑造。考核十分专业，讲解信息量大，我第一次讲解，当时十分紧张。好在我准备充分，我们的前提就是有一定的生物知识。考核我们的会是资深的志愿者讲解员，他们有经验，他们也愿意无私地教育我们。我觉得我们是一个很好的集体。

（其他部员工 B1）：科普教育工作向来是我们馆里的特色，主题讲解我印象最深的是暑期的志愿者们的讲解，他们比较豁得出去，扮演动物角色，完全可以带领着小孩沉

---

① （）中文代表受访者身份；英文 A 代表科普部员工类别；B 代表其他部员工类别；C 代表志愿者类别。数字为受访者编号。

浸在动物的世界里头,我的孩子也参加了,很有趣,活动场面十分活跃,场面设计得很用心。

(其他部员工 B2):讲解也算是馆里的一个亮点,有些应该不仅仅是科普讲解,还有科普活动融入当中,我觉得好的讲解,一定是主题设计得有意思。不是玩过闹过,而是有思想,来我们馆的主要是中小学生,我们的设计要针对他们。我觉得这些年国外的前期调查搞得很好。每个活动之前不妨弄一个前期调查,看受欢迎程度再决定是否举办。可以多弄几个,让观众做出选择。

(科普部员工 A3):我们馆每年会出 2～3 个主题性讲解,利用馆内现有的展览资源,但是非常遗憾的是,我们科普部的专职讲解员只有 2 位,人数非常少,工作量又很大。我们今年(2012 年)春节期间举办了"龙年说龙"的一个主题讲解,根据龙的特征来讲解。……别看我们科普部占有三分之一的馆内员工,但是负责科普教育工作的只有 9 人,其他还有负责运营之类。有限的人数要策划出主题性的特色讲解,难度真的很大,但是我们还是坚持每年出。

(科普部员工 A4):讲解工作很辛苦,我们举办过的讲解有贝壳梦幻之旅、动物大联欢、寻鹿之旅和大象的故事,你想想我们就 2 人,怎么忙得过来,错了,我们背后还有一个强大的团队,那就是志愿者队伍,2011 年的暑假整整 2 个月,在周六的上下午都有一场有关动物的主题类讲解。

(普通志愿者 C3):博物馆对我们志愿者还进行管理,每一年度有优秀志愿者评选活动。其中有些志愿者评价很好……

(讲解志愿者 C4):我觉得我有热情,也想把事情办好,但是要把各个展厅内容串联起来的主题设计太难了。我觉得需要这样一个专门的团队,可以和科研专家合作,对展厅内容要有相当了解。我们仅仅有暑期的特色讲解还不够。我觉得还应该发展大学生、退休教师志愿者,因为他们时间相对比较充裕,不会只有周末有时间。对志愿者管理要有专门的制度,要有效利用我们这个团队。国外的博物馆有些志愿者会是行政官员、大学教授,都很厉害。

(普通志愿者 C5):……北京有些学生有课外实践课,他们需要到博物馆完成,但是从目前来看,很多是流于形式。我想学校是否可以和博物馆联系,很好地去计划这件事,要提出什么要求,免于流于形式。

研究发现:有关参观导览之主题讲解项目的研究发现。自然博物馆科普部专职担任讲解工作的只有两位员工,因此每年仅能推出 2～3 个主题性讲解,面对人手不足的问题,他们提出的解决方案是发挥志愿者讲解员的核心作用。讲解员目前已形成旧人带新人的模式,考核严格,年终评优,初步建立激励制度。讲解员亦能成功推出系列特色讲解项目,讲解能力和技巧都经受过考验。本馆科普讲解和活动自然融合,区别于缺少互动的口头讲解。但讲解员构成仍很单一,以退休教师为主,缺少多元性,应当加强宣传力度。同时讲解主题的设置未做前置评估,对该主题是否受欢迎,受欢迎程度未能做出预知。特色讲解的主题开发需要花费更长时间、更多精力,一旦成型,可成为一项品牌教育项目,在质而非量上取胜。如今学校与博物馆合作的力度不够,学生参与项目流于形式。

(2)参观导览之科普讲座项目

北京,北京自然博物馆

分别由研究者在北京自然博物馆的主楼地下一层娱乐休闲区、主楼一层大厅、主楼二层咖啡厅、新楼三层探索角执行。

方法:10~15分钟的半结构式访谈,受访对象为科普部员工、其他部员工和志愿者。访谈分两次执行,一为2012年3月访谈6人,二为2012年8月访谈6人。

目标:调查本馆工作人员对传统教育项目——讲座的态度和认知,他们是否了解馆内讲座体系的构成;讲座究竟吸引了哪些年龄层的儿童参与;收到了怎样的效果;能否提炼出更好的讲座策划理念和执行方法。

部分访谈摘录整理:

(科普部员工A1):讲座应该说是每个博物馆非常传统的一个项目,但我始终觉得每个博物馆要有自己的特色。比方说,我们是自然科学类博物馆,那么我们的讲座必须与这个有关,不是什么讲座都要去弄。我们的讲座有很大研究成分,除了充分利用馆内专家资源还要邀请馆外专家,比如我们科学大讲堂第一场就邀请了中国科学院古脊椎动物研究所研究员,之后又有北大教授、古人类学家,我们的讲座,哪怕是面向中小学生,也很讲专业性。

(志愿者C1):去年(2011)、今年(2012年)我们陆续举办科学大讲堂,我们志愿者也可以参加听这个课程。我们还可以听社会大讲堂。因此,我们不仅在服务,也在不断学习。我们研究院的李老师从恐龙脚印谈起,讲的北京地质变迁,非常有意思。在提问环节,我们也都纷纷提问,觉得这样的科学报告我们应该多多参加,提高自身的素质,提供更加专业的服务……

(志愿者C2):像我们退休人员,总觉得需要发挥余热……我觉得科学大讲堂比较求新求变,相比之下,社会大讲堂要稍微差点。科学大讲堂还有类似于特别活动之类的,我记得博物馆邀请的人不仅仅是专家之类的,还有媒体记者,他们的思想和语言十分犀利,比如他们讨论一些世界焦点性问题,如中国城市缺水、河流失水、世界变干的话题。这些世界焦点性话题让孩子们去了解感受,特别好。

(其他部员工B1):有些讲座要了解观众,有些讲座对于参加观众提出要求,但是很多讲座没有。有些讲座还是有一定深度的,所以我的想法是多数讲座应当对参加的观众有多大年龄,有个规定。

(科普部员工A2):我们馆有馆内讲座和馆外讲座,馆外讲座有走进中小学校、走进社区,比如2008年,曾经有6位博士研究生走进远郊的小学进行科普讲座……当然我们还有馆内讲座,每周三下午的社会大课堂,每一个季度的科学大讲堂,科学大讲堂的观众可能更多是学生,有的学校干脆组团来。我们还开发了科学大讲堂系列讲座,收到了比较好的效果。

(志愿者C3):反正我的感受是自然博物馆要么不请,要请都是请专家。……个人的看法是我们办讲座,有一点做得非常好,就是我们不是盲目的,我们每次都对参加观众有个建议。比如李老师讲恐龙的时候就建议最好是初中以上的孩子,最好还是对地理学感兴趣的。但是我始终觉得有个问题,就是博物馆里面可以提供的空间太小了,博物馆被搞得满满当当的,没有太多空间可以搞教育活动,我想搞教育活动(空间)应该也很重要。

（科普部员工 A3）：我们相对走出去做讲座还是做得不够多，实际上现在的教育大背景下，能走出去是更好的。但是这中间存在着对接的很多困难。我们很多研究成果是相当有趣的，这其中还有一种科学研究的思路和方法……

（其他部员工 B2）：我始终觉得（科普部）这个还是做得很好。但我有一个想法，就是针对研究员们的报告题目进行筛选，在网上搞个互动，做个交流。（研究员们）也尽量把题目取得有趣生动些。

（科普部员工 A4）：这和北京市政府的推动是分不开的，2008 年北京市政府 12 部委联合印发《北京市中小学生社会大课堂建设方案》，这个方案可以说直接推动了我们社会大课堂项目的举办，馆内的专家们结合我们馆自己有的东西（馆藏资源），研究孩子们的兴趣点。这还同科学大讲堂有所不同。我不知道这在其他省区市有没有，总之，我觉得博物馆自个儿要有自个儿的特色，要有自个儿的研究团队，不能浮于表面，要做科研，要做成果展示……我自己反思下，觉得讲座仅仅靠内容来吸引人还不够，可能也需要改变些讲座形式。比如在讲座过程中有圆桌讨论，让参加的人自己总结并发言。参加的人也能互相认识。

（志愿者 C4）：……好的讲座甚至可以不仅仅局限于北京市，有些讲座可以馆际合作，进行互相学习交流，在网站上挂出，在更大范围内发挥讲座的效果。

研究发现：有关参观导览之科普讲座项目的研究发现。自然博物馆讲座分馆内和馆外两种。馆内讲座主要有社会大课堂、科学大讲堂，定期举办。社会大课堂主要由本馆专家讲授，科学大讲堂则邀请馆外专家。讲座整合博物馆资源，专业性强，涉及自然科学不同学科领域，极具自身特色，深受欢迎。馆外讲座主要有走进中小学、走进社区，但未常规化。因此相较于馆内讲座，馆外讲座还属一大弱项，走出去的对接工作还未做好。馆内讲座中社会大课堂较薄弱，科学大讲堂有系列或特别活动，较为程式化。政府的推动是促使博物馆举办讲座的重要外力，起到质性作用。志愿者参与讲座可提高其自身科学素养，以便提供更为专业的服务。讲座题目还需斟酌，科研报告内容应在网上互动进行筛选。参与讲座的年龄层还需作严格区分。讲座形式可尝试改变，如采用圆桌讨论。讲座场地有限，空间不足。可以跨出北京，进行馆际间交流与共享。

（3）文化体验之操作时间项目

北京，北京自然博物馆

该项目分别由研究者在北京自然博物馆的主楼地下一层的恐龙公园、娱乐休闲区、主楼一层的古哺乳动物厅、新楼一层临时展厅、主楼二层咖啡厅、植物世界、新楼三层探索角执行。

方法：半结构式访谈。受访者分为两类——馆内工作人员（包括科普部、其他部门）和志愿者。共访谈两次。2012 年，3 月访谈 8 人，2012 年 8 月访谈 7 人。访谈时间一般控制在 10～15 分钟，志愿者访谈时间为 8～10 分钟。

目标：收集手工项目、博物馆奇妙夜、小小科普讲解员、夏令营、知识竞赛五类项目资料，深入了解项目执行情况，博物馆员工和志愿者以多年经验积累审时度势给予评价，经由评价结果发现常规操作项目之特色与缺失，以便未来为同类项目策划提供前置认知，避免在相同问题上重蹈覆辙。

部分访谈摘录整理：

（科普部员工 A1）：我们的探索角每周三一直到周日都有这种（动手操作项目），但是人只有 2 个。手工活动是结合我们馆里的特点推出的，主要面向 3～10 岁的孩子。有恐龙挖掘、化石翻制、页岩拼画、彩绘面具、彩陶宝贝、香皂工坊这些比较常规点的活动。当然，我们的品牌活动是博物馆奇妙夜，每年暑假举行，名额比较少，网站关注度非常高，中央《新闻联播》还专门报道过这个活动。（小小科普讲解员）培训是从 2005 年开始的，它要收费，因为要外聘老师，每人 1000 多元，从报名、培训到实践。另外，2005 年开始，我们与台中自然科学博物馆合作，举办了海峡两岸夏令营，还挺受欢迎的，4 年后又举办了北京澳门地质科普夏令营。知识竞赛举办得比较早，因为我们这个馆的科研任务是相当大的，得承办"北京市中小学自然科学知识竞赛团体决赛"，今年（2012 年）又推出"环球自然日——青少年自然科学知识挑战赛"。

（科普部员工 A2）："实验乐翻天"是从去年（2010 年）五一期间开始，这个主要是让 5～8 岁小朋友来做生物实验。我们的课程完全免费，不赚钱。但是探索角空间还是比较小，参加活动的当日需要在咨询台领取预约卡，才能免费参加。我们每节课一般限额 15 名学生，额满为止。……我重点说说我们的小小科普讲解员，没错，我们培训的对象是 5～12 岁的孩子，有平时里的教学和寒暑假教学，分成初级班、中级班、高级班、精品班。我们的培训不是普通的培训，我们有自己的特点，特点之一就是收费。因为我们要外聘专家，那些专家有丰富的理论和实践知识，是播音主持表演老师，为我们的孩子进行外在形体、语音训练，告诉他们如何进行语言表达和如何用气，我们出来的小讲解员和主持人一样的，都是很专业的讲解员。培训从 2004 年开始，应该说我们馆是国内第一家在自然类博物馆里搞培训的。有专门科普讲解员的招生办公室。我们今年（2012年）有个精品班，专门招 6～10 岁孩子，在我们培训后，6～10 岁的孩子就能上博物馆进行现场讲解。经过这么些年的实践，我们的培训使用教材，内容已经非常多，有展厅讲解词，有拼音标注，都是彩色印刷的。但有一点，我们是不赚钱的。我们的设计是为了满足父母对孩子在大庭广众下学说话的需求，自然地表现自己。这是一项很重要的能力。所以，每年报名非常踊跃。

（科普部员工 A3）：博物馆奇妙夜，可以这么说，是学习国外的。最早是在美国自然历史博物馆里，在博物馆里过夜。现在这个活动比较常规，特色就是在恐龙边上支起帐篷睡觉。暑假期间举办三期。2009 年时，为满足需求，国庆节期间又增加了两期。2010 年，我们就考虑到运用不同学科比如植物、动物、古生物不同学科背景，2011 年暑假又不同了，换成寻宝主题。在这个过程中 20 名 5～10 岁的孩子与家长参加。在寻宝过程中我们设置了很多环节，这些环节设置了很多自然科学知识比赛。因此，我们在追求新的主题。奇妙夜还是有一些不够完备的地方。名额有限。需要开发更多互动型活动、团队型活动，我一直认为现在孩子最缺乏的就是与人合作的能力……

（志愿者 C1）：我觉得探索角只有两位员工，真的是太少了。在美国，你知道吗？教育部是最强大的，人数也最多。好吧，你人少，那么至少需要很多志愿者有规律地来这里帮忙。因为手工活动是需要提前安排，但现在的手工活动应该说还是很粗糙的，活动完了也会去评价。而且我觉得整个探索角的布置，很少有孩子可以动手去做的东西，很多都是陈列，不能碰的陈列。"实验乐翻天"也是一个人手的问题。它需要一个强大的开发团队,执行倒是不需要那么多人。

(志愿者C2):夏令营我觉得搞得很成功,也举办得比较早。最早在中国大陆和台湾地区学生之间开展,然后是内地与澳门,现在还有小军团啊,小小科普讲解员之类的夏令营。是要收费的,好像是收取成本费,反正如果是两地来回跑。这样的形式是很好的,队员们可以参观一些博物馆,可以参加野外科考,当然还可以听讲座。但是这仅仅局限于北京学生,我觉得也应该鼓励外地学生参加,国内外学生都可以参加。这样的夏令营对传播自然科学知识,普及北京地质地貌知识更有效果。……我觉得夏令营还可以和别的省区市联合开展,不仅仅局限于台湾、澳门地区,让学生有更多机会去更多地方,甚至还有海外的夏令营一样可以参加。要把夏令营的圈子和范围扩大,当然孩子也可以扩大认识面。

(志愿者C3):那么我谈谈知识竞赛吧,我觉得这个是别的馆很少有的。我觉得这是一种融入学生正规教育的一种方式。通过这样的知识竞赛,可以扩大自然博物馆的影响力,因为它本身是北京学生科技节的活动内容,好像2011年有13万学生参赛,最后大概30支队伍进行决赛。整个比赛程序很规范,有改进。比如2011年增加了动手操作的项目。尽管这样,这里比赛的程序还是不能充分体现孩子们的创新能力,记忆性的较多,因此增加了动手操作的环节。今年(2012年)的“环球自然日”这个项目设计十分新颖,给你一个主题,有文本的展览考核也有表演的考核,选手们发挥的空间很大,这相比原来的比赛可谓一个大的飞跃。其他的馆都可以参照学习的……

(志愿者C4):(小小科普讲解员)还有一点需要放大的是,自然博物馆为了鼓励小小科普讲解员最终能来进行志愿讲解,以及对志愿讲解有帮助,为小小讲解员颁发志愿者荣誉证书,也有相应的奖励办法。我可能是吹毛求疵,在这个活动从报名到培训到实践过程中,我觉得各个环节都比较好了,聘请来的人也非常厉害,那么还有一点就是孩子们有没有充分发挥出他们的潜能,讲授只是一个方面。我之前也是搞教育工作的,我觉得这个培训完,让孩子消化完之后,还可以让孩子们有一个分享经验的过程,所以还需要后续的管理。一段时间实践之后,孩子自己补充内容,然后互相交流,所以不是培训完就完了。

(其他部员工B1):我们科普部的这些活动都非常有意思,但我个人的观点,就是需要一个强大的策划团队。任何活动的开展必须要有一支好的策划团队,有了好的策划才能推动去实施。我们科普部这方面的人手还是不多……

(其他部员工B2):科普部的工作量很大,也是能够出彩的一个部门。在一个博物馆中,这些类似的活动(手工活动、博物馆奇妙夜、小小科普讲解员、夏令营、知识竞赛)搞好了,博物馆的品牌和口碑也出去了,博物馆原来给人的感觉是冷冰冰的,当然我们科研工作也是很成功的。这些活动一弄,博物馆被孩子们、青少年喜欢,他们给博物馆带来了很多人气……

(其他部员工B3):我们的活动基本上就是网上挂出来,因为是没有赚钱之说,所以了解的人马上报名,我们很多活动是不接受电话预约的,好像小小科普讲解员就是这样。金牌讲解员曾经走进中央电视台。虽然这样的活动有很多优势,但是我们又没有足够的人力与场地去满足家长和孩子的需要。你说,场地少,我们多搞几次,但是人手不够怎么办?所以,我的建议是科普部门就应该多给配些人。把活动搞起来,搞活。还需要进行严格的划分,有些负责策划,有些负责开展,还有一些负责评价。像我们这样的馆经费还是不成问题的。我们要追求更多东西,让更多活动成为品牌……

(志愿者C5):我们志愿者非常忙,我们也很习惯这样的忙,我们每年会评出明星志愿者。我这样说可能不对,但是我觉得我们是热爱教育事业的。我们对现在孩子的教育环境表示担忧,我们希望博物馆能够提供孩子们轻松的空间。我们也是有智慧的,可以发挥我们的力量,担任更重要的工作,比如想想点子。当然我觉得一直稳定的志愿者更重要,千万要稳定才行,不要三天打鱼两天晒网。……博物馆奇妙夜好是好,但是只能有少数人参加,是不是真的可以实现跨越,把这样的活动开到外面去,开到野外去。

(其他部员工B4):对于今年(2012年)的那个环保日知识竞赛,我特别看好,这是一个多大的舞台。团队报名参加是一大特色。活动持续时间又那么长,策划方案很有想法。活动程序有章程、文章材料、评审标准、时间安排还有报名表格,很规范。据说参考的是美国历史日活动。我想说的是博物馆奇妙夜等很多活动,为什么都是参考美国。什么时候我们创意的节目能够被美国人学习。我觉得博物馆有必要联合起来,搞每年一次的儿童科普教育活动竞赛。

(科普部员工A4):我们馆里搞科普教育的人太少了,所有的方案基本上就是口头交流下,然后出个关键词。评估是有的时候做,有的时候没有做,有的听说国外一开始就做。同时如何做评估?怎样来评估?用怎样的专业评估?也是我们的一个难点,我们现在做的评估用处不大……

(志愿者C6):为了进一步扩大小小科普讲解员的连带效应,博物馆今年(2012年)暑假又推出了小讲解员5天时间的宁夏恐龙游,可以去看看灵武恐龙遗迹,还可以去参观下宁夏博物馆和其他地方。这个活动是收费的,但是博物馆所有收费都是成本收费。馆里希望我们的活动是一个系列。"实验乐翻天"还要应景,比如6月我们就向5~10岁孩子推出"汽水是怎样制作的"等。除此之外,这里还有一些馆内特色培训,今年(2012年)生物小专家的培训班,满足对这方面有兴趣的孩子。有一点我非常"感冒",就是对于参加夏令营孩子的要求。比如今年(2012年)和澳门学生一起的夏令营活动,有10多个北京地区的学生可以参加,费用也得到组织方承担,但是提出北京户籍的要求……

研究发现:有关文化体验之手工项目的研究发现。手工项目对象为3~10岁低龄儿童,周三到周日举办。除却传统手工项目外,还有5~8岁儿童的"实验乐翻天"。课程全部为免费,但因探索角空间有限,每节课限额15名,额满为止,参与面较小。探索角仅有两位员工,手工项目须做前期准备、过程组织、事后评估,但目前很难实现。策划团队力量较小,未充分发挥志愿者力量。建议策划的主题须与生活贴近,从儿童熟悉的知识入手。现今的探索角可动手操作的互动展品或组合不多,有成人化趋向。

有关文化体验之博物馆奇妙夜项目的研究发现。博物馆奇妙夜从2009年开始,系学习借鉴美国自然历史博物馆的夜宿博物馆项目。主要面向12岁以下儿童。此项目属自然博物馆的一项品牌项目,暑假推出三期,国庆推出两期,每期约20个名额,但无法满足需求,事先无须进行广泛宣传。此项目的成功开展赢得广泛关注,中央《新闻联播》给予播报。每年博物馆奇妙夜项目选题标新立异,兼顾自然科学的不同学科。但互动性、团队性、创新性仍不足。受博物馆场地限制,供不应求,奇妙夜项目如能真正走向户外,可以缓解这一矛盾。项目仍最重视执行的过程,缺乏效益评估。项目已成为自然博物馆的亮点,须投入更多人力与成本,重视策划案。同时项目的成功推出,亦能为自然博物馆赢得更多关注,一改博物馆庄严肃穆之旧有形象。

有关小小科普讲解员项目的研究发现。小小科普讲解员培训自 2004 年始,为首家开展此类项目的国内自然博物馆,培训对象主要为 5～12 岁儿童。培训分为初级、中级、高级、精品等不同层级,通常在寒暑假与周末执行培训。因项目培训需外聘专业教师,所以一大特色即为收费,根据不同层级的培训,收取不同费用,但均为成本价格。培训程序为"报名—培训—实践",管理已相当成熟,设有专门的招生办公室,分中文和双语讲解培训。培训目标为培养主持人式的小讲解员,其中 4 位金牌讲解员曾受到央视电视台节目的约请。培训具有专业教材包括展厅讲解词,有拼音标注,彩色印刷。小讲解员项目亦衍生出系列活动,如颁发志愿者荣誉证书,组织夏令营,外地科考活动。但小讲解员培训过程仍以讲授为主,儿童互动分享经验环节缺失。同时,此类培训应当持续,并非培训结束就终止,须加强后续管理,充分发挥儿童潜能。

有关文化体验之夏令营项目的研究发现。海峡两岸中学生自然探索从 2005 年始,北京澳门地质科普则从 2009 年始,之后另有小军团及小小科普讲解员夏令营。其一,夏令营项目形式多样,横跨北京及澳门、台湾地区,为儿童构建沟通桥梁。其二,科考等实践活动,增加儿童亲近自然的机会,丰富课外生活,提升动手动脑的能力。其三,各项活动均收取成本价,馆方承担部分外聘专家费用。但同时有三大局限性。首先,常规夏令营项目仅局限于台湾、澳门地区及北京之间,并未向外围拓展,如其他省区市甚至海外;其次,只能是北京户籍学生,强调地域性,而外地学生甚至国外学生都无机会参与其中。最后,应加强夏令营项目的策划力度,对夏令营项目进行事后评估,每年获取营员反馈并予以改进。

有关文化体验之知识竞赛项目的研究发现。"北京市中小学自然科学知识竞赛团体决赛",截至 2011 年已举办 17 届,为北京学生科技节活动内容。该比赛已融入学校正规教育,参与学生达十余万人,比赛程序成熟规范,已增加动手操作环节,但改进力度不够。既有的参赛内容记忆性竞技较多,创新能力发挥受限,但受到学校教育的欢迎。2012 年 3 月"环球自然日——青少年自然科学知识挑战赛"项目的推出弥补了此类项目的不足。该活动主要是模拟美国历史日比赛方式。持续时间长,参与形式新颖,活动程序规范(含章程、评审标准、时间安排、报名表格等)。预先设置主题,以团队报名形式参与,含展览和表演形式考核,选手发挥空间大,给儿童提供在自然科学领域自我展现的舞台,培养团队合作精神。此活动应当发展成为精品活动,供他馆借鉴。除参鉴国外教育项目经验外,中国博物馆也应开启策划求新之门,可每年举办全国性的儿童教育项目竞赛,激励推陈出新。

(4)文化体验之馆校合作项目

北京,北京自然博物馆

该项目分别由研究者在北京自然博物馆的主楼地下一层的恐龙公园、娱乐休闲区、主楼一层古爬行动物厅、主楼二层咖啡厅、植物世界、新楼三层探索角执行。

方法:采用半结构式访谈,访谈两次。一为 2012 年 3 月访谈 6 人,二为 2012 年 8 月访谈 6 人。访谈时间约 15 分钟。访谈对象选择包括科普部在内的博物馆员工及志愿者。

目标:馆校合作是一种正规与非正规教育(有时是非正式教育)的对接,自然博物馆在该领域究竟采取怎样的方式,表现如何? 通过本访谈收集本项目主要组织者、协助者对此项目的态度和反应,通过内视反听的方式,总结经验之余,揭示项目策划之缺失,日臻完善,亦为他馆参鉴。

部分访谈摘录整理:

(志愿者 C1):我在网上曾经看到国外有博物馆学校,馆校合作也做得很成熟。但国内似乎还是有不少差距……

(志愿者 C2):我觉得主要是教育制度造成的,原来学习就相当紧张,哪有这么多时间让你博物馆进来。我记得我读书那会儿老师们都争着抢着要自修课,没有人会让。现在如果主动争取让博物馆进来学校,这是不现实的。所以我的想法是博物馆要主动出击,要让学校真正看到你的博物馆可以给学生带来什么……

(志愿者 C3):育才中学与自然博物馆的合作很久,大概是 2009 年的事了,学校和博物馆签署了馆校共建合作协议,深圳的育才中学也跑来观摩这样的活动。我觉得这就是一个很好的开头。博物馆要做外包,要营销自己,要争取越来越多这样的学校,要介入教育,给学生带来另外一种空气……

(志愿者 C4):这个馆内要不断梳理,不断地开发,发现究竟有哪些资源、哪些优势,可以区别于其他的(机构)。要开发出很多特色课程资源。做新型教育课程的尝试……

(科普部员工 A1):我们一直有合作的想法,需要找到合作点。我们一直在出借我们的标本资源,教学长廊里所有的标本都可以无偿地出借,只要是我们信得过的单位。我们的想法是让资源发挥更大的作用。

(科普部员工 A2):我们也有对老师的培训。这一点难度比较大。自然科学类的培训要强调研究方法、研究手段,培训人员不仅要是自然科学专家,还要是教育方面的专家。不过,我们另外做了一件事,我们与教育主管部门的业务部门——北京教育科学院基础教育研究中心联系,由他们出面组织老师过来参观博物馆。结合课程,利用标本和专家资源,出教育方案,把好的案例集合起来出一本书。我想这本书可能产生效应。因此,在中国,需要政府部门出面,请来老师就更加名正言顺……

(科普部员工 A3):我们的馆校合作,主要(有)面向小学生的"科学课"和面向初中生的"生物课",陆续开展(过)一些。我们设计的课程往往很受学生的欢迎,但是这方面我们还不是特别成熟,主要是师出无名。我建议应当将博物馆教育放到学生教育方案中去。

(科普部员工 A4):开发的课程可以向更多学校、更多班级和更多年龄段推广。这需要学校的支持,家长的支持,事实上馆校合作的潜能是非常大的,我们还可以和大学合作,和幼儿园合作。

(其他部员工 B1):学校的正式教育本身是有极限的,它需要一种补充,一种新的动力,比如要让孩子学会玩。比如美国的史密森尼博物院就对教育进行培训。

(其他部员工 B2):我们馆的科研力量强大,这是很多中小学校无法达到的,我们可以把他们介绍到学校,使得我们的科研团队效益最大化。这对有这方面兴趣的学生来说是一种好事。

(其他部员工 B3)现在的学生最缺少什么,最缺少的就是动手能力和创新能力……这里(北京自然博物馆)有标本,有活动室,欢迎教师们来博物馆上课。当然也可以听博物馆老师上课。推动博物馆和老师合作,可以一起来备课。

研究发现:有关文化体验之馆校合作的研究发现。自然博物馆有"科技馆进校园"项目,亦有学校走进科技馆的项目。还有面向小学生的"有趣的一堂科学课"和面向初中生的"生物课开在博物馆"。馆方对馆内资源进行梳理,与中学共建合作,为学校素质教育提供服务和平台。尽管已做了不少尝试,如博物馆免费出借标本资源给学校。但与国外成熟的馆校合作相较,仍有差距。自然博物馆在寻找与学校合作的契合点,但现有教育制度,使得博物馆走进校园壁垒重重,如曾经对教师开展培训,但只能由教育主管部门的业务部门出面组织。博物馆现有的科研资源应发挥更大效益,将博物馆教育纳入国民教育计划之列,进一步增强博物馆与学校教师合作,期待多元化新课程出炉,共同培养学生。

(5)小结

采用半结构式、对焦式及对焦群访谈的方式,由本馆工作人员包括志愿者对儿童教育项目内容规划进行内部评估。其主旨是系统采集项目组织者、协助者或观察者各类评估数据,加以效益检视。综上整理,归纳其内容规划之特色与缺失,如表 4-24 所示:

表 4-24　北京自然博物馆常规项目内容特色与缺失之整理

项目类型		访谈方式	样本大小	特色与缺失
参观导览	主题讲解项目	半结构式	员工、志愿者13人	特色: 1.讲解员考核严格、旧人带新人、通过评优活动建立激励机制。讲解员发挥主题讲解核心作用,进行特色讲解,技巧和能力经受考验。 2.科普讲解和科普活动自然融合,与缺少互动的纯口头讲解不同。 缺失: 1.讲解主题设置未做前置评估,主题选择情况无法预知。 2.志愿者讲解员构成单一,以退休教师为主,不够多元化,应当加强宣传。 3.特色讲解的主题开发需花费更多精力与时间,不能急于求成,需在质上取胜。 4.和学校合作力度不够,学生参与活动流于形式。
	科普讲座项目		员工、志愿者12人	特色: 1.科普讲座定期举办,从主讲人来看,一种讲座邀请馆内专家,一种邀请馆外专家,整合馆内外人才资源。 2.从内容看,科普讲座专业性强,整合博物馆资源,涉及自然科学等不同学科,具自身特色,尤其是科学大讲堂有系列或特别活动。 3.志愿者参与讲座可提高志愿者自身科学素养,为提供更专业的服务做准备。 4.政府推动举办讲座,实际作用大。 缺失: 1.馆外讲座是弱项,未常规化,走出去的对接工作还未做好。 2.社会大讲堂较为程式化。讲座形式未尝试改变,如采用圆桌讨论。 3.讲座题目还需斟酌,报告内容未网上互动进行筛选,参与者年龄未做严格区分。 4.讲座场地有限,空间上未做拓展,未跨出北京进行馆际间交流共享。

续表

项目类型		访谈方式	样本大小	特色与缺失
文化体验	手工活动项目	半结构式	员工、志愿者15人	特色: 常年定期举办,对象为低龄儿童。 缺失: 1.探索角空间有限,参与面较小。 2.探索角员工少,无法有效开展前期准备、过程组织、事后评估。 3.策划团队力量小,未充分发挥志愿者力量,策划主题更需与儿童生活贴近,从熟悉的知识入手。 4.陈列多基本陈列,可动手操作展品展项不多,有成人化趋向。
	博物馆奇妙夜项目			特色: 1.品牌活动,赢得社会广泛关注,中央《新闻联播》给予播报,一改博物馆庄严肃穆之形象。 2.选题标新立异,兼顾自然学科不同的学科背景。 缺失: 1.活动互动性、团队性、创新性仍不足。 2.博物馆受场地限制,供不应求。如能走向户外,可以缓解这一矛盾。 3.活动仍然最为重视执行过程,缺乏效益评估。 4.自然博物馆的亮点,需投入更多人力与成本,重视方案策划。
	小小科普讲解员项目		员工、志愿者15人	特色: 1.为国内首个在自然博物馆开展培训之项目,分为初级、中级、高级、精品等不同层级,通常在寒暑假与周末执行。 2.由于需外聘专业教师,所以一大特色即为收费,根据不同层级的培训,收费不等,但均为成本价。 3.管理已相当成熟,设有专门的招生办公室,分中文和双语讲解培训。目标为培养主持人式的小讲解员。 4.具备专业教材,包括展厅讲解词,有拼音标注,为彩色印刷。小讲解员开发出系列延伸活动,被颁发志愿者荣誉证书,组织夏令营,外地科考活动。 缺失: 1.培训过程以讲授为主,儿童互动分享的环节缺失,应充分发挥儿童自身潜能。 2.培训应当持续,不是培训结束就终止,需后续管理。
	夏令营项目			特色: 1.夏令营项目形式多样,涉及中国大陆、台湾及澳门地区,为儿童构建沟通桥梁。 2.科考等实践活动,增加儿童亲近自然的机会,丰富课外生活内容,加强动手动脑能力。 3.各项活动均收取成本价,馆方承担部分外聘专家费用。 缺失: 1.常规夏令营活动只局限于北京及台湾、澳门之间,并未向外围拓展,如其他省区市甚至海外。 2.中国大陆方面参加营只能是北京户籍学生,强调地域性,外地学生甚至国外学生都应当有机会参与其中。 3.需加强夏令营项目的策划力度,对夏令营项目进行事后评估和改善。

项目类型	访谈方式	样本大小	特色与缺失
文化体验	半结构式	知识竞赛项目	员工、志愿者15人	特色： 北京市中小学自然科学知识竞赛团体决赛 1.北京学生科技节活动内容。该比赛融入学校正规教育，参与学生达十余万人。 2.比赛程序成熟规范，增加动手操作环节。 环球自然日——青少年自然科学知识挑战赛 1.活动持续时间长。 2.策划方案新颖，预先设置主题，以展览和表演形式进行考核，选手发挥空间大，给儿童提供实现在自然科学领域自我表现的舞台。 3.以团队报名形式参与，提升团队合作能力。 4.活动程序规范（含章程、评审标准、时间安排、报名表格等）。 缺失： 北京市中小学自然科学知识竞赛团体决赛 1.程序程式化，无法全面改进。 2.既有的参赛内容记忆类竞技较多，创新能力发挥受限，但是受到学校教育的欢迎。 环球自然日——青少年自然科学知识挑战赛 中国博物馆需开启策划求新之门，可每年举办全国性的儿童教育项目竞赛，鼓励推陈出新。

项目类型	访谈方式	样本大小	特色与缺失
		馆校合作项目	员工、志愿者12人	特色： 1.自然博物馆有"科技馆进校园"，亦有学校走进科技馆的活动。 2.博物馆对馆内资源进行梳理，与中学共建合作，为学校素质教育提供服务，并做了不少尝试。 3.博物馆免费出借标本资源。 4.政府推动举办讲座，实际作用大。 缺失： 1.与国外成熟的馆校合作相比有差距。 2.自然博物馆在寻找与学校合作的契合点，但是现有的教育制度，使得博物馆走进校园障碍重重。 3.对教师开展培训，但难度很大，只能由教育主管业务部门出面组织教师培训。 4.需进一步增强博物馆与学校教师合作，共同培养学生，使科研资源效益最大化。 5.多元化的新课程亟待出炉。 6.需将博物馆教育纳入国民教育计划之中。

（二）"科普小课堂——人体漫游记"项目

诸上，就儿童常规教育项目开展内部评估，并由此归结出项目内容规划之特色与缺失，属于总结型"静态"评估。然而，此类评估无法进行过程监控，从而发现过程偏差。故，研究者决定改弦更张，转换视角，进而以北京自然博物馆儿童教育项目之个案——"科普小课堂——人体漫游记"为研究案例，采用研究者效益指标评分和观众个别访谈的方式，实施过程评估，以期借由"动态"执行过程之内外部评估，探求自然博物馆教育项目之过失与特色。

1.项目过程

"科普小课堂"（简称"小课堂"）系学生课程类型，始于2009年5月，每月确定一个主题，集中安排于每周周六、周日中午12：00，历时半小时，地点为三楼探索角（馆内实施儿童教育的教室缺失）。"科普小课堂"专为学龄前、小学三年级以下儿童（主要为 5～8 岁）策划。主要讲授自然科学知识，配合以动手操作、观察实验和视频播放等多种手段，目的为激发、培养儿童探索自然科学的兴趣和能力。以下以"科普小课堂——人体漫游记"为例。

（1）项目准备

小课堂项目主要由自然博物馆公共教育服务部负责，金淼老师担任授课教师。准备活动首先是从受众的特点措手进行主题策划，包含主题的择取和内容设计。5～8 岁儿童学科知识背景薄弱，重视直观感受，因而，主题和内容设定须迎合该年龄段儿童身心特征。其次，择定以"介绍人体内部器官"作为主题，其后，做出关于活动目标、风格、内容、手段等的思考。再次，预订并借用人体各种器官的教具标本和模型以提供听课过程中老师授课与儿童触摸把玩之用。最后，对外发布项目通知，在网站公告栏目中预告。

（2）项目过程

本次项目系公益活动，家长无须支付任何费用。接受名额为 30 人，无需提前预约，采用课前到达、先到先得原则。时值中午 12 点，三层探索角中最里面的大教室内，30 余位孩子和家长等待"科普小课堂"闪亮开场。负责人金淼利用密密麻麻的人体器官模型，向小观众娓娓讲授人体器官组成及其功能。如当讲到"肺部"时，金老师将肺部取下来，用手捏一捏，告诉小朋友肺部为什么有弹性，因为里面存在肺泡。金老师讲课过程中，几乎每隔一句话，就向小观众抛出一个题目，用问题形式把课堂串联起来，启发学生踊跃参与思考。整 30 分钟课程过程中，学生们采取不举手自由问答的方式，不少家长们相伴左右。金老师的授课风格一改刻板、严肃的博物馆印象，教态极富亲和力，大量采用肢体语言、手势，进行现场情绪控制。课程结束后，学生们纷纷留下，操作课堂上老师所用的教具和人体模型，尝试人体器官模型组装。

（3）项目收尾

主要内容为项目答疑现场整理和项目评估。30 分钟课程结束后，部分孩子就课程中的疑惑进行提问。等所有孩子、家长离场后，老师整理、收纳标本和模型，初步收拾现场桌椅、整理地面。此外一项重要内容为进行后期评估，评估方式为项目执行者——金老师进行自我评价和总结。为了解观众参加本项目的真实感受，在家长离开前金老师还针对本主题的内容择取、开展形式等和几位小朋友家长进行恳谈，希冀项目能产生螺旋上升的良好成效。

以上为"小课堂——人体漫游记"过程要而概之，其下将从项目效益外部评估结果赓续探究。

2. 项目过程外部评估——观众访谈

"为对结果做相对客观的一个评判，使博物馆进一步了解服务对象的内在需求，作为后来者参鉴，应当开展观众评估。"[①]本节旨在了解参与"科普小课堂——人体漫游记"项目过程的儿童及其家长从项目中到底习得多少。针对本研究性质，此项目外部观众评估采用访谈方式执行。因研究者欲掌握观众过程感受，了解观众参与听课后的所感、所思和所获。问卷调查方式虽为收集观众评估信息之常用方式，但往往仅反映围绕预设问题，之外的观众声音易被割舍。故，本书针对此项目评估部分采用半结构式访谈，择取儿童观众 13 位、随同家长10 位作为样本，取样时间为 2011 年 7 月 16 日至 2011 年 7 月 17 日，依儿童和家长开展此项

---

① 王彤.深圳博物馆《古代深圳》展览观众评估研究.华章,2012(12):74.

目外部效益检测,将访谈信息整理后,择要如下①:

【项目目标】

据自然博物馆科普小课堂网站预告显示,"小课堂将为小朋友介绍我们自己,熟悉身体的组成部分,身体有哪些器官? 他们都有哪些功能? 帮助小朋友认识自己……"②此处,将科普小课堂目标界定为"让小朋友了解身体器官及其功能,从而认识自己",目标难度小,言简但意明。那么,如此的分析和猜度,是否能获得外部观众之认同? 关于此类项目目标,他们又是持怎样的看法?

(儿童A1):我是四年级的,我常常一个人来,我每周都来这里(北京自然博物馆),我现在知道了人体内器官位置。如果老师给我们每人一个模型弄弄,就太好了。

(家长B1):我孩子是幼儿园大班,他平时喜欢看一些科普类的电视节目,我们是第一次来这个课堂。我刚刚注意当老师拿着那个器官模型在自己身上比画来比画去的时候,他是很专注的。我想到底他听进去多少,待会儿可以去问问他。

(家长B2):我们今天是误打误撞,刚刚听工作人员说起,想上来看看。我孩子是小学一年级,她刚刚还在自己身上指给我看,让我猜猜是哪个部位。到处献宝啊。

(儿童A2):原来不知道,现在知道了,我们身体里面有那么多东西,而且他们的位置不一样。我看过孙悟空钻到铁扇公主的肚子里,回头我得再问问老师,孙悟空究竟钻的哪个地方。

(家长B3):不要说孩子,就是我原来也不清楚。这么一听,我到底是给弄明白了,人这肚子里是咋回事? 这肝胆相照原来是有道理的。我们现在的小孩是越来越长见识了。

(儿童A3):我们学校里的老师讲过,但是没有模型,现在看到这个,我有些怕,原来我们身体里面的这些东西都是这么奇怪的,我觉得那个肺泡就像鱼的泡泡。

(家长B4):我们是这里的老听众了,常来。没有别的,孩子喜欢。这个课上的就是我们生活中的,身体里面的器官和我们生活很密切。我刚刚问他,他说回去问问他爸,考考他爸。我想他是记住了人身体是咋整的。

(儿童A5):原来我也老想知道我们肚子里面究竟有些什么,我问过爸爸,爸爸说就是有心脏、肝脏,原来还有别的,而且它们互相配合,就像个大工厂,每个东西(器官)用途都很大。缺了谁都不行的。

(儿童A6):我是和隔壁姐姐一起来的,这个太神奇了。我想长大做医生,我还想知道这些器官是怎么样每天工作的。

从此议题访谈结果洞悉,儿童及其家长基本认同借由小课堂项目达成了认识器官及其功能的目标。多数家长表示孩子认真倾听,结果收效明显,甚至考问父母。亦有家长深感因辅助参与本项目,增长了知识且提高了能力,基本掌握了人体内部器官。同时,关于课堂主题内容,儿童亦浮想联翩,如肺泡与鱼鳔相较,孙悟空钻到铁扇公主肚子哪个部位等。孩子认为小课堂讲授中能提供模型教具,比起家庭、学校教育,更有助于目标达成,有甚者激发出从医之理想。

---

① 中文代表受访者身份;英文A代表儿童观众(一般为5~8岁)类别,B代表家庭观众类别。数字为受访者编号。

② 北京自然博物馆."科普小课堂"7月活动"人体漫游记——认识我们自己". http://www.bmnh.org.cn/Html/Article/20110603/1989.html,2011-06-03.

【项目准备】

此类项目准备常包括撰写活动策划方案,准备课堂设备与材料和对外宣传等。是否撰写有详备方案,组员是否明确活动程序和分工,以及宣传是否到位,材料、工具、设备、环境是否安排妥当,兼顾美观、安全等,成为项目准备工作优劣的重要考核内容。为此,儿童及其携同而来的家长所执观点为何?有何论断?

(儿童 A1):我不知道,我觉得可能得借个模型什么的吧。

(家长 B1):老师肯定很辛苦,要考虑上什么课,该怎么上。不过,他们应该有经验。我们想上都上不了。

(儿童 A2):我觉得模型有些旧了,而且少了点。如果能多点新的就好了。如果模型能够动,让我们看看到底它们是怎么工作的就更好了。

(儿童 A3):我和妈妈是网上看到通知的,内容太简单了,如果能够告诉我们多些信息就好了。还可以让我们事先做准备。

(家长 B2):我去过国外,国外很多博物馆这样的教育活动会提前布置些任务给孩子,而且准备工作中也可以发挥学生的作用。比如,学生先来自己比画,自己说说你知道身体哪些部位。还要利用好学生这块。这才能形成课堂上的互动。

(家长 B3):我觉得这个教室缺少配合今天主题的环境。如果布置下,给孩子们有个活动的环境,孩子们更能融到这个环境中,找到自己所在位置。把人给吸引过去。我们今天的教室看起来还一般,像是没有什么变化。

(儿童 A4):还好,有那么多标本。学校里这些都没有。

(家长 B4):如果这里的准备确实都是由王老师来完成的,那么他一定很累,我看着好像这儿的老师也不多。所以,准备工作一定挺忙。

(儿童 A5):我们不知道上课,也不准备,我和妈妈是来博物馆看到的。

(家长 B5):我觉得这个时间点选得不好。虽然是周末,但12点正好是饭点。另外,我觉得这个宣传太少了,我们不知道,只是上来看看,撞上了就听了。要多多宣传,多好的事情,免费动脑筋给孩子们上课。还有,这个报名方式是有问题的,先到先得?感到机会很容易。应该弄个预约,大家预约呗。关键事先大家一定要知道。

关于项目准备议题,大部分受访者认为因项目人手少,工作人员日不暇给,甚为辛劳,基本对其持肯定态度。但,有人提出异议:模型不够多,较为陈旧;网上通知过于简洁,无法就项目预先做充分了解,可效法国外做法,提前给孩子们布置任务,调动学生潜能,促其做相应准备,以利于形成课堂互动气氛;教室缺少配合主题的环境布置;宣传手段单一,仅靠网站对外通知,无法使大众获知;项目开始时间为午餐时间,不太合宜;即到即上的方式,学习机会不易被珍惜,馆方无法预知参与情况等。

【项目内容】

内容重点、难点、时间是否合宜,是否结合本馆特色及适合儿童,成为评判项目内容优劣的重要指标。儿童及家长就此各持己见,兹整理如下。

(儿童 A1):觉得挺好玩的,不难,我经常来博物馆,博物馆这些活动都挺好玩的。

(儿童 A2):我听不太懂,不过,那个东西(标本)就像真的人。我们肚子里有那么多东西呀。

（家长 B1）：孩子基本是听得懂的，他常来。我觉得半个小时时间也基本接受。你知道，这个年龄如果时间太久，坐不住。我在儿子身边陪着，他也觉得胆子特别大，一点不害怕。我看问问题挺积极的。

（家长 B2）：小孩在这个阶段好奇心很重，对事物充满了探索的欲望，特别是熟悉的话题。这个内容主题的选择，正好是我们生活中非常熟悉的人体。再熟悉不过了。所以，他们充满了好奇心，想知道究竟是怎么回事，这个主题选择好，很有意思。

（家长 B3）：我讲得也许不对，但我一直觉得 5～8 岁的年龄段，认知水平的差异还是很大的，要兼顾所有还是很难的。因为我是学心理学的，我觉得是不是 4～6 岁，7～12 岁才是不同年龄段区分。另外，即使一定要把 5～8 岁的孩子放在一起，这个年龄段的家庭和知识背景还是有很大差异的。要把握起来，觉得很困难。今天这个难度基本是没有问题的，还是基本上可以兼顾到。我刚刚在看，可能稍小的孩子还是比较茫然，不知道在讲些什么，大部分孩子还是能够加入。

（儿童 A3）：对，这个博物馆讲这些。我们没有上过。

（儿童 A4）：听得懂，挺好玩。我刚刚上去摸了摸，按了下，我们身体里面真的装了这些东西呀？我长得胖可能不是胖，是我身体里这些（器官）长得太大。

（家长 B4）：刚刚听说这里有个教学长廊，里面所有标本是无偿出借的，你看博物馆有那么多好东西。把博物馆资源调度起来，就是博物馆的优势，这些课程因为用了博物馆标本，就有了（北京自然博物馆）特色和优势。我是觉得博物馆都要学着这么干，弄点特色出来。

（家长 B5）：儿子吵着说好饿，半个小时虽然不长，但是这个吃饭的时间，半个小时显得很长。这样陪着，老师也饿着，我们家长也有点吃不消。

（儿童 A5）：这样的内容很特别，很有趣，我很喜欢听。

就项目内容而言，儿童及家长普遍多赞誉之声。儿童多数认为项目内容有趣、新颖，标本、模型具可操作性。家长们则表示尽管年龄跨度大，家庭背景和知识水平差异显见，但项目执行人还是兼顾到主题和内容的适应性，选择生活中较熟悉的主题。授课过程，家长全程陪同，利于孩子大胆自信地展现自我。不少受访者认为主题和内容的选择，及配合使用标本，充分利用了博物馆馆藏资源，突显了博物馆的优势和特色。然而，部分家长亦提出依儿童心理学应做出 4～6 岁、7～12 岁分段，而 5～8 岁分段方式不正确。另，在午餐时间安排半个小时小课堂，与参与者生理需求不符，非最佳的项目举办时间。

【项目过程】

项目过程的良莠需要从四方面权衡：过程组织是否有序；儿童中心地位能否体现；教育方法是否多样；儿童心智能否得以锻炼。以下为儿童及其家长对有关项目过程观点之整理：

（家长 B1）：老师在上课的时候，一边上课，一边提问，这种方式很好。这种互动提问的方式可以帮助我们的孩子去回忆日常生活中很多感受，由这些问题让孩子们主动融入课堂这种氛围之中。

（儿童 A1）：我觉得老师的提问不难，有些小朋友抢先一步回答了，很多我都知道，但来不及回答。

（儿童 A2）：老师如果能让我们做游戏就好了。不过，那个东西（模型）挺好玩。我真想去自己的肚子里也看看。我想（模型）是不是就是和我的一模一样呀。

（家长 B2）：我从来没有参加过这样的活动，30 分钟的小课堂确实是小，时间短。但是很紧凑，老师穿着牛仔裤、T 恤，讲的问题也是深入浅出。老师现场控制效果也很好，使用了很多肢体语言，做各种手势。我印象很深的是那位老师在讲到"肺"的时候，故意呼吸得很夸张，我看到下面的孩子都笑了。上课技巧上是无可挑剔的。

（儿童 A3）：老师特别好玩，动作很有意思，感觉说话很亲切。刚刚她还过来，问（我）是不是有些问题。我们学校的老师很凶的。

（家长 B3）：是不是这样的形式还是和课堂教学很类似？我只是想一想，随便说。是不是形式丰富性还是不够的，除了使用教具、一问一答之外，是不是有更多其他的方式？学生们扮演各种角色，在课堂上表演节目，一起做有趣的游戏。我觉得博物馆太有优势了，有很多标本，有资源，又没有考试、升学的要求，不妨从孩子的兴趣出发，把活动搞得有声有色。整个过程老师一直在讲的方式，不一定好。可让孩子也试着讲讲。

（家长 B4）：活动很井然有序，时间控制也好。这样不要举手，自由问答问题的方式也很好，有什么说什么。完全可以自我展示，这个课堂也给机会，小朋友可以表达自己的想法和看法。老师也一个劲地表扬、鼓励。这样的一个良性循环，我们的孩子就更愿意多说，更有自信心，能力也得到提高。

（儿童 A4）：反正老师表扬我的回答就是标准答案。刚刚好多问题我都答对了。

（儿童 A5）：我知道怎么去安装这个（模型），学校没有这些，我觉得这个更有趣，我想再多玩会儿。

项目评估不仅需侧重结果，更应重视过程。总体为判，儿童以及家长整体认同项目过程结构紧凑、安排有序；能发挥儿童主观能动性，营造师生互动之氛围；大量采用启发式的提问，鼓励儿童独立思考，寻求解答，并给予肯定和鼓励；授课教师技巧娴熟，采用手势等肢体语言，内容深入浅出，态度亲切。美中不足之处在于教育手段不够丰富，除却教师个人魅力，使用教具模型之外，其他方面难以明显区别于学校教育。教师讲授的形式，亦无法充分突显儿童主体地位。同时，家长献良言，建议采用角色扮演、做游戏等非常规方式，利用博物馆特殊的教育属性和资源优势。

【情感态度】

"儿童参与性是否高，能否积极体验合作与交往"成为"情感态度范畴"考核的重要内容。参与积极性高表现为整个过程能自主克服困难，且心情愉悦、态度积极，活动本身参与性强。积极体验合作与交往表现为项目能提供与人分享的机会，且儿童需要和乐于合作。本次小课堂项目于"情感态度范畴"各指标表现如何？参与学生和家长给予怎样的评判？

（儿童 A1）：开心。这个模型我能自己全拼好。

（儿童 A2）：我一个人来的。爸妈想帮我。关键是他们没有我懂。

（家长 B1）：这里教具很有吸引力，让孩子自己提问，自己去动手做，他的课堂兴趣氛围很浓厚。

（家长 B2）：你说的和他人分享，这点不太明显。我不知道课堂上提问，然后回答，算不算是一种分享。动手方面的合作还是少。

（儿童 A3）：老师的提问很多我不懂。我还没上学。但是这个（模型）我知道怎么拼的。这个我喜欢。

（家长 B3）：看到孩子喜欢这样的方式，我觉得教育制度挺悲哀的。老师在这点上可能只是多问了些问题，用了些道具。看来，学校教育还是满堂灌。

（家长 B4）：我不懂这个，没法帮。……我自己也长见识了。

（儿童 A4）：我喜欢老师，她的表演很好玩。

（儿童 A5）：恩，我听了，但是有些不明白。我觉得人肚子里放（具备）的东西（器官），挺可怕。

（儿童 A6）：我和他是同学，所以我们一块儿弄标本。他没我会弄。他不行。

此议题上，儿童和家长普遍认为"小课堂"项目儿童参与性高，过程投入积极，家人未介入。但有部分儿童提出课堂知识点不懂，尽管如此他们还是对课堂教具或主题产生浓厚的兴趣。在与他人合作部分，"小课堂"项目优势不明显。除却儿童提问，教师回答这类知识分享外，"小课堂"无刻意安排合作内容。器官模型拼接中有部分原本认识的同学一起完成拼接，但此类合作是形式上的，儿童自我中心意识较强。

【项目效果】

项目目标达成情况如何？是否具有教育意义？儿童观众是否愿意重复参与……诸此问题的答案将直接影响"小课堂"项目效果之优劣，同时也成为效果检测之重要内容。那么，儿童或家长究竟做出如何解答，整理访谈记录中相关内容如下。

（儿童 A1）：有，我知道肚子里面有两个肺泡，而且它们像泡泡。

（儿童 A2）：我最喜欢自然博物馆了。这个课堂里面有很多标本，可以让我玩个痛快。教育模型很丰富，一般在我们的学校看不到。

（家长 B1）：这是个名副其实的小课堂，只有 30 分钟时间。咱们很感谢博物馆，这些个课都是免费给我们孩子上的。不收钱，又能上得好。我知道周六周日有，都要过来。这样的好事可不多。

（儿童 A3）：我知道了身体里面的东西，而且也知道它们的位置在哪里。原来负责我们呼吸的肺，在身体里面有两个呀。

（家长 B2）：这里的标本多，我孩子就爱玩这个。他就是冲着这些个有趣的标本来的。

（家长 B3）：我觉得挺好，儿子只要愿意上这里来，我一定都会陪着。

（家长 B4）：刚刚那个姑娘和我聊了聊，我不知道是不是想了解效果。我觉得这个课上上也不难，估计也没有写什么方案，我不了解。

（儿童 A4）：没有，那个是我同学，所以我们才一块儿拼。一般我是不和他们一起拼的。

（家长 B5）：很好，很有趣，还来。

关于项目效果议题，受访者基本皆认为经由"小课堂"项目获得了新知识，动手能力亦得以提升，表示愿意重复参与，项目效果良好。部分家长和儿童对博物馆此类非营利的教育类型赞誉有加，尤其教师的课堂表现和教具的使用，相较于学校教育，有过之而无不及。白玉微瑕之处表现为缺乏鼓励儿童动手合作的内容。

【教师志愿者素质】

因"小课堂"项目系由本馆员工完成,未使用馆内志愿者资源,此在国外实为罕见。国外著名博物馆通常培育有一支熟谙博物馆业务的志愿者队伍。如同类型的美国自然历史博物馆(National Museum of Natural History),拥有超过1000多名志愿者,他们一周来博物馆两次,馆内举办的大部分教育项目,他们都活跃其中,成为不可或缺的重要力量。"小课堂活动"中因无"教师志愿者"参与,其素质优劣仍无从评价。

3.项目过程内部评估——效益指标测评

依本书拟定的儿童教育项目指标评估体系,开展研究案例内部效益检测。具体做法为:对照项目中儿童或家长观众之外显行为,研究者借由个人亲历现场之观察、记录、感受和体悟,进行量化评分。鉴于作为一种学生课堂项目的"科普小课堂",是自然博物馆的常规教育项目,属文化体验类型。故经由对此类项目的具体评分,后将各项分值与量表等级表现对照,以窥寻自然博物馆儿童项目在实施过程中所反映之共性问题。

(1)指标测评(见表4-25)

表4-25 北京自然博物馆"科普小课堂——人体漫游记"教育项目指标评估表

一、项目目标范畴(分值12分:各指标优秀4;良好3;一般2;不好1)		
评估指标与分值	单项标准与分值	评分
1.制定完备目标(分值4分)	1-1 具体明确,规定目标年龄	4
2.符合项目特点(分值4分)	2-1 与项目类型和主题特点相符	3
3.符合儿童特点(分值4分)	3-1 与本阶段年龄儿童认知能力、情感发展要求相符	3
项目目标总分值		10
二、项目准备范畴(分值12分:各指标优秀4;良好3;一般2;不好1)		
1.撰写策划方案(分值4分)	1-1 有详备的项目策划方案	2
2.馆员充分沟通(分值4分)	2-1 就项目策划方案的程序和分工,馆员充分掌握并权责明确	3
3.预先做好准备(分值4分)	3-1 发通知,依儿童教育项目内容,各类材料要求安全、丰富、美观,资产、工具、设备与环境准备得当,外出安排好交通食宿	2
项目准备总分值		7
三、项目内容范畴(分值24分:各指标优秀8;良好6;一般4;不好2)		
1.内容设置合宜(分值8分)	1-1 围绕活动目标,难度适当,突出重点,时间适当	6
2.结合本馆特色(分值8分)	2-1 活动内容建立在博物馆资源基础上,弘扬传统文化	8
3.内容适合儿童(分值8分)	3-1 活动内容有趣、新颖,符合儿童发展需要和认知水平,有一定挑战性	6
项目内容总分值		20

四、项目过程范畴(分值24分:各指标优秀6;良好4~5;一般3;不好1~2)		
评估指标与分值	单项标准与分值	评分
1.过程有序组织(分值6分)	1-1 优化活动过程,活动结构紧凑,组织安排有序	6
2.体现儿童中心(分值6分)	2-1 体现儿童主体地位,发挥儿童主观能动性,营造儿童之间和师生之间互动的氛围	4
3.采用多种方法(分值6分)	3-1 强调经验、实物、游戏,采用语言传递、图像传递、实际操作、多媒体等多种教育方法	3
4.锻炼儿童心智(分值6分:各单项标准优秀3;良好2;一般1;不好0.5)	4-1 采用启发式教育引导儿童探索,不提倡知识灌输式(分值3分)	2
	4-2 鼓励创新求异,独立思考,想象力丰富(分值3分)	2
项目过程总分值		17
五、情感态度范畴(分值12分:各指标优秀6;良好4~5;一般3;不好1~2)		
1.儿童参与性高(分值6分)	1-1 避免家长过多参与,儿童态度积极,心情愉悦,认真自主克服困难,参与性强	6
2.积极体验合作与交往(分值6分)	2-1 提供与人分享的机会,乐于合作	1
情感态度总分值		7
六、项目效果范畴(分值24分:各指标优秀8;良好6;一般4;不好2)		
1.目标达成度高(分值8分)	1-1 活动过程有序、完整,项目目标达成	8
2.具备教育意义(分值8分)	2-1 获得新知识、新技术、认知能力、动手能力、合作能力与习惯、情感得到不同程度的提升	6
3.观众满意度高(分值8分)	3-1 儿童对于类似活动愿意重复参与	8
情感态度总分值		22
七、教师志愿者素质范畴(分值8分:各指标优秀4;良好3;一般2;不好1)		
1.教学功扎实(分值4分)	1-1 掌握授课知识,教学功扎实,具应变、调控和创新能力,了解语言、演示和多媒体使用规范	/
2.价值观正确(分值4分)	2-1 平等对话,担任引导者和参与者,有亲和力,充满热情、爱心,情绪饱满	/
教师志愿者素质总分值		/
总体评价得分		83

(2)测评小结

由图4-24得见:各项指标"实际分值"均在"优秀分值"与"一般分值"之间,通常在"良好分值"上下浮动。其中,项目目标、项目内容、项目效果指标均高于"良好分值",分值分别高1分、2分、4分。项目准备、项目过程、情感态度均低于"良好分值",分值分别低2分、1分、2分。总体评价为"实际分值"低于"良好总分值"4分。但因本项目无教师志愿者参与,故该

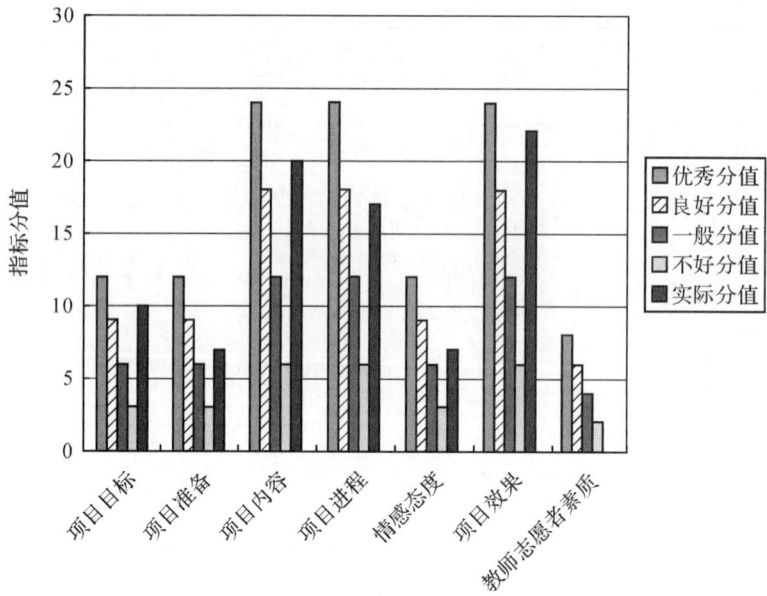

指标各等级与实际等级

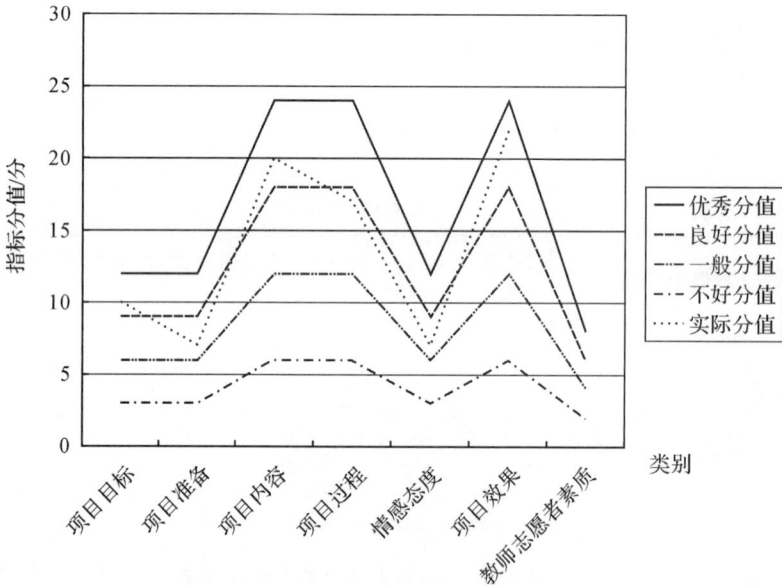

指标各等级与实际等级

图 4-24　北京自然博物馆"科普小课堂——人体漫游记"项目效益指标
等级分值系列对照图

范畴指标分值未计入。综之,情况较乐观的有项目目标、项目内容和项目效果范畴。项目目标和项目内容问题主要出现于:将目标年龄界定为 5～8 岁,此年龄阶段儿童认知能力差异大,目标和内容设定难以完全与之契合。项目效果问题则主要呈现于:儿童合作能力无法得到提升。相对而言,项目准备、项目过程和情感态度范畴问题更为显著。其中,情感态度方面问题与项目效果问题同样失利于儿童合作参与能力之塑造。项目准备问题显现于:未制定周详的策划方案、环境准备缺失以及项目宣传力度不够。而项目过程问题则是仅倚靠课堂教授方式,儿童主动性未能充分调动,同时使用教育方法种类较少。各项范畴指标均含提升空间。

(三)小结

综上效益检测结果的分析,可归结出研究案例中儿童教育项目策划和实施过程的诸多问题和特性。

1.常规项目的缺失与特色(见表 4-26)

表 4-26 北京自然博物馆常规项目内容缺失与特色之再次归结

项目类型		缺失		特色
参观导览	科普讲座	馆外讲座少;社会大讲堂形式程式化;讲座题目未互动筛选;对参与者未做区分;场地有限,未做拓展	科普讲座	邀请馆内外专家;定期举办;内容专业性强,有馆方特色;志愿者参与;政府推动
	主题讲解	主题未做前期儿童研究;讲解员构成单一;馆校合作力度不够,流于形式;未设置点击率;科普栏目不在首页;展览调查版块无激励机制	主题讲解	考核严格,管理机制成熟;特色讲解,发挥核心作用;科普讲解与活动融合,开创互动模式
文化体验	手工活动	参与空间小;员工少;策划不足;可动手展项少	手工活动	定期举办;对象为低龄儿童
	奇妙夜	互动性、团队合作不足;场地有限,宜走向户外;缺少评估;策划方案不够详备	奇妙夜	品牌活动;选题标新立异
	小讲解员	讲授为主,缺互动分享;培训结束仍需加强管理	小讲解员	国内首例,策划、管理成熟;外聘专业教师;收费;双语培训;专业教材;享受参与馆内其他配套活动机会
	夏令营	常年局限于北京、台湾地区、澳门三地,未向外拓展;营员大陆仅限北京户籍;须加强策划和评估力度	夏令营	形式多样,对象广;科考形式好处多;收费低
	知识竞赛	未逐年改进;部分竞赛记忆类内容多;多模仿,需开启策划求新之门	知识竞赛	馆校合作新形式,参与面广;部分策划方案新颖;团队参赛,培养合作;程序规范
	馆校合作	与国外比较有差距;现有制度难以找到契合点;教师培训难度大;多元化新课程少;未将博物馆教育纳入国民教育计划	馆校合作	利用馆内资源,与中学共建;免费出借标本;政府推动

此处为常规教育项目内容规划访谈结果的二度加工,借由归纳获悉,研究案例重心已完全转移至文化体验项目。部分项目无论从策划还是管理上业已成熟,甚至塑造了数个品牌项目。尽管如此,它的问题显露无遗,主要表现为:

(1)项目主题选择,未进行儿童研究;

(2)教育活动空间小,规模受限,也未做拓展;

(3)与社会合作不够,走出去的活动不多,如馆外讲座少;

(4)既有部分成熟项目过于程式化,主题和程序上需与时俱进;

(5)项目开始关注儿童互动内容,但仍不够;

(6)除部分品牌活动外,无详尽策划方案;

(7)项目对象应进一步扩大,不受空间和身份局限;

(8)馆校合作流于形式,难以找到契合点,学校教师培训难度大;

(9)缺乏有效的项目评估机制。

研究案例优势亦较为突显,主要表现于:部分项目策划、管理和奖励机制完善;部分项目特色鲜明;善于利用馆外资源;开创了儿童教育项目新的模式和机制,培育了一批品牌项目,如博物馆奇妙夜、小小科普讲解员、夏令营和知识竞赛项目,在主题、内容和程序上大胆革新;开始注重儿童互动内容的设置和合作能力的培养;借助政府力量推动项目开展,免费向学校出借标本,与学校共建。

总之,本研究案例充分挖掘得天独厚的馆藏资源,在儿童教育项目中做了诸多创新和思考,成效斐然。如科普系列讲座、学生课程、博物馆奇妙夜、小小科普讲解员、夏令营和知识竞赛等项目,诸此为人喜闻乐见的项目已逐步发展成为常规性项目,凝聚了科普工作者的集体智慧。部分项目不落窠臼,勇于尝试,展现了素质教育探索之锋芒。因而,本研究案例代表着国内博物馆儿童教育较为先进的水平,它们是一批已在儿童教育领域迈出坚实步履,并具备不少博物馆经验的群体。本案例所产生的缺失通常亦为这一批博物馆共有之缺失。

2.个案实施的缺失与特色(见表4-27)

表 4-27　北京自然博物馆个案实施缺失与特色之归结

访谈问题之主题	缺失	特色
项目目标	/	有明确的目标
项目准备	教具不够多和新;网上宣传过于简单,无法教育前置;无氛围营造;无须预先报名方式不可取	材料、教具准备充分
项目内容	对象分龄的方式不正确;活动非最佳时间	活动内容有趣、新颖,标本、模型具可操作性;主题和内容择定恰当;家长能陪同参与;体现馆方特色
项目过程	教育手段不够丰富;采取传统的讲授形式,无法实现儿童主体地位	过程紧凑、安排有序;发挥儿童主观性;采用启发式提问,鼓励思考;授课技巧娴熟
情感态度	缺乏实质性合作、交往的机会	儿童投入积极、参与性强
项目效果	缺乏儿童动手合作内容	获取新知识;提升动手能力;满意度高
教师志愿者态度	/	/

据上述受访者教育项目评估的归结,其中令人满意的部分主要反映于:项目目标明确;项目材料、教具准备充分;项目主题和内容新颖、有趣,体现馆方特色,采用教育模型;项目过程紧凑有序,采用启发式提问,发挥儿童主体性,家长可全程参与;教师授课技巧娴熟;儿童参与度高;项目效果显著,儿童获取新知识,动手能力得以提升,愿再次参与。

从观众信息反馈中亦有不少不尽如人意之处,主要表现在:

(1)对象年龄分段不正确;

(2)教育手段不够丰富,仅有教具模型;

(3)项目对外宣传力度过小,无法教育前置;

(4)项目时间设置和报名方式不妥；

(5)内容知识性太强，忽视动手、合作等能力培养；

(6)以讲授方式为主，未能体现儿童主体地位。

从后续与工作人员访谈中获知，项目亦未撰写详尽的策划方案和进行事后有效评估，多为自我反思。诸此因素皆使儿童教育项目之有效推动受到不同程度的影响。

上一节研究者据现场观察后，就个案执行过程进行了内部效益测评，并已针对测评结果展开进一步整理归结，结果显示：情况较乐观的有项目目标、内容和效果范畴。相对而言，项目准备、项目过程和情感态度范畴问题较显著。各项范畴指标均含提升空间。具体来说，这些需提升之指标内容为何，实际问题究竟是出自哪些单项指标？为何对个案中这些指标做出如此判断？需将各项评估结果分别独立开来，逐一进行分析。

项目目标范畴(分值 12 分：各指标优秀 4；良好 3；一般 2；不好 1)

评估指标与分值	单项标准与分值	评分
1.制定完备目标(分值 4 分)	1-1 具体明确，规定目标年龄	4
2.符合项目特点(分值 4 分)	2-1 与项目类型和主题特点相符	3
3 符合儿童特点(分值 4 分)	3-1 与本阶段年龄儿童认知能力、情感发展要求相符	3

"项目目标范畴"收效甚好。从列表中可得知此范畴下三项指标中一项为"优秀"，其余皆为"良好"。问题主要在于将目标年龄界定为 5～8 岁，此阶段儿童发展和认知能力差异大，目标设定难以完全与之契合。"优秀"则反映在项目规定了目标年龄。

项目内容范畴(分值 24 分：各指标优秀 8；良好 6；一般 4；不好 2)

评估指标与分值	单项标准与分值	评分
1.内容设置合宜(分值 8 分)	1-1 围绕活动目标，难度适当，突出重点，时间适当	6
2.结合本馆特色(分值 8 分)	2-1 活动内容建立在博物馆资源基础上，弘扬传统文化	8
3.内容适合儿童(分值 8 分)	3-1 活动内容有趣、新颖，符合儿童发展需要和认知水平，有一定挑战性	6

"项目内容范畴"情况基本与"项目目标范畴"雷同。三项指标中一项为"优秀"，其余均为"良好"，问题同样在 5～8 岁目标年龄的设定，由于此阶段儿童心智出现明显阶段性跨越，所以带来内容择取方面的困难。优势则表现为内容完全基于馆方特色，对馆藏资源加以发掘和利用。

项目效果范畴(分值 24 分：各指标优秀 8；良好 6；一般 4；不好 2)

评估指标与分值	单项标准与分值	评分
1.目标达成度高(分值 8 分)	1-1 活动过程有序、完整，项目目标达成	8
2.具备教育意义(分值 8 分)	2-1 获得新知识、新技术，认知能力、动手能力、合作能力与习惯，情感得到不同程度的提升	6
3.观众满意度高(分值 8 分)	3-1 儿童对于类似活动愿意重复参与	8

"项目效果范畴"情况最为乐观,三项指标中两项为"优秀",一项为"良好"。败笔在于项目未能提供儿童合作机会。而在"项目目标达成"和"观众满意度"上则略胜一筹。

项目准备范畴(分值 12 分:各指标优秀 4;良好 3;一般 2;不好 1)

评估指标与分值	单项标准与分值	评分
1.撰写策划方案(分值 4 分)	1-1 有详备的项目策划方案	2
2.馆员充分沟通(分值 4 分)	2-1 就项目策划方案的程序和分工,馆员充分掌握并权责明确	3
3.预先做好准备(分值 4 分)	3-1 发通知,依儿童教育项目内容,各类材料要求安全、丰富、美观,资产、工具、设备与环境准备得当,外出安排好交通食宿	2

"项目准备范畴"问题较显著。一项指标为"良好",其余均为"一般"。缺失主要显现于未制定周详的策划方案;项目前期宣传力度不够,主要采取网上发布简单通知的方式;无刻意的环境营造。

项目过程范畴(分值 24 分:各指标优秀 6;良好 4～5;一般 3;不好 1～2)

评估指标与分值	单项标准与分值	评分
1.过程有序组织(分值 6 分)	1-1 优化活动过程,活动结构紧凑,组织安排有序	6
2.体现儿童中心(分值 6 分)	2-1 体现儿童主体地位,发挥儿童主观能动性,营造儿童之间和师生之间互动的氛围	4
3.采用多种方法(分值 6 分)	3-1 强调经验、实物、游戏,采用语言传递、图像传递、实际操作、多媒体等多种教育方法	3

"项目过程范畴"情况忧乐参半。三项指标分别为"优秀""良好"和"一般"。忧的部分为使用的教育方法寡少,仅倚重传统的满堂灌方式,儿童主动性难以真正发挥。乐的部分则为项目过程优化,组织安排有序。

情感态度范畴(分值 12 分:各指标优秀 6;良好 4～5;一般 3;不好 1～2)

评估指标与分值	单项标准与分值	评分
1.儿童参与性高(分值 6 分)	1-1 避免家长过多参与,儿童态度积极,心情愉悦,认真自主克服困难,参与性强	6
2.积极体验合作与交往(分值 6 分)	2-1 提供与人分享的机会,乐于合作	1

"项目内容范畴"的问题和优势皆显而易见。两项指标中一项为"优秀"、一项为"不好"。问题与"项目效果范畴"问题一致,表现为过程中缺乏提供儿童合作与交往的机会。优势则在于项目过程中儿童参与热情高、态度积极。

个案经由观众外部评估和研究者内部测评,共存问题和特性显见。研究者接续对这两方面的评估结果进行梳理并提炼,从而有据可依地发掘其内在症结。

普遍存在的问题主要呈现于：

①对象年龄分段不正确；

②未能提供儿童合作与交往的机会；

③未制定周详的策划方案；

④前期宣传力度不够，主要采取网上发布简单通知的方式；

⑤教育方法不够丰富，仅有教具模型；

⑥采取传统教授方式，无法体现儿童主体地位；

⑦缺乏项目有效评估。

兼之，借由归纳亦发现个案中不乏可圈可点之处：项目规定目标年龄；准备工作得当；项目主题和内容新颖、有趣，展现馆方特色，采用模型作为教具；项目过程有序，采用启发式提问促进儿童思考，儿童参与度高；儿童获取新知，动手能力得到提升，目标达成度和满意度高；教师教学功扎实；注重亲子关系的维护。其后，本章第四节和第六、七章节将针对儿童教育项目，进行本书所有相关案例研究结果的进一步总结，最终通过深入探究，发现影响国内儿童教育项目的根本诱因并寻求解决之道。

四、案例四：大都会艺术博物馆及"西班牙、拉美文化嘉年华(¡Fiesta!)"项目

(一)大都会艺术博物馆儿童教育项目

1.项目内容规划(见图 4-25)

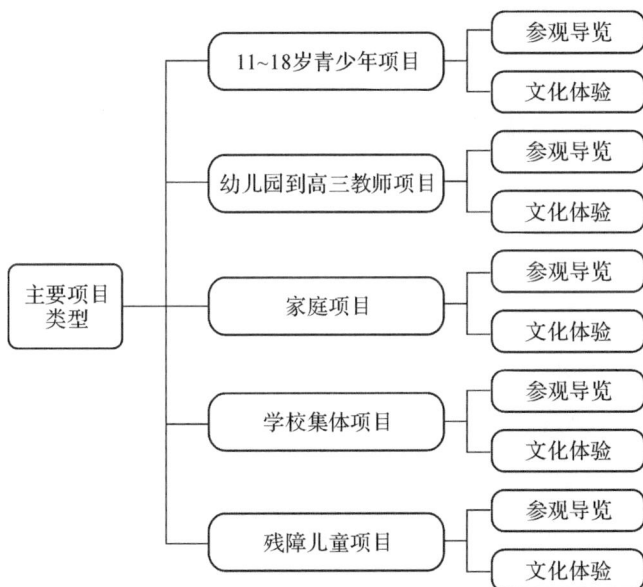

图 4-25　大都会艺术博物馆主要常规儿童教育项目梳理

大都会不仅儿童项目类型多，数量亦多，每日教育项目约 10 项，周六甚至达到 20 项。但据图 4-25 易发现：大都会每一类教育项目既包含参观导览，又涵盖文化体验的内容，且类型多样。故，难以与国内案例研究"将儿童教育项目分参观导览与文化体验两大类"之分类

基准保持一致。由此,研究者决定另辟蹊径,以对象和年龄为依据来区分儿童项目。

(1)11~18岁青少年项目

此类教育项目致力于让青少年在大都会博物馆的每一件艺术品前得到放松,全身心地投入到免费课程中去,与同龄人一起探索博物馆,了解艺术。课程安排在博物馆一层的 Uris 教育中心。

主要项目有:11~18岁青少年项目被细分为11~14岁项目、15~18岁项目、11~18岁项目和所有年龄层青少年项目。项目内容分为参观导览(指南、讲座、博物馆网站)和文化体验(博物馆艺术、写作课程、操作时间、节假日项目)。

鉴于11~18岁的青少年处于学习阶段,故教育项目一般集中于周五下午或周六、周日。常规项目有绘画学院(见图 4-26)、艺术探索、班级组合、青少年开放之家、青少年银幕、周六素描(见图 4-27)和沉浸于绘画时间等,内容别出心裁,形式不落窠臼。此外,还有诸多节假日项目、动手操作项目和博物馆课程等文化体验活动。周六通常策划有推陈出新的特别项目,如11~18岁儿童共同参与域外文化的探索学习。

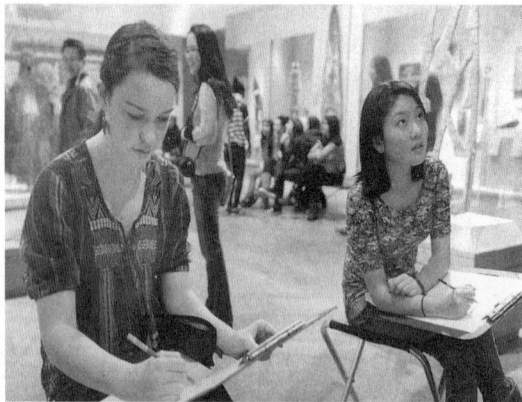

图 4-26　大都会艺术博物馆 11~18 岁青少年绘画学院项目现场
　　属常规项目(图片来源:Don Pollard 摄)

图 4-27　大都会艺术博物馆 11~18 岁青少年周六素描项目现场
　　属常规项目(图片来源:Tania Ahmed 摄)

青少年教育项目及分析可见表4-28整理所示，仅以2012年2月至5月即一季度内容为例：

表4-28　2012年2月至5月大都会艺术博物馆之青少年教育项目整理分析

项目类型	项目名称及内容	项目时间	项目分析
11～14岁项目	◆艺术探索（Art Explore） ●历史内幕（Historic Interior） ●美国西岸（The American West） ●日本故事（Japanese Stories） ●摄像（Photography） ●埃及雕塑（Egyptian Sculpture）	周五下午4：00—5：30	博物馆课程，小型讨论课包括历史、地理、摄像和雕塑等艺术探索，在2月至5月共5个周五下午举行
	◆仲冬休息期间所有美国人的梦想（A Midwinter Recess's Dream：It's All American）	2月21—24日，周二一周五上午11：00—下午12：00	节假日项目，利用假期去探索16—19世纪美国统治者相关藏品，属于特定时期的一项特别教育项目
	◆班级组合（The Portfolio class）	3月—4月，8个周六，下午2：00—4：00	节假日项目 以上项目不仅内容创新，且举办频率较高。但鉴于此年龄段为学龄儿童，项目主要集中于周五下午和周六
15～18岁项目	◆绘画学院：肖像画（The Drawing Academy：Por-traiture.）	2月—4月中旬，10个周日上午11：00—下午1：00	博物馆绘画课程，同属节假日项目
	◆青少年开放之家：城市的夏日（Teen Open House：Summer in the city）	周五，3月9日下午5：00—6：30	博物馆课程，青少年开放之家为常规项目，为小型讨论课
	◆青少年银幕：一次特展的制作（Teen Screens：The making of a Special Exhibition）	周五，3月23日下午5：00—6：30	操作时间常规项目
	◆一个美国谋杀之谜（An American Murder Mystery）	周五，4月20日下午5：00—6：30	博物馆课程，小型讨论课
	◆庆祝创造！艺术家和作家（Celebrate and Create! Artist and Writers）	周六，5月19日下午1：00—4：00	操作时间常规项目 以上项目中四项为常规项目，同时亦主要集中周五下午和周日

续表

项目类型	项目名称及内容	项目时间	项目分析
11～18 岁项目	◆图文小说:漫画的艺术 (Art of the Graphic Novel:Manga!)	周六,2 月 25 日下午 2:00—3:30	博物馆课程,小型讨论课,亦为节假日项目
	◆ 周六素描(Saturday Sketching) ● 希腊和罗马(Greece and Rome) ● 武器与装甲(Arms and Armor) ● 美国雕塑(American Sculpture) ● 东南亚(Southeast Asia) ● 非洲(Africa)	周六,下午 1:00—4:00	操作时间常规项目,亦为节假日项目,分别绘制展区不同主题的内容,2 月至 5 月共 5 个周六下午举行
面向所有年龄青少年项目	◆庆祝农历新年:龙年 (Celebrating Lunar New Year:The Year of the Dragon)	周六,1 月 28 日上午 11:00—下午 4:00	节假日特别项目
	◆沉浸于绘画时间 (Drop-in Drawing Sessions)	2 月～5 月 8 个周五下午 6:30—8:30	操作时间常规项目
	◆拜占庭和伊斯兰节日 (Byzantium and Islam Festival)	周六,3 月 24 日上午 11:00—下午 4:00	节假日特别项目 两项节假日特别活动皆属于互动参与项目,内容为国外文化介说

（2）幼儿园到高三教师项目（K-12 Educator Programs）

K-12 教师项目专为幼儿园到高三教师策划设计,借由不同方式向教师介绍博物馆百科全书式的陈列收藏,支持博物馆或课堂环境下的跨学科学习。所有专题讨论会的报名名额有限,先到先得。所有专题讨论会均提供项目说明和课程材料,全日制项目提供午餐。参加专题讨论会或网络研讨会的教师们,不仅可获得一张注明职业发展学时的证书,亦可获得本学年自导式班级参观的优先预定权。

主要项目:主要以某知名作者作品,或以某个主题作品,或以某个画派作品为线索进行策划,探讨相关艺术品的背后信息、故事及艺术品之间的内在关系。多数项目具灵活性且无常式,但亦有少量常规化项目,如制定自导式参观计划（Planning a Self-Guided Visit）和暑期研习班（Summer Institute）。同时,部分项目提供网上课程资源。

鉴于教师在儿童教育项目中的主力作用,大都会为教师设置不拘一格的教育项目,多以研讨会形式开展,且几乎皆为收费项目（见图 4-28）。所有幼儿园到高三教师皆可参加,借由网上报名所反馈的信息,来确认参加教师的个人信息、学校情况和授课领域,据此结合博物馆藏品资源,开发出各异的教师项目,同时对欲参加者人数进行确认。其中,常规项目制定自导式参观计划（Planning a Self-Guided Visit）是为加强博物馆藏品认知,并指导教师带领儿童参观博物馆的计划得以落实所实施的项目。暑期研习班（Summer Institute）为大都会、现代艺术博物馆、古根海姆博物馆和惠特尼艺术博物馆联合推出的为期一周的博物馆课程项目。以上项目皆主要集中于周五、周六和暑期,偶有周四。项目内容主要围绕研讨如何实施以博物馆为基础的教学策略,如何把现当代艺术融入课程设计和如何利用艺术品来实现跨学科综合研究。任一项目的实施实行弹性制,即若项目注册未达到一定数额,馆方有权在任何时候予以取消。

图 4-28　大都会艺术博物馆幼儿园到高三教师——暑期研究班项目现场
　　项目以研讨会为主,形式灵活,两位教师正在模仿绘画作品中人物动作(图片来源:大都会艺术博物馆提供)

　　亦以 2012 年 2 月至 5 月即一季度内容为例,就幼儿园到高三教师项目展开整理与分析,见表 4-29 所示:

表 4-29　2012 年 2 月至 5 月大都会艺术博物馆之教师教育项目整理及分析

项目类型	项目内容	项目时间	项目分析
常规项目	◆制定自导式参观计划(Planning a Self-Guided Visit)对学习更多有关艺术品的选择和研究(方法),并从博物馆专业人员这里了解更多有关预约和提供便利的提示	2 月 3 日周五下午 4:00—6:00	博物馆课程,常规免费项目,研讨会形式。协助教师制定儿童参观博物馆计划

续表

项目类型	项目内容	项目时间	项目分析
常规项目	◆暑期研习班（Summer Educator Institutes） 欢迎 3—12年级的教师申请，以会话研讨形式展开，参加者都要英语流利	周一，6月8日—12日，上午 10:00—下午 4:00	博物馆课程，常规收费项目，研讨会形式。协助教师利用博物馆资源进行本课程及跨学科教育策略的研究
	◆暑期研习班（Resources for K-12 Educators） 去网上可找到艺术品的课程，这些课程符合国内教学标准，也可找到自导式参观资料，下载最有用的博物馆教师出版物	任何时候	博物馆网站，免费项目。以网络手段实现教育资源共享
非常规项目	◆近距离观赏：从华盛顿横穿特拉华（A Close Look：Washington Crossing the Delaware） 通过伊纽曼戈·特利布·伊洛策的双眼，来探索美国大革命这一关键时期。纽曼戈·特利布·伊洛策是美国最著名的画家之一，他的画像在美国历史上被广泛印刷	2月10日，下午 4:00—6:00	博物馆课程，收费项目，研讨会形式。以某一作者为线索，就其艺术作品进行近距离观察，探索艺术品反映的时代信息
	◆去 19 世纪的美国旅行（Take a Trip to 19th-Century New York） 用互动研讨的方式去研究纽约 19 世纪的日常生活，强调那个时代的房间、绘画和家具，帮助学生画有关过去的东西	周六，3月 10日上午 10:00 到下午 1:00	博物馆课程，收费项目，以讨论会为形式，亦为节假日项目。就一个主题，利用不同的一组艺术品去探讨，以此辅助学生的绘画课程，从而加深学生对本国历史的理解
	◆创造共同体（Creative Communities） 你是否无声地创造过一幅肖像？当沉浸在著名的收藏家葛楚德·史坦充满趣味的巴黎沙龙中，（我们）将会把艺术和写作联系起来	周五，3月23日下午 4:00—6:00	博物馆课程，收费项目，以讨论会为形式。一位著名收藏家的作品充满抽象模糊概念和难懂的语言，在艺术的氛围中去解读其作品的文化意义

项目类型	项目内容	项目时间	项目分析
非常规项目	◆改变、遇见和艺术（Exchange，Encounter，and the Arts） 通过对大都会反映基督教、伊斯兰和世俗传统的收藏品中选择藏品的检查，寻找拜占庭艺术改变和持续性的证据	周六，4 月 21 日上午 10:00 到下午 1:00	博物馆课程，收费项目，以讨论会为形式，亦为节假日项目。就一个主题，利用一组艺术品去寻找证据，将艺术品内在联系起来，并参与探索艺术背后的文化意义
	◆古代非洲动物的爪、颌（Claws，Jaws，and Paws：Animals in Ancient Egypt） 从潜伏在尼罗河的鳄鱼到狮身人面像的动物身体，古代埃及的自然和精神世界隐藏着动物形象，探索如何去近距离观察艺术中有特征的动物形象，能够指导社会研究、科学和艺术说明	周六，5 月 12 日上午 10:00 到下午 1:00	博物馆课程，收费项目，以讨论会为形式，亦为节假日项目。就一个主题，利用一组艺术品特征，参与探索艺术背后的研究价值，支持科学研究
	◆美国风景：哈德逊派（American Landscape：The Hudson River School） 从背景风景到特色景点，美国风景画占据了 19 世纪下半期的绘画重心。探索从这个时期起绘画和写作强调转向自然世界的原因	周五，5 月 25 日下午 4:00—6:00	博物馆课程，收费项目，以讨论会为形式。就一个画派，利用一组该画派作品，参与探索画派特点和产生该画派背后的故事信息
	◆古代世界的艺术（Art of the Ancient World） 全天课程，见到古希腊、罗马、埃及和近东中著名的收藏品，该课程帮助 4～12 年级儿童的学习	周四，6 月 7 日上午 9:00—下午 3:30	博物馆课程，收费项目，全日制讨论会。讨论以博物馆为基础的教学内容和方法

（3）家庭项目

此类型项目服务于 18 个月～12 岁儿童，让其沉浸于免费的博物馆艺术探索之旅，此项目无须预约，其独创之处在于：本项目属于成人陪伴的家庭式项目。大多数项目免费参与，馆方提供材料，除注明外，无须注册。

主要项目：家庭项目依儿童年龄段被划为 3～7 岁家庭项目、5～12 岁家庭项目、所有年龄段的家庭项目三类。除此，亦有于长廊和花园举办的特殊家庭项目和馆外家庭教育项目。

诸多家庭项目已发展成为博物馆的常规品牌项目，诸如艺术学习从大都会开始（Start

with Art at the Met)、诺伦图书馆讲故事时间(Storytime in Nolen Library)(见图 4-29)、艺术之旅(Art Trek)、查尔斯周一家庭项目(Charles H. Tally Holiday Monday Family Programs)、周日工作室(Sunday Studio)、仲冬休息期间所有美国人的梦想(A Midwinter Recess's Dream：It's All American)、在长廊和花园的家庭项目(Family Activities at the Cloisters Museum and Gardens)(见图 4-30)、节日项目(Festivals)、寒暑假项目(Holiday)和馆外家庭项目。馆内外家庭项目基于儿童年龄段差异区分成 3～7 岁、5～12 岁、1.5～12 岁三类，时间持续约 0.5～1 小时，几近每天皆有项目。馆外教育项目主要和社区、街道中心、图书馆等机构合作。项目分为参观导览和文化体验两类。参观导览项目主要为提前免费下载，或在咨询台领取图文并茂、内容丰富的博物馆导览资料。文化体验则以操作时间项目为主，形式涵盖家庭共同参与的对话、讲故事和儿童动手制作与体验，具体包含家庭参观、讨论、专题日、动手项目(见图 4-31)。

图 4-29　大都会艺术博物馆家庭项目——诺伦图书馆讲故事时间项目现场
18 个月～7 岁儿童皆可参与，限 40 人，先到先得(图片来源：大都会艺术博物馆提供)

图 4-30　大都会艺术博物馆家庭项目——在长廊和花园的家庭项目现场
家庭成员于大都会艺术博物馆分馆免费参与(图片来源：大都会艺术博物馆提供)

图 4-31　大都会艺术博物馆家庭项目手工活动现场
家长候场,孩子于工作室自行完成

以下,即以 2012 年 2 月至 5 月一季度时间为例,针对该季度内策划的家庭项目进行整理并予以分析,见表 4-30 所示:

表 4-30　2012 年 2 月至 5 月大都会艺术博物馆之家庭教育项目整理及分析

项目类型	项目名称及内容	项目时间	项目分析
3～7 岁家庭项目	◆艺术学习从大部会开始(Start with Art at the Met)	周二、周四、周五、周六、周日不同时间段,除个别日期不举办	操作时间项目,常规项目,以绘画、手工、讲故事为形式。持续时间 1 小时
	◆以大都会和更多博物馆的艺术开始(Start with Art at the Met Plus)	4 个周日	
	◆诺伦图书馆讲故事时间(Storytime in Nolen Library)	周二、三、四、五上午	操作时间项目,常规项目,以讲故事为手段,地点固定于诺伦图书馆。持续时间半小时

续表

项目类型	项目名称及内容	项目时间	项目分析
5～12岁家庭项目	◆艺术之旅（Art Trek）	周六、周日的上下午，除个别日期不举办	参观导览，常规项目。儿童作为博物馆艺术探索者，附加活动包含现场表演和其他令人惊喜的活动 持续时间1小时
	◆艺术之旅及更多（Art Trek Plus）	4个周日	操作时间项目，以讨论或绘画为形式。花费一天时间去讨论体验等，感受艺术之乐 节假日项目，前文青少年项目已述，此处略
	◆查尔斯周一家庭项目（Charles H. Tally Holiday Monday Family Programs）	3个周一全天不同时间段	
	◆仲冬休息期间所有美国人的梦想（A Midwinter Recess's Dream: It's All American）	2月21—24日，周二—周五上午11:00—下午12:00	
所有年龄层家庭项目	◆它们是怎么做的？（How Did They Do That?） ●伊斯兰内部世界的艺术（Interior of Islamic World） ●美国油画（American Oil Painting） ●美国大理石雕塑（American Marble Sculpture） ●美国家具制作（American Furniture Making） ●伊斯兰武器与装甲（Islamic Arms and Armor） ●美国彩色玻璃（American Stained Glass） ●美国银器制作（American Silversmithing） ●美国铜器制作（American Bronze Casting）	周六、周日，下午1:00—4:00期间的半个小时	操作时间项目，常规项目，亦为节假日项目。儿童使用工具或材料参与体验艺术品是怎样被创造出来的
	◆沉浸于绘画时间（Drop-in Drawing Session）	周六，下午1:00—4:00	操作时间常规项目，亦为节假日项目。分别绘制展区不同主题的内容，2月～5月共5个周六下午举行

续表

项目类型	项目名称及内容	项目时间	项目分析
所有年龄层家庭项目	◆庆祝农历新年：龙年（Celebrating Lunar New Year：The Year of the Dragon）	前文青少年项目已述，此处略	节假日特别项目。前文已分析，此处略。操作时间项目，常规项目。前文已分析，此处略
	◆拜占庭和伊斯兰节日（Byzantium and Islam Festival）	前文青少年项目已述，此处略	
	◆家庭导览（Family Guides）为孩子提供专门的博物馆导览，这种导览主要用于如何捕捉藏品细节和认识藏品有趣的事实	任何时间	参观导览项目。儿童在参观前在网上下载或从前台获取免费的参观导览折页
在长廊和花园的家庭项目	◆在曼哈顿北部专注于中世纪艺术的博物馆分支机构是一个儿童参观的好地方	周日，一个小时	博物馆课程，常规项目，以研讨会的形式在分馆的长廊和花园举办

（4）学校集体项目（School Programs）

此类型项目主要面向学校1～12年级学生，提供学校团队导览或自导式参观，其中包含特殊教育课程。教师和学生可集中参观某一特定领域的收藏品或穿越不同文化体验艺术探索的神秘魅力。在导览式参观过程中，学生被邀请同博物馆员工互动讨论练习，认真思考艺术品的真谛。

主要项目：依项目举办时间与地点差异，分成主体建筑内参观的学校项目（School Tours at the Main Building）、长廊和花园内参观的学校项目（School Tours at the Cloisters Museum and Gardens）和夏令营项目（Summer Camp Group）三类，此三类皆为常规项目。

学校各类项目以团队参观为主，辅以小组讨论，对参与人数常有限制。已参加"幼儿园到高三教师项目"的教师可获取学校项目预约优先权，促使两大项目产生相辅相成的联动效应。其中，"主体建筑内参观的学校项目"（见图4-32）根据不同年级又分成1～3年级、4～12年级和9～12年级。1～3年级重感官导览（大小、形状、颜色等），4～12年级重具象思维导览（从艺术品到文化特征和差异），9～12年级则重抽象思维导览（以互动会话探索不同文化艺术品的差异）。不同年级参观的主题不尽相同，由观众自行选择。"长廊和花园内参观的学校项目"和"夏令营项目"则分别针对1～12年级和5～16岁儿童设计，皆可分成参观导览及自导式参观两类，几近每天开展，而"夏令营项目"（见图4-33）主要集中于暑假，收取象征性费用。以上项目须预约并确认，一般无午餐供给。同时，无论何种项目皆需开展"参观前准备"，博物馆依主题之别提供丰富的观前电子和图书资源。

图 4-32　大都会艺术博物馆学校集体项目——主体建筑内参观的学校项目项目现场
分导览式和自导式两种，所有参加者必须提交需求表（图片来源：大都会艺术博物馆提供）

图 4-33　大都会艺术博物馆学校集体项目——夏令营项目现场
夏令营致力于在互动、创造和探索艺术中寻求愉悦（图片来源：大都会艺术博物馆提供）

　　其下，以 2012 年 2 月至 5 月一季度项目为例，就此时间内实施之学校项目进行整理并展开分析，如表 4-31 所列：

表 4-31 2012 年 2 月至 5 月大都会艺术博物馆之学校项目整理分析

项目类型	项目名称及内容	项目时间	项目分析
主体建筑内参观的学校项目	◆参观前准备(Visiting preparation)	任何时间	参观导览项目。教师可利用诺伦图书馆的教师资源中心或网上幼儿园到高三教师项目资源,进行导览前置准备。此项目与幼儿园到高三教师项目配合,参加教师项目可获得学校项目预约优先权
	◆1~3 年级(Grades 1-3) ● 发现为初访者推荐的艺术世界(Discovering the World of Art recommended for first-time visitors) ● A Look at Animal(看看动物) ● Communities around the World(世界各地的社区) ● 探索五种感觉(Exploring the Five Sense) ●脸、面具、帽子和饰头巾(Faces, Masks, Hats, the Headdresses) ●观察四季(Observing the Four Seasons) ●形状、线条和颜色(Shape, Line, and Color) ●艺术故事(Stories in Art)	上午的导览时间为周二—周五的 9:45—12:30	参观导览项目。1~3 年级多从依据儿童感官来导引参观,有专门面向入门者的初级导览
	◆4~12 年级(Grades 4-12) 跨文化之旅(Cross-Cultural Tour) ●艺术探索:大都会博物馆为初访者推荐藏品的介绍(Exploring Art: An Introduction to the Met's Collection recommended for first-time visitors) ●古代世界的艺术 讨论来自以下埃及、希腊、罗马和近东的三种文化(Art of the Ancient World (Discuss art from three of the following culture: Egypt, Greece, Rome, and the Ancient Near East) ●亚洲艺术:中国、韩国、日本和印度(Asian Art: China, Korea, Japan, and India) ●欧洲艺术(European Art)	上午的导览时间为周二—周五的 9:45—12:30	参观导览项目。"跨文化之旅"和"近距离观看某特有文化"皆为常规项目。4~12 年级多依据儿童具象思维来导引参观并展开讨论,引起儿童对文化差异和文化特色的感受与思考

续表

项目类型	项目名称及内容	项目时间	项目分析
主体建筑内参观的学校项目	◆4～12年级（Grades 4-12） 近距离观看：参观某种特有文化（A Closer View：Culture-Specific Tours） ●非洲艺术（African Art） ●美国艺术请注意提供油画、雕塑和装饰艺术的新美国之翼画廊2月28日以后向学校导览项目开放（American Art） ●古代埃及艺术（Ancient Egyptian Art） ●古代希腊和罗马艺术（Ancient Greek and Roman Art） ●古代近东艺术（Ancient Near Eastern Art） ●古代美国艺术，限制在25人（Art of the Ancient America） ●法国艺术（French Art） ●伊斯兰艺术（Islamic Art） ●意大利艺术（Italian Art） ●中世纪艺术（Medieval Art） ●现代艺术（Modern Art） ●乐器和艺术（Musical Instruments and Art） ●海洋艺术（Oceanic Art） ●文艺复兴艺术（Renaissance Art） ●西班牙艺术（Spanish Art）	上午的导览时间为周二—周五的9：45—12：30	诸上参观导览项目集中于每天（除周末、周一）上午固定时间段，历时2.24小时
	◆9～12年级（Grades 9-12） 艺术世界：服务高中生的午后导览（World of Art：Afternoon Guided Tours for High School Students） 通过主题式会话，探索多元文化艺术品的关系 ●艺术家之说（The Artist Speaks） ●人物形象（The Human Figure） ●力量与信念（Power and Faith）	周二—周四下午1：30或2：00	参观导览项目，常规项目。仅面向9～12年级高中生，9～12年级为更高层次探索，话题抽象，采用互动会话形式。该项目集中于平日周二、三、四下午固定时间段。限定人数，若超过人数，将被分成小的讨论组
长廊和花园内参观的学校项目	◆1～12年级（Grades 1-12） 关于中世纪艺术的博物馆分馆，坐落在曼哈顿北部的翠亨堡公园，提供1～12年级导览和自导式参观	周一—周五	参观导览项目，常规项目。博物馆分馆参观导览，为面向1～12年级学生的学校项目。集体参观提供不同主题和时间的预约

项目类型	项目名称及内容	项目时间	项目分析
夏令营	◆5～16 岁（Ages 5-16） ●参观导览（Guided Tour） 带领你的营员去大都会发现世界各地的艺术品,参观导览是互动的,旨在把营员引入探索艺术的快乐中。导览服务于5～16 岁营员。活动主题包含神奇的动物、面具和脸、故事和传奇 ●自导式参观（Self-Guided Tour） 5～16 岁营员在成人陪伴下独立探索博物馆丰富藏品。请注意自导式参观也要求预约。当要求一场自导式参观,你将被要求提前对以下研究领域进行探索。下载暑期冒险参观（PDF）、儿童友好家庭地图（PDF）或其他家庭指南,和下面任何可挑选的观前指南,以帮助您进行参观准备	参观导览,周二—周五上午 10：00,10：30,下午 1：00,1：30,所有线路约 1 个小时 自导式参观,周二—周五从上午 9：45 到下午 1：45	夏令营项目属参观导览项目,为常规项目。分为参观导览与自导式参观。皆为象征性收费项目,分别收费 $4/人、$2/人。夏令营除了导览外,还有大量互动讨论内容。两类项目都设置不同主题,围绕主题展开。自导式参观提供不同主题下载材料,为实际参观做准备

（5）残障儿童项目

此类项目主要服务于残障儿童参观者。大都会艺术博物馆欢迎所有访客并承诺其项目和服务向每个人开放。博物馆画廊可使用轮椅。耳机或颈环音频向导免费向盲人、弱视或听力有困难之人提供。周末家庭项目提供耳机或颈环调频助听器,设备可从咨询台索取。博物馆项目包括家庭项目可要求提供手语翻译员。信息选择和入口咨询台配有环线感应（导览）系统。

主要项目:据参与方式的不同分为发现（Discoveries）、触摸和探索（Touch and Explore）两类。按活动场地的不同,分为馆内和馆外两类。依项目内容的不同,又分为参观导览、博物馆课程、操作时间、音乐会和出版物项目。其中,博物馆课程、操作时间、音乐会和出版物项目属于文化体验项目;"发现（Discoveries）"项目（见图 4-34）之"周日讨论会（Sunday Workshops）","触摸和探索（Touch and Explore）"项目（见图 4-35）之"家庭项目（Family Programs）、音乐会（Concern）、触摸藏品（Touch Collection）"等皆为常规项目。

残障儿童项目主要面向视力、听力、智力（智障和痴呆）等方面有残缺的儿童,内容涉及研讨、动手操作、音乐会和出版物等各类形式,博物馆为其提供多样的服务设施,并禁止拍照。各类项目基本对参与儿童的年龄皆有明确界定,常需有家人或朋友陪同,而智障和痴呆儿童则必须由成人陪同。"讨论会"用于满足残障儿童自我表达需求,聋哑儿童亦可通过手语方式参与,项目每日举办;"动手操作"借由触摸方式感知不同主题的展示,项目每日举办,周六邀请家人共同参与,可提前预约讲解人员;"音乐会"利用藏品激起残障儿童表演欲望,博物馆为其提供展示舞台,儿童在体验博物馆艺术文化的同时,参与艺术文化创造;"出版物"为失明或弱视儿童量身定制,其鼓励儿童采用盲文、触摸图片等多种手段"阅读"。由上可得,此类项目既有参观导览,又有文化体验,某些项目在参观导览中融合文化体验。

图 4-34　大都会艺术博物馆残障儿童项目——发现项目现场
　　于多种感官刺激的工作坊内发现艺术，常需家长或朋友陪伴（图片来源：大都会艺术博物馆提供）

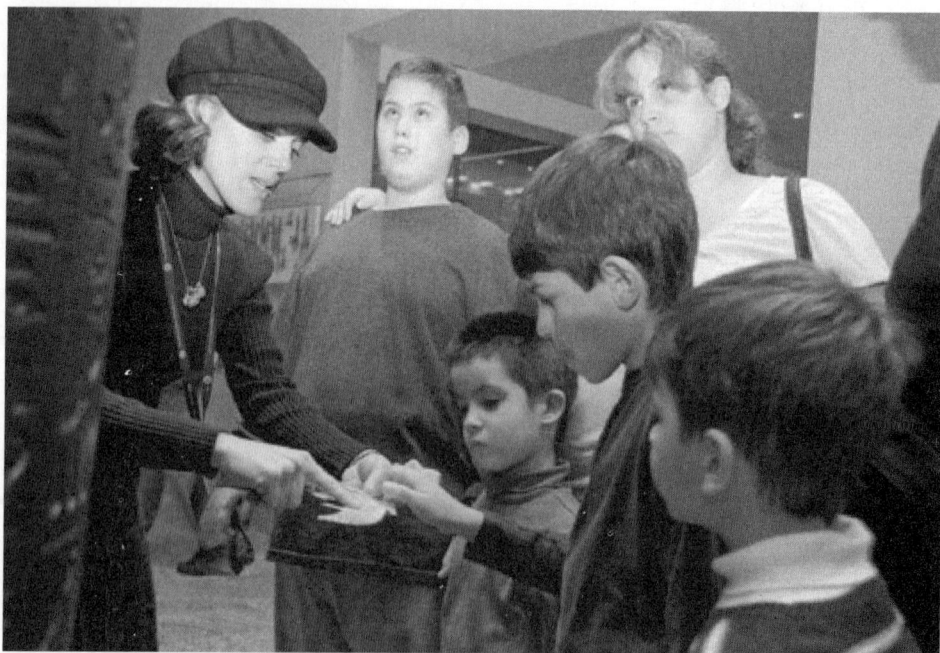

图 4-35　大都会艺术博物馆残障儿童项目——触摸和探索项目现场
　　盲童或弱视儿童借由触摸来感受和探索不同艺术品（图片来源：大都会艺术博物馆提供）

　　如下，将针对 2012 年 2 月至 5 月一季度内开展之残障儿童项目进行整理并施以分析，见表 4-32 所示。

表 4-32　2012 年 2 月至 5 月大都会艺术博物馆之残障儿童项目整理分析

项目类型	项目名称及内容	项目时间	项目分析
发现	◆周日讨论会（Sunday Workshops） 面向发展和学习残障的儿童和成人，还有陪着他们的朋友、家人和工作人员 ●探索四季，6～17 岁（Exploring the Seasons Ages 6-17） ●阿拉伯土地上的艺术，6～17 岁（The Art of the Arab Lands Ages 6-17） ●美国的人和地方，6～17 岁（American People and Places Ages 6-17）	周日上午 11：00—12：30 或下午 2：00—3：30，共五次	博物馆课程项目，为常规项目。亦为节假日项目。面向 6～17 岁儿童，围绕不同主题，残疾儿童、朋友、家人和工作人员一起互动讨论，历时 1.5 小时
	◆长廊对话（Gallery talks） 长廊对话是用手语来呈现或者是按照规律的手语阐释	周三—周六 11：00—12：00	博物馆课程项目，为常规项目。面向聋哑观众，用手语进行讨论，历时 1 小时
触摸和探索	◆家庭项目（Family Programs） 面向 5 岁以上的盲童或有弱视的儿童及陪着他们的家人和朋友 ●形状、颜色和式样（Color，shapes，and Patterns） ●美国的人和地方（American People and places）	周六下午 2：00—3：30，共两次	操作时间项目，为常规项目，亦为节假日项目。面向 5 岁以上儿童，可由家人、朋友协助，以触摸的方式去探知不同主题展示，历时 1.5 小时
	◆第 16 届灯塔表演大都会音乐会 16th（Annual Lighthouse at the Met Concert）格雷斯·恩·罗杰斯礼堂里，美国视力保健和研究组织——灯塔国际的德阿戈斯蒂诺·格林伯格音乐学校表演着由博物馆藏品激发灵感的音乐	周五，5 月 11 日上午 7：00—8：30	音乐会项目，为常规项目。由失明或弱视儿童福利学校举办音乐会，此类表演灵感出自博物馆藏品。残障儿童不仅进行艺术文化体验，而且参与艺术文化创造

续表

项目类型	项目名称及内容	项目时间	项目分析
触摸和探索	◆与古代埃及取得联系（In touch with Ancient Egypt） 这次参观为任何年龄的失明或弱视观众所设计，由 6 个古埃及雕塑组成。可预约一个向导或独立参观	任何时候	参观导览项目。根据一个主题，为任何年龄的视障观众提供参观服务。此项目可依观众个人需求来预约讲解员
	◆触摸藏品（Touch Collection） 触摸的藏品由博物馆永久藏品中的很多艺术品，辅以模型和高质量复制品组成。提供给任何年龄的失明或弱视观众使用		操作时间项目。使失明或弱视观众有机会触摸各类收藏品，通过动手操作感知藏品形状、材质等
	◆艺术和字母：触觉体验（Art and the Alphabet：A Tactile Experience） 这本书通过彩色复制品、大字、盲文和触觉图片，为儿童介绍博物馆藏品中的杰作。它是为与家庭、朋友和老师们分享而设计		出版物项目。依据失明或弱视儿童特征，利用字体放大或触觉等方式创造特色的儿童出版物，利用出版物协助儿童认知博物馆优质藏品

2. 项目内容规划内部评估——工作人员访谈

大都会艺术博物馆儿童教育项目的内容规划有何特色？缺失为何？本部分将依本书建立之内部评估方式执行效益检测。效益评估依然采取前文所提及的半结构式访谈。取样时间为 2012 年 5 月 3—8 日和 2013 年 2 月 1—3 日，样本大小取决于项目性质和规模（详见下文项目内容规划评估之各案例）。访谈结果以文字、录音，间有部分录像记录，其后对三项纪录进行整理、翻译和筛选，仅择取与本研究主题相关部分进行归结。

(1)11～18 岁青少年项目

纽约，大都会艺术博物馆

该项目分别由研究者在大都会地下一楼教育中心（Ruth and Harold D. Uris Center for Education）之卡森家庭大厅（Carson Family Hall）和诺伦图书馆（Nolen Library），二楼亚瑟·塞克勒大厅（The Arthur M. Sackler Gallery），三楼古代近东艺术（Ancient Near Eastern Art）展区外执行。

方法：半结构式访谈 10～15 分钟，共访谈两次。其一是 2012 年 5 月访谈 10 人，其二是 2013 年 2 月访谈 4 人。受访对象为教育部或其他部志愿者、教育部员工。

目标：从本馆的项目组织者和参与者的立场来审视四类青少年项目，促成对各类型项目前、中、后执行过程的效益评估，从中发现问题并提炼供参鉴之经验。有意引导受访者多谈特色项目，以及如何发掘项目亮点并为儿童受众所接受之做法。

部分访谈摘录整理：

（教育部志愿者 B1①）：我不得不承认青少年这个群体项目很难做，很难去把握那个度，他们总是似懂非懂，世界观正处在形成中。我们的特色是对项目进行区分。11～14岁孩子让他们去看、去说、去问、去观察博物馆艺术品，和博物馆教师还有其他年轻人一起。（主题）涉及历史、地理、雕塑、动物等多方面，内容不断在变。每个周五一般都有，周六是在下午。无论是第一次来博物馆的还是经常来博物馆的，我们都欢迎。……给他们接触艺术品的机会，走进艺术世界，感性去了解，培养一种世界文化的视野。好吧，再看看我们15～18岁孩子，我们立意是让艺术品来激发（灵感），用不可预期的方式去进行艺术创作。三个时间段，如果预约，3场都要参加。这里活动充分挖掘艺术品资源，充分调动儿童兴趣。

（教育部志愿者 B2）：11～14岁孩子我们强调探索，15～18岁孩子我们强调体验。11～18岁我们强调艺术品创作。11～18岁孩子进行绘画，还有就是和作家、画家见面，谈谈自己的艺术创意。

（教育部志愿者 B3）：我说到的中学生实习项目，这个项目春季、夏季和秋季都有。是有收入的。我们不需要孩子们有任何艺术或艺术史基础知识，只需要对博物馆感兴趣和喜欢艺术品。实习生有机会从事博物馆展示设计、营销、教育等所有感兴趣岗位的工作。这样的实习项目可以帮助（他们）提高专业技术、探索画廊，也可以让（他们）成为博物馆专家的助手。总之，这个项目可以让中学生们领略到世界上最大、最好的艺术博物馆背后的世界。

（教育部志愿者 B4）：我们每年初、高中的活动有一两百场。类似于国外节日的活动也适用于年轻学生。对，你看那里就有一群学生在对艺术品进行绘画。他们可以在艺术品前放松自己，试图去理解艺术品。

（教育部员工 A1）：针对青少年项目我们主要分成11～14岁、15～18岁、11～18岁和面向所有年龄四类。11～14岁孩子主要开展艺术探索，去探索不同学科下的艺术。15～18岁就是去画某个画派的画，以及进行一个有意义的主题性的研讨，鼓励他们去做艺术家和画家，对专业要求相对更高，同时主题设置必须有趣，让孩子们感兴趣。一些难易适中的素描和主题探讨，所有孩子都可以参加。另外就是一些外国文化的节日活动，请所有年龄层的人去体验去感受。这些项目很多都由我们的志愿者完成。我们一定会严格按照孩子自身认知和心理规律分年龄层。所以，我们把青少年项目划分得比较细。

（教育部员工 A2）：请记住，我们进行的每一项教育项目都有策划方案，对活动内容、年龄和目标都有所规定。同时（项目）结束后我们相应也会邀请观众进行一个效果评估。对于一些无法把握的项目，进行前置评估，预先了解观众对于此项目的反应，了解反应效果后才决定是否实施。这里项目还常常进行过程评估，过程中进行管理与纠正。

（其他部志愿者 C1）：教育部工作者应该都很热衷于青少年项目，因为青少年一旦喜欢博物馆，对周围人影响很直接，包括父母、朋友甚至他们的后代……除了在博物馆

---

① （）中文代表受访者身份；英文 A 代表教育部员工类别；B 代表教育部志愿者类别；C 代表其他部志愿者类别。数字为受访者编号。

内进行博物馆课程学习,青少年还在馆外有教育项目。比如我们的教育部人员和纽约、纽约附近地区的老师们一起在博物馆之外的地方讲课,讲课完了日后还会有相应的学校或班级的参观活动。

(其他部志愿者 C2):据我所知,青少年项目最多的就是一些讨论课程。组织学生讨论不同主题,利用学生周末和课后时间进行。周末常有学生进行写作技能练习、艺术创作等小规模讨论课。青少年项目最大的特点应该是寻找学校进行合作。我们纽约自然历史博物馆有很多研究项目,就是鼓励学校学生申报,给学校经费和为基地培养人才,这个博物馆可以培养自己的研究生。虽然是非正式教育,但可作为学校教育的伙伴。

(教育部志愿者 B5):博物馆提供材料让孩子们去玩,去进行艺术创作,创造自己的杰作。比如体验如何造纸。我们给青少年朋友提供"Teen pass",他们可以免费出入。在庆祝节日等项目中,我们让孩子们和员工交谈,然后听着音乐,使用一些原材料去探索和创造原始艺术品。让他们有机会接触一些作家和插画家,看着艺术品激发创作欲望,在工作坊中创造自己的绘图作品。我们要做到的关键是激起孩子对艺术的热爱和对创作的渴望。我们成功地做到了!……网络资源也是一大特色,可以下载、出借,还有出版物。同时我们有五千多幅图片,有 2.5 万页艺术史可以下载,还有数十部影片和课程可下载,满足老师们的需求。

(教育部志愿者 B6):如果学生想了解藏品的秘密,没有问题,我们为青少年提供免费的导览机。青少年是个较为特殊的群体,他们充满好奇心和求知欲望,同时有自己的思维能力。因此,在进行主题创作时,我们时刻把握他们的特征,主题要带神秘感和探索性。另外,我们在时间选择上多集中在周五下午 5:00—8:30 以及周六、周日,除了特殊节日活动,一般项目进行 1~3 小时,以 1.5 小时最多。青少年群体虽然在注意力控制时间上比低龄儿童好,但时间一般也不能太长,否则注意力容易分散掉。

研究发现:有关青少年项目之研究发现。虽然青少年项目为众多博物馆软肋,但该馆在此类项目中仍有诸多可鉴之处,共归结为十点。第一,由于青少年对上、下一代影响直接,培养青少年的博物馆情结得到馆方高度重视,如提供免费出入证和免费语音导览。第二,高度重视青少年特征——充满好奇心、有求知欲和思辨能力。因而,该馆常开发出具有探知性和神秘感,能产生参与热情和欲望的主题。第三,对青少年不同年龄段的身心特征有清晰认知和深入研究,项目要体现年龄差异。表现为主题设计从探索—体验—创造—有意识创作,不同年龄段各有侧重,以满足各自年龄段需求。第四,从年龄段区分,分成 11~14 岁、15~18 岁、11~18 岁和面向所有年龄四类项目;从执行场地区分,分成馆内和馆外两类。第五,项目内容多研讨课,重视文化体验,难度从浅入深,寻求与学校的契合点。第六,利用博物馆特有资源和环境,鼓励青少年进行艺术创作,激发青少年对艺术的热爱和对创作的渴望。第七,项目时间集中在周五下午和双休日,迎合青少年休息时间,历时 1~3 小时,1.5 小时居多。第八,依据活动内容、年龄和目标等进行方案策划,视不同情况选择前置评估、过程评估和结果评估,新项目或重点项目一般需实施前置评估和过程评估。第九,丰富的网络、电教、媒介资源可满足教师为青少年授课之需。第十,中学生有偿实习项目,鼓励儿童深入博物馆各岗位,增进对博物馆幕后工作的了解,从而"走进"真实的博物馆世界。

(2)幼儿园到高三教师项目

纽约,大都会艺术博物馆

该项目分别由研究者在大都会地下一楼教育中心(Ruth and Harold D. Uris Center for Education)之导介区,卡森家庭大厅(Carson Family Hall),员工工作室(Staff's Office)及工作坊(Studio)内执行。

方法:10～15分钟的半结构式访谈,访谈两次。2012年5月份访谈10人,2013年2月访谈3人,2012年5月份的访谈以志愿者为主。

目标:考察本馆教育部员工和志愿者对教师项目基本情况的认知,在实施过程中总结本项目的优秀经验,包括内容设置和操作手段,提炼本项目亮点,以及实施的先进理念,以供他馆借鉴。

部分访谈摘录整理:

(教育部员工A1):此类项目中,教师学习如何制定课程计划和课程出版物,并将这些知识合并到他们的课程之中。把学生们带到博物馆,进行一个参观导览或者自导式参观。将两个项目有效交叉,形成一个交叉区域恐怕是大都会艺术博物馆的创新。因为参加我们的教师项目,在学校项目中就可以得到带学生来参观的很多优惠。

(教育部员工A2):教师项目通常是收费项目。效果是很显然的。一方面老师们通过这样的学习,了解到如何组织学生来我们博物馆参观,另一方面老师可以利用我们博物馆资源来进行课程和跨学科教学方法的探索。我们网上提供这些资源,包括艺术课程和自导参观的资料。我们课程的特点是把主题、时代、画派、作者等以不同角度组合,进行一件或者一组艺术品背后信息的探索。这样的探索可以帮助我们老师多维度地了解我们的展品,让展品资源为老师们服务。以博物馆资源为基础,进行教学内容和方法的研究。

(教育部员工A3):我们的教师项目一般一个月接近10次,这些博物馆艺术品的体验,可以融入我们平日上课的选题,提高我们的技术。可从博物馆资源中制定一个课程计划,这个计划是为学生量身定做的。我们会努力依据申请者的具体需求去设计每个课程。无论任何课程都要申请。申请信息中有身份、教的学生和教的学科,你所要求的研讨课主题。我们研讨课的形式有"迷你型研讨会",研讨会持续1.5小时,这个不提供材料;"半天研讨会",研讨会要持续3小时,提供材料;"全日制研讨会",我们会准备午餐和材料。

(教育部员工A4):暑期研讨会是我们的特色项目,活动时每天有指导、课程材料和午餐。这是一个四家博物馆联盟的活动,我们只允许40位老师参加。这个活动会举办一周。通过一周学习,老师将掌握在博物馆或者在课堂上学习和运用以目标为基础的教学策略;自信地进行现当代艺术课程的计划;利用博物馆中的艺术品进行跨学科探索。这些效果初步都能达到,老师报名的名额有限,但非常踊跃。

(教育部志愿者B1):所有老师都可以参加我们的项目报名,通过我们的活动,老师们可以知道怎样去利用博物馆资源,更加了解展品本身。老师可以一起研讨教学方法,甚至是跨学科的教学方法。我了解国外有些博物馆,他们的教师项目可能仅限于对老师的培训。还有一种方法就是组织他们过来参观,给他们一些标本。请注意他们有没有融入其中,单方面的效果肯定会受到影响。

（教育部志愿者 B2）：我们这个项目的优势在于我们了解我们的老师们需要学习什么。我们在申请表中最首要位置设立"您所要求的研讨会主题"，同时附上我们研讨会的描述。因此，我们可以根据老师们共同的需求，不断开发主题。我们的研讨会规模大小、时间长短不一，每个人可以找到适合自己的（项目）。博物馆是人类文明的遗留，不能只是供自己享受，还要让下一代享受。因此，老师是最重要的力量，是桥梁。我们馆很重视这个项目。我们教育人员也会走出博物馆，到学校或者馆外，给孩子们上课。所以，我们的形式很多样。

（教育部志愿者 B3）：2011 年我们的教师项目共有 600 项左右，涉及老师有近 2 万人。我们的博物馆外活动有 500 项左右，参加人数也将近 2 万人，这个意味着几乎每天都有活动，每项活动平均有 30～40 人参与，我们的活动评价很好，我们举办得都很深入。

（教育部志愿者 B4）：一件艺术品，我们可以发现那个时代很多真实的东西，它就是有价值的，不仅仅是艺术价值。欣赏一件艺术品，可以了解它背后很多信息，艺术品是用自己的方式与你对话。甚至可以从一组艺术品中发现一个国家的时代背景、一种艺术的变革，了解各种文明以及文明的差异。比如为什么非洲精神中充满动物形象？美国哈德逊派为什么要画大自然？因为在进行西部大开发，我们对自然风光有自信。所以，我们的课程设计哪怕是对于老师本人增强知识底蕴、开阔世界视野，都是有帮助的。

（教育部志愿者 B5）：我们严格实行预约制度，（预约制度）使得我们可以灵活工作。每个主题，我们要达到我们预期的人数，才会举办，否则就取消，因为说明需求度不大。为老师服务，实际上是为学生服务，这是我们的宗旨。博物馆文化在我们国家非常流行。

（教育部志愿者 B6）：我们是一种方法和思维的训练，对于一种视觉艺术进行社会研究的指导。我们希望我们的项目能够鼓励老师们与合作伙伴进行对话和合作，观点是建立在不同人基础上，必须清晰，有说服力。因此，我们这里的老师十分团结，因为他们有共同的目标。……教育部门是非常复杂的，不同领域由不同人负责。……我们志愿者有些项目就由自己负责，志愿者比例高，一般一周会来两次。

研究发现：有关幼儿园到高三教师项目之研究发现。该馆在教师项目上的特色通过诸上评论无不彰显，提供教师学习之用的博物馆资源因本项目被盘活、共享、流通和创造。归结可提列为：馆方首先认为此类项目至关重要，因而每年开展数量多，几乎每天一项；若参加了本项目，在学校集体项目中即可赢得带领学生参观的优先权；此项目宗旨为利用博物馆资源进行课程教学方法甚至是跨学科学习策略的探索；教学内容为一方面教导教师如何制定计划，组织学生进行博物馆自导式参观，另一方面帮助教师多角度认识展品，选题从时代、画派、主题、作者等不同视角进行组合，了解展品背后的故事及其文化意义，指导教师如何为学生量身定制课程计划；馆方设置课程的依据则是申请者的申请信息，经由申请信息需求来确定主题；项目形式以研讨课和体验课为主，强调共同参与，教学相长，形成一个教师学习的共有平台；正基于规模大小、时间长度不一，研讨课分为迷你型、半天、全日制三种，持续时间从1.5～3小时到半天不等，每位教师可找到适合自己的课程；项目实施收费和预约制度，若预约人数未达一定规模，项目即被取消，因此项目的推出取决于需求量；暑期研讨会为馆方特色项目,由四家博物馆联合推出,持续时间为一周,协助进行教学策略、跨学科研究和现当代艺术课程的规划,人数有限,效果显著;教师项目亦可享用博物馆网络课程和教师出版物等丰富的教学资源,特别是诺伦图书馆的教师资源中心,专门提供教师服务;项目最终目标是开展教学和思维训练,鼓励教师建立伙伴式的对话与合作。

(3)家庭项目

纽约,大都会艺术博物馆

该项目分别由研究者在大都会一楼教育中心(Ruth and Harold D. Uris Center for Education)之卡森家庭大厅(Carson Family Hall)、艺术学习室(Art Study Room)和卡罗教室(Carroll Classroom),诺伦图书馆内儿童阅览室(Children's Reading Room)外的座椅上以及员工工作室(Staff's Office)执行。

方法:采用10~15分钟半结构式访谈,共访谈两次,其一是2012年5月访谈13人,其二是2013年2月访谈2人,受访对象包括教育部、其他部志愿者和教育部员工。

目标:家庭项目为博物馆拳头项目,本访谈欲在增进家庭项目情况认知基础上,促使项目组织者与协助者开展自我评估。借由反躬自省,总结有效经验,诸如教育目的、时间规定、年龄划定等,以供他馆策划此类项目师其长技。

部分访谈摘录整理:

(教育部员工A1):我们家庭服务的项目几乎都是无偿的,上帝知道我们爱我们的下一代。我们博物馆创造亲子环境,让孩子从18个月起就爱上博物馆,我们的项目服务儿童的年龄是18个月到12岁。但是,请注意,我们对具体项目是有区分的,我们严格按照儿童心理特征来区分他们可以参加的项目,并非所有孩子都适合一个项目。我们对年龄严格把关,否则没有效果。

(教育部员工A2):我们有"诺伦图书馆讲故事时间"项目,从一本书去学会看书,适合1.5~7岁孩子,故事讲完,3~7岁孩子就可以去博物馆寻宝,寻书上提到的宝物,孩子们席地而坐,太享受了。不需要预约,来博物馆的都可参加。周二至周五上午,持续半个小时。还有"艺术学习从大都会开始"项目,可以看艺术品、进行素描、听故事以及创造艺术品,面向3~7岁家庭,不需预约,都可以参加,这个活动分布在周二至周日,上下午都有,时间为1个小时。"艺术之旅"项目为5~12岁孩子准备,孩子和家庭就如同一个探索者,在世界范围内的艺术旅程中去探索,我们还会有一些现场表演和其他活动,在周六、周日上下午都有,也是1个小时。"它们是怎么做的?"项目中孩子们亲眼看创造艺术品的技术,我们提供工具和材料,比如我们工作人员席地而坐表演吉他,孩子享受音乐,了解怎么发音。周六、周日下午半个小时一场,所有的孩子都可以参加,不要预约。"周日工作室"项目,在博物馆画廊我们鼓励孩子去制作艺术品,每一周都有不同文化和形式,我们请艺术家来教,周日下午2个小时,任何时间家庭都可以参加,不用预约。"沉浸于绘画时间"项目,我们部门的人或志愿者每隔半小时一场,材料我们提供,孩子们在一种非正式的绘画中体会快乐,他们可以从一件件真实的艺术品种获取灵感,想参加的孩子、大人都可以参加,不要做任何预约。有三个小时的时间。我们的活动有听、说,还有动手,享受艺术和表演,体验艺术快乐。每天都有为孩子准备的活动,进行艺术之旅,博物馆寻宝,这里就是一个文化交汇的地方,培养孩子世界的眼光,使其接受艺术熏陶。"博物馆,是我们孩子最好的地方。"家长是这么评价的,因此我们拥有众多家庭会员。

（教育部员工 A3）：有一个分馆在曼哈顿北部，那里展示中世纪艺术，有庭院和长廊，可感受阳光。那里周日会进行一个小时左右的研讨，孩子们在一个话题之下表达自己观点，有 4～12 岁儿童的家庭都可去。节假日，比如寒暑假都有活动的，上下午各 1 个小时。……讲讲我们的节日活动，去参加的人可以感受不同文化庆祝节日的活动，非常丰富，有表演、现场艺术制作、讲故事，还有展示活动，所有大人、孩子都可以去感受扑面而来的外国文化。这是一种真实的感受，因为内容不一样，所有人都可以找到自己的兴奋点。这是（大都会艺术博物馆）一个亮点和特色。创造一种环境，这种环境帮我们去了解一种世界文化，从而更好地了解我们展区的展览。这样的项目，一般数量不多，一年 10 个不到，但都会受到欢迎，形成一种热潮。

（教育部员工 A4）：由于孩子特殊，我们为孩子服务的项目，根据年龄不同，一般时间从半个小时到一个半小时不等。有些家长或者其他成人也可以参与的活动，时间稍长。我们坚持给孩子免费服务，材料也提供。孩子只要感兴趣，都可以参加，不需要预约，我们很多活动场地完全足够。因为有些是低成本，有些是在展示空间或长廊中进行，没有费用问题，没有空间局限问题，当然也没有人员问题，我们有足够的志愿者。

（教育部志愿者 B1）：我们家庭项目让我也很享受，我的孩子也是在这样的环境中长大。比如最近的仲冬期间的休假，孩子们来博物馆进行作品创作，进行休息，我们没有任何作业。那些艺术品陪伴他们长大，他们完全不陌生，艺术品成为看着他们长大的伙伴。

（教育部志愿者 B2）：我是负责家庭会员项目的。（家庭会员）要收费的，大概收 200 美元，从 3 岁到 15 岁。有 3～5 岁的读书班，这个班是阅读一些获奖的竖版，进行艺术创作，从而去探知博物馆收藏品中的跨文化概念。有 3～6 岁孩子和父母的研讨班，这个班级可以给孩子和大人一个在工作室或者画廊去发现和探索艺术的机会。艺术班级是 5～10 岁的小朋友参加的，他们在工作室或者画廊里面进行自己的艺术创作。故事和神话班级使 6～8 岁的孩子可以完完全全沉浸在传说、神话中，帮助他们拓宽对世界艺术的了解。8～14 岁孩子参加画廊里的画画班，进行很多绘画技巧的学习，就他们看到的进行创作。古代启示班服务 9～15 岁孩子，在古代的文字中，参加者尽情探索。在风景和观点班级中，10～14 岁孩子感受有创造力的写作。通过各种有意义的方法，将适合孩子的文学作品和孩子们的创造力结合在一起，加深孩子们对于艺术的理解和热情。我们精心设计家庭会员项目，材料来自博物馆资源，我们会员近万人，活动很多。

（教育部志愿者 B3）：教育部每年要对教育活动情况进行一次数据统计，我记得去年家庭项目举办了近 600 个，参加的人可能达到 3 万人，这个就表示我们每设计一个活动，参加的就有 50 个人，我们的活动受欢迎是显而易见的。有个家长告诉我，他的孩子十分喜欢博物馆，他们还加入了会员，再忙一周也会来一次。

（教育部志愿者 B4）：我们这儿有提供给家庭的指南，是小折页，还有一份家庭地图。这些指南都可以在前台免费领取。指南可以提供很多细节，使观众认识到很多有关收藏品的故事。孩子问答（Kid's Q&A）以问题和答案的形式，告诉孩子每个展区有哪些值得孩子去看的东西，正面用地图标识，背面就是每个展区的介绍、配图。这份册子很有意思，它会有很多孩子的话出现，表达自己对博物馆的心声。家庭地图要求我们一起去探索,一版以地图呈现,周边用不同的图片进行家庭互动,用孩子的语言激发他们去探索,或提醒他们不可以用闪光灯。另外两版就是一大幅用图片来进行说明的立体地图,从地下一层开始,所有展厅和展品都用图片来进行介绍,花了我们大量的心思。我们鼓励孩子在这里待上一天。孩子们完全能够自己读懂指南。

(教育部志愿者B5):对,这些宣传材料中已将我们一些特别珍贵的文物的材料都放在里面,以孩子愿意接受的方式去表达。在儿童家庭这块上,我们还开发出300多种教育型的儿童玩具,这些都在儿童商店中。博物馆商店里所有的儿童物品都可以在网上浏览。我们的商品不断更新,网站上可以找到我们为儿童设计的伟大礼物。

(其他部志愿者C1):我不是负责教育这块,但我知道教育在这里(博物馆)是非常重要的。你知道,我们整整一层都是提供教育的场所,另外我们还在展厅、长廊、花园里进行教育。教育资源除了展品、前台里的纸质材料外,还有展品图片、影像、电子导览等很多电子资源和产品。

(其他部志愿者C2):我还是一位家长,我也常带我的孩子来参加家庭项目。这里有参观活动、讨论活动、动手活动、专题活动、讲故事和参与对话活动。内容非常多,这应该是早教最好的地方,在一个非常宽松舒适的环境下,给孩子很多艺术熏陶。我还参加馆外的家庭活动,和不同机构合作,共同参与艺术探索,孩子们可以全方位了解社会和博物馆艺术。

研究发现:有关家庭项目之研究发现。家庭项目为本馆重点与特色项目,让儿童爱上博物馆,为其打开艺术之门的理念始终贯彻于诸多项目之中。馆方在主旨设立、年龄划定、主题选定、时间安排、会员建设等方面已形成自身的模式和优势。具体如下所列。一是本馆家庭项目服务于18个月至12岁儿童,除却个别标注外,全系免费项目。二是项目依年龄严格分众,1.5～7岁听故事;3～7岁看艺术品、听讲解和画艺术品;4～12岁庭院研讨;5～12岁参与艺术之旅;1.5～12岁进行艺术品制作和创造;包括成人在内的全体庆祝节日活动。三是项目数量多,几乎每日组织,无需预约,不布置作业,依活动内容不同,历时0.5～1小时不等。四是项目还与社区合作,走进街道中心、社区中心、图书馆,合作探索艺术教育,儿童在各种环境中接受艺术熏陶。五是家庭会员项目作为特色收费项目,已拥有万人会员,面向3～15岁儿童,项目组织频繁、设计精良、按照族群和年龄分众。有3～5岁读书班;3～6岁研讨班;5～10岁艺术班;8～14岁绘画技巧班;9～15岁古代文化启示班;10～14岁文学作品亲近班。六是独树一帜的家庭项目纸质媒介,分问答形式的指南和通过图案说话的地图,皆为儿童量身定制,以问答形式告知儿童何处值得去看以及用图案标注馆内平面图,识丁不多的儿童亦能借平面图进行参观,设计颇具匠心且深受家庭观众喜欢。七是项目形式多样,如专题、动手、对话等,图片、影像、电子资源和产品,使得本馆成为纽约甚至全美儿童早期教育的重要场所。八是儿童文化产品不断设计更新并在网站上公布。九是形式不拘一格,不局限于封闭空间,任何环境下皆可执行儿童教育项目,或长廊或花园或展厅。十是教育人员充裕,众多资深志愿者可独当一面。

(4)学校集体项目

纽约,大都会艺术博物馆

分别由研究者在大都会一楼教育中心(Ruth and Harold D. Uris Center for Education)之戴安·W.伯克厅(Diane W. Burke Hall)和卡森家庭大厅(Carson Family Hall),二楼美

国统治者展厅(The American wing)外长廊以及亚洲展厅(Asian Art)过道内执行。

方法:采用半结构式访谈,共访谈两次。2012 年 5 月访谈 10 人,2013 年 2 月访谈 2 人。对象包括教育部志愿者和员工。

目标:学校集体项目是馆校合作较为基础的一种模式。大都会在此项目上采取何种方式?表现效果如何?借由本馆教育部志愿者和员工对此持有的态度与反应,提炼其项目策划经验,推动他馆见贤思齐,有所取鉴。

部分访谈摘录整理:

(教育部志愿者 B1):很显然这个项目很基础,但是我们很用心。这个项目是以集体参观为主的。参加教师项目的老师们如果带来学生来参观,可以获得预约的优先地位。我要申明的是,我们的活动太多了,所以大家都要事先预约,有人数限制。同时,老师们要注意,参观前的准备工作往往特别重要,否则目标难以达成。一方面老师们可以使用我们图书馆的教师资源中心,当然也可以上网到教师项目中去下载相关材料……

(教育部志愿者 B2):我已经做了 20 年的志愿者,学校集体的参观在这个馆已有100 多年的历史了,通常在集体参观的时候,我们还会给他们送出一些家庭的参观票。要知道大都会一次参观肯定参观不完,我们送家庭票,就是让学生们和家人一起再来参观。我们一直会和学校以及老师保持着非常紧密的联系。

(教育部志愿者 B3):学校团体的参观项目,虽然多是参观,但与此同时,还有小组讨论。我们会分组,这个在人员上是有要求的。同时,这些项目还有一个特征,就是设计时完全是分年龄段的。1~3 年级、4~12 年级、9~12 年级主题有差别。不仅如此,我们还为初次来参观的学生团队推荐项目。

(教育部志愿者 B4):夏令营项目也主要包括参观活动,当然分为有导览的和自导式的,需较低的费用。自导式参观的话,必须事先从网上下载我们的材料。学生可在家长陪同下进行艺术探索,探索博物馆丰富的藏品。这个项目主要是为 5~16 岁学生准备的,每个主题都设置得很有趣,有参观还有互动式的讨论。暑假期间每天上下午有。怎么说,有些类似于会员活动。假期里,我们这里的学生集体参观很多,我们努力组织好、服务好。

(教育部志愿者 B5):从周一到周五,学校学生还可以集体去参观大都会的分馆,去领略中世纪的艺术展示,在画廊和花园里玩耍,进行不同主题的参观,感受中世纪的优雅文化。

(教育部员工 A1):一般而言,我们主要的常规项目是在博物馆主体建筑内参观的学校项目。参加的学生可以是 1~12 年级,但是不同年级适合不同的项目。1~3 年级主要进行感官上的导引参观。4~12 年级则从思维探索上引导参观并进行讨论,体会不同文化之间的差异,并进行思考。9~12 年级是进行较为抽象主题的探索,话题有些难度,不是所有学生都能参与。我们要将学生分成小组,进行小组之间的对话。这些项目一般是从周二到周五都有,基本上一个多小时。这个时间上我们进行过测算。

(教育部员工 A2):学校项目是我们的品牌,是老项目。所有参观项目都分成两种,一种就是自导式参观,一种就是自我导览。但无论哪一种,都一定要预约,这是唯一的要求,接着馆方会确认。同时很多学校项目安排是跨午餐时间,但是我馆并不提供午餐。……我们已经和很多学校,特别是纽约地区的学校建立长期联系,他们是我们博物馆的常客。

（教育部志愿者 B6）：学生、老师和博物馆员工一起去探索藏品，员工来引导讨论和练习，他们鼓励孩子们对艺术品进行批判性思考。这些项目一定要适合孩子的年级、能力和兴趣。他们只能提供这个水平或这个水平以上的年级服务，大概是持续 1 个小时。纽约 5 个区内项目免费，若是纽约之外，美国学生要收取 15 美元，可由一个老师陪着，10 个孩子搭配大人，大人为 15 美元，增加一个则是 28 美元。所以，我们对不同地域学校收费不同，另外原则上我们不鼓励成人陪同这些学生，希望他们独立思考和活动。

（教育部员工 A3）：我们的学校项目每年将近 3000 个，参加学生约有 12 万人，这个数量是非常庞大的。学校学生需要我们，我们特别展示、主题展示也是专门为学生服务。我们与学校沟通。一般一个组的学生控制在 10～50 人之间，如果只有 9 个人，就配个成人。

（教育部员工 A4）：导览根据不同学生的需求而改变。一般是 1 个员工对 9 个学生。导览一般是周二至周五，9:45 到 12:30，每次大约一个小时。盲人或弱视学生采取触觉体验。聋哑学生会提供手语翻译，需要注意的是这些要求应当都写在申请表中。因而，我们的学生项目适合任何孩子，我们是以服务孩子为中心。

研究发现：有关学校集体项目之研究发现。学校集体项目为本馆传统项目，已历时 100 余年，因而积累有丰富的经验：一为学校项目执行时会配套送出家庭参观票，鼓励家庭观展；二为提供观前准备资料，既可赴博物馆教师资源中心，亦可于官网中教师项目下载；三为学生项目以参观为主，讨论为辅，同时项目设计以 1～3 年级、4～12 年级、9～12 年级三个年龄段严格区分，分别从感官、具体思维到抽象思维导览，并不断加大会话与讨论难度；四为两项特殊项目——夏令营与博物馆分馆项目，夏令营即对藏品进行艺术探索，不同文化主题配以互动项目，博物馆分馆项目主要为参观分馆中的中世纪展示；五为学校项目需预约并得到馆方确认，在人数上有 50 人的限定，一般周二至周五，历时一小时，无午餐供应；六为地域收费差异，且不鼓励家人或其他成人陪同；七为项目包含参观导览和自导式参观，导览参观因学生需求改变而改变，亦提供残疾儿童触摸或手语服务；八为学生项目每年执行数量多，且参与人数多，成为博物馆服务儿童的一种重要方式。

（5）残障儿童项目（Access Programs and Services for Young Visitors with Disabilities）

纽约，大都会艺术博物馆

该项目分别由研究者在大都会一楼教育中心（Ruth and Harold D. Uris Center for Education）之员工工作室（Staff's Office），一楼武器和装甲（Arms and Armor）展区过道，二楼绘画和版画（Drawing and Prints）展区外部长廊执行。

方法：10～15 分钟的半结构式访谈，共访谈两次。2012 年 5 月份访谈 10 人，2013 年 2 月份访谈 1 人。受访对象为教育部、其他部志愿者及教育部员工。

目标：调查本馆工作人员就残障项目的掌握情况与基本态度，各项资源是否真正施惠于残障儿童。诸此项目在国内乏见，那么此类项目究竟如何开展，收效为何，能否从中提炼出可供取鉴的普遍经验。

部分访谈摘录整理：

（教育部志愿者 B1）：对各种类型身体残疾的人，博物馆都给予考虑，比如聋哑、盲人、智障和痴呆的。听不到的人可以参与学习配有助听设备和实时字幕的课程。聋哑人可以找到有手语的项目,有手语翻译和字幕。盲人可以去参加一些口头的和触摸的项目和专门为孩子准备的艺术品制作项目。智障的儿童可参加一系列由家人和朋友陪伴的项目。痴呆的孩子可以参加专门为他们设计的画廊或班级艺术项目,并成为其中的一分子。

(教育部志愿者 B2):我觉得对痴呆的考虑在我们国家也不多见。他们可和照顾他们的伙伴一起,进行讨论、动手、艺术品制作和其他互动的感官活动,他们也需要一起感受不同的世界文化。从博物馆挣脱现实世界,主题有触摸藏品、艺术制作室、画廊之旅等,这项活动都一定要预约。

(教育部志愿者 B3):至于智障儿童,博物馆会提出让他们和家人、朋友相伴,提供一些感官的认知,包括触觉和艺术的创作活动。他们被邀请去参加"发现"和"周末"活动,"发现"活动是集中于一个主题,包括画廊之旅。这个(画廊之旅)是在一个工作坊里的艺术活动,比如有日本艺术中的自然主题、能量和守护、制作脸谱。这个是需要预约的,儿童和成人活动分开。

(教育部志愿者 B4):对,盲童可触摸、要求讲解和提供盲文书以及画画。聋哑人请手语翻译是免费的,但是讨论活动是不适用于聋哑人团体的。博物馆和一些聋哑学校,如 BSL 是有合作的。所有这样的孩子可以申请预先得到两个月的活动信息。对于听力有问题的,我们前台可以借调频辅助设备,数量是有限的。但是在一楼教育中心我们配置了红外线声音增强系统,只需一个耳机或颈环,就可以在参加活动时和指导者说话,这些都是免费的。

(教育部员工 A1):我们邀请所有人来馆里,我们对残障人每项项目都是免费的。另外每一类型项目,比如聋哑人项目,都有相应的 PDF 材料可以下载,让你清楚了解近期内有什么活动,如何报名参加。同时,各种类型的项目中成人、儿童、家庭、团队对象通常是区分开来的。

(教育部员工 A2):我要说的是,我们对于残障人的所有项目是都免费的,出借设备也是免费的,但我们要求一定要预约,因为活动有些是在一个教室,有些是需要手语,有些要保障服务质量,所有数量最好有所控制。

(教育部员工 A3):按照去年(2011 年)数据统计:盲人和弱视观众活动达 100 多场,就是每隔三天有一场,参加人数约 1500 人;聋哑观众活动近 20 场,参加达 500 多人;智障观众活动有 100 多场,参加人数近 2000 人;残疾观众团体参观有 100 多场,人数近 2000 人;特殊学校参观有 200 多场,人数 2000 多人;馆外的活动有 30 多场,参加的有近千人。我们在这一项内容上投入很大,你可以了解到,我们的活动组织也很多,我们的残障朋友也是世界的一分子,他们有权利共享人类文明成果。

(教育部员工 A4):项目多数对儿童年龄是有所规定的,比如周末讨论会,我们就会要求 6~17 岁儿童,家庭项目我们则要求 5 岁以上儿童,以触摸方式去探知不同的主题。……博物馆活动主要有"发现"和"触摸"两种,有视力问题的孩子通过讨论会形式去发现,通过动手触摸、制作等形式去感受。应该说我们提供给观众的设备齐全。另外,我们还有出版物,这些儿童可以通过触摸图片等形式来"看到"博物馆出版物。

(其他部志愿者 C1):我了解到其实教育部门还是和不少特殊学校有所合作,因此每年会来很多的特殊学校学生。特殊学校学生甚至会进行博物馆表演,如音乐会演出等,不仅可以参观,还可以展示。我觉得这点很好。

(其他部志愿者 C2):博物馆网站中,对于各类设备都有很详细的说明,甚至把设备图标的颜色都标出,非常细节化。……同时在博物馆内也是如此,各种特殊图标非常明显,可以看到。

研究发现:有关残障儿童项目之研究发现。残障儿童项目在该馆中受重视程度和执行成效让研究者瞠目结舌。基于前文中就此项目基本概况,结合以上对工作人员访谈记录的整理,将残障儿童项目有效经验归结如下。一是馆方坚持主张博物馆为所有参观者提供服务,包括残障人士如聋哑、盲童、智障和痴呆人士;二是依各类残障人士特征开展内容迥异的服务,如聋哑人(手语、字幕、制作)、盲人(讲解员、口头、触摸、盲文)、智障、痴呆人(感官活动、家人陪伴);三是提供完备的视听辅助设备,设备完全免费,可网上申请,亦可前台领取,网站就设备进行详尽说明,且一楼教育中心还配置有红外线声音增强系统,只需使用一个耳机或颈环就能助听,克服设备有限之缺陷;四是每一类型的项目将成人、团体、儿童、家庭相区分;五是各类项目皆设计有明晰的项目介绍,包括项目清单、怎样参加和参与要求,诸此皆可在网站直接下载;六是所有项目皆为免费,参加者仅需预约;七是与特殊学校建立良好关系,邀请参观并为其提供展示舞台;八是项目包括盲人、聋哑、智障和痴呆人士等个人项目、团队项目,还包括馆内项目和馆外项目,举办数量达 500 多场,参加人士近万人,项目执行数量令人吃惊;九为项目设计的内容适合不同年龄儿童,明确规定参与儿童的目标年龄。

(6)小结

据上大都会各类儿童教育项目执行的半结构式访谈结果,撷取各类项目特色与缺失部分信息,经由整理与归纳,可概括为表 4-33。

表 4-33　大都会艺术博物馆常规项目内容特色与缺失之整理

项目类型	访谈方式	样本大小	特色
11～18 岁青少年项目	半结构式	员工、志愿者 14 人	1. 重视青少年博物馆情结的培养,提供免费出入证和免费语音导览 2. 时间集中周五下午、双休日等青少年休息时间,历时 1～3 小时,1.5 小时居多 3. 高度重视青少年特征——具好奇心、求知欲和思辨能力。常开发拥有探知性与神秘感,触动青少年内心参与热情和兴奋的主题 4. 主题设计从青少年不同年龄阶段的身心特征出发,对项目进行年龄区分,分成 11～14 岁、15～18 岁、11～18 岁和适用所有年龄四类项目。从探索、体验到创造,再到有意识创作 5. 多研讨课,重视文化体验,难度从浅入深,找寻与学校的契合点 6. 利用博物馆特有资源和环境,鼓励青少年去进行艺术创作,激发对艺术的热爱和对创作的渴望 7. 开展方案策划,根据情况选择前置评估、过程评估和结果评估,新项目或重点项目一般需执行前置和过程评估 8. 提供网络资源、电教资源、媒介资源 9. 中学生有偿实习项目,鼓励儿童深入博物馆各岗位,增进对博物馆幕后工作的认知,"走进"真实的博物馆世界

续表

项目类型	访谈方式	样本大小	特色
幼儿园到高三教师项目	半结构式	员工、志愿者13人	1. 重视，数量多，几乎每天一项 2. 参加本项目可获得学校项目的诸多优惠 3. 宗旨为利用博物馆资源进行课程教学方法甚至跨学科学习策略探索 4. 内容包括教导教师如何制定计划，组织学生进行博物馆自导式参观；帮助教师多角度认知展品，从不同视角进行组合，了解展品背后的故事及文化意义；指导教师如何为学生量身定做课程计划 5. 设置课程依据申请者申请信息来确定主题 6. 形式以研讨课和课程体验为主，强调共同参与，彼此教学相长，形成一个教师学习的公共平台 7. 正基于形式上规模大小不等，时间长度不一，研讨课分为迷你、半天、全日制三种，持续时间从1.5～3小时到半天不等，每位教师可发现适合自己的课程 8. 项目实施收费制度和预约制度，若预约人数未达到一定规模，项目即被取消，因此项目推出取决于需求量 9. 暑期研讨会为馆方特色项目，由四家博物馆联合推出，持续一周的课程学习协助教学策略研究、现当代艺术课程规划及跨学科研究，人数有限，效果显著 10. 教师项目亦可享用博物馆网络课程资源和教师出版物等丰富的教学资源，特别是诺伦图书馆的教师资源中心，专门为教师服务 11. 项目最终目标是进行教育训练，鼓励教师伙伴对话与合作
家庭项目	半结构式	员工、志愿者14人	1. 服务于18个月至12岁儿童，除却个别标注外全系免费项目 2. 依照年龄严格把关，1.5～7岁听故事；3～7岁看艺术品、听讲解和画艺术品；4～12岁庭院研讨；5～12岁参与艺术之旅；1.5～12岁进行艺术品制作和创造；包括成人在内的全体庆祝节日活动 3. 项目数量多，几乎日日组织，无需预约，不布置作业，根据活动内容不同，历时从0.5～1小时不等 4. 与社区合作，走进街道中心、社区中心、图书馆，合作探索艺术教育，儿童在各种环境中接受艺术熏陶 5. 拥有万人会员的家庭会员项目、特色收费项目，面向3～15岁儿童，按照族群和年龄分众（3～5岁读书班、3～6岁研讨班、5～10岁艺术班、8～14岁绘画技巧班、9～15岁古代文化启示班、10～14岁文学作品亲近班） 6. 独树一帜的家庭项目纸质媒介，分为问答形式的指南和让图案说话的地图 7. 项目形式多样，如专题、动手、对话等，图片、影像和电子导览资源和产品，成为纽约甚至美国儿童早期教育的重要场所 8. 儿童文化产品不断设计更新并于网站公布 9. 不局限于封闭空间，于长廊或花园或展厅执行，教育人员充裕，众多资深志愿者独当一面

项目类型	访谈方式	样本大小	特色
学校集体项目	半结构式	员工、志愿者12人	1.学校项目执行时配套送出家庭参观票,鼓励家庭参观 2.提供参观前准备资料,到图书馆教师资源中心,亦可到教师项目下载 3.以参观为主,讨论为辅,同时项目设计严格以1~3岁、4~12岁、9~12岁三个年龄段区分,分别重感官、具体思维到抽象思维导览,并不断加大会话与讨论难度 4.两项特殊项目——夏令营与博物馆分馆项目,夏令营是就藏品进行艺术探索,不同文化主题配合互动项目,参观博物馆分馆项目主要为中世纪展示 5.学校项目须预约并得到馆方确认,在人数上有10~50人规定,一般周二至周五,历时一个小时,无午餐供应 6.地域收费差异,不鼓励家人或其他成人陪同 7.包括参观导览和自导式参观,导览参观因学生需求改变而改变 8.学生项目每年执行数量多,且参与人数多,成为博物馆服务学龄儿童的一种重要方式
残障儿童项目	半结构式	员工、志愿者11人	1.主张博物馆为所有参观者提供服务,包括残障人士 2.依各类残障人士特征开展内容迥异的服务,如聋哑人(手语、字幕、制作),盲人(讲解员、口头、触摸、盲文),智障、痴呆人(感官活动、家人陪伴) 3.免费提供完备的视听辅助设备,可网上申请亦可前台领取,网站就设备进行详尽说明,且一楼教育中心还配置有红外线声音增强系统,只需使用一个耳机或颈环就能助听,克服设备数量缺陷 4.每一类型的项目将成人、团体、儿童、家庭区分,儿童项目又适合不同年龄儿童,明确界定参与儿童的目标年龄 5.项目分个人项目(盲人、聋哑、智障和痴呆等)与团队项目,还包括馆内项目和馆外项目 6.各项目皆设计有明晰的项目介绍,包括活动清单、如何参加和参加要求,这些皆可在网站直接下载 7.所有项目皆为免费,参加者皆须预约。项目年近500场,参与人数多 8.与特殊学校建立良好关系,邀请参观并为其提供展示舞台

（二）"西班牙、拉美文化嘉年华"项目

从其上儿童教育常规项目内部评估结果得见,无论从项目理念、数量、规模、内容、形式上,抑或馆方资源和设施等方面,大都会皆最大限度地发挥其儿童教育功能,同时亦呈现出诸多亮点。然而,此属于"静态"评估。在此基础上研究者决定转换视角,对大都会儿童教育项目之个案——"西班牙、拉美文化嘉年华"执行实施过程评估,此过程评估采取内外部评估,即同时使用研究者效益指标评分和观众个别访谈的方式。希冀借由从静态到动态,内部到内外部结合的视角转换,赓续探究大都会儿童项目之收效。

1.项目过程

"西班牙、拉美文化嘉年华"属系列节假日项目,包括从开幕庆典到闭幕表演等10个项目。参加对象为社会大众,涵盖儿童观众。项目时间为5小时,从中午12时至17时。由大都会教育部(负责儿童项目)策划,撰写策划方案,同时提供可下载的"项目活动安排"(单页)。项目信息网上公布,无须预约直接现场参与,部分场地有限,采取先到先得。

(1)项目准备

鉴于此节假日项目涉及活动较多,筹备此次项目的前期工作甚为繁复。参与组织的主要有教育部和观众多元文化发展处,但策划工作主要由教育部承担。因各项目内容迥异,所以共分八组。各筹备组设项目负责人,普通组员中志愿者成支柱力量。志愿者以资深志愿者和大学生志愿者为主。工作主要划分为对内、对外两块。对外主要为联络各艺术家、学者,如云端城市项目、街头表演、双语故事等,网站发布项目资讯等;对内包括策划方案撰写、材料准备、场地预订和布置、设备调试、部分活动如开闭幕式预演等。仅以双语讲故事项目为例。首先项目负责人撰写方案。接续,召开筹备会议,就项目内容分成联络、会务、接待等组别。但整体工作安排较为机动和随意,不似国内安排之周密。联络组需负责邀请艺术家盖马·阿拉瓦(Gema Alava);会务主要承担预订地下一层图书馆场地、地上一层371画廊和准备双语故事的读本、扩音器以及茶水;接待组实质上即为现场服务和引导人员。

(2)项目进行

此类项目实施,主要是靠新颖的主题吸引观众主动参与,促使观众在参与过程中体验博物馆独特文化。过程内容和方式各异,但无论何种方式,其强调的都是高融入的现场感,教育人员在执行过程中耐心、细致、热情,不断引导观众参与。本项目活动地点主要为地下一层和地上一层。执行过程共分三步:

首先,教育部和内务部员工赶赴博物馆各展区告知正在博物馆观览的观众,当日下午12时有一场"西班牙、拉美文化嘉年华"项目,引导观众群至一层大厅。面对来馆的观众,现场志愿者承担资料发放、观众分流和现场维护工作,有专门负责接待残障观众的志愿者。

其次,执行过程由艺术家表演,工作人员现场维持秩序、播放影音和提供外围服务。开幕庆典工作人员主要承担音乐播放和鼓励观众参与跳桑巴舞。与此同时,地下一层双语故事开始,工作人员在家庭观众的询问下引导观众前往。开幕式毕,街头表演、云端城市艺术、插图艺术、墨西哥瓷器、认识四弦吉他和芭蕾表演等6项活动同时开展,其中认识四弦吉他、芭蕾表演在整个嘉年华项目开始时举办,历时半个小时和项目完毕前的一个半小时。工作人员主要进行现场方向导引,各个场地话筒的递接,辅助艺术家进行手工品的制作指导和会场主持以及PPT播放。以解读书本为例,工作人员发放寒武纪图书和小册子,并指导如何安全使用工具;作为指导教师进行过程主持;通过玛雅图像来讲述故事,引导研究性阅读;工作人员提出的问题无标准解答,仅为利用书本和图像启发观众创造性思考和发挥想象力。

最后,闭幕式为音乐表演,工作人员打开音响,进行人员的分区导引和现场维护。

(3)项目收尾

项目收尾,涵盖嘉宾送别、现场观众导出、整理项目报道以及效益评估。大都会此项目因内容丰富,邀请的嘉宾需予以送别,由项目负责人送至门口。现场观众导出的任务主要交由志愿者和安保人员完成。博物馆安保人员训练有素、维护有序。[①] 清洁人员负责现场清扫、桌面收拾和工具整理,由志愿者协助。志愿者另需负责关闭和安放设备。项目报道由教育部员工撰写。大都会重视效益评估,因本项工作不仅意味着对项目效果之检测,也直接关系是否能争取更多政府拨款和社会捐赠。作为重点工作的评估,由教育部完成,主要为内外部评估相结合。内部评估为所有参加人员召开座谈会并记录反馈结果。外部评估则主要针

---

① 纽约市政府每年通过财政拨款为博物馆提供三分之一安保费用。

对参与观众执行访谈并做记录。最终撰写评估报告,并于教育部内部通报,作为年度教育评估的重要材料和依据。以上研究者对项目过程进行动态介绍,其下将围绕项目执行中的各重要指标对参与观众展开访谈。鉴于本次研究所需,特委托教育部本项目志愿者负责人帮助统筹,在各活动区内和走廊、大厅内执行观众访谈,从而通过外部评估的方式进行本次项目执行过程的优劣评判,收获项目评估有效信息。

2.项目过程外部评估——观众访谈

本部分将对本项目参与观众进行访谈,探究此类项目观众之参与体验与效果评估。采取半结构式访谈,依拟定访谈大纲执行。样本择取须符合两项要求:第一,以家庭观众为主;第二,参与各活动达 10 分钟以上(第二章取样内容已提及)。样本规模为随同家长 14 位,儿童观众 9 位。研究抽样时间为 2012 年 9 月 28 日至 30 日。依访谈录音记录和展开资料整理和翻译,并在此基础上着手分析,仅择取其中与本研究主题相关部分,提列如下。

【项目目标】

按本项目单页介绍"项目是为从蹒跚学步的孩子到老人所设计,邀请参观者去看、创造并分享美好印象,通过完全不同的方式去体验艺术……"分析得见,此目标是从观众角度出发,核心内容在于"体验"。那么,观众本身又是执以怎样的想法? 其目标达成度如何? 部分访谈摘录整理如下:

(家长 A1①):很好! 我们几乎在这里玩了一天,进行音乐、手工、画画、跳舞和谈论等各种不同的体验。对,以后我们还会来,如果有类似的活动……

(儿童 B1):我很喜欢它。很热闹,很多小朋友在。我喜欢来博物馆。

(儿童 B2):我觉得活动设计太有意思了,多有趣,我想去参加哪个都可以,好像整个博物馆都有活动。我参加了那个插画活动,设计小册子,给你看看我做的。我还喜欢开始的桑巴舞,爸爸和我都一起跳了。还有那个陶瓷,我知道怎么做了,还有漂亮的装饰。博物馆太神奇了。

(家长 A2):无论是开幕式的跳舞,还是双语故事、街头表演、云端城市,这些活动主题都有创意,我们可以去看、去听、去做,甚至去创造,各种形式都有,只要你喜欢。

(家长 A3):我喜欢这种自由无拘无束的选择,各种各样的选择,这里没有什么压力,你不用去想要做得多么好,只要你去体验这个过程,你所喜欢的过程,就足够了。

(家长 A4):我们主要是陪孩子来的,这里有太多好的东西。这样的一个活动,我想可以帮助我们的孩子去了解西班牙和拉美的文化,在各种活动中。博物馆在活动中有不少博物馆的藏品介绍。通过这样的活动,我们希望我们的孩子能对这样一种文化有所了解,当然不是课堂教学那样,是通过现场的感受和融入。

(儿童 B3):我喜欢这儿,它会给我很多种惊喜,我不知道该参加哪种活动,太多了。有些活动是同时进行的,我都想参加。原来拉美有这么多样的文化。

(家长 A5):对孩子的教育是我们最为困惑的,他们不喜欢书本式的,说教式的,他们希望自己动手去做、去体会。所以说,有这样的活动我们还是很高兴的。另外,这里

---

① 中文代表受访者身份;英文 A 代表儿童观众(为三岁以及以上儿童)类别,B 代表家庭观众类别;数字为受访者编号。

不用预约，来了就可以参加，这很好。

项目目标达成度高，几乎所有受访者皆对"通过看、听、说、做等完全不同的方式去体验艺术"的既定目标表示认可。无论家长，还是儿童受众，参与热情度高。个别受访者为项目同时进行而无法一一参与表示遗憾。亦有人表达对"无须预约"方式的肯定。以多样方式阐释一种文化的不同特征，一方面可展现文化的多元性和本馆藏品的丰富性，另一方面可为不同受众提供菜单式的选择，故，此目标的设定无疑是成功的。

【项目准备】

主要包含对内、对外两项内容。对内主要有撰写策划方案，预订场地，准备材料，布置现场，调试设备和开闭幕式预演。对外主要包括联络学者、艺术家，网上信息发布和电话咨询等。此项目的准备工作千头万绪，成效究竟如何？观众尤其是家长和儿童受众感受如何？部分访谈摘录整理如下：

（儿童A1）：我们是在网站上看到的活动消息。我也经常来（博物馆），妈妈说我们这次想报名参加下家庭会员，家庭会员每年有好多有趣的活动。

（家长B1）：这类项目的准备工作我是可以想象的，一定规模非常大。其中一两个活动准备就很复杂。反正我感觉来到这里非常好，整个气氛很棒！你理解，这个比什么都重要。

（家长B2）：这样的活动不需要预约特别好，很灵活，可以到现场再决定去参加哪个项目。不会因为没有预约号而被拒绝。我感觉这次请来的艺术家也特别棒，以他们的视角和我们对话，告诉我们博物馆里面拉美、西班牙的东西。语言很简单，我的孩子们也能听懂。我很疑惑他们是怎么做到的？

（儿童A2）：我觉得里面的布置很漂亮，我很喜欢，我还可以直接坐在地上，看表演，反正这里挺放松，没有什么过多的限制。

（儿童A3）：我觉得博物馆提供的材料和小册子都很好。比如去看那个插画的活动，让我们根据一本书中的插图去设计一个小册子。这个小册子本来就很好，这还有博物馆的标志，我觉得能带着我设计的小册子回家真好。我得给我的Jack看看。

（家长B3）：我觉得博物馆前期准备只要做到场地干净、灯光适宜就可以了。博物馆本身就是一个最好的活动场所。这里有特别优雅的氛围，这就足够了，但是博物馆工作人员和志愿者们还是做了不少超出我预期的事。比如这个场地布置，很认真。

（家长B4）：这里的音响和麦克风设备总体很好。但是有些还是轻了，比如在开幕式上。是否博物馆还有顾及，不用顾忌这里是博物馆。准备这类活动时，博物馆就是个有背景文化的活动场所。这里应该更开放。

（家长B5）：我觉得今天拿到的这个小册子和网站上差不多，非常丰富和清晰。我有一个发现，孩子们的和成人的还不一样，这个做得非常好。孩子们也会喜欢。

（家长B6）：我很好奇，但愿我也能成为志愿者，像这样的活动是否需要事先拟定一个计划书。没错，我刚刚问了志愿者，他（她）说这个是必须要的。这很好，但我的想法是可以有，但是不要过于详细，留下一些灵活性和现场发挥。或许，这个难度很大。我想我如果真的做了志愿者，我可以认识更多。总之，准备得非常棒，还照顾到残疾人，专门有服务他们的人员。

关于"项目准备"环节,受访观众中家长较儿童更关注。无论家长抑或儿童,就此项目前期的材料、工具、设备等的准备皆较为满意。部分家长对博物馆以下举措较为推崇:提供分众化的材料,将儿童与成人相区分;有选择地邀请专家;每项活动无须预约;预先拟定计划书;残疾人接待等;有儿童甚至表达因参与此项目,希望成为家庭会员。然而,亦不乏提供建议者:馆方应减少桎梏,更为开放,如开幕式音响播放声音更大;计划书无须太过详尽,应预留更多现场发挥之余地。

【项目内容】

此项目内容检视同样可从三方面入手:内容是否合宜,是否具本馆特色,活动是否有趣、新颖。家长及儿童评估结果主要整理如下:

(儿童 A1):……内容好多啊。

(儿童 A2):这样的活动,这里很多的。妈妈爸爸总是带我来这里,这里挺好玩的。今天活动太多了。好多差不多一起举行,我都没有办法全部参加。选择困难。

(家长 B1):坦白讲,我觉得要让一个项目去满足那么多人,其实是有困难的。你会发现博物馆还是有策略。一些手工制作,陶瓷器啊,乐器其实是为孩子们准备的。还有一些话题型的如对话艺术家才是面向我们这些人。至于开闭幕式,它就是跳舞等,欢迎各种各样的人。

(家长 B2):活动内容主要涉及的是艺术,西班牙和拉美的艺术。这个艺术包涵很多音乐、舞蹈、语言、瓷器、乐器,因而活动教育内容多种多样。它定位于体验,每个内容就是在享受,在享受中学习。

(儿童 A3):有些活动时间太长了,我只是参加半个小时,最多一个小时的活动,太长了没劲。而且如果一直只是说话就更没劲……

(家长 B3):我想活动的重点应该是在开幕式吧,因为这个几乎所有来参观的人都愿意参加,场面实在太好了。我觉得无论拉美还是西班牙,其实音乐、舞蹈等艺术是没有国界的。所以这个活动还是很重要的。

(家长 B4):……整个内容还是相当有趣的,本来觉得还比较陌生的拉美和西班牙文化,好像变得熟悉了。选择的几个板块,比如有趣的西班牙语故事、墨西哥街头艺术的表演。让本地的人来表演,更为真实,也更能够感染人。

(儿童 A4):西班牙和拉美的舞蹈太酷了,我喜欢,不要做功课。我觉得他们的瓷器特别神奇。嗨,你知道印加文明和阿兹特克文明吗? 对,还有玛雅,我就喜欢拉美的。

(家长 B5):这里的内容基本是符合我们孩子心理需求的,但我认为这应该更适合入学的孩子。我觉得刚刚学会走路的孩子还太小,除非他们是来凑热闹的。

(家长 B6):我觉得这样的活动更适合我们这样的家庭观众,我们可以迁就孩子,同时自己也可以陪着孩子学会不少东西,孩子们感兴趣的总那么多。那个云端城市和对话艺术家是适合成人的。……虽然这样的活动说是适合所有人,但是我觉得更适合家庭观众。当然,你可以将这个活动理解为一个大的派对,就像圣诞节大家来联欢,当然更开心的是孩子。

就项目内容,无论家长抑或孩子皆谈论颇多、各抒己见。孩子更愿参加 0.5～1 小时的活动。不少观众表示项目选择以艺术为切入点,涉猎音乐、舞蹈、语言、瓷器和乐器等多样化内容,使他们产生浓厚的参与兴趣。多元化呈现和体验式教育,让观众们沉浸在艺术享受之中,如同一场艺术派对。诸如当地人现场演奏乐器、表演舞蹈等,孩子们不由自主地身陷西班牙、拉美文化之中,艺术无国界。儿童群体生性活跃,此项目强调儿童的高参与度,因而得到了儿童的普遍认可。亦有数位观众表示,此项目应更适合家庭观众,且不适合学龄前儿童。

【项目过程】

过程评估可从四个方面入手,鉴于前文数个项目中已提及,此处不赘述。四个方面可择要概括为:过程是否有序组织;是否体现儿童中心;是否采用多种方法;能否锻炼儿童心智。家长及儿童反馈观点经整理归纳如下:

(儿童A1):……很多,哇。在看墨西哥瓷器(Talavera Pottery)时,我真的惊呆了。你知道吗? 太好看了,各种各样鲜艳的色彩。这很难形容你知道吗? 我看后就在想这么鲜艳的色彩是怎么调制出来的。我觉得墨西哥人真是了不起。

(儿童A2):对,我看到一种比吉他还小的乐器,叫Cuatro,这个代表四,就是有四条弦。现在已经变得很多了。……老师还让我们摸摸,我喜欢看这些有趣的东西,又能让我们摸摸,感觉很好。以前不知道它声音怎么这么好听,太神奇了。

(家长B1):我觉得活动安排非常紧凑,当然也有序。你知道我们就如同沉浸在艺术之中,太完美了,到处的活动都能够激发我们心中无限的想象力。

(家长B2):这里有海地和多米尼加的舞蹈,正式交谊舞,也有拉丁风格的舞蹈。很多都是现场发挥。我现在才知道,这个舞蹈的名字原来是一种酱料,辣辣的,因此这种舞蹈也是热情的,火辣的热情让全场沸腾。艺术真是吸引人。我被博物馆这样的安排折服了。各种形式的都有。

(家长B3):这里的安排似乎会让我忘记这是一种安排,觉得我就是其中的一员。我自由地观看,自由地做小册子。当然还有完全投入音乐、舞蹈之中。那些艺术家更像是我的朋友,我们像是在聊天。我所有想到的东西都可以问,我的好奇心都可以得到满足。这样的安排太神奇了。

(儿童A3):喜欢墨西哥的街头音乐(Mariachi),我现在才知道这个是墨西哥最有代表性的音乐,这个词好像是法语。你看,乐队演唱,用那么多的乐器。这个音乐多酷,那个叔叔说是在结婚现场和酒馆演唱的,好莱坞影片配乐的。让我记住了。他们是流浪艺人组成的,多酷。这样,大家就都知道了。

(家长B4):我觉得那个双语故事对我的孩子来说,非常有用,他觉得感觉很有趣,同一个意思却有完全不同的说法。这个体会一下就好了,语言本来就是很神秘的,也是一个区域的代表。……开幕式上的集体交谊舞桑巴。优美的音乐一响起来,哇,所有的人都愿意摆动腰腿,跳起来,不能停止。我想这样的方式,是展现一种文化的最好方法。就如同你真正去了那里,看到大家说的、唱的、跳的和做的。我想我们会常来。

(儿童A4):最后那个加勒比音乐会真让我陶醉,就像和那些叔叔们一起跳舞,这种音乐太特别了,各种各样的敲打乐器,很多从来没见过。我刚刚上去了,那位叔叔也让我敲了。他们说这是即兴表演的,我觉得印第安人真了不起。或许,我们也可以一起再上去一次?

不少受访者认为项目过程井然有序,且结构紧凑。同时以音乐、舞蹈、故事、会话、手工等多样化手段来阐释西班牙、拉美特殊文化,表现手法具感染力、现场感强,使参与者不由自主地投身其中,而浑然不觉,属于一种体验式教育。尤其是音乐和舞蹈,当地人和艺术家现场即兴表演,淋漓尽致地展现西班牙和拉美风情,同时调动起观众的主动性和积极性。此外,过程中若存有问题,可及时解答。项目主题立意简洁,适宜各年龄层,儿童亦能接受在博物馆环境中的异域文化教育。从受访结果来看并无一人诟病项目实施过程。

【情感态度】

考察内容主要分两方面:一方面参与者是否积极、主动、认真且心情愉悦;另一方面参与性是否强,儿童能否自主克服困难并乐于合作。这也正是本项目的最终目标,即能否真正在心理上满足儿童成长需求。家长与儿童群体就此各抒己见,兹整理摘录如下:

(儿童 A1):很开心,我愿意参加。

(儿童 A2):我认真读完了玛雅的那本书,看完书我自己设计小册子,我想象下那个玛雅,水晶头骨、用来观测的像金字塔的祭台,他们的艺术,开颅术,发明"零"。我设计的小册子是我重返玛雅,在玛雅看到的一幕一幕,超酷。

(家长 B1):之前,我们孩子不知道西班牙语是什么样的,由一个专家来读故事书给孩子听,给我们听,效果完全不一样。故事很简单,我们从故事情节中都学会了一句西班牙语。我的孩子甚至认为西班牙语很热情,很激动人心。

(家长 B2):我觉得云端城市的项目与主题相关性不大,是一种对未来城市模式的一种展望。我的孩子们还是愿意想象一下未来城市和高楼大厦。如何来建造一座适合未来一代代生活的大城市,我们必须让这些孩子们从小就意识到这个问题,并发挥想象力。

(家长 B3):我想孩子们能够最直接产生共鸣的,参与积极性主动性最强的就是音乐和舞蹈,特别是那种热烈的墨西哥街头音乐(Mariachi)和海地与多米尼加的舞蹈。

(儿童 A4):我觉得我特别被墨西哥瓷器(Talavera Pottery)吸引,我想知道我是否长大后也有机会自己做一个。我今天设计了一个花色,我也把要求的颜色告诉老师了。老师告诉我,我这个喜欢的颜色是可以调制出来的。哇,我想明天还来。老师说这个要慢慢学。

(儿童 A5):噢,我想出了好多问题。原来博物馆有那么多古代的宝贝。我觉得我们之前的人太聪明了。西班牙和拉丁美洲太伟大了。我已经不知道我是在美国,我总觉得我现在就在那里。如果真的那样,你说有多棒!我还喜欢这样的唱歌和跳舞活动,大家一起来。这个向艺术家问问题也很喜欢,我问的时候,他们让其他小朋友先回答我,我再把我知道的告诉他。我觉得真奇妙。

(家长 B4):孩子们被这里的活动深深吸引,我甚至是被孩子拖着去各个场地。他们着迷的程度让我吃惊。你看我那个孩子,在设计小册子时全身心地进行了将近 2 个小时。还有和我一起来的 Lily 家孩子,刚刚我碰到,他说他的孩子在那个广场里,吵闹着要用自己带来的画板把墨西哥瓷器(Talavera Pottery)画下来。

(儿童 A6):这是我设计的小册子,可以给你看看,怎么样,超棒吧?

(儿童 A7):我很好奇,那个墨西哥瓷器(Talavera Pottery)究竟是怎么做的?火里怎么烧呀?会不会焦掉?怎么烧了颜色还那么漂亮?怎么做呀?

(家长 B5):我觉得我的孩子整个下午就处于一种幸福和兴奋状态。要知道,想让孩子去了解一种陌生文化,除了给他说故事外,我没有别的办法。但是博物馆做到了,这真是不可想象的。不要说孩子,就是我也学到了很多。

(家长B6):我的孩子在老师的指导下看了那个玛雅书,他这一直就在问我有关玛雅的事情。问我知不知道玛雅人会种马铃薯、玉米、番茄、可可等。问我玛雅是不是被西班牙攻灭的。问我那个时候(4000多年前)是不是有好多人,到底那个时候世界是怎么样的。

(家长B7):孩子确实做了很多思考。他们也知道了在欧洲人到达拉美之前,拉美本身就有很多创造,如他们的瓷器,他们的音乐、舞蹈和乐器。后来西班牙的入侵,给拉美的舞蹈加入了很多新元素,比如加勒比海音乐。艺术之间从来就是不断地融合。我们的孩子做了思考后,他们会更有视野。

(儿童A8):未来这些大楼越来越大,越来越高,我们要怎么去爱护环境。我们可以在楼顶上种树,我们是不是也专门安排一个阳台,这个阳台上种出各种各样的草和花朵,在屋里弄绿化。我想最好是以后可以在一个大树下办公。

(家长B8):孩子很多的想法让我很难想到。他们说这样的跳舞发明了、音乐发明了,就要不断用。我们每天都应该跳一下舞,唱一下歌。他竟然问我:"妈妈,爸爸这么忙碌。他每天究竟在做些什么。也没见他唱歌、跳舞。他的生活真是太惨了。"对他而言,来博物馆给他的启发是确实有很多很有意义、值得他去做的事情。

此项目情感态度的检测结果颇佳,受访者不约而同给予肯定。不少家长甚至对儿童投入的认真程度感到意外。儿童更直接表达乐于参与、过程愉悦。虽然不显见与他人合作的内容,然而,亦有观众认为音乐、舞蹈项目本是一个团队项目,大家已集体参与过。同时,对话艺术家活动亦属集体项目。在心智活动议题上,家长与儿童观点如出一辙,皆给予项目高度的赞誉。诸多主题设置让儿童充满思考、想象空间,如阅读玛雅书、走近墨西哥瓷器等。不少受访者表示自己或孩子一直处于兴奋状态,问题连连,同时亦发展出不少新想法和对于生活的新认知。馆方于此方面不设置任何束缚,鼓励儿童自主思考,甚至是创新性反思。

【项目效果】

项目效果是项目本身成败最为直接之反映。究竟此项目目标达成度如何?是否具有教育意义?观众满意度是否较高?诸上问题需从家长和儿童评估信息中获取答案,相关部分访谈摘录整理如下:

(儿童A1):我觉得西班牙和拉丁美洲就在我身边。这里就像派对。

(家长B1):这样大型的活动能够这样组织,我觉得非常不容易,但是博物馆做到了。我知道他们的目标就是体验。我想来这里的每个人都体验到了一种新的文化,迷人的文化。……反正我从他(孩子)身上看到了一些新的变化,这伙计现在有太多问题。

(家长B2):馆里是否已经调到了这方面最重要的资源?比如瓷器上的、文物上的、乐器上的,还有活的艺术,比如现场表演,演奏、舞蹈。好吧,还有问题式的解答。这样的活动馆方特色很清楚。别的馆里很难有这么多好的东西。

(家长B3):整个活动从开始到过程到结束,安排得特别好。有些(活动)同时进行,很难取舍。我觉得是不是下次,这样的活动举行两天,晚上也可以联欢和聚餐。总之,有些遗憾,就这么结束了。

（儿童A2）：我对玛雅原来不知道的,原来是很早之前的人。他们好伟大,那个时候能够发明那么多东西。

（儿童A3）：我一直觉得墨西哥人很讨厌,他们很穷的。原来他们也会制作美丽的瓷器,他们的舞蹈我也想学。噢,我觉得我越来越想知道这世界上究竟还发生过什么。我想我还需要经常来,再发现些宝贝,各种各样的宝贝。

（家长B4）：这个活动最大的好处,就是让孩子们知道世界很大,不是只有我们国家,各个国家都有它宝贵的东西。这可以帮助孩子们开阔视野,尊重各个国家。

（儿童A4）：这里真热闹。爸爸妈妈说还会带我来的。我想明天我要再来。我觉得博物馆里面会告诉我好多事情。等我长大了,我就全部知道了。那时候我就知道好多别人不知道的事情。

（家长B5）：教育最高的难度就是明明是教育,却看不到教育的痕迹。

关于项目效果议题,所有受访者基本认为实施效果良好,满意度高。整个项目组织完整有序,儿童认知和创造能力得以提升。尤其是部分受访者表示博物馆立足于馆藏资源进行主题开发,给儿童观众留下美好的博物馆经验,直接促使其产生再次探访的冲动。亦有家长提出该项目寓教育于活动中,让儿童在轻松的环境下潜移默化地获得有意义的提升。从受访结果中不难得见,家长和儿童对于利用异国文化拓宽观众视野等此类文化主题的褒奖。借由此项目,博物馆在参与观众中攒足人气,特色尽显,留有余香。

【教师志愿者素质】

此项目的教师志愿者主要承担"西班牙、拉美文化嘉年华项目"联络、接待、会务、后勤等工作,而诸此工作皆为项目开展的重要环节。它们是否被有效完成,直接决定此项目之成败得失。故教师志愿者在本项目中发挥着举足轻重的作用。可从"育人观是否正确？是否具调控现场、应变和创新能力？是否充满热情、爱心？语言表达是否清晰、生动,有亲和力？是否仪表端庄、大方自然？"等方面施以检测。将家长和儿童群体受访结果进行整理,摘取如下：

（儿童A1）：我刚刚看到一位坐着轮椅的小朋友,志愿者奶奶很快上去帮忙了。

（儿童A2）：志愿者穿着红色的小马甲,特别容易辨识。反正一眼就可以发现。哪里都可以找到。

（家长B1）：我知道这里的志愿者数量很多,志愿者有来自各行各业的。反正这里的志愿者应该是以退休人员为主。他们非常热情、耐心,而且都很敬业。我刚刚在找一个场地,没有找到,他们就一直把我带过去。

（家长B2）：组织这样大型的（教育）活动,背后的工作量非常大。我看着那些志愿者们,始终在自己的岗位上。……看,那个人,看到没有,进来的时候我看到她在忙,这会儿又在忙。

（儿童A2）：我觉得做志愿者很光荣。我妈妈也是一名志愿者,所以这里的活动我参加特别多。

（家长B3）：当然,他们很自然,很有亲和力,关键还很有责任心。……我刚刚看到一个会场结束,他们还在帮忙清理。他们内心有个太阳,能用他们的阳光把周围人照亮。

(家长 B4):其实,我在观察。好像志愿者中中老年较多。当然,我也看到不少年轻人。我问了下,有些是做过这里的实习生,然后后来成为志愿者。……我想,应该使更多的年轻人也加入志愿者队伍。

(儿童 A3):我觉得这里老师很好,很耐心,他刚刚还夸我设计的小册子太棒了!你难道不这么认为?

此项目的志愿者主要由参与志愿服务达五年以上或五年内表现特别优异者构成。受访者普遍认为尽管工作烦冗,但教师志愿者热情,有亲和力,认真负责,耐心,仪表端庄大方。有受访者认为志愿者统一着装易于辨识,有助于各项服务的开展;亦有受访者指出项目中志愿者能掌控局面、应变自然,若遇到残障人士,主动上前;但有受访者表示志愿者中中老年人居多,主张经由实习留下更多年轻志愿者。同时,部分访谈信息透露,实际上,以志愿者为核心会形成一个家庭关注群,志愿者本人及其家人通常成为博物馆较稳定的受众。

3.项目过程内部评估——效益指标测评

本项目的内部评估由研究者完成,即依据前文所构建的儿童教育项目指标评估体系,逐项展开量化评分。鉴于"西班牙、拉美文化嘉年华"为节假日项目,属文化体验活动,同是美国综合类博物馆常见的、典型的教育项目类型。因而,通过指标评估系统中各项具体分值与量表等级表现的对照,可反映大都会此类儿童教育项目在执行过程中所反映之共性问题。

(1)指标测评(见表 4-34)

表 4-34 大都会艺术博物馆"西班牙、拉美文化嘉年华"教育项目指标评估表

一、项目目标范畴(分值 12 分:各指标优秀 4;良好 3;一般 2;不好 1)		
评估指标与分值	单项标准与分值	评分
1.制定完备目标(分值 4 分)	1-1 具体明确,规定目标年龄	3
2.符合项目特点(分值 4 分)	2-1 与项目类型和主题特点相符	4
3.符合儿童特点(分值 4 分)	3-1 与本阶段年龄儿童认知能力、情感发展要求相符	3
项目目标总分值		10

二、项目准备范畴(分值 12 分:各指标优秀 4;良好 3;一般 2;不好 1)		
评估指标与分值	单项标准与分值	评分
1.撰写策划方案(分值 4 分)	1-1 有详备的项目策划方案	4
2.馆员充分沟通(分值 4 分)	2-1 就项目策划方案的程序和分工,馆员充分掌握并权责明确	4
3.预先做好准备(分值 4 分)	3-1 发通知,依儿童教育项目内容,各类材料要求安全、丰富、美观,资产、工具、设备与环境准备得当,外出安排好交通食宿	4
项目准备总分值		12

三、项目内容范畴(分值 24 分:各指标优秀 8;良好 6;一般 4;不好 2)		
1.内容设置合宜(分值 8 分)	1-1 围绕活动目标,难度适当,突出重点,时间适当	8
2.结合本馆特色(分值 8 分)	2-1 活动内容建立在博物馆资源基础上,弘扬传统文化	8
3.内容适合儿童(分值 8 分)	3-1 活动内容有趣、新颖,符合儿童发展需要和认知水平,有一定挑战性	8
项目内容总分值		24
四、项目过程范畴(分值 24 分:各指标优秀 6;良好 4~5;一般 3;不好 1~2)		
1.过程有序组织(分值 6 分)	1-1 优化活动过程,活动结构紧凑,组织安排有序	6
2.体现儿童中心(分值 6 分)	2-1 体现儿童主体地位,发挥儿童主观能动性,营造儿童之间和师生之间互动的氛围	6
3.采用多种方法(分值 6 分)	3-1 强调经验、实物、游戏,采用语言传递、图像传递、实际操作、多媒体等多种教育方法	6
4.锻炼儿童心智(分值 6 分:各单项标准优秀 3;良好 2;一般 1;不好 0.5)	4-1 采用启发式教育引导儿童探索,不提倡知识灌输式(分值 3 分)	3
	4-2 鼓励创新求异,独立思考,想象力丰富(分值 3 分)	3
项目过程总分值		24
五、情感态度范畴(分值 12 分:各指标优秀 6;良好 4~5;一般 3;不好 1~2)		
1.儿童参与性高(分值 6 分)	1-1 避免家长过多参与,儿童态度积极,心情愉悦,认真自主克服困难,参与性强	6
2.积极体验合作与交往(分值 6 分)	2-1 提供与人分享的机会,乐于合作	3
情感态度总分值		9
六、项目效果范畴(分值 24 分:各指标优秀 8;良好 6;一般 4;不好 2)		
1.目标达成度高(分值 8 分)	1-1 活动过程有序、完整,项目目标达成	8
2.具备教育意义(分值 8 分)	2-1 获得新知识、新技术;认知能力、动手能力、合作能力、情感得到不同程度的提升	8
3.观众满意度高(分值 8 分)	3-1 儿童对于类似活动愿意重复参与	8
项目效果总分值		24
七、教师志愿者素质范畴(分值 8 分:各指标优秀 4;良好 3;一般 2;不好 1)		
评估指标与分值	单项标准与分值	评分
1.教学功扎实(分值 4 分)	1-1 掌握授课知识,教学功扎实,具应变、调控和创新能力,语言、演示和多媒体使用规范	4
2.价值观正确(分值 4 分)	2-1 平等对话,担任引导者和参与者,有亲和力,充满热情、爱心,情绪饱满	4
教师志愿者素质总分值		8
总体评价得分		111

（2）测评小结

依图 4-36 所示：各项指标"实际分值"均大于或等于"良好分值"，除"项目目标"和"情感态度"分别出现单项标准分值低于"优秀分值"和等于"良好分值"，其余均等于"优秀分值"。总分值 111 分距离满分 116 分，仅相差 5 分。其中良好分值分别出现于"具体明确，规定目标年龄"和"与本阶段年龄儿童认知能力、情感发展要求相符"两个单项指标之中。"一般分值"则产生于"提供与人分享的机会，乐于合作"单项指标上。综上，此类项目宜明确规定参与儿童的目标年龄，从而真正满足参与儿童的认知和情感发展需求；同时，项目应注重培养儿童乐于合作并与他人分享的精神。尽管此项目已几近完善，然而，仍有白璧微瑕之处。

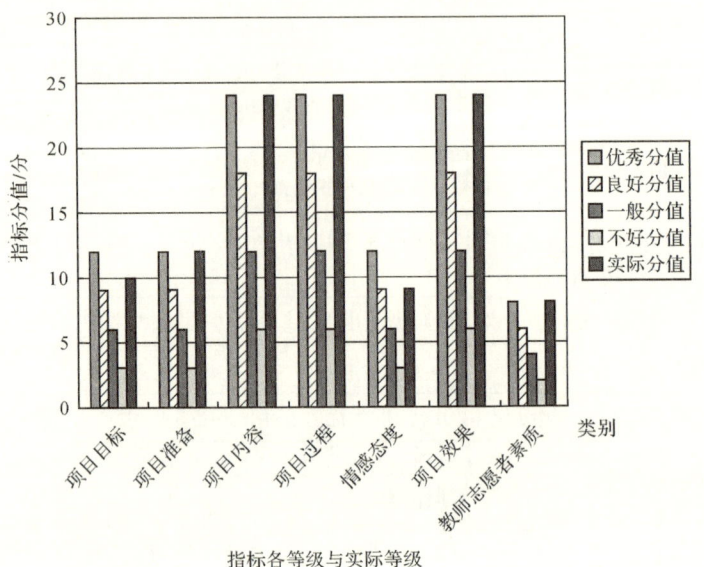

指标各等级与实际等级

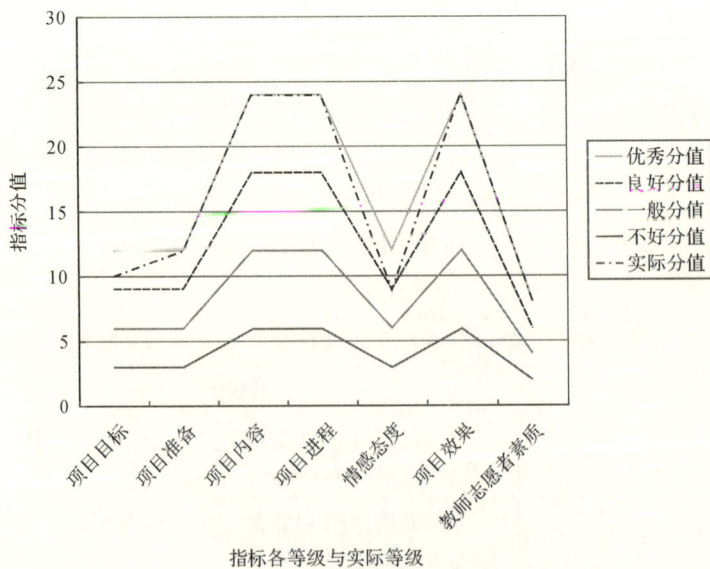

指标各等级与实际等级

图 4-36　大都会艺术博物馆"西班牙、拉美文化嘉年华"项目效益指标等级分值系列对照图

（三）小结

经由以上对儿童教育项目内部、外部效益评估，可获悉研究案例在策划和实施过程的诸多特色与不足。

1. 常规项目的特色与借鉴（见表 4-35）

表 4-35 大都会艺术博物馆常规项目内容缺失与特色之再次归结

项目类型	特色
11～18岁青少年项目	活动时间定于青少年休息时间；历时 1～3 小时，以 1.5 小时居多；主题富有探知性和神秘感，迎合青少年心理；区分成 11～14 岁、15～18 岁、11～18 岁和适合所有年龄的分众化的主题设计；内容从探索—体验—创造—有意识创作，难度由浅入深；多研讨课，重视文化体验，寻找与学校的契合点；利用博物馆资料和环境，鼓励青少年艺术创作；开展方案策划；依情况选择前置、过程和结果评估；新项目或重点项目执行前置、过程评估；提供青少年观众网络、电教、媒介资源，提供免费出入证和免费语音导览；开发中学生有偿实习项目
幼儿园到高三教师项目	频率高，每天一项；参加可获学校项目的其他优惠；进行课程教学法甚至跨学科学习策略探索；内容包括组织学生参观导览、认知展品和制定课程计划；教师的课程需求通过申请信息反映；多开设研讨课和体验课，强调共同参与，提供公共平台；课程类型多样，1.5 小时至半天时间不等，教师因需选择；采取收费和预约制度，人数报满再行开设；四家博物馆联合推出暑期研讨会项目；可享用网上资源和图书馆资源；目标是思维和研究训练，鼓励对话与合作
家庭项目	年龄界定 1.5～12 岁；除个别，其他皆为免费项目；对此项目进行分众化（以年龄区分）管理；项目多，几乎每日有，无须预约，无作业，历时 0.5～1 小时；与社区合作，走进街道、社区中心和图书馆；家庭会员项目收费，进行分众化（以年龄区分）管理；指南和地图独树一帜；项目形式多样
学校集体项目	学校项目配送家庭项目门票；提供观前准备资料；以参观为主，讨论为辅；进行 3 个年龄段严格区分；有两项针对学校的特殊项目，学生夏令营和博物馆分馆活动；须提前预约，人数控制在 10～50 人，一般历时 1 小时。不鼓励家人陪同。参观导览因需而变。服务学龄儿童最有效的方式
残障儿童项目	主张博物馆服务所有受众；对残障人士不同情况如聋哑、盲人、智障和痴呆进行分类；提供完备的视听辅助设备和红外线增强系统，克服设备数量有限的问题；将成人、团体、儿童、家庭区分，每项活动严格规定参与儿童年龄；分个人、团队项目，馆内、馆外项目；项目完整介绍，包括清单、如何参加和参加要求，可下载；项目免费，数量多；建立与特殊学校的良好关系

依据本案例内容规划的访谈结果再次加工，洞悉此案例与先前三个案例情况截然不同，每类项目已无法将其简单归类为参观导览或文化体验类型，常表现为两种类型互融。此项目已完全实现分众化管理，依青少年、家庭、学校和残障群体相区分，同时，儿童群体从属于家庭项目，将家庭项目发展成为常规项目。每类项目无论从策划、实施还是评价，业已具有成熟的流程和规范的制度。其优势主要呈现于：

（1）项目按照族群和年龄进行分众管理，一切项目出发点为儿童不同年龄段的教育学、心理学特征，每项活动均有明确年龄界定；

（2）项目开展时间与相应受众的作息时间相吻合；

（3）项目强调从易到难，从浅到深，类型多样（馆内、馆外，团体、个人），时间不等，以文化

体验活动为主,满足不同人群需求;

(4)利用博物馆资源和环境,鼓励探索和创作,搭建观众共同参与的平台;

(5)制定详尽的策划方案,部分内容可下载;

(6)依情况选择前置、过程和结果评估,新项目或重点项目执行前置、过程评估;

(7)项目资料的分众化准备,提供网络、电教、图书馆资源,配备并提供部分免费设备,尤其针对残障人士,另有专门针对儿童设计的地图与指南;

(8)采用多种方式鼓励儿童亲近和了解博物馆,如提供学生有偿实习,制定家庭会员制度;

(9)与社会密切合作,走进街道、社区中心、图书馆和包括特色学校在内的各类学校;

(10)部分成本较高的项目实施收费,大部分项目免费;

(11)采用灵活的预约制度,用以衡量参与人数;

(12)有意识地建立各类项目之间的关联,实现项目间共享双赢;

(13)教育项目开展数量大,频次高;

(14)开展教育项目场地大。

综之,本研究案例针对学生群体、家庭、教师和社区开发出自成一体的教育项目,从而形成完善全面的立体教育系统。儿童教育项目依儿童心理特征,无论从内容策划,抑或形式安排上皆形成独具特色的博物馆经验。本案例定位于为所有儿童提供教育服务,包括残障儿童。教育部门积极与其他部门并肩作战,打造了高效、先进的教育水平。教育空间、设备、图书和多媒体资源,为开展丰富多彩的教育项目提供了外部保障。因而,本案例开展儿童教育项目的软件、硬件齐备,基本代表了国际同类项目的一流水平,其中诸多想法与做法皆可供他馆参鉴。

2.个案实施的特色与借鉴(见表 4-36)

表 4-36　大都会艺术博物馆个案实施缺失与特色之归结

访谈问题之主题	特色	缺失
项目目标	设定明确的项目目标;采取无须预约方式,观众可自由选择	/
项目准备	多渠道宣传,材料、工具、设备准备充分;成人和儿童分众;有详备的项目策划方案;专设残障人士接待;由此发展博物馆会员	音响设备应当调大音量;计划书太过详尽,现场发挥空间小
项目内容	时间合宜;内容丰富,涉及多样化艺术,体验式教育;儿童参与度高	部分内容不适合学龄前儿童
项目过程	过程安排紧凑、井然有序;教育手段多样化;主题立意简洁,采用问题引导;适合儿童心理需求	/
情感态度	儿童乐于参与、认真投入;有与团队合作内容;启发儿童创造性思考,儿童处于兴奋状态	/
项目效果	利用博物馆内部和外部资源;儿童认知能力和创造力在潜移默化中得以提升;主题立意好;观众满意度高	/
教师志愿者态度	热情,有亲和力,认真负责,仪表端庄大方,能掌控局面;服装统一易于辨识;为博物馆稳定的观众群	缺少年轻志愿者

据以上列表中观众参与过程的信息反馈,获悉多数观众对本个案执行过程赞誉有加,持否定的较少。肯定的判断主要集中于:

(1)设定明确目标;

(2)无须预约,观众自由选择子项目;

(3)材料分众,材料、工具、设备准备充分,设残障人士接待,采用多渠道宣传;

(4)有详备的项目策划方案,观众可预先下载项目介绍;

(5)内容时间合宜、多元化;

(6)强调体验式教育,儿童参与度高;

(7)过程有序、紧凑;

(8)教育手段多样化;

(9)适合儿童心理需求,如主题立意、问题引导,儿童认知能力和创造力得以提升;

(10)观众满意度高;

(11)利用博物馆和馆外资源合力策划;

(12)志愿者技术扎实,价值观正确,着装统一,易于辨识,同属博物馆稳定观众。

从观众回答中亦偶有差强人意之处,主要表现为:设备未调节合宜;策划方案过于详尽;部分内容不适合学龄前儿童;年轻志愿者比重相对过少。

综之,此个案展现诸多优秀的教育经验,其教育理念和实践行为推动了个案获得成功,尽管稍有纰漏,然而,不影响整体效益之发挥。

上节中对个案实施过程逐项内容检测后,已获悉"项目目标""项目准备""项目内容""项目过程""情感态度""项目效果""教师志愿者素质"各项指标"实际分值"均大于或等于"良好分值",除"项目目标"和"情感态度"分别出现单项标准分值低于"优秀分值"和等于"良好分值",其余均等于"优秀分值"。总分值距满分仅 5 分之遥。那么,这 5 分差距究竟是因"项目目标范畴"和"情感态度范畴"中哪些单项指标导致?为何做出如此判断?须将"项目目标范畴"和"情感态度范畴"专门择取出来,逐一予以解析。

项目目标范畴(分值 12 分:各指标优秀 4;良好 3;一般 2;不好 1)

评估指标与分值	单项标准与分值	评分
1.制定完备目标(分值 4 分)	1-1 具体明确,规定目标年龄	3
2.符合项目特点(分值 4 分)	2-1 与项目类型和主题特点相符	4
3.符合儿童特点(分值 4 分)	3-1 与本阶段年龄儿童认知能力、情感发展要求相符	3

"项目目标范畴"问题较显见。一项指标为"优秀",其余为"一般"。问题主要出于项目将对象规定为所有受众,实际此项目不一定适合学龄前儿童。

情感态度范畴(分值 12 分:各指标优秀 6;良好 4~5;一般 3;不好 1~2)		
评估指标与分值	单项标准与分值	评分
1.儿童参与性高(分值 6 分)	1-1 避免家长过多参与,儿童态度积极,心情愉悦,认真自主克服困难,参与性强	6
2.积极体验合作与交往(分值 6 分)	2-1 提供与人分享的机会,乐于合作	3

"情感态度范畴"情况良好。一项指标"优秀",另一项则为"一般"。"一般"理由在于与他人合作与分享的机会少,尽管参与舞蹈、乐队表演本是一种集体活动,但有意识地鼓励合作并不明显。

除以上两大范畴外,其余评估内容皆为"优秀",故不一一赘评。通过观众评价和个案效益检测,"西班牙、拉美文化嘉年华"项目诸亮点一目了然。为真实了解促成本案例成功的内在因素,研究者针对两种评估结果进一步进行提炼并整合。首先,将积极因素归纳如下:

(1)设定明确目标;

(2)撰写完备的项目策划方案,观众可预先下载项目介绍;

(3)材料分众,准备充分,馆员权责明确,设残障人士接待;

(4)内容多元化,时间合宜;

(5)适合儿童心理需求,如立意新颖、问题引导,使儿童获得有意义的学习体验;

(6)利用博物馆和馆外资源合力策划;

(7)过程有序、紧凑;

(8)体现儿童中心,强调体验式教育,儿童参与度高;

(9)教育手段多样化;

(10)多渠道宣传,观众自由选择子项目,无须预约;

(11)观众满意度高;

(12)目标达成度高;

(13)志愿者素质好,服装统一,管理有序,亦成为博物馆的稳定观众。

相较于积极因素,消极因素则较少,主要显现于:内容不适合学龄前儿童;策划方案过于详尽;部分设备的使用存在问题;儿童与他人合作的机会有待增多;年轻志愿者比重过少。后续第四节及第六、七章节中,将就儿童教育项目内容,进行相关案例研究成果的深入探究,借由对比,发掘影响国内儿童教育项目效益发挥之诱因。

第四节 问题分析与讨论

基于前一节研究案例解析和评估基础上,本节将着重对减损或增益项目效益的因素做进一步探究。总结代表不同发展阶段的研究案例所具特征,同时提炼出国内此类教育项目共存之突出问题,并就诸此突出问题展开分析与探讨。

一、儿童教育项目案例特征之小结

借由案例中常规教育项目与个案执行的细致解析和内外部评估结果,可就四大案例之

特征做如下归结(参见表 4-37 所整理):

表 4-37　四大研究案例常规项目与个案项目所呈现特点之归结

博物馆类型	综合类	综合类	自然科学类	综合类
博物馆名称	河北博物院	上海博物馆	北京自然博物馆	大都会艺术博物馆
特色(常规项目)	成功经验主要集中于参观导览项目,表现为口头讲解教育	教育前置,提供学生观前电子资料与教师"文化包";面对学生群体实现分众,专门开设学生讲座和暑期讲座;馆校合作以建立教育基地学校形式进行;探索儿童教育创新模式与机制,如充分发挥儿童主动性的主题展览,又如增加博物馆及文保认知的文博征文和夏令营,再如开设学生课程及从弘扬传统文化立意来设计的节假日活动;尝试与教师配合沟通;尽管"观众活动中心"面积不大,但毕竟具备开展教育活动的专门空间	部分项目策划、管理和奖励机制完善;项目馆方特色彰显;善于利用馆外资源;开创了不少儿童教育项目新模式和机制,培植了一批品牌项目,如博物馆奇妙夜、小小科普讲解员、夏令营和知识竞赛,在主题、内容和程序上进行大胆革新;开始注重儿童互动内容设置和合作能力培养;借助政府力量推动项目开展及免费向学校出借标本,与学校共建	项目按照族群和年龄分众;项目开展时间合宜;项目丰富;以文化体验活动为主,以满足不同人群需求;利用博物馆资源和环境;制定详尽的策划方案;开展多类型评估;资料设备分众、齐全;采用多种教育方法;与社会合作密切;灵活采用预约和收费制度;建立项目间的挂钩;数量大;场地大
特色(个案项目)	活动内容体现馆方特色;材料、人员准备充分;教师志愿者负责、投入,授课技巧娴熟;教育项目尝试走出去;探索儿童参与新形式	设定有活动目标;项目材料、工具准备得当;整个过程有序紧凑;体现本馆特色;非知识性传授,而强调动手能力提升;观众参与性高;对教师志愿者和活动效果满意度高	目标明确;项目材料、教具准备充分;主题及内容新颖、有趣,体现馆方特色,采用教育模型;过程紧凑有序,采用启发式提问发挥儿童主观性,家长可全程参与;教师授课技巧娴熟;儿童参与度高;效果显著,儿童获取新知,动手能力提升,愿重复参与	设定明确目标;撰写完备的策划方案;观众可预先下载详尽的项目介绍;材料分众,准备充分,馆员权责明确,设残障人士接待;内容时间合宜、多元化;适合儿童心理需求;利用博物馆和馆外资源合力策划;过程有序、紧凑;体现儿童中心,强调体验式教育,儿童参与度高;教育手段多元化;多渠道宣传,观众自由选择子项目,无须预约;满意度高;目标达成度高;志愿者素质好,为博物馆稳定观众,服装统一,管理有序

续表

博物馆 类型	综合类	综合类	自然科学类	综合类
博物馆 名称	河北博物院	上海博物馆	北京自然博物馆	大都会艺术博物馆
总体 特征	专门面向儿童的教育项目，还处于摸索阶段，各种制度尚未制定，无法开展有序管理。诸多项目面对所有观众实施，未有意识地按族群进行分众，更无法进一步按年龄进行处理	开始将儿童区分开来，进行多种类型教育模式和机制的探索，然而，其中部分未突破传统的内容与形式。对新类型探索尽管重要，但对既有项目的内容、形式和程序等方面的完善同样重要。为学校、教师提供服务手段现今仍较为落后，需另辟蹊径	充分挖掘馆藏资源优势，在儿童教育项目中做出了诸多创新之举和思考，成效斐然。如科普系列讲座、课程，博物馆奇妙夜、小小科普讲解员、夏令营和知识竞赛等项目，这些观众喜闻乐见的项目已逐步发展成为常规性项目，凝聚科普工作者的集体智慧。部分项目不落窠臼，勇于尝试，展现了素质教育探索之锋芒	为青少年、学生群体、家庭、教师等所有人提供教育，包括残障儿童，形成完善、全面的立体教育系统。儿童教育项目依据儿童心理特征，无论从内容策划，抑或开展形式上皆形成独特的博物馆经验。教育部门积极与其他部门并肩作战，展现了高效、先进的教育水平；教育空间、设备、图书和多媒体资源的拥有，为丰富多彩的教育活动之实现提供了外部保障
代表 水平	开始探索	初步发展	形成规模	发展壮大

以下，将基于上述研究发现，就不同发展阶段的儿童教育特征展开进一步提炼：

（一）"开始探索"阶段教育项目特征——以河北博物院为代表

刚步入探索阶段的博物馆教育，已将儿童教育纳入考虑范畴，但鉴于处于起步阶段，策划、执行和评估未形成规范的流程与制度，亦无太多经验可陈。

特征概要：第一，重参观导览和口头讲解；第二，较为重视数量；第三，重基础工作，如材料准备、授课技巧、人员配备；第四，仅利用馆内现有基本陈列资源，不做深度开发；第五，教育手段单一；第六，教育项目不分众；第七，儿童教育项目初创，制度未建立；第八，教育项目开展无专门空间。

（二）"初步发展"阶段儿童教育项目特征——以上海博物馆为代表

获初步发展的博物馆儿童教育，儿童项目通常已成为博物馆教育的一项重要内容，并初具规模。"儿童观众"得以从大众中独立出来，被加以区别看待，博物馆针对此类观众积极开展多种类型的探索及机制建设。尽管如此，仍难以突破传统教育项目的内容与形式，创新性不够。同时，既有项目的主题、内容、形式和程序仍待完善。与外部合作，如学校、社区、社会的合作或浮于表面，未做深入；或手段陈旧，教师、社会响应有限。

特征概要：第一，开始重视文化体验活动，非仅参观导览；第二，教育项目实现分众；第三，探索儿童教育创新模式，如文博征文、夏令营；第四，基础工作仍得到重视；第五，尝试进行博物馆资源开发；第六，开始设定教育目标，但过于简单；第七，开始重视能力培养，非仅知识传授；第八，开始重视儿童参与性；第九，开辟教育项目空间，但非儿童专用；第十，馆校合作,参与学校受限,手段较为传统。

进步之处:相较前一阶段有所改进。从重视参观导览到开始重视文化体验项目;从不分众到实现分众;从局部探索到全面探索的儿童教育新模式;从仅利用博物馆展示资源到开始初步开发馆外资源;从不设定项目目标到简单设定教育目标;从进行知识传授到开始尝试能力培养;从无视儿童参与性到开始重视儿童参与性;从无教育项目开展空间到有空间。即便如此,仍存有主题、形式、内容等趋于同质,社会合作不力,宣传不够等诸多问题。

(三)"形成规模"阶段儿童教育项目特征——以北京自然博物馆为代表

羽翼渐丰之"形成规模"阶段,博物馆开始试图挖掘自身得天独厚的资源,做出诸多创新之举与深层次思考,获得斐然成效。经由不断尝试,一些观众喜闻乐见又风格独到的教育项目逐步发展成为常规性项目,甚至升格为品牌项目。

特征概要:第一,部分品牌项目策划、管理、奖励制度完善;第二,继续开发博物馆资源,开始利用馆外专家资源;第三,培育出一批品牌项目;第四,内容新颖、有趣,并开始项目革新;第五,目标设定合宜;第六,重视儿童主动性发挥;第七,基础工作仍重视;第八,重知识过程,伴随能力培养;第九,走出去活动不够;第十,馆校合作增加竞赛内容,但仍局限于出借标本等传统手段;十一,教师培训项目未做开发;十二,有专门儿童教育项目的开展空间;十三,具体项目开始尝试分众化(以年龄为依据的分众)实施;十四,融入亲子理念。

进步之处:较前一阶段有所改善。从网站建设到开始网站儿童版块的建设,但更新不足;从仅限馆内资源开发到开始利用馆外专家资源;从探索到培植起一批儿童创新项目;开始重视内容的新颖、有趣,对旧有内容进行革新;从开始重视到较重视儿童主动性发挥;从开始重视能力培养到逐步落到实处;从面对所有受众的教育项目空间到仅为儿童专设的项目空间;馆校合作开始增加竞赛内容;从简单设定项目目标到目标设定合宜;从未分龄化到某个项目的分众化尝试。此阶段儿童教育项目的成功无疑展现了素质教育探索的锋芒。然而,在教师项目开发、合作能力等方面尚存不足。

(四)"发展壮大"阶段教育项目特征——以大都会艺术博物馆为代表

发展至"发展壮大"阶段,博物馆各类资源与设施皆得以盘活,面对不同群体开发各具特色的教育项目,形成了全面完善的儿童教育系统。儿童教育项目从先进的理念出发,开始严格依儿童教育与心理特征,从内容到形式形成独特的博物馆经验。教育空间、设备、多媒体和图书馆资源,为精彩纷呈的教育活动开展提供了外在保障。教育部门成为博物馆核心部门,与其他部门并肩作战,借由优质的人力资源,展现了高效、卓越的教育服务水准。

特征概要:第一,项目按照族群和年龄进行分众;第二,开始时间合宜;第三,项目种类丰富、内容多元;第四,以文化体验为主;第五,制定详尽的策划方案;第六,开展多类型评估;第七,资料、设备分众;第八,使用多种教育方法;第九,与社会合作密切;第十,采取灵活的预约、收费制度;十一,利用馆内外资源合理;十二,关注残障儿童群体;十三,多渠道宣传;十四,目标设定明确,达成度高;十五,重视互动,突显儿童中心地位;十六,以儿童能力培养为中心,非强调知识传输;十七,志愿者管理有序,统一着装。

进步之处:较前一阶段更臻完善。从某项目分龄到所有项目分龄;从不关注细节到关注细节,如项目开始时间是否合宜,灵活采取预约和收费制度;开始制定详尽的策划方案;开始依实际情况不同,采取不同类型的评估;从开始利用馆内外资源到充分利用馆内外资源;开始资料与设备的分众;从不注重社会合作到社会合作密切;教育方法从单一到多元;项目种类日渐丰富,内容多元;从无意识到开始有意识地重视目标设定与达成;从开始关注能力、互动到完全以能力、互动为中心;志愿者管理从随意到有序,并统一着装。虽然此阶段仍有些细节如项目中合作内容匮乏等须改善,但相对于国内博物馆而言,其值得取鉴之处颇多。部分既有的博物馆经验将在第六、七章策略研究中得以沿用。

二、儿童教育项目案例评估之小结

针对以上四大研究案例内部与外部总体评估情况展开分析并予以归结,结果整理如下(参见表 4-38 所汇总,详见附录十二、附录十三):

表 4-38　四大研究案例项目实施评估之汇总

博物馆名称	博物馆类型	内部评估	外部评估
河北省博物院	综合类	教育项目数量不少,但是特色不多。倚靠馆内基本陈列、流动展览和馆藏图片,手段相对单一,多采用讲解方式。评估:一般与不好间,偏一般水平(分值 51.0)	个案项目目标不明确;准备不积极;内容重知识;过程以讲解为主;儿童参与不够;满意度不高;教师志愿者素质良好
上海博物馆	综合类	形成了独树一帜的从参观导览到文化体验的递进教育模式,并开展多种模式和机制探索,但诸多未突破传统。评估:稍高于一般水平(分值 79.5)	个案项目目标过于简单;准备不够充分;内容有特色;过程有序紧凑;儿童参与积极,合作不足;实施效果良好;教师志愿者素质高
北京自然博物馆	自然科学类	挖掘资源特色,培植部分常规品牌项目,存诸多创新之举。但仍须加强合作,盘活资源,完善制度。评估:略低于良好(分值:83.0)	个案项目目标良好;准备稍有缺漏;内容新颖、有趣;过程有序,手段稍显不足;儿童投入积极,合作不足;实施效果良好
大都会艺术博物馆(The Metropolitan Museum of Art)	自然科学类	针对学生群体、家庭、教师和社区开发出各具特色的教育体验活动,从而形成完善、全面的立体教育系统。评估:略低于优秀(分值 111.0)	个案项目目标明确;准备充分;内容多元且适合儿童;过程有序,手段多样;儿童积极体验,成为中心;实施效果好;教师志愿者素质高

三、国内儿童教育项目的问题与分析

经由研究案例解析和评估,除可归结此类教育项目特征外,还可依据解析和评估结果进行横向比较。四大研究案例或隶属综合类,或隶属自然科学类博物馆,但皆为国内国家一级博物馆或国际首屈一指的博物馆,皆拥有丰富且独特的馆藏资源,然而,儿童教育项目的水平却几乎呈现阶梯状差异。以下,将接续前文中各案例缺失之归结,于此基础上就不同案例,尤其国内外案例中常规项目的规划与个案项目的执行展开对比(见表 4-39),对其中突出的问题进行提炼,并予以分析。

表 4-39　四大研究案例常规项目与个案项目存在缺失之归结

博物馆类型	综合类	综合类	自然科学类	综合类
博物馆名称	河北博物院	上海博物馆	北京自然博物馆	大都会艺术博物馆
缺失（常规项目）	①常规教育项目未进行有效分众，未将儿童观众独立区分加以服务；②无儿童教育活动空间；③教育活动未建立有效的实施和考核机制；④教育活动所采用的手段少	①教育前置工作未到位，未宣传、少图片、少纸质媒介；②儿童教育活动空间小，活动规模受限；③与社会合作不够，馆校合作缺乏深度，集中基地学校，合作形式仅为举办讲座、展览等；④既有项目不够成熟，须进行主题、内容、形式和程序上的改善（如加强主题展览的学生培训；改革征文命题形式、参赛对象、奖励方式和流程；扩大夏令营参与受众和探索新形式；学生课程多设制动手课、技术课，适当采用讲授方式；教师课程调动教师积极性等）；⑤缺少规范的项目策划、管理和评估流程；⑥缺少一支项目创意团队；⑦未将亲子理念融入项目	①项目主题选择，未就儿童受众开展研究；②教育活动空间小，规模受限，也未做拓展；③与社会合作不够，走出去不多，如馆外讲座少；④既有部分成熟项目避免程式化，主题和程序上须与时俱进；⑤项目开始关注儿童互动内容，但仍不够；⑥除部分品牌活动外，无详尽策划方案；⑦项目对象应进一步扩大，不受空间和身份局限；⑧馆校合作流于形式，难以找到契合点，学校教师培训难度大；⑨缺乏有效的项目评估机制	

续表

博物馆类型	综合类	综合类	自然科学类	综合类
博物馆名称	河北博物院	上海博物馆	北京自然博物馆	大都会艺术博物馆
缺失（个案项目）	①无明确界定的教育目标；②未制定项目策划方案；③教育手段单一，方式老套；④项目对外宣传力度过小；⑤准备时间仓促；⑥内容知识性太强，忽视动手、合作等能力培养；⑦项目成人化，不有趣、新颖；⑧缺少儿童互动参与内容；⑨不开展项目评估	①有项目目标，但过于肤浅；②未制定项目策划方案；③缺少儿童教育心理学研究，内容创意不够；④项目对外未做宣传，报名方式落后；⑤儿童教育手段不够丰富；⑥缺少合作和分享的机会；⑦项目场地小，缺乏人手；⑧缺少启发儿童参与思考和互动的活动；⑨不开展项目评估；⑩志愿者奖励机制不够	①对象年龄分段不正确；②教育手段不够丰富，仅有教具模型；③项目对外宣传力度过小，无法教育前置；④项目时间设置和报名方式不妥；⑤内容知识性太强，忽视动手、合作等能力培养；⑥讲授方式无法体现儿童主体地位	①内容不适合学龄前儿童；②策划方案过于详尽；③部分设备状态调至非最佳状态；④儿童与他人合作的机会有待增加；⑤年轻志愿者比重过少
代表水平	开始探索	初步发展	形成规模	发展壮大

接下来，将依上述代表不同发展阶段儿童教育项目存在的问题进行对比，提炼出国内此类教育项目所面临的突出问题：

（一）问题一：对象未按族群和年龄进行分众

基于儿童教育水平的差异，项目的对象划分呈现三类问题，其严重程度不等。一是未按族群进行分众，换言之，即将儿童教育项目等同于教育项目，所有教育项目不排斥儿童群体，亦不规定仅限于儿童群体。此情况最为严峻。诸如"国之瑰宝——河北文物精品图片进校园"项目（河北博物院），该项目可走进学校，但同样可走进矿厂、企事业单位。二是按族群和年龄分众，但依年龄进行分众模糊，即教育项目按照族群进行分众，儿童项目被独立出来，但是年龄规定模糊。诸如上海博物馆的手工项目规定：小学高年级以上同学可参与。何为高年级？三年级是否列入？年龄规定并非一目了然，观众分众须进一步界定，否则会给判定造成困难。三是按族群分众，但依年龄分众不当。因儿童教育与心理发展有着独特的阶段性特征，年龄一旦划分不当，可能导致不同语言发展、动作与活动发展、认知、情感、社会性水平的儿童被圈定参与同一项目。诸如，"科普小课堂"项目（北京自然博物馆）规定参与对象为5～8岁儿童，而实际5～8岁儿童分属两大不同教育心理发展阶段，不能将此群体打包视作同一项目的参与对象。后两类问题情节严重性虽较第一类轻，但同样直接影响项目效益之发挥,需一并妥善予以解决。

(二)问题二:开展空间或无,或小

此问题在于博物馆儿童教育处于不同发展阶段的差别显著。开始探索阶段为无开展教育项目的专门空间,如河北博物院因无举办教育项目的房间或教室(2011—2012年调研时),故基本不开展专门的儿童项目。处于初步发展阶段的博物馆,开始辟有开展教育项目的专属空间,但此空间常提供包括儿童项目在内的所有教育项目使用。如上海博物馆位于地下一层的"观众活动中心",几乎成为馆内大多数教育项目的"御用"场地,因面积不大,儿童项目的规模常受限。发展到形成规模阶段的博物馆,开始在馆内专门开辟开展儿童项目的空间,但面积通常不大。如北京自然博物馆"探索角"因面积小,科普小课堂等项目只能规定限于30人。而大都会艺术博物馆将整个地下一层近6000平方米用作教育场地,此若欲在国内实现,恐需要一定时日。

(三)问题三:宣传渠道单一,未对网站加以有效利用

诸多教育项目基本不开展多渠道宣传,常以网站公告的形式通知。国外博物馆则常将项目内容设计成单页,存放在前台供游客免费领取;或于节目开始前,在各展区内由志愿者即时通知现场观众,鼓励其参与;或将项目邀请函寄送给学校和家庭;或以电子邮件的形式发送至会员用户邮箱;或在开展同类项目时派送宣传资料。国外博物馆项目纸质和电子材料的丰富程度常令人瞠目结舌。优秀的博物馆甚至将材料进行分众,如专门提供儿童使用的宣传单页、网上文化包或导览地图等。同时,未合理使用博物馆网站成为国内儿童教育的通病。馆方或忽视网站建设,不做归类整理,致使网站内容混乱;或网站栏目齐全,但展示内容成人化,更无面向儿童的专门版块;或者开设儿童版块,但是不设在首页,有时内容更新滞后。中国台湾、美国等地高瞻远瞩的博物馆充分认知到网站之于儿童教育的重要性,甚至开设网站儿童版。

(四)问题四:策划、评估与志愿者管理等制度建设缺失

国内儿童教育项目效益受损的重要诱因之一为制度建设缺失。规范、科学的制度建设是此项目成熟的一大标志。就执行过程而言,项目无策划和评估制度,常导致实施过程的不完善。处于开始探索阶段和初步发展阶段的国内儿童教育项目,根本不撰写或仅撰写关键字式的策划方案,如"国之瑰宝——河北文物精品图片进校园"项目(河北博物院)预先不撰写方案,"欢欢喜喜过大年"项目(上海博物馆)仅有关键字式的简单方案。即使是发展到形成规模阶段,亦无详尽的策划方案,如"科普小课堂——人体漫游记"项目(北京自然博物馆)。大都会艺术博物馆动辄数十页的策划方案在国内较为罕见。同时,教育项目皆未设立有效的评估机制,大多数项目采用教育部员工的内部反省与总结的方式,观众不参与评估。但北京自然博物馆曾尝试开展项目评估,采用问卷调查和访谈方式,但鉴于缺乏规范的评估指标、方法和流程,最后不了了之。而国外博物馆常针对各项目的不同情况选择前置、过程和结果评估,就新项目或重点项目增加前置和过程评估。

再者,成熟的志愿者队伍建设在博物馆教育工作中开始发挥举足轻重的作用。然而,国内对此群体关注程度不够,缺少规范管理。相对而言,上海博物馆做法带有示范性作用。截至2010年3月,此馆共有志愿者318名,制定有《上海博物馆志愿工作者章程》和《上海博物馆志愿工作者章程细则》,成为"上海市十佳志愿者服务基地"。但志愿者制度建设仍不完

善,如无系统的培训规划,奖励仅限于参加培训、听报告、商品打折和年终聚餐等,还未能有效调动志愿者工作的积极性和探索性。志愿者来自各行各业,为博物馆与社会的纽带,一旦此团队潜能得以发挥,投入必然值得。

(五)问题五:教育手段或方法少

传统的口头讲解为国内博物馆常用的教育手段,因长期沿用故成积习。如河北博物院,诸多教育项目如专题讲解、主题讲演、特展、小讲解员皆以讲解的方式开展。而北京自然博物馆一项问卷调查显示,多数来博物馆观览的观众并不愿听讲解。口头讲解虽是重要形式,但并非唯一手段。即使教育项目采用其他方式,教育手段仍表现得较为单一。如上海博物馆"欢欢喜喜过大年"项目,主要采用手工剪纸的方式,而相较于大都会艺术博物馆"西班牙、拉美文化嘉年华",其采用的手段有舞蹈、绘画、音乐、讲故事等,多元化的教育手段吸引大量观众主动加入其中。

(六)问题六:缺乏如馆校合作、教师培训等社会合作

缺乏社会合作一直为国内儿童项目的"软肋"。博物馆未与包括学校在内的各类教育机构和其他文化机构展开深度合作,未形成一个相互交流的平台。馆校合作仍采用较原始的手段,如河北博物院图片展进校园;上海博物馆讲座进校园,馆内的学生专场和暑期讲座;北京自然博物馆提供免费标本等。近年来,上海博物馆开始尝试开发部分馆校合作的新形式,如开设了被选入上海市教师进修课程的"书法艺术"课,并计划开设网络课程,通过远程手段让更多教师受益;举办"上海博物馆文博教师研习会";开展文博征文等项目。北京自然博物馆更是依据自有优势不断开拓自然科学竞赛类项目,如组织"北京市中小学自然科学知识竞赛团体决赛""青少年自然科学知识挑战赛"等,与校方形成长期的稳定合作。但诸此仅为少数探索的开始,远未形成气候。同时,教师培训项目现今仍是博物馆教育的瓶颈。博物馆到底能为教师提供什么? 教师培训的收效究竟有多大? 除却馆校合作外,博物馆还未理清社会化渠道,也未做出走出去的具体规划,诸如与社区中心、街道、图书馆和企事业单位合作等。

(七)问题七:馆内外资源未深度开发并有效整合,项目内容同质,缺少创意

此问题反映出一大普遍现象:国内各类儿童教育项目大同小异。儿童项目常包括讲解、讲座、小讲解员、夏令营、手工等。不仅国内互相模仿学习,部分博物馆还直接参照国外做法。譬如北京自然博物馆"博物馆奇妙夜"项目即是效法美国自然历史博物馆。诸多同质现象背后反映的则是主题和内容创意之缺失,而项目创意源头则来自博物馆馆藏资源。博物馆资源的最初利用模式为使用展览、馆藏文物、图片等展示媒介(如河北博物院)。赓续,对馆藏资源进行开发,策划带有浓重馆方色彩的项目,如上海博物馆业已举办过十多届以文物为主题的文博征文,亦策划过反映中国传统文化的节假日项目。而北京自然博物馆则开始将目光投至馆外,聘请优秀专家赴馆内讲座。尽管如此,相较于国外儿童项目,博物馆与馆外资源挖掘远远不够,缺乏独特的创意。如大都会艺术博物馆举办融合各类内容和形式的嘉年华派对,"请触摸博物馆"鼓励家庭观众身着最喜爱故事中人物的服装,共同参与博物馆聚会等,国内较少得见。

(八)问题八:重知识传授,轻能力培养,少互动成分

此问题与馆内儿童教育水平密切相关。博物馆开始探索阶段的儿童项目常一味关注知

识传授,通过讲解进行单向的信息传播。至于观众接受多少、汲取多少,与馆方并不相干。如"国之瑰宝——河北文物精品图片进校园"项目(河北博物院)30多件文物介说组成20米长的展线,知识量超负荷,通常儿童无法集中掌握,对儿童的动手、合作、探索等能力培养并不关注。处于初步发展阶段的博物馆,除却关注知识传授外,开始意识到能力培养的重要性,并获初步成效。如"主题展览"项目(上海博物馆),由学生自主选题,参与设计、制作和讲解,儿童已成为项目的组织者和参与者。到形成规模阶段,博物馆对儿童能力的培养就更为关注,互动成分亦增多。如"环球自然日——青少年自然科学知识挑战赛"项目(北京自然博物馆)预先设置主题,以团队策划展览和表演形式进行考核,为儿童搭建在自然科学领域自我展现的舞台,选手发挥的空间较大。尽管国内不少博物馆就儿童教育项目做出提供互动与能力培养的尝试,但毕竟如此实践的博物馆仍为非主流。

(九)问题九:未将亲子理念融入其中

融入"亲子理念"已成为国外诸多博物馆风行的一种做法,他们普遍认为策划低龄儿童项目从某种意义而言,即为策划家庭项目。如大都会艺术博物馆并无低龄儿童项目的概念,常用家庭项目来取代。因为这个阶段儿童生理和心理发展都依赖成人给予的"支架"作用,同时,家庭的参与亦产生良好的亲子教育之收效。而国内博物馆的通常做法为:将家长与儿童隔离,低龄儿童项目仅由儿童独自参与。如代表教育项目初步发展阶段的上海博物馆,在其"欢欢喜喜过大年"项目中,儿童玩得不亦乐乎,家长却在一旁"静候"。与此相反,美国印第安纳波利斯儿童博物馆"机器人表演",家长、孩子在临展大厅席地而坐,共同享受表演盛宴,场面其乐融融。

第五章

儿童展览类型之策略研究

本章节主要针对本书中我国博物馆"儿童展览"的现存问题进行归纳总结,从而进一步探讨问题解决之策略。文分三节:第一节集中就国内两种儿童展览类型存在的且影响效益的共性问题,结合研究者现场观察和观众问卷调查反馈之信息所归纳的儿童观众参观偏好和习性,提出改进建议,以供同类展览之参鉴;第二节是基于第三章、本章第一节的研究成果,探索两类儿童展览达至理想状态下的模式;第三节对前两节研究进行总体回顾,并据此挖掘国内儿童展览呈现问题之根本症结。

第一节 研究发现与问题解决

第三章已就两类儿童展览所择定的八大案例展开了解析和内外评估,并据此分别对两类儿童展览的特色与缺失进行了论述与总结。本节则首先对国内两类儿童展览中普遍存有且对展览效益产生影响的共性问题进行提炼,然后就诸问题展开深入探析,并结合现场观察与问卷调查所获取的反馈信息,提出改善的建议,以提高儿童展览的质量,规划出贴近儿童心理,并为其所喜好的展览。

一、影响展览效益的症结

国内两种儿童展览的常见问题,在第三章中已有或少或多涉猎,通过进一步归结,呈现的主要问题可概括如下:

①儿童博物馆展览选题研究不足,缺乏个性与特色,博物馆儿童专区的展览选题缺乏主馆元素,或简单复制国外;

②目标年龄设定随意,无理可依;

③教育目标或无,或空洞无物,或未分龄;

④展品资料以实物为主,辅助展品少;

⑤信息过于凝练或采用成人化用语,或面向家长而非儿童群体;

⑥展示手段或采用橱窗式展示,或将动手型展示等同于互动型展示;

⑦展场氛围或未刻意营造,或仅局部营造;

⑧儿童博物馆的标识系统或无,或有但使用频次不高,而博物馆儿童专区的标识系统未做专门的设计;

⑨展览结构无展览意识,博物馆儿童专区仅成为开展儿童教育项目的场所。

二、问题解决之建议

(一)问题一:儿童博物馆展览选题研究不足,缺乏个性与特色,博物馆儿童专区展览选题缺乏主馆元素,或简单复制国外

1.问题概要

儿童博物馆若想长期留住小观众,展览选题对儿童具吸引力是保证展览效益的重要因素。对儿童博物馆人文类与科技类展览选题的前期研究显示:国内展览选题的问题主要呈现于两方面。其一,展览选题既不为儿童所熟悉,又无法激起儿童的好奇心与想象力。如"儿童历史展"(中国妇女儿童博物馆)理论性强,信息量过大,儿童较为陌生,无法产生主动探索的热情,现场参与度不高。相较于"欢跃的城市(City's Capers)"("请触摸博物馆",Please Touch Museum),馆方选择城市中吃、穿、用、行等不同的生活主题和场景来进行策展,儿童因每日身在其中,所以极为熟知,易于融入;而"恐龙(Dinosphere)展"(印第安纳波利斯儿童博物馆,Indianapolis Children's Museum)则是满足儿童对远古生存环境和史前巨型生物——恐龙的无限遐想,激起参观与探索的渴望与热情。其二,展览选题文字表述不够具体生动,过于"抽象"和"艰涩"。如"'跨越距离、触摸未来'主题科学"(上海儿童博物馆)对比"恐龙:现在你就在它们的世界(Dinosphere:Now You're in THEIR World)"(印第安纳波利斯儿童博物馆,Indianapolis Children's Museum),显然第二种选题的表述更符合儿童口味。

博物馆儿童专区因脱胎于主馆母体,其展览选题需与主馆的主题一脉相承,展现出作为某家博物馆儿童专区的自身特点。前文综合类、自然科学类博物馆专区展览的研究结果显示,展览选题问题主要集中于两点。一是选题无母馆元素。如"儿童活动区"(四川博物院)选题为"休息玩乐区",无法展现四川博物院的地方文化特色。二是选题缺乏个性,简单地复制国外同类。如"探索角"(北京自然博物馆)与"探索屋(Discovery Room)"(美国自然历史博物馆,National Museum of Natural History),不仅选题一致,而且都采用标本展示、生物实验、抽屉式裸展等展示手段,两者在诸多方面如出一辙。北京自然博物馆的"探索角"并未发掘并有效利用北京自然博物馆的巨型井研马门溪龙化石、古黄河象头骨化石和恐龙木乃伊化石等馆藏特色与优势。

2.问题分析

"展览选题"作为展览题材与主题的择取和凝练,是展览进入策展环节的首要任务,决定展览的整体定位。观众问卷调查所反馈的信息再次证实:儿童博物馆展览选题是否为儿童熟悉、能否引起儿童兴趣,分别居参观者观展因素的首位与第二位。因此,儿童展览因服务对象的特殊性,其选题的首要条件为儿童熟悉或能引起儿童兴趣。

对国内儿童博物馆或儿童专区展览案例的解析显示,无论何种类型的展览,其选题方面突显问题的主因通常在于前期研究不足,以致无法获悉此阶段儿童熟悉什么、兴趣为何,也不了解如何利用馆方资源来满足儿童需求。前期研究不足具体包括两点:其一,与展品相关的儿童教育学、心理学理论研究(人的研究)缺乏;其二,与展品相关的学术研究(物的研究)不足。两者相较,问题更集中在前者。

首先,分析儿童博物馆展览类型的选题。第一,国内展览忽视对人的研究。如人文类

"儿童历史展"(中国妇女儿童博物馆)策展时,首先经由文物捐赠、购买等方式,征集了约计370件文物;其后,文本策划师将展览结构划定为古代、近代、现代三个部分,每部分分四到七个单元。由此可见,馆方就"儿童历史"的选题的确进行过专门研究。但问题的关键恰恰在于"明月照沟渠"——儿童观众不买账。因为此类展览的选题如欲一炮打响,最基本的依据则是"人的研究"——儿童观众的需求,并非仅限于"物的研究"。对比国外"欢跃的城市(City's Capers)"("请触摸博物馆",Please Touch Museum)将选题定为"城市生活",选择从儿童立场出发,将儿童日常生活熟悉的场景以缩小版方式展现,告诉他们如何实现在城市健康快乐地生活。因儿童对各个展区极为熟识,他们自然融入展览环境,参与度颇高。第二,国内展览忽视物的研究。如科技类展览"'跨越距离、触摸未来'主题科学展"(上海儿童博物馆),展览选题为"天文、地理科学",此属于科技类场馆的传统选题,航天、航空与航海本属于重要科普知识,同时能培养儿童探索和钻研精神,激发其好奇心与想象力,因而选题还是符合儿童兴趣的。但问题在于既然选择了此主题,就不该将服务对象界定为3~12岁,因为天文、地理知识的学科特征一般与学龄前儿童的认知水平不相吻合。这只能说明主办方对选题涉及的知识研究不够深入。再来看国外"恐龙(Dinosphere)展"(印第安纳波利斯儿童博物馆,Indianapolis Children's Museum)的选题为"恐龙",此也是受儿童观众青睐的传统选题。在此选题下,策展人将主题最终酌定为"恐龙如何生活和行为""恐龙化石如何被发掘""它们同时代动物植物有哪些""恐龙研究成果如何获得""恐龙后代如何繁衍"五个方面。同时以观赏式展示、体验式展示、探索式展示、启迪式展示的由浅至深的认知规律进行策划,获得选题阐释的成功,使展览成为探索恐龙知识的乐园。

其次,看博物馆儿童专区展览类型的选题。无论是综合类博物馆——四川博物院"儿童活动区"将"儿童常规教育"确定为展览选题,还是自然科学类博物馆——北京自然博物馆把"科普探索"择取为展览选题,它们或无特色可言,或简单复制他馆。然而,其中所暴露的问题是一致的,即"展览相关的儿童教育心理理论研究(人的研究)和与展品相关的学术研究(物的研究)皆不足"。国外综合类博物馆——大都会艺术博物馆(The Metropolitan Museum of Art)"教育活动区(Ruth and Harold D. Uris Center for Education)",明确以家庭观众和青少年为主要对象,同时提供适合多个年龄层的艺术教育资源,将主馆中馆藏艺术品就不同主题进行分类展陈。自然科学类博物馆——美国自然历史博物馆(National Museum of Natural History)"探索屋(Discovery Room)",选题同为"科普探索",但呈现两大亮点:第一,主题分类颇为丰富,包括生物学、动物学、人类学、考古学、天文学、地理学、物理学,儿童不同的学科兴趣在此可得以激发和鼓励;第二,充分体现主馆特色,选题下的主题与主馆生物学、人类学、地理学、天文学相关内容保持高度一致,内容与主馆遥相呼应,可视为未来步入主馆的预备阶段。

儿童展览若想形成与众不同的风格,选题的成功设定则成为首要因素。吸引儿童观众的选题,首先必须符合儿童分年龄段的教育心理需求,其次要对与展览选题相关的学术研究资料和实物展品资料做深入钻研。只有立足馆藏资源和观众认知需求,反复斟酌推敲,才有可能提炼出个性鲜明、统率全局的选题。

3.改善建议

儿童展览选题确定是策展前期的一项重要工作,鉴于诸上分析,研究者提出确定选题三部曲:第一步——构建博物馆儿童教育指南,即借由该指南使得各年龄段儿童的教育心理特征及博物馆如何实施教育一目了然;第二步——开展选题前置研究,并依反馈的信息调整选题和主题内容;第三步——着手进行资料征集与研究,即对学术研究资料和实物展品资料进行收集、整理、分析与完善。

（1）构建博物馆儿童教育指南

国内博物馆展览在选题时,通常更多谈及"物"的研究与征集,而对传播和教育中"人"的因素则视而不见,换言之,"对于'人'的关注大大不够"。"只有深入研究观众,提供的服务才能有更强的针对性,博物馆职能才可得以最大程度的发挥,博物馆才能实现经济和社会效益双丰收。"[1]近年来,受国外同行影响,已有不少国内博物馆开始对观众行为与心理倾入更多精力,甚至提出"观众照料"的新理念。

国外儿童类展览自问世以来,就突显出其"以人为中心"的特征,其定义[2]也始终强调以满足儿童兴趣与需求为使命。而国内因儿童展览数量少且经验不足,常将儿童展等同于成人展,表现为"展项成人化,无法符合儿童认知特征;内容深奥,无法符合儿童的思维模式;形式单调,无法符合儿童的心理规律",其根本的内伤在于未掌握儿童教育心理学的基础和应用理论。鉴于此问题的基础性和严重性,本书将在第七章中集中探讨此问题,并构建博物馆儿童教育指南。

（2）开展选题前置研究

在展览中主动迎合儿童口味,才能真正发挥此类展览的教育功能,因而需首先构建一套普遍的博物馆儿童教育指南,但此仅为必要非充分条件。博物馆在教育指南引导下,结合馆内实际,形成备选的选题后,还需针对选题开展前置研究。即在学术资料和实物展品研究前,甚至是展品征集前,将与假设选题相关的问题列举出来,让观众做出回答。通过前置研究,而非博物馆经验所产生的选题,犹如一个航标,能够指明展览方向。以下,研究者将结合先贤们的研究成果提出前置研究的四阶段。

第一阶段,确定研究目标。由馆内工作人员,包括文物研究者、评估人员、策展团队,有时还包括馆外人员,列举出他们想知道潜在观众或观众哪些事情,这些事情应当皆与选题相关,博物馆据此整理并综合形成一份清单。经过反复讨论,由策展团队最后确定。迈尔斯（Roger Miles）和休伯曼（Huberman）提出一个最好的建议:使用2～3小时召开一次性研讨会,来确定和检查预先设计完成的6～7个常规问题。[3]譬如,马丁（Martin）教授在做有关人类生命现象选题的展览时,将研究目标确定为[4]:

▶决定一般观众对人类生命现象的哪种主题感兴趣;

▶收集观众对于人类生命现象相关科学观念主题的资讯;

▶发现观众对于人类生命现象相关的不同主题的态度。

诚然,在研究目标确定前,还需先整理归结出与本选题相关的研究成果。

---

①　黄晓宏.博物馆观众心理学浅析.中国博物馆,2003(4):50.

②　美国博物馆协会(America Association of Museums,2005)定义:一个以服务儿童的需求以及兴趣为使命的机构,机构空间的展览及活动都是以鼓励学习、激励好奇心为出发点,那么它便是一个儿童博物馆。儿童博物馆协会(Association of Children's Museums)解释:儿童博物馆是一个透过各有关展览、节目及活动去引发儿童好奇、探索和学习兴趣,满足儿童成长需要的中心。

③　Matthew B. Miles,A. Michael Huberman. *An Expanded Sourcebook*(*Second Edition*). Thousand Oaks, California:Sage Publications Ltd.,1994:25.

④　Lynn D. Dierking,Wendy Pollock. 持续的假设:博物馆教育活动的前置评量. 徐纯,译. 屏东:台湾海洋生物博物馆,2001:17.

第二阶段,组织研究人员。待研究目标酌定后,组建一支能良好合作的研究团队则成为另一项关键工作。国外通常有三种方式:第一种,馆内选择一位评量主持人,进行整体方案研究,剩余工作则皆聘请第三方公司(调查公司)完成;第二种,外聘专业评量主持人,承担问卷和研究计划的设计、工作人员的培训、资料分析和报告的撰写,馆内工作人员则只需进行问卷或其他资料的发放和整理工作;第三种最为直接,所有工作皆由馆内工作团队完成。最好的方法可能为馆内外的混合策略,使用馆内研究员,同时外聘馆外顾问负责支持设计调查、访谈和收集资料,并培训馆内员工资料收集。① 采用这种方式,尽管主持人(无论馆内或馆外)承担资料分析阐释、研究发现和撰写报告的任务,但参与馆员的水准也因此获得提升。②

第三阶段,设计策略并加以实施。选择获取资料的策略,而策略的选择则取决于哪个策略才是回答问题的最优方法。一般研究的方法有问卷调查、访谈和对焦群③。大多数采用质性方式,如观察、访谈等。依据研究范围和目的不同,可结合采用两种甚至两种以上的策略。比如同时进行观众观察和个别访谈,设定目标群做测试等。在实施过程中,可采用与主题相关的物件道具,选择有代表性的样本,与不同人谈话,保持足够的数量,根据研究变换地点等。

最后阶段,阐释研究结果。前置研究意义在本阶段得以体现。经由对研究数据的整理分析,来回答"当初的假设是否正确"。如美国自然历史博物馆(National Museum of Natural History)在策划地岩石和矿石厅、地质厅展览时,典藏研究员们以为观众感兴趣的在于希望之星钻石(Hope Diamond),然而,实际研究发现观众更关注地质、岩石和矿石。④ 因此,研究结果的阐释有助于对前期假设做进一步确认,甚至某些时候观众会提供更有创见的想法。同时,阐释者由哪些人组成,则成为阐释结果是否准确的关键因素。参与策划的团队成员如内容设计者、主题领域专家、学者、教育人员和评估者,及影响策划决策者如馆长、财务、参与市场调查工作人员,他们都有资格进行结果的阐释。要力求让阐释结果涵盖诸多方面有意义的内容,在实施设计前能够真正使设计人员听到观众的心声。即便阐释来自多方面,然而,最终仍需一个决策者通过经费、场地、事件、安全、可行性等因素进行层层过滤,最终确定选题。无论如何,照料并尊重观众成为整个前置研究的基础与核心。

(3)进行资料征集与研究

在经由教育心理学研究提炼而成的儿童教育指南,以及通过量化数据或质性记录所产生的评估报告指导下,产生并确定展览选题,以反映观众内在需求。那么,又当如何对此展览选题继续做出解读和深化?

研究者认为:当务之急是开展深入的、基础性的"科研"工作,即对相关学术研究资料和实物展品资料进行征集、整理与分析。"学术研究资料"是指与展览选题相关的学说理论、研究成果、档案资料、历史文献资料、调查资料和口述材料及其故事情节材料。⑤ 它有助于准确

---

① Lynn D. Dierking, Wendy Pollock. 持续的假设:博物馆教育活动的前置评量. 徐纯,译. 屏东:台湾海洋生物博物馆,2001:29-30.
② Lynn D. Dierking, Wendy Pollock. 持续的假设:博物馆教育活动的前置评量. 徐纯,译. 屏东:台湾海洋生物博物馆,2001:30.
③ 对焦群是从一群特定观众中得到特定回馈资料的质性调查研究方法。
④ Lynn D. Dierking, Wendy Pollock. 持续的假设:博物馆教育活动的前置评量. 徐纯,译. 屏东:台湾海洋生物博物馆,2001:57.
⑤ 陆建松.重视展览文本策划的前期准备. 见:曹兵武,崔波. 博物馆展览:策划设计与实施. 北京:学苑出版社,2005:80.

把握展览选题,有理有据地拓展展览内涵。充分的学术研究资料,一方面可以帮助消化该展览的题材,发掘富有吸引力的展览主题,同时也可为制作辅助展品提供学术依据。学术研究资料的收集、整理、解读和提炼,是一个较为长期的过程,需不断修改、完善,忌囫囵吞枣。譬如,印第安纳波利斯儿童博物馆(Indianapolis Children's Museum)的展览选题、各部分主题、单元和组的确定,是集中馆内、馆外力量一起,花费 2～3 年时间才完成的。同时,学术资料研究是一个动态过程,需及时收集新资料、新成果和新发现,体现最新研究动态,将最新成果反映在展览中。

儿童展览的前期工作区别于其他类型展览,一般先确定选题,然后依据选题来购买、征集实物展品资料。"实物展品资料"是指文物标本、声像、图片等,但它不是简单的标本清单,博物馆还应对其进行整理分类,并对展品名称、时间、背景信息等进行研究和标注。[①] 优秀的展览常能让实物"说话"。因而,实物展品信息的挖掘绝不能仅停留在时间、地点、名称等基本信息上,还要从诸多角度如文化、艺术、宗教、民俗等加以解读,并根据研究进行一定广度、深度的展品组合,让没有生命的文物阐述生动的故事。尽管儿童展览让实物展品资料已显得不那么重要,随着越来越多的儿童展览中实物展品退出一线,甚至史蒂文·康恩(Steven Conn)专门撰书提出"博物馆还需要实物吗?(Do museum stillneed object?)",但是,此完全是两个概念。能提供服务选题的实物展品,对于儿童展览的有效策划完全是锦上添花。

研究者认为开展儿童展览的学术资料和实物展品资料研究,必须有意识、有目的地进行,不要局限于某个学科领域,其他相关学科领域都应涉及;不要局限于文本资料,还要注意搜集声像、图片资料;不要仅简单模仿、照抄国外同类展览,而要体现出地域和馆藏特色。本研究的案例解析发现,两种类型的选题较易令儿童流连忘返:一为儿童熟悉的选题;二为能激发儿童好奇心、想象力的选题。同时,儿童选题在最后操作层面上在遇到展品征集和设计制作技术的瓶颈时,可做适度调整。

(二)问题二:目标年龄设定随意,无理可依

1.问题概要

从研究者实地探访与观众问卷所反馈的信息中可知,国内部分展览让儿童望而却步,积极性受挫,重要原因在于不少儿童展览对儿童观众的目标年龄设定随意,毫无章法。

国内儿童博物馆展览或未规定目标年龄,或目标年龄与展品资料相冲突;博物馆儿童专区展览更多地则表现为将目标观众的年龄进行"打包"。首先来看研究案例中的儿童博物馆类型,如科技类"跨越距离、触摸未来'主题科学展"(上海儿童博物馆),展览折页中显示服务"2～14 岁"观众,然而,展区序厅墙面却标明目标年龄"3～12 岁",而在建筑馆标的释义中,进一步声明方锥体展区(航天厅)、正方形展区(指向不明,可能是航海厅、信息 2 厅和互动探索区)、半球体展区(天文厅)分别面向 2～6 岁、7～10 岁、11～12 岁儿童。除此以外,其他任何材料并未就此展区的目标年龄做出更多的解释。但据研究者判断,以"航天厅"为例,无论是该展区展出的返回式卫星头罩、降落伞、火箭发动机实物展品,还是火箭、航天飞机模型、宇航员模拟训练器、卫星发射多媒体演示、声像资料、动手装置等辅助展品,涉及诸多科学原理,更适合学龄儿童,而非馆方所界定的 2～6 岁幼童。再如人文类"儿童历史展"(中国妇女

---

① 陆建松.重视展览文本策划的前期准备.见:曹兵武,崔波.博物馆展览:策划设计与实施.北京:学苑出版社,2005:81.

儿童博物馆)各种导介材料中不见任何与展览目标年龄相关的信息。对比国外同属人文题材的"欢跃的城市(City's Capers)"("请触摸博物馆",Please Touch Museum),不仅将该"城市生活"展览年龄定位在2～10岁,且对其中某部分展区的目标年龄也做出规定,如"费城儿童医院"适合2～8岁儿童,"家门口的台阶"则适合0～3岁幼童。

继续来看国内博物馆儿童专区类型,情况较儿童博物馆类型乐观,因儿童专区设立初衷即在成人博物馆中为儿童开辟专用空间,对年龄关注度显然更高。然而,一旦与国外案例进行横向对比,差距易见。如自然科学类博物馆"探索角"(北京自然博物馆)将参观儿童年龄统一划定为3～7岁,而"探索屋(Discovery Room)"(美国自然历史博物馆,National Museum of Natural History)则将展区分为两个部分,分别向5～7岁儿童和7～12岁儿童开放,针对不同的年龄对展览内容做严格的区分。

若展览为哪个年龄段受众服务混淆不清,或容头过身地拍脑袋确定,必然会影响到展览内容策划和形式确定,减弱整个展览的传播效应。

2. 问题分析

儿童展览的目标年龄若不基于展览内容广度和深度进行科学确定,直接导致的结果可能就是展览再好,儿童并不买账。据前文对国内四个儿童展览案例的研究不难发现,它们存在问题的背后或多或少表现出馆方对儿童身心特征研究的缺失。

心理学家皮亚杰认为儿童思维的发展虽然是持续的,但同时也是分阶段进行的,发展的阶段不能逆转,不可逾越。每个阶段既是前一个阶段的延续,也是下一个阶段的前提。博物馆儿童展览设计应当遵循儿童智力发育的规律,超阶段的教育无助于智力的开发,孩子不可能不能走就会跑,不可能没有物体永久性概念就明白守恒、可逆概念。

虽然研究者承认因家庭、社会等因素影响,个体会产生智力水平的差异,但由于自然成熟的影响,智力水平发展会有一个限度,现有阶段的水平必然是在前一个阶段水平基础上发展起来的。展览若不对应某个阶段,而是超阶段或晚阶段,带来的将是无效的后果。

3. 改善建议

鉴于国内对儿童智力发展分阶段理论认知的普遍缺失,本书将引入教育心理学"发生认识论",并结合博物馆各要素特征,提出初步解决方案。但此处仅是方向性建议,具体的解决方案将在第七章中集中研究并一并提出。

(1)关注感知运动的展览

此类展览一般适用于两三岁以下的幼儿。因为此时的儿童还是个自然生物,只关注自身的感受,对于外在的世界不认识,喜欢观看和触摸。儿童从9个月开始逐步产生了客体永存性(Object Permanence)的概念,这个概念是指知道某物或某人即使现在无法看见但是依然存在。到了该阶段的后期,智慧结构出现。在这个阶段儿童会用观看、倾听、叫喊、触摸、品尝等手段尝试所有对于他们来说新鲜的活动,以此来了解这个世界,如同一个个科学家一般。博物馆只需开辟一个自由安全的空间让儿童翻滚摸爬,放置各种安全的展品让儿童看听摸尝。如案例中"家门口的台阶"("请触摸博物馆",Please Touch Museum)(见图5-1)为三岁前的新生儿童开辟了一个小院子,孩子可以自由感受各种视听刺激,他们可在地上翻滚摸爬、蹒跚学步,在父母的协助下于熟悉的家门口玩乐。其次,此类型展区可让展品反复出现,孩子不会厌烦,反而会表现出极大的兴趣,因为两三岁前是儿童形成永久性概念的关键时期。

图 5-1　"请触摸博物馆""欢跃的城市"展区内"家门口的台阶"部分
开辟一个感性且常见的家门口院子的区域,供幼龄儿童攀爬、学步

（2）关注感性具象的展览

此类型展览通常面向三岁至六七岁儿童。因本阶段儿童开始从第一阶段的具体动作中脱离出来,可接受文字、图像等简单的概念,但无法转变和操作。他们频繁地运用语言和象征符号来替代外部世界,在头脑中产生表象下的思维,积累感性经验为今后的抽象思维阶段做准备。这一过程中的儿童正处于入学前期和入学初期,所以教育显得尤为重要。

儿童展览此阶段需强调的是一个刺激儿童认知的感性空间。如案例中上海儿童博物馆的另一个展区"互动探索区",孩子可在小医院扮演医生,在小厨房扮演厨师。再如"五线谱作曲"展项中(中国科技馆新馆)(见图 5-2),儿童将墙上的按钮一按,音乐墙的图案就会亮起,乐曲悠扬地响起。同时,因为三岁至六七岁阶段的孩子有思维能力,但常不合逻辑,所以产生多种结果的互动展项亦有助于智能的开发,如各类积木、沙模和迷宫等。

图 5-2　中国科技馆"创意工作室"展区内"五线谱作曲"部分
低龄儿童按按钮谱写不同曲子,感性体验产生多种结果

（3）关注具象思维的展览

本类型展览一般可将目标年龄设定成六七岁至十一二岁。因为此阶段儿童的思维运算需有具体的事物协助，受限于熟悉的经验和见到的具体情境。此时儿童处于小学阶段的主要时期，具备可逆、守恒的概念和分类的能力。皮亚杰举了个例子可帮助了解该阶段孩子的特点：爱迪丝的头发比苏珊淡些，爱迪丝的头发比莉莎黑些，问儿童三人中谁的头发最黑。如果用语言表达的形式去问这个问题，孩子们通常很难回答正确，但如果用三个分别以"爱迪丝""苏珊""莉莎"命名的娃娃，她们的头发颜色各异，把原题目的意思用情景模拟，再问谁的头发最黑，孩子们就可以轻松答出"苏珊的头发最黑"。

面向此年龄阶段儿童的展览，需创造一个有具体情景的环境，目的是促成儿童去解决问题，从而为发展抽象思维能力做准备。如"水世界展"（"请触摸博物馆"，Please Touch Museum）通过水坝、水井、水车等情景再现，利用水的流量和速度共同运作，协助儿童了解水资源如何被用来满足日常所需。此展区将目标年龄定位为7～12岁儿童。再如案例中"探索屋（Discovery Room）"（美国自然历史博物馆，National Museum of Natural History）的二层展区展示了大量生物、天文标本，让儿童借由实物或辅助展品开展科学探索，该展区规定目标年龄为7～12岁。此类展览展区内最好尽量避免大量使用文字说明，可多用图画或声音说明，促使儿童在玩的过程中解决问题，也正是因为7～12岁儿童具备了具体运算能力，才能迸发出浓厚的学习热情与兴趣。

（4）关注抽象思维的展览

此类展览常将十一二岁到十八岁儿童设为目标群体。由于此阶段儿童因智能发展，可利用语言文字等抽象概念在头脑中想象、思考并解决问题，也能使用概念、假设，并通过推理得到结果。譬如前面的爱迪丝、苏珊、莉莎头发谁更黑的问题，通过语词符号，该阶段的孩子即可在头脑中判定。

此阶段展览需关注逻辑思维训练，这种类型的展览一般多集中于自然科学类博物馆；譬如各学科实验室、科学装置等。现今，儿童展览以面向十一二岁以下居多，针对十一二岁至成年青少年展览则是国内外博物馆界普遍的难题，如何设置一个展览空间既能激发该年龄段儿童的参与热情又能启发他们深入思考，值得专门探究。

（三）问题三：教育目标或无，或空洞无物，或未分龄

1. 问题概要

在儿童展览中，无论是人文类、科技类儿童博物馆的展览，还是综合类、自然科学类博物馆的儿童展区，国内外差距表现得皆极为显著。就儿童博物馆类型而言，国内展览教育目标呈现两种现象：其一为无教育目标；其二教育目标虽有，然假大空，难以落实。如研究案例中科技类"'跨越距离、触摸未来'主题科学展"（上海儿童博物馆）将"遵从和践行宋庆龄儿童教育理念"作为教育目标，但此目标内容泛泛而谈，无法判断布展完成后教育目标的达成情况。有高屋建瓴的理念固然好，但更需最低教育目标，即可操作的教育目标。对比国外科技类"恐龙（Dinosphere）展"（印第安纳波利斯儿童博物馆，Indianapolis Children's Museum），其将教育目标横向针对幼儿园、一至八年级的儿童，将其分成9个对象群，纵向从自然科学、语言艺术两个维度进行分类，即针对每个对象群分别规定"自然科学"和"语言艺术"的达成目标（参见第三章第一节），其俱全周详的程度令研究者印象深刻，无论是对观众抑或教育工作

人员皆有切实的指导性和可测性。馆方甚至对展览重点、亮点部分的教育目标也依年龄段做了具体规定。再如国内人文类"儿童历史展"(中国妇女儿童博物馆)各种导览媒介中将教育目标的对象视作成人和专业人员,根本张冠李戴。对比国外同类"欢跃的城市(City's Capers)"展("请触摸博物馆",Please Touch Museum),它不仅设立整个展区的教育目标,甚至为"费城儿童医院"部分设立切实可行的教育目标。

就博物馆儿童专区类型而言,问题依然为"无教育目标"或"目标空洞无物"。诸如研究案例中综合类博物馆四川博物院"儿童活动区",仅将该区定位为提供儿童休憩和玩乐服务之所,未设定根据博物馆资源实现博物馆教育的目标,便也不存有总目标、分目标之说。相较于同类"教育活动区(Ruth and Harold D. Uris Center for Education)"(大都会艺术博物馆,The Metropolitan Museum of Art),其将目标阐释为实现服务"携带儿童的家庭观众""独立赏析青少年""未涉足艺术博物馆之人"和"资深艺术学者"4个对象群,厘清了其教育的主要群体。再如国内儿童展览较成熟的自然科学类博物馆——北京自然博物馆"探索角",此展区教育目标为"促使儿童在快乐轻松的氛围中学习知识、探索问题和培养兴趣,从而养成一种科学思维,发掘探索精神",任一科技类儿童专区皆可沿用,无特色可陈。再看国外同类"探索屋(Discovery Room)"(美国自然历史博物馆,National Museum of Natural History),将教育目标定位为"对博物馆自然科学和研究从人类学到动物学的每个领域都有所体现。探索来自我们生活的世界之中的文物和自然标本,从而更好地理解我们是谁和我们所生活的天地万物"。本目标首先对展览涉及的学科进行概括,接着依据展区主要展品资料——文物与自然标本,将教育目标具体落实至"更好地理解所生活的天地万物"。虽言语质朴,然实事求是,完全根植于本展区内容结构,并从中提炼而成,非一蹴而就、信手拈来,故目标简易清晰,达成度高。

观众调查问卷中,与教育目标相关问题的数据统计如表5-1所示。

表 5-1　研究案例问卷调查教育目标相关问题的数据统计

项目	上海儿童博物馆	印第安纳波利斯儿童博物馆	中国妇女儿童博物馆	"请触摸博物馆"	四川博物院"儿童活动区"	大都会艺术博物馆"教育活动区"	北京自然博物馆"探索角"	美国自然历史博物馆"探索屋"
问题一	您这次来×××博物馆×××展区的目的是什么?							
答"丰富知识"	28.1%	25.8%	44.1%	7.8%	0	14.6%	41.8%	17.8%
答"学习科学知识"	35.4%	21.3%	45.2%	22.2%	0	22.5%	47.3%	24.4%
答"休闲娱乐"	44.8%	76.4%	0	96.7%	74.2%	82.0%	14.3%	77.8%
答"没有明确目的"	26%	15.7%	0	0	23.7%	0	4.4%	17.8%
答"其他"	1.0%	0	10.8%	2.2%	2.2%	18.0%	0	4.4%

续表

项目	上海儿童博物馆	印第安纳波利斯儿童博物馆	中国妇女儿童博物馆	"请触摸博物馆"	四川博物院"儿童活动区"	大都会艺术博物馆"教育活动区"	北京自然博物馆"探索角"	美国自然历史博物馆"探索屋"
问题二	您这次来×××博物馆×××展区的收获在于?							
答"增加对展览内容的理解"	61.5%	89.9%	64.6%	66.7%	0	37.1%	53.8%	44.4%
答"激发了新兴趣"	30.2%	91.0%	3.2%	86.7%	37.6%	93.3%	46.2%	87.8%
答"掌握新知识和新方法"	0	68.5%	44.1%	81.1%	37.6%	71.9%	27.5%	44.4%
答"休闲娱乐"	22.9%	85.4%	0	97.8%	21.5%	98.9%	18.7%	84.4%
答"收获较小"	29.2%	0	22.6%	1.1%	75.3%	0	35.2%	0

从统计数据可见,研究者现场观察与实地调研的结果总体吻合,同时可发现有效问卷中对"问题二",有部分观众未做回答,研究者的判断为在"问题一"中选择"没有明确目的""其他"的观众未继续再行回答"问题二",抽样其中部分调查问卷,结果显示确系此因。

2.问题分析

从以上案例分析与问卷反馈信息可知,国内儿童展览中教育目标的问题较为严重,不仅表现为目标虚论高议,有甚者根本无视教育对象,此直接导致了展览无法将教育意图传递给观众,观众参与过程浑浑噩噩,展览效益则无由发挥。宋向光认为:在社会转型期的博物馆教育承担着沉重的发展任务。[①] 而新时期的博物馆,教育已成为核心功能,甚至成为其"灵魂"。

教育目标"或无,或空洞无物,或未分年龄"的问题,从展览内容剖析中反映出两大主因:一是未意识到教育目标的重要性;二是不知教育目标如何制定。

尽管近年来,国内博物馆理论界热烈地探讨博物馆教育议题,实务界也开始将参与体验、文化娱乐作为策展的构成内容,开始关注博物馆传播的教育效果,然而,诸多博物馆因重视度不够,仍光喊"口号",行为附着于表层,未做深入研究。儿童展览表现尤为突出,仅有量的增长,缺少质的提高。教育目标或错拟对象,或高谈虚论,便是展览对于教育重视度仅游离于表面的直接反映。有教育目标,但此目标放之四海皆准,有与无何异? 有甚者甚至不设定教育目标,布展就是让儿童来看热闹,看毕作鸟兽散,无须达成任何目标,馆方策展的教育意图含蓄地置于心中。面对国外博物馆儿童展览中将教育目标做9个年龄层、2类学科的区分,同时不仅针对整个展区,甚至在某个重点展项也如此操作等现象,我们有理由迁思回虑:一项儿童展览连教育目标都没有,或信手拈来,我们究竟真的重视教育了吗?

除"未意识到教育目标的重要性"之外,"教育目标如何制定"亦成为国内诸多儿童展览频现问题的诱因。尽管意识到需要教育目标,然而,究竟怎么才能制定出适合且具体的目标? 北京自然博物馆"探索角"固然已设定教育目标,但一旦与美国自然历史博物馆

① 孙秀丽.观众友好型:博物馆教育的新目标.中国文物报,2012,9(26):3.

(National Museum of Natural History)"探索屋(Discovery Room)"同台竞技,一个泛泛而谈,一个脚踏实地,差距一目了然。上海儿童博物馆"'跨越距离、触摸未来'主题科学展"亦设定教育目标,然倘若与"恐龙(Dinosphere)展"(印第安纳波利斯儿童博物馆,Indianapolis Children's Museum)相比,一个夸夸而谈,一个按族群和年龄分众,策展能力和水平相去甚远。此最大的原因除了不重视之外,还要归咎于策展师、教育人员不知怎么来设置教育目标,究竟怎样的教育目标既能保证馆方达成展览意图,又适合儿童来参观,既非文不对题,亦非揠苗助长。

　　3.改善建议

　　据上分析,本书提出,策划儿童展览,需将教育目标设定放在重要位置,并结合展览前期准备与儿童群体特征,制定出切实可行的教育目标。

　　(1)建议一:整个策划团队需具备借由展览达成教育目标的策展理念

　　策展人或策展团队形成策展概念时,要将教育目标置于重要位置,使策展意图实现由被动到主动,使展览有针对性地提供儿童获知的快乐,从而完成展览的"教育"使命。

　　台湾艺术大学校长黄光男于其著书《博物馆能量》中提出:展览必须有自己的策展与研究团队,这是博物馆工作的具体体现,必须掌握该馆的目标。美国得州科技大学博物馆副馆长大卫·迪恩(David Dean)教授在《博物馆展览:理论和实践》(*Museum Exhibition：Theory and Practice*)中强调:提供的教育机会成为展览本身内容与形式的重要方面,教育目标必须提前规划和植入展览成品中[1]。儿童展览需强调儿童的兴趣指向,关注儿童心理兴奋点,从而实现教育儿童的根本使命。因而此类展览计划一旦确定,组织策展团队或选定策展人后,文本策划中都需列出展览教育目标。这一点需在儿童展览策展概念形成前达成共识。同时,除专门研究外,教育目标的提出需事先与馆方进行充分沟通,掌握馆方展览的初衷,认识其属性和特征,如自然科学性、艺术性和历史性等,与其保持一致。

　　(2)建议二:开展展览前期研究和儿童群体特征分析

　　此点主要解决的问题为如何开展儿童展览教育目标的设定。首先,通过选题前置研究,对搜集、整理的与展览选题相关的一套完整学术研究资料进行充分的"科研",并结合实物展品的征集,进行内涵挖掘和解读后,最终确定展览选题[见问题(一)改善建议]。其次,在选题指导下,依据前期研究成果的深度把握和彻底涵化后,提炼展览主题,构思内容结构和层次,凝练部分、单元主题,找出每部分的重点、亮点,选择并安排展览素材,进行展览文字大纲的编写和展品组合的研究,合理安排展览信息,并提请形式设计师注意重点内容,最终完成展览内容文本的策划。展览内容文本策划案诞生后,在此基础上再进行反刍,试图初步提出展览欲达成的意图。

　　与此同时,本书曾反复强调儿童身心特征,教育目标设定同样亦需依据儿童群体特征,切不可从成人立场与角度随意断定。本文第七章中将集中探讨儿童身心的发展规律,并构建儿童教育指南。在前两项工作——"展览前期的研究"和"儿童身心特征的概括"完成的前提下,才能最后确定具体且适合的教育目标。

　　因此,儿童展览教育目标的设置可概括为三阶段:

　　第一阶段,前置研究、展品资料征集研究、确定展览选题;

---

[1]　David Dean. *Museum Exhibiton：Theory and Practice*. London：Routledge,1996:24.

第二阶段,在选题指导下完成展览文本策划(在儿童展览推出前,这份完整的研究成果极为必要);

第三阶段,结合文本策划涉及的学科、展览重点和亮点以及儿童观众身心需求的分析,提炼本展览的教育目标。

(四)问题四:展品资料以实物为主,辅助展品少

1. 问题概要

国内无论儿童博物馆展览抑或博物馆儿童专区展览,与国外同类相较,更多使用标本、文物、照片等实物展品,利用模型、玩具、科学装置等辅助展品进行互动的展示不多,常采用橱窗式展示。首先看儿童博物馆展览类型,实物展品几乎成了各大展区之"主角"。如研究案例中科技类展览"'跨越距离、触摸未来'主题科学展"(上海儿童博物馆)在各种导览媒介中反复强调馆内存有三件"镇馆之宝"——中国第一代返回式卫星的头罩、中国第四颗返回式卫星主降落伞和中国长征四号火箭二级发动机。三件展品"高大威猛",小观众只能仰头观览,不可动手触摸。对比国外同类展览"恐龙(Dinosphere)展"(印第安纳波利斯儿童博物馆),展场内展出众多可接触展品,包括石膏、石、木、塑料材质制成的化石模型,此外还适度使用多媒体和其他音像资料,儿童观众"身陷其中""乐不思蜀"。再如国内人文类展览"儿童历史展"(中国妇女儿童博物馆),实物展品数量庞大,陶器、瓷器、衣物、青铜饰品、钟、算盘、窗等文物、照片、图片共计367件,人物蜡像、雕塑等辅助展品仅有数件。展品主要通过通柜、壁龛或独立展柜展出。整个展览采用以时间为序的递进式展览结构和以橱窗式为主的展示手法,严肃沉闷,与成人展览无异。相较于国外同类展览"欢跃的城市(City's Capers)"("请触摸博物馆"),百余件展品几乎皆是仿真复原展品,涉及医疗、建筑、饮食和学习等不同主题,材质有木、玻璃钢、塑料、石、纸,其中以木为主,仅有数件实物展品。儿童"为所欲为"地触摸、摆弄展品,"随心所欲"地参与操作展品,收获发现和探索的欢愉。

其次,博物馆内儿童专区展览模式,依然强调辅助展品的次要地位,突显实物展品。譬如研究案例中自然科学类博物馆——北京自然博物馆"探索角",展区中陈列有百余件展品,多数为实物展品,如鸟、昆虫、软体动物、哺乳动物的化石和动物标本。标本既有浸泡于福尔马林之中的,亦有生活于景观箱内的。对比国外同类博物馆如美国自然历史博物馆(National Museum of Natural History)的"探索屋(Discovery Room)",共陈列有300余件展品,其中模型数量占一半左右。模型主要有古生代生物化石,鸟类、昆虫、鱼类等标本模型及各类古代面具模型。模型材质有木、石和石膏,年代从古生代跨越至现代。展场内这些类型各异的模型通过沙盘、全复原陈列、抽屉陈列等方式展示,此外,展场还有10处互动展品组合。5~12岁儿童活跃其间,或打开抽屉拿起展品,或打开实验设备观察展品,或开启展品参与探索,领会展品的使用功用和文化意义。他们或安静或忙碌,在这个天地里自己去摸、去看、去想、去问,展区俨然成为他们的"乐园"。

同时,从观众调查问卷的统计结果得见:国内外儿童博物馆展览和博物馆儿童专区展览两两同类案例"内容策划"和"形式设计"模块的观众评估,经由独立 T 检测,确系存在显著差异(详见附录十三)。

2. 问题分析

展品资料中实物展品与辅助展品主次关系的处理不当,实质上突显的是:对儿童展览特

殊性的认知不够;将博物馆视为"文物展示"的地方之传统观念根深蒂固,仅关注展览的知识传输,忽视儿童能力的塑造。

(1)原因一:对儿童展览的特殊性认知不够

儿童展览的宗旨始终是以"儿童"为中心,即不再以"物"为中心而以"人"为中心,因此在展品处理上,不同于传统博物馆。传统博物馆常采用"请勿触摸"的观展模式,然而,儿童好动、乐于探奇的个性决定此类严肃沉闷的参观模式必然不适合他们,儿童需要展品可触摸、可操作,借由触摸、操作去掌握展品的质料、形状、原理、功用及其文化意义。然而,一些实物展品因存世时间悠久,无法随意触摸和攀爬,否则将造成无法估量的损毁;另有一些实物展品如织绣类、金属类、竹木类对温度、湿度要求较高,若长期暴露于空气中,被长期触摸,会滞留汗液,引发化学变化,不利于其保存。故而,诸此实物展品根本无法也不可能让儿童去"肆无忌惮"地触摸、操作,也无法满足儿童参观之需求。此时,即使为国家一级文物,若其以橱窗形式进行封闭展示,儿童最终可能会敬而远之。若将其制成仿真复制品进行裸展,儿童则可近距离一窥究竟,同时可随意触摸,其受欢迎程度必然大大提高。正是基于此等特殊性,儿童展览在展品资料选择时可大量使用辅助展品取代实物展品,且须避免不宜保存的实物展品。

(2)原因二:将博物馆视为"文物展示"的地方,关注知识传输,忽视儿童能力的塑造

国内儿童博物馆或儿童专区类型于从20世纪末伊始诞生后,数量少且建设经验匮乏。而国外此类博物馆或展区创立于19世纪末,较国内早百余年,开设之初它便革命性地提出"儿童展览是对传统博物馆的背离,确立以'人'为本位"。在这种理念指引下,"儿童"成为展览的灵魂,每个策展细节打上"儿童"烙印,儿童的需求是第一位的。"不可否认,儿童博物馆的建立使得越来越多的传统型博物馆受到'青少年导向'的博物馆的变革冲击和影响。"[①]它对国外博物馆的影响不仅体现在越来越多的博物馆意识到儿童展览之于儿童教育的重要作用,实际上更在于此类展览的模式和理念对传统博物馆造成很大冲击和影响。国外诸多博物馆开始学习儿童博物馆或专区做法,大胆制作辅助展品,鼓励观众与展品"亲密接触",如大英博物馆里设有观众可触摸的展台。然而,国内因儿童博物馆或专区较少,其展览理念和模式的影响力势单力薄。普通博物馆仍较倾向于认为博物馆应为"文物展示"的地方,有甚者坚持其是陈列文物的"库房"。故,20世纪90年代创建的上海儿童博物馆和其后诞生的妇女儿童博物馆仍不敢放弃"实物展品"的中心地位,大量征集实物展品,展品"孤单"地矗立于展柜内。这种借由展品来灌输知识的做法,导致展区"门前冷落车马稀"。如若将"请触摸博物馆"与之相较,天渊之别显而易见。此馆全部采用辅助展品,只要展品被认为对儿童教育有益。在展区内儿童自由徜徉、无所顾忌。博物馆鼓励儿童动手操作,使其得到接触实物和参与活动的机会,以一种新的方式,将思维、概念与事物联系起来,从而发现和发展自我。此外,借由辅助展品或组合,采用多种手段还可复原文物诞生的背景,或生动演绎文物背后故事。其强调的是通过动手操作,引发思考,提高能力。故,辅助展品使用得当,对塑造优秀展览大有裨益,而辅助展品的成功运用本亦是策展人或团队研究成果的重要表现之一。

3.改善建议

有鉴于此,如果将实物展品、辅助展品主次颠倒,具备可操作性和趣味性的辅助展品将

---

① 杨玲,潘守永.当代西方博物馆发展态势研究.北京:学苑出版社,2005:133.

会大量缺失,直接导致儿童参与热情不高,从而降低展览效益。本书据此提出两点改善建议。

(1)建议一:掌握儿童展览特征,转变展品资料观念

就儿童展览而言,如何让展品吸引儿童才是根本。因而,服务于儿童的展品要耐用、精巧、具可操作性和趣味性,相较于不可再生的文物展品,辅助产品在此反而更符合其要求。

同时,儿童展览因其特征与传统博物馆有所差异,它无须征集具长期收藏价值、年代悠久的国家级珍贵文物,而是展品完全对接儿童、为儿童使用。"请触摸博物馆",以服务儿童作为策展重点,因此展品及其组合的设计亦完全围绕儿童需求,整个展区仅有数件实物展品,大量采用仿真复制品。故,在儿童展品资料收集过程中需转变观念,儿童展品不一定要精品、国家几级文物,更多地需要"平民化""可近距离接触"的展品,若实物展品无法实现,则可大量启用多种类型的辅助展品,让辅助展品担任"主角"。总之,于此观念指引下,儿童展品征集、制作将紧紧围绕"儿童中心",彻底改变传统博物馆将展区变成变相的"库房"之观念,推动展览的展品资料向着更广阔的天地进军,向音像、多媒体、模型等辅助展品进军。

(2)建议二:制作和维护儿童喜闻乐见的辅助展品

此前已提及,辅助展品需具备"耐用、精巧、具可操作性和趣味性"等特征。那么,又该通过怎样的途径来"获取"这些符合诸多要求的辅助展品?从国外研究案例的调查分析,尤其是对教育部负责人访谈中,可总结出如下三种方式:

第一,自我设计。具自我设计能力的博物馆,如印第安纳波利斯儿童博物馆的二层的"来自不同国家的三个儿童家庭"展区,从选题、内容设计、概念设计、深化设计、展品制作到布展,皆由博物馆内部不同部门和员工合作完成。这要求此博物馆需具备雕塑、建筑、设计、绘画等相关知识和技能的综合实力。

第二,委托设计。在无其他设计公司参与竞争的情况下,委托一家与自己存有长期合作关系或自己较为信任的设计单位完成。接续上例,依然是印第安纳波利斯儿童博物馆,其部分展品设计、制作,由馆方聘请新馆扩建前旧馆的设计公司承担,双方关系已经超越了受雇者和雇主的关系,发展成为合作伙伴。

第三,招标设计。首先通过业绩考察,初步确定参赛单位;然后发放标书,进入设计阶段,完成收标;最后评标。一般选择的设计公司要具相应资质等级,已在业内开展过类似业务,且业绩突出。

第四,捐赠设计。由该展区的捐赠人或单位来完成展品设计和制作。譬如"请触摸博物馆""麦当劳展区",整个展区就是一个缩小版的麦当劳,展区内部所有展品和组合全系该公司捐赠。

除依据需求大量制作辅助展品外,对于诸此展品的定期维护和更新同样重要。国内不少儿童展览因经费不足,常影响到展品的维护和更新。如上海儿童博物馆"航天厅"内"翻翻墙"等大量展品组合损毁;中国妇女儿童博物馆"儿童体验馆"中"坐轮椅"项目亦挂出"正在维修,请勿使用"的标识。国外通常做法是将"捐赠人或单位"名称明显地列于展区外围墙面,捐赠人或单位为免受尴尬和嘲笑,纷纷继续捐款对展品或组合进行维修更新。

(五)问题五:信息过于凝练或采用成人化用语,或面向家长而非儿童群体

1.问题概要

"信息过于凝练"是影响儿童展览传播效应的又一主因。此处的信息过于凝练主要包含

看板内文、折页内文、展品说明文字及其他音像资料。国内儿童展览相关信息常采用成人用语，或堆砌学术用语，或使用文言文，散发浓郁的学究气息，显得严肃沉闷。甚至有部分展览将信息表达对象直接定位为携儿童同来的家长，忽视真正的服务主体——儿童群体。从观众调查结果来看，国内认为展览文字"看得明白，有点有趣"的受访者不足 30％，国外则超过 60％认为"看得明白，很有趣"。

儿童博物馆展览类型，按理说应首先避免此类问题，因其专门服务"儿童"，第一要务便是采用"儿童熟悉的陈列语言"。然而，事实上并非如此。譬如研究案例中科技类展览"'跨越距离、触摸未来'主题科学展"（上海儿童博物馆）采用看板、折页、嵌入式电视、互动展品等多层次信息负载，但展览信息寡少，各部分无部分说明。展品说明，一部分采用仅包括展品名称和属性的标签式说明，一部分则运用阐释式说明，内容包括名称、用途、历史、制作商、制作时间等。例如"中国导弹护卫舰指挥船"展品说明："保卫海防，扬我国威、军威的 132 号舰。舰上配有导弹、火炮、反潜武器系统，装备先进的通信、导航、作战指挥与武器控制系统。1980 年 5 月—6 月，132 舰承担首次向南太平洋海域发射远程运载火箭时，远程运载火箭的试验和数据舱回收的特混编队指挥舰。1985 年 11 月—1986 年 1 月，132 舰承担中华人民共和国海军首次对巴基斯坦、斯里兰卡和孟加拉国三国进行友好访问的海军编队旗舰。中华造船厂 1980 年建造，荣获国家银质奖。"（见图 5-3）从以上大量成人化用语中，根本无法看出此展品的说明文字出自儿童展览。信息最为集中部分在于视频，视频中儿童用语亦乏见，讲述三大学科的发展史，频现航海、航天、航空方面的专业用语。总之，信息凝练、无趣、沉闷，专业内容充塞，根本不适合儿童。比较国外同类展览"恐龙展"（印第安纳波利斯儿童博物馆），信息层次同样多样，此点和"'跨越距离、触摸未来'主题科学展"无异。然而，该展区的信息表达颇具特色，或文字简洁图文并行，或采用故事形式。熟悉的展品无说明，阐释式说明则以问题或故事开启。文字语气活泼、内容浅易，字体多变、颜色明快。另设有安全提醒和捐赠说明信息。以其中"沉浸于声和光的体验"部分说明文字为例，"6500 万年前当恐龙统治地球时，地球上的生命是怎样一番景象？恐龙消失了，但它们留下很多线索，我们发现的化石告诉我们关于它们生活的更多信息。现在，去寻找线索，这些线索告诉你恐龙真正的生活……我们走进它们的世界吧！（What was life like 65 million years ago, when dinosaurs rules the Earth? Dinosaur are gone，but they left many clues. The fossil we find tell us more about their lives. Now, search for clues that tell you what dinosaur life was really like... step into THEIR world!）"，采用简洁的儿童用语，烘托氛围，引发兴趣。此部分说明并未包含单元所有信息，仅抓住最核心信息，同时饰以半景画，小观众即可带着问题"浸入"现场。

再看国内人文类展览"儿童历史展"（中国妇女儿童博物馆）信息负载同样层次丰富，但整个信息过于凝练，政治化的内容过多，介绍广而全。所有展品说明，无论是标签式说明、阐释式说明，还是群体物件解说，皆以成人作为对象，一部分展品说明甚至使用文言文长句，儿童无法读懂，自然谈不上喜欢。对比国外同类展览"欢跃的城市（City's Capers）"（"请触摸博物馆"），信息凝练，倚重生活中的学问，对展品的阐释除了说明牌外，还设计有"展项单页"。说明文字仅是因需而设，不少展品无任何说明，也有单写名称的，还有不乏说故事的，简洁灵活，儿童皆易读懂。看板中亦常提及"捐赠"内容，其意在于从小培养儿童感恩情结。

儿童专区展览也存有同样问题，但情况较儿童博物馆乐观。主要表现为信息过于凝练，

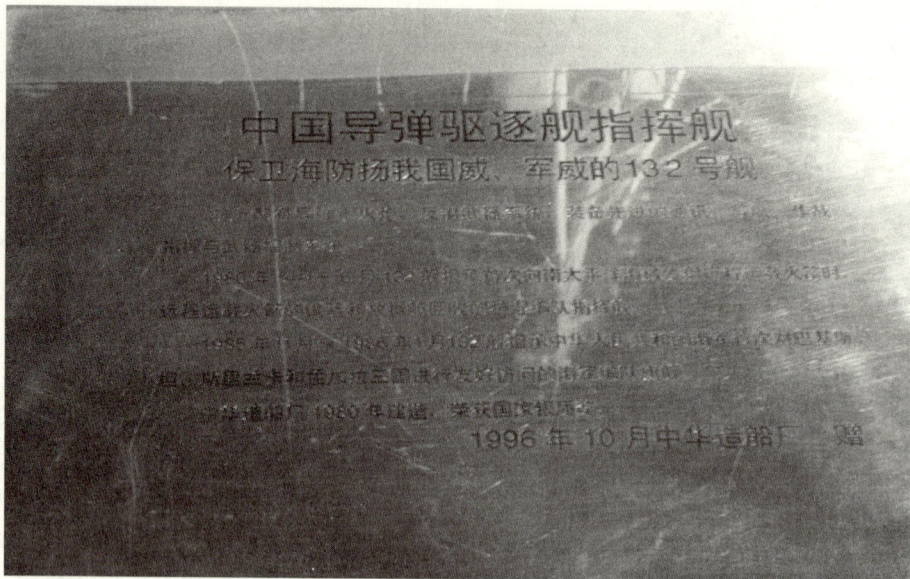

图5-3　上海儿童博物馆"航海厅"展区内"中国导弹护卫舰指挥船"展品说明
说明内容包括名称、用途、历史、制作商、时间等，语气成人化，采用铜板，字迹模糊不清

重科学性，儿童用语有但较少，信息负载层次少，与主馆关联度不高。诸如北京自然博物馆"探索角"展览中信息仅以看板、展品说明两个层次呈现。看板部分体现优势，大量使用儿童语言，图文并行，色彩明快，字体活泼。然而，此也仅限于看板信息，展品说明仍主要采用仅标注名称的标签式说明牌或标注外形特征、生活习性、生长繁殖的阐释式说明，文字语言表述成人化，配以科学性强的图案，字体呆板，无趣味可言。对比国外"教育活动区（Ruth and Harold D. Uris Center for Education）"（大都会艺术博物馆），信息凝练大量采用电子屏幕展示，图文并行，活泼生动，且更新及时，同时设计有专门的儿童参观图册，搭配大量图片为儿童提供导览服务；"探索屋（Discovery Room）"（美国自然历史博物馆）信息凝练也围绕科普知识，但看板和说明文字主要采用活泼的句式——疑问、祈使或拟人等不同句型，也有的采用讲故事的方式进行阐释，详略不一。如一段介绍非洲"猴面包树"的单元说明文字："谁需要此树？动物和植物们需要它。你能从哪里看出端倪？依赖于树木的生物在这一场景中留下了怎样使用树的线索。你能弄明白植物或动物怎样和树木产生互动吗？你能想到多少种人类使用树的方式？（Who needs these trees? Animal and plants depend on trees. Can you see how? The organisms that rely on the trees represented in this diorama have left behind clues as to how they use trees. Can you figure out how each plant or animal interacts with the trees? How many ways can you think of that people use trees?）"采用一系列疑问句式，浅显易懂，鼓励儿童深入思考和参与探索。

2. 问题分析

展览信息凝练是博物馆与儿童开展"对话"中最为关键的环节，倘若不经研究和转换，常易导致儿童展变成成人展，专业用语充斥，儿童看不明白也无兴趣。因为目前儿童展览的信息通常由普通博物馆专家或研究某领域的学者撰写，往往将成人展的那一套语言直接搬到儿童展，专家学者难以娴熟地使用儿童用语，将多年深入研究的成果由理性转化为感性尚难度较大,若再将这种感性以儿童喜闻乐见的方式呈现,恐怕难上加难。此举常导致儿童对博物馆的凝练信息不待见,干脆不去阅读;若是可操作展品,则直接拿来随意摆玩,不在意如何正确操作,亦不在意馆方是否欲启发其思考。

国内原本仅有两家公立儿童博物馆,数量上的劣势造成问题难以提前总结和预防。普通博物馆策展专家因其对儿童群体认知不足,无法胜任儿童化的信息凝练,儿童教育专家又不了解博物馆策展的专业知识,由于儿童博物馆数量少,也不存在让博物馆专家或儿童教育专家其中任何一类人去一试身手,进而总结经验的可能。这就造成了现状——儿童展览信息的"四不像":不像是专门服务儿童,也不像是完全服务成人。在信息中搭配几幅图片并不意味着就是服务儿童了。博物馆内儿童专区策展时,馆方有意识将"专门为儿童设计的专区"和"主馆"相区分,因而在"信息凝练"上较儿童博物馆更为"用心",采用儿童用语,字体活泼,颜色热烈。然而,一旦遇到"专业"问题,比如"科普知识"信息凝练时,就无从下手,常直接将展品面向成人的说明文字拿来使用或稍做简化再拿来使用。而国外博物馆,其儿童展览常能很好地将"科普展品"与"儿童语言"对接。此问题背后反映的其实就是国内博物馆领域研究儿童教育心理学的专家之缺失,若直接移植国外博物馆或儿童专区展览类型,又难以很好地体现博物馆馆藏特色和区域优势。

3.改善建议

鉴于以上分析,针对儿童展览信息过于凝练或采用成人化用语,或面向家长而非儿童群体之缺失,本书提出两点改善举措。

(1)建议一:现阶段总结国外儿童展览信息凝练的经验,以供国内直接飨用

"经信息凝练而成的展览语言"是"博物馆工作人员与博物馆观众进行交流的途径和方法"[①](国际博协博物馆学委员会,1911年)。故,它是与观众沟通的一座桥梁,展览语言首先需掌握观众感兴趣于何种内容,喜好什么方式。而展览语言若无良好的定位、感染力和表达能力,通常就难以与小观众们产生互动和交流。然而,展览语言的撰写并非一项轻松的工作,它既是内容策划的重点,亦是形式设计的课题,因而成为内容与形式设计的交汇点。通常情况下,展览语言的凝练以学术研究成果为依据,故极易落入堆砌学术研究资料的拘囿之中。而由专业研究成果直接转化而成的展览语言,严谨沉闷,充满学究气息,根本不适合儿童。走出如此困境,需待时日。现阶段,可首先采取较为讨巧之举,借鉴国外优秀儿童展览之语言定位和表达经验。依国外案例研究,本书提炼出如下八点经验:

①信息凝练详略得当,不宜烦琐,儿童熟悉的展品无须过多说明;

②多采用故事、问答的方式进行阐释性说明,鼓励儿童亲自动手探索,仅择取儿童可能感兴趣的展品或组合进行阐释性说明;

③信息内容浅显,易于儿童理解;

④形式上多图文并茂,字体样式活泼,大小有别,颜色明快;

⑤句型多用祈使句、疑问句和感叹句;

⑥信息负载层次多样,采用看板、折页、触摸式电脑、电子屏、灯箱、嵌入式电视等,设计儿童参观地图和手册;

---

① 邓佳平.博物馆陈列工作的几个观念问题.见:曹兵武,崔波.博物馆展览:策划设计与实施.北京:学苑出版社,2005:9.

⑦信息安排关注内在逻辑,引领儿童由浅入深进行认知;

⑧儿童专区模式所凝练的信息最好与主馆相关展品发生关联,成为儿童了解主馆的一扇窗口。

现阶段国内儿童展览语言的编撰可参见列举的八点经验,虽不能完全达到尽善尽美,但至少可预先避免不少的现存问题。

(2)建议二:未来培养博物馆学领域儿童展览专家,实战中锻炼相关能力

虽"他山之石,可以攻玉",然"师夷长技以自强"才为根本之举。尽管现今国内已有越来越多的博物馆意识到采用大量专业术语,会造成观众失去学习和探索兴趣,导致观众心理负担过重,因而使展览信息凝练向着易读、通俗化的方向发展。但面向儿童观众与面向成人观众完全是两码事,儿童群体的身体发展和认知特征有自身规律。既然儿童教育专家难以涉足实践性很强的博物馆学学科,那么随着博物馆教育地位的日益突显,博物馆学专家有必要开始钻研儿童教育心理学。儿童是未来时代的主人,博物馆不同于其他教育机构,它借用各种导览媒介,将平面知识立体化,抽象知识具体化,无论是展出对象还是展出方式皆极为适合儿童。对儿童群体缺乏关注为国内博物馆工作中的薄弱环节,造成此种现状的因素众多,其中一主因便是缺少博物馆学和儿童教育心理学交叉学科的专家。国内亟须培养一批博物馆学领域的儿童展览专家。研究者提出如下两项改善举措:

第一,博物馆学、教育学开创合作培养学生的模式。如博物馆学本科生、硕士研究生通过推免进一步攻读儿童教育学硕士、博士,或反之。目标为培养博物馆学、儿童教育学领域的复合型人才。

第二,国内博士研究生、博士后、教育工作者或博物馆学者,赴国外进行儿童展览的实地调研,共同参与数项儿童展览,积累第一手实战经验。

随着博物馆学领域儿童展览专家的出现,面向儿童、有趣且看得明白的展览信息凝练之难题将迎刃而解。

(六)问题六:展示手段或采用橱窗式,或将动手型展示等同于互动型展示

1.问题概要

从研究者现场观察和问卷调查分析获知,使儿童观展兴致不高的一大主因是相关展览多采用橱窗式展示,展品成为人为的"橱窗艺术",或仅采用诸如"按按钮"等"傻瓜型"的简单动手操作,无法吸引并激起儿童探索的念想。

检视国内儿童博物馆展览类型,如研究案例中科技类展览"'跨越距离、触摸未来'主题科学展"(上海儿童博物馆)就缺乏互动的展示方式,它尽管提倡部分展品可触摸,但仅是鼓励儿童动动手,比如转方向盘、按按钮等,一些火箭模型、航天器模型,也只是让观众摸一摸。为数不多的互动展项"宇航员模拟训练器"却挂出了"设备处于维护中"的提醒看板。而国外同类展览如"恐龙展"(印第安纳波利斯儿童博物馆),除却采用仿真复原、场景半复原、声像资料、幻影成像、灯箱、全景、半景画、大幅照片、沙盘模型等诸多展示手段外,还设置有大量的互动展品组合,经由提问和讲故事的方式鼓励儿童主动参与,使儿童置身于一个问题的世界,让求知欲引领其带着问题完成体验与探究。譬如借由家庭成员的电脑问答来掌握恐龙生活信息的"家庭猜恐龙故事"展示,又如穿上恐龙衣服模拟孵化小恐龙的"蛋、窝和宝宝"展示等。再看国内人文类展览"儿童历史展"(中国妇女儿童博物馆)则两方面问题兼具,既大

量采用橱窗展示,又缺乏互动展示。体量较大的展品被置于独立展柜,小件物品则被安置于通柜或壁龛之中,儿童仅能静观无法触碰。展区无任何儿童可参与互动的展品或组合,甚至无动手型展示,儿童完全被边缘化。而国外同类展览"欢跃的城市(City's Capers)"("请触摸博物馆"),整个展览除却两处小橱窗之外,全部采用裸展陈列。全景画、半景画和场景复原手段的采用,使得贝特西厨房(Betsy's Kitchen)、莱特超市(Shoprite Supermarket)、麦当劳(McDonald's)等几乎每部分、每单元皆可参与互动。

国内儿童专区展览的类型,展示手段呈现阶段性差异。诸如研究案例中"儿童活动区"(四川博物院)几乎无任何展览意识,而"探索角"(北京自然博物馆)则大有改观,开始采用全景画、标本模型、象征性复原、景观箱等多样化的展示手段。即便如此,问题也较为显见。橱窗式展示仍占有很大比重,多"动手型"的抽屉展示,少"互动"陈列。相较于国外同类型展览"探索屋(Discovery Room)"(美国自然历史博物馆),以裸展为主,抽屉展示为辅,展示手段也更丰富——采用图片、模型、全复原组合、电子多媒体、LED电子图文显示屏、沙盘模型等。近1/3展品采用抽屉进行特色展示,然而,此处"抽屉式展示"有别于北京自然博物馆的"抽屉式展示",非简单"动手型",而为"互动型"展示。馆方促使儿童开启大脑,利用抽屉内展品来创造自己的展品,如创造自己的老鹰模型、蝴蝶模型和建筑拼图等。

2.问题分析

儿童的展示手段可与普通博物馆互通,因其坚持"以人为中心"的理念,可对普通博物馆产生触动和启发作用。然而,现阶段国内儿童展览的展示手段仍存有缺失。究其因,主要表现为两方面:一是设计展示手段时,仍贯彻普通博物馆"以物为中心"的宗旨,人文关怀不够;二是互动理念认知不足,未有效采用现代化手段,创新不够。

(1)原因一:设计展示手段时,仍贯彻普通博物馆"以物为中心"的宗旨,人文关怀不够

长期以来,博物馆展览始终"以物为中心"开展,随着全国范围内博物馆的改陈、扩建和新建,在新理念、新思想、新工艺和新材料的背景下,展示手段开始展现百花竞发的局面。然而,就目前而言,"以物为中心"的博物馆展览仍相当普遍。鉴于不少展品受温度、湿度和光照影响,为有效保存展品而大量采用橱窗式陈列,用玻璃将展品与观众人为分割,使得儿童观众失去了与展品"亲密接触"的际遇。而儿童天性活泼,看到新奇或好玩之物便按捺不住想一窥究竟,"与展品近距离接触"成为博物馆儿童教育的一种重要手段。尽管如此,在传统理念和做法影响下,国内儿童展览仍以橱窗展示为主,能大胆采用裸展的为数不多,因它既会对传统理念构成挑战,也对安保工作和展品维护提出新要求。

(2)原因二:对儿童展览的互动理念认知不足,未有效采用现代化手段,创新不够

不少儿童展览对"互动"概念的理解存有偏差,认知不足,常在"动手型"展品与"互动型"展品之间画上等号。事实上,"动手型"展品和"互动型"展品有本质区别,此点前文已多次提及。鼓励儿童简单动一动手,比如按按钮、转方向盘等,皆属"动手型"展示,而"互动型"展示,则需引导儿童沉浸入展览环境并与之产生互相作用,引起内部感情发生变化。同时,互动展示的设计需不断创新,从展览内容出发,创造个性并紧扣主题。另外,是否采用现代化手段将影响到展示手段的多元化和趣味性,如电子导览、flash动画游戏、视频播放系统、掌上博物馆、虚拟现实等利用现代化技术的多媒体互动项目。南京博物院采用多媒体与数据采集、控制相结合的手段,将古乐器的敲击声保存,通过计算机软件处理并实现展示,观众点

击屏幕上乐器,可聆听敲打钟磬的真实之声,体现了科技、文化和创新的有效融合。[①] 现代化技术手段的运用,可使展品色彩鲜亮、形象生动,将大大提高儿童展览的可参与性,一改博物馆沉闷呆板的印象。

3. 改善建议

针对展示手段中橱窗式展示,或将"动手型"展示等同于"互动型"展示等问题,研究者据以上分析提出三点建议。

(1)建议一:儿童展览以裸展为主,强调以人为中心

目前,儿童展览以人为中心的策展理念,已经对普通博物馆产生冲击。欧美博物馆因而纷纷出现裸展,国内展览亦不例外。如国家博物馆新馆对国宝"后(司)母戊鼎"首次进行裸展,引发外界的关注和争议,成为国博一大亮点。儿童展览策展中若要采用裸展,通常分三个步骤进行。

第一步,根据儿童兴趣来确定展览选题;

第二步,对参与裸展的实物和辅助展品开展"科研"工作;

第三步,安排展览结构,或并列式,或递进式,或经纬式,为展览内容结构规划埋下内在线索。

(2)建议二:加强展品维护和更新工作

一般而言,辅助产品通常可考虑裸展,其不存有安防危机,却存有维护和更新需求。此类展品因可动手触摸或操作易于损毁,需进行定期普查、维修或更新。国外诸多儿童博物馆内设有专门的设计部门,而展品制作常由此部门完成或委托完成,故该部门熟悉馆内几乎所有展品,普查、维修和更新工作常由他们来承担。展品维护会产生大量的维修经费,面对经费不足的问题,国外不少博物馆的做法为:通知捐赠个人或单位,请其继续支持此项工作,因捐赠人或单位的名字常出现于此展区内,而展品的大量损毁将直接影响捐赠人或单位的声誉。国内博物馆通常的做法为聘请 2~3 位维修人员,长期负责馆内展品的维护工作,因馆内并未设有展品设计部门;部分博物馆则是短期招聘维修工人,进行临时性修复。无论如何他们皆对展品维护无法提升至研究的高度,仅为常规性修葺。

(3)建议三:将"动手型"与"互动型"展品相区分,创造性开发大量互动展品

国内不少博物馆,尤其科技类博物馆的大量互动展品仅为国外展品的简单复制,趋于同质。只有避免此类型展品,摆脱亦步亦趋,创新才有可能。形式设计师首先要从文本内容、展品资料、总平图出发,合理规划展览空间,运用高科技手段,紧扣内容并深化主题。于此基础上,开发和制作大量互动展品。同时,展览切不可仅为互动而互动,需对展览内容熟知并展开深度解读,在充分挖掘展品信息后进行有意义的展品或组合的互动展示,此点展览文本策划师可在策划内容时给予一些建言。

综之,儿童展览应尽可能使平面知识立体化,单调知识生动化,实现从理性到感性、从符号到视觉的跨越。策展时充分使用电、声、光等现代先进技术,采取类型纷呈的操作演示和动态展示方式,形象展现各种展品的内涵,产生娱乐效果,寓教于乐,对儿童产生持续吸引力。

---

① 张永春.高科技引领下的展览手段创新.中国文物报,2012,5(16):8.

(七)问题七:展场氛围或未刻意营造,或仅局部营造

1.问题概要

国内儿童选题的展览,无论是儿童博物馆展览,抑或博物馆儿童专区展览,皆存有展场氛围营造不足及忽视整体细节设计之弊议。事实上,博物馆建筑诸多空间,譬如入口、天花板、地面、走廊等皆应成为外延设计的对象,应加以有效利用,使其成为主题展示的一部分,与整个场馆浑然一体,促使身在其中的观众获取多种感官体验。国内的大部分儿童展览因外延设计不充分,导致展场氛围较为简约,甚至"极为"简约。

研究案例儿童博物馆模式中,科技类展览"'跨越距离、触摸未来'主题科学展"(上海儿童博物馆)展厅主要以墙面色为背景,采用一般射灯和自然光混合照明,无刻意营造展场氛围。偶有墙面粘贴全景画作背景或展区内悬吊简单图板进行象征性海洋复原,外延设计较为不充分。对比国外同类展览"恐龙展"(印第安纳波利斯儿童博物馆)差距明显。如其中"沉浸于声和光的体验"单元,刻意减少整体照明,采用侧面及底部局部照明的侧逆光,刻画出恐龙和环境轮廓,烘托遥远和神秘的氛围。兼之,从房顶到地面层高约20米的展示空间内,采用球形穹顶上幻影成像,观众被强烈的"真实"感所包围。整个展馆采用了诸如场景半复原、全景画、半景画、声效模拟、幻影成像手段并大量使用辅助展品,尤其是充分利用墙面和天花板开展外延设计,促使观众产生极强的现场感,如临其境。再看国内人文类展览"儿童历史展"(中国妇女儿童博物馆),展区未利用色彩、灯光、材料、声效进行任何氛围营造,仅有两处"生活场景复原",也仅供观览,观众无法参与互动。入口、走廊和天花板亦未进行细节设计,仅用涂料粉刷墙体。展区只能用"朴实无华"加以形容。而国外同类展览"欢跃的城市(City's Capers)"("请触摸博物馆"),整个展厅采用明快热烈的原色色调,安装可调节位置、角度的滑轨射灯,中间走廊、展室、墙面、电梯外侧布满全景画、半景画,一幅城市生活街景图贯穿两层,气势恢宏,使得展区被"虚拟真实"的氛围所环绕。经由国内外案例对比,方可察见两者差距之大。

博物馆的儿童展区,情况依然如此。研究案例中综合类博物馆——四川博物院的"儿童活动区"索性无任一空间进行外延设计,无任何背景、灯光营造,氛围极为简约。国内口碑甚好的自然科学类博物馆——北京自然博物馆"探索角",主要采用墙面、地面的环境色来进行大量外延设计,色彩以蓝色、绿色为主,整个展场生动活泼,同时天花板缠绕塑料材质的常绿藤本植物。从整体效果而言,还是较为刻意地开创出一种科普展示的氛围。然而,一旦与国外同类案例对标,便可发现两者差距。如国外同类型"探索屋(Discovery Room)"(美国自然历史博物馆),整个展厅采用暖色调,部分采用全复原组合展示,利用神秘的古生物化石模型、面具模型等突显展场科学探索的氛围。两层展区,层高较高,橱柜连成一体,展区气势夺人。尽管北京自然博物馆"探索角"已反映并代表国内较先进水平,但于展场氛围营造方面仍表现得束手束脚,缺少"冒进"之举,无论是展示手段、照明系统,还是外延设计皆还不够大胆。

2.问题分析

一个优秀的儿童展览,不仅包含成功的内容与形式设计,还包括整体的氛围营造和各局部匠心独运的外延设计。目前的状况为:部分展览以本色展示,根本无刻意营造;部分展览虽进行局部营造,但较为简约。因而观众难以产生强烈的临场感,不易融入整个场景。究其

因,研究者认为至少包含两点:原因一,内容设计时无外延设计和展场氛围营造的意识;原因二,有意识,但内容策划与形式设计配合断层。

(1)原因一:内容设计时无外延设计和展场氛围营造的意识

儿童展与成人展在形式设计上一个很大区别在于场景设计,即是否进行展厅细部和整体氛围的设计。而此方面工作对儿童展览尤为重要。世界幼儿园创设人——德国儿童教育家福禄贝尔(Froebel)主张:"游戏是儿童内在本质向外的自发表现……甚至每个村庄应当具备一个供自己、供儿童使用的公共游戏场所。"既然儿童教育需要的是提供其"游戏"的公共场所,那么儿童博物馆或儿童展区类型皆应避免"严肃刻板",提倡"轻松活泼",使整个展厅变得形象生动且能吸引访客。从诸上案例中不难发现国内儿童展览在策展时仍未充分考虑到儿童需求:小到展墙、地面、展台、壁龛、窗台等细部设计,大到建筑本体、空间分割与组合和展厅风格规划。问题之所以出现实际在于:文本策划师的外延设计和展场氛围营造意识不强,还未有效将儿童展与成人展相区分,更深层的问题则在于还未真正树立"以儿童为中心"的想法。

(2)原因二:有意识,但内容策划与形式设计配合断层

尽管诸如北京自然博物馆"探索角"已具备展厅环境营造的意识,然而,落到实处时仍反映出其与国外同类展览的差距。究其因,问题的出现很可能还在于文本策划师虽意识到展区需进行氛围与外延设计,但并未就此与形式设计师开展充分交流,即未将展区内容安排和特殊考虑向形式设计师阐明,形式设计师因而无法充分或完全地将展览内容中表现现场的部分进行准确理解和转换呈现。而国内的设计公司,因缺乏儿童展览经验,也不足以关注到"儿童对环境的依赖"。处于儿童展览初创期,文本策划师有责任、有义务将这种理念和想法传递给形式设计师,提醒其注意并借由绘画、场景、雕塑、全景画、半景画、沙盘、造型艺术、幻影成像、电子多媒体、灯箱、三维动画等手段以及楼层安排照明设计、色彩搭配、材质选用表现出此方面的诉求。

3.改善建议

针对展区氛围或未刻意营造,或仅局部营造,本书提出两点改善建议。

(1)建议一:文本策划时专门撰写氛围营造与外延设计的内容

儿童展览内容策划时除学术资料涵化、藏品资料熟稔、展览选题提炼、目标观念分析以及展示手段研究外,还有两点不容忽视,此处仅先提出其中一点,即对展厅进行氛围营造和外延设计。此项内容应在展览的策划文本中体现。具体方案可归为三点。

①在策划开始,馆方与文本策划师进行充分沟通时,可就"氛围营造和外延设计"议题交换意见,并在整个文本修改过程中实时交流。让馆方充分了解策展师构想,以便在博物馆建筑空间规划时从整体造型和空间分割方面进行相应配合。

②撰写文本时,"氛围营造和外延设计"独立成章。文本策划时需对环境营造和细部设计的使用手段和表现形式做出专门的介绍与阐述,供形式设计阶段概念设计与深化设计时参鉴。

③"氛围营造"除单独成章外,还需在各章节中反映。换言之,策划时总体构想需在展览各部分、单元和某个具体展品或组合中体现。即于哪些部分、单元、组以及展品和组合中进行充分或简单的环境营造且采用何种手段和表现形式需进行明确交代,以便形式设计师能够解读并理解。

（2）建议二：文本策划师与形式设计师充分对话

展览策划为一项"选题研究—工程立项—内容设计—建筑空间规划—形式设计—工程委托和招标—制作、施工—布展—监理—决算—验收—审计—评估"的系统工程。其中，"形式设计的任务是表现和烘托展厅的主题和内容"，具体来说，即"制定展览总体设计方案、辅助展品设计、展示家具和道具设计、展示灯光设计、互动展示装置规划、版面设计、多媒体规划、常规的扩初设计方案、深化设计方案、设计方案优选和编制布展概算书"。然而，此任务的完成依托的则是文本内容策划。而文本设计的主题和内容结构皆是由文本策划师提供。故，文本策划和形式设计两个环节的配合极为重要，形式设计师要掌握文本策划师心声：整个展览氛围营造的内容如何选择，结构如何构建，是否存有特殊设计的考虑。除文本策划师和形式设计师常规性交接外，形式设计师在过程中如果遇到任何理解上的困难，应保持与文本策划师的顺畅沟通，文本策划师不能简单传递交接棒，为了内容策划中"氛围营造"部分能获得准确把握与体现，应积极参与到形式设计的过程控制中来。

（八）问题八：儿童博物院的标识系统或无，或有但使用频次不高，而博物馆儿童专区的标识系统未做专门的设计

1. 问题概要

从对博物馆的现场观察与问卷调查反馈信息中获悉，小观众产生博物馆深刻记忆的一大因素是博物馆是否具备特色鲜明、频繁出现的标识系统。

首先，窥查儿童博物馆类型，国内展览较国外稍有逊色，但国内外皆存有问题，只是表现为轻重有别。譬如研究案例中国内人文类展览"儿童历史展"（中国妇女儿童博物馆），标识系统仅由文字、圆形两种元素简单构成，并带"女"字标记，完全是为"妇女"主题而服务，馆内并不存在体现"儿童"主题的标志。调查结果同样显示：受访小观众中大部分不知道此馆内存在馆标。而国内科技类展览"'跨越距离、触摸未来'主题科学展"（上海儿童博物馆）的标识设计无论在国内儿童展，还是在国外儿童展都有口皆碑，是一个被称作"骨碌"的七彩单眼卡通人物形象。此形象在展区、展品、指示系统中频现，令观众记忆深刻。美中不足在于此卡通人物主体色彩采用灰色冷色调。而国外同类展览"恐龙展"（印第安纳波利斯儿童博物馆）的标识系统由博物馆建筑的拱形屋顶所抽象出的曲线和字体严肃、字间紧凑的文字构成，且采用蓝、黑等冷色调，如同厂矿、科研机构的标志，同时在展场内难觅踪影。由此得见，上海儿童博物馆在标识系统设计方面略胜一筹。然而，标识系统设计无懈可击，几近完美的当推国外人文类展览"欢跃的城市（City's Capers）"（"请触摸博物馆"），它的标志为一个个张开双手的卡通儿童，儿童形象各异，或身摇呼啦圈，或翻身倒立，或穿着工作服，颜色明快热烈。此形象常常出现在博物馆大门外侧广场、门厅、走廊、宣传单页、折页上，各角落比比皆是，可爱、活泼、亮丽的馆标令观众记忆犹新。

其次，察看博物馆儿童专区，国内外几乎所有展览皆无专门为专区设计的标识标志。如研究案例中综合类博物馆展览"儿童活动区"（四川博物院），川博主馆标志为"古鼎"造型，而"儿童活动区"不但无专门为该区设计的标志，且未沿用主馆的馆标。自然科学类博物馆展览"探索角"（北京自然博物馆）馆标情况如出一辙。而国外综合类展览如"教育活动区（Ruth and Harold D. Uris Center for Education）"（大都会艺术博物馆），其标志几乎让来过的观众皆难以忘却——博物馆建筑框架内嵌入一个艺术字母"M"，因它"摇身一变"成了博物馆门

票,被别在观众身上。"教育活动区(Ruth and Harold D. Uris Center for Education)"也继续沿用主馆的馆标,各类商品、折页、出版物和网站上常见此标志。国外同属专区展览的"探索屋"(美国自然历史博物馆),主馆标志为一圆形,内站立一人,张开双手,意蕴"人和自然和谐共处",标志简洁明了。但"探索屋"展区并不多见此馆标,馆标仅仅呈现于网页和折页上。由此得见,博物馆儿童展区在儿童标识设计方面问题突显,即使国外部分专区表现出某些优势,但此优势亦仅限于是否有意识地多处使用主馆的馆标,以树立博物馆形象和加深博物馆记忆。

2.问题分析

博物馆标识系统与儿童展览互相烘托,常能帮助观众加深博物馆记忆,有益于博物馆利用此标志进行儿童展览和教育项目的宣传,开发文化产品,并通过不断经营,塑造儿童博物馆或儿童专区的品牌形象。故,利用好这一导览媒介和形象工程成了博物馆谋求发展的新路子。然而,现阶段无论国内,还是国外的儿童展览,其标识设计皆表现得不尽如人意——或形象呆板、严肃,不适合儿童;或采用冷色调,不具亲近感和吸引力;或简单采用主馆馆标,无儿童特色可言;有甚者干脆不采用标识系统。个中现象究其因,主要归为两点:原因一,未树立博物馆品牌和宣传意识;原因二,未掌握标识系统的设计方法。

(1)原因一:未树立博物馆品牌和宣传意识

现今国内儿童展览数量较少,为争取"生存空间",作为一种新型的专门面向儿童的博物馆展览类型,一方面它需要从普通博物馆夹缝中脱颖而出,显示出其匠心独运之处,另一方面它又需要得到儿童及其家庭的广泛认可,显示出其可持续发展的理由。于此背景下,博物馆自我经营显得尤为重要,需要树立品牌和宣传意识。而博物馆标识系统因简洁,明了,具备识别性,常能够和整个展览互相配合从而产生良好的烘托效果。馆标可通过各种途径如展区大门、走廊、墙壁、展品、单页、折页、网站等不同媒介进行展示,经由反复出现,令访客记忆持久。同时,它们也可出现在馆方的展览和教育项目的宣传活动中,因其被反复镌刻于观众脑海中,当观众再次见到时,即会联想起博物馆及其服务。兼之,馆标具涵盖性,能够有效地传递博物馆特色和价值取向,观众在接受此标志的同时,从一定意义上讲,也是对某博物馆文化的认同。

(2)原因二:未掌握标识系统的设计方法

尽管诸多具备儿童展览的博物馆拥有标识系统,但问卷调查结果显示并非所有馆标皆被儿童所喜欢,而造成此结果最为直接的因素是不少博物馆并不了解面向儿童的博物馆标识系统该如何构思与设计。本书案例中人文类展览"儿童历史展"(中国妇女儿童博物馆)由圆形图案和内置的"女"字构成,形象简洁,蕴含妇女主题的元素,然而,从感官刺激而言,仅采用文字元素,儿童因觉沉闷,兴致不高。科技类展览"'跨越距离、触摸未来'主题科学展"(上海儿童博物馆)馆标为一个彩色单眼的卡通人物形象,大脑袋、细脖子、细腿、细胳膊、四只手足掌和圆肚子的造型甚为可爱。其中,单眼呈现七彩代表对于知识的渴求。该形象兼顾造型与意蕴,赢得了儿童欢心,然而,也存在败笔,主要表现在色彩运用上,冷色调人为地拉远与儿童心理的距离。因此,不少博物馆并不知晓标识系统该如何设计,不明确需涵括哪些元素,何为必要,也不了解如何发挥其特殊功用。

3.改善建议

针对儿童博物馆标识系统或无,或有但使用频次不高,而博物馆儿童专区不设计专门的标识系统之问题,研究者提出三点建议。

(1)建议一:树立利用标识系统进行博物馆宣传和品牌塑造的意识

传统博物馆宣传和塑造品牌的方法较多,如打造展览精品,设计特色文创产品,提供完善服务等。然而,针对儿童类博物馆,富有变化、生动有趣的标识系统常能起到"先声夺人"的功用,从而也有助于博物馆的宣传和品牌打造。研究者在探访"请触摸博物馆"时,在数十米之外即被广场上色彩明亮的标志所吸引(见图5-4),进入场馆后此标志更是俯仰皆是(见图5-5),时至今天,一旦看到此标识系统,研究者第一时间即联想到该馆。"请触摸博物馆"依靠此手段,"迅猛"地展开宣传攻势,加深观众博物馆印象,将标识系统与博物馆自然联结成为一个整体。因而,其利用标识系统进行博物馆宣传和品牌塑造的做法较为成功。反之,儿童博物馆若要借用标识系统达成此收效,首先需树立借用标识系统宣传和塑造形象的意识。有目的地将博物馆理念、特色和儿童兴趣点结合起来,对标识系统进行创造,并借由多种渠道呈现,通过概念符号化加深博物馆记忆并深入人心。

(2)建议二:明确标识系统设计的要素和方法

标识系统,是指由线条、文字和图片等要素组成的易于辨识的象征性标志。该标志的存在,使得整个展览形成一个整体,各局部由此标志的反复呈现而被紧密地关联。

①标识系统的四大特征。研究者认为一般儿童展览标识系统应当具备可识别性、涵括性、丰富性、趣味性四大特征。可识别性要求该标志特色鲜明,造型优美,易于辨识,在同类馆标中易于突显,并被留下深刻印象。涵括性是指此标志内涵丰富,能较好体现博物馆价值、理念和文化特征,不具备简单的可替代性。丰富性使得标志灵活生动,造型、表情多变,不局限于某种固定形象,比如具喜、怒、哀、乐四常表情。趣味性常希求标志形象卡通化、拟人化,适合儿童群体,使儿童对其感觉亲近,感受到吸引力。

图5-4　"请触摸博物馆"标识系统(1)
黄、红、蓝主色调,远处可见

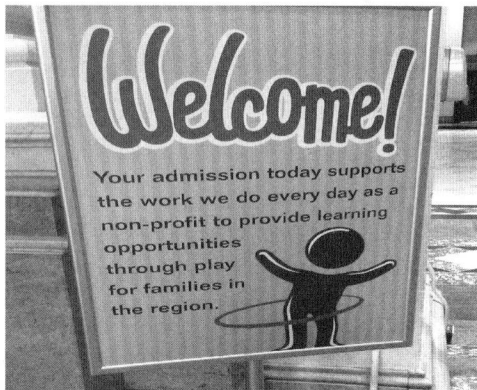

图5-5　"请触摸博物馆"标识系统(2)
博物馆内比比皆是

②标识系统的构思要点。儿童类博物馆标志的构思一般具有两大要点。首先,设计标志图案时,需明确不同种类的图案对儿童感官刺激的效果不同。对于成人,感官刺激效果的顺序从强至弱为:人形象—动物形象—植物—文字—曲线。对于儿童,感官刺激最强烈的为

卡通动物。① 其次,根据儿童年龄特点宜采用标准色组。一般适宜采用饱和度高、明快、热烈的色系,避免黑、灰等冷色系。

③标识系统的设计者。设计人群一般有三类。第一,设计公司。国外优秀的儿童博物馆会常有专门长期合作的设计公司来完成标志设计,如印第安纳波利斯儿童博物馆合作的设计公司为 Marmillion＋ Company,其服务此馆已近十年。第二,公开征集后经评比的获奖者。如中国航海博物馆为 3～10 岁儿童开辟了儿童活动中心,此馆向社会公开征集标识系统并举办有奖评比,要求标志应为卡通形象,表情可爱,动作丰富,同时体现中国航海博物馆的特征。第三,组织内设计部的工作人员。设计部组队依据本馆特色和服务理念,集体参与构思策划,如"请触摸博物馆"标识系统的诞生。

(3)建议三:多渠道、多层次地使用博物馆标识系统

儿童展览标识系统一经问世,即面临传播与使用问题。博物馆首先可在展区各醒目区域,如入口处、走廊、墙壁、重要展场、公共区域,标注形态各异的馆标。其次,可在本馆的重要媒介,如馆内指示牌、文创产品、展览单页、折页、网站内使用馆标。然而,也有博物馆采取创新之举,比如大都会艺术博物馆直接将馆标制成门票,并不断改变颜色。多途径、多层次地进行开发与经营,有助于博物馆与标识系统成为一个整体,对博物馆及其展览进行有效宣传,加深观众对博物馆印象;兼之,依托此标志,博物馆也可开展博物馆及其各类项目的对外营销。

(九)问题九:博物馆儿童专区展览结构无展览意识,展区仅成为开展儿童教育项目的场所

1.问题概要

影响儿童专区展览类型的传播效益的又一重要因素为将儿童专区简单等同于开展儿童教育活动的场所,展区无展览意识。故,无独立或完整系统的展览结构。譬如研究案例中综合类博物馆四川博物院"儿童活动区",整个区域仅为供儿童玩乐和休憩之用,只有物品,无展品,整个展区无展览意识,因而无展览结构可陈。此类活动区不携有博物馆特征,类似于商场内设的小型儿童乐园。又如自然科学类博物馆北京自然博物馆"探索角"展区,馆方依不同主题和功能将展区分成"儿童区""实验活动区""报告阅读区"和"标本区"四部分。各部分主要用于举办儿童手工、实验活动等各类科普项目。相较于主馆,展览结构层次不清,各展览区块间不存在必然的连续关联性。研究者认为展区内的展示更多的是为科普项目布置一个适宜儿童的外部环境,展览的内容结构并未做深度研究和有效规划,因而表现为展品的简单罗列。同类的博物馆儿童专区"探索屋"(美国自然历史博物馆)的展览意识明显较强,表现为展览结构清晰合理。展区上下两层首先依据不同的年龄段区分,然后各区块再按照不同学科进行划分。同时,各部分内部还有结构层次安排,如"古生物区"标本以时间为序来展示,"人类学区"各类面具依地区进行陈列,"生物多样性区"动物标本和化石则按种属来排列等。以古生物学、动物学、人类学、考古学、天文学、地理学、物理学等不同学科内容为横轴,以时间、地区、种属、年龄等不同指标为纵轴,以图片、标本模型、全复原组合、电子多媒体、LED电子图文显示屏、沙盘模型等为手段,从而支撑起立体且完善的展览结构。

---

① 张慧红,刘旭光.从上海市少儿博物馆论我国少儿博物馆的发展.中国博物馆,2000(4):41.

2.问题分析

此类问题常为国内儿童专区类型的通病。博物馆一般认为只要自身内部辟有一个儿童空间,就具备了为儿童观众服务的意识和行动。布置一个儿童空间方便易行,数位博物馆教育工作人员即能完成,而策划一个儿童展览则难度相对大得多,成本亦相对较高。究其因,主要有三点:原因一,误读儿童专区就是开展儿童教育项目的场所;原因二,缺乏儿童专区策展资金、人员和经验;原因三,老博物馆没有预留足够的儿童专区空间。

(1)原因一:误读儿童专区就是开展儿童教育项目的场所

除本书中所探究的四川博物院"儿童活动区"和北京自然博物馆"探索角"两大案例之外,将儿童专区等同于开展儿童教育项目场所的例证比比皆是,如上海博物馆的"观众活动中心",北京首都博物馆的"七彩坊"和"陶艺坊"等。若将儿童专区视为儿童教育活动的场所,将导致复制性高,博物馆优势减弱。兼之,幼童的博物馆记忆就是参与博物馆系列教育项目,对博物馆展览无任何感受,博物馆展览也失去专门服务儿童的空间。故,儿童专区可包含但不仅是举办儿童教育项目的场所,还应包含具备展览意识,符合儿童认知规律,由主题、内容、结构等构成的展览。

(2)原因二:缺乏儿童专区策展资金、人员和经验

一部分博物馆尽管深谙儿童专区不应全权作为教育活动的场所,还需包括专门面向儿童的博物馆展览,然而,其瓶颈则在于缺乏儿童展览的策展人员、资金和经验。如研究者在考察北京首都博物馆时获悉,"七彩坊"在设计之初预想面积更大,内容结构更丰富,然而,对主馆展览空间高度重视和大量投入,直持导致"七彩坊"严重缩水,因为缺少足够资金支持。鉴于国内儿童展览少,还未形成气候,互相交流学习不足,同时未培育出一批儿童展览内容策划和形式设计的专家和知名公司,因而此类策展目前仍很难开展。若聘请国外设计公司,则意味着一笔更高成本的投入。

(3)原因三:老博物馆无预留足够的儿童专区空间

传统博物馆不存在儿童空间,儿童专区是一个新生事物。然而,面对20世纪下半叶儿童博物馆发展的热潮,不少博物馆纷纷尝试在本馆内开辟一个儿童专区。但直接面临的困难为"向主馆要场地",主馆也意识到这是一种积极导向,较为支持,然而,面对的现实问题为儿童专区空间在设计之初并未做预留,缺乏此类空间。如研究者调研中发现,上海博物馆"观众活动中心"中儿童区较小,在与工作人员访谈中获知其根本原因是场地有限。故儿童区仅能开展容纳约30人的博物馆教育项目,几无可进行儿童布展,以供儿童观览之空间。

3.改善建议

针对儿童专区展览结构无展览意识,展区仅成为开展儿童教育项目之场所的缺失,研究者提出三点改善建言。

(1)建议一:馆方应明确儿童专区需包含展现本馆特色的儿童展览

国外尤其是美国,儿童展览在20世纪八九十年代已步入全面发展和繁荣阶段,国内则刚刚起步。我国台湾地区因一直紧随西方步伐,发展也较为喜人,这与博物馆高度重视儿童教育密不可分。馆方重视儿童教育,除却开展面向儿童的常规教育项目外,还表现为在博物馆内开辟儿童空间。此类空间之陆续诞生,一方面依靠博物馆理念和财力支撑,另一方面则依靠理念和财力支撑下经验的积累和反思。馆方需明确儿童专区不等于教育活动场所,否则便无法展现主馆的展览元素和亮点,儿童也无法切实领略博物馆的陈列艺术和文化。譬

如台北故宫博物院"儿童学艺中心"每隔半年为儿童观众及其家庭更换一次展览,及时将主馆展览信息转换后传递给儿童。总之,要将儿童专区做成一个儿童展览的空间,展览的内容和形式应反映主馆特点,同时该展览空间内可专门辟一个供儿童开展教育项目的场所,而儿童展览的内容也可不断更新。

(2)建议二:博物馆大胆涉足并不断积累、交流儿童展览经验

前文问题五改善建议二中已提到培养博物馆学领域儿童展览专家,并锻炼其相关能力,此点首先满足了儿童展览策展的人才需求。然而,在此队伍还未培育起来前,馆方需首先聘请国外策展团队和设计公司,借用"外力"涉足本领域的实践。直待儿童展览形成一定本国经验和规模后,国内、甚至国内外各博物馆再精诚合作,搭建一个博物馆对话交流的平台,进行展览合作和经验交流,最终形成本国经验和普遍规律,以供他馆共同参鉴。

(3)建议三:老博物馆或另辟分馆,或撤换展区,满足儿童展览空间需求

老博物馆一方面想追随"开辟儿童专区"的大潮,一方面又面临建筑空间有限的尴尬。为满足儿童展览空间需求,博物馆主要可采用两种方法。其一,老博物馆开辟分馆,以做儿童展览空间之用。比如大都会艺术博物馆1938年创建分馆——位于曼哈顿北部翠亨堡公园的中世纪艺术修道院分院。其二,展区撤换,采取问卷调查或访谈等方式获取调研结果,将调研结果与博物馆的展陈理念进行对比,淘汰一批不受欢迎的基本陈列,并撤换成儿童展厅。面对空间"先天不足"之劣势,博物馆不能身陷其中,无法自拔,有条件筹建新馆固然好,若无筹建新馆的打算,不妨另辟蹊径,采取改陈的方式,以求解燃眉之急。

第二节　两种儿童展览之理想模式总论

除展览中常见影响效益之症结需要解决外,还需进一步明确针对两类展览,究竟怎样的展览才能贴近儿童心理,反映儿童所喜、所想? 具备普遍合理性的儿童展览模式又当为何? 本节主要针对第三章及本章第一节的研究成果进一步进行归纳和反思,于前文两类儿童展览中各大题材特色与缺失总结的基础上,通过宏观的分析框架来构建进行儿童展览的理想模式。此节为上述研究成果的进一步提升,欲将研究案例中"点"的问题升至"线""面"高度,以期勾画出两类儿童展览理想状态下应各自具备的总体要求,供实践中取长补短,互为参鉴之用。

一、儿童博物馆展览之理想模式

研究者依据观众问卷调查数据中反映的观众参观偏好和行为特征,结合儿童博物馆展览两类题材的案例分析,归结出儿童博物馆展览的理想模式,以供策展时取鉴,从而帮助提升展览规划的效益。概要如下:

(一)适合儿童的展览选题

适用儿童的展览选题通常为两种。一是儿童日常熟悉的选题,如"城市生活",此类选题除为儿童所熟悉外,还有一大特征即参与性高,易于快速吸引儿童自然融入展览环境。二是能激起儿童好奇心和想象力的选题,诸如"天文""地理""恐龙",此类选题儿童探索的热情度高,因此也易于沉浸展览现场。

（二）明确界定的目标年龄

儿童展不同于成人展，儿童心智发展呈现明显的阶段性特征，因而展览必须对所服务儿童的年龄做出明确界定，如"主题科学展区：3～12岁""恐龙展区：5岁以上"。部分展览甚至能做到将展区中不同单元，甚至是组，对适用儿童的年龄段做出区分，如"欢跃的城市（City's Capers）——费城儿童医院，2～8岁；家门口的台阶，0～3岁；其余，2～10岁"。此类工作开展至少需两大条件：一是展前充分研究展览各部分、单元与组的主题与内容；二是娴熟掌握不同年龄段的儿童教育学、心理学特征。同时，规定目标年龄后也易于保证展示的设备、家具、材料、照明及辅助展品等符合人体工程学，不按照传统的成人标准执行。

（三）分年龄段的教育目标

此点和第二点相辅相成，依展览主题和内容对教育目标划分有两种情况：一种为针对同一展览依不同年龄段提出不同的教育目标，如"恐龙展"，该展览对5～13岁的每一岁儿童都提出具体的教育目标；一种为对展览不同的区块先做年龄划分，然后每个区块内提出教育目标，如"欢跃的城市（City's Capers）"为"费城儿童医院"个别设定教育目标。令人注目的是，有些博物馆甚至将展览重点和亮点部分的教育目标也依年龄段做了具体规定，如"恐龙展：艺术画廊"。教育目标可有意识地引导家长与教师行动，使其成为博物馆资源有效利用的专家，同时也提供了检测儿童学习效果的标尺。

（四）平行或递进式的展览结构

展览结构有的依主题、学科产生平行关系，也有的依时间、逻辑推理形成递进关系。独立系统的平行关系较为常见，各单元相对独立。完整系统的递进关系是一种新趋势，特别适合能激发儿童好奇心和想象力的选题使用。

（五）缺少"实物"的展品资料

此类展览中实物展品不再成为"主角"。提倡展品一切皆为儿童服务。可大量采用模型、复制品、多媒体声像、音频、全景画、半景画、雕塑、壁画、沙盘等辅助展品。例如"欢跃的城市（City's Capers）"因展览主题和内容所需，几乎全部采用辅助展品。

（六）儿童化的信息凝练

"儿童化"此处含两层含义：其一，信息量适合儿童，不宜过长；其二，文字风格要活泼有趣，图文并茂，文字颜色和字体多变。说明文字要简约，熟悉展品可不说明。阐释式说明多采用讲故事或提问形式，多使用祈使、感叹和疑问句型。

（七）裸展为主的展示手段

无橱窗禁锢，儿童得以近距离观览，触摸展品。兼之，裸展便于采用类型纷呈的展示手段，诸如仿真复原、场景复原、音像资料、幻影成像、灯箱、全景画、半景画、大幅照片、沙盘模型、互动操作等。从而避免展览单调、枯燥，使符号向视觉转化，理性向感性转化。

（八）注重能力的互动展示

区分"动手"和"互动"间的差异，强调探索性的互动，非简单动手触摸或操作。同时避免单向知识传输，关注能力塑造。成功的"互动"展示可让儿童以各种方式"浸入"展览环境，产生主动探索的欲求。

(九)充分营造的展场氛围

相较于其他类型的展览,此类展览尤其重视展览氛围的营造,除运用色彩、照明刻意烘托展品或环境外,还可采用地图、照片、图表、模型、拓片、沙盘、雕塑、绘画等辅助材料来进行场景复原,运用仪器、设备来进行操作演示,使用声像资料、电子多媒体、幻影成像、三维动画、声光电合成技术来进行动态展示。强调利用博物馆每一寸空间,如入口、展墙、展台、地面、走廊、楼梯、门、窗等,开展外延设计,使得各展区与整个展览主题水乳交融,儿童不自觉就已成为"局中人"。

(十)刺激感官的标识系统

标识系统在此类展览中犹如一个媒介,一方面将整个展览连为一个整体,另一方面因其可标识而被记住,教育项目或经营活动也可依托此馆标做宣传。此类展览的标识系统要求其图案与色彩皆能对儿童产生感官刺激。尤其提倡采用卡通形象,使用热烈、明快的暖色调。

(十一)小结

综上,儿童博物馆展览无论是科技类题材还是人文类题材,在展开内容策划与形式设计时,皆是力求以服务儿童为中心,突破传统束缚,实现玩中学。展览选题首先要适合儿童,天然对儿童产生吸引力。其不能也不可能为所有年龄的儿童服务,须依展览主题和内容确定目标年龄。制定的教育目标要依年龄段相区别,最好的做法是将重点展项的教育目标也施以年龄划分[如研究案例之"恐龙展"]。展览结构中平行关系较普遍,然递进关系尤其适合引起儿童好奇、探索和发现的选题。此类展览对实物展品无苛刻要求,实物展品非展览主角,大量辅助展品也能满足儿童观展需求。展览中仅提供最必要的信息,可采用简约的儿童语言,图文并茂。部分展品阐释式说明应当使用讲故事或提问方式,采用问句、祈使句和感叹句等最基本句型。个别展品无须搭配文字说明[如研究案例之"欢跃的城市(City's Capers)"]。不鼓励橱窗展示,提倡互动展示等多样化的陈列手段,使展览变得动态、立体和有趣。展览应善于利用每一寸空间开展外延设计,借由照明、色彩及材质刻意营造出与主题相关的展场氛围,让儿童水到渠成地融入展览环境。展区特有的标识系统在刺激儿童感官之余,亦加深儿童对博物馆的印象。此类展览还有一项最基本"关怀",即各类展品或组合以及设备等的物理高度及其安全性要适合目标儿童。

二、博物馆儿童专区展览之理想模式

研究者针对观众问卷调查数据所反馈的观众参观偏好与行为特征,以及博物馆儿童专区模式中两类展览案例分析,归纳出儿童专区展览之理想状态的表现,提供实际策展时参鉴,用以提升展览传播效应。概要如下:

(一)从主馆提炼的展览选题

展览选题除却满足前文"儿童博物馆展览模式"所提列之要求——选题需为儿童熟悉或能激起儿童好奇心、想象力外,还需根源于主馆母体,展现自身特点。如"教育活动区(Ruth and Harold D. Uris Center for Education)"脱胎于"大都会艺术博物馆"母体,其择定展览选题为"艺术教育",与主馆主旨思想一脉相承,以此作为儿童认知大都会之起点,通过大都会为儿童打开艺术教育之门。因此,要而言之,此类展览选题最基本的要求即"从主馆关键性征中提炼"，从而达成"选题能推动儿童从此专区开始认识主馆"之收效。

（二）明确界定的目标年龄

此点与前文"儿童博物馆展览模式"如出一辙，儿童展览须与不同年龄段心智等发展水平呈现高度一致性，故专区展览不可能不受限而服务所有年龄儿童。如"探索屋"仅适合"5～12 岁"儿童，第一层面向 5～7 岁儿童，第二层则服务 7～12 岁儿童。此案例就展览不同展区做年龄区分，有些展览甚至对不同单元或组的年龄做界定。一旦目标年龄确定，展品的大小和形态、材料的质感和纹理、设备高度和色彩等形式设计亦会相应产生明确定位。

（三）儿童独立的教育目标

目前，不同类型博物馆如综合类、自然科学类和社会科学类，其教育目标设定仍呈现明显的差异。综合类博物馆常将教育专区等同于儿童专区，因而很难将儿童作为一个独立群体进行区分，教育对象往往定位于所有社会公众，区分度不清晰。而国外案例"教育活动区（Ruth and Harold D. Uris Center for Education）"明确将公众分为四大群体"青少年（儿童）、成人、专业人士、残障观众"，并将"青少年（儿童）"视为其中最重要之对象，该对象的教育目标共设 6 点，已然为此类展览之典范。自然科学类和社会科学类常专门设"儿童专区"，未将儿童独立出来的问题很少存在。此时，教育目标最大问题转而成为"大而无物"，需针对展览内容和服务对象制定敦本务实的目标，具可测性。

（四）以平行为主，探索递进式的展览结构

专区鉴于展厅面积和展品数量有限，展览或依不同主题，或据不同学科形成并列的独立系统，亦有无展览意识和结构的情况。儿童专区展览模式，展览结构亦可效仿儿童博物馆模式，探索一种完整系统的递进关系，从而推动展览内容内在逻辑日臻完善，使得展示内容策划由浅及深、由表入里。

（五）辅助展品"唱主角"的展品资料

尽管不少专区大量采用模型、复制品、多媒体辅助展品，但目前"实物"标本仍略多。儿童博物馆模式用辅助展品唱主角的做法在普通博物馆专区模式中还有待推行。不过，如"探索屋"300 余件展品资料中，文物模型数量约占一半，已逐步显露辅助展品在展品资料中占据优势地位之端倪。

（六）重展重教的信息凝练

信息凝练包含两项要求：其一，信息凝练儿童化，表现为信息量适合儿童，文字风格活泼生动，多用祈使、疑问句，此点与前文"儿童博物馆展览模式"一致，不再加以赘陈；其二，信息凝练重展重教，利用各种导览媒介传递信息，除却前言、部分和单元说明、展品说明外，还可含大量教育项目信息集锦，并采用电子屏或看板等形式实现即时更新。

（七）裸展为主的展示手段

儿童专区展览模式虽强调以裸展为主，鼓励儿童动手触摸并参与互动，但无论如何，展示手段相较于"儿童博物馆展览模式"丰富性还略显逊色。部分较为先进的展区开始效仿儿童博物馆模式，树立"互动"理念，开始大量使用多种传播手段，如"探索屋"运用仿真复原、景观箱、沙盘模型、LED 电子图文显示屏等。国内实践成果亦有振奋人心之处，如自然科学类博物馆的抽屉式展示，即以各种类型、高低不等的抽屉形式陈列展品，鼓励儿童参与探索各类标本。随着儿童专区展览模式的日渐成熟,展示手段应更趋向多元化,鼓励适当、有效运用现代先进技术。

(八)广泛采用的互动展示

与"儿童博物馆展览模式"相较,儿童专区模式在整体上表现"稍见保守"。如北京自然博物馆"探索角"多"动手型"展示。然而,有博物馆还是做出大胆尝试,如"探索屋"共设有10项互动展示。互动展品需避免信息量过多的知识性输出,避免将"动手"展示即视作"互动"展示,需重视过程中动手、动脑、合作等多方面能力的塑造。

(九)整体营造的展场氛围

儿童专区展览模式可利用色彩(环境色、展品色、光照色和道具色),或借用照明,或使用全景画、半景画,或采用多媒体动态展示等手段较为刻意地烘托展区环境。譬如北京自然博物馆"探索角"较充分地利用入口处、展墙、天花板、地面等空间进行外延设计。然而,相较于"儿童博物馆展览模式"利用展览空间营造出整个展览主题完全融为一体的氛围,儿童专区显然还有很长的路要去探寻。目前使用的手段较初级,主要依靠颜色和图片,成为彼此孤立的"局部小氛围",而专区未来发展方向是追求整体的氛围营造,创造内容形式高度融合的儿童观展环境。

(十)异于主馆的标识系统

标识系统本系由文字、图案等元素构成,使得不同展览区块融为一体,加深印象,产生可识别性,并在各种经营、展览教育项目中沿用。故成为各博物馆之特有标签。然而,儿童专区的标识系统却通常延续主馆,并无专用的标识系统。如"教育活动区(Ruth and Harold D. Uris Center for Education)"展区商品、折页、出版物和网站上皆常见大都会艺术博物馆馆标。而主馆标识系统虽多简洁且内涵丰富,但主要面向成人。成人感官刺激从人、动物、植物、文字、曲线依次增强,而儿童对卡通动物的感官刺激最强烈。[①] 故,倡导儿童专区在原来主馆标志基础上进行独立设计,无论从内容、色彩抑或图案上真正服务于儿童主体,为儿童喜闻乐见并易于记忆。

(十一)小结

综上所述,博物馆儿童专区展览的模式在内容策划与形式设计上皆强调以儿童为中心,鼓励互动玩乐中接受教育,儿童得以"专享"为他们"量身打造"的展览。在普通博物馆内开辟儿童专区,其展览常携带儿童博物馆模式的"影子",也正因受儿童博物馆模式的影响,普通博物馆在试水儿童专区时才表现出尤为积极的姿态。然而,恰恰基于此,儿童专区展览模式在诸多方面一直无法超越儿童博物馆,表现得亦步亦趋,但亦独有千秋。展览选题除却要适合儿童(与儿童博物馆模式雷同)外,还需根植于主馆母体之关键性征,成为认识主馆之起点和桥梁[如研究案例之"大都会艺术博物馆"的"教育活动区(Ruth and Harold D. Uris Center for Education)"]。专区展览需明确规定儿童目标年龄(与儿童博物馆模式一致),形式设计亦以此为据。理想状态下教育目标的设定,首先要将儿童群体从社会公众中独立出来,其次目标严禁泛泛而谈,需依展览内容和儿童身心的发展确定切实可行的目标。展览结构以平行为主,然而,可效仿儿童博物馆模式来构建逻辑递进关系的完整系统。展品资料尽

---

① 张慧红,刘旭光.从上海市少儿博物馆论我国少儿博物馆的发展.中国博物馆,2000(4):41.

管已出现诸多辅助展品,但远不够,专区须区别主馆,大量采用安全、环保的辅助展品。信息凝练与儿童博物馆模式间差异略显,两者首先都需满足儿童基本需求,其次儿童专区展览的信息还须体现重展重教之风格。如目前部分博物馆专区的导览媒介中已多处出现教育项目相关信息(如研究案例之"北京自然博物馆"的"探索角")。展示要以裸展为主(与儿童博物馆模式趋同),采用多样化的展示手段,如自然科学类专区使用各种类型的抽屉式展示[如研究案例之"美国自然历史博物馆"之"探索屋"]。互动型展示需发挥创意,重儿童能力的培养(目前相较于儿童博物馆模式整体上还略显保守)。摆脱仅依靠色彩与图画等初级手段,须充分强调整体环境的营造,让儿童产生强烈的"逼真感"和现场感。现今较少儿童专区拥有区别于主馆的标识系统,通常直接沿用主馆,虽有部分专区对其加以频繁使用,然而,适用于成人的主馆标识系统一经为面向儿童的专区使用,其效界必然大打折扣。因而,儿童专区需要的是专门独立设计的标识系统。

第三节　思考与总结

依前两节研究成果可归结出国内的两种儿童展览模式问题出现之成因及其解决对策(见表 5-2),以及理想状态下两类模式应具备之要素,以供儿童博物馆或博物馆儿童专区策展时参详。

表 5-2　国内博物馆儿童展览问题研究与解决对策综合表

序号	问题	缘由	对策
1	儿童博物馆展览选题研究不足,缺乏个性特色,博物馆儿童专区的展览选题缺乏主馆元素,或简单复制国外相关选题	①原因一:与展览相关的儿童教育学、心理学理论研究(人的研究)缺乏;②原因二:与展品相关的学术研究(物的研究)不足	①第一步:构建博物馆儿童教育指南;②第二步:开展选题前置研究;③第三步:进行资料征集与研究
2	目标年龄设定随意,无理可依	缺乏对儿童智力发展阶段性理论的认知	针对展览内容分类确定目标年龄①关注感知运动之展览;②关注感性具象之展览;③关注具象思维之展览;④关注抽象思维之展览;(具体参考:博物馆儿童教育指南)
3	教育目标或无,或空洞无物,或未分年龄	①原因一:未意识到教育目标重要性;②原因二:未知教育目标如何制定	①建议一:整个策划团队需具借由展览达成教育目标的策展理念;②建议二:开展览前期研究和儿童群体特征分析;(重要前提:构建博物馆儿童教育指南)
4	展品资料以实物为主,辅助展品少	①原因一:对儿童展览特殊性认知不够;②原因二:将博物馆视为"文物展示"的地方,关注知识灌输,忽视儿童能力塑造	①建议一:掌握儿童展览特征,转变展品资料观念;②建议二:制作和维护儿童"喜闻乐见"的辅助展品

续表

序号	问题	缘由	对策
5	信息过于凝练或采用成人化用语,或面向家长而非儿童群体	国内博物馆领域研究儿童教育学、心理学专家缺失,若直接移植国外儿童博物馆或儿童专区展览,又难以很好体现博物馆自身特色	①建议一:现阶段总结国外儿童展览信息凝练经验,以供国内直接飨用;②建议二:培养未来博物馆学领域的儿童展览专家,实战中锻炼其相关能力
6	展示手段或橱窗式展示,或将动手展示等同于互动展示	①原因一:设计展示手段时,仍贯彻传统博物馆"以物为中心"的宗旨,人文关怀不够;②原因二:对儿童展览的互动理念认知不足,未有效采用现代化先进手段,创新不够	①建议一:儿童展览以裸展为主,强调以人为中心;②建议二:加强展品维护和更新工作;③建议三:将"动手型"与"互动型"展品相区分,创造性开发大量互动展品
7	展场氛围或未刻意营造,或仅局部营造	①原因一:内容设计时无外延设计、展场氛围营造的意识;②原因二:有意识,但内容策划与形式设计配合断层	①建议一:内容策划时专门撰写氛围营造、外延设计的内容;②建议二:文本策划师与形式设计师充分对话
8	儿童博物馆的标识系统或无,或有但使用频次不高,而博物馆儿童专区的标识系统未做专门设计	①原因一:未树立博物馆品牌和宣传意识;②原因二:未掌握标识系统的设计方法	①建议一:树立利用标识系统进行博物馆宣传和品牌塑造的意识;②建议二:明确标识系统设计的要素和方法;③建议三:多渠道、多层次使用博物馆标识系统
9	博物馆儿童专区展览结构无展览意识,展区仅成为开展儿童教育项目之场所	①原因一:误读儿童专区就是开展儿童教育项目的场所;②原因二:缺乏儿童专区策展资金、人员和经验	①建议一:馆方应明确儿童专区须包含展现本馆特色的儿童展览;②建议二:博物馆大胆涉足并不断积累、交流儿童展览经验;③建议三:老博物馆或另辟分馆,或撤换展区,满足儿童展览空间需求

以上九方面属于内部问题,实际还存有不少外部问题未列其中。此类问题主要表现为配套设施、社会环境等。

①就"配套设施"而言,国内儿童展览常以基本陈列为重,少公共临展与服务空间。而国外重视临展,常配备专门空间,甚至有将建筑中层高20余米的大厅全系供临展之用(见图5-6)。提供专为儿童服务的公共空间更是其一大特色:儿童衣帽储存间(见图5-7)、家庭以及儿童厕所(见图5-8)、儿童餐饮中心(见图5-9)、儿童商店(见图5-10)点缀其间,家庭观众之需求一应俱全,儿童沉浸其中,受到博物馆全面"照料"。

图 5-6 美国印第安纳波利斯博物馆大厅的临展空间
高达 20 多米的临展空间内机器人表演现场临展空间除了用作大型展览外,还用于举办大型教育项目

图 5-7 大都会艺术博物馆"教育活动区"的衣帽存储间
国外具儿童专区的博物馆和儿童博物馆内一般都设有寄放儿童衣帽场所

改善建议:筹建新馆或改陈时,规划出面积大、层高高的临展空间以及从儿童需求出发设计的公共服务空间(衣帽储存间、儿童厕所、家庭厕所、儿童餐饮中心、儿童商店)。专设衣帽储存间,用于寄存婴儿车、儿童衣帽、家庭用品等。开辟家庭及儿童厕所,提供适宜儿童的

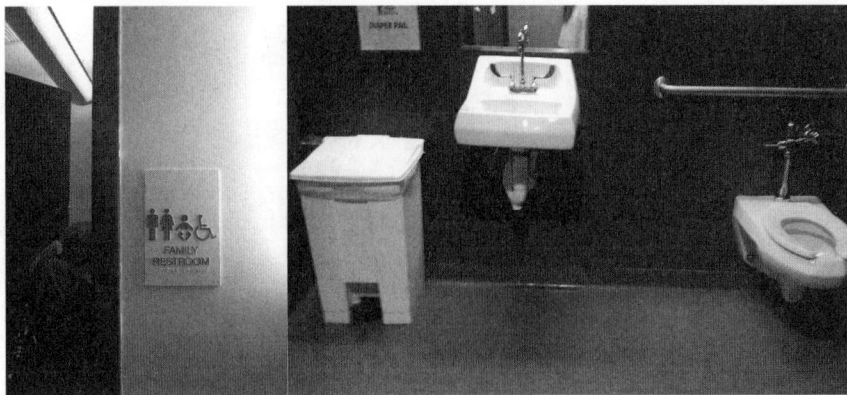

图 5-8　"请触摸博物馆"内专供一个家庭使用的厕所
内专设有婴儿换洗尿布的台面（Baby Changing Station），常见于国外儿童博物馆

图 5-9　印第安纳波利斯博物馆"儿童餐饮中心"
　　用餐环境舒适，餐点种类多样，更具休闲娱乐性，家庭观众可长时间逗留，常见于国外儿童博物馆和具儿童专区的博物馆

图 5-10　美国自然历史博物馆"博物馆商店"现场
国外儿童博物馆常将博物馆商店设于观众出入必经之地，用以吸引儿童观众

坐便器,尤其大可师法的是国外博物馆中的尿布台和家庭厕所。尿布台常固定于墙上,需用时翻下来的一块台面,便于家长替婴幼儿更换尿布。家庭厕所专为家庭观众配备,便于幼儿上厕所时父母互相配合。儿童餐饮中心为博物馆公共服务锦上添花,它是留住儿童观众的一个重要因素,各色餐点、各类风味一应兼具,儿童在博物馆内活动时间可大大延长。儿童商店等公共空间亦是博物馆创收的重要渠道,通常设在出口必经之处,文化产品琳琅满目,占地面积大。所有公共空间规划注意多采用暖色色组,材质安全耐用,物理高度适宜儿童。

②就"社会环境"而言,存在儿童教育观和教育制度问题。前文已就此有所涉猎,此处仅择要概述。首先,整个社会家传户颂的是"上施下效""养子作善",固然有其正面意义,然而,其主张的"有系统的、严谨的、毫无懈怠之灌输""从上至下、由父及子的服从、听话"等教育思想并不适用新型社会环境下创新型、卓越型人才之培养。同时,应试教育的人才选拔机制,剥夺教育环境的"自主、自由",博物馆展览等社会教育完全让位于以考试为手段的学校正规教育,成人过度干涉,儿童无法依兴趣进行自我选择。其次,博物馆政府主导型机制,不利于真正从人的需求出发。再次,政策法规还未鼓励社会资金向博物馆等公共文化事业流动。

改善建议:自上而下实施教育体制改革,将博物馆纳入国民教育体系,人才选拔多元化。政府推动对儿童展览的投入与建设,为儿童、青少年开辟适合其身心发展的社会教育空间。改革博物馆既有体制,盘活博物馆各项资源,真正从"儿童"内心需求出发。制定出鼓励向公共文化事业捐赠等政府法律,通过税收杠杆保障社会资金流向博物馆事业,同时政府主管部门适度放松对博物馆的行政管理,实现管办分离,提高博物馆运行效率和自我造血能力。

诸此问题之解决尤其是社会环境改变皆需时日,不可能一蹴而就。同时,由以上总结获知,无论人文类、科技类儿童博物馆展览模式,抑或综合类、自然科学类博物馆儿童专区展览模式,影响其展览效益总体发挥因素极为多样。研究者亦据此产生思考,引发出上一节中关于儿童展览完美状态条件之判定。现归结如下(表5-3)。

表5-3 国内博物馆儿童展览规划理想模式

儿童专属博物馆	博物馆儿童专区
①适合儿童的展览选题	①从主馆提炼的展览选题
②明确界定的目标年龄	②明确界定的目标年龄
③分年龄段的教育目标	③儿童独立的教育目标
④平行或递进式的展览结构	④平行为主,探索递进式的展览结构
⑤缺少"实物"的展品资料	⑤辅助展品"唱主角"的展品资料
⑥儿童化的信息凝练	⑥重展重教的信息凝练
⑦裸展为主的展示手段	⑦裸展为主的展示手段
⑧注重能力的互动展示	⑧广泛采用的互动展示
⑨充分营造的展场氛围	⑨整体营造的展场氛围
⑩刺激感官的标识系统	⑩异于主馆的标识系统

研究发现,表5-2九大问题中七大问题的原因探析皆论及"儿童教育学""心理学"研究缺位问题,同时不少改善举措亦需以"儿童教育学""心理学"研究成果作为基础和指导,此因之成为影响展览效益命脉的一大核心因素,而恰恰又是现阶段国内儿童展览尤为薄弱之环节。故而,第七章将集中探讨此方面问题,并尝试建构博物馆儿童教育指南。

第六章

儿童教育项目类型之策略研究

本章节对本书"儿童教育项目"部分的国内博物馆现存问题进行总归结,并据此来寻绎问题解决之策。文分三节:第一节针对代表儿童教育项目实施不同发展水平的国内博物馆普遍存在且影响项目效益的共性问题,展开研究与反思,结合馆员内部评估、研究者现场观察评估及观众外部评估反馈信息所归结的经验和建议,提出改善之策;第二节归结第四章以及本章第一节研究成果,接续探索儿童教育项目实施达至理想状态下之模式;第三节对前两节进行总体回顾,并试图深入探究影响此类项目效益难以发挥之根本症结。

第一节 研究发现与问题解决

第四章第三节已针对儿童教育项目择定的四大研究案例进行了周延解析和内外评估,而四大研究案例恰代表儿童教育项目实施的不同发展阶段,研究者据此对处于不同阶段的项目特征与缺失进行归纳与分析。本节则着重针对前文所提炼出的影响国内博物馆儿童教育项目实施效益的共性问题,展开深入探究,结合现场观察与访谈结果所反馈信息,提出问题解决之策,以推动儿童教育项目有效实施,打造具先进教育理念的儿童品牌项目,以实现博物馆教育资源利用的社会化和趋优化。

一、影响项目效益的症结

国内儿童教育项目实施中常见问题,于第四章第四节中已有详尽涉猎,突显问题可归结如下:

①对象未按族群和年龄进行逐层分众;

②开展空间或无,或小;

③宣传渠道单一,未对网站加以有效利用;

④策划、评估与志愿者管理等制度建设缺失;

⑤教育手段或方法寡少;

⑥缺乏如馆校合作、教师培训等社会合作;

⑦馆内外资源未深度开发并有效整合,项目内容同质,缺少创意;

⑧重知识传授,轻能力培养,少互动成分;

⑨未将亲子理念融入其中。

二、问题解决之建议

(一)问题一:对象未按族群和年龄进行逐层分众

1.问题概要

就对象未按族群和年龄进行分众而言,国内博物馆现阶段依据发展水平差异呈现三种情况:不按族群分众;按族群分众,但依年龄分众模糊;按族群分众,但依年龄分众不当。"不按族群分众"即认为一切教育项目适合所有受众,儿童、成人观众,健康、残障观众,普通、专业观众被一视同仁,不做任何族群区分。此行为显然为掩耳盗铃之举。这种情况主要出现于教育项目实施的初级阶段,情况较为严重。"按族群分众,但依年龄分众模糊"是指儿童教育项目已从教育项目中被独立区分,但对参与儿童的年龄规定用语模糊,观众难以准确判定。"按族群分众,但依年龄分众不当"则是当儿童教育项目已成为教育项目中独特类别时,馆方试图进一步依参与儿童的年龄进行分众,但划分依据不当,出现纰漏。

2.问题分析

纵观博物馆发展历程,今日的博物馆已不再是服务于贵族精英或科研人员等少数族群,而是服务于最广泛的社会公众。公众实际参与博物馆项目,并进行各项活动的效益评价。然而,公众族群差异很大,只有将其区分开,才能提供各自群体最适宜贴切之教育服务。法国学者波尔·阿扎尔(我国台湾教育家傅林统将其译为保罗·亚哲尔)曾生动描绘:"儿童的天国与此是何等不同啊。住在这个王国的人们简直就是与成人不同的另一个人种。"[1]儿童与成人完全不同,严肃正统的教育项目不适合天性活泼好动的儿童。因此,儿童教育项目须首先从教育项目中区分出来。其次,如皮亚杰的认知发展阶段论等诸多心理学研究成果显示,依据儿童心理特征,儿童各年龄段认知发展呈现较大的差异(第七章将集中论及),那么仅提出按族群进行分众仍难以实现适宜贴切的教育服务,还须进一步进行儿童分龄。既然"按族群和年龄进行分众"是一项到位、务实之举措,为何现今国内诸多博物馆仍未有效加以运用? 究其因,主要为两点:原因一,未意识到分众问题;原因二,儿童教育心理研究缺失。

(1)原因一:未意识到分众问题

研究者在国内案例访谈中,数次发现,谈及儿童教育项目问题时,受访者常将此类项目直接等同于教育项目,同时,亦发现研究案例中部分个案根本不规定项目的目标年龄。譬如"国之瑰宝——河北文物精品图片进校园"项目(河北博物院),未指出目标年龄,亦无依据目标年龄所界定的教育目标。馆方未意识到针对来馆观众进行族群分类研究后,再策划儿童教育项目之重要性,也未意识到儿童与青年观众、中年观众和老年观众间的需求差异,更未意识到儿童心理和智能特征在年龄上与其他观众的显著不同。

(2)原因二:儿童教育心理研究缺失

部分博物馆已意识到须对教育项目开展分众管理,但却无从下手。譬如,上海博物馆在"欢欢喜喜过大年"项目中便将参与活动的儿童年龄较为模糊地确定为"小学高年级以上同学",并未做清晰说明。除此,尽管上海博物馆儿童教育项目近年来开展得如火如荼,但多数项目中馆方对参与者年龄做了限制,大部分规定为初二以上学生,干脆将低龄儿童排除在教

---

① 朱自强.儿童文学的本质.上海:少年儿童出版社,1997:75.

育项目之外。北京自然博物馆"科普小课堂——人体漫游记"项目中又将服务对象的年龄不恰当地统一为"5～8岁"。而大都会艺术博物馆针对11～18岁青少年项目,分龄成11～14岁、11～18岁、15～18岁等不同项目类型,并建议分别完成探索、体验到创造等逐步深入的教育目标。这种差距背后反映的问题是一致的,即儿童教育学、心理学研究缺失。馆方项目策划者、执行者和管理者未掌握儿童不同阶段认知发展、心理发展方面的主要特点和需求,而其不同阶段间的差异并非表现为简单的数量增减,每个阶段存在本质区别,因而对参与的教育项目会提出差异化需求。

3.改善建议

随着新博物馆学"以人为中心"理念和实践的普及,就服务对象展开前置研究成为实施教育项目一种必然趋势,且亦成为项目成败的关键。针对儿童项目对象"不按族群分众;按族群分众,但依年龄分众模糊;按族群分众,但依年龄分众不当"的问题,结合诸上分析,研究者提出两点改善举措。

(1)建议一:依族群和年龄对儿童观众进行逐层分众

为满足不同族群各自的利益诉求,对观众进行逐层分众为一种行之有效的方式。首先按照不同族群将儿童观众与成人观众区分开来。其次,将儿童观众再次细分,可分成青少年观众、家庭观众、学校观众、教师观众以及残障儿童观众。此处"教师观众"虽非儿童观众范畴,但因教师一般直接服务学生,与其他儿童项目仅表现为间接与直接关系,通常亦被归于儿童教育项目之列。再次,依据细分出的对象,如"家庭观众"进一步按年龄进行二度分众,区分为三岁以下、三岁至六七岁、六七岁至十一二岁、十一二岁至十八岁等四类(分类依据将于第七章中阐析)。学校观众、残障儿童观众等皆可借此类推。教师观众则可依其授课对象的四大年龄段进行划分。然而,借由逐层分众的原则进行儿童观众细分仅为一项基础工作,一旦产生此意愿,便能付诸实施,问题解决的关键和满足观众诉求的精髓并不在此,而在于对儿童观众各年龄段身心特征的科学认知。

(2)建议二:构建博物馆儿童教育指南

儿童观众教育心理与成人完全不同,传统知识传授型、结果陈述型的项目模式并不适合儿童。儿童建构主义理论指出:"要从内因和外因相互作用的观点来研究儿童的认知发展,儿童在与周围环境相互作用的过程中,可构建对外部世界的认知,促进自我认知结构的发展。"[①]因而,儿童需要与环境积极互动产生一种学习的理想状态。而这里的环境应当是可操作、参与互动的环境,他们并不需要知道什么研究成果,需要的是一种与心理相契合的环境体验。譬如加拿大绝大多数城市从6月下旬一直到9月1日都是孩子们的暑期时间,此时孩子们的课业负担很轻,博物馆会专门针对7～11岁学龄儿童的家庭举办诸如夜宿博物馆、生日派对等各类活动,受到家庭观众热捧。

仅洞见儿童与成人间的区别并不足以解决问题,还须进一步掌握儿童与儿童间的差异。而儿童间差异的主要变量因子为年龄,不同年龄儿童心理与智力发展呈现阶段性变化,教育项目要遵循儿童心理与智力发育所在的时期,超阶段的教育无助于智力的开发,孩子不可能未形成物体永久性概念就明白守恒和可逆概念。故,需构建一套完整的博物馆儿童教育指南,对儿童阶段性心理特征和行为举止进行分类,用以指导博物馆教育项目策划与实施。此

---

① 陈卫平.建构主义与博物馆教育.中国博物馆,2003(2):23.

内容第五章儿童展览策略中亦曾提及,但具体内容将在第七章中详述。

(二)问题二:开展空间或无,或小

1.问题概要

开展儿童教育项目的空间历经从无到有的发展过程。国内多数博物馆,如河北博物院至2012年仍无专门的儿童教育活动空间。获初步发展的部分博物馆,开始关注教育在博物馆中的"灵魂"作用,在主馆内"腾出"空间用以实施教育项目,如中国国家博物馆新馆1500平方米"观众体验区"及上海博物馆下沉式广场内"观众活动中心",这些专设空间承担着面向成人的讲座、课程和服务儿童的手工活动等各类教育项目,尽管项目层出不穷,但此空间毕竟并非儿童教育项目的专用"地盘"。儿童教育形成规模阶段的博物馆逐步意识到此问题,认为儿童观众是教育项目中特殊又重要的群体,博物馆开始开辟儿童项目的专属空间,如首都博物馆"七彩坊"、黑龙江省博物馆"儿童少年活动室"、中国航海博物馆"儿童活动中心"。但这些儿童空间普遍面积不大,项目规模常因此受限。同时,空间多用作举办手工、节假日活动等项目,缺少为馆校等机构服务的教室,或研讨、实验和演播空间。需注意的是,尽管儿童教育项目开展空间不等同于儿童专区或儿童馆,然而,现阶段不少博物馆仍将两者合二为一,此为现阶段儿童教育不成熟的表现之一。

2.问题分析

长期以来,博物馆被视作陈列文物的"仓库",因而展览空间往往越大越好,重展不重教。随着博物馆社会教育功能得到越来越多的认同,"博物馆不仅仅是保管一个国家文化和自然遗产的宝库或代理人,而是最广泛意义的强有力的教育手段"。[①] 正是基于如此思想之转变,教育空间实现了从无到有、从服务大众到面向儿童,但此类转变仍不够勇敢。尽管不少博物馆的教育部门意识到并力主开设教育空间,但馆方建设投入之初,相较于服务未来的博物馆教育,为了一届政绩,他们常更看重国家文物局两年一次"全国博物馆十大陈列展览精品"。实际上,重展不重教现象背后反映的则是国内博物馆自身存在的体制痼疾。

第一,博物馆办馆模式为政府主导型。政府提供博物馆经费,任命博物馆馆长,这使得博物馆始终通过"脐带"从政府汲取"养分",依赖性极强。第二,博物馆的管理由各行政部门分系统执行,如文化部门(领导综合类、纪念类、文化艺术类、历史类、部分自然历史类博物馆)、科学研究部门(领导部分自然历史类、科技类博物馆)、教育部门(领导学校博物馆)及有关专业部门(领导军事、农业、邮电等专门博物馆)等。第三,博物馆投资以政府和国有资产为主,建设成以中央到地方各行政级别的经费投入系统和分级系统。这一系列特点决定了博物馆往往围绕上级部门开展各项工作,始终抬着头向上看——看领导、上级的意愿,忘记低头朝下看——看普通大众的需求,所以对观众"照料"不周,根本动力不足。作为博物馆基本职能之一的教育功能因而无法得到博物馆工作者的普遍关注。故,博物馆教育若要和展览争夺空间,无异于螳臂当车。

3.改善建议

博物馆内开展儿童教育项目的空间或无,或小的问题,从本质上反映了博物馆儿童教育地位仍然不高。据上分析,研究者提出四点改善措施。

---

① 肯尼斯·赫德森.八十年代的博物馆——世界趋势综览.陈凤鸣,译.北京:紫禁城出版社,1986:1.

(1)建议一:探索现代博物馆制度,进行体制创新

第一,要政馆分开,权责明确,切实扩大博物馆财权和人事等自主权,完善博物馆法人治理结构,探索建立董事会或理事会,吸纳优质社会力量加入,创新用人机制,形成以市场为导向的业务组织理念与方式。第二,将博物馆变身成为"特区",通过政策优惠,采取有效措施"招商引资",动员社会力量参与共建。如完善博物馆之友或会员制度,优化和扩大志愿者结构;推进博物馆与教育机构、科研机构、社区和社会团体合作,鼓励社会力量向博物馆捐物捐款。

(2)建议二:从制度上确立博物馆作为教育机构的地位

一方面,国民义务教育主动吸纳博物馆教育内容。首先,通过《博物馆条例》将博物馆教育纳入国民义务教育体系,确立博物馆教育作为义务教育体系组成部分的法律地位。其次,构建将博物馆教育纳入国民义务教育的中长期规划。由中宣部牵头,其他部委参与共同研究、规划和部署,地方各级政府配合落实。最后,制定实施细则。教育部负责制定馆校联系制度,修订教学大纲,将博物馆学习纳入其中,制定博物馆教师培训计划和馆校合作考核机制。

另一方面,博物馆评估增加儿童教育权重。2010 年度国家一级博物馆运行评估中,上海博物馆总评分第一,而于本书借由内外部访谈评估为判,其儿童教育水平基本处于中流。一级博物馆运行评估为一个动态化和系统化的专业评估体系,包括藏品管理(20 分)、科学研究(20 分)、陈列展览与社会教育(35 分)、公共关系与社会服务(15 分)和博物馆管理与发展建设(10 分)五项指标。其中,"陈列展览与社会教育"指标中教育项目仅占 10%,陈列与临展占 20%。据此可见:尽管"教育"在博物馆三大功能中置于首位,但其在实际权重上并未体现核心地位;另外从"考察点"看来,儿童教育内容仅包含于馆校合作等,其他类型的儿童教育内容并未列入考察范围(见表 6-1)。实际上博物馆有着丰裕的实物资源,已逐步演变为区别于学校的第二个教育系统[①]。而此第二教育系统功能要得以真正发挥,恰恰缺失助推力。

表 6-1　"教育项目"二级指标权重与考察点[②]

二级指标	权重	考察点
教育项目	10%	与所在地区内的中小学建立固定联系,根据本馆特色,结合中小学有关课程的教学内容,制定教育活动计划,并组织开展相关学习、实践活动
		针对所在地区的社区、学校、企业等需求提供教育服务项目
		有计划地举办专题讲座、论坛等活动
		针对社会特殊需求提供专门的教育服务项目

(3)建议三:切实提高博物馆儿童教育服务能力

博物馆应设置教育部门,配备儿童教育专员和博物馆教师,积极开发博物馆儿童教育内容,探索博物馆儿童教育新形式,并将其制度化,力争实现品牌化。硬件设施方面,博物馆内

---

① 宋娴,忻歌,鲍其泂. 欧洲博物馆教育项目策划的特点分析. 外国中小学教育,2010(7):26.
② 中华人民共和国国家文物局. 关于开展国家一级博物馆运行评估试点工作的通知附件. http://www.sach.gov.cn/tabid/312/InfoID/23282/Default.aspx(中华人民共和国国家文物局官方网站),2010-02-24.

应开辟专门服务于儿童的教室、研讨室、实验室和演播室,同时创建专门供儿童观览、培养儿童博物馆情结的儿童专区。软件服务方面,为学校提供可免费借用的标本、图片、图书、电子资源等,编写适龄教材,配合教学大纲,开设博物馆课程,进行教师特色培训。要而言之,依据不同年龄儿童特征,开发出区别于学校教育的探索式、体验式教育项目。

(4)建议四:开拓教育空间,甚至延伸至馆外

只有通过内在加强和外在保障,切实提高博物馆儿童教育地位,才可能实现博物馆对教育空间的让渡。在无既有空间的情况下,教育项目除可在博物馆展区内开展外,也可试图向馆外延伸,甚至开设分馆。比如大都会艺术博物馆就在曼哈顿北部的翠亨堡公园设立有展示中世纪艺术的博物馆分馆,其内部的露天庭院常为组织儿童项目之佳所。

(三)问题三:宣传渠道单一,未对网站加以有效利用

1.问题概要

现今国内博物馆教育项目的宣传常采用网站公告的形式,大部分内容较简约。如北京自然博物馆"科普小课堂——人体漫游记"网上发布的通知:"小课堂继续开讲,7月份的科普小课堂将为小朋友介绍我们自己,熟悉身体的组成部分,身体有哪些器官,他们都有哪些功能,帮助小朋友认识自己,欢迎小朋友踊跃参加。科普小课堂于每周六、日中午12点开讲,欢迎5～9岁的小朋友参与,活动地点:展厅三层探索角。"通知仅包含项目时间、地点、目标观众和内容介绍。网站常成为项目重要的宣传渠道。不仅如此,即便是作为重要宣传途径,网站建设仍问题频现,主要表现为三:第一,网站或内容混乱,或栏目未做整理归类;第二,网站栏目内容成人化,无儿童教育的内容版块;第三,虽有儿童教育的内容版块,但更新滞后,且不设于首页。

2.问题分析

博物馆宣传渠道单一,未对网站加以有效利用的原因可归结为三点:原因一,儿童教育项目空间有限;原因二,教育和信息部门(以下简称信息部)权责不分,合作不力;原因三,人力资源不足。

(1)原因一:开展儿童教育项目的空间有限

国内博物馆开展的儿童教育项目,常为免费或低收费,几近成本价,与社会上儿童教育机构的高收费存在云泥之别,故而信息一经"走漏",观众报名则往往异常踊跃。而现今,博物馆儿童教育项目开展的空间较小,根本难以"承载"观众热情。因此,项目无须加以大力宣传,报名处早已"人满为患"。

(2)原因二:教育和信息部门权责不分,合作不力

网站无儿童教育的内容版块,或内容版块更新滞后,主要原因在于教育部门与信息部门沟通不力,权责分配不清。教育部门未将儿童教育的构思与设想及时与信息部门交换,使其运用技术手段进行展现和阐释。同时,就某个项目而言,是否对外发布项目通知或新闻通稿,教育部门应和信息部门保持及时沟通和有效合作,否则将因部门壁垒导致信息不对称。

(3)原因三:人力资源不足

教育部负责儿童教育项目人手不足,如上海博物馆承担未成年人业务的仅有2～3人,负责手工项目的仅1人。再如北京自然博物馆整个探索角工作人员仅有2名。人力资源匮乏将直接导致员工无余力进行诸如对外宣传等拓展性工作,仅能按部就班地完成常规工作。

事先报道和新闻通稿撰写等锦上添花之事,在人手有限的情况下,更是被"忽略不计"。

3.改善建议

国内博物馆充其量仅是适时将项目信息在官网上挂出,手段单一,并不对网站加以深入利用,导致儿童教育项目与社会脱节,甚至同馆内不同部门亦互不知晓,难以产生广泛的社会影响力,亦无法争取社会资源的支持与投入。鉴于此,本书提出五点改善建议。

(1)建议一:重视对外宣传,开拓多渠道宣传途径

博物馆作为一种以视觉为主的传播机构,需为大众提供服务,若一味闭门造车,传播功能根本无从实现。高墙将博物馆隔离于社会大众之外,孤芳自赏的结果必然是无人问津。为此,博物馆需以积极创新的姿态挤入公共文化服务竞争之列,重视对外宣传,使博物馆最新展览和教育动态被社会及时获知。一方面,应加强网站建设,设立儿童教育的内容版块,并进行及时规整和更新。如伦敦自然科学史博物馆官网(http://www.nhm.ac.uk)有专门为7~14岁的小朋友们准备的"交互科学中心"。再如台北故宫博物院官网(http://www.npm.gov.tw/npmwebadmin.jsp?do=index)首页中专门创立儿童学艺中心和最新教育活动栏目链接,便于观众第一时间掌握包括儿童教育在内的信息,真正体现教育的核心地位及对儿童群体的重视。另一方面,单一网站宣传的手段已无法在市场多元信息竞争中占取优势,博物馆应通过网站、宣传单页、折页、会员、志愿者、导游、媒体记者、理事会、新媒体等多种媒介实现信息广泛、深入传播。国外博物馆特别重视宣传、利用新媒体工作,如向观众寄送简报,定期在当地媒体做广告,与餐饮业、体育行业、艺术中心合作宣传等。美国大都会艺术博物馆甚至将宣传单页和折页按年龄进行分众设计,为儿童提供贴心的咨询服务,该馆2012年全年有教育经费1000多万美元,单制作宣传资料即花费约50万美元。

(2)建议二:信息部门网站权力下放

教育部门开展项目宣传时,为实现信息及时有效发布,除却与信息部门保持有效沟通外,还应依靠信息部门网站权力的适度下放。教育部门新近执行的儿童教育项目信息,可不通过信息部门二次介入,直接进行网站公布。同时,教育部门还可及时依据需求对儿童教育的内容进行更新与维护。信息部门只需搭建好基本框架,制定信息发布规则并适时对教育部门的员工进行培训。

(3)建议三:创设博物馆网站儿童版

通过google搜索引擎中文输入"博物馆网站儿童版",可搜索到14家博物馆,其中10家是我国台湾地区的博物馆,它们分别是台湾海洋生物博物馆、台湾自然科学博物馆、台湾少数民族博物馆、台湾科学工艺博物馆、台湾历史博物馆、台湾博物馆、台湾史前文化博物馆、白兰氏博物馆、高雄市立历史博物馆、台北县立莺歌陶瓷博物馆。其余4家为大陆博物馆。从以上数据得见,目前博物馆网站中使用儿童版的非常少。

儿童版博物馆网站可凭借集成、快捷、直观等特点向儿童观众发布展览、教育项目等资讯。网站可充分利用图像、声音、动画、视频,甚至3D技术等多种手段来推介和宣传自己。"社会宣传教育功能,为博物馆各项功能活动的最高集成。"[①]譬如宁波博物馆儿童版网站有个"活动公告"栏目,从此栏目可见馆方2009年10月9日举办了"宝恒杯青少年探索体验大联欢"项目,孩子们参加活动热情高涨,家长同样玩得不亦乐乎。青岛市儿童博物馆少儿版

① 于庆芝.谈博物馆陈列展览的"特色意识".北方文物,2004(2):108.

中"英雄帖"栏目则显示：2010年7月13日文博夏令营开营。儿童版博物馆网站为儿童单独开辟了一个易于理解的"小天地"，此处可选用适宜儿童的传播内容和手段，成为专门面向儿童、家长进行宣传的一方窗口，博物馆儿童展览和教育项目得以在专门网站传播，在调动儿童观展的主动性和参与性之余，突显儿童主体地位。因此通过访问此网站，潜在的儿童观众可能会最终走进博物馆。美国明尼阿波利斯艺术学院媒体和技术部门的斯科特·塞尔认为："我们所要面对的都是些普通观众，而非专业性的学者，我们要为博物馆的参观者们提供他们想要的东西。"[①]博物馆网站儿童版的出现，正是为博物馆长期忽视儿童教育而努力，更为提供儿童真正想要的东西而努力。

(4)建议四：使用好媒体、导游、会员等软广告资源

项目效果往往是最好的广告。博物馆可专门针对媒体、导游和会员子女举办优质的儿童教育项目，如媒体子女、导游和会员子女专场。一方面满足其子女进入博物馆接受非正规（或非正式）教育的需求，另一方面为社会更好地了解此类项目搭建桥梁。由此，博物馆可与媒体、导游和会员建立起密切联系，借由他们参与至博物馆儿童教育，让更多的人从侧面获悉博物馆儿童教育的现状与成效。他们是"社会之眼"和博物馆潜在观众，更是博物馆教育产品免费推销者。

(5)建议五：博物馆评估考核增加网站等媒介教育版块权重

2010年《国家一级博物馆运行评估指标体系（试行）》中，网站建设仅占3%的权重，相关二级指标规定如表6-2所示。

表6-2　"博物馆网站"二级指标权重与考察点[②]

二级指标	权重	考察点
教育项目	3%	公布并不断更新有关博物馆及其藏品、展览的信息，保证信息内容的完整性、时效性和准确性
		通过网站为观众提供有效的在线服务
		通过网站与公众建立互动联系，并保证用户的问题、意见和建议得到及时处理和反馈
		网站设计简洁大方，界面友好，方便用户使用

一方面，应适当提高网站、新媒体等媒介建设权重，发挥官方网站、新媒体等的重要媒介作用。另一方面，从二级指标权重中研究者发现，网站建设方面"重展不重教"，应增加网站以及其他媒介教育内容权重，包括面向儿童教育的内容。

(四)问题四：策划、评估与志愿者管理等制度建设缺失

1.问题概要

制度建设是儿童教育项目常态化、可持续实施的重要保障，体现工作的"根本性、全局性、稳定性和长期性"[③]。儿童项目相关制度建设的缺失亦成为项目效益受损的关键因素。现阶段国内儿童项目制度建设仍不成熟，主要表现为三：项目通常无完备的策划方案；未建

---

① 陆琼.网上博物馆与传统博物馆.中国博物馆,2000(2):72.

② 中华人民共和国国家文物局.关于开展国家一级博物馆运行评估试点工作的通知附件.http://www.sach.gov.cn/tabid/312/InfoID/23282/Default.aspx(中华人民共和国国家文物局官方网站),2010-02-24.

③ 边鹏飞.政治体制改革必须在理论上明确三个问题.浙江社会科学,1986(5):26.

立项目评估机制;志愿者管理制度不成熟。

2.问题分析

究其因,可归结为两点:第一,儿童教育项目仍处于初级阶段,无制度建设意识;第二,无可直接参鉴的博物馆项目经验。

(1)原因一:儿童教育项目仍处于初级阶段,无制度建设意识

国内儿童教育项目基本处于探索并规模初成阶段,无制度建设意识。譬如河北博物院小讲解员项目自 2012 年始设,以儿童在不同展区串讲的方式执行,虽方式新颖独到,但因第一年试行,完全是瞎子摸象,并没有制度建设意识。一般项目执行只有发展至成熟期,才能形成稳定流程,并梳理经验,进而具备制度建设想法,制度拟定才有可能。与先前小讲解员项目相较,北京自然博物馆的小讲解员项目初创于 2004 年,为国内首家在自然博物馆内开展儿童培训的项目,培训对象主要为 5～12 岁儿童。培训分为初级、中级、高级、精品等不同层级,通常在寒暑假与周末执行。培训程序为报名、培训、实践,并设有专门的招生办公室,分中文和双语讲解培训。显然,管理制度已相当成熟,但此类儿童项目在国内屈指可数。

(2)原因二:无可直接参鉴的博物馆项目经验

项目执行前究竟该如何撰写策划方案,收尾时又该如何对项目展开效益检测?博物馆数百名志愿者该采取怎样的管理方式?目前国内博物馆并不存在较认可的普遍做法和参考范式。研究者在案例调研过程中发现,诸多实务部门专家表示亦想尝试建立博物馆教育项目策划、评估和管理等方案和流程,但未发现有效的参考流程和取鉴标准,常不了了之。

3.改善建议

鉴于国内儿童教育项目制度建设的普遍缺失,本书提出三种解决对策。

(1)建议一:撰写详尽的策划方案

国内案例中几乎少有针对儿童教育项目,撰写周延的策划方案。而策划方案完备与否将会影响项目的程序化和规范化,从而使项目迈出成功的第一步。儿童教育项目策划书就目前看来,仍是一种颇为新鲜的尝试。它不但是一项严谨细致的工作,还是一项富创造性的劳动。

首先,"所谓的博物馆教育,就是让观众自由参观、比较、提出问题、自己学习。因此馆方要依照每位访客的需要、情趣,为其选择最适当的教育服务"[①]。其次,此类项目服务对象为一个特殊群体——儿童。所以,策划方案必须体现出博物馆参观者——不同年龄段儿童的身体发育、认知心理等特征,使得教育项目策划具备较强的针对性。

儿童教育项目虽形式多样、内容迥异,但策划方案皆主要包括六大部分。第一部分为项目概况。此部分常为国内儿童教育项目所忽视,很多项目策划方案就项目谈项目,根本不做项目对象的前期研究,因此开展项目的依据往往经不起推敲。一般来看,项目概况可涵盖愿景(Mission)、目标儿童(Targeted Children)、教育目标(Goals and Objectives)。愿景,用以揭示借由本项目馆方意欲提高和激发儿童哪方面潜能,如行为、认知、情感和社会性。目标儿童,是指确定服务哪一年龄段的儿童。譬如,若将目标儿童定位为 5～7 岁的学前儿童,那么则需依据 5～7 岁儿童特有的心理特点和生理特征,使得项目目标侧重本阶段儿童特定技能和心智之培养,从而最大限度保证教育目标实现。教育目标,包括语言目标(Language Goals)、认知目标(Cognitive Goals)、情感目标(Emotional Goals)和动作目标(Action

---

① 仓田公裕.论博物馆教育.沈燕,译.博物馆研究,1988(4):27.

Goals)(详见第七章博物馆儿童教育指南)。例如上海科技馆的"彩虹儿童乐园"项目中,将
3～6岁儿童教育目标中相关内容做出如下概括(表 6-3)。

表 6-3 上海科技馆"彩虹儿童乐园"项目教育指标

对象	认知目标	情感目标	体能(动作)发展目标
3～6岁 儿童	学会如何就认知的事物发问 锻炼推理和判断思维 理解事物的因果关系 提高数学计算能力 提高读写能力 提高父母对孩子学前教育进程的理解	增强好奇心 增强个人成就和自我表达的满足感和愉悦感 增强自我赋能,提高技能 增强亲子互动 提升感官能动 提升与他人的友好合作互动	运动技能 身体协调 视觉机能 空间定位

第二部分为核心理念。核心理念为教育项目策划的理论依据,需考虑各个年龄段儿童特征、发展能力的侧重点及其注意力持续时间的改变。理论依据主要为相应的儿童教育学和心理学研究成果(具体参见第七章的详尽论述)。在此核心理念的指导下,选择合宜的项目类型:是角色扮演,还是实验操作;是个别探索,还是集体合作,抑或两者交融;是小型肢体锻炼,还是大型肢体运动;是单纯动手,还是动手结合观察等。

第三部分是项目优势。馆方优势是儿童教育项目开展的有力保证。一般休闲时间做何事,教育和娱乐也许是两个极端,但两者亦能互相渗透。[①] 博物馆究竟怎样才能具吸引力和导向性,令观众愉快舒适,从而影响他们的决定? 为此,本部分应清晰阐明:博物馆作为儿童教育项目的策划者和实施者,究竟具备何种能力和资源用于该项目的完成。博物馆在其资源范围内能为观众提供怎样的多种体验,丰富其经历并令其满意而归。[②] 譬如中国航海博物馆依据自身特色弃旧图新,开发航海主题游戏、"航海探宝"表演,进行海洋元素黏土和纸船模型制作,深得亲子游家庭的青睐。[③] 再比如北京孔庙和国子监博物馆 2011 年 6 月 1 日至 6日举办"庆'六一'话传统,习礼仪颂中华"活动,体现孔庙、国子监博物馆传承礼仪文明的特殊使命及其得天独厚的优势。

第四部分为项目内容,此部分为儿童项目策划方案的重点,是一项不可或缺的内容,同时亦是策划方案中体量最大的部分。项目内容包括项目背景(Activities Background)、时间和地点(Activities Time、Place)、活动安排(Activities Arrangement)等。内容应考虑周全,关注细节,以尽可能避免开展过程中出现疏漏。例如上海博物馆一个小型主题教育项目"未来考古学家"的策划书中就项目内容做了以下安排:

第一天,上海博物馆课程:(1)认识考古学 (2)考古探秘
上课时间:上午 9:30 开始,当日午餐自理
第二天,外出考察
地点:河姆渡遗址、田螺山遗址
出发时间:另行通知,当日包午餐

① 尼尔·科特勒,菲利普·科特勒.博物馆战略与市场营销.潘守永,译.北京:北京燕山出版社,2006:30.
② 尼尔·科特勒,菲利普·科特勒.博物馆战略与市场营销.潘守永,译.北京:北京燕山出版社,2006:36.
③ 康玉湛.中国航海博物馆举办特色亲子游活动. http://www. sh. chinanews. com/pageurl/20101125106147. html
(上海新闻网官方网站),2010-11-24.

活动日期:8月11日—8月12日①

总之,该部分的编写可依需要做出内容增减。

第五部分为组织机构,用于对内、对外告知各部门在此项目中如何分工,具体由谁来负责,完成时间等。一般临时型的儿童教育项目可设立活动办公室、组委会和秘书处。②

第六部分为研究者所大力倡导,即项目评估。现今教育项目策划方案能涉及评估版块的乏善可陈。美国带有咨询性质的民间博物馆展览评估体系认为评估标准的核心为:展览是否提供给观众有教育意义、富有信息的参与体验。儿童教育项目的评估与其有异曲同工之处。评估通常分为专家和观众评估两类,其中观众评估权重应更大(前文第二章第一节已做过专门探讨,此处不赘陈述)。专家包括儿童教育专家、博物馆专家、博物馆教育者等,观众则涵盖儿童、家长、教师等。评估方式有问卷调查、访谈、实验和观察等。每项儿童教育项目应当依实际情况,选择合适的评估方式和时间,有效呈现评估结果,从中总结缺陷与特色,以供下次改进。

在儿童项目策划方案的编写过程中,还特别需要关注三个问题。

第一,重视项目概况(第一部分)和核心理念(第二部分)的编写。目前国内博物馆儿童教育项目中普遍表现出对"儿童教育学""心理学"的忽视,事实上儿童认知结构是一个持续的构建过程,发展阶段恒定不变,而儿童心理发展也有几个质变的连续阶段,顺序不可逆。一旦缺少对于儿童受众的分析和研究,直接反映的现象即教育项目简单照搬照抄,流于形式。教育理论专家乔治·E.海恩(George E. Hein)认为:"认知理论代表博物馆理论构成,教育理论需要一套理论知识——知识是什么,如何把这些理论用于实践。"③儿童项目策划方案在编写过程中首先应重视儿童的心理学认知理论和教育学理论。第二,量力而行、实事求是。如果一旦背离此种风格,项目开展的质量将大打折扣,实施者将陷入疲于应付的境地,最终会失去相关部门和社会各界的信任,项目结果亦将事与愿违。譬如广东省博物馆从2011年5月18日推出"活力粤博——巧手工程师"等系列儿童教育项目,场面异常火爆,儿童观众感受到浓郁的节日氛围。但在此系列儿童项目策划中,馆方明确规定博物馆为儿童免费提供材料,用于手工制作。但一家有盈利需求的私人博物馆恐怕就不能如此来策划此项活动,馆方应从自己实际情况出发。第三,力求文字言简意赅,表现手段多样。儿童项目策划方案采用表格、图片、影视资料、效果图等,避免文字枯燥、艰深晦涩。随着电脑制作软件的更新换代,运用水平不断提高,儿童项目策划书方案撰写,其可读性和丰富性亦获得显著提升。例如,一项儿童教育项目在还未开展前,可借助制图软件,在策划方案中使项目效果图呈现,还可配套制成3D动画等多种形式。如此,博物馆儿童教育项目就更易于被社会各界尤其是非专业人士所理解和接受。

无论如何,儿童教育项目策划方案的编写对于博物馆而言仍是新生事物,其编写的规范性和科学性需博物馆业界和学界在实践过程中逐步总结修正,并不断进行开拓性创造。

(2)建议二:根据情况选择不同方式的评估

评估方式一般有前置、过程和结果评估。新项目或重点项目除却结果评估,还应执行前

---

① 上海博物馆.上海博物馆推出2010年暑假之旅. http://www. chnmuseum. cn/tabid/138/InfoID/9557/frtid/141/Default. aspx(中国国家博物馆官方网站),2010-07-14.

② 高小龙.浅谈博物馆文化活动策划书的编制.见:北京博物馆学会.北京博物馆学会第四届学术会议论文集(北京博物馆学会第四届学术会议,北京,2004).北京:北京燕山出版社,2004:570.

③ George. E. Hein. *Learning in the Museum*. London:Routledge,1998:16.

置和过程评估。无论前置、过程还是结果评估,皆可采用内部专家与外部观众相结合的评估方式。内部评估可采用针对员工的内部问卷调查、访谈和项目效益指标检测,外部评估可采用面向观众的外部问卷调查和访谈。

外部评估流程常为:

①设置访谈题目或设计问卷;

②评估取样、准备和实施。

内部评估流程常为:

①评估取样、准备和实施;

②使用"评估指标体系"进行量化评分(见表6-4)。

表6-4 儿童教育项目内部专业评估测评表

评估指标与分值	单项标准与分值	评分等级①
一、项目目标范畴(分值12分)		
1.制定完备目标(分值4分)	1-1 具体明确,规定目标年龄	优秀 4 良好 3 一般 2 不好 1
2.符合项目特点(分值4分)	2-1 与项目类型和主题特点相符	
3.符合儿童特点(分值4分)	3-1 与本阶段年龄儿童认知能力、情感发展要求相符	
二、项目准备范畴(分值12分)		
1.撰写策划方案(分值4分)	1-1 有详备的项目策划方案	优秀 4 良好 3 一般 2 不好 1
2.馆员充分沟通(分值4分)	2-1 就项目策划方案的程序和分工,馆员充分掌握并权责明确	
3.预先做好准备(分值4分)	3-1 发通知,依儿童教育项目内容,各类材料要求安全、丰富、美观,资产、工具、设备与环境准备得当,外出安排好交通食宿	
三、项目内容范畴(分值24分)		
1.内容设置合宜(分值8分)	1-1 围绕活动目标,难度适当,突出重点,时间适当	优秀 8 良好 6 一般 4 不好 2
2.结合本馆特色(分值8分)	2-1 活动内容建立在博物馆资源基础上,弘扬传统文化	
3.内容适合儿童(分值8分)	3-1 活动内容有趣、新颖,符合儿童发展需要和认知水平,有一定挑战性	
四、项目过程范畴(分值24分)		
1.过程有序组织(分值6分)	1-1 优化活动过程,活动结构紧凑,组织安排有序	优秀 6 良好 4~5 一般 3 不好 1~2
2.体现儿童中心(分值6分)	2-1 体现儿童主体地位,发挥儿童主观能动性,营造儿童之间和师生之间互动的氛围	
3.采用多种方法(分值6分)	3-1 强调经验、实物、游戏,采用语言传递、图像传递、实际操作、多媒体等多种教育方法	

---

① 陆建松.博物馆陈列展览评估指标体系课题研究报告.未出版,2010:5.

续表

评估指标与分值	单项标准与分值	评分等级
4.锻炼儿童心智（分值6分）	4-1采用启发式教育引导儿童探索，不提倡知识灌输式（分值3分）	优秀3 良好2 一般1 不好0.5
	4-2鼓励创新求异，独立思考，想象力丰富（分值3分）	
五、情感态度范畴（分值12分）		
1.儿童参与性高（分值6分）	1-1避免家长过多参与，儿童态度积极，心情愉悦，认真自主克服困难，参与性强	优秀6 良好4~5
2.积极体验合作与交往（分值6分）	2-1提供与人分享的机会，乐于合作	一般3 不好1~2
六、项目效果范畴（分值24分）		
1.目标达成度高（分值8分）	1-1活动过程有序、完整，项目目标达成	优秀8 良好6 一般4 不好2
2.具备教育意义（分值8分）	2-1获得新知识、新技术，认知能力、动手能力、合作能力、情感得到不同程度的提升	
3.观众满意度高（分值8分）	3-1儿童对于类似活动愿意重复参与	
七、教师志愿者素质范畴（分值8分）		
1.教学功扎实（分值4分）	1-1掌握授课知识，教学功扎实，具应变、调控和创新能力，语言、演示和多媒体使用规范	优秀4 良好3 一般2 不好1
2.价值观正确（分值4分）	2-1平等对话，担任引导者和参与者，有亲和力，充满热情、爱心，情绪饱满	

具体程序可参见本书第二章第一节第二点内容。为求完整且精准地掌握教育项目特色与效益发挥，对项目应采用内部评估指标体系的检测和外部观众的评量，以全方位掌握项目收效。其中，观众评估若强调结果，可采用问卷调查，获取客观数据；若关注过程，可使用观察或访谈，寻找在预设答案与范围之外的声音。面向观众的外部评估亦可外包，交由专业评估公司或机构来完成。

（3）建议三：完善志愿者管理制度

传统志愿者的工作职责主要为讲解，随着博物馆内涵和外延的不断扩大，志愿者服务内容不断得以延伸和拓展。但目前而言，志愿者分类与考核仍缺乏统一标准，随意性大，各行其是。为此，首先要就志愿者工作进行长期规划，促进志愿者专业委员会发展。

其次，建立志愿者组织机构。志愿者工作权责明确，将其纳入专业人才建设轨道，不断提供集中学习和受训的机会。另外，关注志愿者仪表仪态管理，志愿者统一着装，便于观众辨识。

再次，建立志愿者绩效考核机制。其一，采用考试方式竞争上岗；其二，提供入门业务培训服务；其三，建立小组长负责制的动态评估机制；其四，建立奖励机制，继续推广"十大志愿者评选活动"（中国博物馆协会），并尝试面向社会表彰优秀志愿者，开拓多渠道、多形式的激励办法。

最后,打造特色服务基地。馆方及时总结志愿者成功经验,激发志愿者内在热情,打造服务的特色阵地。以此吸引更多志愿者加入,优化志愿者结构。

（五）问题五:教育手段寡少

1.问题概要

儿童教育手段使用的现状为:口头讲解仍占主流,诸如专题讲解、讲座、讲演、课程和小讲解员项目等。尽管部分博物馆出现竞赛、手工、节假日等动手操作项目,但手段仍不够多元和丰富。"请触摸博物馆"(Please Touch Museum)将电影《变形金刚》剧组请进博物馆,工作人员穿上剧组服装,与儿童亲密互动,手段不拘一格,令诸多儿童"心仪",此类案例国内乏见。

2.问题分析

教育手段寡少的问题出现于国内相当一部分博物馆儿童教育项目中,原因主要可归于以下三点。

（1）原因一:受传统博物馆教育方式影响

很长一段时间内,博物馆教育工作即讲解,"你来了,你看了,讲解完了,你走了,工作结束"。尽管国内博物馆由此在宣讲方面积累起丰富经验,但事无巨细地讲解展览内容,观众并不一定需要和喜欢。随着博物馆教育功能被置于首位,各色各样的教育项目浮出水面,不再局限于参观导览,还出现类型纷呈的文化体验。但口头讲解的影子始终挥之不去,例如上海博物馆"欢欢喜喜过大年"项目,原本属手工系列项目,但因教师讲授和指导的时间几乎占去一半,实际上与学校开设的劳技课程无大异。

（2）原因二:重展不重教思想根深蒂固

在美国,博物馆教育部门力量强大,不仅配备有高学历教育学背景的教育人才,且与学校等教育机构联系密切,成为传统学校教育的必要补充,甚至学校将课程开设至博物馆内,从而为儿童提供多角度、全方位的教育服务,并在方法手段上不断创新。自2008年我国博物馆免费开放以来,尽管首都博物馆、上海博物馆、中国国家博物馆等积极开展儿童教育项目,且带来良好社会口碑,但和国外博物馆相较差距显见。国内博物馆更多关注基本陈列与临时展览,以及针对展览所开展的特色讲解。而欧美博物馆,如美国历史博物馆,隶属史密森尼博物院,曾开展"邀请儿童试穿19世纪初服装,让他们挑选最喜欢的服装,然后讲述衣服和实物的故事"项目,菲尔德博物馆(The Field Museum)策划"利用电流现场演奏交响乐"项目等,馆方采取别出心裁的手段,鼓励儿童主动参与,突破了传统的教育模式。但国内博物馆教育却将更多精力和成本花费于展览和讲解之中,重展不重教的思想"坚不可摧"。

（3）原因三:缺失先进手段等方法培训

21世纪电子信息技术、生物工程技术等高新技术已成为社会发展的助推力,现代科技日新月异,而博物馆教育工作者并非全才,教育新技术、新设备和新手段的掌握需得到专业指导。对教育工作人员进行专业技术培训,一方面可减少博物馆配备技术人员的成本,另一方面有助于克服教育人员自我摸索的困难。因他们常直接面对项目,对教育人员集训,可使教育新手段直接付之运用,减少中间支持环节。

3.改善建议

鉴于此,为弥补教育手段寡少之缺失,本书建议可从四方面着手。

（1）建议一：转变教育观念

教育家斯普朗格（Edward Spranger）说："教育的最终目的不是传授已有的东西，而是要把人的创造能力诱导出来。"①避免说教式教育，提倡服务式教育。儿童的需求是此类项目的出发点与落脚点。在儿童观众面前，教育人员不可居高临下，自诩"教育者"，应"以儿童为本"，因有了他们，才有儿童教育项目。

避免知识灌输，提倡儿童体验。无须向儿童解释某种自然或生活现象，只需让他们去体验，至于体验到什么，不约束、不强求，亦无标准解答，实现儿童展教合一。将儿童博物馆教育纳入教育体系，仅是博物馆特色教育之一，并非教育的全部内容。

（2）建议二：创新教育手段

教育手段的创新首先在于合理吸收现代科技。如网上博物馆、动漫技术、声效模拟、微电影、移动应用软件等，不断尝试使用新设备和新技术，创新适合儿童的教育手段。德国儿童教育家福禄贝尔（Froebel）提出："游戏是儿童内在本质向外的自我表现。……游戏不等于儿童的外部活动，更多指心理态度。在这些游戏中得到充足滋养的绝不仅是身体或肉体的力量，而是在不断地、肯定地、可靠地显示出精神和道德的力量。游戏是创造性的自我活动和本能的自我教育。"②因而，娱乐成为儿童教育手段的重要基调，教育形式完全可活泼多样，如采用作业单、现场表演、参与视听、角色扮演等。国内部分博物馆亦开始做出一些尝试。譬如广东东莞虎门销烟纪念馆依虎门销烟事迹结合青少年吸毒现象，采取说、唱、跳、演多种方式编成感人肺腑的小剧；河南博物院利用馆藏古老的青铜乐器，独奏、合奏儿童熟知的曲目。但，这些仅为少数，更多的博物馆仍在对儿童开展知识讲授。

（3）建议三：及时对教育人员开展培训

对教育人员定期开展培训为一项重要工作内容。除却针对现代技术难题，参加技术操作培训，并将现代科技适度纳入既有教育手段之外，教育人员还应掌握儿童教育学与心理学，参加以儿童研究为主题的培训。博物馆或地方宣教部可聘请青少年心理研究专家、儿童教育学学者、教学经验丰富的中小学教师为工作人员举办讲座。譬如陕西省宣教部曾组织举办为期两天的系列讲座，乾陵博物馆、秦兵马俑博物馆、西安碑林博物馆、半坡博物馆都组队或派代表出席，此活动反响良好。博物馆亦可邀请中小学团委老师、政府妇幼少儿部的工作人员与博物馆教育人员一起参与座谈。此类人员因长期与少年儿童打交道，组织过各类少儿项目，所以具备丰富的实战经验，与他们的交流常能碰撞出火花。总之，博物馆可通过博采众长、集思广益，增强对儿童群体的基础认知，从而获取新的工作灵感，开发出多元化教育内容和教育手段。

（4）建议四：加强儿童群体研究

若欲开发适合儿童的教育手段，首先要了解儿童，仅依靠来自外部的培训仍不够，为此应对儿童群体进行专门的"科研"。一方面要开展前置研究。教育手段是否适合儿童，可首先进行预检，可采用观察、访谈、问卷调查、实验等手段中一种或几种实施评估。关于手段运用之方法本书第二章第一节第二点已有论述。另一方面应构建博物馆儿童教育指南。此点将于第七章集中论述，此处不再着以笔墨。

---

① 阎宏斌.新形势下的博物馆教育.见：杨丹丹,阎宏斌.博物馆教育新视阈.北京：文物出版社,2009：118.
② 孙照保.西方儿童教育思想、教育方式和儿童教育研究述评.基础教育研究,2008(6)：17.

（六）问题六：缺乏如馆校合作、教师培训等社会合作

1.问题概要

世外桃源式的孤寂已不适合现代博物馆，博物馆应当成为民众日常生活的一部分。一方面要服务社会，另一方面又要吸引社会投入。然而，目前博物馆社会化程度不高，儿童教育情况亦如此。项目缺乏完善的社会合作机制，未与学校等教育机构、科研院等研究机构及社区、企事业单位、社会团体和其他社会力量进行深入合作。现阶段的儿童教育项目较多采用馆校合作形式，但手段仍较为传统，例如免费租借标本、举办讲座、参观导览等。教师项目亦有所涉及，但多手段单一的知识培训，教师积极性不够。总之，博物馆与社会合作的渠道仍未理清，未开展持久、深层的合作，未搭建起以博物馆为基地的广泛的儿童教育平台。

2.问题分析

缺乏与包括学校在内的公共机构、企事业、社会团体或个体进行规范、可持续的合作，原因多样，主因可归为两点。

（1）原因一：不注重社会宣传和关系维护

国内博物馆约80％属于近20年内创建，发展速度快的背后潜伏诸多问题，众多教育思路和方法过于保守。馆内开展儿童教育项目，主要采用官网发布通知的方式宣传，利用其他大众媒体、社交媒体与观众沟通的较少。调查显示，国内超过一半观众是由于"博物馆自身名气来博物馆"[①]，博物馆缺少公关意识和行为，除却利用会员、博物馆之友等形式，馆方很少进行社会关系维护。例如河北博物院"国之瑰宝——河北文物精品图片进校园"项目在网上发布后，工作人员一直静候，无学校主动联系，转而不得以改变"坐等"，主动出击，与学校取得联系，否则项目难以推行。显然，国内博物馆儿童教育在与社会沟通方面做得不够，未开发多种方式、渠道赢得社会对博物馆儿童教育的普遍关注。

（2）原因二：缺乏合作机制

博物馆儿童教育缺少与学校、社区、企事业、社会团体等机构或个人合作的制度保障。国外有规范的基金会制度支持发展公共文化事业，捐赠博物馆可冲抵税收的法律规定，拥有邀请外国同行交流的邀请自主权，及财务分配和人事管理的绝对自主权等，诸此制度国内博物馆未有。再加上国家宏观调控未将博物馆教育纳入国民义务教育体系，学校和博物馆配合亦不存有法律保障。总之，博物馆儿童教育缺少一个较为积极和成熟的制度环境。

3.改善建议

针对缺乏社会合作，如馆校合作、教师培训问题，研究者据上提出两点改善举措。

（1）建议一：树立公关意识

博物馆要多创新，多动脑，转变"坐等"儿童观众前来的观念，树立主动的公关意识。在机场、车站、地铁里树立儿童项目广告牌，通过电视媒体播报最新教育项目，于人群拥挤处发放儿童项目宣传单，牵手社区开展大型亲子活动，联合其他教育机构共同举办竞赛类节目，

在重大喜庆节日策划具博物馆特色的儿童项目,广泛招募儿童志愿者和服务儿童项目的志愿者,举办企业子女项目专场等,使博物馆成为儿童日常生活的组成部分,变身成真正的教育中心和娱乐中心,儿童由此对博物馆教育资源产生信任和依赖。总之,馆方要转变意识,主动出击,与观众形成双向互动。

(2)建议二:开辟合作教育模式

儿童教育项目的开展不能也无法仅靠自身力量,应在自有资源的基础上,整合外部资源,主动与学校、家庭、社区、企业等机构开展合作,形成新型的儿童教育合作模式。组建馆内外的教育网络,完成粗放型向精细型的转变,共同构建互动式、立体式的教育服务体系,以促成学校、社会、家庭教育的联姻,形成馆内与馆外两大教育阵地。

开展馆校合作。首先,将博物馆教育纳入国民教育体系。依靠政府主导,从法律上确立博物馆作为国民教育体系组成部分的地位,完成将博物馆教育纳入中小学教育的中长期规划;在教育部门牵头下,修订新的教学计划,将部分教育活动交由博物馆完成,同时建立馆校联系制度(此点在前文问题二建议二中已涉猎,此处不赘述)。博物馆和学校教育形成联动关系,双方可依据实际情况签署合作协议,明确合作方法,开拓合作领域,可从共建的基地学校开始试点。博物馆和学校合作内容广泛:如组织学生观览,博物馆现场教学,根据大纲编写教程,组织学生专场讲座,针对儿童策划主题展览,出借标本、模型、图片,为学校制作教具,博物馆培养专业人才,为特殊学校儿童提供专门服务,等等。如古根海姆博物馆(Solomon R. Guggenheim Museum)、大都会艺术博物馆,工作人员专门针对不同年龄段的儿童设计出类型各异的教育课程。早在1909年,芝加哥科学工业博物馆(Museum of Science and Industry)的教授张伯伦(T. C. Chamberlain)就向本市学校出借了100套收藏品,每套包含若干件展品,供学生欣赏之余,切实地辅助了各科教学。两年后,出借学校达44所,藏品计279套,估计获益中小学生约达2万名。[①]"罗浮学校"是中小学为能定期带学生参观,与卢浮宫(Musée du Louvre)签订的协议。而与中小学建立长期稳定联系通常是国外博物馆与学校合作最普遍和最基础的方法。

开展教师培训。卢浮宫工作人员认为"若想培养儿童对艺术的爱好,教师作用不容置疑",因而,教师成为博物馆儿童教育的重要桥梁和对象。博物馆教师培训形式各异,包括:博物馆与教师一起利用博物馆资源进行课程教学甚至是跨学科学习策略的探讨;教导教师如何制定带领学生进行自导式参观的计划;协助教师多角度地认知展品,了解展品背后信息和故事;指导教师如何为学生量身定做博物馆课程等。课程形式可分为研讨课或体验课两类,每类又可分迷你、半天和全天等不同类型,多样化的课程菜单可供教师自由选择。而课程的选题则可依教师填表预约后统一确定。最终,利用博物馆为教师搭建一个教学相长、共同学习之平台。

开展社区合作。2001年,"博物馆与建设社区(Museums:building community)"成为国际博物馆日的主题。2010年,《上海宣言》提出"博物馆社区化和无边界化",面向社区,博物馆应主动融入,要研究社区文化,适应社区文化,在社区政策导向下为社区儿童举办各种教育项目,诸如开设博物馆课程、举办亲子派对等。社区街道办事处以及居民委员会等同样可利用本土化的资源和地域优势,从本社区儿童利益出发,与邻近博物馆建立长期合作机制。

---

① 滕大春.美国教育史.北京:人民教育出版社,2001:460.

开展与各行业的合作。博物馆可争取国企、私企和事业单位等的赞助,开发大型儿童教育品牌项目,此类项目既可为企事业单位的社会形象打高雅文化之广告,又可提升其信誉度和知名度。同时,若项目举办成功,本身即完成了一次有效公关。通常,各行业因地缘关系,可与当地博物馆建立联姻关系,实现资源共享和利益双赢。博物馆与社会资源互通有无,为孩子的学习打造起一个更轻松且完备的阵地。

(七)问题七:馆内外资源未深度开发并有效整合,项目内容同质化,缺少创意

1.问题概要

儿童项目同质化成为国内博物馆的普遍现象,譬如皆包含讲解、讲座、夏令营、手工、小讲解员等项目,项目不但在国内同质化严重,甚至还直接照搬国外做法,如"博物馆奇妙夜"项目。借鉴先进之举固然无可厚非,然而,背后却反映博物馆项目缺少创意。而创意之源便在于"前期研究":是否就博物馆资源进行了深度挖掘和全面阐释,是否将馆外资源吸收、整合入博物馆并加以利用。显然,国内在此方面存有诸多不足。如河北博物院,各类教育项目基本围绕常设展做文章,主要利用文物或图片等展品资料,整合的方式仅为将文物和图片进行主题归类,缺乏吸引力和参与性。

2.问题分析

未就馆内外资源进行深度开发和有效整合,常导致儿童教育项目流于同质,那么,造成此现状的缘由何在?

(1)原因一:缺少研究专家

此处"研究专家"包含两类:一为博物馆专业研究人员,一为懂儿童教育心理学的教育专家。依现实为判,首先,虽多数博物馆设研究部,但馆内真正做策划展、观众研究等的专业人员并不多,诸多需要外聘。且研究人员构成中,年轻人少、中老年多,整体研究能力和专业水平欠缺。其次,应界定好一个概念,博物馆教育工作者并非仅指讲解员。众多博物馆业内人士甚至是教育工作者都会产生如此误区——博物馆教育工作者就是讲解员,教育工作即吃"青春饭",工作数年后便陆续转行。同时,讲解员中高学历者又乏见,一般为大专以上学历,编外人员则仅需中专以上学历,因此教育部门相较博物馆其他部门门槛更低。再次,博物馆教育部门人员构成中常以外语、文史、艺术、播音、新闻等专业居多,缺乏教育学专业人才,包括儿童教育方向,情况不容乐观。

(2)原因二:缺失考核和激励机制

一项儿童教育项目创意成功,仅靠研究人员一腔热情的投入,并不能达成,还需依赖产生创意的持久动力。此动力,即考核与激励。从2008年博物馆免费开放至2012年的4年间,中央财政共补贴80余亿元,而这80余亿元分配,主要依各省自主申报额度,与博物馆绩效关系不大,从某种程度上丧失公平。与先前借由门票收入进行奖励的机制相较,现今的财政补贴机制如同"大锅饭",难以产生激励效果。在此环境之下,博物馆员工工资一般仅与专业职称评定相挂钩,而与自己工作业绩无关。换言之,项目做得好和员工利益并不产生正相关。而一个优质的项目从策划到实施,则需耗费不少精力和时间。即使项目工作人员因工作责任心"作祟"积极投入,若无绩效考核和激励机制,这样的投入不具可持续性。倾力策划创意项目但不存在实质性奖励,部分员工甚至担心若自己太过积极,是否招致其他员工非议。

3.改善建议

针对馆内外资源未深度开发、有效整合,项目内容同质化,缺少创意,研究者提出两点改善之举。

(1)建议一:培养或引进专业人才

首先,强化专业人才的培训力度。一为"请进",邀请国内外知名博物馆专业研究者或儿童教育学、心理学专家为教育部员工做培训。关于儿童教育学、心理学方面的培训在问题五建议三中已论及,此处不多述。可依博物馆学术研究的不同领域,分门别类地举办讲座,或进行面对面辅导。如博物馆策划"钻木取火"项目,鼓励儿童参与实践,此前应对员工进行考古、史前史等相关专业领域的知识和技能培训。二为"派出",外派教育部门员工赴全国各地参加博物馆相关的培训班、研讨班及学术会议,收集最新研究成果,进行广泛的学术交流,从而形成浓厚的学术氛围并不断提高科研水平。三为"内带",由自己馆内专家采用传帮带的方式来引导和帮助年轻人尽快融入岗位的业务。

其次,全国范围内招聘专业对口、学有所长的专业人才。一为外聘有经验的专家。一为招募文物学、博物馆学、儿童教育学、儿童心理学的应届毕业生。

再次,试图造就一批研究教育的复合型人才。博物馆学术研究实际为一种手段,目标是提供教育、展览等文化服务。若能结合工作需要,塑造出一批既能精通文物,熟悉儿童教育学、心理学知识,又能胜任项目策划的人才,必然能为儿童项目带来不一样的思路与风景,使项目弃旧扬新。但在还未出现此类人才情况下,可由项目策划者牵头,由专业研究人员和儿童教育专家联袂贡献研究成果,策划者据此来进行项目创意。

(2)建议二:实行项目奖励机制

首先,将博物馆从行政主导转向业务主导,儿童教育业务实行"项目制"。此举湖南省博物馆已成功试行。项目负责人负责项目全程运作,从主题择定、确定目标、组织人员、现场实施,到项目评估和绩效考核。馆方对项目负责人和参与者依项目完成情况进行项目创收的提成奖励。依工作绩效,如年度内为博物馆做出特殊贡献,完成多项优质项目,馆方给予特别奖金进行嘉奖。仍以湖南省博物馆为例,馆方采取多元灵活的收入分配方式,开展以岗位结构工资为主的多类型分配改革,形成重贡献、重实效的激励机制。馆长每年根据职工业绩,以占上年度职工工资总额 9％ 的金额作为奖金,奖励贡献卓越者。综之,教育部可引进"项目制"管理的理念与方式,鼓励员工积极开展项目的创新与探索(本章问题二建议一已稍有论及)。同时,依项目执行数量与质量建立薪酬激励机制,人力资源由此得以盘活。

(八)问题八:重知识传授,轻能力培养,少互动成分

1.问题概要

从本书三大国内案例看来,目前无论儿童教育处于何种水平,大多数教育项目仍以知识传授为主,互动成分不多,忽视能力培养,尤其是与他人交流、合作的能力。譬如北京自然博物馆的"科普小课堂——人体漫游记"项目,尽管授课教师全程采用启发式提问,并使用模型教具,但半个小时内,儿童一直处于信息接收状态,除却教师提问儿童回答外,并无其他互动手段,更难以鼓励儿童想象,发展具象思维。在美国大都会艺术博物馆(The Metropolitan Museum of Art)"西班牙、拉美文化嘉年华(¡Fiesta!)"项目开幕式上,工作人员打开音响,专业舞蹈演员在大厅内纵情跳桑巴,儿童和家长席地而坐,然后不约而同加入身体跃动之行

列。此项目以一种艺术感染的方式鼓励观众参与,观众在肢体运动中感受热烈的异域文化。与"科普小课堂——人体漫游记"项目相较,究竟哪个项目对儿童更具吸引力,答案不言而喻。开展单向信息传播,进行知识输送,其初衷虽好,但儿童是否乐于参与?又能吸收多少?

2.问题分析

造成今日两国差异的原因多样,主要可归为三点:未真正树立儿童中心地位;未认清博物馆教育机构的属性;儿童教育学、心理学研究缺失。

(1)原因一:未树立儿童中心地位

儿童与成人不同,天性活泼好动,直接的知识灌输不适用于儿童,儿童需要的是可直接动手操作的体验式教育,因为体验可使复杂、深邃的知识变得简单、直观和生动。项目若以儿童为中心,则需在主题、内容和形式上皆适合儿童。例如英国的一家博物馆为给儿童讲述古罗马历史,便把孩子带到古罗马人修建的古城墙旁,工作人员喊着口令,手握尖刺长枪,身着罗马士兵的盔甲,一群孩子高兴地跟随。对标河北博物院"国之瑰宝——河北文物精品图片进校园"项目,针对30余件文物图片及其介绍进行集中展示,重视的仅为知识传递,忽视儿童参与,无法实现儿童注意力定向,从而触及儿童心理兴奋点。此类项目中儿童并未真正成为中心。

(2)原因二:未认清博物馆机构教育的属性

如果一定要把博物馆变成一座学校,不仅不会成功,而且会失去一座博物馆。国内不少博物馆的儿童项目一再强调知识传授,无疑变成了学校教育的"翻版",实际其并未认清博物馆教育的特殊性。博物馆利用实物开展非正规(或非正式)教育,没有"分数"约束和"升学"重压,完全可利用资源优势和博物馆环境,自主地进行儿童项目研发,力求儿童素质的全面发展,真正变成区别于学校的第二个教育系统。特别需要注意的是,博物馆的儿童项目亦非学校教育的简单延伸,其教育模式的独特性反映在理念、情境、素材和教育方式等与学校教育的本质区别上[1]。

(3)原因三:儿童教育学、心理学研究不足

儿童心理有着特殊性,现代教育心理学提出:"兴趣使学生积极主动地去认识事物,汲取知识,探求真理,从中体验到学习的情趣,并获得最佳的学习状态。"[2]激发兴趣,关键是要找到儿童心理兴奋点,即特定年龄段儿童心理发展的阶段性差异,这就要求掌握儿童教育学、心理学相关知识。同时,对儿童群体而言,知识与智力并非同一回事。刘金花在《儿童发展心理学》一书中写道:"仅仅灌输知识,单调地背诵,机械地练习,易于压抑儿童智力发展。"[3]总之,儿童群体体征为"活泼好动",枯燥的知识传授剥夺了儿童互动参与的可能,显然无法满足任何年龄阶段儿童的心理需求。

3.改善建议

据以上分析,本书提出三点改进措施:第一,"以儿童为本",做好教育服务;第二,洞悉博物馆儿童教育的属性;第三,教育菜单让儿童做主。

---

① 宋娴,忻歌,鲍其泂.欧洲博物馆教育项目策划的特点分析.外国中小学教育,2010(7):26.
② 郭青生.兴趣是学习的先导——谈谈上海博物馆未成年人教育的尝试.见:杨丹丹,阎宏斌.博物馆教育新视阈.北京:文物出版社,2009:41.
③ 刘金花.儿童发展心理学.上海:华东师范大学出版社,2001:67.

(1)建议一:"以儿童为本",做好教育服务

儿童教育项目中,工作者的一言一行,皆是服务态度和服务质量的反映,给孩子带来心灵上的记忆。"以儿童为本",工作者仅注重自身言行并不够,还须认真分析儿童特征,从而真正满足儿童身心需求。从项目而言,要满足儿童身心需求,应从儿童立场出发,就项目各项"内容"展开前期研究(研究内容可参见项目策划方案的六大部分)。前期研究的目的是预先消弭各种困难与障碍,使得项目执行过程让儿童感受到愉悦、舒适,获得满意的参与体验。再次,针对重要的和新的儿童项目,可采用前置评估,预先让儿童对项目各项内容做出反馈,并实施评估,借由反馈不断修正。博物馆以开放的姿态面对公众,推出的项目才可获儿童青睐,发掘儿童潜在兴趣,提升儿童各项能力。

(2)建议二:洞悉博物馆儿童教育的属性

博物馆机构作为一个非营利的社会教育机构,储备有丰富的实物资源,是非正规(或非正式)教育的重要场所。现代的博物馆其教育展现六大特色与趋势:秉持全民教育和终身教育的理念;采用启发、诱导和寓教于乐的教育方式;观众可依喜好、能力,自主地选择博物馆;通过情景再现、遗址复原、实物造景,提供观众临场感和虚拟现实的教育环境;以生活化为取向,结合观众经验或熟悉的事物实施博物馆教育;计算机和网络逐步摆脱博物馆教育的时空局限。[1] 诸此教育属性,决定了博物馆的儿童项目完全可借助其"特殊"资源和教育环境,从儿童需求和兴趣出发,培养儿童能力,开展为人所津津乐道的体验式教育。国内不少博物馆儿童项目一再强调传授知识,成为学校教育的"追随者",实际其并未认清博物馆教育的特质。博物馆作为一个非正规(或非正式)的教育机构,可利用自身实物资源的优势,避免知识灌输,不断完善旧项目,创造新项目,成为儿童素质教育的舞台。

(3)建议三:教育菜单让儿童做主

博物馆里教育人员和儿童间关系已发生了改变,从教育人员出发的单向传播不再是唯一的教育手段,受教育者自主选择权逐步扩大,提倡儿童和工作者的互动,关注培养儿童能力。[2] 传统"宣传册"和"讲解"的模式已不能满足当下儿童观众需求,各种培训、讲座、户外活动、节假日项目纷纷浮出水面,形成了一个多类别的教育项目序列。同时,博物馆人员不再需要过多干涉儿童观众的受教育过程,仅需提供必要的指导。儿童观众参与博物馆教育项目时,可进行菜单式的选择,选自己感兴趣的教育项目或组合。另外,由于儿童年龄小,集中精力的时间长短不一(可参详第七章:两类儿童教育核心问题之策略研究),所以"菜单群"中各种类型的模块要一应俱全,使各年龄层儿童皆可找到适合自己的项目模块。总之,孩子接受知识和思维方式是个渐进的过程,提供儿童自主选择的菜单式项目群,可点燃儿童兴奋点,从而激发学习兴趣,而一旦具备兴趣,儿童大脑中的神经腱就会得到锻炼,接受所学知识。由多元模块组成的类型纷呈的菜单式项目群,不再强调知识传播,而是提倡重视能力,尤其是培养"可促使儿童渴望学习的创造能力"[3]。

① 黄淑芳. 现代博物馆教育:理念与实务. 台北:台湾博物馆,1997:10-32.

② David A. Ucko. *Science Centers for the 21st Century*. Nevada:Executive Committee of the Forum on Education,2001.

③ David A. Ucko. *Science Centers for the 21st Century*. Nevada:Executive Committee of the Forum on Education,2001.

(九)问题九:未将亲子理念融入其中

1.问题概要

参加博物馆儿童教育项目的儿童若为学龄前或小学低年级儿童,则常由家长陪同。对家庭而言,带孩子来博物馆的行为既是一种休闲与娱乐,同时亦是一种使其增长见识或接受教育的体验,换言之,他们的博物馆行为注入了双重需求。[①] 家长携儿童同来所发展出的家庭观众,成为现今博物馆观众的重要类型。如大都会艺术博物馆儿童项目中常规设有"家庭项目(Family Programs)"类别,专门服务于 18 个月至 12 岁儿童观众及其家长。伦敦自然历史博物馆于 1987 年进行的观众抽样调查显示:儿童团体包含儿童与家庭成员、儿童与学校团体、儿童自行组成的小团体三种,其中"家庭观众(儿童与家庭成员)"占"儿童团体"44.8%,比重最高。[②] 欧美多数博物馆每月、每季度或每年皆会针对家庭观众专门策划出各类教育项目。而从本书三大国内案例获知,国内现状为:以家庭观众作为对象的项目极少。儿童项目中频现儿童参与活动,而家长在一旁"静候",被人为地与孩子"隔离"的现象。故,儿童和家长未形成一个服务统一体。如上海博物馆"欢欢喜喜过大年"手工系列项目中,志愿者陪同家长立于教室一侧,与孩子保持距离至项目完结(见图 6-1)。博物馆因此亦失去将家庭教育与社会教育相结合之契机。

图 6-1　上海博物馆的"欢欢喜喜过大年"项目中"制作元宵兔子灯"活动现场
家长齐站在大门入口处,孩子独立完成手工活动,无亲子互动行为

2.问题分析

家长陪同儿童参加博物馆项目,本是欢乐亲子行,但国内博物馆为何未能设计出合理的项目方案,提供家庭共同学习之环境? 其因可归为以下两点。

[①]　波莱特·麦克曼讷斯.博物馆中的家庭观众.见:罗杰·迈尔斯,劳拉·扎瓦拉.面向未来的博物馆——欧洲的新视野.潘守永,雷虹霁,译.北京:北京燕山出版社,2007:91.

[②]　波莱特·麦克曼讷斯.博物馆中的家庭观众.见:罗杰·迈尔斯,劳拉·扎瓦拉.面向未来的博物馆——欧洲的新视野.潘守永,雷虹霁,译.北京:北京燕山出版社,2007:91.

（1）原因一：未树立亲子教育理念

儿童学习过程是与周围环境产生互动的过程，于此过程中父母的影响产生重要作用，不容忽视。家长在项目中的不同表现和反应，直接关系到儿童的参与感受、积极性和主动性。这些在列夫·维果斯基（L. S. Vgotsky）的社会文化历史理论和阿尔伯特·班杜拉（Albert Bandura）的社会学习理论中皆有归结，下文将做论述。现今国内的众多博物馆仍未较好地掌握亲子互动理论，故无法在项目策划中将亲子教育理念融入其中，充分"发挥"家长在博物馆儿童教育中的潜能，从而寻找到博物馆社会教育与家庭教育的有效结合点。

（2）原因二：受传统的教育观影响

本书"绪论"关于"教育"释义，已详尽提及国内外教育观差异。总体而言，国内教育重视"上施下效"，强调施教者演示，受教者模仿，只要服从，无视兴趣；国外教育更多关注由内而外将一个自然人潜在和固有的素质引导出来，转变为现实发展状态。不同的教育观影响家庭教育和包括博物馆教育在内的社会教育行为。首先，博物馆方未有意识地将家庭观众视为目标观众；其次，家长方认为施教者是博物馆教师，自己无能为力。他们皆未认识到教育本身是一个引导过程，若博物馆教师是主要引导者，家长则是最近引导者，他们的合作才能更大限度地发掘儿童潜能。

3. 改善建议

针对未将亲子理念融入其中的问题溯源，本书提出两点建言。

（1）建议一：掌握亲子互动理论

亲子互动相关理论较多，在此择要介绍社会文化历史与社会学习两大理论。苏联心理学家列夫·维果斯基于 20 世纪 30 年代，提出社会文化历史理论。他认为个体心理自个体出生到成年，在环境和教育的影响下，由低级心理机能逐步向高级机能转化。就儿童教育与儿童发展的关系，列夫·维果斯基创造了"最近发展区"概念，认为"儿童现有水平和经过他人（成人）启发帮助可达到水平间的差距叫'最近发展区'"，因此教育通过包括父母在内的周围人协助才能得以人为发展。[①] 为达到"人为发展"，周围人需要为学生搭建一个支架，学生借助此支架可建构稳定的理解，最终独立完成科研工作。[②] 从列夫·维果斯基理论看来，儿童发展受环境和教育的影响，应得到周围人的启发帮助等才能获取更优的学习效果，周围人中父母则是重要的启发帮助者，给儿童提供"支架"，促使其在博物馆项目的参与中获得有意义的学习体验。

班杜拉是美国当代心理学家，他创立社会学习理论。他认为社会环境作用下产生人的社会行为，这些行为是根据观察学习示范行为而形成、提高并改变的。[③] 由此，班杜拉提出了"观察学习"概念：通过观察他人（成为榜样）的行为而进行的简单学习[④]。他把"观察学习"分成四大过程：注意过程（attentional processes）、保持过程（retention processes）、复制过程（reproduction processes）和动机过程（motivational processes）。首先，注意过程，关注到榜样多方面表现；然后，记住情景中的榜样行为；将所观察到的行为进行复制；最后因表现出所

---

① 陈琦，刘德儒. 当代教育心理学. 北京：北京师范大学出版社，2007：36.
② 陈琦，刘德儒. 当代教育心理学. 北京：北京师范大学出版社，2007：38.
③ 张荣华. 关于社会教育的一般理论. 中国青年研究，2007（12）：10-11.
④ 张荣华. 关于社会教育的一般理论. 中国青年研究，2007（12）：11.

观察到的行为受到激励。① 故，观察学习的起始阶段即"注意过程"，注意榜样行为及其各种特征，而儿童在生活中距离最近的榜样即父母。朝夕相处的父母成为儿童学习的主要对象，父母在博物馆内若言行举止得当，儿童则具备观察学习的良好楷模，促使身处博物馆学习的儿童获得正面导引。

博物馆儿童教育工作者应把握亲子互动理论，并关注相关理论动态，获悉最新理论成果，提高专业理论素养，站在理论高地上对实践工作进行创造性开拓。

(2)建议二：合理发挥家长教育作用

尽管博物馆儿童教育项目中教育人员是项目的策划和组织者，但父母在其中的作用亦不容小觑。研究发现，若家长陪同儿童，儿童在博物馆学习时间更长，学习亦更深入。克里斯坦·布朗(Christine Brown)经由博物馆科学中心亲子互动观察得见，博物馆行为中，"家长反应"共分为八种：一为看管型，将儿童行为保持在自己视线范围内，孩子自由行动，家长置身事外；二为维持秩序型，家长待在一旁维持秩序，不干涉活动，但保证孩子得到尝试机会；三为援助型，孩子要求，家长施援手，常会把事情规整后，然后让孩子接手；四为带头型，孩子不清楚如何做或退缩时，家长态度积极，某个时间段内先操作部分，再交由孩子完成；五为副手型，家长在一旁担当副手，孩子行为主动、有经验和自信(见图6-2)；六为搭档型，家长与孩子地位平等，成为孩子搭档；七为领导型，家长为主，孩子在旁帮忙；八为示范操作性，家长示范操作，孩子旁观。

图 6-2 印第安纳波利斯博物馆的"飞行原理演示"项目现场
家长与孩子一起席地而坐，孩子主动参与问答，家长作为副手相伴

布朗提出搭档和副手两种类型，能帮助孩子增加自信、提高技巧，儿童获益最大。故，博物馆儿童教育中，家长参与的表现不仅影响到儿童博物馆体验是否愉悦，更影响到儿童心智与能力是否得以提升。家长因了解孩子的情况和需求，能够树立积极的学习榜样，同时提供外在启发和帮助，支持儿童各种参与行为，适当做出必要的干涉，激发儿童主动学习的热情。然而，项目中儿童始终是学习主体，家长仅承担引导者的辅助作用，不可有越俎代庖之举。

---

① 陈琦，刘德儒.当代教育心理学.北京：北京师范大学出版社，2007：75-76.

第二节 儿童教育项目之理想模式总论

儿童教育项目若要科学有序执行,提升整体水准,创立具普遍适用性的儿童教育项目实施模式极为必要。在针对儿童教育项目开展中常见影响项目效益之症结提出解决策略后,本节将尝试结合前文研究案例中所梳理的儿童教育项目特色与缺失,从宏观角度探索并构建具参鉴作用的项目实施模式,用以勾画理想状态之下,儿童教育项目应满足的总体要求。

一、博物馆儿童教育项目之理想模式

依观众与馆员访谈所反馈信息和研究者现场观察且参与项目过程所获,以及国内外四大相关案例解析,本书试图构建儿童教育项目实施之理想模式,以供实际策划与执行项目时参鉴,从而提升儿童教育项目质量和水平。概要归结如下:

(一)对象按族群和年龄进行逐层分众

就儿童教育项目参与对象,首先进行族群划分。可区分成家庭观众、青少年观众、学校观众、教师观众和残障儿童观众等。如大都会艺术博物馆将儿童项目分成11~18岁青少年项目、幼儿园到高三教师项目、家庭项目、学校集体项目和残障儿童项目。其后,进一步依年龄进行二度分众。同样如大都会艺术博物馆,针对其中学校集体项目,继而分1~3年级、4~12年级、9~12年级及1~12年级4大子项目类别。如此,不同年龄段孩子只要依自己所属族群和年龄,就可在短时间内找到适合自己参与的项目群。然而,如此分法虽普遍但不绝对,应依具体情况,灵活调整。如残障儿童观众,需按伤残类型如视力缺陷者、听力缺陷者、智障和痴呆者等进行再次分众。

(二)低龄儿童项目融入亲子教育理念

社会文化历史理论与社会学习理论等亲子教育理论表明:父母是儿童观察学习的榜样,亦是启发者和帮助者。博物馆低龄儿童项目常由家长陪同参与,因而要将亲子教育理念融入其中。同时,项目执行中家长角色应有明确定位。克里斯坦·布坦(Christine Brown)经由研究提出:博物馆教育中家长担任儿童副手或搭档角色,对儿童裨益最大,可协助儿童提高实务技巧并提升自信心。尽管强调发挥家长在博物馆教育中的独特功能,然而,其充其量仅起到引导者的辅助功能,主体仍为儿童,要避免反客为主。

(三)具备足够面积的儿童教育空间

一流的建筑和设施是博物馆开展优质儿童教育项目的先决条件。儿童教育空间是指博物馆内专门用于实施儿童教育项目的空间。此类空间包括儿童教室、活动室、研讨室、手工坊、论坛、实验室、演播室、儿童图书室、教师资源中心等。诸此空间并非所有博物馆一定皆要具备,可依据自身属性和类型来综合判断。例如自然科学类博物馆应首选实验室,艺术博物馆则要设置手工坊。一般而言,所有类型博物馆皆宜包含活动室、教室、儿童图书室和教师资源中心等。

(四)有效利用网站等媒介,进行多渠道宣传,宣传材料细分

首先,充分利用官方网站、新媒体等媒介,实施儿童教育项目宣传。首页设置儿童教育版块并公布近期资讯,也可考虑设置儿童版网站。台湾地区和国外博物馆不少官方网站已

做表率,而国内博物馆目前拥有儿童版官网的仅 4 家。其次,学会放低身段,不断开拓宣传新渠道,实现多管并行。如向学校、家庭邮寄资讯和简报,在电视、电台、出版物等媒体上做广告,在人群聚集区发行项目单页或折页,在地铁站、公交车站、火车站或飞机场竖广告牌,举办公益讲座,开展社区亲子项目,策划传统文化特色项目,联袂社区、学校、企业开发教育项目,大量发展博物馆会员,招募各行各业志愿者,等等。宣传活动应深入社会各个阶层、各个群体,使博物馆文化及其最新项目为人所知,成为生活资讯的重要组成部分。最后,就宣传材料进行细分。开发面向儿童的宣传材料,包括纸质和电子资料,如儿童读物、指南、地图、项目资讯、微信推送、APP 等。甚至对材料进行分龄,不同年龄段儿童获取不同宣传材料,材料可寄放前台,亦可多渠道派送。

(五)时间选择合宜,准备充分,馆员权责明确

借由详尽的策划方案,项目内容与组织架构得以明确,责任落实至个人。依实际所需,准备阶段可将项目成员分为材料组、会务组、联络组和宣传组等,并召开数次筹备会,及时进行互动沟通,掌握筹备进度。实施项目前,工作人员应预先在现场彩排一次。儿童教育项目的开始和持续时间皆至关重要。开始时间适宜,将影响到项目参与人数和项目效益。如大都会艺术博物馆针对 11~18 岁青少年项目,将活动时间集中安排于周五下午或双休日,皆为青少年休息时间。而北京自然博物馆"科普小课堂"项目却将开始时间定于中午十二点,此为儿童用餐时间,极大影响儿童参与人数与投入程度。因而,项目开始时间宜选在对象较空闲之时,如教师、学生项目可安排至寒暑期。儿童教育项目持续时间亦应合理酌定。中国家庭教育协会提出儿童分心程度与年龄成反比,如七八岁儿童精神集中时间约为 20 分钟。故,应依儿童不同年龄层,科学确定项目持续时间。

(六)过程有序、紧凑

儿童教育项目安排有序,组织紧凑,过程优化。此点较易达成,不存在技术壁垒,从国内三个案例来看,每个案例儿童项目的过程皆组织良好。

(七)有效整合馆内外资源,实现项目内容、手段多样化的创新

经由"请进""派出""老带青"的方式培养或引进一批专业人才。专业人才此处指两类人:博物馆专业研究人员和儿童教育学、心理学专家。博物馆应试图培养一批兼具研究与教育能力的复合型人才,此类人才既精通馆藏文物,又熟谙儿童教育学、心理学,还能胜任项目策划工作。在未出现此类人才的情况下,由项目策划者协调,两类专业人才联手"贡献"研究成果,最终策划者完成研究成果向教育项目的转化。同时建立项目奖励机制,切实引导优质的人力资源向儿童项目倾斜,并利用灵活的收入分配方式促成优秀项目之诞生。借由馆内外资源深度开发和整合,结合儿童观众研究,迎合儿童口味的"项目大餐"才可能"呼之欲出"。随着项目种类和内容的不断丰富与创新,儿童便可依个人兴趣进行项目模块的菜单式选择,从而实现选择的双向互动。

转变教育理念,提倡服务式、体验式教育,将展教真正合一。在新的教育理念下,进行长期、系统的儿童研究,合理吸纳现代科技,实现教育手段创新,如幻灯成像、三维动画、多媒体、电视墙、声光电合成技术等儿童感兴趣的动态演示,现场表演、策划展览、作业单等儿童参与性高的动手体验等。定期对教育人员开展新技术、教育学、心理学、博物馆学等专业培训,使其掌握教育内容和方法,启发和创造其灵感,促使教育内容与手段推陈出新。

建立项目之间的关联、整合与升级。随着博物馆儿童教育项目的逐步成熟,进行从策划至评估的制度完善迫在眉睫。与此同时,通过博物馆资源再整合,可实现馆内项目的联动和升级。譬如上海博物馆将文博征文和夏令营联合起来,文博征文获奖选手成为夏令营营员。再如大都会艺术博物馆参加教师项目者,可优先获取学校项目中带领学生自导式参观的预约机会。故,成熟的项目应不断关联、整合并升级。

(八)重能力培养,多参与互动,提倡体验式教育

实施儿童项目时"以儿童为本"当始终牢记于心。要从儿童出发来检视各项工作。不仅服务上"以儿童为本",内容上更应"以儿童为本"。提供适合儿童的互动体验式教育,关注能力培养。同时,博物馆不是授予学位的机构,儿童教育属非正规(非正式)教育,其得天独厚的实物资源和教育环境,易于激发和满足儿童参与探索的热情。针对不同类型项目,儿童可依据自身需求,进行菜单式自主选择,而"宣传册和讲解"知识单向传授模式已不适合当下儿童需求,博物馆应多提供师生互动的机会,关注与他人合作能力之培养,使儿童从切实体验中接受教育。此外,针对重要项目和新项目,为了较好地实现儿童体验教育的预期目标,可采用前置评估,将教育项目各项问题消弭在推出之前。

(九)提高志愿者素质

志愿者素质涵盖两方面:业务和服务。具体来说,即基本功是否扎实和价值观是否正确。诸多儿童教育项目中,志愿者充当博物馆教师角色,一方面,他们应掌握授课技巧,具应变、调控和创新能力,规范使用语言、演示和多媒体;另一方面,则要和儿童平等对话,成为参与者和引导者,充满热情、爱心和亲和力。国外博物馆还与志愿者(义工)成为亲密的合作伙伴。据悉,美国成年人平均每周作为博物馆志愿者服务约为 4.7 小时,人数约占成年人总数的 51%。欧美博物馆中志愿者人数约达员工数 2 倍或更多。一支如此庞大队伍的有效管理将直接影响博物馆日常运营和教育效益。故志愿者工作举足轻重。为此,其一,需针对志愿者建设开展长期规划和部署。其二,要建立志愿者绩效考核机制。考试竞争上岗,完善业务与服务培训,进行过程管理并及时表彰奖励。其三,不断延伸和拓展特色服务,打造特色阵地。其四,增加志愿者人数,稳定和优化志愿者结构。其五,完善组织机构,权责明确,进行人才建设。其六,加强仪表仪态管理,整体提高博物馆服务水平。

(十)社会合作密切,提倡绿色本土,适当外包,走产业化之路

主动与学校、家庭、社区、企事业等机构和公民个体合作,形成新型教育合作模式。合作坚持"绿色本土",充分发挥本地机构的地域优势,积极提倡绿色环保理念。第一,建立馆校合作。西方国家将博物馆与学校的合作概括为"提供者与接受者""博物馆主导""学校主导"和"第三中介者"等几种类型。① 国内合作须靠政府引导,首先将博物馆教育纳入国民教育体系,开展诸如组织观览、开设课程、举办讲座、编写教程、制作教具、培养学生、服务弱势等各项活动。另,开展探讨授课策略和博物馆资源利用等多形式的教师课程。第二,建立与社区的合作。研究社区,融入社区,与社区共同开发如亲子项目等短、长期项目。第三,建立与企事业单位的合作。争取当地企事业单位的赞助,开发大型品牌项目,通过长期合作,实现资

---

① 郭青生.兴趣是学习的先导——谈谈上海博物馆未成年人教育的尝试.见:杨丹丹,阎宏斌.博物馆教育新视阈.北京:文物出版社,2009:50.

源共享。全社会一起为儿童搭建广泛的学习平台。博物馆内部分业务,如项目评估,可实行外包,由专业评估公司完成,节约人力成本之余,亦提高专业水准。

（十一）规范与创新制度

应规范儿童项目预约、收费、策划、评估管理制度。

1.预约制度

一般而言,有三类项目须预约。一为场地受限,人数限制的项目。例如上海博物馆"修复唐三彩"项目,场地仅能容纳约 30 人。二为按需决定是否开设的项目。采用预约手段,掌握报名人数,若预约人数未达到一定规模,项目即时取消,故项目推出取决于需求量,如大都会艺术博物馆教师培训项目。三为收费项目。一般收费项目都要预约,以便提前掌握材料准备的数量。除却以上三类外,其余项目不提倡预约,观众可先来先得。预约方式多样,可采用打电话、提交电子或纸质表格等方法,或采用网上预约系统。通常而言,电话预约人力成本较大,接听和解释费时费力;网上预约简洁,便于馆方汇总,观众亦能第一时间看到预约情况;电子或纸质表格可提供多项馆方需了解的数据。

2.收费制度

博物馆免费开放以来,项目收费已经受到严格控制,难以依靠项目实现创收。一般收费只收取成本价。博物馆不可凭借项目创收,不意味着不可开发高收费项目。高收费在此意味着高成本,高成本意味着高投入,高投入意味着高质量。如北京自然博物馆的小小讲解员制度,收费高,但参与者趋之若鹜。其中,"精品培训班"学费达 1980 元,成本源自授课和教材。授课教师除却博物馆专业教师外,还外聘优秀播音主持和表演教师。此外,博物馆还开发系列培训教材。最终,博物馆于 2010 年成功培育出走进中央电视台的 4 名金牌讲解员。

3.策划制度

儿童项目虽内容迥异、类型多样,但策划方案一般皆包括六部分。第一,项目概况;第二,核心理念;第三,项目优势;第四,项目内容,此部分为重点;第五,组织机构,用于对内、对外告知各部门项目分工、责任人和完成时间等;第六,项目评估。策划方案要重视项目概况（第一部分）和核心理念（第二部分）的编写,宜贯彻量力而行、实事求是的风格;力求表现手段多样,文字言简意赅。

4.评估制度

一般评估可分前置、过程和结果评估。针对重要的或新的项目需实施前置和过程评估。无论何种类型评估,皆可采用观众和专家（专业）、外部与内部相结合的评估方式。外部评估可采用面向观众的问卷调查、访谈和观察,内部评估可采用针对员工的问卷调查、访谈和运用指标体系进行检测。

除常规制度建设外,博物馆还应依项目发展的需要进行制度创新。如以业务为核心,创立项目负责制。儿童教育项目由专人或专门团队负责,项目负责人对项目进行全程控制,负责从主题开发、目标制定、人员组织、现场实施、项目评估到绩效考核的全部工作。据项目完成情况,年终对项目负责人和项目参与者实施绩效奖励。

（十二）提倡以儿童为本的服务

将"以儿童为本"的服务渗透至项目全过程:前期场地、环境安全与卫生、观众接待、过程关怀和结束后的送别。儿童是项目真正的主人,为儿童及其家长的服务要渗透至每个细节。项目开始前应进行场地卫生检查和安全控制,防止出现易燃、易爆及锋利尖锐等物品。儿童及其家人到达项目现场后,工作人员要主动热情迎接,使其感到宾至如归。对于残障儿童需派专员给予特殊接待和服务。过程中密切关注儿童,满足其合理要求,防止不安全事件发生,为其提供润物细无声的热情帮助。离别时询问儿童感受,耐心解答儿童疑问,需要时提供合影留念,最后安全送其离去。

二、理想模式小结

统而言之,无论何种类型的博物馆,儿童教育项目首先要力求以儿童为中心,过程提倡以儿童为本,将贴心服务延伸至每个细节。足够的建筑空间和一流的设备是优质项目开展的必备条件。就对象而言,提供不同年龄儿童适宜的项目群,按族群和年龄等对儿童进行逐层分众,实现项目的保量保质。项目还应规范预约、收费、策划、评估和志愿者管理制度,并进行法人治理改革等的制度创新。同时,项目应广而告之,利用包括网站、新媒体在内的各类媒介开展多管道宣传,以积极姿态面对公众。项目还须准备充分,开始和持续时间合宜,馆员间权责明确,过程安排有序,结构紧凑。利用专家对馆内外资源进行研发,避免项目同质化,促使内容和形式多样化呈现,不断开拓和创新融入现代技术的教育手段。远离学校对高考和分数需求的"阴霾",博物馆儿童教育项目提倡以儿童能力培养为要务,鼓励其参与互动,开展体验式学习。同时,不断从业务和服务上提升志愿者群体素质。低龄儿童项目中贯彻亲子互动理论,发挥随同家长在博物馆教育中潜在的辅助作用。密切与包括学校在内社会各领域合作,贯彻绿色本土精神,业务选择性外包,探索产业化之路。

"时易世变",此处所归结之理想条件仅适用于现阶段,为动态模式,随博物馆儿童教育发展,必将注入新的元素。

第三节 思考与总结

本节将针对本章节主要内容予以总体爬梳与归结,系统地提列国内博物馆实施儿童教育项目时共性问题出现的成因及其改善对策(见表6-5),以及现阶段从宏观角度规划和实施项目时,所需普遍要件,以为参详之用。

表6-5 国内博物馆儿童项目实施问题研究与解决对策综合表

序号	问题	缘由	对策
1	未按族群和年龄进行逐层分众	原因一:未意识到分众问题;原因二:儿童教育心理研究缺失	建议一:依族群和年龄对儿童观众进行逐层分众;建议二:构建博物馆儿童教育心理指南
2	开展空间或无,或小	重展不重教;博物馆办馆模式是政府主导型;博物馆管理体制以政府文化文物部门和教育等各部门管理为主;博物馆投资主体是政府和国有资产	建议一:探索现代博物馆制度,进行体制创新;建议二:从制度上确立博物馆作为教育机构之地位;建议三:切实提高博物馆儿童教育服务能力;建议四:开拓教育空间,甚至延伸至馆外

续表

序号	问题	缘由	对策
3	宣传渠道单一,未对网站加以有效利用	原因一:开展儿童教育项目的空间有限;原因二:教育和信息部门权责不分,合作不力;原因三:人力资源不足	建议一:重视对外宣传,开拓多渠道宣传途径;建议二:信息部门网站内容更新的权力下放;建议三:创设儿童版博物馆网站;建议四:使用好媒体、导游、会员等软广告资源;建议五:博物馆评估考核增加网站新媒体等媒介教育版块权重
4	策划、评估与志愿者管理等制度建设缺失	原因一:儿童教育项目仍处于初级阶段,无制度建设意识;原因二:无可直接参鉴的博物馆项目经验	建议一:撰写详尽的策划方案;建议二:根据情况选择不同方式的评估;③建议三:完善志愿者管理制度
5	教育手段寡少	原因一:受传统博物馆教育方式影响;原因二:重展不重教思想根深蒂固,缺失先进手段等方法培训	建议一:转变教育观念;建议二:创新教育手段;建议三:对教育人员及时开展培训;建议四:加强儿童群体研究
6	缺乏如馆校合作、教师培训等社会合作	原因一:不注重社会宣传和关系维护;原因二:缺乏合作机制	建议一:树立公关意识;建议二:开辟与学校、教师、社区、企事业单位等的合作教育模式
7	馆内外资源未深度开发并有效整合,项目内容同质化,缺少创意	原因一:缺少研究专家;原因二:缺失考核和激励机制	建议一:培养或引进专业人才;建议二:实行项目奖励机制
8	重知识传授,轻能力培养,少互动成分	原因一:未树立儿童中心地位;原因二:未认清博物馆机构教育的属性;原因三:儿童教育学、心理学研究不足	建议一:"以儿童为本",做好教育服务;建议二:洞悉博物馆儿童教育的属性;建议三:教育菜单让儿童做主
9	未将亲子理念融入其中	原因一:未树立亲子教育理念;原因二:受传统的教育观影响	建议一:掌握亲子互动理论;建议二:合理发挥家长教育作用

　　诸上九方面问题多为博物馆教育自身之缺憾,部分客观问题并未涉猎。客观问题主要可归为教育观和社会制度(如教育制度、法律法规)等环境问题。此点于本研究第五章第三节已有过论述,不再赘以点墨。需要补充的是针对馆校合作项目类型而言,欧美不少国家从制度上给予了保障,此举亦可供国内取鉴。

　　美国于1976年颁布的《博物馆服务法》规定:"提倡和鼓励博物馆进行大众教育时,提倡和鼓励与正规初等及以上教育系统及与不同年龄段的非正式教育项目合作。"[1]1988年英国"国家课程"指出:"学校课程和博物馆教育的衔接。"[2]法国中小学每周有1～2次博物馆课程,制定具体计划和教学大纲。日本《博物馆法》表示:"博物馆董事会成员应由设立该博物

---

[1]　陆建松.全国博物馆中长期发展研究报告.未出版,2011:83.
[2]　陆建松.全国博物馆中长期发展研究报告.未出版,2011:84.

馆的当地政府教育委员会选定;董事会成员应选择与学校和社会教育相关的人员。"①荷兰、丹麦、西班牙、斯洛伐克等国皆存有将博物馆教育归并入国民教育体系的规定。在政府主导下的制度建设能真正推动博物馆项目与学校等机构深度合作,否则单凭博物馆一厢情愿,两者可持续、稳定的"姻缘"难续。

国内社会环境"百弊丛生",自上而下的制度改革和由内而外的教育观进步需给政府与民众一定时日。同时,经由博物馆实施儿童项目的开始探索、初步发展、形成规模、发展壮大的不同阶段的解析,洞悉影响项目总体效益发挥的多样化因素,研究者已于本章第二节开展了博物馆儿童项目理想模式之探究,此处予以简单归结(见表6-6)。

表6-6　国内博物馆儿童项目实施理想模式

①对象按族群和年龄等进行逐层分众	⑦有效整合馆内外资源,实现项目内容、手段多样化的创新
②低龄儿童项目融入亲子教育理念	⑧重能力培养,多参与互动,提倡体验式教育
③具备足够面积的儿童教育空间	⑨提高志愿者素质
④有效利用网站等媒介,进行多渠道宣传,宣传材料细分	⑩社会合作密切,提倡绿色本土,适当外包,走产业化之路
⑤时间选择合宜,准备充分,馆员权责明确	⑪规范与创新制度
⑥过程有序、紧凑	⑫提倡儿童为本的服务

从对以上三大案例问题分析和研究发现,可获悉:九大问题中,一半以上问题的症结在于缺乏对儿童群体的研究。传统博物馆起初仅关注藏品年代、特征、功用及分类等"物"的本体研究,西方博物馆有关"人"的研究始于19世纪末,实践则肇兴于20世纪50—70年代。国内这种实践起步于20世纪80年代,目前仍未完全依儿童研究来进行主题遴选、内容设计和手段择取,除却儿童教育经验匮乏之外,更深层次根源在于缺乏"儿童教育学""心理学"长期、系统的理论钻研。故,本书将于第七章戮力论述此问题,并探讨博物馆如何创建儿童教育指南。

---

① 中国国家文物局,中国博物馆协会.博物馆法规文件选编.北京:科学出版社,2010:183.

第七章

两类儿童教育核心问题之策略研究

前两章节分别针对儿童展览和儿童教育项目的现存问题对症施策,而此两大博物馆儿童教育类型具共性,本章节将于前文研究基础上再行深入,针对两类博物馆儿童教育所共同面临之核心问题,进一步提出解决策略,力求鞭辟入里。文分三节:第一节系统整理并分析与本章节研究相关的儿童教育学和心理学研究成果;第二节立足于先贤研究成果,依据博物馆教育特性,建构博物馆 0~18 岁儿童教育指南;第三节对本章节进行回顾和归结,实现儿童"展"与"教"核心问题解决方案之合一。

第一节 儿童教育学与心理学的相关研究

前两章节两类博物馆儿童教育现存问题的原因分析与对策研究中,九大问题中有半数以上论及儿童教育学和心理学研究之缺失。无论何种儿童教育类型,若欲规划实施成功,首先必须了解且尊重儿童观众,而国内目前博物馆儿童观众研究从理论到实践、从内容到手段皆身心交病。故,不尊重儿童身心特征与认知科学,即不依儿童教育学、心理学规律策划和实施博物馆教育成为两类博物馆儿童教育之最大"软肋"。主要表现为二:其一,无视儿童教育心理需求;其二,关注儿童教育心理,但对儿童教育学、心理学理论一知半解。第二方面较第一方面更显棘手。如果说未意识到问题的存在仅属理念问题,那么意识到问题之后却有心无力就涉及实施能力问题,这同时是一个十分现实的问题。而儿童观众又为一类极特殊的群体,其心智发展不同阶段呈现鲜明特质。故,开展儿童教育时,必须依儿童不同年龄阶段的心理特征来施以规划,才能真正服务于其需求与兴趣。鉴于此,若欲真正解决诸上两类儿童教育所面临的共同核心问题,必须从根本上改变博物馆对理论研究浅尝辄止之现状,针对儿童教育学和心理学理论展开系统且深入的探究。

博物馆学从构架体系而言,属一门交叉性很强的学科,而任何领域的研究都是一种传承,需站在巨人肩膀之上,借鉴他人研究不断深入前行。本节将针对先贤们就儿童教育学与心理学方面的研究成果进行条分缕析的梳理,择取其中与本研究相关者进行提列,为寻求问题对策奠定学理基础,从而使下文在构建儿童分年龄段教育指南时,有理可依,科学严谨。

一、儿童教育学的相关研究

博物馆儿童教育以"教育"为目的,而教育学又正是指导如何正确实施教育的科学,即通过研究教育现象发现教育规律。研究者在涉猎教育学资料时发现,有关儿童地位、智能结构、学前教育等问题的论著,可谓书盈四壁。在诸此专业论著的海洋里掩藏着大量优秀信息,其对有经验的博物馆教育工作者也大有裨益。但有一点必须明确,即其中有很大一部分儿童教育研究成果仅针对学校等正规教育机构,鉴于本节篇章所限,仅将适用于社会教育且与本研究相关者予以整理、提列：

（一）儿童中心地位的教育理论

儿童具备自身的"特点和本质"，即作为一个自然生命个体，他处于社会之中，位于成长的初始阶段。儿童拥有普遍特质的同时，兼具个体特殊性。处在不同变化发展中的儿童，在认识世界之余，建构自己身份。儿童中心地位的教育理论，首先倡导尊重儿童"特点和本质"，并将儿童与成人相区分。其次主张重新定义儿童地位，将儿童置身教育的中心位置。他们认为教育活动只有从儿童出发，以之为中心，才能挖掘儿童内在生命力，发挥儿童潜能，从而接近儿童教育目标。现将主要的相关研究成果列述如下：

1. 卢梭提出把儿童看成儿童，因为"大自然希望儿童在成人以前就要像儿童的样子，如果我们打乱了这个次序，就会造成一些早熟的果实，它们长得既不丰满也不甜美，而且很快就会腐烂；我们将造成一些年纪轻轻的博士和老态龙钟的儿童"[①]。"在人生的秩序中，童年有它的地位；应当把成人看作成人，把孩子看作孩子。"[②]

首先，卢梭强调尊重儿童天性，进行顺其天性之自然教育。他提出"人愈是接近他的自然状态，他能力和欲望的差别就愈小，因此，他达到幸福的路程就没有那样遥远"[③]。

其次，卢梭认为教育目的是塑造"自然人"。"自然人"具一定特征：依本性发展，不被传统所束缚；拥有独立性，自食其力不依附于人；担负社会责任，具备适应性；能独立思考，身心健康。

卢梭儿童自然教育理论揭示儿童教育的基本前提就是依孩子成长的"季节"，因为儿童是区别于成人的独特群体，有着自然的天性。故而，要实施自然教育，目标是培养"自然人"。此外，教育要遵循儿童不同发展阶段的天性。

2. 杜威提出"儿童中心论"。儿童具备自身的生理和心理结构，潜藏着一种本来生就的能力。"它是天然生来、不学而能的种种趋向、种种冲动。"[④]表现为天然具社交、制作、探究、艺术等本能，后续发展都是建立在此基础上。这些活动本能即学校教育的重心所在，一切措施都要围绕儿童转动。[⑤]

除却"儿童中心论"，杜威同时认为教育的本质是"教育即成长""教育即生活""教育即经验的继续不断的改造"[⑥]。他提倡"学校即社会"[⑦]，"学校作为一种制度，应该把现实的社会生活简化起来，缩小到一种雏形的状态，把家庭中儿童熟悉的活动以多种方式再现"[⑧]。因而，杜威认为成人可控制的环境是学校，主张"做中学"[⑨]。

卢梭教育理论给予研究者的启示为：一是要树立起"将儿童当作儿童，尊重儿童天性"的教育观；二是要将推动儿童全面发展作为教育目标；三是要采取启发式、因材施教、循序渐进和直观形象的教育手段。唯有此，才能促使儿童无限接近自然状态，体会到幸福愉快。

---

① 卢梭.爱弥儿：论教育（上）.李平沤，译.北京：商务印书馆，2001：88.
② 卢梭.爱弥儿：论教育（上）.李平沤，译.北京：商务印书馆，2001：71.
③ 卢梭.爱弥儿：论教育（上）.李平沤，译.北京：商务印书馆，2001：72.
④ 姜义华.胡适学术文集 教育.北京：中华书局，1998：318.
⑤ 任红亮.杜威实用主义教育思想对中国教育的影响.科教文汇（上旬刊），2007（6）：6.
⑥ 冯晓霞.幼儿教育.长春：吉林教育出版社，2000：62.
⑦ 郭晓丽，段二明.杜威实用主义教育思想对中国教育的影响.考试周刊，2009（4）：211.
⑧ 王承绪，赵祥麟.西方现代教育论著选.北京：人民教育出版社，2001：8.
⑨ 郭晓丽，段二明.杜威实用主义教育思想对中国教育的影响.考试周刊，2009（4）：211.

杜威实用主义教育理论使研究者知悉,儿童作为一个特殊的群体,具有与生俱来的能力。要"以儿童为中心",进行儿童本位教育;教育就是生活,教育要与现实生活融合在一起;学校就是社会,学校要社会化,融入社会,和社会发生联系;教育方法上采用"做中学"。诸此教育命题亦促成教育学者陶行知"教学合一"以及陈鹤琴"做中教、做中学、做中求进步"等教育思想的诞生。通过控制环境可实现教育,尽管杜威将可控环境定义为学校,但就国内现状来看,学校无法完成其所规定的教育内容,然而,从某种程度而言,博物馆更可能发展成为理想的可控环境。因为博物馆拥有的展示内容和展示手段,能引起儿童思考,支配儿童注意力从而使其全神贯注地从事于各种活动,诸上观点对博物馆儿童教育产生一定启示。

(二)结构主义儿童教育理论

"结构主义"理论的风靡于20世纪60年代,从哲学领域波及儿童教育、儿童心理和教学领域,从而形成一大教育流派——结构主义教育理论。所谓结构主义,是指欲了解某种复杂现象或某种事物,若仅依靠机械地掌握因果联系,则认知达不到有秩序和清晰,故而,应了解事物结构。以下,仅择取结构主义教育理论研究代表学者皮亚杰"利用认知结构来指导教育"、布鲁纳"借助认知结构主张教学改革"的观点。

1.皮亚杰认知发展理论在儿童教育方面的主张表现为四点:[①]

①儿童教育目的。不是记忆储存,而是形成智慧,不仅是博学家,还是造就智力的探索者。

②儿童课程。以儿童阶段性心理发展特点为依据,而儿童阶段性心理发展特点,将在本节第二点进行系统整理。教学实施要采用"活动教学法",重视游戏、实验和视听教学。

③儿童教学原则。要适应儿童的认知发展规律,发展儿童认知能力和自主性,重视实践活动。

④教学方法。主张采用临床教学法(细致观察儿童,引导儿童,让其谈话或就作业进行分析)、两难故事法(通过讲述故事向被测提有关道德方面的难题,推动儿童道德发展)、社会交往法(通过儿童之间、儿童与成人之间的社会交往活动,获得教育效果)、活动法(高度集中注意力的活动对学习产生意义)。

2.布鲁纳提出让学生掌握学科的基本结构,而每门学科都存有系列基本结构,基本结构即学科的基本原则和基本概念,而组织合理结构有三大原则[②]:

①和受教育者认知模式相互适应;

②有助于简约学习;

③有助于迁移学习。

布鲁纳在认知研究方面的主张主要表现为三点:[③]

①重视直觉思维训练,直觉思维即一种创意和灵感,以相关的和熟悉的知识领域及其结构作为依据;

②提出认知表征系统,把认知发展(智力发展)看成形成表征系统的过程,包括动作性表征(用动作表达对世界看法)、映像性表征(用表或图像去表现世界所发生的事物)、符号性表

---

① 魏霞.皮亚杰的儿童发展观及其教育启示.吉林省教育学院学报,2011,27(3):31-32.
② 刘奇志,谢军.布鲁纳教育心理学思想及其启示.教学研究,2004,27(5):378.
③ 林泳海.幼儿教育心理学.北京:商务印书馆,2006:182-189.

征(用符号再现他们的世界);

③促进儿童智力发展的举措有增加儿童技能和知识(动作、感官、推理),进行课程编制(游戏、情境、抽象结合),以心理学为基础的智力开发(可联系、内容可变、可衍生、三种表征转换)。

布鲁纳在教学研究方面的想法主要集中于五点:

①学习准备:不应等待学习准备的来到,而应当采取积极态度,由等待准备变为创造性准备;

②学习过程:学习过程包含新知识获得与分类,知识转化后通过推理获得新知识,通过检验评价形成一个编码系统(对环境信息进行分组,组合方式不断变化、重组);

③学习动机:学习动机包括内在动机和外在动机,重视内在动机,内在动机为学习最初刺激即对所学材料的兴趣;

④发现学习:不仅限于发现人类未知的事物的行动,还包括利用自己头脑亲自获取知识的一切形式;

⑤螺旋式课程:即每个课程呈现倒三角形的螺旋结构;具体而言,一门课程从低年级开始学习,年级不断升高,反复接触,理解加深,从而真正掌握。

皮亚杰关于儿童教育的教育目的、课程、教育原则和教育方法体现出两大亮点:一为要遵循儿童心理发展的阶段性特征;二为重视儿童活动和社会交往,最终将儿童培养成为主动探索的智慧者。此两点深深影响本研究构建儿童教育指南的主旨思想。

布鲁纳在认知心理学和教育改革运动中的作用独树一帜,其中认知心理学涉及直觉思维训练、认知表征系统、儿童智力发展,教学研究包括学习准备、过程、动机、发现学习和螺旋式课程等方面,同时提出要掌握学科的基本原则和概念。从心理学角度为儿童教育提出了诸多想法,其中认知研究的三点主张以及教学研究五方面内容对本研究儿童教育指南中内容构成大有裨益。

(三)零岁教育理论

日本多湖辉教授认为:"零岁教育在这个世界上是划时代、绝无仅有的创举……若要培养二十一世纪的人才,零岁教育必不可少。"[①]"零岁教育"主张对儿童施以早期教育,认为人类对财富最大的浪费是脑力的浪费,以致大脑开发成为一个发展最为缓慢、落后的事业。其理论基础可概括为三点:身心发展规律的可变性、才能递远递减法则、学习关键期。该领域代表学者观点整理如下。

1.威特在对智障儿子进行早期教育时,让他看室内图画、家具,室外植物、动物;让他听户外有意思的声音,如室内的笑声、说话声;让他活动,如做游戏、摆摆头、摇摇手。

威特提出孩子的教育必须从儿童智力的初期开始。不能忽视儿童早期教育,应当让儿童的大脑像其他器官一样适当运动,才能培养起孩子对智力活动和知识教育的兴趣。培养其兴趣后,孩子会依靠自己发展,而非之后被强迫学习。孩子会在智力活动中得到乐趣,亦会在游戏和体育锻炼中得到乐趣,成为一个健康、坚强和有思考能力的人。威特提出以下主张:

①首先,"启发孩子展开正确的思考"。鼓励孩子问问题,尽可能给予回答,并以讨论方

---

① 刘亦农.普通教育学.西安:陕西人民出版社,2004:105-106.

式进行。在散步和谈话时,从不为了迁就而降低说话内容的水平。

②其次,不仅让儿童学习语言和文学,还要唤起儿童对科学和艺术的热爱。语言可用小说来教学。通过游历各地博物馆、艺术馆和动植物乐园、商店、矿山等轻松体验的方式,向儿童传授动植物学、物理学等知识。给普通事物如藏品披上神秘外衣,从而激发儿童的好奇心和寻求答案的渴望。

③再次,只能从早期开始训练合理的推理原则才会使儿童的推理能力得以发展,通过自然万物、日常生活、历史故事巧妙引导儿童透过现象认识本质,激发想象力。

④同时,道德发展也要从生命初期开始。规定的道德准则家里所有人都要遵循,树立勤奋努力、积极进取的榜样,对其进行耳濡目染的教育。

2.井深大主张教育儿童的教育重点应放置在"精神"教育上,不但要"教",而且要"育","育"决定人一生,幼儿教育、零岁教育意义就在此。井深大将其观点归结为五大点:[①]

①了解胎儿和新生儿的能力。井深大认为迄今为止,人类对胎儿、新生儿在身体或精神方面所具能力认知不足,他们拥有无限的能力。

②对临界期的认识。井深大提出儿童教育的时机,真正重要的时期应当是无限接近零岁,妊娠期要进一步研究。目前开展的教育太晚了,一切皆为煞费苦心的事后处理。

③同以往早期教育的目的和方法明显不同。过去是对该不该早期教育的争论,如今应将问题研究扩展到"何时、干什么、怎样进行教育"的问题上。

④左脑和右脑分开考虑。认为"左脑"与"右脑"互相联系,"左脑"和"右脑"这种语言代表"理性"与"感性",或"物质"与"精神",要掌握"何时,如何来培育它们"。

⑤模式教育与"精神"。井深大以汉字卡片教育为例提出未来开展教育的方法——模式教育,认为模式教育促使婴儿"感受能力"获得发展,须创造一种让婴儿喜悦的氛围。并强烈呼吁把精神和品德培育放在首要位置,而知识与能力应当放于次要地位。因为通过早期教育培育的性格、气质会左右儿童一生。

威特和井深大皆强调从孩子出生起就教育,能将儿童培养成为一名才能卓越、智力优秀的孩子。

威特提出此观点是因为人体的大脑发育情况系由脑细胞的生长速度决定,0到3岁儿童脑细胞成长最快,具备天才般的吸收能力,模仿和吸收最为积极,谓之"模式教育时期"。3到6岁儿童脑细胞成长速度减慢,具备次天才般的吸收能力,此时好动、好玩,需用游戏来激发,谓之"游戏教育时期"。6岁后,儿童具备"显意识",发展理性、思考和逻辑,用"显意识"来过滤并学习,只能强迫记忆,才能转化为"潜意识",谓之"理解教育时期",此时教育花费的努力颇大。学龄儿童接受学校教育属于一种公认的教育策略,而威特则提出儿童教育应当从早期开始,非等到入学时,且在自己教育孩子的过程中进行此种尝试并获取成功,自那个时代起,不少父母不断采用该早期教育方法,皆取得类似的效果。威特所主张的教育方法较为简单,重视儿童思路、推理和想象力,同时这一切背后所倡导的精髓思想是教育一定要从初期开始。

井深大则在反复强调儿童教育从零岁开始的同时,强调左脑是理解性的脑,右脑是感受性的脑;在游戏气氛中再而三的模式教育;追求"树人"等精神和品德教育,及关注"何时、干

---

①　井深大.零岁——教育的最佳时期.骆为龙,陈耐轩,译.北京:北京日报出版社,1987:109-114.

什么、如何进行教育"等主张,对本研究皆富于启发性。

(四)REGGIO 理论

REGGIO(瑞吉欧)理论在 2012 年美国儿童博物馆年会上风靡一时,由此也引起研究者关注。瑞吉欧·艾米利亚(Reggio Emilia)为意大利北部的一个城市,当地市民认为每个人都代表独特的个体,当以组织和合作方式来解决共同问题,如此独特的传统推动了该地区以全民视角来发展教育,创造出一个小镇的教育奇迹——瑞吉欧幼儿教育。此教育体系创建于第二次世界大战后,经过 30 多年努力,勾勒出幼儿教育的一幅图景:儿童幸福地游戏、生活、工作;教师包容儿童各种"奇特想法",认真尽责,为儿童创造一片主动发挥潜能的空间环境;家长、市民共同参与学校管理。在这个环境中,儿童使用各种材料,大胆想象,采用多种方式特别是视听语言,表达独特认知,形成儿童的一百种语言。REGGIO 理论为世人贡献了一个迥然不同的教育框架,为世界幼儿教育创造了一个优秀的教育典范。[①] 现将其主要观点列举如下。

核心观点:要学会赏识儿童自身拥有的能力,以及他们的创造精神和聪明才智;教师是儿童和家长的伙伴,教师团队应高度合作。[②] 具体表现为十大方面:[③]

①儿童观。儿童是社会一分子,主动的学习者,天生的艺术家,潜能巨大,能担任成长的主角。

②教育观。教育目标是创造一个儿童与教师都深感愉悦、自在的和谐环境。教育方法是为儿童创设情境,让儿童在情境中主动建构知识。以儿童为中心,让儿童在教育过程和课程决策上有发表看法的机会,从儿童兴趣出发。"教"与"学"上,应当尊重后者,以学定教,幼儿决定主题的时间与空间。在儿童探索活动中,教师当把握好时间和方法,"与其牵着儿童的手,不如让他们自己靠双脚站立"。幼儿学校是社会生态系统的一个组成部分,市镇、社会和学校都有一定义务与权利。环境是第三位老师,是重要的教育因素。

③多样化的教师角色。教师是幼儿的倾听者、观察者、伙伴和向导,也是幼儿活动材料的提供者,幼儿行为的记录者和研究者,实践的反思者。正如教师 Vecchi 所言:"我个人是倾向于等待,因为我留意儿童常常自己来解决问题,不依我的方法,他们经常能找到我从未见到的解决办法。"

④注重关系的建立。建立幼儿与教师平等对话的关系;建立学校与家长合作、沟通和共同管理学校的关系;建立教师与教师集体协作的关系,教师以集体协作的方式开展工作。

⑤优质的空间设计。优质的教育需要理想的学习空间,整体空间环境要特别吸引人,营造一种温暖、舒适和愉悦的环境。没有一处无用的环境,墙壁会说话,每个年龄阶段的教室隔壁都有工作坊。空间应蕴藏含义与秩序。

⑥教学记录的影响力。采用笔记本、照相机、录音机、录像机等不同工具,通过细心、持续地观察并倾听儿童,可从不同角度对儿童在不同主题的探索活动进行原始材料的收集和记录。可阐释儿童的想法与思考过程,借此评价幼儿;可协助儿童进一步拓宽、加深学习范畴;帮助儿童回忆或记忆;作为教师指导,协助做下一步规划;为家长了解儿童,与儿童、学校

---

① 屠美如. 向瑞吉欧学什么:《儿童的一百种语言》解读. 北京:教育科学出版社,2002:1.

② 路易丝·博伊德·卡德威尔. 把学习带进生活——瑞吉欧学前教育方法. 刘鲲,刘一汀,译. 上海:华东师范大学出版社,2006:12.

③ 屠美如. 向瑞吉欧学什么:《儿童的一百种语言》解读. 北京:教育科学出版社,2002:26-40.

互动提供机会;促进师幼互动,促进教师成长。

⑦"工作坊"的设置与运用。工作坊为类似活动室的空间环境,配有丰富的材料、工具、具备专业能力的指导教师。工作坊又不同于活动室,在该环境中,儿童可自由使用各种材料自主学习与探索,是"启发幼儿的地方"①。

⑧用图像文字表达儿童自己对世界的认识。儿童有一百个想法,一百种思考、游戏、说话的方式,一百种语言如绘画、雕刻、泥工、建造、语言和肢体动作等。图像表现是一种比文字简单且清楚的沟通工具,幼儿非常喜欢。倡导儿童用多种语言,特别是图像文字来表达和探索。

⑨注重意义、经验之分享。儿童、教师和父母共同分享事物和经验。父母是儿童学习的同伴,教师与儿童一起发现、惊叹。

⑩考虑到教育的边缘因素。考虑到空间、环境、家长、社区等教育边缘要素对教育所起作用。

诸上对 REGGIO 教育理念展开较为详尽的概括,内容涉及十个方面,此十个方面目前正被美国本土及世界各地教育工作者视为激发灵感的来源和参考资源②。研究者之所以就此理论着以大量笔墨,除却其在现今世界儿童教育市场上代表一种重要的革新思想外,还在于其服务对象主要为 4 个月到 3 岁的婴幼儿及 3~7 岁的幼儿,而我国博物馆服务对象中此两个年龄段的教育工作尤为薄弱,理论研究匮乏。诚然,最为根本的原因仍归根于其精辟之见地,如倡导家长、教育工作者与公众同心携手,重视环境设计,教师角色多元化,建立工作坊,主张使用多种儿童语言,让儿童参与课程设计,构建儿童与教师的和谐环境。诸此,涉及博物馆展览氛围营造、博物馆专门儿童教育空间创办、儿童教育项目设计等博物馆教育范畴,为博物馆教育理念的树立与内容的策划提供较为直接的借鉴。

以上儿童中心论、结构主义、零岁教育和 REGGIO 教育的相关学者关于儿童天然具备不同于成人的特殊性以及环境对儿童发展产生作用的观点,和本研究之主张不约而同,其中诸多儿童教育思路和方法为本研究的策略思考,尤其是相关内容构成,奠定了学理基础。

二、儿童心理学的相关研究

博物馆的儿童教育只有在儿童心理学的引导下,才能具备很强针对性,依据儿童心理规律,为儿童教育规划提供系统的指导方法,使之满足儿童身心真正需要,从而获得教育成功。那么,何为儿童心理学?其相关研究论著如何?

"儿童心理学,是对儿童行为和发展的科学的研究"③,它是一门年轻的学科,半个世纪以来取得长足发展。该学科获取的研究成果一般为儿童发展本质的事实性结论,并非一些看法,不依靠猜测、模糊的印象和躺椅上的理论推导。靠的是系统、谨慎的第一手数据,譬如研究中要列明数据如何获取,常采用统计分析从而保证结果可靠性,坚持研究成果可重复性。故儿童心理学重点在"科学"一词,区别于其他认识儿童的主观方法,坚持尽可能地减少个人意见。然而,研究者通过资料的搜集整理发现:此领域研究成果浩如烟海,如探索儿童认知发展的皮亚杰理论、关注人格发展渐成的埃里克森社会性发展理论、强调成人情绪生活的弗

---

① 埃德华兹.儿童的一百种语言.罗雅芬,译新北:心理出版社,1998:71.
② 埃德华兹.儿童的一百种语言.罗雅芬,译.新北:心理出版社,1998:3.
③ 鲁道夫·谢弗.儿童心理学.王莉,译.北京:电子工业出版社,2010:2.

洛伊德精神分析理论与儿童自我发展理论等。本研究无法亦不可能一一涉猎,因研究所需,此处仅将儿童心理发展阶段性以及以儿童心理特征为依据的学习理论予以整理并提列。

(一)儿童心理发展阶段性的相关研究

尽管博物馆儿童教育内容与形式众多,然而,作为服务对象的儿童,其心理发展有着共同的阶段性特征。若欲利用一个展览或一项教育项目,来满足所有年龄层儿童的心理需求,显然极为荒诞不经。故而,探究一套依据不同年龄层来实施博物馆教育的指南,可弥补现今博物馆教育众多不负责任的一刀切行为,从而对博物馆教育实践产生实质性的指导作用。

鉴于儿童心理学领域,业已有不少学者,采用多种研究方式,针对儿童发展心理的各个阶段特征和教育内容进行诸多研究,因此展览内容和方式不断推陈出新。此类研究中或以生理(柏曼,英国)、种系(Stem,德国)为划分依据,或以心理发展(皮亚杰,瑞士)、主导活动(列昂节夫,苏联)以及学制(通用)为划分标准,还有以情欲(弗洛伊德,奥地利)、人格特征(埃里克森,美国)为划分准绳。在此,本研究将舍弃种系、情欲、学制等诸多观点,仅对与本部分相关分类之观点进行归结,提列如下。

1.划分标准——生理基础

(1)柏曼(Berman)主张以内分泌腺分泌的不同激素来区分儿童心理阶段,胸腺时期为幼年时期,松果腺时期为童年时期,性腺时期为青年时期(1911 年)。[1]

柏曼观点表明不同阶段儿童内部激素的分泌要素不同,进而发展成为阶段性普遍性征,然而,柏曼未就此做进一步探究。

(2)刘世熠提出儿童脑电图的发展,表现出明显的年龄特征:[2]

①新生婴儿脑电图多为不对称、不规则和不成形的 δ 波[3],5 个月左右枕叶开始呈现 θ 波[4];

②1～3 岁时 δ 波变少,θ 波变多,α 波[5]少量出现;

③4～7 岁时 θ 波变少,α 波变多;

④8～12 岁时 α 波居于主要地位,θ 波从枕叶、颞叶和顶叶消失不见;

⑤13 岁时脑电波水平与成人接近。

若将脑皮层细胞的电活动频率 θ 波基本消失和 α 波达到基本范围视为成熟,那么 9 岁儿童枕叶基本成熟,11 岁颞叶基本成熟,13 岁全皮层(指枕叶、颞叶和顶叶)基本成熟(1962年)。

刘世熠关于儿童大脑皮层发展的观点证明其基本上是一个逐渐的连续过程,同时遵循严格的程序。枕叶控制着人体的视觉和对所见事物的认知(视觉认知),颞叶一定程度控制着人体的语言、听觉和嗅觉及部分情绪与记忆,顶叶则控制着手眼协调、触觉、味觉等对事物的认知和识别。发展的部位先是和感觉运动相关,其后是与运动系统关联,最后是和智力活动有关。

① 许政援.儿童发展心理学.长春:吉林教育出版社,2002:82.
② 刘世熠.我国儿童的脑发展的年龄特征问题.见:朱智贤,钱曼君.儿童心理发展的基本理论.北京:北京师范大学出版社,1982:32.
③ 脑电图是头脑发育的最重要参数。δ 波表示皮层活动性降低,一般成人于觉醒状态下绝少出现,因而频率通常为 0.5～3 次/秒。
④ θ 波,一般成人于觉醒状态下很少出现,因而频率通常为 4～7 次/秒。
⑤ α 波,为人脑活动的最基本节律,一般成人保持相当稳定,人脑和外界保持最佳平衡的频率为 10 ±0.5 次/秒,通常频率为 8～13 次/秒。

2.划分标准——心理发展

(1)皮亚杰(Piaget)认为儿童思维的发展虽然是持续的但同时也是分阶段进行的,发展的阶段不能逆转、不可逾越。每个阶段既是前一个阶段的延续,也为后一个阶段的前提。故而,其将儿童从出生到15岁分成四个阶段①:

①第一阶段:出生到2岁的感知运动阶段(Sensorimotor Stage)。此阶段儿童还是个自然生物,只是关注自身的感受,不认识外在的世界,喜欢观看和触摸。儿童从9个月开始逐步产生了客体永存性(Object Permanence)的概念,这个概念是指知道某物或某人即使现在无法看见但是依然存在。到了后期,智慧结构出现。整个阶段儿童会用观看、倾听、叫喊、触摸、品尝等手段尝试所有对于他们感到新鲜的活动来了解这个世界,如同一个个科学家一般。

②第二阶段:2～7岁的前运算阶段(Preoperational Stage)。儿童开始从第一阶段的具体动作中脱离出来,可接受文字、图像等简单的概念,但无法转变和操作。他们频繁地运用语言符号和象征符号来替代外部世界,在头脑中产生表象下的思维,积累感性经验为今后的抽象思维阶段做准备。这一过程正是处于儿童入学前和入学初,所以教育显得尤为重要。

③第三阶段:7～12岁的具体运算阶段(Concrete Operational Stage)。这一时期儿童的思维运算需要具体的事物协助,只能受限于熟悉的经验和见到的具体情境。此时的儿童主要处于小学阶段,具备了可逆、守恒的概念和分类的能力。

④第四阶段:12～15岁的形式运算阶段(Formal Operational Stage)。此阶段儿童因智能发展,可利用语言文字等抽象概念在头脑中想象、思考并解决问题,也能依据概念、假设,通过推理得到结果。

皮亚杰认知发展四阶段理论告诉我们:儿童从出生到15岁,分别阶段性地呈现出感知运动、前运算(积累感性经验)、具体运算(具体事物协助下的思维)和形式运算(抽象思维)特征。因而,包括博物馆教育在内的儿童教育应遵循儿童智能发育所在的时期,超阶段的教育无助于智能开发,孩子不可能先会跑再会走。尽管研究者承认家庭、社会等因素会造成个体智能水平之差异,但由于受自然成熟的影响,智能水平的发展会有一个限度。而现阶段的水平必然是建立于前一个阶段水平发展的基础之上。超阶段的施教带来的将是无效的恶果。

(2)瓦龙(Wallon)主张将儿童心理发展划分成五个阶段:②

①一岁以下:动作发展前期。从"反射动作"阶段到"情感动作"阶段,再到"感知动作"阶段。"情感动作"阶段表现为婴儿自3个月起能与他人进行情感交流,尤其是母亲。"感知动作"阶段表现为自9个月起,婴儿动作与感知相互配合。

②会走路至3岁:动作发展后期。婴儿因能说话、走路,加深了对事物的认知。婴儿可依事物颜色、大小、气味进行区分,知觉常性因此得以发展。此时,婴儿还无法很好地将自己视作一个主体和其他事物相区别。

③三岁至五六岁:主观(个性)时期。此时儿童自我意识开始生成,表现为模仿、执拗和逞能等,可对人我进行区分。但是对客观世界的认知,却带有极为明显的主观色彩,进行推理思维,无法区分物我。

---

① 许政援.儿童发展心理学.长春:吉林教育出版社,2002:34.
② 朱智贤,林崇德.朱智贤全集:儿童心理学史.北京:北京师范大学出版社,2002:272-280.

④五六岁至十一二岁：客观性时期。该年龄段末期，儿童对客观世界的理解犹如逻辑网，互相关联，具备类似成人的思维客观性。儿童通常5岁开始产生物我意识，6～7岁情绪稳定，对外在事物认知表现出客观态度，不再表现执拗等情绪。此阶段的儿童会读、写和算，开始学习，根据属性对事物分类，辨析事物之间的关联，具备思维可逆性。儿童能为了任务舍弃兴趣，知道游戏和工作的差别。需要朋友，但朋友关系的转变往往是根据工作活动需要。

⑤十二三岁以后：青少年时期。标志为性开始成熟。儿童从认知外在世界转向体会自我人格，可谓自外向转向内向，表现出3～5岁个性时期的浓厚情绪色彩。对熟知世界变得陌生，出现不安静、不和谐甚至恐惧的感受，对客观世界产生疑问，开展探究和评价。儿童意识到责任，开始追求理想。在矛盾与对立中发展出智力和个性的改变。

瓦龙关于儿童心理发展不同阶段的观点与皮亚杰存有显见的差异：瓦龙探究的是较为全面的包括个性在内的心理发展，而皮亚杰则始终强调认知思维的发展。然而，在具体分析中，瓦龙认为儿童心理变化成因是基于有机体觉醒和成长，皮亚杰则强调动作以及动作形成的图示作用。故，皮亚杰相对于瓦龙更强调儿童行为活动对儿童心理发展的影响。相较而言，瓦龙对于各个阶段所提炼出来的个性特征和学习内容对本研究所构建的阶段性指标内容更具借鉴意义。

（3）蒙特梭利（Maria Montessori）提出儿童心理发展不但表现为一个阶段内量的连续增加，而且表现为两个阶段间质的改变，其将该过程划分为三个阶段：[①]

①0～6岁：幼儿阶段。儿童适应环境阶段。依据这种适应是否有意识，又分成两个时期。

A.0～3岁：无意识适应环境。儿童最初是依靠吸收能力去适应生活，无意识感受事物特征，从而获得诸多印象。儿童各种能力独立地、分别地发展着，统一的个性未形成。

B.3～6岁：有意识适应环境。儿童不但借助感觉，也借助从环境中吸收的印象。他们利用环境，对无意识获取的东西进行有意识加工。依靠活动发展心理，产生记忆和理解，并经由成人帮助，产生学习兴趣，靠近成人，听取成人教诲，感受愉悦，并慢慢产生个性。

②6～12岁：儿童阶段。此时，儿童开始有意识学习，学识、艺术和才能得以增长，开始对宇宙等自然现象和人的行为产生兴趣，追逐因果成因关系，如"为什么""怎么样"。儿童表现出三大特征：开始形成抽象思维能力，告别狭小生活范围，出现社会感和道德意识。故而，儿童从早期感觉训练须转向抽象思维的智能教育，力求扩大其生活圈，用道德、规范来约束儿童行为。

③12～18岁：青春阶段。社交关系的敏感期。具备自信心、自尊心，树立理想，意识到属于一定组织，是社会团体的成员。注重社会性训练，使其参与广泛的社会生活，适应社会，学会与同伴互处。

蒙特梭利同时指出儿童教育要适逢其时，重视心理敏感期，如此，教育效率就很高，反之，则不然。这种敏感期（Sensitive Period）表现为延续性和顺序性，某个时期内技能的增长成为下个敏感期的一个基础，经由不同敏感期儿童获得发展[②]：

①0～3岁：感官敏感期。蒙特梭利认为婴儿自出生开始，即通过看、听、触、尝等感官行

---

① 杨玥.儿童心理发展的普遍性特质分析——蒙特梭利的儿童观思想研究.长春：吉林大学,2007：18-20.
② E. M. Standing. *Maria Montessori：Her Life and Work*. London：Hollis&Carter,1998：118-126.

为去了解事物,熟悉环境。感官的敏感期从出生直至 6 岁,在 2 岁到 2 岁半处于高峰时期。3 岁前,儿童无意识吸收周围事物,3 到 6 岁可凭借感官对环境中的事物进行判断。故而,蒙特梭利创造出诸如触觉板、听觉筒等感官教具。这样的感官训练将把婴儿培养成优秀的观察者。感官训练为此阶段最重要的学习方法。

②0～6 岁:动作敏感期。婴儿自出生 3 个月起进入该阶段,通常延续到 6 岁,最活跃时期为 1～3 岁。儿童从 2 岁走路,表现得极为活跃,此时让儿童充分运动,可帮助大脑发展均衡。通过手眼细微动作训练之外,让儿童进行大肌肉练习,从而促进智能发展,养成动作习惯。

③0～8 岁:语言敏感期。婴儿自出生 2 个月起具无意识学习语言的能力和倾向,即与生俱来的语言敏感力。通常延续到 6 岁以后,2 岁到 2 岁半表现最为突出。

④2～4 岁:秩序敏感期。婴儿自出生第二年起,通常延续到 4 岁,最为明显表现在 3 岁时期,一种内向的秩序感逐步转为外在事物的秩序感,儿童产生对外在事物秩序化的强烈渴望。这种特征促使儿童分辨出事物的位置和事物间的关联度。儿童发现外在事物间的规则并极力维护。蒙特梭利主张开展教育时,每件物品都要有固定位置,使用物品有规则,取放有方法,具体动作有程序,以符合儿童秩序敏感期要求,这有助于其认知世界,养成遵照秩序的习惯,并感到安全。

⑤2.5～6 岁:社会规范敏感期。自 2 岁半开始,儿童逐步告别以自我为中心,喜欢群体活动并结交朋友。此时,应建立规范,使其注重礼节,以便其今后生活自律,遵循社会规范。

⑥3.5～4.5 岁:书写敏感期。书写技能就儿童而言,过程较为容易且愉快。书写除了临摹外,更重要为表达思想。换句话说,书写除临摹字母的形状和使用书写工具外,还应当增加语音听写。书写开始前应做好相关运动的准备练习,同时制定计划并实施。

⑦4.5～5.5 岁:阅读敏感期。若前一阶段的感官与语言敏感期内获得正确的教育,阅读能力即自然生成。设计一个书香环境,放置多种读物,可促成儿童阅读习惯的养成。

由上可见,蒙特梭利首先将儿童心理发展的每一个阶段皆归纳出迥异的特点,互相区别又互相联系。同时,其所主张的阶段性的心理发展并非线性、简单发展,而是充满创新和变革,每个阶段需要不同的“气候”与“土壤”,即特定的教育和环境。其次,蒙特梭利关于儿童心理发展敏感期的观点颇具特色,被视为“蒙特梭利学说中最重要和最具独创性的部分”①,这部分为依据儿童特点开展早期教育以及发挥儿童主动性提供学理基础和实践指导。

(4)李凯姆(Leekam)针对 2～5 岁儿童心理发展的特点进行系统归纳:②

①2 岁儿童可认知到行为与个体之间的物理关系,开始认知假设的幻想世界,开展假装游戏。理解目的和手段间的关系——目标指向行为。

②3 岁儿童可明白自己所见的不同于他人所见的世界,明白真实的东西不同于想象的东西,明白思想、愿望和意图决定人们的行为。

③4～5 岁儿童开始具备某些能力,即对不同的知觉角度所产生的同一事件或物体的解释形成认知。他们明白意图独立于行为,在反事实的世界中展开推理。儿童能明白所见所闻与知识因果关系怎样(某人了解某事是由于看到了它),以及信念与知识所发生的因果联

① E. M. Standing. *Maria Montessori：Her Life and Work*. London：Hollis&Carter,1998：118.
② Susan Leekam. *Children's Understanding of Mind*. In：Mark. Bennett. *The Child As Psychologist：An Introduction to the Development of Social Cognition*. New York：Harvester Wheatsheaf,1993：26-61.

系(信念促使依照一定方式去行动)。他们还能明白错误行为是因对情境的错误信念使其出现错误表征。

李凯姆主要是针对意图、思想、愿望与行为之间的关系展开研究,主张:2岁儿童开始幻想;3岁儿童明白真实和想象的区别,理解行为是由头脑决定;4～5岁儿童知晓头脑独立于行为,可展开因果推理。由此可见,2～6岁儿童心理发展属于一个慢慢累进的过程,逐步具备抽象思维能力。

3.划分标准——主导活动

(1)列昂节夫认为依据学习、游戏等于某个阶段起主导性作用的活动进行儿童心理发展阶段的区分,共分为六阶段:

①0～1岁:直接的情感交流活动;

②1～3岁:实物操作活动;

③3～7岁:游戏活动;

④7～11岁:学习活动;

⑤11～15岁:社会公益活动;

⑥15～17岁:专业学习活动。

列昂节夫提出各阶段的主导活动,直接指向教育实施的内容,各个时期有着不同的侧重点,这对本研究具有启发作用。

(2)卢梭(Rousseau)提出儿童天性的发展有秩序可循,将未成年期分为四个时期:

①婴儿期:0～2岁,主要进行身体锻炼;

②儿童期:3～12岁,主要进行感觉教育;

③青春期:13～15岁,主要进行知识、理性教育;

④青年期:16～20岁,主要进行性教育、道德教育、宗教教育。

卢梭认为教育应遵循儿童不同发展阶段的天性。针对婴儿期的儿童教育活动,目标可设定为身体锻炼,针对儿童期可设定为感觉教育,针对青春期可设定为知识和理性教育,针对青年期可设定为性教育、道德教育和宗教教育。唯有此,才能促使儿童处于自然状态,体会到教育过程的愉快幸福。就不同时期实施不同的教育及其具体内容,对本研究具参鉴意义。

4.划分标准——人格特征

埃里克森(Erikson)借助人格特征将人一生分成八个阶段,此处仅对前五个阶段(0～18岁)进行阐述:

①0～1岁半:婴儿期。此时,克服不信任,获得信任感,体会希望达成,积极效果为感觉身体舒适,充满安全感。

②1岁半～3岁:儿童早期(学步期)。此时,克服疑惑和羞耻感,获得自主感,体会意志达成,积极效果为学会自主和坚持。

③3～6岁:学前期(游戏期)。此时,克服内疚,获得主动感,体会目的达成,积极效果为主动学会新任务。

④6～12岁:学龄期。此时,克服自卑,获得勤奋感,体会能力达成,积极效果为掌握技能与发展创造力。

⑤12～18岁:青年期。此时,克服角色混乱,获得角色统一,体会忠诚达成,积极效果为发展自我同感能力。

　　埃里克森以儿童人格特征作为划分儿童心理的指标，从怀疑到信赖，从愧疚到自主，从内疚到主动，从自卑到勤奋，从角色混乱到角色统一，展现人格不断完善的个体，由自我否定到肯定并不断发挥主动性。当实施儿童教育时，健全的人格为教育目标所不可或缺，因而，分阶段人格特征的解读对本书有一定参考价值。

　　以上学者从生理基础、心理发展、主导活动和人格特征等视角对儿童心理发展进行划分，尽管划分标准各有所异，然而，实际年龄段的区分皆较为相近。为研究者构建不同年龄段儿童的博物馆教育指南奠定了学理基础，不同学者所主张的各年龄段的心理特征，亦为指标内容的设计提供重要参鉴。

　　（二）以儿童心理学为基础之学习理论的相关研究

　　儿童心理学的分支之一——儿童教育心理学为本研究真正聚焦的范围。儿童心理学偏重的是儿童发展，而儿童教育心理学偏重的则是学习的心理基础和发展的促进训练。[①] 儿童教育心理学借由重复性的实验研究表明：儿童受教育的过程有据可循，并揭示蕴藏其中的心理规律，最终为儿童教育活动的执行提供系统指导方式。故而，包括博物馆教育在内的儿童教育实践，应当学习并依据该理论来实施。然而，现今有关教育心理学的研究成果汗牛充栋，无法一一列数，以下仅对与本研究紧密相关的儿童教育心理学学习理论[②]进行提取。主要涵括四大内容：

　　①诞生于 20 世纪初的行为主义学习理论；

　　②20 世纪 60 年代随着认知心理学产生的认知学习理论；

　　③近二十年网络教育和计算机飞速发展带来的建构主义学习理论；

　　④20 世纪 50 年代末 60 年代初出现于美国的人本主义学习理论。

　　就以上四大理论做综论并非本部分篇幅所能容，研究者只将此四项内容中，与本研究相关者之观点进行采撷，整理如下。

　　1. 巴甫洛夫（Pavlov）、桑代克（Thorndike）、斯金纳（Skinner）和班杜拉（Bandura）提倡的行为主义学习理论，即强调"重视与有机体生存有关的行为的研究，注意有机体在环境中的适应行为，重视环境的作用"[③]。

　　采用 S-R（刺激-反应）公式表示，S-R 之间的联结被视为"强化"，认为个体接受独特的刺激后会形成相适应的行为。只有通过对行为的强化，才能产生优秀的学习环境，激发孩子的学习热情。S-R 促进路线为四大步骤：

　　①"小步子原则"，把每块学习、娱乐的内容由易到难、由浅入深，进行适当分割；

　　②让孩子对每一块的内容做出一种"积极反应"；

　　③对于反应结果要给予"及时强化"；

　　④"自定步调原则"，学习中步调一致的原则并不科学，反而限制了孩子的自由发展空间，儿童应当在适宜自己的速度下学习，通过强化来促进发展。

　　尽管诸上学者们所主张之行为主义理论认为"小步子原则、积极反应、及时强化、自定步调原则"，能够取得良好收效。但如此的单线型促进作用同时亦暴露出理论自身的局限性，

　　①　林泳海. 幼儿教育心理学. 北京：商务印书馆，2006：27.
　　②　"该理论把儿童教育心理学的一般原理应用于学习领域，可以解释和预测学习行为的变化，从而为课程与教学理论奠定基础。"林泳海. 幼儿教育心理学. 北京：商务印书馆，2006：162.
　　③　陈琦，刘儒德. 当代教育心理学. 北京：北京师范大学出版社，1997：61.

即只重视外部刺激,重视环境对教育的作用,却完全忽视了儿童的内在心理活动过程和个体的主观能动作用。

2. 布鲁纳(Bruner)、奥苏伯尔(Thorndike)、加涅(Gagné)和皮亚杰(Piaget)构建的认知学派,提出"认知即认识,智力活动"。"认知学派首先强调心理活动上的内化、中介以及内部条件(表象、语言和知识经验)的主动作用。因为外部刺激众多,知觉什么是有选择的。同时,心理活动具整体性,把感知、记忆、语言、思维和行动看成一个完整的信息加工系统。"①认知学习理论在 S-R 中增加了 O,变成 S-O-R,O 是指大脑加工的过程。

他们不赞同行为主义者所提出的刺激后产生行为,而是看重学习者自身的知识的构建和重组,认为学习者不同则建构模式各异,提出增加有意义学习的比重,主张采用同化或顺应来促进学习者知识结构的搭建。

以上布鲁纳、奥苏伯尔、加涅和皮亚杰所主张之认知学习理论,弥补了行为主义学习理论的不足,认为学习者和教育者互动双向,在对已有经验、知识进行同化、顺应过程中,教育的主体是学习者。此理论虽还未带来博物馆教育太大的改变,但对其的学习掌握可帮助激活博物馆人士在自主性、服务性方面的探索。

3. 皮亚杰创立的日内瓦学派(儿童认知发展学派),在其理论基础上,经由科恩伯格(O. Kernberg)、斯滕伯格(R. J. Sternberg)、卡茨(D. Katz)、维果斯基(Vogotsgy)等诸学者共同努力,促成建构主义理论体系形成。建构主义(Constructivism)属于认知心理学派的一个分支,内容极为丰富,到目前为止该理论体系仍处于发展之中,故而,研究者只能试图对其主要观点进行梳理。

此学派从内外因相互作用的观点来研究儿童的认知发展,认为儿童在与周围环境相互作用的过程中,逐步构建起关于外部世界的知识,使得自身认知结构得到发展。②"儿童与环境相互作用涉及两个基本过程:'同化'③和'顺应'④。"⑤同化是认知结构的扩充(图式扩充),而顺应则是认知结构性质的改变(图式改变)。当认知个体(儿童)同化新信息时,处于一种平衡的认知状态,当不能同化时,平衡被破坏,顺应的过程就是在寻找新的平衡,儿童的认知结构就是在同化和顺应的过程中构建起来的。

为有效地使用该理论,它被提炼出几个关键点:环境创设、会话协作、意义构建。譬如加拿大文明博物馆中有个"儿童博物馆",展示的是美洲各国的地域文化。在入口处,可以领取一本儿童护照,它的作用是按图索骥,"游览"完毕一个国家后在相应的页码上盖章,此即为来儿童馆的孩子创设了一个周游美洲各国的"环境",使得参观主体很快融入其中。

其中,"环境创设"在前面已提及,其重要性不言而喻,它是指内容的构建需要在一定的环境下进行,且此环境应有利于构建内容。理论核心则是"意义构建",儿童作为信息加工的主体和该任务的主动承担者,逐步构建起有关外部世界的知识,最终使自身的认知结构得以发展。"会话协作"是儿童在与周围环境互相作用时发生的,并且持续于整个教育过程中,每

---

① 刘金花. 儿童发展心理学. 上海:华东师范大学出版社,2001:175.
② 吴疆,陈瑛. 现代教育技术教程. 北京:人民邮电出版社,2003:30.
③ 同化是指把外部环境中的有关信息吸收进来并结合到儿童已有的认知结构(也称"图式")中,即个体把外界刺激所提供的信息整合到自己原有认知结构内的过程。
④ 顺应是指外部环境发生改变,而原有认知结构无法同化新环境提供的信息时所引起的儿童认知结构发生重组与改造的过程,即个体认知结构因外部刺激的影响发生改变的过程。
⑤ 吴疆,陈瑛. 现代教育技术教程. 北京:人民邮电出版社,2003:30.

个学习者的成果为整个学习群体所共享,是实现意义构建的手段之一。这点在目前开展的教育中还未受到普遍关注,但恰恰是需重视并提升的重要能力。

4.马斯洛(A. Maslow)、罗杰斯(C. R. Rogers)、凯利(G. A. Kelley)等学者提出"以人性为本位,学习是个人潜能的发展,教育的目标是帮助发展个体性,实现其潜能。人的行为是当事人自主、综合的选择,外在刺激不起决定作用"。他们认为"学习的真正主体是儿童,要以儿童为中心",这就需要我们重视儿童的兴趣、认知、动机和情感等内心世界的探索与研究。"创设最好的条件促使每个人达到他所能及的最佳状态,帮助个体发现与他真正的自我更相协调的学习内容和方法,提供一种良好的促进学习和成长的气氛。"①

诸上主张所代表的是一种重要的教育思潮,是对前面几大理论的进一步创造,被称为人本主义学习理论。此理论鼓励博物馆儿童教育要创造优良的学习心理氛围,帮助孩子认识到自身的独特性和潜在的能力。传统的博物馆仅有冷冰冰的橱窗、晦涩难懂的说明文字、庄严肃穆的环境,缺少人本主义理论支撑。国际上先进的博物馆在人本主义理论指导下常有两大鲜明特点:第一是对教育方法、教育技术的积极探索,采取自助型和趣味型的展示手段,辅助设施和活动形式多样;第二是全身心地关注公众,全方位寻找与公众交流、互动的机会,重视其内心要求,激发选择学习,从自我倾向性中产生学习倾向。

其上,巴甫洛夫、桑代克、斯金纳、班杜拉提倡的行为主义学习理论关注强化外部刺激对于儿童学习的作用;布鲁纳、奥苏伯尔、加涅和皮亚杰构建的认知学派强调儿童内在认知结构之搭建;皮亚杰、科恩伯格、斯滕伯格、卡茨、维果斯基提出的建构主义理论主张从内、外因来研究儿童认知发展,提炼出"环境创设、会话协作、意义构建"三个关键点;马斯洛、罗杰斯、凯利倡导的人本主义学习理论则认为学习的真正主体是儿童,教育主要是帮助儿童发展个体性,实现儿童潜能。

综之,经以上研究者分析可归结如下:

学者们关于"儿童教育学"儿童中心地位、认知结构主义、零岁教育与 REGGIO 教育等主张主要包括儿童教育观和实施方法两方面内容。重要观点涵盖有:儿童具备自然特殊性;需分年龄段执行教育;应重视儿童活动和社会交往;关注学习准备、动机和螺旋式课程;强调开展 0～6 岁早期教育和进行左右脑开发,实施模式教育;倡导家长、教育工作者和公众戮力齐心;重视环境设计;建立工作坊;主张教师角色多元化;使用儿童语言;让儿童参与设计课程;构建儿童与教师的和谐环境等。

梳理有关"儿童心理学"儿童学习理论,发现学者观点主要包括强调教育的外在刺激,主张搭建内在认知结构,进行环境创设、会话协作和意义构建等。从中不难窥见,此四大学习理论就儿童教育方面强调从关注外在因素逐步发展为重视内在自我。

总之,"儿童教育学""儿童心理学"两大理论体系皆强调儿童教育观和实施手段两方面,它们彼此内容相通,相辅相成。诸此学者主张有三大共同落脚点:或提出儿童具有天然区别于成人的特性,或主张儿童认知呈现阶段差异,或强调环境和手段之于儿童教育的重要性。这与本研究之主张一拍即合,为研究者策略研究中构建儿童教育指南奠定了学理基础。

另外,本研究亦专门搜集并列举"儿童心理学"心理发展阶段性理论,学者们主张从生理、心理、主导活动、人格特征等不同视角进行划分,尽管标准各异,然年龄段的区分皆较为接

---

① 王森洋,张华金.当代西方思潮词典.上海:华东师范大学出版社,1995:355.

近,所提出的各年龄段划分及其所具备的性征成为本研究建立儿童教育指南的重要参考内容。此外,第二章第二节中提及的教育部制定的《3～6岁儿童学习与发展指南》中,专门针对幼儿五大学习领域,设计出的发展期望内容,这亦成为本书儿童教育指南内容构成的重要参考依据。

第二节　构建博物馆儿童教育指南

儿童教育学、心理学研究的缺失直接促使本研究试图构建儿童教育指南,而博物馆教育自身特质亦为本指南的推广使用奠定了可能性。作为非正规(或非正式)教育机构,博物馆的教育无考试和升学的重负,非学校教育"翻版",完全可从儿童角度切入,立足儿童不同年龄段的心理特征,并以此为据策划和实施适用儿童并为儿童钟爱之教育盛宴。故,本节将依上述所提列的先贤相关研究,结合博物馆教育特性,制定博物馆0～18岁儿童教育指南。

本指南将直接采撷前文诸多学者之主张(本章第一节已分别对各观点做过提炼与解析)。首先,以3岁、6或7岁、11或12岁为四阶段划分界点(刘世熠依"儿童脑电图"分,皮亚杰凭"认知发展"分,瓦龙和蒙特梭利按"心理发展"分,列昂节夫和卢梭据"主导活动"分,埃里克森借"人格特征"分)。其次,设定指标内容有四,为:语言发展、动作与活动发展、认知发展、情感与社会性发展。(见图7-1)

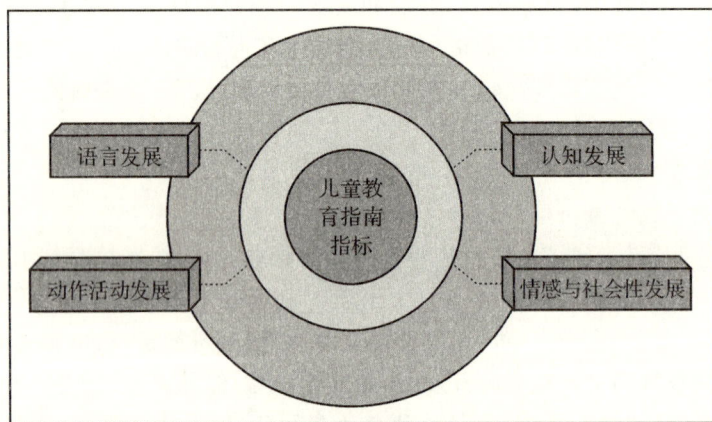

图 7-1　儿童教育指南四大指标构成

一、适用于三岁以下儿童

现阶段,国内博物馆儿童教育对低龄儿童缺乏普遍关注,尤其是三岁以下的婴幼儿,本阶段教育因此缺乏实践经验,成为博物馆儿童教育之弱项。国外诸多儿童博物馆中皆设有专门的婴儿攀爬区,如布鲁克林儿童博物馆(Brooklyn Children's Museum)内的"宝宝中心(Baby Hub)"展区(见图7-2)。同时,儿童教育项目趋向低龄化,如大都会艺术博物馆规定家庭教育项目的报名者从18个月婴儿伊始。井深大提出:0～3岁儿童脑细胞成长最快,具备天才般的吸收能力,模仿和吸收最为积极,谓之"模式教育时期",故成为潜能开发之最佳时期,古时亦有3岁定终身一说。0～3岁处于婴儿期与学步期,此时的儿童究竟有何心理性征?又当如何施以运用?订立本年龄段教育指南,以为策划实施本年龄段儿童教育之把关。

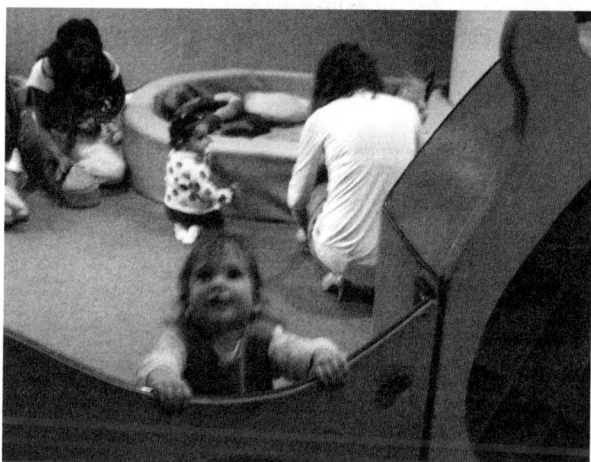

图 7-2　布鲁克林儿童博物馆"宝宝中心"展区现场
供幼龄儿童攀爬、学步之用

（一）语言发展

语言发展指标可用以衡量儿童智力发展状况，在儿童心理发展中具调节和概括作用。0～3岁婴儿语言发展是一个既规律又连续的过程，由量变累积至质变。婴儿自2个月起，具无意识学习语言之能力和倾向，即与生俱来的语言敏感性。这在2岁到2岁半表现最为突出。具体而言，0～3月学习简单发音，4～8月学习连续音节，9～12月出现学话萌芽，12～18月正式学习单词，18月～2岁学习简单句，2～3岁学习基本复合句。此阶段内，婴儿学习语言模仿力强，既省力又快，若加以有效协助与开发，可为将来语言能力夯实基础。婴儿期语言发展涉及四大内容：创设语言环境，成人正确示范，讲故事、念儿歌，丰富生活来增加词汇。本研究亦从此四方面提供建言（见表7-1）。

表 7-1　三岁以下儿童语言发展指标及其内容

年龄	三岁以下（婴儿期与学步期）		
发展指标	单项指标		具体内容
语言发展	① 创设语言环境		展教活动中创造与儿童讲话的机会，帮助儿童感受与掌握语言
	② 博物馆人员正确示范		展教活动中用普通话，用语简洁，发音正确，语速适中
	③ 讲故事、念儿歌		展教活动中选择图书、有声读物给儿童阅读，与其交流，培养语言能力
	④ 丰富生活以增加词汇		展教活动中帮助开阔眼界，以丰富的词汇帮助提高儿童表达力

【博物馆儿童教育建议】

（1）展教活动中创造与儿童讲话的机会，帮助儿童感受与掌握语言。例如在博物馆或博物馆儿童专区内，教育人员或父母蹲下身表情夸张地与婴儿讲话，过程中聚精会神，不随意敷衍。

（2）展教活动中用普通话，用语简洁，发音正确，语速适中。譬如博物馆邀请馆外专家对从事儿童教育工作的人员实施培训，保障有1～2名能用简单儿童用语与婴儿沟通的博物馆专业教师。

（3）展教活动中选择图书、有声读物给儿童阅读，与其交流，培养语言能力。例如博物馆开辟婴儿阅读区或图书室，提供阅读环境和读物，由教育人员或父母借由纸质、音频、视频媒介与婴儿进行语言交流。

（4）展教活动中帮助开阔眼界，以丰富的词汇帮助提高表达力。譬如教育部门使用馆藏文物开发出颜色、形状、音乐等简单主题的教育项目，增加婴儿接触新内容的机会，开阔眼界，增加词汇量。

【案例参考】

以美国大都会艺术博物馆诺伦图书馆故事时间（Storytime in Nolen Library）中的"幼儿故事时间（Toddler Storytime）"为例，这个教育活动是大都会博物馆常规教育活动，每周日上午举行，每次持续半小时，规模限定为 40 人。"幼儿故事时间"对参与儿童的目标年龄进行严格界定，规定从 18 个月开始到 3 岁。之所以将服务对象目标年龄界定为 18 个月到 3 岁，首先是根据本阶段儿童语言模仿能力强，处于儿童语言学习敏感期，既省力又快的特征；其次规定从 18 个月开始，则是基于该阶段婴儿语言发展指标，正是从 18 个月起儿童开始学习简单句，而 18 个月前儿童处于学习单词阶段，因此 18 个月成为儿童由学单词向学句子过渡的重要节点。

（二）动作与活动发展

动作与活动发展是婴儿接触外部世界的方式。皮亚杰（Piaget）提出"所有知识是主体与客体相互作用的结果，而动作则是联结主客体的中介与桥梁"①。故，儿童只有通过动作和活动才能获得真知。0～3 岁婴儿期是动作协调能力得以发展的黄金期，而动作发展又有助于体质增强、语言发展、大脑开发、心理发展和个性形成。婴儿期动作发展历经"反射动作"到"情感动作"，再到"感知动作"阶段。"情感动作"阶段表现为婴儿自 3 个月起能与他人进行情感交流，尤其是母亲。"感知动作"阶段表现为自 9 个月起，婴儿动作与感知相互配合。儿童从 2 岁走路，表现得极为活跃，此时让儿童充分运动，可帮助大脑发展均衡。除通过手眼细微动作训练之外，还应进行大肌肉练习，从而促进智能全面发展，养成动作习惯。动作与活动发展是否得到有效开发涉及四项内容：重视锻炼身体；发展大动作；发展细微动作；培养自理能力。本研究即从此四方面建言（见表 7-2）。

表 7-2　三岁以下儿童动作和活动发展指标及其内容

年龄	三岁以下（婴儿期与学步期）	
发展指标	单项指标	具体内容
动作和活动发展	①重视锻炼身体	展教活动能利用户外自然条件，通过运动或游戏锻炼儿童身体
	②发展大动作	展教活动中发展感知运动，从坐、爬、立、走、跑、跳到平衡，创造户外活动的机会
	③发展细微动作	展教活动中提供儿童接触适合的材料，发展精细动作
	④培养自理能力	展教活动中鼓励尝试收拾展品或其他资料，发展自理能力

---

① 李文平.皮亚杰儿童心理学理论对基础教育教学的三点启示.考试周刊,2009(33):212.

【博物馆儿童教育建议】

(1)展教活动能利用户外自然条件,通过运动或游戏锻炼儿童身体。开辟露天庭院已成为国外诸多博物馆空间拓展的一种趋势。博物馆具此类空间,可保证诸此户外运动或游戏开展的可能,温暖、舒适的大自然环境,成为激发幼儿愉悦情绪的地方。

(2)展教活动中发展感知运动,从坐、爬、立、走、跑、跳到平衡,创造户外活动的机会。感知运动依顺序发展:1月头移动;2月抬头、俯卧;3月头能扬起;4月头竖立转动;5月可一侧翻身,俯侧能动头;6月坐直、撑起胸;7月翻身;8月稳坐;9月爬超1米,扶站超5秒;10月灵活站起;11月扶物走超3步;12月独站超5秒。博物馆教育部门设计户外活动时,需依据儿童动作发展规律,切不可强度过大,以免其骨头受损或坏死。

(3)展教活动中提供儿童接触适合的材料,发展精细动作。例如博物馆内开辟教育活动空间类型之一的工作坊,坊内配备丰富的材料、各类工具和专业指导教师,儿童可在坊内随意选用各种材料自主地开展探索与学习。

(4)展教活动中鼓励尝试收拾展品或其他资料,发展自理能力。譬如博物馆策划相关主题亲子互动类教育活动,结束时鼓励在父母帮助下收拾展品或其他资料。

【案例参考】

以布鲁克林儿童博物馆"幼儿专区(Totally Tots)"为例,该展区服务对象的目标年龄始于0岁,这里专门为婴幼儿设置了九个不同的感官游乐区。主题包括水、沙和音乐,在该空间内儿童通过儿童眼睛、耳朵、肢体进行"感觉运动(皮亚杰将这个0~3岁的运动称为'感觉运动')",这些感官刺激能够促使儿童产生神经冲动,大脑便会对各种感觉做出解释,形成知觉,逐步形成概念化,而感知觉和概念化构成了儿童未来理解世界的基础。

(三)认知发展

0~3岁婴儿因大脑发育处于迅速成长阶段,故属认知发展的最佳时期。此阶段婴儿的认知能力构成未来习惯和能力等的基础。首先,婴儿自出生第二年起,通常延续到4岁,最为明显表现在3岁时,一种内向的秩序感逐步转为外在事物的秩序感,儿童产生对外在事物秩序化的强烈渴望。这种特征促使他们分辨出事物的位置和事物间的关联度。其次,婴儿从9个月开始逐步产生客体永存性的概念,此概念是指知道某物或某人即使现在无法看见但是依然存在。再次,婴儿可根据事物颜色、大小、气味进行区分,知觉常性因此得以发展。2岁幼儿开始认知假设的幻想世界,可开展假装游戏,3岁幼儿明白真实的东西不同于想象的东西,思想、愿望和意图决定人们的行为。到后期,智慧结构出现。整个阶段婴幼儿会用观看、倾听、叫喊、触摸、品尝等手段尝试所有他们感到新鲜的活动来了解这个世界,如同一个个科学家一般。以上,儿童本阶段诸此认知特征决定:认知发展能力与是否"布置良好的视听环境;开展感情交流与实物操作;鼓励观察、回答问题;提供机会,鼓励表达"四大内容休戚相关。本研究即就此四方面进行建议(见表7-3)。

表 7-3　三岁以下儿童认知发展指标及其内容

年龄	三岁以下（婴儿期与学步期）	
发展指标	单项指标	具体内容
认知发展	①布置良好的视听环境	展教活动中促使儿童和环境互动,发展感知能力
	②开展情感交流(0～1岁)与实物操作(1～3岁)	展教活动中提供儿童材料、玩具等;创造父母与孩子共处的时间和空间(尤其0～1岁);鼓励儿童使用多感官、多方式操作物品,获取感性体验(尤其1～3岁)
	③鼓励观察,回答问题	展教活动中让儿童细致观察事物,并回答他们的问题,以激发其好奇心,鼓励探索
	④提供机会,鼓励表达	教育活动中多给儿童表达机会,让儿童发挥创造力,大胆表达

【博物馆儿童教育建议】

（1）展教活动中促使儿童和环境互动,发展感知能力。博物馆可模拟日常生活场景或自然景观,提供一个充满视觉等感官刺激的环境,供儿童观看、体味、抚摸和攀爬。例如波士顿儿童博物馆（Boston Children′s Museum）的麻省理工幼儿认知实验室——玩乐实验室（MIT Early Childhood CognitionLab——Play Lab）内象征性复原一个家的缩比模型。大门橘红色,墙壁紫色,座椅黄色,色彩明亮度高的环境色、道具色和展品色,让儿童感受强烈的视觉刺激。同时,地面全系铺有地毯,摆放柔软的家具和展品。儿童可随意摸爬,获得除却视觉刺激外的多元感知体验。

（2）展教活动中为儿童提供材料、玩具等:创造父母与孩子共处的时间和空间(尤其0～1岁);鼓励儿童使用多感官、多方式操作物品,获取感性体验(尤其1～3岁)。博物馆可为儿童提供琳琅满目的安全材料、玩具,例如一些自然界中大小不同、形状各异的树叶等,鼓励儿童从玩中学和在玩中探索。譬如波特兰儿童博物馆（Portland Children's Museum）内设有一所博物馆学校,各个教室内齐备着类型纷呈、不同材质的天然材料(见图 7-3),使研究者得以一睹"儿童世界"之真颜。

（3）展教活动中让儿童细致观察事物,并回答他们的问题,以激发其好奇心,鼓励其进行探索。例如利用博物馆展览,鼓励儿童观察,教师担任儿童倾听者、观察者、伙伴和向导,协助儿童寻求答案,点燃儿童探索热情,儿童与教师一起发现、感受。

（4）展教活动中多给儿童表达机会,让儿童发挥创造力,大胆表达。譬如博物馆教育活动中创造儿童与教师及儿童与儿童间平等交流的机会,采用笔记本、照相机、录音机、录像机等不同工具,记录儿童表达过程,并于儿童表达完毕时给予及时的肯定和激励。

图 7-3　"波特兰儿童博物馆"内设博物馆学校
学校为儿童提供各种类型的材料树叶、松果等形态各异的自然材料占绝大多数

【案例参考】

美国菲尔德博物馆（Field Museum）中的皇冠家庭玩乐实验室（The Crown Family Playlab）鼓励最年轻的探险家和父母一起去观察昆虫和恐龙，拉出抽屉进行探索，鼓励儿童发现和表达。目标年龄从2岁开始。该展区基本涉及了本阶段儿童认知四项指标内容。

（四）情感与社会性发展

0～3岁是儿童从生命自然实体发展成为社会实体的最初阶段，故，此阶段情感和社会性发展具有举足轻重之作用。它同时亦为儿童心理健康发展的重要内容，影响儿童未来心理发展、人格健全、智力发展和学习开发。健康、聪明的个体虽为社会所需求，然他们更需具备良好人格和社会适应性。儿童最初是依靠吸收能力去适应生活，无意识地感受事物特征，从而获得诸多印象。他们各种能力独立地发展着，统一的个性并未形成。0～1岁半，儿童克服不信任，获得信任感，体会希望达成，积极效果为儿童感受到身体舒适，充满安全感。1岁半～3岁，开始克服疑惑和羞耻感，获得自主感，体会意志达成，积极效果为产生自主和坚持能力。据此阶段儿童情感与社会性发展特征，本研究提出"参与视听体验、进行肢体表达；克服羞涩感、学会社交；参与各种活动"三项内容指标之献言（见表7-4）。

表 7-4　三岁以下儿童情感与社会性发展指标及其内容

年龄	三岁以下（婴儿期与学步期）		
发展指标	单项指标	具体内容	
情感与社会性发展	①参与视听体验，进行肢体表达	展教活动中鼓励儿童进行肢体律动和作画涂鸦，通过肢体自由表达感情	
	②克服羞涩感，学会社交	展教活动中鼓励儿童和同伴交往，主动与人打招呼，了解基础社会行为规则，发展社交	
	③参与各种活动	展教活动中让儿童与他人一起参加集体活动，体会交往的乐趣	

【博物馆儿童教育建议】

（1）展教活动中鼓励儿童进行肢体律动和作画涂鸦，通过肢体自由表达感情。譬如博物馆教育活动中播放欢快、轻柔的音乐，引导儿童参与聆听，鼓励儿童肢体律动等，并引导儿童一起吟唱；让儿童在展墙上大胆绘画涂鸦，借以传达内心感情。

（2）展教活动中鼓励儿童和同伴交往，主动与人打招呼，了解基础社会行为规则，发展社交。例如博物馆策划社会行为规范的模拟和示范的教育活动，体会与同伴共同参加项目的欢愉，并适应这种共同玩乐的方式。

（3）展教活动中让儿童与他人一起参加集体活动，体会交往的乐趣。譬如博物馆利用得天独厚的展览空间，让大家生活在一起，共同食宿等，帮助儿童真正体味集体生活中的精彩与乐趣。

【案例参考】

休斯敦儿童博物馆（Children's Museum of Houston）的"小孩场所（Tot Spot）"可以使用镜子、围巾在露天剧场跳舞、滚踢各种球类、和父母一起玩并进行对话。目标年龄为0～35个月。博物馆鼓励使用镜子、围巾等进行肢体律动首先满足了本阶段儿童情感和社会性发展要求，同时和父母及其他同伴一起，不但有助于相互学习，而且可帮助儿童感受和其他同伴参加集体生活的快乐，从而适上并喜欢上集体生活。

二、适用于三岁到六七岁儿童

实地调研过程中研究者发现,国内博物馆儿童观众多为中小学生。春秋两季为学校组织参观的"旺季",周末、寒暑假和节假日则是博物馆推出儿童项目的"活跃期"。但是,此儿童观众中却鲜有幼儿期观众(三到六七岁)去观展或参与项目。在国外,不少儿童博物馆内辟有面向幼儿的专区,譬如麦德逊儿童博物馆(Madison Children's Museum)的埃维尤早期学习馆(Evjue Early Learning Gallery)。儿童教育项目更是将幼儿及其家庭成员纳入其中。例如美国自然历史博物馆里常现一批三四岁被家长带至博物馆的孩童,他们被冠以"小小探险家"之名,常常参与博物馆动手做实验。此类传统博物馆的常规教育常涵盖幼儿项目。现阶段,国内适合幼儿观看的展览甚少,儿童教育项目远离幼儿,幼儿亦谢绝博物馆活动。如何才能让处于幼儿期的儿童与博物馆拉近心理距离?井深大认为:"3到6岁儿童脑细胞成长速度减慢,具备次天才般的吸收能力,此时儿童好动、好玩,需用游戏来激发,谓之'游戏教育时期'。"那么,三到六七岁儿童心理特征究竟为何? 又该如何依循此心理特征加以施用?为此需构建三到六七岁幼儿期儿童教育指南,以供博物馆实施本年龄段儿童教育时取鉴。

(一)语言发展

三到六七岁幼儿期是儿童语言,特别是口语发展的关键期。语言学习的影响贯穿各大领域,如人际交往、思维发展等,个体感知被超越亦直接有赖于语言信息的获取。此阶段幼儿经由游戏、劳动和学习,词汇量得以增加,约从 1000 个发展至 3500 个,三到六七岁为儿童学习语言的最佳时段。此时,语言表达多简单句,复杂句随年龄增长也不断增加。同时,口头表达的完整性、顺序性和逻辑性逐步完善,其中逻辑性最差,顺序性则最好。幼儿语言的连贯性受情境影响,表达时仍倚重情境。兼之,书写和阅读进入敏感期,3.5~4.5 岁为书写敏感期,幼儿书写过程较为轻松且愉悦。4.5~5.5 岁为阅读敏感期,若前一阶段的感官、语言敏感期内获得正确教育,阅读能力即自然生成。据此,研究者提出语言发展指标涉及"认真听、听懂常用语言;愿意讲话、清楚表达;养成文明语言习惯;喜欢看图书、听故事;获初步阅读理解力"五项内容,并就此五方面略陈管见(见表 7-5)。

表 7-5　三至六七岁儿童语言发展指标及其内容

年龄	三岁至六七岁(幼儿期)		
发展指标	单项指标	具体内容	
语言发展	①鼓励儿童认真听、听懂常用语言	展教活动中多为儿童提供倾听、交流机会,引导儿童学会倾听,用丰富的语气、语调结合情景促成倾听	
	②鼓励儿童讲话、清楚表达	展教活动中创造儿童说话机会,让其体会语言交往的乐趣,鼓励儿童清晰表达	
	③养成儿童文明语言习惯	展教活动中成人做出表率,提醒交流礼节,养成博物馆内不喧哗、轮流发言等文明的语言习惯	
	④提供儿童看图书、听故事的机会	展教活动中提供良好的阅读环境与条件,培养儿童阅读兴趣,使之养成阅读习惯,引导文字符号、标识的认知	
	⑤帮助儿童获初步阅读理解力	展教活动中和儿童一起阅读,帮助建立以经验为基础的理解,通过阅读发展创造力和想象力	
	⑥促成儿童书面表达的初步技能和愿望	展教活动中让儿童体会文字符号作用,使之愿意书写,在各类游戏教育中穿插书写活动	

【博物馆儿童教育建议】

（1）展教活动中多为儿童提供倾听、交流机会，引导儿童学会倾听，用丰富的语气、语调结合情景促成倾听。如博物馆教师经常选择儿童感兴趣的话题，创设情境，与儿童交谈。或以丰富的语气、语调给儿童讲故事、读故事，注意讲或读时，将故事中不同人物心情用语气表现出来。展教活动中多使用简单句，夹杂反映逻辑关系的复合句，鼓励儿童学会倾听并主动提问。

（2）展教活动中创造儿童说话机会，让其体会语言交往的乐趣，鼓励儿童清晰表达。尊重儿童说话内容和方式，乐于倾听并及时回应。如博物馆利用具有儿童熟悉元素的文物，如动植物纹饰，让儿童进行外形特征描述，教育人员鼓励儿童慢慢讲，讲清楚，帮助其补充和整理思路，且认真倾听。

（3）展教活动中成人做出表率，提醒交流礼节，养成博物馆内不喧哗、轮流发言等文明的语言习惯。如博物馆教师学会蹲下与幼儿平等交流，使用文明用语，不说粗话、脏话，不大声喧哗，并提醒儿童在博物馆使用文明用语。再如博物馆教育活动中可设计具体情境，教会儿童打招呼等交流礼节，知晓不打断他人发言、轮流发言等交流规则。

（4）展教活动中提供良好的阅读环境与条件，培养儿童阅读兴趣，使之养成阅读习惯，引导文字符号、标识的认知。如博物馆内专门开辟供儿童使用的图书馆或阅览室，保证儿童安静自主阅读，免受影响。同时提供满足此年龄段儿童兴趣与需求的图书。图书要求主题多样，内容丰富，以便儿童自主选择。当儿童有问题时，博物馆教育工作者应耐心帮助其一起查阅。随着阅读习惯的养成，儿童能逐步感受阅读的用途。再如策划"常见标识、说明书使用"等主题展览，引导儿童通过切实体验，发现阅读功能。

（5）展教活动中和儿童一起阅读，帮助建立以经验为基础的理解，通过阅读发展创造力和想象力。如博物馆策划博物馆儿童出版物阅读活动，指导儿童经由观察画面，共同讨论内容，并一起回忆，引导儿童复述；听完故事后可让幼儿取名并讲述缘由；亦可让幼儿阅读后开展发现和体会的讨论；鼓励幼儿想象故事情节并改编；鼓励幼儿自编故事并配图，自己动手设计图书；鼓励儿童通过表演、捏橡皮泥、绘画等方式再现故事情节。

（6）展教活动中让儿童体会文字符号作用，使之愿意书写，在各类游戏教育中穿插书写活动。如博物馆导览时让幼儿对展品用多种方式进行涂鸦；将幼儿描述展品的话记下，并复述给幼儿听，让他们知道文字的好处；鼓励儿童将感兴趣的展品画下来讲给他人听；开发将展品图片或文字由虚线成实线的书写游戏等，在这些活动中应提醒幼儿正确握笔和保持姿势正确。

【案例参考】

请体验博物馆常规教育活动"故事书舞会（Storybook Ball）"，家庭观众按照自己最喜欢故事中的人物装扮自己，阅读故事并演绎故事。目标年龄主要为三至六七岁。2016年，"故事书舞会"适逢请体验博物馆40岁生日庆祝活动，家庭观众身着他们最喜欢的故事书中人物服饰，有蝙蝠侠、蜘蛛侠、海盗、王子、海盗和冰雪女王等，聆听20世纪70年代至今的音乐，欢快地跳着舞蹈，欣赏木偶剧，玩着旋转木马，享受美味食物，同时阅读各种书本。本教育项目参与的前提就是阅读活动，同时在教育项目中家长、博物馆教育人员和儿童一起进行角色体验的同时，也培养了阅读兴趣，发现阅读功能，促成阅读习惯。

（二）动作与活动发展

幼儿期儿童身体机能和发育较为迅速。协调的动作，良好的体质和基本的生活能力是幼儿健康的关键标尺，亦为各领域的发展和学习扎下根基。3～4岁幼儿能到处活动，可交替两脚登楼，能跳远、跳高、单脚站立。可进行画图，能完成剪贴、折纸、翻书，会使用筷子、钮扣等精巧物件。能自己洗脸，可在协助下穿脱衣物。4～5岁幼儿能独脚跳跃，发展出平衡能力，能玩滑梯、翘翘板，可画出实物的形状。日常基本能自理，如独立刷牙、洗脸，用筷灵活，独立穿戴衣物。5～6岁幼儿能迅速跑跳，踢球、投球、拍球，边走边进行，发展出较好的平衡能力。可走路达半小时。生活上已能协助成人做诸如擦桌、扫地等简单家务。能完成削笔、画人物、书写简单汉字和个位阿拉伯数等精细工作。基于以上儿童大动作和精细动作、生活自理等特征，研究者提出本阶段指标涵盖"培养初步平衡能力；初步力量和耐力；灵活协调运用手；养成基础的生活自理能力"四大内容，并据此四方面细化指标予以建言（见表7-6）。

表7-6　三至六七岁儿童动作与活动发展指标及其内容

年龄	三岁至六七岁（幼儿期）	
发展指标	单项指标	具体内容
动作与活动发展	①培养儿童初步平衡能力	展教活动中用多种方式发展儿童灵活和协调性，技能活动不可追求数量
	②培养儿童初步力量和耐力	展教活动中策划多样化的身体运动项目
	③培养灵活协调地运用手	展教活动中开展初步的手工活动，并注意安全
	④养成儿童基础的生活自理能力	展教活动中鼓励儿童做力所能及的事

【博物馆儿童教育建议】

（1）展教活动中用多种方式发展儿童灵活和协调性，技能活动不可追求数量。博物馆可开发促进幼儿平衡能力发展的教育项目，如沿地面直线走路，学走平衡木、跳房子等。同时，策划发展幼儿协调和灵活性动作的展项，如运球、吹泡泡、攀爬，不宜采取追求数量的机械方式进行运动。

（2）展教活动中策划多样化的身体运动项目。博物馆创造儿童能够走、跑、爬、攀等多种形式运动的机会，鼓励幼儿能坚持运动。

（3）展教活动中开展初步的手工活动，并注意安全。博物馆可开展诸如画、剪、粘、折、泥塑等手工活动；提供半成品，促其完成有一定难度的手工活动；鼓励儿童一起开展博物馆专区、教室等的环境布置。活动过程注意材料和工具安全，规范工具使用方法，避免儿童利用工具玩耍。

（4）展教活动中鼓励儿童做力所能及的事。博物馆创造机会让幼儿尝试简单的生活自理或相关劳动，如教育活动结束后协助博物馆教育人员整理。如史克博尔文化中心（Skirball Cultural Center）将橡胶制成的动物粪便洒满展厅，儿童入馆后第一件事即为不约而同拿起扫把清扫地面，因他们明白此为他们的任务和责任。

【案例参考】

印第安纳波利斯儿童博物馆将于2018年9月开放赖利健康运动体验区（Riley

Children's Healthy Sports Legends Experience），该体验区将致力于创造一个室内外的家庭健身和运动体验空间，目标观众包含三到六七岁幼儿，满足了本阶段培养幼儿走路、初步的平衡能力和力量、耐力以及协调运用手脚的动作与活动发展的需要。

（三）认知发展

幼儿此时多样化感觉逐步健全，视、听觉占主要地位，兼之，时间、空间和观察力等知觉获得发展。对感兴趣事物的注意力逐步集中，然，持续时间不长，注意力整体不稳定。随着神经系统和语言能力的发展，记忆力获得提升，但此阶段幼儿常采用机械和直观记忆，记忆不准确、易记易忘，较为随意。此时，儿童利用环境，对无意识获取的东西进行有意识加工。依靠活动发展心理，产生记忆和理解，并经由成人帮助，产生学习兴趣，因靠近成人，听取成人教诲，感受愉悦，并慢慢产生个性。此时自我意识开始生成，表现为模仿、执拗和逞能等，可对人我进行区分。但是对客观世界的认知，却带有极为明显的主观色彩，能进行推理，无法区分物我。本阶段的儿童思维发展迅速，开始从第一阶段的具体动作中脱离出来，可接受文字、图像等简单概念，但无法对其进行转变和操作。他们频繁地运用语言符号和象征符号来替代外部世界，在头脑中产生表象下的思维，积累感性经验为今后的抽象思维阶段做准备。据诸上关于幼年期儿童感知觉、注意力、记忆、个性和思维发展等特征，幼儿期儿童认知发展可涵盖为"鼓励亲近自然、爱上探究，支持各种探究行为；通过探究认知身边现象与事物，感觉空间和形状关系"等十项内容，研究者即从此十大方面着手，提出建议（见表7-7）。

表7-7　三至六七岁儿童认知发展指标及其内容

年龄	三岁至六七岁（幼儿期）		
发展指标	单项指标	具体内容	
认知发展	①鼓励儿童亲近自然、爱上探究，支持各种探究行为	展教活动中创造儿童接触自然的机会，鼓励其探索自然的行为	
	②培养儿童基本探究能力	展教活动中引导儿童学会观察和分类，在探究中解决问题，鼓励儿童做简单的计划与记录，学会分享与交流	
	③鼓励儿童通过探究认知身边现象与事物	展教活动中让儿童通过积累感性认识形成直接经验，尝试分析推理，察觉显见的关联	
	④帮助儿童初步获得生活里数学有趣且有用的感受	展教活动中让儿童发现和试图解决生活中数学的问题，感受数学的作用；发现事物排列规律，感受秩序；注意事物形状，学习用形状形容事物	
	⑤帮助儿童感受和明白数、量和数量关系	展教活动中用形象案例让儿童明白数之间关系，学会使用加、减来应对问题；采用日常生活案例，帮助儿童明白数的概念；利用博物馆资源，让儿童经由数数或比较明白物品数量；让儿童理解和感受量的特征	
	⑥帮助儿童感觉空间和形状关系	展教活动中帮助儿童建立展品和形状间关联；利用博物馆空间，增加儿童识别方位的经验，运用方位解决问题	
	⑦提供儿童感受生活或自然界美的事物的机会	展教活动中感觉、发现并欣赏自然和社会中可移动、不可移动遗产和非物质文化遗产的美	
	⑧提供儿童爱上并欣赏多样的艺术作品与形式的机会	展教活动中尊重儿童兴趣和感受，理解儿童的欣赏行为，让儿童有机会接触多样的艺术作品与形式	
	⑨帮助喜欢艺术并勇于表现	展教活动中提供安全的心理环境，让儿童勇于并乐于表达；保护儿童艺术创造和表现，对其给予条件和机会	

【博物馆儿童教育建议】

（1）展教活动中创造儿童接触自然的机会，鼓励其探索自然的行为。如博物馆教育人员宜与幼儿共同去发现有趣、新奇的展品或展项，并找寻答案；以成人的积极性和好奇心感染幼儿，并为其提供其探索的工具；用照片或视频记录下幼儿新奇的发现和探索；提供幼儿使用多变化、能操作的、多功能的材料（包括废旧材料），引导儿童制作或拆卸展品；包容幼儿弄乱、弄脏现场，事后鼓励收拾；支持幼儿发问，并和幼儿共同完成有趣的展品调查或科学实验。

（2）展教活动中引导儿童学会观察和分类，在探究中解决问题，鼓励儿童做简单的计划与记录，学会分享与交流。如博物馆鼓励幼儿开展各类观察，甚至是连续、比较性观察；在观察后进行简单概括与分类，如展品动物、植物等分类；鼓励幼儿通过观察提出问题，或由成人发问激发儿童兴趣；引导儿童联想，并找寻办法求证；鼓励幼儿解决问题，并收集支持自己想法的证据；支持幼儿一起安排博物馆学习计划并采用画图等方式呈现；引导幼儿记录观察与探究的整个过程；鼓励幼儿和他人合作，并将自己的成果概括、整理并分享，感受合作的快乐。

（3）展教活动中让儿童通过积累感性认识形成直接经验，尝试分析推理，察觉显见的关联。如博物馆可提供幼儿丰富的展品，让其在游戏教育中感受展品属性和结构；组织幼儿共同参与饲养项目，感受生物生长过程；鼓励幼儿通过展品属性和结构探索展品功用；鼓励其思考动植物的特征、环境和习性；讨论科技类展品的优缺点；自然科学类相关博物馆，可开发人与自然主题展教活动。

（4）展教活动中让儿童发现和试图解决生活中的数学问题，感受数学的作用；发现事物排列规律，感受秩序；注意事物形状，学习用形状形容事物。如博物馆通过某类展项或者教育项目创造具体情境，鼓励儿童数数，用数量来比较大小；展品按照间隔排列，通过音乐重复节律或图形规律性排列，引导幼儿感受规律之美；支持幼儿寻找并画下展品规律图案；结合博物馆资源，让幼儿体会四季循环等生活的规律性；鼓励幼儿发现展厅中和数字相关的展品；感受和推理生活气温、时间等数字所代表的意义；鼓励幼儿用关于形状的词汇来描述展品。

（5）展教活动中用形象案例让儿童明白数之间关系，学会使用加、减来应对问题；采用日常生活案例，帮助儿童明白数的概念；利用博物馆资源，让儿童经由数数或比较明白物品数量；让儿童理解和感受量的特征。如博物馆可创设体验式展览项目，鼓励幼儿通过"加"和"减"解决实际问题，如建立超市模型进行超市购买；教育项目中鼓励幼儿按数取物；用生活事例进行数量多少比较；引导儿童感受展品量的特征，如大小是相对的，学会按照量的特征归类展品。

（6）展教活动中帮助儿童建立展品和形状间关联；利用博物馆空间，增加儿童识别方位的经验，运用方位解决问题。如博物馆导览中，教育人员宜与幼儿一起来认知展品的位置；为幼儿规划参观路线，让幼儿学习利用幼儿版导览图；通过取放展品理解方位。策划展厅方位相关主题教育项目，年龄偏小者依语言指令，偏大者按示意图找位置；体会不同物品的特征并能加以描述和识别；鼓励儿童进行展品和图形转换；引导幼儿依形状归类展品等。

（7）展教活动中感觉、发现并欣赏自然界和社会中可移动、不可移动遗产和非物质文化遗产的美。如博物馆可组织教育项目让儿童选择最美展品，并表达对美的感受；聆听展品发出的声音，说出对声音的感受；自然科学类主题博物馆可组织观察动植物，听取自然界声音，感受自然之美；策划博物馆考察活动，让幼儿观览人文景观，了解历史故事，欣赏并感受人文景观之美。

（8）展教活动中尊重儿童兴趣和感受，理解儿童的欣赏行为，让儿童有机会接触多样的艺术作品与形式。如博物馆鼓励幼儿即兴模仿；提供幼儿接触艺术的机会；耐心倾听幼儿关于博物馆喜爱的艺术品的介绍；组织幼儿参与体验民俗展厅相关非遗项目；与幼儿共同美化与装饰博物馆空间。

(9)展教活动中提供安全的心理环境,让儿童勇于并乐于表达;保护儿童艺术创造和表现,对其给予条件和机会。如博物馆教育项目中引导幼儿按照意愿去自由创作;认真倾听并尊重幼儿创作时的感受与想法;表扬儿童创作作品的长处,教育人员在认真理解和基础上帮助其提高;配备足够多的材料供幼儿按创作所需择取;鼓励幼儿通过观察和体验,不断积累创作素材;教育工作者与幼儿共同进行艺术创造并体会其中乐趣;引导幼儿使用自己的作品布置博物馆环境;博物馆为该年龄段儿童策展时,鼓励幼儿针对主题展开想象和表达,并适当依据儿童兴趣和经验进行主题开发。

【案例参考】

新儿童博物馆(New Children's Museum)内由教育家、艺术家兼设计师的三木岩崎(Miki Iwasaki)策划的风船(Wind Vessel)是一个互动体验展项,该展项为临时展项,展出时间是 2014 年 5 月到 2015 年 6 月。展项以艺术结合科学的方式让风能可视化,儿童首先通过骑自行车踏板在风船内产生强劲的风力,尔后风吹到风扇上使得 LED 灯发光,儿童可以借此探索风能向电能转化的过程。同时,这个风船本身如同一件艺术品,兼具色彩和外形之美,符合本阶段幼儿在展教活动中积累感性认知,通过互动探索尝试分析推理,并觉察显见关联的要求以及有助于鼓励儿童感受、发现并欣赏科学和艺术融合之美。

(四)情感与社会性发展

良好的社会适应能力与人际关系常关乎幼儿能力、知识与智慧之生成,促进幼儿身心健康。而幼儿期为儿童情感与社会性发展的关键期,幼儿的社会性得以持续发展。此阶段幼儿发展出理智感、道德感与审美感,并懂得以简单的情绪表达来引起成人注意。同时,幼儿逐渐学会掩饰情绪,还能辨别情绪。即便如此,幼儿情感发展仍有缺憾,情绪自我控制弱,易于情绪外露、冲动以及被具体某情境所感染。同时,幼儿简单道德感始于 3 岁后,幼儿开始能认知社会行为标准中的好与坏,并通过实践活动不断强化,亦开始掌握并遵从游戏规则。以上述幼儿道德、审美、情绪、理智等不同特征为判,情感与社会性指标涉及"乐于交往;与伙伴友好共处;爱上并习惯群体生活;遵循行为规范等"11 项内容。研究者据此提出实施建议(见表7-8)。

表7-8　三至六七岁儿童情感与社会性发展指标及其内容

年龄	三岁至六七岁(幼儿期)		
发展指标	单项指标		具体内容
情感与社会性发展	①提供儿童交往机会		展教活动中建立师生、亲子互动关系
	②鼓励儿童和伙伴友好相处		展教活动中和儿童一起发现同伴优点;用具体情景帮助儿童学会换位思考,理解他人;在情境之下,让儿童慢慢学会相处规则与技能
	③提供儿童表现自主、自信与自尊的机会		展教活动中鼓励儿童独立决定并做事,树立自尊、自信;关注儿童感受,不伤害其自信、自尊
	④鼓励儿童尊重关爱他人		展教活动中让儿童学会以尊重、平等看待和接纳差异;让儿童学会关爱身边人,对他人劳动成果给予尊敬;教育人员以身作则,关爱展教活动中的儿童
	⑤帮助儿童爱上并习惯群体生活		展教活动中为儿童创造集体生活的机会和条件

续表

年龄		三岁至六七岁（幼儿期）
发展指标	单项指标	具体内容
情感与社会性	⑥鼓励儿童遵循行为规范	展教活动中让儿童学会诚实守信；树立榜样，让儿童掌握活动规则或者行为规范
	⑦培养儿童基础的家庭、集体和国家归属感	展教活动中使用儿童喜欢的方式让儿童爱家爱国；鼓励儿童积极参与博物馆活动，产生团队观念；对待儿童亲切，促使其爱上博物馆
	⑧养成儿童好的卫生和生活习惯	展教活动中注重培养儿童良好的作息、饮食和卫生习惯
	⑨帮助儿童懂得安全基础知识与自我保护	展教活动中开展安全主题项目；让儿童学会一定环保举措；开展儿童自救和求救教育
	⑩帮助儿童培养一定的适应能力	展教活动中培养儿童适应环境改变的能力
	⑪促使儿童情绪愉快稳定	展教活动中让儿童学会控制情绪，做适当表达；提供宽松的博物馆环境，促使儿童产生信赖与安全

【博物馆儿童教育建议】

（1）展教活动中建立师生、亲子互动关系。如博物馆策划师生互动、亲子互动教育项目，让幼儿体会与父母等成人交往的乐趣，并密切两者关系；博物馆策划项目时应提供幼儿自由选择同伴参与活动之机会。

（2）展教活动中和儿童一起发现同伴优点；用具体情景帮助儿童学会换位思考，理解他人；在情境之下，让儿童慢慢学会相处规则与技能。如博物馆开发教育项目时择取能让儿童发现同伴长处的项目，如角色扮演或换位思考的项目；鼓励幼儿分享展品、图书等，引导幼儿用交换、合作、轮流、协商方式解决冲突；用故事引导幼儿明白受欢迎行为为何；策划需幼儿合力才能完成的教育项目，在项目过程中开展分工和合作。

（3）展教活动中鼓励儿童独立决定并做事，树立自尊、自信；关注儿童感受，不伤害其自信、自尊。如博物馆展教活动中认真聆听幼儿意见，接受要求的合理部分；安全情况下，鼓励幼儿依自我想法独立完成任务，并试图让幼儿完成具一定难度的事情；就参与教育项目过程中表现出的长处予以表扬，表扬具体并有针对性。

（4）展教活动中让儿童学会以尊重、平等看待和接纳差异；让儿童学会关爱身边人，对他人劳动成果给予尊敬；教育人员以身作则，关爱展教活动中的儿童。如博物馆策划父母主题展览，让幼儿学会主动关心父母；策划社会服务机构相关主题展览，帮助儿童感受社会服务机构作用和价值；策划世界文化多元化主题展览，让儿童理解文化多元并和平相处。教育项目中鼓励幼儿问候父母，主动让座，帮助有困难之人；引导幼儿理解人各有长并乐于学习。

（5）展教活动中为儿童创造集体生活的机会和条件。如博物馆通过亲子展览或教育项目培养稳定的亲子观众群；筹建博物馆幼儿园；举办博物馆生日会；与幼儿园和社区合作开办展览或教育活动。

（6）展教活动中让儿童学会诚实守信；树立榜样，让儿童掌握活动规则或者行为规范。

博物馆可策划诚信系列特展,肯定诚实之举,鼓励幼儿知错即改,知晓说谎为错误行为并明白原因。引导幼儿在教育项目中遵照游戏规则,或创设遵守规则的情境,并让幼儿明白无规则的弊端,树立社会美德,反对违法违规行为。

(7)展教活动中使用儿童喜欢的方式让儿童爱家爱国;鼓励儿童积极参与博物馆活动,产生团队观念;对待儿童亲切,促使其爱上博物馆。博物馆策划爱国爱家展览,如中国伟大的发明创造,国旗和升旗礼仪有关内容;开发爱国爱家教育项目,如在地图上找到家乡位置,博物馆让儿童体验本土的非物质文化遗产。培养幼儿和家长一起来博物馆的习惯,如策划家长和幼儿共同欣赏博物馆旧照片或分享博物馆故事的教育项目。

(8)展教活动中注重培养儿童良好的作息、饮食和卫生习惯。如博物馆针对生活习惯可策划系列展览或项目:引导幼儿理解按时进餐、必吃早餐及早起早睡的作用;鼓励幼儿认知食物价值,不挑食,少喝饮料,保持营养均衡;养成刷牙、勤洗漱、保护五官等卫生习惯。

(9)展教活动中开展安全主题项目;让儿童学会一定环保举措;开展儿童自救和求救教育。安全是博物馆儿童展览应当优先择取的选题,亦是教育项目实施的重要内容。博物馆可策划安全主题的展览或项目,如教育幼儿乘车、使用电梯以及电源插座的安全;教育幼儿不和陌生人对话,不离成人视阈氛围;帮助幼儿认知身边不安全因素,掌握安全标志的含义;使幼儿掌握各种紧急状态下的求救电话。同时,博物馆还可借助视频播放或游戏模拟等方式开展逃生和求救演习的教育项目。

(10)展教活动中培养儿童适应环境改变的能力。博物馆在以幼儿为对象的展教活动中,与各种机构合作,同时建立博物馆家庭会员制,举办家庭会员活动,使幼儿接触不同人群,适应人际关系。

(11)展教活动中让儿童学会控制情绪,做适当表达;提供宽松的博物馆环境,促使儿童产生信赖与安全感。营造轻松快乐的博物馆环境,让幼儿在过程中保持优良的情绪,发展优点,包容差异;博物馆工作人员低调处理幼儿产生的错误;引导幼儿表达情绪方式恰当并分享情绪;默许幼儿适度发泄情绪,并协助化解。

【案例参考】

塔科马儿童博物馆(Children's Museum of Tacoma)为3~5岁儿童及其家长开办了两家学前班(Preschool),一家坐落于儿童博物馆内,一家位于霍伊特早教中心内。以儿童博物馆内的学前班为例,该学前班开班时间为每年9月到次年5月,一周上3天课,课程承诺会充分利用博物馆环境,博物馆会记录儿童成长的过程,活动中保持1∶6的成人和儿童比例,这种类型的学前班提供幼儿和博物馆教师、父母和同伴一起交往的机会,让幼儿爱上并习惯集体生活,具备一定适应能力,同时养成博物馆学习习惯,培养博物馆情结。

三、适用于六七岁至十一二岁儿童

《2004—2005年中国博物馆观众调查报告》显示:博物馆观众中51.9%为学生观众。截至2010年年底数据表明:未成年观众(18周岁以下)数量达至1.35亿人次,相较6年前增长238%,观众构成约占26%。2015年,博物馆接待未成年人24663万人次,增长10.1%,占参观总人数的26.7%。无论学生观众,抑或未成年观众,这部分人群中六七岁至十一二岁儿童都占相当大比重。尽管调研显示进入博物馆的儿童数量逐年攀升,然与欧美博物馆相较仍显现两方面差距。一为虽增速快,但总量不高。如20世纪末卢浮宫(Musée du Louvre,世界四大博物馆之一）接待的 600 万名观众中，学生占一半；德意志科学技术博物馆（Deutsches Museum，世界最大自然科学技术博物馆）接待观众 200 万名，一半为学生，而学生中大半是中小学生；在美国的博物馆中，已举办"K-12"（幼儿到少年）项目的占 88％[①]，儿童被"请"进博物馆。二为项目具同质性。归类后研究者获悉，国内博物馆面向小学生的项目通常主要为小志愿者、手工项目、学生课程等。而国外则常能依据本阶段儿童的心理特征，策划出诸多独出机杼之儿童教育。如卢浮宫内设有数十个"艺术车间"，2012 年第二、三季度为学生观众策划出诸如"古埃及服饰""认识菘蓝"等 32 个专题项目；蒙特瑞海湾水族博物馆（Monterey Bay Aquarium）内共有 10 处专为儿童设计的展览；史密森尼博物馆院利用爱德华约尔逊收藏品与日志，针对 7～10 年级学生设计出"因纽特人小船与毡靴"课程等。如何避免国内此年龄段儿童教育趋同，其学理基础即为六七岁至十一二岁童年期儿童的心理特征，为此制订此本龄段教育指南，为解决上述儿童教育中相较国外突显之问题献计献策。

（一）语言发展

六七岁至十一二岁儿童处于童年期，而幼年晚期与童年期的儿童发音最具可塑性，学习第二语言的理想时间是 9 岁以前。此阶段 α 波（意识与潜意识层面之间的桥梁，想象力的来源）居于主要地位，θ 波（潜意识层面的波，创造力和灵感的来源）从枕叶、颞叶和顶叶消失不见，11 岁颞叶基本成熟（颞叶的听觉通路需要较长时间发育和完善），颞叶负责听觉，也与记忆和情感有关。同时，儿童开始识字并进行汉字音、形和义的联系，可借助相近词来协助理解新词。随着阅读速度加快，儿童培养起阅读能力，发展书面语言。待书面语发展至高级阶段时，儿童开始掌握写作技能。先为模仿，尔后掌握语法，进行独立写作。再者，从自言自语到出现内部言语，学会默读后思考或凡事先构思。依据以上本阶段儿童口语、书面语及内部语言发展特征，研究者设定语言发展三大单项指标内容"发展口头语言；发展书面语言；发展内部语言"，并据此提出相应建议（见表 7-9）。

表 7-9　六七岁至十一二岁儿童语言发展指标及其内容

年龄	六七岁至十一二岁（童年期）		
发展指标	单项指标	具体内容	
语言发展	①发展儿童口头语言	展教活动中创造条件进行语音、语调准确度的学习和辨识；丰富儿童词汇，鼓励儿童完整、连贯地回答问题	
	②发展儿童书面语言	展教活动中对字音、字形和字义进行有意义的关联，帮助 10 岁前儿童借助直观展品或展项等协助理解，帮助 10 岁后儿童用相同或相近新词来协助理解	
		展教活动中关注阅读理解和阅读速度，鼓励 10 岁前儿童理解具体或表面内容，鼓励 10 岁后关注内在意义；培养阅读能力，提高阅读速度，发展默读能力	
		展教活动中从关注看物讲话、造句开始；鼓励将口头的写成书面，或将阅读的模仿写成书面；训练儿童掌握语法，尝试独立写作	
	③发展儿童内部语言	展教活动中凡事要求儿童先想再说和做；鼓励思考时进行头脑构思；开发类型多样的集体活动，鼓励独立思考或制作计划	

① 段勇.当代美国博物馆.北京：科学出版社，2003：99.

【博物馆儿童教育建议】

(1)展教活动中创造条件进行语音、语调准确度的学习和辨识;丰富儿童词汇,鼓励儿童完整、连贯地回答问题。如博物馆可策划小剧场,组织儿童复述、讲故事等教育项目,以鼓励儿童正确掌握语音、语调并使用丰富的词语。拉蒂夫·鲁索(Latife Ruso)和埃米内·巴伊拉姆(Emine Bayram)提出"博物馆与创意戏剧两者在学习过程中的兼容性是无法否认的。在通过创意戏剧学习的过程中,孩子们在面对(博物馆)实物表演时,能更好地把握实物背后的时代特征,培养对事件过程的想象,用现代的眼光来评估过去,怀着对那个时代所处人物的同理心,从而看到人类在历史进程中的发展。"①同时,基于第二语言学习的最佳时间是 9 岁以前,可创造两种语言进行比较学习的机会。如大都会艺术博物馆"西班牙、拉美文化嘉年华"中开展"英语、西班牙语双语故事"项目。

(2)展教活动中对字音、字形和字义进行有意义的关联,帮助 10 岁前儿童借助直观展品或展项等协助理解,帮助 10 岁后儿童用相同或相近新词来协助理解。如博物馆针对 10 岁前儿童可利用具备三维特征的展品帮助儿童识字,并理解字音形义关系;针对 10 岁后儿童宜从同类中选取儿童熟悉词语,协助其认识并掌握新词。

(3)展教活动中关注阅读理解和阅读速度,鼓励 10 岁前儿童理解具体或表面内容,鼓励 10 岁后儿童关注内在意义;培养儿童阅读能力,提高儿童阅读速度,发展儿童默读能力。如面对 10 岁前儿童,博物馆可鼓励儿童阅读并简单记忆或复述展品说明牌、部分或单元说明、单页或折页等;面对 10 岁后儿童,可引导儿童思考并发现说明牌或其他展览相关语词符号中存在的问题和线索,激发儿童阅读兴趣。兼之,在此过程中,有意识地提高儿童阅读速度和默读能力。

(4)展教活动中从关注看物讲话、造句开始;鼓励将口头的写成书面,或将阅读的模仿写成书面;训练儿童掌握语法,尝试独立写作。如博物馆创造条件,利用馆内的独特资源,鼓励儿童看展品(尤其文物、艺术品)讲话、造句,并逐步将口头语言转换成写作。作为文物宝库和艺术品集中地,博物馆较易点燃儿童的创作热情。

(5)展教活动中凡事要求儿童先想再说和做;鼓励思考时进行头脑构思;开发类型多样的集体活动,鼓励儿童进行独立思考或制作计划。博物馆可组织儿童集体策展,由儿童自行确定选题,独立策划,然后布展。

【案例参考】

英国伦敦华莱士收藏馆(The Wallace Collection),和附近的圣文斯特小学共同耗费一年时间策划了一场为期两个月的展览。为此圣文斯特小学从小学高年级学生中选拔了各有特长的 12 名小学生担任小馆长,在博物馆馆员帮助下,主要负责展览策划、说明文字撰写、空间规划和拓展性教育活动的开发。这次活动不仅为孩子打开了对文物宝藏好奇心的大门,也展示该阶段儿童无限的想象空间,鼓励他们在策展中先在头脑中完成构思。

(二)动作与活动发展

此阶段儿童学习活动占主导,告别了单纯的游戏,因而可参鉴本章第一节所梳理的行为、建构及人本主义诸多学习理论之观点。此时,儿童开始有意识学习,学识和才能得以提

---

① Latife Ruso and Emine Bayram. The Use of Museums For Educational Purposes Using Drama Method. *Procedia-Social and Behavioral Sciences*. 2014,141,pp. 628-632.

升,开始对自然现象和人的行为产生兴趣,追逐因果关系,如"为什么""怎么样"。从身体机能来看,日益完善的中枢神经系统髓鞘化,导致儿童的小肌肉群能完成大量精细的复杂动作。同时,开始告别狭小的生活范围,参与各种集体活动。研究者据本阶段儿童学习、动作和劳动特征,将此时儿童的动作与活动发展特征概变成"培养正确姿势;发展复杂精细动作;发展学习为主导活动;鼓励参加劳动"四大内容,并就建议提出一己之见(见表 7-10)。

表 7-10　六七岁至十一二岁儿童动作与活动发展指标及其内容

年龄		六七岁至十一二岁(童年期)	
发展指标	单项指标		具体内容
动作与活动发展	①培养儿童正确姿势		展教活动中培养儿童正确的坐、站、走、书写姿势,不宜让儿童过久坐立,提供符合人体工程学的儿童设施设备
	②发展儿童复杂精细动作		展教活动中对 6~7 岁儿童手细部要求不能太高,如字不能太小,动手时间不宜过长;9~10 岁儿童可完成某项精细动作
	③不让儿童做过激的体力活动		展教活动中不可让儿童做强度过大的体力活动,以免造成肺部和心脏过度劳累
	④发展儿童学习为主导活动	发展儿童良好的学习动机和态度	展教活动中以游戏为主导的活动向以学习为主导的活动转变;对儿童学习动机,注意从外界物质诱导到促使与社会意义挂钩;学习内容丰富生动,方式多样,激发儿童认真学习,帮助养成认真的学习态度
		培养儿童学习习惯	展教活动中培养儿童或慢或快阅读、书写认真、说话条理清晰、学习认真、思考积极等习惯
		激发儿童学习兴趣	展教活动中注重 10 岁前儿童学习形式和过程,关注 10 岁后儿童学习结果,进行学习结果的适度评价;关注 10 岁前儿童具象事物与经验学习,对 10 岁后儿童则重视因果等抽象关系的知识学习
		发展儿童学习能力	展教活动中促成学习成为儿童专门的独立活动,重培养基本技能和基础知识,推动智力开发,提高学习能力
		改变儿童游戏方式	展教活动中不再仅注重情节性项目,年龄越大,情节性项目越少,中年级后略增加略有情节、有规则项目
	⑤鼓励儿童参加劳动		展教活动中鼓励儿童学会自理和从事公益劳动

【博物馆儿童教育建议】

(1)展教活动中培养儿童正确的坐、站、走、书写姿势,不宜让儿童过久坐立,提供符合人体工程学的儿童设施设备。博物馆硬件设施,诸如博物馆展柜和展品高度、桌椅高低和大小等皆要适合儿童,此为将儿童"请进"博物馆的基础和首要条件。

(2)展教活动中对 6~7 岁儿童手细部要求不能太高,如字不能太小,动手时间不宜过长;9~10 岁儿童可完成某项精细动作。博物馆针对六七岁儿童,教育项目涉及书写或绘画的时间不宜过长,可进行诸如趣味书写游戏等。针对九岁或十岁儿童,策划诸如制作模型、做科学实验等需精细复杂动作才能完成的教育项目。

(3)展教活动中以游戏为主导的活动向以学习为主导的活动转变;对儿童学习动机,注意从外界物质诱导到促使与社会意义挂钩;学习内容丰富生动,方式多样,激发儿童认真学习,帮助养成认真的学习态度。博物馆利用此学习的最初阶段,采用多种教育手段,让学习与外部世界发生关联,从而激发其探索的无限愿望。如与学校、社区等机构合作,开发系列学习课程;又如开辟互动探索区,将儿童熟知场景"复制"后"搬到"到馆内,以供其模拟探究。

(4)展教活动中培养儿童或慢或快阅读、书写认真、说话条理清晰、学习认真、思考积极等习惯。博物馆帮助儿童养成较好的学习习惯,各类展教项目中尽量多采用问题,启发儿童思考,鼓励清晰表达,并给予及时肯定。如博物馆按照认知逻辑安排展览结构,启发儿童逐步深入思考,或围绕馆藏资料的某类主题开展讨论会等。

(5)展教活动中注重 10 岁前儿童学习形式和过程,关注 10 岁后儿童学习结果,进行学习结果的适度评价;关注 10 岁前儿童具象事物与经验学习,对 10 岁后儿童则重视因果等抽象关系的知识学习。如史克博尔文化中心(Skirball Cultural Center)以《创世纪》故事中的挪亚方舟为主题设计儿童乐园,使用声光电模拟雷电和风雨,形式新颖,不拘一格。就 10 岁后儿童,鼓励独立进行因果关系思考,对结果给予积极肯定。如博物馆可策划完成作业单、考察、探险、寻宝等教育项目。

(6)展教活动中促成学习成为儿童专门的独立活动,重培养基本技能和基础知识,推动智力开发,提高学习能力。博物馆通过展示过往自然、社会和今日自然、社会,以博物馆为媒介,帮助儿童开启智慧。如博物馆展教活动必须设定适合本年龄段儿童身心特征的教育目标。

(7)展教活动中不再仅注重情节性项目,年龄越大,情节性项目越少,中年级后略增加略有情节、有规则项目。博物馆依此特征,在展教项目设计时,可适度强调规则,情节次之。如低年级可举策划体验类展览,高年级可策划探索类展览,探索类展览应明确说明互动程序和操作规则。

(8)展教活动中鼓励儿童学会自理和从事公益劳动。如教育儿童在博物馆导览过程中不乱扔废弃物或鼓励教育项目结束后收拾现场。创造博物馆儿童志愿服务的机会,不仅限于讲解,还可提供接待、典藏、展示、教育、文创、信息等各类工作岗位。

【案例参考】

艺术儿童博物馆(Children's Museum of the Arts)推出的"冬季的艺术遗产(Winter Art Colony)"系列项目,即由专业艺术家来教授创新艺术课程。鼓励 6～12 岁儿童,在学校假期期间的上午 10 点至下午 4 点,来博物馆获得艺术创造的经验。如其中 2016 年 11 月 19 日的基米·史密斯(Kimi Smith)项目,学生们在调查德国裔美国艺术家基米·史密斯工作中涉及的动物(兔子、鹿、狼等)后,对动物主题及其故事进行阐述,尔后通过绘画和版画来探索标记、纹理和故事等,掌握这两种基米·史密斯主要使用的艺术创作手段。该项目中以学习活动为主导,内容丰富生动,激发儿童学习兴趣,同时注重儿童精细复杂动作能力培养。

(三)认知发展

本阶段为儿童认知开发的最理想时期,如空间、数学等智能皆获发展。开始由具体形象思维向抽象思维过渡,11～12 岁成为这种过渡的关键年龄,但仍存有具体形象思维,形成抽象思维能力。儿童从 5 岁开始产生我,6～7 岁情绪稳定,对外在事物认知表现出客观态度,不再表现执拗等情绪。此阶段的儿童在智能上会读、写和算,开始学习,根据属性对事物分类,辨析事物之间的关联,具备思维可逆性。但思维运算须有具体的事物协助,只能受限于熟悉的经验和见到的具体情境。基于先贤研究成果与此阶段儿童思维认知特征,研究者提出认知发展指标当涵盖"发展儿童知觉、观察、注意、记忆；完成思维过渡，发展儿童概念、判断、推理和想象力"八项内容，并据此一陈改善之建议（见表7-11）。

年龄		六七岁至十一二岁（童年期）	
发展指标	单项指标		具体内容
认知发展	①发展儿童知觉		展教活动中鼓励从具象事物的形状感知向抽象形状感知发展；促进从上下方位易辨、左右不分到具体辨识左右再到抽象辨识左右之转变；逐步发展距离知觉；培养从时间知觉发展到对时间概念的理解
	②发展儿童观察		展教活动中把握低年级儿童观察被动、不自觉到高年级主动、自觉的规律；鼓励儿童从表面特征感知发展到本质特征感知；从模糊感知到精确感知；从无系统感知到有顺序感知；提高观察能力；明白低年级儿童注意带有情绪色彩
	③培养儿童注意		展教活动中注意7～10岁儿童集中注意时间约为20分钟；10～12岁约为25分钟；12岁以上约为30分钟；但非一成不变，若内容生动，手段多样，可保持40分钟左右
	④发展儿童记忆		展教活动中通过材料难易、活动动机和性质引导儿童由无意识记忆向有意识记忆发展；鼓励通过理解进行意义记忆而非机械记忆；鼓励从具体展品——具体词语——抽象词语的记忆；可采用复述等策略，熟悉展品分类策略，启发儿童将需识记的纳入已有知识系统的系统化策略，开展直观教育，不断丰富知识，使用逻辑推理，培养兴趣，完成记忆
	⑤完成儿童思维过渡	促使儿童由具象向抽象逻辑思维过渡	展教活动中从具体形象思维向抽象逻辑思维发展，但仍以具象思维为主；7～8岁儿童思维水平直观形象，9～10岁形象抽象，11～12岁初步地抽象本质；发展元思维，鼓励儿童不断意识到自己的思维过程，从不自觉到自觉，知道自己如何思考以及解决问题；鼓励批评性、灵活性思维，博物馆工作者帮助引导儿童思考，正确辨别是非
		发展儿童比较能力	展教活动中提供条件促使儿童形成比较能力
		发展儿童分类能力	展教活动中明白6岁儿童可进行一级概念分类，8岁后可就二级概念开展独立分类，提供易于分类的展品等资料；9岁前进行一次分类，10岁后开始组合分类
	⑥发展儿童概念	发展儿童词概念	展教活动中针对7～8岁儿童使用具体形象的词，9～10岁才能开始使用部分抽象概括的词
		发展儿童数概念	展教活动中帮助掌握小数、分数及整数四则运算，从简单到复杂，从直观具体到抽象，使用数学概念解决问题
	⑦发展儿童判断、推理能力		展教活动中鼓励儿童发展从反映外部到内部联系、从单一到多方面联系的判断，从简单的直接判断到复杂的抽象判断；7～8岁儿童可从直接感知中进行推理，9～10岁儿童能借助言语事实进行演绎、归纳、类比推理
	⑧发展儿童想象力		展教活动中鼓励儿童不断发展有意性想象，增加想象中的创造成分，使想象稳定并趋于现实；通过实物展品、图像等丰富儿童想象的基础，用生动语言启发儿童想象，用实践塑造儿童想象

【博物馆儿童教育建议】

（1）展教活动中鼓励从具象事物的形状感知向抽象形状感知发展；促进从上下方位易辨、左右不分到具体辨识左右再到抽象辨识左右之转变；逐步发展距离知觉；培养从时间知觉发展到对时间概念的理解。博物馆可以 10 岁为界进行区别对待,引导 10 岁前儿童感受不同展品的形状,简单辨别展品左右位置等;培养 10 岁后儿童抽象感知展品形状、左右位置、距离等。如针对 10 岁前儿童博物馆展览有意提供一个满是实物或辅助展品的空间,让 10 岁后儿童画出展品的抽象形状等。

(2)展教活动中把握低年级儿童观察被动、不自觉到高年级主动、自觉的规律;鼓励儿童从表面特征感知发展到本质特征感知;从模糊感知到精确感知;从无系统感知到有顺序感知;提高观察能力;注意到低年级儿童带有情绪色彩。博物馆针对低年龄可从外表鲜亮、纹饰有趣和器型熟悉的展品引导观察,运用多元感知、互动和对比等手段提高观察能力,注意以富有表情、生动活泼的形式使儿童兴奋并持续观察。如上海科技馆"彩虹科技乐园"使用大量卡通展板、全景画、情境再现的造型等,营造创意花园、美丽的光与色、绚丽的大自然和彩虹的家等色彩丰富的展览环境,激发儿童有兴致地观察。

(3)展教活动中注意 7~10 岁儿童集中注意时间约为 20 分钟;10~12 岁约为 25 分钟;12 岁以上约为 30 分钟;但非一成不变,若内容生动,手段多样,可保持 40 分钟左右。博物馆举办展教活动时应考虑本阶段不同年龄层儿童的注意力集中时间,如安排 10~12 岁儿童某项教育活动,每个集中环节不宜超过 25 分钟。

(4)展教活动中通过材料难易、活动动机和性质引导儿童由无意识记忆向有意识记忆发展;鼓励通过理解进行意义记忆而非机械记忆;鼓励从具体展品到具体词语再到抽象词语的记忆;可采用复述等策略,熟悉展品分类策略,启发儿童将需识记的纳入已有知识系统的系统化策略,开展直观教育,不断丰富知识,使用逻辑推理,培养兴趣,完成记忆。博物馆此时引导儿童学习的最佳方式为鼓励多思考,从创设具体情境提供思考到开展讨论式、辨析式思考。如 10 岁前儿童可以在展厅进行展品归类并开展主题式思考,10 岁后儿童可以直接在博物馆教室进行语言描述归类展品并展开研讨。

(5)展教活动中提供条件促使儿童形成比较能力。如博物馆可同时针对两个年龄群的儿童分别策展,但一同开放,让儿童形成差异感受。举办教育项目时亦可选择对比主题,如大小、远近、长短、早晚等。

(6)展教活动中明白 6 岁儿童可进行一级概念分类,8 岁后可就二级概念开展独立分类,提供易于分类的展品等资料;9 岁前进行一次分类,10 岁后开始组合分类。如博物馆教育项目中要求 6 岁儿童按照实物展品和辅助展品分类;8~9 岁儿童进行二级概念分类,将实物展品中陶器、玉器、漆器和青铜器区分;10 岁后进行组合分类,将各类展品中器型、纹饰或者功能相同的挑选出来。

(7)展教活动中针对 7~8 岁儿童使用具体形象的词,9~10 岁才能开始使用部分抽象概括的词。博物馆教育人员在儿童导览、儿童志愿者培训或举办儿童教育项目时,注意使用儿童语言,如对 10 岁前儿童尽量多使用名词等实词,对 10 岁后儿童可多用各类副词、形容词等。

(8)展教活动中帮助掌握小数、分数及整数四则运算,从简单到复杂,从直观具体到抽象,使用数学概念解决问题。博物馆针对 10 岁前儿童可借助具体展品,针对 10 岁后儿童可用语言来创设环境。如策划商品买卖展教项目,针对 10 岁前儿童可借助辅助展品实现,针对 10 岁后儿童直接用语言代替完成。

(9)展教活动中鼓励儿童发展从反映外部到内部联系、从单一到多方面联系的判断,从简单的直接判断到复杂的抽象判断;7~8 岁儿童可从直接感知中进行推理,9~10 岁儿童能借助言语事实进行演绎、归纳、类比推理。博物馆策划教育项目时,引导儿童从直观言语解答发展到抽象言语解答,如举办从描述展品到依据展品主题进行写作的项目。

（10）展教活动中鼓励儿童不断发展有意性想象，增加想象中的创造成分，使想象稳定并趋于现实；通过实物展品、图像等丰富儿童想象的基础，用生动语言启发儿童想象，用实践塑造儿童想象。如博物馆利用馆藏资源，鼓励儿童带着问题观展，想象文物所载信息可能演绎出的故事，也可通过策划与想象力有关的教育活动，如做多种结果的实验等方式鼓励儿童想象力任意驰骋。

【案例参考】

芝加哥科学与工业博物馆（Museum Science and Industry）"梦想、设计和实践（Dream It，Design It，Fab It）"主题之下的"号召所有发明家！将想法变成实验室项目（Calling all inventors! Turn your idea into an item you make in our fabrication laboratory—or Fab Lab）"活动，专门为6～12岁儿童策划。活动形式是在一个小规模工作坊内，提供一些高端的软件和设备，鼓励儿童亲自动手来完成某项设计、技术和工程，儿童只需带来一种设计想法或者看到的受启发的东西，博物馆内教育工作者随时可解答问题。活动内容包含探索最新印刷技术，用软件创建孩子的设计，在软件上设计贴花并在刻字机上切掉。这个项目帮助儿童将抽象思维具象化，培养逆向思维，鼓励儿童增加想象中的创造成分，有时候需要基于公共目标合作探索完成任务，在整个设计过程中除了主要推动认知方面发展外，也促进了动作方面小肌肉控制能力得以增强。

（四）情感与社会性发展

本阶段正是儿童认识自我并构建自我的最佳时期，应鼓励儿童克服自卑，获得勤奋感，发现潜能，培养兴趣，树立自信。同时，亦为儿童人际关系最为单纯、融洽时期。本阶段同是儿童形成个性的关键期，此阶段儿童可塑性大，习惯模仿，易于养成不良习惯。此时，儿童社会感与道德意识不断发展，故，力求用道德、规范来约束儿童行为。儿童能为了任务舍弃兴趣，知道游戏和工作的差别。需要朋友，但朋友关系转变往往是根据工作活动的需要。以此个性、人际关系、自我意识、兴趣等特征为依据，结合上述先贤研究成果，本研究提出此阶段儿童情感与社会性八项指标内容"发展儿童情感、意志、自我意识、个性、集体意识、随意与自觉性、兴趣和同伴关系"，并就各项内容之建议略陈管见（见表7-12）。

表7-12　六七岁至十一二岁儿童情感与社会性发展指标及其内容

年龄	六七岁至十一二岁（童年期）		
发展指标	单项指标		具体内容
情感与社会性	①发展儿童情感	发展儿童情感	展教活动中利用内容纷呈、手段多样的教育使儿童情感变得更丰富，从对具体事物（如某类展品）感受转向对社会集体（展品所处社会）感受，情感控制能力和稳定性增强，产生良好的性格，培养勇敢、开朗和自信等积极情感
		发展儿童道德感	展教活动中帮助儿童树立正确的道德观，鼓励进行主观判断；促使获得道德认知，逐步知晓社会规范，以此评判他人的思想和行为；但此时未达至道德高度抽象，带明显情绪色彩
		发展儿童理智感	展教活动中促使与具体事物相关联，发展儿童理智感
		发展儿童美感	展教活动中让儿童感受和体验美，但较难使其感受抽象艺术之美
	②发展儿童意志		展教活动中帮助儿童发展独立性、主动性；鼓励儿童发展果断性、坚持性与自制力；培养儿童有关意志的正确观点；培养儿童遵纪守法习惯；有意识创造困难情境，使儿童获得锻炼，促成意志培养

年龄	六七岁至十一二岁（童年期）		
发展指标	单项指标	具体内容	
情感与社会性发展	④发展儿童自我意识	展教活动中通过树立模范和榜样来促使儿童形成评价自我的标准以及博物馆工作人员及时正面评价，促成评价独立性、内容丰富性和恒常性不断发展；但儿童自我意识仍不全面、客观，含主观色彩	
	⑤形成儿童良好个性	展教活动中促使儿童逐步产生对展览、同伴和对自己的某种态度，具备个性、意志与性格特征；鼓励儿童认识展览、同伴和自己的优缺点，并能初步分析原因；提供个性发展的博物馆友好环境	
	⑥形成儿童集体意识	展教活动中让儿童意识到集体与自己的关系，认知教育项目中个体的权利与义务，有意识地组织集体类教育项目	
	⑥发展儿童随意与自觉性	展教活动中让儿童接受一定任务，行为目的性增强，推动发展自觉性	
	⑦发展儿童兴趣	展教活动中注意到儿童学习兴趣强于游戏，兴趣逐步分化，并从对具体事物发展到对因果规律感兴趣，开始喜欢抽象复杂任务而非具体简单的任务	
	⑦发展儿童的同伴关系	展教活动中意识到同伴地位越来越重要，出现显见的同调或依从倾向，开始出现相同兴趣基础上的小集团，但内聚力不大；兴趣呈现男女儿童分化	

【博物馆儿童教育建议】

（1）展教活动中利用内容纷呈、手段多样的教育使儿童情感变得更丰富，从对具体事物（如某类展品）感受转向对社会集体（展品所处社会）感受，情感控制能力和稳定性增强，产生良好的性格，培养勇敢、开朗和自信等积极情感。具备非正规甚至非正式教育属性的博物馆，可以采取所有可能的传播技术和教育方式，培养儿童积极正面的情感，塑造良好性格。如举办博物馆夏令营、博物馆考察、博物馆嘉年华等项目，让儿童在集体生活中培养良好的情感控制能力和稳定、开朗的性格。

（2）展教活动中帮助儿童树立正确的道德观，鼓励进行主观判断；促使获得道德认知，逐步知晓社会规范，以此评判他人的思想和行为；但此时未达至道德高度抽象，带明显情绪色彩。博物馆可策划英雄人物故事的展览或教育项目，生动阐释英雄人物的平凡生活，鼓励高年级同学观展后评议。如教育项目可通过故事表演等形式组织儿童参与，促使他们亲自体验并感受各类正面人物的言语和品行。

（3）展教活动中促使与具体事物相关联，发展儿童理智感。博物馆可组织儿童探索类的展教活动，激发儿童的好奇心、求知欲和兴趣，让其体会找到解答办法后的满足与喜悦。如博物馆展览时设置问题，拓展教育项目中提供材料或工具，要求其观展完毕后解答，并给予适当奖励（奖励围绕该展览开发的文创产品）。

（4）展教活动中让儿童感受和体验美，但较难使其感受抽象艺术之美。艺术类博物馆拥有得天独厚的条件，譬如可开发绘画作品、音乐作品、手工作品等欣赏活动，或组织儿童参与的艺术表演，甚至可举办大型艺术派对。

（5）展教活动中帮助儿童发展独立性、主动性；鼓励儿童发展果断性、坚持性与自制力；培养儿童有关意志的正确观点；培养儿童遵纪守法习惯；有意识创造困难情境，使儿童获得锻炼,促成意志培养。博物馆可围绕遵纪守法和培养意志主题策划展览以启发儿童,亦可举办考验智力或体力的教育项目,但体力活动不宜太过激烈。如由北京自然博物馆、北京青少年科技活动中心承办,中国地质博物馆、中国农业博物馆、国家动物博物馆等七家博物馆协办的 2016 年北京市中小学生自然科学知识竞赛,竞争题目类型涵盖必答题、抢答题、快速答题、竞猜题、动手题和科普剧表演,是 31 支代表队之间的智力大比拼。

(6)展教活动中通过树立模范和榜样来促使儿童形成评价自我的标准以及博物馆工作人员及时正面评价,促成评价独立性、内容丰富性和恒常性不断发展;但儿童自我意识仍不全面、客观,含主观色彩。博物馆可根据本馆内容选择合适的人物模仿和榜样,如常州博物馆人文始祖季札,围绕这些人物策划展览或制作视屏影像等来引导儿童树立正确的评价标准,亦可针对家长策划"言传身教"类型展览或者讨论会。如教育项目中可邀请家庭观众,共同演出日常生活中的教育片段,不同家庭相互交流和学习。

(7)展教活动中促使儿童逐步产生对展览、同伴和对自己的某种态度,具备个性、意志与性格特征;鼓励儿童认识展览、同伴和自己的优缺点,并能初步分析原因;提供个性发展的博物馆友好环境。博物馆可举办各类研讨会帮助儿童形成各种判断,让儿童就某个简单主题各抒己见。如皮影博物馆可组织观看皮影戏,然后谈皮影戏的产生背景、发展沿革、优缺点及其影响,并让儿童表达各自见解。

(8)展教活动中让儿童意识到集体与自己的关系,认知教育项目中个体的权利与义务,有意识地组织集体类教育项目。例如加拿大文明博物馆(Canadian Museum of Civilization)馆中有一处较大的空间,放置了一艘有简单工具的轮船,馆员引导儿童选择一位船长,然后按照馆长的任务分配和自身兴趣,拿起不同的工具,开始在船上各自作业。

(9)展教活动中让儿童接受一定任务,行为目的性增强,推动发展自觉性。如 20 世纪 80 年代,中国农业博物馆的一项教育项目对于我们今天仍有启发作用。在该项目中工作人员给孩子一个再生纸制作的纸盒、几颗种子、一包营养土、一张记录表,专家现场进行植物栽种培训,尔后儿童在规定时间内带着自己的"作品"再集中到农博进行检测和评比,最后获胜的植物可以被移植至农博。

(10)展教活动中注意到儿童学习兴趣强于游戏,兴趣逐步分化,并从对具体事物发展到对因果规律感兴趣,开始喜欢抽象复杂任务而非具体简单的任务。博物馆应掌握男女儿童的性别兴趣差异,男生喜欢体力型项目,女生喜欢安静型项目,但两者皆喜欢竞赛型项目,如博物馆可针对男生组织博物馆寻宝或定位竞赛项目,可针对女生组织手工类竞赛项目。

(11)展教活动中意识到同伴地位越来越重要,出现显见的同调或依从倾向,开始出现相同兴趣基础上的小集团,但内聚力不大;兴趣呈现男女儿童分化。博物馆面向本阶段儿童可策划系列展教项目,如依据书画类、陶瓷类、玉器类等不同材质展品或饮食类、植物类、动物类、音乐类等不同主题展品,以兼顾兴趣分化后的儿童需求。同时博物馆学生志愿者或会员中也可按照兴趣区分不同的小组。

【案例参考】

大英博物馆(British Museum)波斯战争(The Persian Wars)项目,服务对象为 7~11 岁儿童,项目最多参与人数为 30 人,持续时间是 90 分钟,属于一项馆校合作的免费项目。在画廊里学生将扮演希腊使节的角色,来到波斯国王的庭院里,并与国王大流士会面。通过集体合作,体验历史事件,同时他们可以体会到历史事件由于身份和角色不同,会带来不同的视角和观点,从而帮助树立正确的价值观和世界观。该项目有助于在集体活动中发展出各自的道德感和良好的自我意识。

四、适用于十一二至十八岁儿童

蒙特梭利(Montessori)将 12 至 18 岁定义为青春时期,通常认为童年期之后,成年之前为"青少年"时期,国外被称作"teenager"。青少年处于个体从儿童推向成熟发展的过渡期,今日之青少年即为明日社会生力军,博物馆观众亦如此。2006 年,国际博物馆日将主题择定为"博物馆与青少年",如何实施博物馆青少年教育的话题再次被推至风口浪尖。如何将青少年"吸引"进博物馆,已成为世界博物馆共同面临的难题。现今,国内博物馆青少年教育基本走过从无到有、从单纯参观到全面开花的历程,然,因该群体拥有接近成人却有异于成人的独特心理特征,此类教育的策划实施已然成为国际博物馆教育之鸡肋。即便如此,国内外博物馆青少年教育的差距仍了然于目。数据显示:国内青少年参观博物馆次数为每年0.15 次,每年进一次博物馆 10 人中不到 2 人,而欧美国家每位青少年每年参观博物馆达2~3 次[1]。我国故宫博物院、中国军事博物馆等每年接待青少年观众超过 30 万,而卢浮宫、大都会艺术博物馆等则接近百万[2]。那么。国内博物馆究竟怎样才能在青年一代心中"赢占"一席之地? 研究者认为首先要"放低"姿态,近距离"触及"青少年内心并投其所好。故,构建十一二岁至十八岁儿童教育指南,以备开发并实施此类教育的参详。

(一)语言发展

语言犹如一面透镜,折射出该年龄段儿童独特的内心世界,丰富深刻的语言成为他们内心成熟的重要标尺。本阶段儿童已具备充分的词汇量,口语水平几近成人,书面语运用灵活自如,内部语言日趋简约。兼之,青少年成为网络用语的最大创造与使用人群。借由本阶段儿童语言已发展成熟等特征,研究者主张十一二至十八岁儿童语言发展指标囊括"促使语言表达能力成熟;使用网络用语走进儿童内心"两方面内容,并就建议略抒己见(见表 7-13)。

表 7-13　十一二岁至十八岁儿童语言发展指标及其内容

年龄	十一二岁至十八岁(青少年期)		
发展指标	单项指标		具体内容
语言发展	①促使儿童语言表能力成熟		展教活动中应注意青少年口语已完善,书面语基本成熟,词汇丰富,语言深刻,内部言语已"简约化",应提供儿童表达机会,促使其语言能力成熟
	②使用网络语言,走进儿童内心		展教活动中青少年网民为网络语言的创造者和使用者,可使用简洁、新奇和幽默的网络语言,以赢得青少年群体认同

---

① 张炯强.中国青少年每年只进博物馆 0.15 次复旦博物馆系专家呼吁:走进博物馆应成为中小学生必修课.新民晚报,2012,5(18):48.

② 张光明.以青少年为受众的博物馆展示设计研究.南京:南京艺术学院,2009:3.

【博物馆儿童教育建议】

(1)展教活动中应注意青少年口语已完善,书面语基本成熟,词汇丰富,语言深刻,内部言语已"简约化",应提供儿童表达机会,促使其语言能力成熟。博物馆应为青少年创造通过语言展示自我观点的机会,促使青少年在公共场合能克服内敛、羞怯,勇于表达自我,养成表达的习惯。如博物馆教育项目实施环节中加入讨论环节或策划围绕各类主题的辩论赛,促成博物馆教育一方霸权的全面解构。再如设计总统竞选、新闻播报等展项以提供表达舞台,美国华盛顿新闻博物馆(Neseum)策划有电视新闻主播体验展项,观众站在指定的演播台前,在华盛顿8个景点中任选一个,手持话筒根据提示词"读"1分钟新闻,电视屏幕上便会实时出现观众在相关景点播报实况。

(2)展教活动中青少年网民为网络语言的创造者和使用者,可使用简洁、新奇和幽默的网络语言,以赢得青少年群体认同。博物馆展教活动中的语词符号系统,从宣传环节开始,如说明文字、导览词、单页或折页等使用青少年熟悉甚至热捧的网络用语,激发青少年参与冲动并拉近博物馆与青少年心理距离。

【案例参考】

惠特尼美国艺术博物馆(Whitney Museum of American Art)推出的青年精英领袖项目(Youth Insights Leaders),邀请纽约的青少年来共同庆祝青少年事件的移动影像"揭开!探索展览梦境:沉浸式影院和艺术,1905—2016"。青少年被鼓励参加由青年精英领袖领导的艺术创作和讨论,并参加"揭开合作项目"——手工进行电影制作,青少年将会看到他们的创作被投影至大屏幕上。该项目对青少年免费,并提供茶点和材料。首先,本项目设置的讨论环节符合青少年口语完善并展示自我观点的语言发展特征,能够提供青少年表达机会,促使其语言能力成熟。同时,由于青少年内部语言简约化,完成电影制作促进青少年群体主动用内部语言进行构思。

(二)动作与活动发展

青少年行为的最大特征表现在,他们一方面希冀如成年人一样参与社会,独立行事,期待自己的价值得到社会承认,摆脱成人束缚与干预,特别是在恋爱等两性交往中;一方面,情感稳定性不够,难以控制行为,另一方面,遇事变得更果断,犹豫与轻率渐少,心理活动内隐。列昂节夫主张,本阶段主导活动分为两大子阶段:11~15岁社会公益活动占主导,15~17岁专业学习活动占主导。卢梭则提出儿童天性的发展有秩序可循,13~15岁,主要进行知识、理性教育;16~20岁,主要进行性教育、道德教育、宗教教育。鉴于此,研究者提出本阶段青少年动作与活动发展指标包含"承认儿童行为成人化、帮助行为控制;发展儿童学习活动"两大内容,并据此提出施行建议,略述二管之见(见表7-14)。

表 7-14　十一二岁至十八岁儿童动作与活动发展指标及其内容

年龄		十一二岁至十八岁(青少年期)	
发展指标	单项指标		具体内容
动作与活动发展	①承认儿童行为成人化,帮助行为控制		展教活动中承认儿童行为的社会价值,引导两性正常交往,博物馆不过多干预儿童,但给予合理建议
	②发展儿童学习活动	帮助儿童适应学习内容和方法的改变	展教活动中采取适当措施,帮助儿童适应展教内容变多和变深刻,鼓励儿童独立进行博物馆学习
		根据博物馆员工对儿童的态度及教育质量进行评价	展教活动中要求博物馆相关工作人员关心、了解儿童,对儿童公平公正、友好又机智,讲授课程时有趣、生动
		促使儿童学习动机更深刻、自觉、稳定和远大	展教活动中推动青少年学习动机与社会意义紧密联系,使学习动机深刻和稳定
		发展儿童学习态度、能力	展教活动中通过传播技术创新学习方法,培养儿童自觉学习的态度和创造性,以及独立地完成工作的能力

【博物馆儿童教育建议】

(1)展教活动中承认儿童行为的社会价值,引导两性正常交往,博物馆不过多干预儿童,但给予合理建议。博物馆提供青少年不依赖成人,独立解决问题的机会,培养他们的领导力和执行力,博物馆工作者仅承担向导作用。在展教过程和各项决策中,能让青少年有机会发表看法,采取以学定教的思路,如在展教活动中让青少年自主选择主题和形式等。就两性问题,博物馆可围绕该主题进行策展,或开展讲座、研讨等教育项目。

(2)展教活动中采取适当措施,帮助儿童适应展教内容变多和变深刻,鼓励儿童独立进行博物馆学习。博物馆可按照该时期青少年学习内容多样化、深刻化和专业化的特征,利用丰富的展教资源打造儿童创新平台或与图书馆、学校、社区等社会资源合作进行展教资源深度开发,提供儿童独立探索学习的机会,同时注意避免教育内容和形式同质化,缺乏创见。如史密森尼博物馆院在举办"中国明清画像"展览前,专门组织 17 名亚裔,历时近 10 个月,对不同亚裔家庭进行走访,以此方式掌握青少年对中国文化的先验认知和兴趣,同时青少年本身得以加入展览自觉而又独立的创造中。

(3)展教活动中要求博物馆相关工作人员关心、了解儿童,对儿童公平公正、友好又机智,讲授课程时有趣、生动。此内容已就博物馆相关工作人员的素质提出四点要求。在此要求指导下,博物馆可适当招录专门服务于青少年的展教人员;也可对现有展教人员进行培训,帮助深入了解博物馆资源、青少年身心特征以及掌握教育青少年的技巧;还可组织一支专门服务青少年展教的志愿者队伍。

(4)展教活动中推动青少年学习动机与社会意义紧密联系,使学习动机深刻和稳定。博物馆应鼓励青少年胸怀天下,树立理想,产生积极持久的学习动机。博物馆可围绕"理想"策划故事性展览,或设计教育项目,如组织"我有一个梦想"讲演、"名人的理想"故事分享会等。

(5)展教活动中通过传播技术创新学习方法,培养儿童自觉学习的态度和创造性,以及独立地完成工作的能力。博物馆要力图让青少年明白学习态度、学习方法之于学习的重要性。首先,博物馆工作人员要态度认真谦和,方法正确严谨,成为青少年效仿对象。其次,博物馆可策划一个问题具备多种可能性的展教活动,如设计能量转换展项,实现能量多种形式的转化并且过程可逆。再次,展教活动注重提供儿童创新机会,如目前艺术博物馆和自然科学博物馆内开设的创客空间。

【案例参考】

2015 年 9 月 26 日,美国亚利桑那州科学中心(The Arizona Science Center)内开设了一个创新性空间——创客,此空间主要致力于让儿童亲自动手创造,而非进行传统的产业孵化。在约 604 平方米的空间内,设置有多处动手展项。其中,木工制作中心(Wood Shop)、电子区域(Electronics Zone)和艺术中心(Artistry Hub)规定仅仅服务于 13 岁以上的青少年。在木工制作中心,博物馆为青少年准备了钻床、电钻等,电子区域配置激光切割机和 3D 打印机,艺术中心则提供了手工艺品的制作材料,鼓励青少年根据兴趣转换角色,促使其学习动机深刻,学习态度自觉,培养了创造性独立学习的能力。

(三)认知发展

本阶段儿童认知能力获得质的飞跃。日益完善的抽象思维能力指导和调整观察,使得观察得以概括,走向成熟。此时,记忆处于最佳期,机械记忆被取而代之为意义记忆,记忆的目的性增强,有意识记占主导地位。皮亚杰(Piaget)针对 12～15 岁儿童,提出此时的儿童因智能发展,可利用语言文字等抽象概念在头脑中想象、思考并把问题解决,也能依据概念、假设,通过推理得到结果,称之为形式运算阶段。17 或 18 岁前为经验型抽象思维,后转换为成熟的思维方式,甚至可能产生创造型思维。据诸上青少年期儿童观察力、记忆力、思维发展特征及前文梳理的相关研究成果,研究者主张本阶段儿童认知发展包含"发展儿童感知、观察力、注意力、记忆和抽象逻辑思维"五项内容,并针对此五方面分别提出建议,以抛砖引玉(见表 7-15)。

表 7-15　十一二岁至十八岁儿童认知发展指标及其内容

年龄	十一二岁至十八岁(青少年期)	
发展指标	单项指标	具体内容
认知发展	①发展儿童感知	展教活动中明白青少年感知能力已成熟甚至超过成人,"感觉"发展臻至完善,对较长时间、短时间的认知获得发展,但对于长时间的理解不精确,展教活动需帮助儿童发展大空间和长时间概念
	②发展儿童观察力	展教活动中青少年能聚精会神、长时间地观察事物,思考本质,活动需指导青少年观察变得全面、精确
	③发展儿童注意力	展教活动中青少年注意力稳定于 40 分钟左右;活动应激发博物馆学习动机,展教内容深度应适当,提倡良好的教育方法,促进注意力的发展
	④发展儿童记忆	展教活动中注意青少年意义记忆变多,机械记忆减少,通过指导和启发,博物馆不仅需提出青少年记忆的任务,还要培养他们自发提出记忆任务的能力;理解展教内容,用言语来掌握这种内容,促进意义识记能力提升,发展智能;促使儿童在表达过程中,通过掌握逻辑关系,提升抽象识别能力;初中阶段的儿童对具体材料的识记,仍高于对语词符号的识记,仍重视直观教育
	⑤发展儿童抽象逻辑思维	展教活动中明白此时的儿童抽象逻辑占主导,具象逻辑次之,引导儿童独立、自觉地进行基于博物馆资源的概括、分析、判断与推理;展教活动强调儿童思维的批判性与独立性;鼓励青少年意识到自己独有的思维过程和控制能力;促使其理解内在规律性与复杂性,开始明白人物的内心世界

【博物馆儿童教育建议】

（1）展教活动中明白青少年感知能力已成熟甚至超过成人，"感觉"发展臻至完善，对较长时间、短时间的认知获得发展，但对于长时间的理解不精确，展教活动需帮助儿童发展大空间和长时间概念。博物馆可策划时空主题的展教活动，如观看影视作品或组织研讨会。尤其自然科学类博物馆可发挥馆藏资源优势，利用天文资料如宇宙中各类星体和地球关系等来开展特色展教活动。

（2）展教活动中青少年能聚精会神、长时间地观察事物，思考本质，活动需指导青少年观察变得全面、精确。博物馆提供青少年观察的平台，如英国自然历史博物馆（Natural History Museum）"自然界在工作"展区吸引了众多中学生，该展区借助模型、电动景观，展示空气、水、太阳和土壤通过光合作用，促成植物生长，并间接养活动物和人类，将原理可视化。参观学生通常表现得兴致盎然并驻足观察，教育人员随时在旁解答学生问题，发挥"支架"作用。

（3）展教活动中青少年注意力稳定于 40 分钟左右；活动应激发青少年博物馆学习动机，展教内容深度应适当，提倡良好的教育方法，促进注意力的发展。博物馆展教活动，以 40 分钟左右为宜，把握展教内容的广度和深度，并尽可能使用多样化的教育手段。由于青少年喜好的和关注的内容通常较为另类，所以博物馆教育人员可开展前置评估，调查青少年感兴趣的主题和可能的参与时间，于此调研基础上进行展教活动策划。

（4）展教活动中注意青少年意义记忆变多，机械记忆减少；通过指导和启发，博物馆不仅需提出青少年记忆的任务，还要培养他们自发提出记忆任务的能力；帮助青少年理解展教内容，用言语来掌握这种内容，促进意义识记能力提升，发展智能；促使儿童在表达过程中，通过掌握逻辑关系，提升抽象识别能力；初中阶段的儿童对具体材料的识记，仍高于对语词符号的识记，仍重视直观教育。博物馆不宜采用先前论及的反复强调并识记的方法来对待青少年，而要采取此时的儿童易于明白理解的方式。依据该时期青少年抽象思维特征，博物馆可引入具有假设成分、元认知性、多维性和相对性的展教项目，发展青少年思维潜能，培养认知和记忆技能，获得更加有效、适当的信息加工策略。如英国自然历史博物馆"生物学"展项，以电动模型、幻灯片展示胚胎在母体发育过程，促使青少年思考胚胎发展到婴儿的过程及其变化。同时，本阶段较适合采取实验类展教活动，可以生物、物理、化学、地理和工程等不同学科，以及跨界学科，如艺术和天文学科的对比，甚至综合各学科，如 STEM 课程和 STEAM 课程，鼓励儿童毫无约束地参与其中，主动探索并解决问题，发展创造性思维。各类行业博物馆（如空调博物馆、汽车博物馆）也可从专业角度策划展教活动，鼓励青少年掌握工业制成品等设计、加工制造和工作原理。

（5）展教活动中明白此时的儿童抽象逻辑占主导，具象逻辑次之，引导儿童独立、自觉地进行基于博物馆资源的概括、分析、判断与推理；展教活动强调儿童思维的批判性与独立性；鼓励青少年意识到自己独有的思维过程和控制能力；促使其理解内在规律性与复杂性，开始明白人物的内心世界。博物馆应采用启发式教育，让青少年独立思考，就展览活动进行主动探索；博物馆工作人员和青少年保持有效沟通，探索过程中不能急于求成。同时，引导青少年理解人物内部复杂的内心世界，可选择某一历史事件或历史人物，由青少年通过角色扮演等方式生动阐释并理解人物内心世界。如亚特兰大历史中心（Atlanta History Center）以独立战争为背景，在一个以咖啡馆全复制的展区内，由两名博物馆教育人员和其他众多青少年学生来扮演不同角色，演绎当时黑人和白人发生冲突时的内心抗争。

【案例参考】

美国自然历史博物馆在博物馆开辟有一个互动性的科普教育空间——很好奇，创造出青少年探索自然的全新方式。该科普空间约为 929 平方米，首先策展阶段有 7 名青少年介入，以切实反映青少年精细化的学习需求，其次空间内配有数十个专业的光电数字成像系统和显微镜，观众可主动探究骨头、矿物、化石等，还可注册一个 Q-card，创建自己的数字信息，保存自我发现。这个科学、开放的体验中心，通过多元感知系统的调动和严格的科学研究入门训练，与真实的展品互动，与科学家对话，培养青少年开展科学研究的基本理念、程序和方法，为青少年打开未来科学研究的一扇窗户。

(四)情感与社会性发展

青少年时期个性趋于稳定，社交关系敏感。蒙特梭利(Montessori)提出本阶段儿童具备自信心、自尊心，树立理想，意识到自身归属于一定的组织，是社会团体的一员。此时儿童世界观逐步形成，自我意识趋于成熟。埃里克森(Erikson)主张：本阶段儿童克服角色混乱，获得角色统一。儿童性格和兴趣变得稳定，能力因此不断提升，并进入自觉的道德水平阶段，产生信念。情感和兴趣虽步入稳定，但相较于成人，仍显动荡。情感世界变得丰富，办事热情，但易激动。瓦龙(Wallon)认为：儿童由外向转向内向，表现出三到五岁个性时期的浓厚情绪色彩；对熟知世界变得陌生，出现不安静、不和谐甚至恐惧的感受，对客观世界产生疑问，进行探究和评价。儿童此时自制力、意志增强，勇于求成，懂得坚持。随着生理机能的成熟，此时青少年性意识觉醒，发展性心理。鉴于上述青少年时期个性、道德、情绪、性心理等诸多特征，结合学者们的研究发现，研究者认为本阶段情感与社会性应涵盖"尊重儿童交往；促进发展儿童兴趣；满足儿童求知和认识需要；促使个性成熟；稳定情感、情绪；合理引导性心理"六大内容，并就管见所及提出建议(见表 7-16)。

表 7-16　十一二岁至十八岁儿童情感与社会性发展指标及其内容

年龄	十一二岁至十八岁(青少年期)		
发展指标	单项指标		具体内容
情感与社会性发展	①尊重儿童交往		展教活动中明白青少年渴望自由参与社交活动，想交朋友并得到尊重和认可，博物馆应提供社交机会，尊重其个性
	②促使发展儿童学习兴趣		青少年对新鲜事物和文娱活动感兴趣，精力充沛，开始喜欢深入思考与探讨问题，对部分理论问题产生兴趣，展教活动应发展兴趣的深刻性
	③满足儿童求知需要		青少年产生多方面的浓厚兴趣，展教活动中要充分满足这种求知需求，帮助儿童处理好单一与泛滥、求深和求博的关系，引导青少年中心兴趣和广泛兴趣相辅相成，不仅鼓励培养广泛的兴趣，还要稳定兴趣，有中心兴趣
	④促使个性成熟	促进儿童自我意识成熟	青少年开始认识自身价值，开放评价别人和自己，展教活动中要帮助青少年进行全面分析，避免片面评价，促进自我教育和性格稳定
		促使儿童形成世界观	展教活动中促进青少年形成对自然、社会、人生、恋爱等系统稳定的见解
		提高儿童道德行为和意识	青少年产生自觉道德，道德理想更趋现实，开始讲原则和树立信念；展教活动中要促成青少年掌握更高质量和更广泛的道德准则，减少直觉式的道德情感教育，关注占优势的情感体验，重伦理道德

年龄		十一二岁至十八岁(青少年期)	
发展指标	单项指标	具体内容	
情感与社会性	⑤促使情感、情绪稳定	发展儿童实现自我的需要	展教活动要引导青少年将实现自我和社会发展的需要结合起来
		促使儿童情感稳定	青少年一般情感过激,具暴发性和冲动性,表现为两极性,不太稳定,同时具不外露和内隐的特征,情感内容深刻、丰富,展教活动中需要加强情感和情绪的正确引导
		迅速发展儿童意志	展教活动中培养儿童意志行为的主动性和自觉性;增强其自制力,促使其行动果断和善于坚持
	⑥合理引导儿童性心理		青少年性心理随着年龄增大而改变,展教活动要合理导引青少年的性心理成熟

【博物馆儿童教育建议】

(1)展教活动中明白青少年渴望自由参与社交活动,想交朋友并得到尊重和认可,博物馆应提供社交机会,尊重其个性。博物馆不仅可成为青少年自由社交的舞台,还可通过和社会机构合作,提供青少年与不同机构接触的机会。如大都会艺术博物馆开展的"高中生"实习项目,提供薪金让学生有机会进入各岗位实习。同时,博物馆可提供青少年进行展览的机会,鼓励青少年群体参与创意,如上海当代艺术博物馆推出的"青年策展人计划"。

(2)青少年对新鲜事物和文娱活动感兴趣,精力充沛,开始喜欢深入思考与探讨问题,对部分理论问题产生兴趣,展教活动应发展兴趣的深刻性。博物馆可借助展教内容和传播技术等促使青少年兴趣变得稳定和深刻。如可开发不同主题的展教项目,鼓励青少年提前预报名以判定其参与的兴趣度,并针对不同的兴趣人群,持续且深入地推出系列项目,此类人群可能因共同参会项目变成志同道合的朋友。比如针对生物学科感兴趣的青少年群体,开发"生命之旅"教育项目,可利用如"生物外形特征—做生物实验—观看生物主题影片—赴研究机构考察"等由浅入深的方式深化认知和兴趣。

(3)青少年产生多方面的浓厚兴趣,展教活动中要充分满足这种求知需求,帮助儿童处理好单一与泛滥、求深和求博的关系,引导青少年中心兴趣和广泛兴趣相辅相成,不仅鼓励培养广泛的兴趣,还要稳定兴趣,有中心兴趣。人文素养应是社会文明的普遍追求,博物馆应展示本领域广博的内容,才可能启发青少年观众某项兴趣。因此,博物馆展教活动应定位于通识性教育,内容不能过于艰深,同时组织多元化的人文素养活动,如音乐、美术和戏剧欣赏等。

(4)青少年开始认识自身价值,开放评价别人和自己,展教活动中要帮助青少年进行全面分析,避免片面评价,促进自我教育和性格稳定。博物馆可通过多样化的教育手段针对青少年策划人性主题的展教项目,如采用小纸条方式收集最熟悉的历史人物优缺点,最后评论自身的优缺点。同时,可在教育项目结束时,由青少年进行自我评价,如论及此项目中谁发挥了关键作用、本人对此项目有何贡献、还有哪些不足。

(5)展教活动中促进青少年形成对自然、社会、人生、恋爱等系统稳定的见解。博物馆在展教活动中全面观察青少年,在内容设计时,安排青少年就目睹、耳闻并参与的内容系统谈论自己见解,给青少年充分发言权,博物馆教育人员仅担任观察者、引导者和记录者。如博物馆夏令营项目中可安排非正式的夜晚茶话会活动。

(6)青少年产生自觉道德,道德理想更趋现实,开始讲原则和树立信念;展教活动中要促成青少年掌握更高质量和更广泛的道德准则,减少直觉式的道德情感教育,关注占优势的情感体验,重伦理道德。博物馆可通过展教活动来创设不同情境,鼓励儿童根据自己的道德标准,给予判断和处理。如博物馆临展中设置不同情境,但没有标准解答,学生可将自己的答案写在纸上,并与同伴一起分享。再如教育项目中教育人员表演观众各种博物馆行为或生活中有争议的情境,鼓励青少年基于自己的道德观开展活动,并由其他儿童参与点评。

(7)展教活动要引导青少年将实现自我和社会发展的需要结合起来。博物馆尤其人物类纪念馆,可以让青少年通过文物了解物载信息和故事,以励志的故事来教育儿童,进行爱国主义教育。如周恩来纪念馆,在展教活动中可通过总理多处打补丁的衣服和为中华崛起读书等故事来感染青少年培养责任感和使命感。

(8)青少年一般情感过激,具暴发性和冲动性,表现为两极性,不太稳定,同时具不外露和内隐的特征,情感内容深刻、丰富,展教活动中需要加强情感和情绪的正确引导。博物馆应明白青少年阶段较为特殊的情感和心理性征,策划心理主题的展教活动。同时,展教活动应重视青少年情感教育,尤其是受挫教育,促使青少年在遇到困难时,能调整情绪,积极面对并解决困难。如博物馆可借由和本馆相关的正面、阳光和不向命运低头的青少年形象作为展教活动主题,如陈云纪念馆以青年陈云作为内容开发的重点。

(9)展教活动中培养儿童意志行为的主动性和自觉性;增强其自制力,促使其行动果断和善于坚持。博物馆展教活动中应重视儿童意志培养,鼓励青少年不像儿童期那样,遇到困难急于求助他人,而要独立思考并克服困难,不轻言放弃。博物馆可策划"意志"主题展教项目,如在某项展览中不断设置任务,引导青少年在各个展区一一进行解答;策划一个专门开放式的互动展览,由青少年个体或组队思考每一个展项中问题解决的对策;邀请资深专家进行讲座或研讨,通过其研究经历来启迪青少年凡事贵在坚持。

(10)青少年性心理随着年龄增大而改变,展教活动要合理导引青少年的性心理成熟。因目前学校、家庭的性教育相对缺失,常常导致青少年个人认知偏差,不正确地对待自身性心理变化。博物馆通过展教活动承担社会教育职责,合理引导性教育。目前已经出现性博物馆和性教育展览,如阿姆斯特丹性博物馆(Sex Museum Amsterdam)、加拿大科学技术博物馆(Canada Science and Technology Museum)举办性展览,国内江苏同里和陕西西安等地也出现此类博物馆。青少年专题性教育展览亦广受欢迎,但为数不多。如东莞展览馆策划题为"为了明天——青少年性教育及预犯罪展",解开青少年性知识困惑,受到社会各界肯定。

【案例参考】

美国高等艺术博物馆(The High Museum of Art)开发有"青少年团队"项目。"青少年团队"由15位有创意的高中生组成,他们都要对博物馆的艺术活动和社区活动感兴趣。通过该项目青少年团队有机会走进博物馆幕后,策划青少年之夜和青少年活动,协助夏令营项目,并且学习博物馆展览和典藏。同时,该团队每年还会为博物馆举办一个大型项目。最重要的是,通过"青少年团队"项目,参与的青少年明白了高等艺术博物馆究竟为青少年做了哪些工作。另外,该项目由青少年自行报名申请,后续所有活动会在 Instagram 平台上与观众分享。可见,"青少年团队"项目不仅促使儿童发展学习兴趣,满足青少年求知需求,使其兴趣更为深刻和稳定,也引导儿童克服困难并善于坚持,最终推动儿童将实现自我和社会发展的需求结合起来。同时,15 位青少年组成的团队,也符合儿童此阶段渴望交朋友并得到尊重和认可的需要。

第三节　思考与总结

前两节论述中,研究者将 0～18 岁儿童划分为四个年龄段,分别就"语言发展、动作与活动发展、认知发展、情感与社会性"四项心理指标,构建起各阶段儿童教育指南。此指南内涵较为丰富,四项心理指标下属每个单项指标皆可作为单独论题加以深入探究。然,鉴于篇幅所限,本书无法逐一铺陈。

本节将就此指南各项内容进行总体归结,把离散的四大指标综合为整体,供博物馆开展儿童教育时直接参详,同时,奠定博物馆儿童教育的学理基础,推进国内博物馆儿童教育朝着专业化、规范化迈进。此外,前两节的研究发现也引发出研究者关于各年龄段儿童教育的数点思考。

一、三岁以下儿童教育指南

借由前文对本阶段儿童心理各项指标之阐释,研究者归结婴儿期、学步期即 0～3 岁婴幼儿的总体心理特征如下:本阶段属婴幼儿身体与大脑发育的最快期,脑细胞组织完成超出 50%,此时儿童无法用抽象思维认知外部世界,需借由四肢和身体动作来积累感觉经验。而四肢和身体动作则需靠大脑指挥和调控。针对诸此特征,博物馆儿童教育应最关注爬、摸、滚、打、蹦、跳等感知运动,进行游戏教育,感受大自然熏陶;应当鼓励儿童去玩,创建一个完全感性的安全展览或活动空间,或至室外,参与室外活动——攀爬、学步、奔跑、玩泥沙、沐浴阳光,锻炼身体各方面的控制能力;创造与其他儿童接触的机会,在交流中激发、调控和强化儿童感觉综合系统。具体参见以下简表 7-17(详表见附录十四)。

表 7-17　博物馆三岁以下儿童教育指南(简表)

三岁以下(婴儿期与学步期)	
发展指标	单项指标
语言发展	①展教活动中创设儿童语言环境
	②展教活动中成人正确示范
	③展教活动中讲故事、念儿歌
	④展教活动中丰富儿童生活以增加词汇
动作与活动发展	①展教活动中重视儿童锻炼身体
	②展教活动中发展儿童大动作
	③展教活动中发展儿童细微动作
	④展教活动中培养儿童自理能力

续表

三岁以下（婴儿期与学步期）	
发展指标	单项指标
认知发展	①展教活动中布置良好的视听环境
	②展教活动中开展儿童情感交流(0～1岁)与实物操作(1～3岁)
	③展教活动中鼓励儿童观察,回答问题
	④展教活动中提供儿童机会,鼓励表达
情感与社会性发展	①展教活动中鼓励儿童参与视听体验,进行肢体表达
	②展教活动中鼓励儿童克服羞涩感,学会社交
	③展教活动中鼓励儿童参与各种活动

二、三岁至六七岁儿童教育指南

基于前文就三至六七岁幼儿期儿童心理指标之论述,凝练本阶段幼儿心理总体发展状况如下。本阶段虽非大脑与身体发育的最快期,但亦属发育的关键期。五六岁脑结构基本成熟,可接受系统学习。同时,儿童一生中,语言能力发展最快就在此阶段,该阶段儿童显示出惊人的语言能力,词汇量增长亦最迅即。兼之,获得发展的大肌肉促使他们"毫不倦怠"地执着于各种活动。再者,儿童具自己的社交圈,此时亦属儿童个性塑造的关键期。针对以上特征,博物馆教育首先应采用讲故事、听故事等手段,激发并培养儿童口头表达能力。同时,此时儿童的思维仍离不开实物形象,博物馆可组织简单模仿动作的项目,或新奇、刺激感官的项目,或搭积木等创造性的项目及角色扮演等象征性的项目。策划集体项目时,宜为幼儿创造宽松、熟悉的环境,比如使其身处静谧祥和的大自然或模拟生活场景的展览空间,以免幼儿第一次参加集体项目即产生不适应,使其爱上并习惯集体项目。为培养幼儿求知欲,博物馆可提供大量合适、安全且丰富的启智玩具,并常提出日常生活中实际问题,激发儿童主动思考,并耐心解答他们的提问。博物馆还需尝试合作性游戏,鼓励其与同伴共同玩乐,发展其社会技能,在活动中培养儿童谦让、懂礼貌等品格与习惯,锻造良好个性。具体可借鉴以下简表 7-18(详表见附件十五)。

表 7-18 博物馆三岁至六七岁儿童教育指南(简表)

三岁至六七岁（幼儿期）	
发展指标	单项指标
语言发展	①展教活动中鼓励儿童认真听、听懂常用语言
	②展教活动中鼓励儿童讲话、清楚表达
	③展教活动中养成儿童文明语言习惯
	④展教活动中提供儿童看图书、听故事的机会
	⑤展教活动中帮助儿童获初步阅读理解力
	⑥展教活动中促成儿童书面表达的初步技能和愿望

续表

三至六七岁（幼儿期）

发展指标	单项指标
动作与活动发展	①展教活动中培养儿童初步平衡能力
	②展教活动中培养儿童初步力量和耐力
	③展教活动中培养儿童灵活协调地运用手
	④展教活动中养成儿童基础的生活自理能力
认知发展	①展教活动中鼓励儿童亲近自然,爱上探究,支持各种探究行为
	②展教活动中培养儿童基本探究能力
	③展教活动中鼓励儿童通过探究认知身边现象与事物
	④展教活动中帮助儿童初步获得生活里数学有趣且有用的感受
	⑤展教活动中帮助儿童感受和明白数、量和数量关系
	⑥展教活动中帮助儿童感觉空间和形状关系
	⑦展教活动中提供儿童感受生活或自然界美的事物的机会
	⑧展教活动中提供儿童爱上并欣赏多样的艺术作品与形式的机会
	⑨展教活动中帮助儿童喜欢艺术并勇于表现
情感与社会性发展	①展教活动中提供儿童交往机会
	②展教活动中鼓励儿童和伙伴相处友好
	③展教活动中提供儿童表现自主、自信与自尊的机会
	④展教活动中鼓励儿童尊重关爱他人
	⑤展教活动中帮助儿童爱上并习惯群体生活
	⑥展教活动中鼓励儿童遵循行为规范
	⑦展教活动中培养儿童基础的家庭、集体和国家归属感
	⑧展教活动中养成儿童好的卫生和生活习惯
	⑨展教活动中帮助儿童懂得安全基础知识与自我保护
	⑩展教活动中帮助儿童具有一定的适应能力
	⑪展教活动中促使儿童情绪愉快稳定

三、六七岁至十一二岁儿童教育指南

依前文就本阶段儿童心理指标之探究,研究者概括六七岁至十一二岁童年期儿童心理发展关键性征如下。结束无忧无虑的幼年期后,儿童步入纯净无邪、富有情趣的童年期。本阶段大脑发展进入矫正期,相对稳定,无强烈的自我冲突。儿童开始掌握书面语言,凭借书面语发展,逐步开展有目的地学习,了解外部世界。学习成为此时儿童主要活动。随着交往范围扩大,儿童成为生活中不同角色的承担者,超越家庭开启个体社会化。他们应自身角色多样化的转变,开始不断反思自我形象,自我意识由此觉醒。思维则由具体形象向抽象过渡,10～11岁成为此番过渡的关键年龄,但此阶段儿童仍存有具体形象思维。面对诸上特征,博物馆教育的首要任务无疑是引导儿童热爱并喜好学习。其次,协助儿童适应包括博物馆在内的各种社会环境,并热衷集体活动,为确立人生态度打下基础。再者,博物馆应供给儿童读、写、听等基本技能发展的机会,尤其是手工操作训练。"手巧则心灵",勤动手的训练将有助于创造发明能力之培养,错过本时段,则收效过慢。而博物馆恰好可借助馆藏资源,开发出具馆方特色、自出心裁的操作时间项目(可参见第一章第二节儿童教育项目类型划分)。博物馆工作者在诸此活动中的要务仅为引导和协助,鼓励儿童主动且独立地完成任务。最后,在自我意识觉醒中,博物馆需注意倡导儿童社会生活品德上言行如一。具体可参详如下简表7-19(详表见附录十六)。

表7-19 博物馆六七岁至十一二岁儿童教育指南(简表)

六七岁至十一二岁(童年期)		
发展指标	单项指标	
语言发展	①展教活动中发展儿童口头语言	
	②展教活动中发展儿童书面语言	
	③展教活动中发展儿童内部语言	
动作与活动发展	①展教活动中培养儿童正确姿势	
	②展教活动中发展儿童复杂精细动作	
	③展教活动中不让儿童做过激的体力活动	
	④展教活动中发展儿童学习为主导的活动	发展良好的学习动机和态度
		培养学习习惯
		激发学习兴趣
		发展学习能力
		改变儿童游戏方式
	⑤展教活动中鼓励儿童参加劳动	
认知发展	①展教活动中发展儿童知觉	
	②展教活动中发展儿童观察	
	③展教活动中培养儿童注意	
	④展教活动中发展儿童记忆	
	⑤展教活动中完成儿童思维过渡	从具象到抽象逻辑思维过渡
		发展比较能力
		发展分类能力
	⑥展教活动中发展儿童概念	词概念演变
		数概念演变
	⑦展教活动中发展儿童判断、推理能力	
	⑧展教活动中发展儿童想象力	

六七岁至十一二岁（童年期）		
发展指标	单项指标	
情感与 社会性发展	①展教活动中发展儿 童情感	发展儿童情感
		发展道德感
		形成理智感
		发展美感
	②展教活动中发展儿童意志	
	③展教活动中发展儿童团自我意识	
	④展教活动中促使儿童形成良好个性	
	⑤展教活动中促使儿童形成集体意识	
	⑥展教活动中发展儿童随意与自觉性	
	⑦展教活动中发展儿童兴趣	
	⑧展教活动中发展儿童的同伴关系	

四、十一二岁至十八岁儿童教育指南

从上节十一二岁至十八岁青少年期儿童各项心理指标的内容着手,可将本阶段儿童心理总体特征概要如下。个体此时已从童年迈入成年,无论生理还是心理都处于质的过渡期,生理和心理发展趋向成熟,并出现性成熟,但生理与心理发育不均衡。此时的儿童具抽象逻辑思维,情绪变得稳定;情感丰富,但却易烦躁、易激动,犹如"疾风怒涛";自我意识发展迅速,成为第二个飞跃期;认知欲旺盛,富有想象,喜欢接受新鲜事物;处于叛逆期的儿童更愿与同伴沟通,和父母交流产生障碍。综合以上特征,博物馆实施青少年教育时,作为社会教育机构,首先应对身处反抗期的青年及其父母相处之道给予引导和帮助。为妥善处理子女与父母关系,举办系列亲子主题展教活动。其次,借助展览或项目进行青少年受挫教育,促使儿童遇事勇于承担,引导他们以强大心理从容、理性面对困难。再者,博物馆当充分尊重儿童行事自主权,鼓励儿童追求独立人格。同时,借由展览或项目树立楷模和典范,修炼儿童责任感和对真善美品德之追求。最后,鼓励儿童掌握自身身体的发展变化,以正面稳定的态度对待此类变化。博物馆可专门策划家庭、学校教育所"回避"的性主题展览,肩挑社会性教育重任,坦荡、理性面对两性问题。总之,博物馆要为青少年营造求知创新的环境,建立"朋友"关系,为以后走向社会打下基础。具体可参考以下简表7-20(详表见附录十七):

表 7-20　博物馆十一二岁至十八岁儿童教育指南(简表)

十一二岁十八岁（青少年期）	
发展指标	单项指标
语言发展	①展教活动中促使儿童语言表达能力成熟
	②展教活动中使用网络语言走进儿童内心

续表

十一二岁至十八岁(青少年期)		
发展指标	单项指标	
动作与活动发展	①展教活动中承认儿童行为成人化,帮助行为控制	
	②展教活动中发展儿童学习活动	帮助适应学习内容和方法的改变
		根据教师对儿童的态度及教育质量进行教师评价
		促使学习动机更深刻、自觉、稳定和远大
		发展学习态度、能力
认知发展	①展教活动中发展儿童感知	
	②展教活动中发展儿童观察力	
	③展教活动中发展儿童注意力	
	④展教活动中发展儿童记忆	
	⑤展教活动中发展儿童抽象逻辑思维	
情感与社会性发展	①展教活动中尊重儿童交往	
	②展教活动中促使发展儿童学习兴趣	
	③展教活动中满足儿童求知和认识需要	
	④展教活动中促使儿童个性成熟	促进自我意识成熟
		促使形成世界观
		提高道德行为和意识
	⑤展教活动促使儿童情感、情绪稳定	发展儿童实现自我的需要
		趋于稳定,但稍显动荡
		迅速发展儿童意志
	⑥展教活动中合理引导儿童性心理	

至此,博物馆儿童教育指南建构完成,儿童展览与教育项目共同面临的核心问题终得以初步解决。然,儿童教育、心理学内容庞杂,梳理与阐释较难,兼之,此领域研究者少,还未形成学术争鸣,理论研究缺乏继承式发展。尽管研究者广集群书,悉心求教,钝学累功三年,仍有诸多未尽之处。作为晚生后学,仅就此领域抛砖引玉,尽一份绵力薄材。

第八章

总结与前瞻

本书聚焦于博物馆儿童教育,从儿童展览和教育项目两大视角切入,借由国内外 12 大案例的对比研究,有据可依地探究各类型博物馆儿童教育特征与缺失。本书意在窥寻国内儿童教育之现存问题,谋求改善之法;发掘国外儿童教育之特色,取鉴以为我用。本书首次尝试将"展"与"教"两种类型"合一"进行研究,在发现"展"与"教"各存问题,提出解决之道基础上,洞见"展"与"教"共存问题之症结,再对症施策,力求标本兼治。本章节将展开本书研究成果的全面归结,并就博物馆儿童教育未来做出预判,略陈刍荛之见。

第一节 全书总结

本节集中进行研究思路与成果之回顾和总结。本节将阐明针对欲解决之问题,以及研究者如何布局谋篇、环环相扣并逐层推进的行文思路;同时,再现立于此研究领域相关先贤们"肩膀之上",经由研究案例调研剖析所获之研究成果。

一、思路与成果

中国传统诗文行文章法讲求平起、顺承、跳转、妙合。本书亦取鉴此章法,采取"起头平静,自然承接,转入深处造就波澜,明揭题旨巧妙收尾",环环紧扣并逐层深入的行文思路。首先,将"博物馆儿童教育"分"展——'展览'"和"教——'教育项目'"两种类型,其中"展览"又分"儿童博物馆展览"和"博物馆儿童专区展览"两种模式。其次,针对此两种类型共择定 3 组计 12 个国内外案例,经由案例细致解析和内外部效益评估,结合国内外研究案例横向、纵向比较,对国内同类儿童教育呈现之突出问题进行检测和提炼,并就问题展开原因分析与讨论。与此同时,归结各案例及其所在类型之特色与缺失。再次,针对诸上各类型所提炼的共性问题,结合现场观察、问卷调查或半结构式访谈等所获信息,逐项提出改善建议,并据此构建各类型之理想模式。最后,将研究推至高潮,把"展——'展览'"和"教——'教育项目'"两种类型共性问题"熔于一炉",针对其共同面临之核心问题进一步对症施策。

具体而言,本书行文思路如下:

"起"部分为开放式地提出问题。研究者认为开展博物馆儿童教育研究的前提,首先是对博物馆儿童教育历史与现况进行梳理与解读。其中,关于博物馆儿童教育历史的回顾,不仅针对国内,国外亦属于考察之列。因博物馆儿童教育本身为一种世界现象,同时置身于国际背景下,才能更好地明辨国内博物馆儿童教育所处的阶段和位置。再者,博物馆教育类型繁多,而先贤相关研究中各类型划分之标准各有所依,本研究又该如何实现驾驭?为此,本书择定依研究目的所需,从博物馆教育广义出发,结合阿柯(Ucko)和郭青生的分类法,加上对国内外数十家儿童相关博物馆的实地探察,提出按实施领域将儿童教育分为"儿童展览"

"儿童教育项目"两类(第一类含两种模式),从而构建起本书论述开展之框架。其后,立足于儿童教育发展史及类型学的相关研究,展开国内博物馆儿童教育现况之分析,虽国内取得的成绩不容小觑,然为人攻瑕指失之处亦颇多,问题的"滋生"除博物馆内部原因外,亦离不开国内教育观念与教育环境之"土壤"。

"承"部分展开问题分析,完成研究的自然承接。首先,进行本研究相关理论的整理和运用。对相关理论梳理归结之意不在于呈现整理结果,而在于将梳理归结的结果加以巧妙运用,从而切实可行地据此设计出本书研究方法——"科学严谨地检测国内博物馆儿童教育现存问题"。换言之,即将理论梳理归结的结果与博物馆教育的属性相结合,构建出一套儿童教育的评估方法。此法涵括针对外部观众评估如何设置问卷调查、访谈问题以及设计评估程序;针对内部专家评估,怎样构建指标评估体系,分配指标权重以及设计评估程序。诸上方法在后续的两个章节被直接运用。具体而言,即"国内儿童展览类型的问题检测与分析"章节和"国内儿童教育项目类型的问题检测与分析"章节,研究者分别就博物馆两类儿童教育(第一种类型含两种模式),各自选定国内外四个研究案例,先阐释案例选定因素,后分别针对儿童展览选题、展区、展品、动线等要素或儿童项目的目标、准备、过程、效果等环节展开深入剖析,结合研究者个人观察后的内部评估(或馆员访谈内部评估)与观众问卷调查或访谈所开展的外部评估,并借由国内外案例对比,最终归纳并演绎出各类型带有普遍性意义的缺失与特征,并就缺失部分展开原因分析与归结。

"转、合"部分集中解决问题。如何将本研究转入深处,掀起波澜,推至高潮,其运用之妙,存乎一心。本书希冀不仅使"展——'儿童展览'"问题和"教——'儿童教育项目'"问题得以解决,而且能将"展"与"教"问题进行交融,以此来寻绎两类问题背后共同隐匿之根本原因,标本兼治地解决国内博物馆广义儿童教育问题。为将此设想付诸实践,研究者首先针对博物馆儿童展览中存有并影响效益的九大共性问题,结合研究者现场观察与问卷调查反馈信息,提出改善之谏言,并据此探索儿童展览之理想模式。其次,针对处于不同发展阶段的儿童教育项目中九大普遍问题,结合馆员内部访谈评估、研究者观察及外部访谈评估所获信息,提出改进之策,并由此构建儿童项目之理想模式。最后,将两类儿童教育问题研究推至高潮,"展"与"教"合一,进一步窥探两类儿童教育面临共同的核心问题——儿童教育学、心理学缺失。借由对先贤儿童教育学、心理学相关研究成果的系统梳理,结合博物馆教育特性,拟定0～18岁四个阶段博物馆儿童教育指南。最终,以研究总结与前瞻收笔,揭明题旨并启人遐想。

经由本书可基本普查国内博物馆儿童教育问题所在。研究者做出如此判断,原因为二。一是本书严格贯彻案例选定标准——"以目标为导向,反映普遍与典型问题,具现实意义"。国内案例重曝光问题,国外案例重正面借鉴,以此形成纵横对比,有据可依地使问题昭然若揭。二是本研究问题检测方法的设计有理可依,而案例问题的揭示则皆严格依照此检测方法执行。

针对"儿童展览"类型中模式之一"儿童博物馆展览",研究者将其划分为人文类、科技类两类题材。因儿童博物馆投资动辄数亿,非多数个体力量所能企及,故,现行体制下本书选择先向公立儿童博物馆"开刀"。目前国内仅两家儿童博物馆,本书将其分别与美国两家儿童博物馆——"美国最大的儿童博物馆以及以互动体验蜚声的儿童博物馆"展开横比,发现无论展览内容还是展示手段,国内儿童展览问题错综复杂;且主要集中于"展览选题、目标年龄、教育目标、展品资料、信息凝练、展示手段、展场氛围和标识系统"八大方面,此八项内容同为儿童博物馆展览构成要素。

就"儿童展览"类型中模式之二"博物馆儿童专区展览",研究者聚焦于综合类和自然科学类两类博物馆。虽综合类、自然科学类和社会科学类博物馆皆开设有儿童专区。然而,以数量为判,儿童专区更多涌现于前两种博物馆之属。此类"馆中之馆"的模式,受到国外诸多博物馆追捧,而国内亦不少博物馆跃跃欲试,十余年间实现从无到有并掀起发展小高峰。即便如此,与国外代表领先水平的综合类与自然科学类博物馆儿童专区相较,国内专区展览内容策划、形式设计及从主馆"母体"所携来的问题较多。问题同样呈现于"展览选题、目标年龄、教育目标、展品资料、信息凝练、展场氛围、标识系统、展览结构"等方面,但具体表现与"儿童博物馆展览"模式有所差异,譬如"儿童专区展览"模式中展览结构问题较严重以及展区功能定位不明确等。综之,"儿童专区展览"模式诸多方面较"儿童博物馆展览"模式发展节奏稍慢,略显墨守成规。

针对"儿童教育项目"类型,研究亦围绕综合类和自然科学类两类博物馆展开。案例涵括流动展、手工、学生课程及节假日项目等国内博物馆儿童项目的基本类型,其发展水平呈现阶梯式,国外案例则代表较先进水平。国内博物馆举办儿童教育项目已走过近百年历程,在机构归属、部门设置、观众数量、制度创新和讲解技巧方面已较为成熟。然而,与世界一流博物馆相较,为人诟病之处仍颇多,主要突显于"对象划分、展览空间、宣传渠道、制度建设、社会合作、教育手段、资源整合、能力培养与亲子理念"九大方面。其中,部分问题甚至伤及筋骨,诸如对象划分、制度建设以及能力培养等。

就"儿童展览"类型,两种模式所检测出的问题具同质性,研究者针对此缺失部分进行全面归结,将其凝练成九大问题,并据此提出"展览选题前置研究"等九方面举措。就"儿童教育项目"类型中提炼出的九大问题,该如何施以对策,研究者也提出"按照族群和年龄对儿童观众逐层分众"等九方面建言。

接着,本书将研究推至深入。因两类儿童教育本质问题具共性,表现为两类教育几乎一半以上问题之缘由皆涉及儿童教育学、心理学缺失——"对理论、实践、内容及手段皆束手无策"。为了绝薪止火,从根本上对症施策,研究者在总结有关专家学者教育学、心理学流派及其观点基础上,分别从语言发展、动作与活动发展、认知发展、情感与社会性四个维度,制定0～18岁博物馆儿童教育指南。

同时,研究者主张对儿童教育两种类型及其模式,采取阶段性发展策略(见图8-1)。其中,儿童博物馆展览专业性最强,实施难度最大,宜个别试点后逐步推广;儿童专区展览次之,其对建筑空间和展览主题提出要求,新馆可有计划地预留空间,老馆可另辟分馆或改陈,创造条件积极"试水",为儿童博物馆积累"实战"经验;而儿童教育项目操作最易,适宜现阶段任何博物馆推广实施。

基于研究目的所需,本书辐射研究范围时,以发现国内问题,取鉴国外经验为宗旨。故,研究者并不能据此说明国内博物馆儿童教育"一无是处",国外"完美无憾",亦并非意欲评判国内各研究案例之良莠,或施以评比。研究仅希冀通过国内问题案例与国外先进案例横向对比,及国内案例自身纵向比较,切实发现国内博物馆儿童教育现存问题,对症施策,取长补短。尽管研究显示国外博物馆儿童教育现今"略胜一筹",然而,国内儿童教育亦逐步呈现发展态势,若能避己之短,互取所长,就可有效推动国内博物馆儿童教育效益提升。

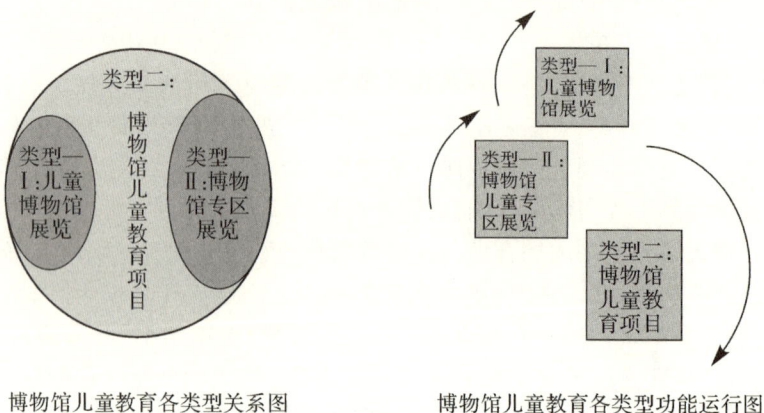

博物馆儿童教育各类型关系图　　　　　　博物馆儿童教育各类型功能运行图

图 8-1　博物馆儿童教育各类型关系及其表现

注："类型—Ⅰ"代表"类型一模式一"；"类型—Ⅱ"代表"类型一模式二"

二、理论之凝练

所谓理论,即由对事实的推测、演绎、抽象或综合这些得出的(对某一个或某几个现象的性质、作用、原因或起源的)评价、看法、提法或程式。① 本书经由对 12 项案例的细致解析、严谨评估、全面归结,将个案所揭示的点问题引申至同类型的线面问题,并据此开展策略研究。最终,研究成果得以万流归宗。正是立足于此基础,研究者得以尝试凝练出有关博物馆儿童教育之四大理论。虽作为晚生后学,对理论的持衡尚欠火候,然而,研究者仍期待,诸此经由事实考据抽象而成的不成熟理论,能从宏观角度去指导儿童教育实践,从而将本书推至一个新的高度,实现成果之递进与升华。

(一)绿色本土

一幅儿童教育图景的勾勒完成,要依赖家长、市民、学校、社区、企事业单位及全社会胼手胝足,博物馆作为非营利的社会教育资源,其"成长"同样离不开每个社会"细胞"的"热情"参与和"奉献"力量。在本书众多国外案例中,首先,馆内大量展品、展品组合等的制作或维护多数系由企业或个人捐赠完成(如"请触摸博物馆";印第安纳波利斯儿童博物馆)。其次,几乎所有国外案例皆拥有一支规模庞大的志愿者(义工、志工)队伍。譬如印第安纳波利斯儿童博物馆有 200 位员工、200 位志愿者;"请触摸博物馆"有 130 位员工、上千名志愿者;"探索屋"(美国自然历史博物馆)有 1 位员工、18 位志愿者;大都会艺术博物馆整馆则有超过1250 名志愿者。据悉,美国成年人平均每周作为博物馆志愿者服务约为 4.7 小时,人数约占成年人总额 51%。各类职业、身份的社会人员活跃于各大博物馆,无偿提供博物馆服务,成为博物馆最牢固的合作伙伴。而相较于国内博物馆,以上海博物馆为例,截至 2010 年 3 月,仅拥有 318 名志愿者,数量差距可见一斑。再次,在国外博物馆调研考察中,麦迪逊儿童博物馆(Madison Children's Museum)虽未最终纳入本书研究案例之中,但这座仅拥有 40 位员工的小型博物馆,它的诞生与运营模式让研究者惊诧不已。为取得与当地紧密合作,博物馆专门设立展览设计部(Exhibition Designer Department)。这座博物馆从内容策划、概念

---

① 张钦亚.中国特色社会主义理论体系开放性的方法论思考.理论月刊,2010(9):24.

设计、深化设计、施工到布展，史无前例地完全依靠当地资源，历时两年多，耗资近1亿元（人民币）。博物馆内每个展项都为绿色展项，设计、取材、制作全系采用本地资源（见图8-2、图8-3）。博物馆为此专门制作了一本纪念册（见图8-4），再现博物馆建造过程及其展项制作流程，以成果分享的方式回馈社会对本馆的"厚爱"与"援持"。麦迪逊市研究儿童行为的学术和艺术机构还与博物馆建立长期合作关系，提供无偿的科研服务。绿色本土化方式，既节约使用外地资源的运输成本，又真正实现了鼎麦迪逊市（Madison）各种社会资源之力，共同关爱并反哺本市儿童社会教育。以上诸多国外案例，无论社会捐赠、志愿者（义工、志工）服务还是各行业参与博物馆建设等现象，犹如一股迎面袭来的清新气息，据此事实本书提炼出"绿色本土"理论，即"集本地社会各种资源和力量，开发绿色环保展项，创办和运营博物馆，促进健康、可持续发展"。在此理论引导下，国内博物馆亦应将社会合作置于博物馆工作显要位置，多管齐下，主动探索与社会全方位且深度合作之法，如创设专门负责合作的职能部门，凝聚民间财力与智慧，促成与监督博物馆儿童教育资源与全社会各界共享共赢。

图 8-2　麦迪逊儿童博物馆诞生流程
来自于当地力量和资源投资博物馆事业并齐心协作的产物，展区内属为绿色展项

图 8-3　麦迪逊儿童博物馆内建筑和展品用材皆取自当地

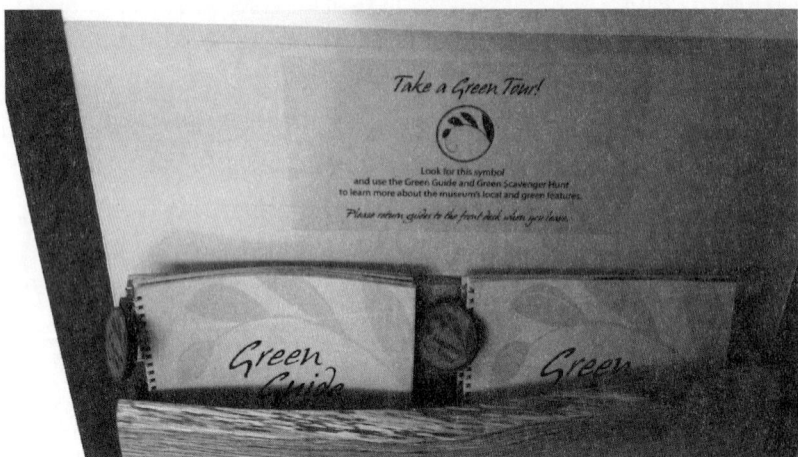

图 8-4 麦迪逊儿童博物馆专门设计博物馆绿色之旅纪念册
介绍和分享博物馆建造过程和绿色展项制作过程

(二)亲子互动

儿童观众若为学龄前或小学低年级,参与博物馆儿童教育时,则常有家长携同而来,这构成博物馆"家庭观众"。从国内诸多案例中可洞见,国内实施博物馆儿童教育时,父母或被强制隔离("欢欢喜喜过大年"项目,上海博物馆),或"静候"一旁("科普小课堂"项目,北京自然博物馆)。与之相反的是,国外博物馆则常现父母与孩子配合,共同完成展品互动操作之现象("莱特超市"展区,"请触摸博物馆")。部分博物馆甚至将"家庭项目"常规化,使其构成教育一大类别。譬如大都会艺术博物馆(The Metropolitan Museum of Art)每天固定为 18个月到 12 岁儿童及其父母开设一项"家庭项目"。这些现象表明:国内博物馆在实施儿童教育时,远未"发挥"家长参与儿童教育的潜能,亦未试图找寻博物馆社会与家庭教育的有效契合点,而国外博物馆则显然已将亲子互动视为博物馆教育的重要内容。维果斯基和班杜拉分别提出的"社会文化历史理论""社会学习理论"等教育理论,主张父母是儿童观察学习的"榜样",他们为儿童提供学习"支架",成为其最重要的启发和帮助者。本书由此提出"亲子互动"理论,即"博物馆教育创造机会让家长陪同参与,同时在实践中给予家长指导的定位"。此处"定位"分两类:其一,鼓励家长成为儿童平等的搭档;其二,鼓励家长承担从属于儿童的副手角色。父母有效介入,可提高儿童从事实务的技巧,增加其完成任务的自信心,对儿童裨益巨大。若欲将此理论付诸实践,一方面国内家长需改变传统教育观,不可误以为施教者仅为教师,自身无能为力,袖手旁观;另一方面博物馆更需将"亲子互动"理论贯彻至低龄儿童教育之中,创造机会"促成"家长角色的过渡性转变。尽管强调家长功能,但教育主体仍为儿童,家长不可越俎代庖。

(三)逐层分众

博物馆公众族群差异大,分为儿童、成人、健康、残障、弱势、普通、专业观众等,只有将其区分开来,才能提供各族群最适宜贴切的教育服务。同时,依儿童教育心理性征,本书将儿童划分为婴儿期与学步期(三岁以下)、幼儿期(三岁至六七岁)、童年期(六七岁至十一二岁)、青少年期(十一二岁至十八岁)四大年龄段,认为各年龄段语言、动作与活动、认知、情感与社会性呈现显著差异。儿童教育还须进一步实施观众分龄。国内儿童博物馆展览模式，或未规定目标年龄，或目标年龄与内容结构相冲突；博物馆内专区展览模式，更多的则表现为将目标观众"打包"。譬如人文类"儿童历史展"（妇女儿童博物馆）各类媒介中不见任何目标观众年龄界定信息。对比国外同类题材"欢跃的城市"（"请触摸博物馆"），不仅将此展区目标年龄定位在 2～10 岁，且对其中某部分也做出年龄规定，"费城儿童医院"适合 2～8 岁儿童，"家门口的台阶"则适合 0～3 岁幼儿。再如自然科学类博物馆"探索角"（北京自然博物馆）将参观儿童年龄统一划定为 3～7 岁，而"探索屋"（美国自然历史博物馆）则将展区分为两部分，分别向 5～7 岁儿童和 7～12 岁儿童开放，针对不同年龄层提供相异的展示内容。国内儿童教育项目则依发展水平差异，对目标观众的管理呈现为不按族群分众（"国之瑰宝——河北文物精品图片进校园"项目，河北博物院）；或按族群和年龄逐层分众，但依年龄分众模糊（"欢欢喜喜过大年"项目，上海博物馆）；或按族群和年龄逐层分众，但依年龄分众不当（"科普小课堂"项目，北京自然博物馆）。而国外同类项目则从易至难，从浅入深，从馆内到馆外，每项活动皆有严格准确的年龄规定（如大都会艺术博物馆）。研究者据此主张博物馆儿童教育实施"逐层分众"理论。此理论系指："将儿童观众从族群中独立出来，策划专门面向儿童观众的教育服务，同时依教育目标、主题、内容、形式等，参考儿童教育指南（本书拟订）严格规定参与儿童的年龄。"研究者主张博物馆在实施儿童教育时，能够执行前置研究，对此理论加以有效运用，到位且务实地为儿童提供适宜贴切的服务。

（四）展教合一

博物馆常设展因其唯一性和独特性，成为每一家博物馆的立身之本。然而，基本陈列内容与形式的相对稳定性，无法长期满足儿童观众求变、求新的内在需求，教育项目由此成为博物馆可持续发展的生命力。然而，若教育项目离开博物馆常设展氛围，就无法依托博物馆"唯一、独特"的资源优势，策划出独树一帜的内容和别具一格的形式，而项目则变得易于复制，替代性高。同时，若博物馆基本陈列离开教育项目，则无论其最初内容如何新颖，形式如何别致，"魅力"皆难以持续，无法长久抓住小观众的心。研究案例中，有依馆内基本陈列开展的互动体验（如"忙碌的建造"展场，"请触摸博物馆"），亦有利用博物馆精品文物图片举办的小型流动展（如"国之瑰宝——河北文物精品图片进校园"项目，河北博物院），还有身处博物馆环境中，感受和体验传统节日文化及趣味的手工项目（如"欢欢喜喜过大年"项目，上海博物馆）等，皆为"展"与"教"相互结合的力证。然而，国内此类教育多数属"客串"性质的临时推出，如这些小型流动展与手工项目。而一些欧美知名大馆已基本完成"展教合一"常态化运作。如大都会艺术博物馆将儿童项目分成五个常规项目群，馆方提前预告受众一个季度内五大项目群的活动安排，同时，每日持续执行教育项目 10 余项，周六达 20 余项。来自世界各地 330 万件艺术瑰宝、18 个风格迥异的展室成为家庭、青少年、学校、教师、残障项目最丰富的资源，大都会艺术博物馆阐释了展与教在实践中的完美融合，因而获得了每年逾 700 万人次的观众。同时，本书亦初次尝试在学术研究中，将"展"与"教"类型融会贯通，使之构成一大研究体系。鉴于以上举证和本研究思路，研究者提出儿童教育项目"展教合一"理论："依托博物馆儿童基本陈列，开发出令儿童观众乐此不疲的常规性教育项目，以深度挖掘展览资源，提升展览长期吸引力"。研究者希冀：一方面借由理论研究尝试将展教两者真正融为一体，领会博物馆展览环境下开展教育项目之执行要点，推动儿童项目有效运作；另一方面,在此理论倡导下,鼓励博物馆组织专门的展教队伍,展开资源深度挖掘,拓展基本陈列内容,开发博物馆体验式教育,并将展教合一教育视作一种服务承诺,将临时性客串演变成常态项目。

第二节　本书的新意与局限

本书较大之新意在于研究课题和研究方法上的创新。

一、本书新意

(一)研究课题之新颖

归纳现今所视,国内关于博物馆儿童教育研究,多集中于以展览、教育项目某个案进行剖析,或就展览、教育项目呈现的某方面问题展开探讨,或取展览或教育项目之一作为主题施以钻研。本书则聚焦于博物馆儿童教育,就博物馆与儿童利用者间可能产生的教育服务,进行系统梳理和类型划分,由此将儿童展览(展)与教育项目(教)两大类型视为同一整体,逐层展开探析。此专题性研究有别于个案或某主题研究,是目前就儿童教育最为全面且深入的一次检视。鉴于本书专门针对"儿童教育"这一特定专题,将"展、教"打通,展开系统论述,而相关研究未见,是为创新。

(二)研究方法具针对性

本书以问题为导向,强调研究的逻辑性,采取环环相扣、逐层推进的方式来解决问题。基于解决问题所需,本书有理可依地设计出一套针对性强的研究方法。一般而言,儿童教育评估,或由内部人员从教育效益出发,或由观众从参与经验入手,或由学者从专业检测着眼。本书为求严谨地归结出国内博物馆儿童教育的现存问题,在对大量国内外实例进行周延解析基础上,采用外部观众评估、内部专业评估相结合的检测手段。就儿童展览采取结果评估,使用问卷调查,并运用 SPSS 软件展开数据分析;就教育项目,为掌握过程评价,采用半结构式、对焦式和对焦群的访谈。针对此两类儿童教育,除采用诸上观众外部评估外,还结合使用研究者现场观察后的内部评估。其中,为保证调查问题易于理解,本书将评估前置,采用一家小型儿童博物馆进行预检,并据观众调查结果,重新修正问卷初稿后,再付诸使用。同时,为保障研究者内部专业评估客观、严谨,研究者专门构建儿童展览和教育项目两套指标评估体系,分别针对研究案例进行量化评分。总而言之,两种评估方式结合使用,在提高问题检测可信度之余,亦供解决问题时择要取鉴。

(三)全方位搜集一手资料

本书全方位且多渠道搜集资料。除却分门别类地大量收集博物馆有关儿童展览类、教育项目类、教育评估类、教育心理学类相关论著,研究者于每一门类之下,完成研究成果的梳理,提炼专家学者主要观点,精读细思后进一步依不同标准进行细化归类,再次苦攻消化感悟心得,并撷取与本书相关者加以运用之外,还采用多种途径获取儿童展览或教育项目案例之一手资料。儿童展览部分,完整搜集展区儿近所有信息,包括看板、各类说明、单页、折页、电视墙、互动展品、电子屏内文等。就展览评估,共回收观众有效调查问卷 736 份。儿童教育项目部分,研究者通常全程参与,努力搜集项目前、中、后几乎全部一手信息,如项目单页、手册、通知或公告、新闻通稿,观察施教者、儿童及其家长行为偏好,聆听过程想法和意见反馈。就项目评估,与工作人员、家庭观众展开以半结构式为主的访谈,访谈261人次。

(四)广采博取研究对象

研究案例广涉儿童教育各类型,而此类型的划定,则源自博物馆与儿童间可能产生的所有教育服务,包括儿童博物馆、儿童专区展览和博物馆儿童教育项目。而本书诸多典型案例的择定,皆是经由国内外实地考察、掌握现况、博采约取、细致筛选而成。研究范围广泛,且各类型案例齐备,相较于个别案例或某主题探讨,本书结果更具广泛适用性,并能经受住推敲。

(五)跨越国内外开展研究

欲开展国内外案例细致对比,背后则需大量且新近的原始资料作为支撑。为切实掌握国内儿童教育现况,研究者广泛考察全国各地,选定研究案例后,多次前往案例现场进行校对与更新。同时,研究者全程关注各研究对象的教育项目动态,确定研究案例后全程参与;为借鉴国外儿童教育成熟经验,弥补国内案例资料不足,数次赴儿童教育较为成熟的美国,进行案例实地考察和原始资料采集;为保持信息对称与完整,归国后与研究案例外方负责者和儿童博物馆协会主要工作人员建立单向联系,几乎完整获取到儿童展览或教育项目的有效和最新信息。包括撷取大量有效的纸质媒介资料与翻译众多访谈资料在内的国外案例调研工作,是对研究者体力与心力的一大考验,亦终为国内外同类案例缜密地对比奠定了坚实的资料基础。

(六)跨学科的创造性探索

本书有理可依地制定出0~18岁博物馆儿童教育指南,此教育指南之构建既是本书的难点,亦是亮点。说是难点,因研究者本不具儿童教育学、心理学的受训背景。然而,"驽马十驾,功在不舍",三年近千个日夜里,研究者不厌百回阅读相关论著,访求专家,研修课程,终于涵养初步学问,悟到少许心得。说是亮点,因儿童教育学、心理学之缺失,恰为众多案例剖析与评估后所归结出的最核心问题,若尝试加以解决必功莫大焉。依先贤相关儿童心理发展阶段性的研究成果,本指南将0~18岁儿童分婴儿期与学步期、幼儿期、童年期及青少年期四阶段,提出各阶段儿童语言发展、动作与活动、认知发展、情感与社会性四大指标内容,以及参照指标内容下属的每个单项指标拟定博物馆的儿童教育实施建议。将博物馆儿童教育与儿童教育学、心理学相结合展开创造性的思考与探索,是为从解决问题出发的一种尝试,研究者仅期盼借由本书这一引玉之砖,为国内博物馆儿童教育尽一份绵力薄材。

二、本书局限

尽管如此,回顾思量,本书撰写过程仍存有诸多困难与不足。

其一,国内儿童展览数量少,儿童教育项目水平参差不齐。研究成果多个案分析,系统研究缺位。

其二,尽管研究者专门求教复旦大学、华东师范大学、美国儿童博物馆协会、中国与美国博物馆教育部及美国儿童博物馆内部分教育专家,并选修教育学、心理学课程,悉心毕力,但仍感因浅陋愚钝,就两学科交叉部分的研究和挖掘存诸多未尽之处。

其三,虽回收有效问卷 736 份,但涉及八个研究对象进行 SPSS 数据分析,数量稍显不足,问题主要集中于国外案例部分。

其四,针对有效问卷进行 SPSS 分析时,研究者欲进行展览各模块效益比较。但发现如直接采集原始数据解决此问题,难度较大。目前,能想到的最好办法为:对数据进行预处理后取选项平均值,并对平均值四舍五入取整,将最终数值进行比较。此法虽经得住推敲,但严谨性还略显欠缺。同时,各模块细节比较无法开展,需靠频次统计来救过补缺。

第三节　研究问题前瞻

本节将针对本课题之未来研究,向后续者敬陈管见;同时反思国内博物馆儿童教育发展方向,并做出前瞻性思考和趋势分析,以供文博工作者、课题关注者以及社会有心人士参鉴。

一、研究展望

本书以博物馆儿童教育为研究课题,进行展教合一的系统性研究,在国内尚属首创,故无先例可法。尽管研究者已尽最大努力,然基于主客观因素,仍存有诸多不尽理想之处。为后续者深入与完善,提出如下建议,以备参详。

(一)研究视角方面:本书从广义的儿童教育概念出发,依照实施领域不同,将博物馆儿童教育从更大范围内归纳为"儿童展览""儿童教育项目"两种类型,其中,又将"儿童展览"类型划定为"儿童博物馆展览"和"博物馆儿童专区展览"两种模式。此种归类研究虽为目前就博物馆儿童教育最为全面且深入的一次检视,然而,一种归类仅代表一种研究视角。"横看成岭侧成峰",只有从多角度对本课题展开深究,才能使研究成果互相补证,抽象出研究对象中最为本质的特色与缺失。未来研究中如能创新研究对象的归类方法,因研究目标不断转换研究视角,诸如依儿童年龄、馆内与馆外等标准划分,将有助于提高研究结论之信度与效度。

(二)研究支持方面:本书以观众外部评估为主,专业内部评估为辅。虽专业内部评估时采取研究者现场细致观察,绘制结构图、平面图,在图上标注、绘图和记录,给予及时性观众行为的记录追踪,同时依事先制定出的儿童教育评估指标系统进行量化评分,评判时秉持客观严谨的态度,但是若此类研究未来能获馆方或有关实务部门支持,代为提供或约请相关专家,或组建研究合作团队,援持课题研究,对欲倾其心力以研究成果回馈所学的年轻研究者则是莫大福祉。

(三)研究领域方面:本书尝试从儿童教育学与心理学角度拟定博物馆 0～18 岁儿童教育指南,然而,此指南仅为两交叉领域的探索性研究。赓续,儿童教育指南还须在实践中经由反复检验,不断修正。尽管有关儿童地位、智能结构、学前教育、儿童心理发展阶段性、学习理论等研究成果汗牛充栋,专业论著的海洋里掩藏有大量优秀信息,但很大一部分成果仅针对学校等正规教育机构,从中采撷适用于儿童社会教育部分难度较大。同时,运用儿童教育学与心理学,开展博物馆教育研究的相关论著乏见。因而,加强两交叉领域的后续研究显得更为迫切,未来研究须不断巩固充实儿童教育学、心理学理论基础,掌握最新研究动态,钩玄提要,含英咀华,以此领域专业者角度驾驭儿童教育问题研究。

二、前瞻未来

当国外儿童展览或教育项目在考虑如何再次革新时,国内儿童教育则刚刚起步,并正在或将逐步演变成国内博物馆教育的核心要务。教育儿童是接触未来的一种方式,博物馆只有真正触及儿童世界,才能形成一套适合自己的教育方法。国内博物馆虽迈出"触及儿童世界"的步伐,但其未来发展的方向究竟在何处,本书无法给予准确解答。但有一点是肯定的,走彰显自我特点的道路即是未来发展之路。

基于本书国内外儿童教育案例对比得以窥见:国内外博物馆儿童教育投入之差距甚大。欧美博物馆教育功能的出现是在 18 世纪;而国内起步则是在 20 世纪初。1928 年,英国人迈尔斯(H. Miers)将博物馆公共教育功能的出现及博物馆作为社会教育机构的确立,视作博物馆的第一次革命。[①] 至 20 世纪中期,欧美博物馆教育理念开始出现崭新变化,"教育功能"和"公共服务"得到大力强化并被重新认识。此时,教育视听设备和表现手段得以全面改观,教育项目呈现多元化,与观众互动的展项纷纷面世。美国诸多教育部门开始有周密计划地举办教育项目,约 20% 博物馆为儿童制定正规的基础教育科目。20 世纪 80 年代至今,教育已成为欧美博物馆的常规业务:主题性、解释性的展览增多,教育手段灵活多样,不断向学校、社区、企业等外部空间拓展,儿童博物馆、博物馆学校等以教育为目的的博物馆类型屡见不鲜。而相较于国内,博物馆教育直至 20 世纪 90 年代才呈现初步发展之态势,然而,主要进行宣教讲解形式的爱国主义教育。到 21 世纪初,部分博物馆才开始将儿童作为特殊服务群体与成人相区分,场馆内出现儿童专区,组织面向儿童的教育项目,并寻求多样化的教育实践形式。兼之,研究者赴美实地考察时,于实地观察、深入调研和亲身体验过程中,常不经意被某儿童教育行为与某教育理念触动兴怀,于是备以笔录,以期供国内儿童教育趋势分析时取鉴。

至此,立足于国内外博物馆儿童教育的历史、现状及调研所获,研究者主张儿童教育的发展需借鉴"他山之石",并就其未来发展做如下十点思考。

(一)项目从临时客串向常态化转变

将儿童教育项目发展演变成博物馆日常教育服务内容。此处"常态化"并非仅针对某一项目,而是针对某一类型的儿童项目。以案例中河北博物院为例,常态化不是指将其中某一项目,例如"国之瑰宝——河北文物精品图片进校园"项目固定化,每个月、每季度、每年举办,而是指将其所代表的小型流动展类别长期持续开展下去。首先,将儿童教育项目分门别类,并据此制定长期规划,譬如大都会艺术博物馆将每一季度项目预先通过宣传单页一并告知观众。同时,每一类型的项目内容须不断创新求变,在大浪淘沙中沉淀精品项目。其次,完善制度、培养人才用以支撑项目的常态化运作。建立并健全包括策划、实施、评估、管理、激励等在内的博物馆教育制度,引进并培育一支具一定的理论素养、娴熟的业务技能且热衷儿童教育的人才队伍。

(二)从互相模仿向创造自我转变

研究者调研过程中常见简单复制国外儿童教育,或国内儿童教育相互模仿之举。以近

---

① 张少鲲. 公共服务与教育:当代西方国家博物馆大力彰显的社会功能——兼论美国博物馆的公共服务与教育[EB/OL]. http://www. balujun. org/yjzx/rwzl/zsk/7694. html, 2012-02-10.

现代博物馆的舶来与发展为判,学习、参鉴欧美博物馆的成熟经验是博物馆处于早期阶段的必然选择。"儿童教育"问题,道理如出一辙,现阶段可有针对性地吸收欧美甚至是国内优秀博物馆的成功经验。如北京自然博物馆效法美国自然历史博物馆开展"博物馆奇妙夜"项目,上海儿童博物馆参照上海互动探索宫策划"互动探索"展。尽管如此,单纯模仿却并非长久之计,博物馆必须有意识积淀经验,不断融入自我的原创因素。每一座博物馆都不可能完全一样,皆具备自身独特资源,以展现当地文化差异,此即为博物馆创新提供无限可能性。面对中西博物馆儿童教育的碰撞,国内博物馆应主动挖掘本馆传统的特色元素,结合时代需求和现代技术,走自己的路。

(三)从展教分离向展教合一转变

若欲创造自我,展教合一则是一种必然选择。现今国内儿童教育内容趋向同质,其反映的恰恰是博物馆未找到自身的特质。而其特质在哪里?在代表唯一性与独特性的常设展。每一家博物馆的常设展皆不可能是他馆的简单复制,或主题拟定,或展品筛选,或展览结构,或展示手段,或氛围营造等皆存在差异。如国内案例中几乎所有馆皆存在"小小讲解员"项目,但自然博物馆独辟蹊径,将此类项目改成小小"科普"讲解员,"科普"两字反映出自然博物馆特质。当然,国外博物馆可能表现更为显见。如大都会艺术博物馆幼儿园到高三教师项目(K-12 Educator Programs)即将展览与教育资源紧密结合的一大范例,大都会艺术博物馆定期举办此类项目,协助教师多角度认知不同展品和展品组合背后故事信息,并依展品资源指导教师为学生量身定做课程计划。儿童项目只有从展教分离的照搬复制,走向展教合一的独到设计,才能推动博物馆儿童教育参与文化市场的自由竞争,使其成为维系博物馆可持续发展的原动力。

(四)教育空间从单一向多元化转变

研究者在探访中获悉:国内诸多博物馆或无专门开展儿童教育项目的空间(河北博物院),或开展教育项目的空间小(上海儿童博物馆),或将儿童展区与开展教育项目的空间混为一谈(北京自然博物馆)。而若欲有效实现博物馆儿童教育功能,具备教育空间则成为必不可少的硬件条件。如河北博物院访谈中,教育人员多次提及儿童教育无法开展主要归因于缺少场地。相较而言,现今国外知名博物馆的做法则是在博物馆内开设儿童专区。同时,还辟有专门教室、实验室(美国自然历史博物馆),另外更有创设诸如家庭大厅、讲堂、工作室、论坛室、学习室、手工作坊、儿童图书室、教师资源中心等(大都会艺术博物馆)。儿童专区主要是供特定年龄阶段儿童观览、参与互动的场所,培养儿童展览意识与博物馆情结。未来的发展趋势要避免一区多用,"将儿童教育活动室简单等同于儿童专区"。专区可举办教育项目,但主要举办围绕展览开发的项目。否则,专区将变得与学校兴趣课教室无异。同时,更应避免将同一空间,既用作儿童,又用作成人教育的场所,最终实现从单一空间向多元化空间转变。

(五)从长期固展向定期改陈转变

研究者主张这种转变不仅应成为国内,甚至应成为国际儿童展览的普遍趋势。因无论展览内容和形式如何吸引儿童,基本陈列由于展览相对稳定,无法长久满足小观众好奇、求异的心理需求。除了举办儿童项目外,定期改陈也是一种讨巧的策略,因展览更新儿童项目亦可随之接续更新。虑及人力、物力等成本问题,就大型儿童博物馆而言,可经由观众调研,每次择取最不满意的展场,局部改陈;就博物馆儿童专区,可依实力延长或缩短改陈时间间隔。譬如台北故宫博物院儿童学艺中心改陈频率为半年一次(或更长)。定期改陈费时耗力,一方面工作要细致入微,针对展览选题开展充分的前置评估(见第五章第一节),致力于儿童观众的动态需求;另一方面主要装饰材料性能和规格,展示道具和家具、多媒体、互动展示装置、展示灯光、版面等形式层面的设计和选用,要关注低成本、易拆卸、易搬运。

(六)从馆舍天地走向大千世界

借用单霁翔《从"馆舍天地"走向"大千世界":关于广义博物馆的思考》一书书名,"从馆舍天地走向大千世界"恰表明了现今国内博物馆儿童教育的一种方向。未来的儿童教育应当与学校、图书馆、社区、企事业单位等机构形成稳定的合作机制,从馆舍天地内的孤芳自赏,到树立公关意识,和大千世界的各类社会资源"联姻"。如大力完善志愿者(义工、志工)管理制度,发展壮大博物馆儿童教育的志愿者队伍,优化队伍结构;转变"坐等",主动出击,通过多元化渠道,提升博物馆教育品牌;鼓励社会资源捐赠博物馆儿童教育;专门设立社会合作部门,将博物馆打造成"特区",为本土化财力、物力和智力直接参与博物馆儿童教育提供便利。简言之,博物馆必须走出去,这是一种生存的必然。但若想走出去,修炼"内功",切实提高儿童教育服务能力则成为首要任务。未来博物馆既要纳入国民教育系统,开拓馆校合作领域,明确合作方法,又要争取企业、组织和个人赞助,开发精品教育,还要始终关注当地社区儿童之需求,提供其他教育机构无法提供之服务,实现独树一帜的功能互补。

(七)从封闭空间向露天庭院拓展

REGGIO理论主张:优质的教育需理想的学习空间,大自然为儿童直接学习与体验创造了舒适与愉悦的环境。研究者拟定儿童教育指南时同样发现,儿童,尤其六七岁以下的儿童,动作与活动发展、认知发展皆依赖于户外自然条件,故,国外博物馆初现向露天庭院拓展之趋势。如麦迪逊儿童博物馆顶楼设一个露天空间,有升国旗之所,有小瀑布、小池塘,种有各色蔬菜,笼子里养着鸡和鸽子,孩子们在一开口处喂养(见图8-5)。再如大都会艺术博物馆分馆——隐修院(The Cloisters,The Metropolitan Museum of Art)内设有露天庭院,大都会艺术博物馆不胜枚举的各类家庭项目常于此开展。为满足低龄儿童教育的环境需求,

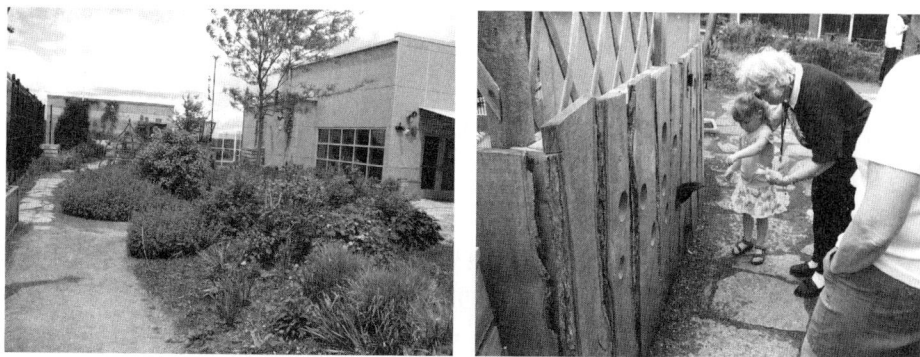

图 8-5　麦迪逊儿童博物馆顶层"露天庭院"展区
展区内种植各种蔬菜,具升旗台、小池塘、小瀑布,还有供孩子喂养的鸡和鸽子

可提供用以观察、聆听与触摸的大自然"原材料"（如波特兰儿童博物馆,博物馆学校内将形形色色的树叶、花果作为儿童学习的重要材料）。综之,请大自然让渡一部分空间不失为未来的一种明智之举。

(八)创办各类型博物馆学校,探索博物馆产业链

研究者从实地调研中获悉,身处自由市场社会的西方博物馆,不仅需以各种捐款、集资来维系生存,同时还需参与电影院、游乐场等机构的市场竞争,生存竞争的压力不断推动西方博物馆进行开拓创新的探索。创办博物馆学校即适应时代发展的一种尝试,同时亦为实现博物馆产业化的一种手段。博物馆学校一般有三种模式:社区博物馆学校、博物馆附属学校(又叫特许学校)及中介者互动模式学校。"社区博物馆学校"较为特别,学校以社区范围内的各类博物馆作为教学资源。通常学校和教室皆设在博物馆内,学生在学校基地集中,由教师带领去各类博物馆上课,譬如赴历史博物馆上历史课,美术馆上美术课等。教学有时以博物馆教育者为主,有时以学校教师为主,打破传统,较为灵活。例如纽约市博物馆学校(The New York City Museum School),学校与博物馆签署合作协议,但不仅限某一博物馆,充分利用博物馆资源来开设课程,开展自导式教育,身处教育改革之前沿。"博物馆附属学校(又叫特许学校)"属公立学校,由博物馆自身开设,收费通常低于公立学校。教育方式与普通学校迥异,不适合普通学校教育的儿童可在此类学校找到合适位置。截至 21 世纪初,美国已有近 3000 所博物馆附属学校。例如明尼苏达州科技馆学校(Science Museum of Minnesota School),隶属明尼苏达州科技馆(Science Museum of Minnesota),于圣保罗学区回旋曲(Rondo)教育中心主导下同当地学校开展密切合作。再如波特兰儿童博物馆内设一个小型幼儿学校,贯彻 REGGIO 理论主张,为儿童打造一片发挥潜能的空间环境,儿童使用各种天然材料大胆想象,采用多种方式特别是视听语言表达独特认知,促使儿童幸福地游戏生活。这所小型幼儿学校赢得当地居民的欢迎,是博物馆开拓自身产业链的一种创新。"中介者互动模式学校"为由独立于学校、博物馆之外的第三机构,来协调博物馆与学校关系并扮演中介主角,第三机构举办各类活动,分别给博物馆和学校开展培训。

另有较为常见的博物馆文创产业。美国设有博物馆商店协会(Museum Store Association,简称 MSA),规范文创产品授权至零售的各环节。政府亦通过文创产品产业链税收优惠、文创产品免税等手段为该产业发展提供法律支持。博物馆自身更是将展品信息与产品设计相结合,鼓励观众通过购买将博物馆元素带回家。产业链的开拓与维护,给博物馆赢得丰厚收入同时亦带来无限生机。

(九)知名博物馆在不同地区设立分馆

为将博物馆儿童教育成功经验复制到世界各地,未来知名博物馆可试图于世界各地开设分馆。如卢浮宫在巴黎北部创办分馆,埃尔米塔什博物馆(Эрмитаж)亦将分馆跨国开设至荷兰。在全世界范围内开设博物馆分馆成为一种新现象,它属于文化产业高度社会化的表现。美国拥有 300 余家儿童博物馆,台湾地区儿童博物馆或博物馆儿童教育亦紧跟美国步伐,若能由政府牵头,将国外或台湾地区成功的儿童相关博物馆"请进"大陆,在弥补大陆经验不足之余,亦给大陆博物馆带来全新空气与外在压力。

(十)建立专属交流平台,加强理论研究

作为非营利机构的博物馆,完全可实现馆际经验无保留交流与共享。借由经验取鉴和

互补,大力推进国内博物馆儿童教育的有效实施。同时,实践出真知,亦为儿童教育理论研究提供丰富的原始资料支撑。现今,国外已建有不少此类交流平台。1967年,美国博物馆教育圆桌组织(Museum Education Roundtable)诞生,并出版有专门刊物,如《实践模式》(*Patterns in Practice*),博物馆教育专业组织由此出现。1981年,美国国家艺术协会(National Art Education Association)下设博物馆教育委员会(Museum Education Division),为利用博物馆资源开展艺术教育开创了交流平台。2002年,美国国家科学基金会中心成立非正式学习与学校研究中心(Center for Informal Learning and Schools,简称CILS),专门提供非正式教育课题的立项研究。特别值得一提的是于1973年创办的美国儿童博物馆协会(Association of Children's Museums,简称ACM),它致力于凝聚全球儿童博物馆界为儿童利益服务的力量,促使最佳做法与行业标准的形成,同时对处于发展各阶段的会员提供信息与技术服务。尽管它属于一个国际性组织,但研究者在参与儿童博物馆协会年会中窥见:其主要成员由美国个人或单位。远水难解近渴,国内博物馆亦"呼唤"为从事儿童教育人员搭建经验交换以取长避短之公共平台。

随着国内少量儿童博物馆专馆的问世,如上海儿童博物馆、中国儿童中心老牛儿童探索馆;传统博物馆内儿童专区的诞生,如首都博物馆"七彩坊"、西汉南越王墓博物馆"南越玩国"、上海玻璃博物馆"儿童博物馆"、中国科学技术馆"儿童科学乐园";服务儿童为主题的临时展览之出现,如广东省博物馆"文物动物园"、浙江省博物馆"立体书的异想世界"、首都博物馆"读城——追寻历史上的北京城池"展、上海科技馆"猴年生肖特展"、广东科学中心"木偶总动员"等;各类博物馆教育活动的推出,如中国国家博物馆围绕"历史与艺术的体验"主题,开发面向家庭观众的"阳光少年"系列课程、面向学校群体的"社会大课堂"系列课程和面向成人观众的"文化博览"系列课程,上海博物馆打造含线上和线下课程的亲子教育平台(Smart Muse Kids)[1],我国国内博物馆儿童教育已呈现出一派欣欣向荣之势。加之,目前呼和浩特市儿童探索博物馆、上海博物馆东馆、台州博物馆、太湖博物馆、河南科技馆等一批儿童博物馆或儿童专区正在筹建。因此,博物馆儿童教育迎来了表象上的"春天",然而却依然难掩其内在的"尴尬":行政层面还不够重视、缺乏经费和动力不足,业务层面经验的严重不足和人才的极度匮乏,同时学术界系统研究也付诸阙如,使得当前不少博物馆儿童教育的专业性和有效性亟待提升。因此,是时候从博物馆儿童主题碎片化的微观实践中回归,从宏观上探究博物馆儿童教育的相关问题,尔后的应用性研究在宏观论题下开枝展叶,不断深入,走向系统。

尽管国内博物馆儿童教育仍有相当长的一段路程要走,但毋庸置疑,博物馆儿童教育因"互动展览,以人为中心,重视家庭观众"等行动理念另辟蹊径,将博物馆的发展推至一个高峰,成功地挑战了传统博物馆,开创博物馆新潮流。

然而,博物馆儿童教育的未来究竟在哪里?《儿童博物馆发展简史》一书中安娜·比林斯·盖洛普(Anna Billings Gallup)写道:"将来会怎样呢?我相信,将来会出现许多个不同的潮流。"[2]印第安纳波利斯儿童博物馆执行副主席保罗·理查德(Paul Richard)指出:"挑战更鼓励我们去做更多的实验以推动发展。[3] ……恐怕谁也无法给出标准解答。"然而,"千举

---

① 该平台包括绘本、游学和展览,近期首推的"郭爷爷的博物馆之旅"亲子在线课程即是亲子教育平台的一部分。
② 杨玲,潘守永.当代西方博物馆发展态势研究.北京:学苑出版社,2005:132.
③ 杨玲,潘守永.当代西方博物馆发展态势研究.北京:学苑出版社,2005:132.

万变,其道一也"①,只有发掘自我、各显千秋才是博物馆儿童教育的未来之路。"时移世易,世易备变",未来博物馆儿童教育的发展方向不会亦不可能一成不变。概因研究者才疏寡闻,能力所限,此处的秉笔直书无法将所有流变趋势尽收眼底。然而,研究者和后来者之探索仍会赓续⋯⋯过去仅意味着短暂的结束,我们期待并努力为博物馆儿童教育事业高潮之至做充裕的准备和勇敢的尝试,还将来孩童施教一方纯洁之净土。

---

①　杨柳桥.荀子诂译.济南:齐鲁书社,2009:177.

参考文献

（说明：中文资料依时间排序；外文资料、参考网站依字母排序）

一、儿童展览类

（一）期刊、报纸、电子文献和报告

[1] 费钦生.美国各种各样的儿童博物馆.大自然，1984(3)：22-24.

[2] 佳敏.美国的儿童博物馆.幼儿教育，1988(10)：7.

[3] 徐韬.儿童博物馆应具备哪些条件.中国博物馆，1990(3)：95-96，86.

[4] 史君明.美国的儿童博物馆.国际展望，1990(11).

[5] 美国休斯敦儿童博物馆.吴春蕾，译.时代建筑，1994(2)：58-59.

[6] 玛丽林·吉·胡德.敬而远之——人们为什么不去博物馆.宋向光，译.博物馆研究，1995(4)：7-11.

[7] 秦新华，陈幸娅，李竹.人类早期教育智能开发的最新形式——儿童博物馆.中国优生优育，1997，8(1)：30-32.

[8] 朱缪斌.面向儿童的国外博物馆.早期教育，1998(11)：26.

[9] 程京生.应该建造一个中国儿童博物馆.光明日报，1998-05-28(5).

[10] 张平一.一个博物馆工作者眼中的日本博物馆——日本博物馆见闻.文物春秋，1999(1)：29-32，49.

[11] 李主其.参观美国国家博物馆的联想.中国博物馆，2000(3)：28-29.

[12] 张慧红，刘旭光.从上海市少儿博物馆论我国少儿博物馆的发展.中国博物馆，2000(4)：39-41，85.

[13] 苏珊娜·勒布朗.庆祝儿童博物馆诞生100年.宋向光，节译.中国博物馆通讯，2001(6)：5-9.

[14] 杨平.威斯康星州儿童博物馆见闻.内蒙古教育，2001(12)：37.

[15] 杨丽萍.五彩缤纷的儿童世界.小学生时空，2002(6)：72-73.

[16] 佟春燕.探知儿童的世界——香港博物馆参观随想.中国文物报，2002，7(26)：6.

[17] 于庆芝.谈博物馆陈列展览的"特色意识".北方文物，2004(2)：108-109.

[18] 关键，宋汝棻.自然博物馆展览创新的缺失一环.上海科技馆，2004，3(4)：19-26.

[19] 周慧玲.和建筑一起游戏——拉斯维加斯儿童博物馆.大美术，2004(6)：60-63.

[20] 野渡.金门举办现代艺术展.美术观察，2004(11)：27.

[21] 王江.博物馆定义的认识.文物世界，2005(6)：67-69.

[22] 刘冰颖. 浅析城市儿童游戏场地设计元素. 技术与市场, 2005(7): 18-21.

[23] 吴叶元. 参观趣味博物馆. 小学生导刊, 2005(11): 32-34.

[24] 陈耀林. 石家庄市博物馆记略. 文物春秋, 2006(1): 63-64.

[25] 王云志. 波士顿儿童博物馆. 世界文化, 2006(2): 40.

[26] 蔡欣欣. 偶戏与偶戏馆. 福建艺术, 2006(2): 44.

[27] 田传芹. 有关博物馆展示的随笔. 世纪桥, 2006(5): 128-129.

[28] 志泉. 创办儿童博物馆, 大学时代, 2006(6): 12.

[29] 白玉柱. 怎样让孩子度过一个快乐而有意义的暑假. 小读者, 2006(7): 8-9.

[30] 荧屏. 徜徉在光影的世界——走进中国电影博物馆. 孩子天地, 2007(3): 34-35.

[31] 黄乔生. 博物馆临时性展览工作浅识. 中国博物馆, 2007(4): 12-17.

[32] 陶妍洁. 韩国民族文明的活教材——走进韩国国立民俗博物馆. 中国博物馆, 2007(5): 120-127.

[33] 申艳. 假期, 10个不容错过的艺术馆. 父母必读, 2007(8): 108-110.

[34] 欧建成. 海纳百川　博采众家——中国科协代表团考察欧洲科技场馆. 科协论坛, 2007(9): 38-42.

[35] 关小蕾, 付莹, 简颖斌. 美国印第安纳波利斯儿童博物馆. 中国校外教育, 2007(10): H-h.

[36] 徐升洁. 维多利亚与艾伯特童年博物馆. 中外文化交流, 2007(11): 86-87.

[37] 李馥颖. 博物馆陈列设计中儿童展示空间的提倡. 科技信息, 2007(15): 476, 411.

[38] 刘卫华, 曹敏. 无障碍博物馆——理念与实践. 中国博物馆, 2008(1): 23-27.

[39] 李宏. 博物馆噪音控制措施探讨. 首都师范大学学报, 2008, 29(5): 51-56.

[40] 尤天虹. 博物馆——丰富的校外教育资源. 美术大观, 2008(6): 163.

[41] 杨列. 中国美术馆: 培养儿童, 就是在培养未来观众群. 艺术市场, 2009(2): 24-26.

[42] 任文杰. 新疆儿童多媒态博物馆设计构想. 艺术与设计, 2009(6): 103-105.

[43] 邓国丽. 爱护幼儿的幻想和好奇. 成才之路, 2009(23): 2.

[44] 李震. 韩国国立民俗博物馆管理体制与业务运行探析. 古今农业, 2010(4): 94-101.

[45] 徐立. 城市儿童活动空间设计之我见. 农业科技与信息, 2010(5): 19-22.

[46] 单霁翔. 抓住历史机遇, 推动新时期中国博物馆的蓬勃发展. 光明日报, 2010-11-05(7).

[47] 戈洪奎, 隋家忠. 浅谈地市级科技馆类型、展区、展品设计的几个要点. 学会, 2010(11): 59-62.

[48] 李红. 唯美与典雅——中国妇女儿童博物馆女性艺术馆陈列实践. 博物馆研究, 2011(1): 27-32.

[49] 杨洋. 浅议博物馆儿童空间设计——以德国博物馆为例. 西安建筑科技大学学报, 2011, 30(1): 56-59.

[50] 李军, 隗峰. 博物馆课程资源开发利用的现状研究. 教学与管理, 2011(1): 94-95.

[51] 严建强. 信息定位型展览: 提升中国博物馆品质的契机. 东南文化, 2011(2): 7-13.

[52] 沈员萍, 王浩. 儿童公园设计发展新方向初探. 陕西林业科技, 2011(3): 58-61.

[53] 张斌. 儿童世界里的"缪斯神庙"——谈幼儿园博物馆建设. 幼儿教育·教育教学, 2011(5): 20-21.

［54］张永春.高科技引领下的展览手段创新.中国文物报,2012,5(16):8.

［55］丁艳丽.儿童博物馆发展慢 受众需求是根本.中国文化报,2012,5(31):7.

［56］徐颖.儿童博物馆的趣味性展示设计要素.艺术市场,2011(9):81-82.

［57］Suki.全球博物馆大盘点.航空港,2012(12):38-42.

（二）专著、编著及译著

［1］甄朔南.甄朔南博物馆学文集.北京:中国大百科全书出版社,2004:99.

［2］黎先耀.博物馆学新编.南京:江苏科学技术出版社,1983.

［3］中国自然博物馆协会.博物馆学新编.北京:文物出版社,1985.

［4］萧子权.文物展览设计实务之研究.台北:纯真出版社,1990.

［5］丁允朋.现代展览与陈列.南京:江苏美术出版社,1992.

［6］国家文物局,中国博物馆学会.博物馆陈列艺术.北京:文物出版社,1997.

［7］黄淑芳.现代博物馆教育:理念与实务.台北:台湾博物馆,1997.

［8］黄光男.美术馆行政.台北:艺术家出版社,1997.

［9］苏东海.博物馆的沉思——苏东海论文选.北京:文物出版社,1998.

［10］严建强.博物馆的理论与实践.杭州:浙江教育出版社,1998.

［11］中国历史博物馆.中国通史陈列.北京:朝华出版社,1998.

［12］高荣斌.中国博物馆学纲要.沈阳:辽宁教育出版社,1999.

［13］国家文物局,中国博物馆学会,中国文物报社.中国博物馆陈列精品图集（二、三、四）.
北京:文物出版社,1999—2006.

［14］孙英民.河南博物院精品与陈列.郑州:大象出版社,2000.

［15］王宏均.中国博物馆学基础(修订本).上海:上海古籍出版社,2001.

［16］李文儒.全球化下的中国博物馆.北京:文物出版社,2002.

［17］蔡琴.博物馆学新视域.杭州:浙江人民出版社,2003.

［18］黄光男.博物馆能量.台北:艺术家出版社,2003.

［19］赵春贵.谛听陈列艺术的脚步声.长沙:湖南人民出版社,2003.

［20］黄建成,刘如凯.历史·空间·媒介——湖南省博物馆陈列展示设计.长沙:湖南美术
出版社,2004.

［21］吕济民.中国博物馆史论.北京:紫荆城出版社,2004.

［22］甄朔南.甄朔南博物馆学文集.北京:中国大百科全书出版社,2004.

［23］曹兵武.记忆现场与文化殿堂:我们时代的博物馆.北京:学苑出版社,2005.

［24］曹兵武,崔波.博物馆展览:策划设计与实施.北京:学苑出版社,2005.

［25］杨玲,潘守永.当代西方博物馆发展态势研究.北京:学苑出版社,2005.

［26］陈同乐.光的艺术:光在陈列艺术中的应用与研究.北京:文物出版社,2006.

［27］何慕文.二十一世纪中国博物馆展望.纽约:梅隆基金会,2006.

［28］康熙民.在传播科学中传承文明——博物馆研究论文集.北京:文物出版社,2007.

［29］波莱特·麦克曼讷斯.博物馆中的家庭观众.见:罗杰·迈尔斯,劳拉·扎瓦拉.面向未
来的博物馆——欧洲的新视野.潘守永,雷虹霁,译.北京:北京燕山出版社,2007:90-
109.

［30］玛格丽特·霍尔.展览论——博物馆展览的21个问题.环球启达翻译咨询有限公司,

译.北京:北京燕山出版社,2007.

[31] 北京博物馆学会.新世纪博物馆的实践与思考.北京:北京燕山出版社,2008.

[32] 珍妮特·马斯汀.新博物馆理论与实践导论.钱春霞,陈颖隽,华建辉,苗杨,译.南京:
凤凰出版传媒集团江苏美术出版社,2008.

[33] 封良珍.博物馆陈列形式设计析览.石家庄:河北美术出版社,2008.

[34] 刘惠媛.博物馆的美学经济.香港:生活·读书·新知三联书店,2008.

[35] 齐玫.博物馆陈列展览内容策划与实施.北京:文物出版社,2009.

[36] 大卫·卡里尔.博物馆怀疑论——公共美术馆中的艺术展览史.丁宁,译.南京:江苏美
术出版社,2009.

[37] 宋向光.物与识:当代中国博物馆理论与实践辨析.北京:科学出版社,2009.

[38] 姚安.博物馆策展实践.北京:科学出版社,2010.

[39] 中国妇女儿童博物馆.中国妇女儿童博物馆馆藏文物荟萃.北京:中国科学技术出版
社,2010.

(三)学位论文

[1] 付莹.人类必须把最美好的事物呈现给儿童——广州少年宫儿童博物馆的前期研究.长
春:吉林大学硕士学位论文,2006.

[2] 边晓岚.关于我国自然科学类博物馆展览选题的前置性研究——以东北师范大学自然
博物馆为例.长春:东北师范大学硕士学位论文,2007.

[3] 李慧竹.中国博物馆学理论体系形成与发展研究.济南:山东大学博士学位论文,2007.

[4] 李馥颖.博物馆陈列展示中民族文化的探索与研究.沈阳:沈阳理工大学硕士学位论文,
2008.

[5] 伍亚婕.试论博物馆陈列中的互动体验展示.上海:复旦大学硕士学位论文,2008.

[6] 张光明.以青少年为受众的博物馆展示设计研究.南京:南京艺术学院硕士学位论文,
2009.

[7] 朱辉.英美科学中心研究——特色、模式及效果.合肥:中国科技大学硕士学位论文,
2009.

[8] 胡娇娇.剪纸博物馆的感官体验设施研究.杭州:中国美术学院硕士学位论文,2010.

[9] 韩雪.中外儿童博物馆对比研究.沈阳:辽宁大学硕士学位论文,2011.

二、儿童教育项目类

(一)期刊、报纸、电子文献和报告

[1] Elliot W. Eisner, Stephen M. Dobbs.博物馆是未来教育新工具.王维梅,译.博物馆学
季刊,1987(1):3-8.

[2] 莫利·哈里森.如何开展博物馆教育.严建强,译.中国博物馆,1988(3):92-94,66.

[3] 仓田公裕.论博物馆教育.沈燕,译.博物馆研究,1988(4):26-29.

[4] 仓田公裕.博物馆教育的方法.陈红京,译.博物馆研究,1990(4):8-12.

[5] 郭福祥.谈博物馆教育中的人.中国博物馆,1990(4):82.

[6] 王立岩.博物馆教育——持续的挑战.鲁欣,译.中国博物馆,1990(4):75-78.

[7] 钱海莉.科技博物馆的教育及其活动方式.中国博物馆,1991(4):83-86,96.

[8] John C. Carter.博物馆教育政策的拟定.陈慧娟,译.博物馆学季刊,1992(1):3-8.

[9] Richard Wood.家庭观众的博物馆学习.李惠文,译.博物馆学季刊,1992,6(2):7-12.

[10] 苏东海.《中国博物馆群众教育工作手册》序言.中国博物馆,1992(4):62.

[11] 贾建明.大陆博物馆教育:八十年代以来之现状及其发展趋势.博物馆学季刊,1993(3):75-90.

[12] 宋向光.博物馆教育:促进观众"自我教育、自我完善"的学习.中国博物馆,1995(2):40-48.

[13] 博物馆的促进学习的新责任.宋向光,译.博物馆研究,1996(4):16-24,45.

[14] Linda M. Blud.家庭观众在博物馆的社会互动与学习.李惠文,译.博物馆学季刊,1997(1):19-24.

[15] Marilyn G. Hood.家庭观众为什么参观博物馆——六个主要的判准.张誉腾,译.博物馆学季刊,1997(1):29-38.

[16] Minda Borum,Ann Cleghorn,Caren Garfield.博物馆中家庭观众的学习.张荷青,译.博物馆学季刊,1997(1):1-8.

[17] 安来顺.博物馆与公众:21世纪博物馆的核心问题之一.中国博物馆,1997(4):6-12.

[18] 卓越与平等——博物馆教育与公共服务.宋向光,译.博物馆研究,1997(4):3-9.

[19] 政晓英.在博物馆中学习的动力、控制和意义.博物馆研究,1997(4):12-13.

[20] 相辉译.英国博物馆开展少年儿童教育活动的几种做法.中国博物馆通讯,1997(7):7.

[21] 周明.博物馆与儿童.中国博物馆通讯,1997(12):22-24.

[22] Jim Lavilla-Havelin.儿童博物馆中的角色扮演.王维梅,译.博物馆学季刊,1998(4):15-18.

[23] 余春雷.上海博物馆的教育工作.中国博物馆,1999(2):67-72.

[24] 王启祥.博物馆教育的演进与研究.科技博物,2000(2):5-13.

[25] 崔波.减负了,博物馆能做些什么.中国文物报,2000,5(21):3.

[26] 米歇尔·海曼.寻找与学校教育的契合点——史密森学会的实践.中国博物馆,2000(3):30-34.

[27] 浦任.博物馆缘何门可罗雀.瞭望新闻周刊,2000(40):47-49.

[28] 唐友波,郭青生.上海博物馆的社会教育:理念与实践.中国博物馆,2001(2):66-72.

[29] 吴国淳.博物馆学习研究之方法论探讨.博物馆学季刊,2001(2):39-48.

[30] Carol J. Fialkowski,何方.博物馆与环境教育:影响城市公众.环境教育,2001(5):26-28.

[31] 刘惠琳.中国博物馆社会教育工作发展趋势初探.中国博物馆,2002(1):27-30.

[32] 李建萍.博物馆青少年教育活动设计之我见.古今农业,2002(3):94-98.

[33] 金生鈜."规训化"教育与儿童的权利.教育研究与实验,2002(4):10-13.

[34] 贺绚.孩子笔下的童话——上海合作组织六国民间故事儿童画展在北京展出.美术,2002(6):53.

[35] 段少京.现代博物馆教育工作探析.南方文物,2003(1):113-117.

[36] 欧建成.中国科学技术馆——展览、培训、实验三大教育功能并举.经济世界,2003(3):

32-33.

[37] 孙建农.上海博物馆多媒体活动室是如何开展工作的.中国博物馆通讯,2003(3):22-25.

[38] 安跃华.英格兰学龄儿童免费参观博物馆提案.中国博物馆通讯,2003(10):21.

[39] 汤锐.关于少儿读物的"少儿化"问题.中国出版,2003(12):271-276.

[40] 叶俊之.博物馆社会教育活动的策划思想与战略方针.中国博物馆通讯,2003(12):14-16.

[41] 陈雪云.迈向全球风险时代博物馆教育新思维.博物馆学季刊,2004(l):7-18.

[42] 黄钰琴.教改之下,美术馆你的位置在哪里? 博物馆学季刊,2004(l):41-53.

[43] 李萍,高清.论博物馆教育功能的发挥.南方文物,2004(1):111-113.

[44] 刘鉴.博物馆如何充分发挥爱国主义教育基地的作用.文物世界,2004(1):73-75.

[45] 刘婉珍.虚与实之间:博物馆教育改革的契机.博物馆学季刊,2004(l):19-28.

[46] 白岩.博物馆可动手展览与青少年科学教育.中国博物馆,2004(2):504-518.

[47] 蔡秉哀,靳知勤.借情境学习提升民众科学素养:以科学博物馆教育为例.博物馆学季刊,2004(2):129-138.

[48] 李艳.寓教于乐:博物馆是孩子们的好去处.中国文物报,2004,5(28):6.

[49] 王本陆.基础教育改革哲学刍议.中国教师,2004(5):12-16.

[50] 郑圆圆.法国小朋友钟情星期三.师道,2004(5):28.

[51] 吴晓明.打造有益于未成年人成长的环境——浙江自然博物馆开展未成年人科教活动纪实.中国文物报,2004,7(30):6.

[52] 楼婷.架起专业博物馆与青少年沟通的桥梁——中国丝绸博物馆与观众互动的实践.中国文物报,2004,8(13):6.

[53] 宋庆林.博物馆馆长谈博物馆的教育功能和创新.中国文物报,2004,8(6):7.

[54] 孙建农.博物馆活动室学生手工活动设置初探.中国博物馆通讯,2004(8):16-19.

[55] 王芳.从画玛雅活动探析博物馆的少儿教育功能.中国文物报,2004,9(5):6.

[56] 唐贞全.博物馆与少儿教育.中国文物报,2004,9(17):6.

[57] 郑海燕.浅谈博物馆对未成年人的审美教育作用.中国文物报,2005,7(29):6.

[58] 王小元.浅谈博物馆之婴幼儿社会教育.中国文物报,2005,9(23):6.

[59] 强远明.浅论博物馆加强未成年人爱国主义教育的基本途径.长沙大学学报,2004(18):127-128.

[60] 姜晔.博物馆:打造孩子们的第二课堂.中国文物报,2005,3(18):6.

[61] 秦仙梅.博物馆儿童青年之教育.博物馆研究,2005(4):17-18.

[62] 张晓悟.国外未成年人博物馆教育拾零.中国博物馆通讯,2005(5):22-25.

[63] 董建冬.把孩子们吸引到博物馆中来.中国文物报,2005,9(23):6.

[64] 庞雅妮.博物馆未成年人教育存在的问题及对策.中国文物报,2005,12(23):6.

[65] 翁骏德.博物馆教育活动规划初探.科技博物,2006(l):78-87.

[66] 赵丽丽.回归素质教育的本原——日本小学生校外教育探究.基础教育参考,2006(3):18-21.

[67] 詹毅.广闻博览——波兰儿童美术教育(上).早期教育,2006(9):24.

[68] 陈钊.浅谈博物馆的教育功能.黑龙江史志,2006(11):59-60.

[69] 张华画.法国的素质教育.中华家教,2006(11):43.

[70] 孔凡哲,徐秀娟.俄罗斯社区类课程资源的有效利用及启示.基础教育课程,2006(32):26-27.

[71] 曹宏.中国当代博物馆教育体系刍议.中原文物,2007(1):104-107.

[72] 刘兰香,赵凝.关于博物馆的社会教育功能.南方文物,2007(1):135-149.

[73] 陈平.关于博物馆面向学校推行教育功能的思考.博物馆研究,2007(2):57-61.

[74] 李静芳.回首来时路:20年来的台湾博物馆教育.博物馆学季刊,2007(2):7-33.

[75] 李淑芬.浅谈博物馆在当前中小学生素质教育中的作用.黑河学刊,2007(3):53-54.

[76] 刘丽群.美国社区课程资源开发及其对我国教育的启示.学前教育研究,2007(5):53-55.

[77] 高鹏程.南通博物苑的创办及其社会效益.南通大学学报,2007,23(6):94-98.

[78] 许谷渊.让媒体搭建博物馆与社会的桥梁——访美国双城公共电视台科学制片部主任理查德·赫德森.世界科学,2007(5):28-30.

[79] Julian Sefton-Green,侯小杏,杨玉芹,焦建利.技术支持的"非正规学习"研究新进展.远程教育杂志,2007(6):4-15.

[80] 刘宁.博物馆的"花样巧心思"——感受英国小学生的另一种"课堂".江苏教育,2007(9):59-60.

[81] 孙建农.小儿科大文化——上海博物馆手工活动教育实践.博物馆研究,2008(1):81-85.

[82] 王旭晓.课外、校外艺术教育是美育的一个重要组成部分——英国艺术馆、博物馆见闻与启示.河南教育学院学报,2008,27(3):15-18.

[83] 钟琦.我国自然科学博物馆科学教育活动案例研究.科普研究,2008,3(3):50-52,80.

[84] 柳海民,娜仁高娃.基础教育改革30年——理论创新与实践突破.北京师范大学学报(哲学社会科学版),2008(5):5-14.

[85] 武贞.浅谈博物馆教育在少年儿童成长中的作用——以河北博物院近年来开展的少儿教育活动为例.魅力中国,2009(1):28-29.

[86] 郑勤砚.美国博物馆公共教育的启示.中国中小学美术,2009(1):28-31.

[87] 曹默.浅谈博物馆教育中手工活动的教学设计——以中小学生的考古学普及教育为例.博物馆研究,2009(2):82-85.

[88] 贺华.西安碑林博物馆未成年人教育纪实.中国文物报,2009,2(9):3.

[89] 沈俊强.全民终身教育与基础教育改革——对 UNESCO 教育理念的几点阐释.基础教育,2009(9):7-12.

[90] 许立红,高源.美国博物馆学校案例解析及运行特点初探.教育与教学研究,2010,24(1):38-40,78.

[91] 毛毅静.去美术馆教育的行动研究.上海艺术家,2010(2):66-67.

[92] 苏明知.殖民、国族、现代、社群:百年台湾博物馆文化政策窥探(1908—2010).科技博物馆,2010,14(2):45-66.

[93] 邬红梅.博物馆针对儿童群体讲解方式的探索.博物馆研究,2010(2):40-42.

［94］米广春.教师的博物馆之旅——非正规教育中的教师专业发展.现代教育论丛,2010(4):93-96.

［95］虞永平.儿童博物馆与幼儿园课程.幼儿教育,2010(4):7-9.

［96］单霁翔.博物馆的社会责任与社会教育.东南文化,2010(6):9-16.

［97］宋娴,忻歌,鲍其洞.欧洲博物馆教育项目策划的特点分析.外国中小学教育,2010(7):25-29.

［98］高鹭.博物馆中的游戏——基于甘肃省博物馆儿童参与度的研究.新西部,2010(8):40-41.

［99］金鑫.科技场馆中针对低龄儿童课程类教育活动的组织和策划——以北京自然博物馆"科普小课堂"为例.中国科技教育,2011(1):49-50.

［100］忻歌,宋娴,吴为昊.美国儿童博物馆教育功能的发展与演变.外国中小学教育,2011(1):24-27.

［101］陆建松.博物馆应成为民众的大学.中国青年报,2011,12(22):7.

［102］孙莹.科普场馆教育功能的类型及其实现机制.理论导刊,2012(2):99-102.

［103］张炯强.中国青少年每年只进博物馆0.15次 复旦博物馆系专家呼吁:走进博物馆应成为中小学生必修课.新民晚报,2012-05-18(48).

［104］孙秀丽.观众友好型:博物馆教育的新目标.中国文物报,2012-09-26(3).

［105］刘虹."角色扮演"增强小学低年级英语教学的有效性.科学咨询,2012(18):160.

（二）专著、编著及译著

［1］肯尼斯·赫德森.八十年代的博物馆——世界趋势综览.陈凤鸣,译.北京:紫禁城出版社,1986.

［2］张誉腾.科学博物馆教育活动之理论与实际.台北:文史哲出版社,1987.

［3］国家文物局.博物馆群众教育工作.北京:文物出版社,1993.

［4］曹从坡,杨桐,等.张謇全集:卷四.南京:江苏古籍出版社,1994.

［5］国家文物局.全国优秀县地级博物馆和社会教育基地资料汇编.北京:华夏出版社,1994.

［6］黄淑芳.现代博物馆教育理念与实务.台北:台湾博物馆,1997.

［7］程京生.浅谈博物馆社会服务与儿童教育.见:北京博物馆学会.北京博物馆学会第二届学术会议论文集(北京博物馆学会第二届学术会议,北京,1997).北京:经济日报出版社,1998:317-323.

［8］刘晓东.儿童教育新论.南京:江苏教育出版社,1998.

［9］黄光男.博物馆之运营与实务——以历史博物馆为例.台北:历史博物馆,2000.

［10］李淑萍,宋伯胤选注.博物馆历史文选.西安:陕西人民出版社,2000.

［11］戴亚雄.博物馆社会教育研究.贵阳:贵州人民出版社,2002.

［12］方建移,胡芸,程昉.社会教育与儿童社会性发展.杭州:浙江教育出版社,2002.

［13］李海章.张謇楹联辑注.出版地不详:出版者不详(附注张謇研究基金资助项目),2002.

［14］段勇.当代美国博物馆.北京:科学出版社,2003.

［15］高小龙.浅谈博物馆文化活动策划书的编制.见:北京博物馆学会.北京博物馆学会第四届学术会议论文集(北京博物馆学会第四届学术会议,北京,2004).北京:北京燕山

出版社,2004:567-571.

[16] 北京博物馆学会.博物馆社会教育.北京:北京燕山出版社,2006.

[17] 阎宏斌,郑智.社会视野下的博物馆教育.北京:文物出版社,2006.

[18] 黄钰琴.美术馆的魅力——21世纪初美术馆教育经验分享.台北:艺术家出版社,2006.

[19] 尼尔·科特勒,菲利普·科特勒.博物馆战略与市场营销.潘守永,译.北京:北京燕山出版社,2006.

[20] 苏东海.博物馆的沉思 苏东海论文选(卷二).北京:文物出版社,2006.

[21] 郭俊英,成建正.科学发展观与博物馆教育学术研讨会论文集.西安:陕西人民出版社,2007.

[22] 康熙民.在传播科学中传承文明——博物馆研究论文集.北京:文物出版社,2007.

[23] 王宏钧.中国博物馆学基础.上海:上海古籍出版社,2007.

[24] 杨丹丹,阎宏斌.博物馆教育新视阈.北京:文物出版社,2009.

[25] 陆建松.全国博物馆中长期发展研究报告.未出版,2011:84.

(三)学位论文

[1] 藤奇霞.儿童博物馆教育模式与经营管理研究.上海:复旦大学,2005.

[2] 蔡瀚枢.儿童美术教育的比较与反思.长沙:湖南师范大学,2006.

[3] 姬庆红.罗马帝国教育政策研究.曲阜:曲阜师范大学,2006.

[4] 林苗苗.儿童美术取向的博物馆教育策划研究.北京:首都师范大学,2007.

[5] 张曦.英国博物馆教育的初步研究.长春:吉林大学,2008.

[6] 常霞.关于11～13岁儿童绘画的特点及教学方式的探究.呼和浩特:内蒙古师范大学,2009.

[7] 李爱华.艺术博物馆的对话式儿童美术欣赏教育研究.北京:中央美术学院,2009.

[8] 王焕丽.博物馆教育项目的策划与实施.上海:复旦大学,2009.

[9] 王坤.与基础教育相结合的美术馆教育研究——以甘肃为例.曲阜:曲阜师范大学,2009.

[10] 曹默.博物馆儿童教育活动执行过程的分析——以上海地区博物馆为例.上海:复旦大学,2010.

[11] 迪茹西.关于博物馆作为教育和学习园地的研究——以中国辽宁省博物馆和斯里兰卡科伦坡国家博物馆为例.长春:吉林大学,2010.

[12] 穆歌.赫尔会所的社会化教育活动之探索.上海:上海师范大学,2011.

[13] 李康立.展品设计与观众学习的关系:一个关于非正式环境中学习的案例研究.上海:华东师范大学,2011.

三、效益评估类

(一)期刊、报纸、电子文献和报告

[1] 严建强.博物馆观众研究述略.中国博物馆,1987(3):17-22.

[2] 玛丽格拉斯·波特尔.关于博物馆观众.陆建松,译.东南文化,1991(5):306-307,310.

[3] 博物馆观众:调查与分析.陆建松,译.东南文化,1993(2):178-183.

［4］Stephen Bitgood.有效展示的设计——评定成功的标准、展示设计方法与研究策略.李惠文,译.博物馆学季刊,1997,11(2):29-39.

［5］刘卫华.略论陈列的前期调查与后期评估——兼及博物馆与观众的关系.文物春秋,2001(5):35-37.

［6］宋向光.博物馆展览的评估与达标.中国文物报,2001,10(26):6.

［7］杨玲.展览项目管理中的评估和监管机制.中国博物馆,2002(1):75-77.

［8］陈慧玲.特展教育活动的评析.博物馆学季刊,2003(1):103-120.

［9］史吉祥.对台湾地区博物馆观众研究的历史考察.中国博物馆,2003(1):79.

［10］彭文.关于展览评估的思考.中国博物馆,2003(3):36-39.

［11］方欣.美国民间博物馆展览评价体系.中国文物报,2010-02-24(8).

［12］姜善富.博物馆公共项目评估:西方的实践.中国博物馆,2005(2):39-45.

［13］王娟,史吉祥.河南博物院观众满意度调查报告.中原文物,2005(2):91-96.

［14］孔利宁,彭文.对博物馆教育评估的思考.北京:北京博物馆学会,2007.

［15］杨煜.博物馆讲解员学者化问题之我见.博物馆研究,2007(1):57-61.

［16］郑念,廖红.科技馆常设展览科普效果评估初探.科普研究,2007(1):43-46,65.

［17］严建强.从展示评估出发:专家判断与观众判断的双重实现.中国博物馆,2008(2):71-80.

［18］辛儒.发达国家教育绩效评估方法对我国的启示.河北农业大学学报,2009,11(1):8-9,17.

［19］平国安.加拿大教育的执行管理体系与教学方法.苏州工艺美术职业技术学院学报,2010(1):1-2.

［20］金懿佳.展览评估初探.上海科技馆,2010,2(2):34-38.

［21］陈晨,魏钰,苏杨.全国文化文物系统博物馆管理水平的量化评价及改善管理工作的建议.中国博物馆,2010(4):20-24.

［22］严建强.论博物馆展示设计方案的判断与评价.上海科技馆,2010,2(4):51-58.

［23］张志敏.科普展览巡展的社会效益评估指标体系研究.科普研究,2010,5(6):45-49.

［24］张遇,曹兵武,周士琦.实践中的理论摸索,语境下的文化批评——博物馆及其展览评论大家谈.中国文物报,2011-03-02(3).

［25］杨飞虎,李梦君.基于社会行为理论的个体创业决策实证研究.求索,2012(6):149-151.

［26］王彤.深圳博物馆《古代深圳》展览观众评估研究.华章,2012(12):74-76.

［27］王洪伟.吉林地区大学生网络应用状况的调查与思考.教育与职业,2012(18):173-174.

(二)专著、编著及译著

［1］邓国胜.非营利组织评估.北京:社会科学文献出版社,2001.

［2］Lynn D. Dierking,Wendy Pollock.持续的假设:博物馆教育活动的前置评量.徐纯,译.屏东:台湾海洋生物博物馆,2001.

［3］中国科普研究所课题组.科普效果评估理论和方法.北京:社会科学文献出版社,2001.

［4］史吉祥,郭富纯.博物馆公众研究——以旅顺日俄监狱旧址博物馆为例.长春:吉林人民出版社,2003.

［5］曹兵武,李文昌.博物馆观察:博物馆展示宣传与社会服务工作调查研究.北京:学苑出

版社,2005.

［6］Judy Diamond. 评量实用的指南:博物馆与其他非正式教育环境之工具. 徐纯,译. 台北:
台湾博物馆学会,2005.

［7］郝国胜,黄琛. 中国国家博物馆观众研究. 北京:中国大百科全书出版社,2009.

［8］陆建松. 博物馆陈列展览评估指标体系课题研究报告. 未出版,2010.

［9］邱均平,文庭孝. 评价学:理论·方法·实践. 北京:科学出版社,2010.

（三）学位论文

［1］黄小勇. 大型科普活动评估方法研究. 哈尔滨:哈尔滨工业大学硕士学位论文,2006.

［2］李林. 博物馆展览观众评估研究. 上海:复旦大学硕士学位论文,2009.

［3］张金靓. 自然博物馆家庭观众的调查与研究. 长春:东北师范大学硕士学位论文,2009.

［4］李一. 国家一级博物馆运行评估指标体系研究. 北京:北京工业大学硕士学位论文,
2010.

［5］古骐瑛. 佛教题材展览规划与效能探析. 上海:复旦大学博士学位论文,2011.

［6］杨平. 博物馆陈列展览评估初探. 长春:吉林大学硕士学位论文,2011.

四、教育心理学类

（一）期刊、报纸、电子文献和报告

［1］叶忠根. 新中国儿童教育心理学思想的几点浅识. 现代教育论丛,1983(4):67-71.

［2］吴玉芝,刘洁淳. 怎样读《儿童教育心理学》. 湖南教育,1984(5):40.

［3］边鹏飞. 政治体制改革必须在理论上明确三个问题. 浙江社会科学,1986(5):26.

［4］董奇,夏勇. 我国儿童、教育心理学研究的现状分析与发展对策. 北京师范大学学报,
1991(1):17-24.

［5］林蔚起. 博物馆的心理学特征及其应用. 中国博物馆,1992(3):72-76.

［6］林崇德,张文新. 认知发展与社会认知发展. 心理发展与教育,1996(1):50-55.

［7］陈颢. 用教材去教,而不是教教材——对《儿童教育心理学》教学的探讨. 中小学教师培
训,1998(5):49-50.

［8］米哈里·斯科金特米哈里伊,金·赫曼森. 博物馆学习的内在动机——什么因素规定着
观众要学习什么? 辛得,译. 中国博物馆,1997(2):89-95.

［9］George E. Hein. 建构主义者的博物馆学习理论. 林彩帕,译. 博物馆学季刊,1997(4):
27-30.

［10］黄明月. 博物馆与自我导向学习. 博物馆学季刊,1997(4):31-36.

［11］谢希德. 创造学习的思路. 人民日报,1998-12-25(10).

［12］张美珍. 从认知心理学派观点探析博物馆内的学习. 科技博物,2000(4):30-43.

［13］洪显利,冉瑞兵. 班杜拉观察学习理论对家庭教育的意义. 宁波大学学报(教育科学
版),2000(5):15-18.

［14］霍力岩. 试论蒙特梭利的儿童观. 比较教育研究,2000(6):51-56.

［15］李幼穗,赵俊茹. 观点采择与儿童社会性发展. 天津师范大学学报(社会科学版),2000
(6):29-33.

[16] 王如文.儿童心理抓住最佳时机,促进早期儿童发展.中国医刊,2000,35(10):6-7.

[17] 施明发.建构主义学习理论对于博物馆教育的启示.博物馆学季刊,2001(2):25-38.

[18] 于瑞珍.教育理论在博物馆教育上的应用.博物馆学季刊,2001,15(2):15-24.

[19] 刘海平.武术启蒙训练年龄与儿童心理、生理发展关系的探讨.北京体育大学学报,2001,24(1):33-35.

[20] B.N.路易斯.陈列展览的教育心理学分析上.陈宏京,译.中国博物馆,2002(2):33-39.

[21] 谷贤林.国外儿童教育理论演进探略.安徽师范大学学报,2002,30(5):607-610,615.

[22] 唐晓明.杜威与皮亚杰的儿童观比较.安徽教育科研,2002(6):34-36.

[23] 陈卫平.建构主义与博物馆教育.中国博物馆,2003(2):23-28.

[24] 张延华.健全人格:陈鹤琴儿童教育观核心.浙江教育学院学报,2003(2):69-73.

[25] 丁芳,刘大文.儿童心理理论的发展.烟台师范学院学报,2003,20(2):70-74.

[26] 黄晓宏.博物馆观众心理学浅析.中国博物馆,2003(4):50-52.

[27] 罗世哲.零岁教育的尝试.湘潭师范学院学报,2003,25(5):123-124.

[28] 张世富.人本主义心理学与马斯洛的需要层次论.学术探究,2003(9):66-68.

[29] 霍静.浅析蒙特梭利儿童教育理论的内在应用价值.青海师范大学学报(哲学社会科学版),2004(1):116-118.

[30] 代俊.儿童教育观的"两张皮"给中国当代教育改革带来的尴尬.攀枝花学院学报,2004,21(3):74-75.

[31] 滕奇霞.教育哲学和展览:学习理论应用于儿童博物馆的思考.博物馆研究,2004(4):7-12.

[32] 刘奇志,谢军.布鲁纳教育心理学思想及其启示.教学研究,2004,27(5):377-379.

[33] 陈朝晖.谈布鲁纳的内部动机作用理论及其对教学的意义.当代教育论坛,2005(13):155-156.

[34] 范儒鸿.小学阶段应注重儿童心理发展(调配鼓励方式).贵州教育,2005(9):17.

[35] 胡雪芬.正确认识早期教育科学开发儿童潜能.教育导刊·幼儿教育,2005(11):8-10.

[36] 王美岚,王琳.布鲁纳的发现学习及其启示.当代教育科学,2005(21):42-45.

[37] 刘海平.青春期心理探秘.长江大学学报,2006,29(2):245-246.

[38] 田继忠,支爱玲.谈杜威的教育思想及其启示.宁夏教育科研,2006(2):16-18.

[39] 许兴建.低龄入学儿童与适龄儿童心理与行为发展的比较研究.金华职业技术学院学报,2006,6(4):57-59,66.

[40] 岑艺璇.浅析儿童观及对教育观的制约与启示.农业与技术,2006,26(4):173-174.

[41] 杨光富.重温布鲁纳:"发现中学"的结构主义大师.上海教育,2006(24):42-44.

[42] 王秀珍,钱一平.6～11岁儿童社会能力及心理行为问题的调查分析.济南:中华医学会国际行为医学学术大会暨全国行为医学学术会议,2007:

[43] 张建兴.皮亚杰的教育心理学思想对教育改革的影响.教育科学论坛,2007(1):70-71.

[44] 吕国亮.关于儿童早期教育的理论和实践.延安大学学报,2007,29(4):111-113.

[45] 任红亮.杜威实用主义教育思想对中国教育的影响.科教文汇(上旬刊),2007(6):6.

[46] 汪树林.让教育保持一份儿童视角——构建"儿童教育观"的诗与思.江苏教育科研,2007(6):21-25.

［47］程海云,姚本先.辨析儿童心理发展的连续性与阶段性.现代中小学教育,2007(11):54-55.

［48］张荣华.关于社会教育的一般理论.中国青年研究,2007(12):10-13.

［49］程海云,姚本先.儿童心理发展的连续性、阶段性与教育启示.中小学心理健康教育,2008(2):10-12.

［50］高秀苹.小学儿童心理理论发展特点研究.山东教育学院学报,2008(2):7-9,47.

［51］陆晓燕.皮亚杰认知发展游戏理论及启示.文山师范高等专科学校学报,2008(3):68-70.

［52］孙照保.西方儿童教育思想、教育方式和儿童教育研究述评.基础教育研究,2008(6):17.

［53］汪彩凤,汪火应,汪胜亮.对布鲁纳"结构主义"教育思想的认识与思考.成都大学学报,2008,22(8):16-17.

［54］刘明娟,肖海雁.关于学习动机的研究综述.山西大同大学学报(社会科学版),2009(1):87-89.

［55］罗德红,尹筱莉.儿童中心论:一种教育学与心理学关系的视角.南京师范大学学报,2009(2):89-95.

［56］尹爱英.杜威的"儿童中心"的教育理论及现实启示.安徽文学,2009(3):284-285.

［57］郭晓丽,段二明.杜威实用主义教育思想对中国教育的影响.考试周刊,2009(4):210-211.

［58］于忠海.儿童教育观的演变:从现代到后现代.幼儿教育,2009(5):5-7.

［59］郭丽英.西方近现代儿童教育心理学化思想的发展.考试周刊,2009(6):24.

［60］沈致隆.多元智能理论的产生、发展和前景初探.江苏教育研究,2009(9):17-26.

［61］海存福.卢梭的儿童观对当前中国儿童教育的启示.社科纵横,2009(10):141-142.

［62］衡若愚.论回归儿童的教育观.教育导刊,2009(11):1.

［63］李胜男.人本主文心理学与博物馆教育功能探析.博物馆研究,2010(3):31-36.

［64］何琦,王军,尹雁.健全人格:博物馆教育功能的社会心理学探析——基于蔡元培的博物馆教育思想.科普研究,2010,5(4):80-84.

［65］刘佳.博物馆儿童美育与蒙氏教育刍议.剧影月报,2010(4):130-140.

［66］王丹.杜威教育思想的分析与比较.辽宁教育行政学院学报,2010(7):149-150.

［67］张钦亚.中国特色社会主义理论体系开放性的方法论思考.理论月刊,2010(9):24-27.

［68］武霞.浅谈布鲁纳的认知结构学习理论.文学教育,2011(3):25-26.

［69］杨秋.杜威"从做中学"的理论内涵对我国博物馆教育的启示.科技传播,2011(5):64-65,58.

［70］武健琨.试论布鲁纳结构主义学习观对我国基础教育改革的意义.青年与社会,2011,59(5):14-15.

［71］戚妍.简述赫尔巴特和杜威教育理论的异同.中国校外教育,2011(14):27.

［72］俞又丹.国外早教 让孩子在体验中成长.南京日报,2012-09-12(A09).

（二）专著、编著与译著

［1］朱智贤,钱曼君.儿童心理发展的基本理论.北京:北京师范大学出版社,1982.

[2] 井深大.零岁——教育的最佳时期.骆为龙,陈耐轩,译.北京:北京日报出版社,1987.

[3] 王苏,汪安圣.认知心理学.北京:北京大学出版社,1992.

[4] 中国社会科学院语言研究所词典编辑室.现代汉语词典.北京:商务印书馆,1992.

[5] 王强模.列子全译.贵阳:贵州人民出版社,1993.

[6] 王森洋,张华金.当代西方思潮词典.上海:华东师范大学出版社,1995.

[7] 霍恩比.牛津高阶英汉双解词典.李北达,译.北京:商务印书馆,1997.

[8] 朱自强.儿童文学的本质.上海:少年儿童出版社,1997.

[9] 埃德华兹.儿童的一百种语言.罗雅芬,译.新北:心理出版社,1998.

[10] 姜义华.胡适学术文集 教育.北京:中华书局,1998.

[11] 冯晓霞.幼儿教育.长春:吉林教育出版社,2000.

[12] 刘金花.儿童发展心理学.上海:华东师范大学出版社,2001.

[13] 卢梭.爱弥儿:论教育(上).李平沤,译.北京:商务印书馆,2001.

[14] 滕大春.美国教育史.北京:人民教育出版社,2001.

[15] 王承绪,赵祥麟.西方现代教育论著选.北京:人民教育出版社,2001.

[16] 约翰·杜威.民主主义与教育.王承绪,译.北京:人民教育出版社,2001.

[17] 艾舒仁.金圣叹文集.冉苒,校点.成都:巴蜀书社,2002.

[18] 劳拉·贝克.儿童发展.吴颖,等,译.南京:江苏教育出版社,2002.

[19] 屠美如.向瑞吉欧学什么:《儿童的一百种语言》解读.北京:教育科学出版社,2002.

[20] 许政援,沈家鲜,吕静,曹子方.儿童发展心理学.长春:吉林教育出版社,2002.

[21] 朱智贤,林崇德.朱智贤全集:儿童心理学史.北京:北京师范大学出版社,2002.

[22] 戴尔·申克.学习理论:教育的视角.韦小满,译.南京:江苏教育出版社,2003.

[23] 吴疆,陈瑛.现代教育技术教程.北京:人民邮电出版社,2003.

[24] 朱智贤.儿童心理学.北京:人民教育出版社,2003.

[25] Guy R. Lefrancois.孩子们——儿童心理发展(第九版).王全志,等,译.北京:北京大学出版社,2004.

[26] 刘亦农.普通教育学.西安:陕西人民出版社,2004.

[27] 伍新春.儿童发展与教育心理学.北京:高等教育出版社,2004.

[28] J.布罗菲.激发学习动机.陆怡如,译.上海:华东师范大学出版社,2005.

[29] 王安平,王静,杨希文.当代学术研究.西安:西安地图出版社,2005.

[30] 李剑萍,魏薇.教育学导论(2006年修订版).北京:人民出版社,2006.

[31] 林泳海.幼儿教育心理学.北京:商务印书馆,2006.

[32] 路易丝·博伊德·卡德威尔.把学习带进生活——瑞吉欧学前教育方法.刘鲲,刘一汀,译.上海:华东师范大学出版社,2006.

[33] 王小英.儿童游戏的意义.长春:东北师范大学出版社,2006.

[34] 陈琦,刘德儒.当代教育心理学.北京:北京师范大学出版社,2007.

[35] 罗伯特·费尔德曼.发展心理学——人的毕生发展(第四版).苏彦捷,译.北京:世界图书出版公司,2007.

[36] 皮连生.教育心理学.上海:上海教育出版社,2007.

[37] 约翰·桑切克.教育心理学.周冠英,译.北京:世界图书出版公司,2007.

［38］常若松.教育心理学.大连:辽宁师范大学出版社,2009.

［39］戴维·谢弗.发展心理学.邹泓,译.北京:中国轻工业出版社,2009.

［40］杨柳桥.荀子诂译.济南:齐鲁书社,2009.

［41］邹群,王琦.教育学.大连:辽宁师范大学出版社,2009.

［42］鲁道夫·谢弗.儿童心理学.王莉,译.北京:电子工业出版社,2010.

［43］中国国家文物局,中国博物馆协会.博物馆法规文件选编.北京:科学出版社,2010.

［44］江苏省博物馆学会.区域特色与中小型博物馆 江苏省博物馆学会 2010 学术年会论文集.北京:文物出版社,2011.

（三）学位论文

［1］钟向阳.沙盘游戏疗法及其在幼儿心理教育中的实效研究.广州:华南师范大学,2002.

［2］郑丽霞.初中历史探究学习理论与实践的研究.福州:福建师范大学,2003.

［3］黄彦萍.3.5～5.5岁儿童心理理论与时序认知能力关系的实验研究.重庆:西南大学,2006.

［4］王丽.训练对3～4岁儿童心理理论发展影响的实验研究.昆明:云南师范大学,2006.

［5］杨玥.儿童心理发展的普遍性特质分析.长春:吉林大学,2006.

［6］田雯.多元智力理论及其对我国教育的影响.武汉:华中师范大学,2007.

［7］李东林.5～9岁儿童心理理论的发展及其与同伴接纳关系的研究.南京:南京师范大学,2008.

［8］盖迅达.学龄前儿童色彩心理研究.天津:天津工业大学,2009.

［9］李圆圆.儿童户外游戏场地设计与儿童行为心理的耦合性研究.重庆:西南大学,2009.

［10］王师师.将建构主义理论应用于博物馆社会教育活动中的实践研究.长春:东北师范大学,2009.

五、外文资料

（一）期刊、报纸、电子文献和报告

［1］Alicia Herman. Bringing New Families to Museum One Baby at A Time. *Museum Education*,2012,37(2):79-87.

［2］American Association of Museums. *Museums for a New Century：A Report of the Commission on Museums for a New Century*. Washington DC:American Association of Museums,1984.

［3］Barbara Wolf, Elizabeth Wood. Integrating Scaffolding Experiences for the Youngest Visitors in Museums. *Museum Education*,2012,37(1):29-37.

［4］Ben Garcia. What We Do Best:Making the Case for the Museum Learning in Its Own Right. Museum Education,2012,37(2):47-55.

［5］Betsy Bowers. A Look at Early Childhood Programming in Museums. *Museum Education*,2012,37(1):39-47.

［6］Briley Rassmussen, Scott Witteroud. Professionalizing Practice：A Examination of Recent History in Museum Education. *Museum Education*,2012,37(2):7-11.

[7] S. Cohen. Fostering Shared Learning among Children and Adults: The Children's Museum. *Young Children*,1989,44(4):20-24.

[8] Paul DiMaggio, Francie Ostrower. Participation in the Arts by Black and White Americans. *Social Forces*,1990,68(3):753-778.

[9] Elliott Kai-Kee. Professional Organizations and the Professionalizing of Practice: The Role of MER, EdCom, and the NAEA Museum Education Division, 1969—2002. *Museum Education*,2012,37(2):13-23.

[10] G. Ellis Burcaw. *Introduction to Museum Work*. Berkeley:AltaMira Press,1997:56.

[11] G. E. Hein. Constructivism: More than Meaning Making. *Museological Review*, 2001(7):76-153.

[12] Herminia Wei-Hsin Din. *A History of Children's Museums in the United States*, 1899—1997: *Implication for Art Education and Museum Education in Art Museum*. Columbus: The Ohio State University,1998.

[13] J. K. Gilbert, S. Stoeklmayer. The Design of Interactive Exhibits to Promote the Making of Meaning. *Museum Management and Curatorship*,2001,19(1):41-50.

[14] J. A. Kamien. An Advocate for Everything: Exploring Exhibit Development Models. *Curator*,2001,44(1):114-128.

[15] Jane Bedno. Current Literature on Museum Exhibition Development and Design. *NAME's Exhibitionist*,2000,19(2):9-12.

[16] Jim Angus. Innovations in Practice: An Examination on Technological Impacts in the Field. *Museum Education*,2012,37(2):37-45.

[17] J. Rounds. Meaning Marking: A New Paradigm for Museum Exhibits? *Exhibitionist*, 1999,18(2):5-8.

[18] J. Rounds. Why Are Some Science Museum Exhibits More Interesting Than Others? *Curator*,2000,43(3):188-198.

[19] K. Allison Wickens. Museums and Community: The Benefits of Working Together. *Museum Education*,2012,37(1):91-100.

[20] Kate Barron. From Classroom to Gallery: Building Community and Preserving Heritage. *Museum Education*,2012,37(1):81-90.

[21] Ken Yellis. From Insurgency to Re-Branding: Museum Education's Long, Strange Trip. *Museum Education*,2012,37(2):57-65.

[22] Kevin Coffee. Critical Thoughts about Design. *NAME's Exhibitionist*,1994,13(1): 14-15.

[23] Kris Wetterlund. The Voice of Authority. *Museum Education*,2012,37(2):89-92.

[24] Laureen Trainer, Marley Steele-Inama, Amber Christopher. Uncovering Visitor Identity. *Museum Education*,2012,37(1):101-114.

[25] L. H. Silverman. Meaning Marking Matter:Communication,Consequences and Exhibit Design. *Exhibitionist*,1999,18(2):9-14.

[26] Marianna Adams. Museum Evaluation:Where Have We Been? What Has Changed?

And Where Do We Need to Go Next. *Museum Education*,2012,37(2):25-35.

[27] Marsha L. Semmel. An Opportune Moment. *Museum Education*,2012,37(1):17-28.

[28] Melina Mallos. Collaboration is the Key: Artists, Museums, and Children. *Museum Education*,2012,37(1):69-80.

[29] Pamela Krakowski. Museum Superheroes: The Role of Play in Young Children's Lives. *Museum Education*,2012,37(1):49-58.

[30] Paul C. Thistle. Archaeology Excavation Simulation: Correcting the Emphasis. *Museum Education*,2012,37(2):67-77.

[31] Paul,Francie Ostrower. Participation in the Arts by Black and Write American. *Social Forces*,1990,68(3):753-778.

[32] Rochelle Ibanez Wolberg, Allison Goff. Thinking Routines: Replicating Classroom Practices within Museum Settings. *Museum Education*,2012,37(1):59-68.

[33] Don. Rutledge. What Dewey Got Right. *Education Canada*,2002,,42(1):48.

[34] Sharon Shaffer. Early Learning: A National Conversation. *Museum Education*,2012,37(1):11-15.

[35] Sharyn Horowiz. What is an "Exhibit Developer"? *NAME's Exhibitionist*,1998,17(2):16-17.

[36] Stephen Bitgood. Empirical Relationship between Exhibit Design and Visitor Behavior. *Environmental and Behavior*,1988,20(4):474-491.

[37] R. Tina,Cynthia Robinson. From the Editors-in-chief. *Journal of Museum Education*,2012,37(1):7

[38] Wendy L. Dodek. Bringing Art to Life through Multi-Sensory Tours. *Museum Education*,2012,37(1):115-124.

(二)专著、编著与译著

[1] Alma Stephanie Wittlin. *Museums: In Search of a Usable Future*. Boston:MIT Press,1970.

[2] Alma Stephanie Wittlin. *The Museum: Its History and its Tasks in Education*. London:Routledge & K. Paul,1949.

[3] Ambrose Tim, Paine Crispin. *Museum Basics*. London:Routledge,1993.

[4] Andree Blais. *Text in the Exhibition Medium*. Quebec: Musee de la civilisation Societe des musees quebecois,1995.

[5] Andrew McClellan. *Art and Its Publics: Museum Studies at the Millennium*. Malden,MA:Blackwell Pub,2003.

[6] T. Bennett. *Museums and the People*. In: R. Lumley. *The Museum Time-Machine: Putting Cultures on Display*. London & New York:Routledge,1988:63-86.

[7] Bernhard E. Burdek. *Design: The History, Theory and Practice of Product Design*. Basel: Birkhauser,2005.

[8] Bernice McCarthy. *The 4MAT System: Teaching to Learning Styles with Right/Left Mode Techniques*. Excel Inc,1987.

[9] Beverly Serrell. *Judging Exhibitions*：*A Framework for Assessing Excellence*. Walnut Greek,Calif：Left Coust,2006.

[10] Bonnie Sachatello-Sawyer. *Adult Museum Programs*： *Designing Meaningful Experiences*. Walnut Creek,CA：AltaMira Press,2002.

[11] Bruee W. Ferguson, Reesa Greenberg, Sandy Nairne. *Thinking about Exhibitions*. London：Routledge,1996.

[12] Tim Caulton. *Hands-on Exhibition*. London：Routledge,1998.

[13] David A. Ucko. *Science Centers for the 21st Century*. Nevada：Executive Committee of the Forum on Education,2001.

[14] David Dean. *Museum Exhibition*：*Theory and Practice*. London：Routledge,1994.

[15] Edward Porter Alexander, Mary Alexander. *Museums in Motion*：*An Introduction to the History and Functions of Museums*. Plymouth：Altamira Press,2007.

[16] Eilean Hooper-Greenhill. *Education*，*Postmodernity and the Museum*. In：S. J. Knell,S. Macleod,S. Watson. *Museum Revolutions*：*How Museums Change and Are Changed*. Abingdon：Routledge,2007：77-367.

[17] Eilean Hooper-Greenhill. *Museum and Gallery Education*. Leicester：Leicester University Press,1994.

[18] Eilean Hooper-Greenhill. *Museum*，*Media and Message*. London：Routledge,1995.

[19] Eilean Hooper-Greenhill. *Museums and Education*：*Purpose*，*Pedagogy*，*Performance*. London：Routledge,2007.

[20] Eilean Hooper-Greenhill. *Museums and the Shaping of Knowledge*. London：Routledge,1992.

[21] Eilean Hooper-Greenhill. *Museums and Their Visitors*. London：Routledge,1994.

[22] Eilean Hooper-Greenhill,Thcano Moussouri. *Researching Learning in Museums and Galleries* 1990—1999：*A Bibliographic Review*. Leicester：Research Centre for Museums and Galleries,2001.

[23] Eilean Hooper-Greenhill. *The Education Role of the Museum*. London：Routledge,1999.

[24] Eilean Hooper-Greenhill. *Writing a Museum Education Policy*. Great Britain-Museum &. Galleries Commission,1996.

[25] Kirsten M. Ellenbogen. *Understanding Your Audience*. In Cynthia Yao et al. *Handbook for Small Science Centers*. Walnut Greek, Cal. ：AltaMira Press,2006：189-192.

[26] Emma Barker. *Art and Its Histories*：*Contemporary Cultures of Display*. New Haven &. London in association with The Open University-Yale University Press,1999.

[27] E. M. Standing. *Maria Montessori*：*Her Life and Work*. London：Hollis&.Carter,1998.

[28] John H. Falk. *Identity and the Museum Visitor Experience*. Walnut Greek, Cal. ：Left Coast Press,2009.

［29］ Marilyn Fenichel，Schweingruber Heidi A. *Surrounded by Science：Learning in Informal Environments*. Washington，D. C. ：The National Academies Press，2010.

［30］ Gary Edson，David Dean. *The Handbook for Museums*. London：Routledge，1994.

［31］ Gaynor Kavanagh. *Museum Languages：Objects and Texts*. New York：Leicester University Press，1991.

［32］ George E. Hein. *Learning in the Museum*. London：Routledge，1998.

［33］ George Ellis Burcaw. *Introduction to Museum Work*. Walnut Creek，Cal. ：Alta Mira Press，1997.

［34］ Grace Fisher Ramsey. *Educational Work in Museums of the United States：Development，Method and Trends*. New York：The H. W. Wilson Company，1938.

［35］ Herminia Wei-Hsin Din. *Children's Museum*. UMI Company，1990.

［36］ Herminia Wei-Hsin Din. *A History of Children's Museum in the United States，1899—1997：Implications for Art Education and Museum Education in Art Museums*. Columbus：Ohio State University，1998. In H. Daifuku. T*he Organization of Museums：Practical Audience*. Paris：Unesco，1960.

［37］ Ivan Karp，Steven D. Lavine. *Exhibiting Cultures—The Poetics and Politics of Museum Display*. Washington D. C. ：Smithsonian Institute Press，1991.

［38］ James Putnam. *Art and Artifact—the Museum as Medium*. New York：Thames & Hudson，2001.

［39］ Henry Jenkins. *Convergence Culture：Where Old and New Media Collide*. New York：New York University Press，2006.

［40］ Henry Jenkins，Vanessa Bertozzi. *Artistic Expression in the Age of Participatory Culture：How and Why Young People Create*. In Steven J. Tepper，Bill Lvey. *Engaging Art：The Next Great Transformation of America's Cultural Life*. New York：Routledge，2008：171-198.

［41］ John H. Falk，Lynn D. Dierking. *Learning from Museums：Visitor Experiences And the Making of Meaning*. Walnut Creek • Lanham • NewYork • Oxford-AltaMira Press，2000.

［42］ John H. Falk，Lynn D. Dierking. *The Museum Experience*. Washington，D. C. ：Whalesback Books，1992.

［43］ Larry Klein. *Exhibits：Planning and Design*. NewYork：Madison Square Press，1986.

［44］ Lisa C. Roberts. *From Knowledge to Narrative：Educators and the Changing Museum*. Washington，D. C. ：Smithsonian Institution Press，1997.

［45］ David Madland，Ruy Teixeira. *New Progressive America：The Millennial Generation*. Washington，D. C. ：Center for American Press，2009.

［46］ Matthew B. Miles，A. Michael Huberman. *An Expanded Sourcebook（Second Edition）*. Thousand Oaks，California：Sage Publications Ltd. ，1994.

［47］ Michael Belcher. *Exhibitions in Museums*. Washington，D. C. ：Leicester University

Press,1991.

[48] Minda Borun,Randi Korn. *Introduction to Museum Evaluation*. Washington D. C. : American Association of Museums,1999.

[49] Roger Miles, Lauro Zavala. *Towards the Museum of Future—New European Perspectives*. London:Rouledge,1994.

[50] Majorie Schwarzer. *Riches, Rivals and Radicals：100 Years of Museum in America*. Washington, D. C. :American Association of Museums,2006.

[51] Sidney Dillon Ripley. *The Sacred Grove：Essays on Museum*. Washington，D. C. : Smithsonian Institution Press,1978.

[52] Steven Conn. *Do Museum Still Need Objects?* Philadelphia：University of Pennsylvania Press,2009.

[53] Susan Leekam. *Children's Understanding of Mind*. In:Mark Bennett. *The Child as Psychologist：An Introduction to the Development of Social Cognition*. New York: Harvester Wheatsheaf,1993:26-61.

[54] Ulla Keding Olofsson. *Museums and Children*. France:Unesco,1979.

[55] Victor J. Danilov. *America's Science Museums*. Greenwood Press,1990.

六、参考网站

[1] 北京首都博物馆 http://www. capitalmuseum. org. cn/

[2] 北京自然博物馆 http://www. bmnh. org. cn/

[3] 豆豆家科技馆 http://www. magicbeanhouse. com/

[4] 河北博物院 http://www. hebeimuseum. org/

[5] 上海博物馆 http://www. shanghaimuseum. net

[6] 上海儿童博物馆 http://www. shetbwg. com/

[7] 上海科技馆 http://www. sstm. org. cn/

[8] 四川博物院 http://www. scmuseum. cn/

[9] 西汉南越王博物馆 http://www. gznywmuseum. org/

[10] 中国妇女儿童博物馆 http://ccwm. china. com. cn/

[11] 中国国家博物馆 http://www. mmc. gov. cn/

[12] 中国航海博物馆 http://www. mmc. gov. cn/

[13] 中国科学技术馆 http://www. cstm. org. cn

[14] American Museum of Natural History（美国自然历史博物馆）http://www. amnh. org/

[15] Association of Children's Museums（美国儿童博物馆协会）http://www. childrensmuseums. org/

[16] Boston Children's Museum（波士顿儿童博物馆）http://www. bostonchildrensmuseum. org/

[17] Brooklyn Children's Museum（布鲁克林儿童博物馆）http://www. brooklynkids. org/

［18］Committee for Education and Cultural Action（国际博物馆协会下属教育与文化行动委员会）http：//ceca. icom. museum/

［19］The Discovery Museum and Planetarium（发现宫）http：//www. discoverymuseum. org/

［20］Children's Museum of Houston（休斯敦儿童博物馆）http：//www. cmhouston. org/

［21］Children's Museumof Indianapolis（印第安纳波利斯儿童博物馆）http：//www. childrensmuseum. org/blog/

［22］Madison Children's Museum（麦迪逊儿童博物馆）http：//www. madisonchildrensmuseum. org/

［23］The Metropolitan Museum of Art（大都会艺术博物馆）http：//www. metmuseum. org/

［24］Please Touch Museum（"请触摸博物馆"）http：//www. pleasetouchmuseum. org/

［25］Portland Children's Museum（波特兰儿童博物馆）http：//www. portlandcm. org/

附　录

附录一　观众调查问卷

×××儿童博物馆/博物馆×××展区观众调查问卷

我们在做一项课题研究,目的是让未成年人受到更优质并且无偿的博物馆教育服务。若您为家长,请以您孩子的角度予以回答。非常感谢您的配合!

第一部分:基本情况

1. 单项选择题,必答:请问今天是您(或您陪同孩子)第几次来×××儿童博物馆/博物馆×××展区

　○1　　　　○2　　　　○3　　　　○4 次　　　　○5 次及以上

2. 问答题,必答:您的年龄是 _____

3. 单项选择题,必答:您家住在

　○×××市区　　　　○×××农村　　　　○其他省市城市
　○其他省市农村　　　　○国外

4. 单项选择题,必答:您预计会(或和孩子一起)参观多长时间

　○1 小时内　　　　○1~2 小时　　　　○2~3 岁小时
　○3~4 小时　　　　○4~5 小时　　　　○5 小时以上

5. 多项选择题,必答:您这次来×××儿童博物馆/博物馆×××展区的目的是什么

　□充实自我丰富知识　　　□让孩子学习科学知识　　　□自我休闲娱乐
　□让孩子休闲娱乐　　　□没有明确目的　　　□其他_____

第二部分:内容策划

6. 单项选择题,必答:您认为展览结构是否条理清晰,容易理解

　○完全不理解　　　○有一点理解　　　○基本理解
　○大多理解　　　○完全理解　　　○无展览结构

7. 多项选择题,必答:您认为怎样的展览选题让人喜欢

　□选题熟悉　　　□选题激发兴趣　　　□选题意义大
　□选题与上课内容有关　　　□选题新颖,有创意

8. 单项选择题,必答:您认为展览内容有亮点吗

　○没有亮点　　　○亮点有,不明显　　　○一般

○亮点有,较明显　　　　　○亮点有,很明显

9. 单项选择题,必答：您认为展览文字是否有趣、看得明白
　　○看不明白,不有趣　　　○看不明白,有趣　　　　○看得明白,但不有趣
　　○看得明白,有点有趣　　○看得明白,很有趣

10. 单项选择题,必答：您认为展品是否丰富
　　○不丰富　　　　　　　　○不太丰富　　　　　　　○一般
　　○较丰富　　　　　　　　○很丰富

11. 单项选择题,必答：您认为有多少展品让人感兴趣
　　○完全没有　　　　　　　○小部分　　　　　　　　○半数左右
　　○大多　　　　　　　　　○几乎所有

12. 单项选择题,必答：您认为有多少展品能引起思考或疑问
　　○完全没有　　　　　　　○小部分　　　　　　　　○半数左右
　　○大多　　　　　　　　　○几乎所有　　　　　　　○其他＿＿＿＿＿＿＿＿＿＿

13. 单项选择题,必答：您认为能操作、参与玩的展品/装置多吗
　　○完全没有　　　　　　　○小部分　　　　　　　　○半数左右
　　○大多　　　　　　　　　○几乎所有　　　　　　　○其他＿＿＿＿＿＿＿＿＿＿

14. 单项选择题,必答：您认为展品中多少是陈旧或需要更新的
　　○完全没有　　　　　　　○小部分　　　　　　　　○半数左右
　　○大多　　　　　　　　　○几乎所有　　　　　　　○其他＿＿＿＿＿＿＿＿＿＿

第三部分:形式设计

15. 单项选择题,必答：您认为展览手段是否丰富
　　○极不丰富　　　　　　　○不太丰富　　　　　　　○一般
　　○较丰富　　　　　　　　○非常丰富

16. 单项选择题,必答：您认为展品高度让您觉得舒适吗
　　○完全不舒适　　　　　　○有点不舒适　　　　　　○一般
　　○较舒适　　　　　　　　○非常舒适

17. 单项选择题,必答：您认为展品密度(展品间间隔)是否合适
　　○太密　　　　　　　　　○有点密　　　　　　　　○一般
　　○较合适　　　　　　　　○非常合适

18. 单项选择题,必答：您认为操作展品的使用是否简单方便(操作说明清楚)
　　○难度很大　　　　　　　○有一点难度　　　　　　○基本可以
　　○较容易　　　　　　　　○非常容易　　　　　　　○无操作展品

19. 多项选择题,必答：在参观或操作展品时,您倾向于
　　□自己看/玩(家长不介入)
　　□家长自己动手,然后再去指导孩子
　　□家长先看完介绍,再指点孩子操作
　　□家长和孩子一块看/玩
　　□说不清,怎样都可以

20.单项选择题,必答:您认为整体展览氛围营造得好吗

○没有刻意营造　　　　○营造不多　　　　　　○一般

○营造较好　　　　　　○营造得非常好

21.单项选择题,必答:您是否在展区内常常看到博物馆标志

○完全没看到　　　　　○看到一些　　　　　　○一般

○看到较多　　　　　　○看到非常多

22.单项选择题,必答:您认为操作展品和参观过程中有不安全因素存在吗

○完全没有　　　　　　○不太多　　　　　　　○一般

○较多　　　　　　　　○非常多

第四部分:生活服务

23.单项选择题,必答:您认为参观路线清晰吗

○非常混乱　　　　　　○有点混乱　　　　　　○一般

○较清晰　　　　　　　○非常清晰

24.单项选择题,必答:您认为展览空间照明、温度、声效好吗

○非常差　　　　　　　○有点差　　　　　　　○一般

○较好　　　　　　　　○非常好　　　　　　　○其他_____

25.单项选择题,必答:您认为展厅的清洁、舒适程度怎样

○极差　　　　　　　　○较差　　　　　　　　○一般

○较好　　　　　　　　○非常好

第五部分:观众感受

26.单项选择题,必答:您还想再次来吗

○完全不想　　　　　　○不太想　　　　　　　○无所谓

○比较想　　　　　　　○非常想

27.多项选择题,必答:您这次来×××儿童博物馆/博物馆×××展区的收获在于

□增加对展览内容的理解　　□激发了新兴趣

□掌握新知识和新方法　　　□休闲娱乐　　　　□收获较小

□完全没有收获　　　　　　□其他_____

再次感谢您的配合!

愿博物馆成为您(或您的孩子)童年的一方乐土,愿您(或您的孩子)健康快乐成长!

Questionnaire for Visitors in ×××Exhibition Area of ×××Children's Museum/ Museum

We are making a subject research with the purpose to allow the juveniles receive higher-quality and free museum education service. If you are parents, please answer the questions at the respect of your kids. Your kindly support is highly appreciated!

Part 1: Basic Introduction

1. Single-choice question that must be answered: Could you please tell how many times you(or you accompany your kids) to visit ×××exhibition area of ××× Children's Museum / Museum

   ○1 ○2 ○3
   ○4 ○Above 5

2. Question that must be answered: How old are you _____

3. Single-choice question that must be answered: Where is your house located
   ○××× urban area ○××× rural area
   ○Cities in other provinces
   ○Rural area in other provinces or municipalities ○Abroad

4. Single-choice question that must be answered: How long do you estimate to visit the museum (with your kids)
   ○within 1 hour ○1-2 hours ○2-3 hours
   ○3-4 hours ○4-5 hours ○above 5 hours

5. Multiple-choice question that must be answered: What's your purpose to visit ×× × exhibition area of ×××Children Museum/Museum
   □Enrich myself and broaden my knowledge
   □Let kids learn more scientific knowledge
   □Self-entertainment
   □Let kids have entertainment
   □No specific purpose
   □Others _____

Part 2: Content Planning

6. Single-choice question that must be answered: Do you think the exhibition constitutes are clear and understandable
   ○Completely not understandable ○A little understandable
   ○Majorly understandable ○Most of it can be understood
   ○Completely understandable ○No exhibition structure

7. Multiple-choice question that must be answered: What kind of exhibition themes

that might be favored

☐Familiar theme   ☐Inspiring theme

☐Meaningful theme   ☐Theme related to curriculum in class

☐Novel and innovative theme

8. Single-choice question that must be answered: Do you think there are any bright spots in the exhibition

   ○No   ○A little but not so obvious   ○Just so-so

   ○Yes, there are some obvious bright spots

   ○Yes, there are extremely obvious bright spots

9. Single-choice question that must be answered: Do you think the words exhibited are understandable

   ○Not understandable and not interesting

   ○Not understandable but interesting

   ○Understandable but not interesting

   ○Understandable with a little interesting

   ○Understandable and very interesting

10. Single-choice question that must be answered: Do you think the exhibit is rich or not

    ○Not rich   ○Not so rich   ○Just so-so

    ○Rich   ○Pretty rich

11. Single-choice question that must be answered: How many exhibits do you think are interesting?

    ○Completely not   ○Only a little   ○About half of them

    ○Most of them   ○Nearly all of them

12. Single-choice question that must be answered: How many exhibits do you think that might attract thinking and doubt

    ○Completely not   ○Only a little   ○About half of them

    ○Most of them   ○Nearly all of them   ○Others _____

13. Single-choice question that must be answered: Do you think there are lots of exhibits/devices that can be operated and played with

    ○Completely not   ○Only a little   ○About half of them

    ○Most of them   ○Nearly all of them   ○Others _____

14. Single-choice question that must be answered: How many exhibits do you think are old or need updated

    ○Completely not   ○Only a little   ○About half of them

    ○Most of them   ○Nearly all of them   ○Others _____

Part 3: Design of Forms

15. Single-choice question that must be answered: Do you think the exhibition way is

rich

○Extremely not rich   ○Not so rich

○Just so-so   ○A little rich   ○Pretty rich

16. Single-choice question that must be answered: Do you think the height of exhibits is comfortable for you

    ○Completely not comfortable   ○A little uncomfortable

    ○Just so-so   ○A little comfortable

    ○Pretty comfortable

17. Single-choice question that must be answered: Do you think the density of exhibits (gap between exhibits) are suitable or not

    ○Too close   ○A little close   ○Just so-so

    ○A little suitable   ○Quite suitable

18. Single-choice question that must be answered: Do you think the exhibit operation is simple or convenient (the operation instruction is clear or not)

    ○Quite difficult   ○A little difficult   ○No difficult

    ○Easy   ○Quite easy   ○No operation on exhibit

19. Multiple-choice question that must be answered: When visit or operate exhibits, you intends to

    □Appreciate/play by myself (without interference of parents)

    □Operate by parents and then guide kids to operate it

    □Parents read instruction first and then guide kids to operate

    □Parents and kids appreciate / play together

    □No clear answer. Whatever is ok for me

20. Single-choice question that must be answered: Do you think the overall exhibition atmosphere is good

    ○It is not created intentionally   ○Not too much atmosphere created

    ○Just so-so   ○Good atmosphere

    ○Pretty good

21. Single-choice question that must be answered: Do you see symbols of museum frequently inside the exhibition area

    ○Absolutely no   ○Only a little   ○Just so-so

    ○Too much   ○Quite too much

22. Single-choice question that must be answered: Do you think there are any unsafe factors in the exhibit operation or visit period

    ○Completely not   ○Not too much   ○Just so-so

    ○Too much   ○Quite too much

Part 4: Life Service

23. Single-choice question that must be answered: Do you think the visiting route is

clear

    ○Quite confused   ○A little confused   ○Just so-so

    ○Clear   ○Quite clear

24. Single-choice question that must be answered: Do you think the lighting, temperature and sound of the exhibition area are good

    ○Quite bad   ○A little bad   ○Just so-so

    ○Good   ○Quite good   ○Others _____

25. Single-choice question that must be answered: How about the cleanness and comfort of the exhibition hall

    ○Quite bad   ○A little bad   ○Just so-so

    ○Good   ○Quite good

Part 5: Visitor Experience

26. Single-choice question that must be answered: Do you want to come again

    ○Absolutely not   ○No   ○May be

    ○Yes   ○Quite look forward to come again

27. Multiple-choice question that must be answered: What's your achievement at this time you visit ×related× exhibition area of ××× Children's Museum / Museum

    □Increase understanding about the exhibit

    □Inspire new interest

    □Learn new knowledge and new methods

    □Entertainment

    □Little achievement

    □No achievement at all

    □Others _____

Thanks again for your kindly cooperation!

Wish the museum become your (or your kids') happy land of childhood and hope you (or your kids) grow up healthily and happily!

附录二 工作人员访谈提纲

编号	访谈提纲	设问缘由
1	能简单和我介绍下×××类项目的基本情况吗？最近这类项目举办哪些活动？ (Could you please introduce the basic information of ××× project? What activities will hold for such kind of project?)	了解项目基本情况
2	你们策划×××类项目是出于什么考虑？你们有专门的创意团队吗？ (What's your purpose for planning ××× project? Do you have special idea making team?)	了解项目设置主旨，主题开发投入度与关注度
3	你们×××类项目是专门针对孩子吗？你们会对×××类项目参加的孩子年龄做出规定吗？规定又依据什么？ (Does your ××× project particularly hold for children? Do you regulation for the age of children who participate in ××× project? What're your regulation?)	了解项目分众分龄情况以及分龄依据
4	你们会在×××类项目开展时间上有什么特殊考虑吗？这样考虑有什么依据吗？比如什么时候开始，持续多长时间。 (Do you have any special concern on the time to conduct ××× project? Do you have any basic rules for such concern? For example, when shall it start and how long it will last.)	了解项目时间确定方法与考虑因素
5	你们会事先为×××类项目制定策划方案吗？策划方案会很详细吗？ (Will you make planning for ××× project? Will the planning be very specific?)	了解项目策划情况，是否有成熟的策划方案和制度
6	你们是怎样保证×××类项目过程中大家都配合很好？ (How do you guarantee that everyone shall cooperate with each other well during the operation of ××× project?)	了解项目过程维护方法
7	你们一般×××类项目会比较多地用什么教育手段？ (What kind of education methods you frequently use in ××× project?)	了解项目使用的教育手段
8	您认为×××类项目最大的亮点在哪里？ (What is the highlight of ××× project?)	了解项目特色
9	一般孩子、家长/老师反应怎样？满意吗？你们会不会对×××类项目开展效果进行评估？又是采取怎样的方式来评估？有没有评估制度？ (How do children, parents/teachers usually react? Do they satisfy with it? Will you evaluate ××× project? What methods you take to evaluate? Do you have any evaluation system?)	了解项目观众感受及评估情况，采取的评估方式和制度
10	您觉得×××类项目开展过程中最大的困难在哪里？哪些方面还需要改进？请谈谈您的建议。 (What is the biggest difficulty that you think in ××× project progress? Which areas should be improved? Please give your suggestion.)	了解项目执行中的困难、不足及工作人员从组织者、参与者角度提供的建议

附录三　观众访谈提纲

编号	访谈提纲	设问缘由
1	您知道您参加的×××活动,活动目的是什么吗? 这个难吗? 您认为达到了吗? (Do you know what is the aim of the ×××activity you participate in? Is it difficult? Have you got it?)	了解观众对项目目标设置之认知与评价
2	您觉得×××活动准备得怎么样? 比如策划安排,场地布置,材料、工具、设备准备,对外联系,宣传情况,预约与报名情况,出行安排,安全情况,分工安排,等等。 (How do you think about the ××× activity? Such as planning, site layout, material, tools, equipment preparation, outside contact, publicity, reservation and enrollment situation, travel arrangement, safety conditions and labor distribution, etc.)	了解观众对项目准备之评价
3	请问×××活动主要内容是什么? 您觉得活动内容对孩子来说,时间长不长? 有特色吗? 新颖、有趣吗? 难吗? 有没有挑战性? (What's the main content of ××× activity? Is the activity long, do you think, for children? Does it have any specials? Interesting? Difficult? Any challenges?)	了解观众对项目内容之评价
4	您觉得×××活动过程安排好不好? 您/您的孩子是活动中小主人吗? 手段多吗? 有互动吗? 过程有趣吗? 老师有没有提出很多问题? 想去探索下吗? 有没有机会动手一起去做? (Is ××× activity arrangement proper? Are you/your child one of the leading roles in the activity? Lots of methods? Any interaction? Is the process funny? Have the teachers asked any questions? Do you want to go to explore? Any chance to do it together?)	了解观众项目过程之感受
5	您/您的孩子活动中表现积极吗? 心情愉快吗? 有没有认真地参加? 克服了一些困难吗? 有没有和其他小朋友共同分享,一起合作来完成? (Are you/your children active in the activity? Happy? Pay full attention to it? Has he/she overcome any difficulties? Did he/she cooperate with other children to fulfill the task?)	了解观众是否经由本项目情感态度获提升
6	您喜欢这样的活动吗? 对您/您的孩子有没有帮助? 有没有学到什么新的知识和本领? 这样的活动别的地方见得多吗? 还愿不愿意再参加? [Do you like this activity? Is it helpful for you/your children? Have you got anything new/Has he(or she) got anything new? Is it common in any other places? Are you willing to have it again?]	从观众角度来检视项目效果
7	您觉着这里的志愿者们水平好不好? 是不是热情,对您/您的孩子有爱心、耐心吗? 表达清楚、生动吗? 有没有让您/您的孩子一定得听他们的? 他们是不是很灵活、聪明? 表现是不是自然、大方又能干? (Are the volunteers' services satisfactory? Do they have passion and patience for you/your children? Is the expression clear and vivid? Have they forced you/your children to follow them? Are they smart and clever enough? Are their behaviors natural and decent? Are they capable?)	了解观众对教师志愿者素质之评价

附录四　上海儿童博物馆调查问卷统计分析
（"'跨越距离、触摸未来'主题科学"一层展区）

1. 单项选择题，必答：请问今天是您（或您陪同孩子）第几次来上海儿童博物馆科学展区？

Q1

		Frequency	Percent	Valid Percent	Cumulative Percent
Valid	1	52	54.2	54.2	54.2
	2	42	43.8	43.8	97.9
	3	2	2.1	2.1	100.0
	Total	96	100.0	100.0	

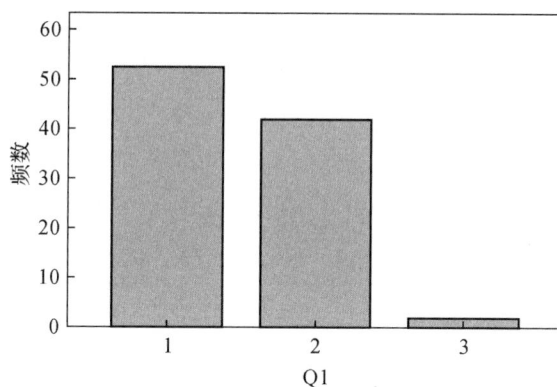

2. 问答题，必答：您的年龄是——

Descriptive Statistics

	N	Minimum	Maximum	Mean	Std. Deviation
Q2	96	6	38	21.82	13.296
Valid N (listwise)	96				

3. 单项选择题，必答：您家住在——

Q3

		Frequency	Percent	Valid Percent	Cumulative Percent
Valid	1	72	75.0	75.8	75.8
	2	10	10.4	10.5	86.3
	3	11	11.5	11.6	97.9
	5	2	2.1	2.1	100.0
	Total	95	99.0	100.0	
Missing	System	1	1.0		
Total		96	100.0		

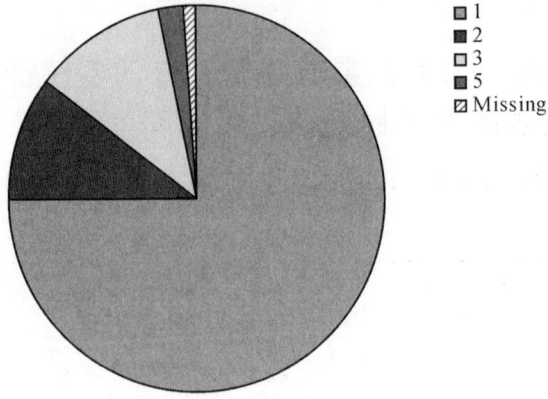

Q3

4.单项选择题,必答：您预计会(或和孩子一起)参观多长时间？

Q4

		Frequency	Percent	Valid Percent	Cumulative Percent
Valid	1	41	42.7	42.7	42.7
	2	42	43.8	43.8	86.5
	3	13	13.5	13.5	100.0
	Total	96	100.0	100.0	

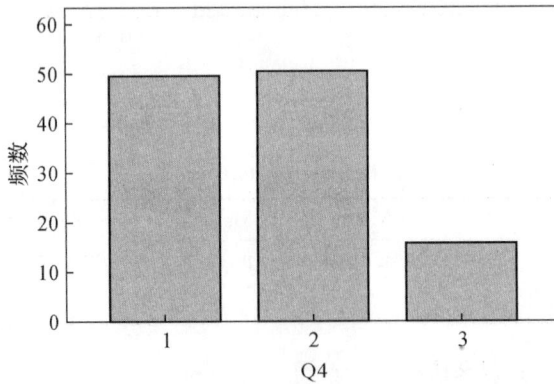

5.多项选择题,必答：您这次来上海儿童博物馆科学展区的目的是什么？

Q51

		Frequency	Percent	Valid Percent	Cumulative Percent
Valid	0	69	71.9	71.9	71.9
	1	27	28.1	28.1	100.0
	Total	96	100.0	100.0	

Q52

		Frequency	Percent	Valid Percent	Cumulative Percent
Valid	0	62	64.6	64.6	64.6
	1	34	35.4	35.4	100.0
	Total	96	100.0	100.0	

Q53

		Frequency	Percent	Valid Percent	Cumulative Percent
Valid	0	86	89.6	89.6	89.6
	1	10	10.4	10.4	100.0
	Total	96	100.0	100.0	

Q54

		Frequency	Percent	Valid Percent	Cumulative Percent
Valid	0	63	65.6	65.6	65.6
	1	33	34.4	34.4	100.0
	Total	96	100.0	100.0	

Q55

		Frequency	Percent	Valid Percent	Cumulative Percent
Valid	0	71	74.0	74.0	74.0
	1	25	26.0	26.0	100.0
	Total	96	100.0	100.0	

Q56

		Frequency	Percent	Valid Percent	Cumulative Percent
Valid	0	95	99.0	99.0	99.0
	1	1	1.0	1.0	100.0
	Total	96	100.0	100.0	

6.单项选择题,必答:您认为展览结构是否条理清晰,容易理解?

Q6

		Frequency	Percent	Valid Percent	Cumulative Percent
Valid	1	38	39.6	40.0	40.0
	2	46	47.9	48.4	88.4
	3	11	11.5	11.6	100.0
	Total	95	99.0	100.0	
Missing	System	1	1.0		
Total		96	100.0		

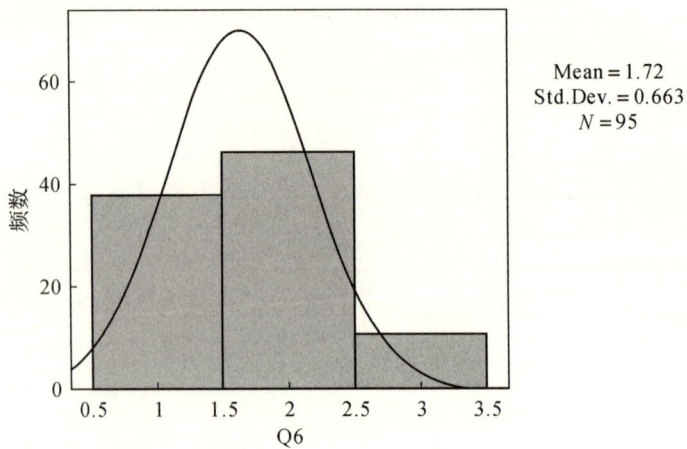

Mean = 1.72
Std.Dev. = 0.663
N = 95

7. 多项选择题，必答：您认为怎样的展览选题让人喜欢？

Q71

		Frequency	Percent	Valid Percent	Cumulative Percent
	0	18	18.8	18.8	18.8
Valid	1	78	81.3	81.3	100.0
	Total	96	100.0	100.0	

Q72

		Frequency	Percent	Valid Percent	Cumulative Percent
	0	13	13.5	13.5	13.5
Valid	1	83	86.5	86.5	100.0
	Total	96	100.0	100.0	

Q73

		Frequency	Percent	Valid Percent	Cumulative Percent
	0	67	69.8	69.8	69.8
Valid	1	29	30.2	30.2	100.0
	Total	96	100.0	100.0	

Q74

		Frequency	Percent	Valid Percent	Cumulative Percent
	0	71	74.0	74.0	74.0
Valid	1	25	26.0	26.0	100.0
	Total	96	100.0	100.0	

Q75

		Frequency	Percent	Valid Percent	Cumulative Percent
Valid	0	68	70.8	70.8	70.8
	1	27	28.1	28.1	99.0
	5	1	1.0	1.0	100.0
	Total	96	100.0	100.0	

8. 单项选择题,必答：您认为展览内容有亮点吗?

Q8

		Frequency	Percent	Valid Percent	Cumulative Percent
Valid	1	58	60.4	60.4	60.4
	2	34	35.4	35.4	95.8
	3	4	4.2	4.2	100.0
	Total	96	100.0	100.0	

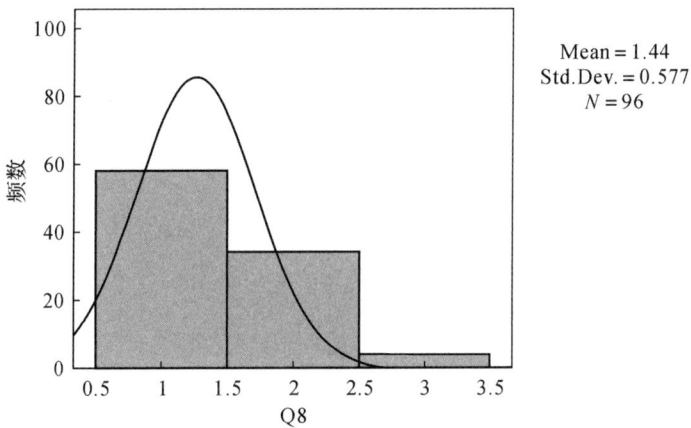

Mean = 1.44
Std.Dev. = 0.577
$N = 96$

9. 单项选择题,必答：您认为展览文字是否有趣看得明白?

Q9

		Frequency	Percent	Valid Percent	Cumulative Percent
Valid	1	35	36.5	36.5	36.5
	3	61	63.5	63.5	100.0
	Total	96	100.0	100.0	

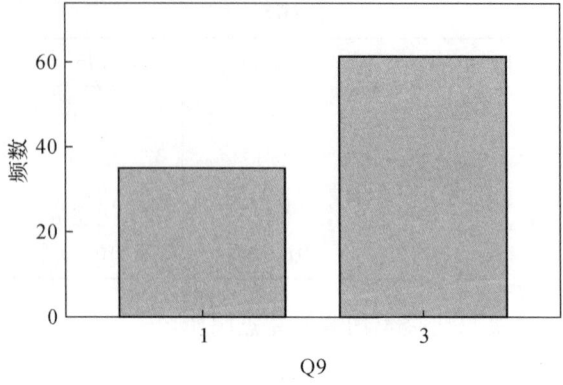

Q9

10.单项选择题,必答:您认为展品是否丰富?

Q10

		Frequency	Percent	Valid Percent	Cumulative Percent
Valid	1	53	55.2	55.2	55.2
	2	36	37.5	37.5	92.7
	3	4	4.2	4.2	96.9
	5	3	3.1	3.1	100.0
	Total	96	100.0	100.0	

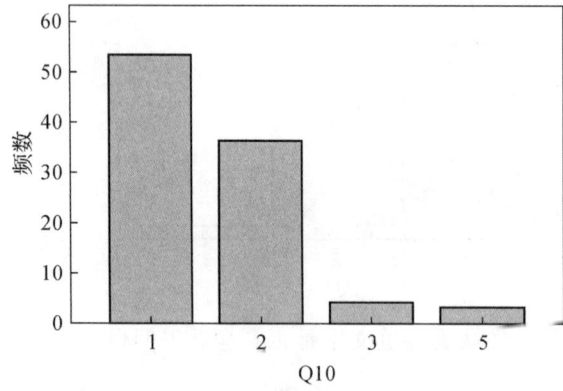

Q10

11.单项选择题,必答:您认为有多少展品让人感兴趣?

Q11

		Frequency	Percent	Valid Percent	Cumulative Percent
Valid	1	40	41.7	41.7	41.7
	2	55	57.3	57.3	99.0
	3	1	1.0	1.0	100.0
	Total	96	100.0	100.0	

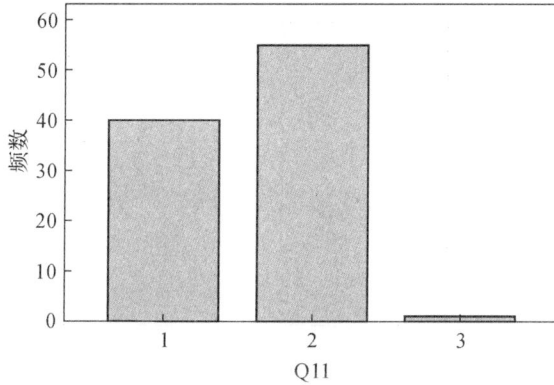

12. 单项选择题,必答：您认为有多少展品能引起思考或疑问？

Q12

		Frequency	Percent	Valid Percent	Cumulative Percent
	1	54	56.3	56.8	56.8
Valid	2	41	42.7	43.2	100.0
	Total	95	99.0	100.0	
Missing	System	1	1.0		
Total		96	100.0		

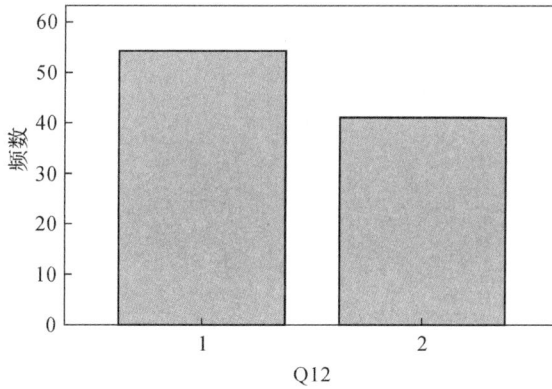

13. 单项选择题,必答：您认为能操作、参与玩的展品/装置多吗？

Q13

		Frequency	Percent	Valid Percent	Cumulative Percent
	2	60	62.5	62.5	62.5
Valid	3	36	37.5	37.5	100.0
	Total	96	100.0	100.0	

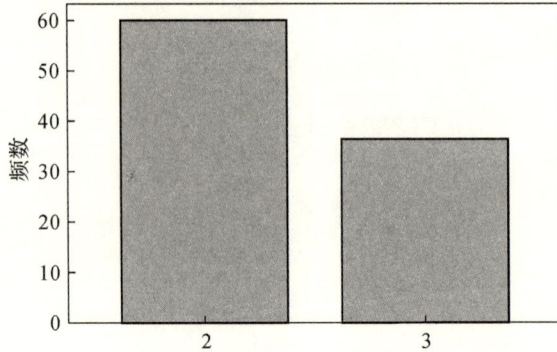

Q13

14.单项选择题,必答:您认为展品中多少是陈旧或需要更新的?

Q14

		Frequency	Percent	Valid Percent	Cumulative Percent
Valid	1	1	1.0	1.0	1.0
	2	51	53.1	53.1	54.2
	3	36	37.5	37.5	91.7
	4	8	8.3	8.3	100.0
	Total	96	100.0	100.0	

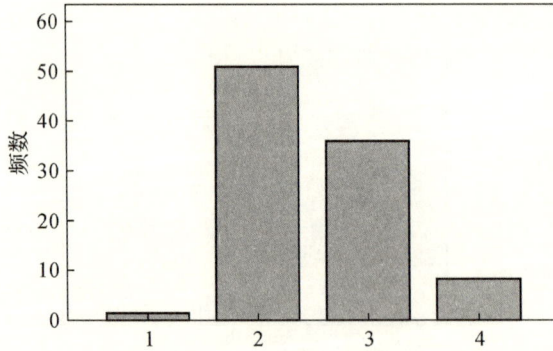

Q14

15.单项选择题,必答:您认为展览手段是否丰富?

Q15

		Frequency	Percent	Valid Percent	Cumulative Percent
Valid	1	11	11.5	11.6	11.6
	2	51	53.1	53.7	65.3
	3	33	34.4	34.7	100.0
	Total	95	99.0	100.0	
Missing	System	1	1.0		
Total		96	100.0		

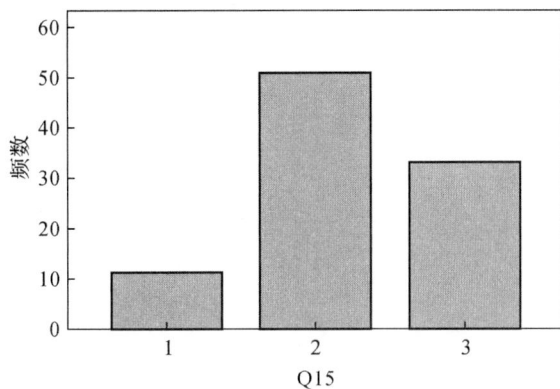

16.单项选择题,必答：您认为展品高度让您觉得舒适吗？

Q16

		Frequency	Percent	Valid Percent	Cumulative Percent
Valid	1	1	1.0	1.0	1.0
	2	16	16.7	16.7	17.7
	3	27	28.1	28.1	45.8
	4	52	54.2	54.2	100.0
	Total	96	100.0	100.0	

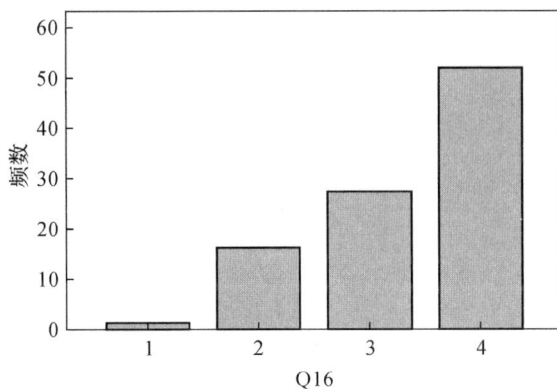

17.单项选择题,必答：您认为展品密度(展品间间隔)是否合适？

Q17

		Frequency	Percent	Valid Percent	Cumulative Percent
Valid	1	3	3.1	3.1	3.1
	2	61	63.5	63.5	66.7
	3	30	31.3	31.3	97.9
	4	2	2.1	2.1	100.0
	Total	96	100.0	100.0	

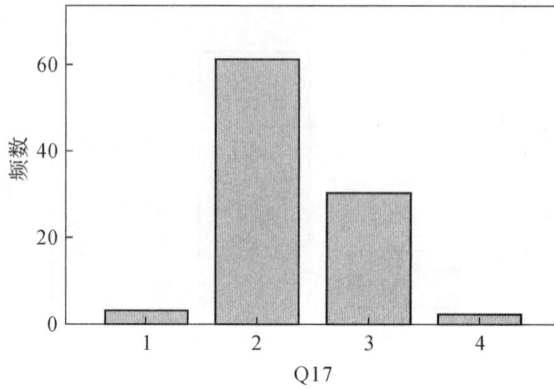

Q17

18. 单项选择题,必答:您认为操作展品的使用是否简单方便(操作说明清楚)?

Q18

		Frequency	Percent	Valid Percent	Cumulative Percent
	3	34	35.4	35.4	35.4
Valid	4	62	64.6	64.6	100.0
	Total	96	100.0	100.0	

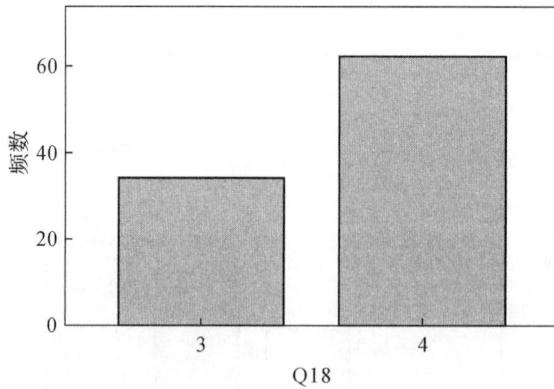

Q18

19. 多项选择题,必答:在参观或操作展品时,您倾向于——

Q191

		Frequency	Percent	Valid Percent	Cumulative Percent
	0	31	32.3	32.3	32.3
Valid	1	65	67.7	67.7	100.0
	Total	96	100.0	100.0	

Q192

		Frequency	Percent	Valid Percent	Cumulative Percent
	0	52	54.2	54.2	54.2
Valid	1	44	45.8	45.8	100.0
	Total	96	100.0	100.0	

Q193

		Frequency	Percent	Valid Percent	Cumulative Percent
	0	65	67.7	67.7	67.7
Valid	1	31	32.3	32.3	100.0
	Total	96	100.0	100.0	

Q194

		Frequency	Percent	Valid Percent	Cumulative Percent
	0	75	78.1	78.1	78.1
Valid	1	21	21.9	21.9	100.0
	Total	96	100.0	100.0	

Q195

		Frequency	Percent	Valid Percent	Cumulative Percent
	0	73	76.0	76.0	76.0
Valid	1	23	24.0	24.0	100.0
	Total	96	100.0	100.0	

20. 单项选择题,必答:您认为整体展览氛围营造得好吗?

Q20

		Frequency	Percent	Valid Percent	Cumulative Percent
	1	54	56.3	56.3	56.3
	2	35	36.5	36.5	92.7
Valid	3	7	7.3	7.3	100.0
	Total	96	100.0	100.0	

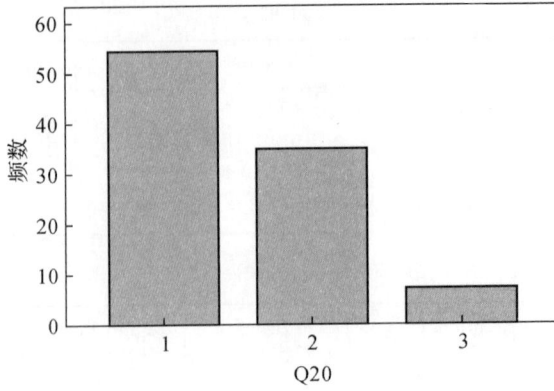

21. 单项选择题,必答:您是否在博物馆内常常看到博物馆标志?

Q21

		Frequency	Percent	Valid Percent	Cumulative Percent
Valid	2	45	46.9	46.9	46.9
	3	41	42.7	42.7	89.6
	4	10	10.4	10.4	100.0
	Total	96	100.0	100.0	

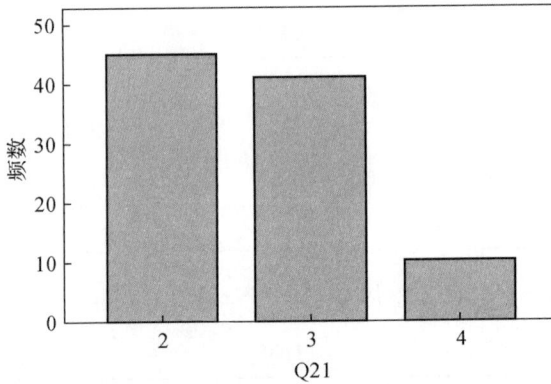

22. 单项选择题,必答:您认为操作展品和参观过程中有不安全因素存在吗?

Q22

		Frequency	Percent	Valid Percent	Cumulative Percent
Valid	1	1	1.0	1.0	1.0
	2	44	45.8	45.8	46.9
	3	50	52.1	52.1	99.0
	4	1	1.0	1.0	100.0
	Total	96	100.0	100.0	

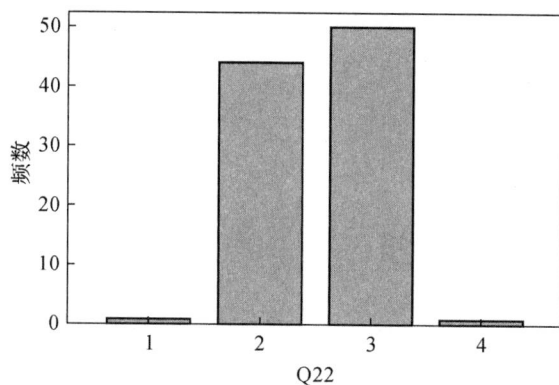

23.单项选择题,必答:您认为参观路线清晰吗?

Q23

		Frequency	Percent	Valid Percent	Cumulative Percent
	2	6	6.3	6.3	6.3
	3	35	36.5	36.5	42.7
Valid	4	55	57.3	57.3	100.0
	Total	96	100.0	100.0	

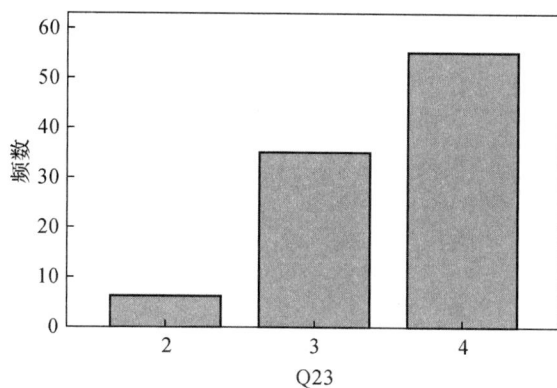

24.单项选择题,必答:您认为展览空间照明、温度、声效好吗?

Q24

		Frequency	Percent	Valid Percent	Cumulative Percent
	2	54	56.3	56.3	56.3
	3	38	39.6	39.6	95.8
Valid	4	2	2.1	2.1	97.9
	5	2	2.1	2.1	100.0
	Total	96	100.0	100.0	

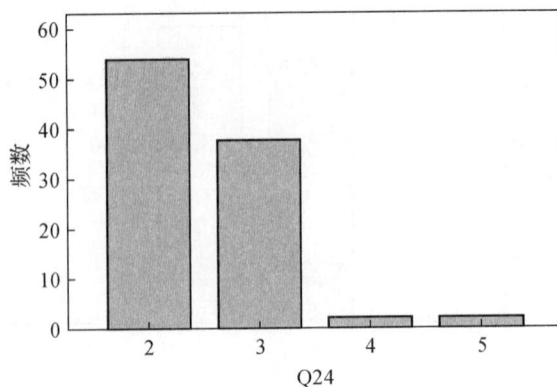

Q24

25.单项选择题,必答：您认为展厅的清洁、舒适程度怎样？

Q25

		Frequency	Percent	Valid Percent	Cumulative Percent
Valid	2	8	8.3	8.3	8.3
	3	32	33.3	33.3	41.7
	4	53	55.2	55.2	96.9
	5	3	3.1	3.1	100.0
	Total	96	100.0	100.0	

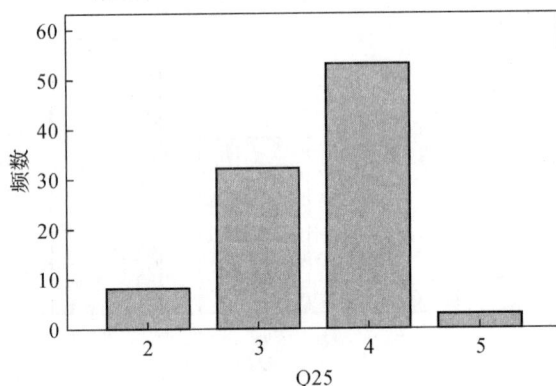

Q25

26.单项选择题,必答：您还想再次来吗？

Q26

		Frequency	Percent	Valid Percent	Cumulative Percent
Valid	2	34	35.4	35.8	35.8
	3	36	37.5	37.9	73.7
	4	25	26.0	26.3	100.0
	Total	95	99.0	100.0	
Missing	System	1	1.0		
Total		96	100.0		

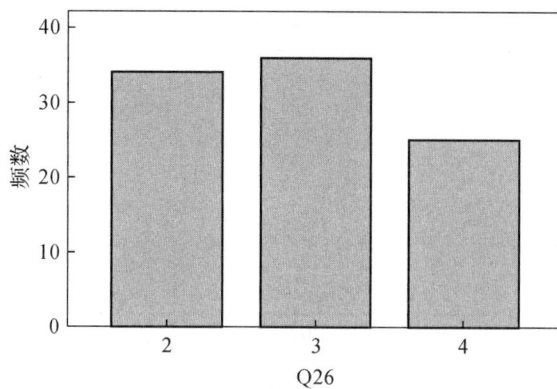

27. 多项选择题,必答:您这次来上海儿童博物馆科学展区的收获在于——

Q271

		Frequency	Percent	Valid Percent	Cumulative Percent
Valid	0	37	38.5	38.5	38.5
	1	59	61.5	61.5	100.0
	Total	96	100.0	100.0	

Q272

		Frequency	Percent	Valid Percent	Cumulative Percent
Valid	0	67	69.8	69.8	69.8
	1	29	30.2	30.2	100.0
	Total	96	100.0	100.0	

Q273

		Frequency	Percent	Valid Percent	Cumulative Percent
Valid	0	96	100.0	100.0	100.0

Q274

		Frequency	Percent	Valid Percent	Cumulative Percent
Valid	0	74	77.1	77.1	77.1
	1	22	22.9	22.9	100.0
	Total	96	100.0	100.0	

Q275

		Frequency	Percent	Valid Percent	Cumulative Percent
Valid	0	68	70. 8	70. 8	70. 8
	1	28	29. 2	29. 2	100. 0
	Total	96	100. 0	100. 0	

Q276

		Frequency	Percent	Valid Percent	Cumulative Percent
Valid	0	96	100. 0	100. 0	100. 0

Q277

		Frequency	Percent	Valid Percent	Cumulative Percent
Valid	0	93	96. 9	96. 9	96. 9
	1	3	3. 1	3. 1	100. 0
	Total	96	100. 0	100. 0	

附录五　印第安纳波利斯儿童博物馆调查问卷统计分析
（"恐龙：现在你就在它们的世界"展区）

1.单项选择题,必答：请问今天是您（或您陪同孩子）第几次来印第安纳波利斯儿童博物馆的"恐龙：现在你就在它们的世界"展区？

Q1

		Frequency	Percent	Valid Percent	Cumulative Percent
Valid	3	6	6.7	6.7	6.7
	4	32	36.0	36.0	42.7
	5	51	57.3	57.3	100.0
	Total	89	100.0	100.0	

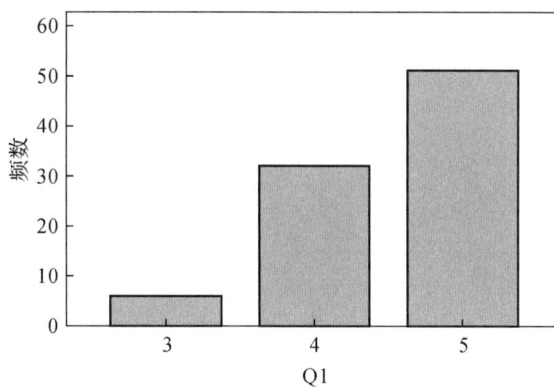

2.问答题,必答：您的年龄是——

Descriptive Statistics

	N	Minimum	Maximum	Mean	Std. Deviation
Q2	89	7	39	21.17	12.152
Valid N (listwise)	89				

3.单项选择题,必答：您家住在——

Q3

		Frequency	Percent	Valid Percent	Cumulative Percent
Valid	1	20	22.5	22.5	22.5
	2	47	52.8	52.8	75.3
	3	2	2.2	2.2	77.5
	4	12	13.5	13.5	91.0
	5	8	9.0	9.0	100.0
	Total	89	100.0	100.0	

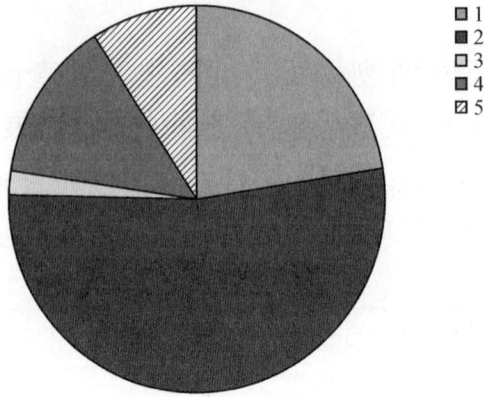

Q3

4. 单项选择题,必答:您预计会(或和孩子一起)参观多长时间?

Q4

		Frequency	Percent	Valid Percent	Cumulative Percent
Valid	4	8	9.0	9.0	9.0
	5	33	37.1	37.1	46.1
	6	48	53.9	53.9	100.0
	Total	89	100.0	100.0	

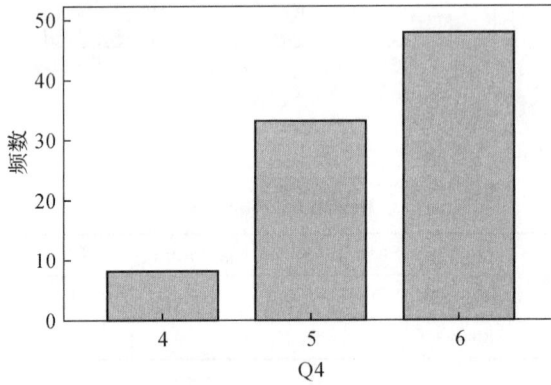

Q4

5. 多项选择题,必答:您这次来印第安纳波利斯儿童博物馆"恐龙:现在你就在它们的世界"展区的目的是什么?

Q51

		Frequency	Percent	Valid Percent	Cumulative Percent
Valid	0	66	74.2	74.2	74.2
	1	23	25.8	25.8	100.0
	Total	89	100.0	100.0	

Q52

		Frequency	Percent	Valid Percent	Cumulative Percent
Valid	0	70	78.7	78.7	78.7
	1	19	21.3	21.3	100.0
	Total	89	100.0	100.0	

Q53

		Frequency	Percent	Valid Percent	Cumulative Percent
Valid	0	53	59.6	59.6	59.6
	1	36	40.4	40.4	100.0
	Total	89	100.0	100.0	

Q54

		Frequency	Percent	Valid Percent	Cumulative Percent
Valid	0	57	64.0	64.0	64.0
	1	32	36.0	36.0	100.0
	Total	89	100.0	100.0	

Q55

		Frequency	Percent	Valid Percent	Cumulative Percent
Valid	0	75	84.3	84.3	84.3
	1	14	15.7	15.7	100.0
	Total	89	100.0	100.0	

Q56

		Frequency	Percent	Valid Percent	Cumulative Percent
Valid	0	89	100.0	100.0	100.0

6.单项选择题,必答：您认为展览结构是否条理清晰,容易理解？

Q6

		Frequency	Percent	Valid Percent	Cumulative Percent
Valid	3	8	9.0	9.0	9.0
	4	25	28.1	28.1	37.1
	5	56	62.9	62.9	100.0
	Total	89	100.0	100.0	

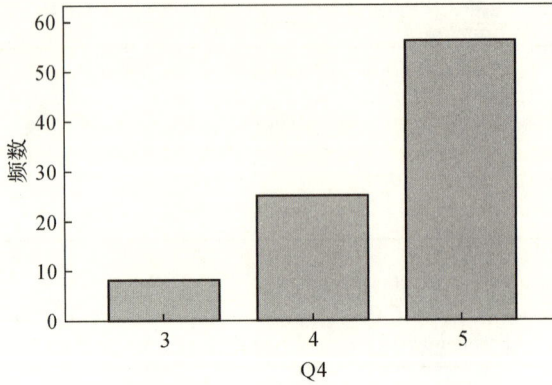

7. 多项选择题, 必答: 您认为怎样的展览选题让人喜欢?

Q71

		Frequency	Percent	Valid Percent	Cumulative Percent
Valid	0	22	24.7	24.7	24.7
	1	67	75.3	75.3	100.0
	Total	89	100.0	100.0	

Q72

		Frequency	Percent	Valid Percent	Cumulative Percent
Valid	0	2	2.2	2.2	2.2
	1	87	97.8	97.8	100.0
	Total	89	100.0	100.0	

Q73

		Frequency	Percent	Valid Percent	Cumulative Percent
Valid	0	75	84.3	84.3	84.3
	1	14	15.7	15.7	100.0
	Total	89	100.0	100.0	

Q74

		Frequency	Percent	Valid Percent	Cumulative Percent
Valid	0	89	100.0	100.0	100.0

Q75

		Frequency	Percent	Valid Percent	Cumulative Percent
Valid	0	30	33.7	33.7	33.7
	1	59	66.3	66.3	100.0
	Total	89	100.0	100.0	

8. 单项选择题,必答：您认为展览内容有亮点吗？

Q8

		Frequency	Percent	Valid Percent	Cumulative Percent
	4	39	43.8	43.8	43.8
Valid	5	50	56.2	56.2	100.0
	Total	89	100.0	100.0	

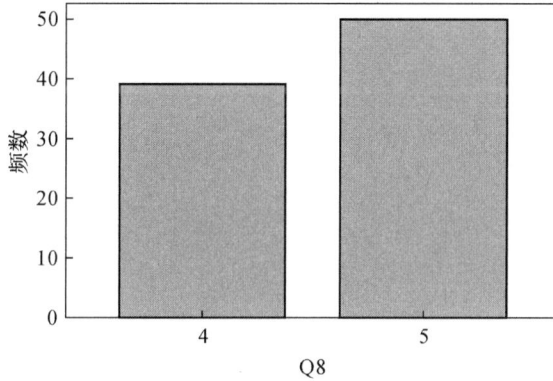

9. 单项选择题,必答：您认为展览文字是否有趣看得明白？

Q9

		Frequency	Percent	Valid Percent	Cumulative Percent
	4	20	22.5	22.5	22.5
Valid	5	69	77.5	77.5	100.0
	Total	89	100.0	100.0	

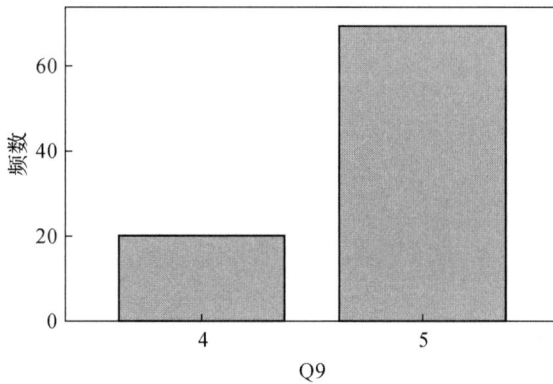

10. 单项选择题, 必答: 您认为展品是否丰富?

Q10

		Frequency	Percent	Valid Percent	Cumulative Percent
Valid	4	27	30.3	30.3	30.3
	5	62	69.7	69.7	100.0
	Total	89	100.0	100.0	

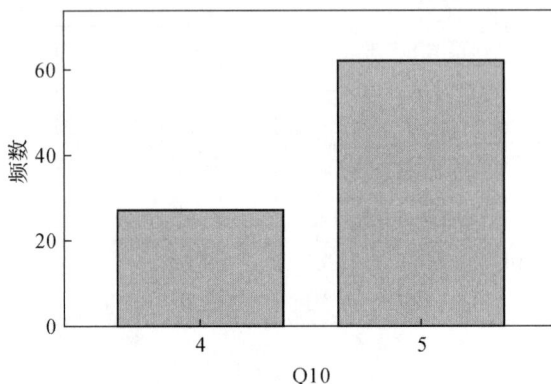

11. 单项选择题, 必答: 您认为有多少展品让人感兴趣?

Q11

		Frequency	Percent	Valid Percent	Cumulative Percent
Valid	4	33	37.1	37.1	37.1
	5	56	62.9	62.9	100.0
	Total	89	100.0	100.0	

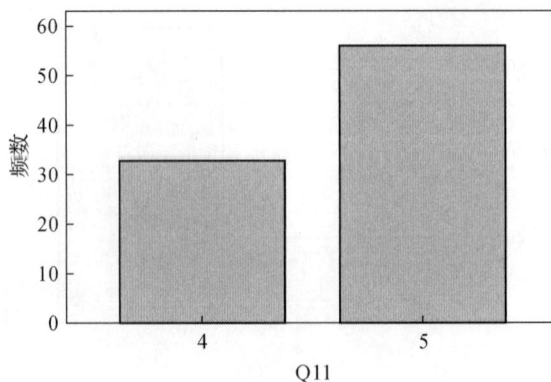

12. 单项选择题,必答:您认为有多少展品能引起思考或疑问?

Q12

		Frequency	Percent	Valid Percent	Cumulative Percent
	4	34	38.2	38.2	38.2
Valid	5	55	61.8	61.8	100.0
	Total	89	100.0	100.0	

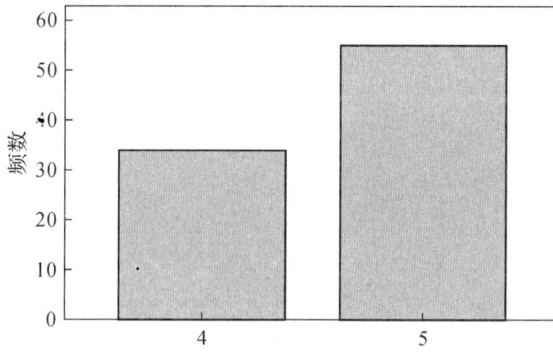

13. 单项选择题,必答:您认为能操作、参与玩的展品/装置多吗?

Q13

		Frequency	Percent	Valid Percent	Cumulative Percent
	3	3	3.4	3.4	3.4
	4	36	40.4	40.4	43.8
Valid	5	50	56.2	56.2	100.0
	Total	89	100.0	100.0	

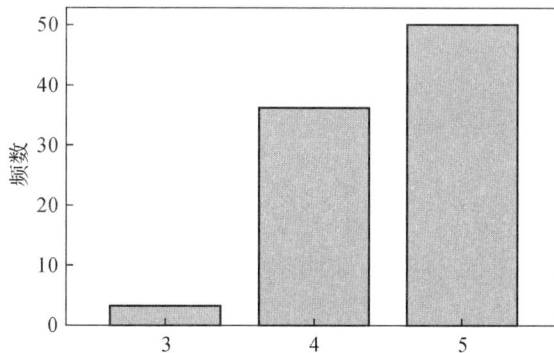

14. 单项选择题,必答:您认为展品中多少是陈旧或需要更新的?

Q14

		Frequency	Percent	Valid Percent	Cumulative Percent
Valid	1	83	93.3	94.3	94.3
	2	5	5.6	5.7	100.0
	Total	88	98.9	100.0	
Missing	System	1	1.1		
Total		89	100.0		

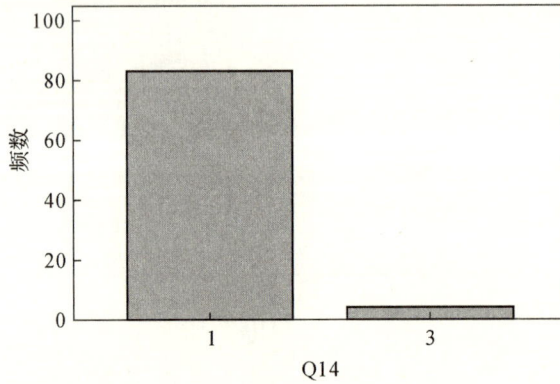

15. 单项选择题,必答:您认为展览手段是否丰富?

Q15

		Frequency	Percent	Valid Percent	Cumulative Percent
Valid	3	1	1.1	1.1	1.1
	4	24	27.0	27.0	28.1
	5	64	71.9	71.9	100.0
	Total	89	100.0	100.0	

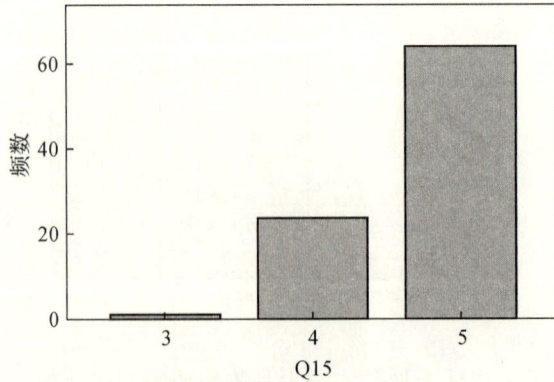

16. 单项选择题,必答:您认为展品高度让您觉得舒适吗?

Q16

		Frequency	Percent	Valid Percent	Cumulative Percent
Valid	4	8	9.0	9.0	9.0
	5	81	91.0	91.0	100.0
	Total	89	100.0	100.0	

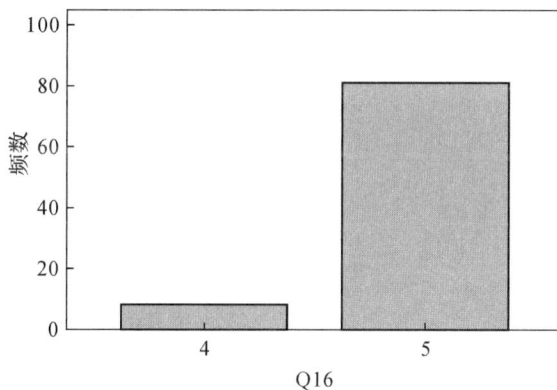

Q16

17. 单项选择题,必答：您认为展品密度(展品间间隔)是否合适？

Q17

		Frequency	Percent	Valid Percent	Cumulative Percent
Valid	4	18	20.2	20.5	20.5
	5	70	78.7	79.5	100.0
	Total	88	98.9	100.0	
Missing	System	1	1.1		
	Total	89	100.0		

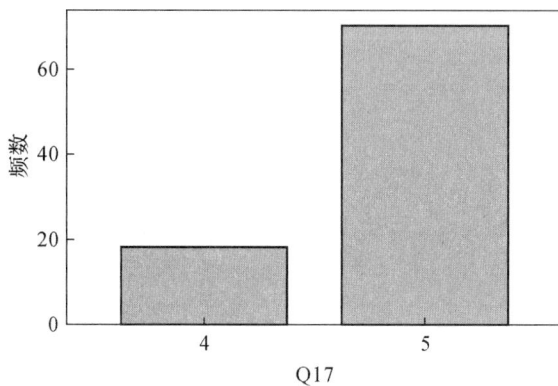

Q17

18. 单项选择题,必答：您认为操作展品的使用是否简单方便(操作说明清楚)？

Q18

		Frequency	Percent	Valid Percent	Cumulative Percent
Valid	2	2	2.2	2.2	2.2
	3	26	29.2	29.2	31.5
	4	59	66.3	66.3	97.8
	5	2	2.2	2.2	100.0
	Total	89	100.0	100.0	

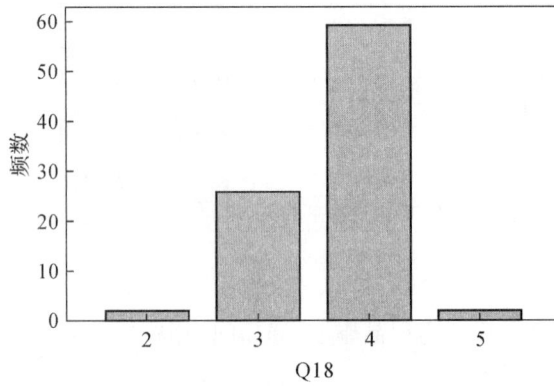

19. 多项选择题，必答：在参观或操作展品时，您倾向于——

Q191

		Frequency	Percent	Valid Percent	Cumulative Percent
Valid	0	35	39.3	39.3	39.3
	1	54	60.7	60.7	100.0
	Total	89	100.0	100.0	

Q192

		Frequency	Percent	Valid Percent	Cumulative Percent
Valid	0	63	70.8	70.8	70.8
	1	26	29.2	29.2	100.0
	Total	89	100.0	100.0	

Q193

		Frequency	Percent	Valid Percent	Cumulative Percent
Valid	0	89	100.0	100.0	100.0

Q194

		Frequency	Percent	Valid Percent	Cumulative Percent
Valid	0	15	16.9	16.9	16.9
	1	74	83.1	83.1	100.0
	Total	89	100.0	100.0	

Q195

		Frequency	Percent	Valid Percent	Cumulative Percent
Valid	0	89	100.0	100.0	100.0

20. 单项选择题,必答:您认为整体展览氛围营造得好吗?

Q20

		Frequency	Percent	Valid Percent	Cumulative Percent
Valid	4	21	23.6	23.6	23.6
	5	68	76.4	76.4	100.0
	Total	89	100.0	100.0	

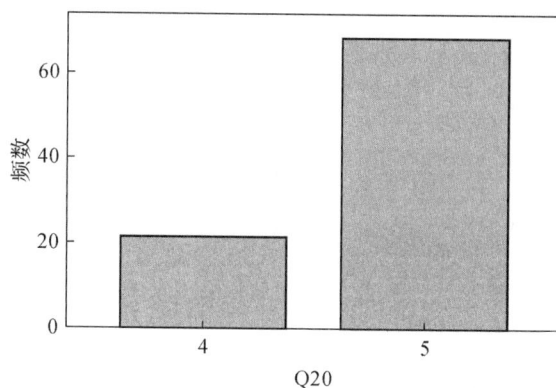

21. 单项选择题,必答:您是否在博物馆内常常看到博物馆标志?

Q21

		Frequency	Percent	Valid Percent	Cumulative Percent
Valid	1	69	77.5	78.4	78.4
	2	19	21.3	21.6	100.0
	Total	88	98.9	100.0	
Missing	System	1	1.1		
Total		89	100.0		

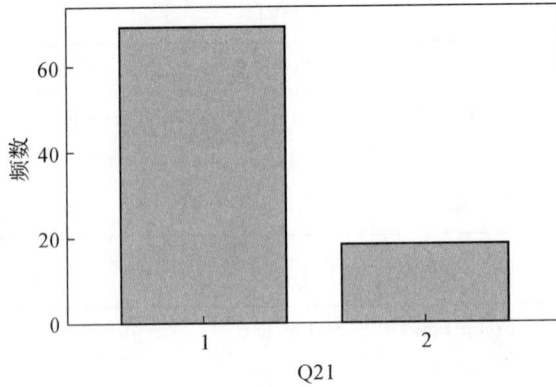

Q21

22. 单项选择题，必答：您认为操作展品和参观过程中有不安全因素存在吗？

Q22

		Frequency	Percent	Valid Percent	Cumulative Percent
Valid	1	84	94.4	96.6	96.6
	2	3	3.4	3.4	100.0
	Total	87	97.8	100.0	
Missing	System	2	2.2		
Total		89	100.0		

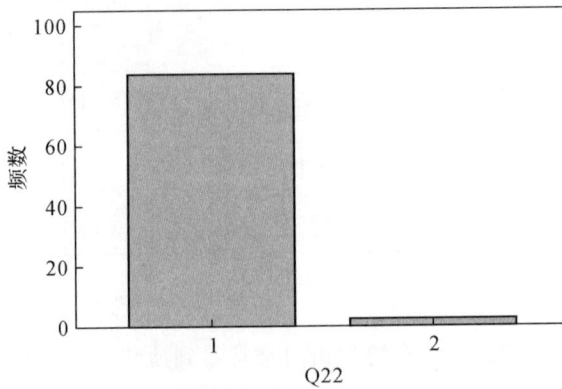

Q22

23. 单项选择题，必答：您认为参观路线清晰吗？

Q23

		Frequency	Percent	Valid Percent	Cumulative Percent
Valid	4	22	24.7	24.7	24.7
	5	67	75.3	75.3	100.0
	Total	89	100.0	100.0	

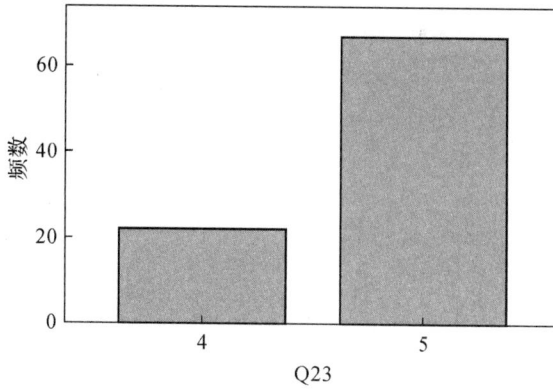

24. 单项选择题,必答：您认为展览空间照明、温度、声效好吗？

Q24

		Frequency	Percent	Valid Percent	Cumulative Percent
Valid	4	25	28.1	28.1	28.1
	5	64	71.9	71.9	100.0
	Total	89	100.0	100.0	

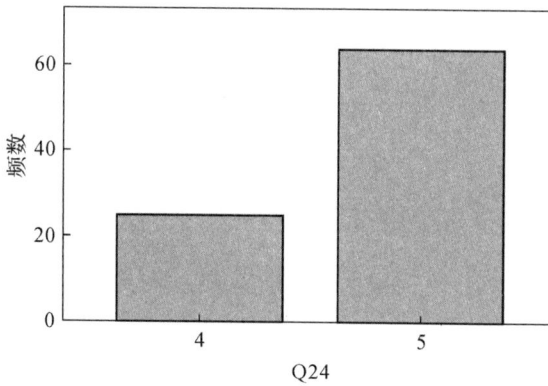

25. 单项选择题,必答：您认为展厅的清洁、舒适程度怎样？

Q25

		Frequency	Percent	Valid Percent	Cumulative Percent
Valid	3	1	1.1	1.1	1.1
	4	42	47.2	47.2	48.3
	5	46	51.7	51.7	100.0
	Total	89	100.0	100.0	

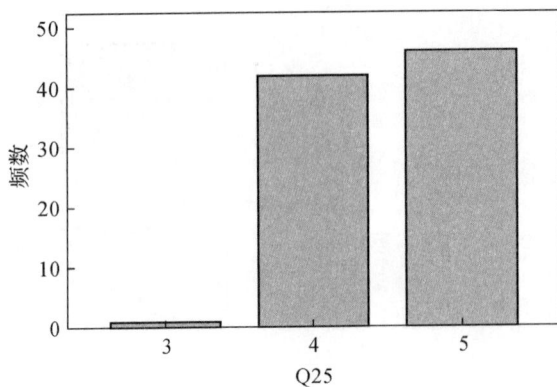

26. 单项选择题,必答:您还想再次来吗?

Q26

		Frequency	Percent	Valid Percent	Cumulative Percent
	4	33	37.1	37.1	37.1
Valid	5	56	62.9	62.9	100.0
	Total	89	100.0	100.0	

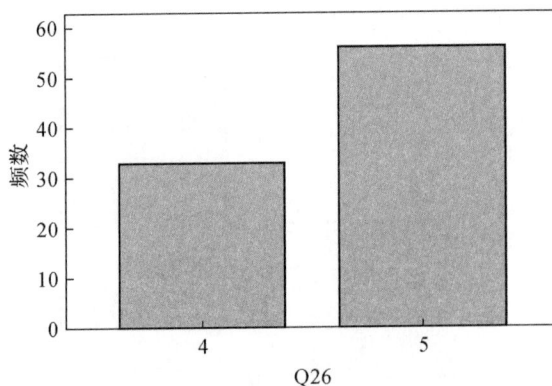

27. 多项选择题,必答:您这次来印第安纳波利斯儿童博物馆"恐龙:现在你就在它们的世界"展区的收获在于——

Q271

		Frequency	Percent	Valid Percent	Cumulative Percent
	0	9	10.1	10.1	10.1
Valid	1	80	89.9	89.9	100.0
	Total	89	100.0	100.0	

Q272

		Frequency	Percent	Valid Percent	Cumulative Percent
Valid	0	8	9.0	9.0	9.0
	1	81	91.0	91.0	100.0
	Total	89	100.0	100.0	

Q273

		Frequency	Percent	Valid Percent	Cumulative Percent
Valid	0	28	31.5	31.5	31.5
	1	61	68.5	68.5	100.0
	Total	89	100.0	100.0	

Q274

		Frequency	Percent	Valid Percent	Cumulative Percent
Valid	0	13	14.6	14.6	14.6
	1	76	85.4	85.4	100.0
	Total	89	100.0	100.0	

Q275

		Frequency	Percent	Valid Percent	Cumulative Percent
Valid	0	89	100.0	100.0	100.0

Q276

		Frequency	Percent	Valid Percent	Cumulative Percent
Valid	0	89	100.0	100.0	100.0

Q277

		Frequency	Percent	Valid Percent	Cumulative Percent
Valid	0	89	100.0	100.0	100.0

附录六 中国妇女儿童博物馆调查问卷统计分析
（"儿童历史"展区）

1. 单项选择题，必答：请问今天是您（或您陪同孩子）第几次来中国妇女儿童博物馆"儿童历史"展区？

Q1

		Frequency	Percent	Valid Percent	Cumulative Percent
Valid	1	79	84.9	86.8	86.8
	2	12	12.9	13.2	100.0
	Total	88	97.8	100.0	
Missing	System	2	2.2		
Total		93	100.0		

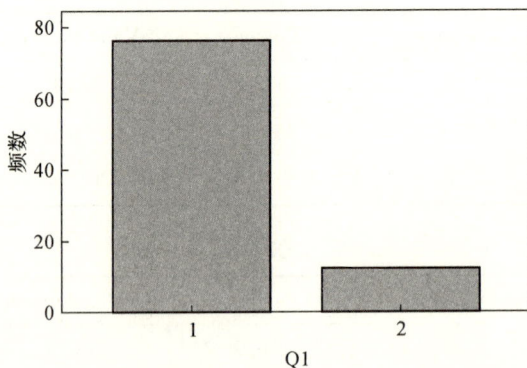

2. 问答题，必答：您的年龄是——

Descriptive Statistics

	N	Minimum	Maximum	Mean	Std. Deviation
Q2	93	8	68	26.05	16.545
Valid N (listwise)	93				

3. 单项选择题，必答：您家住在——

Q3

		Frequency	Percent	Valid Percent	Cumulative Percent
Valid	1	72	77.4	78.3	78.3
	2	3	3.2	3.3	81.5
	3	12	12.9	13.0	94.6
	4	3	3.2	3.3	97.8
	5	2	2.2	2.2	100.0
	Total	92	98.9	100.0	
Missing	System	1	1.1		
Total		93	100.0		

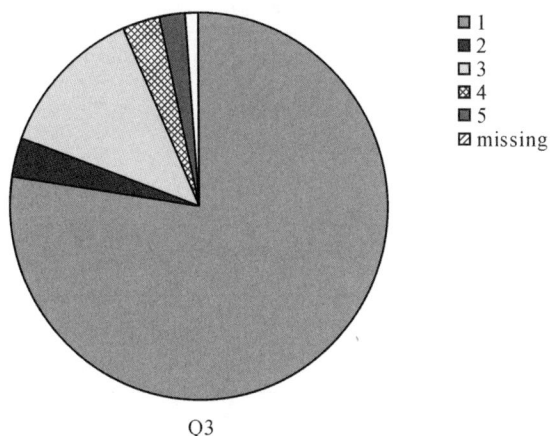

Q3

4.单项选择题,必答:您预计会(或和孩子一起)参观多长时间?

Q4

		Frequency	Percent	Valid Percent	Cumulative Percent
Valid	1	2	2.2	2.2	2.2
	2	47	50.5	50.5	52.7
	3	44	47.3	47.3	100.0
	Total	93	100.0	100.0	

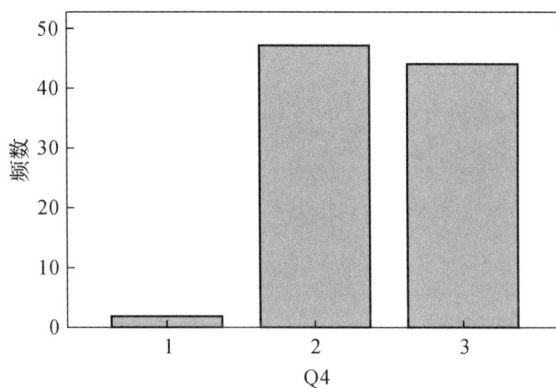

5.多项选择题,必答:您这次来中国妇女儿童博物馆"儿童历史"展区的目的是什么?

Q51

		Frequency	Percent	Valid Percent	Cumulative Percent
Valid	0	52	55.9	55.9	55.9
	1	41	44.1	44.1	100.0
	Total	93	100.0	100.0	

Q52

		Frequency	Percent	Valid Percent	Cumulative Percent
Valid	0	51	54.8	54.8	54.8
	1	42	45.2	45.2	100.0
	Total	93	100.0	100.0	

Q53

		Frequency	Percent	Valid Percent	Cumulative Percent
Valid	0	93	100.0	100.0	100.0

Q54

		Frequency	Percent	Valid Percent	Cumulative Percent
Valid	0	93	100.0	100.0	100.0

Q55

		Frequency	Percent	Valid Percent	Cumulative Percent
Valid	0	93	100.0	100.0	100.0

Q56

		Frequency	Percent	Valid Percent	Cumulative Percent
Valid	0	83	89.2	89.2	89.2
	1	10	10.8	10.8	100.0
	Total	93	100.0	100.0	

6.单项选择题,必答：您认为展览结构是否条理清晰,容易理解？

Q6

		Frequency	Percent	Valid Percent	Cumulative Percent
Valid	2	4	4.3	4.3	4.3
	3	23	24.7	24.7	29.0
	4	51	54.8	54.8	83.9
	5	15	16.1	16.1	100.0
	Total	93	100.0	100.0	

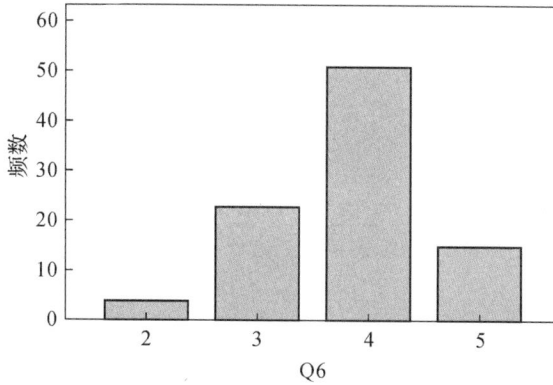

7. 多项选择题，必答：您认为怎样的展览选题让人喜欢？

Q71

		Frequency	Percent	Valid Percent	Cumulative Percent
Valid	0	54	58. 1	58. 1	58. 1
	1	39	41. 9	41. 9	100. 0
	Total	93	100. 0	100. 0	

Q72

		Frequency	Percent	Valid Percent	Cumulative Percent
Valid	0	20	21. 5	21. 5	21. 5
	1	73	78. 5	78. 5	100. 0
	Total	93	100. 0	100. 0	

Q73

		Frequency	Percent	Valid Percent	Cumulative Percent
Valid	0	51	54. 8	54. 8	54. 8
	1	42	45. 2	45. 2	100. 0
	Total	93	100. 0	100. 0	

Q74

		Frequency	Percent	Valid Percent	Cumulative Percent
Valid	0	49	52. 7	52. 7	52. 7
	1	44	47. 3	47. 3	100. 0
	Total	93	100. 0	100. 0	

Q75

		Frequency	Percent	Valid Percent	Cumulative Percent
Valid	0	51	54.8	54.8	54.8
	1	42	45.2	45.2	100.0
	Total	93	100.0	100.0	

8.单项选择题,必答:您认为展览内容有亮点吗?

Q8

		Frequency	Percent	Valid Percent	Cumulative Percent
Valid	1	70	75.3	75.3	75.3
	2	23	24.7	24.7	100.0
	Total	93	100.0	100.0	

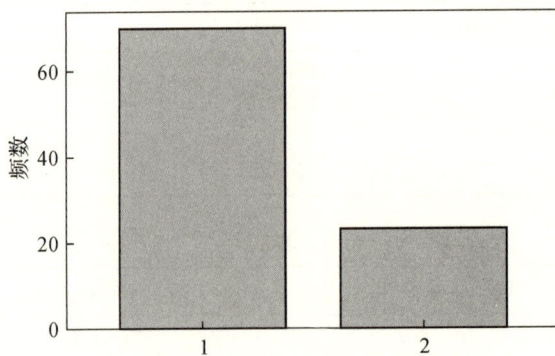

9.单项选择题,必答:您认为展览文字是否有趣看得明白?

Q9

		Frequency	Percent	Valid Percent	Cumulative Percent
Valid	1	20	21.5	21.5	21.5
	3	72	77.4	77.4	98.9
	4	1	1.1	1.1	100.0
	Total	93	100.0	100.0	

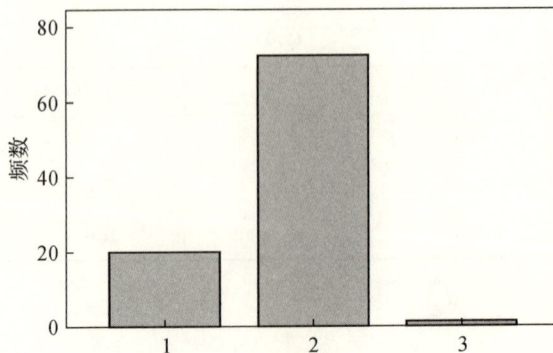

10.单项选择题,必答:您认为展品是否丰富?

Q10

		Frequency	Percent	Valid Percent	Cumulative Percent
Valid	3	24	25.8	26.1	26.1
	4	38	40.9	41.3	67.4
	5	30	32.3	32.6	100.0
	Total	92	98.9	100.0	
Missing	System	1	1.1		
Total		93	100.0		

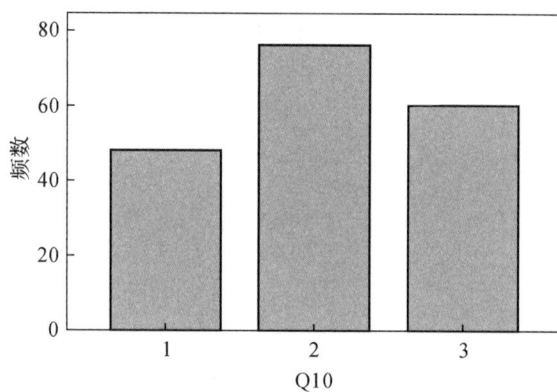

11.单项选择题,必答:您认为有多少展品让人感兴趣?

Q11

		Frequency	Percent	Valid Percent	Cumulative Percent
Valid	1	61	65.6	65.6	65.6
	2	28	30.1	30.1	95.7
	3	3	3.2	3.2	98.9
	11	1	1.1	1.1	100.0
	Total	93	100.0	100.0	

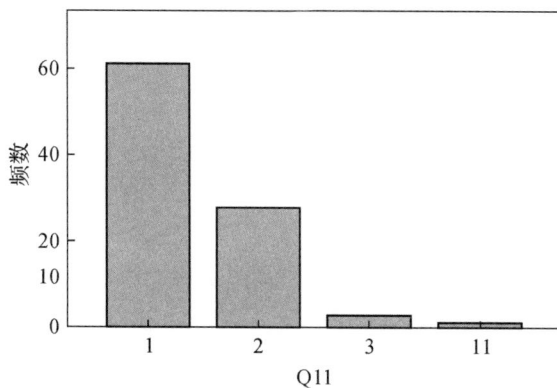

12. 单项选择题,必答:您认为有多少展品能引起思考或疑问?

Q12

		Frequency	Percent	Valid Percent	Cumulative Percent
Valid	1	20	21.5	21.5	21.5
	2	53	57.0	57.0	78.5
	3	20	21.5	21.5	100.0
	Total	93	100.0	100.0	

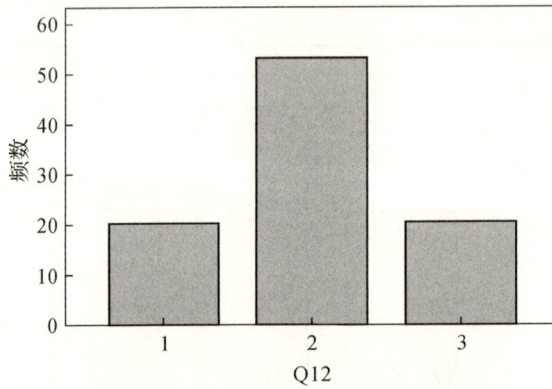

13. 单项选择题,必答:您认为能操作、参与玩的展品/装置多吗?

Q13

		Frequency	Percent	Valid Percent	Cumulative Percent
Valid	1	83	89.2	89.2	89.2
	2	10	10.8	10.8	100.0
	Total	93	100.0	100.0	

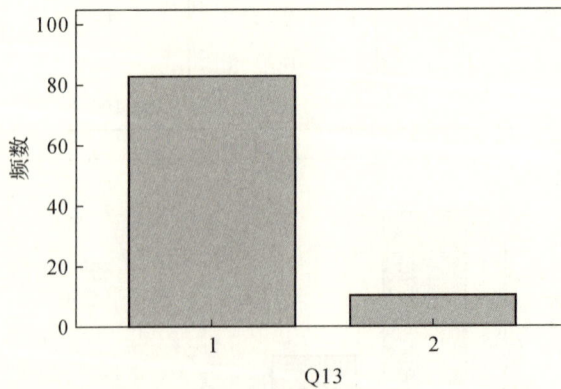

14. 单项选择题,必答:您认为展品中多少是陈旧或需要更新的?

Q14

		Frequency	Percent	Valid Percent	Cumulative Percent
Valid	1	54	58.1	58.1	58.1
	2	37	39.8	39.8	97.8
	3	1	1.1	1.1	98.9
	21	1	1.1	1.1	100.0
	Total	93	100.0	100.0	

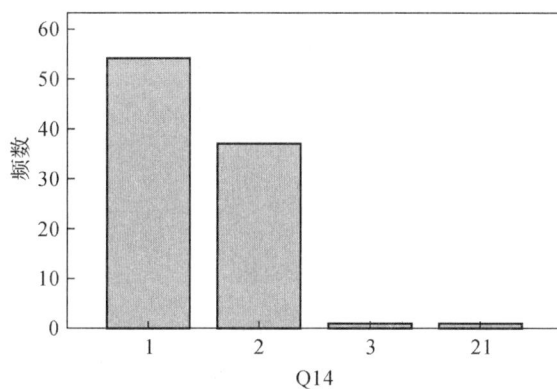

15. 单项选择题,必答:您认为展览手段是否丰富?

Q15

		Frequency	Percent	Valid Percent	Cumulative Percent
Valid	1	49	52.7	52.7	52.7
	2	36	38.7	38.7	91.4
	3	8	8.6	8.6	100.0
	Total	93	100.0	100.0	

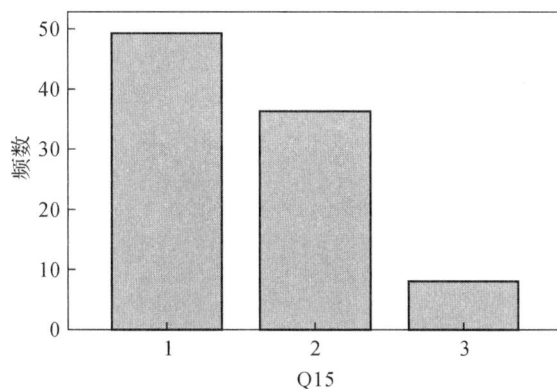

16. 单项选择题,必答:您认为展品高度让您觉得舒适吗?

Q16

		Frequency	Percent	Valid Percent	Cumulative Percent
Valid	2	28	30.1	30.1	30.1
	3	51	54.8	54.8	84.9
	4	14	15.1	15.1	100.0
	Total	93	100.0	100.0	

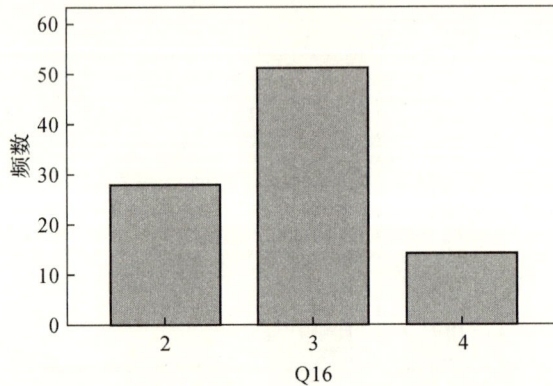

17. 单项选择题,必答：您认为展品密度(展品间间隔)是否合适？

Q17

		Frequency	Percent	Valid Percent	Cumulative Percent
Valid	1	3	3.2	3.2	3.2
	2	58	62.4	62.4	65.6
	3	30	32.3	32.3	97.8
	4	2	2.2	2.2	100.0
	Total	93	100.0	100.0	

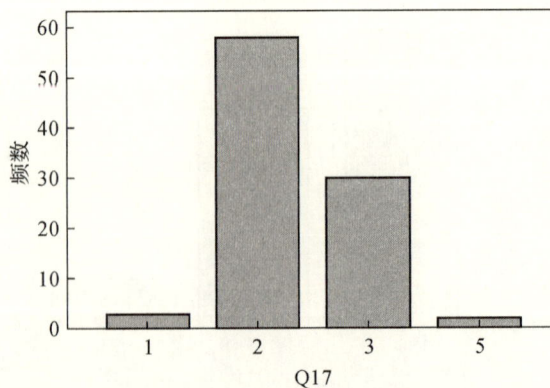

18. 单项选择题,必答：您认为操作展品的使用是否简单方便(操作说明清楚)？

Q18

		Frequency	Percent	Valid Percent	Cumulative Percent
Valid	6	93	100.0	100.0	100.0

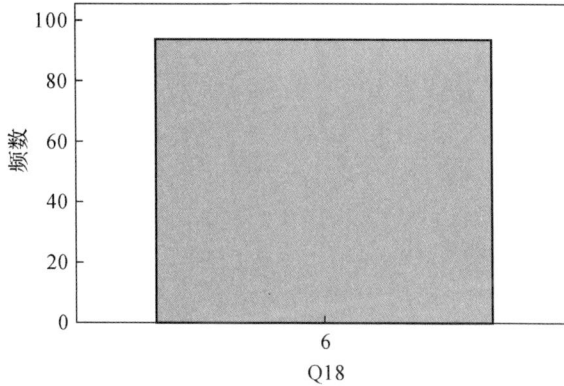

19.多项选择题,必答：在参观或操作展品时,您倾向于——

Q191

		Frequency	Percent	Valid Percent	Cumulative Percent
	0	27	29.0	29.0	29.0
Valid	1	66	71.0	71.0	100.0
	Total	93	100.0	100.0	

Q192

		Frequency	Percent	Valid Percent	Cumulative Percent
	0	70	75.3	75.3	75.3
Valid	1	23	24.7	24.7	100.0
	Total	93	100.0	100.0	

Q193

		Frequency	Percent	Valid Percent	Cumulative Percent
	0	85	91.4	91.4	91.4
Valid	1	8	8.6	8.6	100.0
	Total	93	100.0	100.0	

Q194

		Frequency	Percent	Valid Percent	Cumulative Percent
	0	57	61.3	61.3	61.3
Valid	1	36	38.7	38.7	100.0
	Total	93	100.0	100.0	

Q195

		Frequency	Percent	Valid Percent	Cumulative Percent
	0	80	86.0	86.0	86.0
Valid	1	13	14.0	14.0	100.0
	Total	93	100.0	100.0	

20. 单项选择题,必答:您认为整体展览氛围营造得好吗?

Q20

		Frequency	Percent	Valid Percent	Cumulative Percent
	1	71	76.3	76.3	76.3
	2	18	19.4	19.4	95.7
Valid	3	4	4.3	4.3	100.0
	Total	93	100.0	100.0	

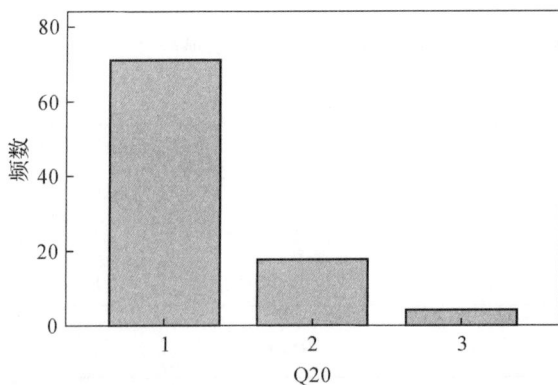

21. 单项选择题,必答:您是否在博物馆内常常看到博物馆标志?

Q21

		Frequency	Percent	Valid Percent	Cumulative Percent
	1	85	91.4	91.4	91.4
Valid	2	8	8.6	8.6	100.0
	Total	93	100.0	100.0	

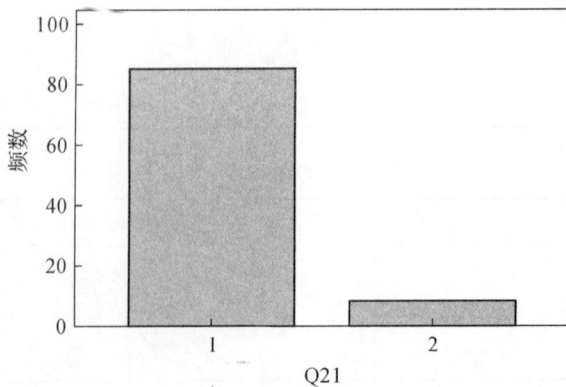

22.单项选择题,必答：您认为操作展品和参观过程中有不安全因素存在吗？

Q22

		Frequency	Percent	Valid Percent	Cumulative Percent
Valid	1	79	84.9	86.8	86.8
	2	12	12.9	13.2	100.0
	Total	91	97.8	100.0	
Missing	System	2	2.2		
Total		93	100.0		

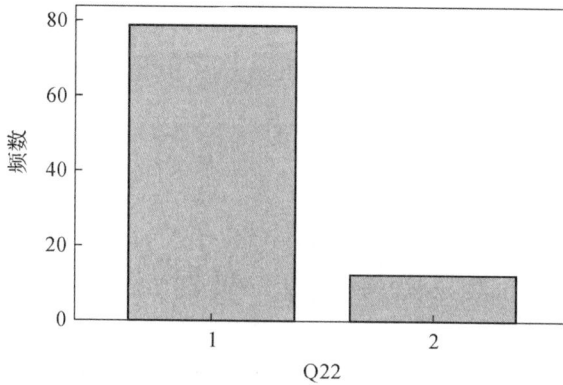

23.单项选择题,必答：您认为参观路线清晰吗？

Q23

		Frequency	Percent	Valid Percent	Cumulative Percent
Valid	3	27	29.0	29.0	29.0
	4	66	71.0	71.0	100.0
	Total	93	100.0	100.0	

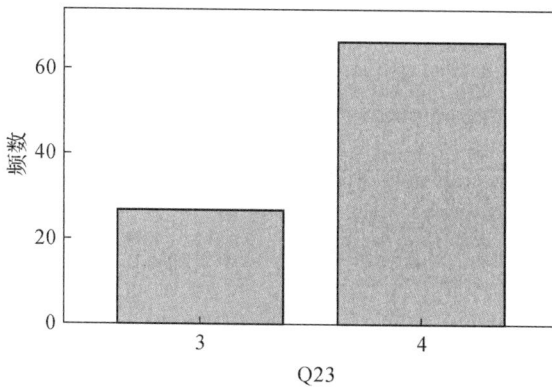

24.单项选择题,必答:您认为展览空间照明、温度、声效好吗?

Q24

		Frequency	Percent	Valid Percent	Cumulative Percent
Valid	3	29	31.2	31.5	31.5
	4	59	63.4	64.1	95.7
	5	4	4.3	4.3	100.0
	Total	92	98.9	100.0	
Missing	System	1	1.1		
Total		93	100.0		

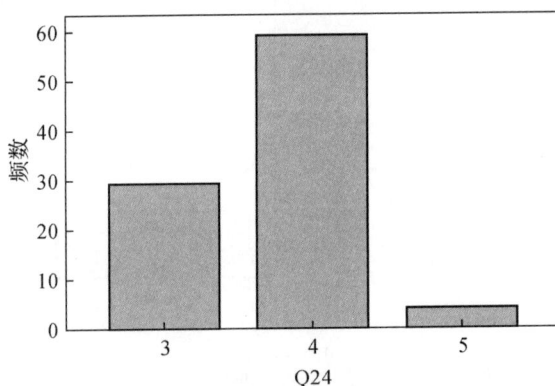

25.单项选择题,必答:您认为展厅的清洁、舒适程度怎样?

Q25

		Frequency	Percent	Valid Percent	Cumulative Percent
Valid	3	3	3.2	3.2	3.2
	4	46	49.5	49.5	52.7
	5	44	47.3	47.3	100.0
	Total	93	100.0	100.0	

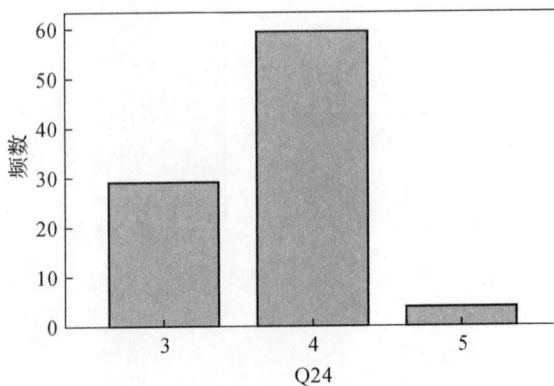

26. 单项选择题,必答:您还想再次来吗?

Q26

		Frequency	Percent	Valid Percent	Cumulative Percent
Valid	1	1	1.1	1.1	1.1
	2	54	58.1	58.1	59.1
	3	35	37.6	37.6	96.8
	4	3	3.2	3.2	100.0
	Total	93	100.0	100.0	

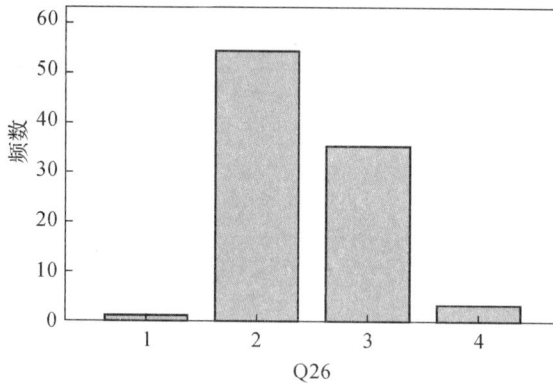

27. 多项选择题,必答:您这次来中国妇女儿童博物馆"儿童历史"展区的收获在于——

Q271

		Frequency	Percent	Valid Percent	Cumulative Percent
Valid	0	33	35.5	35.5	35.5
	1	60	64.5	64.5	100.0
	Total	93	100.0	100.0	

Q272

		Frequency	Percent	Valid Percent	Cumulative Percent
Valid	0	90	96.8	96.8	96.8
	1	3	3.2	3.2	100.0
	Total	93	100.0	100.0	

Q273

		Frequency	Percent	Valid Percent	Cumulative Percent
Valid	0	52	55.9	55.9	55.9
	1	41	44.1	44.1	100.0
	Total	93	100.0	100.0	

Q274

		Frequency	Percent	Valid Percent	Cumulative Percent
Valid	0	93	100.0	100.0	100.0

Q275

		Frequency	Percent	Valid Percent	Cumulative Percent
	0	72	77.4	77.4	77.4
Valid	1	21	22.6	22.6	100.0
	Total	93	100.0	100.0	

Q276

		Frequency	Percent	Valid Percent	Cumulative Percent
Valid	0	93	100.0	100.0	100.0

Q277

		Frequency	Percent	Valid Percent	Cumulative Percent
Valid	0	93	100.0	100.0	100.0

附录七　"请触摸博物馆"调查问卷统计分析
（"欢跃的城市"展区）

1. 单项选择题,必答：请问今天是您（或您陪同孩子）第几次来"请触摸博物馆""欢跃的城市"展示？

Q1

		Frequency	Percent	Valid Percent	Cumulative Percent
Valid	3	2	2.2	2.2	2.2
	4	25	27.8	28.1	30.3
	5	62	68.9	69.7	100.0
	Total	89	98.9	100.0	
Missing	System	1	1.1		
Total		90	100.0		

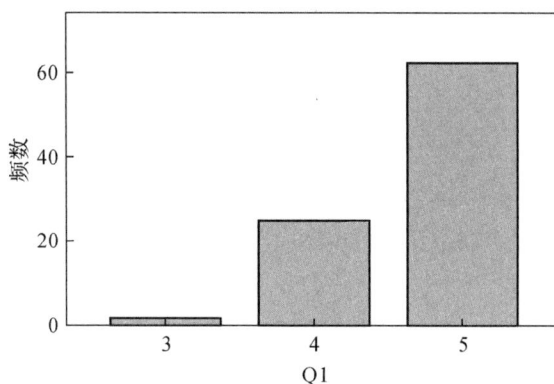

2. 问答题,必答：您的年龄是——

Descriptive Statistics

	N	Minimum	Maximum	Mean	Std. Deviation
Q2	90	8	37	21.90	12.722
Valid N (listwise)	90				

3. 单项选择题,必答：您家住在——

Q3

		Frequency	Percent	Valid Percent	Cumulative Percent
Valid	1	20	22.2	22.2	22.2
	2	46	51.1	51.1	73.3
	3	7	7.8	7.8	81.1
	4	12	13.3	13.3	94.4
	5	5	5.6	5.6	100.0
	Total	90	100.0	100.0	

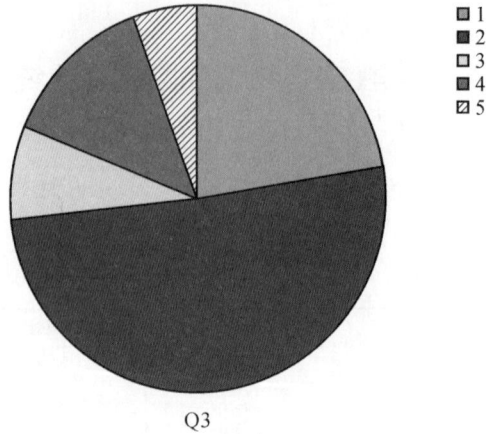

Q3

4. 单项选择题,必答：您预计会(或和孩子一起)参观多长时间？

Q4

		Frequency	Percent	Valid Percent	Cumulative Percent
Valid	4	7	7.8	7.8	7.8
	5	31	34.4	34.4	42.2
	6	52	57.8	57.8	100.0
	Total	90	100.0	100.0	

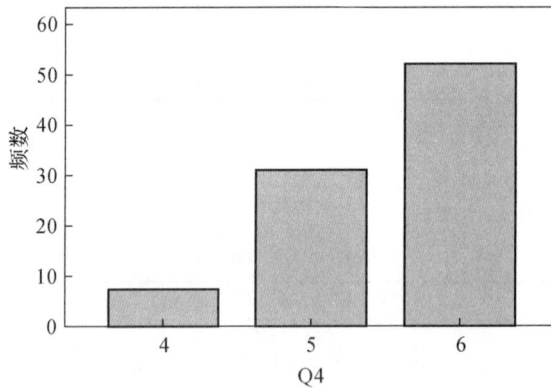

5. 多项选择题,必答：您这次来"请触摸博物馆""欢跃的城市"展示的目的是什么？

Q51

		Frequency	Percent	Valid Percent	Cumulative Percent
Valid	0	83	92.2	92.2	92.2
	1	7	7.8	7.8	100.0
	Total	90	100.0	100.0	

Q52

		Frequency	Percent	Valid Percent	Cumulative Percent
	0	70	77.8	77.8	77.8
Valid	1	20	22.2	22.2	100.0
	Total	90	100.0	100.0	

Q53

		Frequency	Percent	Valid Percent	Cumulative Percent
	0	47	52.2	52.2	52.2
Valid	1	43	47.8	47.8	100.0
	Total	90	100.0	100.0	

Q54

		Frequency	Percent	Valid Percent	Cumulative Percent
	0	46	51.1	51.1	51.1
Valid	1	44	48.9	48.9	100.0
	Total	90	100.0	100.0	

Q55

		Frequency	Percent	Valid Percent	Cumulative Percent
Valid	0	90	100.0	100.0	100.0

Q56

		Frequency	Percent	Valid Percent	Cumulative Percent
	0	88	97.8	97.8	97.8
Valid	1	2	2.2	2.2	100.0
	Total	90	100.0	100.0	

6.单项选择题,必答:您认为展览结构是否条理清晰,容易理解?

Q6

		Frequency	Percent	Valid Percent	Cumulative Percent
	4	17	18.9	19.1	19.1
Valid	5	72	80.0	80.9	100.0
	Total	89	98.9	100.0	
Missing	System	1	1.1		
Total		90	100.0		

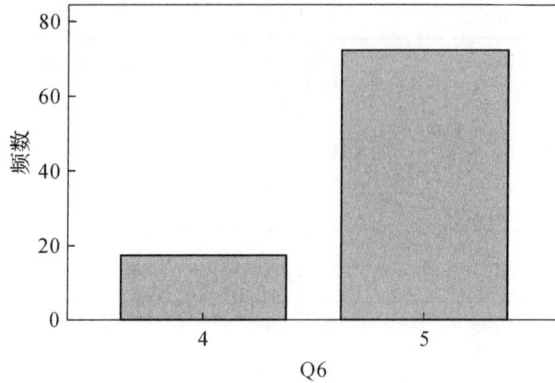

7. 多项选择题,必答:您认为怎样的展览选题让人喜欢?

Q71

		Frequency	Percent	Valid Percent	Cumulative Percent
	0	26	28.9	28.9	28.9
Valid	1	64	71.1	71.1	100.0
	Total	90	100.0	100.0	

Q72

		Frequency	Percent	Valid Percent	Cumulative Percent
	0	1	1.1	1.1	1.1
Valid	1	89	98.9	98.9	100.0
	Total	90	100.0	100.0	

Q73

		Frequency	Percent	Valid Percent	Cumulative Percent
	0	83	92.2	92.2	92.2
Valid	1	7	7.8	7.8	100.0
	Total	90	100.0	100.0	

Q74

		Frequency	Percent	Valid Percent	Cumulative Percent
	0	88	97.8	97.8	97.8
Valid	1	2	2.2	2.2	100.0
	Total	90	100.0	100.0	

Q75

		Frequency	Percent	Valid Percent	Cumulative Percent
Valid	0	40	44.4	44.4	44.4
	1	50	55.6	55.6	100.0
	Total	90	100.0	100.0	

8.单项选择题,必答:您认为展览内容有亮点吗?

Q8

		Frequency	Percent	Valid Percent	Cumulative Percent
Valid	4	18	20.0	20.0	20.0
	5	72	80.0	80.0	100.0
	Total	90	100.0	100.0	

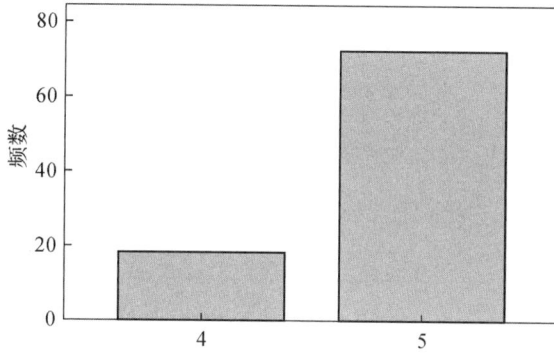

Q8

9.单项选择题,必答:您认为展览文字是否有趣看得明白?

Q9

		Frequency	Percent	Valid Percent	Cumulative Percent
Valid	4	24	26.7	26.7	26.7
	5	66	73.3	73.3	100.0
	Total	90	100.0	100.0	

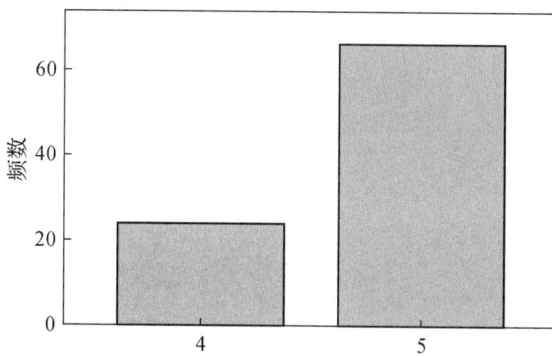

Q9

10. 单项选择题,必答:您认为展品是否丰富?

Q10

		Frequency	Percent	Valid Percent	Cumulative Percent
Valid	4	15	16.7	16.7	16.7
	5	75	83.3	83.3	100.0
	Total	90	100.0	100.0	

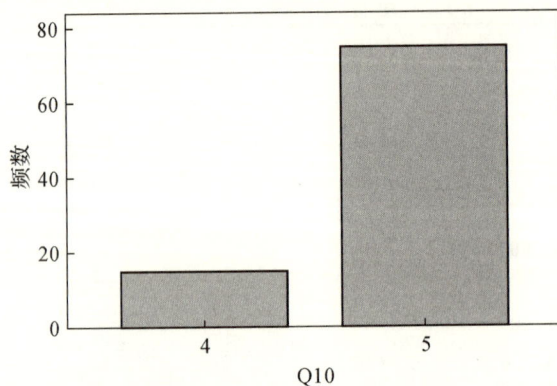

11. 单项选择题,必答:您认为有多少展品让人感兴趣?

Q11

		Frequency	Percent	Valid Percent	Cumulative Percent
Valid	4	21	23.3	23.3	23.3
	5	69	76.7	76.7	100.0
	Total	90	100.0	100.0	

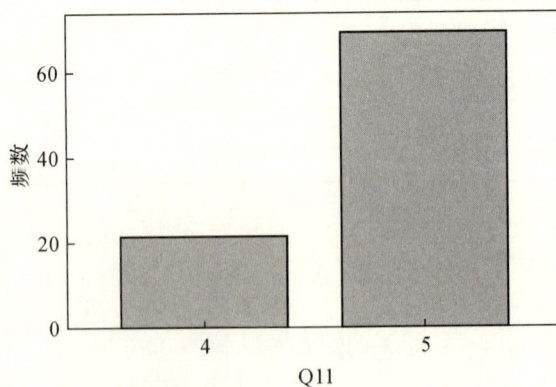

12.单项选择题,必答:您认为有多少展品能引起思考或疑问?

Q12

		Frequency	Percent	Valid Percent	Cumulative Percent
	4	22	24.4	24.4	24.4
Valid	5	68	75.6	75.6	100.0
	Total	90	100.0	100.0	

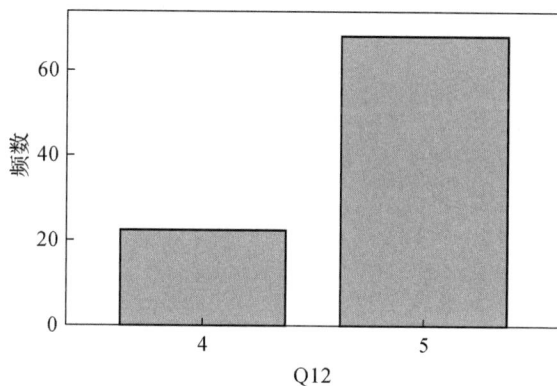

13.单项选择题,必答:您认为能操作、参与玩的展品/装置多吗?

Q13

		Frequency	Percent	Valid Percent	Cumulative Percent
	4	18	20.0	20.0	20.0
Valid	5	72	80.0	80.0	100.0
	Total	90	100.0	100.0	

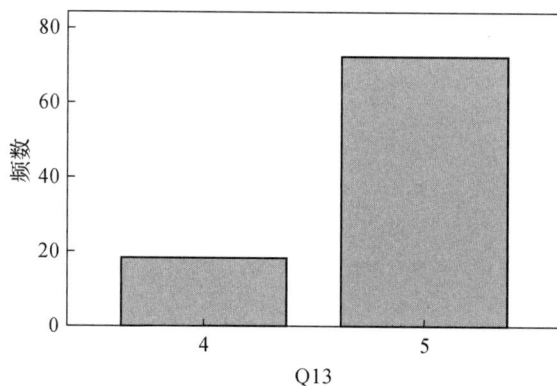

14. 单项选择题,必答：您认为展品中多少是陈旧或需要更新的？

Q14

		Frequency	Percent	Valid Percent	Cumulative Percent
Valid	1	57	63.3	63.3	63.3
	2	33	36.7	36.7	100.0
	Total	90	100.0	100.0	

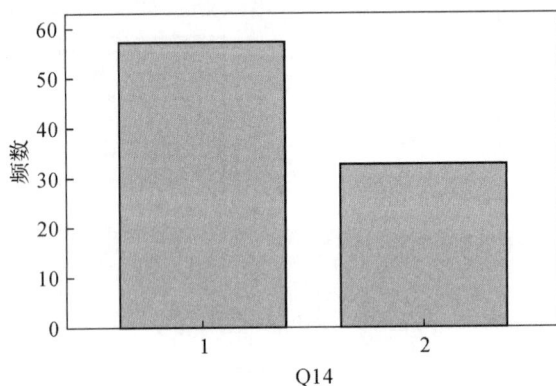

Q14

15. 单项选择题,必答：您认为展览手段是否丰富？

Q15

		Frequency	Percent	Valid Percent	Cumulative Percent
Valid	4	18	20.0	20.0	20.0
	5	72	80.0	80.0	100.0
	Total	90	100.0	100.0	

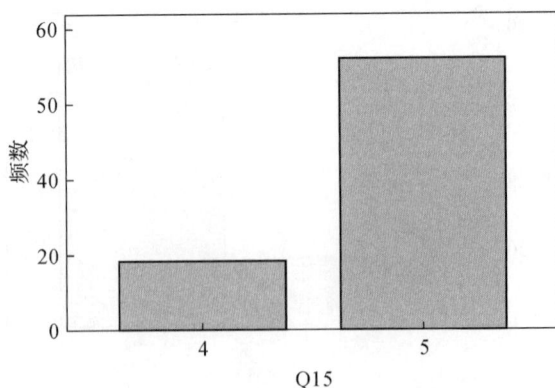

Q15

16. 单项选择题,必答:您认为展品高度让您觉得舒适吗?

Q16

		Frequency	Percent	Valid Percent	Cumulative Percent
Valid	4	24	26.7	26.7	26.7
	5	66	73.3	73.3	100.0
	Total	90	100.0	100.0	

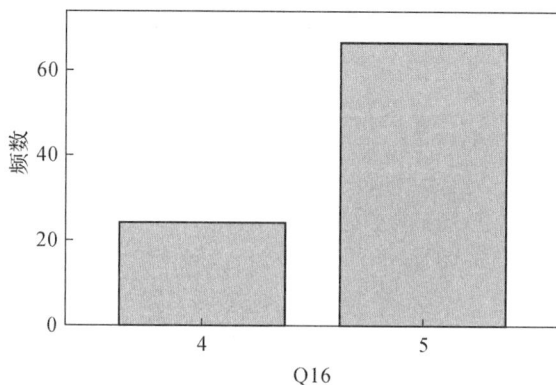

17. 单项选择题,必答:您认为展品密度(展品间间隔)是否合适?

Q17

		Frequency	Percent	Valid Percent	Cumulative Percent
Valid	4	20	22.2	22.2	22.2
	5	70	77.8	77.8	100.0
	Total	90	100.0	100.0	

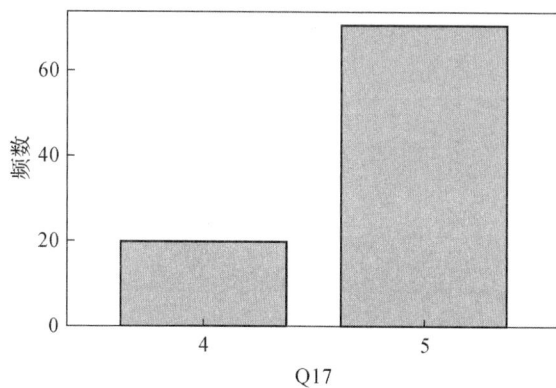

18.单项选择题,必答：您认为操作展品的使用是否简单方便(操作说明清楚)？

Q18

		Frequency	Percent	Valid Percent	Cumulative Percent
Valid	3	31	34.4	34.4	34.4
	4	43	47.8	47.8	82.2
	5	16	17.8	17.8	100.0
	Total	90	100.0	100.0	

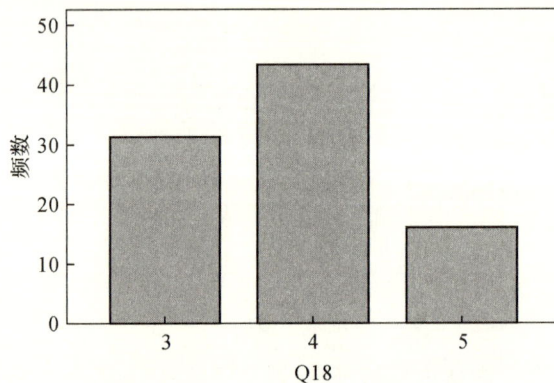

19.多项选择题,必答：在参观或操作展品时,您倾向于——

Q191

		Frequency	Percent	Valid Percent	Cumulative Percent
Valid	0	28	31.1	31.1	31.1
	1	62	68.9	68.9	100.0
	Total	90	100.0	100.0	

Q192

		Frequency	Percent	Valid Percent	Cumulative Percent
Valid	0	34	37.8	37.8	37.8
	1	56	62.2	62.2	100.0
	Total	90	100.0	100.0	

Q193

		Frequency	Percent	Valid Percent	Cumulative Percent
Valid	0	90	100.0	100.0	100.0

Q194

		Frequency	Percent	Valid Percent	Cumulative Percent
	0	27	30.0	30.0	30.0
Valid	1	63	70.0	70.0	100.0
	Total	90	100.0	100.0	

Q195

		Frequency	Percent	Valid Percent	Cumulative Percent
Valid	0	90	100.0	100.0	100.0

20.单项选择题,必答:您认为整体展览氛围营造得好吗?

Q20

		Frequency	Percent	Valid Percent	Cumulative Percent
	4	14	15.6	15.6	15.6
Valid	5	76	84.4	84.4	100.0
	Total	90	100.0	100.0	

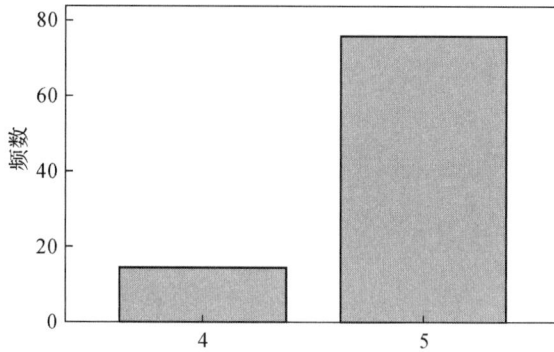

21.单项选择题,必答:您是否在博物馆内常常看到博物馆标志?

Q21

		Frequency	Percent	Valid Percent	Cumulative Percent
	4	24	26.7	27.0	27.0
Valid	5	65	72.2	73.0	100.0
	Total	89	98.9	100.0	
Missing	System	1	1.1		
Total		90	100.0		

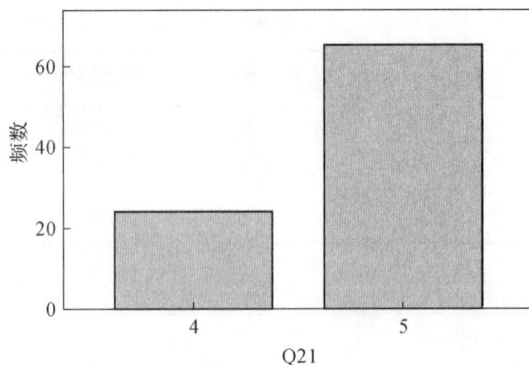

Q21

22.单项选择题,必答：您认为操作展品和参观过程中有不安全因素存在吗？

Q22

		Frequency	Percent	Valid Percent	Cumulative Percent
	1	71	78.9	78.9	78.9
Valid	2	19	21.1	21.1	100.0
	Total	90	100.0	100.0	

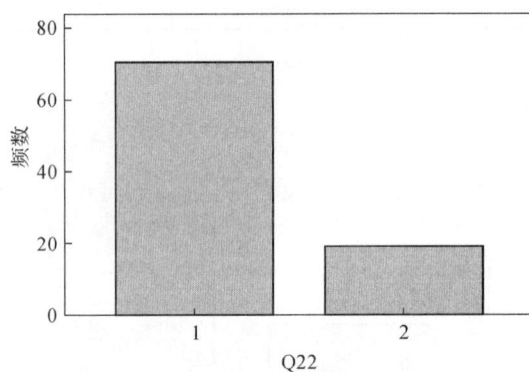

Q22

23.单项选择题,必答：您认为参观路线清晰吗？

Q23

		Frequency	Percent	Valid Percent	Cumulative Percent
	4	18	20.0	20.0	20.0
Valid	5	72	80.0	80.0	100.0
	Total	90	100.0	100.0	

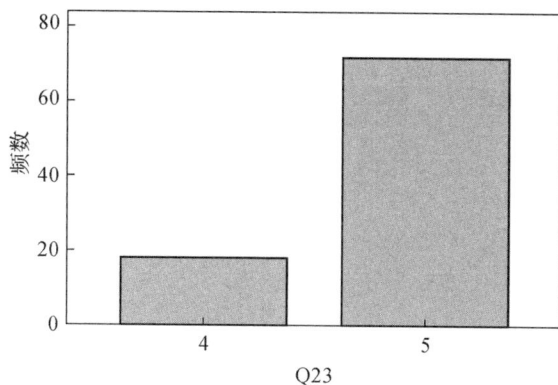

Q23

24. 单项选择题,必答：您认为展览空间照明、温度、声效好吗？

Q24

		Frequency	Percent	Valid Percent	Cumulative Percent
Valid	4	28	31.1	31.1	31.1
	5	62	68.9	68.9	100.0
	Total	90	100.0	100.0	

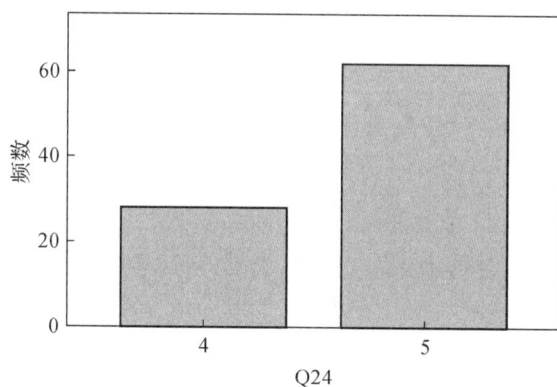

Q24

25. 单项选择题,必答：您认为展厅的清洁、舒适程度怎样？

Q25

		Frequency	Percent	Valid Percent	Cumulative Percent
Valid	4	18	20.0	20.0	20.0
	5	72	80.0	80.0	100.0
	Total	90	100.0	100.0	

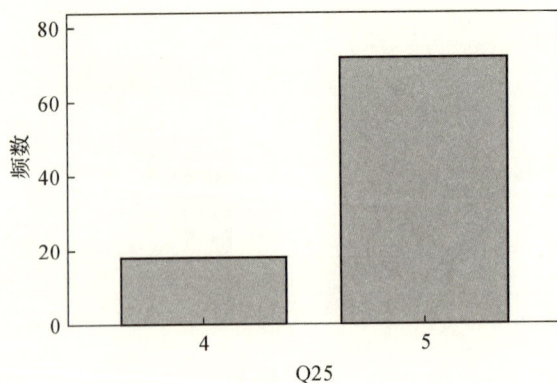

Q25

26. 单项选择题,必答:您还想再次来吗?

Q26

		Frequency	Percent	Valid Percent	Cumulative Percent
Valid	4	25	27.8	27.8	27.8
	5	65	72.2	72.2	100.0
	Total	90	100.0	100.0	

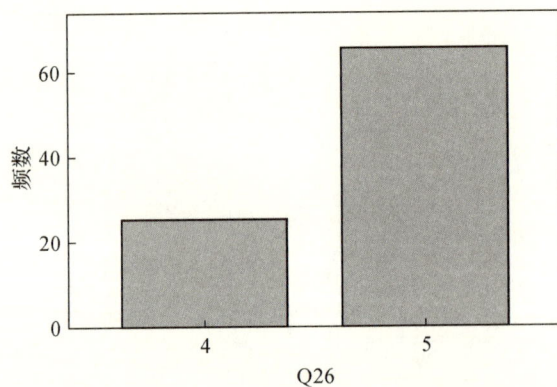

Q26

27. 多项选择题,必答:您这次来"请触摸博物馆""欢跃的城市"展示的收获在于——

Q271

		Frequency	Percent	Valid Percent	Cumulative Percent
Valid	0	30	33.3	33.3	33.3
	1	60	66.7	66.7	100.0
	Total	90	100.0	100.0	

Q272

		Frequency	Percent	Valid Percent	Cumulative Percent
	0	12	13.3	13.3	13.3
Valid	1	78	86.7	86.7	100.0
	Total	90	100.0	100.0	

Q273

		Frequency	Percent	Valid Percent	Cumulative Percent
	0	17	18.9	18.9	18.9
Valid	1	73	81.1	81.1	100.0
	Total	90	100.0	100.0	

Q274

		Frequency	Percent	Valid Percent	Cumulative Percent
	0	2	2.2	2.2	2.2
Valid	1	88	97.8	97.8	100.0
	Total	90	100.0	100.0	

Q275

		Frequency	Percent	Valid Percent	Cumulative Percent
	0	89	98.9	98.9	98.9
Valid	1	1	1.1	1.1	100.0
	Total	90	100.0	100.0	

Q276

		Frequency	Percent	Valid Percent	Cumulative Percent
Valid	0	90	100.0	100.0	100.0

Q277

		Frequency	Percent	Valid Percent	Cumulative Percent
Valid	0	90	100.0	100.0	100.0

附录八　四川博物院"儿童活动区"展区调查问卷统计分析

1. 单项选择题,必答：请问今天是您（或您陪同孩子）第几次来四川博物院"儿童活动区"？

Q1

		Frequency	Percent	Valid Percent	Cumulative Percent
	1	62	66.7	66.7	66.7
	2	29	31.2	31.2	97.8
Valid	3	2	2.2	2.2	100.0
	Total	93	100.0	100.0	

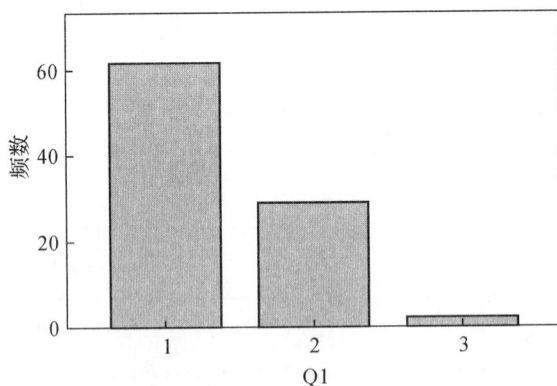

2. 问答题,必答：您的年龄是——

Descriptive Statistics

	N	Minimum	Maximum	Mean	Std. Deviation
Q2	93	8	65	25.00	18.402
Valid N (listwise)	93				

3. 单项选择题,必答：您家住在——

Q3

		Frequency	Percent	Valid Percent	Cumulative Percent
	1	70	75.3	75.3	75.3
	2	5	5.4	5.4	80.6
Valid	3	4	4.3	4.3	84.9
	4	14	15.1	15.1	100.0
	Total	93	100.0	100.0	

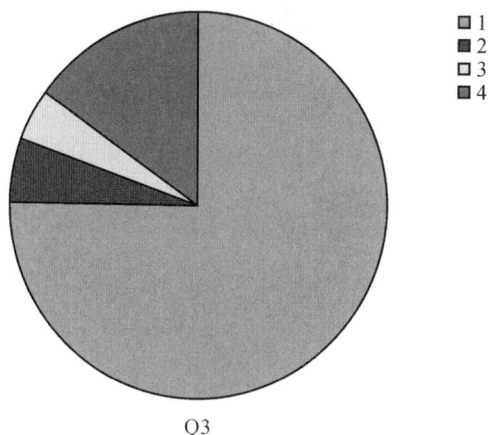

Q3

4.单项选择题,必答:您预计会(或和孩子一起)参观多长时间?

Q4

		Frequency	Percent	Valid Percent	Cumulative Percent
Valid	1	9	9.7	9.7	9.7
	2	37	39.8	39.8	49.5
	3	47	50.5	50.5	100.0
	Total	93	100.0	100.0	

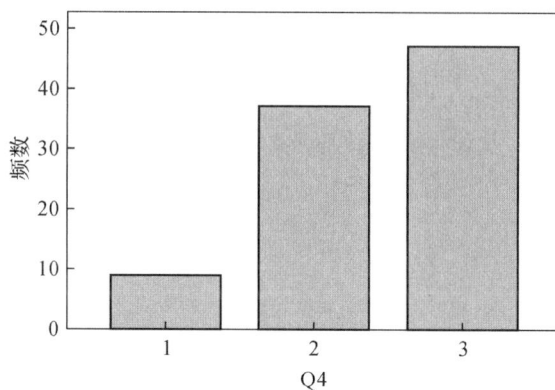

Q4

5.多项选择题,必答:您这次来四川博物院"儿童活动区"的目的是什么?

Q51

		Frequency	Percent	Valid Percent	Cumulative Percent
Valid	0	93	100.0	100.0	100.0

Q52

		Frequency	Percent	Valid Percent	Cumulative Percent
Valid	0	93	100.0	100.0	100.0

Q53

		Frequency	Percent	Valid Percent	Cumulative Percent
	0	44	47.3	47.3	47.3
Valid	1	49	52.7	52.7	100.0
	Total	93	100.0	100.0	

Q54

		Frequency	Percent	Valid Percent	Cumulative Percent
	0	73	78.5	78.5	78.5
Valid	1	20	21.5	21.5	100.0
	Total	93	100.0	100.0	

Q55

		Frequency	Percent	Valid Percent	Cumulative Percent
	0	71	76.3	76.3	76.3
Valid	1	22	23.7	23.7	100.0
	Total	93	100.0	100.0	

Q56

		Frequency	Percent	Valid Percent	Cumulative Percent
	0	91	97.8	97.8	97.8
Valid	1	2	2.2	2.2	100.0
	Total	93	100.0	100.0	

6.单项选择题,必答:您认为展览结构是否条理清晰,容易理解?

Q6

		Frequency	Percent	Valid Percent	Cumulative Percent
	5	28	30.1	30.1	30.1
Valid	6	65	69.9	69.9	100.0
	Total	93	100.0	100.0	

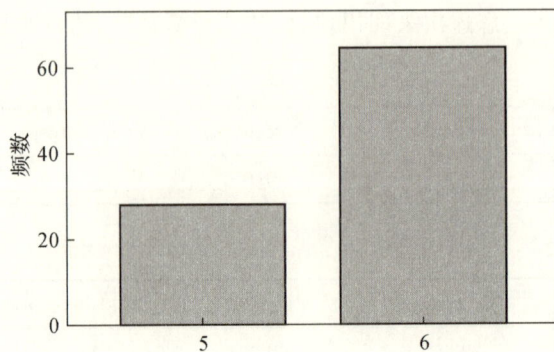

7.多项选择题,必答:您认为怎样的展览选题让人喜欢?

Q71

		Frequency	Percent	Valid Percent	Cumulative Percent
Valid	0	31	33.3	33.3	33.3
	1	62	66.7	66.7	100.0
	Total	93	100.0	100.0	

Q72

		Frequency	Percent	Valid Percent	Cumulative Percent
Valid	0	30	32.3	32.3	32.3
	1	63	67.7	67.7	100.0
	Total	93	100.0	100.0	

Q73

		Frequency	Percent	Valid Percent	Cumulative Percent
Valid	0	58	62.4	62.4	62.4
	1	35	37.6	37.6	100.0
	Total	93	100.0	100.0	

Q74

		Frequency	Percent	Valid Percent	Cumulative Percent
Valid	0	51	54.8	54.8	54.8
	1	42	45.2	45.2	100.0
	Total	93	100.0	100.0	

Q75

		Frequency	Percent	Valid Percent	Cumulative Percent
Valid	0	56	60.2	60.2	60.2
	1	37	39.8	39.8	100.0
	Total	93	100.0	100.0	

8.单项选择题,必答:您认为展览内容有亮点吗?

Q8

		Frequency	Percent	Valid Percent	Cumulative Percent
Valid	1	81	87.1	87.1	87.1
	2	12	12.9	12.9	100.0
	Total	93	100.0	100.0	

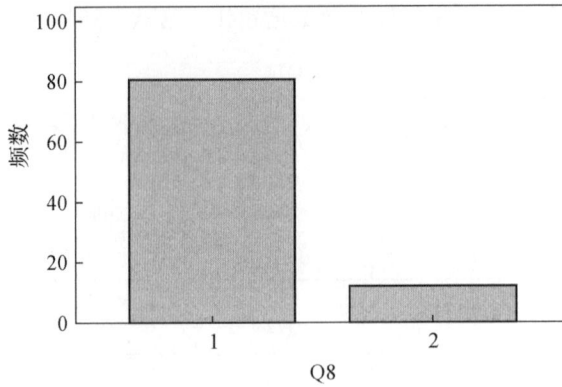

Q8

9. 单项选择题，必答：您认为展览文字是否有趣看得明白？

Q9

		Frequency	Percent	Valid Percent	Cumulative Percent
	3	67	72.0	72.0	72.0
Valid	4	26	28.0	28.0	100.0
	Total	93	100.0	100.0	

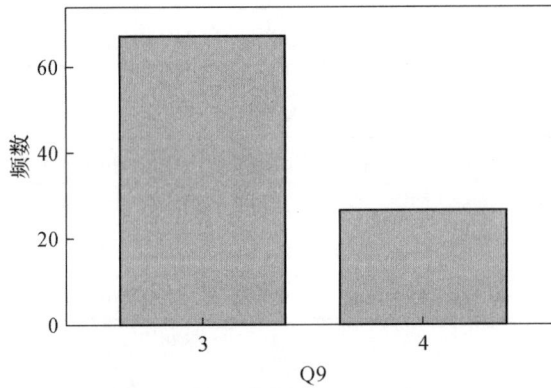

Q9

10. 单项选择题，必答：您认为展品是否丰富？

Q10

		Frequency	Percent	Valid Percent	Cumulative Percent
	1	73	78.5	78.5	78.5
Valid	2	20	21.5	21.5	100.0
	Total	93	100.0	100.0	

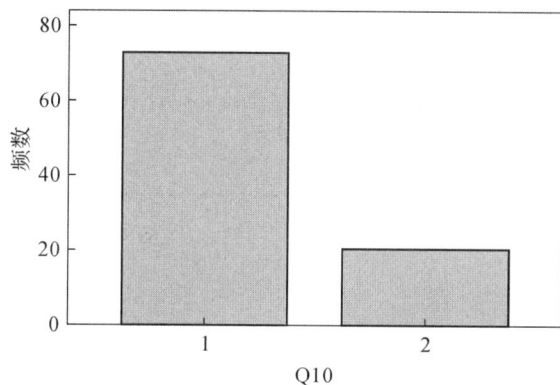

11. 单项选择题,必答：您认为有多少展品让人感兴趣？

Q11

		Frequency	Percent	Valid Percent	Cumulative Percent
Valid	1	36	38.7	38.7	38.7
	2	50	53.8	53.8	92.5
	3	7	7.5	7.5	100.0
	Total	93	100.0	100.0	

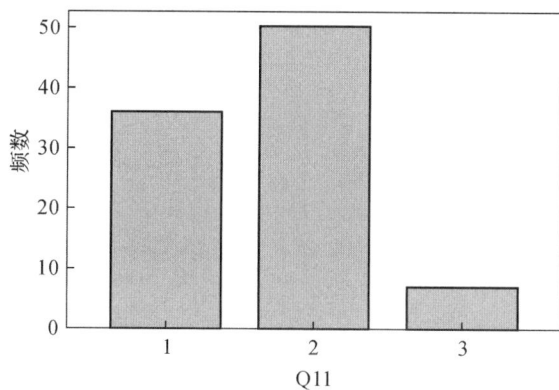

12. 单项选择题,必答：您认为有多少展品能引起思考或疑问？

Q12

		Frequency	Percent	Valid Percent	Cumulative Percent
Valid	1	63	67.7	67.7	67.7
	2	30	32.3	32.3	100.0
	Total	93	100.0	100.0	

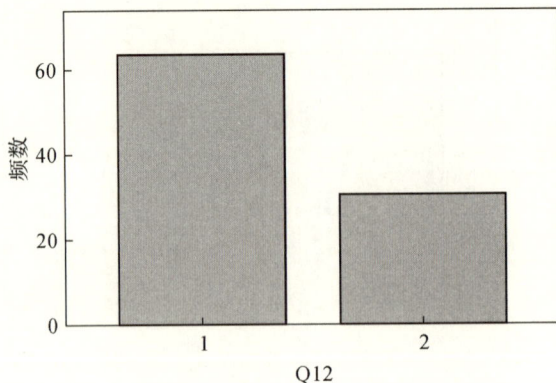

Q12

13. 单项选择题，必答：您认为能操作、参与玩的展品/装置多吗？

Q13

		Frequency	Percent	Valid Percent	Cumulative Percent
	2	38	40.9	40.9	40.9
	3	52	55.9	55.9	96.8
Valid	4	3	3.2	3.2	100.0
	Total	93	100.0	100.0	

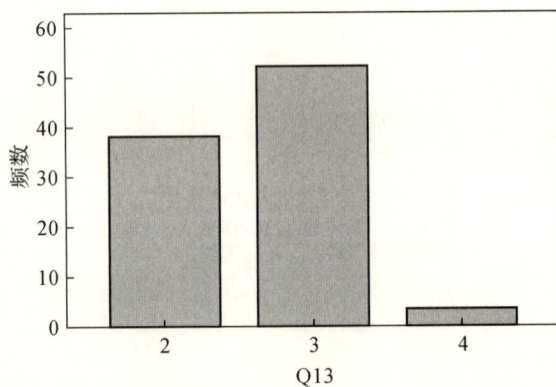

Q13

14. 单项选择题，必答：您认为展品中多少是陈旧或需要更新的？

Q14

		Frequency	Percent	Valid Percent	Cumulative Percent
	1	51	54.8	54.8	54.8
	2	41	44.1	44.1	98.9
Valid	3	1	1.1	1.1	100.0
	Total	93	100.0	100.0	

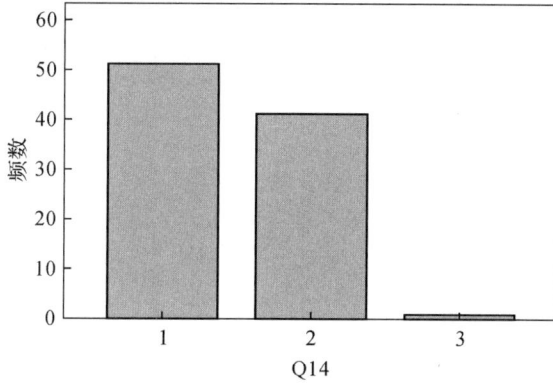

15.单项选择题,必答:您认为展览手段是否丰富?

Q15

		Frequency	Percent	Valid Percent	Cumulative Percent
Valid	1	40	43.0	43.0	43.0
	2	46	49.5	49.5	92.5
	3	7	7.5	7.5	100.0
	Total	93	100.0	100.0	

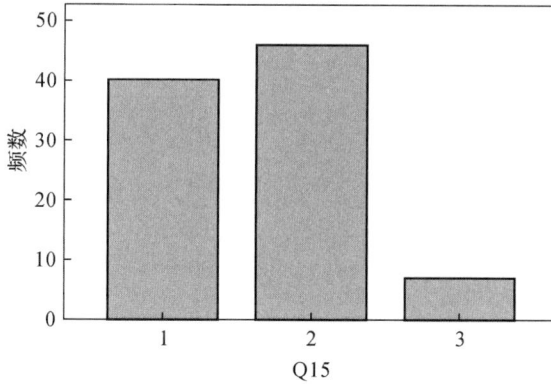

16.单项选择题,必答:您认为展品高度让您觉得舒适吗?

Q16

		Frequency	Percent	Valid Percent	Cumulative Percent
Valid	2	1	1.1	1.1	1.1
	3	46	49.5	49.5	50.5
	4	46	49.5	49.5	100.0
	Total	93	100.0	100.0	

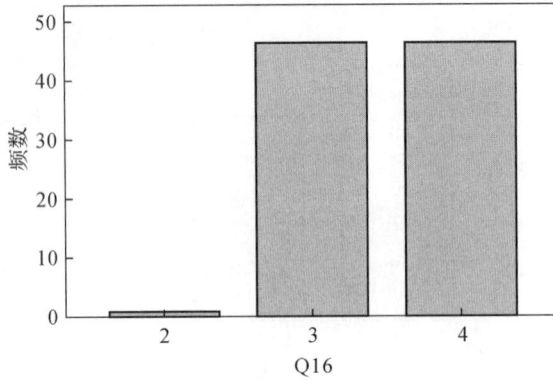

17.单项选择题,必答:您认为展品密度(展品间间隔)是否合适?

Q17

		Frequency	Percent	Valid Percent	Cumulative Percent
Valid	1	49	52.7	53.3	53.3
	2	40	43.0	43.5	96.7
	3	3	3.2	3.3	100.0
	Total	92	98.9	100.0	
Missing	System	1	1.1		
Total		93	100.0		

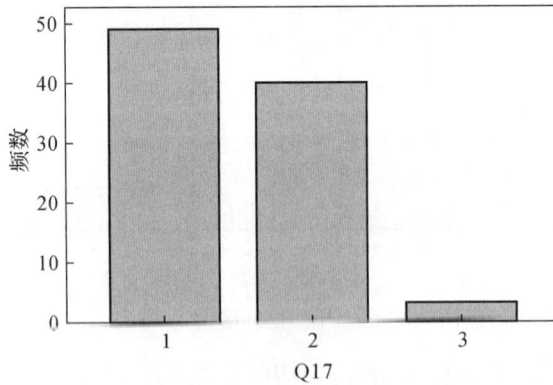

18.单项选择题,必答:您认为操作展品的使用是否简单方便(操作说明清楚)?

Q18

		Frequency	Percent	Valid Percent	Cumulative Percent
Valid	4	23	24.7	24.7	24.7
	5	70	75.3	75.3	100.0
	Total	93	100.0	100.0	

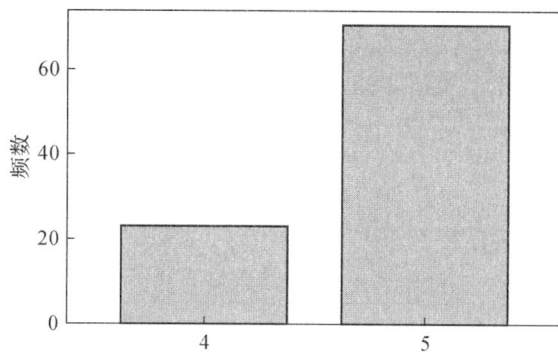

Q18

19. 多项选择题,必答:在参观或操作展品时,您倾向于——

Q191

		Frequency	Percent	Valid Percent	Cumulative Percent
Valid	0	9	9.7	9.7	9.7
	1	83	89.2	89.2	98.9
	3	1	1.1	1.1	100.0
	Total	93	100.0	100.0	

Q192

		Frequency	Percent	Valid Percent	Cumulative Percent
Valid	0	81	87.1	88.0	88.0
	1	11	11.8	12.0	100.0
	Total	92	98.9	100.0	
Missing	System	1	1.1		
Total		93	100.0		

Q193

		Frequency	Percent	Valid Percent	Cumulative Percent
Valid	0	90	96.8	97.8	97.8
	1	2	2.2	2.2	100.0
	Total	92	98.9	100.0	
Missing	System	1	1.1		
Total		93	100.0		

Q194

		Frequency	Percent	Valid Percent	Cumulative Percent
Valid	0	92	98.9	100.0	100.0
Missing	System	1	1.1		
	Total	93	100.0		

Q195

		Frequency	Percent	Valid Percent	Cumulative Percent
	0	73	78.5	79.3	79.3
Valid	1	19	20.4	20.7	100.0
	Total	92	98.9	100.0	
Missing	System	1	1.1		
	Total	93	100.0		

20. 单项选择题,必答:您认为整体展览氛围营造得好吗?

Q20

		Frequency	Percent	Valid Percent	Cumulative Percent
	1	47	50.5	50.5	50.5
Valid	2	46	49.5	49.5	100.0
	Total	93	100.0	100.0	

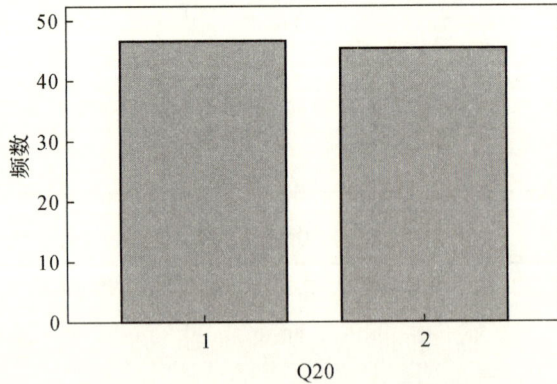

21. 单项选择题,必答:您是否在博物馆内常常看到博物馆标志?

Q21

		Frequency	Percent	Valid Percent	Cumulative Percent
	1	88	94.6	94.6	94.6
Valid	2	5	5.4	5.4	100.0
	Total	93	100.0	100.0	

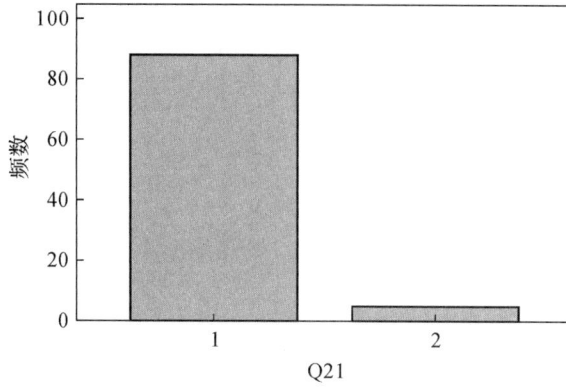

Q21

22. 单项选择题,必答:您认为操作展品和参观过程中有不安全因素存在吗?

Q22

		Frequency	Percent	Valid Percent	Cumulative Percent
Valid	1	22	23.7	23.7	23.7
	2	12	12.9	12.9	36.6
	3	59	63.4	63.4	100.0
	Total	93	100.0	100.0	

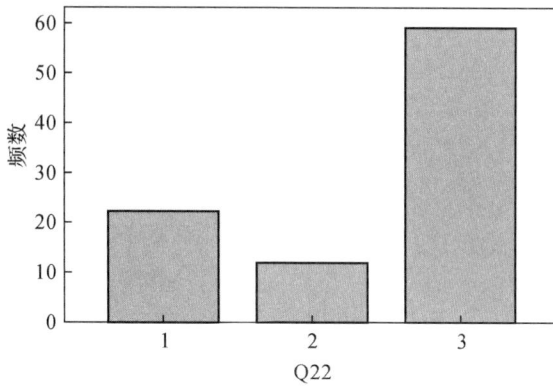

Q22

23. 单项选择题,必答:您认为参观路线清晰吗?

Q23

		Frequency	Percent	Valid Percent	Cumulative Percent
Valid	1	1	1.1	1.1	1.1
	2	62	66.7	67.4	68.5
	3	29	31.2	31.5	100.0
	Total	92	98.9	100.0	
Missing	System	1	1.1		
Total		93	100.0		

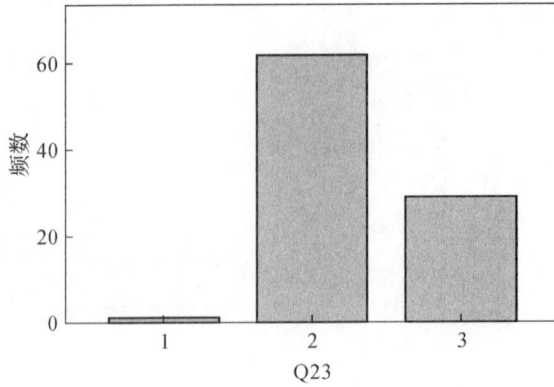

24. 单项选择题, 必答：您认为展览空间照明、温度、声效好吗？

Q24

		Frequency	Percent	Valid Percent	Cumulative Percent
Valid	1	3	3.2	3.2	3.2
	2	57	61.3	61.3	64.5
	3	28	30.1	30.1	94.6
	4	3	3.2	3.2	97.8
	5	2	2.2	2.2	100.0
	Total	93	100.0	100.0	

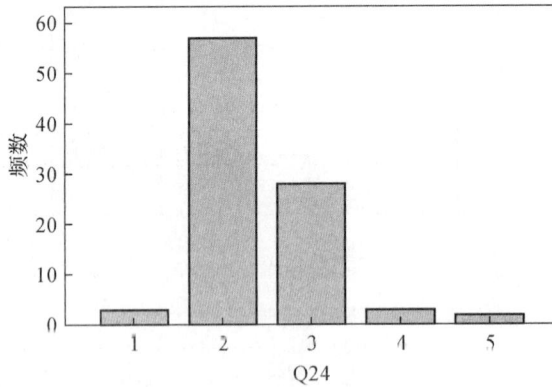

25. 单项选择题, 必答：您认为展厅的清洁、舒适程度怎样？

Q25

		Frequency	Percent	Valid Percent	Cumulative Percent
Valid	3	24	25.8	25.8	25.8
	4	46	49.5	49.5	75.3
	5	23	24.7	24.7	100.0
	Total	93	100.0	100.0	

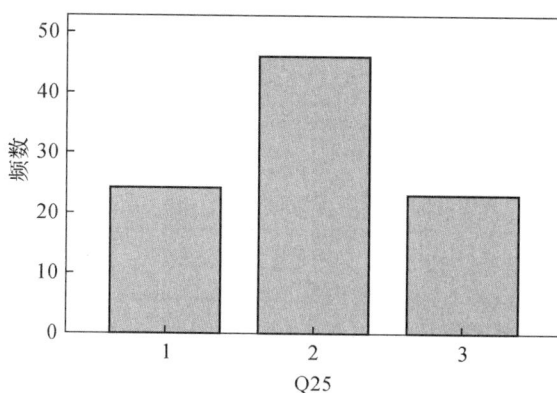

26. 单项选择题,必答:您还想再次来吗?

Q26

		Frequency	Percent	Valid Percent	Cumulative Percent
	1	2	2.2	2.2	2.2
	2	20	21.5	21.5	23.7
Valid	3	62	66.7	66.7	90.3
	4	9	9.7	9.7	100.0
	Total	93	100.0	100.0	

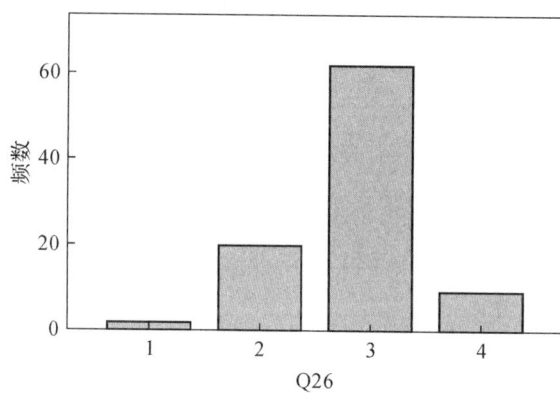

27. 多项选择题,必答:您这次来四川博物院"儿童活动区"的收获在于——

Q271

		Frequency	Percent	Valid Percent	Cumulative Percent
Valid	0	93	100.0	100.0	100.0

Q272

		Frequency	Percent	Valid Percent	Cumulative Percent
	0	58	62.4	62.4	62.4
Valid	1	35	37.6	37.6	100.0
	Total	93	100.0	100.0	

Q273

		Frequency	Percent	Valid Percent	Cumulative Percent
	0	73	78.5	78.5	78.5
Valid	1	20	21.5	21.5	100.0
	Total	93	100.0	100.0	

Q274

		Frequency	Percent	Valid Percent	Cumulative Percent
	0	23	24.7	24.7	24.7
Valid	1	70	75.3	75.3	100.0
	Total	93	100.0	100.0	

Q275

		Frequency	Percent	Valid Percent	Cumulative Percent
	0	75	80.6	80.6	80.6
Valid	1	18	19.4	19.4	100.0
	Total	93	100.0	100.0	

Q276

		Frequency	Percent	Valid Percent	Cumulative Percent
Valid	0	93	100.0	100.0	100.0

Q277

		Frequency	Percent	Valid Percent	Cumulative Percent
Valid	0	93	100.0	100.0	100.0

附录九　大都会艺术博物馆"教育活动区" 展区问卷调查统计分析

1.单项选择题,必答:请问今天是您(或您陪同孩子)第几次来大都会艺术博物馆"教育活动区"?

Q1

		Frequency	Percent	Valid Percent	Cumulative Percent
Valid	1	3	3.4	3.4	3.4
	2	4	4.5	4.5	7.9
	3	7	7.9	7.9	15.7
	4	20	22.5	22.5	38.2
	5	55	61.8	61.8	100.0
	Total	89	100.0	100.0	

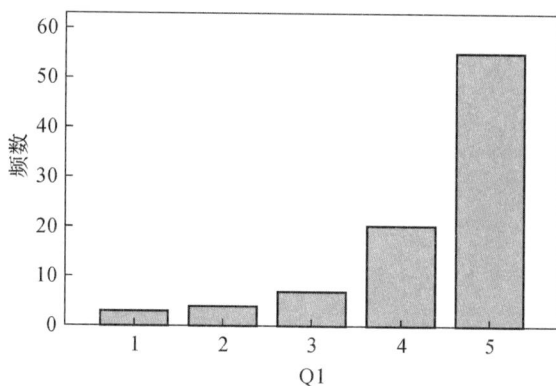

2.问答题,必答:您的年龄是——

Descriptive Statistics

	N	Minimum	Maximum	Mean	Std. Deviation
Q2	89	9	37	21.61	12.619
Valid N (listwise)	89				

3.单项选择题,必答:您家住在——

Q3

		Frequency	Percent	Valid Percent	Cumulative Percent
Valid	1	11	12.4	12.4	12.4
	2	47	52.8	52.8	65.2
	3	6	6.7	6.7	71.9
	4	17	19.1	19.1	91.0
	5	8	9.0	9.0	100.0
	Total	89	100.0	100.0	

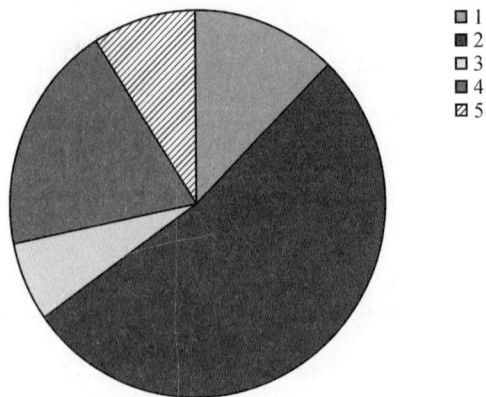

Q3

4. 单项选择题,必答：您预计会(或和孩子一起)参观多长时间？

Q4

		Frequency	Percent	Valid Percent	Cumulative Percent
Valid	5	14	15. 7	15. 7	15. 7
	6	75	84. 3	84. 3	100. 0
	Total	89	100. 0	100. 0	

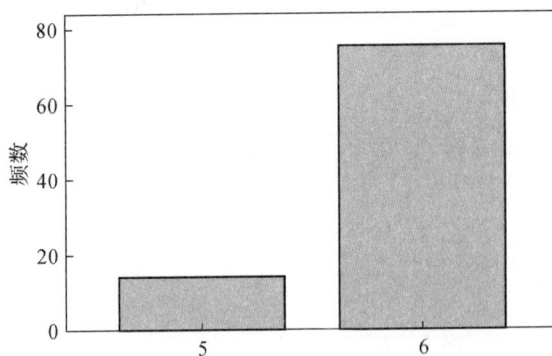

Q4

5. 多项选择题,必答：您这次来大都会艺术博物馆"教育活动区"的目的是什么？

Q51

		Frequency	Percent	Valid Percent	Cumulative Percent
Valid	0	76	85. 4	85. 4	85. 4
	1	13	14. 6	14. 6	100. 0
	Total	89	100. 0	100. 0	

Q52

		Frequency	Percent	Valid Percent	Cumulative Percent
Valid	0	69	77.5	77.5	77.5
	1	20	22.5	22.5	100.0
	Total	89	100.0	100.0	

Q53

		Frequency	Percent	Valid Percent	Cumulative Percent
Valid	0	53	59.6	59.6	59.6
	1	36	40.4	40.4	100.0
	Total	89	100.0	100.0	

Q54

		Frequency	Percent	Valid Percent	Cumulative Percent
Valid	0	52	58.4	58.4	58.4
	1	37	41.6	41.6	100.0
	Total	89	100.0	100.0	

Q55

		Frequency	Percent	Valid Percent	Cumulative Percent
Valid	0	89	100.0	100.0	100.0

Q56

		Frequency	Percent	Valid Percent	Cumulative Percent
Valid	0	73	82.0	82.0	82.0
	1	16	18.0	18.0	100.0
	Total	89	100.0	100.0	

6.单项选择题,必答:您认为展览结构是否条理清晰,容易理解?

Q6

		Frequency	Percent	Valid Percent	Cumulative Percent
Valid	3	5	5.6	5.6	5.6
	4	28	31.5	31.5	37.1
	5	56	62.9	62.9	100.0
	Total	89	100.0	100.0	

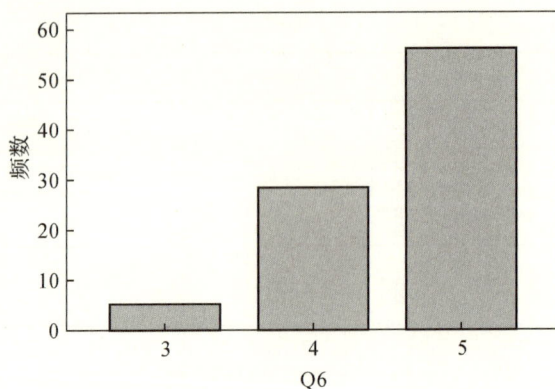

7. 多项选择题,必答:您认为怎样的展览选题让人喜欢?

Q71

		Frequency	Percent	Valid Percent	Cumulative Percent
Valid	0	26	29. 2	29. 2	29. 2
	1	63	70. 8	70. 8	100. 0
	Total	89	100. 0	100. 0	

Q72

		Frequency	Percent	Valid Percent	Cumulative Percent
Valid	0	7	7. 9	7. 9	7. 9
	1	82	92. 1	92. 1	100. 0
	Total	89	100. 0	100. 0	

Q73

		Frequency	Percent	Valid Percent	Cumulative Percent
Valid	0	56	62. 9	62. 9	62. 9
	1	33	37. 1	37. 1	100. 0
	Total	89	100. 0	100. 0	

Q74

		Frequency	Percent	Valid Percent	Cumulative Percent
Valid	0	89	100. 0	100. 0	100. 0

Q75

		Frequency	Percent	Valid Percent	Cumulative Percent
Valid	0	39	43. 8	43. 8	43. 8
	1	50	56. 2	56. 2	100. 0
	Total	89	100. 0	100. 0	

8.单项选择题,必答：您认为展览内容有亮点吗？

Q8

		Frequency	Percent	Valid Percent	Cumulative Percent
Valid	3	3	3.4	3.4	3.4
	4	20	22.5	22.5	25.8
	5	66	74.2	74.2	100.0
	Total	89	100.0	100.0	

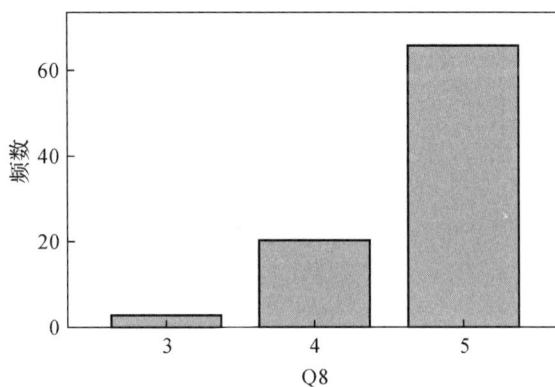

9.单项选择题,必答：您认为展览文字是否有趣看得明白？

Q9

		Frequency	Percent	Valid Percent	Cumulative Percent
Valid	3	6	6.7	6.7	6.7
	4	27	30.3	30.3	37.1
	5	56	62.9	62.9	100.0
	Total	89	100.0	100.0	

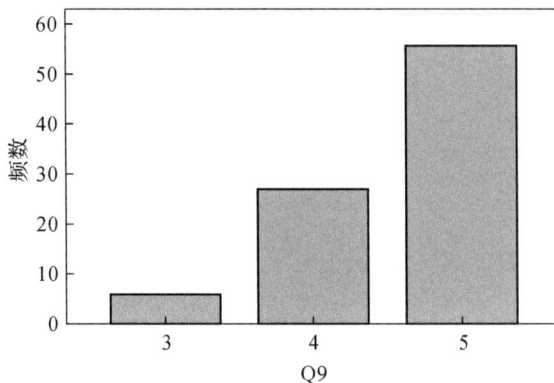

10.单项选择题,必答：您认为展品是否丰富？

Q10

		Frequency	Percent	Valid Percent	Cumulative Percent
Valid	3	1	1.1	1.1	1.1
	4	29	32.6	32.6	33.7
	5	59	66.3	66.3	100.0
	Total	89	100.0	100.0	

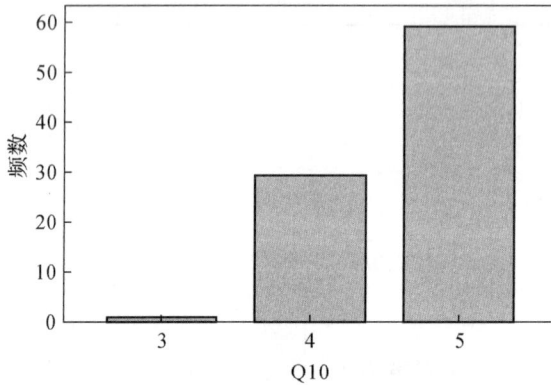

11. 单项选择题,必答：您认为有多少展品让人感兴趣?

Q11

		Frequency	Percent	Valid Percent	Cumulative Percent
Valid	3	2	2.2	2.2	2.2
	4	32	36.0	36.0	38.2
	5	55	61.8	61.8	100.0
	Total	89	100.0	100.0	

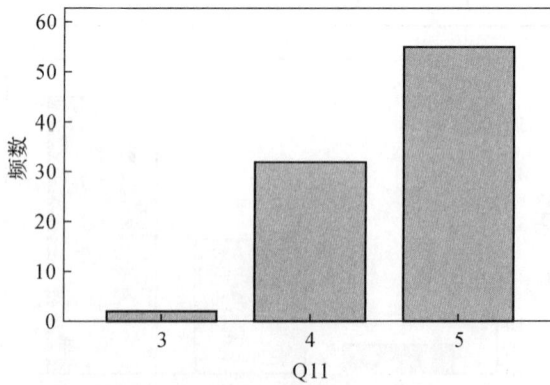

12. 单项选择题,必答：您认为有多少展品能引起思考或疑问?

Q12

		Frequency	Percent	Valid Percent	Cumulative Percent
Valid	3	23	25.8	25.8	25.8
	4	37	41.6	41.6	67.4
	5	29	32.6	32.6	100.0
	Total	89	100.0	100.0	

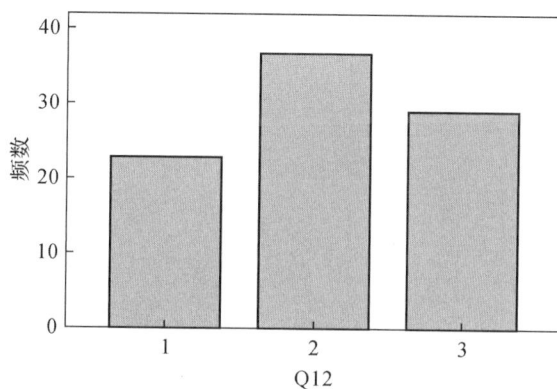

13. 单项选择题,必答：您认为能操作、参与玩的展品/装置多吗？

Q13

		Frequency	Percent	Valid Percent	Cumulative Percent
Valid	2	13	14.6	14.6	14.6
	3	39	43.8	43.8	58.4
	4	34	38.2	38.2	96.6
	5	3	3.4	3.4	100.0
	Total	89	100.0	100.0	

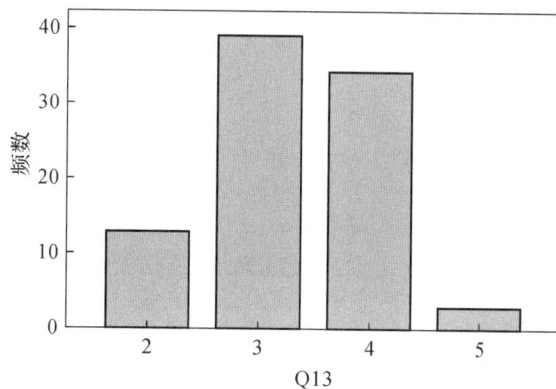

14. 单项选择题,必答：您认为展品中多少是陈旧或需要更新的？

Q14

		Frequency	Percent	Valid Percent	Cumulative Percent
Valid	1	60	67.4	67.4	67.4
	2	24	27.0	27.0	94.4
	3	5	5.6	5.6	100.0
	Total	89	100.0	100.0	

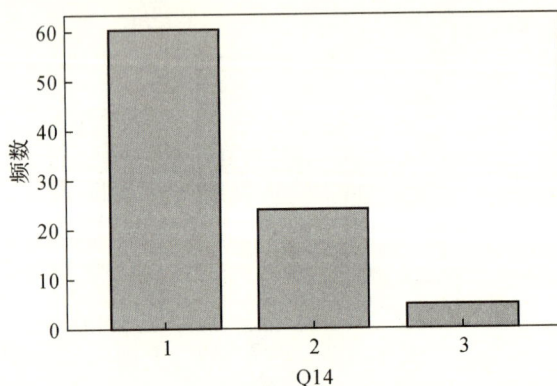

15. 单项选择题,必答:您认为展览手段是否丰富?

Q15

		Frequency	Percent	Valid Percent	Cumulative Percent
Valid	3	34	38.2	38.2	38.2
	4	35	39.3	39.3	77.5
	5	20	22.5	22.5	100.0
	Total	89	100.0	100.0	

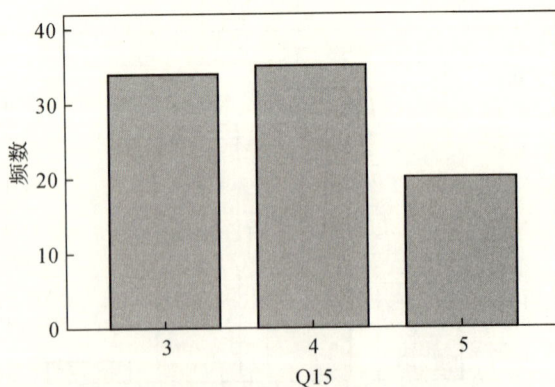

16. 单项选择题,必答:您认为展品高度让您觉得舒适吗?

Q16

		Frequency	Percent	Valid Percent	Cumulative Percent
Valid	4	23	25.8	25.8	25.8
	5	66	74.2	74.2	100.0
	Total	89	100.0	100.0	

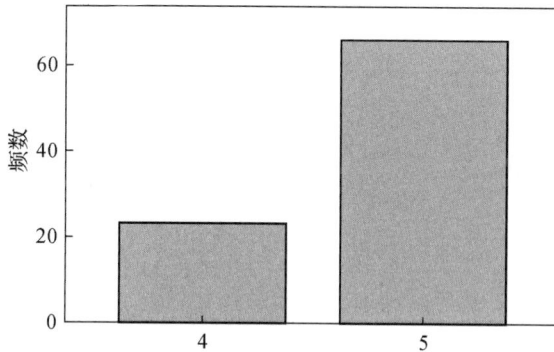

Q16

17. 单项选择题,必答：您认为展品密度（展品间间隔）是否合适？

Q17

		Frequency	Percent	Valid Percent	Cumulative Percent
Valid	3	5	5.6	5.6	5.6
	4	28	31.5	31.5	37.1
	5	56	62.9	62.9	100.0
	Total	89	100.0	100.0	

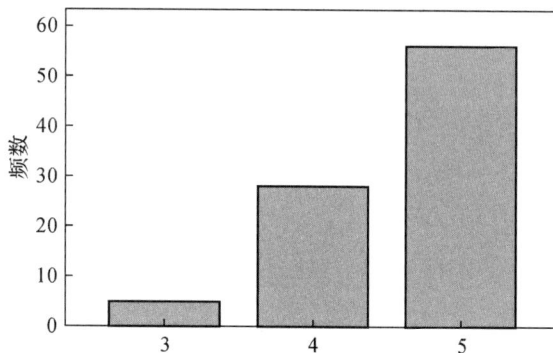

Q17

18. 单项选择题,必答：您认为操作展品的使用是否简单方便（操作说明清楚）？

Q18

		Frequency	Percent	Valid Percent	Cumulative Percent
	2	6	6.7	6.7	6.7
	3	33	37.1	37.1	43.8
Valid	4	45	50.6	50.6	94.4
	5	5	5.6	5.6	100.0
	Total	89	100.0	100.0	

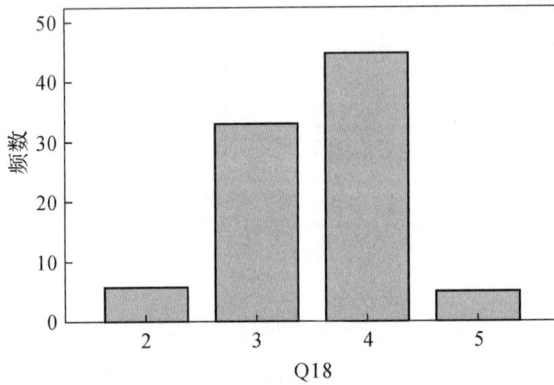

19.多项选择题,必答:在参观或操作展品时,您倾向于——

Q191

		Frequency	Percent	Valid Percent	Cumulative Percent
	0	30	33.7	33.7	33.7
Valid	1	59	66.3	66.3	100.0
	Total	89	100.0	100.0	

Q192

		Frequency	Percent	Valid Percent	Cumulative Percent
	0	81	91.0	91.0	91.0
Valid	1	8	9.0	9.0	100.0
	Total	89	100.0	100.0	

Q193

		Frequency	Percent	Valid Percent	Cumulative Percent
Valid	0	89	100.0	100.0	100.0

Q194

		Frequency	Percent	Valid Percent	Cumulative Percent
Valid	0	25	28.1	28.1	28.1
	1	64	71.9	71.9	100.0
	Total	89	100.0	100.0	

Q195

		Frequency	Percent	Valid Percent	Cumulative Percent
Valid	0	84	94.4	94.4	94.4
	1	5	5.6	5.6	100.0
	Total	89	100.0	100.0	

20. 单项选择题,必答:您认为整体展览氛围营造得好吗?

Q20

		Frequency	Percent	Valid Percent	Cumulative Percent
Valid	3	8	9.0	9.0	9.0
	4	28	31.5	31.5	40.4
	5	53	59.6	59.6	100.0
	Total	89	100.0	100.0	

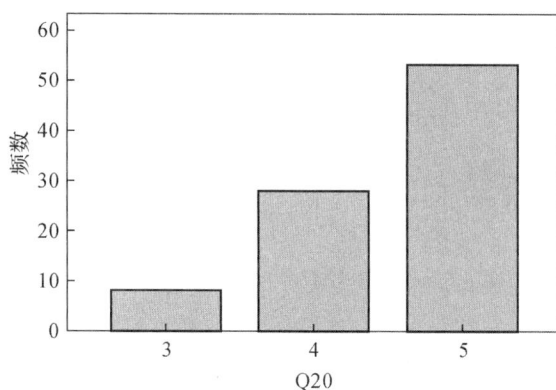

21. 单项选择题,必答:您是否在博物馆内常常看到博物馆标志?

Q21

		Frequency	Percent	Valid Percent	Cumulative Percent
Valid	1	28	31.5	31.5	31.5
	2	48	53.9	53.9	85.4
	3	13	14.6	14.6	100.0
	Total	89	100.0	100.0	

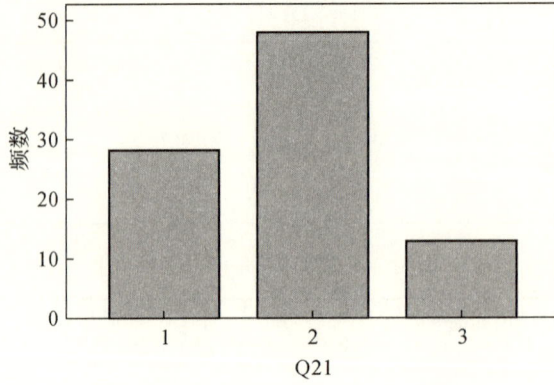

Q21

22.单项选择题,必答:您认为操作展品和参观过程中有不安全因素存在吗?

Q22

		Frequency	Percent	Valid Percent	Cumulative Percent
	1	80	89.9	89.9	89.9
Valid	2	9	10.1	10.1	100.0
	Total	89	100.0	100.0	

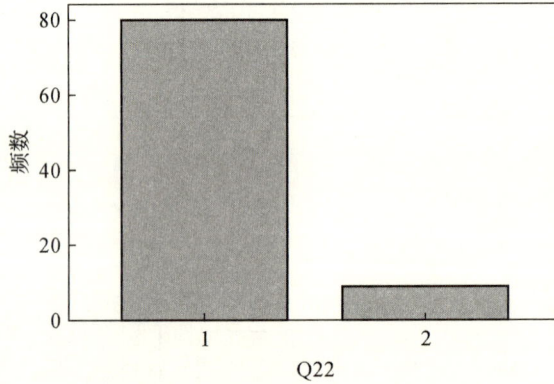

Q22

23.单项选择题,必答:您认为参观路线清晰吗?

Q23

		Frequency	Percent	Valid Percent	Cumulative Percent
	4	22	24.7	24.7	24.7
Valid	5	67	75.3	75.3	100.0
	Total	89	100.0	100.0	

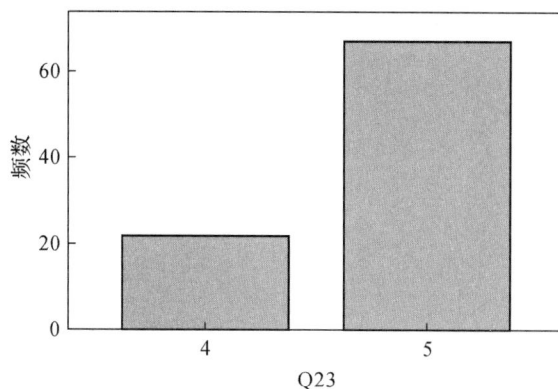

24. 单项选择题,必答:您认为展览空间照明、温度、声效好吗?

Q24

		Frequency	Percent	Valid Percent	Cumulative Percent
	3	2	2.2	2.2	2.2
	4	20	22.5	22.5	24.7
Valid	5	67	75.3	75.3	100.0
	Total	89	100.0	100.0	

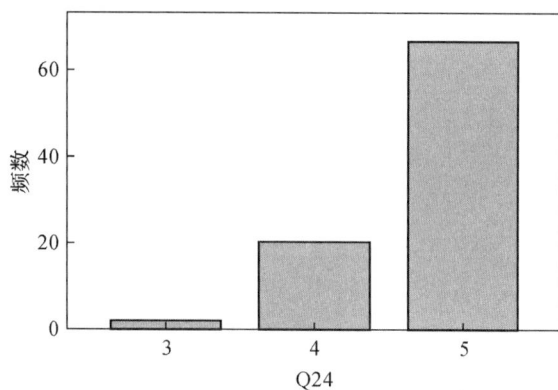

25. 单项选择题,必答:您认为展厅的清洁、舒适程度怎样?

Q25

		Frequency	Percent	Valid Percent	Cumulative Percent
	4	14	15.7	15.9	15.9
Valid	5	74	83.1	84.1	100.0
	Total	88	98.9	100.0	
Missing	System	1	1.1		
	Total	89	100.0		

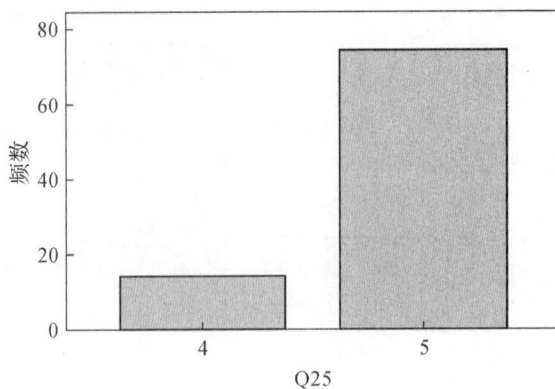

26. 单项选择题,必答:您还想再次来吗?

Q26

		Frequency	Percent	Valid Percent	Cumulative Percent
Valid	3	2	2.2	2.3	2.3
	4	28	31.5	31.8	34.1
	5	58	65.2	65.9	100.0
	Total	88	98.9	100.0	
Missing	System	1	1.1		
Total		89	100.0		

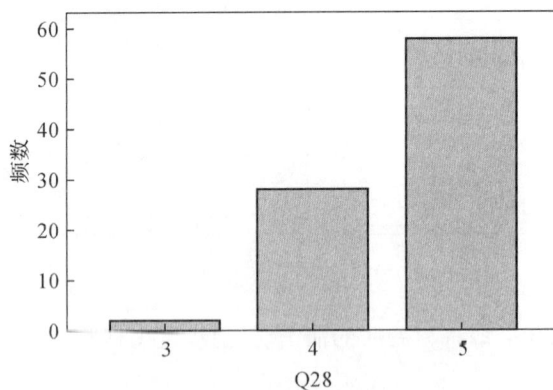

27. 多项选择题,必答:您这次来大都会艺术博物馆"教育活动区"的收获在于——

Q271

		Frequency	Percent	Valid Percent	Cumulative Percent
Valid	0	56	62.9	62.9	62.9
	1	33	37.1	37.1	100.0
	Total	89	100.0	100.0	

Q272

		Frequency	Percent	Valid Percent	Cumulative Percent
Valid	0	6	6. 7	6. 7	6. 7
	1	83	93. 3	93. 3	100. 0
	Total	89	100. 0	100. 0	

Q273

		Frequency	Percent	Valid Percent	Cumulative Percent
Valid	0	25	28. 1	28. 1	28. 1
	1	64	71. 9	71. 9	100. 0
	Total	89	100. 0	100. 0	

Q274

		Frequency	Percent	Valid Percent	Cumulative Percent
Valid	0	1	1. 1	1. 1	1. 1
	1	88	98. 9	98. 9	100. 0
	Total	89	100. 0	100. 0	

Q275

		Frequency	Percent	Valid Percent	Cumulative Percent
Valid	0	89	100. 0	100. 0	100. 0

Q276

		Frequency	Percent	Valid Percent	Cumulative Percent
Valid	0	89	100. 0	100. 0	100. 0

Q277

		Frequency	Percent	Valid Percent	Cumulative Percent
Valid	0	89	100. 0	100. 0	100. 0

附录十　北京自然博物馆"探索角"展区调查问卷统计分析

1.单项选择题,必答:请问今天是您(或您陪同孩子)第几次来北京自然博物馆"探索角"?

Q1

		Frequency	Percent	Valid Percent	Cumulative Percent
Valid	1	35	38.5	38.5	38.5
	2	41	45.1	45.1	83.5
	3	14	15.4	15.4	98.9
	4	1	1.1	1.1	100.0
	Total	91	100.0	100.0	

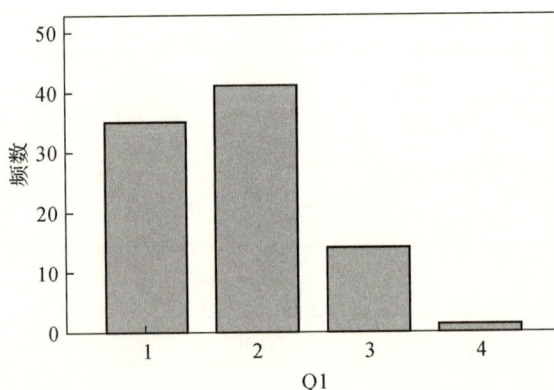

2.问答题,必答:您的年龄是——

Descriptive Statistics

	N	Minimum	Maximum	Mean	Std. Deviation
Q2	91	9	65	26.57	16.659
Valid N (listwise)	91				

3.单项选择题,必答:您家住在——

Q3

		Frequency	Percent	Valid Percent	Cumulative Percent
Valid	1	58	63.7	63.7	63.7
	2	5	5.5	5.5	69.2
	3	25	27.5	27.5	96.7
	4	2	2.2	2.2	98.9
	5	1	1.1	1.1	100.0
	Total	91	100.0	100.0	

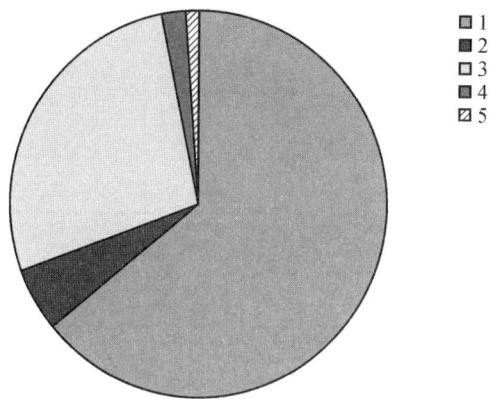

Q3

4.单项选择题,必答:您预计会(或和孩子一起)参观多长时间?

Q4

		Frequency	Percent	Valid Percent	Cumulative Percent
Valid	2	6	6.6	6.6	6.6
	3	40	44.0	44.0	50.5
	4	44	48.4	48.4	98.9
	5	1	1.1	1.1	100.0
	Total	91	100.0	100.0	

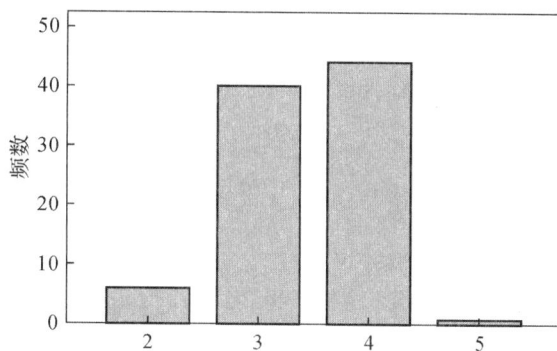

Q4

5.多项选择题,必答:您这次来北京自然博物馆"探索角"的目的是什么?

Q51

		Frequency	Percent	Valid Percent	Cumulative Percent
Valid	0	53	58.2	58.2	58.2
	1	38	41.8	41.8	100.0
	Total	91	100.0	100.0	

Q52

		Frequency	Percent	Valid Percent	Cumulative Percent
Valid	0	48	52.7	52.7	52.7
	1	43	47.3	47.3	100.0
	Total	91	100.0	100.0	

Q53

		Frequency	Percent	Valid Percent	Cumulative Percent
Valid	0	85	93.4	93.4	93.4
	1	6	6.6	6.6	100.0
	Total	91	100.0	100.0	

Q54

		Frequency	Percent	Valid Percent	Cumulative Percent
Valid	0	84	92.3	92.3	92.3
	1	7	7.7	7.7	100.0
	Total	91	100.0	100.0	

Q55

		Frequency	Percent	Valid Percent	Cumulative Percent
Valid	0	87	95.6	95.6	95.6
	1	4	4.4	4.4	100.0
	Total	91	100.0	100.0	

Q56

		Frequency	Percent	Valid Percent	Cumulative Percent
Valid	0	91	100.0	100.0	100.0

6. 单项选择题,必答:您认为展览结构是否条理清晰,容易理解?

Q6

		Frequency	Percent	Valid Percent	Cumulative Percent
Valid	2	1	1.1	1.1	1.1
	3	27	29.7	30.0	31.1
	4	56	61.5	62.2	93.3
	5	6	6.6	6.7	100.0
	Total	90	98.9	100.0	
Missing	System	1	1.1		
Total		91	100.0		

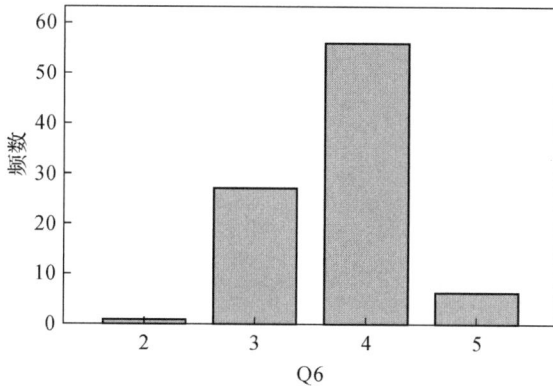

7. 多项选择题,必答：您认为怎样的展览选题让人喜欢？

Q71

		Frequency	Percent	Valid Percent	Cumulative Percent
Valid	0	31	34.1	34.1	34.1
	1	60	65.9	65.9	100.0
	Total	91	100.0	100.0	

Q72

		Frequency	Percent	Valid Percent	Cumulative Percent
Valid	0	1	1.1	1.1	1.1
	1	90	98.9	98.9	100.0
	Total	91	100.0	100.0	

Q73

		Frequency	Percent	Valid Percent	Cumulative Percent
Valid	0	47	51.6	51.6	51.6
	1	44	48.4	48.4	100.0
	Total	91	100.0	100.0	

Q74

		Frequency	Percent	Valid Percent	Cumulative Percent
Valid	0	46	50.5	50.5	50.5
	1	45	49.5	49.5	100.0
	Total	91	100.0	100.0	

Q75

		Frequency	Percent	Valid Percent	Cumulative Percent
	0	29	31.9	31.9	31.9
Valid	1	62	68.1	68.1	100.0
	Total	91	100.0	100.0	

8.单项选择题,必答:您认为展览内容有亮点吗?

Q8

		Frequency	Percent	Valid Percent	Cumulative Percent
	1	27	29.7	29.7	29.7
	2	45	49.5	49.5	79.1
Valid	3	19	20.9	20.9	100.0
	Total	91	100.0	100.0	

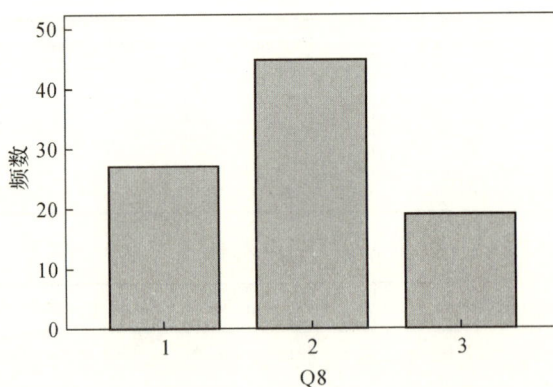

9.单项选择题,必答:您认为展览文字是否有趣看得明白?

Q9

		Frequency	Percent	Valid Percent	Cumulative Percent
	1	24	26.4	26.4	26.4
	3	46	50.5	50.5	76.9
Valid	4	21	23.1	23.1	100.0
	Total	91	100.0	100.0	

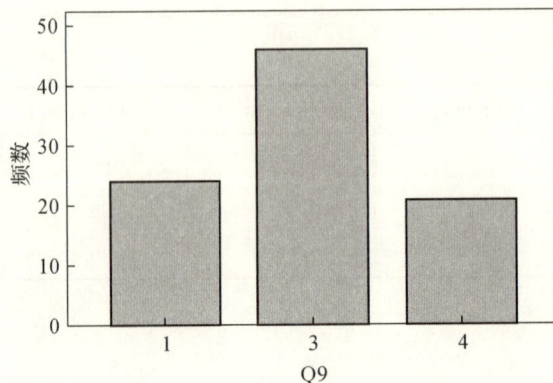

10.单项选择题,必答：您认为展品是否丰富?

Q10

		Frequency	Percent	Valid Percent	Cumulative Percent
Valid	2	45	49.5	49.5	49.5
	3	45	49.5	49.5	98.9
	4	1	1.1	1.1	100.0
	Total	91	100.0	100.0	

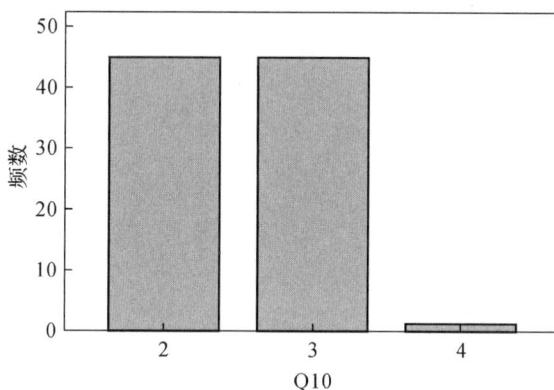

11.单项选择题,必答：您认为有多少展品让人感兴趣?

Q11

		Frequency	Percent	Valid Percent	Cumulative Percent
Valid	2	64	70.3	70.3	70.3
	3	24	26.4	26.4	96.7
	4	3	3.3	3.3	100.0
	Total	91	100.0	100.0	

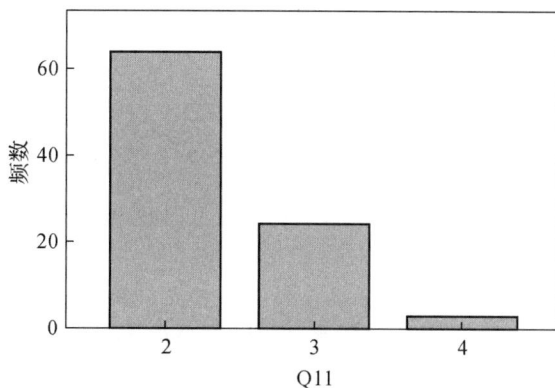

12.单项选择题,必答：您认为有多少展品能引起思考或疑问?

Q12

		Frequency	Percent	Valid Percent	Cumulative Percent
Valid	2	17	18.7	18.7	18.7
	3	62	68.1	68.1	86.8
	4	12	13.2	13.2	100.0
	Total	91	100.0	100.0	

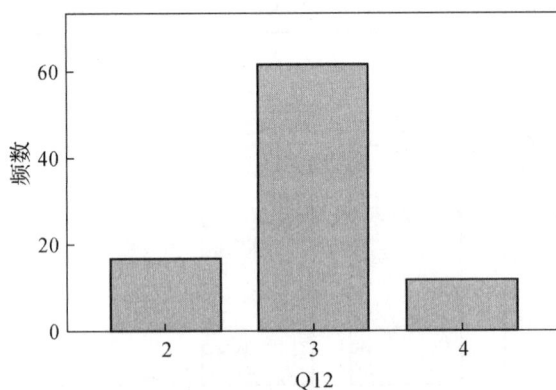

13. 单项选择题，必答：您认为能操作、参与玩的展品/装置多吗？

Q13

		Frequency	Percent	Valid Percent	Cumulative Percent
Valid	2	63	69.2	69.2	69.2
	3	28	30.8	30.8	100.0
	Total	91	100.0	100.0	

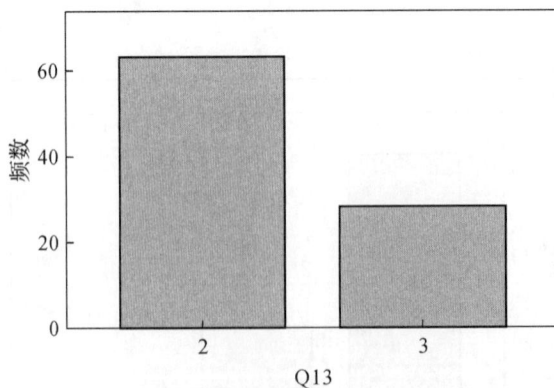

14. 单项选择题，必答：您认为展品中多少是陈旧或需要更新的？

Q14

		Frequency	Percent	Valid Percent	Cumulative Percent
Valid	1	5	5.5	5.5	5.5
	2	37	40.7	40.7	46.2
	3	49	53.8	53.8	100.0
	Total	91	100.0	100.0	

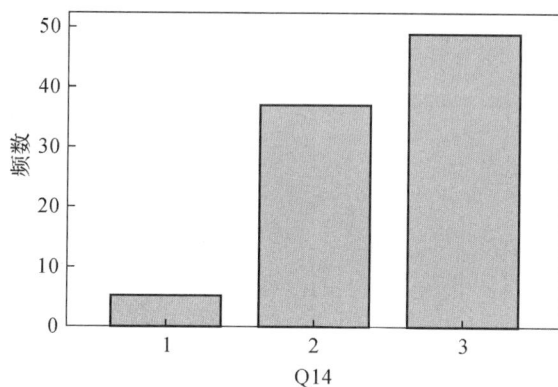

15. 单项选择题,必答:您认为展览手段是否丰富?

Q15

		Frequency	Percent	Valid Percent	Cumulative Percent
Valid	2	39	42.9	42.9	42.9
	3	41	45.1	45.1	87.9
	4	11	12.1	12.1	100.0
	Total	91	100.0	100.0	

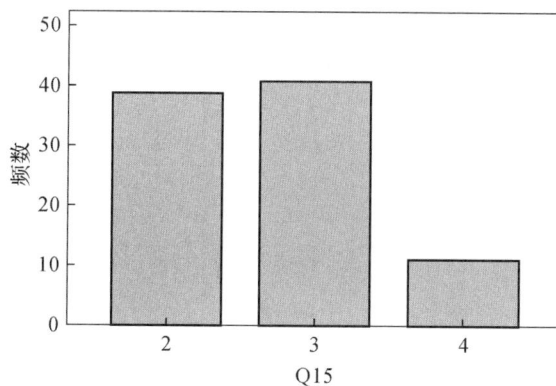

16. 单项选择题,必答:您认为展品高度让您觉得舒适吗?

Q16

		Frequency	Percent	Valid Percent	Cumulative Percent
Valid	3	23	25.3	25.3	25.3
	4	51	56.0	56.0	81.3
	5	17	18.7	18.7	100.0
	Total	91	100.0	100.0	

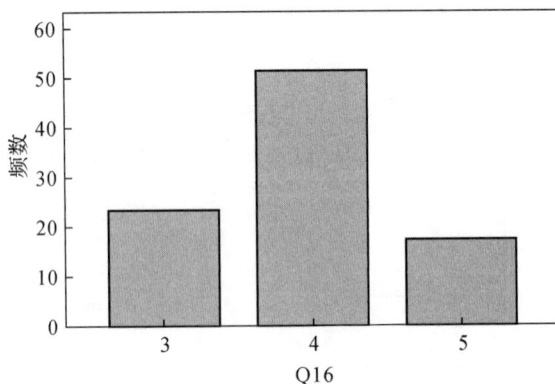

17.单项选择题,必答：您认为展品密度(展品间间隔)是否合适?

Q17

		Frequency	Percent	Valid Percent	Cumulative Percent
Valid	1	28	30.8	30.8	30.8
	2	50	54.9	54.9	85.7
	3	13	14.3	14.3	100.0
	Total	91	100.0	100.0	

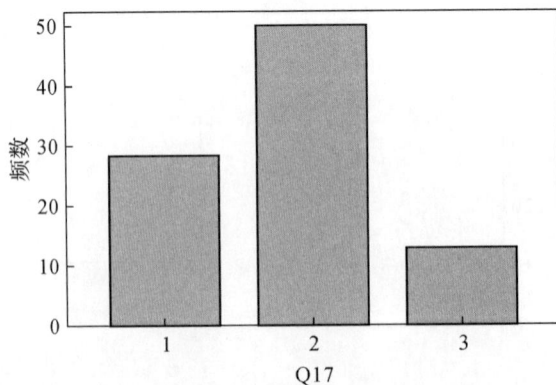

18.单项选择题,必答：您认为操作展品的使用是否简单方便(操作说明清楚)?

Q18

		Frequency	Percent	Valid Percent	Cumulative Percent
Valid	3	13	14.3	14.3	14.3
	4	32	35.2	35.2	49.5
	5	46	50.5	50.5	100.0
	Total	91	100.0	100.0	

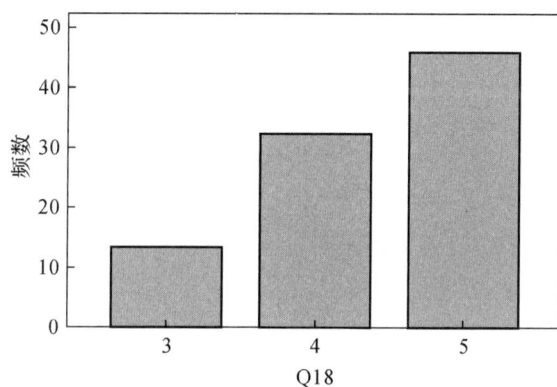

19. 多项选择题,必答:在参观或操作展品时,您倾向于——

Q191

		Frequency	Percent	Valid Percent	Cumulative Percent
Valid	0	8	8.8	8.8	8.8
	1	83	91.2	91.2	100.0
	Total	91	100.0	100.0	

Q192

		Frequency	Percent	Valid Percent	Cumulative Percent
Valid	0	41	45.1	45.1	45.1
	1	50	54.9	54.9	100.0
	Total	91	100.0	100.0	

Q193

		Frequency	Percent	Valid Percent	Cumulative Percent
Valid	0	83	91.2	91.2	91.2
	1	8	8.8	8.8	100.0
	Total	91	100.0	100.0	

Q194

		Frequency	Percent	Valid Percent	Cumulative Percent
Valid	0	81	89.0	89.0	89.0
	1	10	11.0	11.0	100.0
	Total	91	100.0	100.0	

Q195

		Frequency	Percent	Valid Percent	Cumulative Percent
Valid	0	71	78.0	78.0	78.0
	1	20	22.0	22.0	100.0
	Total	91	100.0	100.0	

20. 单项选择题,必答:您认为整体展览氛围营造得好吗?

Q20

		Frequency	Percent	Valid Percent	Cumulative Percent
Valid	2	12	13.2	13.3	13.3
	3	40	44.0	44.4	57.8
	4	36	39.6	40.0	97.8
	5	2	2.2	2.2	100.0
	Total	90	98.9	100.0	
Missing	System	1	1.1		
Total		91	100.0		

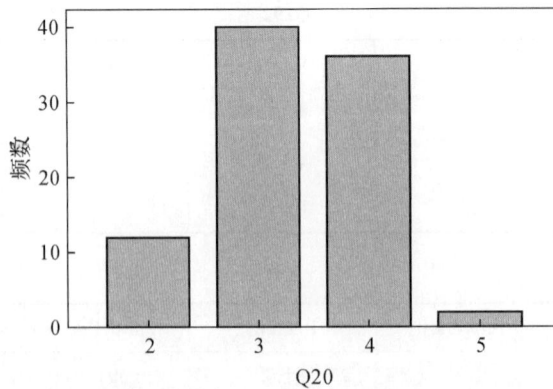

21. 单项选择题,必答:您是否在博物馆内常常看到博物馆标志?

Q21

		Frequency	Percent	Valid Percent	Cumulative Percent
	1	64	70.3	70.3	70.3
Valid	2	27	29.7	29.7	100.0
	Total	91	100.0	100.0	

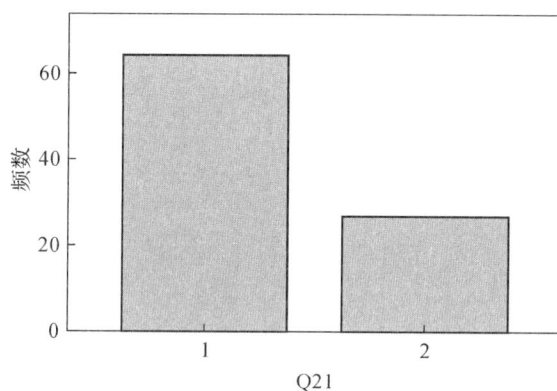

Q21

22.单项选择题,必答:您认为操作展品和参观过程中有不安全因素存在吗?

Q22

		Frequency	Percent	Valid Percent	Cumulative Percent
	1	30	33.0	33.0	33.0
	2	52	57.1	57.1	90.1
Valid	3	6	6.6	6.6	96.7
	4	3	3.3	3.3	100.0
	Total	91	100.0	100.0	

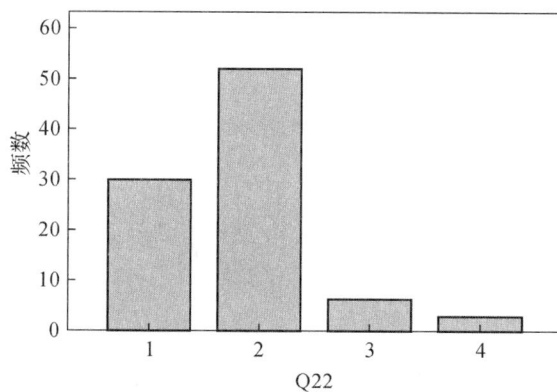

Q22

23.单项选择题,必答:您认为参观路线清晰吗?

Q23

		Frequency	Percent	Valid Percent	Cumulative Percent
Valid	2	10	11.0	11.1	11.1
	3	36	39.6	40.0	51.1
	4	37	40.7	41.1	92.2
	5	7	7.7	7.8	100.0
	Total	90	98.9	100.0	
Missing	System	1	1.1		
	Total	91	100.0		

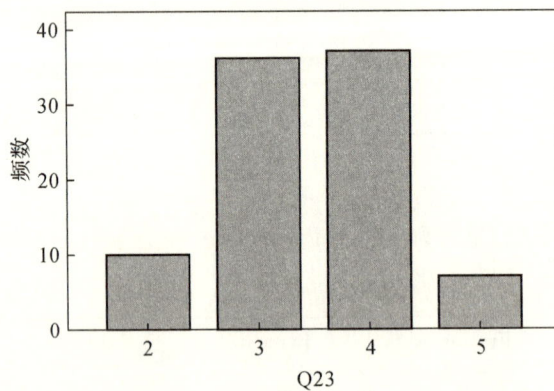

24.单项选择题,必答：您认为展览空间照明、温度、声效好吗?

Q24

		Frequency	Percent	Valid Percent	Cumulative Percent
Valid	3	20	22.0	22.0	22.0
	4	53	58.2	58.2	80.2
	5	18	19.8	19.8	100.0
	Total	91	100.0	100.0	

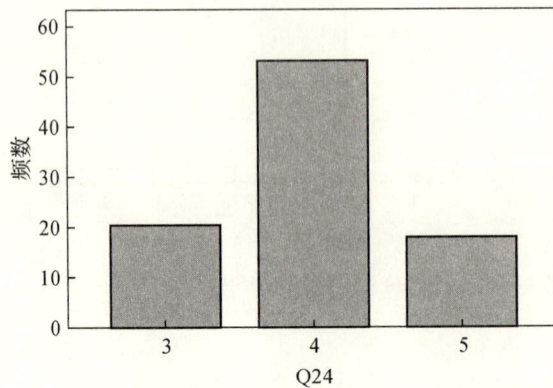

25.单项选择题,必答:您认为展厅的清洁、舒适程度怎样?

Q25

		Frequency	Percent	Valid Percent	Cumulative Percent
Valid	3	9	9.9	9.9	9.9
	4	43	47.3	47.3	57.1
	5	39	42.9	42.9	100.0
	Total	91	100.0	100.0	

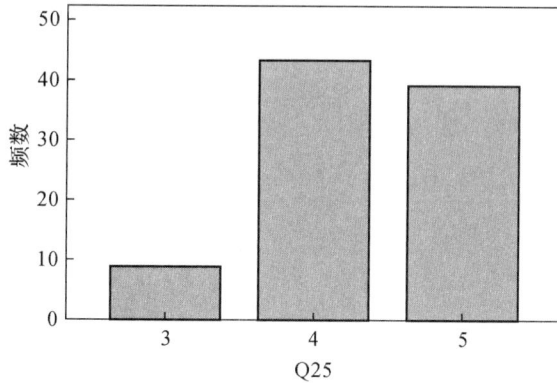

26.单项选择题,必答:您还想再次来吗?

Q26

		Frequency	Percent	Valid Percent	Cumulative Percent
Valid	2	10	11.0	11.0	11.0
	3	36	39.6	39.6	50.5
	4	43	47.3	47.3	97.8
	5	2	2.2	2.2	100.0
	Total	91	100.0	100.0	

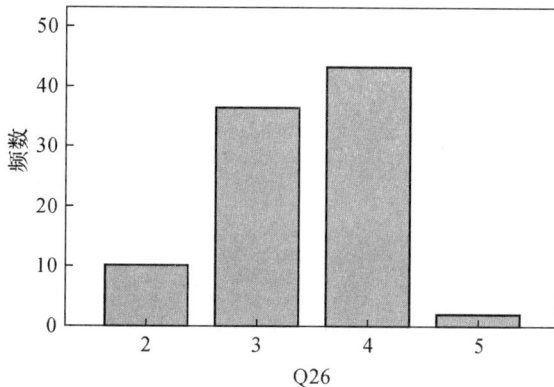

27.多项选择题,必答:您这次来北京自然博物馆"探索角"的收获在于——

Q271

		Frequency	Percent	Valid Percent	Cumulative Percent
	0	42	46.2	46.2	46.2
Valid	1	49	53.8	53.8	100.0
	Total	91	100.0	100.0	

Q272

		Frequency	Percent	Valid Percent	Cumulative Percent
	0	49	53.8	53.8	53.8
Valid	1	42	46.2	46.2	100.0
	Total	91	100.0	100.0	

Q273

		Frequency	Percent	Valid Percent	Cumulative Percent
	0	66	72.5	72.5	72.5
Valid	1	25	27.5	27.5	100.0
	Total	91	100.0	100.0	

Q274

		Frequency	Percent	Valid Percent	Cumulative Percent
	0	74	81.3	81.3	81.3
Valid	1	17	18.7	18.7	100.0
	Total	91	100.0	100.0	

Q275

		Frequency	Percent	Valid Percent	Cumulative Percent
	0	59	64.8	64.8	64.8
Valid	1	32	35.2	35.2	100.0
	Total	91	100.0	100.0	

Q276

		Frequency	Percent	Valid Percent	Cumulative Percent
Valid	0	91	100.0	100.0	100.0

Q277

		Frequency	Percent	Valid Percent	Cumulative Percent
Valid	0	91	100.0	100.0	100.0

附录十一　美国自然历史博物馆"探索屋"展区调查问卷统计分析

1.单项选择题,必答:请问今天是您(或您陪同孩子)第几次来美国自然历史博物馆"探索屋"?

Q1

		Frequency	Percent	Valid Percent	Cumulative Percent
Valid	1	1	1.1	1.1	1.1
	2	1	1.1	1.1	2.2
	3	6	6.7	6.7	8.9
	4	26	28.9	28.9	37.8
	5	56	62.2	62.2	100.0
	Total	90	100.0	100.0	

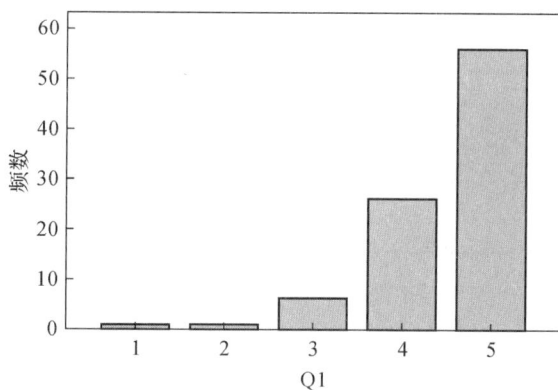

2.问答题,必答:您的年龄是——

Descriptive Statistics

	N	Minimum	Maximum	Mean	Std. Deviation
Q2	90	8	38	23.08	12.855
Valid N (listwise)	90				

3.单项选择题,必答:您家住在——

Q3

		Frequency	Percent	Valid Percent	Cumulative Percent
Valid	1	20	22.2	22.2	22.2
	2	55	61.1	61.1	83.3
	3	3	3.3	3.3	86.7
	4	8	8.9	8.9	95.6
	5	4	4.4	4.4	100.0
	Total	90	100.0	100.0	

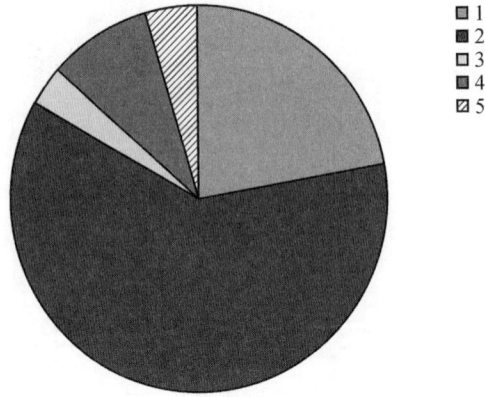

Q3

4. 单项选择题,必答:您预计会(或和孩子一起)参观多长时间?

Q4

		Frequency	Percent	Valid Percent	Cumulative Percent
	3	6	6.7	6.7	6.7
	4	19	21.1	21.1	27.8
Valid	5	36	40.0	40.0	67.8
	6	29	32.2	32.2	100.0
	Total	90	100.0	100.0	

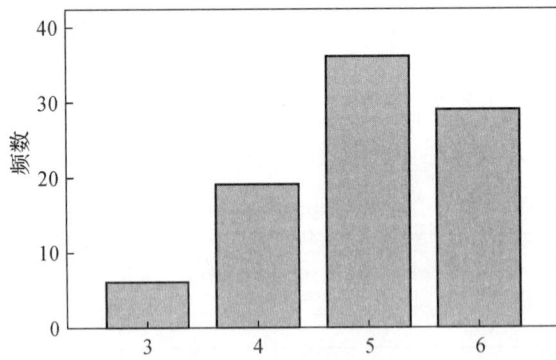

5. 多项选择题,必答:您这次来美国自然历史博物馆"探索屋"的目的是什么?

Q51

		Frequency	Percent	Valid Percent	Cumulative Percent
	0	74	82.2	82.2	82.2
Valid	1	16	17.8	17.8	100.0
	Total	90	100.0	100.0	

Q52

		Frequency	Percent	Valid Percent	Cumulative Percent
Valid	0	68	75.6	75.6	75.6
	1	22	24.4	24.4	100.0
	Total	90	100.0	100.0	

Q53

		Frequency	Percent	Valid Percent	Cumulative Percent
Valid	0	48	53.3	53.3	53.3
	1	42	46.7	46.7	100.0
	Total	90	100.0	100.0	

Q54

		Frequency	Percent	Valid Percent	Cumulative Percent
Valid	0	62	68.9	68.9	68.9
	1	28	31.1	31.1	100.0
	Total	90	100.0	100.0	

Q55

		Frequency	Percent	Valid Percent	Cumulative Percent
Valid	0	74	82.2	82.2	82.2
	1	16	17.8	17.8	100.0
	Total	90	100.0	100.0	

Q56

		Frequency	Percent	Valid Percent	Cumulative Percent
Valid	0	86	95.6	95.6	95.6
	1	4	4.4	4.4	100.0
	Total	90	100.0	100.0	

6.单项选择题,必答:您认为展览结构是否条理清晰,容易理解?

Q6

		Frequency	Percent	Valid Percent	Cumulative Percent
Valid	3	8	8.9	8.9	8.9
	4	32	35.6	35.6	44.4
	5	50	55.6	55.6	100.0
	Total	90	100.0	100.0	

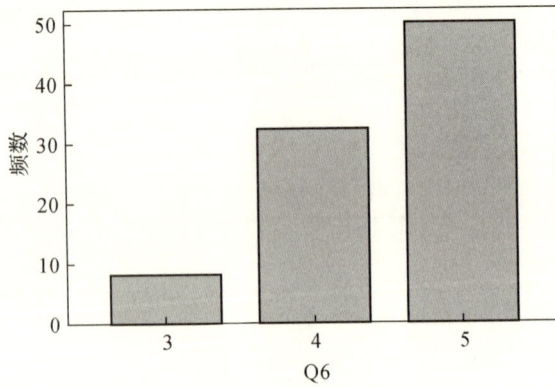

7. 多项选择题，必答：您认为怎样的展览选题让人喜欢？

Q71

		Frequency	Percent	Valid Percent	Cumulative Percent
Valid	0	18	20.0	20.0	20.0
	1	70	77.8	77.8	97.8
	235	2	2.2	2.2	100.0
	Total	90	100.0	100.0	

Q72

		Frequency	Percent	Valid Percent	Cumulative Percent
Valid	1	88	97.8	100.0	100.0
Missing	System	2	2.2		
	Total	90	100.0		

Q73

		Frequency	Percent	Valid Percent	Cumulative Percent
Valid	0	53	58.9	60.2	60.2
	1	35	38.9	39.8	100.0
	Total	88	97.8	100.0	
Missing	System	2	2.2		
	Total	90	100.0		

Q74

		Frequency	Percent	Valid Percent	Cumulative Percent
Valid	0	88	97.8	100.0	100.0
Missing	System	2	2.2		
	Total	90	100.0		

Q75

		Frequency	Percent	Valid Percent	Cumulative Percent
	0	40	44.4	45.5	45.5
Valid	1	48	53.3	54.5	100.0
	Total	88	97.8	100.0	
Missing	System	2	2.2		
Total		90	100.0		

8. 单项选择题,必答:您认为展览内容有亮点吗?

Q8

		Frequency	Percent	Valid Percent	Cumulative Percent
	3	3	3.3	3.3	3.3
Valid	4	20	22.2	22.2	25.6
	5	67	74.4	74.4	100.0
	Total	90	100.0	100.0	

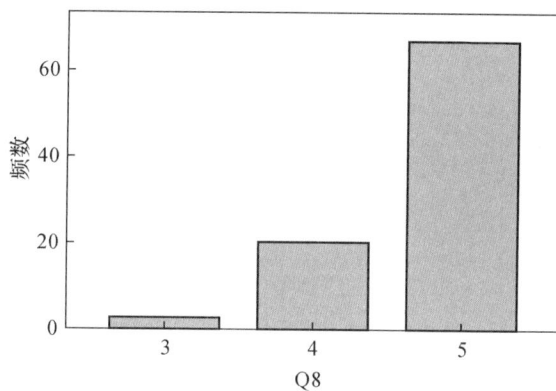

9. 单项选择题,必答:您认为展览文字是否有趣看得明白?

Q9

		Frequency	Percent	Valid Percent	Cumulative Percent
	3	1	1.1	1.1	1.1
Valid	4	23	25.6	25.6	26.7
	5	66	73.3	73.3	100.0
	Total	90	100.0	100.0	

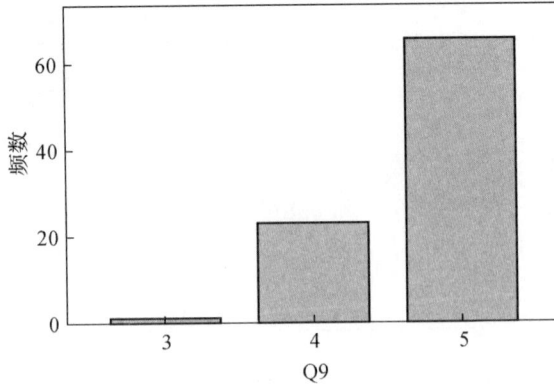

10. 单项选择题,必答:您认为展品是否丰富?

Q10

		Frequency	Percent	Valid Percent	Cumulative Percent
Valid	3	8	8.9	8.9	8.9
	4	32	35.6	35.6	44.4
	5	50	55.6	55.6	100.0
	Total	90	100.0	100.0	

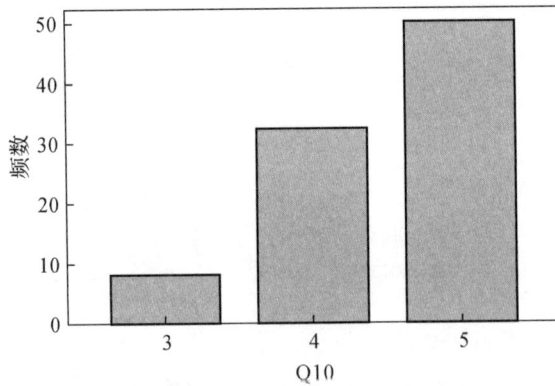

11. 单项选择题,必答:您认为有多少展品让人感兴趣?

Q11

		Frequency	Percent	Valid Percent	Cumulative Percent
Valid	3	4	4.4	4.4	4.4
	4	34	37.8	37.8	42.2
	5	52	57.8	57.8	100.0
	Total	90	100.0	100.0	

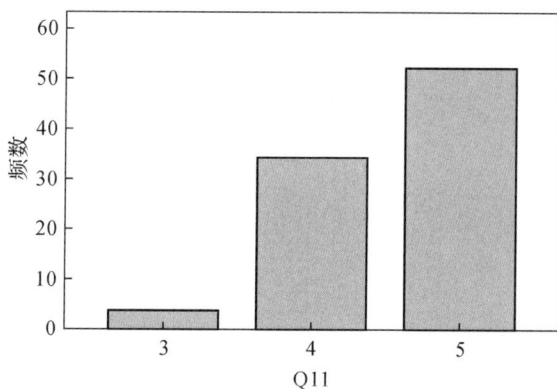

12. 单项选择题,必答：您认为有多少展品能引起思考或疑问？

Q12

		Frequency	Percent	Valid Percent	Cumulative Percent
Valid	3	14	15.6	15.6	15.6
	4	38	42.2	42.2	57.8
	5	38	42.2	42.2	100.0
	Total	90	100.0	100.0	

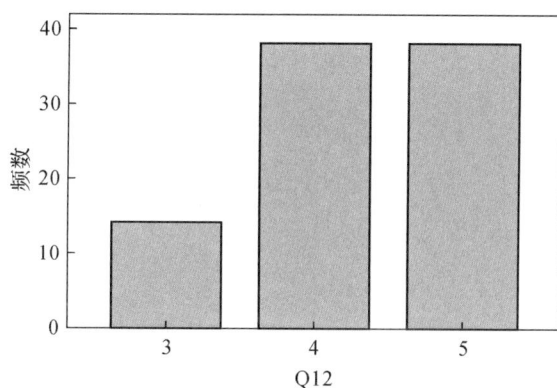

13. 单项选择题,必答：您认为能操作、参与玩的展品/装置多吗？

Q13

		Frequency	Percent	Valid Percent	Cumulative Percent
Valid	3	10	11.1	11.1	11.1
	4	32	35.6	35.6	46.7
	5	48	53.3	53.3	100.0
	Total	90	100.0	100.0	

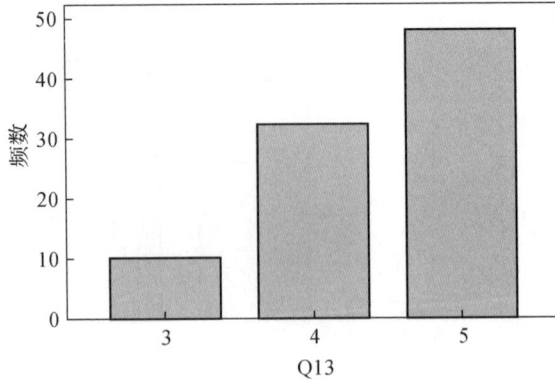

Q13

14. 单项选择题,必答:您认为展品中多少是陈旧或需要更新的?

Q14

		Frequency	Percent	Valid Percent	Cumulative Percent
Valid	1	46	51.1	51.1	51.1
	2	40	44.4	44.4	95.6
	3	4	4.4	4.4	100.0
	Total	90	100.0	100.0	

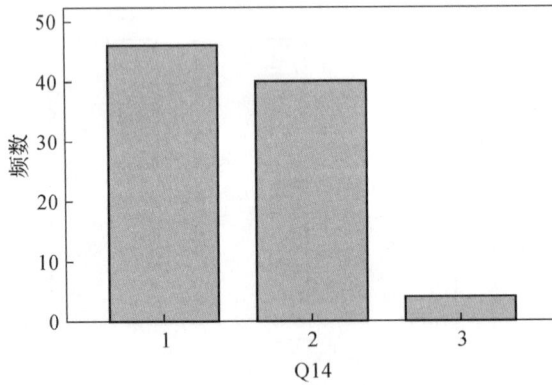

Q14

15. 单项选择题,必答:您认为展览手段是否丰富?

Q15

		Frequency	Percent	Valid Percent	Cumulative Percent
Valid	2	1	1.1	1.1	1.1
	3	10	11.1	11.1	12.2
	4	34	37.8	37.8	50.0
	5	45	50.0	50.0	100.0
	Total	90	100.0	100.0	

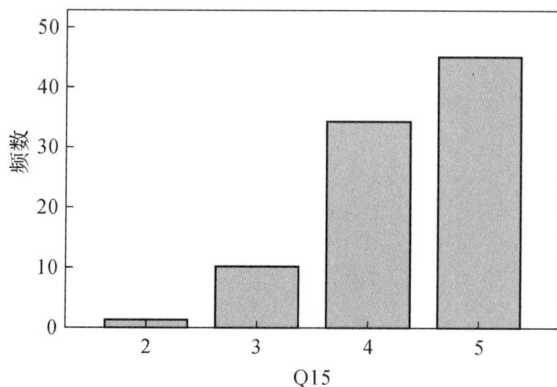

Q15

16. 单项选择题,必答:您认为展品高度让您觉得舒适吗?

Q16

		Frequency	Percent	Valid Percent	Cumulative Percent
Valid	3	12	13.3	13.3	13.3
	4	27	30.0	30.0	43.3
	5	51	56.7	56.7	100.0
	Total	90	100.0	100.0	

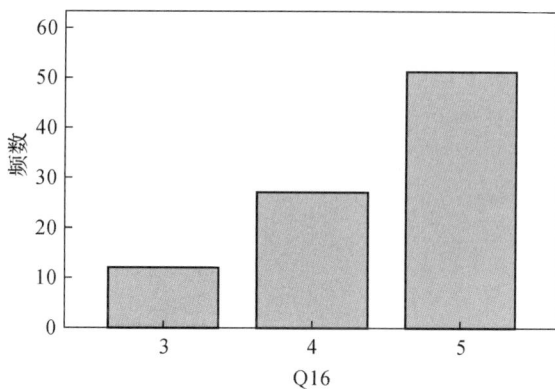

Q16

17. 单项选择题,必答:您认为展品密度(展品间间隔)是否合适?

Q17

		Frequency	Percent	Valid Percent	Cumulative Percent
Valid	3	20	22.2	22.2	22.2
	4	37	41.1	41.1	63.3
	5	33	36.7	36.7	100.0
	Total	90	100.0	100.0	

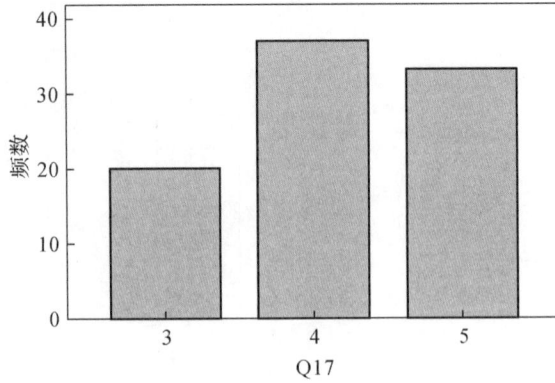

Q17

18. 单项选择题,必答：您认为操作展品的使用是否简单方便(操作说明清楚)?

Q18

		Frequency	Percent	Valid Percent	Cumulative Percent
	2	22	24.4	24.4	24.4
	3	36	40.0	40.0	64.4
Valid	4	30	33.3	33.3	97.8
	5	2	2.2	2.2	100.0
	Total	90	100.0	100.0	

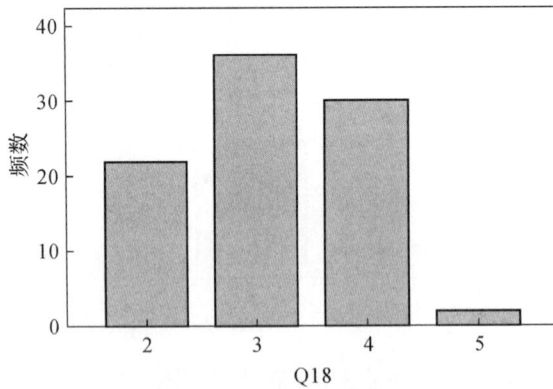

Q18

19. 多项选择题,必答：在参观或操作展品时,您倾向于——

Q191

		Frequency	Percent	Valid Percent	Cumulative Percent
	0	31	34.4	34.4	34.4
	1	58	64.4	64.4	98.9
Valid	5	1	1.1	1.1	100.0
	Total	90	100.0	100.0	

Q192

		Frequency	Percent	Valid Percent	Cumulative Percent
Valid	0	80	88.9	89.9	89.9
	1	9	10.0	10.1	100.0
	Total	89	98.9	100.0	
Missing	System	1	1.1		
Total		90	100.0		

Q193

		Frequency	Percent	Valid Percent	Cumulative Percent
Valid	0	89	98.9	100.0	100.0
Missing	System	1	1.1		
Total		90	100.0		

Q194

		Frequency	Percent	Valid Percent	Cumulative Percent
Valid	0	28	31.1	31.5	31.5
	1	61	67.8	68.5	100.0
	Total	89	98.9	100.0	
Missing	System	1	1.1		
Total		90	100.0		

Q195

		Frequency	Percent	Valid Percent	Cumulative Percent
Valid	0	82	91.1	92.1	92.1
	1	7	7.8	7.9	100.0
	Total	89	98.9	100.0	
Missing	System	1	1.1		
Total		90	100.0		

20.单项选择题,必答：您认为整体展览氛围营造得好吗?

Q20

		Frequency	Percent	Valid Percent	Cumulative Percent
Valid	2	1	1.1	1.1	1.1
	3	9	10.0	10.0	11.1
	4	29	32.2	32.2	43.3
	5	51	56.7	56.7	100.0
	Total	90	100.0	100.0	

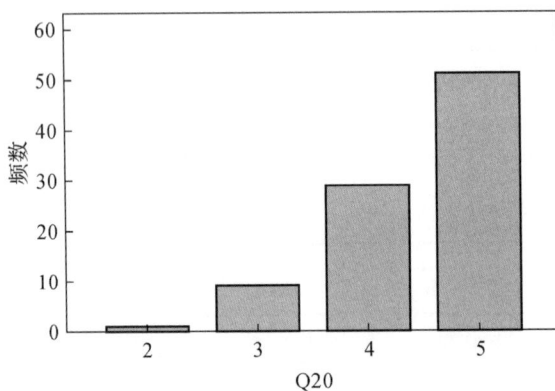

21. 单项选择题,必答:您是否在博物馆内常常看到博物馆标志?

Q21

		Frequency	Percent	Valid Percent	Cumulative Percent
Valid	1	31	34.4	34.4	34.4
	2	49	54.4	54.4	88.9
	3	10	11.1	11.1	100.0
	Total	90	100.0	100.0	

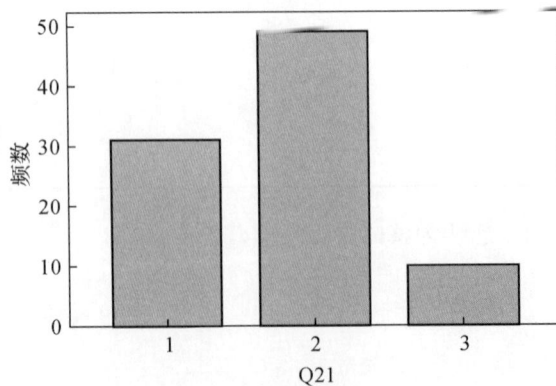

22. 单项选择题,必答:您认为操作展品和参观过程中有不安全因素存在吗?

Q22

		Frequency	Percent	Valid Percent	Cumulative Percent
Valid	1	64	71.1	71.1	71.1
	2	25	27.8	27.8	98.9
	3	1	1.1	1.1	100.0
	Total	90	100.0	100.0	

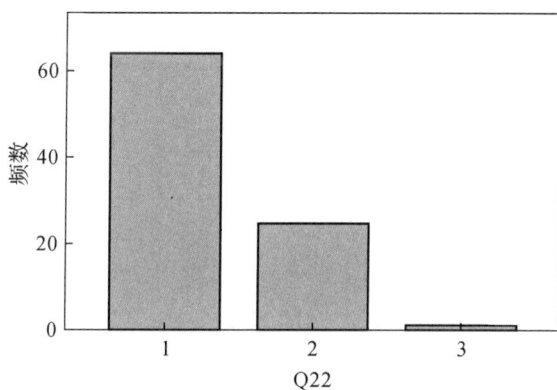

23. 单项选择题,必答:您认为参观路线清晰吗?

Q23

		Frequency	Percent	Valid Percent	Cumulative Percent
Valid	3	10	11.1	11.1	11.1
	4	31	34.4	34.4	45.6
	5	49	54.4	54.4	100.0
	Total	90	100.0	100.0	

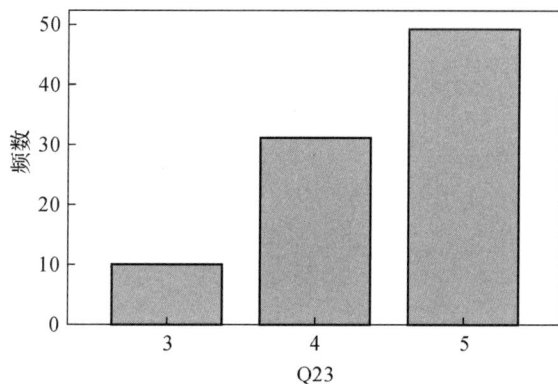

24. 单项选择题,必答:您认为展览空间照明、温度、声效好吗?

Q24

		Frequency	Percent	Valid Percent	Cumulative Percent
Valid	3	11	12.2	12.2	12.2
	4	33	36.7	36.7	48.9
	5	46	51.1	51.1	100.0
	Total	90	100.0	100.0	

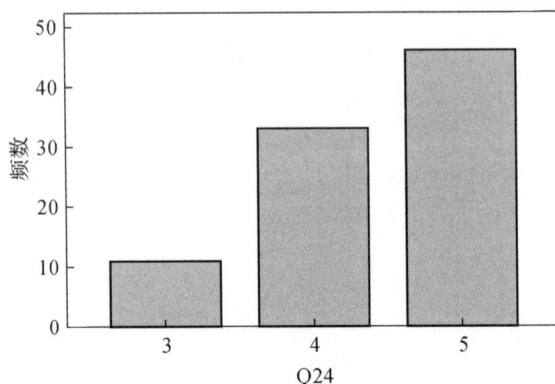

25.单项选择题,必答:您认为展厅的清洁、舒适程度怎样?

Q25

		Frequency	Percent	Valid Percent	Cumulative Percent
Valid	3	4	4.4	4.4	4.4
	4	25	27.8	27.8	32.2
	5	61	67.8	67.8	100.0
	Total	90	100.0	100.0	

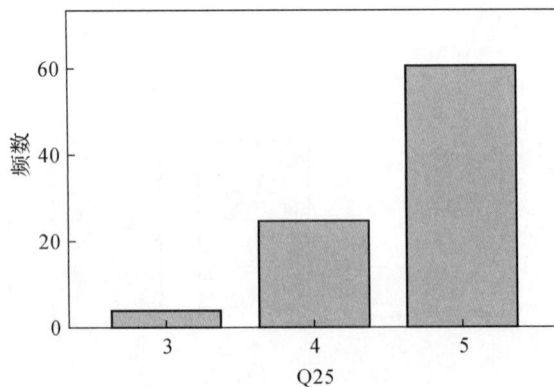

26.单项选择题,必答:您还想再次来吗?

Q26

		Frequency	Percent	Valid Percent	Cumulative Percent
Valid	3	8	8.9	8.9	8.9
	4	31	34.4	34.4	43.3
	5	51	56.7	56.7	100.0
	Total	90	100.0	100.0	

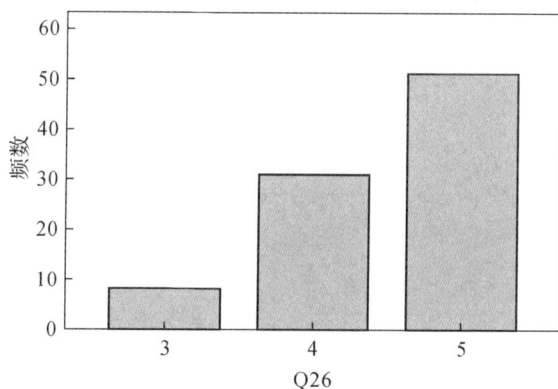

27.多项选择题,必答:您这次来美国自然历史博物馆"探索屋"的收获在于——

Q271

		Frequency	Percent	Valid Percent	Cumulative Percent
Valid	0	50	55.6	55.6	55.6
	1	40	44.4	44.4	100.0
	Total	90	100.0	100.0	

Q272

		Frequency	Percent	Valid Percent	Cumulative Percent
Valid	0	11	12.2	12.2	12.2
	1	79	87.8	87.8	100.0
	Total	90	100.0	100.0	

Q273

		Frequency	Percent	Valid Percent	Cumulative Percent
Valid	0	50	55.6	55.6	55.6
	1	40	44.4	44.4	100.0
	Total	90	100.0	100.0	

Q274

		Frequency	Percent	Valid Percent	Cumulative Percent
Valid	0	14	15. 6	15. 6	15. 6
	1	76	84. 4	84. 4	100. 0
	Total	90	100. 0	100. 0	

Q275

		Frequency	Percent	Valid Percent	Cumulative Percent
Valid	0	81	90. 0	90. 0	90. 0
	1	9	10. 0	10. 0	100. 0
	Total	90	100. 0	100. 0	

Q276

		Frequency	Percent	Valid Percent	Cumulative Percent
Valid	0	90	100. 0	100. 0	100. 0

Q277

		Frequency	Percent	Valid Percent	Cumulative Percent
Valid	0	90	100. 0	100. 0	100. 0

附录十二　儿童展览各案例各模块的观众评估比较

内容策划

案例	有效样本数量	均值
上海儿童博物馆"'跨越距离、触摸未来'主题科学"一层展区	96	2.00①
印第安纳波利斯儿童博物馆"恐龙:现在你就在它们的世界"展区	89	4.50
中国妇女儿童博物馆"儿童历史"展区	93	2.74
"请触摸博物馆""欢跃的城市"展区	91	4.53
四川博物院"儿童活动区"展区	94	2.09
大都会艺术博物馆"教育活动区"展区	90	4.28
北京自然博物馆"探索角"展区	92	2.86
美国自然历史博物馆"探索屋"展区	91	4.48

形式设计

案例	有效样本数量	均值
上海儿童博物馆"'跨越距离、触摸未来'主题科学"一层展区	96	2.85
印第安纳波利斯儿童博物馆"恐龙:现在你就在它们的世界"展区	89	4.00
中国妇女儿童博物馆"儿童历史"展区	93	2.00
"请触摸博物馆""欢跃的城市"展区	91	3.90
四川博物院"儿童活动区"展区	94	2.51
大都会艺术博物馆"教育活动区"展区	90	3.99
北京自然博物馆"探索角"展区	92	3.02
美国自然历史博物馆"探索屋"展区	91	3.86

生活服务

案例	有效样本数量	均值
上海儿童博物馆"'跨越距离、触摸未来'主题科学"一层展区	96	3.10
印第安纳波利斯儿童博物馆"恐龙:现在你就在它们的世界"展区	89	4.72
中国妇女儿童博物馆"儿童历史"展区	93	4.00
"请触摸博物馆""欢跃的城市"展区	91	4.53
四川博物院"儿童活动区"展区	94	2.92
大都会艺术博物馆"教育活动区"展区	90	4.82
北京自然博物馆"探索角"展区	92	3.95
美国自然历史博物馆"探索屋"展区	91	4.53

---

① "0.50～1.49"代表"非常不满意";"1.50～2.49"代表"不太满意";"2.50～3.49"代表"一般";"3.50～4.49"代表"较满意";"4.50～5.49"代表"非常满意"。

观众感受

案例	有效样本数量	均值
上海儿童博物馆"'跨越距离、触摸未来'主题科学"一层展区	96	2.90
印第安纳波利斯儿童博物馆"恐龙:现在你就在它们的世界"展区	89	4.63
中国妇女儿童博物馆"儿童历史"展区	93	2.43
"请触摸博物馆""欢跃的城市"展区	91	4.47
四川博物院"儿童活动区"展区	94	2.84
大都会艺术博物馆"教育活动区"展区	90	4.63
北京自然博物馆"探索角"展区	92	3.41
美国自然历史博物馆"探索屋"展区	91	4.47

附录十三　儿童展览两两同类案例各模块的观众评估差异分析

解读说明

利用独立 T 检验方法考察四个模块分别在两两案例中是否存在显著差异。四个模块:QA 代表内容策划,QB 代表形式设计,QC 代表生活服务,QD 代表观众感受。

是否存在显著差异看 Independent Samples Test 表格,(1)如果 Levene's Test for Equality of Variances 中的 Sig. 小于 0.05,表明假设方差不等(Equal variances not assumed),进而查看对应的 T-Test for Equality of Means 中的 Sig. (2-tailed)值,如果该值小于 0.05,说明存在显著差异,如果该值大于 0.05,说明不存在显著差异;(2)如果 Levene's Test for Equality of Variances 中的 Sig. 大于 0.05,表明假设方差相等(Equal variances assumed),进而查看对应的 T-Test for Equality of Means 中的 Sig. (2-tailed)值,如果该值小于 0.05,说明存在显著差异,如果该值大于 0.05,说明不存在显著差异。

经由判断,在四组案例的两两比较中,均存在显著差异;换言之,无论哪种类型,中美博物馆在上述四个模块上都存在显著差异。并且,美方的用户评价都显著高于中方的用户评价("美方高于中方"结论是通过查看 Group Statistics 表格中的均值比较获得)。

一、科技类题材儿童博物馆展览对比

Group Statistics

	Q0	N	Mean	Std. Deviation（离散程度）	Std. Error Mean
QA	1	94	1.99	0.103	0.011
	2	89	4.76	0.427	0.045
QB	1	95	2.85	0.356	0.037
	2	85	4.00	0.000	0.000
QC	1	96	3.09	0.293	0.030
	2	89	4.72	0.452	0.048
QD	1	96	2.90	0.788	0.080
	2	89	4.63	0.486	0.051

Independent Samples Test

		Levene's Test for Equality of Variances		T-Test for Equality of Means						
									95% Confidence Interval of the Difference	
		F	Sig.	t	df	Sig(2-tailed)	Mean Difference	Std. Error Difference	Lower	Upper
QA	Equal variances assumed	175.901	0.000	−61.154	181	0.000	−2.775	0.045	−2.854	−2.685
	Equal variances not assumed			−59.667	97.709	0.000	−2.775	0.046	−2.867	−2.682
QB	Equal variances assumed	84.935	0.000	−29.676	178	0.000	−1.147	0.039	−1.224	−1.071
	Equal variances not assumed			−31.382	94.000	0.000	−1.147	0.037	−1.220	−1.075
QC	Equal variances assumed	52.402	0.000	−29.229	183	0.000	−1.625	0.056	−1.735	−1.516
	Equal variances not assumed			−28.779	148.982	0.000	−1.625	0.056	−1.737	−1.514
QD	Equal variances assumed	15.183	0.000	−17.847	183	0.000	−1.733	0.970	−1.925	−1.542
	Equal variances not assumed			−18.155	159.870	0.000	−1.733	0.095	−1.922	−1.545

二、人文类题材儿童博物馆展览对比

Group Statistics

	Q0	N	Mean	Std. Deviation（离散程度）	Std. Error Mean
QA	3	92	2.74	0.466	0.049
	4	90	4.94	0.230	0.024
QB	3	91	2.00	0.000	0.000
	4	90	4.79	0.410	0.043
QC	3	92	3.96	0.253	0.026
	4	91	4.85	0.363	0.038
QD	3	93	2.43	0.579	0.060
	4	91	4.73	0.449	0.047

Independent Samples Test

		Levene's Test for Equality of Variances		T-Test for Equality of Means					95% Confidence Interval of the Difference	
		F	Sig.	t	df	Sig(2-tailed)	Mean Difference	Std. Error Difference	Lower	Upper
QA	Equal variances assumed	83.619	0.000	−40.350	180	0.000	−2.205	0.055	−2.313	−2.097
	Equal variances not assumed			−40.622	133.653	0.000	−2.205	0.054	−2.313	−2.098
QB	Equal variances assumed	178.590	0.000	−64.630	179	0.000	−2.789	0.043	−2.874	−2.704
	Equal variances not assumed			−64.471	89.000	0.000	−2.789	0.043	−2.875	−2.703
QC	Equal variances assumed	19.270	0.000	−19.257	181	0.000	−0.890	0.046	−0.981	−0.789
	Equal variances not assumed			−19.221	160.635	0.000	−0.890	0.046	−0.981	0.798
QD	Equal variances assumed	17.440	0.000	−30.021	182	0.000	−2.295	0.076	−2.446	−2.144
	Equal variances not assumed			−30.103	173.055	0.000	−2.295	0.076	−2.446	−2.145

三、综合类博物馆儿童展区展览对比

Group Statistics

	Q0	N	Mean	Std. Deviation（离散程度）	Std. Error Mean
QA	5	94	2.09	0.406	0.042
	6	90	4.28	0.450	0.047
QB	5	93	2.51	0.503	0.052
	6	90	3.99	0.105	0.011
QC	5	93	2.92	0.448	0.046
	6	89	4.82	0.386	0.041
QD	5	94	2.84	0.610	0.063
	6	90	4.63	0.529	0.056

Independent Samples Test

		Levene's Test for Equality of Variances		T-Test for Equality of Means						
									95% Confidence Interval of the Difference	
		F	Sig.	t	df	Sig(2-tailed)	Mean Difference	Std. Error Difference	Lower	Upper
QA	Equal variances assumed	17.096	0.000	−34.720	182	0.000	−2.193	0.063	−2.317	−2.066
	Equal variances not assumed			−34.641	178.137	0.000	−2.193	0.063	−2.318	−2.068
QB	Equal variances assumed	199.747	0.000	−27.417	181	0.000	−1.484	0.054	−1.590	−1.377
	Equal variances not assumed			−27.835	100.336	0.000	−1.484	0.053	−1.509	−1.378
QC	Equal variances assumed	0.614	0.434	−30.510	180	0.000	−1.895	0.062	−2.018	−1.773
	Equal variances not assumed			−30.609	178.079	0.000	−1.895	0.062	−2.018	−1.773
QD	Equal variances assumed	0.806	0.371	−21.261	182	0.000	−1.793	0.084	−1.959	−1.627
	Equal variances not assumed			−21.327	180.257	0.000	−1.793	0.084	−1.959	−1.627

四、自然科学类博物馆儿童展区展览对比

Group Statistics

	Q0	N	Mean	Std. Deviation（离散程度）	Std. Error Mean
QA	7	91	2.86	0.352	0.037
	8	91	4.48	0.502	0.053
QB	7	91	3.02	0.210	0.022
	8	91	3.86	0.352	0.037
QC	7	91	3.95	0.404	0.042
	8	91	4.53	0.502	0.053
QD	7	92	3.41	0.713	0.074
	8	91	4.47	0.656	0.069

Independent Samples Test

| | | Levene's Test for Equality of Variances | | T-Test for Equality of Means | | | | | | |
| | | F | Sig. | t | df | Sig(2-tailed) | Mean Difference | Std. Error Difference | 95% Confidience Interval of the Difference | |
									Lower	Upper
QA	Equal variances assumed	92.947	0.000	−25.291	180	0.000	−1.626	0.064	−1.753	−1.499
	Equal variances not assumed			−25.291	181.153	0.000	−1.626	0.084	−1.753	−1.499
QB	Equal variances assumed	28.779	0.000	−19.451	180	0.000	−0.835	0.043	−0.920	0.750
	Equal variances not assumed			−19.451	146.752	0.000	−0.835	0.043	−0.920	−0.750
QC	Equal variances assumed	63.721	0.000	−8.618	180	0.000	−0.582	0.069	−0.716	−0.449
	Equal variances not assumed			−8.618	172.210	0.000	−0.582	0.068	−0.716	−0.449
QD	Equal variances assumed	0.766	0.393	−10.458	181	0.000	−1.059	0.101	−1.259	−0.860
	Equal variances not assumed			−10.463	180.034	0.000	−1.059	0.101	−1.259	−0.860

附录十四　博物馆三岁以下儿童教育指南

年龄	三岁以下（婴儿期与学步期）	
发展指标	单项指标	具体内容
语言发展	①创设语言环境	与儿童多讲话,帮助其感受与掌握语言
	②成人正确示范	用普通话,用语简洁,发音正确,语速适中
	③讲故事、念儿歌	选择图书、有声读物给儿童阅读,与其交流,培养语言能力
	④丰富生活来增加词汇	多彩生活帮助开阔眼界,丰富的词汇帮助提高表达力
动作与活动发展	①重视锻炼身体	利用户外自然条件,进行户外身体锻炼和户外游戏
	②发展大动作	感知运动发展从坐、爬、立、走、跑、跳到平衡,坚持每天进行户外活动
	③发展细微动	提供儿童接触适合的材料,发展精细动作
	④培养自理能力	鼓励儿童学脱衣袜、收拾玩具,发展自理能力
认知发展	①布置良好的视听环境	促使儿童和环境互动,发展感知能力
	②开展情感交流(0～1岁)与实物操作(1～3岁)	提供儿童材料和玩具;创造父母与孩子共处的时间和空间(尤其0～1岁);鼓励儿童使用多感官、多方式操作物品,获取感性体验(尤其1～3岁)
	③鼓励观察,回答问题	让儿童细致观察事物,回答儿童问题,以激发其好奇心,鼓励其进行探索
	④提供机会,鼓励表达	多给儿童表达机会,让儿童大胆表达,发挥创造力
情感与社会性	①参与视听体验,进行肢体表达	鼓励儿童进行肢体律动等游戏和作画涂鸦,以及通过肢体自由表达感情
	②克服羞涩感,学会社交	鼓励儿童和同伴游戏、交往,主动和人打招呼,了解基础的社会行为规则,让儿童体会交往的快乐,发展社交
	③参与各种活动	让儿童体会与他人一起参加集体活动的乐趣

附录十五　博物馆三岁至六七岁儿童教育指南

年龄	三岁至六七岁(幼儿期)	
发展指标	单项指标	具体内容
语言发展	①认真听,听懂常用语言	多提供倾听、交流机会,引导儿童学会倾听,用丰富的语气、语调结合情境和儿童讲话
	②愿意讲话,清楚表达	创造儿童说话机会,让其体会语言交往乐趣,鼓励儿童清晰表达
	③养成文明语言习惯	成人做出表率,提醒儿童交流礼节,帮助儿童养成轮流发言、公共场所不喧哗等文明用语习惯
	④喜欢看图书,听故事	提供阅读的良好环境与条件,培养儿童阅读兴趣,养成阅读习惯,引导文字符号和标识认知
	⑤获初步阅读理解力	和儿童一起阅读,帮助其建立以生活经验为基础的理解,使其通过阅读发展创造力和想象力,并开始感受文学作品
	⑥获书面表达的初步技能和愿望	让儿童体会文字符号作用,愿意书写,在游戏或绘画中穿插书写活动
动作与活动发展	①培养初步平衡能力	用多种活动发展儿童灵活性和协调性,技能活动不可追求数量
	②培养初步力量和耐力	开展多样的身体运动,多走路
	③灵活协调地运用手	开展多样的手工活动和劳动并注意安全
	④养成基础的生活自理能力	为儿童提供自理条件,教导儿童学会基本的自理技能,鼓励其做力所能及的事
认知发展	①鼓励亲近自然,爱上探究,支持各种探究行为	带儿童接触自然,鼓励儿童探索行为
	②获基本探究能力	引导儿童学会观察、分类,在探究中解决问题,鼓励儿童做简单计划与记录,学会分享交流
	③通过探究认知身边现象与事物	让儿童通过接触积累感性认识形成直接经验,在探究过程中尝试动脑分析推理,察觉显见的关联
	④初步获得生活里数学有趣且有用的感受	让儿童发现和试图解决生活中数学的问题,感受数学好处;发现事物排列规律,感受秩序,创造排列;体会生活中的用途和含义;注意事物形状,用形状形容事物
	⑤感受和明白数、量和数量关系	用形象案例让儿童明白数之间关系,学会使用加、减来应对问题;采用游戏或生活的实际案例,帮助儿童明白数的概念;利用生活场景,让儿童经由数数或对应来比较物品数量;让儿童理解和感受量有何特征
	⑥感觉空间和形状关系	帮助儿童建立物体和形状间关联;增加儿童识别方位的经验,运用方位解决问题
	⑦喜欢生活或自然界美的事物	帮助儿童感觉、发现并欣赏自然、人文景观和事物的美

续表

年龄	三岁至六七岁（幼儿期）	
发展指标	单项指标	具体内容
认知发展	⑧爱上并欣赏多样的艺术作品与形式	尊重儿童兴趣与感受，理解其欣赏所表现的行为，让儿童有机会接触多样的艺术作品与形式
	⑨喜欢艺术并勇于表现	提供安全的心理环境，让儿童勇于并乐于表达；保护儿童自发的艺术创造和表现，给予条件和机会
情感与社会性	①乐于交往	主动和儿童游戏及活动，建立师生、亲子互动关系
	②和伙伴相处友好	和儿童一起谈好友，促其发现好友优点；用具体情境帮助儿童学会换位思考，理解他人；让儿童在情境之下，慢慢学会规则与技能
	③表现自主、自信与自尊	鼓励儿童独立决定并做事，增添自信、自尊；关注儿童感受，不伤害其自信、自尊
	④尊重关爱他人	让儿童学会以尊重、平等和接纳看待差异；让儿童学会关爱身边人，对他人劳动成果给予尊敬；成人以身作则，关爱身边人
	⑤爱上并习惯群体生活	与学校合作，讲学校趣事，引起儿童好奇，做好入学准备，参加学校不同班级活动，提供儿童多参与集体活动的机会
	⑥遵循行为规范	让儿童学会守信诚实；自我遵循，树立榜样；让儿童掌握行为规范或游戏规则
	⑦培养基础的家庭、集体和国家归属感	使用儿童喜欢的方式让儿童爱家爱国；鼓励儿童积极参与集体活动，产生集体观念；对待儿童亲切，促使其感受长辈可信赖
	⑧养成好的卫生和生活习惯	引导儿童培养兴趣，习惯锻炼；养成有规律的作息习惯、良好的饮食和卫生习惯
	⑨懂安全基础知识与自我保护	结合生活开展安全教育；保障生活环境安全，学会一定环保举措；开展儿童自救和求救教育
	⑩具有一定的适应能力	促使儿童适应环境改变；使儿童适应旋转、摆动和颠簸，从而推动平衡能力发展；户外活动需适合季节转变
	⑪情绪愉快稳定	让儿童学会控制情绪，做适当表达；提供宽松的心理环境，促使儿童产生信赖与安全感

附录十六　博物馆六七岁至十一二岁儿童教育指南

年龄			六七岁至十一二岁（童年期）
发展指标	单项指标		具体内容
语言发展	①发展口头语言		创造条件让儿童进行语音、语调准确度的学习和辨识；丰富儿童词汇，鼓励儿童完整、连贯地回答问题；9岁前鼓励儿童学习第二语言
	②发展书面语言		识字是学习书面语的基础，识字可采用"综合—分析—综合"的方式；字音、字形要和字义进行有意义的关联；10岁前可借助直观教具如图画等协助理解，10岁后可用相同或相近新词来协助理解
			阅读关注理解和速度，10岁前鼓励儿童理解具体或表面内容；10岁后鼓励儿童关注内在意义；培养阅读能力，鼓励儿童多读书，提高阅读速度，发展默读能力
			写作为发展书面语至上层阶段的产物，从口头用语开始，从关注看图讲话、造句开始；鼓励将口头的写成书面，或阅读的模仿写成书面；不断训练儿童掌握语法，尝试独立写
	③发展内部语言		凡事要求儿童先想再说和做；鼓励儿童默读后思考或写作时进行头脑构思；开发多种集体活动，鼓励儿童独立思考或制定计划
动作与活动发展	①培养正确姿势		培养儿童正确的坐、站、走、书写和读书姿势，不宜让儿童过久坐立，有高度适合的课桌椅
	②发展复杂精细动作		6～7岁时手细部要求不能太高，如字不能太小，书写时间不宜过长；9～10岁可完成某项精细动作
	③不做过激的体力活动		不可让儿童做强度太大的体力活动，以免造成肺部与心脏劳累过度
	④发展学习为主导活动	发展良好的学习动机和态度	从以游戏为主导的活动向以学习为主导的活动转变；对儿童学习动机，注意从外界物质诱导到促使与社会意义挂钩；激发儿童认真学习，学习内容丰富生动，方式多样化，帮助儿童养成认真的学习态度
		培养学习习惯	培养快慢阅读、书写认真、说话条理清晰、学习认真、思考积极等习惯
		激发学习兴趣	10岁前注重儿童学习形式，10岁后关注儿童学习结果，进行儿童学习结果的适度评价；10岁前关注儿童具象事物与经验学习，10岁后转变为重视因果抽象关系知识学习；10岁前关注儿童学习过程和外部活动，10岁后鼓励儿童独立地作业和学习
		发展学习能力	促成学习成为专门的独立活动，重培养基本技能和基础知识，推动智力开发和发展，提高学习能力
		改变儿童游戏方式	不再仅注重情节性游戏，年龄越大，情节性游戏越少，中年级后略增加有情节、有规则游戏
	⑤鼓励参加劳动		鼓励儿童学会自理，做家务和从事公益劳动

续表

年龄			六七岁至十一二岁（童年期）
认知发展	①发展儿童知觉		鼓励从具象事物的形状感知向抽象形状感知发展;促成从上下方位易辨、左右不分到具体辨识左右再到抽象辨识左右的转变;鼓励儿童通过生活实践和课程学习,逐步发展距离知觉;培养日常生活中从时间知觉发展到对时间概念的理解
	②发展儿童观察		把握儿童从低年级观察被动、不自觉到高年级主动、自觉的规律;鼓励儿童从表面特征到本质特征感知,从模糊感知到精确感知,从无系统感知到有顺序地感知,提高观察能力;明白低年级儿童注意带情绪色彩
	③培养儿童注意		7~10岁儿童集中精力时间约为20分钟,10~12岁约为25分钟,12岁以上约为30分钟;但非一成不变,若内容生动,手段多样,可保持40分钟左右
	④发展儿童记忆		通过材料难易、活动动机和性质引导无意识记忆向有意识记忆发展;鼓励通过理解进行意义记忆而非机械记忆;鼓励从具体形象、具体词语到抽象词语的记忆;可采用复述、背诵策略,熟悉材料归类的组织策略,启发儿童将需识记的纳入已有知识系统的系统化策略,不断锻炼意志,丰富知识,开展直观教育,使用逻辑推理,培养兴趣,完成记忆
	⑤完成思维过渡	从具象到抽象逻辑思维过渡	从具体形象思维向抽象逻辑思维发展,但仍以具象思维为主;7~8岁儿童思维水平直观形象,9~10岁儿童思维水平形象抽象,11~12岁儿童思维水平初步抽象本质。发展元思维,鼓励儿童不断意识自己的思维过程,从不自觉到自觉,知道自己如何思考以及解决问题;鼓励批评性、灵活性思维,借由儿童信任成人,帮助引导思考,正确辨别是非
		发展比较能力	提供条件促成儿童形成比较能力
		发展分类能力	6岁儿童可进行一级分类,8岁后可就二级概念开展独立分类,提供易于分类的材料;9岁前进行一次分类,10岁后开始组合分类
	⑥发展儿童概念	词概念演变	针对7~8岁儿童使用具体形象的词,9~10岁才能开始使用部分具抽象概括的词
		数概念演变	帮助儿童掌握小数、分数及整数四则运算,从简单到复杂,从直观具体到抽象;通过儿童认识活动,使用数学概念解决问题
	⑦发展儿童判断、推理能力		鼓励儿童发展从反映外部到内部联系,从反映单一到多方面联系的判断,从简单的直接判断到复杂的抽象判断;7~8岁儿童可从直接感知中进行推理,9~10岁儿童对提供言语事实能推理,包括演绎、归纳、类比推理
	⑧发展儿童想象力		鼓励儿童不断发展有意性想象,增加想象中的创造成分,使想象稳定并趋于现实;通过图片、实物丰富儿童想象的基础,用生动语言启发想象,用实践塑造儿童想象

年龄			六七岁至十一二岁（童年期）
情感与社会性	①发展儿童情感	发展儿童情感	以内容纷呈、手段多样的教育促使儿童情感变得更丰富,从对具体个别事物转向对社会集体感受,情感控制能力和稳定性增强,易于产生良好的性格,培养勇敢、开朗和自信等积极的情感
		发展道德感	帮助儿童树立正确道德观,明辨是非,鼓励其进行内部主观判断;促使儿童获得道德认知,逐步知晓社会规范,以此评判他人的思想和行为;此时的儿童未达至道德高度抽象,带明显情绪色彩
		形成理智感	促使与具体事物相联系,形成理智感,变得丰富
		发展美感	感受和体验美,在阅读和表演中发展并感受具体事物,但无法感受抽象艺术
	②发展儿童意志		帮助儿童发展独立性、主动性,成人以身作则;鼓励儿童发展果断性、坚持性与自制力;培养儿童正确的意志观点;培养其遵纪守法的习惯;有意识提供困难环境,促使其锻炼;在生活中其培养意志
	③发展自我意识		通过树立模范和榜样来促成儿童形成自我评价的标准以及家长及时正面评价,促成评价独立性、内容丰富性和恒常性不断发展;但儿童自我意识仍不全面、客观,带主观色彩
	④形成良好个性		促使儿童逐步产生对事物、他人和对自己的某种态度,具备个性、意志与性格特征;鼓励儿童认识优缺点,并能初步分析原因;提供其个性发展的良好环境和人际关系
	⑤形成集体意识		让儿童意识到集体与自己的关系,以及集体中个体的权利与义务,须注重有意识地参与集体活动
	⑥发展随意与自觉性		让儿童接受一定任务,心理活动与行为目的性增强,推动发展其自觉性
	⑦发展儿童兴趣		学习方面兴趣强于游戏;兴趣逐步分化,并从对具体事物发展到对因果规律和关系感兴趣;开始喜欢抽象复杂作业而非具体简单作业
	⑧发展与同伴关系		同伴地位越来越重要,出现显见的同调或依从倾向,开始出现相同兴趣基础上的小集团,但内聚力不大;兴趣呈现男女儿童分化

附录十七　博物馆十一二岁至十八岁儿童教育指南

年龄	十一二岁至十八岁（青少年期）	
发展指标	单项指标	具体内容
语言发展	①促使语言表达能力成熟	青少年口语完善，书面语基本成熟，词汇丰富，语言深刻，内部言语已"简约化"，提供儿童表达机会，促使其语言能力成熟
	②使用网络语言，走进儿童内心	青少年网民为网络语言的创造者和使用者，可使用简洁、新奇和幽默的网络语言，以赢得青少年群体认同
动作与活动发展	①承认儿童行为成人化，帮助行为控制	承认儿童行为的社会价值，不反对两性正常交往，成人不过多干预儿童，但给予合理建议
	②发展儿童学习活动　帮助适应学习内容和方法的改变	成人采取适当措施，帮助儿童适应学习内容变多和变深刻，学会独立与自觉学习
	根据教师对儿童的态度及教育质量进行教师评价	青少年一般喜欢授课有趣、生动，关心、了解学生，对学生公正又严格、善良又机智的教师
	促使学习动机更深刻、自觉、稳定和远大	推动青少年学习动机与社会意义紧密联系，使得学习动机深刻和稳定
	发展学习态度、能力	除却教师、家长等客观因素外，学习态度应自觉；儿童不断掌握新的学习方法，具创造性独立完成工作的能力
认知发展	①发展儿童感知	明白青少年感受能力已成熟甚至超过成人，感觉发展臻至完善，对较长时间、短时间的认知获得发展，但对于长时间的理解不精确，需帮助儿童发展大空间和长时间概念
	②发展观察力	青少年能聚精会神、长时间地观察事物，思考本质，须指导青少年观察变得全面、精确
	③发展注意力	青少年注意力稳定于40分钟左右；端正学习态度与动机，学习内容速度和深度应适当，提倡良好的教育方法，促进注意力的发展
	④发展儿童记忆	青少年意义记忆加强，机械记忆减少；教师通过指导和启发，借由实践活动，不仅需提出青少年记忆的任务，还要培养他们自己提出记忆任务的能力；理解学习内容，经由言语来掌握这种内容，促进意义识记能力的提高，发展智能；促使儿童在使用词的过程中，通过掌握因果关系等，提高抽象识别能力；对具体材料的识记，仍高于对词的识记，初中阶段仍重视教学直观性
	⑤发展抽象逻辑思维	抽象逻辑占主导，具象逻辑仅占重要作用；成人正确对待青少年，提出不同意见，强调儿童思维的批判性与独立性；鼓励青少年日益意识到自己独有的思维过程和控制能力；儿童理解呈现内在规律性与复杂性，开始理解文艺作品人物的内心世界；教师促成经验型抽象思维向理论型发展，引导儿童独立、自觉地进行事实材料的分析、概要、判断与推理

年龄			十一二岁至十八岁(青少年期)
情感与社会性		①尊重儿童交往	青少年渴望自由参与社交活动,想交朋友并得到尊重和认可,成人应当关心青少年交往,给予其关爱与温暖,尊重其个性
		②促使发展儿童学习兴趣	青少年对新鲜事物和文娱活动都感兴趣,精力充沛,喜欢探索,但要注意引导中心兴趣和广泛兴趣相辅相成,不仅鼓励培养广泛的兴趣,还要稳定兴趣,有中心兴趣;青少年开始喜欢深入探讨与思考问题,对部分理论问题产生兴趣,成人应给予指导,发展兴趣的深刻性
		③满足儿童求知和认识需要	青少年产生多方面的浓厚兴趣,要充分满足这种求知需求,帮助儿童处理好单一与广泛、求深和求博的关系
	④促使个性成熟	促进自我意识成熟	青少年开始认识自身价值,开放评价别人和自己,但要分析全面,克服片面评价,促进自我教育和性格稳定
		促使形成世界观	通过思想政治、社会政治及现实生活的锻炼和教育,促成青少年形成对社会、自然、人生、恋爱的系统稳定的见解
		提高道德行为和意识	进入自觉道德阶段,道德理想更趋现实,开始讲原则和树立信念;青少年应掌握更高质量和更广泛的道德准则,减少直觉式的道德情感教育,关注占优势的情感体验,重伦理道德
	⑤稳定情感、情绪	发展儿童实现自我的需要	引导青少年将实现自我和社会发展的需要结合起来
		趋于稳定,但稍显动荡	青少年一般情感过激,具暴发性和冲动性,表现为两极性,不太稳定,同时具不外露和内隐的特征,情感内容深刻、丰富,需要加强情感和情绪的正确引导
		迅速发展儿童意志	增强儿童意志行为的主动性和自觉性;增强自制力,行动果断和富于坚持
		⑥合理引导性心理	性心理随着年龄增大而改变,合理导引青少年的性心理成熟

索　引